进出口税收优惠政策

JINCHUKOU SHUISHOU YOUHUI ZHENGCE

第二版·上册

海关总署关税征管司 编

中国海关出版社

图书在版编目（CIP）数据

进出口税收优惠政策：全2册/海关总署关税征管司编．—2版．—北京：中国海关出版社，2015.6

ISBN 978-7-5175-0075-9

Ⅰ.①进… Ⅱ.①海… Ⅲ.①进出口贸易—税收减免—财政政策—中国 Ⅳ.①F812.422

中国版本图书馆CIP数据核字（2015）第129515号

进出口税收优惠政策（第二版）

JINCHUKOU SHUISHOU YOUHUI ZHENGCE (DI-ER BAN)

作　　者：海关总署关税征管司
责任编辑：黄华莉
出版发行：中国海关出版社
社　　址：北京市朝阳区东四环南路甲1号　　邮政编码：100023
网　　址：www.hgcbs.com.cn；www.hgbookvip.com
编 辑 部：01065194242-7531（电话）　　01065194231（传真）
发 行 部：01065194221/4238/4246（电话）　　01065194233（传真）
社办书店：01065195616（电话）　　01065195127（传真）
http://store.hgbookvip.com（网址）
印　　刷：北京铭成印刷有限公司　　经　　销：新华书店
开　　本：889mm×1194mm　1/16
印　　张：74.75　　字　　数：2420千字
版　　次：2015年7月第1版
印　　次：2015年7月第1次印刷
书　　号：ISBN　978-7-5175-0075-9
定　　价：240.00元（上、下册）

编写说明

为进一步加强和改善进出口税收政策的宏观调控作用，推动产业结构优化升级和技术进步，近年来，国务院对进出口税收优惠政策进行了调整和完善。为了帮助海关业务人员以及各类进出口单位全面了解、把握和正确执行各项进出口税收优惠政策，我们在2012年编写的《进出口税收优惠政策》的基础上，汇总、整理了现行的国家进出口税收优惠政策，组织编写了本书。

本书的出版发行将有助于增强海关执法透明度，有助于帮助各类进出口单位用足用好国家各项进出口税收优惠政策。本书由海关总署关税征管司姜峰同志任主编，关税征管司孙仁宏、广州海关孙玫同志任副主编。参加本书编写的人员有：张征、潘龙、邢帅军、郭宝强、林坚、陈志敏、韦杰、吴玉琳、郑庆欣、陈丹、李毅玲、古莉、周大庆、李晔、赖晓莺、王哲、柳君。在本书编写过程中，广州海关给予了大力支持，在此表示感谢。

编者

2015年6月

目 录

上 册

1 综合类

3 重大技术装备

下　册

4 科　研

5 科技重大专项

6 电子信息产业

7 能源开发

8 公益事业

10 中资方便旗

11 飞 机

12 文化、体育

13 其他减免税政策

14 出口税收优惠政策

15 案例参考

1 综合类

1.1 法律法规和规章

中华人民共和国海关法

（主席令第 35 号）

（1987 年 1 月 22 日第六届全国人民代表大会常务委员会第十九次会议通过，根据 2000 年 7 月 8 日第九届全国人民代表大会常务委员会第十六次会议《关于修改〈中华人民共和国海关法〉的决定》第一次修正，2000 年 7 月 8 日中华人民共和国主席令第 35 号发布，根据 2013 年 6 月 29 日第十二届全国人民代表大会常务委员会第三次会议《关于修改〈中华人民共和国文物保护法〉等 12 部法律的决定》第二次修正，根据 2013 年 12 月 28 日第十二届全国人民代表大会常务委员会第六次会议《关于修改〈中华人民共和国海洋环境保护法〉等七部法律的决定》第三次修正）

第一章 总 则

第一条 为了维护国家的主权和利益，加强海关监督管理，促进对外经济贸易和科技文化交往，保障社会主义现代化建设，特制定本法。

第二条 中华人民共和国海关是国家的进出关境（以下简称进出境）监督管理机关。海关依照本法和其他有关法律、行政法规，监管进出境的运输工具、货物、行李物品、邮递物品和其他物品（以下简称进出境运输工具、货物、物品），征收关税和其他税、费，查缉走私，并编制海关统计和办理其他海关业务。

第三条 国务院设立海关总署，统一管理全国海关。

国家在对外开放的口岸和海关监管业务集中的地点设立海关。海关的隶属关系，不受行政区划的限制。

海关依法独立行使职权，向海关总署负责。

第四条 国家在海关总署设立专门侦查走私犯罪的公安机构，配备专职缉私警察，负责对其管辖的走私犯罪案件的侦查、拘留、执行逮捕、预审。

海关侦查走私犯罪公安机构履行侦查、拘留、执行逮捕、预审职责，应当按照《中华人民共和国刑事诉讼法》的规定办理。

海关侦查走私犯罪公安机构根据国家有关规定，可以设立分支机构。各分支机构办理其管辖的走私犯罪案件，应当依法向有管辖权的人民检察院移送起诉。

地方各级公安机关应当配合海关侦查走私犯罪公安机构依法履行职责。

第五条 国家实行联合缉私、统一处理、综合治理的缉私体制。海关负责组织、协调、管理查缉走私工作。有关规定由国务院另行制定。

各有关行政执法部门查获的走私案件，应当给予行政处罚的，移送海关依法处理；涉嫌犯罪的，应当移送海关侦查走私犯罪公安机构、地方公安机关依据案件管辖分工和法定程序办理。

第六条 海关可以行使下列权力：

（一）检查进出境运输工具，查验进出境货物、物品；对违反本法或者其他有关法律、行政法规的，可以扣留。

（二）查阅进出境人员的证件；查问违反本法或者其他有关法律、行政法规的嫌疑人，调查其违法行为。

（三）查阅、复制与进出境运输工具、货物、物品有关的合同、发票、账册、单据、记录、文件、业务函电、录音录像制品和其他资料；对其中与违反本法或者其他有关法律、行政法规的进出境运输工具、货物、物品有牵连的，可以扣留。

（四）在海关监管区和海关附近沿海沿边规定地区，检查有走私嫌疑的运输工具和有藏匿走私货物、物品嫌疑的场所，检查走私嫌疑人的身体；对有走私嫌疑的运输工具、货物、物品和走私犯罪嫌疑人，经直属海关关长或者其授权的隶属海关关长批准，可以扣留；对走私犯罪嫌疑人，扣留时间不超过二十四小时，在特殊情况下可以延长至四十八小时。

在海关监管区和海关附近沿海沿边规定地区以外，海关在调查走私案件时，对有走私嫌疑的运输工具和除公民住处以外的有藏匿走私货物、物品嫌疑的场所，经直属海关关长或者其授权的隶属海关关长批准，可以进行检查，有关当事人应当到场；当事人未到场的，在有见证人在场的情况下，可以径行检查；对其中有证据证明有走私嫌疑的运输工具、货物、物品，可以扣留。

海关附近沿海沿边规定地区的范围，由海关总署和国务院公安部门会同有关省级人民政府确定。

（五）在调查走私案件时，经直属海关关长或者其授权的隶属海关关长批准，可以查询案件涉嫌单位和涉嫌人员在金融机构、邮政企业的存款、汇款。

（六）进出境运输工具或者个人违抗海关监管逃逸的，海关可以连续追至海关监管区和海关附近沿海沿边规定地区以外，将其带回处理。

（七）海关为履行职责，可以配备武器。海关工作人员佩带和使用武器的规则，由海关总署会同国务院公安部门制定，报国务院批准。

（八）法律、行政法规规定由海关行使的其他权力。

第七条 各地方、各部门应当支持海关依法行使职权，不得非法干预海关的执法活动。

第八条 进出境运输工具、货物、物品，必须通过设立海关的地点进境或者出境。在特殊情况下，需要经过未设立海关的地点临时进境或者出境的，必须经国务院或者国务院授权的机关批准，并依照本法规定办理海关手续。

第九条 进出口货物，除另有规定的外，可以由进出口货物收发货人自行办理报关纳税手续，也可以由进出口货物收发货人委托海关准予注册登记的报关企业办理报关纳税手续。

进出境物品的所有人可以自行办理报关纳税手续，也可以委托他人办理报关纳税手续。

第十条 报关企业接受进出口货物收发货人的委托，以委托人的名义办理报关手续的，应当向海关提交由委托人签署的授权委托书，遵守本法对委托人的各项规定。

报关企业接受进出口货物收发货人的委托，以自己的名义办理报关手续的，应当承担与收发货人相同的法律责任。

委托人委托报关企业办理报关手续的，应当向报关企业提供所委托报关事项的真实情况；报关企业接受委托人的委托办理报关手续的，应当对委托人所提供情况的真实性进行合理审查。

第十一条 进出口货物收发货人、报关企业办理报关手续，必须依法经海关注册登记。未依法经海关注册登记，不得从事报关业务。

报关企业和报关人员不得非法代理他人报关，或者超出其业务范围进行报关活动。

第十二条 海关依法执行职务，有关单位和个人应当如实回答询问，并予以配合，任何单位和个人不得阻挠。

海关执行职务受到暴力抗拒时，执行有关任务的公安机关和人民武装警察部队应当予以协助。

第十三条 海关建立对违反本法规定逃避海关监管行为的举报制度。

任何单位和个人均有权对违反本法规定逃避海关监管的行为进行举报。

海关对举报或者协助查获违反本法案件的有功单位和个人，应当给予精神的或者物质的奖励。

海关应当为举报人保密。

第二章　进出境运输工具

第十四条　进出境运输工具到达或者驶离设立海关的地点时，运输工具负责人应当向海关如实申报，交验单证，并接受海关监管和检查。

停留在设立海关的地点的进出境运输工具，未经海关同意，不得擅自驶离。

进出境运输工具从一个设立海关的地点驶往另一个设立海关的地点的，应当符合海关监管要求，办理海关手续，未办结海关手续的，不得改驶境外。

第十五条　进境运输工具在进境以后向海关申报以前，出境运输工具在办结海关手续以后出境以前，应当按照交通主管机关规定的路线行进；交通主管机关没有规定的，由海关指定。

第十六条　进出境船舶、火车、航空器到达和驶离时间、停留地点、停留期间更换地点以及装卸货物、物品时间，运输工具负责人或者有关交通运输部门应当事先通知海关。

第十七条　运输工具装卸进出境货物、物品或者上下进出境旅客，应当接受海关监管。

货物、物品装卸完毕，运输工具负责人应当向海关递交反映实际装卸情况的交接单据和记录。

上下进出境运输工具的人员携带物品的，应当向海关如实申报，并接受海关检查。

第十八条　海关检查进出境运输工具时，运输工具负责人应当到场，并根据海关的要求开启舱室、房间、车门；有走私嫌疑的，并应当开拆可能藏匿走私货物、物品的部位，搬移货物、物料。

海关根据工作需要，可以派员随运输工具执行职务，运输工具负责人应当提供方便。

第十九条　进境的境外运输工具和出境的境内运输工具，未向海关办理手续并缴纳关税，不得转让或者移作他用。

第二十条　进出境船舶和航空器兼营境内客、货运输，应当符合海关监管要求。

进出境运输工具改营境内运输，需向海关办理手续。

第二十一条　沿海运输船舶、渔船和从事海上作业的特种船舶，未经海关同意，不得载运或者换取、买卖、转让进出境货物、物品。

第二十二条　进出境船舶和航空器，由于不可抗力的原因，被迫在未设立海关的地点停泊、降落或者抛掷、起卸货物、物品，运输工具负责人应当立即报告附近海关。

第三章　进出境货物

第二十三条　进口货物自进境起到办结海关手续止，出口货物自向海关申报起到出境止，过境、转运和通运货物自进境起到出境止，应当接受海关监管。

第二十四条　进口货物的收货人、出口货物的发货人应当向海关如实申报，交验进出口许可证件和有关单证。国家限制进出口的货物，没有进出口许可证件的，不予放行，具体处理办法由国务院规定。

进口货物的收货人应当自运输工具申报进境之日起十四日内，出口货物的发货人除海关特准的外应当在货物运抵海关监管区后、装货的二十四小时以前，向海关申报。

进口货物的收货人超过前款规定期限向海关申报的，由海关征收滞报金。

第二十五条　办理进出口货物的海关申报手续，应当采用纸质报关单和电子数据报关单的形式。

第二十六条　海关接受申报后，报关单证及其内容不得修改或者撤销，但符合海关规定情形的除外。

第二十七条　进口货物的收货人经海关同意，可以在申报前查看货物或者提取货样。需要依法检疫的货物，应当在检疫合格后提取货样。

第二十八条　进出口货物应当接受海关查验。海关查验货物时，进口货物的收货人、出口货物的发货人应当到场，并负责搬移货物，开拆和重封货物的包装。海关认为必要时，可以径行开验、复验或者提取货样。

海关在特殊情况下对进出口货物予以免验，具体办法由海关总署制定。

第二十九条 除海关特准的外，进出口货物在收发货人缴清税款或者提供担保后，由海关签印放行。

第三十条 进口货物的收货人自运输工具申报进境之日起超过三个月未向海关申报的，其进口货物由海关提取依法变卖处理，所得价款在扣除运输、装卸、储存等费用和税款后，尚有余款的，自货物依法变卖之日起一年内，经收货人申请，予以发还；其中属于国家对进口有限制性规定，应当提交许可证件而不能提供的，不予发还。逾期无人申请或者不予发还的，上缴国库。

确属误卸或者溢卸的进境货物，经海关审定，由原运输工具负责人或者货物的收发货人自该运输工具卸货之日起三个月内，办理退运或者进口手续；必要时，经海关批准，可以延期三个月。逾期未办手续的，由海关按前款规定处理。

前两款所列货物不宜长期保存的，海关可以根据实际情况提前处理。

收货人或者货物所有人声明放弃的进口货物，由海关提取依法变卖处理；所得价款在扣除运输、装卸、储存等费用后，上缴国库。

第三十一条 经海关批准暂时进口或者暂时出口的货物，应当在六个月内复运出境或者复运进境；在特殊情况下，经海关同意，可以延期。

第三十二条 经营保税货物的储存、加工、装配、展示、运输、寄售业务和经营免税商店，应当符合海关监管要求，经海关批准，并办理注册手续。

保税货物的转让、转移以及进出保税场所，应当向海关办理有关手续，接受海关监管和查验。

第三十三条 企业从事加工贸易，应当持有关批准文件和加工贸易合同向海关备案，加工贸易制成品单位耗料量由海关按照有关规定核定。

加工贸易制成品应当在规定的期限内复出口。其中使用的进口料件，属于国家规定准予保税的，应当向海关办理核销手续；属于先征收税款的，依法向海关办理退税手续。

加工贸易保税进口料件或者制成品因故转为内销的，海关凭准予内销的批准文件，对保税的进口料件依法征税；属于国家对进口有限制性规定的，还应当向海关提交进口许可证件。

第三十四条 经国务院批准在中华人民共和国境内设立的保税区等海关特殊监管区域，由海关按照国家有关规定实施监管。

第三十五条 进口货物应当由收货人在货物的进境地海关办理海关手续，出口货物应当由发货人在货物的出境地海关办理海关手续。

经收发货人申请，海关同意，进口货物的收货人可以在设有海关的指运地、出口货物的发货人可以在设有海关的起运地办理海关手续。上述货物的转关运输，应当符合海关监管要求；必要时，海关可以派员押运。

经电缆、管道或者其他特殊方式输送进出境的货物，经营单位应当定期向指定的海关申报和办理海关手续。

第三十六条 过境、转运和通运货物，运输工具负责人应当向进境地海关如实申报，并应当在规定期限内运输出境。

海关认为必要时，可以查验过境、转运和通运货物。

第三十七条 海关监管货物，未经海关许可，不得开拆、提取、交付、发运、调换、改装、抵押、质押、留置、转让、更换标记、移作他用或者进行其他处置。

海关加施的封志，任何人不得擅自开启或者损毁。

人民法院判决、裁定或者有关行政执法部门决定处理海关监管货物的，应当责令当事人办结海关手续。

第三十八条 经营海关监管货物仓储业务的企业，应当经海关注册，并按照海关规定，办理收存、交付手续。

在海关监管区外存放海关监管货物，应当经海关同意，并接受海关监管。

违反前两款规定或者在保管海关监管货物期间造成海关监管货物损毁或者灭失的，除不可抗力外，对海关监管货物负有保管义务的人应当承担相应的纳税义务和法律责任。

第三十九条 进出境集装箱的监管办法、打捞进出境货物和沉船的监管办法、边境小额贸易进出口货物的监管办法，以及本法未具体列明的其他进出境货物的监管办法，由海关总署或者由海关总署会同国务院有关部门另行制定。

第四十条 国家对进出境货物、物品有禁止性或者限制性规定的，海关依据法律、行政法规、国务院的规定或者国务院有关部门依据法律、行政法规的授权作出的规定实施监管。具体监管办法由海关总署制定。

第四十一条 进出口货物的原产地按照国家有关原产地规则的规定确定。

第四十二条 进出口货物的商品归类按照国家有关商品归类的规定确定。

海关可以要求进出口货物的收发货人提供确定商品归类所需的有关资料；必要时，海关可以组织化验、检验，并将海关认定的化验、检验结果作为商品归类的依据。

第四十三条 海关可以根据对外贸易经营者提出的书面申请，对拟作进口或者出口的货物预先作出商品归类等行政裁定。

进口或者出口相同货物，应当适用相同的商品归类行政裁定。

海关对所作出的商品归类等行政裁定，应当予以公布。

第四十四条 海关依照法律、行政法规的规定，对与进出境货物有关的知识产权实施保护。

需要向海关申报知识产权状况的，进出口货物收发货人及其代理人应当按照国家规定向海关如实申报有关知识产权状况，并提交合法使用有关知识产权的证明文件。

第四十五条 自进出口货物放行之日起三年内或者在保税货物、减免税进口货物的海关监管期限内及其后的三年内，海关可以对与进出口货物直接有关的企业、单位的会计账簿、会计凭证、报关单证以及其他有关资料和有关进出口货物实施稽查。具体办法由国务院规定。

第四章 进出境物品

第四十六条 个人携带进出境的行李物品、邮寄进出境的物品，应当以自用、合理数量为限，并接受海关监管。

第四十七条 进出境物品的所有人应当向海关如实申报，并接受海关查验。

海关加施的封志，任何人不得擅自开启或者损毁。

第四十八条 进出境邮袋的装卸、转运和过境，应当接受海关监管。邮政企业应当向海关递交邮件路单。

邮政企业应当将开拆及封发国际邮袋的时间事先通知海关，海关应当按时派员到场监管查验。

第四十九条 邮运进出境的物品，经海关查验放行后，有关经营单位方可投递或者交付。

第五十条 经海关登记准予暂时免税进境或者暂时免税出境的物品，应当由本人复带出境或者复带进境。

过境人员未经海关批准，不得将其所带物品留在境内。

第五十一条 进出境物品所有人声明放弃的物品、在海关规定期限内未办理海关手续或者无人认领的物品，以及无法投递又无法退回的进境邮递物品，由海关依照本法第三十条的规定处理。

第五十二条 享有外交特权和豁免的外国机构或者人员的公务用品或者自用物品进出境，依照有关法律、行政法规的规定办理。

第五章 关 税

第五十三条 准许进出口的货物、进出境物品，由海关依法征收关税。

第五十四条 进口货物的收货人、出口货物的发货人、进出境物品的所有人，是关税的纳税义务人。

第五十五条 进出口货物的完税价格，由海关以该货物的成交价格为基础审查确定。成交价格不能确定时，完税价格由海关依法估定。

进口货物的完税价格包括货物的货价、货物运抵中华人民共和国境内输入地点起卸前的运输及其相关费用、保险费；出口货物的完税价格包括货物的货价、货物运至中华人民共和国境内输出地点装载前的运输及其相关费用、保险费，但是其中包含的出口关税税额，应当予以扣除。

进出境物品的完税价格，由海关依法确定。

第五十六条 下列进出口货物、进出境物品，减征或者免征关税：

（一）无商业价值的广告品和货样；

（二）外国政府、国际组织无偿赠送的物资；

（三）在海关放行前遭受损坏或者损失的货物；

（四）规定数额以内的物品；

（五）法律规定减征、免征关税的其他货物、物品；

（六）中华人民共和国缔结或者参加的国际条约规定减征、免征关税的货物、物品。

第五十七条 特定地区、特定企业或者有特定用途的进出口货物，可以减征或者免征关税。特定减税或者免税的范围和办法由国务院规定。

依照前款规定减征或者免征关税进口的货物，只能用于特定地区、特定企业或者特定用途，未经海关核准并补缴关税，不得移作他用。

第五十八条 本法第五十六条、第五十七条第一款规定范围以外的临时减征或者免征关税，由国务院决定。

第五十九条 经海关批准暂时进口或者暂时出口的货物，以及特准进口的保税货物，在货物收发货人向海关缴纳相当于税款的保证金或者提供担保后，准予暂时免纳关税。

第六十条 进出口货物的纳税义务人，应当自海关填发税款缴款书之日起十五日内缴纳税款；逾期缴纳的，由海关征收滞纳金。纳税义务人、担保人超过三个月仍未缴纳的，经直属海关关长或者其授权的隶属海关关长批准，海关可以采取下列强制措施：

（一）书面通知其开户银行或者其他金融机构从其存款中扣缴税款；

（二）将应税货物依法变卖，以变卖所得抵缴税款；

（三）扣留并依法变卖其价值相当于应纳税款的货物或者其他财产，以变卖所得抵缴税款。

海关采取强制措施时，对前款所列纳税义务人、担保人未缴纳的滞纳金同时强制执行。

进出境物品的纳税义务人，应当在物品放行前缴纳税款。

第六十一条 进出口货物的纳税义务人在规定的纳税期限内有明显的转移、藏匿其应税货物以及其他财产迹象的，海关可以责令纳税义务人提供担保；纳税义务人不能提供纳税担保的，经直属海关关长或者其授权的隶属海关关长批准，海关可以采取下列税收保全措施：

（一）书面通知纳税义务人开户银行或者其他金融机构暂停支付纳税义务人相当于应纳税款的存款；

（二）扣留纳税义务人价值相当于应纳税款的货物或者其他财产。

纳税义务人在规定的纳税期限内缴纳税款的，海关必须立即解除税收保全措施；期限届满仍未缴纳税款的，经直属海关关长或者其授权的隶属海关关长批准，海关可以书面通知纳税义务人开户银行或者其他金融机构从其暂停支付的存款中扣缴税款，或者依法变卖所扣留的货物或者其他财产，以变卖所得抵缴税款。

采取税收保全措施不当，或者纳税义务人在规定期限内已缴纳税款，海关未立即解除税收保全措施，致使纳税义务人的合法权益受到损失的，海关应当依法承担赔偿责任。

第六十二条 进出口货物、进出境物品放行后，海关发现少征或者漏征税款，应当自缴纳税款或者货物、物品放行之日起一年内，向纳税义务人补征。因纳税义务人违反规定而造成的少征或者漏征，海关在三年以内可以追征。

第六十三条 海关多征的税款，海关发现后应当立即退还；纳税义务人自缴纳税款之日起一年内，可以要求海关退还。

第六十四条 纳税义务人同海关发生纳税争议时，应当缴纳税款，并可以依法申请行政复议；对复议决定仍不服的，可以依法向人民法院提起诉讼。

第六十五条 进口环节海关代征税的征收管理，适用关税征收管理的规定。

第六章 海关事务担保

第六十六条 在确定货物的商品归类、估价和提供有效报关单证或者办结其他海关手续前，收发货人要求放行货物的，海关应当在其提供与其依法应当履行的法律义务相适应的担保后放行。法律、行政法规规定可以免除担保的除外。

法律、行政法规对履行海关义务的担保另有规定的，从其规定。

国家对进出境货物、物品有限制性规定，应当提供许可证件而不能提供的，以及法律、行政法规规定不得担保的其他情形，海关不得办理担保放行。

第六十七条 具有履行海关事务担保能力的法人、其他组织或者公民，可以成为担保人。法律规定不得为担保人的除外。

第六十八条 担保人可以以下列财产、权利提供担保：

（一）人民币、可自由兑换货币；

（二）汇票、本票、支票、债券、存单；

（三）银行或者非银行金融机构的保函；

（四）海关依法认可的其他财产、权利。

第六十九条 担保人应当在担保期限内承担担保责任。担保人履行担保责任的，不免除被担保人应当办理有关海关手续的义务。

第七十条 海关事务担保管理办法，由国务院规定。

第七章 执法监督

第七十一条 海关履行职责，必须遵守法律，维护国家利益，依照法定职权和法定程序严格执法，接受监督。

第七十二条 海关工作人员必须秉公执法，廉洁自律，忠于职守，文明服务，不得有下列行为：

（一）包庇、纵容走私或者与他人串通进行走私；

（二）非法限制他人人身自由，非法检查他人身体、住所或者场所，非法检查、扣留进出境运输工具、货物、物品；

（三）利用职权为自己或者他人谋取私利；

（四）索取、收受贿赂；

（五）泄露国家秘密、商业秘密和海关工作秘密；

（六）滥用职权，故意刁难，拖延监管、查验；

（七）购买、私分、占用没收的走私货物、物品；

（八）参与或者变相参与营利性经营活动；

（九）违反法定程序或者超越权限执行职务；

（十）其他违法行为。

第七十三条 海关应当根据依法履行职责的需要，加强队伍建设，使海关工作人员具有良好的政治、业务素质。

海关专业人员应当具有法律和相关专业知识，符合海关规定的专业岗位任职要求。

海关招收工作人员应当按照国家规定，公开考试，严格考核，择优录用。

海关应当有计划地对其工作人员进行政治思想、法制、海关业务培训和考核。海关工作人员必须定期接受培训和考核，经考核不合格的，不得继续上岗执行职务。

第七十四条 海关总署应当实行海关关长定期交流制度。

海关关长定期向上一级海关述职，如实陈述其执行职务情况。海关总署应当定期对直属海关关长进行考核，直属海关应当定期对隶属海关关长进行考核。

第七十五条 海关及其工作人员的行政执法活动，依法接受监察机关的监督；缉私警察进行侦查活动，依法接受人民检察院的监督。

第七十六条 审计机关依法对海关的财政收支进行审计监督，对海关办理的与国家财政收支有关的事项，有权进行专项审计调查。

第七十七条 上级海关应当对下级海关的执法活动依法进行监督。上级海关认为下级海关作出的处理或者决定不适当的，可以依法予以变更或者撤销。

第七十八条 海关应当依照本法和其他有关法律、行政法规的规定，建立健全内部监督制度，对其工作人员执行法律、行政法规和遵守纪律的情况，进行监督检查。

第七十九条 海关内部负责审单、查验、放行、稽查和调查等主要岗位的职责权限应当明确，并相互分离、相互制约。

第八十条 任何单位和个人均有权对海关及其工作人员的违法、违纪行为进行控告、检举。收到控告、检举的机关有权处理的，应当依法按照职责分工及时查处。收到控告、检举的机关和负责查处的机关应当为控告人、检举人保密。

第八十一条 海关工作人员在调查处理违法案件时，遇有下列情形之一的，应当回避：

（一）是本案的当事人或者是当事人的近亲属；

（二）本人或者其近亲属与本案有利害关系；

（三）与本案当事人有其他关系，可能影响案件公正处理的。

第八章 法律责任

第八十二条 违反本法及有关法律、行政法规，逃避海关监管，偷逃应纳税款、逃避国家有关进出境的禁止性或者限制性管理，有下列情形之一的，是走私行为：

（一）运输、携带、邮寄国家禁止或者限制进出境货物、物品或者依法应当缴纳税款的货物、物品进出境的；

（二）未经海关许可并且未缴纳应纳税款、交验有关许可证件，擅自将保税货物、特定减免税货物以及其他海关监管货物、物品、进境的境外运输工具，在境内销售的；

（三）有逃避海关监管，构成走私的其他行为的。

有前款所列行为之一，尚不构成犯罪的，由海关没收走私货物、物品及违法所得，可以并处罚款；专门或者多次用于掩护走私的货物、物品，专门或者多次用于走私的运输工具，予以没收，藏匿走私货物、物品的特制设备，责令拆毁或者没收。

有第一款所列行为之一，构成犯罪的，依法追究刑事责任。

第八十三条 有下列行为之一的，按走私行为论处，依照本法第八十二条的规定处罚：

（一）直接向走私人非法收购走私进口的货物、物品的；

（二）在内海、领海、界河、界湖，船舶及所载人员运输、收购、贩卖国家禁止或者限制进出境的货物、物品，或者运输、收购、贩卖依法应当缴纳税款的货物，没有合法证明的。

第八十四条 伪造、变造、买卖海关单证，与走私人通谋为走私人提供贷款、资金、账号、发票、证明、海关单证，与走私人通谋为走私人提供运输、保管、邮寄或者其他方便，构成犯罪的，依法追究刑事责任；尚不构成犯罪的，由海关没收违法所得，并处罚款。

第八十五条 个人携带、邮寄超过合理数量的自用物品进出境，未依法向海关申报的，责令补缴关税，可以处以罚款。

第八十六条 违反本法规定有下列行为之一的，可以处以罚款，有违法所得的，没收违法所得：

（一）运输工具不经设立海关的地点进出境的；

（二）不将进出境运输工具到达的时间、停留的地点或者更换的地点通知海关的；

（三）进出口货物、物品或者过境、转运、通运货物向海关申报不实的；

（四）不按照规定接受海关对进出境运输工具、货物、物品进行检查、查验的；

（五）进出境运输工具未经海关同意，擅自装卸进出境货物、物品或者上下进出境旅客的；

（六）在设立海关的地点停留的进出境运输工具未经海关同意，擅自驶离的；

（七）进出境运输工具从一个设立海关的地点驶往另一个设立海关的地点，尚未办结海关手续又未经海关批准，中途擅自改驶境外或者境内未设立海关的地点的；

（八）进出境运输工具，不符合海关监管要求或者未向海关办理手续，擅自兼营或者改营境内运输的；

（九）由于不可抗力的原因，进出境船舶和航空器被迫在未设立海关的地点停泊、降落或者在境内抛掷、起卸货物、物品，无正当理由，不向附近海关报告的；

（十）未经海关许可，擅自将海关监管货物开拆、提取、交付、发运、调换、改装、抵押、质押、留置、转让、更换标记、移作他用或者进行其他处置的；

（十一）擅自开启或者损毁海关封志的；

（十二）经营海关监管货物的运输、储存、加工等业务，有关货物灭失或者有关记录不真实，不能提供正当理由的；

（十三）有违反海关监管规定的其他行为的。

第八十七条 海关准予从事有关业务的企业，违反本法有关规定的，由海关责令改正，可以给予警告，暂停其从事有关业务，直至撤销注册。

第八十八条 未经海关注册登记从事报关业务的，由海关予以取缔，没收违法所得，可以并处罚款。

第八十九条 报关企业非法代理他人报关或者超出其业务范围进行报关活动的，由海关责令改正，处以罚款；情节严重的，撤销其报关注册登记。

报关人员非法代理他人报关或者超出其业务范围进行报关活动的，由海关责令改正，处以罚款。

第九十条 进出口货物收发货人、报关企业向海关工作人员行贿的，由海关撤销其报关注册登记，并处以罚款；构成犯罪的，依法追究刑事责任，并不得重新注册登记为报关企业。

报关人员向海关工作人员行贿的，处以罚款；构成犯罪的，依法追究刑事责任。

第九十一条 违反本法规定进出口侵犯中华人民共和国法律、行政法规保护的知识产权的货物的，由海关依法没收侵权货物，并处以罚款；构成犯罪的，依法追究刑事责任。

第九十二条 海关依法扣留的货物、物品、运输工具，在人民法院判决或者海关处罚决定作出之前，不得处理。但是，危险品或者鲜活、易腐、易失效等不宜长期保存的货物、物品以及所有人申请先行变卖的货物、物品、运输工具，经直属海关关长或者其授权的隶属海关关长批准，可以先行依法变卖，变卖所得价款由海关保存，并通知其所有人。

人民法院判决没收或者海关决定没收的走私货物、物品、违法所得、走私运输工具、特制设备，由海关依法统一处理，所得价款和海关决定处以的罚款，全部上缴中央国库。

第九十三条 当事人逾期不履行海关的处罚决定又不申请复议或者向人民法院提起诉讼的，作出处罚决定的海关可以将其保证金抵缴或者将其被扣留的货物、物品、运输工具依法变价抵缴，也可以申请人民法院强制执行。

第九十四条 海关在查验进出境货物、物品时，损坏被查验的货物、物品的，应当赔偿实际损失。

第九十五条 海关违法扣留货物、物品、运输工具，致使当事人的合法权益受到损失的，应当依法承担赔偿责任。

第九十六条 海关工作人员有本法第七十二条所列行为之一的，依法给予行政处分；有违法所得的，依法没收违法所得；构成犯罪的，依法追究刑事责任。

第九十七条 海关的财政收支违反法律、行政法规规定的，由审计机关以及有关部门依照法律、行政法规的规定作出处理；对直接负责的主管人员和其他直接责任人员，依法给予行政处分；构成犯罪的，依法追究刑事责任。

第九十八条 未按照本法规定为控告人、检举人、举报人保密的，对直接负责的主管人员和其他直接责任人员，由所在单位或者有关单位依法给予行政处分。

第九十九条 海关工作人员在调查处理违法案件时，未按照本法规定进行回避的，对直接负责的主管人员和其他直接责任人员，依法给予行政处分。

第九章 附 则

第一百条 本法下列用语的含义：

直属海关，是指直接由海关总署领导，负责管理一定区域范围内的海关业务的海关；隶属海关，是指由直属海关领导，负责办理具体海关业务的海关。

进出境运输工具，是指用以载运人员、货物、物品进出境的各种船舶、车辆、航空器和驮畜。

过境、转运和通运货物，是指由境外起运、通过中国境内继续运往境外的货物。其中，通过境内陆路运输的，称过境货物；在境内设立海关的地点换装运输工具，而不通过境内陆路运输的，称转运货物；由船舶、航空器载运进境并由原装运输工具载运出境的，称通运货物。

海关监管货物，是指本法第二十三条所列的进出口货物，过境、转运、通运货物，特定减免税货物，以及暂时进出口货物、保税货物和其他尚未办结海关手续的进出境货物。

保税货物，是指经海关批准未办理纳税手续进境，在境内储存、加工、装配后复运出境的货物。

海关监管区，是指设立海关的港口、车站、机场、国界孔道、国际邮件互换局（交换站）和其他有海关监管业务的场所，以及虽未设立海关，但是经国务院批准的进出境地点。

第一百零一条 经济特区等特定地区同境内其他地区之间往来的运输工具、货物、物品的监管办法，由国务院另行规定。

第一百零二条 本法自1987年7月1日起施行。1951年4月18日中央人民政府公布的《中华人民共和国暂行海关法》同时废止。

中华人民共和国进出口关税条例

（1997年1月3日中华人民共和国国务院令第209号发布，自发布之日起施行）
（2003年11月23日中华人民共和国国务院令第392号公布，根据2011年1月8日《国务院关于废止和修改部分行政法规的决定》第一次修订，根据2013年12月7日《国务院关于修改部分行政法规的决定》第二次修订）

第一章 总 则

第一条 为了贯彻对外开放政策，促进对外经济贸易和国民经济的发展，根据《中华人民共和国海关法》（以下简称《海关法》）的有关规定，制定本条例。

第二条 中华人民共和国准许进出口的货物、进境物品，除法律、行政法规另有规定外，海关依照本条例规定征收进出口关税。

第三条 国务院制定《中华人民共和国进出口税则》（以下简称《税则》）、《中华人民共和国进境物品进口税税率表》（以下简称《进境物品进口税税率表》），规定关税的税目、税则号列和税率，作为本条例的组成部分。

第四条 国务院设立关税税则委员会，负责《税则》和《进境物品进口税税率表》的税目、税则号列和税率的调整和解释，报国务院批准后执行；决定实行暂定税率的货物、税率和期限；决定关税配额税率；决定征收反倾销税、反补贴税、保障措施关税、报复性关税以及决定实施其他关税措施；决定特殊情况下税率的适用，以及履行国务院规定的其他职责。

第五条 进口货物的收货人、出口货物的发货人、进境物品的所有人，是关税的纳税义务人。

第六条 海关及其工作人员应当依照法定职权和法定程序履行关税征管职责，维护国家利益，保护纳税人合法权益，依法接受监督。

第七条 纳税义务人有权要求海关对其商业秘密予以保密，海关应当依法为纳税义务人保密。

第八条 海关对检举或者协助查获违反本条例行为的单位和个人，应当按照规定给予奖励，并负责保密。

第二章 进出口货物关税税率的设置和适用

第九条 进口关税设置最惠国税率、协定税率、特惠税率、普通税率、关税配额税率等税率。对进口货物在一定期限内可以实行暂定税率。

出口关税设置出口税率。对出口货物在一定期限内可以实行暂定税率。

第十条 原产于共同适用最惠国待遇条款的世界贸易组织成员的进口货物，原产于与中华人民共和国签订含有相互给予最惠国待遇条款的双边贸易协定的国家或者地区的进口货物，以及原产于中华人民共和国境内的进口货物，适用最惠国税率。

原产于与中华人民共和国签订含有关税优惠条款的区域性贸易协定的国家或者地区的进口货物，适用协定税率。

原产于与中华人民共和国签订含有特殊关税优惠条款的贸易协定的国家或者地区的进口货物，适用特惠税率。

原产于本条第一款、第二款和第三款所列以外国家或者地区的进口货物，以及原产地不明的进口货物，适用普通税率。

第十一条 适用最惠国税率的进口货物有暂定税率的，应当适用暂定税率；适用协定税率、特惠税率的进口货物有暂定税率的，应当从低适用税率；适用普通税率的进口货物，不适用暂定税率。

适用出口税率的出口货物有暂定税率的，应当适用暂定税率。

第十二条 按照国家规定实行关税配额管理的进口货物，关税配额内的，适用关税配额税率；关税配额外的，其税率的适用按照本条例第十条、第十一条的规定执行。

第十三条 按照有关法律、行政法规的规定对进口货物采取反倾销、反补贴、保障措施的，其税率的适用按照《中华人民共和国反倾销条例》、《中华人民共和国反补贴条例》和《中华人民共和国保障措施条例》的有关规定执行。

第十四条 任何国家或者地区违反与中华人民共和国签订或者共同参加的贸易协定及相关协定，对中华人民共和国在贸易方面采取禁止、限制、加征关税或者其他影响正常贸易的措施的，对原产于该国家或者地区的进口货物可以征收报复性关税，适用报复性关税税率。

征收报复性关税的货物、适用国别、税率、期限和征收办法，由国务院关税税则委员会决定并公布。

第十五条 进出口货物，应当适用海关接受该货物申报进口或者出口之日实施的税率。

进口货物到达前，经海关核准先行申报的，应当适用装载该货物的运输工具申报进境之日实施的税率。

转关运输货物税率的适用日期，由海关总署另行规定。

第十六条 有下列情形之一，需缴纳税款的，应当适用海关接受申报办理纳税手续之日实施的税率：

（一）保税货物经批准不复运出境的；

（二）减免税货物经批准转让或者移作他用的；

（三）暂准进境货物经批准不复运出境，以及暂准出境货物经批准不复运进境的；

（四）租赁进口货物，分期缴纳税款的。

第十七条 补征和退还进出口货物关税，应当按照本条例第十五条或者第十六条的规定确定适用的税率。

因纳税义务人违反规定需要追征税款的，应当适用该行为发生之日实施的税率；行为发生之日不能确定的，适用海关发现该行为之日实施的税率。

第三章 进出口货物完税价格的确定

第十八条 进口货物的完税价格由海关以符合本条第三款所列条件的成交价格以及该货物运抵中华人民共和国境内输入地点起卸前的运输及其相关费用、保险费为基础审查确定。

进口货物的成交价格，是指卖方向中华人民共和国境内销售该货物时买方为进口该货物向卖方实付、应付的，并按照本条例第十九条、第二十条规定调整后的价款总额，包括直接支付的价款和间接支付的价款。

进口货物的成交价格应当符合下列条件：

（一）对买方处置或者使用该货物不予限制，但法律、行政法规规定实施的限制、对货物转售地域的限制和对货物价格无实质性影响的限制除外；

（二）该货物的成交价格没有因搭售或者其他因素的影响而无法确定；

（三）卖方不得从买方直接或者间接获得因该货物进口后转售、处置或者使用而产生的任何收益，或者虽有收益但能够按照本条例第十九条、第二十条的规定进行调整；

（四）买卖双方没有特殊关系，或者虽有特殊关系但未对成交价格产生影响。

第十九条 进口货物的下列费用应当计入完税价格：

（一）由买方负担的购货佣金以外的佣金和经纪费；

（二）由买方负担的在审查确定完税价格时与该货物视为一体的容器的费用；

（三）由买方负担的包装材料费用和包装劳务费用；

（四）与该货物的生产和向中华人民共和国境内销售有关的，由买方以免费或者以低于成本的方式提供并可以按适当比例分摊的料件、工具、模具、消耗材料及类似货物的价款，以及在境外开发、设计等相关服务的费用；

（五）作为该货物向中华人民共和国境内销售的条件，买方必须支付的、与该货物有关的特许权使用费；

（六）卖方直接或者间接从买方获得的该货物进口后转售、处置或者使用的收益。

第二十条 进口时在货物的价款中列明的下列税收、费用，不计入该货物的完税价格：

（一）厂房、机械、设备等货物进口后进行建设、安装、装配、维修和技术服务的费用；

（二）进口货物运抵境内输入地点起卸后的运输及其相关费用、保险费；

（三）进口关税及国内税收。

第二十一条 进口货物的成交价格不符合本条例第十八条第三款规定条件的，或者成交价格不能确定的，海关经了解有关情况，并与纳税义务人进行价格磋商后，依次以下列价格估定该货物的完税价格：

（一）与该货物同时或者大约同时向中华人民共和国境内销售的相同货物的成交价格；

（二）与该货物同时或者大约同时向中华人民共和国境内销售的类似货物的成交价格；

（三）与该货物进口的同时或者大约同时，将该进口货物、相同或者类似进口货物在第一级销售环节销售给无特殊关系买方最大销售总量的单位价格，但应当扣除本条例第二十二条规定的项目；

（四）按照下列各项总和计算的价格：生产该货物所使用的料件成本和加工费用，向中华人民共和国境内销售同等级或者同种类货物通常的利润和一般费用，该货物运抵境内输入地点起卸前的运输及其相关费用、保险费；

（五）以合理方法估定的价格。

纳税义务人向海关提供有关资料后，可以提出申请，颠倒前款第（三）项和第（四）项的适用次序。

第二十二条 按照本条例第二十一条第一款第（三）项规定估定完税价格，应当扣除的项目是指：

（一）同等级或者同种类货物在中华人民共和国境内第一级销售环节销售时通常的利润和一般费用以及通常支付的佣金；

（二）进口货物运抵境内输入地点起卸后的运输及其相关费用、保险费；

（三）进口关税及国内税收。

第二十三条 以租赁方式进口的货物，以海关审查确定的该货物的租金作为完税价格。

纳税义务人要求一次性缴纳税款的，纳税义务人可以选择按照本条例第二十一条的规定估定完税价格，或者按照海关审查确定的租金总额作为完税价格。

第二十四条 运往境外加工的货物，出境时已向海关报明并在海关规定的期限内复运进境的，应当以境外加工费和料件费以及复运进境的运输及其相关费用和保险费审查确定完税价格。

第二十五条 运往境外修理的机械器具、运输工具或者其他货物，出境时已向海关报明并在海关规定的期限内复运进境的，应当以境外修理费和料件费审查确定完税价格。

第二十六条 出口货物的完税价格由海关以该货物的成交价格以及该货物运至中华人民共和国境内输出地点装载前的运输及其相关费用、保险费为基础审查确定。

出口货物的成交价格，是指该货物出口时卖方为出口该货物应当向买方直接收取和间接收取的价款总额。

出口关税不计入完税价格。

第二十七条 出口货物的成交价格不能确定的，海关经了解有关情况，并与纳税义务人进行价格磋商后，依次以下列价格估定该货物的完税价格：

（一）与该货物同时或者大约同时向同一国家或者地区出口的相同货物的成交价格；

（二）与该货物同时或者大约同时向同一国家或者地区出口的类似货物的成交价格；

（三）按照下列各项总和计算的价格：境内生产相同或者类似货物的料件成本、加工费用，通常的利润和一般费用，境内发生的运输及其相关费用、保险费；

（四）以合理方法估定的价格。

第二十八条 按照本条例规定计入或者不计入完税价格的成本、费用、税收，应当以客观、可量化的数据为依据。

第四章　进出口货物关税的征收

第二十九条 进口货物的纳税义务人应当自运输工具申报进境之日起14日内，出口货物的纳税义务人除海关特准的外，应当在货物运抵海关监管区后、装货的24小时以前，向货物的进出境地海关申报。进出口货物转关运输的，按照海关总署的规定执行。

进口货物到达前，纳税义务人经海关核准可以先行申报。具体办法由海关总署另行规定。

第三十条 纳税义务人应当依法如实向海关申报，并按照海关的规定提供有关确定完税价格、进行商品归类、确定原产地以及采取反倾销、反补贴或者保障措施等所需的资料；必要时，海关可以要求纳税义务人补充申报。

第三十一条 纳税义务人应当按照《税则》规定的目录条文和归类总规则、类注、章注、子目注释以及其他归类注释，对其申报的进出口货物进行商品归类，并归入相应的税则号列；海关应当依法审核确定该货物的商品归类。

第三十二条 海关可以要求纳税义务人提供确定商品归类所需的有关资料；必要时，海关可以组织化验、检验，并将海关认定的化验、检验结果作为商品归类的依据。

第三十三条 海关为审查申报价格的真实性和准确性，可以查阅、复制与进出口货物有关的合同、发票、账册、结付汇凭证、单据、业务函电、录音录像制品和其他反映买卖双方关系及交易活动的资料。

海关对纳税义务人申报的价格有怀疑并且所涉关税数额较大的，经直属海关关长或者其授权的隶属海关关长批准，凭海关总署统一格式的协助查询账户通知书及有关工作人员的工作证件，可以查询纳税义务人在银行或者其他金融机构开立的单位账户的资金往来情况，并向银行业监督管理机构通报有关情况。

第三十四条 海关对纳税义务人申报的价格有怀疑的，应当将怀疑的理由书面告知纳税义务人，要求其在规定的期限内书面作出说明、提供有关资料。

纳税义务人在规定的期限内未作说明、未提供有关资料的，或者海关仍有理由怀疑申报价格的真实性和准确性的，海关可以不接受纳税义务人申报的价格，并按照本条例第三章的规定估定完税价格。

第三十五条 海关审查确定进出口货物的完税价格后，纳税义务人可以以书面形式要求海关就如何确定其进出口货物的完税价格作出书面说明，海关应当向纳税义务人作出书面说明。

第三十六条 进出口货物关税，以从价计征、从量计征或者国家规定的其他方式征收。

从价计征的计算公式为：

应纳税额=完税价格×关税税率

从量计征的计算公式为：

应纳税额=货物数量×单位税额

第三十七条 纳税义务人应当自海关填发税款缴款书之日起15日内向指定银行缴纳税款。纳税义务人未按期缴纳税款的，从滞纳税款之日起，按日加收滞纳税款万分之五的滞纳金。

海关可以对纳税义务人欠缴税款的情况予以公告。

海关征收关税、滞纳金等，应当制发缴款凭证，缴款凭证格式由海关总署规定。

第三十八条 海关征收关税、滞纳金等，应当按人民币计征。

进出口货物的成交价格以及有关费用以外币计价的，以中国人民银行公布的基准汇率折合为人民币计算完税价格；以基准汇率币种以外的外币计价的，按照国家有关规定套算为人民币计算完税价格。适用汇率的日期由海关总署规定。

第三十九条 纳税义务人因不可抗力或者在国家税收政策调整的情形下，不能按期缴纳税款的，经海关批准，可以延期缴纳税款，但是最长不得超过6个月。

第四十条 进出口货物的纳税义务人在规定的纳税期限内有明显的转移、藏匿其应税货物以及其他财产迹象的，海关可以责令纳税义务人提供担保；纳税义务人不能提供担保的，海关可以按照《海关法》第六十一条的规定采取税收保全措施。

纳税义务人、担保人自缴纳税款期限届满之日起超过3个月仍未缴纳税款的，海关可以按照《海关法》第六十条的规定采取强制措施。

第四十一条 加工贸易的进口料件按照国家规定保税进口的，其制成品或者进口料件未在规定的期限内出口的，海关按照规定征收进口关税。

加工贸易的进口料件进境时按照国家规定征收进口关税的，其制成品或者进口料件在规定的期限内出口的，海关按照有关规定退还进境时已征收的关税税款。

第四十二条 经海关批准暂时进境或者暂时出境的下列货物，在进境或者出境时纳税义务人向海关缴纳相当于应纳税款的保证金或者提供其他担保的，可以暂不缴纳关税，并应当自进境或者出境之日起6个月内复运出境或者复运进境；经纳税义务人申请，海关可以根据海关总署的规定延长复运出境或者复运进境的期限：

（一）在展览会、交易会、会议及类似活动中展示或者使用的货物；

（二）文化、体育交流活动中使用的表演、比赛用品；

（三）进行新闻报道或者摄制电影、电视节目使用的仪器、设备及用品；

（四）开展科研、教学、医疗活动使用的仪器、设备及用品；

（五）在本款第（一）项至第（四）项所列活动中使用的交通工具及特种车辆；

（六）货样；

（七）供安装、调试、检测设备时使用的仪器、工具；

（八）盛装货物的容器；

（九）其他用于非商业目的的货物。

第一款所列暂准进境货物在规定的期限内未复运出境的，或者暂准出境货物在规定的期限内未复运进境的，海关应当依法征收关税。

第一款所列可以暂时免征关税范围以外的其他暂准进境货物，应当按照该货物的完税价格和其在境内滞留时间与折旧时间的比例计算征收进口关税。具体办法由海关总署规定。

第四十三条 因品质或者规格原因，出口货物自出口之日起 1 年内原状复运进境的，不征收进口关税。

因品质或者规格原因，进口货物自进口之日起 1 年内原状复运出境的，不征收出口关税。

第四十四条 因残损、短少、品质不良或者规格不符原因，由进出口货物的发货人、承运人或者保险公司免费补偿或者更换的相同货物，进出口时不征收关税。被免费更换的原进口货物不退运出境或者原出口货物不退运进境的，海关应当对原进出口货物重新按照规定征收关税。

第四十五条 下列进出口货物，免征关税：

（一）关税税额在人民币 50 元以下的一票货物；

（二）无商业价值的广告品和货样；

（三）外国政府、国际组织无偿赠送的物资；

（四）在海关放行前损失的货物；

（五）进出境运输工具装载的途中必需的燃料、物料和饮食用品。

在海关放行前遭受损坏的货物，可以根据海关认定的受损程度减征关税。

法律规定的其他免征或者减征关税的货物，海关根据规定予以免征或者减征。

第四十六条 特定地区、特定企业或者有特定用途的进出口货物减征或者免征关税，以及临时减征或者免征关税，按照国务院的有关规定执行。

第四十七条 进口货物减征或者免征进口环节海关代征税，按照有关法律、行政法规的规定执行。

第四十八条 纳税义务人进出口减免税货物的，除另有规定外，应当在进出口该货物之前，按照规定持有关文件向海关办理减免税审批手续。经海关审查符合规定的，予以减征或者免征关税。

第四十九条 需由海关监管使用的减免税进口货物，在监管年限内转让或者移作他用需要补税的，海关应当根据该货物进口时间折旧估价，补征进口关税。

特定减免税进口货物的监管年限由海关总署规定。

第五十条 有下列情形之一的，纳税义务人自缴纳税款之日起 1 年内，可以申请退还关税，并应当以书面形式向海关说明理由，提供原缴款凭证及相关资料：

（一）已征进口关税的货物，因品质或者规格原因，原状退货复运出境的；

（二）已征出口关税的货物，因品质或者规格原因，原状退货复运进境，并已重新缴纳因出口而退还的国内环节有关税收的；

（三）已征出口关税的货物，因故未装运出口，申报退关的。

海关应当自受理退税申请之日起 30 日内查实并通知纳税义务人办理退还手续。纳税义务人应当自收到通知之日起 3 个月内办理有关退税手续。

按照其他有关法律、行政法规规定应当退还关税的，海关应当按照有关法律、行政法规的规定退税。

第五十一条 进出口货物放行后，海关发现少征或者漏征税款的，应当自缴纳税款或者货物放行之日起 1 年内，向纳税义务人补征税款。但因纳税义务人违反规定造成少征或者漏征税款的，海关可以自缴纳税款或者货物放行之日起 3 年内追征税款，并从缴纳税款或者货物放行之日起按日加收少征或者漏征税款万分之五的滞纳金。

海关发现海关监管货物因纳税义务人违反规定造成少征或者漏征税款的，应当自纳税义务人应缴纳税款之日起 3 年内追征税款，并从应缴纳税款之日起按日加收少征或者漏征税款万分之五的滞纳金。

第五十二条 海关发现多征税款的，应当立即通知纳税义务人办理退还手续。

纳税义务人发现多缴税款的，自缴纳税款之日起 1 年内，可以以书面形式要求海关退还多缴的税款并加算银行同期活期存款利息；海关应当自受理退税申请之日起 30 日内查实并通知纳税义务人办理退还手续。

纳税义务人应当自收到通知之日起 3 个月内办理有关退税手续。

第五十三条 按照本条例第五十条、第五十二条的规定退还税款、利息涉及从国库中退库的，按照法律、行政法规有关国库管理的规定执行。

第五十四条 报关企业接受纳税义务人的委托，以纳税义务人的名义办理报关纳税手续，因报关企业违反规定而造成海关少征、漏征税款的，报关企业对少征或者漏征的税款、滞纳金与纳税义务人承担纳税的连带责任。

报关企业接受纳税义务人的委托，以报关企业的名义办理报关纳税手续的，报关企业与纳税义务人承担纳税的连带责任。

除不可抗力外，在保管海关监管货物期间，海关监管货物损毁或者灭失的，对海关监管货物负有保管义务的人应当承担相应的纳税责任。

第五十五条 欠税的纳税义务人，有合并、分立情形的，在合并、分立前，应当向海关报告，依法缴清税款。纳税义务人合并时未缴清税款的，由合并后的法人或者其他组织继续履行未履行的纳税义务；纳税义务人分立时未缴清税款的，分立后的法人或者其他组织对未履行的纳税义务承担连带责任。

纳税义务人在减免税货物、保税货物监管期间，有合并、分立或者其他资产重组情形的，应当向海关报告。按照规定需要缴税的，应当依法缴清税款；按照规定可以继续享受减免税、保税待遇的，应当到海关办理变更纳税义务人的手续。

纳税义务人欠税或者在减免税货物、保税货物监管期间，有撤销、解散、破产或者其他依法终止经营情形的，应当在清算前向海关报告。海关应当依法对纳税义务人的应缴税款予以清缴。

第五章 进境物品进口税的征收

第五十六条 进境物品的关税以及进口环节海关代征税合并为进口税，由海关依法征收。

第五十七条 海关总署规定数额以内的个人自用进境物品，免征进口税。

超过海关总署规定数额但仍在合理数量以内的个人自用进境物品，由进境物品的纳税义务人在进境物品放行前按照规定缴纳进口税。

超过合理、自用数量的进境物品应当按照进口货物依法办理相关手续。

国务院关税税则委员会规定按货物征税的进境物品，按照本条例第二章至第四章的规定征收关税。

第五十八条 进境物品的纳税义务人是指，携带物品进境的入境人员、进境邮递物品的收件人以及以其他方式进口物品的收件人。

第五十九条 进境物品的纳税义务人可以自行办理纳税手续，也可以委托他人办理纳税手续。接受委托的人应当遵守本章对纳税义务人的各项规定。

第六十条 进口税从价计征。

进口税的计算公式为：

进口税税额=完税价格×进口税税率

第六十一条 海关应当按照《进境物品进口税税率表》及海关总署制定的《中华人民共和国进境物品归类表》、《中华人民共和国进境物品完税价格表》对进境物品进行归类、确定完税价格和确定适用税率。

第六十二条 进境物品，适用海关填发税款缴款书之日实施的税率和完税价格。

第六十三条 进口税的减征、免征、补征、追征、退还以及对暂准进境物品征收进口税参照本条例对货物征收进口关税的有关规定执行。

第六章 附 则

第六十四条 纳税义务人、担保人对海关确定纳税义务人、确定完税价格、商品归类、确定原产地、适用税率或者汇率、减征或者免征税款、补税、退税、征收滞纳金、确定计征方式以及确定纳税地点有异议的，应当缴纳税款，并可以依法向上一级海关申请复议。对复议决定不服的，可以依法向人民法院提起诉讼。

第六十五条 进口环节海关代征税的征收管理，适用关税征收管理的规定。

第六十六条 有违反本条例规定行为的，按照《海关法》、《中华人民共和国海关行政处罚实施条例》和其他有关法律、行政法规的规定处罚。

第六十七条 本条例自2004年1月1日起施行。1992年3月18日国务院修订发布的《中华人民共和国进出口关税条例》同时废止。

中华人民共和国海关事务担保条例

(2010年9月1日中华人民共和国国务院第124次常务会议通过，2010年9月14日中华人民共和国国务院令第581号公布，自2011年1月1日起施行)

第一条 为了规范海关事务担保，提高通关效率，保障海关监督管理，根据《中华人民共和国海关法》及其他有关法律的规定，制定本条例。

第二条 当事人向海关申请提供担保，承诺履行法律义务，海关为当事人办理海关事务担保，适用本条例。

第三条 海关事务担保应当遵循合法、诚实信用、权责统一的原则。

第四条 有下列情形之一的，当事人可以在办结海关手续前向海关申请提供担保，要求提前放行货物：

（一）进出口货物的商品归类、完税价格、原产地尚未确定的；

（二）有效报关单证尚未提供的；

（三）在纳税期限内税款尚未缴纳的；

（四）滞报金尚未缴纳的；

（五）其他海关手续尚未办结的。

国家对进出境货物、物品有限制性规定，应当提供许可证件而不能提供的，以及法律、行政法规规定不得担保的其他情形，海关不予办理担保放行。

第五条 当事人申请办理下列特定海关业务的，按照海关规定提供担保：

（一）运输企业承担来往内地与港澳公路货物运输、承担海关监管货物境内公路运输的；

（二）货物、物品暂时进出境的；

（三）货物进境修理和出境加工的；

（四）租赁货物进口的；

（五）货物和运输工具过境的；

（六）将海关监管货物暂时存放在海关监管区外的；

（七）将海关监管货物向金融机构抵押的；

（八）为保税货物办理有关海关业务的。

当事人不提供或者提供的担保不符合规定的，海关不予办理前款所列特定海关业务。

第六条 进出口货物的纳税义务人在规定的纳税期限内有明显的转移、藏匿其应税货物以及其他财产迹象的，海关可以责令纳税义务人提供担保；纳税义务人不能提供担保的，海关依法采取税收保全措施。

第七条 有违法嫌疑的货物、物品、运输工具应当或者已经被海关依法扣留、封存的，当事人可以向海关提供担保，申请免予或者解除扣留、封存。

有违法嫌疑的货物、物品、运输工具无法或者不便扣留的，当事人或者运输工具负责人应当向海关提供等值的担保；未提供等值担保的，海关可以扣留当事人等值的其他财产。

有违法嫌疑的货物、物品、运输工具属于禁止进出境，或者必须以原物作为证据，或者依法应当予以没收的，海关不予办理担保。

第八条 法人、其他组织受到海关处罚，在罚款、违法所得或者依法应当追缴的货物、物品、走私运输工具的等值价款未缴清前，其法定代表人、主要负责人出境的，应当向海关提供担保；未提供担保的，海关可以通知出境管理机关阻止其法定代表人、主要负责人出境。

受海关处罚的自然人出境的，适用前款规定。

第九条 进口已采取临时反倾销措施、临时反补贴措施的货物应当提供担保的，或者进出口货物收发货人、知识产权权利人申请办理知识产权海关保护相关事务等，依照本条例的规定办理海关事务担保。法律、行政法规有特别规定的，从其规定。

第十条 当事人连续两年同时具备下列条件的，可以向直属海关申请免除担保，并按照海关规定办理有关手续：

（一）通过海关验证稽查；

（二）年度进出口报关差错率在3%以下；

（三）没有拖欠应纳税款；

（四）没有受到海关行政处罚，在相关行政管理部门无不良记录；

（五）没有被追究刑事责任等。

当事人不再符合前款规定条件的，海关应当停止对其适用免除担保。

第十一条 当事人在一定期限内多次办理同一类海关事务的，可以向海关申请提供总担保。海关接受总担保的，当事人办理该类海关事务，不再单独提供担保。

总担保的适用范围、担保金额、担保期限、终止情形等由海关总署规定。

第十二条 当事人可以以海关依法认可的财产、权利提供担保，担保财产、权利的具体范围由海关总署规定。

第十三条 当事人以保函向海关提供担保的，保函应当以海关为受益人，并且载明下列事项：

（一）担保人、被担保人的基本情况；

（二）被担保的法律义务；

（三）担保金额；

（四）担保期限；

（五）担保责任；

（六）需要说明的其他事项。

担保人应当在保函上加盖印章，并注明日期。

第十四条 当事人提供的担保应当与其需要履行的法律义务相当，除本条例第七条第二款规定的情形外，担保金额按照下列标准确定：

（一）为提前放行货物提供的担保，担保金额不得超过可能承担的最高税款总额；

（二）为办理特定海关业务提供的担保，担保金额不得超过可能承担的最高税款总额或者海关总署规定的金额；

（三）因有明显的转移、藏匿应税货物以及其他财产迹象被责令提供的担保，担保金额不得超过可能承担的最高税款总额；

（四）为有关货物、物品、运输工具免予或者解除扣留、封存提供的担保，担保金额不得超过该货物、物品、运输工具的等值价款；

（五）为罚款、违法所得或者依法应当追缴的货物、物品、走私运输工具的等值价款未缴清前出境提供的担保，担保金额应当相当于罚款、违法所得数额或者依法应当追缴的货物、物品、走私运输工具的等值价款。

第十五条 办理担保，当事人应当提交书面申请以及真实、合法、有效的财产、权利凭证和身份或者资格证明等材料。

第十六条 海关应当自收到当事人提交的材料之日起5个工作日内对相关财产、权利等进行审核，并决定是否接受担保。当事人申请办理总担保的，海关应当在10个工作日内审核并决定是否接受担保。

符合规定的担保，自海关决定接受之日起生效。对不符合规定的担保，海关应当书面通知当事人不予接受，并说明理由。

第十七条 被担保人履行法律义务期限届满前，担保人和被担保人因特殊原因要求变更担保内容的，应当向接受担保的海关提交书面申请以及有关证明材料。海关应当自收到当事人提交的材料之日起5个工作日内作出是否同意变更的决定，并书面通知当事人，不同意变更的，应当说明理由。

第十八条 被担保人在规定的期限内未履行有关法律义务的，海关可以依法从担保财产、权利中抵缴。当事人以保函提供担保的，海关可以直接要求承担连带责任的担保人履行担保责任。

担保人履行担保责任的，不免除被担保人办理有关海关手续的义务。海关应当及时为被担保人办理有关海关手续。

第十九条 担保财产、权利不足以抵偿被担保人有关法律义务的，海关应当书面通知被担保人另行提供担保或者履行法律义务。

第二十条 有下列情形之一的，海关应当书面通知当事人办理担保财产、权利退还手续：

（一）当事人已经履行有关法律义务的；

（二）当事人不再从事特定海关业务的；

（三）担保财产、权利被海关采取抵缴措施后仍有剩余的；

（四）其他需要退还的情形。

第二十一条 自海关要求办理担保财产、权利退还手续的书面通知送达之日起3个月内，当事人无正当理由未办理退还手续的，海关应当发布公告。

自海关公告发布之日起1年内，当事人仍未办理退还手续的，海关应当将担保财产、权利依法变卖或者兑付后，上缴国库。

第二十二条 海关履行职责，金融机构等有关单位应当依法予以协助。

第二十三条 担保人、被担保人违反本条例，使用欺骗、隐瞒等手段提供担保的，由海关责令其继续履行法律义务，处5000元以上50000元以下的罚款；情节严重的，可以暂停被担保人从事有关海关业务或者撤销其从事有关海关业务的注册登记。

第二十四条 海关工作人员有下列行为之一的，给予处分；构成犯罪的，依法追究刑事责任：

（一）违法处分担保财产、权利；

（二）对不符合担保规定的，违法办理有关手续致使国家利益遭受损失；

（三）对符合担保规定的，不予办理有关手续；

（四）与海关事务担保有关的其他违法行为。

第二十五条 担保人、被担保人对海关有关海关事务担保的具体行政行为不服的，可以依法向上一级海关申请行政复议或者向人民法院提起行政诉讼。

第二十六条 本条例自2011年1月1日起施行。

中华人民共和国海关行政处罚实施条例

（2004年9月1日中华人民共和国国务院第62次常务会议通过，2004年9月19日中华人民共和国国务院令第420号公布，自2004年11月1日起施行）

第一章 总 则

第一条 为了规范海关行政处罚，保障海关依法行使职权，保护公民、法人或者其他组织的合法权益，根据《中华人民共和国海关法》（以下简称海关法）及其他有关法律的规定，制定本实施条例。

第二条 依法不追究刑事责任的走私行为和违反海关监管规定的行为，以及法律、行政法规规定由海关实施行政处罚的行为的处理，适用本实施条例。

第三条 海关行政处罚由发现违法行为的海关管辖，也可以由违法行为发生地海关管辖。

2个以上海关都有管辖权的案件，由最先发现违法行为的海关管辖。

管辖不明确的案件，由有关海关协商确定管辖，协商不成的，报请共同的上级海关指定管辖。

重大、复杂的案件，可以由海关总署指定管辖。

第四条 海关发现的依法应当由其他行政机关处理的违法行为，应当移送有关行政机关处理；违法行为涉嫌犯罪的，应当移送海关侦查走私犯罪公安机构、地方公安机关依法办理。

第五条 依照本实施条例处以警告、罚款等行政处罚，但不没收进出境货物、物品、运输工具的，不免除有关当事人依法缴纳税款、提交进出口许可证件、办理有关海关手续的义务。

第六条 抗拒、阻碍海关侦查走私犯罪公安机构依法执行职务的，由设在直属海关、隶属海关的海关侦查走私犯罪公安机构依照治安管理处罚的有关规定给予处罚。

抗拒、阻碍其他海关工作人员依法执行职务的，应当报告地方公安机关依法处理。

第二章 走私行为及其处罚

第七条 违反海关法及其他有关法律、行政法规，逃避海关监管，偷逃应纳税款、逃避国家有关进出境的禁止性或者限制性管理，有下列情形之一的，是走私行为：

（一）未经国务院或者国务院授权的机关批准，从未设立海关的地点运输、携带国家禁止或者限制进出境的货物、物品或者依法应当缴纳税款的货物、物品进出境的；

（二）经过设立海关的地点，以藏匿、伪装、瞒报、伪报或者其他方式逃避海关监管，运输、携带、邮寄国家禁止或者限制进出境的货物、物品或者依法应当缴纳税款的货物、物品进出境的；

（三）使用伪造、变造的手册、单证、印章、账册、电子数据或者以其他方式逃避海关监管，擅自将海关监管货物、物品、进境的境外运输工具，在境内销售的；

（四）使用伪造、变造的手册、单证、印章、账册、电子数据或者以伪报加工贸易制成品单位耗料量等方式，致使海关监管货物、物品脱离监管的；

（五）以藏匿、伪装、瞒报、伪报或者其他方式逃避海关监管，擅自将保税区、出口加工区等海关特殊监管区域内的海关监管货物、物品，运出区外的；

（六）有逃避海关监管，构成走私的其他行为的。

第八条 有下列行为之一的，按走私行为论处：

（一）明知是走私进口的货物、物品，直接向走私人非法收购的；

（二）在内海、领海、界河、界湖，船舶及所载人员运输、收购、贩卖国家禁止或者限制进出境的货物、物品，或者运输、收购、贩卖依法应当缴纳税款的货物，没有合法证明的。

第九条 有本实施条例第七条、第八条所列行为之一的，依照下列规定处罚：

（一）走私国家禁止进出口的货物的，没收走私货物及违法所得，可以并处100万元以下罚款；走私国家禁止进出境的物品的，没收走私物品及违法所得，可以并处10万元以下罚款；

（二）应当提交许可证件而未提交但未偷逃税款，走私国家限制进出境的货物、物品的，没收走私货物、物品及违法所得，可以并处走私货物、物品等值以下罚款；

（三）偷逃应纳税款但未逃避许可证件管理，走私依法应当缴纳税款的货物、物品的，没收走私货物、物品及违法所得，可以并处偷逃应纳税款3倍以下罚款。

专门用于走私的运输工具或者用于掩护走私的货物、物品，2年内3次以上用于走私的运输工具或者用于掩护走私的货物、物品，应当予以没收。藏匿走私货物、物品的特制设备、夹层、暗格，应当予以没收或者责令拆毁。使用特制设备、夹层、暗格实施走私的，应当从重处罚。

第十条 与走私人通谋为走私人提供贷款、资金、账号、发票、证明、海关单证的，与走私人通谋为走私人提供走私货物、物品的提取、发运、运输、保管、邮寄或者其他方便的，以走私的共同当事人论处，没收违法所得，并依照本实施条例第九条的规定予以处罚。

第十一条 报关企业、报关人员和海关准予从事海关监管货物的运输、储存、加工、装配、寄售、展示等业务的企业，构成走私犯罪或者1年内有2次以上走私行为的，海关可以撤销其注册登记、取消其报关从业资格。

第三章 违反海关监管规定的行为及其处罚

第十二条 违反海关法及其他有关法律、行政法规和规章但不构成走私行为的，是违反海关监管规定的行为。

第十三条 违反国家进出口管理规定，进出口国家禁止进出口的货物的，责令退运，处100万元以下罚款。

第十四条 违反国家进出口管理规定，进出口国家限制进出口的货物，进出口货物的收发货人向海关申报时不能提交许可证件的，进出口货物不予放行，处货物价值30%以下罚款。

违反国家进出口管理规定，进出口属于自动进出口许可管理的货物，进出口货物的收发货人向海关申报时不能提交自动许可证明的，进出口货物不予放行。

第十五条 进出口货物的品名、税则号列、数量、规格、价格、贸易方式、原产地、起运地、运抵地、最终目的地或者其他应当申报的项目未申报或者申报不实的，分别依照下列规定予以处罚，有违法所得的，没收违法所得：

（一）影响海关统计准确性的，予以警告或者处1000元以上1万元以下罚款；

（二）影响海关监管秩序的，予以警告或者处1000元以上3万元以下罚款；

（三）影响国家许可证件管理的，处货物价值5%以上30%以下罚款；

（四）影响国家税款征收的，处漏缴税款30%以上2倍以下罚款；

（五）影响国家外汇、出口退税管理的，处申报价格10%以上50%以下罚款。

第十六条 进出口货物收发货人未按照规定向报关企业提供所委托报关事项的真实情况，致使发生本实施条例第十五条规定情形的，对委托人依照本实施条例第十五条的规定予以处罚。

第十七条 报关企业、报关人员对委托人所提供情况的真实性未进行合理审查，或者因工作疏忽致使发生本实施条例第十五条规定情形的，可以对报关企业处货物价值10%以下罚款，暂停其6个月以内从事报关业务或者执业；情节严重的，撤销其报关注册登记、取消其报关从业资格。

第十八条 有下列行为之一的，处货物价值5%以上30%以下罚款，有违法所得的，没收违法所得：

（一）未经海关许可，擅自将海关监管货物开拆、提取、交付、发运、调换、改装、抵押、质押、留置、转让、更换标记、移作他用或者进行其他处置的；

（二）未经海关许可，在海关监管区以外存放海关监管货物的；

（三）经营海关监管货物的运输、储存、加工、装配、寄售、展示等业务，有关货物灭失、数量短少或者记录不真实，不能提供正当理由的；

（四）经营保税货物的运输、储存、加工、装配、寄售、展示等业务，不依照规定办理收存、交付、结转、核销等手续，或者中止、延长、变更、转让有关合同不依照规定向海关办理手续的；

（五）未如实向海关申报加工贸易制成品单位耗料量的；

（六）未按照规定期限将过境、转运、通运货物运输出境，擅自留在境内的；

（七）未按照规定期限将暂时进出口货物复运出境或者复运进境，擅自留在境内或者境外的；

（八）有违反海关监管规定的其他行为，致使海关不能或者中断对进出口货物实施监管的。

前款规定所涉货物属于国家限制进出口需要提交许可证件，当事人在规定期限内不能提交许可证件的，另处货物价值30%以下罚款；漏缴税款的，可以另处漏缴税款1倍以下罚款。

第十九条 有下列行为之一的，予以警告，可以处物品价值20%以下罚款，有违法所得的，没收违法所得：

（一）未经海关许可，擅自将海关尚未放行的进出境物品开拆、交付、投递、转移或者进行其他处置的；

（二）个人运输、携带、邮寄超过合理数量的自用物品进出境未向海关申报的；

（三）个人运输、携带、邮寄超过规定数量但仍属自用的国家限制进出境物品进出境，未向海关申报但没有以藏匿、伪装等方式逃避海关监管的；

（四）个人运输、携带、邮寄物品进出境，申报不实的；

（五）经海关登记准予暂时免税进境或者暂时免税出境的物品，未按照规定复带出境或者复带进境的；

（六）未经海关批准，过境人员将其所带物品留在境内的。

第二十条 运输、携带、邮寄国家禁止进出境的物品进出境，未向海关申报但没有以藏匿、伪装等方式逃避海关监管的，予以没收，或者责令退回，或者在海关监管下予以销毁或者进行技术处理。

第二十一条 有下列行为之一的，予以警告，可以处10万元以下罚款，有违法所得的，没收违法所得：

（一）运输工具不经设立海关的地点进出境的；

（二）在海关监管区停留的进出境运输工具，未经海关同意擅自驶离的；

（三）进出境运输工具从一个设立海关的地点驶往另一个设立海关的地点，尚未办结海关手续又未经海关批准，中途改驶境外或者境内未设立海关的地点的；

（四）进出境运输工具到达或者驶离设立海关的地点，未按照规定向海关申报、交验有关单证或者交验的单证不真实的。

第二十二条 有下列行为之一的，予以警告，可以处5万元以下罚款，有违法所得的，没收违法所得：

（一）未经海关同意，进出境运输工具擅自装卸进出境货物、物品或者上下进出境旅客的；

（二）未经海关同意，进出境运输工具擅自兼营境内客货运输或者用于进出境运输以外的其他用途的；

（三）未按照规定办理海关手续，进出境运输工具擅自改营境内运输的；

（四）未按照规定期限向海关传输舱单等电子数据、传输的电子数据不准确或者未按照规定期限保存相关电子数据，影响海关监管的；

（五）进境运输工具在进境以后向海关申报以前，出境运输工具在办结海关手续以后出境以前，不按照交通主管部门或者海关指定的路线行进的；

（六）载运海关监管货物的船舶、汽车不按照海关指定的路线行进的；

（七）进出境船舶和航空器，由于不可抗力被迫在未设立海关的地点停泊、降落或者在境内抛掷、起卸货物、物品，无正当理由不向附近海关报告的；

（八）无特殊原因，未将进出境船舶、火车、航空器到达的时间、停留的地点或者更换的时间、地点事先通知海关的；

（九）不按照规定接受海关对进出境运输工具、货物、物品进行检查、查验的。

第二十三条 有下列行为之一的，予以警告，可以处3万元以下罚款：

（一）擅自开启或者损毁海关封志的；

（二）遗失海关制发的监管单证、手册等凭证，妨碍海关监管的；

（三）有违反海关监管规定的其他行为，致使海关不能或者中断对进出境运输工具、物品实施监管的。

第二十四条 伪造、变造、买卖海关单证的，处5万元以上50万元以下罚款，有违法所得的，没收违法所得；构成犯罪的，依法追究刑事责任。

第二十五条 进出口侵犯中华人民共和国法律、行政法规保护的知识产权的货物的，没收侵权货物，并处货物价值30%以下罚款；构成犯罪的，依法追究刑事责任。

需要向海关申报知识产权状况，进出口货物收发货人及其代理人未按照规定向海关如实申报有关知识产权状况，或者未提交合法使用有关知识产权的证明文件的，可以处5万元以下罚款。

第二十六条 报关企业、报关人员和海关准予从事海关监管货物的运输、储存、加工、装配、寄售、展示等业务的企业，有下列情形之一的，责令改正，给予警告，可以暂停其6个月以内从事有关业务或者执业：

（一）拖欠税款或者不履行纳税义务的；

（二）报关企业出让其名义供他人办理进出口货物报关纳税事宜的；

（三）损坏或者丢失海关监管货物，不能提供正当理由的；

（四）有需要暂停其从事有关业务或者执业的其他违法行为的。

第二十七条 报关企业、报关人员和海关准予从事海关监管货物的运输、储存、加工、装配、寄售、展示等业务的企业，有下列情形之一的，海关可以撤销其注册登记、取消其报关从业资格：

（一）1年内3人次以上被海关暂停执业的；

（二）被海关暂停从事有关业务或者执业，恢复从事有关业务或者执业后1年内再次发生本实施条例第二十六条规定情形的；

（三）有需要撤销其注册登记或者取消其报关从业资格的其他违法行为的。

第二十八条 报关企业、报关人员非法代理他人报关或者超出海关准予的从业范围进行报关活动的，责令改正，处5万元以下罚款，暂停其6个月以内从事报关业务或者执业；情节严重的，撤销其报关注册登记、取消其报关从业资格。

第二十九条 进出口货物收发货人、报关企业、报关人员向海关工作人员行贿的，撤销其报关注册登记、取消其报关从业资格，并处10万元以下罚款；构成犯罪的，依法追究刑事责任，并不得重新注册登记为报关企业和取得报关从业资格。

第三十条 未经海关注册登记和未取得报关从业资格从事报关业务的，予以取缔，没收违法所得，可以并处10万元以下罚款。

第三十一条 提供虚假资料骗取海关注册登记、报关从业资格的，撤销其注册登记、取消其报关从业资格，并处30万元以下罚款。

第三十二条 法人或者其他组织有违反海关法的行为，除处罚该法人或者组织外，对其主管人员和直接责任人员予以警告，可以处5万元以下罚款，有违法所得的，没收违法所得。

第四章 对违反海关法行为的调查

第三十三条 海关发现公民、法人或者其他组织有依法应当由海关给予行政处罚的行为的，应当立案调查。

第三十四条 海关立案后，应当全面、客观、公正、及时地进行调查、收集证据。

海关调查、收集证据，应当按照法律、行政法规及其他有关规定的要求办理。

海关调查、收集证据时，海关工作人员不得少于2人，并应当向被调查人出示证件。

调查、收集的证据涉及国家秘密、商业秘密或者个人隐私的，海关应当保守秘密。

第三十五条 海关依法检查走私嫌疑人的身体，应当在隐蔽的场所或者非检查人员的视线之外，由2名以上与被检查人同性别的海关工作人员执行。

走私嫌疑人应当接受检查，不得阻挠。

第三十六条 海关依法检查运输工具和场所，查验货物、物品，应当制作检查、查验记录。

第三十七条 海关依法扣留走私犯罪嫌疑人，应当制发扣留走私犯罪嫌疑人决定书。对走私犯罪嫌疑人，扣留时间不超过24小时，在特殊情况下可以延长至48小时。

海关应当在法定扣留期限内对被扣留人进行审查。排除犯罪嫌疑或者法定扣留期限届满的，应当立即解除扣留，并制发解除扣留决定书。

第三十八条 下列货物、物品、运输工具及有关账册、单据等资料，海关可以依法扣留：

（一）有走私嫌疑的货物、物品、运输工具；

（二）违反海关法或者其他有关法律、行政法规的货物、物品、运输工具；

（三）与违反海关法或者其他有关法律、行政法规的货物、物品、运输工具有牵连的账册、单据等资料；

（四）法律、行政法规规定可以扣留的其他货物、物品、运输工具及有关账册、单据等资料。

第三十九条 有违法嫌疑的货物、物品、运输工具无法或者不便扣留的，当事人或者运输工具负责人应当向海关提供等值的担保，未提供等值担保的，海关可以扣留当事人等值的其他财产。

第四十条 海关扣留货物、物品、运输工具以及账册、单据等资料的期限不得超过1年。因案件调查需要，经直属海关关长或者其授权的隶属海关关长批准，可以延长，延长期限不得超过1年。但复议、诉讼期间不计算在内。

第四十一条 有下列情形之一的，海关应当及时解除扣留：

（一）排除违法嫌疑的；

（二）扣留期限、延长期限届满的；

（三）已经履行海关行政处罚决定的；

（四）法律、行政法规规定应当解除扣留的其他情形。

第四十二条 海关依法扣留货物、物品、运输工具、其他财产以及账册、单据等资料，应当制发海关扣留凭单，由海关工作人员、当事人或者其代理人、保管人、见证人签字或者盖章，并可以加施海关封志。加施海关封志的，当事人或者其代理人、保管人应当妥善保管。

海关解除对货物、物品、运输工具、其他财产以及账册、单据等资料的扣留，或者发还等值的担保，应当制发海关解除扣留通知书、海关解除担保通知书，并由海关工作人员、当事人或者其代理人、保管人、见证人签字或者盖章。

第四十三条 海关查问违法嫌疑人或者询问证人，应当个别进行，并告知其权利和作伪证应当承担的法律责任。违法嫌疑人、证人必须如实陈述、提供证据。

海关查问违法嫌疑人或者询问证人应当制作笔录，并当场交其辨认，没有异议的，立即签字确认；有异议的，予以更正后签字确认。

严禁刑讯逼供或者以威胁、引诱、欺骗等非法手段收集证据。

海关查问违法嫌疑人，可以到违法嫌疑人的所在单位或者住处进行，也可以要求其到海关或者海关指定的地点进行。

第四十四条 海关收集的物证、书证应当是原物、原件。收集原物、原件确有困难的，可以拍摄、复制，并可以指定或者委托有关单位或者个人对原物、原件予以妥善保管。

海关收集物证、书证，应当开列清单，注明收集的日期，由有关单位或者个人确认后签字或者盖章。

海关收集电子数据或者录音、录像等视听资料，应当收集原始载体。收集原始载体确有困难的，可以收集复制件，注明制作方法、制作时间、制作人等，并由有关单位或者个人确认后签字或者盖章。

第四十五条 根据案件调查需要，海关可以对有关货物、物品进行取样化验、鉴定。

海关提取样品时，当事人或者其代理人应当到场；当事人或者其代理人未到场的，海关应当邀请见证人到场。提取的样品，海关应当予以加封，并由海关工作人员及当事人或者其代理人、见证人确认后签字或者盖章。

化验、鉴定应当交由海关化验鉴定机构或者委托国家认可的其他机构进行。

化验人、鉴定人进行化验、鉴定后，应当出具化验报告、鉴定结论，并签字或者盖章。

第四十六条 根据海关法有关规定，海关可以查询案件涉嫌单位和涉嫌人员在金融机构、邮政企业的存款、汇款。

海关查询案件涉嫌单位和涉嫌人员在金融机构、邮政企业的存款、汇款，应当出示海关协助查询通知书。

第四十七条 海关依法扣留的货物、物品、运输工具，在人民法院判决或者海关行政处罚决定作出之前，不得处理。但是，危险品或者鲜活、易腐、易烂、易失效、易变质等不宜长期保存的货物、物品以及所有人申请先行变卖的货物、物品、运输工具，经直属海关关长或者其授权的隶属海关关长批准，可以先行依法变卖，变卖所得价款由海关保存，并通知其所有人。

第四十八条 当事人有权根据海关法的规定要求海关工作人员回避。

第五章 海关行政处罚的决定和执行

第四十九条 海关作出暂停从事有关业务、暂停报关执业、撤销海关注册登记、取消报关从业资格、对公民处1万元以上罚款、对法人或者其他组织处10万元以上罚款、没收有关货物、物品、走私运输工具等行政处罚决定之前，应当告知当事人有要求举行听证的权利；当事人要求听证的，海关应当组织听证。

海关行政处罚听证办法由海关总署制定。

第五十条 案件调查终结，海关关长应当对调查结果进行审查，根据不同情况，依法作出决定。

对情节复杂或者重大违法行为给予较重的行政处罚，应当由海关案件审理委员会集体讨论决定。

第五十一条 同一当事人实施了走私和违反海关监管规定的行为且二者之间有因果关系的，依照本实施条例对走私行为的规定从重处罚，对其违反海关监管规定的行为不再另行处罚。

同一当事人就同一批货物、物品分别实施了2个以上违反海关监管规定的行为且二者之间有因果关系的，依照本实施条例分别规定的处罚幅度，择其重者处罚。

第五十二条 对2个以上当事人共同实施的违法行为，应当区别情节及责任，分别给予处罚。

第五十三条 有下列情形之一的，应当从重处罚：

（一）因走私被判处刑罚或者被海关行政处罚后在2年内又实施走私行为的；

（二）因违反海关监管规定被海关行政处罚后在1年内又实施同一违反海关监管规定的行为的；

（三）有其他依法应当从重处罚的情形的。

第五十四条 海关对当事人违反海关法的行为依法给予行政处罚的，应当制作行政处罚决定书。

对同一当事人实施的2个以上违反海关法的行为，可以制发1份行政处罚决定书。

对2个以上当事人分别实施的违反海关法的行为，应当分别制发行政处罚决定书。

对2个以上当事人共同实施的违反海关法的行为，应当制发1份行政处罚决定书，区别情况对各当事人分别予以处罚，但需另案处理的除外。

第五十五条 行政处罚决定书应当依照有关法律规定送达当事人。

依法予以公告送达的，海关应当将行政处罚决定书的正本张贴在海关公告栏内，并在报纸上刊登公告。

第五十六条 海关作出没收货物、物品、走私运输工具的行政处罚决定，有关货物、物品、走私运输工具无法或者不便没收的，海关应当追缴上述货物、物品、走私运输工具的等值价款。

第五十七条 法人或者其他组织实施违反海关法的行为后，有合并、分立或者其他资产重组情形的，海关应当以原法人、组织作为当事人。

对原法人、组织处以罚款、没收违法所得或者依法追缴货物、物品、走私运输工具的等值价款的，应当以承受其权利义务的法人、组织作为被执行人。

第五十八条 罚款、违法所得和依法追缴的货物、物品、走私运输工具的等值价款，应当在海关行政处罚决定规定的期限内缴清。

当事人按期履行行政处罚决定、办结海关手续的，海关应当及时解除其担保。

第五十九条 受海关处罚的当事人或者其法定代表人、主要负责人应当在出境前缴清罚款、违法所得和依法追缴的货物、物品、走私运输工具的等值价款。在出境前未缴清上述款项的，应当向海关提供相当于上述款项的担保。未提供担保，当事人是自然人的，海关可以通知出境管理机关阻止其出境；当事人是法人或者其他组织的，海关可以通知出境管理机关阻止其法定代表人或者主要负责人出境。

第六十条 当事人逾期不履行行政处罚决定的，海关可以采取下列措施：

（一）到期不缴纳罚款的，每日按罚款数额的3%加处罚款；

（二）根据海关法规定，将扣留的货物、物品、运输工具变价抵缴，或者以当事人提供的担保抵缴；

（三）申请人民法院强制执行。

第六十一条 当事人确有经济困难，申请延期或者分期缴纳罚款的，经海关批准，可以暂缓或者分期缴纳罚款。

当事人申请延期或者分期缴纳罚款的，应当以书面形式提出，海关收到申请后，应当在10个工作日内作出决定，并通知申请人。海关同意当事人暂缓或者分期缴纳的，应当及时通知收缴罚款的机构。

第六十二条 有下列情形之一的，有关货物、物品、违法所得、运输工具、特制设备由海关予以收缴：

（一）依照《中华人民共和国行政处罚法》第二十五条、第二十六条规定不予行政处罚的当事人携带、邮寄国家禁止进出境的货物、物品进出境的；

（二）散发性邮寄国家禁止、限制进出境的物品进出境或者携带数量零星的国家禁止进出境的物品进出境，依法可以不予行政处罚的；

（三）依法应当没收的货物、物品、违法所得、走私运输工具、特制设备，在海关作出行政处罚决定前，作为当事人的自然人死亡或者作为当事人的法人、其他组织终止，且无权利义务承受人的；

（四）走私违法事实基本清楚，但当事人无法查清，自海关公告之日起满3个月的；

（五）有违反法律、行政法规，应当予以收缴的其他情形的。

海关收缴前款规定的货物、物品、违法所得、运输工具、特制设备，应当制发清单，由被收缴人或者其代理人、见证人签字或者盖章。被收缴人无法查清且无见证人的，应当予以公告。

第六十三条 人民法院判决没收的走私货物、物品、违法所得、走私运输工具、特制设备，或者海关决定没收、收缴的货物、物品、违法所得、走私运输工具、特制设备，由海关依法统一处理，所得价款和海关收缴的罚款，全部上缴中央国库。

第六章 附 则

第六十四条 本实施条例下列用语的含义是：

“设立海关的地点”，指海关在港口、车站、机场、国界孔道、国际邮件互换局（交换站）等海关监管区设立的卡口，海关在保税区、出口加工区等海关特殊监管区域设立的卡口，以及海关在海上设立的中途监管站。

“许可证件”，指依照国家有关规定，当事人应当事先申领，并由国家有关主管部门颁发的准予进口或者出口的证明、文件。

“合法证明”，指船舶及所载人员依照国家有关规定或者依照国际运输惯例所必须持有的证明其运输、携带、收购、贩卖所载货物、物品真实、合法、有效的商业单证、运输单证及其他有关证明、文件。

“物品”，指个人以运输、携带等方式进出境的行李物品、邮寄进出境的物品，包括货币、金银等。超出自用、合理数量的，视为货物。

"自用"，指旅客或者收件人本人自用、馈赠亲友而非为出售或者出租。

"合理数量"，指海关根据旅客或者收件人的情况、旅行目的和居留时间所确定的正常数量。

"货物价值"，指进出口货物的完税价格、关税、进口环节海关代征税之和。

"物品价值"，指进出境物品的完税价格、进口税之和。

"应纳税款"，指进出口货物、物品应当缴纳的进出口关税、进口环节海关代征税之和。

"专门用于走私的运输工具"，指专为走私而制造、改造、购买的运输工具。

"以上"、"以下"、"以内"、"届满"，均包括本数在内。

第六十五条 海关对外国人、无国籍人、外国企业或者其他组织给予行政处罚的，适用本实施条例。

第六十六条 国家禁止或者限制进出口的货物目录，由国务院对外贸易主管部门依照《中华人民共和国对外贸易法》的规定办理；国家禁止或者限制进出境的物品目录，由海关总署公布。

第六十七条 依照海关规章给予行政处罚的，应当遵守本实施条例规定的程序。

第六十八条 本实施条例自 2004 年 11 月 1 日起施行。1993 年 2 月 17 日国务院批准修订、1993 年 4 月 1 日海关总署发布的《中华人民共和国海关法行政处罚实施细则》同时废止。

中华人民共和国海关稽查条例

（1997 年 1 月 3 日中华人民共和国国务院令第 209 号发布，自发布之日起施行）

第一章 总 则

第一条 为了建立、健全海关稽查制度，加强海关监督管理，维护正常的进出口秩序和当事人的合法权益，保障国家税收收入，促进对外贸易的发展，制定本条例。

第二条 本条例所称海关稽查，是指海关自进出口货物放行之日起 3 年内或者在保税货物、减免税进口货物的海关监管期限内，对被稽查人的会计账簿、会计凭证、报关单证以及其他有关资料（以下统称账簿、单证等有关资料）和有关进出口货物进行核查，监督被稽查人进出口活动的真实性和合法性。

第三条 海关对下列与进出口活动直接有关的企业、单位实施海关稽查：

（一）从事对外贸易的企业、单位；

（二）从事对外加工贸易的企业；

（三）经营保税业务的企业；

（四）使用或者经营减免税进口货物的企业、单位；

（五）从事报关业务的企业；

（六）海关总署规定的从事与进出口活动直接有关的其他企业、单位。

第四条 海关和海关工作人员执行海关稽查职务，应当客观公正，实事求是，廉洁奉公，保守被稽查人的商业秘密，不得侵犯被稽查人的合法权益。

第二章 账簿、单证等有关资料的管理

第五条 与进出口活动直接有关的企业、单位所设置、编制的会计账簿、会计凭证、会计报表和其他会计资料，应当真实、准确、完整地记录和反映进出口业务的有关情况。

第六条 与进出口活动直接有关的企业、单位应当依照有关法律、行政法规规定的保管期限，保管会计账簿、会计凭证、会计报表和其他会计资料。

报关单证、进出口单证、合同以及与进出口业务直接有关的其他资料，应当自进出口货物放行之日起保管 3 年。

第七条 与进出口活动直接有关的企业、单位会计制度健全，能够通过计算机正确、完整地记账、核算的，其计算机储存和输出的会计记录视同会计资料，但是应当打印成书面记录并依照本条例的规定完整保管。

第八条 与进出口活动直接有关的企业、单位应当按照海关要求，报送有关进出口货物的购买、销售、加工、使用、损耗和库存情况的资料。

第三章 海关稽查的实施

第九条 海关应当按照海关监管的要求，根据进出口企业、单位和进出口货物的具体情况，确定海关稽查重点，制定年度海关稽查工作计划。

第十条 海关进行稽查时，应当在实施稽查的3日前，书面通知被稽查企业、单位（以下简称被稽查人）。在特殊情况下，经海关关长批准，海关可以不经事先通知进行稽查。

第十一条 海关进行稽查时，应当组成稽查组。稽查组的组成人员不得少于二人。

第十二条 海关进行稽查时，海关工作人员应当出示海关稽查证。

海关稽查证，由海关总署统一制发。

第十三条 海关进行稽查时，海关工作人员与被稽查人有直接利害关系的，应当回避。

第十四条 海关进行稽查时，可以行使下列职权：

（一）查阅、复制被稽查人的账簿、单证等有关资料；

（二）进入被稽查人的生产经营场所、货物存放场所，检查与进出口活动有关的生产经营情况和货物；

（三）询问被稽查人的法定代表人、主要负责人员和其他有关人员与进出口活动有关的情况和问题；

（四）经海关关长批准，查询被稽查人在商业银行或者其他金融机构的存款账户。

第十五条 海关进行稽查时，发现被稽查人有可能转移、隐匿、篡改、毁弃账簿、单证等有关资料的，经海关关长批准，可以暂时封存其账簿、单证等有关资料。采取该项措施时，不得妨碍被稽查人正常的生产经营活动。

海关对有关情况经查明或者取证后，应当立即解除对账簿、单证等有关资料的封存。

第十六条 海关进行稽查时，发现被稽查人的进出口货物有违反海关法和其他有关法律、行政法规规定的嫌疑的，经海关关长批准，可以封存有关进出口货物。

第十七条 被稽查人应当配合海关稽查工作，并提供必要的工作条件。

第十八条 被稽查人应当接受海关稽查，如实反映情况，提供账簿、单证等有关资料，不得拒绝、拖延、隐瞒。

被稽查人使用计算机记账的，应当向海关提供记账软件、使用说明书及有关资料。

第十九条 海关查阅、复制被稽查人的账簿、单证等有关资料或者进入被稽查人的生产经营场所、货物存放场所检查时，被稽查人的法定代表人或者主要负责人员或其指定的代表应当到场，并按照海关的要求清点账簿、打开货物存放场所、搬移货物或者开启货物包装。

第二十条 海关进行稽查时，与被稽查人有财务往来或者其他商务往来的企业、单位应当向海关如实反映被稽查人的有关情况，提供有关资料和证明材料。

第二十一条 海关稽查组实施稽查后，应当向海关提出稽查报告。稽查报告报送海关前，应当征求被稽查人的意见。被稽查人应当自收到稽查报告之日起7日内，将其书面意见送交海关。

第二十二条 海关应当自收到稽查报告之日起30日内，作出海关稽查结论并送达被稽查人。

第四章 海关稽查的处理

第二十三条 经海关稽查，发现关税或者其他进口环节的税收少征或者漏征的，由海关依照海关法和有关税收法律、行政法规的规定向被稽查人补征；因被稽查人违反规定而造成少征或者漏征的，由海关依照海关法和有关税收法律、行政法规的规定追征。

被稽查人在海关规定的期限内仍未缴纳税款的，海关可以依照海关法第三十七条第一款的规定采取强制执行措施。

第二十四条 依照本条例第十六条的规定封存的有关进出口货物，经海关稽查排除违法嫌疑的，海关应当立即解除封存；经海关稽查认定违法的，由海关依照海关法和海关法行政处罚实施细则的规定处理。

第二十五条 经海关稽查，认定被稽查人有违反海关监管的行为的，由海关依照海关法和海关法行政处罚实施细则的规定处理。

第二十六条 经海关稽查，发现被稽查人有走私行为，构成犯罪的，依法追究刑事责任；尚不构成犯罪的，由海关依照海关法和海关法行政处罚实施细则的规定处理。

第二十七条 海关通过稽查决定补征或者追征的税款、没收的走私货物和违法所得以及收缴的罚款，全部上缴国库。

第二十八条 被稽查人同海关发生纳税争议的，依照海关法第四十六条的规定办理。

第五章　法律责任

第二十九条 被稽查人有下列行为之一的，由海关责令限期改正，逾期不改正的，处 1 万元以上 3 万元以下的罚款；情节严重的，取消其报关资格；对负有直接责任的主管人员和其他直接责任人员处 1000 元以上 5000 元以下的罚款：

（一）向海关提供虚假情况或者隐瞒重要事实的；

（二）拒绝、拖延向海关提供账簿、单证等有关资料的；

（三）转移、隐匿、篡改、毁弃账簿、单证等有关资料的。

第三十条 被稽查人未按照规定设置或者编制账簿、单证等有关资料的，由海关责令限期改正，逾期不改正的，处 1 万元以上 5 万元以下的罚款；情节严重的，取消其报关资格；对负有直接责任的主管人员和其他直接责任人员处 1000 元以上 5000 元以下的罚款。

第三十一条 海关工作人员在稽查中玩忽职守、徇私舞弊、滥用职权，或者利用职务上的便利，收受、索取被稽查人的财物，构成犯罪的，依法追究刑事责任；尚不构成犯罪的，依法给予行政处分。

第六章　附　则

第三十二条 本条例由海关总署组织实施。

第三十三条 本条例自发布之日起施行。

中华人民共和国海关进出口货物征税管理办法

（2005 年 1 月 4 日海关总署令第 124 号发布，根据 2010 年 11 月 26 日海关总署令第 198 号《海关总署关于修改部分规章的决定》第一次修改，根据 2014 年 3 月 13 日海关总署令第 218 号《海关总署关于修改部分规章的决定》第二次修改）

第一章　总　则

第一条 为了保证国家税收政策的贯彻实施，加强海关税收管理，确保依法征税，保障国家税收，维护纳税义务人的合法权益，根据《中华人民共和国海关法》（以下简称《海关法》）、《中华人民共和国进出口关税条例》（以下简称《关税条例》）以及其他有关法律、行政法规的规定，制定本办法。

第二条 海关征税工作，应当遵循准确归类、正确估价、依率计征、依法减免、严肃退补、及时入库的原则。

第三条 进出口关税、进口环节海关代征税的征收管理适用本办法。

进境物品进口税和船舶吨税的征收管理按照有关法律、行政法规和部门规章的规定执行，有关法律、行政法规、部门规章未作规定的，适用本办法。

第四条 海关应当按照国家有关规定承担保密义务，妥善保管纳税义务人提供的涉及商业秘密的资料，除法律、行政法规另有规定外，不得对外提供。

纳税义务人可以书面向海关提出为其保守商业秘密的要求，并且具体列明需要保密的内容，但不得以商业秘密为理由拒绝向海关提供有关资料。

第二章 进出口货物税款的征收

第一节 申报与审核

第五条 纳税义务人进出口货物时应当依法向海关办理申报手续，按照规定提交有关单证。海关认为必要时，纳税义务人还应当提供确定商品归类、完税价格、原产地等所需的相关资料。提供的资料为外文的，海关需要时，纳税义务人应当提供中文译文并且对译文内容负责。

进出口减免税货物的，纳税义务人还应当提交主管海关签发的《进出口货物征免税证明》(以下简称《征免税证明》，格式详见附件1)，但本办法第七十二条所列减免税货物除外。

第六条 纳税义务人应当按照法律、行政法规和海关规章关于商品归类、审定完税价格和原产地管理的有关规定，如实申报进出口货物的商品名称、税则号列（商品编号)、规格型号、价格、运保费及其他相关费用、原产地、数量等。

第七条 为审核确定进出口货物的商品归类、完税价格、原产地等，海关可以要求纳税义务人按照有关规定进行补充申报。纳税义务人认为必要时，也可以主动要求进行补充申报。

第八条 海关应当按照法律、行政法规和海关规章的规定，对纳税义务人申报的进出口货物商品名称、规格型号、税则号列、原产地、价格、成交条件、数量等进行审核。

海关可以根据口岸通关和货物进出口的具体情况，在货物通关环节仅对申报内容作程序性审核，在货物放行后再进行申报价格、商品归类、原产地等是否真实、正确的实质性核查。

第九条 海关为审核确定进出口货物的商品归类、完税价格及原产地等，可以对进出口货物进行查验，组织化验、检验或者对相关企业进行核查。

经审核，海关发现纳税义务人申报的进出口货物税则号列有误的，应当按照商品归类的有关规则和规定予以重新确定。

经审核，海关发现纳税义务人申报的进出口货物价格不符合成交价格条件，或者成交价格不能确定的，应当按照审定进出口货物完税价格的有关规定另行估价。

经审核，海关发现纳税义务人申报的进出口货物原产地有误的，应当通过审核纳税义务人提供的原产地证明、对货物进行实际查验或者审核其他相关单证等方法，按照海关原产地管理的有关规定予以确定。

经审核，海关发现纳税义务人提交的减免税申请或者所申报的内容不符合有关减免税规定的，应当按照规定计征税款。

纳税义务人违反海关规定，涉嫌伪报、瞒报的，应当按照规定移交海关调查或者缉私部门处理。

第十条 纳税义务人在货物实际进出口前，可以按照有关规定向海关申请对进出口货物进行商品预归类、价格预审核或者原产地预确定。海关审核确定后，应当书面通知纳税义务人，并且在货物实际进出口时予以认可。

第二节 税款的征收

第十一条 海关应当根据进出口货物的税则号列、完税价格、原产地、适用的税率和汇率计征税款。

第十二条 海关应当按照《关税条例》有关适用最惠国税率、协定税率、特惠税率、普通税率、出口税率、关税配额税率或者暂定税率，以及实施反倾销措施、反补贴措施、保障措施或者征收报复性关税等适用税率的规定，确定进出口货物适用的税率。

第十三条 进出口货物，应当适用海关接受该货物申报进口或者出口之日实施的税率。

进口货物到达前，经海关核准先行申报的，应当适用装载该货物的运输工具申报进境之日实施的税率。

进口转关运输货物，应当适用指运地海关接受该货物申报进口之日实施的税率；货物运抵指运地前，经海关核准先行申报的，应当适用装载该货物的运输工具抵达指运地之日实施的税率。

出口转关运输货物，应当适用起运地海关接受该货物申报出口之日实施的税率。

经海关批准，实行集中申报的进出口货物，应当适用每次货物进出口时海关接受该货物申报之日实施的税率。

因超过规定期限未申报而由海关依法变卖的进口货物，其税款计征应当适用装载该货物的运输工具申报进境之日实施的税率。

因纳税义务人违反规定需要追征税款的进出口货物，应当适用违反规定的行为发生之日实施的税率；行为发生之日不能确定的，适用海关发现该行为之日实施的税率。

第十四条 已申报进境并且放行的保税货物、减免税货物、租赁货物或者已申报进出境并且放行的暂时进出境货物，有下列情形之一需缴纳税款的，应当适用海关接受纳税义务人再次填写报关单申报办理纳税及有关手续之日实施的税率：

（一）保税货物经批准不复运出境的；

（二）保税仓储货物转入国内市场销售的；

（三）减免税货物经批准转让或者移作他用的；

（四）可以暂不缴纳税款的暂时进出境货物，经批准不复运出境或者进境的；

（五）租赁进口货物，分期缴纳税款的。

第十五条 补征或者退还进出口货物税款，应当按照本办法第十三条和第十四条的规定确定适用的税率。

第十六条 进出口货物的价格及有关费用以外币计价的，海关按照该货物适用税率之日所适用的计征汇率折合为人民币计算完税价格。完税价格采用四舍五入法计算至分。

海关每月使用的计征汇率为上一个月第三个星期三（第三个星期三为法定节假日的，顺延采用第四个星期三）中国人民银行公布的外币对人民币的基准汇率；以基准汇率币种以外的外币计价的，采用同一时间中国银行公布的现汇买入价和现汇卖出价的中间值（人民币元后采用四舍五入法保留4位小数）。如果上述汇率发生重大波动，海关总署认为必要时，可以另行规定计征汇率，并且对外公布。

第十七条 海关应当按照《关税条例》的规定，以从价、从量或者国家规定的其他方式对进出口货物征收关税。

海关应当按照有关法律、行政法规规定的适用税种、税目、税率和计算公式对进口货物计征进口环节海关代征税。

除另有规定外，关税和进口环节海关代征税按照下述计算公式计征：

从价计征关税的计算公式为：

应纳税额=完税价格×关税税率

从量计征关税的计算公式为：

应纳税额=货物数量×单位关税税额

计征进口环节增值税的计算公式为：

应纳税额=（完税价格+实征关税税额+实征消费税税额）×增值税税率

从价计征进口环节消费税的计算公式为：

应纳税额=［（完税价格+实征关税税额）/（1-消费税税率）］×消费税税率

从量计征进口环节消费税的计算公式为：

应纳税额=货物数量×单位消费税税额

第十八条 除另有规定外，海关应当在货物实际进境，并且完成海关现场接单审核工作之后及时填发税款缴款书。需要通过对货物进行查验确定商品归类、完税价格、原产地的，应当在查验核实之后填发或者更改税款缴款书。

纳税义务人收到税款缴款书后应当办理签收手续。

第十九条 海关税款缴款书一式六联（格式详见附件2），第一联（收据）由银行收款签章后交缴款单位或者纳税义务人；第二联（付款凭证）由缴款单位开户银行作为付出凭证；第三联（收款凭证）由收款国库作为收入凭证；第四联（回执）由国库盖章后退回海关财务部门；第五联（报查）国库收款后，关税专用缴款书退回海关，海关代征税专用缴款书送当地税务机关；第六联（存根）由填发单位存查。

第二十条 纳税义务人应当自海关填发税款缴款书之日起15日内向指定银行缴纳税款。逾期缴纳税款的，由海关自缴款期限届满之日起至缴清税款之日止，按日加收滞纳税款万分之五的滞纳金。纳税义务人应当自海关填发滞纳金缴款书之日起15日内向指定银行缴纳滞纳金。滞纳金缴款书的格式与税款缴款书相同。

缴款期限届满日遇星期六、星期日等休息日或者法定节假日的，应当顺延至休息日或者法定节假日之后的第一个工作日。国务院临时调整休息日与工作日的，海关应当按照调整后的情况计算缴款期限。

第二十一条 关税、进口环节海关代征税、滞纳金等，应当按人民币计征，采用四舍五入法计算至分。

滞纳金的起征点为50元。

第二十二条 银行收讫税款日为纳税义务人缴清税款之日。纳税义务人向银行缴纳税款后，应当及时将盖有证明银行已收讫税款的业务印章的税款缴款书送交填发海关验核，海关据此办理核注手续。

海关发现银行未按照规定及时将税款足额划转国库的，应当将有关情况通知国库。

第二十三条 纳税义务人缴纳税款前不慎遗失税款缴款书的，可以向填发海关提出补发税款缴款书的书面申请。海关应当自接到纳税义务人的申请之日起2个工作日内审核确认并且重新予以补发。海关补发的税款缴款书内容应当与原税款缴款书完全一致。

纳税义务人缴纳税款后遗失税款缴款书的，可以自缴纳税款之日起1年内向填发海关提出确认其已缴清税款的书面申请，海关经审查核实后，应当予以确认，但不再补发税款缴款书。

第二十四条 纳税义务人因不可抗力或者国家税收政策调整不能按期缴纳税款的，应当在货物进出口前向申报地的直属海关或者其授权的隶属海关提出延期缴纳税款的书面申请并且随附相关材料，同时还应当提供缴税计划。

货物实际进出口时，纳税义务人要求海关先放行货物的，应当向海关提供税款担保。

第二十五条 直属海关或者其授权的隶属海关应当自接到纳税义务人延期缴纳税款的申请之日起30日内审核情况是否属实，并且作出是否同意延期缴纳税款的决定以及延期缴纳税款的期限。由于特殊情况在30日内不能作出决定的，可以延长10日。

延期缴纳税款的期限，自货物放行之日起最长不超过6个月。

纳税义务人在批准的延期缴纳税款期限内缴纳税款的，不征收滞纳金；逾期缴纳税款的，自延期缴纳税款期限届满之日起至缴清税款之日止按日加收滞纳税款万分之五的滞纳金。

第二十六条 直属海关或者其授权的隶属海关经审核未批准延期缴纳税款的，应当自作出决定之日起3个工作日内通知纳税义务人，并且填发税款缴款书。

纳税义务人应当自海关填发税款缴款书之日起15日内向指定银行缴纳税款。逾期缴纳税款的，海关应当自缴款期限届满之日起至缴清税款之日止，按日加收滞纳税款万分之五的滞纳金。

第二十七条 散装进出口货物发生溢短装的，按照以下规定办理：

（一）溢装数量在合同、发票标明数量3%以内的，或者短装的，海关应当根据审定的货物单价，按照合同、发票标明数量计征税款。

（二）溢装数量超过合同、发票标明数量3%的，海关应当根据审定的货物单价，按照实际进出口数量计征税款。

第二十八条 纳税义务人、担保人自缴款期限届满之日起超过 3 个月仍未缴纳税款或者滞纳金的，海关可以按照《海关法》第六十条的规定采取强制措施。

纳税义务人在规定的缴纳税款期限内有明显的转移、藏匿其应税货物以及其他财产迹象的，海关可以责令纳税义务人向海关提供税款担保。纳税义务人不能提供税款担保的，海关可以按照《海关法》第六十一条的规定采取税收保全措施。

采取强制措施和税收保全措施的具体办法另行规定。

第三章 特殊进出口货物税款的征收

第一节 无代价抵偿货物

第二十九条 进口无代价抵偿货物，不征收进口关税和进口环节海关代征税；出口无代价抵偿货物，不征收出口关税。

前款所称无代价抵偿货物是指进出口货物在海关放行后，因残损、短少、品质不良或者规格不符原因，由进出口货物的发货人、承运人或者保险公司免费补偿或者更换的与原货物相同或者与合同规定相符的货物。

第三十条 纳税义务人应当在原进出口合同规定的索赔期内且不超过原货物进出口之日起 3 年，向海关申报办理无代价抵偿货物的进出口手续。

第三十一条 纳税义务人申报进口无代价抵偿货物，应当提交下列单证：

（一）原进口货物报关单；

（二）原进口货物退运出境的出口报关单或者原进口货物交由海关处理的货物放弃处理证明；

（三）原进口货物税款缴款书或者《征免税证明》；

（四）买卖双方签订的索赔协议。

因原进口货物短少而进口无代价抵偿货物，不需要提交前款第（二）项所列单证。

海关认为需要时，纳税义务人还应当提交具有资质的商品检验机构出具的原进口货物残损、短少、品质不良或者规格不符的检验证明书或者其他有关证明文件。

第三十二条 纳税义务人申报出口无代价抵偿货物，应当提交下列单证：

（一）原出口货物报关单；

（二）原出口货物退运进境的进口报关单；

（三）原出口货物税款缴款书或者《征免税证明》；

（四）买卖双方签订的索赔协议。

因原出口货物短少而出口无代价抵偿货物，不需要提交前款第（二）项所列单证。

海关认为需要时，纳税义务人还应当提交具有资质的商品检验机构出具的原出口货物残损、短少、品质不良或者规格不符的检验证明书或者其他有关证明文件。

第三十三条 纳税义务人申报进出口的无代价抵偿货物，与退运出境或者退运进境的原货物不完全相同或者与合同规定不完全相符的，应当向海关说明原因。

海关经审核认为理由正当，且其税则号列未发生改变的，应当按照审定进出口货物完税价格的有关规定和原进出口货物适用的计征汇率、税率，审核确定其完税价格、计算应征税款。应征税款高于原进出口货物已征税款的，应当补征税款的差额部分。应征税款低于原进出口货物已征税款，且原进出口货物的发货人、承运人或者保险公司同时补偿货款的，海关应当退还补偿货款部分的相应税款；未补偿货款的，税款的差额部分不予退还。

纳税义务人申报进出口的免费补偿或者更换的货物，其税则号列与原货物的税则号列不一致的，不适用无代价抵偿货物的有关规定，海关应当按照一般进出口货物的有关规定征收税款。

第三十四条 纳税义务人申报进出口无代价抵偿货物，被更换的原进口货物不退运出境且不放弃交由海关处理的，或者被更换的原出口货物不退运进境的，海关应当按照接受无代价抵偿货物申报进出口之日适用的税率、计征汇率和有关规定对原进出口货物重新估价征税。

第三十五条 被更换的原进口货物退运出境时不征收出口关税。

被更换的原出口货物退运进境时不征收进口关税和进口环节海关代征税。

第二节 租赁进口货物

第三十六条 纳税义务人进口租赁货物，除另有规定外，应当向其所在地海关办理申报进口及申报纳税手续。

纳税义务人申报进口租赁货物，应当向海关提交租赁合同及其他有关文件。海关认为必要时，纳税义务人应当提供税款担保。

第三十七条 租赁进口货物自进境之日起至租赁结束办结海关手续之日止，应当接受海关监管。

一次性支付租金的，纳税义务人应当在申报租赁货物进口时办理纳税手续，缴纳税款。

分期支付租金的，纳税义务人应当在申报租赁货物进口时，按照第一期应当支付的租金办理纳税手续，缴纳相应税款；在其后分期支付租金时，纳税义务人向海关申报办理纳税手续应当不迟于每次支付租金后的第15日。纳税义务人未在规定期限内申报纳税的，海关按照纳税义务人每次支付租金后第15日该货物适用的税率、计征汇率征收相应税款，并且自本款规定的申报办理纳税手续期限届满之日起至纳税义务人申报纳税之日止按日加收应缴纳税款万分之五的滞纳金。

第三十八条 海关应当对租赁进口货物进行跟踪管理，督促纳税义务人按期向海关申报纳税，确保税款及时足额入库。

第三十九条 纳税义务人应当自租赁进口货物租期届满之日起30日内，向海关申请办结监管手续，将租赁进口货物复运出境。需留购、续租租赁进口货物的，纳税义务人向海关申报办理相关手续应当不迟于租赁进口货物租期届满后的第30日。

海关对留购的租赁进口货物，按照审定进口货物完税价格的有关规定和海关接受申报办理留购的相关手续之日该货物适用的计征汇率、税率，审核确定其完税价格、计征应缴纳的税款。

续租租赁进口货物的，纳税义务人应当向海关提交续租合同，并且按照本办法第三十六条和第三十七条的有关规定办理申报纳税手续。

第四十条 纳税义务人未在本办法第三十九条第一款规定的期限内向海关申报办理留购租赁进口货物的相关手续的，海关除按照审定进口货物完税价格的有关规定和租期届满后第30日该货物适用的计征汇率、税率，审核确定其完税价格、计征应缴纳的税款外，还应当自租赁期限届满后30日起至纳税义务人申报纳税之日止按日加收应缴纳税款万分之五的滞纳金。

纳税义务人未在本办法第三十九条第一款规定的期限内向海关申报办理续租租赁进口货物的相关手续的，海关除按照本办法第三十七条的规定征收续租租赁进口货物应缴纳的税款外，还应当自租赁期限届满后30日起至纳税义务人申报纳税之日止按日加收应缴纳税款万分之五的滞纳金。

第四十一条 租赁进口货物租赁期未满终止租赁的，其租期届满之日为租赁终止日。

第三节 暂时进出境货物

第四十二条 经海关批准暂时进境或者暂时出境的货物，海关按照有关规定实施管理。

第四十三条 《关税条例》第四十二条第一款所列的暂时进出境货物，在海关规定期限内，可以暂不缴纳税款。

前款所述暂时进出境货物在规定期限届满后不再复运出境或者复运进境的，纳税义务人应当在规定期限届满前向海关申报办理进出口及纳税手续。海关按照有关规定征收税款。

第四十四条 《关税条例》第四十二条第一款所列范围以外的其他暂时进出境货物，海关按照审定进出口货物完税价格的有关规定和海关接受该货物申报进出境之日适用的计征汇率、税率，审核确定其完税价格、按月征收税款，或者在规定期限内货物复运出境或者复运进境时征收税款。

计征税款的期限为60个月。不足一个月但超过15天的，按一个月计征；不超过15天的，免予计征。计征税款的期限自货物放行之日起计算。

按月征收税款的计算公式为：

每月关税税额=关税总额 ×（1/60）

每月进口环节代征税税额=进口环节代征税总额 ×（1/60）

本条第一款所述暂时进出境货物在规定期限届满后不再复运出境或者复运进境的，纳税义务人应当在规定期限届满前向海关申报办理进出口及纳税手续，缴纳剩余税款。

第四十五条 暂时进出境货物未在规定期限内复运出境或者复运进境，且纳税义务人未在规定期限届满前向海关申报办理进出口及纳税手续的，海关除按照规定征收应缴纳的税款外，还应当自规定期限届满之日起至纳税义务人申报纳税之日止按日加收应缴纳税款万分之五的滞纳金。

第四十六条 本办法第四十三条至第四十五条中所称“规定期限”均包括经海关批准的暂时进出境货物延长复运出境或者复运进境的期限。

第四节　进出境修理货物和出境加工货物

第四十七条 纳税义务人在办理进境修理货物的进口申报手续时，应当向海关提交该货物的维修合同（或者含有保修条款的原出口合同），并且向海关提供进口税款担保或者由海关按照保税货物实施管理。进境修理货物应当在海关规定的期限内复运出境。

进境修理货物需要进口原材料、零部件的，纳税义务人在办理原材料、零部件进口申报手续时，应当向海关提交进境修理货物的维修合同（或者含有保修条款的原出口合同）、进境修理货物的进口报关单（与进境修理货物同时申报进口的除外），并且向海关提供进口税款担保或者由海关按照保税货物实施管理。进口原材料、零部件只限用于进境修理货物的修理，修理剩余的原材料、零部件应当随进境修理货物一同复运出境。

第四十八条 纳税义务人在办理进境修理货物及剩余进境原材料、零部件复运出境的出口申报手续时，应当向海关提交该货物及进境原材料、零部件的原进口报关单和维修合同（或者含有保修条款的原出口合同）等单证。海关凭此办理解除修理货物及原材料、零部件进境时纳税义务人提供税款担保的相关手续；由海关按照保税货物实施管理的，按照有关保税货物的管理规定办理。

因正当理由不能在海关规定期限内将进境修理货物复运出境的，纳税义务人应当在规定期限届满前向海关说明情况，申请延期复运出境。

第四十九条 进境修理货物未在海关允许期限（包括延长期，下同）内复运出境的，海关对其按照一般进出口货物的征税管理规定实施管理，将该货物进境时纳税义务人提供的税款担保转为税款。

第五十条 纳税义务人在办理出境修理货物的出口申报手续时，应当向海关提交该货物的维修合同（或者含有保修条款的原进口合同）。出境修理货物应当在海关规定的期限内复运进境。

第五十一条 纳税义务人在办理出境修理货物复运进境的进口申报手续时，应当向海关提交该货物的原出口报关单和维修合同（或者含有保修条款的原进口合同）、维修发票等单证。

海关按照审定进口货物完税价格的有关规定和海关接受该货物申报复运进境之日适用的计征汇率、税率，审核确定其完税价格、计征进口税款。

因正当理由不能在海关规定期限内将出境修理货物复运进境的，纳税义务人应当在规定期限届满前向海关说明情况，申请延期复运进境。

第五十二条 出境修理货物超过海关允许期限复运进境的，海关对其按照一般进口货物的征税管理规定征收进口税款。

第五十三条 纳税义务人在办理出境加工货物的出口申报手续时，应当向海关提交该货物的委托加工合同；出境加工货物属于征收出口关税的商品的，纳税义务人应当向海关提供出口税款担保。出境加工货物应当在海关规定的期限内复运进境。

第五十四条 纳税义务人在办理出境加工货物复运进境的进口申报手续时，应当向海关提交该货物的原出口报关单和委托加工合同、加工发票等单证。

海关按照审定进口货物完税价格的有关规定和海关接受该货物申报复运进境之日适用的计征汇率、税率，审核确定其完税价格、计征进口税款，同时办理解除该货物出境时纳税义务人提供税款担保的相关手续。

因正当理由不能在海关规定期限内将出境加工货物复运进境的，纳税义务人应当在规定期限届满前向海关说明情况，申请延期复运进境。

第五十五条 出境加工货物未在海关允许期限内复运进境的，海关对其按照一般进出口货物的征税管理规定实施管理，将该货物出境时纳税义务人提供的税款担保转为税款；出境加工货物复运进境时，海关按照一般进口货物的征税管理规定征收进口税款。

第五十六条 本办法第四十七条至第五十五条中所称“海关规定期限”和“海关允许期限”，由海关根据进出境修理货物、出境加工货物的有关合同规定以及具体实际情况予以确定。

第五节 退运货物

第五十七条 因品质或者规格原因，出口货物自出口放行之日起1年内原状退货复运进境的，纳税义务人在办理进口申报手续时，应当按照规定提交有关单证和证明文件。经海关确认后，对复运进境的原出口货物不予征收进口关税和进口环节海关代征税。

第五十八条 因品质或者规格原因，进口货物自进口放行之日起1年内原状退货复运出境的，纳税义务人在办理出口申报手续时，应当按照规定提交有关单证和证明文件。经海关确认后，对复运出境的原进口货物不予征收出口关税。

第四章 进出口货物税款的退还与补征

第五十九条 海关发现多征税款的，应当立即通知纳税义务人办理退税手续。纳税义务人应当自收到海关通知之日起3个月内办理有关退税手续。

第六十条 纳税义务人发现多缴纳税款的，自缴纳税款之日起1年内，可以向海关申请退还多缴的税款并且加算银行同期活期存款利息。

纳税义务人向海关申请退还税款及利息时，应当提交下列材料：

（一）《退税申请书》（格式详见附件3）；

（二）原税款缴款书和可以证明应予退税的材料。

第六十一条 已缴纳税款的进口货物，因品质或者规格原因原状退货复运出境的，纳税义务人自缴纳税款之日起1年内，可以向海关申请退税。

纳税义务人向海关申请退税时，应当提交下列材料：

（一）《退税申请书》；

（二）原进口报关单、税款缴款书、发票；

（三）货物复运出境的出口报关单；

（四）收发货人双方关于退货的协议。

第六十二条 已缴纳出口关税的出口货物，因品质或者规格原因原状退货复运进境，并且已重新缴纳因出口而退还的国内环节有关税收的，纳税义务人自缴纳税款之日起1年内，可以向海关申请退税。

纳税义务人向海关申请退税时，应当提交下列材料：

（一）《退税申请书》；

（二）原出口报关单、税款缴款书、发票；

（三）货物复运进境的进口报关单；

（四）收发货人双方关于退货的协议和税务机关重新征收国内环节税的证明。

第六十三条 已缴纳出口关税的货物，因故未装运出口申报退关的，纳税义务人自缴纳税款之日起1年内，可以向海关申请退税。

纳税义务人向海关申请退税时，应当提交下列材料：

（一）《退税申请书》；

（二）原出口报关单和税款缴款书。

第六十四条 散装进出口货物发生短装并且已征税放行的，如果该货物的发货人、承运人或者保险公司已对短装部分退还或者赔偿相应货款，纳税义务人自缴纳税款之日起 1 年内，可以向海关申请退还进口或者出口短装部分的相应税款。

纳税义务人向海关申请退税时，应当提交下列材料：

（一）《退税申请书》；

（二）原进口或者出口报关单、税款缴款书、发票；

（三）具有资质的商品检验机构出具的相关检验证明书；

（四）已经退款或者赔款的证明文件。

第六十五条 进出口货物因残损、品质不良、规格不符原因，或者发生本办法第六十四条规定以外的货物短少的情形，由进出口货物的发货人、承运人或者保险公司赔偿相应货款的，纳税义务人自缴纳税款之日起 1 年内，可以向海关申请退还赔偿货款部分的相应税款。

纳税义务人向海关申请退税时，应当提交下列材料：

（一）《退税申请书》；

（二）原进口或者出口报关单、税款缴款书、发票；

（三）已经赔偿货款的证明文件。

第六十六条 海关收到纳税义务人的退税申请后应当进行审核。纳税义务人提交的申请材料齐全且符合规定形式的，海关应当予以受理，并且以海关收到申请材料之日作为受理之日；纳税义务人提交的申请材料不全或者不符合规定形式的，海关应当在收到申请材料之日起 5 个工作日内一次告知纳税义务人需要补正的全部内容，并且以海关收到全部补正申请材料之日为海关受理退税申请之日。

纳税义务人按照本办法第六十一条、第六十二条或者第六十五条的规定申请退税的，海关认为需要时，可以要求纳税义务人提供具有资质的商品检验机构出具的原进口或者出口货物品质不良、规格不符或者残损、短少的检验证明书或者其他有关证明文件。

海关应当自受理退税申请之日起 30 日内查实并且通知纳税义务人办理退税手续或者不予退税的决定。纳税义务人应当自收到海关准予退税的通知之日起 3 个月内办理有关退税手续。

第六十七条 海关办理退税手续时，应当填发收入退还书（格式详见附件 4），并且按照以下规定办理：

（一）按照本办法第六十条规定应当同时退还多征税款部分所产生的利息的，应退利息按照海关填发收入退还书之日中国人民银行规定的活期储蓄存款利息率计算。计算应退利息的期限自纳税义务人缴纳税款之日起至海关填发收入退还书之日止。

（二）进口环节增值税已予抵扣的，该项增值税不予退还，但国家另有规定的除外。

（三）已征收的滞纳金不予退还。

退还税款、利息涉及从国库中退库的，按照法律、行政法规有关国库管理的规定以及有关规章规定的具体实施办法执行。

第六十八条 进出口货物放行后，海关发现少征税款的，应当自缴纳税款之日起 1 年内，向纳税义务人补征税款；海关发现漏征税款的，应当自货物放行之日起 1 年内，向纳税义务人补征税款。

第六十九条 因纳税义务人违反规定造成少征税款的，海关应当自缴纳税款之日起 3 年内追征税款；因纳税义务人违反规定造成漏征税款的，海关应当自货物放行之日起 3 年内追征税款。海关除依法追征税款外，还应当自缴纳税款或者货物放行之日起至海关发现违规行为之日止按日加收少征或者漏征税款万分之五的滞纳金。

因纳税义务人违反规定造成海关监管货物少征或者漏征税款的，海关应当自纳税义务人应缴纳税款之日起 3 年内追征税款，并且自应缴纳税款之日起至海关发现违规行为之日止按日加收少征或者漏征税款万分之五的滞纳金。

前款所称“应缴纳税款之日”是指纳税义务人违反规定的行为发生之日；该行为发生之日不能确定的，应当以海关发现该行为之日作为应缴纳税款之日。

第七十条 海关补征或者追征税款，应当制发《海关补征税款告知书》（格式详见附件5）。纳税义务人应当自收到《海关补征税款告知书》之日起15日内到海关办理补缴税款的手续。

纳税义务人未在前款规定期限内办理补税手续的，海关应当在规定期限届满之日填发税款缴款书。

第七十一条 根据本办法第三十七、四十、四十五、六十九条的有关规定，因纳税义务人违反规定需在征收税款的同时加收滞纳金的，如果纳税义务人未在规定的15天缴款期限内缴纳税款，海关依照本办法第二十条的规定另行加收自缴款期限届满之日起至缴清税款之日止滞纳税款的滞纳金。

第五章 进出口货物税款的减征与免征

第七十二条 纳税义务人进出口减免税货物，应当在货物进出口前，按照规定持有关文件向海关办理减免税审批手续。下列减免税进出口货物无需办理减免税审批手续：

（一）关税、进口环节增值税或者消费税税额在人民币50元以下的一票货物；

（二）无商业价值的广告品和货样；

（三）在海关放行前遭受损坏或者损失的货物；

（四）进出境运输工具装载的途中必需的燃料、物料和饮食用品；

（五）其他无需办理减免税审批手续的减征或者免征税款的货物。

第七十三条 对于本办法第七十二条第（三）项所列货物，纳税义务人应当在申报时或者自海关放行货物之日起15日内书面向海关说明情况，提供相关证明材料。海关认为需要时，可以要求纳税义务人提供具有资质的商品检验机构出具的货物受损程度的检验证明书。海关根据实际受损程度予以减征或者免征税款。

第七十四条 除另有规定外，纳税义务人应当向其主管海关申请办理减免税审批手续。海关按照有关规定予以审核，并且签发《征免税证明》。

第七十五条 特定地区、特定企业或者有特定用途的特定减免税进口货物，应当接受海关监管。

特定减免税进口货物的监管年限为：

（一）船舶、飞机：8年；

（二）机动车辆：6年；

（三）其他货物：5年。

监管年限自货物进口放行之日起计算。

第七十六条 在特定减免税进口货物的监管年限内，纳税义务人应当自减免税货物放行之日起每年一次向主管海关报告减免税货物的状况；除经海关批准转让给其他享受同等税收优惠待遇的项目单位外，纳税义务人在补缴税款并且办理解除监管手续后，方可转让或者进行其他处置。

特定减免税进口货物监管年限届满时，自动解除海关监管。纳税义务人需要解除监管证明的，可以自监管年限届满之日起1年内，持有关单证向海关申请领取解除监管证明。海关应当自接到纳税义务人的申请之日起20日内核实情况，并且填发解除监管证明。

第六章 进出口货物的税款担保

第七十七条 有下列情形之一，纳税义务人要求海关先放行货物的，应当按照海关初步确定的应缴税款向海关提供足额税款担保：

（一）海关尚未确定商品归类、完税价格、原产地等征税要件的；

（二）正在海关办理减免税审批手续的；

（三）申请延期缴纳税款的；

（四）暂时进出境的；

（五）进境修理和出境加工的，按保税货物实施管理的除外；

（六）因残损、品质不良或者规格不符，纳税义务人申报进口或者出口无代价抵偿货物时，原进口货物尚未退运出境或者尚未放弃交由海关处理的，或者原出口货物尚未退运进境的；

（七）其他按照有关规定需要提供税款担保的。

第七十八条 除另有规定外，税款担保期限一般不超过6个月，特殊情况经直属海关关长或者其授权人批准可以酌情延长。

税款担保一般应当为保证金、银行或者非银行金融机构的保函，但另有规定的除外。

银行或者非银行金融机构的税款保函，其保证方式应当是连带责任保证。税款保函明确规定保证期间的，保证期间应当不短于海关批准的担保期限。

第七十九条 在海关批准的担保期限内，纳税义务人履行纳税义务的，海关应当自纳税义务人履行纳税义务之日起5个工作日内办结解除税款担保的相关手续。

在海关批准的担保期限内，纳税义务人未履行纳税义务，对收取税款保证金的，海关应当自担保期限届满之日起5个工作日内完成保证金转为税款的相关手续；对银行或者非银行金融机构提供税款保函的，海关应当自担保期限届满之日起6个月内或者在税款保函规定的保证期间内要求担保人履行相应的纳税义务。

第七章 附 则

第八十条 纳税义务人、担保人对海关确定纳税义务人、确定完税价格、商品归类、确定原产地、适用税率或者计征汇率、减征或者免征税款、补税、退税、征收滞纳金、确定计征方式以及确定纳税地点有异议的，应当按照海关作出的相关行政决定依法缴纳税款，并且可以依照《中华人民共和国行政复议法》和《中华人民共和国海关实施〈行政复议法〉办法》向上一级海关申请复议。对复议决定不服的，可以依法向人民法院提起诉讼。

第八十一条 违反本办法规定，构成违反海关监管规定行为、走私行为的，按照《海关法》、《中华人民共和国海关行政处罚实施条例》和其他有关法律、行政法规的规定处罚。构成犯罪的，依法追究刑事责任。

第八十二条 保税货物和进出保税区、出口加工区、保税仓库及类似的海关监管场所的货物的税收管理，按照本办法规定执行。本办法未作规定的，按照有关法律、行政法规和海关规章的规定执行。

第八十三条 通过电子数据交换方式申报纳税和缴纳税款的管理办法，另行制定。

第八十四条 本办法由海关总署负责解释。

第八十五条 本办法自2005年3月1日起施行。1986年9月30日由中华人民共和国海关总署发布的《海关征税管理办法》同时废止。

附件1 进出口货物征免税证明（格式）（略）

附件2 海关专用缴款书（格式）（略）

附件3 退税申请书（格式）（略）

附件4 收入退还书（海关专用）（格式）（略）

附件5 海关补征税款告知书（格式）（略）

中华人民共和国海关进出口货物减免税管理办法

（2008年12月29日海关总署令第179号公布，自2009年2月1日起施行）

第一章 总 则

第一条 为了规范海关进出口货物减免税管理工作，保障行政相对人合法权益，根据《中华人民共和国海关法》（以下简称《海关法》）、《中华人民共和国进出口关税条例》（以下简称《关税条例》）

及有关法律和行政法规的规定，制定本办法。

第二条 进出口货物减征或者免征关税、进口环节海关代征税（以下简称减免税）事务，除法律、行政法规另有规定外，海关依照本办法实施管理。

第三条 进出口货物减免税申请人（以下简称减免税申请人）应当向其所在地海关申请办理减免税备案、审批手续，特殊情况除外。

投资项目所在地海关与减免税申请人所在地海关不是同一海关的，减免税申请人应当向投资项目所在地海关申请办理减免税备案、审批手续。

投资项目所在地涉及多个海关的，减免税申请人可以向其所在地海关或者有关海关的共同上级海关申请办理减免税备案、审批手续。有关海关的共同上级海关可以指定相关海关办理减免税备案、审批手续。

投资项目由投资项目单位所属非法人分支机构具体实施的，在获得投资项目单位的授权并经投资项目所在地海关审核同意后，该非法人分支机构可以向投资项目所在地海关申请办理减免税备案、审批手续。

第四条 减免税申请人可以自行向海关申请办理减免税备案、审批、税款担保和后续管理业务等相关手续，也可以委托他人办理前述手续。

委托他人办理的，应当由被委托人持减免税申请人出具的《减免税手续办理委托书》及其他相关材料向海关申请，海关审核同意后可准予被委托人办理相关手续。

第五条 已经在海关办理注册登记并取得报关注册登记证书的报关企业或者进出口货物收发货人可以接受减免税申请人委托，代为办理减免税相关事宜。

第二章 减免税备案

第六条 减免税申请人按照有关进出口税收优惠政策的规定申请减免税进出口相关货物，海关需要事先对减免税申请人的资格或者投资项目等情况进行确认的，减免税申请人应当在申请办理减免税审批手续前，向主管海关申请办理减免税备案手续，并同时提交下列材料：

（一）《进出口货物减免税备案申请表》；

（二）企业营业执照或者事业单位法人证书、国家机关设立文件、社团登记证书、民办非企业单位登记证书、基金会登记证书等证明材料；

（三）相关政策规定的享受进出口税收优惠政策资格的证明材料；

（四）海关认为需要提供的其他材料。

减免税申请人按照本条规定提交证明材料的，应当交验原件，同时提交加盖减免税申请人有效印章的复印件。

第七条 海关收到减免税申请人的减免税备案申请后，应当审查确认所提交的申请材料是否齐全、有效，填报是否规范。

减免税申请人的申请材料符合规定的，海关应当予以受理，海关收到申请材料之日为受理之日；减免税申请人的申请材料不齐全或者不符合规定的，海关应当一次性告知减免税申请人需要补正的有关材料，海关收到全部补正的申请材料之日为受理之日。

不能按照规定向海关提交齐全、有效材料的，海关不予受理。

第八条 海关受理减免税申请人的备案申请后，应当对其主体资格、投资项目等情况进行审核。

经审核符合有关进出口税收优惠政策规定的，应当准予备案；经审核不予备案的，应当书面通知减免税申请人。

第九条 海关应当自受理之日起10个工作日内作出是否准予备案的决定。

因政策规定不明确或者涉及其他部门管理职责需与相关部门进一步协商、核实有关情况等原因在10个工作日内不能作出决定的，海关应当书面向减免税申请人说明理由。

有本条第二款规定情形的，海关应当自情形消除之日起15个工作日内作出是否准予备案的决定。

第十条 减免税申请人要求变更或者撤销减免税备案的，应当向主管海关递交申请。经审核符合相关规定的，海关应当予以办理。

变更或者撤销减免税备案应当由项目审批部门出具意见的，减免税申请人应当在申请变更或者撤销时一并提供。

第三章 减免税审批

第十一条 减免税申请人应当在货物申报进出口前，向主管海关申请办理进出口货物减免税审批手续，并同时提交下列材料：

（一）《进出口货物征免税申请表》；

（二）企业营业执照或者事业单位法人证书、国家机关设立文件、社团登记证书、民办非企业单位登记证书、基金会登记证书等证明材料；

（三）进出口合同、发票以及相关货物的产品情况资料；

（四）相关政策规定的享受进出口税收优惠政策资格的证明材料；

（五）海关认为需要提供的其他材料。

减免税申请人按照本条规定提交证明材料的，应当交验原件，同时提交加盖减免税申请人有效印章的复印件。

第十二条 海关收到减免税申请人的减免税审批申请后，应当审核确认所提交的申请材料是否齐全、有效，填报是否规范。对应当进行减免税备案的，还应当审核是否已经按照规定办理备案手续。

减免税申请人的申请材料符合规定的，海关应当予以受理，海关收到申请材料之日为受理之日；减免税申请人提交的申请材料不齐全或者不符合规定的，海关应当一次性告知减免税申请人需要补正的有关材料，海关收到全部补正的申请材料之日为受理之日。

不能按照规定向海关提交齐全、有效材料，或者未按照规定办理减免税备案手续的，海关不予受理。

第十三条 海关受理减免税申请人的减免税审批申请后，应当对进出口货物相关情况是否符合有关进出口税收优惠政策规定、进出口货物的金额、数量等是否在减免税额度内等情况进行审核。对应当进行减免税备案的，还需要对减免税申请人、进出口货物等是否符合备案情况进行审核。

经审核符合相关规定的，应当作出进出口货物征税、减税或者免税的决定，并签发《中华人民共和国海关进出口货物征免税证明》（以下简称《征免税证明》）。

第十四条 海关应当自受理减免税审批申请之日起 10 个工作日内作出是否准予减免税的决定。

有下列情形之一，不能在受理减免税审批申请之日起 10 个工作日内作出决定的，海关应当书面向减免税申请人说明理由：

（一）政策规定不明确或者涉及其他部门管理职责需要与相关部门进一步协商、核实有关情况的；

（二）需要对货物进行化验、鉴定以确定是否符合减免税政策规定的；

（三）因其他合理原因不能在本条第一款规定期限内作出决定的。

有本条第二款规定情形的，海关应当自情形消除之日起 15 个工作日内作出是否准予减免税的决定。

第十五条 减免税申请人申请变更或者撤销已签发的《征免税证明》的，应当在《征免税证明》有效期内向主管海关提出申请，说明理由，并提交相关材料。

经审核符合规定的，海关准予变更或者撤销。准予变更的，海关应当在变更完成后签发新的《征免税证明》，并收回原《征免税证明》。准予撤销的，海关应当收回原《征免税证明》。

第十六条 减免税申请人应当在《征免税证明》有效期内办理有关进出口货物通关手续。不能在有效期内办理，需要延期的，应当在《征免税证明》有效期内向海关提出延期申请。经海关审核同意，准予办理延长《征免税证明》有效期手续。

《征免税证明》可以延期一次，延期时间自有效期届满之日起算，延长期限不得超过 6 个月。海关总署批准的特殊情况除外。

《征免税证明》有效期限届满仍未使用的，该《征免税证明》效力终止。减免税申请人需要减免税进出口该《征免税证明》所列货物的，应当重新向海关申请办理。

第十七条 减免税申请人遗失《征免税证明》需要补办的，应当在《征免税证明》有效期内向主管海关提出申请。

经核实原《征免税证明》尚未使用的，主管海关应当重新签发《征免税证明》，原《征免税证明》同时作废。

原《征免税证明》已经使用的，不予补办。

第十八条 除国家政策调整等原因并经海关总署批准外，货物征税放行后，减免税申请人申请补办减免税审批手续的，海关不予受理。

第四章 减免税货物税款担保

第十九条 有下列情形之一的，减免税申请人可以向海关申请凭税款担保先予办理货物放行手续：

（一）主管海关按照规定已经受理减免税备案或者审批申请，尚未办理完毕的；

（二）有关进出口税收优惠政策已经国务院批准，具体实施措施尚未明确，海关总署已确认减免税申请人属于享受该政策范围的；

（三）其他经海关总署核准的情况。

第二十条 减免税申请人需要办理税款担保手续的，应当在货物申报进出口前向主管海关提出申请，并按照有关进出口税收优惠政策的规定向海关提交相关材料。

主管海关应当在受理申请之日起7个工作日内，作出是否准予担保的决定。准予担保的，应当出具《中华人民共和国海关准予办理减免税货物税款担保证明》（以下简称《准予担保证明》）；不准予担保的，应当出具《中华人民共和国海关不准予办理减免税货物税款担保决定》。

第二十一条 进出口地海关凭主管海关出具的《准予担保证明》，办理货物的税款担保和验放手续。

国家对进出口货物有限制性规定，应当提供许可证件而不能提供的，以及法律、行政法规规定不得担保的其他情形，进出口地海关不得办理减免税货物凭税款担保放行手续。

第二十二条 税款担保期限不超过6个月，经直属海关关长或者其授权人批准可以予以延期，延期时间自税款担保期限届满之日起算，延长期限不超过6个月。

特殊情况仍需要延期的，应当经海关总署批准。

第二十三条 海关依照本办法规定延长减免税备案、审批手续办理时限的，减免税货物税款担保时限可以相应延长，主管海关应当及时通知减免税申请人向海关申请办理减免税货物税款担保延期的手续。

第二十四条 减免税申请人在减免税货物税款担保期限届满前未取得《征免税证明》，申请延长税款担保期限的，应当在《准予担保证明》规定期限届满的10个工作日以前向主管海关提出申请。主管海关应当在受理申请后7个工作日内，作出是否准予延长担保期限的决定。准予延长的，应当出具《中华人民共和国海关准予办理减免税货物税款担保延期证明》（以下简称《准予延期证明》）；不准予延长的，应当出具《中华人民共和国海关不准予办理减免税货物税款担保延期决定》。

减免税申请人按照海关要求申请延长减免税货物税款担保期限的，比照本条第一款规定办理。

进出口地海关凭《准予延期证明》办理减免税货物税款担保延期手续。

第二十五条 减免税申请人在减免税货物税款担保期限届满前取得《征免税证明》的，海关应当解除税款担保，办理征免税进出口手续。担保期限届满，减免税申请人未按照规定申请办理减免税货物税款担保延期手续的，海关应当要求担保人履行相应的担保责任或者将税款保证金转为税款。

第五章 减免税货物的处置

第二十六条 在进口减免税货物的海关监管年限内，未经海关许可，减免税申请人不得擅自将减免税货物转让、抵押、质押、移作他用或者进行其他处置。

第二十七条 按照国家有关规定在进口时免予提交许可证件的进口减免税货物，减免税申请人向海关申请进行转让、抵押、质押、移作他用或者其他处置时，按照规定需要补办许可证件的，应当补办有关许可证件。

第二十八条 在海关监管年限内，减免税申请人将进口减免税货物转让给进口同一货物享受同等减免税优惠待遇的其他单位的，应当按照下列规定办理减免税货物结转手续：

（一）减免税货物的转出申请人持有关单证向转出地主管海关提出申请，转出地主管海关审核同意后，通知转入地主管海关。

（二）减免税货物的转入申请人向转入地主管海关申请办理减免税审批手续。转入地主管海关审核无误后签发《征免税证明》。

（三）转出、转入减免税货物的申请人应当分别向各自的主管海关申请办理减免税货物的出口、进口报关手续。转出地主管海关办理转出减免税货物的解除监管手续。结转减免税货物的监管年限应当连续计算。转入地主管海关在剩余监管年限内对结转减免税货物继续实施后续监管。

转入地海关和转出地海关为同一海关的，按照本条第一款规定办理。

第二十九条 在海关监管年限内，减免税申请人将进口减免税货物转让给不享受进口税收优惠政策或者进口同一货物不享受同等减免税优惠待遇的其他单位的，应当事先向减免税申请人主管海关申请办理减免税货物补缴税款和解除监管手续。

第三十条 在海关监管年限内，减免税申请人需要将减免税货物移作他用的，应当事先向主管海关提出申请。经海关批准，减免税申请人可以按照海关批准的使用地区、用途、企业将减免税货物移作他用。

本条第一款所称移作他用包括以下情形：

（一）将减免税货物交给减免税申请人以外的其他单位使用；

（二）未按照原定用途、地区使用减免税货物；

（三）未按照特定地区、特定企业或者特定用途使用减免税货物的其他情形。

除海关总署另有规定外，按照本条第一款规定将减免税货物移作他用的，减免税申请人还应当按照移作他用的时间补缴相应税款；移作他用时间不能确定的，应当提交相应的税款担保，税款担保不得低于剩余监管年限应补缴税款总额。

第三十一条 在海关监管年限内，减免税申请人要求以减免税货物向金融机构办理贷款抵押的，应当向主管海关提出书面申请。经审核符合有关规定的，主管海关可以批准其办理贷款抵押手续。

减免税申请人不得以减免税货物向金融机构以外的公民、法人或者其他组织办理贷款抵押。

第三十二条 减免税申请人以减免税货物向境内金融机构办理贷款抵押的，应当向海关提供下列形式的担保：

（一）与货物应缴税款等值的保证金；

（二）境内金融机构提供的相当于货物应缴税款的保函；

（三）减免税申请人、境内金融机构共同向海关提交《进口减免税货物贷款抵押承诺保证书》，书面承诺当减免税申请人抵押贷款无法清偿需要以抵押物抵偿时，抵押人或者抵押权人先补缴海关税款，或者从抵押物的折（变）价款中优先偿付海关税款。

减免税申请人以减免税货物向境外金融机构办理贷款抵押的，应当向海关提交本条第一款第（一）项或者第（二）项规定形式的担保。

第三十三条 海关在收到贷款抵押申请材料后，应当审核申请材料是否齐全、有效，必要时可以实地核查减免税货物情况，了解减免税申请人经营状况。

经审核同意的，主管海关应当出具《中华人民共和国海关准予进口减免税货物贷款抵押通知》。

第三十四条 海关同意以进口减免税货物办理贷款抵押的，减免税申请人应当于正式签订抵押合同、贷款合同之日起30日内将抵押合同、贷款合同正本或者复印件交海关备案。提交复印件备案的，减免税申请人应当在复印件上标注“与正本核实一致”，并予以签章。

抵押合同、贷款合同的签订日期不是同一日的，按照后签订的日期计算本条第一款规定的备案时限。

第三十五条 贷款抵押需要延期的，减免税申请人应当在贷款期限届满前20日内向主管海关申请办理贷款抵押的延期手续。

经审核同意的，主管海关签发准予延期通知，并出具《中华人民共和国海关准予办理进口减免税货物贷款抵押延期通知》。

第六章 减免税货物的管理

第三十六条 除海关总署另有规定外，在海关监管年限内，减免税申请人应当按照海关规定保管、使用进口减免税货物，并依法接受海关监管。

进口减免税货物的监管年限为：

（一）船舶、飞机：8年；

（二）机动车辆：6年；

（三）其他货物：5年。

监管年限自货物进口放行之日起计算。

第三十七条 在海关监管年限内，减免税申请人应当自进口减免税货物放行之日起，在每年的第1季度向主管海关递交《减免税货物使用状况报告书》，报告减免税货物使用状况。

减免税申请人未按照本条第一款规定向海关报告其减免税货物状况，向海关申请办理减免税备案、审批手续的，海关不予受理。

第三十八条 在海关监管年限内，减免税货物应当在主管海关核准的地点使用。需要变更使用地点的，减免税申请人应当向主管海关提出申请，说明理由，经海关批准后方可变更使用地点。

减免税货物需要移出主管海关管辖地使用的，减免税申请人应当事先持有关单证以及需要异地使用的说明材料向主管海关申请办理异地监管手续，经主管海关审核同意并通知转入地海关后，减免税申请人可以将减免税货物运至转入地海关管辖地，转入地海关确认减免税货物情况后进行异地监管。

减免税货物在异地使用结束后，减免税申请人应当及时向转入地海关申请办结异地监管手续，经转入地海关审核同意并通知主管海关后，减免税申请人应当将减免税货物运回主管海关管辖地。

第三十九条 在海关监管年限内，减免税申请人发生分立、合并、股东变更、改制等变更情形的，权利义务承受人（以下简称承受人）应当自营业执照颁发之日起30日内，向原减免税申请人的主管海关报告主体变更情况及原减免税申请人进口减免税货物的情况。

经海关审核，需要补征税款的，承受人应当向原减免税申请人主管海关办理补税手续；可以继续享受减免税待遇的，承受人应当按照规定申请办理减免税备案变更或者减免税货物结转手续。

第四十条 在海关监管年限内，因破产、改制或者其他情形导致减免税申请人终止，没有承受人的，原减免税申请人或者其他依法应当承担关税及进口环节海关代征税缴纳义务的主体应当自资产清算之日起30日内向主管海关申请办理减免税货物的补缴税款和解除监管手续。

第四十一条 在海关监管年限内，减免税申请人要求将进口减免税货物退运出境或者出口的，应当报主管海关核准。

减免税货物退运出境或者出口后，减免税申请人应当持出口报关单向主管海关办理原进口减免税货物的解除监管手续。

减免税货物退运出境或者出口的，海关不再对退运出境或者出口的减免税货物补征相关税款。

第四十二条 减免税货物海关监管年限届满的，自动解除监管。

在海关监管年限内的进口减免税货物，减免税申请人书面申请提前解除监管的，应当向主管海关申请办理补缴税款和解除监管手续。按照国家有关规定在进口时免予提交许可证件的进口减免税货物，减免税申请人还应当补交有关许可证件。

减免税申请人需要海关出具解除监管证明的，可以自办结补缴税款和解除监管等相关手续之日或者自海关监管年限届满之日起1年内，向主管海关申请领取解除监管证明。海关审核同意后出具《中华人民共和国海关进口减免税货物解除监管证明》。

第四十三条 在海关监管年限及其后3年内，海关依照《海关法》和《中华人民共和国海关稽查条例》有关规定对减免税申请人进口和使用减免税货物情况实施稽查。

第四十四条 减免税货物转让给进口同一货物享受同等减免税优惠待遇的其他单位的，不予恢复减免税货物转出申请人的减免税额度，减免税货物转入申请人的减免税额度按照海关审定的货物结转时的价格、数量或者应缴税款予以扣减。

减免税货物因品质或者规格原因原状退运出境，减免税申请人以无代价抵偿方式进口同一类型货物的，不予恢复其减免税额度；未以无代价抵偿方式进口同一类型货物的，减免税申请人在原减免税货物退运出境之日起3个月内向海关提出申请，经海关批准，可以恢复其减免税额度。

对于其他提前解除监管的情形，不予恢复减免税额度。

第四十五条 减免税货物因转让或者其他原因需要补征税款的，补税的完税价格以海关审定的货物原进口时的价格为基础，按照减免税货物已进口时间与监管年限的比例进行折旧，其计算公式如下：

$$\text{补税的完税价格}=\text{海关审定的货物原进口时的价格}\times\left(1-\frac{\text{减免税货物已进口时间}}{\text{监管年限}\times 12}\right)$$

减免税货物已进口时间自减免税货物的放行之日起按月计算。不足1个月但超过15日的按1个月计算；不超过15日的，不予计算。

第四十六条 按照本办法第四十五条规定计算减免税货物补征税款的，已进口时间的截止日期按以下规定确定：

（一）转让减免税货物的，应当以海关接受减免税申请人申请办理补税手续之日作为计算其已进口时间的截止之日；

（二）减免税申请人未经海关批准，擅自转让减免税货物的，应当以货物实际转让之日作为计算其已进口时间的截止之日；转让之日不能确定的，应当以海关发现之日作为截止之日；

（三）在海关监管年限内，减免税申请人发生破产、撤销、解散或者其他依法终止经营情形的，已进口时间的截止日期应当为减免税申请人破产清算之日或者被依法认定终止生产经营活动的日期。

第四十七条 减免税申请人将减免税货物移作他用，应当补缴税款的，税款的计算公式为：

$$\text{补缴税款}=\text{海关审定的货物原进口时的价格}\times\text{税率}\times\left(\frac{\text{需补缴税款的时间}}{\text{监管年限}\times 12\times 30}\right)$$

上述计算公式中的税率，应当按照《关税条例》的有关规定，采用相应的适用税率；需补缴税款的时间是指减免税货物移作他用的实际时间，按日计算，每日实际生产不满8小时或者超过8小时的均按1日计算。

第四十八条 海关在办理减免税货物异地监管、结转、主体变更、退运出口、解除监管、贷款抵押等后续管理事务时，应当自受理申请之日起10个工作日内作出是否同意的决定。

因特殊情形不能在10个工作日内作出决定的，海关应当书面向申请人说明理由。

第四十九条 海关总署对重大减免税事项实施备案管理。

第七章 附 则

第五十条 违反本办法，构成走私行为、违反海关监管规定行为或者其他违反海关法行为的，由海关依照《海关法》和《中华人民共和国海关行政处罚实施条例》有关规定予以处理；构成犯罪的，依法追究刑事责任。

第五十一条 本办法下列用语的含义：

进出口货物减免税申请人，是指根据有关进出口税收优惠政策和有关法律法规的规定，可以享受进出口税收优惠，并依照本办法向海关申请办理减免税相关手续的具有独立法人资格的企事业单位、社会团体、国家机关；符合本办法第三条第四款规定的非法人分支机构；经海关总署审查确认的其他组织。

减免税申请人所在地海关，当减免税申请人为企业法人时，所在地海关是指其办理企业法人登记地的海关；当减免税申请人为国家机关、事业单位、社会团体等非企业法人组织时，所在地海关是指其住所地海关；当减免税申请人为符合本办法第三条第四款规定的非法人分支机构时，所在地海关是指该分支机构办理工商注册登记地的海关。

情形消除之日，是指因政策规定不明确等原因，海关总署或者直属海关发文明确之日。

减免税额度，是指根据有关进出口税收优惠政策规定确定的减免税申请人可以减税或者免税进出口货物的金额、数量，或者可以减征、免征的进出口关税及进口环节海关代征税的税款。

第五十二条 本办法所列文书格式由海关总署另行制定并公告。

第五十三条 本办法由海关总署负责解释。

第五十四条 本办法自2009年2月1日起施行。

海关总署关于公布《中华人民共和国海关进出口货物减免税管理办法》所涉及法律文书格式文本的公告

（海关总署公告2009年第8号）

根据《中华人民共和国海关进出口货物减免税管理办法》（海关总署令第179号）的规定，现将该办法执行过程中涉及的法律文书及相关报表格式予以公告。

本公告内容自2009年2月1日起执行。

附件1 减免税手续办理委托书
附件2 进出口货物减免税备案申请表
附件3 中华人民共和国海关不准予办理减免税备案决定
附件4 进出口货物征免税申请表
附件5 中华人民共和国海关进出口货物征免税证明
附件6 减免税货物税款担保申请表
附件7 中华人民共和国海关准予办理减免税货物税款担保证明
附件8 中华人民共和国海关不准予办理减免税货物税款担保决定
附件9 减免税货物税款担保延期申请表
附件10 中华人民共和国海关准予办理减免税货物税款担保延期证明
附件11 中华人民共和国海关不准予办理减免税货物税款担保延期决定
附件12 减免税货物结转申请表
附件13 减免税货物贷款抵押申请表
附件14 进口减免税货物贷款抵押承诺保证书
附件15 中华人民共和国海关准予进口减免税货物贷款抵押通知
附件16 中华人民共和国海关不准予办理减免税货物贷款抵押决定
附件17 中华人民共和国海关准予办理进口减免税货物贷款抵押延期通知
附件18 中华人民共和国海关不准予办理减免税货物贷款抵押延期决定
附件19 减免税货物使用状况报告书
附件20 减免税货物异地监管申请表
附件21 减免税货物退运申请表
附件22 中华人民共和国海关进口减免税货物准予退运证明
附件23 减免税货物解除监管申请表
附件24 中华人民共和国海关进口减免税货物解除监管证明

中华人民共和国海关总署

二○○九年二月四日

附件 1

减免税手续办理委托书

年　月　日

减免税申请人名称			
联系地址			
联系人		联系电话	

我单位委托＿＿＿＿＿公司（单位）向海关申请办理下列手续，保证提供的申请材料真实、合法，并愿承担由此产生的法律责任。

☐ 减免税备案申请　　☐ 进出口货物减免税申请

☐ 减免税进出口货物担保　　☐ 减免税货物后续管理手续

☐ 其他申请

具体委托事项：

委托书有效期限			
被委托人名称			
联系地址			
被委托人			
海关注册编码		联系电话	
经 办 人		报关员证号	
减免税申请人签章： 年　月　日		被委托人（公司签章）： 年　月　日	

附件 2

进出口货物减免税备案申请表

项目统一编号			项目名称		
海关注册编码			企业名称		
企业种类/代码			合营外方		
外方国别/代码		投资比例		合同协议号	
征免性质/代码			项目批文号		
立项日期		开始日期		结束日期	
审批部门/代码			项目性质/代码		
项目产业政策审批条目/代码					
投资总额			投资总额币制/代码		
用汇额度（美元）			减免税额度（美元）		
减免税额度（数量）			计量单位		
减免税申请人所在地			减免税申请人签章 年　月　日		
联系人及电话					
备注					

附件 3

中华人民共和国海关不准予办理减免税备案决定

编号：

________公司（单位）

你公司（单位）递交的________减免税备案申请，不符合________规定，故不准予办理减免税备案。

如不服本决定，依照《中华人民共和国行政复议法》第九条、第十二条、第十六条，《中华人民共和国海关法》第六十四条之规定，可以在本决定书送达之日起六十日内向上一级海关（海关总署）申请行政复议，对复议决定仍不服的，依照《中华人民共和国行政诉讼法》第三十八条第二款之规定，可以自收到复议决定书之日起十五日内，向人民法院提起诉讼。

海关（印章）

年　月　日

备　注	

附件 4

进出口货物征免税申请表

企业代码			企业名称		
审批依据		进（出）口标志		征免性质/代码	
项目统一编号		产业政策审批条目/代码			
审批部门/代码		许可证号		合同号	
经营单位/代码			成交方式		
项目性质			进（出）口岸		
货物是否已向海关申报进口			有效日期		

序号	商品编码	商品名称	规格型号	法定数量	法定计量单位	申报数量	申报计量单位	金额	币制	原产地
1										
2										
3										
4										
5										
备注										

减免税申请人签章 年　月　日	联系人： 电话：

附件 5

中华人民共和国海关进出口货物征免税证明

编号：

<table>
<tr><td colspan="3">减免税申请人：</td><td colspan="3">征免性质/代码：</td><td colspan="5">审批依据：</td></tr>
<tr><td colspan="3">发证日期：　年　月　日</td><td colspan="8">有效期：　　至　　年　　月　　日止</td></tr>
<tr><td colspan="3">到货口岸：</td><td colspan="3">合同号：</td><td colspan="5">项目性质：</td></tr>
<tr><td rowspan="2">序号</td><td rowspan="2">货名</td><td rowspan="2">规格</td><td rowspan="2">税号</td><td rowspan="2">数量</td><td rowspan="2">单位</td><td rowspan="2">金额</td><td rowspan="2">币制</td><td colspan="3">主管海关审批征免意见</td></tr>
<tr><td>关税</td><td>增值税</td><td>其他</td></tr>
<tr><td>1</td><td></td><td></td><td></td><td></td><td></td><td></td><td></td><td></td><td></td><td></td></tr>
<tr><td>2</td><td></td><td></td><td></td><td></td><td></td><td></td><td></td><td></td><td></td><td></td></tr>
<tr><td>3</td><td></td><td></td><td></td><td></td><td></td><td></td><td></td><td></td><td></td><td></td></tr>
<tr><td>4</td><td></td><td></td><td></td><td></td><td></td><td></td><td></td><td></td><td></td><td></td></tr>
<tr><td>5</td><td></td><td></td><td></td><td></td><td></td><td></td><td></td><td></td><td></td><td></td></tr>
<tr><td>备注</td><td colspan="10"></td></tr>
</table>

<table>
<tr><td>审批海关签章：

负责人：
年　月　日</td><td>核放海关批注：

负责人：
年　月　日</td><td>注意事项及权利义务提示：
1. 本证明使用一次有效。同一合同项下货物分口岸进口或分批到货的，应向审批海关申明，并按到货口岸、到货日期分别申请此证明。
2. 货物进口时应向海关交验本证明，复印件无效。
3. 本证明有效期应按照具体政策规定填写，但最长不得超过半年；如需延期，应在有效期内向原审批海关提出延期申请。
4. 规定由海关监管使用的减免税货物，在海关监管年限内，减免税申请人应按照特定用途、特定企业、特定地区使用；未经海关许可，不得擅自转让、抵押、质押、移作他用或者进行其他处置，否则，海关将依法处理。
5. 如不服本证明决定，依照《中华人民共和国行政复议法》第九条、第十二条、第十六条，《中华人民共和国海关法》第六十四条之规定，可以在本证明送达之日起六十日内向上一级海关（海关总署）申请行政复议，对复议决定仍不服的，依照《中华人民共和国行政诉讼法》第三十八条第二款之规定，可以自收到复议决定书之日起十五日内，向人民法院提起诉讼。</td></tr>
</table>

附件 6

减免税货物税款担保申请表

企业代码		企业名称					
主送海关		进口口岸		申请税款担保期限	自 年 月 日至 年 月 日止		
申请税款担保货物清单							
序号	货物名称	规格型号	数量	单位	金额	币制	合同号
申请税款担保原因							
备注							
							公司（签章） 年 月 日

注：本纸质申请表最多填写 10 项货物，超过 10 项货物可另行附页。

附件 7

中华人民共和国海关准予办理减免税货物税款担保证明

编号：

主送海关		进口口岸			
减免税申请人					
减免税依据					
批准文件					
担保原因					
担保期限	自 年 月 日至 年 月 日止				
税款担保货物清单					
序号	货物名称	数量/单位	金额	币制	备注

注：在本证明规定的担保期限届满之日仍未办妥有关减免税手续的，减免税申请人应在担保期限届满 10 个工作日前向主管海关提出延长税款担保期限的申请，逾期，进口地海关对有关货物予以照章征税。

海关（印章）
年 月 日

附件 8

中华人民共和国海关不准予办理减免税货物税款担保决定

编号

____________公司（单位）： 你公司（单位）所递交的 __________ 减免税货物税款担保申请，不符合 ____________________ 规定，故不准予办理减免税货物税款担保。 如不服本决定，依照《中华人民共和国行政复议法》第九条、第十二条、第十六条，《中华人民共和国海关法》第六十四条之规定，可以在本决定书送达之日起六十日内向上一级海关（海关总署）申请行政复议，对复议决定仍不服的，依照《中华人民共和国行政诉讼法》第三十八条第二款之规定，可以自收到复议决定书之日起十五日内，向人民法院提起诉讼。 海关（印章） 年 月 日	
备注	

附件 9

减免税货物税款担保延期申请表

企业代码		企业名称		原准予办理减免税货物税款担保证明编号		
主送海关		进口口岸		担保延期期限	自 年 月 日至 年 月 日止	
申请税款担保延期货物清单						
序号	货物名称	规格型号	数量	单位	金额	币制
申请担保延期原因						
备注						
公司（签章） 年 月 日						

注：本纸质申请表最多填写 10 项货物，超过 10 项货物可另行附页。

附件 10

中华人民共和国海关准予办理减免税货物税款担保延期证明

编号：

主送海关			进口口岸		
减免税申请人					
原准予办理税款担保证明编号					
延长担保原因					
同意担保期限	自　　年　　月　　日至　　年　　月　　日止				
税款担保延期货物清单					
序号	货物名称	数量	金额	币制	备注

海关（印章）

年　　月　　日

附件 11

中华人民共和国海关不准予办理减免税货物税款担保延期决定

编号：

________公司（单位）： 你公司（单位）所递交的________减免税货物税款担保延期申请，不符合________规定，故不准予办理减免税货物税款担保延期。 如不服本决定，依照《中华人民共和国行政复议法》第九条、第十二条、第十六条，《中华人民共和国海关法》第六十四条之规定，可以在本决定书送达之日起六十日内向上一级海关（海关总署）申请行政复议，对复议决定仍不服的，依照《中华人民共和国行政诉讼法》第三十八条第二款之规定，可以自收到复议决定书之日起十五日内，向人民法院提起诉讼。 海关（印章） 年　　月　　日	
备注	

附件 12

减免税货物结转申请表

转出单位代码		转出单位名称		联系人、联系电话	
转入单位代码		转入单位名称		联系人、联系电话	
转入单位项目统一编号		转入地海关			

申请结转货物清单

序号	转出单位项目统一编号	原征免税证明编号	原征免税证明项号	货物名称	规格型号	数量	单位	原货物总价	币制	原进口放行日期
1										
2										
3										
4										
5										
6										
7										
8										
9										

申请结转理由	
备注	

公司（签章）

年 月 日

注：本纸质申请表最多填写 10 项货物，超过 10 项货物可另行附页。

附件 13

减免税货物贷款抵押申请表

企业代码		企业名称	
金融机构		申请抵押期限	年 月 日至 年 月 日

申请抵押货物清单

序号	原征免税证明编号	原征免税证明项号	货物名称	规格型号	数量	单位	原货物总价	币制	原进口放行日期

申请事项说明	
备注	

企业（签章）

年 月 日

注：本纸质申请表最多填写 10 项货物，超过 10 项货物可另行附页。

附件 14

进口减免税货物贷款抵押承诺保证书

编号：

抵押人（减免税申请人）：	
地址：	法人代表：
联系电话：	开户银行及账号：
抵押权人：	
地址：	法人代表：
联系电话：	
抵押贷款金额：	期限：
抵押物名称及价值（如此栏填不下，可附清单并加盖骑缝章）：	
抵押人保证事项：抵押贷款无法清偿，需要以上述抵押物抵偿贷款时，保证先补缴海关税款或者从抵押物的折（变）价款中优先偿付海关税款。 抵押人单位签章：　　法定代表人签字： 年　月　日	
抵押权人承诺：抵押人向我单位申请抵押表所列设备，如抵押人未履行上述保证事项，由本单位承担上述抵押物的海关税款缴纳义务。 抵押权人单位签章：　　法定代表人签字： 年　月　日	

注：抵押权人为银行分支机构的，由该银行分支机构负责人在“法定代表人”处签字并加盖该分支机构公章。

附件 15

中华人民共和国海关准予进口减免税货物贷款抵押通知

编号：

__________公司（单位）：

关于你公司（单位）将进口减免税货物设立贷款抵押的申请，现根据有关规定核准如下：

一、对海关监管年限内价值________元（详见清单）的减免税货物，同意向________（金融机构名称）设立贷款抵押，时限为____年____月____日至____年____月____日止。

二、你单位（抵押人）与抵押权人应当于正式签订抵押合同、贷款合同之日起 30 天内将合同和工商部门签发的《企业动产抵押物登记证》（副本）交主管海关备案。

三、当抵押贷款无法清偿，需要以减免税货物折/变价抵偿贷款时，你单位（抵押人）应当先补缴税款或者从抵押物的折/变价款中优先偿付税款。

四、抵押权人对抵押物进行实际处理时，你单位（抵押人）或抵押权人应当事先向主管海关申请办理减免税货物的补缴税款手续。

五、你单位（抵押人）应当在抵押期限届满之日起 20 日内向主管海关申请办理销案手续。

六、贷款抵押需要延期的，你单位（抵押人）应当在抵押期限届满前 20 日内向主管海关申请办理贷款抵押的延期手续。

附表：________海关同意企业财产抵押货物清单

海关（印章）

年　月　日

附表

海关同意企业财产抵押货物清单

编号：

序号	抵押货物名称/规格型号	数量/单位	原进口金额	币制	进口放行日期	备注

注：本通知单一式两份，一份海关留存，一份企业留存。

附件 16

中华人民共和国海关不准予办理减免税货物贷款抵押决定

编号：

____________公司（单位）： 你公司（单位）递交的 ____________减免税货物贷款抵押申请，不符合 ____________ 规定，故不准予办理减免税货物贷款抵押。 如不服本决定，依照《中华人民共和国行政复议法》第九条、第十二条、第十六条，《中华人民共和国海关法》第六十四条之规定，可以在本决定书送达之日起六十日内向上一级海关（海关总署）申请行政复议，对复议决定仍不服的，依照《中华人民共和国行政诉讼法》第三十八条第二款之规定，可以自收到复议决定书之日起十五日内，向人民法院提起诉讼。 海关（印章） 年　　月　　日	
备注	

附件 17

中华人民共和国海关准予办理进口减免税货物贷款抵押延期通知

编号：

______________公司（单位）：

关于你公司（单位）将进口减免税货物贷款抵押延期的申请，现根据有关规定核准如下：

对海关监管年限内价值___________元（详见附表）的减免税货物，同意办理减免税货物贷款抵押延期手续，延期时限为____年____月____日至____年____月____日止。

附表：____海关同意企业财产抵押延期货物清单

海关（印章）

年　　月　　日

附表

__________海关同意企业财产抵押延期货物清单

编号：

序号	抵押货物名称/规格型号	数量/单位	原进口金额	币制	进口放行日期	备注

注：本通知单一式两份，一份海关留存，一份企业留存。

附件 18

中华人民共和国海关不准予办理减免税货物贷款抵押延期决定

编号：

______________公司（单位）：

你公司（单位）递交的__________减免税货物贷款抵押延期申请，不符合___________规定，故不准予办理减免税货物贷款抵押延期。

如不服本决定，依照《中华人民共和国行政复议法》第九条、第十二条、第十六条，《中华人民共和国海关法》第六十四条之规定，可以在本决定书送达之日起六十日内向上一级海关（海关总署）申请行政复议，对复议决定仍不服的，依照《中华人民共和国行政诉讼法》第三十八条第二款之规定，可以自收到复议决定书之日起十五日内，向人民法院提起诉讼。

海关（印章）

年　　月　　日

备注

附件 19

减免税货物使用状况报告书

__________ 海关：

现将我单位在海关监管年限内的进口减免税货物在__________年度的使用情况（详见附表）呈报你关。我单位保证报告内容真实、完整，并愿承担因未如实申报产生的法律责任。

联系人：

联系电话：

减免税申请人（签章）：　　　　　　法定代表人签字：

年　　月　　日

附表 1　减免税货物使用情况年报表

附表 2　减免税进口货物使用情况明细表

附表 1

减免税货物使用情况年报表

减免税申请人名称：　　　　　　　　　　　自查年度：

自查内容	减免税申请人自查情况
1. 减免税进口货物安装地点、使用情况	
2. 减免税进口货物调换、抵押、质押、留置、转让、出售、移作他用、退运境外或进行其他处置的情事	
3. 减免税进口货物未按照特定用途、特定地区、特定企业使用的情事	
4. 实际进口的减免税货物的规格、型号和技术参数是否与申报减免税申请时相同	
5. 减免税申请人改制、股权转让、合并、分立及其他资产重组情况	
6. 减免税进口货物是否已入本单位固定资产账	
7. 其他需要向海关说明的情况	
备注	

减免税申请人（签章）

年　　月　　日

注：1. 自查范围，以年为单位；2. 如内容多，可附页说明。

附表 2

减免税进口货物使用情况明细表

序号	货物名称	规格型号	数量	征免税证明号	进口放行日期	使用状况

注：减免税申请人进口减免税货物存在《减免税货物使用情况年报表》中列明有关问题的，应填写本明细表。

附件 20

减免税货物异地监管申请表

企业代码		项目单位名称		联系人、联系电话	
异地监管海关		异地单位或机构名称		联系人、联系电话	

申请异地监管货物清单

序号	项目统一编号	原征免税证明编号	原征免税证明项号	货物名称	规格型号	数量	单位	原货物总价	币制	原进口放行日期

申请异地使用理由	
备注	

公司（签章）
年 月 日

注：本纸质申请表最多填写 10 项货物，超过 10 项货物可另行附页。

附件 21

减免税货物退运申请表

企业代码		企业名称		联系人、联系电话	

申请退运货物清单										
序号	项目统一编号	原征免税证明编号	原征免税证明项号	货物名称	规格型号	数量	单位	原货物总价	币制	原进口放行日期
申请退运理由										
备注										
公司（签章） 年　月　日										

注：本纸质申请表最多填写 10 项货物，超过 10 项货物可另行附页。

附件 22

中华人民共和国海关进口减免税货物准予退运证明

编号：

＿＿＿＿＿公司（单位）：

经审核，同意你公司（单位）下列进口减免税货物（详见清单）退运出境或出口。

申请退运出境或出口货物清单										
序号	项目统一编号	原征免税证明编号	原征免税证明项号	货物名称	规格型号	数量	单位	原货物总价	币制	原进口放行日期
备注										
海关（印章） 年　月　日										

注：企业凭此证明和其他所需单证办理减免税进口货物退运出境或出口报关手续，并在完成报关手续后持退运出口报关单向主管海关申请办理解除监管手续。

附件 23

减免税货物解除监管申请表

企业代码		企业名称		联系人、联系电话						
解除监管类型										
申请解除监管货物清单										
序号	项目统一编号	原征免税证明编号	原征免税证明项号	货物名称	规格型号	数量	单位	原货物总价	币制	原进口放行日期
申请解除监管理由										
备注										
公司（签章） 年　月　日										

注：本纸质申请表最多填写 10 项货物，超过 10 项货物可另行附页。

附件 24

中华人民共和国海关进口减免税货物解除监管证明

编号：

______公司（单位）：

根据海关规定，对你公司（单位）进口的下列减免税货物准予解除海关监管，特此证明。

序号	项目统一编号	原征免税证明编号	原征免税证明项号	货物名称	规格型号	数量	单位	原货物总价	币制	原进口日期

海关（印章）

年　月　日

1.2 相关政策规定

国务院关于投资体制改革的决定

（国发〔2004〕20号）

各省、自治区、直辖市人民政府，国务院各部委、各直属机构：

改革开放以来，国家对原有的投资体制进行了一系列改革，打破了传统计划经济体制下高度集中的投资管理模式，初步形成了投资主体多元化、资金来源多渠道、投资方式多样化、项目建设市场化的新格局。但是，现行的投资体制还存在不少问题，特别是企业的投资决策权没有完全落实，市场配置资源的基础性作用尚未得到充分发挥，政府投资决策的科学化、民主化水平需要进一步提高，投资宏观调控和监管的有效性需要增强。为此，国务院决定进一步深化投资体制改革。

一、深化投资体制改革的指导思想和目标

（一）深化投资体制改革的指导思想是：按照完善社会主义市场经济体制的要求，在国家宏观调控下充分发挥市场配置资源的基础性作用，确立企业在投资活动中的主体地位，规范政府投资行为，保护投资者的合法权益，营造有利于各类投资主体公平、有序竞争的市场环境，促进生产要素的合理流动和有效配置，优化投资结构，提高投资效益，推动经济协调发展和社会全面进步。

（二）深化投资体制改革的目标是：改革政府对企业投资的管理制度，按照“谁投资、谁决策、谁收益、谁承担风险”的原则，落实企业投资自主权；合理界定政府投资职能，提高投资决策的科学化、民主化水平，建立投资决策责任追究制度；进一步拓宽项目融资渠道，发展多种融资方式；培育规范的投资中介服务组织，加强行业自律，促进公平竞争；健全投资宏观调控体系，改进调控方式，完善调控手段；加快投资领域的立法进程；加强投资监管，维护规范的投资和建设市场秩序。通过深化改革和扩大开放，最终建立起市场引导投资、企业自主决策、银行独立审贷、融资方式多样、中介服务规范、宏观调控有效的新型投资体制。

二、转变政府管理职能，确立企业的投资主体地位

（一）改革项目审批制度，落实企业投资自主权。彻底改革现行不分投资主体、不分资金来源、不分项目性质，一律按投资规模大小分别由各级政府及有关部门审批的企业投资管理办法。对于企业不使用政府投资建设的项目，一律不再实行审批制，区别不同情况实行核准制和备案制。其中，政府仅对重大项目和限制类项目从维护社会公共利益角度进行核准，其他项目无论规模大小，均改为备案制，项目的市场前景、经济效益、资金来源和产品技术方案等均由企业自主决策、自担风险，并依法办理环境保护、土地使用、资源利用、安全生产、城市规划等许可手续和减免税确认手续。对于企业使用政府补助、转贷、贴息投资建设的项目，政府只审批资金申请报告。各地区、各部门要相应改进管理办法，规范管理行为，不得以任何名义截留下放给企业的投资决策权利。

（二）规范政府核准制。要严格限定实行政府核准制的范围，并根据变化的情况适时调整。《政府核准的投资项目目录》（以下简称《目录》）由国务院投资主管部门会同有关部门研究提出，报国务院批准后实施。未经国务院批准，各地区、各部门不得擅自增减《目录》规定的范围。

企业投资建设实行核准制的项目，仅需向政府提交项目申请报告，不再经过批准项目建议书、可行性研究报告和开工报告的程序。政府对企业提交的项目申请报告，主要从维护经济安全、合理开发利用资源、保护生态环境、优化重大布局、保障公共利益、防止出现垄断等方面进行核准。对于外商投资项目，政府还要从市场准入、资本项目管理等方面进行核准。政府有关部门要制定严格规范的核准制度，明确核准的范围、内容、申报程序和办理时限，并向社会公布，提高办事效率，增强透明度。

（三）健全备案制。对于《目录》以外的企业投资项目，实行备案制，除国家另有规定外，由企业按照属地原则向地方政府投资主管部门备案。备案制的具体实施办法由省级人民政府自行制定。国务院投资主管部门要对备案工作加强指导和监督，防止以备案的名义变相审批。

（四）扩大大型企业集团的投资决策权。基本建立现代企业制度的特大型企业集团，投资建设《目录》内的项目，可以按项目单独申报核准，也可编制中长期发展建设规划，规划经国务院或国务院投资主管部门批准后，规划中属于《目录》内的项目不再另行申报核准，只须办理备案手续。企业集团要及时向国务院有关部门报告规划执行和项目建设情况。

（五）鼓励社会投资。放宽社会资本的投资领域，允许社会资本进入法律法规未禁入的基础设施、公用事业及其他行业和领域。逐步理顺公共产品价格，通过注入资本金、贷款贴息、税收优惠等措施，鼓励和引导社会资本以独资、合资、合作、联营、项目融资等方式，参与经营性的公益事业、基础设施项目建设。对于涉及国家垄断资源开发利用、需要统一规划布局的项目，政府在确定建设规划后，可向社会公开招标选定项目业主。鼓励和支持有条件的各种所有制企业进行境外投资。

（六）进一步拓宽企业投资项目的融资渠道。允许各类企业以股权融资方式筹集投资资金，逐步建立起多种募集方式相互补充的多层次资本市场。经国务院投资主管部门和证券监管机构批准，选择一些收益稳定的基础设施项目进行试点，通过公开发行股票、可转换债券等方式筹集建设资金。在严格防范风险的前提下，改革企业债券发行管理制度，扩大企业债券发行规模，增加企业债券品种。按照市场化原则改进和完善银行的固定资产贷款审批和相应的风险管理制度，运用银团贷款、融资租赁、项目融资、财务顾问等多种业务方式，支持项目建设。允许各种所有制企业按照有关规定申请使用国外贷款。制定相关法规，组织建立中小企业融资和信用担保体系，鼓励银行和各类合格担保机构对项目融资的担保方式进行研究创新，采取多种形式增强担保机构资本实力，推动设立中小企业投资公司，建立和完善创业投资机制。规范发展各类投资基金。鼓励和促进保险资金间接投资基础设施和重点建设工程项目。

（七）规范企业投资行为。各类企业都应严格遵守国土资源、环境保护、安全生产、城市规划等法律法规，严格执行产业政策和行业准入标准，不得投资建设国家禁止发展的项目；应诚信守法，维护公共利益，确保工程质量，提高投资效益。国有和国有控股企业应按照国有资产管理体制改革和现代企业制度的要求，建立和完善国有资产出资人制度、投资风险约束机制、科学民主的投资决策制度和重大投资责任追究制度。严格执行投资项目的法人责任制、资本金制、招标投标制、工程监理制和合同管理制。

三、完善政府投资体制，规范政府投资行为

（一）合理界定政府投资范围。政府投资主要用于关系国家安全和市场不能有效配置资源的经济和社会领域，包括加强公益性和公共基础设施建设，保护和改善生态环境，促进欠发达地区的经济和社会发展，推进科技进步和高新技术产业化。能够由社会投资建设的项目，尽可能利用社会资金建设。合理划分中央政府与地方政府的投资事权。中央政府投资除本级政权等建设外，主要安排跨地区、跨流域以及对经济和社会发展全局有重大影响的项目。

（二）健全政府投资项目决策机制。进一步完善和坚持科学的决策规则和程序，提高政府投资项目决策的科学化、民主化水平；政府投资项目一般都要经过符合资质要求的咨询中介机构的评估论证，咨询评估要引入竞争机制，并制定合理的竞争规则；特别重大的项目还应实行专家评议制度；逐步实行政府投资项目公示制度，广泛听取各方面的意见和建议。

（三）规范政府投资资金管理。编制政府投资的中长期规划和年度计划，统筹安排、合理使用各类政府投资资金，包括预算内投资、各类专项建设基金、统借国外贷款等。政府投资资金按项目安排，根据资金来源、项目性质和调控需要，可分别采取直接投资、资本金注入、投资补助、转贷和贷款贴息等方式。以资本金注入方式投入的，要确定出资人代表。要针对不同的资金类型和资金运用方式，确定相应的管理办法，逐步实现政府投资的决策程序和资金管理的科学化、制度化和规范化。

（四）简化和规范政府投资项目审批程序，合理划分审批权限。按照项目性质、资金来源和事权划分，合理确定中央政府与地方政府之间、国务院投资主管部门与有关部门之间的项目审批权限。对于政府投资项目，采用直接投资和资本金注入方式的，从投资决策角度只审批项目建议书和可行性研究报告，除特殊情况外不再审批开工报告，同时应严格政府投资项目的初步设计、概算审批工作；采用投资补助、转贷和贷款贴息方式的，只审批资金申请报告。具体的权限划分和审批程序由国务院投资主管部门会同有关方面研究制定，报国务院批准后颁布实施。

（五）加强政府投资项目管理，改进建设实施方式。规范政府投资项目的建设标准，并根据情况变化及时修订完善。按项目建设进度下达投资资金计划。加强政府投资项目的中介服务管理，对咨询评估、招标代理等中介机构实行资质管理，提高中介服务质量。对非经营性政府投资项目加快推行“代建制”，即通过招标等方式，选择专业化的项目管理单位负责建设实施，严格控制项目投资、质量和工期，竣工验收后移交给使用单位。增强投资风险意识，建立和完善政府投资项目的风险管理机制。

（六）引入市场机制，充分发挥政府投资的效益。各级政府要创造条件，利用特许经营、投资补助等多种方式，吸引社会资本参与有合理回报和一定投资回收能力的公益事业和公共基础设施项目建设。对于具有垄断性的项目，试行特许经营，通过业主招标制度，开展公平竞争，保护公众利益。已经建成的政府投资项目，具备条件的经过批准可以依法转让产权或经营权，以回收的资金滚动投资于社会公益等各类基础设施建设。

四、加强和改善投资的宏观调控

（一）完善投资宏观调控体系。国家发展改革委要在国务院领导下会同有关部门，按照职责分工，密切配合、相互协作、有效运转、依法监督，调控全社会的投资活动，保持合理投资规模，优化投资结构，提高投资效益，促进国民经济持续快速协调健康发展和社会全面进步。

（二）改进投资宏观调控方式。综合运用经济的、法律的和必要的行政手段，对全社会投资进行以间接调控方式为主的有效调控。国务院有关部门要依据国民经济和社会发展中长期规划，编制教育、科技、卫生、交通、能源、农业、林业、水利、生态建设、环境保护、战略资源开发等重要领域的发展建设规划，包括必要的专项发展建设规划，明确发展的指导思想、战略目标、总体布局和主要建设项目等。按照规定程序批准的发展建设规划是投资决策的重要依据。各级政府及其有关部门要努力提高政府投资效益，引导社会投资。制定并适时调整国家固定资产投资指导目录、外商投资产业指导目录，明确国家鼓励、限制和禁止投资的项目。建立投资信息发布制度，及时发布政府对投资的调控目标、主要调控政策、重点行业投资状况和发展趋势等信息，引导全社会投资活动。建立科学的行业准入制度，规范重点行业的环保标准、安全标准、能耗水耗标准和产品技术、质量标准，防止低水平重复建设。

（三）协调投资宏观调控手段。根据国民经济和社会发展要求以及宏观调控需要，合理确定政府投资规模，保持国家对全社会投资的积极引导和有效调控。灵活运用投资补助、贴息、价格、利率、税收等多手段，引导社会投资，优化投资的产业结构和地区结构。适时制定和调整信贷政策，引导中长期贷款的总量和投向。严格和规范土地使用制度，充分发挥土地供应对社会投资的调控和引导作用。

（四）加强和改进投资信息、统计工作。加强投资统计工作，改革和完善投资统计制度，进一步及时、准确、全面地反映全社会固定资产存量和投资的运行态势，并建立各类信息共享机制，为投资宏观调控提供科学依据。建立投资风险预警和防范体系，加强对宏观经济和投资运行的监测分析。

五、加强和改进投资的监督管理

（一）建立和完善政府投资监管体系。建立政府投资责任追究制度，工程咨询、投资项目决策、设计、施工、监理等部门和单位，都应有相应的责任约束，对不遵守法律法规给国家造成重大损失的，要依法追究有关责任人的行政和法律责任。完善政府投资制衡机制，投资主管部门、财政主管部门以及有关部门，要依据职能分工，对政府投资的管理进行相互监督。审计机关要依法全面履行职责，进一步加强对政府投资项目的审计监督，提高政府投资管理水平和投资效益。完善重大项目稽查制度，建立政府投资项目后评价制度，对政府投资项目进行全过程监管。建立政府投资项目的社会监督机制，鼓励公众和新闻媒体对政府投资项目进行监督。

（二）建立健全协同配合的企业投资监管体系。国土资源、环境保护、城市规划、质量监督、银行监管、证券监管、外汇管理、工商管理、安全生产监管等部门，要依法加强对企业投资活动的监管，凡不符合法律法规和国家政策规定的，不得办理相关许可手续。在建设过程中不遵守有关法律法规的，有关部门要责令其及时改正，并依法严肃处理。各级政府投资主管部门要加强对企业投资项目的事中和事后监督检查，对于不符合产业政策和行业准入标准的项目，以及不按规定履行相应核准或许可手续而擅自开工建设的项目，要责令其停止建设，并依法追究有关企业和人员的责任。审计机关依法对国有企业的投资进行审计监督，促进国有资产保值增值。建立企业投资诚信制度，对于在项目申报和建设过程中提供虚假信息、违反法律法规的，要予以惩处，并公开披露，在一定时间内限制其投资建设活动。

（三）加强对投资中介服务机构的监管。各类投资中介服务机构均须与政府部门脱钩，坚持诚信原则，加强自我约束，为投资者提供高质量、多样化的中介服务。鼓励各种投资中介服务机构采取合伙制、股份制等多种形式改组改造。健全和完善投资中介服务机构的行业协会，确立法律规范、政府监督、行业自律的行业管理体制。打破地区封锁和行业垄断，建立公开、公平、公正的投资中介服务市场，强化投资中介服务机构的法律责任。

（四）完善法律法规，依法监督管理。建立健全与投资有关的法律法规，依法保护投资者的合法权益，维护投资主体公平、有序竞争，投资要素合理流动、市场发挥配置资源的基础性作用的市场环境，规范各类投资主体的投资行为和政府的投资管理活动。认真贯彻实施有关法律法规，严格财经纪律，堵塞管理漏洞，降低建设成本，提高投资效益。加强执法检查，培育和维护规范的建设市场秩序。

附件　政府核准的投资项目目录（2004 年本）

二○○四年七月十六日

附件

政府核准的投资项目目录（2004 年本）

简要说明：

（一）本目录所列项目，是指企业不使用政府性资金投资建设的重大和限制类固定资产投资项目。

（二）企业不使用政府性资金投资建设本目录以外的项目，除国家法律法规和国务院专门规定禁止投资的项目以外，实行备案管理。

（三）国家法律法规和国务院有专门规定的项目的审批或核准，按有关规定执行。

（四）本目录对政府核准权限作出了规定。其中：

1. 目录规定“由国务院投资主管部门核准”的项目，由国务院投资主管部门会同行业主管部门核准，其中重要项目报国务院核准。

2. 目录规定“由地方政府投资主管部门核准”的项目，由地方政府投资主管部门会同同级行业主管部门核准。省级政府可根据当地情况和项目性质，具体划分各级地方政府投资主管部门的核准权限，但目录明确规定“由省级政府投资主管部门核准”的，其核准权限不得下放。

3. 根据促进经济发展的需要和不同行业的实际情况，可对特大型企业的投资决策权限特别授权。

（五）本目录为 2004 年本。根据情况变化，将适时调整。

一、农林水利

农业：涉及开荒的项目由省级政府投资主管部门核准。

水库：国际河流和跨省（区、市）河流上的水库项目由国务院投资主管部门核准，其余项目由地方政府投资主管部门核准。

其他水事工程：需中央政府协调的国际河流、涉及跨省（区、市）水资源配置调整的项目由国务院投资主管部门核准，其余项目由地方政府投资主管部门核准。

二、能源

（一）电力。

水电站：在主要河流上建设的项目和总装机容量 25 万千瓦及以上项目由国务院投资主管部门核准，其余项目由地方政府投资主管部门核准。

抽水蓄能电站：由国务院投资主管部门核准。

火电站：由国务院投资主管部门核准。

热电站：燃煤项目由国务院投资主管部门核准，其余项目由地方政府投资主管部门核准。

风电站：总装机容量 5 万千瓦及以上项目由国务院投资主管部门核准，其余项目由地方政府投资主管部门核准。

核电站：由国务院核准。

电网工程：330 千伏及以上电压等级的电网工程由国务院投资主管部门核准，其余项目由地方政府投资主管部门核准。

（二）煤炭。

煤矿：国家规划矿区内的煤炭开发项目由国务院投资主管部门核准，其余一般煤炭开发项目由地方政府投资主管部门核准。

煤炭液化：年产 50 万吨及以上项目由国务院投资主管部门核准，其他项目由地方政府投资主管部门核准。

（三）石油、天然气。

原油：年产 100 万吨及以上的新油田开发项目由国务院投资主管部门核准，其他项目由具有石油开采权的企业自行决定，报国务院投资主管部门备案。

天然气：年产 20 亿立方米及以上新气田开发项目由国务院投资主管部门核准，其他项目由具有天然气开采权的企业自行决定，报国务院投资主管部门备案。

液化石油气接收、存储设施（不含油气田、炼油厂的配套项目）：由省级政府投资主管部门核准。

进口液化天然气接收、储运设施：由国务院投资主管部门核准。

国家原油存储设施：由国务院投资主管部门核准。

输油管网（不含油田集输管网）：跨省（区、市）干线管网项目由国务院投资主管部门核准。

输气管网（不含油气田集输管网）：跨省（区、市）或年输气能力 5 亿立方米及以上项目由国务院投资主管部门核准，其余项目由省级政府投资主管部门核准。

三、交通运输

（一）铁道。

新建（含增建）铁路：跨省（区、市）或 100 公里及以上项目由国务院投资主管部门核准，其余项目按隶属关系分别由国务院行业主管部门或省级政府投资主管部门核准。

（二）公路。

公路：国道主干线、西部开发公路干线、国家高速公路网、跨省（区、市）的项目由国务院投资主管部门核准，其余项目由地方政府投资主管部门核准。

独立公路桥梁、隧道：跨境、跨海湾、跨大江大河（通航段）的项目由国务院投资主管部门核准，其余项目由地方政府投资主管部门核准。

（三）水运。

煤炭、矿石、油气专用泊位：新建港区和年吞吐能力 200 万吨及以上项目由国务院投资主管部门核准，其余项目由省级政府投资主管部门核准。

集装箱专用码头：由国务院投资主管部门核准。

内河航运：千吨级以上通航建筑物项目由国务院投资主管部门核准，其余项目由地方政府投资主管部门核准。

（四）民航。

新建机场：由国务院核准。

扩建机场：总投资10亿元及以上项目由国务院投资主管部门核准，其余项目按隶属关系由国务院行业主管部门或地方政府投资主管部门核准。

扩建军民合用机场：由国务院投资主管部门会同军队有关部门核准。

四、信息产业

电信：国内干线传输网（含广播电视网）、国际电信传输电路、国际关口站、专用电信网的国际通信设施及其他涉及信息安全的电信基础设施项目由国务院投资主管部门核准。

邮政：国际关口站及其他涉及信息安全的邮政基础设施项目由国务院投资主管部门核准。

电子信息产品制造：卫星电视接收机及关键件、国家特殊规定的移动通信系统及终端等生产项目由国务院投资主管部门核准。

五、原材料

钢铁：已探明工业储量5000万吨及以上规模的铁矿开发项目和新增生产能力的炼铁、炼钢、轧钢项目由国务院投资主管部门核准，其他铁矿开发项目由省级政府投资主管部门核准。

有色：新增生产能力的电解铝项目、新建氧化铝项目和总投资5亿元及以上的矿山开发项目由国务院投资主管部门核准，其他矿山开发项目由省级政府投资主管部门核准。

石化：新建炼油及扩建一次炼油项目、新建乙烯及改扩建新增能力超过年产20万吨乙烯项目，由国务院投资主管部门核准。

化工原料：新建PTA，PX，MDI，TDI项目，以及PTA，PX改造能力超过年产10万吨的项目，由国务院投资主管部门核准。

化肥：年产50万吨及以上钾矿肥项目由国务院投资主管部门核准，其他磷、钾矿肥项目由地方政府投资主管部门核准。

水泥：除禁止类项目外，由省级政府投资主管部门核准。

稀土：矿山开发、冶炼分离和总投资1亿元及以上稀土深加工项目由国务院投资主管部门核准，其余稀土深加工项目由省级政府投资主管部门核准。

黄金：日采选矿石500吨及以上项目由国务院投资主管部门核准，其他采选矿项目由省级政府投资主管部门核准。

六、机械制造

汽车：按照国务院批准的专项规定执行。

船舶：新建10万吨级以上造船设施（船台、船坞）和民用船舶中、低速柴油机生产项目由国务院投资主管部门核准。

城市轨道交通：城市轨道交通车辆、信号系统和牵引传动控制系统制造项目由国务院投资主管部门核准。

七、轻工烟草

纸浆：年产10万吨及以上纸浆项目由国务院投资主管部门核准，年产3.4（含）万吨~10（不含）万吨纸浆项目由省级政府投资主管部门核准，其他纸浆项目禁止建设。

变性燃料乙醇：由国务院投资主管部门核准。

聚酯：日产300吨及以上项目由国务院投资主管部门核准。

制盐：由国务院投资主管部门核准。

糖：日处理糖料1500吨及以上项目由省级政府投资主管部门核准，其他糖料项目禁止建设。

烟草：卷烟、烟用二醋酸纤维素及丝束项目由国务院投资主管部门核准。

八、高新技术

民用航空航天：民用飞机（含直升机）制造、民用卫星制造、民用遥感卫星地面站建设项目由国务院投资主管部门核准。

九、城建

城市快速轨道交通：由国务院核准。

城市供水：跨省（区、市）日调水50万吨及以上项目由国务院投资主管部门核准，其他城市供水项目由地方政府投资主管部门核准。

城市道路桥梁：跨越大江大河（通航段）、重要海湾的桥梁、隧道项目由国务院投资主管部门核准。

其他城建项目：由地方政府投资主管部门核准。

十、社会事业

教育、卫生、文化、广播电影电视：大学城、医学城及其他园区性建设项目由国务院投资主管部门核准。

旅游：国家重点风景名胜区、国家自然保护区、国家重点文物保护单位区域内总投资5000万元及以上旅游开发和资源保护设施，世界自然、文化遗产保护区内总投资3000万元及以上项目由国务院投资主管部门核准。

体育：F1赛车场由国务院投资主管部门核准。

娱乐：大型主题公园由国务院核准。

其他社会事业项目：按隶属关系由国务院行业主管部门或地方政府投资主管部门核准。

十一、金融

印钞、造币、钞票纸项目由国务院投资主管部门核准。

十二、外商投资

《外商投资产业指导目录》中总投资（包括增资）1亿美元及以上鼓励类、允许类项目由国家发展改革委核准。

《外商投资产业指导目录》中总投资（包括增资）5000万美元及以上限制类项目由国家发展改革委核准。

国家规定的限额以上、限制投资和涉及配额、许可证管理的外商投资企业的设立及其变更事项；大型外商投资项目的合同、章程及法律特别规定的重大变更（增资减资、转股、合并）事项，由商务部核准。

上述项目之外的外商投资项目由地方政府按照有关法规办理核准。

十三、境外投资

中方投资3000万美元及以上资源开发类境外投资项目由国家发展改革委核准。

中方投资用汇额1000万美元及以上的非资源类境外投资项目由国家发展改革委核准。

上述项目之外的境外投资项目，中央管理企业投资的项目报国家发展改革委、商务部备案；其他企业投资的项目由地方政府按照有关法规办理核准。

国内企业对外投资开办企业（金融企业除外）由商务部核准。

国务院关于发布政府核准的投资项目目录（2014年本）的通知

（国发〔2014〕53号）

各省、自治区、直辖市人民政府，国务院各部委、各直属机构：

为进一步深化投资体制改革和行政审批制度改革，加大简政放权力度，切实转变政府投资管理职能，使市场在资源配置中起决定性作用，确立企业投资主体地位，更好发挥政府作用，加强和改进宏观调控，现发布《政府核准的投资项目目录（2014年本）》，并就有关事项通知如下：

一、企业投资建设本目录内的固定资产投资项目，须按照规定报送有关项目核准机关核准。企业投资建设本目录外的项目，实行备案管理。事业单位、社会团体等投资建设的项目，按照本目录执行。

原油、天然气开发项目由具有开采权的企业自行决定，并报国务院行业管理部门备案。具有开采权的相关企业应依据相关法律法规，坚持统筹规划，合理开发利用资源，避免资源无序开采。

二、法律、行政法规和国家制定的发展规划、产业政策、总量控制目标、技术政策、准入标准、用地政策、环保政策、信贷政策等是企业开展项目前期工作的重要依据，是项目核准机关和国土资源、环境保护、城乡规划、行业管理等部门以及金融机构对项目进行审查的依据。环境保护部门应根据项目对环境的影响程度实行分级分类管理，对环境影响大、环境风险高的项目严格环评审批，并强化事中事后监管。

三、对于钢铁、电解铝、水泥、平板玻璃、船舶等产能严重过剩行业的项目，要严格执行《国务院关于化解产能严重过剩矛盾的指导意见》（国发〔2013〕41号），各地方、各部门不得以其他任何名义、任何方式备案新增产能项目，各相关部门和机构不得办理土地（海域）供应、能评、环评审批和新增授信支持等相关业务，并合力推进化解产能严重过剩矛盾各项工作。

四、项目核准机关要改进完善管理办法，切实提高行政效能，认真履行核准职责，严格按照规定权限、程序和时限等要求进行审查。监管重心要与核准、备案权限同步下移，地方政府要切实履行监管职责。有关部门要密切配合，按照职责分工，相应改进管理办法，依法加强对投资活动的监管。对不符合法律法规规定以及未按规定权限和程序核准或者备案的项目，有关部门不得办理相关手续，金融机构不得提供信贷支持。

五、按照规定由国务院核准的项目，由发展改革委审核后报国务院核准。按照规定报国务院备案的项目，由发展改革委核准后报国务院备案。核报国务院核准的项目、国务院投资主管部门核准的项目，事前须征求国务院行业管理部门的意见。由地方政府核准的项目，省级政府可以根据本地实际情况具体划分地方各级政府的核准权限。由省级政府核准的项目，核准权限不得下放。

六、法律、行政法规和国家有专门规定的，按照有关规定执行。商务主管部门按国家有关规定对外商投资企业的设立和变更、国内企业在境外投资开办企业（金融企业除外）进行审核或备案管理。

七、本目录自发布之日起执行，《政府核准的投资项目目录（2013年本）》即行废止。

二〇一四年十月三十一日

附件

政府核准的投资项目目录（2014 年本）

一、农业水利

农业：涉及开荒的项目由省级政府核准。

水库：在跨界河流、跨省（区、市）河流上建设的项目由国务院投资主管部门核准，其中库容 10 亿立方米及以上或者涉及移民 1 万人及以上的项目由国务院核准。其余项目由地方政府核准。

其他水事工程：涉及跨界河流、跨省（区、市）水资源配置调整的项目由国务院投资主管部门核准，其余项目由地方政府核准。

二、能源

水电站：在跨界河流、跨省（区、市）河流上建设的单站总装机容量 50 万千瓦及以上项目由国务院投资主管部门核准，其中单站总装机容量 300 万千瓦及以上或者涉及移民 1 万人及以上的项目由国务院核准。其余项目由地方政府核准。

抽水蓄能电站：由省级政府核准。

火电站：由省级政府核准，其中燃煤火电项目应在国家依据总量控制制定的建设规划内核准。

热电站：由地方政府核准，其中抽凝式燃煤热电项目由省级政府在国家依据总量控制制定的建设规划内核准。

风电站：由地方政府在国家依据总量控制制定的建设规划及年度开发指导规模内核准。

核电站：由国务院核准。

电网工程：跨境、跨省（区、市）±500 千伏及以上直流项目，跨境、跨省（区、市）500 千伏、750 千伏、1000 千伏交流项目，由国务院投资主管部门核准，其中±800 千伏及以上直流项目和 1000 千伏交流项目报国务院备案；其余项目由地方政府核准，其中±800 千伏及以上直流项目和 1000 千伏交流项目应按照国家制定的规划核准。

煤矿：国家规划矿区内新增年生产能力 120 万吨及以上煤炭开发项目由国务院行业管理部门核准，其中新增年生产能力 500 万吨及以上的项目报国务院备案，国家规划矿区内的其余煤炭开发项目由省级政府核准；其余一般煤炭开发项目由地方政府核准。国家规定禁止新建的煤与瓦斯突出、高瓦斯和中小型煤炭开发项目，不得核准。

煤制燃料：年产超过 20 亿立方米的煤制天然气项目，年产超过 100 万吨的煤制油项目由国务院投资主管部门核准。

液化石油气接收、存储设施（不含油气田、炼油厂的配套项目）：由省级政府核准。

进口液化天然气接收、储运设施：新建（含异地扩建）项目由国务院行业管理部门核准，其中新建接收储运能力 300 万吨及以上的项目报国务院备案。其余项目由省级政府核准。

输油管网（不含油田集输管网）：跨境、跨省（区、市）干线管网项目由国务院投资主管部门核准，其中跨境项目报国务院备案。其余项目由省级政府核准。

输气管网（不含油气田集输管网）：跨境、跨省（区、市）干线管网项目由国务院投资主管部门核准，其中跨境项目报国务院备案。其余项目由省级政府核准。

炼油：新建炼油及扩建一次炼油项目由国务院投资主管部门核准，其中列入国务院批准的国家能源发展规划、石化产业规划布局方案的扩建项目由省级政府核准。

变性燃料乙醇：由省级政府核准。

三、交通运输

新建（含增建）铁路：跨省（区、市）项目和国家铁路网中的干线项目由国务院投资主管部门核准，国家铁路网中的其余项目由中国铁路总公司自行决定并报国务院投资主管部门备案；其余地方铁路项目由省级政府按照国家批准的规划核准。

公路：国家高速公路网项目由国务院投资主管部门核准，普通国道网项目由省级政府核准；地方高速公路项目由省级政府按照规划核准，其余项目由地方政府核准。

独立公（铁）路桥梁、隧道：跨境、跨10万吨级及以上航道海域、跨大江大河（现状或规划为一级及以上通航段）的项目由国务院投资主管部门核准，其中跨境项目报国务院备案；国家铁路网中的其余项目由中国铁路总公司自行决定并报国务院投资主管部门备案；其余项目由地方政府核准。

煤炭、矿石、油气专用泊位：在沿海（含长江南京及以下）新建年吞吐能力1000万吨及以上项目由国务院投资主管部门核准，其余项目由省级政府核准。

集装箱专用码头：在沿海（含长江南京及以下）建设的年吞吐能力100万标准箱及以上项目由国务院投资主管部门核准，其余项目由省级政府核准。

内河航运：跨省（区、市）高等级航道的千吨级及以上航电枢纽项目由国务院投资主管部门核准，其余项目由地方政府核准。

民航：新建运输机场项目由国务院核准，新建通用机场项目、扩建军民合用机场项目由省级政府核准。

四、信息产业

电信：国际通信基础设施项目由国务院投资主管部门核准；国内干线传输网（含广播电视网）以及其他涉及信息安全的电信基础设施项目，由国务院行业管理部门核准。

五、原材料

稀土、铁矿、有色矿山开发：稀土矿山开发项目，由国务院行业管理部门核准；其余项目由省级政府核准。

石化：新建乙烯项目由省级政府按照国务院批准的石化产业规划布局方案核准。

化工：年产超过50万吨的煤经甲醇制烯烃项目、年产超过100万吨的煤制甲醇项目，由国务院投资主管部门核准；新建对二甲苯（PX）项目、新建二苯基甲烷二异氰酸酯（MDI）项目由省级政府按照国务院批准的石化产业规划布局方案核准。

稀土：冶炼分离项目由国务院行业管理部门核准，稀土深加工项目由省级政府核准。

黄金：采选矿项目由省级政府核准。

六、机械制造

汽车：按照国务院批准的《汽车产业发展政策》执行。

七、轻工

烟草：卷烟、烟用二醋酸纤维素及丝束项目由国务院行业管理部门核准。

八、高新技术

民用航空航天：干线支线飞机、6吨/9座及以上通用飞机和3吨及以上直升机制造、民用卫星制造、民用遥感卫星地面站建设项目，由国务院投资主管部门核准；6吨/9座以下通用飞机和3吨以下直升机制造项目由省级政府核准。

九、城建

城市快速轨道交通项目：由省级政府按照国家批准的规划核准。

城市道路桥梁、隧道：跨10万吨级及以上航道海域、跨大江大河（现状或规划为一级及以上通航段）的项目由国务院投资主管部门核准。

其他城建项目：由地方政府自行确定实行核准或者备案。

十、社会事业

主题公园：特大型项目由国务院核准，大型项目由国务院投资主管部门核准，中小型项目由省级政府核准。

旅游：国家级风景名胜区、国家自然保护区、全国重点文物保护单位区域内总投资5000万元及以上旅游开发和资源保护项目，世界自然和文化遗产保护区内总投资3000万元及以上项目，由省级政府核准。

其他社会事业项目：除国务院已明确改为备案管理的项目外，按照隶属关系由国务院行业管理部门、地方政府自行确定实行核准或者备案。

十一、外商投资

《外商投资产业指导目录》中有中方控股（含相对控股）要求的总投资（含增资）10亿美元及以上鼓励类项目，总投资（含增资）1亿美元及以上限制类（不含房地产）项目，由国务院投资主管部门核准，其中总投资（含增资）20亿美元及以上项目报国务院备案。《外商投资产业指导目录》限制类中的房地产项目和总投资（含增资）小于1亿美元的其他限制类项目，由省级政府核准。《外商投资产业指导目录》中有中方控股（含相对控股）要求的总投资（含增资）小于10亿美元的鼓励类项目，由地方政府核准。

前款规定之外的属于本目录第一至十条所列项目，按照本目录第一至十条的规定核准。

十二、境外投资

涉及敏感国家和地区、敏感行业的项目，由国务院投资主管部门核准。

前款规定之外的中央管理企业投资项目和地方企业投资3亿美元及以上项目报国务院投资主管部门备案。

海关总署关于明确不予减免税的20种商品税号范围的公告

（海关总署公告2004年第7号）

根据《国务院批转关税税则委员会、财政部、国家税务总局关于第二步清理关税和进口环节税减免规定的意见的通知》（国发〔1994〕64号），对20种商品，自1995年1月1日起，无论任何地区、企业、单位和个人，以任何贸易方式进口，一律停止减免关税和进口环节增值税。

根据《财政部关于重新明确不予减免税的20种商品税号范围的通知》（财关税〔2004〕6号），对电视机、摄像机、录像机、放像机、音响设备、空调器、电冰箱（电冰柜）、洗衣机、照相机、复印机、程控电话交换机、微型计算机及外设、电话机、无线寻呼系统、传真机、电子计数器、打字机及文字处理机、家具、灯具和餐料等20种商品税号重新予以明确（详见附件1、2）。

除根据税则税目改版和调整的税号重新明确外，将数码相机、数码复印机、IC卡读入器、闪烁存储器、移动硬盘和网络摄像头等新产品也纳入应属于上述商品的税号范围（详见附件1）。上述商品进口时，应严格按照《中华人民共和国进出口税则》税号进行认定，并征收进口关税和进口环节增值税。

本公告自2004年4月1日起执行。

特此公告。

附件1　停止减免税的20种商品税号对照表（略）

附件2　停止减免税的20种商品（餐料）税号对照表（略）

中华人民共和国海关总署

二〇〇四年三月十二日

海关总署关于明确总署2004年第7号公告有关问题的通知

（署税发〔2005〕435号）

广东分署，天津、上海特派办，各直属海关：

去年，总署发布了关于对20种商品停止减免关税和进口环节增值税的第7号公告。近期，有关海关就以加工贸易方式进口时，是否需要征收关税和进口环节增值税的问题请示总署。经研究，现就有关问题明确如下：

根据《海关法》第一百条规定，保税货物是指经海关批准未办理纳税手续进境，在境内储存、加工、装配后复运出境的货物。保税货物如果最终不复运出境，需按规定在内销环节办理纳税手续，是否符合减免税规定应该在内销环节确定。保税货物在海关监管下未办理纳税手续并不是对其应纳税款的减免。因此，在加工贸易项下以生产料件形式进口或者以其他保税方式进口国家规定不予减免税的20种商品，在海关保税监管期间不需办理纳税手续，不应认为是对货物予以减免税，有关进口和保税监管手续仍应按现行的规定办理。

如果有关企业进口的自用设备、办公用品等货物或者内销加工贸易货物中含有2004年第7号公告规定的20种不予减免税商品，则一律照章征税。

各关对以加工贸易或者其他保税方式进口的上述20种商品，应注意加强监管。

特此通知。

二〇〇五年十一月十四日

海关总署关于调整《外商投资项目不予免税的进口商品目录》、《停止减免税的20种商品税号对照表》、《停止减免税的20种商品（餐料）税号对照表》商品税号的公告

（海关总署公告2008年第65号）

根据2008年版《中华人民共和国进出口税则》（以下简称《税则》）的税目调整情况，经商财政部，对此前下发的《外商投资项目不予免税的进口商品目录》（署税发〔2002〕81号的附件2）和《停止减免税的20种商品税号对照表》、《停止减免税的20种商品（餐料）税号对照表》（海关总署2004年第7号公告的附件1、2）中的商品税则号列进行调整（详见附件），现就有关问题公告如下：

一、此次调整，主要是根据2008年版《税则》税目的调整以及上述目录、商品税号对照表所列有关商品的税则号列不够准确等情况，调整了相关商品的税则号列。

二、《外商投资项目不予免税的进口商品目录》所列商品和经国务院批准一律停止减免关税和进口环节增值税的20种商品的税则号列，自2008年9月10日起按照本公告的规定执行。

三、为保持政策的连续性，对于2008年9月10日以前海关按照有关政策规定和本次调整前的税则号

列已出具的《进出口货物征免税证明》尚在有效期内的，允许继续使用，但不得延期。货物已经征税或免税进口的，税款不予调整。

四、对今后由于《税则》税目调整而造成有关目录中列名商品的税则号列与该商品当年应当适用的税则号列不一致的情况，进口有关目录中的商品，其税则号列应当按照当年版《税则》予以确定。

五、自2008年9月10日起，《海关总署关于执行〈外商投资产业指导目录〉有关问题的通知》（署税发〔2002〕81号）附件2所列《外商投资项目不予免税的进口商品目录》和海关总署2004年第7号公告停止执行。

特此公告。

附件1　外商投资项目不予免税的进口商品目录

附件2　停止减免税的20种商品（不包括餐料）税则号列表

附件3　停止减免税的20种商品（餐料）税则号列表

中华人民共和国海关总署

二〇〇八年九月二日

附件1

外商投资项目不予免税的进口商品目录

序号	商品名称	2008年版税则号列	备注
1	电视机	8528.4910、8528.4990、8528.5910、8528.5990、8528.6910、8528.6990、8528.7110、8528.7180、8528.7190、8528.7211、8528.7212、8528.7219、8528.7221、8528.7222、8528.7229、8528.7231、8528.7232、8528.7239、8528.7291、8528.7292、8258.7299、8528.7300	
2	摄像机	8525.8012、8525.8013、8525.8032、8525.8033、8525.8039	
3	录像机	8521.1011、8521.1019、8521.9011、8521.9012、8521.9019、8521.9090	
4	放像机	8521.1020、8521.9011、8521.9012、8521.9019、8521.9090	
5	音响设备	8518.1000、8518.2100、8518.2200、8518.2900、8518.4000、8518.5000、8519.2000、8519.3000、8519.8111、8519.8112、8519.8121、8519.8119、8519.8129、8519.8139、8519.8910、8519.8990、8527.1200、8527.1300、8527.1900、8527.2100、8527.2900、8527.9100、8527.9200、8527.9900	
6	空调器	8415.1010、8415.1021、8415.1022、8415.2000、8415.8110、8415.8120、8415.8210、8415.8220、8415.8300	不包括中央空调（中央空调的定义：1. 指具有控制系统、空气处理系统和空气分配系统的空调。其主要形式有风机盘管式空调和风道式空调；2. 对于难以判断是否为中央空调，可按其制冷量作为判断标准，即制冷量在10万大卡以上的，可作为中央空调处理。）

序号	商品名称	2008年版税则号列	备注
7	电冰箱 电冰柜	8418.1010、8418.1020、8418.1030、8418.2110、8418.2120、8418.2130、8418.2910、8418.2920、8418.2990、8418.3021、8418.3029、8418.4021、8418.4029、8418.5000	不包括具有混合、搅拌、制冷功能的现调机。
8	洗衣机	8450.1110、8450.1120、8450.1190、8450.1200、8450.1900、8450.2000、8451.1000	
9	照相机	8525.8022、8525.8029、9006.4000、9006.5100、9006.5300、9006.5990	
10	复印机	8443.3110、8443.3190、8443.3911、8443.3912、8443.3921、8443.3922、8443.3923、8443.3924	包括落地式数码复印机。
11	程控电话交换机	8517.6211、8517.6212、8517.6219	
12	微型计算机及外设	8443.3110、8443.3190、8443.3211、8443.3212、8443.3213、8443.3219、8471.3000、8471.4140、8471.4940、8471.5040、8471.6050、8471.6060、8471.6071、8471.6072、8471.6090、8471.7090、8523.5110、8523.5120、8525.8013、8528.5110、8528.5190、8528.6100、8528.4100	不包括工作站。税号8471.6090仅指IC卡读入器；税号8471.7090仅指移动硬盘；税号8525.8013仅指计算机用网络摄像头。
13	电话机	8517.1100、8517.1210、8517.1220、8517.1800、8517.6990	税号8517.6990仅指可视电话。
14	无线寻呼系统	8517.6110、8517.6190、8517.6299、8517.6910	税号8517.6190仅指无线寻呼基地台和移动通讯的收发讯基站，对移动通信设备中的车载电台（不含端机），应归入税号8517.6299。
15	传真机	8443.3110、8443.3190、8443.3290	
16	电子计算器	8470.1000、8470.2100、8470.2900	
17	打字机及文字处理机	8469.0011、8469.0012、8469.0020、8469.0030	
18	汽车	税目87.02、87.03和87.04项下的全部税号	
19	摩托车	税目87.11项下的全部税号	
20	其他	《中华人民共和国进出口税则》中第1章至第83章、第91章至第97章的所有税号	不含随项目设备进口的技术及配套件、备件。
说明：对“成套设备”内含的本附件所列设备，如符合“功能机组”规定的，则按税则第16类类注四和第90章章注三的规定归类，否则，按具体列名分别归类。			

注：未列入本目录中的商品，但其他政策法规已明确规定不予免税的，应照章征税。

附件 2

停止减免税的 20 种商品（不包括餐料）税则号列表

序号	商品名称	2004 版税则号列	对应 2008 版税则号列	备注
1	电视机	8528.1210、8528.1221、8528.1222 8528.1239、8528.1249、8528.1290 8528.1223、8528.1224、8528.1238 8528.1248、8528.1290、8528.1310 8528.1320、8528.1330、8528.1340 8528.2100、8528.2200、8528.3010 8528.3020	8528.4910、8528.4990、8528.5910 8528.5990、8528.6910、8528.6990 8528.7110、8528.7180、8528.7190 8528.7211、8528.7212、8528.7219 8528.7221、8528.7222、8528.7229 8528.7231、8528.7232、8528.7239 8528.7291、8528.7292、8258.7299 8528.7300	
2	摄像机	85253091、85253099	85258012、85258013	
		8525.4042	8525.8033	
		8525.4041、8525.4049	8525.8032、8525.8039	
3	录像机	8521.1011、8521.1019	85211.011、8521.1019	
		8521.9011、8521.9012、8521.9019 8521.9090	8521.9011、8521.9012、8521.9019 8521.9090	
4	放像机	8521.1020	8521.1020	
		8521.9011、8521.9012、8521.9019 8521.9090	8521.9011、8521.9012、8521.9019 8521.9090	
5	音响设备	8518.1000	85181000	
		8518.2100	85182100	
		8518.2200	8518.2200	
		8518.2900	8518.2900	
		8518.4000	8518.4000	
		8518.5000	8518.5000	
		8519.1000	8519.2000	
		8519.2100	8519.8910	
		8519.2900	8519.8910	
		8519.3100	8519.3000	

序号	商品名称	2004 版税则号列	对应 2008 版税则号列	备注
		8519.3900	8519.3000	
		8519.4000	8519.8119、8519.8129、8519.8139 8519.8990	
		8519.9200	8519.8111	
		8519.9300	8519.8111	
		8519.9910	8519.2000、8519.8121	
		8519.9990	8519.2000、8519.8119、8519.8129 8519.8139、8519.8990	
		8520.3210	8519.8112	
		8520.3300	8519.8112	
		8527.1200	8527.1200	
		8527.1300	8527.1300	
		8527.1900	8527.1900	
		8527.2100	8527.2100	
		8527.2900	8527.2900	
		8527.3100	8527.9100	
		8527.3200	8527.9200	
		8527.3900	8527.9900	
6	空调器	8415.1010、8415.1021、8415.1022	8415.1010、8415.1021、8415.1022	不包括中央空调（中央空调的定义：1. 指具有控制系统、空气处理系统和空气分配系统的空调。其主要形式有风机盘管式空调和风道式空调；2. 对于难以判断是否为中央空调，可按其制冷量作为判断标准，即制冷量在 10 万大卡以上的，可作为中央空调处理）。
		8415.2000	8415.2000	
		8415.8110	8415.8110	
		8415.8120	8415.8120	
		8415.8210	8415.8210	
		8415.8220	8415.8220	
		8415.8300	8415.8300	

序号	商品名称	2004 版税则号列	对应 2008 版税则号列	备注
7	电冰箱 电冰柜	8418. 1010	8418. 1010	不包括具有混合、搅拌、制冷功能的现调机。
		8418. 1020、8418. 1030	8418. 1020、8418. 1030	
		8418. 2110、8418. 2120、8418. 2130	8418. 2110、8418. 2120、8418. 2130	
		8418. 2200	8418. 2920	
		8418. 2900	8418. 2910、8418. 2990	
		8418. 3021	8418. 3021	
		8418. 3029	8418. 3029	
		8418. 4021	8418. 4021	
		8418. 4029	8418. 4029	
		8418. 5000	8418. 5000	
8	洗衣机	8450. 1110、8450. 1120、8450. 1190	8450. 1110、8450. 1120、8450. 1190	
		8450. 1200	8450. 1200	
		8450. 1900	8450. 1900	
		8450. 2000	8450. 2000	
		8451. 1000	8451. 1000	
9	照相机	9006. 4000	9006. 4000	
		9006. 5100	9006. 5100	
		9006. 5300	9006. 5300	
		9006. 5990	9006. 5990	
		8525. 4050	8525. 8022、8525. 8029	
10	复印机	9009. 1110	8443. 3911	包括落地式数码复印机。
		9009. 1190	8443. 3911	
		9009. 1210	8443. 3110、8443. 3190、8443. 3912	
		9009. 1290	8443. 3110、8443. 3190、8443. 3912	
		9009. 2110	8443. 3921	
		9009. 2190	8443. 3921	
		9009. 2210	8443. 3922	
		9009. 2290	8443. 3922	
		9009. 3010	8443. 3923、8443. 3924	
		9009. 3090	8443. 3923、8443. 3924	
11	程控电话 交换机	8517. 3011	8517. 6211	
		8517. 3013	8517. 6212	
		8517. 3019	8517. 6219	
		8517. 3091、8517. 3099	8517. 6219	

序号	商品名称	2004版税则号列	对应2008版税则号列	备注
12	微型计算机及外设	8471.3000	8471.3000	不包括工作站。 税号8471.6090仅指IC卡读入器; 税号8471.7090仅指移动硬盘; 税号8525.8013仅指计算机用网络摄像头。
		8471.4140	8471.4140	
		8471.4940	8471.4940	
		8471.5040	8471.5040	
		8471.6011、8471.6012、8471.6019	8528.5110、8528.4100、8528.5190 8528.6100	
		8471.6031	8443.3211	
		8471.6032	8443.3110、8443.3212	
		8471.6033	8443.3213、8443.3190	
		8471.6039	8443.3219、8443.3190	
		8471.6050	8471.6050	
		8471.6060	8471.6060	
		8471.6070	8471.6071、8471.6072	
		8471.6090	8471.6090	
		8471.7090	8523.5110、8523.5120、8471.7090	
		8525.3099	8525.8013	
13	电话机	8517.1100	8517.1100	税号8517.6990仅指可视电话。
		8517.1910	8517.6990	
		8517.1990	8517.1800	
		8525.2022	8517.1210	
		8525.2023	8517.1220	
14	无线寻呼系统	8527.9010	8517.6910	税号8517.6190仅指无线寻呼基地台和移动通讯的收发讯基站，对移动通信设备中的车载电台（不含端机），应归入税号8517.6299。
		8525.1090	8517.6190、8517.6299	
		8525.2092、8525.2099	8517.6110、8517.6190	
15	传真机	8517.2100	8443.3110、8443.3190、8443.3290	
16	电子计算机器	8470.1000	8470.1000	
		8470.2100	8470.2100	
		8470.2900	8470.2900	
17	打字机及文字处理机	8469.1100	8469.0011	
		8469.1200	8469.0012	
		8469.2000	8469.0020	
		8469.3000	8469.0030	

序号	商品名称	2004版税则号列	对应2008版税则号列	备注
18	家具	9401.3000	9401.3000	
		9401.4000	9401.4010、9401.4090	
		9401.5000	9401.5100、9401.5900	
		9401.6100	9401.6110、9401.6190	
		9401.6900	9401.6900	
		9401.7100	9401.7110、9401.7190	
		9401.7900	9401.7900	
		9401.8000	9401.8010、9401.8090	
		9403.1000	9403.1000	
		9403.2000	9403.2000	
		9403.3000	9403.3000	
		9403.4000	9403.4000	
		9403.5010	9403.5010	
		9403.5091	9403.5091	
		9403.5099	9403.5099	
		9403.6010	9403.6010	
		9403.6091	9403.6091	
		9403.6099	9403.6099	
		9403.7000	9403.7000	
		9403.8010 9403.8090	9403.8100、9403.8910、9403.8920 9403.8990	
		9404.1000	9404.1000	
		9404.2100	9404.2100	
		9404.2900	9404.2900	
		9404.3010	9404.3010	
		9404.3090	9404.3090	
		9404.9010	9404.9010	
		9404.9020	9404.9020	
		9404.9030	9404.9030	
		9404.9040	9404.9040	
		9404.9090	9404.9090	
19	灯具	9405.1000	9405.1000	
		9405.2000	9405.2000	
		9405.3000	9405.3000	

附件3

停止减免税的20种商品（餐料）税则号列表

序号	商品名称	2008年版税则号列
一、酒、饮料		
1	酒、饮料	税目22.01至22.08项下全部税号
2	未发酵及未加酒精的水果汁、蔬菜汁	税目20.09项下全部税号
二、水果		
1	各种干、鲜水果及坚果	第八章全部税号
2	用各种方法制作或保藏的水果、蔬菜	税目20.01至20.08项下全部税号
三、调味品		
1	人造黄油等	税目15.17项下全部税号
2	汤料及其制品	税号2104.1000
3	调味汁及其制品；混合调味品；芥子粉及其调制品	税目21.03项下全部税号
4	胡椒、辣椒粉、肉桂、丁香、肉豆蔻、八角茴香、咖喱等调味香料	税目09.04至09.10项下全部税号
5	天然蜂蜜	税号0409.0000
6	醋	税号2209.0000
四、水产品、肉禽蛋菜		
1	肉及食用杂碎	第二章全部税号
2	鱼、甲壳动物、软体动物等	第三章全部税号
3	食用蔬菜、根及块茎	第七章全部税号
4	肉、鱼、甲壳动物等制品	第十六章全部税号
5	带壳禽蛋等	税目04.07项下全部税号
6	去壳禽蛋及蛋黄等	税目04.08项下全部税号
7	燕窝等其他食用动物产品	税目04.10项下全部税号
8	蔬菜制品及其罐头	税目20.01至20.08项下全部税号
五、乳制品		
1	乳、奶油、乳精黄油等各种乳制品	税目04.01至04.06项下全部税号
2	冰淇淋及其制品	税号210.50000
3	浓缩蛋白质及人造蛋白物质	税号2106.1000
4	其他以黄油或其他乳脂、乳油为基料的制品	税号2106.9090（不以黄油、乳脂、乳油为基料的制品，不在此范围内）

财政部、海关总署、国家税务总局关于增值税转型后部分进口税收优惠政策进行相应调整的公告

（财政部、海关总署、国家税务总局联合公告2008年第43号）

为配合全国增值税转型改革，规范税制，经国务院批准，对部分进口税收优惠政策进行相应调整，现将有关事项公告如下：

一、自2009年1月1日起，对《国务院关于调整进口设备税收政策的通知》（国发〔1997〕37号）中国家鼓励发展的国内投资项目和外商投资项目进口的自用设备、外国政府贷款和国际金融组织贷款项目进口设备、加工贸易外商提供的不作价进口设备以及按照合同随上述设备进口的技术及配套件、备件，恢复征收进口环节增值税，在原规定范围内继续免征关税。

二、自2009年1月1日起，对《海关总署关于进一步鼓励外商投资有关进口税收政策的通知》（署税〔1999〕791号）中规定的外商投资企业和外商投资设立的研究开发中心进行技术改造以及按《中西部地区外商投资优势产业目录》批准的外商投资项目进口的自用设备及其配套技术、配件、备件，恢复征收进口环节增值税，在原规定范围内继续免征关税。

三、自2009年1月1日起，对软件生产企业、集成电路生产企业、城市轨道交通项目以及其他比照《国务院关于调整进口设备税收政策的通知》（国发〔1997〕37号）执行的企业和项目，进口设备及其配套技术、配件、备件，一律恢复征收进口环节增值税，在原规定范围内继续免征关税。

四、对2008年11月10日以前获得《国家鼓励发展的内外资项目确认书》的项目，于2009年6月30日及以前申报进口的设备及其配套技术、配件、备件，按原规定继续执行免征关税和进口环节增值税的政策，2009年7月1日及以后申报进口的，一律恢复征收进口环节增值税，符合原免税规定的，继续免征关税。

财政部
海关总署
国家税务总局
二〇〇八年十二月二十五日

海关总署关于明确增值税转型后进口税收优惠政策执行有关问题的公告

（海关总署公告2008年第103号）

为配合实施增值税转型改革，经国务院批准，财政部、海关总署、税务总局联合发布2008年第43号公告，对部分进口税收优惠政策进行相应调整。现将政策调整涉及的相关执行问题公告如下：

一、自2009年1月1日起，对按照或者比照《国务院关于调整进口设备税收政策的通知》（国发〔1997〕37号，以下简称《通知》）规定享受进口税收优惠政策的下列项目和企业进口的自用设备以及按照合同随上述设备进口的技术及配套件、备件，恢复征收进口环节增值税，但继续免征关税：

（一）国家鼓励发展的国内投资项目和外商投资项目；

（二）外国政府贷款和国际金融组织贷款项目；

（三）由外商提供不作价进口设备的加工贸易企业；

（四）中西部地区外商投资优势产业项目；

（五）《海关总署关于进一步鼓励外商投资有关进口税收政策的通知》（署税〔1999〕791号）中规定的外商投资企业和外商投资设立的研究开发中心利用自有资金进行技术改造项目（以下简称自有资金项目）；

（六）软件生产企业和集成电路生产企业；

（七）城市轨道交通项目；

（八）其他比照《通知》执行的企业和项目。

二、对上述国家鼓励发展的国内投资项目和外商投资项目、外国政府贷款和国际金融组织贷款项目、中西部外商投资优势产业项目及城市轨道交通项目，按照以下规定执行：

（一）项目投资主管部门在2008年11月9日及以前已经出具《项目确认书》，其项目项下进口的自用设备以及按照合同随设备进口的技术及配套件、备件于2009年6月30日及以前向海关申报进口的，在符合原有关免税规定范围内继续免征关税和进口环节增值税。

（二）项目投资主管部门在2008年11月10日至2008年12月31日期间出具《项目确认书》，其项目项下进口的自用设备以及按照合同随设备进口的技术及配套件、备件在2009年1月1日及以后向海关申报进口的，一律恢复征收进口环节增值税，在符合原有关免税规定范围内继续免征关税；海关根据上述《项目确认书》在2008年12月31日及以前出具的《进出口货物征免税证明》（以下简称《征免税证明》）予以作废，进口单位须重新向海关申请出具免征关税，照章征收进口环节增值税的《征免税证明》。因重新出具《征免税证明》而产生的滞报金，按规定予以免征。

三、对按照《通知》执行进口税收优惠政策的1997年12月31日及以前审批、核准或备案的国内投资项目（包括技术改造项目和基本建设项目）、外商投资项目及外国政府贷款和国际金融组织贷款项目，以及自有资金项目和经认定的软件生产企业、集成电路生产企业进口的自用设备及按照合同随设备进口的技术及配套件、备件，海关在2008年12月31日及以前出具的《征免税证明》在有效期内继续有效，但不得延期。

四、对加工贸易外商提供的不作价设备在2008年12月31日及以前已经办理了加工贸易手册备案，并且在2009年6月30日及以前向海关申报进口的，在符合原有关免税规定范围内继续免征关税和进口环节增值税。

自2009年1月1日起，海关办理不作价设备加工贸易手册备案或备案变更，一律征收进口环节增值税，在符合原有关免税规定范围内继续免征关税。

五、涉及本次进口环节增值税政策调整的有关减免税货物，在2008年12月31日及以前已向海关申报进口的（已征税放行的除外），在符合原有关免税规定范围内继续免征关税和进口环节增值税。

六、为确保进口环节增值税政策调整的顺利进行，海关将对进口单位申请减免税的有关单证资料进行严格审核，对倒签日期等骗取减免国家税款的行为，依法予以查处。

特此公告。

中华人民共和国海关总署

二〇〇八年十二月三十一日

海关总署关于进一步明确增值税转型改革后有关进口税收政策执行问题的通知

（署税发〔2009〕168号）

广东分署，天津、上海特派办，各直属海关：

为配合实施增值税转型改革，总署发布2008年第103号公告（以下简称103号公告）对部分进口税收优惠政策调整后涉及的相关执行事宜予以明确。近期，总署陆续接到部分海关反映执行中遇到的一些问题，经研究，现就有关问题进一步明确如下：

一、关于进口设备恢复征收进口环节增值税的政策调整范围

进口设备恢复征收进口环节增值税的进口税收优惠政策范围，以103号公告明确的项目或者企业为准。其他专项进口税收优惠政策（包括海关特殊监管区域进口货物的免税政策）不在此次政策调整范围之列。

二、关于《国家鼓励发展的内外资项目确认书》的变更事宜

对于2008年11月9日及以前出具的《国家鼓励发展的内外资项目确认书》，原《国家鼓励发展的内外资项目确认书》出具部门在2008年11月10日及以后对其中的项目执行年限、项目单位、项目用汇额等内容进行变更，但该投资项目整体延续，即《国家鼓励发展的内外资项目确认书》中的项目内容、项目投资总额、项目性质等内容未发生改变，且有关货物在2009年6月30日及以前向海关申报进口的，在符合原有关免税规定范围内继续免征关税和进口环节增值税。

三、关于不作价设备的政策适用

（一）不作价设备加工贸易手册备案及备案变更事宜。

对于2008年12月31日及以前已办理备案的加工贸易手册，有关企业在2009年1月1日及以后申请办理规格型号、商品编码、手册延期等非增加商品项的变更，海关应予以办理相关手续，有关货物在2009年6月30日及以前向海关申报进口的，在符合原有关免税规定范围内继续免征关税和进口环节增值税。

（二）103号公告与29号公告有关规定的执行衔接。

103号公告实施后，对以不作价设备方式进口海关总署2008年第29号公告列明的整机，在2008年12月31日及以前已经办理了加工贸易手册备案，且在2009年6月30日及以前向海关申报进口的，在符合原有关免税规定范围内继续免征进口环节增值税。

自2009年1月1日起，上述列明整机不再采用加工贸易手册管理，进口时照章征税。

四、关于已减免税进口货物的结转事宜

对于2009年6月30日及以前进口且已按照有关规定免征进口环节增值税的减免税货物，在按照《中华人民共和国海关进出口货物减免税管理办法》（海关总署令第179号）第二十八条规定办理减免税货物结转手续时，可不考虑增值税转型政策因素。即按照转入企业适用的原税收优惠政策可以免征进口环节增值税的，在结转时不再要求转出企业补缴原减免税货物的进口环节增值税。

有关不作价设备的结转问题，亦按上述规定原则办理。

五、关于减免税货物的税款担保手续事宜

增值税转型改革后，减免税申请人按照《中华人民共和国海关进出口货物减免税管理办法》（海关总署令第179号）的有关规定向海关申请办理凭税款担保先予放行货物手续的，对于按照103号公告规定恢复征收进口环节增值税的减免税货物，仍然可以办理关税和进口环节增值税的税款担保手续。除总署有关文件另有规定的以外，担保期限届满时，应当按照规定及时办理有关货物的征免税手续，不得再延长税款担保期限。

六、关于过渡期结束后的执行问题

自2009年7月1日起，103号公告所规定的减免税货物（包括不作价设备）一律恢复征收进口环节增值税，即使《进出口货物征免税证明》或加工贸易手册备案仍为免税的，进口地海关在办理进口通关手续时，均应照章征收进口环节增值税。同时，要进一步加强通关环节的审价工作，避免因低报价格产生的税收风险，确保税收的应收尽收。

特此通知。

二〇〇九年四月二十日

海关总署关于对外贸易救济措施应税产品停止执行进口减免税政策的公告

（海关总署公告2009年第21号）

经国务院批准，对实施对外贸易救济措施的进口产品停止执行进口减免税政策。现就有关执行事宜公告如下：

一、对从境外进口（包括从海关特殊监管区域出区进入到境内）的特定产品，自国务院关税税则委员会作出的对外贸易救济措施征税决定实施之日起，所有此类产品停止执行进口减免税政策，一律照章征收进口关税和进口环节税。

二、对执行进口减免税政策的有关产品在实施临时对外贸易救济措施期间，应先按照海关总署规定征收进口关税、进口环节税税款保证金和相应的对外贸易救济措施保证金，待有关对外贸易救济措施政策明确后再按照规定办理相关手续。

三、为便于执行该项政策，将目前正在实施对外贸易救济措施的产品作为公告附件一并对外公布。

四、自2009年5月1日起，申报进口的货物按照本公告规定执行。

特此公告。

附件　正在实施的对外贸易救济措施产品及文件汇总表

中华人民共和国海关总署

二〇〇九年四月二十九日

附件

正在实施的对外贸易救济措施产品及文件汇总表

序号	产品名称 税则号列	原产地	文件号	文件标题	具体贸易救济措施及 实施时间
1	马铃薯淀粉 11081300	欧盟	海关总署公告 2007年第4号	《海关总署关于对原产于欧盟的进口马铃薯淀粉征收反倾销税有关问题的公告》	2007年2月6日起征收反倾销税，期限为五年。
			海关总署公告 2006年第46号	《海关总署关于对原产于欧盟的进口马铃薯淀粉实施临时反倾销措施的公告》	2006年8月18日起实施临时反倾销措施。
2	水合肼 28251010	日本 韩国 美国 法国	海关总署公告 2006年第72号 海关总署公告 2005年第26号	《海关总署关于执行部分进口原产于法国阿科玛公司的水合肼价格承诺的公告》 《海关总署关于对原产于日本、韩国、美国和法国的进口水合肼征收反倾销税的公告》	2005年6月17日起征收反倾销税，期限为五年。
			海关总署公告 2004年第27号	《海关总署关于对进口水合肼采取临时反倾销措施的公告》	2004年8月3日起实施临时反倾销措施。
3	二氯甲烷 29031200	英国 美国 荷兰 德国 韩国	海关总署公告 2007年第44号 海关总署公告 2006年第44号	《海关总署关于对原产于英国、美国、荷兰、德国、韩国的进口二氯甲烷继续征收反倾销税的公告》 《海关总署关于对原产于英国、美国、荷兰、德国和韩国的进口二氯甲烷继续征收反倾销税的公告》	期终复审裁定自2007年8月15日起继续征收反倾销税，期限为五年。 自2006年8月15日起，期终复审期间继续征收反倾销税。
4	三氯甲烷 29031300	欧盟 韩国 美国 印度	海关总署公告 2007年第27号 海关总署公告 2004年第37号	《海关总署关于三氯甲烷反倾销案中企业权利义务变更的公告》 《海关总署关于对原产于欧盟、韩国、美国、印度的进口三氯甲烷征收反倾销税的公告》	2004年11月30日起征收反倾销税，期限为五年。
			海关总署公告 2004年第9号	《海关总署关于对原产于欧盟、韩国、美国、印度的进口三氯甲烷实施临时反倾销措施的公告》	2004年4月8日起实施临时反倾销措施。
5	三氯乙烯 29032200	俄罗斯 日本	海关总署公告 2005年第35号	《海关总署关于对原产于俄罗斯和日本的进口三氯乙烯征收反倾销税的公告》	2005年7月22日起征收反倾销税，期限为五年。
			海关总署公告 2005年第1号	《海关总署关于对原产于俄罗斯和日本的进口三氯乙烯实施临时反倾销措施的公告》	2005年1月7日起实施临时反倾销措施。
6	苯酚 29071110	日本 韩国 美国 台湾地区	海关总署公告 2009年第12号 海关总署公告 2009年第3号 海关总署公告 2007年第65号 海关总署公告 2006年第50号 海关总署公告 2004年第3号	《海关总署关于对进口台湾地区长春人造树脂厂股份有限公司生产的苯酚征收反倾销保证金的公告》 《海关总署关于对原产于日本、韩国、美国和台湾地区的进口苯酚继续征收反倾销税的公告》 《海关总署关于苯酚反倾销案和双酚A反倾销案中企业权利义务变更的公告》 《海关总署关于调整原产于韩国LG石油化学株式会社的进口苯酚反倾销税税率的公告》 《海关总署关于对原产于日本、韩国、美国和台湾地区的进口苯酚征收反倾销税的公告》	2009年3月2日起，征收反倾销保证金及相应的进口环节增值税保证金，暂不征收反倾销税。 2009年2月1日起，在期终复审调查期间继续征收反倾销税。 2004年2月1日起征收反倾销税，期限为五年。

序号	产品名称税则号列	原产地	文件号	文件标题	具体贸易救济措施及实施时间
			海关总署公告2005年第60号	《海关总署关于对韩国LG石油化学株式会社生产的苯酚征收反倾销保证金的公告》	
7	壬基酚（也称壬基苯酚）29071310	印度	海关总署公告2007年第9号	《海关总署关于对原产于印度和台湾地区的进口壬基酚征收反倾销税的公告》	2007年3月29日起征收反倾销税，期限为五年。
			海关总署公告2006年第39号	《海关总署关于对原产于印度和台湾地区的进口壬基酚实施临时反倾销措施的公告》	2006年7月10日起实施临时反倾销措施。
8	双酚A 29072300	日本 韩国 新加坡 台湾地区	海关总署公告2007年第65号 海关总署公告2007年第47号	《海关总署关于苯酚反倾销案和双酚A反倾销案中企业权利义务变更的公告》 《海关总署关于对原产于日本、韩国、新加坡和台湾地区的进口双酚A征收反倾销税的公告》	2007年8月30日起征收反倾销税，期限为五年。
			海关总署公告2007年第7号	《海关总署对原产于日本、韩国、新加坡和台湾地区的进口双酚A实施临时反倾销措施的公告》	2007年3月22日起实施临时反倾销措施。
9	邻苯二酚（含量≥98%）29072910	欧盟 美国 日本	海关总署公告2008年第59号 海关总署公告2008年第58号 海关总署公告2006年第24号 海关总署公告2005年第51号 海关总署公告2003年第51号	《海关总署关于欧盟邻苯二酚反倾销案中有关法国企业权利义务变更事项的公告》 《海关总署关于对原产于欧盟的进口邻苯二酚继续征收反倾销税的公告》 《海关总署关于对原产于美国和日本的进口邻苯二酚征收反倾销税的公告》 《海关总署关于调整原产于欧盟的进口邻苯二酚反倾销税税率的公告》 《海关总署关于国务院关税税则委员会决定对原产于欧盟的进口邻苯二酚征收反倾销税的公告》	2008年8月27日起对原产于欧盟的进口邻苯二酚在期终复审调查期间继续征收反倾销税。 2006年5月22日起对美国、日本征收反倾销税，期限为五年。 2003年8月27日起对欧盟征收反倾销税，期限为五年。
			海关总署公告2005年第59号	《海关总署关于对原产于美国和日本的进口邻苯二酚实施临时反倾销措施的公告》	2005年12月2日起对美国、日本实施临时反倾销措施。
10	环氧氯丙烷 29103000	俄罗斯 韩国 日本 美国	海关总署公告2006年第35号	《海关总署关于对原产于俄罗斯、韩国、日本和美国的进口环氧氯丙烷征收反倾销税的公告》	2006年6月28日起征收反倾销税，期限为五年。
			海关总署公告2005年第46号	《海关总署关于对原产于俄罗斯、韩国、日本和美国的进口环氧氯丙烷实施临时反倾销措施的公告》	2005年9月21日起实施临时反倾销措施。
11	丙酮（又称二甲基甲酮，简称二甲酮，或称醋酮、木酮）29141100	日本 新加坡 韩国 台湾地区	海关总署公告2008年第43号	《海关总署关于对原产于日本、新加坡、韩国和台湾地区的进口丙酮征收反倾销税的公告》	2008年6月9日起征收反倾销税，期限为五年。
			海关总署公告2007年第66号	《海关总署对原产于日本、新加坡、韩国和台湾地区的进口丙酮实施临时反倾销措施的公告》	2007年11月23日起实施临时反倾销措施。

序号	产品名称 税则号列	原产地	文件号	文件标题	具体贸易救济措施及 实施时间
12	甲乙酮［即甲基乙基（甲）酮，又名丁酮或2-丁酮］ 29141200	日本 台湾地区	海关总署公告 2007年第63号	《海关总署关于对原产于日本、台湾地区和新加坡的进口甲乙酮征收反倾销税的公告》	2007年11月22日起征收反倾销税，期限为五年。
			海关总署公告 2007年第41号	《海关总署关于对原产于日本、台湾地区和新加坡的进口甲乙酮实施临时反倾销措施的公告》	2007年8月9日起实施临时反倾销措施。
13	丙烯酸酯 （29161210 丙烯酸甲酯 29161220 丙烯酸乙酯 29161230 丙烯酸正丁酯 29161240 丙烯酸2-乙基己酯） （对美国、日本终止征收）	韩国 马来西亚 新加坡 印度尼西亚 日本 美国 （已终止）	海关总署公告 2009年第17号 海关总署公告 2008年第22号 海关总署公告 2005年第29号 海关总署公告 2003年第24号	《海关总署关于调整原产于韩国、马来西亚、新加坡和印度尼西亚的进口丙烯酸酯反倾销措施的公告》 《海关总署关于对原产于韩国、马来西亚、新加坡和印度尼西亚的进口丙烯酸酯继续征收反倾销税的公告》 《海关总署关于调整进口丙烯酸酯反倾销税税率的公告》 《海关总署关于对原产于韩国、马来西亚、新加坡和印度尼西亚的进口丙烯酸酯（税则号列29161200）征收反倾销税的公告》	自2009年4月9日起，海关调整对原产于韩国、马来西亚、新加坡和印度尼西亚的进口丙烯酸酯所适用的反倾销措施。 自2008年4月10日起，期终复审期间对韩国、马来西亚、新加坡和印度尼西亚继续征收反倾销税。 2003年4月10日起对韩国、马来西亚、新加坡和印度尼西亚征收反倾销税，期限为五年。
14	邻苯二甲酸酐 29173500	韩国 日本 印度	海关总署公告 2008年第61号 海关总署公告 2003年第52号	《海关总署关于对原产于韩国、日本和印度的进口邻苯二甲酸酐继续征收反倾销税的公告》 《海关总署关于对原产于韩国、日本、印度的进口邻苯二甲酸酐征收反倾销税的公告》	2008年8月31日起，在期终复审调查期间继续征收反倾销税。 2003年8月31日起征收反倾销税，期限为五年。
15	乙醇胺 （29221100 单乙醇胺 29221200 二乙醇胺 不包括：单乙醇胺盐、二乙醇胺盐）	日本 美国 伊朗 马来西亚 墨西哥 台湾地区	海关总署公告 2008年第7号 海关总署公告 2004年第36号	《海关总署关于调整部分乙醇胺原产厂商适用反倾销税税率的公告》 《海关总署关于对原产于日本等国家和地区的进口乙醇胺征收反倾销税的公告》	2004年11月14日起征收反倾销税，期限为五年。
			海关总署公告 2004年第8号	《海关总署关于对原产于日本、美国、伊朗、马来西亚、墨西哥和台湾地区的进口乙醇胺实施临时反倾销措施的公告》	2004年3月25日起实施临时反倾销措施。
16	甲苯二异氰酸酯 29291010	日本 韩国 美国	海关总署公告 2009年第7号 海关总署公告 2008年第82号 海关总署公告 2006年第40号 海关总署公告 2006年第1号 海关总署公告 2003年第64号	《海关总署关于甲苯二异氰酸酯反倾销案中有关韩国企业权利义务变更事项的公告》 《海关总署关于对原产于日本、韩国和美国的进口甲苯二异氰酸酯继续征收反倾销税的公告》 《海关总署关于在甲苯二异氰酸酯反倾销案中日本三井武田化学株式会社权利义务变更的公告》 《海关总署关于调整原产于日本、韩国的进口甲苯二异氰酸酯适用的反倾销税税率的公告》 《海关总署关于对原产于日本、韩国、美国的进口甲苯二异氰酸酯征收反倾销税的公告》	2008年11月22日起，在期终复审调查期间继续征收反倾销税。 2003年11月22日起征收反倾销税，期限为五年。

序号	产品名称 税则号列	原产地	文件号	文件标题	具体贸易救济措施及 实施时间
17	二甲基环体硅氧烷（聚硅氧烷与二甲基环体硅氧烷的混合物除外） 29310000.01 38249099.04	日本 美国 英国 德国 韩国 泰国	海关总署公告2008年第79号 海关总署公告2008年第55号 海关总署公告2008年第28号 海关总署公告2006年第5号 海关总署公告2006年第3号	《海关总署关于对原产于韩国和泰国的进口初级形态二甲基环体硅氧烷实施临时反倾销措施的公告》 《海关总署关于初级形态二甲基环体硅氧烷反倾销案中有关日本企业权利义务变更事项的公告》 《海关总署关于调整部分英国生产厂商生产的进口初级形态二甲基环体硅氧烷反倾销税税率的公告》 《海关总署关于对初级形态二甲基环体硅氧烷实施反倾销措施的补充公告》 《海关总署关于对原产于日本、美国、英国和德国的进口初级形态二甲基环体硅氧烷征收反倾销税的公告》	2008年11月7日起对韩国和泰国实施临时反倾销措施。 2006年1月16日起征收反倾销税，期限为五年。
			海关总署公告2005年第49号	《海关总署关于对原产于日本、美国、英国和德国的进口初级形态二甲基环体硅氧烷实施临时反倾销措施的公告》	2005年9月29日起实施临时反倾销措施。
18	呋喃酚 29329910	日本 欧盟 美国	海关总署公告2006年第8号	《海关总署关于对原产于日本、欧盟和美国的进口呋喃酚征收反倾销税的公告》	2006年2月12日起征收反倾销税，期限为五年。
			海关总署公告2005年第25号	《海关总署关于对原产于日本、欧盟和美国的进口呋喃酚采取临时反倾销措施的公告》	2005年6月16日起实施临时反倾销措施。
19	核苷酸类食品添加剂 29349990.01 38249099.05	日本 韩国	海关总署公告2006年第23号	《海关总署关于对原产于日本和韩国的进口核苷酸类食品添加剂征收反倾销税的公告》	2006年5月12日起征收反倾销税，期限为五年。
			海关总署公告2005年第39号	《海关总署关于对原产于日本、韩国的进口核苷酸类食品添加剂采取临时反倾销措施的公告》	2005年8月4日起实施临时反倾销措施。
20	磺胺甲噁唑 29350030	印度	海关总署公告2007年第26号	《海关总署关于对原产于印度的进口磺胺甲噁唑征收反倾销税的公告》	2007年6月16日起征收反倾销税，期限为五年。
			海关总署公告2007年第2号	《海关总署关于对原产于印度的进口磺胺甲噁唑实施临时反倾销措施的公告》	2007年2月1日起实施临时反倾销措施。
21	聚酯薄膜 39206200 （“PETG板材”除外）	韩国	海关总署公告2005年第65号 海关总署公告2004年第43号	《海关总署关于对原产于韩国的进口聚酯薄膜继续征收反倾销税的公告》 《海关总署关于对进口韩国聚脂薄膜继续征收反倾销税的公告》	期终复审裁定自2005年12月28日起继续征收反倾销税，期限为五年。 自2004年12月28日起，期终复审期间继续征收反倾销税。

序号	产品名称 税则号列	原产地	文件号	文件标题	具体贸易救济措施及 实施时间
22	聚氯乙烯★（纯粉）39041090.01（不包括“聚氯乙烯糊树脂”）	美国 韩国 日本 俄罗斯 台湾地区	海关总署公告 2008年第74号 海关总署公告 2003年第56号	《海关总署关于对原产于美国、韩国、日本、俄罗斯和台湾地区的进口聚氯乙烯继续征收反倾销税的公告》 《海关总署关于对原产于美国、韩国、日本、俄罗斯和台湾地区的进口聚氯乙烯征收反倾销税的公告》	2008年9月29日起，在期终复审调查期间继续征收反倾销税。 2003年9月29日起征收反倾销税，期限为五年。
23	PBT树脂 39079910.01（该税则号列项下的“增强或改性的PBT树脂”除外）	日本 台湾地区	海关总署公告 2006年第41号	《海关总署关于对原产于日本和台湾地区的进口PBT树脂征收反倾销税的公告》	2006年7月22日起征收反倾销税，期限为五年。
			海关总署公告 2006年第12号	《海关总署对原产于日本和台湾地区的进口PBT树脂实施临时反倾销措施的公告》	2006年3月22日起实施临时反倾销措施。
24	丁苯橡胶 40021911 40021912 40021919 40021990.01	俄罗斯 韩国 日本	海关总署公告 2008年第67号 海关总署公告 2006年第64号 海关总署公告 2006年第48号 海关总署公告 2006年第47号 商务部 海关总署联合公告 2006年第14号 海关总署公告 2005年第62号 海关总署公告 2003年第53号	《海关总署关于对原产于俄罗斯、日本和韩国的进口丁苯橡胶继续征收反倾销税的公告》 《海关总署关于调整部分韩国生产厂商生产的进口丁苯橡胶反倾销税税率有关问题的公告》 《海关总署关于丁苯橡胶反倾销案中有关韩国公司权利义务变更的公告》 《海关总署关于调整部分俄罗斯生产厂商生产的进口丁苯橡胶反倾销税税率的公告》 《商务部 海关总署关于进口丁苯橡胶反倾销措施执行中有关问题的公告》 《海关总署关于调整部分韩国企业生产的进口丁苯橡胶反倾销税税率的公告》 《海关总署关于对原产于俄罗斯、韩国和日本的进口初级形状未作任何加工的丁苯橡胶等征收反倾销税的公告》	2008年9月9日起，在期终复审调查期间继续征收反倾销税。 2003年9月9日起征收反倾销税，期限为五年。
25	氯丁橡胶 40024910 40024990	日本 美国 欧盟	海关总署公告 2005年第17号	《海关总署关于对原产于日本、美国和欧盟的进口氯丁橡胶征收反倾销税的公告》（修改）	2005年5月10日起征收反倾销税，期限为五年。
			海关总署公告 2004年第38号	《海关总署关于对原产于日本、美国和欧盟的进口氯丁橡胶实施临时反倾销措施的公告》	2004年12月1日起实施临时反倾销措施。
26	新闻纸 48010000 48026110 48026910	加拿大 韩国 美国	海关总署公告 2004年第24号 海关总署公告 2003年第44号	《海关总署关于对进口新闻纸继续征收反倾销税的公告》 《海关总署关于在复审期间对原产于加拿大、韩国和美国的进口新闻纸继续征收反倾销税的公告》	期终复审裁定自2004年6月30日起继续征收反倾销税，期限为五年。 自2003年7月10日起，期终复审期间继续征收反倾销税。

序号	产品名称 税则号列	原产地	文件号	文件标题	具体贸易救济措施及 实施时间
27	电解电容器纸 48059110	日本	海关总署公告 2007 年第 17 号	《海关总署关于对原产于日本的进口电解电容器纸征收反倾销税的公告》	2007 年 4 月 18 日起征收反倾销税，期限为五年。
			海关总署公告 2006 年第 59 号	《海关总署关于对原产于日本的进口电解电容器纸实施临时反倾销措施的公告》	2006 年 10 月 20 日起实施临时反倾销措施。
28	耐磨纸 48043900	美国 欧盟	海关总署公告 2008 年第 2 号 海关总署公告 2006 年第 71 号	《海关总署关于耐磨纸反倾销案中有关德国企业权利义务变更的公告》 《海关总署关于对原产于美国和欧盟的进口耐磨纸征收反倾销税的公告》	2006 年 12 月 13 日起征收反倾销税，期限为五年。
			海关总署公告 2006 年第 66 号 海关总署公告 2006 年第 34 号	《海关总署关于调整耐磨纸临时反倾销措施有关问题的公告》 《海关总署对原产于美国和欧盟的进口耐磨纸实施临时反倾销措施的公告》	2006 年 6 月 16 日起实施临时反倾销措施。
29	铜版纸 48101300.01 48101400.01 48101900.01	韩国 日本 美国	海关总署公告 2008 年第 78 号 海关总署公告 2008 年第 53 号 海关总署公告 2007 年第 12 号 海关总署公告 2003 年第 48 号	《海关总署关于调整部分生产厂商的进口铜版纸适用反倾销税税率的公告》 《海关总署关于对原产于日本和韩国的进口铜版纸继续征收反倾销税的公告》 《海关总署关于铜版纸反倾销案中部分韩国企业权利义务变更的公告》 《海关总署关于对原产于韩国、日本的进口铜版纸征收反倾销税的公告》	自 2008 年 8 月 6 日起，期终复审期间继续征收反倾销税。 2003 年 8 月 6 日起征收反倾销税，期限为五年。
30	氨纶 54024410 54024900.01 54026920 (2007 年 1 月 1 日起，原税号 54024920 调整为税号 54024410 和 54024900.01)	日本 新加坡 韩国 台湾地区 美国	海关总署公告 2008 年第 71 号 海关总署公告 2008 年第 38 号 海关总署公告 2006 年第 58 号	《海关总署关于氨纶反倾销案中有关新加坡公司名称调整事项的公告》 《海关总署关于氨纶反倾销案中有关韩国企业权利义务变更的公告》 《海关总署关于对原产于日本、新加坡、韩国、台湾地区和美国的进口氨纶征收反倾销税的公告》	2006 年 10 月 13 日起征收反倾销税，期限为五年。
			海关总署公告 2006 年第 26 号	《海关总署关于对原产于日本、新加坡、韩国、台湾地区和美国的进口氨纶实施临时反倾销措施的公告》	2006 年 5 月 24 日起实施临时反倾销措施。
31	不锈钢冷轧薄板 72193100 72193200 72193300 72193400 72193500 72199000 72202010 72202090	日本 韩国	海关总署公告 2007 年第 42 号 海关总署公告 2006 年第 18 号 海关总署公告 2006 年第 45 号 海关总署公告 2005 年第 8 号	《海关总署关于不锈钢冷轧薄板反倾销案中企业权利义务变更的公告》 《海关总署关于对原产于日本、韩国的进口不锈钢冷轧薄板继续征收反倾销税的公告》 《海关总署关于不锈钢冷轧薄板反倾销案中韩国 INI STEEL 株式会社权利义务变更的公告》 《海关总署关于对原产于日本和韩国的不锈钢冷轧薄板继续征收反倾销税的公告》	期终复审裁定自 2006 年 4 月 8 日起继续征收反倾销税，期限为五年。 自 2005 年 4 月 13 日起，期终复审期间继续征收反倾销税。

序号	产品名称 税则号列	原产地	文件号	文件标题	具体贸易救济措施及 实施时间
32	非色散位移单模光纤 90011000.01 （范围仅包括G652系列非色散位移单模光纤，不包括该税号下的其他型号的光纤及光导纤维束和光缆）	美国 日本 韩国	海关总署公告2008年第25号 海关总署 质检总局公告2004年第47号	《海关总署关于调整部分韩国生产厂商生产的进口非色散位移单模光纤反倾销税税率的公告》 《海关总署 质检总局关于对原产于美国等国家的进口非色散位移单模光纤征收反倾销税的联合公告》	2005年1月1日起征收反倾销税，期限为五年。
			海关总署公告2004年第28号 海关总署公告2004年第21号	《海关总署、质检总局关于对进口非色散位移单模光纤实施临时反倾销措施的补充公告》 《海关总署关于对进口非色散位移单模光纤实施临时反倾销措施的公告》	2004年6月16日起实施临时反倾销措施。
33	其他		海关总署公告2006年第80号 海关总署公告2007年第76号	《海关总署关于调整部分实施反倾销措施进口货物商品编码的公告》 《海关总署关于调整部分实施反倾销措施进口货物商品编码的公告》	

说明：表格中所列文件供参考，具体内容以正式文件为准。

1.3 工作规范

海关总署关税征管司关于下发《〈减免税管理系统〉操作规范（试行）》的通知

（税征二〔1998〕266号）

广东分署，各直属海关：

为保证在全国范围内减免税审批作业规范，尺度统一，并保证《减免税管理系统》正常运转，现将《〈减免税管理系统〉操作规范（试行）》下发你关，并就有关问题说明如下：

一、本规范下发后，各海关应严格遵照执行，并做好对预录入公司及办理减免税的企事业单位的培训、宣传工作。

二、1998年7月1日以前开出的《征免税证明》，1998年7月1日以后仍可报关使用。各海关应按原规定做好审核防伪工作。

三、由于署税〔1998〕197号文规定，1998年5月1日后使用Z开头的12位的《征免税证明》编号，各海关应调整计算机的起始顺序号，以保证不重号。

四、本规范试行期间，如遇问题请及时与总署关税司联系。

附件 1 《减免税管理系统》操作规范（试行）
附件 2 《减免税管理系统》数据规范（试行）
附表 1 项目备案申请表
附表 2 进出口货物征免税申请表

一九九八年六月二十九日

附件 1

《减免税管理系统》操作规范（试行）

第一章 总 则

第一条 为严格执行国家颁布的税收优惠政策，保证在全国范围内减免税审批作业规范，职责明确，尺度统一，数据准确，并保证减免税管理系统正常运转，特制订本操作规范。

第二条 本规范所称减免税管理系统的适用范围，是按规定需要出具《征免税证明》的享受税收优惠政策的进出口物品，即对应以下征免性质的减免税的审批和管理：无偿援助（201），保税区（307），科教用品（401），技术改造（403），重大项目（406），基础设施（412），残疾人（413），远洋渔业（417），国产化（418），海上石油（606），陆地石油（608），边境小额（506），中外合资（601），中外合作（602），外资企业（603），贷款（609），国批减免（898），例外减免（999），内部暂定（998），鼓励项目（789）。

第三条 本减免税管理系统，包括企业减免税登记备案，减免税申请及受理，数据录入，海关审批，《征免税证明》的发放、传输及反馈核销，以及数据的采集、汇总、统计、分析及维护等。

第四条 各直属海关关税处或主管关税的业务部门为减免税审批的职能部门，负责对各项减免税政策的贯彻实施，全关区减免税的审批和管理，指导、协调下属关的减免税工作以及负责与总署和各关区间的联系，下属关应设办理减免税的专职人员，负责受理、审批企业减免税登记备案及减免税申请，以及呈报总关职能部门审批。

第五条 各关对减免税的审批，应本着高效、严密的原则，坚持三级审批制度；负责减免税工作的有关人员必须熟悉有关政策法规，严格按照有关制度和作业程序依法办理，做到接收单证齐全、有效、操作规范，审核严谨。

第二章 企业减免税登记备案

第一条 经有关部门批准有进口设备等减免税额度的企业，在向海关申请减免关税和进口环节增值税之前，必须向海关申请办理登记备案手续。

第二条 数据的录入

企业申请办理减免税登记备案手续，须事先填写《减免税项目备案申请表》（格式详见附表 1，略），交由海关指定的预录入公司，将有关数据录入海关《减免税管理系统》中，同时将已录入的数据制成标准的“减免税项目备案申请表”。

经海关考核并发给合格证的预录入人员，应严格按照 H883 预录入系统及《减免税管理系统》的操作要求逐项录入各项内容。

第三条 海关审核海关重点单证是否齐全、有效，各项数据填报是否规范。

海关对减免税企业登记备案实行三级审批作业制度。

1. 初审

经预录入数据的企业，应持“减免税项目备案申请表”连同有关单证，向海关申办登记备案手续。

企业应交验的单证：

（1）外商投资企业（三资企业）

①《国家鼓励发展的内外资项目确认书》（结转项目不需提供）

②外经贸部门的批准项目设立文件

③外经贸部门核发的外商（或港澳台侨胞）投资企业批准证书

④工商行政管理部门颁发的营业执照

⑤企业的合同、章程

⑥海关认为需要提供的其他单证

（2）国内投资项目

①《国家鼓励发展的内外资项目确认书》（结转项目不需提供）

②结转项目应提供的单证

技术改造项目：技术改造项目确认证

③企业的营业执照

④进口合同及设备清单

⑤立项可研报告批复

⑥海关认为需要提供的其他单证

（3）贷款项目

①《国家鼓励发展的内外资项目确认书》（结转项目不需提供）

②贷款项目证明（仅结转项目提供）

③立项可研报告批复

④企业的营业执照

⑤进口合同及设备清单

⑥海关认为需要提供的其他单证

（4）远洋渔业

①企业营业执照

②农业部远洋渔业企业资格证书

③海关总署的额度批准文件

④海关认为需要提供的其他单证

海关初审人员，对预录入的内容进行校对，并审核有关单证是否齐全有效。对经审核无误的，提出初审意见后，在系统程序中予以初审确认。

2. 复审

复审人员对已经初审的减免税企业备案数据，应按照有关文件及操作规范逐项进行认真复审，并重点复审以下内容。

（1）征免性质名称及代码是否规范正确，与H883、关税数据库是否对应一致。

（2）项目统一编码是否按规范正确编制。

（3）项目性质是否填报正确。

（4）项目产业政策审批条目/代码是否与确认书相一致，审批部门是否按规范填写，有否超越审批权限审批。

（5）经营范围是否与执照相一致。

（6）投资总额是否与审批部门批准的额度一致。

（7）批准立项的时间是否准确。

（8）减免税额度、剩余额度是否正面无误。

（9）初审意见是否符合有关规定。

复审后，填具复审意见。

3. 三审

对初、复审意见全面审核，并填具三审意见。

三审后，经由授权关员根据审批意见在系统程序中予以确认，企业减免税备案审批工作完成。

第三章 企业减免税备案的变更

第一条 已登记备案的减免税企业，因故变更合同额度等情况的，应主动向海关申报并办理变更手续。

第二条 数据的录入

减免税企业应如实填报有关变更情况，交由海关指定的预录入公司（或直接由海关）录入有关数据，并将有关变更数据按规定格式打印。

第三条 海关审核

海关对减免税企业备案变更审批，实行三级审批作业制度。

1. 初审

海关初审人员对已录入的变更数据，根据企业提供的变更材料，逐项核对，初审无误后，提出初审意见后，在系统程序中予以确认。

2. 复审

海关复审人员对已经初审的变更数据，按照有关文件及操作规范对变更情况进行逐项复核，重点审核以下内容：

（1）变更的额度是否无误，变更额度后，已审批的额度是否超过变更额度，剩余额度有否更正等；

（2）初审意见是否正确无误。

3. 三审

对初、复审意见审核，并填具三审意见。

三审后，经由授权关员根据审批意见在程序中确认，备案变更审批完成。

第四章 减免税申请受理及审批

第一条 《进出口货物征免税申请表》（以下简称《征免税申请表》）预录入

《征免税申请表》格式详见附件 2（略）。货主根据要求如实填写《征免税申请表》，交预录入公司录入（无预录入公司的则由审批海关自行录入），并打印出《征免税申请表》，在海关未正式接受有关减免税申请前，预录入公司可对有关内容进行修改。

第二条 海关三级审批

货主持经过预录入的《征免税申请表》、进出口发票、合同以及海关认为必要的其他单证资料（如装箱单、说明书等）向主管地海关办理减免税申请手续。海关必须按三级审批制度制度进行审批。

重点审核是否符合减免税政策规定，是否为不予免税商品或需上报的特种商品，额度是否突破。

初审：初审人员受理减免税申请时，首先通过计算机调阅经预录入的《征免税申请表》的内容，逐项审核，发现错误及时更改，重点审核商品名称、税则号列、货物金额等项目，并可随时调阅企业档案资料、参数库资料，从而判断该货物是否属不予免税的商品范围，或需上报总署审批的，然后在《征免税申请表》上签注征免意见（包括征税、减半、全免、减按）。

复审：对初审的征免意见进行重新审核，并在《征免税申请表》上签注复审意见。

三审：对初、复审意见进行全面审核，并在《征免税申请表》上签注三审意见。

第三条 三级审核完成后，授权关员将最终审批意见录入计算机，准备打印《征免税证明》。

第四条 对于总署规定隶属分关在办理 1998 年 1 月 1 日后国家鼓励发展的内外资项目的减免税申请时，下属分关在完成本关三级审批程序后，必须将《征免税申请表》通过联网计算机传输至直属海关主管部门，总关三级审批后将最终审批意见反馈分关。

第五条 对于按规定需上报总署审批的内容（如特种商品等），必须由总关将《征免税申请表》通过联网计算机传输至总署主管部门，总署三级审批后将最终审批意见反馈上报海关。

第五章　打印及签发《征免税证明》

第一条　对经三级审批的《征免税申请表》，由授权人员根据审批结果打印出《征免税证明》，核对无误后，签名盖章，并交还货主作为其办理减免税货物报关的有效凭证。

第二条　对下属分关上报总关审批的《征免税申请表》，必须根据总关审批意见打印出《征免税证明》。

第三条　所有经总关最终审批的《征免税证明》必须盖直属海关印章。

第六章　《征免税证明》的传输及反馈核销

第一条　凡减免税货物在异地报关进口的，主管地海关在签发《征免税证明》的同时，必须将《征免税证明》通过联网计算机传输至进口地海关。负责传输的关员需查询确认传输成功。

第二条　货主持《征免税证明》办理有关减免税货物的报关手续，进口地海关《征免税证明》与计算机的内容核对无误后，通关结案，有关结案情况由计算机反馈给主管海关，该《征免税证明》核销。

第三条　货主所持《征免税证明》与计算机内容不一致时，进口地海关对该批货物暂不予放行（但如因审价等原因数量、金额不一致的，进口地海关可根据重新核定的数量、金额径行办理）。

第四条　《征免税证明》一次有效，每一张《征免税证明》仅对应一张报关单。

第七章　《征免税证明》的变更

第一条　对变更《征免税证明》中口岸、合同号及有效期的，原审批海关可直接改单，并用原证号码制单，计算机保留原数据备查。

第二条　对变更《征免税证明》中货物名称、数量、币制、金额及征免意见的，必须按原减免税审批程序办理，原《征免税证明》必须同时作废，原数据保留，以备核查。

第三条　对经海关审核同意作废注销的《征免税证明》，已审批的额度准予恢复，但计算机将保留原数据以备核查。

第八章　减免税审批的监控

第一条　各隶属分关必须将企业减免税备案情况以及所审批的全部《征免税证明》上报总关以备调阅，对征免性质为789、609的征免税申请，必须经总关审批后才能打印《征免税证明》。

第二条　直属海关必须把本关区备案及审批的所有减免税数据资料及时、完整地传输至总署，对特种车辆、工程机械等特种商品，必须上报总署审批。

第九章　说　明

第一条　各关依据本规范并结合本关实际，制订本关减免税审批管理实施细则，并报总署备案。

第二条　本规范由总署关税司负责解释。

第三条　本规范自1998年7月1日起实施。

附件2

《减免税管理系统》数据规范（试行）

一、与H883、关税数据库相同的数据，必须符合H883、关税数据库的规范。

二、在减免税项目备案时，对于1998年1月1日后设立的国家鼓励发展的内外资项目，项目统一编号、征免性质、审批部门、项目性质、项目产业政策审批条目、投资总额、用汇额度、减免税额度一定不能为空，要与《项目确认书》完全一致；对于结转项目，为统计查询方便，必须海关编制项目统一编号，征免性质、投资总额、减免税额度一定不能为空，审批部门、项目性质、项目产业政策审批条目可不填写。

三、各栏目定义：

1. 项目统一编号

①对于1998年1月1日后鼓励项目，填写《项目确认书》的项目统一编号；

②对于结转项目，备案时计算机自动生成，规则如下：

×× ×× ×× ××× ×××

关区 分关 年份 征免性质 顺序号

2. 项目内容：

《项目确认书》中的项目内容或填写企业的经营范围。

3. 企业代码：

沿用稽查档案中的10位企业编码，没有编码的可不填。

4. 企业名称：

向海关申请办理备案和征免税手续的货主单位的规范名称。

5. 企业性质：

指企业的经济类型，从以下8类中选择一种：

（1）国有；（2）中外合作；（3）中外合资；（4）外商独资；（5）集体；（6）私营；（7）股份制；（8）其他。

6. 合营外方：

合营的外方公司名称。

7. 外方国别（地区）/代码：

与H833的国别或地区代码一致。

8. 投资比例：

中方与外方的投资比例（中；外）。

9. 合同协议号：

进出口货物合同（协议）的全部字头和号码。

10. 征免性质/代码：

与H883的征免性质及代码一致。

11. 项目批文号

指减免税项目批准文件号，如三资企业的，填写外经贸委或计委等批复文件的文号。

12. 立项日期：

按颁发批准证书或批复可研报告的日期填写。

13. 开始日期/结束日期

有《项目确认书》的，以确认书中项目执行年限的起始和截止时间为准；没有确认书的，以经营年限为准，填写具体年月日。没有具体月日的，开始与结束日期分别取1月1日和12月31日。

14. 审批部门/代码：

填写《项目确认书》的审批部门及代码，即项目统一编号的前4位；结转项目不予填写。

15. 项目性质/代码：

填写《项目确认书》的项目性质及代码；结转项目不予填写。

16. 产业政策审批条目/代码：

新项目按《项目确认书》的本栏目内容填写；结转项目不予填写。

17. 投资总额：

指经有关主管审批部门核准的项目投资总金额。

18. 用汇额度：

经有关部门核准的项目进口设备总金额，以美元计算。

19. 减免税额度（美元）：

指经海关核准的可以享受减免税的额度，以美元计算。

20. 减免税额度（数量）：

指经海关核准可以享受减免税的数量额度。

21. 计量单位：

按 H883 的规范计量单位填写。

22. 联系人及电话：

指企业到海关办理征免税手续人员的姓名及电话。

23. 许可证编码：

指外经贸部及其授权发证机关签发的进（出）口货物许可证的编号。

24. 对外签约单位：

指对外签订并执行进出口贸易合同的中国境内企业或单位。

25. 审批依据：

指海关凭以办理征免税手续的文件，填写最直接的文件的具体文号。

26. 进（出）口岸：

进出口货物在国内办理报关手续的口岸海关，输入正确的代码。

27. 有效日期：

《征免税证明》的有效时间，一般情况《征免税证明》自审批之日起半年内有效，特殊情况人工输入。

28. 税则号列：

指进（出）口货物在现行《进出口税则》上对应的税号。

29. 商品名称：

进（出）口货物规范的中文商品名称。

30. 规格型号：

进（出）口货物详细的规格型号。

31. 数量、单位：

进（出）口货物实际成交的数量及计量单位。

32. 总价：

填报同一项号下进（出）口货物实际成交的商品总价。

33. 币制：

进出口货物实际成交价格的币种。

34. 原产国（地区）：

进口货物的生产、开发或加工制造的国家（地区）。应按海关规定的代码填报。

附表 1

减免税项目备案申请表

1. 项目统一编号		2. 项目内容			
3. 企业代码		4. 企业名称			
5. 企业种类/代码		6. 合营外方			
7. 外方国别/代码		8. 投资比例		9. 合同协议号	
10. 征免性质/代码		11. 项目批文号			
12. 立项日期		13. 开始日期		14. 结束日期	
15. 审批部门/代码		16. 项目性质/代码			
17. 产业政策审批条目/代码					
18. 投资总额		19. 币制/代码		20. 用汇额度（美元）	
21. 减免税额度（美元）					
22. 减免税额度（数量）		23. 计量单位/代码			
24. 联系人及电话					
备注					

附表 **2**

进出口货物征免税申请表

企业代码		企业名称		征免性质/代码	
项目统一编号		产业政策审批条目/代码			
审批部门/代码		许可证号码			
对外签约单位注册号		对外签约单位			
合同号		项目性质/代码		进口口岸	
备注					

序号	税则号列	商品名称	规格型号	数量	单位	总价	币制	原产国
1								
2								
3								
4								
5								

申请单位签章 年 月 日	主管部门签章 年 月 日	联系人： 电话：

海关总署对减免税货物后续管理的报关单填制的公告

（海关总署公告2007年第24号）

为规范进口减免税货物在后续管理环节中的进出口申报行为，保证企业顺利办理已进口减免税货物的有关通关手续，根据海关通关作业规范化需要和海关减免税后续管理业务计算机管理系统（H2000减免税后续管理系统）在报关单填制方面的要求，现对减免税货物后续管理的报关单填制要求公告如下：

一、减免税货物退运出口，报关单的“备案号”栏目应填写《减免税进口货物同意退运证明》的编号；“监管方式”栏目应填写4561（退运货物）。

《减免税进口货物同意退运证明》编号规则为：RT+4位现场海关代码+2位年份代码+4位顺序号。“RT”为“减免税进口货物同意退运证明代码”。

二、减免税货物补税进口，报关单的“备案号”栏目应填写《减免税货物补税通知书》的编号；“监管方式”栏目应填写9700（后续补税）。

《减免税货物补税通知书》编号规则为：RB+4位现场海关代码+2位年份代码+4位顺序号。“RB”为“减免税货物补税通知书代码”。

三、减免税货物结转进口（转入），报关单“备案号”栏目应填写《进出口货物征免税证明》的编号；“监管方式”栏目按现行规范填写；“关联备案号”栏目应填写本次减免税货物结转所申请的《减免税进口货物结转联系函》的编号。

相应的结转出口（转出），报关单“备案号”栏目应填写《减免税进口货物结转联系函》的编号；“监管方式”栏目应填写0500（减免设备结转）；“关联备案号”栏目应填写与该出口（转出）报关单相对应的进口（转入）报关单“备案号”栏目所填写的《进出口货物征免税证明》编号；“关联报关单”栏目应填写对应的进口（转入）报关单号。

《减免税进口货物结转联系函》编号规则为：RZ+4位现场海关代码+2位年份代码+4位顺序号。“RZ”为“减免税进口货物结转联系函代码”。

四、上述报关单其他栏目的填制要求，仍按照《中华人民共和国海关进出口货物报关单填制规范》（海关总署2004年第34号公告）的规定填制。

五、本次对减免税货物后续管理报关单填制的规范要求，自海关减免税货物后续管理业务纳入海关H2000减免税后续管理系统管理之日起实施。鉴于按照有关工作的安排，海关H2000减免税后续管理系统将分批陆续在各直属海关投入使用，因此，具体的实施日期由各直属海关提前对外公布。尚未将减免税货物后续管理业务纳入H2000减免税后续管理系统管理的海关，其关区范围所涉及的有关报关单填制仍按现行规定办理。

特此公告。

中华人民共和国海关总署

二〇〇七年六月四日

海关总署关于调整项目确认书和征免税证明编号及有关内容的通知

（署税发〔2007〕537号）

广东分署，天津、上海特派办，各直属海关：

为加强对海关减免税业务管理，规范减免税审批程序，同时根据减免税政策规定调整和海关减免税计算机管理系统升级完善的要求，总署对《国家鼓励发展的内外资项目确认书》（以下简称《项目确认书》）中的项目统一编号和《进出口货物征免税证明》（以下简称《征免税证明》）编号的编号规则、《项目确认书》中的项目性质种类等进行了调整。现将调整情况及有关要求通知如下：

一、将《项目确认书》中的项目统一编号位数由12位增加到15位。

自1998年对国家鼓励发展的内外资项目进口设备实施税收优惠政策以来，《项目确认书》中的项目统一编号一直采用1位数字表示年份，随着2008年的到来，将会出现2008年的项目统一编号与1998年的编号相重复的情况。为解决这一问题，将项目审批部门出具的《项目确认书》的项目统一编号改为采用15位字符标识，即前4位仍为审批部门代码，第5~8位为项目审批年份，9~10位为主管海关代码，11~15位为顺序号。

具体标识方式及构成如下：

××××	××××	××	×××××
审批部门代码	审批年份	主管海关代码	顺序号

二、对H2000减免税管理系统自动生成的项目统一编号的长度和规则作相应调整

对于其他需要备案，由H2000减免税管理系统自动生成项目统一编号的减免税事项，在H2000减免税管理系统中自动生成15位项目统一编号，其中前4位为主管海关代码，第5~8位为立项时间的完整年份，9~11位为减免税事项对应的征免性质代码，12~15位为顺序号。

具体标识方式及构成如下：

××××	××××	×××	××××
主管海关代码	立项年份	征免性质代码	顺序号

三、调整《征免税证明》的编号规则。

由于目前的《征免税证明》编号也是采用1位数字表示年份，为解决2008年出现的重号问题，海关签发的《征免税证明》改按以下规则编号：第1位为征免税证明标志“Z”，第2、3位为主管直属海关代码，第4、5位为现场海关代码，第6、7位为审批年份，第8-12位为顺序号，取消归档标志，编号仍为12位。

具体标识方式及构成如下：

Z	××	××	××	×××××
证明标志	直属海关代码	现场海关代码	审批年份	顺序号

四、调整《项目确认书》中的项目性质种类。

随着国家投资体制改革的不断深入，从事国家鼓励项目的项目单位性质更加复杂，现有的项目性质种类已不能满足海关执行进出口税收优惠政策的需要，因此，对《项目确认书》中的项目性质种类进行调整和增列。

（一）国内投资项目不再区分为“国内投资基建F”和“国内投资技改G”，项目审批部门出具的国内投资《项目确认书》，项目性质统一填写为“国内投资鼓励项目”，代码为“M”。

（二）对于外国投资者比例低于25%的外商投资企业和外商投资企业向中西部以外地区再投资设立的

企业所投资的项目（即属于海关总署、国家发展改革委、财政部和商务部联合发布的2007年第35号公告中规定的项目按照外商投资产业政策管理，进口设备按照《国内投资项目不予免税的进口商品目录》审核的投资项目），项目审批部门出具的《项目确认书》，其项目性质统一填写为“外资项目内资商品”，代码为“N”。

五、上述调整自2008年1月1日起执行。H2000减免税管理系统已作了相应调整。

六、请各直属海关及时、主动将上述调整内容向项目审批部门通报。对于2008年1月1日及以后项目审批部门未按本通知规定出具的《项目确认书》，各主管海关应及时与项目审批部门沟通，请其按本通知要求重新出具《项目确认书》。

七、2007年12月31日及以前按照原项目统一编号规则、原项目性质种类出具的《项目确认书》，海关仍可受理。

八、有关《项目确认书》的其他格式要求仍按照《海关总署关于执行进口免税优惠政策的国家鼓励发展的内外资项目确认书填写规范的通知》（署税〔1998〕197号）的规定执行。

特此通知。

二〇〇七年十二月二十七日

海关总署关税征管司关于推广应用H2000减免税后续管理系统的通知

（税管函〔2009〕217号）

各直属海关：

为进一步加强海关减免税管理工作，严把审批关，提高减免税后续管理的规范化、信息化水平，我司会同科技司、信息中心、数据中心开发了《减免税后续管理系统》（以下简称《系统》）。经研究，决定近期在全国海关推广应用，现将有关事项通知如下：

一、自2009年11月1日起，对于向海关申请办理的减免税货物贷款抵押、结转、退运、异地监管、解除监管、补税、主体变更、年报等减免税后续管理业务（含减免税后续管理涉及的单证核销业务）及减免税货物税款担保业务均纳入H2000减免税后续管理系统管理。

2009年11月1日前海关已经受理的减免税后续管理业务仍按原方式办理。

二、《系统》应用的业务操作要求

（一）各海关应在2009年10月30日前通过H2000系统完成打开后续管理系统开关和参数设置及授权等运行准备工作。

（二）对于使用中国电子口岸预录入系统的海关，本《系统》通过电子口岸进行预录入，其他海关可以使用H2000内网预录入系统进行预录入。

（三）对纳入H2000管理的后续管理业务，申请单位应按照《中华人民共和国海关进出口货物减免税管理办法》以及《海关总署关于公布〈中华人民共和国海关进出口货物减免税管理办法〉所涉及法律文书格式文本的公告》（海关总署公告2009年第8号）的要求填写后续管理业务申请表，审批结束后核发后续管理各种证明（函、通知）文件及其他单证。

（四）根据《海关总署关于纳入H2000减免税后续管理系统管理的减免税货物报关单填制规范的公告》（海关总署公告2007年第24号）的要求，纳入减免税后续管理系统的减免税货物结转、退运和补税业务，其对应的报关单的备案号栏目，应当填写相应的后续管理单证的编号，以确保有关后续管理单证在结关后予以自动核销。

（五）后续管理业务出具的正式单证应比照《进出口货物征免税证明》的管理方式打印一式三份，分别由审批海关、单证使用单位（根据业务不同分别可能为海关、银行、企业等单位）和后续管理业务申请人留存。其中单证使用单位和后续管理业务申请人留存联应加盖海关印章。

（六）各海关应严格按照档案管理的有关规定，加强对后续管理业务的档案管理工作。

（七）各海关应提前印制后续管理业务的相关表格和单证，并根据需要购置打印机、无碳复写纸等相应设备。

（八）后续管理单证的签章暂按各海关现行规定办理。

三、做好《系统》推广的宣传培训和组织工作

（一）各海关应按照海关总署公告2007年第24号的要求将《系统》应用事宜在本关区范围内进行公告，并做好对企业的宣传解释工作。

（二）各海关应提前对应用该《系统》的单位及人员（后续管理业务审批部门、通关部门、电子口岸及报关员）进行培训，以保证对系统的正确应用。

（三）为做好《系统》推广工作，请各关成立由关税职能部门牵头的推广应用领导小组，加强对推广工作的领导，负责本关区系统的推广应用工作，并指定一名联系人，负责联系协调及情况反馈工作，并在10月25日前将联系人报送关税司（联系人：孙纯洁，电话：010-65194279 传真：010-65195372）。

对于系统推广中遇到的业务操作性问题，各关联系人可向总署后续管理业务工程组咨询、联系解决（人员名单详见附件）；对于技术性问题，可直接与总署信息中心（热线010-85193355）、电子口岸（热线010-65195656）联系解决。如在系统推广中遇到无法及时解决的系统、网络故障或其他问题，应报各关推广工作小组同意后按原手工操作办理，但问题解决后应及时在《系统》中补录入。

特此通知。

附件　减免税后续管理系统业务工程组联系人员名单（略）

二〇〇九年九月十六日

海关总署关于进一步明确减免税进口货物审价工作要求的通知

（署税发〔2010〕276号）

广东分署，天津、上海特派办，各直属海关：

自2009年1月1日起对部分减免税进口货物恢复征收进口环节增值税以来，减免税进口货物审价工作成为海关审价面临的一个新重点和难点。为进一步规范工作，切实防范税收风险，确保国家税收应收尽收，现就进一步做好减免税进口货物（指部分税款仍需征收的减免税进口货物，下同）审价工作的有关事项通知如下：

一、各关要高度重视减免税进口货物的审价工作，切实把价格管理要求贯穿到受理减免税审批、进口通关以及后续监管等各环节，有效预防和控制税收风险。

二、减免税进口货物的审批海关（以下简称主管海关）在办理减免税审批手续时，要加强价格审核意识，必要时可以要求减免税申请人填写《中华人民共和国海关进出口货物价格补充申报单》（格式见海

关总署公告2009年第49号)。减免税申请人在该价格补充申报单中申报有买卖双方存在特殊关系、存在特许权使用费支付或其他可能影响货物价格等情况的，主管海关应在《进出口货物征免税证明》(以下简称《征免税证明》)备注栏内注明“买卖双方存在特殊关系”、“存在特许权使用费支付”或其他某种可能影响货物价格情况的相应内容，提示货物进口通关环节注意价格风险。

三、减免税货物进口地海关(以下简称进口地海关)要切实加强价格审核工作，接受减免税货物申报进口时，应严格按照《中华人民共和国海关审定进出口货物完税价格办法》和《海关进口货物审价工作规程》的相关规定，依法审定完税价格。重点关注主管海关提示的价格风险，对买卖双方是否存在特殊关系以及特殊关系是否对成交价格产生影响、是否存在特许权使用费或转移定价情况、申报价格是否包括全部实付或应付金额等价格调整因素进行重点审核。

四、进口地海关在履行审价程序后，需要进行价格调整的，进口地海关可直接估价征税，并在进口货物报关单备注栏中注明“已对有关商品估价”。

因价格调整原因造成实施额度管理的减免税项目项下进口货物完税价格的美元价格超出减免税额度，致使该票减免税进口货物报关单无法通过计算机通关管理系统逻辑检控的，进口地海关可先对该票货物办理凭税款担保放行手续，同时制发《海关减免税货物价格调整告知函》(详见附件1)，并制成关封交由减免税申请人，由其向主管海关申请调整有关减免税项目的减免税额度。

五、对于上述在通关过程中因价格调整原因致使无法通过计算机通关管理系统逻辑检控的，主管海关可以凭减免税申请人提交的调整减免税额度书面申请和进口地海关制发的《海关减免税货物价格调整告知函》，适当调整“海关减免税管理系统”中的减免税额度。

因价格调整原因，主管海关在办理减免税审批手续过程中遇到“海关减免税管理系统”提示减免税额度不足时，可以凭减免税申请人提交的调整减免税额度书面申请和此前进口减免税货物时进口地海关在备注栏注明“已对有关商品估价”的进口货物报关单复印件(应加盖减免税申请人单位印章)，并确认相关进口货物报关单所对应《征免税证明》电子数据中的“使用减免税额度”与“实际减免税额度”两个字段数据确实存在价格差幅后，适当调整“海关减免税管理系统”中的减免税额度。

主管海关在调整减免税额度时，调整幅度最多不能超过海关对该减免税项目项下进口货物估价累计的美元价格差额部分，并应在系统中注明调整原因。

对于因价格伪瞒报等瞒骗行为被海关处罚的，主管海关不得受理相关减免税申请人提出的调整减免税额度的申请。

六、对于按照有关政策和海关管理规定先予凭税款担保放行的减免税货物，进口地海关可在货物担保放行期间，先按照海关审价的相关规定，依法审定完税价格，以尽可能避免在随后办理相关进口手续时，因审价问题再次办理凭税款担保放行手续而继续延迟办结通关手续的时间。

七、总署各价格信息机构应按照各自分工，注意收集减免税货物价格资料，完善相关价格资料库；同时注意在价格监控中将减免税货物与一般贸易照章征税货物的价格进行比对分析，及时提示风险。各直属海关关税职能部门应进一步加强对减免税货物的日常价格监控分析。

八、进口地海关与主管海关要加强联系配合，及时沟通减免税货物的审价情况。对于在现场审价过程中认为存在疑点，但没有充分理由实施估价的，进口地海关应接受申报价格，同时制发《海关减免税货物价格风险告知函》(详见附件2)，将有关情况反馈主管海关。主管海关应根据进口地海关反馈的情况，及时开展价格核查或稽查。

九、主管海关在对减免税货物后续监管过程中，发现进口减免税货物需要进行价格调整的，或根据进口地海关制发的《海关减免税货物价格风险告知函》经核查或稽查认为应当重新估价的，应及时审查确定完税价格并办理补征税款手续。

十、请各关按照以上要求研究制订本关区的操作细则，并在办理减免税审批手续时或通过其他有效方式，及时将上述有关要求告知减免税申请人。执行中如遇问题，请及时向总署关税征管司反馈。

特此通知。

附件 1　海关减免税货物价格调整告知函

附件 2　海关减免税货物价格风险告知函

二〇一〇年七月五日

附件 1

海关减免税货物价格调整告知函

__________ 海关价调函〔20××〕××号

__________ 海关（办事处）：

经审核，我关根据《中华人民共和国海关审定进出口货物完税价格办法》关于 ________________ 的规定，不接受 __________ 公司进口减免税货物的申报价格，并按照 ______________ 方法（具体情况详见附表 1）进行估价。涉及的相关征免税证明汇总情况见附表 2。

现特将上述情况告知你关，请根据有关规定开展相关工作。

附表 1　进口货物审价作业记录表（复印件）

附表 2　减免税货物价格调整表

附表 1

进口货物审价作业记录表

报关单号：×××××××××××××××××　　　　　　　　　　　　　　编号：

<table>
<tr><th>商品项数</th><th>商品名称及规格型号</th><th>申报单价</th><th colspan="2">价格资料（注明是相同、类似货物价格、风险参数或行情）</th></tr>
<tr><td>1</td><td></td><td></td><td colspan="2"></td></tr>
<tr><td>2</td><td></td><td></td><td colspan="2"></td></tr>
<tr><td>3</td><td></td><td></td><td colspan="2"></td></tr>
<tr><td>经营单位</td><td colspan="4"></td></tr>
<tr><td>提供的单证</td><td colspan="4">□有关成交的书面说明［价格偏低（高）的理由、构成情况、贸易过程和贸易关系、物流和资金流情况等］□合同 □协议或订单 □厂商发票 □进口发票 □保险单、□运费单 □提单 □信用证 □付汇单证 □货物说明书 □商检证 □业务函电、□会计账册 □国内销售（购货）单据 □装箱单 □其他：</td></tr>
<tr><td>审核情况</td><td colspan="4"></td></tr>
<tr><td rowspan="13">结论</td><td colspan="4">1. 接受申报的成交价格</td></tr>
<tr><td colspan="4">2. 按照成交价格方法确定完税价格，对成交价格调整具体意见：</td></tr>
<tr><td>加项费用</td><td>币制/金额</td><td>减项费用</td><td>币制/金额</td></tr>
<tr><td>佣金和经纪费（除购货佣金）</td><td></td><td>购货佣金</td><td></td></tr>
<tr><td>与进口货物视为一体的容器费用</td><td></td><td rowspan="3">厂房、机械或者设备等货物进口后发生的建设、安装、装配、维修或技术援助费用</td><td rowspan="3"></td></tr>
<tr><td>包装材料费用和包装劳务费用</td><td></td></tr>
<tr><td>协助的价值或费用</td><td></td></tr>
<tr><td>特许权使用费</td><td></td><td>运费及其相关费用、保险费</td><td></td></tr>
<tr><td>转售收益</td><td></td><td>进口关税和国内税</td><td></td></tr>
<tr><td>运费及其相关费用</td><td></td><td>为在境内复制而支付的费用</td><td></td></tr>
<tr><td>保险费</td><td></td><td>境内外技术培训及境外考察费</td><td></td></tr>
<tr><td>其他费用</td><td></td><td>符合条件的利息费用</td><td></td></tr>
<tr><td></td><td></td><td>其他费用</td><td></td></tr>
</table>

<table>
<tr><td rowspan="3"></td><td colspan="3">□3. 使用成交价格估价方法以外的其他估价方法，填写下一页内容</td></tr>
<tr><td colspan="3">□4. 估价疑难问题送价格专业认定：</td></tr>
<tr><td colspan="3">□5. 转稽查或缉私部门：</td></tr>
<tr><td colspan="2">经办人：
年 月 日</td><td colspan="2">主管领导意见：
年 月 日</td></tr>
<tr><td rowspan="15">不接受申报价格的理由</td><td colspan="3">经审核，该项货物存在下列情形之一，不接受其申报价格</td></tr>
<tr><td colspan="3">[ ] 不存在成交价格</td></tr>
<tr><td rowspan="8">[ ] 成交价格条件不成立</td><td colspan="2">[ ] 买方对进口货物的处置或使用受到限制</td></tr>
<tr><td colspan="2">[ ] 货物价格受到使该货物成交价格无法确定条件或因素的影响</td></tr>
<tr><td colspan="2">[ ] 卖方直接或间接获得因买方转售、处置或使用进口货物产生的收益不能进行费用调整</td></tr>
<tr><td rowspan="5">[ ] 买卖双方间特殊关系影响价格</td><td>[ ] 没有测试价格</td></tr>
<tr><td>[ ] 交易价格不符合该行业正常定价惯例</td></tr>
<tr><td>[ ] 价格与向无特殊关系的第三方的销售价格不符</td></tr>
<tr><td>[ ] 进口利润不符合同类货物的利润水平</td></tr>
<tr><td>[ ] 交易价格明显低于测试价格且经质疑后仍有理由怀疑</td></tr>
<tr><td colspan="2" rowspan="3">[ ] 经营单位无法证明申报价格的真实性或准确性，或无法证明买卖双方特殊关系未对成交价格造成影响</td><td>[ ] 经营单位未在规定时限内提供进一步说明</td></tr>
<tr><td>[ ] 经营单位在规定时间内放弃或拒绝做出解释</td></tr>
<tr><td>[ ] 经营单位在规定时间内解释但海关仍有理由怀疑</td></tr>
<tr><td colspan="3">[ ] 费用的调整缺乏客观量化的数据资料</td></tr>
<tr><td rowspan="13">估价方法适用顺序</td><td>估价方法</td><td colspan="2">相关材料及说明</td></tr>
<tr><td rowspan="2">[ ] 相同或类似货物成交价格方法</td><td colspan="2">按规定原则选取的相同或类似货物成交价格：</td></tr>
<tr><td colspan="2">对商业水平、运输费用的不同造成价格差异进行调整后确定的海关估价结果：</td></tr>
<tr><td rowspan="5">[ ] 倒扣价格方法</td><td colspan="2">境内销售价格（进口后直接销售）：</td></tr>
<tr><td colspan="2">境内销售价格（进口经加工后销售）：</td></tr>
<tr><td colspan="2">加工增值额（进口经加工后销售的）：</td></tr>
<tr><td colspan="2">境内销售利润、费用、佣金、进口税负合计：</td></tr>
<tr><td colspan="2">海关估价结果：</td></tr>
<tr><td rowspan="3">[ ] 计算价格方法</td><td colspan="2">生产商能提供成本及相关费用合计：</td></tr>
<tr><td colspan="2">销售利润、费用和运保费及相关费用：</td></tr>
<tr><td colspan="2">海关估价结果：</td></tr>
<tr><td colspan="3">[ ] 纳税义务人选择优先采用计算价格法，并提供相应资料</td></tr>
<tr><td colspan="3">[ ] 合理方法估价结果：</td></tr>
<tr><td colspan="2">估价理由代码：</td><td colspan="2">估价方法代码：</td></tr>
<tr><td colspan="2">经办人：
年 月 日</td><td colspan="2">主管领导意见：
年 月 日</td></tr>
</table>

注：若使用成交价格估价方法只须填写此表的第 1 页，使用成交价格估价方法以外的其他估价方法须同时填写第 2 页的内容。

附表 2

减免税货物价格调整表

减免税证明编号	商品序号	商品名称（货名）	报关单号	申报价格	申报币制	海关审定价格

附件 2

海关减免税货物价格风险告知函

______海关价险函〔20××〕××号

__________海关（办事处）：

经审核，我关按照《中华人民共和国海关审定进出口货物完税价格办法》和《海关进口货物审价工作规程》的相关规定接受__________公司进口减免税货物的申报价格（进口货物报关单编号：　　；进出口货物征免税证明编号：　　　　）；但认为因以下原因该公司申报价格可能存在风险：

____

____

____。

现特将上述情况告知你关，请根据有关规定开展相关工作。

______海关（办事处）

年　月　日

2 内外资鼓励项目

2.1 综合

国务院关于调整进口设备税收政策的通知

（国发〔1997〕37 号）

各省、自治区、直辖市人民政府，国务院各部委、各直属机构：

为进一步扩大利用外资，引进国外的先进技术和设备，促进产业结构的调整和技术进步，保持国民经济持续、快速、健康发展，国务院决定，自 1998 年 1 月 1 日起，对国家鼓励发展的国内投资项目和外商投资项目进口设备，在规定的范围内，免征关税和进口环节增值税。现就有关问题通知如下：

一、进口设备免税的范围

（一）对符合《外商投资产业指导目录》鼓励类和限制乙类，并转让技术的外商投资项目，在投资总额内进口的自用设备，除《外商投资项目不予免税的进口商品目录》所列商品外，免征关税和进口环节增值税。

外国政府贷款和国际金融组织贷款项目进口的自用设备、加工贸易外商提供的不作价进口设备，比照上款执行，即除《外商投资项目不予免税的进口商品目录》所列商品外，免征关税和进口环节增值税。

（二）对符合《当前国家重点鼓励发展的产业、产品和技术目录》的国内投资项目，在投资总额内进口的自用设备，除《国内投资项目不予免税的进口商品目录》所列商品外，免征关税和进口环节增值税。

（三）对符合上述规定的项目，按照合同随设备进口的技术及配套件、备件，也免征关税和进口环节增值税。

（四）在上述规定范围之外的进口设备减免税，由国务院决定。

二、进口设备免税的管理

（一）投资项目的可行性研究报告审批权限、程序，仍按国家现行有关规定执行。限额以上项目，由国家计委或国家经贸委分别审批。限额以下项目，由国务院授权的省级人民政府、国务院有关部门、计划单列市人民政府和国家试点企业集团审批，但外商投资项目须按《指导外商投资方向暂行规定》审批。审批机构在批复可行性研究报告时，对符合《外商投资产业指导目录》鼓励类和限制乙类，或者《当前国家重点鼓励发展的产业、产品和技术目录》的项目，或者利用外国政府贷款和国际金融组织贷款项目，按统一格式出具确认书。限额以下项目，应按项目投资性质，将确认书随可行性研究报告分别报国家计委或国家经贸委备案。对违反规定审批的单位，要严肃处理。

（二）项目单位凭项目可行性研究报告的审批机构出具的确认书，其中外商投资项目还须凭外经贸部门批准设立企业的文件和工商行政管理部门颁发的营业执照，到其主管海关办理进口免税手续。加工贸易单位进口外商提供的不作价设备，凭批准的加工贸易合同到其主管海关办理进口免税手续。海关根据这些手续并对照不予免税的商品目录进行审核。

（三）海关总署要对准予免税的项目统一编号，建立数据库，加强稽查，严格监管，并积极配合有关部门做好核查工作。

（四）各有关单位都要注意简化操作环节，精简审批程序，加快审批速度，使此项重大免税政策落到实处，收到实效。

三、结转项目进口设备的免税

（一）对1996年3月31日以前按国家规定程序批准的技术改造项目进口设备，从1998年1月1日起，按原批准的减免税设备范围，免征进口关税和进口环节增值税，由项目单位凭原批准文件到其主管海关办理免税手续。

（二）对1996年4月1日至1997年12月31日按国家规定程序批准设立的外商投资项目和国内投资项目的进口设备，以及1995年1月1日至1997年12月31日利用外国政府贷款和国际金融组织贷款项目的进口设备，从1998年1月1日起，除本规定明确不予免税的进口商品外，免征进口关税和进口环节增值税，由项目单位凭原批准的文件到其主管海关办理免税手续。

一九九七年十二月二十九日

海关总署关于贯彻《国务院关于调整进口设备税收政策的通知》的紧急通知

（署税〔1997〕1062号）

广东分署，各直属海关：

国务院决定，自1998年1月1日起，对国家产业政策鼓励发展的内外资项目进口设备，免征关税和进口环节增值税。现将《国务院关于调整进口设备税收政策的通知》（国发〔1997〕37号）（以下简称《通知》）转发给你关，请立即组织实施。此次进口设备税收政策的调整，是国家为进一步扩大利用外资，引进国外先进技术和设备，促进产业结构调整和技术进步，保持国民经济持续、快速、健康发展的重大举措。国务院通知强调：各有关单位要注意简化操作环节，精简审批程序，加快审批速度，使此项重大免税政策落到实处。对这一政策精神，各关要认真学习，深刻理解，严格贯彻执行。现就执行中的有关问题通知如下：

一、凡符合《外商投资产业指导目录》中鼓励类和限制乙类（见附件1）的外商投资项目，符合《当前国家产业政策鼓励发展的产业、产品和技术目录》（见附件2）的国内投资项目，以及利用外国政府贷款和国际金融组织贷款项目，应由上述项目可行性研究报告的审批单位审核符合条件后，出具《国家鼓励发展的内外资项目确认书》（格式见附件3）。投资项目的可行性研究报告审批权限、程序，仍按国家现行有关规定执行。计划单列市和国家试点企业集团名单请见附件4。

二、免税物品应严格按国务院规定的范围掌握，外商投资项目以及政府贷款和国际金融组织贷款项目除《外商投资项目不予免税的进口商品目录》（见附件5），国内投资项目除《国内投资项目不予免税的进口商品目录》（见附件6）所列商品外，该项目所需进口自用设备，以及按照合同随设备进口的技术及数量合理的配套件、备件准予免征关税和进口环节增值税。

上述不予免税的商品与税号对应的目录清单我署正与有关部门研究制定，拟于近期下发。此次下发的两个不予免税的商品目录中，凡列明具体税号的，各关可照此执行，尚未列明具体税号的，各关需将具体商品品名、规格、型号等材料报送总署关税司研究决定。

文件规定，按照合同随设备进口的配套件、备件准予免税，上述配套件、备件包括随设备进口的部分塑料件、橡胶件、陶瓷件及石化项目用的管材等。进口建筑材料、生产性原材料、消耗性物品和国家规定照章征税的20种商品等以及单独进口配套件及备件应照章征收关税和进口环节增值税。

各关应严格按国务院规定的免税范围执行，不得擅自扩大免税范围。超出免税范围的减免税申请，一律报请国务院决定。

三、考虑到项目审批机构多集中在国务院各部门、省级人民政府及计划单列市人民政府所在地，为了提高审批速度，规范审批程序，严密审批管理，现决定，免税审批手续在项目所在地直属海关办理，并一律由直属海关出具征免税证明，通知进口地海关办理免税。如项目所在地系非省、市政府所在地，可由所在地处级海关受理"确认书"并对项目进行初审，报请直属海关核准出具征免税证明。

四、为了便于对免税物资的核查和后续管理，国务院《通知》要求海关建立统一编号的数据库，为此，各项目有关审批机构出具的《国家鼓励发展的内外资项目确认书》和直属海关签发的《征免税证明》必须按统一规范的要求填写代码编号（编号规范详见附件 7）。

五、各直属海关应对符合条件的项目建立审批档案。审批情况应按附表（见附件 8）规定的格式设立专项统计文件，并将当月情况于下月 10 日前用电子邮件传送总署关税司。进口地海关在将免税设备验放后，应将验放的情况填写在征免税证明上，并及时反馈给审批海关。

六、对 1996 年 4 月 1 日至 1997 年 12 月 31 日按国家规定程序批准设立的外商投资项目和国内技术改造项目，以及 1995 年 1 月 1 日至 1997 年 12 月 31 日利用外国政府贷款和国际金融组织贷款项目，可由项目单位凭原批准文件到所在地直属海关申请办理免税手续。

对 1996 年 3 月 31 日以前批准的技术改造项目在 1998 年 1 月 1 日以后到货的进口设备，有关项目单位可凭原批准的技术改造证明书和进口合同，到所在地直属海关换领免税证明。

加工贸易进口不作价设备按现行规定和做法由加工贸易合同备案地海关办理免税手续，核发手册，口岸海关凭设备手册验放。合同主管海关要定期将审批和设备进口情况汇总报总署监管司备核（具体报表格式、如何报送另文通知），并应加强对免税设备的后续监管。上述不作价设备如属 20 种商品范围的，应照章征收关税和进口环节增值税。

上述结转项目中前已进口设备已征税款，不予退还。

七、上述国家鼓励的内外资项目所需设备，凡在 1998 年 1 月 1 日后到货，但尚未办妥免税手续的，进口地海关可凭银行出具的担保或征收保证金先予放行，待补齐免税手续后再予结案。

八、上述免税项目中，凡进口施工机械、特种车辆、非公路自卸车、船舶申请免税的，应一律报总署关税司审批。审批海关上报文件时，应同时随附设备的样本，说明书及照片等有关资料。

九、为保证免税设备尽速投入使用，凡进口地海关与审批海关不在同一地区的，如项目单位申请，经审批海关审核具备转关条件的，可由审批海关联系进口地海关同意，出具转关联系函，对办妥免税手续的进口设备可直接转关至所在地海关验放。转关设备如与批准内容不符或有其他问题时，进口地海关应及时与审批海关联系解决。

此项调整进口设备的税收政策，调整幅度大，涉及单位广，政策交叉多。各关应认真学习国务院文件中的各项规定，明确各审批单位的审批权限、审批范围，各类不同情况的征免税界限。不得受理超权限、超范围的项目确认书，也不得对不该免税的物品擅自免税。要提前主动与地方政府和各项目审批单位取得联系，加强配合，积极宣传政策，解释操作规范，以利加快审批速度，使此项重大减免税政策落到实处，收到实效。

各审批海关要高度重视此项工作，加强领导，严格管理。本着高效、严格的原则，坚持归口管理，三级审批，加强监督。审批手续要集中在关税职能部门办理（加工贸易不作价设备仍按现行规定审批），监管、审计、稽查部门以及审批海关和口岸海关要密切配合和监督。凡有违反规定擅自减免税的，一经查实，要严肃处理。

各海关要及时反映执行情况，除按月上报汇总情况外，执行中有何问题，请及时与总署联系。

附件 1　《外商投资产业指导目录》（略）

附件 2　《当前国家产业政策鼓励发展的产业、产品和技术目录》（略）

附件 3　《国家鼓励发展的内外资项目确认书》

附件 4 《计划单列市、国家试点企业集团名单》(略)

附件 5 《外商投资项目不予免税的进口商品目录》(略)

附件 6 《国内投资项目不予免税的进口商品目录》(略)

附件 7 《关于执行进口免税优惠政策的国家鼓励发展的内外资项目统一编号、项目性质分类及操作要求的说明》(略)

附件 8 《国家鼓励发展的内外资项目海关审批月报表》(略)

一九九七年十二月三十一日

附件 3

国家鼓励发展的内外资项目确认书

编号:

根据国务院国发(1997)37 号文的规定,兹确认:本项目由 ______ 于 ______ 年 ______ 月以 __________ 号批复,批准可行性研究报告,请按规定到项目主管地直属海关办理进口设备免税手续。

项目统一编号:

项目产业政策审批条目:

项目单位:

项目性质:

项目内容:

项目执行年限(起始年/截止年):

项目投资总额: 万元人民币

项目用汇额: 万美元

备注:

项目审批部门(签章)

年 月 日

抄送: 海关(项目主管直属海关)

海关总署转发《关于外商投资企业合并与分立的规定》的通知

(署法〔2000〕36 号)

广东分署,各直属海关:

对外经济贸易合作部、国家工商行政管理局于 1999 年 9 月 23 日发布了《关于外商投资企业合并与分立的规定》(外经贸法发〔1999〕395 号)。其中第六条规定:“公司合并或分立,应当符合海关、税务和外汇管理等有关部门颁布的规定。合并或分立后存续或新设的公司,经审批机关、海关和税务等机关核定,继续享受原公司所享受的各项外商投资企业待遇。”第三十五条规定:“合并或分立后存续或新设的公司应自换发或领取营业执照之日起三十日内,到税务、海关、土地管理和外汇管理等有关机关办理相应的登记手续。”

现将此文件转发给你们,并就海关对外商投资企业合并或分立管理的基本原则通知如下:

一、外商投资企业合并或分立后存续或新设的公司应凭有关部门的批文向海关办理变更注册登记或者重新注册登记。

二、外商投资企业在合并或分立前进口的未达到海关监管年限的特定减免税货物以及未核销结案的进口保税货物，在外商投资企业合并或分立后，由承接该货物的存续或新设公司承担海关法规规定的接受海关监管的全部法定义务。

三、外商投资企业合并或分立后是否继续享有减免税优惠待遇，由海关根据现行规定予以审核。经海关确定不再享有减免税优惠待遇的企业应就原进口的减免税货物补缴关税和进口环节税。仍享受减免税优惠的进口货物的监管年限自货物进口之日起计算。

四、合并或分立后的外商投资企业是否继续享有从事保税业务的经营权，由海关根据现行规定予以核定。在合并或分立之前已经进口的保税货物尚未核销结案的应按规定继续办理复出口手续或凭有效批件或许可证补缴进口关税和进口环节税。

请各关于2000年2月1日前将本文所附公告对外发布。执行中有何问题请及时报署。

附件1　关于外商投资企业合并与分立的规定

附件2　公告（略）

二〇〇〇年一月十日

附件1

关于印发《关于外商投资企业合并与分立的规定》的通知

（〔1999〕外经贸法发第395号）

各省、自治区、直辖市及计划单列市外经贸委（厅、局）、工商行政管理局：

为规范涉及外商投资企业合并与分立的行为，保护企业投资者和债权人的合法权益，现将《关于外商投资企业合并与分立的规定》印发给你们，请遵照执行。

附件　关于外商投资企业合并与分立的规定

一九九九年九月二十三日

附件

关于外商投资企业合并与分立的规定

第一条　为了规范涉及外商投资企业合并与分立的行为，保护企业投资者和债权人的合法权益，根据《中华人民共和国公司法》和有关外商投资企业的法律和行政法规，制定本规定。

第二条　本规定适用于依照中国法律在中国境内设立的中外合资经营企业、具有法人资格的中外合作经营企业、外资企业、外商投资股份有限公司（以下统称公司）之间合并或分立。

公司与中国内资企业合并，参照有关法律、法规和本规定办理。

第三条　本规定所称合并，是指两个以上公司依照公司法有关规定，通过订立协议而归并成为一个公司。

公司合并可以采取吸收合并和新设合并两种形式。

吸收合并，是指公司接纳其他公司加入本公司，接纳方继续存在，加入方解散。

新设合并，是指两个以上公司合并设立一个新的公司，合并各方解散。

第四条 本规定所称分立，是指一个公司依照公司法有关规定，通过公司最高权力机构决议分成两个以上的公司。

公司分立可以采取存续分立和解散分立两种形式。

存续分立，是指一个公司分离成两个以上公司，本公司继续存在并设立一个以上新的公司。

解散分立，是指一个公司分解为两个以上公司，本公司解散并设立两个以上新的公司。

第五条 公司合并或分立，应当遵守中国的法律、法规和本规定，遵循自愿、平等和公平竞争的原则，不得损害社会公共利益和债权人的合法权益。

公司合并或分立，应符合《指导外商投资方向暂行规定》和《外商投资产业指导目录》的规定，不得导致外国投资者在不允许外商独资、控股或占主导地位的产业的公司中独资、控股或占主导地位。

公司因合并或分立而导致其所从事的行业或经营范围发生变更的，应符合有关法律、法规及国家产业政策的规定并办理必要的审批手续。

第六条 公司合并或分立，应当符合海关、税务和外汇管理等有关部门颁布的规定。合并或分立后存续或新设的公司，经审批机关、海关和税务等机关核定，继续享受原公司所享受的各项外商投资企业待遇。

第七条 公司合并或分立，须经公司原审批机关批准并到登记机关办理有关公司设立、变更或注销登记。

拟合并公司的原审批机关或登记机关有两个以上的，由合并后公司住所地对外经济贸易主管部门和国家工商行政管理局（以下简称国家工商局）授权的登记机关作为审批和登记机关。

拟合并公司的投资总额之和超过公司原审批机关或合并后公司住所地审批机关审批权限的，由具有相应权限的审批机关审批。

拟合并的公司至少有一家为股份有限公司的，由中华人民共和国对外贸易经济合作部（以下简称外经贸部）审批。

第八条 因公司合并或分立而解散原公司或新设异地公司，须征求拟解散或拟设立公司的所在地审批机关的意见。

第九条 在投资者按照公司合同、章程规定缴清出资、提供合作条件且实际开始生产、经营之前，公司不得合并或分立。

第十条 有限责任公司之间合并后为有限责任公司。股份有限公司之间合并后为股份有限公司。

上市的股份有限公司与有限责任公司合并后为股份有限公司。非上市的股份有限公司与有限责任公司合并后可以是股份有限公司，也可以是有限责任公司。

第十一条 股份有限公司之间合并或者公司合并后为有限责任公司的，合并后公司的注册资本为原公司注册资本额之和。

有限责任公司与股份有限公司合并后为股份有限公司的，合并后公司的注册资本为原有限责任公司净资产额根据拟合并的股份有限公司每股所含净资产额折成的股份额与原股份有限公司股份总额之和。

第十二条 根据本规定第十一条第一款合并的，各方投资者在合并后的公司中的股权比例，根据国家有关规定，由投资者之间协商或根据资产评估机构对其在原公司股权价值的评估结果，在合并后的公司合同、章程中确定，但外国投资者的股权比例不得低于合并后公司注册资本的百分之二十五。

第十三条 分立后公司的注册资本额，由分立前公司的最高权力机构，依照有关外商投资企业法律、法规和登记机关的有关规定确定，但分立后各公司的注册资本额之和应为分立前公司的注册资本额。

第十四条 各方投资者在分立后的公司中的股权比例，由投资者在分立后的公司合同、章程中确定，但外国投资者的股权比例不得低于分立后公司注册资本的百分之二十五。

第十五条 公司合并，采取吸收合并形式的，接纳方公司的成立日期为合并后公司的成立日期；采取新设合并形式的，登记机关核准设立登记并签发营业执照的日期为合并后公司的成立日期。

因公司分立而设立新公司的，登记机关核准设立登记并签发营业执照的日期为分立后公司的成立日期。

第十六条 涉及上市的股份有限公司合并或分立的，应当符合有关法律、法规和国务院证券监督管理部门对上市公司的规定并办理必要的审批手续。

第十七条 公司与中国内资企业合并必须符合我国利用外资的法律、法规规定和产业政策要求并具备以下条件：

（一）拟合并的中国内资企业是依照《中华人民共和国公司法》规范组建的有限责任公司或股份有限公司；

（二）投资者符合法律、法规和部门规章对合并后公司所从事有关产业的投资者资格要求；

（三）外国投资者的股权比例不得低于合并后公司注册资本的百分之二十五；

（四）合并协议各方保证拟合并公司的原有职工充分就业或给予合理安置。

第十八条 公司吸收合并，由接纳方公司作为申请人，公司新设合并，由合并各方协商确定一个申请人。

申请人应向审批机关报送下列文件：

（一）各公司法定代表人签署的关于公司合并的申请书和公司合并协议；

（二）各公司最高权力机构关于公司合并的决议；

（三）各公司合同、章程；

（四）各公司的批准证书和营业执照复印件；

（五）由中国法定验资机构为各公司出具的验资报告；

（六）各公司的资产负债表及财产清单；

（七）各公司上一年度的审计报告；

（八）各公司的债权人名单；

（九）合并后的公司合同、章程；

（十）合并后的公司最高权力机构成员名单；

（十一）审批机关要求报送的其他文件。

第十九条 公司合并协议应包括下列主要内容：

（一）合并协议各方的名称、住所、法定代表人；

（二）合并后公司的名称、住所、法定代表人；

（三）合并后公司的投资总额和注册资本；

（四）合并形式；

（五）合并协议各方债权、债务的承继方案；

（六）职工安置办法；

（七）违约责任；

（八）解决争议的方式；

（九）签约日期、地点；

（十）合并协议各方认为需要规定的其他事项。

第二十条 拟合并的公司有两个以上原审批机关的，拟解散的公司应当在依照本规定第十八条向审批机关报送有关文件之前，向其原审批机关提交因公司合并而解散的申请。

原审批机关应自接到前款有关解散申请之日起十五日内做出是否同意解散的批复。超过十五日，原审批机关未作批复的，视作原审批机关同意该公司解散。

如果原审批机关在前款规定期限内，作出不同意有关公司解散的批复，拟解散公司可将有关解散申请提交原审批机关与公司合并的审批机关共同的上一级对外经济贸易主管部门，该部门应自接到有关公司解散申请之日起三十日内作出裁决。

如果审批机关不同意或不批准公司合并，则有关公司解散的批复自行失效。

第二十一条 拟分立的公司应向审批机关报送下列文件：

（一）公司法定代表人签署的关于公司分立的申请书；

（二）公司最高权力机构关于公司分立的决议；

（三）因公司分立而拟存续、新设的公司（以下统称分立协议各方）签订的公司分立协议；

（四）公司合同、章程；

（五）公司的批准证书和营业执照复印件；

（六）由中国法定验资机构为公司出具的验资报告；

（七）公司的资产负债表及财产清单；

（八）公司的债权人名单；

（九）分立后的各公司合同、章程；

（十）分立后的各公司最高权力机构成员名单；

（十一）审批机关要求报送的其他文件。

因公司分立而在异地新设公司的，公司还必须向审批机关报送拟设立公司的所在地审批机关对因分立而新设公司签署的意见。

第二十二条 公司分立协议应包括下列主要内容：

（一）分立协议各方拟定的名称、住所、法定代表人；

（二）分立后公司的投资总额和注册资本；

（三）分立形式；

（四）分立协议各方对拟分立公司财产的分割方案；

（五）分立协议各方对拟分立公司债权、债务的承继方案；

（六）职工安置办法；

（七）违约责任；

（八）解决争议的方式；

（九）签约日期、地点；

（十）分立协议各方认为需要规定的其他事项。

第二十三条 合并后存续的公司或者新设的公司全部承继因合并而解散的公司的债权、债务。

分立后的公司按照分立协议承继原公司的债权、债务。

第二十四条 审批机关应自接到本规定第十八条或第二十一条规定报送的有关文件之日起四十五日内，以书面形式作出是否同意合并或分立的初步批复。

公司合并的审批机关为外经贸部的，如果外经贸部认为公司合并具有行业垄断的趋势或者可能形成就某种特定商品或服务的市场控制地位而妨碍公平竞争，可于接到前款所述有关文件后，召集有关部门和机构，对拟合并的公司进行听证并对该公司及其相关市场进行调查。前款所述审批期限可延长至一百八十天。

第二十五条 拟合并或分立的公司应当自审批机关就同意公司合并或分立作出初步批复之日起十日内，向债权人发出通知书，并于三十日内在全国发行的省级以上报纸上至少公告三次。

公司应在上述通知书和公告中说明对现有公司债务的承继方案。

第二十六条 公司债权人自接到本规定第二十五条所述通知书之日起三十日内、未接到通知书的债权人自第一次公告之日起九十日内，有权要求公司对其债务承继方案进行修改，或者要求公司清偿债务或提供相应的担保。

如果公司债权人未在前款规定期限内行使有关权利，视为债权人同意拟合并或分立公司的债权、债务承继方案，该债权人的主张不得影响公司的合并或分立进程。

第二十七条 拟合并或分立的公司自第一次公告之日起九十日后，公司债权人无异议的，拟合并公司的申请人或拟分立的公司应向审批机关提交下列文件。

（一）公司在报纸上三次登载公司合并或分立公告的证明；

（二）公司通知其债权人的证明；

（三）公司就其有关债权、债务处理情况的说明；

（四）审批机关要求提交的其他文件。

第二十八条 审批机关应自接到本规定第二十七条所列文件之日起三十日内，决定是否批准公司合并或分立。

第二十九条 公司采取吸收合并形式的，接纳方公司应到原审批机关办理外商投资企业批准证书变更手续并到登记机关办理公司变更登记；加入方公司应到原审批机关缴销外商投资企业批准证书并到登记机关办理公司注销登记。

公司采取新设合并形式的，合并各方公司应到原审批机关缴销外商投资企业批准证书并到登记机关办理公司注销登记；新设立的公司应通过申请人到审批机关领取外商投资企业批准证书并到登记机关办理公司设立登记。

公司采取存续分立形式的，存续的公司应到审批机关办理外商投资企业批准证书变更手续并到登记机关办理公司变更登记；新设立的公司应到审批机关领取外商投资企业批准证书并到登记机关办理公司设立登记。

公司采取解散分立形式的，原公司应到原审批机关缴销外商投资企业批准证书并到登记机关办理公司注销登记；新设立的公司应到审批机关领取外商投资企业批准证书并到登记机关办理公司设立登记。

第三十条 公司合并的申请人或拟分立的公司，应自审批机关批准合并或分立之日起三十日内，就因合并或分立而解散、存续或新设公司的事宜，到相应的审批机关办理有关缴销、变更或领取外商投资企业批准证书手续。

第三十一条 公司应自缴销、变更或领取外商投资企业批准证书之日起，依照《中华人民共和国企业法人登记管理条例》和《中华人民共和国公司登记管理条例》等有关规定，到登记机关办理有关注销、变更或设立登记手续。

设立登记应当在有关公司变更、注销登记办理完结后进行。

公司合并或分立协议中载明的有关公司财产处置方案及债权、债务承继方案和审批机关批准公司合并或分立的文件，视为注销登记所需提交的清算报告。

第三十二条 公司为新设合并或分立办理注销、变更登记后，当事人不依法办理有关公司设立登记的，应承担相应的法律责任。

第三十三条 公司投资者因公司合并或分立而签署的修改后的公司合同、章程自审批机关变更或核发外商投资企业批准证书之日起生效。

第三十四条 合并或分立后存续或新设的公司应自变更或领取营业执照之日起三十日内，向因合并或分立而解散的公司之债权人和债务人发出变更债务人和债权人的通知并在全国发行的省级以上报纸上公告。

第三十五条 合并或分立后存续或新设的公司应自换发或领取营业执照之日起三十日内，到税务、海关、土地管理和外汇管理等有关机关办理相应的登记手续。

第三十六条 在公司合并或分立过程中发生股权转让的，依照有关法律、法规和外商投资企业投资者股权变更的规定办理。

第三十七条 香港、澳门、台湾地区的投资者在中国其他地区投资举办的公司合并或分立，参照本规定办理。

第三十八条 本规定由外经贸部和国家工商局负责解释。

第三十九条 本规定自一九九九年十一月一日起执行。

海关总署关于对部分进口税收优惠政策进行调整的公告

（海关总署公告2002年第25号）

现将经国务院批准，对部分进口税收优惠政策进行适当调整的有关事项公告如下：

一、调整1996年4月1日以前批准的有关投资项目的税收政策

自2002年10月1日（指进口报关日）起，对1996年4月1日以前批准的技术改造项目、基本建设项目（含重大建设项目）、外商投资项目（包括享受外商投资政策的外国政府贷款和国际金融组织贷款项目）在剩余额度内进口的商品，统一按照《国务院关于调整进口设备税收政策的通知》（国发〔1997〕37号）规定的税收政策执行，即在项目额度或投资总额内进口的自用设备及其按照合同随设备进口的技术及配套件、备件，除《国内投资项目不予免税的进口商品目录》、《外商投资项目不予免税的进口商品目录》所列商品外，免征进口关税和进口环节增值税，上述范围之外的货物一律照章征税。

2002年10月1日前对上述项目已按照原政策审核出具《征免税证明》（以下简称《证明》）的进口货物，在《证明》有效期内且货物于2002年12月31日前（含当日）进口并报关的，可按原规定的范围免税，但《证明》不得再延期。对有效期超过12月31日的《证明》，签发海关应立即通过《减免税管理系统》将《证明》有效期统一截止至12月31日。

二、调整《外商投资产业指导目录》中“产品全部直接出口的允许类外商投资项目”（以下简称“全部出口项目”）政策的实施办法

（一）凡2002年10月1日（含当日）以后批准的（指项目可研性批复日期）的《外商投资产业指导目录》中“全部出口项目”的进口设备，一律先照章征收进口关税和进口环节增值税。自项目投产之日起，由外经贸部会同有关部门组成联合核查小组，对产品直接出口情况进行核查，核查期5年，具体核查办法由外经贸部会同有关部门制定。经核查后如情况属实，每年返还已纳税额的20%，5年内全部返还；如情况不实，当年税款不再返还，同时追缴该项目已返还的税款，并依法予以处罚。

（二）政策调整实施之日前已批准的全部出口项目仍需继续进口该项目项下设备的，仍执行免税政策，但自项目投产之日起5年核查期内，有关部门需对产品直接出口情况进行调查；政策调整实施之日前已批准的“全部出口项目”已完成设备进口的，对政策调整实施之日前的产品出口情况不再核查，在政策调整实施之日后的剩余核查期内，对产品出口情况有选择地进行调查。对于上述核查中发现的问题将依法进行处理。具体办法由外经贸部会同有关部门制定。

（三）新批准的“全部出口项目”进口设备5年内返还税款的办法，按照《财政部 国家经贸委 税务总局 海关总署关于对部分进口商品予以退税的通知》（〔94〕财预字第42号）的规定执行。

特此公告。

中华人民共和国海关总署

二〇〇二年九月二十三日

海关总署关于明确减免税政策执行中若干问题的通知

（署税发〔2003〕172号）

广东分署，天津、上海特派办，各直属海关、院校：

针对各关在减免税政策执行过程中反映的问题，为统一执法尺度，在征求各关意见的基础上，经认真研究，现就有关问题明确如下：

一、关于《国务院关于调整进口设备税收政策的通知》（国发〔1997〕37号，以下简称《通知》）执行中的若干问题

（一）关于《通知》中“产业条目”等方面的问题根据《通知》的规定，项目审批部门的职责是按照内外资产业目录（指《当前国家鼓励发展的产业、产品和技术目录》和《外商投资产业指导目录》，下同）把关，对应当享受进口税收优惠的项目出具《国家鼓励发展的内外资项目确认书》，海关的主要职责是准确审核内外资不免税商品目录（指《国内投资项目不予免税的进口商品目录》和《外商投资项目不予免税的进口商品目录》，下同），对应当享受进口税收优惠的商品予以减免税。各地海关要认真履行好自己的职责，同时要加强同项目审批部门的联系配合，共同严格把关，使国家政策真正落到实处。对地方审批部门出具的《国家鼓励发展的内外资项目确认书》，海关如认为条目明显引用不当，可主动与项目审批部门沟通协商，不能形成共识的，地方审批部门应上报国家主管部门予以确认，并将上报和确认文件抄送项目所在地直属海关。直属海关一般可按照国家主管部门审批或确认的意见执行，如确实认为与文件规定相违背的，也可再请示总署。对项目审批权限方面的问题亦按上述原则办理。

（二）关于进口设备、配套件和备件的界定问题为统一执法，各关在执行政策时，除认真执行内外资不予免税商品目录外，还要注意界定设备和配套件、备件的范围。凡归入《税则》84、85章列明为零件、附件的税目或子目的货品，以及归入税号84.80、84.82、84.84、85.23、85.32—85.37、85.39—85.42、85.44—85.47的货品，单独进口时不能作为设备对待；归入84.49的货品应当注意区分设备和零件（设备和零件均在同一税号）；归入《税则》84、85章的其余货品，一般可按设备对待，但单独进口的税号85.24项下的货品，只有作为设备技术的部分才可按设备对待。

（三）关于租赁进口货物减免税问题符合内外资产业目录的投资项目租赁进口的设备，如设备最终产权属于国内项目单位，且设备属项目单位自用的，海关可凭审批部门出具的《国家鼓励发展的内外资项目确认书》办理项目备案和审批手续。

（四）关于进口税号8207项下模具的征免税问题鼓励项目单独进口的税号8207项下的冲压模具，属于《外商投资项目不予免税的进口商品目录》及《国内投资项目不予免税的进口商品目录》商品，一般应照章征税。

（五）关于外商投资企业减免税额度的核定问题对于1998年1月1日以后批准的鼓励类项目，海关依据主管部门出具的《国家鼓励发展的内外资项目确认书》的用汇额度予以备案，对进口的所有设备及配套件、备件，不论是否免税，均需根据企业的申请出具《进出口货物征免税证明》并扣减用汇额度。对非鼓励类外商投资项目进口货物，海关不需出具《进出口货物征免税证明》。

（六）关于汇率变动引起用汇额发生变化的问题《国家鼓励发展的内外资项目确认书》的用汇额度与实际进口成交币种不同，由于汇率变化引起进口货物的实际价格折算后超出减免税备案用汇额度的，海关可根据合同鉴定时的汇率调整用汇额度。其他减免税项目也可按此原则办理。

（七）鼓励项目进口的免税设备在项目结束后，设备仍在监管期内的，税收如何办理的问题设备继续在本企业使用的，可不予补税，海关继续监管至监管期结束；设备转让的，应按规定予以补税或经批准办理结转手续。

二、关于科教用品减免税问题

（一）免税科研机构的资格认定问题

1. 申报科教用品免税资格的单位需向海关提供如下文件：

（1）申请单位出具的书面申请；

（2）文件规定的主管部门批准成立的文件；

（3）事业单位需提供事业单位法人证书；

（4）已转制为企业的需提供营业执照及相关文件。

2. 鉴于军队单位不同于地方单位，对军事科研机构免于提供《事业单位法人证书》。

3. 对因机构改革导致上级主管部门由原政府职能部门转变成国有大型企业集团公司的，其下属科研机构仍按文件要求予以认定。

4. 对已转制的科研机构凭省、自治区、直辖市、计划单列市或国家有关主管部门的批准文件按照《海关总署关于科研机构转制后有关税收政策的通知》（署税〔2000〕111号）精神办理。

（二）商品审核问题对大专院校（包括医学院）和科研机构免税进口的科教用品应按照《科学研究和教学用品免征进口税收暂行规定》的商品范围进行审批。对医学类大专院校进口的治疗仪器如呼吸机、监护仪、心脏起搏器、牙科椅等手术及治疗仪器应不予免税。各关应严格执行国家进口税收优惠政策，加强管理、监控、分析和培训工作，不得越权超范围审批。对于执行中的问题，请及时反映并提出意见和建议。

二〇〇三年六月四日

海关总署关于调整进口设备、配套件和备件界定范围的通知

（署税发〔2003〕357号）

广东分署，天津、上海特派办，各直属海关：

针对各关在减免税政策执行中反映的问题及建议，经研究，对《海关总署关于明确减免税政策执行中若干问题的通知》（署税发〔2003〕172号文）第一条（二）“关于进口设备、配套件和备件的界定问题”相应内容作如下调整：

凡归入《税则》84、85章列名零件、附件的税目或子目的货品，以及归入税号84.82、84.84、85.23、85.32—85.34、85.39—85.42、85.44—85.47的货品，单独进口时不能作为设备对待；归入税号85.25—85.37及84.49的货品应注意区分设备和零件；归入《税则》84、85章的其余货品，一般可按设备对待。以上调整，自本通知下发之日起执行，此前已征的税款不予调整。

特此通知。

二〇〇三年十一月四日

海关总署关于明确减免税政策执行中若干问题的通知

（署税发〔2003〕422号）

广东分署，天津、上海特派办，各直属海关、院校：

针对各海关在执行国家进口税收优惠政策中存在的问题，经商发展改革委、商务部、财政部，现就有关问题明确如下：

一、关于外商投资企业依据《海关总署关于进一步鼓励外商投资有关进口税收政策的通知》（署税〔1999〕197号）利用自有资金进口货物的有关问题

（一）进口商品免税范围。对符合条件的外商投资企业利用自有资金进口的不属于《国内投资不予免税的进口商品目录》的自用设备及随设备进口的配套技术、配件、备件可予免征进口关税和进口环节税。上述配套配件、备件单独进口时，必须按照《国内投资不予免税的进口商品目录》进行审核，凡属于目录列名的商品，均应照章征税。

（二）根据国务院机构改革方案，经贸委撤销后，原经贸委投资与规划司承担的部分职责已划转发展改革委国外资金利用司，对属于《国内投资不予免税的进口商品目录》内的自用设备或配套件、备件，如发展改革委国外资金利用司出具《外商投资企业设备更新或技术改造进口国内不能生产的同类设备证明》，海关可凭以办理有关免税手续。

（三）外国政府贷款项目国际招标国内中标机电设备进口零部件的审核及出具《国内中标设备进口国内不能生产的零部件证明书》的工作也由发展改革委国外资金利用司承担。发展改革委国外资金利用司印章式样见附件。

（四）外商投资企业自有资金的性质由审批部门负责认定，海关凭审批部门出具相关证明办理免税手续。

（五）2002年4月1日以前批准的限制乙类外商投资企业可继续按署税〔1999〕791号文规定享受进口税收优惠。

二、关于执行政策时如何掌握企业投资总额和用汇额度的问题鉴于项目主管部门在审核项目时，已经核定过项目投资总额和用汇额度，为减少对企业的重复检查和核定，减轻企业负担，根据部门职责分工的要求，海关不再负责对项目单位投资总额和用汇额度重新审核的工作。对已出具《国家鼓励发展的内外资项目确认书》（以下简称《项目确认书》）的涉及进口用汇的项目，海关执行时可按《项目确认书》所确认的用汇额度掌握，在用汇额度内按规定办理免税手续。

三、关于减免税设备的结转问题对于尚处在海关监管期内的减免税货物由于各种原因发生转让的，税收问题按如下原则办理：

（一）减免税设备的购买或接收企业应按规定办理项目报批手续，经主管部门审核属于鼓励项目的，所在地海关凭主管部门出具的《国家鼓励发展的内外资项目确认书》按规定办理手续。

（二）原进口减免税设备如转让给国内其他可享受同等税收优惠的项目（单位）使用的，仍可予以免税。对设备的接受方应按货物成交价格扣减项目用汇额度，监管期限连续计算。对转让方原进口减免税货物办理注销手续，免税额度不予恢复。

（三）按照《国务院关于调整进口设备税收政策的通知》（国发〔1997〕37号）规定，内资企业进口二手设备不予免税，故外资企业向内资企业转让的减免税货物，原进口货物不为二手设备，且不属于《国内投资项目不予免税的进口商品目录》范围的，方可按上述原则办理免税审批手续及转让手续。

（四）原进口减免税货物如转让给其他不享受同等税收优惠的项目（单位）使用的，一般应按原减免税进口货物的剩余监管年限折旧补税后方可转让。

四、外商投资股份制企业税收问题

（一）境内内资企业发行B股而转为外商投资股份公司的，不享受外商投资企业税收优惠政策。

（二）境内内资企业发行海外股（H股、N股）而转为外商投资股份公司的（包括其再发行A股、B股），不享受外商投资企业税收优惠政策。

（三）其他外商投资股份制公司投资项目如符合《外商投资产业指导目录》鼓励类产业条目，可按国发〔1997〕37号文规定享受进口税收减免政策，并凭《项目确认书》、《中华人民共和国外商投资企业批准证书》等有关文件办理备案等手续。

五、根据《国务院办公厅关于加强城市快速轨道交通建议管理的通知》（国办发〔2003〕81号）规定，内外资项目进口地铁车辆均须照章纳税。以上请遵照执行。

二〇〇三年十二月二十五日

海关总署关税征管司关于烟酒行业投资项目进口设备税收问题的通知

（税管函〔2009〕136号）

各直属海关：

近期，总署陆续接到有关海关就酒类投资项目适用产业政策条目问题的请示。为正确执行内外资投资项目项下进口设备税收优惠政策，明确烟、酒行业投资项目适用鼓励类产业条目问题，经研究并商国家发展改革委，现就有关问题通知如下：

一、烟、酒两行业尽管生产原料为农产品，但其产品比较特殊。国家对烟、酒产品除征收增值税外，还要征收较高税率的消费税，其目的就是控制消费量，调节生产规模，抑制过度生产。为保持进口税收政策与国家产业政策导向的一致性，对烟、酒行业的投资项目不能简单视作农产品深加工项目，因此不能适用农产品深加工鼓励类条目并享受进口设备免税政策。

二、自本通知下发之日起，各关不得再受理烟、酒行业投资项目的减免税备案、审批申请。考虑到之前对烟、酒行业投资项目适用鼓励类产业条目问题未予以明确，在2009年2月下发的《关税征管司关于通报2008年第2、3季度减免税考核结果的通知》（税管函〔2009〕30号）中才提出有关项目适用产业条目问题，因此，各有关海关在2009年2月28日及以前为烟、酒行业投资项目项下进口设备出具的《进出口货物征免税证明》可不作调整，但不得延期。2009年3月1日及以后出具的《进出口货物征免税证明》应予以作废，已免征的税款要予以补征。

特此通知。

二〇〇九年六月二十三日

国务院关于进一步做好利用外资工作的若干意见

（国发〔2010〕9号）

各省、自治区、直辖市人民政府，国务院各部委、各直属机构：

利用外资是我国对外开放基本国策的重要内容。改革开放以来，我国积极吸引外商投资，促进了产业升级和技术进步，外商投资企业已成为国民经济的重要组成部分。目前，我国利用外资的优势依然明显。为提高利用外资质量和水平，更好地发挥利用外资在推动科技创新、产业升级、区域协调发展等方面的积极作用，现提出如下意见：

一、优化利用外资结构

（一）根据我国经济发展需要，结合国家产业调整和振兴规划要求，修订《外商投资产业指导目录》，扩大开放领域，鼓励外资投向高端制造业、高新技术产业、现代服务业、新能源和节能环保产业。严格限制“两高一资”和低水平、过剩产能扩张类项目。

（二）国家产业调整和振兴规划中的政策措施同等适用于符合条件的外商投资企业。

（三）对用地集约的国家鼓励类外商投资项目优先供应土地，在确定土地出让底价时可按不低于所在地土地等别相对应《全国工业用地出让最低价标准》的70%执行。

（四）鼓励外商投资高新技术企业发展，改进并完善高新技术企业认定工作。

（五）鼓励中外企业加强研发合作，支持符合条件的外商投资企业与内资企业、研究机构合作申请国家科技开发项目、创新能力建设项目等，申请设立国家级技术中心认定。

（六）鼓励跨国公司在华设立地区总部、研发中心、采购中心、财务管理中心、结算中心以及成本和利润核算中心等功能性机构。在2010年12月31日以前，对符合规定条件的外资研发中心确需进口的科技开发用品免征进口关税和进口环节增值税、消费税。

（七）落实和完善支持政策，鼓励外商投资服务外包产业，引入先进技术和管理经验，提高我国服务外包国际竞争力。

二、引导外资向中西部地区转移和增加投资

（八）根据《外商投资产业指导目录》修订情况，补充修订《中西部地区外商投资优势产业目录》，增加劳动密集型项目条目，鼓励外商在中西部地区发展符合环保要求的劳动密集型产业。

（九）对符合条件的西部地区内外资企业继续实行企业所得税优惠政策，保持西部地区吸收外商投资好的发展势头。

（十）对东部地区外商投资企业向中西部地区转移，要加大政策开放和技术资金配套支持力度，同时完善行政服务，在办理工商、税务、外汇、社会保险等手续时提供便利。鼓励和引导外资银行到中西部地区设立机构和开办业务。

（十一）鼓励东部地区与中西部地区以市场为导向，通过委托管理、投资合作等多种方式，按照优势互补、产业联动、利益共享的原则共建开发区。

三、促进利用外资方式多样化

（十二）鼓励外资以参股、并购等方式参与国内企业改组改造和兼并重组。支持A股上市公司引入境内外战略投资者。规范外资参与境内证券投资和企业并购。依法实施反垄断审查，并加快建立外资并购安全审查制度。

（十三）利用好境外资本市场，继续支持符合条件的企业根据国家发展战略及自身发展需要到境外上市，充分利用两个市场、两种资源，不断提高竞争力。

（十四）加快推进利用外资设立中小企业担保公司试点工作。鼓励外商投资设立创业投资企业，积极利用私募股权投资基金，完善退出机制。

（十五）支持符合条件的外商投资企业境内公开发行股票、发行企业债和中期票据，拓宽融资渠道，引导金融机构继续加大对外商投资企业的信贷支持。稳步扩大在境内发行人民币债券的境外主体范围。

四、深化外商投资管理体制改革

（十六）《外商投资产业指导目录》中总投资（包括增资）3 亿美元以下的鼓励类、允许类项目，除《政府核准的投资项目目录》规定需由国务院有关部门核准之外，由地方政府有关部门核准。除法律法规明确规定由国务院有关部门审批外，在加强监管的前提下，国务院有关部门可将本部门负责的审批事项下放地方政府审批，服务业领域外商投资企业的设立（金融、电信服务除外）由地方政府按照有关规定进行审批。

（十七）调整审批内容，简化审批程序，最大限度缩小审批、核准范围，增强审批透明度。全面清理涉及外商投资的审批事项，缩短审批时间。改进审批方式，在试点并总结经验的基础上，逐步在全国推行外商投资企业合同、章程格式化审批，大力推行在线行政许可，规范行政行为。

五、营造良好的投资环境

（十八）规范和促进开发区发展，发挥开发区在体制创新、科技引领、产业集聚、土地集约方面的载体和平台作用。支持符合条件的省级开发区升级，支持具备条件的国家级、省级开发区扩区和调整区位，制定加快边境经济合作区建设的支持政策措施。

（十九）进一步完善外商投资企业外汇管理，简化外商投资企业外汇资本金结汇手续。对依法经营、资金紧张暂时无法按时出资的外商投资企业，允许延长出资期限。

（二十）加强投资促进，针对重点国家和地区、重点行业加大引资推介力度，广泛宣传我国利用外资政策。积极参与多双边投资合作，把“引进来”和“走出去”相结合，推动跨国投资政策环境不断改善。

国务院各有关部门、地方各级人民政府要统一认识，坚持积极有效利用外资的方针，坚持以我为主、择优选资，促进“引资”与“引智”相结合，不断提高利用外资质量。要总结改革开放经验，结合新形势、新要求，进一步加大改革创新力度，提高便利化程度，创造更加开放、更加优化的投资环境，全面提高利用外资工作水平。

二〇一〇年四月六日

2.2 外商投资项目

海关总署关于执行《外商投资产业指导目录（2011 年修订）》有关事宜的公告

（海关总署公告 2012 年第 4 号）

2011 年 12 月 24 日，国家发展改革委、商务部以第 12 号令联合公布了《外商投资产业指导目录（2011 年修订）》[以下简称《外资目录（2011 年修订）》，详见附件]，并规定自 2012 年 1 月 30 日起施行。现就海关执行中的有关问题公告如下：

一、自2012年1月30日起，对属于《外资目录（2011年修订）》鼓励类范围的外商投资项目（包括增资项目），在投资总额内进口的自用设备以及按照合同随上述设备进口的技术和配套件、备件，除《外商投资项目不予免税的进口商品目录》和《进口不予免税的重大技术装备和产品目录》所列商品外，按照《国务院关于调整进口设备税收政策的通知》（国发〔1997〕37号）、海关总署公告2008年第103号及其他相关规定免征关税，照章征收进口环节增值税。

二、《外资目录（2011年修订）》实施后，《项目确认书》中的“项目产业政策审批条目”编码为“M”，例如，《外资目录（2011年修订）》中鼓励类的第一类第1项应填写为：木本食用油料、调料和工业原料的种植及开发、生产（M 0101）；第三类第（一）条第1项应填写为：生物饲料、秸秆饲料、水产饲料的开发、生产（M 030101）。

三、为保持政策的连续性，对2012年1月30日以前（不含1月30日，下同）审批、核准或备案的外商投资项目（以项目的审批、核准或备案日期为准，下同），属于《外商投资产业指导目录（2007年修订）》鼓励类范围的，可继续按照规定办理免征进口关税手续。但有关项目单位须于2013年1月30日以前，持投资主管部门出具的《项目确认书》（其中“项目产业政策审批条目”仍按原审批条目及编码填写）等有关资料向海关申请办理减免税备案手续。逾期，海关不再受理上述减免税备案申请。

对于2012年1月30日以前审批、核准或备案，同时属于《外资目录（2011年修订）》鼓励类范围的外商投资项目，投资主管部门按照《外资目录（2011年修订）》的产业政策条目出具《项目确认书》的（其中“项目产业政策审批条目”以“M”为编码），海关可予受理。

四、对于未列入《外商投资产业指导目录（2007年修订）》的外商投资在建项目，凡符合《外资目录（2011年修订）》鼓励类范围的，可按有关规定向投资主管部门申请补办《项目确认书》。在取得《项目确认书》之后，在建项目进口的自用设备以及按照合同随设备进口的技术和配套件、备件，可参照本公告第一条的规定享受进口税收优惠政策，但进口设备已经征税的，税款不予退还。

特此公告。

附件　外商投资产业指导目录（2011年修订）

中华人民共和国海关总署
二〇一二年一月二十九日

附件

外商投资产业指导目录（2011年修订）

鼓励外商投资产业目录

一、农、林、牧、渔业

1. 木本食用油料、调料和工业原料的种植及开发、生产
2. 绿色、有机蔬菜（含食用菌、西甜瓜）、干鲜果品、茶叶栽培技术开发及产品生产
3. 糖料、果树、牧草等农作物栽培新技术开发及产品生产
4. 花卉生产与苗圃基地的建设、经营
5. 橡胶、油棕、剑麻、咖啡种植
6. 中药材种植、养殖（限于合资、合作）
7. 农作物秸秆还田及综合利用、有机肥料资源的开发生产
8. 林木（竹）营造及良种培育、多倍体树木新品种培育
9. 水产苗种繁育（不含我国特有的珍贵优良品种）

10. 防治荒漠化及水土流失的植树种草等生态环境保护工程建设、经营

11. 水产品养殖、深水网箱养殖、工厂化水产养殖、生态型海洋增养殖

二、采矿业

1. 煤层气勘探、开发和矿井瓦斯利用（限于合资、合作）

2. 石油、天然气的风险勘探、开发（限于合资、合作）

3. 低渗透油气藏（田）的开发（限于合资、合作）

4. 提高原油采收率及相关新技术的开发应用（限于合资、合作）

5. 物探、钻井、测井、录井、井下作业等石油勘探开发新技术的开发与应用（限于合资、合作）

6. 油页岩、油砂、重油、超重油等非常规石油资源勘探、开发（限于合资、合作）

7. 铁矿、锰矿勘探、开采及选矿

8. 提高矿山尾矿利用率的新技术开发和应用及矿山生态恢复技术的综合应用

9. 页岩气、海底天然气水合物等非常规天然气资源勘探、开发（限于合资、合作）

三、制造业

（一）农副食品加工业

1. 生物饲料、秸秆饲料、水产饲料的开发、生产

2. 水产品加工、贝类净化及加工、海藻保健食品开发

3. 蔬菜、干鲜果品、禽畜产品加工

（二）食品制造业

1. 婴儿、老年食品及保健食品的开发、生产

2. 森林食品的开发、生产

3. 天然食品添加剂、食品配料生产

（三）饮料制造业

1. 果蔬饮料、蛋白饮料、茶饮料、咖啡饮料、植物饮料的开发、生产

（四）烟草制品业

1. 二醋酸纤维素及丝束加工（限于合资、合作）

（五）纺织业

1. 采用非织造、机织、针织及其复合工艺技术的轻质、高强、耐高/低温、耐化学物质、耐光等多功能化的产业用纺织品生产

2. 采用先进节能减排技术和装备的高档织物面料的织染及后整理加工

3. 符合生态、资源综合利用与环保要求的特种天然纤维（包括山羊绒等特种动物纤维、麻纤维、蚕丝、彩色棉花等）产品加工

4. 采用计算机集成制造系统的服装生产

5. 功能性、绿色环保及特种服装生产

6. 高档地毯、刺绣、抽纱产品生产

（六）皮革、皮毛、羽毛（绒）及其制品业

1. 皮革和毛皮清洁化技术加工

2. 皮革后整饰新技术加工

3. 高档皮革加工

4. 皮革废弃物综合利用

（七）木材加工及木、竹、藤、棕、草制品业

1. 林业三剩物，“次、小、薪”材和竹材的综合利用新技术、新产品开发与生产

（八）造纸及纸制品业

1. 主要利用境外木材资源的单条生产线年产 30 万吨及以上规模化学木浆和单条生产线年产 10 万吨

及以上规模化学机械木浆以及同步建设的高档纸及纸板生产（限于合资、合作）

（九）石油加工、炼焦及核燃料加工业

1. 针状焦、煤焦油深加工

（十）化学原料及化学制品制造业

1. 钠法漂粉精、聚氯乙烯和有机硅新型下游产品开发与生产

2. 合成材料的配套原料：过氧化氢氧化丙烯法环氧丙烷、甘油法环氧氯丙烷、萘二甲酸二甲酯（NDC）、1，4-环乙烷二甲醇酯（CHDM）生产

3. 合成纤维原料：己内酰胺、尼龙66盐、熔纺氨纶树脂、1，3-丙二醇生产

4. 合成橡胶：溶液丁苯橡胶（不包括热塑性丁苯橡胶）、高顺式丁二烯橡胶、丁基橡胶、异戊橡胶、聚氨酯橡胶、丙烯酸酯橡胶、氯醇橡胶、乙丙橡胶，以及氟橡胶、硅橡胶等特种橡胶生产

5. 工程塑料及塑料合金：6万吨/年及以上非光气法聚碳酸酯（PC）、聚甲醛（POM）、聚酰胺（尼龙6、尼龙66、尼龙11和尼龙12）、聚乙烯醋酸乙烯酯（EVA）、聚苯硫醚、聚醚醚酮、聚酰亚胺、聚砜、聚醚砜、聚芳酯（PAR）、液晶聚合物等产品生产

6. 精细化工：催化剂新产品、新技术，染（颜）料商品化加工技术，电子化学品和造纸化学品，食品添加剂、饲料添加剂，皮革化学品（N-N二甲基甲酰胺除外），油田助剂，表面活性剂，水处理剂，胶黏剂，无机纤维、无机纳米材料生产，颜料包膜处理深加工

7. 环保型印刷油墨、环保型芳烃油生产

8. 天然香料、合成香料、单离香料生产

9. 高性能涂料、水性汽车涂料及配套水性树脂生产

10. 氟氯烃替代物生产

11. 高性能氟树脂、氟膜材料，医用含氟中间体，环境友好型制冷剂和清洁剂生产

12. 从磷化工、铝冶炼中回收氟资源生产

13. 林业化学产品新技术、新产品开发与生产

14. 环保用无机、有机和生物膜开发与生产

15. 新型肥料开发与生产：生物肥料、高浓度钾肥、复合肥料、缓释可控肥料、复合型微生物接种剂、复合微生物肥料、秸秆及垃圾腐熟剂、特殊功能微生物制剂

16. 高效、安全、环境友好的农药新品种、新剂型、专用中间体、助剂的开发与生产，以及相关清洁生产工艺的开发和应用（甲叉法乙草胺、胺氰法百草枯、水相法毒死蜱工艺、草甘膦回收氯甲烷工艺、定向合成法手性和立体结构农药生产、乙基氯化物合成技术）

17. 生物农药及生物防治产品开发与生产：微生物杀虫剂、微生物杀菌剂、农用抗生素、昆虫信息素、天敌昆虫、微生物除草剂

18. 废气、废液、废渣综合利用和处理、处置

19. 有机高分子材料生产：飞机蒙皮涂料、稀土硫化铈红色染料、无铅化电子封装材料、彩色等离子体显示屏专用系列光刻浆料、小直径大比表面积超细纤维、高精度燃油滤纸、锂离子电池隔膜

（十一）医药制造业

1. 新型化合物药物或活性成分药物的生产（包括原料药和制剂）

2. 氨基酸类：发酵法生产色氨酸、组氨酸、饲料用蛋氨酸等生产

3. 新型抗癌药物、新型心脑血管药及新型神经系统用药生产

4. 采用生物工程技术的新型药物生产

5. 艾滋病疫苗、丙肝疫苗、避孕疫苗及宫颈癌、疟疾、手足口病等新型疫苗生产

6. 生物疫苗生产

7. 海洋药物开发与生产

8. 药品制剂：采用缓释、控释、靶向、透皮吸收等新技术的新剂型、新产品生产

9. 新型药用辅料的开发及生产

10. 动物专用抗菌原料药生产（包括抗生素、化学合成类）

11. 兽用抗菌药、驱虫药、杀虫药、抗球虫药新产品及新剂型生产

12. 新型诊断试剂的生产

（十二）化学纤维制造业

1. 差别化化学纤维及芳纶、碳纤维、高强高模聚乙烯、聚苯硫醚（PPS）等高新技术化纤（粘胶纤维除外）生产

2. 纤维及非纤维用新型聚酯生产：聚对苯二甲酸丙二醇酯（PTT）、聚萘二酸乙二醇酯（PEN）、聚对苯二甲酸环己烷二甲醇酯（PCT）、二元醇改性聚对苯二甲酸乙二醇酯（PETG）

3. 利用新型可再生资源和绿色环保工艺生产生物质纤维，包括新溶剂法纤维素纤维（Lyocell）、以竹、麻等为原料的再生纤维素纤维、聚乳酸纤维（PLA）、甲壳素纤维、聚羟基脂肪酸酯纤维（PHA）、动植物蛋白纤维等

4. 单线生产能力日产150吨及以上聚酰胺生产

5. 子午胎用芳纶纤维及帘线生产

（十三）塑料制品业

1. 新型光生态多功能宽幅农用薄膜开发与生产

2. 废旧塑料的消解和再利用

3. 塑料软包装新技术、新产品（高阻隔、多功能膜及原料）开发与生产

（十四）非金属矿物制品业

1. 节能、环保、利废、轻质高强、高性能、多功能建筑材料开发生产

2. 以塑代钢、以塑代木、节能高效的化学建材品生产

3. 年产1000万平方米及以上弹性体、塑性体改性沥青防水卷材，宽幅（2米以上）三元乙丙橡胶防水卷材及配套材料，宽幅（2米以上）聚氯乙烯防水卷材，热塑性聚烯烃（TPO）防水卷材生产

4. 新技术功能玻璃开发生产：屏蔽电磁波玻璃、微电子用玻璃基板、透红外线无铅玻璃、电子级大规格石英玻璃制品（管、板、坩埚、仪器器皿等）、光学性能优异多功能风挡玻璃、信息技术用极端材料及制品（包括波导级高精密光纤预制棒石英玻璃套管和陶瓷基板）、高纯（≥99.998%）超纯（≥99.999%）水晶原料提纯加工

5. 薄膜电池导电玻璃、太阳能集光镜玻璃生产

6. 玻璃纤维制品及特种玻璃纤维生产：低介电玻璃纤维、石英玻璃纤维、高硅氧玻璃纤维、高强高弹玻璃纤维、陶瓷纤维等及其制品

7. 光学纤维及制品生产：传像束及激光医疗光纤、超二代和三代微通道板、光学纤维面板、倒像器及玻璃光锥

8. 陶瓷原料的标准化精制、陶瓷用高档装饰材料生产

9. 水泥、电子玻璃、陶瓷、微孔炭砖等窑炉用环保（无铬化）耐火材料生产

10. 氮化铝（AlN）陶瓷基片、多孔陶瓷生产

11. 无机非金属新材料及制品生产：复合材料、特种陶瓷、特种密封材料（含高速油封材料）、特种摩擦材料（含高速摩擦制动制品）、特种胶凝材料、特种乳胶材料、水声橡胶制品、纳米材料

12. 有机-无机复合泡沫保温材料生产

13. 高技术复合材料生产：连续纤维增强热塑性复合材料和预浸料、耐温>300℃树脂基复合材料成型用工艺辅助材料、树脂基复合材料（包括高档体育用品、轻质高强交通工具部件）、特种功能复合材料及制品（包括深水及潜水复合材料制品、医用及康复用复合材料制品）、碳/碳复合材料、高性能陶瓷基复合材料及制品、金属基和玻璃基复合材料及制品、金属层状复合材料及制品、压力≥320MPa超高压复合胶管、大型客机航空轮胎

14. 精密高性能陶瓷原料生产：碳化硅（SiC）超细粉体（纯度>99%，平均粒径<1μm）、氮化硅（Si_3N_4）超细粉体（纯度>99%，平均粒径<1μm）、高纯超细氧化铝微粉（纯度>99.9%，平均粒径<

0. 5μm)、低温烧结氧化锆（ZrO_2）粉体（烧结温度<1350℃）、高纯氮化铝（AlN）粉体（纯度>99%，平均粒径<1μm)、金红石型 TiO_2 粉体（纯度>98. 5%）、白炭黑（粒径<100nm)、钛酸钡（纯度>99%，粒径<1μm)

15. 高品质人工晶体及晶体薄膜制品开发生产：高品质人工合成水晶（压电晶体及透紫外光晶体）、超硬晶体（立方氮化硼晶体）、耐高温高绝缘人工合成绝缘晶体（人工合成云母）、新型电光晶体、大功率激光晶体及大规格闪烁晶体、金刚石膜工具、厚度 0. 3mm 及以下超薄人造金刚石锯片

16. 非金属矿精细加工（超细粉碎、高纯、精制、改性）

17. 超高功率石墨电极生产

18. 珠光云母生产（粒径 3~150μm)

19. 多维多向整体编制织物及仿形织物生产

20. 利用新型干法水泥窑无害化处置固体废弃物

21. 建筑垃圾再生利用

22. 工业副产石膏综合利用

23. 非金属矿山尾矿综合利用的新技术开发和应用及矿山生态恢复

（十五）有色金属冶炼及压延加工业

1. 直径 200mm 以上硅单晶及抛光片生产

2. 高新技术有色金属材料生产：化合物半导体材料（砷化镓、磷化镓、磷化铟、氮化镓），高温超导材料，记忆合金材料（钛镍、铜基及铁基记忆合金材料），超细（纳米）碳化钙及超细（纳米）晶硬质合金，超硬复合材料，贵金属复合材料，散热器用铝箔，中高压阴极电容铝箔，特种大型铝合金型材，铝合金精密模锻件，电气化铁路架空导线，超薄铜带，耐蚀热交换器铜合金材，高性能铜镍、铜铁合金带，铍铜带、线、管及棒加工材，耐高温抗衰钨丝，镁合金铸件，无铅焊料，镁合金及其应用产品，泡沫铝，钛合金带材及钛焊接管，原子能级海绵锆，钨及钼深加工产品

（十六）金属制品业

1. 航空、航天、汽车、摩托车轻量化及环保型新材料研发与制造（专用铝板、铝镁合金材料、摩托车铝合金车架等）

2. 建筑五金件、水暖器材及其五金件开发、生产

3. 用于包装各类粮油食品、果蔬、饮料、日化产品等内容物的金属包装制品（厚度 0. 3 毫米以下）的制造及加工（包括制品的内外壁印涂加工）

4. 节镍不锈钢制品的制造

（十七）通用设备制造业

1. 高档数控机床及关键零部件制造：五轴联动数控机床、数控坐标镗铣加工中心、数控坐标磨床、五轴联动数控系统及伺服装置、精密数控加工用高速超硬刀具

2. 1000 吨及以上多工位镦锻成型机制造

3. 报废汽车拆解、破碎及后处理分选设备制造

4. FTL 柔性生产线制造

5. 垂直多关节工业机器人、焊接机器人及其焊接装置设备制造

6. 特种加工机械制造：激光切割和拼焊成套设备、激光精密加工设备、数控低速走丝电火花线切割机、亚微米级超细粉碎机

7. 400 吨及以上轮式、履带式起重机械制造（限于合资、合作）

8. 工作压力≥35MPa 高压柱塞泵及马达、工作压力≥35MPa 低速大扭矩马达的设计与制造

9. 工作压力≥25MPa 的整体式液压多路阀，电液比例伺服元件制造

10. 阀岛、功率 0. 35W 以下气动电磁阀、200Hz 以上高频电控气阀设计与制造

11. 静液压驱动装置设计与制造

12. 压力 10MPa 以上非接触式气膜密封、压力 10MPa 以上干气密封（包括实验装置）的开发与制造

13. 汽车用高分子材料（摩擦片、改型酚醛活塞、非金属液压总分泵等）设备开发与制造

14. 第三、四代轿车轮毂轴承（轴承内、外圈带法兰盘和传感器的轮毂轴承功能部件），高中档数控机床和加工中心轴承（加工中心具有三轴以上联动功能、定位重复精度为3-4μm），高速线材、板材轧机轴承（单途线材轧机轧速120m/s及以上、薄板轧机加工板厚度2mm及以上的支承和工作辊轴承），高速铁路轴承（行驶速度大于200km/h），振动值Z4以下低噪音轴承（Z4、Z4P、V4、V4P噪音级），各类轴承的P4、P2级轴承，风力发电机组轴承（2兆瓦以上风力发电机组主轴轴承、增速器轴承、发电机轴承等），航空轴承（航空发动机主轴轴承、起落架轴承、传动系统轴承、操纵系统轴承等）制造

15. 高密度、高精度、形状复杂的粉末冶金零件及汽车、工程机械等用链条的制造

16. 风电、高速列车用齿轮变速器，船用可变桨齿轮传动系统，大型、重载齿轮箱的制造

17. 耐高温绝缘材料（绝缘等级为F、H级）及绝缘成型件制造

18. 蓄能器胶囊、液压气动用橡塑密封件开发与制造

19. 高精度、高强度（12.9级以上）、异形、组合类紧固件制造

20. 微型精密传动联结件（离合器）制造

21. 大型轧机连接轴制造

22. 机床、工程机械、铁路机车装备等机械设备再制造及汽车零部件再制造

（十八）专用设备制造业

1. 矿山无轨采、装、运设备制造：200吨及以上机械传动矿用自卸车，移动式破碎机，5000立方米/小时及以上斗轮挖掘机，8立方米及以上矿用装载机，2500千瓦以上电牵引采煤机设备等

2. 物探、测井设备制造：MEME地震检波器，数字遥测地震仪，数字成像、数控测井系统，水平井、定向井、钻机装置及器具，MWD随钻测井仪

3. 石油勘探、钻井、集输设备制造：工作水深大于1500米的浮式钻井系统和浮式生产系统及配套海底采油、集输设备

4. 口径2米以上深度30米以上大口径旋挖钻机、直径1.2米以上顶管机、回拖力300吨以上大型非开挖铺设地下管线成套设备、地下连续墙施工钻机制造

5. 520马力及以上大型推土机设计与制造

6. 100立方米/小时及以上规格的清淤机、1000吨及以上挖泥船的挖泥装置设计与制造

7. 防汛堤坝用混凝土防渗墙施工装备设计与制造

8. 水下土石方施工机械制造：水深9米以下推土机、装载机、挖掘机等

9. 公路桥梁养护、自动检测设备制造

10. 公路隧道营运监控、通风、防灾和救助系统设备制造

11. 铁路大型施工、铁路线路、桥梁、隧道维修养护机械和检查、监测设备及其关键零部件的设计与制造

12. （沥青）油毡瓦设备、镀锌钢板等金属屋顶生产设备制造

13. 环保节能型现场喷涂聚氨酯防水保温系统设备、聚氨酯密封膏配制技术与设备、改性硅酮密封膏配制技术和生产设备制造

14. 高精度带材轧机（厚度精度10微米）设计与制造

15. 多元素、细颗粒、难选冶金属矿产的选矿装置制造

16. 100万吨/年及以上乙烯成套设备中的关键设备制造：年处理能力40万吨以上混合造粒机，直径1000毫米及以上螺旋卸料离心机，小流量高扬程离心泵

17. 大型煤化工成套设备制造（限于合资、合作）

18. 金属制品模具（铜、铝、钛、锆的管、棒、型材挤压模具）设计、制造

19. 汽车车身外覆盖件冲压模具，汽车仪表板、保险杠等大型注塑模具，汽车及摩托车夹具、检具设计与制造

20. 汽车动力电池专用生产设备的设计与制造

21. 精密模具（冲压模具精度高于 0.02 毫米、型腔模具精度高于 0.05 毫米）设计与制造

22. 非金属制品模具设计与制造

23. 6 万瓶/小时及以上啤酒灌装设备、5 万瓶/小时及以上饮料中温及热灌装设备、3.6 万瓶/小时及以上无菌灌装设备制造

24. 氨基酸、酶制剂、食品添加剂等生产技术及关键设备制造

25. 10 吨/小时及以上的饲料加工成套设备及关键部件制造

26. 楞高 0.75 毫米及以下的轻型瓦楞纸板及纸箱设备制造

27. 单张纸多色胶印机（幅宽≥750 毫米，印刷速度：单面多色≥16000 张/小时，双面多色≥13000 张/小时）制造

28. 单幅单纸路卷筒纸平版印刷机印刷速度大于 75000 对开张/小时（787×880 毫米）、双幅单纸路卷筒纸平版印刷机印刷速度大于 170000 对开张/小时（787×880 毫米）、商业卷筒纸平版印刷机印刷速度大于 50000 对开张/小时（787×880 毫米）制造

29. 多色宽幅柔性版印刷机（印刷宽度≥1300 毫米，印刷速度≥350 米/秒），喷墨数字印刷机（出版用：印刷速度≥150 米/分，分辨率≥600dpi；包装用：印刷速度≥30 米/分，分辨率≥1000dpi；可变数据用：印刷速度≥100 米/分，分辨率≥300dpi）制造

30. 计算机墨色预调、墨色遥控、水墨速度跟踪、印品质量自动检测和跟踪系统、无轴传动技术、速度在 75000 张/小时的高速自动接纸机、给纸机和可以自动遥控调节的高速折页机、自动套印系统、冷却装置、加硅系统、调偏装置等制造

31. 电子枪自动镀膜机制造

32. 平板玻璃深加工技术及设备制造

33. 新型造纸机械（含纸浆）等成套设备制造

34. 皮革后整饰新技术设备制造

35. 农产品加工及储藏新设备开发与制造：粮食、油料、蔬菜、干鲜果品、肉食品、水产品等产品的加工储藏、保鲜、分级、包装、干燥等新设备，农产品品质检测仪器设备，农产品品质无损伤检测仪器设备，流变仪，粉质仪，超微粉碎设备，高效脱水设备，五效以上高效果汁浓缩设备，粉体食品物料杀菌设备，固态及半固态食品无菌包装设备，碟片式分离离心机

36. 农业机械制造：农业设施设备（温室自动灌溉设备、营养液自动配置与施肥设备、高效蔬菜育苗设备、土壤养分分析仪器），配套发动机功率 120 千瓦以上拖拉机及配套农具，低油耗低噪音低排放柴油机，大型拖拉机配套的带有残余雾粒回收装置的喷雾机，高性能水稻插秧机，棉花采摘机及棉花采摘台，适应多种行距的自走式玉米联合收割机（液压驱动或机械驱动），油菜籽收获机，甘蔗收割机，甜菜收割机

37. 林业机具新技术设备制造

38. 农作物秸秆收集、打捆及综合利用设备制造

39. 农用废物的资源化利用及规模化畜禽养殖废物的资源化利用设备制造

40. 节肥、节（农）药、节水型农业技术设备制造

41. 机电井清洗设备及清洗药物生产设备制造

42. 电子内窥镜制造

43. 眼底摄影机制造

44. 医用成像设备（高场强超导型磁共振成像设备、X 线计算机断层成像设备、数字化彩色超声诊断设备等）关键部件的制造

45. 医用超声换能器（3D）制造

46. 硼中子俘获治疗设备制造

47. 图像引导适型调强放射治疗系统制造

48. 血液透析机、血液过滤机制造

49. 全自动酶免系统（含加样、酶标、洗板、孵育、数据后处理等部分功能）设备制造

50. 药品质量控制新技术、新设备制造

51. 天然药物有效物质分析的新技术、提取的新工艺、新设备开发与制造

52. 非 PVC 医用输液袋多层共挤水冷式薄膜吹塑装备制造

53. 新型纺织机械、关键零部件及纺织检测、实验仪器开发与制造

54. 电脑提花人造毛皮机制造

55. 太阳能电池生产专用设备制造

56. 大气污染防治设备制造：耐高温及耐腐蚀滤料、低 NOx 燃烧装置、烟气脱氮催化剂及脱氮成套装置、工业有机废气净化设备、柴油车排气净化装置、含重金属废气处理装置

57. 水污染防治设备制造：卧式螺旋离心脱水机、膜及膜材料、50kg/h 以上的臭氧发生器、10kg/h 以上的二氧化氯发生器、紫外消毒装置、农村小型生活污水处理设备、含重金属废水处理装置

58. 固体废物处理处置设备制造：污水处理厂污泥处置及资源利用设备、日处理量 500 吨以上垃圾焚烧成套设备、垃圾填埋渗滤液处理技术装备、垃圾填埋场防渗土工膜、建筑垃圾处理和资源化利用装备、危险废物处理装置、垃圾填埋场沼气发电装置、废钢铁处理设备、污染土壤修复设备

59. 铝工业赤泥综合利用设备开发与制造

60. 尾矿综合利用设备制造

61. 废旧塑料、电器、橡胶、电池回收处理再生利用设备制造

62. 废旧纺织品回收处理设备制造

63. 废旧机电产品再制造设备制造

64. 废旧轮胎综合利用装置制造

65. 水生生态系统的环境保护技术、设备制造

66. 移动式组合净水设备制造

67. 非常规水处理、重复利用设备与水质监测仪器

68. 工业水管网和设备（器具）的检漏设备和仪器

69. 日产 10 万立方米及以上海水淡化及循环冷却技术和成套设备开发与制造

70. 特种气象观测及分析设备制造

71. 地震台站、台网和流动地震观测技术系统开发及仪器设备制造

72. 三鼓及以上子午线轮胎成型机制造

73. 滚动阻力试验机、轮胎噪音试验室制造

74. 供热计量、温控装置新技术设备制造

75. 氢能制备与储运设备及检查系统制造

76. 新型重渣油气化雾化喷嘴、漏汽率 0.5%及以下高效蒸汽疏水阀、1000℃及以上高温陶瓷换热器制造

77. 海上溢油回收装置制造

78. 低浓度煤矿瓦斯和乏风利用设备制造

（十九）交通运输设备制造业

1. 汽车发动机制造及发动机研发机构建设：升功率不低于 70 千瓦的汽油发动机、升功率不低于 50 千瓦的排量 3 升以下柴油发动机、升功率不低于 40 千瓦的排量 3 升以上柴油发动机、燃料电池和混合燃料等新能源发动机

2. 汽车关键零部件制造及关键技术研发：双离合器变速器（DCT）、电控机械变速器（AMT）、汽油发动机涡轮增压器、黏性连轴器（四轮驱动用）、自动变速器执行器（电磁阀）、液力缓速器、电涡流缓速器、汽车安全气囊用气体发生器、燃油共轨喷射技术（最大喷射压力大于 2000 帕）、可变截面涡轮增压技术（VGT）、可变喷嘴涡轮增压技术（VNT）、达到中国Ⅴ阶段污染物排放标准的发动机排放控制装置、智能扭矩管理系统（ITM）及耦合器总成、线控转向系统、柴油机颗粒捕捉器、低地板大型客车专用车桥、吸能式转向系统、大中型客车变频空调系统、汽车用特种橡胶配件，以及上述零部件的关键零件、

部件

3. 汽车电子装置制造与研发：发动机和底盘电子控制系统及关键零部件，车载电子技术（汽车信息系统和导航系统），汽车电子总线网络技术（限于合资），电子控制系统的输入（传感器和采样系统）输出（执行器）部件，电动助力转向系统电子控制器（限于合资），嵌入式电子集成系统（限于合资、合作）、电控式空气弹簧，电子控制式悬挂系统，电子气门系统装置，电子组合仪表，ABS/TCS/ESP 系统，电路制动系统（BBW），变速器电控单元（TCU），轮胎气压监测系统（TPMS），车载故障诊断仪（OBD），发动机防盗系统，自动避撞系统，汽车、摩托车型试验及维修用检测系统

4. 新能源汽车关键零部件制造：能量型动力电池（能量密度≥110Wh/kg，循环寿命≥2000 次，外资比例不超过 50%），电池正极材料（比容量≥150mAh/g，循环寿命 2000 次不低于初始放电容量的 80%），电池隔膜（厚度 15~40μm，孔隙率 40%~60%）；电池管理系统，电机管理系统，电动汽车电控集成；电动汽车驱动电机（峰值功率密度≥2. 5kW/kg，高效区：65%工作区效率 ≥80%），车用 DC/DC（输入电压 100V~400V），大功率电子器件（IGBT，电压等级≥600V，电流≥300A）；插电式混合动力机电耦合驱动系统

5. 大排量（排量>250ml）摩托车关键零部件制造：摩托车电控燃油喷射技术（限于合资、合作）、达到中国摩托车Ⅲ阶段污染物排放标准的发动机排放控制装置

6. 轨道交通运输设备（限于合资、合作）：高速铁路、铁路客运专线、城际铁路、干线铁路及城市轨道交通运输设备的整车和关键零部件（牵引传动系统、控制系统、制动系统）的研发、设计与制造；高速铁路、铁路客运专线、城际铁路及城市轨道交通乘客服务设施和设备的研发、设计与制造，信息化建设中有关信息系统的设计与研发；高速铁路、铁路客运专线、城际铁路的轨道和桥梁设备研发、设计与制造，轨道交通运输通信信号系统的研发、设计与制造，电气化铁路设备和器材制造、铁路噪声和振动控制技术与研发、铁路客车排污设备制造、铁路运输安全监测设备制造

7. 民用飞机设计、制造与维修：干线、支线飞机（中方控股），通用飞机（限于合资、合作）

8. 民用飞机零部件制造与维修

9. 民用直升机设计与制造：3 吨级及以上（中方控股），3 吨级以下（限于合资、合作）

10. 民用直升机零部件制造

11. 地面、水面效应飞机制造（中方控股）

12. 无人机、浮空器设计与制造（中方控股）

13. 航空发动机及零部件、航空辅助动力系统设计、制造与维修（限于合资、合作）

14. 民用航空机载设备设计与制造（限于合资、合作）

15. 航空地面设备制造：民用机场设施、民用机场运行保障设备、飞行试验地面设备、飞行模拟与训练设备、航空测试与计量设备、航空地面试验设备、机载设备综合测试设备、航空制造专用设备、航空材料试制专用设备、民用航空器地面接收及应用设备、运载火箭地面测试设备、运载火箭力学及环境实验设备

16. 航天器光机电产品、航天器温控产品、星上产品检测设备、航天器结构与机构产品制造

17. 轻型燃气轮机制造

18. 豪华邮轮及深水（3000 米以上）海洋工程装备的设计（限于合资、合作）

19. 海洋工程装备（含模块）的制造与修理（中方控股）

20. 船舶低、中速柴油机及其零部件的设计（限于合资、合作）

21. 船舶低、中速柴油机及曲轴的制造（中方控股）

22. 船舶舱室机械的设计与制造（中方相对控股）

23. 船舶通讯导航设备的设计与制造：船舶通信系统设备、船舶电子导航设备、船用雷达、电罗经自动舵、船舶内部公共广播系统等

24. 游艇的设计与制造（限于合资、合作）

（二十）电气机械及器材制造业

1. 100 万千瓦超超临界火电机组用关键辅机设备制造（限于合资、合作）：安全阀、调节阀

2. 燃煤电站、钢铁行业烧结机脱硝技术装备制造

3. 火电设备的密封件设计、制造

4. 燃煤电站、水电站设备用大型铸锻件制造

5. 水电机组用关键辅机设备制造

6. 输变电设备制造（限于合资、合作）：非晶态合金变压器、500 千伏及以上高压开关用操作机构、灭弧装置、大型盆式绝缘子（1000 千伏、50 千安以上），500 千伏及以上变压器用出线装置、套管（交流 500、750、1000 千伏，直流所有规格）、调压开关（交流 500、750、1000 千伏有载、无载调压开关），直流输电用干式平波电抗器，±800 千伏直流输电用换流阀（水冷设备、直流场设备），符合欧盟 RoHS 指令的电器触头材料及无 Pb、Cd 的焊料

7. 新能源发电成套设备或关键设备制造：光伏发电、地热发电、潮汐发电、波浪发电、垃圾发电、沼气发电、2.5 兆瓦及以上风力发电设备

8. 额定功率 350MW 及以上大型抽水蓄能机组制造（限于合资、合作）：水泵水轮机及调速器、大型变速可逆式水泵水轮机组、发电电动机及励磁、启动装置等附属设备

9. 斯特林发电机组制造

10. 直线和平面电机及其驱动系统开发与制造

11. 高技术绿色电池制造：动力镍氢电池、锌镍蓄电池、锌银蓄电池、锂离子电池、太阳能电池、燃料电池等（新能源汽车能量型动力电池除外）

12. 电动机采用直流调速技术的制冷空调用压缩机、采用 CO_2 自然工质制冷空调压缩机、应用可再生能源（空气源、水源、地源）制冷空调设备制造

13. 太阳能空调、采暖系统、太阳能干燥装置制造

14. 生物质干燥热解系统、生物质气化装置制造

15. 交流调频调压牵引装置制造

（二十一）通信设备、计算机及其他电子设备制造业

1. 高清数字摄录机、数字放声设备制造

2. TFT-LCD、PDP、OLED 等平板显示屏、显示屏材料制造（6 代及 6 代以下 TFT-LCD 玻璃基板除外）

3. 大屏幕彩色投影显示器用光学引擎、光源、投影屏、高清晰度投影管和微显投影设备模块等关键件制造

4. 数字音、视频编解码设备，数字广播电视演播室设备，数字有线电视系统设备，数字音频广播发射设备，数字电视上下变换器，数字电视地面广播单频网（SFN）设备，卫星数字电视上行站设备，卫星公共接收电视（SMATV）前端设备制造

5. 集成电路设计，线宽 0.18 微米及以下大规模数字集成电路制造，0.8 微米及以下模拟、数模集成电路制造，MEMS 和化合物半导体集成电路制造及 BGA、PGA、CSP、MCM 等先进封装与测试

6. 大中型电子计算机、百万亿次高性能计算机、便携式微型计算机、每秒一万亿次及以上高档服务器、大型模拟仿真系统、大型工业控制机及控制器制造

7. 计算机数字信号处理系统及板卡制造

8. 图形图像识别和处理系统制造

9. 大容量光、磁盘驱动器及其部件开发与制造

10. 高速、容量 100TB 及以上存储系统及智能化存储设备制造

11. 计算机辅助设计（三维 CAD）、辅助测试（CAT）、辅助制造（CAM）、辅助工程（CAE）系统及其他计算机应用系统制造

12. 软件产品开发、生产

13. 电子专用材料开发与制造（光纤预制棒开发与制造除外）

14. 电子专用设备、测试仪器、工模具制造

15. 新型电子元器件制造：片式元器件、敏感元器件及传感器、频率控制与选择元件、混合集成电路、电力电子器件、光电子器件、新型机电元件、高分子固体电容器、超级电容器、无源集成元件、高密度互连积层板、多层挠性板、刚挠印刷电路板及封装载板

16. 触控系统（触控屏幕、触控组件等）制造

17. 发光效率 100lm/W 以上高亮度发光二极管、发光效率 1001m/W 以上发光二极管外延片（蓝光）、发光效率 1001m/W 以上且功率 200mW 以上白色发光管制造

18. 高密度数字光盘机用关键件开发与生产

19. 只读类光盘复制和可录类光盘生产

20. 民用卫星设计与制造（中方控股）

21. 民用卫星有效载荷制造（中方控股）

22. 民用卫星零部件制造

23. 卫星通信系统设备制造

24. 卫星导航定位接收设备及关键部件制造

25. 光通信测量仪表、速率 10Gb/s 及以上光收发器制造

26. 超宽带（UWB）通信设备制造

27. 无线局域网（含支持 WAPI）、广域网设备制造

28. 40Gbps 及以上速率时分复用设备（TDM）、密集波分复用设备（DWDM）、宽带无源网络设备（包括 EPON、GPON、WDM-PON 等）、下一代 DSL 芯片及设备、光交叉连接设备（OXC）、自动光交换网络设备（ASON）、40G/sSDH 以上光纤通信传输设备制造

29. 基于 IPv6 的下一代互联网系统设备、终端设备、检测设备、软件、芯片开发与制造

30. 第三代及后续移动通信系统手机、基站、核心网设备以及网络检测设备开发与制造

31. 高端路由器、千兆比以上网络交换机开发与制造

32. 空中交通管制系统设备制造（限于合资、合作）

（二十二）仪器仪表及文化、办公用机械制造业

1. 工业过程自动控制系统与装置制造：现场总线控制系统，大型可编程控制器（PLC），两相流量计，固体流量计，新型传感器及现场测量仪表

2. 大型精密仪器开发与制造：电子显微镜、激光扫描显微镜、扫描隧道显微镜、电子探针、大型金相显微镜，光电直读光谱仪、拉曼光谱仪，质谱仪、色谱-质谱联用仪、核磁共振波谱仪、能谱仪、X 射线荧光光谱仪、衍射仪，工业 CT、450KV 工业 X 射线探伤机、大型动平衡试验机、在线机械量自动检测系统、三坐标测量机、激光比长仪，电法勘探仪、500m 以上航空电法及伽玛能谱测量仪器、井中重力及三分量磁力仪、高精度微伽重力及航空重力梯度测量仪器，光栅尺、编码器

3. 高精度数字电压表、电流表制造（显示量程七位半以上）

4. 无功功率自动补偿装置制造

5. 安全生产新仪器设备制造

6. VXI 总线式自动测试系统（符合 IEEE1155 国际规范）制造

7. 煤矿井下监测及灾害预报系统、煤炭安全检测综合管理系统开发与制造

8. 工程测量和地球物理观测设备制造：数字三角测量系统、三维地形模型数控成型系统（面积>1000×1000mm、水平误差<1mm、高程误差<0.5mm）、超宽频带地震计（φ<5cm、频带 0.01~50Hz、等效地动速度噪声<10~9m/s）、地震数据集合处理系统、综合井下地震和前兆观测系统、精密可控震源系统、工程加速度测量系统、高精度 GPS 接收机（精度 1mm+1ppm）、INSAR 图像接收及处理系统、INSAR 图像接收及处理系统、精度<1 微伽的绝对重力仪、卫星重力仪、采用相干或双偏振技术的多普勒天气雷达、能见度测量仪、气象传感器（温、压、湿、风、降水、云、能见度、辐射、冻土、雪深）、防雷击系统、多级飘尘采样计、3-D 超声风速仪、高精度智能全站仪、三维激光扫描仪、钻探用高性能金刚石钻头、无合作目标激光测距仪、风廓线仪（附带 RASS）、GPS 电子探控仪系统、CO_2/H_2O 通量观测系统、边界层多

普勒激光雷达、颗粒物颗粒经谱仪器（3nm~20μm）、高性能数据采集器、水下滑翔器

9. 环境监测仪器制造：SO_2 自动采样器及测定仪、NOX 及 NO_2 自动采样器及测定仪、O_3 自动监测仪、CO 自动监测仪、烟气及 Pm2.5 粉尘采样器及采样切割器、便携式有毒有害气体测定仪、空气中有机污染物自动分析仪、COD 自动在线监测仪、BOD 自动在线监测仪、浊度在线监测仪、DO 在线监测仪、TOC 在线监测仪、氨氮在线监测仪、辐射剂量检测仪、射线分析测试仪、重金属在线监测设备、在线生物毒性水质预警监控设备

10. 水文数据采集、处理与传输和防洪预警仪器及设备制造

11. 海洋勘探监测仪器和设备制造：中深海水下摄像机和水下照相机、多波束探测仪、中浅地层剖面探测仪、走航式温盐深探测仪、磁通门罗盘、液压绞车、水下密封电子连接器、效率>90%的反渗透海水淡化用能量回收装置、海洋生态系统监测浮标、剖面探测浮标、一次性使用的电导率温度和深度测量仪器（XCTD）、现场水质测量仪器、智能型海洋水质监测用化学传感器（连续工作 3~6 个月）、电磁海流计、声学多普勒海流剖面仪（自容式、直读式和船用式）、电导率温度深度剖面仪、声学应答释放器、远洋深海潮汐测量系统（布设海底）

12. 1000 万像素以上数字照相机制造

13. 办公机械制造：多功能一体化办公设备（复印、打印、传真、扫描），彩色打印设备，精度 2400dpi 及以上高分辨率彩色打印机头，感光鼓

14. 电影机械制造：2K、4K 数字电影放映机，数字电影摄像机，数字影像制作、编辑设备

（二十三）工艺品及其他制造业

1. 洁净煤技术产品的开发利用及设备制造（煤炭气化、液化、水煤浆、工业型煤）

2. 煤炭洗选及粉煤灰（包括脱硫石膏）、煤矸石等综合利用

3. 全生物降解材料的生产

4. 废旧电器电子产品、汽车、机电设备、橡胶、金属、电池回收处理

四、电力、煤气及水的生产和供应业

1. 采用整体煤气化联合循环（IGCC）、30 万千瓦及以上循环流化床、10 万千瓦及以上增压循环流化床（PFBC）洁净燃烧技术电站的建设、经营

2. 背压型热电联产电站的建设、经营

3. 发电为主水电站的建设、经营

4. 核电站的建设、经营（中方控股）

5. 新能源电站（包括太阳能、风能、地热能、潮汐能、波浪能、生物质能等）建设、经营

6. 海水利用（海水直接利用、海水淡化）

7. 供水厂建设、经营

8. 再生水厂建设、运营

9. 机动车充电站、电池更换站建设、经营

五、交通运输、仓储和邮政业

1. 铁路干线路网的建设、经营（中方控股）

2. 支线铁路、地方铁路及其桥梁、隧道、轮渡和站场设施的建设、经营（限于合资、合作）

3. 高速铁路、铁路客运专线、城际铁路基础设施综合维修（中方控股）

4. 公路、独立桥梁和隧道的建设、经营

5. 公路货物运输公司

6. 港口公用码头设施的建设、经营

7. 民用机场的建设、经营（中方相对控股）

8. 航空运输公司（中方控股）

9. 农、林、渔业通用航空公司（限于合资、合作）

10. 定期、不定期国际海上运输业务（中方控股）
11. 国际集装箱多式联运业务
12. 输油（气）管道、油（气）库的建设、经营
13. 煤炭管道运输设施的建设、经营
14. 自动化高架立体仓储设施、运输业务相关的仓储设施建设、经营

六、批发和零售业

1. 一般商品的共同配送、鲜活农产品低温配送等现代物流及相关技术服务
2. 农村连锁配送
3. 托盘及集装单元共用系统建设、经营

七、租赁和商务服务业

1. 会计、审计（限于合作、合伙）
2. 国际经济、科技、环保、物流信息咨询服务
3. 以承接服务外包方式从事系统应用管理和维护、信息技术支持管理、银行后台服务、财务结算、人力资源服务、软件开发、离岸呼叫中心、数据处理等信息技术和业务流程外包服务
4. 创业投资企业
5. 知识产权服务
6. 家庭服务业

八、科学研究、技术服务和地质勘查业

1. 生物工程与生物医学工程技术、生物质能源开发技术
2. 同位素、辐射及激光技术
3. 海洋开发及海洋能开发技术、海洋化学资源综合利用技术、相关产品开发和精深加工技术、海洋医药与生化制品开发技术
4. 海洋监测技术（海洋浪潮、气象、环境监测）、海底探测与大洋资源勘查评价技术
5. 综合利用海水淡化后的浓海水制盐、提取钾、溴、镁、锂及其深加工等海水化学资源高附加值利用技术
6. 海上石油污染清理与生态修复技术及相关产品开发，海水富营养化防治技术，海洋生物爆发性生长灾害防治技术，海岸带生态环境修复技术
7. 节能技术开发与服务
8. 资源再生及综合利用技术、企业生产排放物的再利用技术开发及其应用
9. 环境污染治理及监测技术
10. 化纤生产及印染加工的节能降耗、三废治理新技术
11. 防沙漠化及沙漠治理技术
12. 草畜平衡综合管理技术
13. 民用卫星应用技术
14. 研究开发中心
15. 高新技术、新产品开发与企业孵化中心

九、水利、环境和公共设施管理业

1. 综合水利枢纽的建设、经营（中方控股）
2. 城市封闭型道路建设、经营
3. 城市地铁、轻轨等轨道交通的建设、经营（中方控股）
4. 污水、垃圾处理厂，危险废物处理处置厂（焚烧厂、填埋场）及环境污染治理设施的建设、经营

十、教育

1. 高等教育机构（限于合资、合作）

2. 职业技能培训

十一、卫生、社会保障和社会福利业

1. 老年人、残疾人和儿童服务机构

十二、文化、体育和娱乐业

1. 演出场所经营（中方控股）

2. 体育场馆经营、健身、竞赛表演及体育培训和中介服务

限制外商投资产业目录

一、农、林、牧、渔业

1. 农作物新品种选育和种子生产（中方控股）

2. 珍贵树种原木加工（限于合资、合作）

3. 棉花（籽棉）加工

二、采矿业

1. 特殊和稀缺煤类勘查、开采（中方控股）

2. 重晶石勘查、开采（限于合资、合作）

3. 贵金属（金、银、铂族）勘查、开采

4. 金刚石、高铝耐火黏土、硅灰石、石墨等重要非金属矿的勘查、开采

5. 磷矿、锂矿和硫铁矿的开采、选矿，盐湖卤水资源的提炼

6. 硼镁石及硼镁铁矿石开采

7. 天青石开采

8. 大洋锰结核、海砂的开采（中方控股）

三、制造业

（一）农副食品加工业

1. 豆油、菜籽油、花生油、棉籽油、茶籽油、葵花籽油、棕榈油等食用油脂加工（中方控股），大米、面粉加工，玉米深加工

2. 生物液体燃料（燃料乙醇、生物柴油）生产（中方控股）

（二）饮料制造业

1. 黄酒、名优白酒生产（中方控股）

（三）烟草制品业

1. 打叶复烤烟叶加工生产

（四）印刷业和记录媒介的复制

1. 出版物印刷（中方控股）

（五）石油加工、炼焦及核燃料加工业

1. 1000 万吨/年以下常减压炼油、150 万吨/年以下催化裂化、100 万吨/年以下连续重整（含芳烃抽提）、150 万吨/年以下加氢裂化生产

（六）化学原料及化学制品制造业

1. 纯碱、烧碱以及规模以下或采用落后工艺的硫酸、硝酸、钾碱生产

2. 感光材料生产

3. 联苯胺生产

4. 易制毒化学品生产（麻黄素、3，4-亚基二氧苯基-2-丙酮、苯乙酸、1-苯基-2-丙酮、胡椒醛、黄樟脑、异黄樟脑、醋酸酐）

5. 氟化氢等低端氟氯烃或氟氯化合物生产

6. 丁二烯橡胶（高顺式丁二烯橡胶除外）、乳液聚合丁苯橡胶、热塑性丁苯橡胶生产

7. 乙炔法聚氯乙烯以及规模以下乙烯和后加工产品生产

8. 采用落后工艺、含有有害物质、规模以下颜料和涂料生产

9. 硼镁铁矿石加工

10. 资源占用大、环境污染严重、采用落后工艺的无机盐生产

（七）医药制造业

1. 氯霉素、青霉素 G、洁霉素、庆大霉素、双氢链霉素、丁胺卡那霉素、盐酸四环素、土霉素、麦迪霉素、柱晶白霉素、环丙氟哌酸、氟哌酸、氟嗪酸生产

2. 安乃近、扑热息痛、维生素 B1、维生素 B2、维生素 C、维生素 E、多种维生素制剂和口服钙剂生产

3. 纳入国家免疫规划的疫苗品种生产

4. 麻醉药品及一类精神药品原料药生产（中方控股）

5. 血液制品的生产

（八）化学纤维制造业

1. 常规切片纺的化纤抽丝生产

2. 粘胶纤维生产

（九）有色金属冶炼及压延加工业

1. 钨、钼、锡（锡化合物除外）、锑（含氧化锑和硫化锑）等稀有金属冶炼

2. 电解铝、铜、铅、锌等有色金属冶炼

3. 稀土冶炼、分离（限于合资、合作）

（十）通用设备制造业

1. 各类普通级（P0）轴承及零件（钢球、保持架）、毛坯制造

2. 400 吨以下轮式、履带式起重机械制造（限于合资、合作）

（十一）专用设备制造业

1. 一般涤纶长丝、短纤维设备制造

2. 320 马力及以下推土机、30 吨级及以下液压挖掘机、6 吨级及以下轮式装载机、220 马力及以下平地机、压路机、叉车、135 吨级及以下电力传动非公路自卸翻斗车、60 吨级及以下液力机械传动非公路自卸翻斗车、沥青混凝土搅拌与摊铺设备和高空作业机械、园林机械和机具、商品混凝土机械（托泵、搅拌车、搅拌站、泵车）制造

（十二）交通运输设备制造业

1. 船舶（含分段）的修理、设计与制造（中方控股）

（十三）通信设备、计算机及其他电子设备制造业

1. 卫星电视广播地面接收设施及关键件生产

四、电力、煤气及水的生产和供应业

1. 小电网范围内，单机容量 30 万千瓦及以下燃煤凝汽火电站、单机容量 10 万千瓦及以下燃煤凝汽抽汽两用机组热电联产电站的建设、经营

2. 电网的建设、经营（中方控股）

3. 城市人口 50 万以上的城市燃气、热力和供排水管网的建设、经营（中方控股）

五、交通运输、仓储和邮政业

1. 铁路货物运输公司

2. 铁路旅客运输公司（中方控股）

3. 公路旅客运输公司

4. 出入境汽车运输公司

5. 水上运输公司（中方控股）

6. 摄影、探矿、工业等通用航空公司（中方控股）

7. 电信公司：增值电信业务（外资比例不超过 50%），基础电信业务（外资比例不超过 49%）

六、批发和零售业

1. 直销、邮购、网上销售

2. 粮食收购，粮食、棉花、植物油、食糖、烟草、原油、农药、农膜、化肥的批发、零售、配送（设立超过 30 家分店、销售来自多个供应商的不同种类和品牌商品的连锁店由中方控股）

3. 大型农产品批发市场建设、经营

4. 音像制品（除电影外）的分销（限于合作）

5. 船舶代理（中方控股）、外轮理货（限于合资、合作）

6. 成品油批发及加油站（同一外国投资者设立超过 30 家分店、销售来自多个供应商的不同种类和品牌成品油的连锁加油站，由中方控股）建设、经营

七、金融业

1. 银行、财务公司、信托公司、货币经纪公司

2. 保险公司（寿险公司外资比例不超过 50%）

3. 证券公司（限于从事 A 股承销、B 股和 H 股以及政府和公司债券的承销和交易，外资比例不超过 1/3）、证券投资基金管理公司（外资比例不超过 49%）

4. 保险经纪公司

5. 期货公司（中方控股）

八、房地产业

1. 土地成片开发（限于合资、合作）

2. 高档宾馆、高档写字楼和国际会展中心的建设、经营

3. 房地产二级市场交易及房地产中介或经纪公司

九、租赁和商务服务业

1. 法律咨询

2. 市场调查（限于合资、合作）

3. 资信调查与评级服务公司

十、科学研究、技术服务和地质勘查业

1. 测绘公司（中方控股）

2. 进出口商品检验、鉴定、认证公司

3. 摄影服务（含空中摄影等特技摄影服务，但不包括测绘航空摄影，限于合资）

十一、教育

1. 普通高中教育机构（限于合作）

十二、文化、体育和娱乐业

1. 广播电视节目、电影的制作业务（限于合作）

2. 电影院的建设、经营（中方控股）

3. 大型主题公园的建设、经营

4. 演出经纪机构（中方控股）

5. 娱乐场所经营（限于合资、合作）

十三、国家和我国缔结或者参加的国际条约规定限制的其他产业

禁止外商投资产业目录

一、农、林、牧、渔业

1. 我国稀有和特有的珍贵优良品种的研发、养殖、种植以及相关繁殖材料的生产（包括种植业、畜牧业、水产业的优良基因）

2. 转基因生物研发和转基因农作物种子、种畜禽、水产苗种生产

3. 我国管辖海域及内陆水域水产品捕捞

二、采矿业

1. 钨、钼、锡、锑、萤石勘查、开采

2. 稀土勘查、开采、选矿

3. 放射性矿产的勘查、开采、选矿

三、制造业

（一）饮料制造业

1. 我国传统工艺的绿茶及特种茶加工（名茶、黑茶等）

（二）医药制造业

1. 列入《野生药材资源保护条例》和《中国珍稀、濒危保护植物名录》的中药材加工

2. 中药饮片的蒸、炒、灸、煅等炮制技术的应用及中成药保密处方产品的生产

（三）有色金属冶炼及压延加工业

1. 放射性矿产的冶炼、加工

（四）专用设备制造业

1. 武器弹药制造

（五）电气机械及器材制造业

1. 开口式（即酸雾直接外排式）铅酸电池、含汞扣式氧化银电池、含汞扣式碱性锌锰电池、糊式锌锰电池、镉镍电池制造

（六）工业品及其他制造业

1. 象牙雕刻

2. 虎骨加工

3. 脱胎漆器生产

4. 珐琅制品生产

5. 宣纸、墨锭生产

6. 致癌、致畸、致突变产品和持久性有机污染物产品生产

四、电力、煤气及水的生产和供应业

1. 小电网外，单机容量30万千瓦及以下燃煤凝汽火电站、单机容量10万千瓦及以下燃煤凝汽抽汽两用热电联产电站的建设、经营

五、交通运输、仓储和邮政业

1. 空中交通管制公司

2. 邮政公司、信件的国内快递业务

六、租赁和商务服务业

1. 社会调查

七、科学研究、技术服务和地质勘查业

1. 人体干细胞、基因诊断与治疗技术开发和应用

2. 大地测量、海洋测绘、测绘航空摄影、行政区域界线测绘、地形图和普通地图编制、导航电子地

图编制

八、水利、环境和公共设施管理业

1. 自然保护区和国际重要湿地的建设、经营

2. 国家保护的原产于我国的野生动、植物资源开发

九、教育

1. 义务教育机构，军事、警察、政治和党校等特殊领域教育机构

十、文化、体育和娱乐业

1. 新闻机构

2. 图书、报纸、期刊的出版业务

3. 音像制品和电子出版物的出版、制作业务

4. 各级广播电台（站）、电视台（站）、广播电视频道（率）、广播电视传输覆盖网（发射台、转播台、广播电视卫星、卫星上行站、卫星收转站、微波站、监测台、有线广播电视传输覆盖网）

5. 广播电视节目制作经营公司

6. 电影制作公司、发行公司、院线公司

7. 新闻网站、网络视听节目服务、互联网上网服务营业场所、互联网文化经营（音乐除外）

8. 高尔夫球场、别墅的建设、经营

9. 博彩业（含赌博类跑马场）

10. 色情业

十一、其他行业

1. 危害军事设施安全和使用效能的项目

十二、国家和我国缔结或者参加的国际条约规定禁止的其他产业

注：1.《内地与香港关于建立更紧密经贸关系的安排》及其补充协议、《内地与澳门关于建立更紧密经贸关系的安排》及其补充协议、《海峡两岸经济合作框架协议》及其补充协议、我国与有关国家签订的自由贸易区协议另有规定的，从其规定。

2. 国务院专项规定或产业政策另有规定的，从其规定。

海关总署关于执行《中西部地区外商投资优势产业目录（2013年修订）》的公告

（海关总署公告2013年第50号）

经国务院批准，国家发展改革委、商务部联合发布第1号令，公布了《中西部地区外商投资优势产业目录（2013年修订）》[以下简称《中西部外资目录（2013年修订）》，详见附件]，规定自2013年6月10日起施行。现就海关执行中的有关问题公告如下：

一、2013年6月10日及以后核准（以项目的核准日期为准）的属于《中西部外资目录（2013年修订）》范围的外商投资项目（包括增资项目），享受鼓励类外商投资项目进口税收优惠政策；相关项目项下进口的自用设备以及按照合同随上述设备进口的技术和配套件、备件，按照《国务院关于调整进口设备税收政策的通知》（国发〔1997〕37号，以下简称《通知》）和海关总署公告2008年第103号的有关规定，免征关税，进口环节增值税照章征收。

二、《中西部外资目录（2013 年修订）》实施后，项目确认书中的“项目产业政策审批条目”编码为“P”。例如，山西省第 7 项应填写为：“煤层气和煤炭伴生资源综合开发利用（P1407）”，项目性质仍为“I：外资中西部优势产业、项目”。

三、对 2013 年 6 月 9 日及以前按照《中西部地区外商投资优势产业目录（2008 年修订）》［国家发展改革委、商务部令 2008 年第 4 号，以下简称《中西部外资目录（2008 年修订）》］核准的外商投资项目，相关项目项下进口的自用设备以及按照合同随上述设备进口的技术和配套件、备件，可继续按照《通知》和海关总署公告 2008 年第 103 号的有关规定执行。有关项目单位须于 2014 年 6 月 30 日以前（含当日），持投资主管部门出具的《国家鼓励发展的内外资项目确认书》（其中“项目产业政策审批条目”仍按原审批条目及编码填写）等有关资料，向海关申请办理减免税备案手续。逾期，海关不再受理上述减免税备案申请。

四、对于未列入《中西部外资目录（2008 年修订）》的外商投资在建项目，凡符合《中西部外资目录（2013 年修订）》规定的，可按有关规定向投资主管部门申请补办《国家鼓励发展的内外资项目确认书》。在取得《国家鼓励发展的内外资项目确认书》之后，在建项目进口的自用设备以及按照合同随上述设备进口的技术和配套件、备件，可参照本公告第一条的规定享受进口税收优惠政策，但进口设备已经征税的，税款不予退还。

特此公告。

附件　中西部地区外商投资优势产业目录（2013 年修订）

中华人民共和国海关总署
二〇一三年八月二十日

附件

中华人民共和国国家发展改革委、中华人民共和国商务部令

（第 1 号）

《中西部地区外商投资优势产业目录（2013 年修订）》已经国务院批准，现予以发布，自 2013 年 6 月 10 日起施行。2008 年 12 月 23 日国家发展改革委、商务部发布的《中西部地区外商投资优势产业目录（2008 年修订）》（国家发展改革委、商务部令 2008 年第 4 号）同时废止。

根据《指导外商投资方向规定》（国务院令 2002 年第 346 号）的规定，属于本目录的外商投资项目，享受鼓励类外商投资项目优惠政策。符合本目录规定的外商投资在建项目，可按照本目录的有关政策执行。

国家发展改革委
商务部
二〇一三年五月九日

中西部地区外商投资优势产业目录（2013 年修订）

A 山西　B 内蒙古　C 辽宁　D 吉林　E 黑龙江　F 安徽　G 江西　H 河南　I 湖北　J 湖南　K 广西　L 重庆　M 四川　N 贵州　O 云南　P 西藏　Q 陕西　R 甘肃　S 宁夏 T 青海　U 新疆　V 海口

A　山西省

1. 牧草饲料作物种植及深加工

2. 小杂粮、马铃薯种植及产品开发、生产
3. 退耕还林还草、天然林保护等国家重点生态工程后续产业开发
4. 节水灌溉和旱作节水技术、保护性耕作技术开发与应用
5. 采煤矿区采空、塌陷区域生态系统恢复与重建工程
6. 非金属矿（高岭土、石灰石、硅石、石英砂）综合利用（勘探、开采除外）
7. 煤层气和煤炭伴生资源综合开发利用
8. 焦炭副产品综合利用
9. 高档棉、毛、麻、丝、化纤的纺织、针织及服装加工生产
10. 天然药、原料药、中成药的深加工（列入《外商投资产业指导目录》限制类、禁止类的除外）
11. 包装装潢印刷品印刷
12. 高档玻璃制品、高技术陶瓷（含工业陶瓷）技术开发和产品生产
13. 特殊品种（超白、超薄、在线 Low—E、中空、超厚）优质浮法玻璃技术开发及深加工
14. 不锈钢制品生产
15. 高速列车用钢、非晶带材等钢铁新材料
16. 铝合金材料及制品生产
17. 钢丝绳芯橡胶输运带生产
18. 液压技术系统及模具生产
19. 旱地、山地中小农业机械及配套机具制造
20. 三轴以上联动的高速、精密数控机床及配套数控系统、伺服电机及驱动装置、功能部件、刀具、量具、量仪及高档磨具磨料生产
21. 大型煤矿综采设备和防爆机电产品生产
22. 第三代及后续移动通信系统手机零部件生产
23. 洗中煤、焦炉煤气余热发电、供热等综合利用
24. 云计算、物联网、移动互联网等新一代信息技术开发、应用
25. 宽带业务和增值电信业务（需在我国入世承诺框架内）
26. 公路旅客运输公司
27. 城市燃气、热力和供排水管网建设、经营（人口 50 万以上城市中方控股）
28. 医疗和养老服务机构
29. 艺术表演培训和中介服务及文化用品、设备等产业化开发
30. 旅游景区（点）保护、开发和经营及其配套设施建设

B 内蒙古自治区

1. 绿色农畜产品（乳、肉、绒、皮毛、马铃薯、蔬菜）生产及加工（列入《外商投资产业指导目录》限制类、禁止类的除外）
2. 松香深加工
3. 盐湖生物养殖加工与综合利用
4. 退耕还林还草、退牧还草、天然林保护等国家重点生态工程后续产业开发
5. 节水灌溉和旱作节水技术、保护性耕作、中低产田改造等技术开发与应用
6. 日处理甜菜 3000 吨及以上甜菜糖精深加工及副产品综合利用
7. 优质酿酒葡萄基地建设
8. 铜、铅、锌、镁等金属精深加工（限于合资、合作）
9. 非金属矿（高岭土、红柱石、膨润土、白云石、晶质石墨、珍珠岩、沸石）综合利用及精细加工（勘探、开采除外）
10. 毛纺织、针织品高新技术产品开发
11. 煤层气和煤炭伴生资源综合开发利用

12. 稀土高端应用产品加工

13. 天然气下游化工产品开发和利用（列入《天然气利用政策》限制类和禁止类的除外）

14. 利用乙烯与氯气通过氧氯化法生产 30 万吨/年以上 PVC，废盐酸制氯气等综合利用技术开发及利用

15. 高性能硅油、硅橡胶、树脂，高品质氟树脂，高性能氟橡胶，含氟精细化学品和高品质含氟无机盐等

16. 硅材料及其应用

17. 动植物药材资源开发、保护和可持续利用（列入《外商投资产业指导目录》限制类、禁止类的除外）

18. 少数民族特需用品、工艺美术品、包装容器材料及日用玻璃制品生产

19. 特殊品种（超白、超薄、在线 Low—E、中空、超厚）优质浮法玻璃技术开发及深加工

20. 碳纤维产品生产及其应用

21. 天然气压缩机（含煤层气压缩机）制造

22. 汽车整车制造（外资比例不高 50%），专用汽车（不包括普通半挂车、自卸车、罐式车、厢式车和仓栅式汽车）制造（外资比例不高于 50%）

23. 大型储能技术研发与生产应用（蓄能电池、抽水蓄能技术、空气储能技术、风电与后夜供热等）

24. 太阳能发电设备及零部件制造

25. 洗中煤、焦炉煤气余热发电、供热等综合利用

26. 宽带业务和增值电信业务（需在我国入世承诺框架内）

27. 公路旅客运输公司

28. 城市燃气、热力和供排水管网建设、经营（人口 50 万以上城市中方控股）

29. 医疗和养老服务机构

30. 广播电视节目、电影的制作业务（限于合作）

31. 冰雪、森林、草原生态旅游资源开发、建设和经营

32. 旅游景区（点）保护、开发和经营及其配套设施建设

C 辽宁省

1. 肉鸡、生猪、肉牛和肉羊饲养及产品深加工

2. 节水灌溉和旱作节水技术、保护性耕作技术开发与应用

3. 退耕还林还草等国家重点生态工程后续产业开发

4. 镁、锆石加工及综合利用（中方相对控股）

5. 高档棉、毛、麻、丝、化纤的纺织、针织及服装加工生产

6. 天然药、原料药、中成药的深加工（列入《外商投资产业指导目录》限制类、禁止类的除外）

7. 高性能子午线轮胎的生产。包括无内胎载重子午胎，低断面和扁平化（低于 55 系列）、大轮辋高性能轿车子午胎（15 吋以上），航空轮胎及农用子午胎的生产

8. 金属包装、自动化立体仓库及仓储物流设备制造

9. 汽车零部件制造：六挡以上自动变速箱、商用车用高功率密度驱动桥、随动前照灯系统、LED 前照灯、轻量化材料应用（高强钢、铝镁合金、复合塑料、粉末冶金、高强度复合纤维等）、离合器、液压减震器、中控盘总成、座椅

10. 飞行员培训、航空俱乐部（限于合资、合作）

11. 医疗设备及关键部件开发及生产

12. 高精度铜、铝及合金板带材深加工

13. 大型储能技术研发与生产应用（蓄能电池、抽水蓄能技术、空气储能技术、风电与后夜供热等）

14. 宽带业务和增值电信业务（需在我国入世承诺框架内）

15. 城市燃气、热力和供排水管网建设、经营（人口 50 万以上城市中方控股）

16. 医疗和养老服务机构

17. 旅游景区（点）保护、开发和经营及其配套设施建设

18. 经国家投资主管部门批准的资源枯竭型城市的精深加工和接续产业等项目

D 吉林省

1. 节水灌溉和旱作节水技术、保护性耕作技术开发与应用

2. 肉鸡、肉鹅、生猪、肉牛、肉羊和梅花鹿饲养及产品深加工

3. 人参、鹿茸、山葡萄、果仁、山野菜、菌类、林蛙、柞蚕、蜂蜜等长白山特色生态食品、饮品的开发和加工

4. 饮用天然矿泉水生产（中方控股）

5. 硅藻土资源开发及综合利用（勘探、开采除外）

6. 高档棉、毛、麻、丝、化纤的纺织、针织及服装加工生产

7. 褐煤蜡萃取

8. 动植物药材资源开发、保护和可持续利用（列入《外商投资产业指导目录》限制类、禁止类的除外）

9. 特殊品种（超白、超薄、在线 Low—E、中空、超厚）优质浮法玻璃技术开发及深加工

10. 碳纤维原丝、碳纤维生产及其生产所需辅助材料、碳纤维复合材料及其制品生产

11. 高性能子午线轮胎的生产。包括无内胎载重子午胎，低断面和扁平化（低于 55 系列）、大轮辋高性能轿车子午胎（15 吋以上），航空轮胎及农用子午胎的生产

12. 医疗设备及关键部件开发及生产

13. 汽车零部件制造：六挡以上自动变速箱、商用车用高功率密度驱动桥、随动前照灯系统、LED 前照灯、轻量化材料应用（高强钢、铝镁合金、复合塑料、粉末冶金、高强度复合纤维等）、离合器、液压减震器、中控盘总成、座椅

14. 生物质能发电设备制造（限于合资、合作）

15. 宽带业务和增值电信业务（需在我国入世承诺框架内）

16. 公路旅客运输公司

17. 汽车金融服务

18. 城市燃气、热力和供排水管网建设、经营（人口 50 万以上城市中方控股）

19. 医疗和养老服务机构

20. 动漫创作、制作（广播影视动漫制作业务限于合作）及衍生品开发

21. 冰雪旅游资源开发及滑雪场建设、经营

22. 旅游景区（点）保护、开发和经营及其配套设施建设

23. 经国家投资主管部门批准的资源枯竭型城市的精深加工和接续产业等项目

E 黑龙江省

1. 退耕还林还草、天然林保护等国家重点生态工程后续产业开发

2. 节水灌溉和旱作节水技术、保护性耕作技术开发与应用

3. 利用境外资源的木材加工

4. 饮用天然矿泉水生产（中方控股）

5. 日处理甜菜 3000 吨及以上甜菜制糖及副产品综合利用

6. 马铃薯深加工

7. 肉鹅、肉鸡、生猪、肉牛和肉羊饲养及产品加工

8. 天然药、原料药、中成药的深加工（列入《外商投资产业指导目录》限制类、禁止类的除外）

9. 特殊品种（超白、超薄、在线 Low—E、中空、超厚）优质浮法玻璃技术开发及深加工

10. 硅基及光伏新材料

11. 钛矿冶炼及钛制品加工（限于合资、合作）

12. 切削刀具、量具、刃具制造

13. 高性能子午线轮胎的生产。包括无内胎载重子午胎，低断面和扁平化（低于55系列）、大轮辋高性能轿车子午胎（15吋以上），航空轮胎及农用子午胎的生产

14. 汽车零部件制造：六挡以上自动变速箱、商用车用高功率密度驱动桥、随动前照灯系统、LED前照灯、轻量化材料应用（高强钢、铝镁合金、复合塑料、粉末冶金、高强度复合纤维等）、离合器、液压减震器、中控盘总成、座椅

15. 医疗设备及关键部件开发及生产

16. 电网智能管理控制系统设备制造

17. 宽带业务和增值电信业务（需在我国入世承诺框架内）

18. 公路旅客运输公司

19. 医疗和养老服务机构

20. 城市燃气、热力和供排水管网建设、经营（人口50万以上城市中方控股）

21. 动漫创作、制作（广播影视动漫制作业务限于合作）及衍生品开发

22. 森林、冰雪旅游资源开发及滑雪场建设、经营

23. 旅游景区（点）保护、开发和经营及其配套设施建设

24. 经国家投资主管部门批准的资源枯竭型城市的精深加工和接续产业等项目

F 安徽省

1. 节水灌溉和旱作节水技术、保护性耕作技术开发与应用

2. 高岭土、煤层气（瓦斯）、矿井水及天然焦等煤炭伴生资源综合利用（勘探、开采除外）

3. 非金属矿（方解石、膨润土、高岭土、凹凸棒黏土、石灰石、石英砂）综合利用（勘查、开采除外）

4. 高档棉、毛、麻、丝、化纤的纺织、针织及服装加工生产

5. 天然药、原料药、中成药的深加工（列入《外商投资产业指导目录》限制类、禁止类的除外）

6. 铜、锌、铝等有色金属精深加工及综合利用（限于合资、合作）

7. 高档无缝钢管、石油油井管制造

8. 包装装潢印刷品印刷

9. 特殊品种（超白、超薄、在线Low—E、中空、超厚）优质浮法玻璃技术开发及深加工

10. 利用木薯、麻风树、橡胶籽等非粮植物为原料的生物液体燃料（燃料乙醇、生物柴油）生产（中方控股）

11. 高性能子午线轮胎的生产。包括无内胎载重子午胎，低断面和扁平化（低于55系列）、大轮辋高性能轿车子午胎（15吋以上），航空轮胎及农用子午胎的生产

12. 汽车零部件制造：六挡以上自动变速箱、商用车用高功率密度驱动桥、随动前照灯系统、LED前照灯、轻量化材料应用（高强钢、铝镁合金、复合塑料、粉末冶金、高强度复合纤维等）、离合器、液压减震器、中控盘总成、座椅

13. 新型干法水泥成套设备制造

14. 电动叉车、30吨以上液压挖掘机及零部件开发与制造

15. 500万吨/年及以上矿井、薄煤层综合采掘设备，1000万吨级/年及以上大型露天矿关键装备；大型冶金成套设备等重大技术装备用分散型控制系统（DCS）

16. 医疗设备及关键部件开发及生产

17. 家用电器、家电用板材及零部件制造

18. 半导体照明材料上下游产品及相关设备的研发与制造

19. 大型、高压、高纯度工业气体的生产和供应

20. 宽带业务和增值电信业务（需在我国入世承诺框架内）

21. 公路旅客运输公司

22. 水上运输公司（中方控股）

23. 医疗和养老服务机构

24. 动漫创作、制作（广播影视动漫制作业务限于合作）及衍生品开发

25. 城市燃气、热力和供排水管网建设、经营（人口 50 万以上城市中方控股）

26. 旅游景区（点）保护、开发和经营及其配套设施建设

G 江西省

1. 脐橙、苎麻、竹、山药、莲、葛等特色、优势植物种植及深加工

2. 铜矿选矿、伴生元素提取及精深加工（限于合资、合作）及循环利用

3. 高岭土、粉石英、硅灰石、海泡石、化工用白云石等非金属矿选冶、应用及深加工

4. 高档棉、毛、麻、丝、化纤的纺织、针织及服装加工生产

5. 利用境外钨、镍、钴、钽、铌等稀有金属资源深加工、应用产品生产及循环利用

6. 利用乙烯与氯气通过氧氯化法生产 30 万吨/年以上 PVC，废盐酸制氯气等综合利用技术开发及利用

7. 稀土高端应用产品加工

8. 天然药、原料药、中成药的深加工（列入《外商投资产业指导目录》限制类、禁止类的除外）

9. 艺术陶瓷、日用陶瓷、工业陶瓷、特种陶瓷等高技术陶瓷的研发与生产

10. 高性能子午线轮胎的生产。包括无内胎载重子午胎，低断面和扁平化（低于 55 系列）、大轮辋高性能轿车子午胎（15 吋以上），航空轮胎及农用子午胎的生产

11. 包装装潢印刷品印刷

12. 汽车零部件制造：六挡以上自动变速箱、商用车用高功率密度驱动桥、随动前照灯系统、LED 前照灯、轻量化材料应用（高强钢、铝镁合金、复合塑料、粉末冶金、高强度复合纤维等）、离合器、液压减震器、中控盘总成、座椅

13. 医疗设备及关键部件开发及生产

14. 空调、高效节能压缩机及零部件生产

15. 太阳能发电设备及零部件制造

16. 半导体照明材料上下游产品及相关设备的研发与制造

17. 锂电池等锂产品生产专用设备的研发与制造

18. 光学部件及镀膜技术的研发、应用及制造

19. 宽带业务和增值电信业务（需在我国入世承诺框架内）

20. 公路旅客运输公司

21. 医疗和养老服务机构

22. 城市燃气、热力和供排水管网建设、经营（人口 50 万以上中方控股）

23. 动漫创作、制作（广播影视动漫制作业务限于合作）及衍生品开发

24. 旅游景区（点）保护、开发和经营及其配套设施建设

H 河南省

1. 生猪、肉牛、肉羊、小家禽饲养

2. 退耕还林还草、天然林保护等国家重点生态工程后续产业开发

3. 节水灌溉和旱作节水技术、保护性耕作技术开发与应用

4. 镁、锌精深加工（限于合资、合作）

5. 高档棉、毛、麻、丝、化纤的纺织、针织及服装加工生产

6. 煤层气（煤矿瓦斯）抽采和利用技术产品开发与生产

7. 超硬材料产品生产

8. 铝合金材料及制品生产

9. 天然药、原料药、中成药的深加工（列入《外商投资产业指导目录》限制类、禁止类的除外）

10. 包装装潢印刷品印刷

11. 特殊品种（超白、超薄、在线 Low—E、中空、超厚）优质浮法玻璃技术开发及深加工

12. 高性能子午线轮胎的生产。包括无内胎载重子午胎，低断面和扁平化（低于 55 系列）、大轮辋高性能轿车子午胎（15 吋以上），航空轮胎及农用子午胎的生产

13. 汽车零部件制造：六挡以上自动变速箱、商用车用高功率密度驱动桥、随动前照灯系统、LED 前照灯、轻量化材料应用（高强钢、铝镁合金、复合塑料、粉末冶金、高强度复合纤维等）、离合器、液压减震器、中控盘总成、座椅

14. 三轴以上联动的高速、精密数控机床及配套数控系统、伺服电机及驱动装置、功能部件、刀具、量具、量仪及高档磨具磨料生产

15. 300 马力以上配备无级变速器轮式拖拉机，300 马力以上拖拉机关键零部件：无级变速拖拉机发动机、变速箱、液力联合控制系统、双输入双输出无级调速装置

16. 500 万吨/年及以上矿井、薄煤层综合采掘设备，1000 万吨级/年及以上大型露天矿关键装备；12000 米及以上深井钻机、极地钻机、高位移性深井沙漠钻机、沼泽难进入区域用钻机、海洋钻机、车装钻机、特种钻井工艺用钻机等钻机成套设备

17. 电能综合管理自动化设备制造

18. LCoS、DLP、液晶等新型投影显示技术产品开发及生产

19. 空调、电冰箱、高效节能压缩机及零部件制造

20. 宽带业务和增值电信业务（需在我国入世承诺框架内）

21. 公路旅客运输公司

22. 医疗和养老服务机构

23. 城市燃气、热力和供排水管网建设、经营（人口 50 万以上城市中方控股）

24. 旅游景区（点）保护、开发和经营及其配套设施建设

I　湖北省

1. 保护性耕作技术开发与应用

2. 高档纺织品及服装工艺技术开发

3. 无纺布及医用纺织品生产

4. 动植物药材资源的开发、保护和可持续利用（列入《外商投资产业指导目录》限制类、禁止类的除外）

5. 高档棉、毛、麻、丝、化纤的纺织、针织及服装加工生产

6. 包装装潢印刷品印刷

7. 特殊品种（超白、超薄、在线 Low—E、中空、超厚）优质浮法玻璃技术开发及深加工

8. 空调、高效节能压缩机及零部件制造

9. 汽车零部件制造：六挡以上自动变速箱、商用车用高功率密度驱动桥、随动前照灯系统、LED 前照灯、轻量化材料应用（高强钢、铝镁合金、复合塑料、粉末冶金、高强度复合纤维等）、离合器、液压减震器、中控盘总成、座椅

10. 高性能子午线轮胎的生产。包括无内胎载重子午胎，低断面和扁平化（低于 55 系列）、大轮辋高性能轿车子午胎（15 吋以上），航空轮胎及农用子午胎的生产

11. 三轴以上联动的高速、精密数控机床及配套数控系统、伺服电机及驱动装置、功能部件、刀具、量具、量仪及高档磨具磨料生产

12. 特种钢丝绳、钢缆（平均抗拉强度>2200MPa）制造

13. 激光医疗设备开发与制造

14. 光电子技术和产品（含光纤预制棒、半导体发光二极管 LED）开发

15. 宽带业务和增值电信业务（需在我国入世承诺框架内）

16. 公路旅客运输公司

17. 汽车加气站建设和经营

18. 医疗和养老服务业

19. 城市燃气、热力和供排水管网建设、经营（人口50万以上城市中方控股）

20. 旅游景区（点）保护、开发和经营及其配套设施建设

J 湖南省

1. 蔬菜、水果、畜禽产品的生产及深加工

2. 锌精深加工（限于合资、合作）

3. 铋化合物生产（中方控股）

4. 艺术陶瓷、日用陶瓷、工业陶瓷、特种陶瓷等高技术陶瓷的研发与生产

5. 激素类药物深度开发（列入《外商投资产业指导目录》限制类、禁止类的除外）

6. 包装装潢印刷品印刷

7. 大口径钢管材加工

8. 硬质合金精深加工

9. 30吨以上液压挖掘机、6米及以上全断面掘进机、320马力及以上履带推土机、6吨及以上装载机、600吨及以上架桥设备（含架桥机、运梁车、提梁机）、400吨及以上履带起重机、100吨及以上全地面起重机、钻孔100毫米以上凿岩台车、400千瓦及以上砼冷热再生设备、1米宽及以上铣刨机；关键零部件：动力换挡变速箱、湿式驱动桥、回转支承、液力变矩器、为电动叉车配套的电机、电控、压力25兆帕以上液压马达、泵、控制阀

10. 60C及以上混凝土输送泵、50米及以上混凝土泵车、混凝土布料机、混凝土搅拌运输车、混凝土喷射机械手；起升机械：塔式起重机、50米及以上高空作业车、50吨级以上轮胎吊；路面机械：12米及以上沥青路面摊铺机、4吨以上沥青混凝土搅拌设备、26吨以上全液压压路机、垃圾收运和处理设备及系统等产品

11. 大型工程机械关键零部件：动力换挡变速箱、湿式驱动桥、回转支承、液力变矩器、为电动叉车配套的电机、电控、压力25兆帕以上液压马达、泵、控制阀

12. 新型橡胶机械成套设备制造

13. 消费类电子产品整机、光电子、电子材料、电子元器件的开发和制造

14. 宽带业务和增值电信业务（需在我国入世承诺框架内）

15. 公路旅客运输公司

16. 广播电视节目、电影制作业务（限于合作）

17. 医疗和养老服务机构

18. 城市燃气、热力和供排水管网建设、经营（人口50万以上城市中方控股）

19. 旅游景区（点）保护、开发和经营及其配套设施建设

K 广西自治区

1. 退耕还林还草等国家重点生态工程后续产业开发

2. 动植物药材资源开发生产（列入《外商投资产业指导目录》限制类、禁止类的除外）

3. 日处理甘蔗5000吨及以上的蔗糖精深加工及副产品综合利用

4. 单线5万立方米/年以上的普通刨花板、高中密度纤维板生产装置；单线5万立方米/年以上的木质刨花板生产装置；5万立方米/年以上的胶合板和细木工板生产线

5. 松香深加工

6. 锌、锡、锑、钨、锰等金属精深加工（限于合资、合作）

7. 少数民族特需用品、民族特色工艺品及包装容器材料生产

8. 艺术陶瓷、日用陶瓷、工业陶瓷、特种陶瓷等高技术陶瓷的研发与生产

9. 特殊品种（超白、超薄、在线 Low—E、中空、超厚）优质浮法玻璃技术开发及深加工

10. 利用木薯、麻风树、橡胶籽等非粮植物为原料的生物液体燃料（燃料乙醇、生物柴油）生产（中方控股）

11. 高性能子午线轮胎的生产。包括无内胎载重子午胎，低断面和扁平化（低于55系列）、大轮辋高性能轿车子午胎（15吋以上），航空轮胎及农用子午胎的生产

12. 汽车整车制造（外资比例不高于50%），专用汽车（不包括普通半挂车、自卸车、罐式车、厢式车和仓栅式汽车）制造（外资比例不高于50%）

13. 汽车零部件制造：六挡以上自动变速箱、商用车用高功率密度驱动桥、随动前照灯系统、LED前照灯、轻量化材料应用（高强钢、铝镁合金、复合塑料、粉末冶金、高强度复合纤维等）、离合器、液压减震器、中控盘总成、座椅

14. 大型工程机械关键零部件：动力换挡变速箱、湿式驱动桥、回转支承、液力变矩器、为电动叉车配套的电机、电控、压力25兆帕以上液压马达、泵、控制阀

15. 宽带业务和增值电信业务（需在我国入世承诺框架内）

16. 公路旅客运输公司

17. 水上运输公司（中方控股）

18. 医疗和养老服务机构

19. 城市燃气、热力和供排水管网建设、经营（人口50万以上城市中方控股）

20. 文化演出场所的建设、经营（中方控股）

21. 旅游景区（点）保护、开发和经营及其配套设施建设

L　重庆市

1. 动植物优良品种选育、繁育、保种、开发及产品深加工（列入《外商投资产业指导目录》限制类和禁止类的除外）

2. 退耕还林还草、天然林保护等国家重点生态工程后续产业开发

3. 节水灌溉技术开发及应用

4. 高档棉、毛、麻、丝、化纤的纺织、针织及服装加工生产

5. 天然气下游化工产品生产和开发（列入《天然气利用政策》限制类和禁止类的除外）

6. 高性能、高附加值聚氨酯和工程塑料产品开发和生产

7. 铝、镁精深加工（限于合资、合作）

8. 排气量250ml及以上高性能摩托车整车（外资比例不高于50%）

9. 汽车整车制造（外资比例不高于50%），专用汽车（不包括普通半挂车、自卸车、罐式车、厢式车和仓栅式汽车）制造（外资比例不高于50%）

10. 高性能子午线轮胎的生产。包括无内胎载重子午胎，低断面和扁平化（低于55系列）、大轮辋高性能轿车子午胎（15吋以上），航空轮胎及农用子午胎以及列入《当前优先发展的高技术产业化重点领域指南》的子午线轮胎关键原材料生产

11. 汽车零部件制造：六挡以上自动变速箱、商用车用高功率密度驱动桥、随动前照灯系统、LED前照灯、轻量化材料应用（高强钢、铝镁合金、复合塑料、粉末冶金、高强度复合纤维等）、离合器、液压减震器、中控盘总成、座椅

12. 太阳能发电设备及零部件制造

13. 线宽0.25微米以下大规模数字集成电路制造

14. 500千伏及以上高压直流换流变压器研发及制造

15. 三级能效以上节能环保型家电整机，压缩机、电机、变频器、液晶面板等关键零部件生产，无线输电、裸眼3D、体感输入等新技术开发

16. 半导体照明材料上下游产品及相关设备的研发与制造

17. 二氧化碳回收、一氧化碳等特殊工业气体制备及应用

18. FINEX 技术及高速、无头连轧
19. 宽带业务和增值电信业务（需在我国入世承诺框架内）
20. 公路旅客运输公司
21. 医疗和养老服务机构
22. 城市燃气、热力和供排水管网建设、经营（人口 50 万以上城市中方控股）
23. 旅游景区（点）保护、开发和经营及其配套设施建设

M 四川省

1. 红薯及非粮作物加工和副产物综合利用
2. 生猪、肉牛、肉羊、小家禽畜（含高原畜产品）饲养和深加工
3. 退耕还林还草、天然林保护等国家重点生态工程后续产业开发
4. 节水灌溉和旱作节水技术、保护性耕作技术开发与应用
5. 葡萄酒及特色水果酿酒
6. 利用木薯、麻风树、橡胶籽等非粮植物为原料的生物液体燃料（燃料乙醇、生物柴油）生产（中方控股）
7. 高档棉、毛、麻、丝、化纤的纺织、针织及服装加工生产
8. 以境外木、藤为原材料的高端家具生产
9. 稀土高端应用产品加工
10. 钒钛资源综合利用新技术和新产品开发（限于合资、合作）
11. 天然气下游化工产品生产和开发（列入《天然气利用政策》限制类和禁止类的除外）
12. 含氟精细化学品和高品质含氟无机盐生产
13. 动植物药材资源开发、保护及可持续利用（列入《外商投资产业指导目录》限制类、禁止类的除外）
14. 包装装潢印刷品印刷
15. 特殊品种（超白、超薄、在线 Low—E、中空、超厚）优质浮法玻璃技术开发及深加工
16. 汽车整车制造（外资比例不高于 50%），专用汽车（不包括普通半挂车、自卸车、罐式车、厢式车和仓栅式汽车）制造（外资比例不高于 50%）
17. 高性能子午线轮胎的生产。包括无内胎载重子午胎，低断面和扁平化（低于 55 系列）、大轮辋高性能轿车子午胎（15 吋以上），航空轮胎及农用子午胎的生产
18. 汽车零部件制造：六挡以上自动变速箱、商用车用高功率密度驱动桥、随动前照灯系统、LED 前照灯、轻量化材料应用（高强钢、铝镁合金、复合塑料、粉末冶金、高强度复合纤维等）、离合器、液压减震器、中控盘总成、座椅
19. 30 吨以上液压挖掘机、6 米及以上全断面掘进机、320 马力及以上履带推土机、6 吨及以上装载机、600 吨及以上架桥设备（含架桥机、运梁车、提梁机）、400 吨及以上履带起重机、100 吨及以上全地面起重机、钻孔 100 毫米以上凿岩台车、400 千瓦及以上砼冷热再生设备、1 米宽及以上铣刨机；关键零部件：动力换挡变速箱、湿式驱动桥、回转支承、液力变矩器、为电动叉车配套的电机、电控、压力 25 兆帕以上液压马达、泵、控制阀
20. 太阳能发电设备及零部件制造
21. 大型储能技术研发与生产应用（蓄能电池、抽水蓄能技术、空气储能技术、风电与后夜供热等）
22. 3000KW 以上大型、重型燃气轮机高温部件及控制系统研发制造
23. 半导体照明材料上下游产品及相关设备的研发与制造
24. 精密电子注塑产品开发及生产
25. 液晶电视、数字电视、节能环保电冰箱、智能洗衣机等高档家用电器制造
26. 医疗设备及关键部件开发及生产
27. 天然气压缩机（含煤层气压缩机）制造

28. 物流业务相关的仓储设施建设和商贸服务
29. 宽带业务和增值电信业务（需在我国入世承诺框架内）
30. 公路旅客运输公司
31. 医疗和养老服务机构
32. 城市燃气、热力和供排水管网建设、经营（人口 50 万以上城市中方控股）
33. 动漫创作、制作（广播影视动漫制作业务限于合作）及衍生品开发
34. 艺术表演培训和中介服务及文化用品、设备等产业化开发
35. 旅游景区（点）保护、开发和经营及其配套设施建设

N 贵州省

1. 退耕还林还草、天然林保护等国家重点生态工程后续产业开发
2. 节水灌溉和旱作节水技术开发与应用
3. 马铃薯、魔芋等产品深加工
4. 畜禽、辣椒、苦荞、山药、核桃深加工
5. 高档棉、毛、麻、丝、化纤的纺织、针织及服装加工生产
6. 钛冶炼（限于合资、合作）
7. 用先进技术对固定层合成氨装置进行优化节能技改
8. 利用甲醇开发 M100 新型动力燃料及合成氨生产尾气发展新能源
9. 利用工业生产二氧化碳废气发展工业级、食品级二氧化碳
10. 己二酸生产
11. 采用先进技术建设 30 万吨/年及以上煤制合成氨及配套尿素项目
12. 动植物药材资源开发、保护和可持续利用（列入《外商投资产业指导目录》限制类、禁止类的除外）
13. 特殊品种（超白、超薄、在线 Low—E、中空、超厚）优质浮法玻璃技术开发及深加工
14. 铝等有色金属精深加工（限于合资、合作）
15. 高性能铝合金系列产品开发
16. 新型短流程钢铁冶炼技术开发及应用
17. 非高炉冶炼技术（直接还原）
18. 磨料磨具产品生产
19. 新型凿岩钎具的开发及用钢材料生产
20. 汽车整车制造（外资比例不高于 50%），专用汽车（不包括普通半挂车、自卸车、罐式车、厢式车和仓栅式汽车）制造（外资比例不高于 50%）
21. 汽车零部件制造：六挡以上自动变速箱、商用车用高功率密度驱动桥、随动前照灯系统、LED 前照灯、轻量化材料应用（高强钢、铝镁合金、复合塑料、粉末冶金、高强度复合纤维等）、离合器、液压减震器、中控盘总成、座椅
22. 有特色优势的特种工程机械、架桥铺路机械、破碎机械、液压基础件、数控机床、节能环保装备、4MW 燃汽轮机及以下产品等开发及制造
23. 复式永磁电机抽油机系列化开发和产业化
24. 复杂地质条件的矿用开采、掘进、提升、井下运输等特种设备及产品的开发与制造
25. 适用于西部山区的轻便、耐用、低耗中小型耕种收和植保、节水灌溉、小型抗旱设备及粮油作物、茶叶、特色农产品等农业机械开发与制造
26. 太阳能发电设备及零部件制造
27. 宽带业务和增值电信业务（需在我国入世承诺框架内）
28. 公路旅客运输公司
29. 医疗和养老服务机构

30. 城市燃气、热力和供排水管网建设、经营（人口50万以上城市中方控股）

31. 茅台生态带综合保护及赤水河流域遥感技术应用示范

32. 旅游景区（点）保护、开发和经营及其配套设施建设

O 云南省

1. 退耕还林还草、天然林保护等国家重点生态工程后续产业开发

2. 节水灌溉和旱作节水技术开发与应用

3. 铜、锌有色金属精深加工（限于合资、合作）

4. 特色食用资源开发及应用

5. 符合生态与环保要求的亚麻加工、开发及副产品综合利用

6. 利用木薯、麻风树、橡胶籽等非粮植物为原料的生物液体燃料（燃料乙醇、生物柴油）生产（中方控股）

7. 高档棉、毛、麻、丝、化纤的纺织、针织及服装加工生产

8. 动植物药材资源开发、保护和可持续利用（列入《外商投资产业指导目录》限制类、禁止类的除外）

9. 包装装潢印刷品印刷

10. 特殊品种（超白、超薄、在线Low—E、中空、超厚）优质浮法玻璃技术开发及深加工

11. 汽车整车制造（外资比例不高于50%），专用汽车（不包括普通半挂车、自卸车、罐式车、厢式车和仓栅式汽车）制造（外资比例不高于50%）

12. 宽带业务和增值电信业务（需在我国入世承诺框架内）

13. 公路旅客运输公司

14. 医疗和养老服务机构

15. 城市燃气、热力和供排水管网建设、经营（人口50万以上城市中方控股）

16. 广播电视节目、电影的制作业务（限于合作）

17. 旅游景区（点）保护、开发和经营及其配套设施建设

P 西藏自治区

1. 退耕还林还草、天然林保护等国家重点生态工程后续产业开发

2. 节水灌溉和旱作节水技术开发与应用

3. 盐湖资源的开发利用（中方控股）

4. 饮用天然矿泉水生产（中方控股）

5. 牛羊绒、皮革产品深加工及藏毯生产

6. 花卉与苗圃基地的建设经营

7. 林下资源的培植技术研发和林下产品深加工

8. 青稞、牧草等农作物新技术的开发利用

9. 高原特色食品资源开发利用

10. 天然药、原料药、中成药的深加工（列入《外商投资产业指导目录》限制类、禁止类的除外）

11. 藏药新品种、新剂型产品生产（列入《外商投资产业指导目录》禁止类的除外）

12. 少数民族特需用品、工艺美术品、包装容器材料、日用玻璃制品及极具藏民族特色的旅游商品纪念品生产

13. 物流业务相关的仓储设施建设和商贸服务

14. 宽带业务和增值电信业务（需在我国入世承诺框架内）

15. 公路旅客运输公司

16. 医疗和养老服务机构

17. 城市燃气、热力和供排水管网建设、经营（人口50万以上城市中方控股）

18. 旅游景区（点）保护、开发和经营及其配套设施建设

Q 陕西省

1. 退耕还林还草、天然林保护、水源地保护等国家重点生态工程后续产业开发
2. 节水灌溉和旱作节水技术、保护性耕作技术开发与应用
3. 高档棉、毛、麻、丝、化纤的纺织、针织及服装加工生产
4. 动植物药材资源开发、保护和可持续利用（列入《外商投资产业指导目录》限制类、禁止类的除外）
5. 天然气下游化工产品的生产与开发（列入《天然气利用政策》限制类和禁止类的除外）
6. 特殊品种（超白、超薄、在线Low—E、中空、超厚）优质浮法玻璃技术开发及深加工
7. 钛金属精深加工（限于合资、合作）
8. 高炉煤气能量回收透平装置设计制造
9. 大型、高压、高纯度工业气体的生产和供应
10. 汽车整车制造（外资比例不高于50%），专用汽车（不包括普通半挂车、自卸车、罐式车、厢式车和仓栅式汽车）制造（外资比例不高于50%）
11. 一般商品的批发、零售（列入《外商投资产业指导目录》限制类、禁止类的除外）
12. 宽带业务和增值电信业务（需在我国入世承诺框架内）
13. 公路旅客运输公司
14. 医疗和养老服务机构
15. 城市燃气、热力和供排水管网建设、经营（人口50万以上城市中方控股）
16. 旅游景区（点）保护、开发和经营及其配套设施建设

R 甘肃省

1. 节水灌溉和旱作节水技术、保护性耕作技术开发与应用
2. 瓜果、蔬菜、花卉种子的开发生产（中方控股）
3. 优质酿酒葡萄基地建设
4. 优质啤酒原料种植、加工
5. 天然气下游化工产品生产和开发（列入《天然气利用政策》限制类和禁止类的除外）
6. 稀土高端应用产品加工
7. 铝、铜、镍等有色金属精深加工（限于合资、合作）
8. 汽车整车制造（外资比例不高于50%），专用汽车（不包括普通半挂车、自卸车、罐式车、厢式车和仓栅式汽车）制造（外资比例不高于50%）
9. 三轴以上联动的高速、精密数控机床及配套数控系统、伺服电机及驱动装置、功能部件、刀具、量具、量仪及高档磨具磨料
10. 太阳能发电及设备制造业
11. 宽带业务和增值电信业务（需在我国入世承诺框架内）
12. 公路旅客运输公司
13. 医疗和养老服务机构
14. 城市燃气、热力和供排水管网建设、经营（人口50万以上城市中方控股）
15. 旅游景区（点）保护、开发和经营及其配套设施建设

S 宁夏自治区

1. 节水灌溉和旱作节水技术、保护性耕作技术开发与应用
2. 枸杞、葡萄等种植及深加工
3. 沙生中药材、沙区生态经济林、沙区瓜果、沙区设施农业、沙料建材、沙区新能源和沙漠旅游休闲等沙产业

4. 少数民族特需用品及清真食品开发加工

5. 碳基材料开发及生产

6. 石膏和陶瓷黏土的深加工

7. 钽、铌等金属精深加工（中方控股）

8. 氢氧化镍生产及深加工

9. 铝合金、镁合金等材料的研发及生产

10. 熔体直纺及切片纺彩色涤纶的研发及生产

11. 高性能子午线轮胎的生产。包括无内胎载重子午胎，低断面和扁平化（低于55系列）、大轮辋高性能轿车子午胎（15吋以上），航空轮胎及农用子午胎的生产

12. 汽车整车制造（外资比例不高于50%），专用汽车（不包括普通半挂车、自卸车、罐式车、厢式车和仓栅式汽车）制造（外资比例不高于50%）

13. 三轴以上联动的高速、精密数控机床及配套数控系统、伺服电机及驱动装置、功能部件、刀具、量具、量仪及高档磨具磨料

14. 500万吨/年及以上矿井、薄煤层综合采掘设备，1000万吨级/年及以上大型露天矿关键装备

15. 太阳能发电设备研发及制造生产

16. 宽带业务和增值电信业务（需在我国入世承诺框架内）

17. 公路旅客运输公司

18. 医疗和养老服务机构

19. 城市燃气、热力和供排水管网建设、经营（人口50万以上城市中方控股）

20. 旅游景区（点）保护、开发和经营及其配套设施建设

T　青海省

1. 高原动植物资源保护、种养与加工利用（列入《外商投资产业指导目录》限制类、禁止类的除外）

2. 退耕还林还草、天然林保护、水源地保护等国家重点生态工程后续产业开发

3. 节水灌溉和旱作节水技术、保护性耕作技术开发与应用

4. 有机天然农畜产品基地建设和产品精深加工

5. 铜、铝、镁等有色金属精深加工（限于合资、合作）

6. 中、藏药新品种、新剂型产品生产（列入《外商投资产业指导目录》限制类、禁止类的除外）

7. 特殊品种（超白、超薄、在线Low—E、中空、超厚）优质浮法玻璃技术开发及深加工

8. 聚甲醛、聚苯硫醚等工程塑料生产

9. 工业尾矿及工业生产废弃物及低品位、复杂、难处理矿的资源化利用

10. 汽车整车制造（外资比例不高于50%），专用汽车（不包括普通半挂车、自卸车、罐式车、厢式车和仓栅式汽车）制造（外资比例不高于50%）

11. 宽带业务和增值电信业务（需在我国入世承诺框架内）

12. 公路旅客运输公司

13. 医疗和养老服务机构

14. 城市燃气、热力和供排水管网建设、经营（人口50万以上城市中方控股）

15. 体育竞赛表演、体育场馆设施建设及运营，大众体育健身休闲服务

16. 旅游景区（点）保护、开发和经营及其配套设施建设

U　新疆自治区（含新疆生产建设兵团）

1. 退耕还林、退牧还草、天然林保护等国家重点生态工程后续产业开发

2. 节水灌溉和旱作节水技术、保护性耕作技术、设施农业、有机农业的开发与应用

3. 优质番茄、甜菜、香梨、葡萄、西甜瓜、红枣、核桃、杏子、石榴和枸杞等优质特色农产品的种

植及深加工

4. 优质酿酒葡萄基地建设及葡萄酒生产

5. 亚麻、沙棘、薰衣草的种植及其制品生产

6. 高档棉、毛、麻、丝、化纤的纺织、针织及服装加工生产

7. 蛭石、云母、石棉、菱镁矿、石墨、石灰石、红柱石、石材等非金属矿产的综合利用（勘探、开发除外）

8. 煤炭加工应用技术开发（中方控股）

9. 油气伴生资源综合利用

10. 放空天然气回收利用

11. 民族特色药用植物种植、加工和制药新工艺开发（列入《外商投资产业指导目录》限制类、禁止类的除外）

12. 民族特需用品、工艺美术品、包装容器材料及日用玻璃制品生产

13. 特殊品种（超白、超薄、在线 Low—E、中空、超厚）优质浮法玻璃技术开发及深加工

14. 直径 200mm 以上硅单晶及抛光片、多晶硅生产

15. 铜、锌、铝等有色金属精深加工（限于合资、合作）

16. 汽车整车制造（外资比例不高于 50%），专用汽车（不包括普通半挂车、自卸车、罐式车、厢式车和仓栅式汽车）制造（外资比例不高于 50%）

17. 石油及采矿等特种设备制造

18. 智能电网设备、电气成套控制系统设备制造

19. 小型清雪设备制造

20. 小电网范围内，单机容量 30 万千瓦及以下燃煤凝汽火电站、单机容量 10 万千瓦及以下燃煤凝汽抽汽两用热电联产电站的建设、经营

21. 宽带业务和增值电信业务（需在我国入世承诺框架内）

22. 公路旅客运输公司

23. 医疗和养老服务机构

24. 城市燃气、热力和供排水设施建设、经营（人口 50 万以上城市中方控股）

25. 旅游景区（点）保护、开发和经营及其配套设施建设

V 海南省

1. 畜、禽规模化养殖

2. 海防林恢复、天然林保护、节水灌溉和旱作节水等技术、开发与应用

3. 日处理甘蔗 5000 吨及以上蔗糖精深加工及副产品综合利用

4. 饮用天然矿泉水生产（中方控股）

5. 海南省中药、民族药的研发、生产（列入《外商投资产业指导目录》限制类、禁止类的除外）

6. 天然气下游化工产品开发和利用（列入《天然气利用政策》限制类和禁止类的除外）

7. 锆、钛精深加工（限于合资、合作）

8. 高性能子午线轮胎的生产。包括无内胎载重子午胎，低断面和扁平化（低于 55 系列）、大轮辋高性能轿车子午胎（15 吋以上），航空轮胎及农用子午胎的生产

9. 包装装潢印刷品印刷

10. 邮轮制造（中方控股）

11. 深水海洋工程设备制造

12. 高尔夫用具制造

13. 宽带业务和增值电信业务（需在我国入世承诺框架内）

14. 公路旅客运输公司

15. 船舶代理（中方控股）、外轮理货（限于合资、合作）

16. 医疗和养老服务机构

17. 城市燃气、热力和供排水管网建设、经营（人口50万以上城市中方控股）

18. 电影院的建设、经营（中方控股）

19. 广播电视节目制作、电影制作（限于合作）

20. 观光农业、休闲农业的开发和经营及其配套设施建设

21. 旅游景区（点）保护、开发和经营及其配套设施建设

22. 海洋、热带雨林生态旅游资源（国家禁止外商投资的自然保护区等除外）开发、经营及其配套设施建设（中方控股）

海关总署关于新型电子元器件制造等产业条目适用范围有关问题的通知

（署税函〔2009〕397号）

各直属海关：

近一年来，在向海关申请办理减免税备案、审批手续的外商投资项目中，适用《外商投资产业指导目录（2007年修订）》鼓励类第三类第（二十一）项第17条“新型电子元器件制造”的项目数量明显增多。据统计，2008年全年新向海关申请办理进口减免税手续的8300多个外商投资项目中超过11%的项目适用“新型电子元器件制造”产业条目，居所有鼓励类产业条目第1位。而且，近一段时间陆续有海关就有关投资项目是否适用“新型电子元器件制造”或“电子专用设备、测试仪器、工模具制造”产业条目问题请示总署。

鉴于以上情况，考虑到有关投资项目适用产业条目是否准确对确保国家产业政策和进口税收政策的正确执行至关重要，经研究并商国家发展改革委，现将“新型电子元器件制造”和“电子专用设备、测试仪器、工模具制造”产业条目适用范围的有关问题进一步明确如下：

一、关于“新型电子元器件制造”产业条目。该条目所称“新型电子元器件”的具体涵盖范围详见本通知附件。

二、关于“电子专用设备、测试仪器、工模具制造”产业条目。该条目所称“专用设备、测试仪器、工模具”的具体涵盖范围包括用于生产新型电子元器件、半导体和集成电路、多晶硅和单晶硅、太阳能电池、新型显示器件的专用设备及用于电子整机装联的专用设备（即表面贴装设备），通信测试仪器、数字音视频及数字电视测试仪器、半导体和集成电路测试仪器、电子基础测试仪器、微波/毫米波测试仪器，以及高精度电子专用模具。

三、对于手机配套生产企业相关投资项目适用“新型电子元器件制造”产业条目的问题应区别对待。对于单纯的手机外壳及其他不属于本通知附件所列新型电子元器件范畴的手机结构件和零部件的生产项目，不能适用该产业条目；对于带有内置天线、喇叭等元器件的外壳组件生产项目，如果内置天线、喇叭（属于薄微型、高灵敏、宽频带、高保真电声器件）及其他属于“新型电子元器件”范畴的元器件由该企业自行生产，原则上可以适用该产业条目，但此类项目项下进口的设备，只有用于生产“新型电子元器件”的设备可以享受进口税收优惠政策，其他单纯用于生产手机外壳及内部的塑料件、普通金属或其他材质结构件的设备应照章征税。

其他电子产品生产企业的相关投资项目同样适用上述原则。

四、请各关按照本通知的规定对2008年1月1日以来已受理备案的引用“新型电子元器件制造”和“电子专用设备、测试仪器、工模具制造”产业条目的内外资投资项目进行核查。对于经核查发现不适用

上述两产业条目的内外资鼓励项目，以及虽然项目适用上述两产业条目但项目项下有不属于产业条目范围内的免税进口设备的内外资鼓励项目，有关进口设备如在法律法规规定的1年补税期限内，各关应对有关设备予以补征税款；有关进口设备如超过1年补税期限的，不再予以补征税款，但须一律停止受理有关项目或者有关设备的减免税审批申请。

五、对于2008年1月1日以前已受理备案的引用“新型电子元器件制造”和“电子专用设备、测试仪器、工模具制造”产业条目的内外资投资项目，相关企业继续申请办理该项目项下进口设备减免税审批手续的，各关在受理前应及时核实该项目是否符合上述政策规定，不符合规定的，应停止受理有关设备的减免税审批申请。

六、请各关认真做好有关税收政策的宣传解释工作。

特此通知。

附件　新型电子元器件分类

二〇〇九年十月十四日

附件

新型电子元器件分类

一、微小型表面贴装元器件

（一）片式多层陶瓷电容器

（二）片式铝电解电容器

（三）片式钽电容器

（四）片式薄膜电容器

（五）片式电感器

（六）片式电阻器

（七）片式电压器

（八）片式二、三极管

（九）片式压电陶瓷频率器件

（十）片式压电石英晶体器件

（十一）集成无源元件

二、印制电路板

（一）高密度互连多层印制电路板（HDI）

（二）多层挠性板（FPC）和刚挠印制电路板（R-FPC）

（三）IC封装载板

（四）特种印制电路板（背板、高频微波板、金属基板和厚铜箔板、埋置元件板、光电印制板和纳米材料的印制板）

三、混合集成电路

通信、汽车、医疗等用途的混合集成电路

四、传感器及敏感元器件

（一）汽车传感器

（二）环境安全检测传感器

（三）新型电压敏、热敏、气敏等敏感元器件

（四）光纤传感器

（五）MEMS 传感器

五、高频频率器件

（一）微波介质器件

（二）声表面波（SAW）器件

（三）高频压电陶瓷器件

（四）石英晶体器件

（五）抗电磁干扰（EMI/EMP）滤波器

（六）手机天线、GPS 天线

六、新型绿色电池

（一）电子信息产品用高性能、安全型锂离子电池和锂原电池

（二）电动工具、电动车用氢镍与锂离子动力电池

（三）再生能源体系用低成本高效率太阳能电池（含薄膜太阳能电池）

（四）新能源体系用高效率燃料电池

七、新型半导体分立器件

（一）半导体电力电子器件（包括纵向双扩散型场效应管 VDMOS，绝缘栅双极型晶体管 IGBT，静电感应晶体管系列 SIT、BSIT、SITH，栅控晶闸管 MCT，巨型双极晶体管 GTR 等）

（二）半导体微波器件（包括低噪声和微波功率器件）

（三）半导体功率器件

八、新型机电组件

（一）无刷化、智能化的微、轻、薄微特电机

（二）小型化、高密度、高频化、抗干扰多功能新型接插件

（三）微型化、组合化、智能化的高性能继电器

（四）大容量、宽频带的通讯、数据、电视、射频电缆

（五）微波元件和组件

（六）薄微型、高灵敏、宽频带、高保真电声器件

（七）新型低衰减、高带宽、大容量光纤光缆

九、光通信器件

（一）高速光收/发模块、光电耦合器

（二）光有源器件、光电交换器件等

（三）光无源器件和 MEMS 光开关

十、红外成像器件及应用技术

十一、高压和超高压真空开关管

十二、大功率广播及电视发射管、医用 CT 球管、工业加热管

海关总署关于空气分离类投资项目适用产业政策条目有关问题的通知

（署税发〔2011〕53 号）

各直属海关：

为了正确执行国家产业政策和进口税收政策，确保有关投资项目准确适用产业政策条目，经研究并商国家发展改革委，现就空气分离类投资项目适用产业政策条目的有关问题明确如下：

一、《外商投资产业指导目录（2007 年修订）》所列鼓励外商投资产业目录中的第八条第 7 项“资源再生及综合利用技术、企业生产排放物的再利用技术开发及其应用”，是指以废弃物或生产排放物为原料，进行资源化及综合作用的技术应用。

二、目前发现一些空气分离类投资项目［如衡阳盈德气体有限公司 20000m^3/h 制氧工程项目、珠海盈德气体有限公司制造销售自产的各种气体和气体技术开发咨询服务项目和液化空气（东营）有限公司建设 20600Nm^3/h 带氩空分生产线项目］一般是以空气为原料，经过压缩、冷却、净化等多道工序，得到氧气、氩气、氮气等气体产品。此类空气分离类投资项目既不是资源的再生和综合利用，更不属于生产排放物的再利用项目，因此，不能适用《外商投资产业指导目录（2007 年修订）》所列鼓励外商投资产业目录中的第八条第 7 项产业条目。

三、自本通知下发之日起，各关不得再受理空气分离类投资项目引用鼓励类产业政策条目“资源再生及综合利用技术、企业生产排放物的再利用技术开发及其应用”的减免税备案、审批申请。考虑到之前对空气分离类投资项目适用鼓励类产业条目问题未予以明确，对于本通知下发前各有关海关按照相关政策规定为空气分离类投资项目项下进口设备出具的《进出口货物征免税证明》可不作调整，但不得延期。本通知下发后，一律不得对此类项目项下进口设备出具《进出口货物征免税证明》。

四、请各关做好有关国家产业政策和税收政策的宣传解释工作。

特此通知。

二〇一一年一月三十日

海关总署关于进一步明确空气分离类投资项目适用产业政策条目有关问题的通知

（署税发〔2012〕14 号）

各直属海关：

关于空气分离类投资项目不适用鼓励类产业政策条目“资源再生及综合利用技术、企业生产排放物的再利用技术开发及其应用”申请办理减免税备案及审批事宜，总署已以《海关总署关于空气分离类投资项目适用产业政策条目有关问题的通知》（署税发〔2011〕53 号）予以明确。在近期减免税抽样考核中，发现此类项目开始引用“精细化工”、“废气、废液、废渣综合利用和处理、处置”等产业条目向海关申请办理减免税备案及审批手续。为正确执行国家产业政策和进口税收政策，现将有关空气分离类投资项目适用产业政策条目有关问题进一步明确如下：

一、空气分离类投资项目一般以空气或其他混合气体为原料，经过压缩、冷却、净化等多道工序，得到氧气、氢气、氮气等气体产品。此类项目不能适用“资源再生及综合利用技术、企业生产排放物的再利用技术开发及其应用”、“精细化工”、“废气、废液、废渣综合利用和处理、处置”等鼓励类产业条目。

二、自本通知下发之日起，各关不得再受理空气分离类投资项目引用上述鼓励类产业条目的减免税备案、审批申请。对于在本通知下发前引用上述鼓励类产业条目已经在海关备案的空气分离类投资项目，应立即停止办理相关进口设备的减免税审批手续。考虑到之前对空气分离类投资项目适用鼓励类产业条目问题未完全明确，在2011年12月28日《关税征管司关于通报2010年第4季度和2011年第1季度减免税考核结果的通知》（税管函〔2011〕139号）印发前，有关海关已根据有关项目确认书为空气分离类投资项目项下进口设备出具的《进出口货物征免税证明》可不作调整，但不得延期。

三、空气分离类投资项目一般不属于鼓励类项目，各关应严格审核。此类项目引用上述鼓励类产业条目以外的其他鼓励类产业条目申请办理减免税备案及审批手续的，有关海关在审核中难以确定是否属于鼓励类项目时，可行文向总署请示。

四、请各关做好有关国家产业政策和税收政策的宣传解释工作。

特此通知。

二〇一二年一月十六日

●历年有关目录

海关总署关于转发《外商投资产业指导目录（2004年修订）》的通知

（署税发〔2004〕441号）

广东分署，天津、上海特派办，各直属海关：

国家发展改革委、商务部第24号令联合发布了新修订的《外商投资产业指导目录（2004年修订）》（以下简称《外资目录》，详见附件），自2005年1月1日起执行。现转发你们，并就实施中的有关问题通知如下：

一、《外资目录》自2005年1月1日起执行，即2005年1月1日以后核准（以项目申请报告核准日期为准）的外商投资项目（包括增资项目）一律按照《外资目录》执行。对属于《外资目录》中的鼓励类，并转让技术的外商投资项目，在投资总额内进口的自用设备，除《外商投资项目不予免税的进口商品目录》所列商品外，可按照《海关总署关于贯彻〈国务院关于调整进口设备税收政策的通知〉的紧急通知》（署税〔1997〕1062号，以下简称《通知》）规定，继续办理免征进口关税和进口环节增值税手续。

二、为保证政策的连续性，对2002年4月1日以前按照《外商投资产业指导目录（1997年版）》批准的外商投资鼓励类及限制乙类项目和2002年4月1日至2004年12月31日按照《外商投资产业指导目录（2002年修订）》批准的外商投资鼓励类项目，可按照《通知》规定，继续享受税收优惠政策。

三、《外资目录》实施后，项目确认书中的“项目产业政策审批条目”编码为“H”，例如，第一类第1项应填写为：中低产农田改造（H0101）；第三类第（一）条第1项应填写为：粮食、蔬菜、水果、禽畜产品的储藏及加工（H030101）。

《减免税管理系统》参数库调整的问题将另行通知。

四、本通知未提及的其他事宜，仍按照《国务院关于调整进口设备税收政策的通知》（国发〔1997〕37号）以及《通知》的规定执行。

特此通知。

附件　外商投资产业指导目录（2004年修订）

二〇〇四年十二月二十七日

附件

外商投资产业指导目录（2004年修订）

一、农、林、牧、渔业

1. 中低产农田改造

2. 蔬菜（含食用菌、西甜瓜）、水果、茶叶无公害栽培技术及产品系列化开发、生产

3. 糖料、果树、花卉、牧草等农作物优质高产新技术、新品种（转基因品种除外）开发、生产

4. 花卉生产与苗圃基地的建设、经营

5. 农作物秸秆还田及综合利用、有机肥料资源的开发生产

6. 中药材种植、养殖（限于合资、合作）

7. 林木（竹）营造及良种培育

8. 天然橡胶、剑麻、咖啡种植

9. 优良种畜种禽、水产苗种繁育（不含我国特有的珍贵优良品种）

10. 名特优水产品养殖、深水网箱养殖

11. 防治荒漠化及水土流失的植树种草等生态环境保护工程建设、经营

二、采掘业

*1. 石油、天然气的风险勘探、开发

*2. 低渗透油气藏（田）的开发

*3. 提高原油采收率的新技术开发与应用

*4. 物探、钻井、测井、井下作业等石油勘探开发新技术的开发与应用

5. 煤炭及伴生资源勘探、开发

6. 煤层气勘探、开发

7. 低品位、难选冶金矿开采、选矿（限于合资、合作）

8. 铁矿、锰矿勘探、开采及选矿

9. 铜、铅、锌矿勘探、开采（限于合资、合作，在西部地区外商可独资）

10. 铝矿勘探、开采（限于合资、合作，在西部地区外商可独资）

11. 硫、磷、钾等化学矿开采、选矿

三、制造业

（一）食品加工业

1. 粮食、蔬菜、水果、禽畜产品的储藏及加工

2. 水产品加工、贝类净化及加工、海藻功能食品开发

3. 果蔬饮料、蛋白饮料、茶饮料、咖啡饮料的开发、生产

4. 婴儿、老年食品及功能食品的开发、生产

5. 乳制品生产

6. 生物饲料、蛋白饲料的开发、生产

（二）烟草加工业

1. 二醋酸纤维素及丝束加工

2. 造纸法烟草薄片生产

（三）纺织业

1. 工程用特种纺织品生产

2. 高档织物面料的织染及后整理加工

（四）皮革、皮毛制品业

1. 猪、牛、羊蓝湿皮新技术加工

2. 皮革后整饰新技术加工

（五）木材加工及竹、藤、棕、草制品业

1. 林区“次、小、薪”材和竹材的综合利用新技术、新产品开发与生产

（六）造纸及纸制品业

1. 按林纸一体化模式建设的年产 30 万吨及以上规模化学木浆和年产 10 万吨及以上规模化学机械木浆（限于合资、合作）

2. 高档纸及纸板生产（限于合资、合作）

（七）石油加工及炼焦业

1. 针状焦、煤焦油深加工

2. 重交通道路沥青生产

（八）化学原料及化学品制造业

1. 重油催化裂化制烯烃生产

2. 年产 60 万吨及以上规模乙烯生产（中方相对控股）

3. 乙烯副产品 C5—C9 产品的综合利用

4. 大型聚氯乙烯树脂生产（乙烯法）

5. 有机氯系列化工产品生产（高残留有机氯产品除外）

6. 苯、甲苯、二甲苯、乙二醇等基本有机化工原料及其衍生物生产

7. 合成材料的配套原料：双酚 A、4. 4’ 二苯基甲烷二异氰酸酯、甲苯二异氰酸酯生产

8. 合成纤维原料：精对苯二甲酸、丙烯腈、己内酰胺、尼龙 66 盐生产

9. 合成橡胶：溶液丁苯橡胶、丁基橡胶、异戊橡胶、丁二烯法氯丁橡胶、聚氨酯橡胶、丙烯酸橡胶、氯醇橡胶生产

10. 工程塑料及塑料合金生产

11. 精细化工：催化剂、助剂及石油添加剂新产品、新技术，染（颜）料商品化加工技术，电子、造纸用高科技化学品，食品添加剂、饲料添加剂，皮革化学品、油田助剂，表面活性剂，水处理剂，胶黏剂，无机纤维、无机粉体填料生产

12. 纺织及化纤抽丝用助剂、油剂、染化料生产

13. 汽车尾气净化剂、催化剂及其他助剂生产

14. 天然香料、合成香料、单离香料生产

15. 高性能涂料生产

16. 氯化法钛白粉生产

17. 氟氯烃替代物生产
18. 大型煤化工产品生产
19. 林业化学产品新技术、新产品开发与生产
20. 烧碱用离子膜生产
21. 生物肥料、高浓度化肥（钾肥、磷肥）、复合肥料生产
22. 高效、低毒和低残留的化学农药原药新品种开发与生产
23. 生物农药开发与生产
24. 环保用无机、有机和生物膜开发与生产
25. 废气、废液、废渣综合利用和处理、处置

（九）医药制造业

1. 我国专利或行政保护的原料药及需进口的化学原料药生产
2. 维生素类：烟酸生产
3. 氨基酸类：丝氨酸、色氨酸、组氨酸等生产
4. 采用新技术设备生产解热镇痛药
5. 新型抗癌药物及新型心脑血管药生产
6. 新型、高效、经济的避孕药具生产
7. 采用生物工程技术生产的新型药物生产
8. 基因工程疫苗生产（艾滋病疫苗、丙肝疫苗、避孕疫苗等）
9. 海洋药物开发与生产
10. 艾滋病及放射免疫类等诊断试剂生产
11. 药品制剂：采用缓释、控释、靶向、透皮吸收等新技术的新剂型、新产品生产
12. 新型药用佐剂的开发应用
13. 中药材、中药提取物、中成药加工及生产（中药饮片传统炮制工艺技术除外）
14. 生物医学材料及制品生产
15. 兽用抗菌原料药生产（包括抗生素、化学合成类）
16. 兽用抗菌药、驱虫药、杀虫药、抗球虫药新产品及新剂型开发与生产

（十）化学纤维制造业

1. 差别化化学纤维及芳纶、年产5000吨及以上功能化环保型氨纶、碳纤维、高强高模聚乙烯等高新技术化纤生产
2. 粘胶无毒纺等环保型化纤的生产
3. 日产500吨及以上非纤维用聚酯生产，纤维及非纤维用新型聚酯（聚对苯二甲酸丙二醇酯、聚葵二酸乙二醇酯、聚对苯二甲酸丁二醇酯等）生产

（十一）塑料制品业

1. 聚酰胺保鲜薄膜生产
2. 农膜新技术及新产品（光解膜、多功能膜及原料等）开发与生产
3. 废旧塑料的消解和再利用

（十二）非金属矿物制品业

1. 日熔化500吨级及以上优质浮法玻璃生产（限于中西部地区）
2. 日产2000吨及以上水泥熟料新型干法水泥生产（限于中西部地区）
3. 年产1万吨及以上玻璃纤维（池窑拉丝工艺生产线）及玻璃钢制品生产
4. 年产50万件及以上高档卫生瓷生产
5. 陶瓷原料的标准化精制、陶瓷用高档装饰材料生产
6. 玻璃、陶瓷、玻璃纤维窑炉用高档耐火材料生产
7. 无机非金属材料及制品生产（人工晶体、高性能复合材料、特种玻璃、特种陶瓷、特种密封材料、

特种胶凝材料）

8. 新型建筑材料生产（轻质高强多功能墙体材料、高档环保型装饰装修材料、优质防水密封材料、高效保温材料）

9. 非金属矿深加工（超细粉碎、高纯、精制、改性）

（十三）黑色金属冶炼及压延加工业

1. 直接还原铁和熔融还原铁生产

（十四）有色金属冶炼及压延加工业

1. 低品位、难选冶金矿冶炼（限于合资、合作，在西部地区外商可独资）

2. 硬质合金、锡化合物、锑化合物生产

3. 有色金属复合材料、新型合金材料生产

4. 稀土应用

（十五）金属制品业

1. 非金属制品模具设计、制造

2. 汽车、摩托车模具（含冲模、注塑模、模压模等）、夹具（焊装夹具、检验夹具等）设计、制造

3. 高档建筑五金件、水暖器材及五金件开发、生产

（十六）普通机械制造业

1. 三轴以上联动的数控机床、数控系统及伺服装置制造

2. 高性能焊接机器人和高效焊装生产设备制造

3. 耐高温绝缘材料（绝缘等级为 F、H 级）及绝缘成型件生产

4. 比例、伺服液压技术，低功率气动控制阀，填料静密封生产

5. 精冲模、精密型腔模、模具标准件生产

6. 精密轴承及各种主机专用轴承制造

7. 汽车、摩托车用铸锻毛坯件制造

（十七）专用设备制造业

1. 粮食、棉花、油料、蔬菜、水果、花卉、牧草、肉食品、水产品的贮藏、保鲜、分级、包装、干燥、运输、加工的新技术、新设备开发与制造

2. 设施农业设备制造

3. 农业、林业机具新技术设备制造

4. 拖拉机、联合收割机等农用发动机设计与制造

5. 农作物秸秆还田及综合利用设备制造

6. 农用废物的综合利用及规模化畜禽养殖废物的综合利用设备制造

7. 节水灌溉新技术设备制造

8. 湿地土方及清淤机械制造

9. 水生生态系统的环境保护技术、设备制造

10. 长距离调水工程的调度系统设备制造

11. 特种防汛抢险机械和设备制造

12. 食品行业的高速、无菌灌装设备、贴标机等关键设备制造

13. 氨基酸、酶制剂、食品添加剂等生产技术及关键设备制造

14. 10 吨/小时及以上的饲料加工成套设备、关键部件生产

15. 卷筒纸和对开以上单纸张多色胶印机制造

16. 皮革后整饰新技术设备制造

17. 高技术含量的特种工业缝纫机制造

18. 新型纺织机械、新型造纸机械（含纸浆）等成套设备制造

19. 公路、港口新型机械设备设计与制造

20. 公路桥梁养护、自动检测设备制造

21. 公路隧道营运监控、通风、防灾和救助系统设备制造

22. 铁路大型施工及养护设备设计与制造

23. 园林机械、机具新技术设备制造

24. 城市环卫特种设备制造

25. 路面铣平、翻修机械设备制造

26. 隧道挖掘机、城市地铁暗挖设备制造

27. 8 万吨/日及以上城市污水处理设备，工业废水膜处理设备，上流式厌氧流化床设备和其他生物处理废水设备，废塑料再生处理设备，工业锅炉脱硫脱硝设备，大型耐高温、耐酸袋式除尘器制造，垃圾焚烧处理设备制造

28. 年产 30 万吨及以上合成氨、48 万吨及以上尿素、45 万吨及以上乙烯成套设备中的透平压缩机、混合造粒机制造

29. 火电站脱硫技术及设备制造

30. 薄板连铸机制造

31. 平板玻璃深加工技术及设备制造

32. 井下无轨采、装、运设备，100 吨及以上机械传动矿用自卸车，移动式破碎机，3000 立方米/小时及以上斗轮挖掘机，5 立方米及以上矿用装载机，全断面巷道掘进机制造

33. 石油勘探开发新型仪器设备设计与制造

34. 机电井清洗设备制造和药物生产

35. 电子内窥镜制造

36. 具有高频技术、直接数字图像处理技术、辐射剂量小的 80 千瓦及以上医用 X 线机组制造

37. 高场强超导型磁共振成像装置（MRI）的制造

38. 单采血浆机制造

39. 全自动酶免系统（含加样、酶标、洗板、孵育、数据后处理等部分功能）设备制造

40. 药产品质量控制新技术、新设备制造

41. 中药有效物质分析的新技术、提取的新工艺、新设备开发与制造

42. 新型药品包装材料、容器及先进的制药设备制造

（十八）交通运输设备制造业

*1. 汽车整车制造（包括研发）

2. 汽车发动机制造（包括研发）

3. 汽车关键零部件制造：盘式制动器总成、驱动桥总成、自动变速箱、柴油机燃油泵、发动机进气增压器、发动机排放控制装置、电动助力转向系统、黏性连轴器（四轮驱动用）、充气减震器、空气悬架、液压挺杆、组合仪表

4. 汽车电子装置制造（含发动机控制系统、底盘控制系统、车身电子控制系统）

5. 石油工业专用沙漠车等特种专用车制造

6. 铁路运输技术设备：机车车辆及主要部件设计与制造，线路、桥梁设备设计与制造，高速铁路有关技术与设备制造，通信信号和运输安全监测设备制造，电气化铁路设备和器材制造

7. 城市快速轨道交通运输设备：地铁、城市轻轨的动车组及主要部件设计与制造

8. 民用飞机设计与制造（中方控股）

9. 民用飞机零部件制造

10. 民用直升机设计与制造（中方控股）

11. 航空发动机设计与制造（中方控股）

12. 民用航空机载设备设计与制造（中方控股）

13. 轻型燃气轮机制造

14. 船舶低速柴油机的曲轴设计与制造

15. 特种船、高性能船舶的修理、设计与制造（中方相对控股）

16. 船舶中高速柴油机、辅机、无线通讯、导航设备及配件设计与制造（中方相对控股）

17. 玻璃钢渔船、游艇制造

（十九）电气机械及器材制造业

1. 火电设备：60万千瓦及以上超临界机组、大型燃气轮机、10万千瓦及以上燃气—蒸汽联合循环发电设备、煤气化联合循环技术及装备（IGCC）、增压循环硫化床（PFBC）、60万千瓦及以上大型空冷机组、30万千瓦大型循环流化床（CFB）锅炉（限于合资、合作）

2. 水电设备：15万千瓦及以上大型抽水蓄能机组、15万千瓦及以上大型贯流式机组制造（限于合资、合作）

3. 核电机组：60万千瓦及以上机组制造（限于合资、合作）

4. 输变电设备：500千伏及以上超高压直流输变电设备制造（限于合资、合作）

（二十）电子及通信设备制造业

1. 数字电视机、数字摄录机、数字录放机、数字放声设备制造

2. 新型平板显示器件、中高分辨率彩色显像管/显示管及玻壳生产

3. 大屏幕彩色投影显示器用光学引擎、光源、投影屏、高清晰度投影管和LCOS模块等关键件制造

4. 数字音、视频编解码设备，数字广播电视演播室设备，数字有线电视系统设备，数字音频广播发射设备制造

5. 集成电路设计与线宽0.35微米及以下大规模集成电路生产

6. 大中型电子计算机、便携式微型计算机、高档服务器制造

7. 大容量光、磁盘驱动器及其部件开发与制造

8. 计算机辅助设计（三维CAD）、辅助测试（CAT）、辅助制造（CAM）、辅助工程（CAE）系统及其他计算机应用系统制造

9. 软件产品开发、生产

10. 半导体、元器件专用材料开发、生产

11. 电子专用设备、测试仪器、工模具制造

12. 新型电子元器件（片式元器件、敏感元器件及传感器、频率控制与选择元件、混合集成电路、电力电子器件、光电子器件、新型机电元件）生产

13. 无汞碱锰电池、动力镍氢电池、锂离子电池、高容量全密封免维护铅酸蓄电池、燃料电池、圆柱形锌空气电池等高技术绿色电池生产

14. 高密度数字光盘机用关键件开发与生产

15. 只读类光盘复制和可录类光盘生产

16. 民用卫星设计与制造（中方控股）

17. 民用卫星有效载荷制造（中方控股）

18. 民用卫星零部件制造

19. 民用运载火箭设计与制造（中方控股）

20. 卫星通信系统设备制造

21. 卫星导航定位接收设备及关键部件制造（限于合资、合作）

22. 光纤预制棒制造

23. 622兆比/秒及以上数字微波同步系列传输设备制造

24. 10千兆比/秒以上光同步系列传输设备制造

25. 宽带接入网通信系统设备制造

26. 光交叉连接设备（OXC）制造

27. 异步转移模式（ATM）及IP数据通信系统制造

28. 移动通信系统（含 GSM、CDMA、DCS1800、DECT、IMT2000 等）手机、基站、交换设备及数字集群系统设备制造

29. 高端路由器、千兆比以上网络交换机开发、制造

30. 空中交通管制系统设备制造（限于合资、合作）

（二十一）仪器仪表及文化、办公用机械制造业

1. 数字照相机及关键件开发与生产

2. 精密在线测量仪器开发与制造

3. 安全生产及环保检测仪器新技术设备制造

4. 水质及烟气在线监测仪器的新技术设备制造

5. 水文数据采集、处理与传输和防洪预警仪器及设备制造

6. 新型仪表元器件和材料（主要指智能型仪用传感器、仪用接插件、柔性线路板、光电开关、接近开关等新型仪用开关、仪用功能材料等）生产

7. 新型打印装置（激光、喷墨打印机）制造

8. 精密仪器、设备维修与售后服务

（二十二）其他制造业

1. 洁净煤技术产品的开发利用（煤炭气化、液化、水煤浆、工业型煤）

2. 煤炭洗选及粉煤灰（包括脱硫石膏）、煤矸石等综合利用

四、电力、煤气及水的生产及供应业

1. 单机容量 30 万千瓦及以上火电站的建设、经营

2. 煤洁净燃烧技术电站的建设、经营

3. 热电联产电站的建设、经营

4. 天然气发电站的建设、经营

5. 发电为主水电站的建设、经营

6. 核电站的建设、经营（中方控股）

7. 新能源电站的建设、经营（包括太阳能、风能、磁能、地热能、潮汐能、生物质能等）

8. 城市供水厂建设、经营

五、水利管理业

1. 综合水利枢纽的建设、经营（中方相对控股）

六、交通运输、仓储及邮电通信业

1. 铁路干线路网的建设、经营（中方控股）

2. 支线铁路、地方铁路及其桥梁、隧道、轮渡设施的建设、经营（限于合资、合作）

3. 公路、独立桥梁和隧道的建设、经营

4. 港口公用码头设施的建设、经营

5. 民用机场的建设、经营（中方相对控股）

6. 航空运输公司（中方控股）

7. 农、林、渔业通用航空公司（限于合资、合作）

*8. 定期、不定期国际海上运输业务

*9. 国际集装箱多式联运业务

*10. 公路货物运输公司

11. 输油（气）管道、油（气）库及石油专用码头的建设、经营

12. 煤炭管道运输设施的建设、经营

13. 运输业务相关的仓储设施建设、经营

七、批发和零售贸易业

*1. 一般商品的批发、零售、物流配送

八、房地产业

1. 普通住宅的开发建设

九、社会服务业

（一）公共设施服务业

1. 城市封闭型道路建设、经营
2. 城市地铁及轻轨的建设、经营（中方控股）
3. 污水、垃圾处理厂，危险废物处理处置厂（焚烧厂、填埋场）及环境污染治理设施的建设、经营

（二）信息、咨询服务业

1. 国际经济、科技、环保信息咨询服务
*2. 会计、审计

十、卫生、体育和社会福利业

1. 老年人、残疾人服务

十一、教育、文化艺术及广播电影电视业

1. 高等教育机构（限于合资、合作）

十二、科学研究和综合技术服务业

1. 生物工程与生物医学工程技术
2. 同位素、辐射及激光技术
3. 海洋开发及海洋能开发技术
4. 海水淡化及利用技术
5. 海洋监测技术
6. 节约能源开发技术
7. 资源再生及综合利用技术
8. 环境污染治理及监测技术
9. 防沙漠化及沙漠治理技术
10. 民用卫星应用技术
11. 研究开发中心
12. 高新技术、新产品开发与企业孵化中心

十三、产品全部直接出口的允许类外商投资项目

限制外商投资产业目录

一、农、林、牧、渔业

1. 粮食（包括马铃薯）、棉花、油料种子开发生产（中方控股）
2. 珍贵树种原木加工（限于合资、合作）

二、采掘业

1. 钨、锡、锑、钼、重晶石、萤石等矿产勘查、开采（限于合资、合作）
2. 贵金属（金、银、铂族）勘查、开采
3. 金刚石等贵重非金属矿的勘查、开采
4. 特种、稀有煤种勘查、开发（中方控股）
5. 硼镁石及硼镁铁矿石开采

6. 天青石开采

三、制造业

（一）食品加工业

1. 黄酒、名优白酒生产

2. 外国牌号碳酸饮料生产

3. 糖精等合成甜味剂生产

4. 油脂加工

（二）烟草加工业

1. 卷烟、过滤嘴棒生产

（三）纺织业

1. 毛纺、棉纺

2. 缫丝

（四）印刷及复制业

1. 出版物印刷（中方控股，包装装潢印刷除外）

（五）石油加工及炼焦业

1. 炼油厂建设、经营

（六）化学原料及化学制品制造业

1. 离子膜烧碱生产

2. 感光材料生产

3. 联苯胺生产

4. 易制毒化学品生产（麻黄素、3，4-亚基二氧苯基-2-丙酮、苯乙酸、1-苯基-2-丙酮、胡椒醛、黄樟脑、异黄樟脑、醋酸酐）

5. 硫酸法钛白粉生产

6. 硼镁铁矿石加工

7. 钡盐生产

（七）医药制造业

1. 氯霉素、青霉素 G、洁霉素、庆大霉素、双氢链霉素、丁胺卡那霉素、盐酸四环素、土霉素、麦迪霉素、柱晶白霉素、环丙氟哌酸、氟哌酸、氟嗪酸生产

2. 安乃近、扑热息痛、维生素 B1、维生素 B2、维生素 C、维生素 E 生产

3. 国家计划免疫的疫苗、菌苗类及抗毒素、类毒素类（卡介苗、脊髓灰质炎、白百破、麻疹、乙脑、流脑疫苗等）生产

4. 成瘾性麻醉药品及精神药品原料药生产（中方控股）

5. 血液制品的生产

6. 非自毁式一次性注射器、输液器、输血器及血袋生产

（八）化学纤维制造业

1. 常规切片纺的化纤抽丝生产

2. 单线能力在 2 万吨/年以下粘胶短纤维生产

3. 日产 400 吨以下纤维及非纤维用聚酯生产，氨纶生产

（九）橡胶制品业

1. 斜交轮胎、旧轮胎翻新（子午线轮胎除外）及低性能工业橡胶配件生产

（十）有色金属冶炼及压延加工业

1. 稀土冶炼、分离（限于合资、合作）

（十一）普通机械制造业

1. 集装箱生产

2. 中小型普通轴承制造
3. 50 吨以下汽车起重机制造（限于合资、合作）
（十二）专用设备制造业
1. 中低档 B 型超声显像仪制造
2. 一般涤纶长丝、短纤维设备制造
3. 320 马力以下履带式推土机、3 立方米以下轮式装载机制造（限于合资、合作）
（十三）电子及通信设备制造业
1. 卫星电视接收机及关键件生产

四、电力、煤气及水的生产和供应业

1. 单机容量 30 万千瓦以下以发电为主的常规燃煤火电厂的建设、经营（小电网除外）

五、交通运输、仓储及邮电通信业

1. 公路旅客运输公司
*2. 出入境汽车运输公司
*3. 水上运输公司
*4. 铁路货物运输公司
5. 铁路旅客运输公司（中方控股）
6. 摄影、探矿、工业等通用航空公司（中方控股）
*7. 电信公司

六、批发和零售贸易业

*1. 商品交易、直销、邮购、网上销售、特许经营、委托经营、销售代理、商业管理等各类商业公司，以及粮、棉、植物油、食糖、药品、烟草、汽车、原油、农业生产资料的批发、零售、物流配送
*2. 图书、报纸、期刊的批发、零售业务
*3. 音像制品（除电影外）的分销
4. 商品拍卖
*5. 货物租赁公司
*6. 代理公司（船舶、货运、外轮理货、广告等）
*7. 成品油批发及加油站建设、经营
8. 对外贸易公司

七、金融、保险业

1. 银行、财务公司、信托投资公司
*2. 保险公司
*3. 证券公司、证券投资基金管理公司
4. 金融租赁公司
5. 外汇经纪
*6. 保险经纪公司

八、房地产业

1. 土地成片开发（限于合资、合作）
2. 高档宾馆、别墅、高档写字楼和国际会展中心的建设、经营
3. 大型主题公园的建设、经营

九、社会服务业

（一）公共设施服务业
1. 大中城市燃气、热力和供排水管网的建设、经营（中方控股）

（二）信息、咨询服务业

1. 法律咨询

2. 市场调查（限于合资、合作）

十、卫生、体育和社会福利业

1. 医疗机构（限于合资、合作）

2. 高尔夫球场的建设、经营

十一、教育、文化艺术及广播电影电视业

1. 高中阶段教育机构（限于合资、合作）

2. 电影院的建设、经营（中方控股）

3. 广播电视节目制作、发行，电影制作（中方控股）

十二、科学研究和综合技术服务

1. 测绘公司（中方控股）

*2. 进出口商品检验、鉴定、认证公司

十三、国家和我国缔结或者参加的国际条约规定限制的其他产业

禁止外商投资产业目录

一、农、林、牧、渔业

1. 我国稀有的珍贵优良品种的养殖、种植（包括种植业、畜牧业、水产业的优良基因）

2. 转基因植物种子生产、开发

3. 我国管辖海域及内陆水域水产品捕捞

二、采掘业

1. 放射性矿产的勘查、开采、选矿

2. 稀土勘查、开采、选矿

三、制造业

（一）食品加工业

1. 我国传统工艺的绿茶及特种茶加工（名茶、黑茶等）

（二）医药制造业

1. 列入国家保护资源的中药材加工（麝香、甘草、黄麻草等）

2. 传统中药饮片炮制技术的应用及中成药秘方产品的生产

（三）有色金属冶炼及压延加工业

1. 放射性矿产的冶炼、加工

（四）武器弹药制造业

（五）其他制造业

1. 象牙雕刻

2. 虎骨加工

3. 脱胎漆器生产

4. 珐琅制品生产

5. 宣纸、墨锭生产

6. 致癌、致畸、致突变产品和持久性有机污染物产品生产

四、电力、煤气及水的生产和供应业

1. 电网的建设、经营

五、交通运输、仓储及邮电通信业

1. 空中交通管制公司
2. 邮政公司

六、金融、保险业

1. 期货公司

七、社会服务业

1. 国家保护的野生动植物资源开发
2. 动植物自然保护区的建设、经营
3. 社会调查
4. 博彩业（含赌博类跑马场）
5. 色情业

八、教育、文化艺术及广播电影电视业

1. 基础教育（义务教育）机构
2. 图书、报纸、期刊的出版、总发行和进口业务
3. 音像制品和电子出版物的出版、制作、总发行和进口业务
4. 新闻机构
5. 各级广播电台（站）、电视台（站）、广播电视传输覆盖网（发射台、转播台、广播电视卫星、卫星上行站、卫星收转站、微波站、监测台、有线广播电视传输覆盖网）
6. 广播电视节目出版及播放公司
7. 电影发行公司
8. 录像放映公司

九、其他行业

1. 危害军事设施安全和使用效能的项目

十、国家和我国缔结或者参加的国际条约规定禁止的其他产业

注：1.《内地与香港关于建立更紧密经贸关系的安排》及其补充协议和《内地与澳门关于建立更紧密经贸关系的安排》及其补充协议另有规定的，从其规定。

2. 标 * 的条目与我国加入世界贸易组织的承诺有关，具体内容见附件。

《外商投资产业指导目录》附件

一、鼓励类

1. 石油、天然气的风险勘探、开发：限于合作
2. 低渗透油气藏（田）的开发：限于合作
3. 提高原油采收率的新技术开发与应用：限于合作
4. 物探、钻井、测井、井下作业等石油勘探开发新技术的开发与应用：限于合作
5. 汽车、摩托车整车制造：外资比例不超过 50%
6. 定期、不定期国际海上运输业务：外资比例不超过 49%
7. 国际集装箱多式联运：外资比例不超过 50%；不迟于 2002 年 12 月 11 日允许外方控股；不迟于 2005 年 12 月 11 日允许外方独资
8. 公路货物运输公司：不迟于 2002 年 12 月 11 日允许外方控股；不迟于 2004 年 12 月 11 日允许外方独资
9. 一般商品的批发、零售、物流配送：限定条件见限制类第（五）
10. 会计、审计：限于合作、合伙

二、限制类

（一）出入境汽车运输公司：不迟于2002年12月11日允许外方控股，不迟于2004年12月11日允许外方独资

（二）水上运输公司：外资比例不超过49%

（三）铁路货物运输公司：外资比例不超过49%；不迟于2004年12月11日允许外方控股；不迟于2007年12月11日允许外方独资

（四）电信公司

1. 增值电信、基础电信中的寻呼服务：自2001年12月11日起允许外商投资，外资比例不超过30%；不迟于2002年12月11日允许外资比例不超过49%；不迟于2003年12月11日允许外资比例达50%

2. 基础电信中的移动话音和数据服务：自2001年12月11日起允许外商投资，外资比例不超过25%；不迟于2002年12月11日外资比例不超过35%；不迟于2004年12月11日允许外资比例达49%

3. 基础电信中的国内业务、国际业务：不迟于2004年12月11日允许外商投资，外资比例不超过25%；不迟于2006年12月11日允许外资比例达35%；不迟于2007年12月11日允许外资比例达49%

（五）商品交易、直销、邮购、网上销售、特许经营、委托经营、销售代理、商业管理等各类商业公司，以及粮、棉、植物油、食糖、药品、烟草、汽车、原油、农业生产资料的批发、零售、物流配送；图书、报纸、期刊的批发、零售业务；成品油批发及加油站建设、经营

1. 佣金代理、批发（不包括盐、烟草）：不迟于2002年12月11日允许外商投资，外资比例可达50%，但不允许经营书报杂志、药品、农药、农膜、化肥、成品油、原油；不迟于2003年12月11日允许外方控股；不迟于2004年12月11日允许外方独资，允许经营书报杂志、药品、农药、农膜；不迟于2006年12月11日允许经营化肥、成品油、原油

2. 零售（不包括烟草）：允许外商投资，但不允许经营书报杂志、药品、农药、农膜、化肥、成品油；不迟于2002年12月11日允许外资比例可达50%，允许经营书报杂志；不迟于2003年12月11日允许外方控股；不迟于2004年12月11日允许外方独资，允许经营药品、农药、农膜、成品油；不迟于2006年12月11日允许经营化肥。经营产品包括汽车（不迟于2006年12月11日取消限制）、书报杂志、药品、农药、农膜、成品油、化肥、粮食、植物油、食糖、烟草、棉花的超过30家分店的连锁店不允许外方控股

3. 特许经营和无固定地点的批发、零售：不迟于2004年12月11日允许外商投资

（六）音像制品（除电影外）的分销：限于合作，中方控股

（七）货物租赁公司：不迟于2002年12月11日允许外方控股，不迟于2004年12月11日允许外方独资

（八）代理公司

1. 船舶：外资比例不超过49%

2. 货运（不包括邮政部门专营服务的业务）：外资比例不超过50%（速递服务不超过49%）；不迟于2002年12月11日允许外方控股；不迟于2005年12月11日允许外方独资

3. 外轮理货：限于合资、合作

4. 广告：外资比例不超过49%；不迟于2003年12月11日允许外方控股；不迟于2005年12月11日允许外方独资

（九）保险公司

1. 非寿险保险公司：外资比例不超过51%；不迟于2003年12月11日允许外方独资

2. 寿险保险公司：外资比例不超过50%

（十）证券公司、证券投资基金管理公司

1. 证券公司：不迟于2004年12月11日允许外商投资，外资比例不超过1/3

2. 证券投资基金管理公司：允许外商投资，外资比例不超过33%；不迟于2004年12月11日允许外

资比例达49%

（十一）保险经纪公司：外资比例不超过50%；不迟于2004年12月11日允许外资比例达51%；不迟于2006年12月11日允许外方独资

（十二）进出口商品检验、鉴定、认证公司：不迟于2003年12月11日允许外方控股；不迟于2005年12月11日允许外方独资

海关总署关于转发《中西部地区外商投资优势产业目录（2004年修订）》的通知

（署税发〔2004〕347号）

广东分署、天津、上海特派办、各直属海关：

经国务院批准，国家发展改革委、商务部第13号令联合发布了《中西部地区外商投资优势产业目录（2004年修订）》（以下简称《中西部外资目录》，详见附件），自2004年9月1日起执行，现予以转发，并就实施中的有关问题通知如下：

一、《中西部外资目录》自2004年9月1日起执行，即9月1日以后核准（以项目申请报告核准日期为准）的中西部地区外商投资项目（包括增资项目）按照《中西部外资目录》执行。对属于《中西部外资目录》中的外商投资项目，可按照《海关总署关于贯彻<国务院关于调整进口设备税收政策的通知>的紧急通知》（署税〔1997〕1062号）的规定，免征关税和进口环节增值税。

二、为保证政策的连续性，对2004年9月1日以前按照原《中西部地区外商投资优势产业目录》批准的外商投资项目，可按照原规定，继续享受进口税收优惠政策。

三、原不予免税的在建项目凡符合《中西部外资目录》规定的，可按有关规定向国务院投资主管部门或经授权的省级投资主管部门申请补办《国家鼓励发展的内外资项目确认书》，取得《国家鼓励发展的内外资项目确认书》之后，在建项目进口的自用设备可按照原规定享受进口税收优惠政策，但进口设备已经征税的税款不予退还。

四、对于经审批部门核准的可享受进口税收优惠政策的项目，各关应对照《外商投资项目不予免税的进口商品目录》严格审核免税商品范围。

五、《中西部外资目录》实施后，项目确认书中的“项目产业政策审批条目”编码为“G”，例如，山西省第2项应填写为：退耕还林还草、天然林保护等国家重点生态工程后续产业开发（G1402）；江西省第5项应填写为：高档日用陶瓷生产（G3605）。

《减免税管理系统》参数库调整的问题将另行通知。

六、本通知未提及的其他问题，仍按照《国务院关于调整进口设备税收政策的通知》（国发〔1997〕37号）以及《海关总署关于贯彻〈国务院关于调整进口设备税收政策的通知〉的紧急通知》（署税〔1997〕1062号）的规定执行。

附件 《中西部地区外商投资优势产业目录（2004年修订）》

二〇〇四年十月十四日

附件

中西部地区外商投资优势产业目录（2004 年修订）

根据 2002 年 2 月发布的《指导外商投资方向规定》（国务院令第 346 号），为实施国家西部大开发战略，鼓励中西部地区利用外资，引进先进技术、设备，发展中西部地区比较优势产业和技术先进的企业，促进产业结构的优化升级，带动中西部地区经济整体素质的提高，依据国家产业政策，对 2000 年 6 月公布的《中西部地区外商投资优势产业目录》进行修订。

属于本目录的外商投资项目，享受《指导外商投资方向规定》的鼓励类项目的相关政策及《国务院办公厅转发外经贸部等部门关于当前进一步鼓励外商投资意见的通知》（国办发〔1999〕73 号）中的有关优惠政策。

本目录生效前按原目录批准的项目，仍按原目录规定享受有关政策。符合本目录规定的在建项目，可按照本目录的有关政策执行。

各有关方面依据本目录审批外商向中西部地区投资的项目时，要全面贯彻国家产业政策，严格执行国家有关法律、法规，按照现行的审批权限和程序进行审核，要注重生产技术水平的提高和产品结构的改善，注重资源的合理利用和对生态环境的保护，防止重复建设和盲目扩大生产能力。

国家将根据经济发展和国内外市场环境变化的需要，适时对此目录进行调整、修订。

山西省

1. 牧草饲料作物种植及深加工
2. 退耕还林还草、天然林保护等国家重点生态工程后续产业开发
3. 节水灌溉技术开发及应用
4. 煤炭加工应用技术开发和产品生产
5. 高岭土勘查、开发及综合利用
6. 钡盐生产（中方控股）
7. 大麻、亚麻纺织品生产
8. 液压技术系统及模具生产
9. 旱地、山地中小农业机械及配套机具制造
10. 大型建筑钢结构件技术开发及生产
11. 煤矸石、洗中煤、焦炉煤气余热发电、供热等综合利用
12. 城市供气、供热、供排水管网建设、经营（大中城市中方控股）
13. 旅游景区（点）开发及其配套设施建设、保护和经营
14. 公路旅客运输

吉林省

1. 长白山生态可食资源的开发、培育养殖和加工
2. 退耕还林还草、天然林保护等国家重点生态工程后续产业开发
3. 节水灌溉技术开发及应用
4. 镍矿勘探开发
5. 动植物药材资源开发生产（列入国家保护的资源除外）
6. 油页岩资源开发及综合利用
7. 汽车零部件制造
8. 大规格超高功率石墨电极及特种石墨开发生产
9. 城市供气、供热、供排水管网建设、经营（大中城市中方控股）
10. 冰雪旅游资源开发及滑雪场建设、经营
11. 旅游景区（点）开发及其配套设施建设、保护和经营

12. 公路旅客运输

黑龙江省

1. 亚麻纺织品及制品生产
2. 退耕还林还草、天然林保护等国家重点生态工程后续产业开发
3. 节水灌溉技术开发及应用
4. 煤炭加工应用技术开发和产品生产
5. 石墨产品深加工
6. 中药冻干粉针制剂生产
7. 电工仪表及电网智能管理控制系统设备制造
8. 城市供气、供热、供排水管网建设、经营（大中城市中方控股）
9. 冰雪旅游资源及森林旅游资源开发
10. 旅游景区（点）开发及其配套设施建设、保护和经营
11. 公路旅客运输

安徽省

1. 粮食、马铃薯、棉花、油料种子开发生产（中方控股）
2. 退耕还林还草等国家重点生态工程后续产业开发
3. 茶叶综合加工（不含我国传统工艺的绿茶和特种茶）
4. 节水灌溉技术开发及应用
5. 煤炭加工应用技术开发和产品生产
6. 电工薄膜生产
7. 塑料复合包装材料生产
8. 新工艺软质湿法造粒碳黑生产
9. 大型散装水泥装备制造
10. 平板玻璃深加工
11. 农用塑料节水器材制造
12. 叉车等工程机械、自动化立库及其仓储物流系统开发与制造
13. 城市供气、供热、供排水管网建设、经营（大中城市中方控股）
14. 旅游景区（点）开发及其配套设施建设、保护和经营
15. 公路旅客运输

江西省

1. 退耕还林还草等国家重点生态工程后续产业开发
2. 节水灌溉技术开发及应用
3. 稀土深加工及应用产品生产
4. 钨、钼矿深加工
5. 高档日用陶瓷生产
6. 粉石英、硅灰石、海泡石、黑滑石、化工用白云石等非金属矿选冶
7. 有机硅开发与应用
8. 氯化亚砜生产及应用、AC 发泡剂生产
9. 赤霉素生产
10. 城市供气、供热、供排水管网建设、经营（大中城市中方控股）
11. 旅游景区（点）开发及其配套设施建设、保护和经营
12. 公路旅客运输

河南省

1. 退耕还林还草、天然林保护等国家重点生态工程后续产业开发
2. 节水灌溉技术开发及应用
3. 天然碱矿开采、加工
4. 煤炭加工应用技术开发和产品生产
5. 平板玻璃深加工
6. 钨、钼矿深加工
7. 洁霉素
8. 电能综合管理自动化及电工仪表制造
9. 城市供气、供热、供排水管网建设、经营（大中城市中方控股）
10. 旅游景区（点）开发及其配套设施建设、保护和经营
11. 公路旅客运输

湖北省

1. 退耕还林还草、天然林保护等国家重点生态工程后续产业开发
2. 节水灌溉技术开发及应用
3. 动植物药材资源的开发生产（列入国家保护的资源除外）
4. 麻纺织及高档服装面料生产
5. 石英玻璃深加工
6. 激光工业加工设备、激光医用设备开发与制造
7. 光电子技术和产品开发
8. 数控机床关键零部件（高速主轴、刀库、动力卡盘）
9. 热灌装 PET 瓶及瓶坯生产
10. 汽车零部件制造
11. 城市供气、供热、供排水管网建设、经营（大中城市中方控股）
12. 旅游景区（点）开发及其配套设施建设、保护和经营
13. 公路旅客运输

湖南省

1. 退耕还林还草等国家重点生态工程后续产业开发
2. 节水灌溉技术开发及应用
3. 苎麻纺织品及制品生产
4. 钨、钼矿深加工
5. 铋化合物生产
6. 钡盐生产（中方控股）
7. 激素类药物深度开发
8. 新型橡胶机械成套设备制造
9. 城市供气、供热及供排水管网建设、经营（大中城市中方控股）
10. 旅游景区（点）开发及其配套设施建设、保护和经营
11. 公路旅客运输

重庆市

1. 天然香料的种植和加工
2. 退耕还林还草、天然林保护等国家重点生态工程后续产业开发
3. 高产优质蚕桑基地建设
4. 节水灌溉技术开发及应用

5. 苎麻纺织品及制品生产
6. 天然气下游化工产品生产和开发
7. 动植物药材资源开发生产（列入国家保护资源的除外）
8. 新型医疗器械产品开发及生产
9. 汽车零部件制造
10. 城市供气、供热、供排水管网建设、经营（大中城市中方控股）
11. 旅游景区（点）开发及其配套设施建设、保护和经营
12. 公路旅客运输

四川省

1. 退耕还林还草、天然林保护等国家重点生态工程后续产业开发
2. 节水灌溉技术开发及应用
3. 稀土深加工及应用产品生产
4. 高产优质蚕桑基地建设及丝绸产品加工
5. 苎麻纺织品及制品生产
6. 动植物药材资源开发生产（列入国家保护资源的除外）
7. 天然气下游化工产品生产和开发
8. 电工薄膜生产
9. 城市供气、供热、供排水管网建设、经营（大中城市中方控股）
10. 旅游景区（点）开发及其配套设施建设、保护和经营
11. 公路旅客运输

贵州省

1. 退耕还林还草、天然林保护等国家重点生态工程后续产业开发
2. 节水灌溉技术开发及应用
3. 煤炭加工应用技术开发和产品生产
4. 马铃薯、魔芋等产品深加工
5. 特色食用资源开发
6. 磨料磨具产品生产
7. 钛冶炼
8. 钡盐生产（中方控股）
9. 苎麻产品深加工
10. 动植物药材资源开发生产（列入国家保护资源的除外）
11. 磷化工产品生产
12. 城市供气、供热、供排水管网建设、经营（大中城市中方控股）
13. 旅游景区（点）开发及其配套设施建设、保护和经营
14. 公路旅客运输

云南省

1. 优质桑、蚕的种植、养殖及产品的开发生产
2. 退耕还林还草、天然林保护等国家重点生态工程后续产业开发
3. 节水灌溉技术开发及应用
4. 煤炭加工应用技术开发和产品生产
5. 特色食用资源开发
6. 马铃薯产品深加工
7. 天然橡胶、亚麻的加工及开发

8. 动植物药材资源开发生产（列入国家保护资源的除外）
9. 铜、铅、锌、镍有色金属矿的勘探及开发
10. 磷化工产品生产
11. 轻型车用柴油发动机及零部件制造
12. 城市供气、供热、供排水管网建设、经营（大中城市中方控股）
13. 旅游景区（点）开发及其配套设施建设、保护和经营
14. 公路旅客运输

西藏自治区

1. 高原生态特色农牧业产业化经营、蔬菜基地、商品粮油基地、禽类养殖基地及草场建设
2. 退耕还林还草、天然林保护等国家重点生态工程后续产业开发
3. 农畜产品加工
4. 节水灌溉技术开发及应用
5. 硼砂、硼镁石开采，加工（限于合资、合作）
6. 铬矿的开采与加工（中方控股）
7. 毛纺产品加工制造
8. 盐湖资源的开发利用
9. 藏药新品种、新剂型产品生产
10. 民族特需产品、工艺美术品、包装容器材料及日用玻璃制品生产
11. 城市供气、供热、供排水管网建设、经营（大中城市中方控股）
12. 旅游景区（点）开发及其配套设施建设、保护和经营
13. 公路旅客运输

陕西省

1. 粮食、马铃薯、棉花、油料种子开发生产（中方控股）
2. 退耕还林还草、天然林保护等国家重点生态工程后续产业开发
3. 节水灌溉技术开发及应用
4. 煤炭加工应用技术开发和产品生产
5. 优质酿酒葡萄基地建设及优质葡萄酒酿制
6. 钼、钛等金属矿产开发及深加工
7. 金属功能材料生产
8. 动植物药材资源开发生产（列入国家保护资源的除外）
9. 天然气下游化工产品生产和开发
10. 现场总线智能仪表制造
11. 数控机床、数控刀具及关键零部件设计与制造
12. 高炉煤气能量回收透平装置设计制造
13. 城市供气、供热和供排水管网的建设、经营（大中城市中方控股）
14. 旅游景区（点）开发及其配套设施建设、保护和经营
15. 公路旅客运输

甘肃省

1. 退耕还林还草、天然林保护等国家重点生态工程后续产业开发
2. 节水灌溉技术开发及应用
3. 马铃薯产品深加工
4. 优质酿酒葡萄基地建设及优质葡萄酒酿制
5. 优质啤酒原料种植、加工

6. 稀土深加工及应用产品生产
7. 天然气化工、管道
8. 集成电路封装
9. 港口及船舶用毫米波导航设备
10. 钻机及油田设备制造
11. 城市供气、供热、供排水管网建设、经营（大中城市中方控股）
12. 旅游景区（点）开发及其配套设施建设、保护和经营
13. 公路旅客运输

青海省

1. 有机天然农畜产品基地建设和产品精深加工
2. 高原动植物资源保护、种养与加工利用（列入国家保护的资源除外）
3. 退耕还林还草、天然林保护等国家重点生态工程后续产业开发
4. 节水灌溉技术开发及应用
5. 碳酸锶、金属锶等锶盐生产（限于合资、合作）
6. 盐湖资源开发和综合利用
7. 天然气下游化工产品生产和开发
8. 牛羊绒产品深加工及藏毯生产
9. 中、藏药新品种、新剂型产品生产
10. 城市供气、供热、供排水管网建设、经营（大中城市中方控股）
11. 旅游景区（点）开发及其配套设施建设、保护和经营
12. 公路旅客运输

宁夏自治区

1. 枸杞种植及其深加工
2. 退耕还林还草、天然林保护等国家重点生态工程后续产业开发
3. 节水灌溉技术开发及应用
4. 煤炭加工应用技术开发和产品生产
5. 碳基材料生产
6. 优质酿酒葡萄基地建设及优质葡萄酒酿制
7. 马铃薯产品深加工
8. 天然气下游化工产品生产和开发
9. 聚氯乙烯树脂生产
10. 子午线轮胎生产
11. 片式固体钽电解电容器生产
12. 城市供气、供热、供排水管网建设、经营（大中城市中方控股）
13. 旅游景区（点）开发及其配套设施建设、保护和经营
14. 公路旅客运输

新疆自治区（含新疆生产建设兵团）

1. 优质番茄、枸杞种植及深加工
2. 退耕还林还草、天然林保护等国家重点生态工程后续产业开发
3. 节水灌溉技术开发及应用
4. 甜菜糖加工及副产品综合利用
5. 天然香料、食用菌的种植、加工
6. 优质酿酒葡萄基地建设及优质葡萄酒酿制

7. 棉籽、葵花、红花油脂深加工
8. 亚麻种植及其制品生产
9. 高档棉毛产品升级改造
10. 铜、铅、锌、镍有色金属矿的勘探及开发
11. 蛭石、钠硝石、云母、石棉、膨润土等非金属矿产的综合利用
12. 煤炭加工应用技术开发和产品生产
13. 高档皮革产品制造
14. 乙烯下游深加工产品及精细化工产品生产
15. 天然气下游化工产品生产和开发
16. 维吾尔族特色药用植物种植、加工和制药新工艺开发
17. 以牛羊内脏为原料的生物制药产品的开发利用
18. 民族特需产品、工艺美术品、包装容器材料及日用玻璃制品生产
19. 城市供气、供热、供排水管网建设、经营（大中城市中方控股）
20. 旅游景区（点）开发及其配套设施建设、保护和经营
21. 公路旅客运输

内蒙古自治区

1. 煤炭加工应用技术开发和产品生产
2. 退耕还林还草、天然林保护等国家重点生态工程后续产业开发
3. 草原生态旅游资源开发、建设和经营
4. 节水灌溉技术开发及应用
5. 毛纺织、针织品高新技术产品开发
6. 饲料加工业
7. 天然气下游化工产品开发和利用
8. 蒙药材加工
9. 以牛羊内脏为原料的生物制药产品的开发利用
10. 稀土深加工及应用产品生产
11. 民族特需产品、工艺美术品、包装容器材料及日用玻璃制品生产
12. 煤矸石、洗中煤、焦炉煤气余热发电、供热等综合利用
13. 城市供气、供热、供排水管网建设、经营（大中城市中方控股）
14. 旅游景区（点）开发及其配套设施建设、保护和经营
15. 公路旅客运输

广西自治区

1. 木薯综合开发利用
2. 天然香料种植和加工
3. 退耕还林还草等国家重点生态工程后续产业开发
4. 节水灌溉技术开发及应用
5. 蔗糖加工及副产品综合利用
6. 动植物药材资源开发生产（列入国家保护资源的除外）
7. 铟、铅、锌的深加工及应用
8. 锰的深加工
9. 滑石和重晶石采选和深加工
10. 松香深加工
11. 氟化盐生产

12. 城市供气、供热、供排水管网建设、经营（大中城市中方控股）
13. 旅游景区（点）开发及其配套设施建设、保护和经营
14. 公路旅客运输

海关总署关于实施《辽宁省外商投资优势产业目录》的公告

（海关总署公告2006年第61号）

经国务院批准，国家发展改革委、商务部联合发布了《辽宁省外商投资优势产业目录》（国家发展改革委、商务部令第47号，以下简称《辽宁省外资目录》，详见附件），同时明确《辽宁省外资目录》属于《中西部地区外商投资优势产业目录（2004年修订）》（国家发展改革委、商务部令第13号）的一部分，自2006年9月25日起施行。现就海关执行中的有关问题公告如下：

一、自2006年9月25日起，对属于《辽宁省外资目录》中的辽宁省外商投资项目（包括增资项目），在投资总额内进口自用设备，除《外商投资项目不予免税的进口商品目录》所列商品外，可凭国务院投资主管部门或辽宁省投资主管部门出具的项目确认书，按照《国务院关于调整进口设备税收政策的通知》（国发〔1997〕37号）及其他相关规定办理免征进口关税和进口环节增值税手续。

二、符合《辽宁省外资目录》规定的辽宁省外商投资在建项目，可按有关规定向国务院投资主管部门或辽宁省投资主管部门申请补办《国家鼓励发展的内外资项目确认书》，取得《国家鼓励发展的内外资项目确认书》之后，在建项目进口的自用设备可按照本公告的第一条规定享受有关进口税收优惠政策，但进口设备已经征收的税款不予退还。

三、《辽宁省外资目录》实施后，项目确认书中的“项目产业政策审批条目”编码继续沿用“G”，例如，《辽宁省外资目录》中第3项应填写为：退耕还林还草等国家重点生态工程后续产业开发（G2103）。

四、《辽宁省外资目录》中有关条目所述“经批准允许外方控股”或“经批准可享受鼓励类政策”，是指经国务院投资主管部门批准。

五、本公告未提及的其他问题，仍按照《国务院关于调整进口设备税收政策的通知》（国发〔1997〕37号）以及其他现行的相关规定执行。

特此公告。

附件 《辽宁省外商投资优势产业目录》

中华人民共和国海关总署
二〇〇六年十月三十日

附件

辽宁省外商投资优势产业目录

1. 粮食、油料、蔬菜、水果等种子（种苗）（转基因植物种子除外）开发、生产（中方控股）
2. 肉鸡、生猪、肉牛、肉羊、奶牛、鹿和绒山羊饲养及产品深加工
3. 退耕还林还草等国家重点生态工程后续产业开发

4. 油母页岩、镁、锆石加工及综合利用（中方相对控股）

5. 高档棉、毛、麻、丝（柞蚕丝）、化纤的纺织、针织及服装加工

6. 天然药、原料药、中成药的深加工及其衍生物的生产（不包括维生素C和青霉素原料药生产、及列入《外商投资产业指导目录》禁止类的项目）

7. 日产4000吨及以上水泥熟料新型干法水泥生产

8. 采用大型装备和技术（60万吨/年以上）生产以煤炭为原料的甲醇等产品

9. 百万吨乙烯及下游深加工产品生产

10. 子午线轮胎生产

11. 金属包装、自动化立体仓库及仓储物流设备制造

12. 汽车零部件、配件制造

13. 船用柴油机、辅机、零部件、配件制造

14. 数字医疗设备及关键部件开发及生产

15. 高精度铜板带材深加工

16. 钢丝连线、超细钢丝绳制造

17. 医疗机构，经批准允许外方控股

18. 城市集中供热、供气、供排水管网建设、经营，经批准允许外方控股

19. 旅游景区开发保护及其配套设施建设和经营

20. 资源枯竭型城市的精深加工和接续产业等项目，经批准可享受鼓励类政策

海关总署关于执行《外商投资产业指导目录（2007年修订）》的公告

（海关总署公告2007年第67号）

国家发展改革委、商务部以第57号令联合发布了经国务院批准的《外商投资产业指导目录（2007年修订）》［以下简称《外资目录（2007年修订）》，详见附件］，自2007年12月1日起执行。现就海关执行中的有关问题公告如下：

一、自2007年12月1日起，经国务院、省、自治区、直辖市、计划单列市的投资主管部门按管理权限核准的外商投资项目（包括增资项目），属于《外资目录（2007年修订）》鼓励类的，在投资总额内进口的自用设备及按照合同随设备进口的技术和配套件、备件，除《外商投资项目不予免税的进口商品目录》所列商品外，海关继续按照《海关总署关于贯彻〈国务院关于调整进口设备税收政策的通知〉的紧急通知》（署税〔1997〕1062号，以下简称《通知》）的有关规定办理免征进口关税和进口环节增值税的备案、审批手续。

外商投资主管部门在2007年12月1日及以后核准（以项目申请报告核准日期为准）的外商投资项目，不属于《外资目录（2007年修订）》所列鼓励类的，海关一律不予受理其项目单位减免税备案申请。

二、为保持政策的连续性，对2002年4月1日以前按照《外商投资产业指导目录（1997年版）》批准的外商投资鼓励类及限制乙类项目，以及2002年4月1日至2007年11月30日期间分别按照《外商投资产业指导目录（2002年修订）》、《外商投资产业指导目录（2004年修订）》批准的外商投资鼓励类项目，海关按照《通知》和海关总署2007年第35号公告规定，办理免征进口关税和进口环节增值税的备案、审批手续。其中，2002年4月1日至2007年11月30日批准的外商投资鼓励类项目，其项目单位

须于2008年12月31日前按照规定持项目确认书等有关资料向海关申请办理减免税备案手续。逾期，海关不再受理上述减免税备案申请。

三、《外资目录（2007年修订）》施行后，项目确认书中的“项目产业政策审批条目”编码为“J”，例如，第一类第1项应填写为：中低产农田改造（J0101）；第三类第（一）条第1项应填写为：生物饲料、秸秆饲料、水产饲料的开发、生产（J030101）。

特此公告。

附件 外商投资产业指导目录（2007年修订）

中华人民共和国海关总署
二〇〇七年十一月二十六日

附件

外商投资产业指导目录（2007年修订）

鼓励外商投资产业目录

一、农、林、牧、渔业

1. 中低产农田改造
2. 木本食用油料、调料和工业原料的种植及开发、生产
3. 蔬菜（含食用菌、西甜瓜）、干鲜果品、茶叶无公害栽培技术及产品系列化开发、生产
4. 糖料、果树、牧草等农作物新技术开发、生产
5. 花卉生产与苗圃基地的建设、经营
6. 橡胶、剑麻、咖啡种植
7. 中药材种植、养殖（限于合资、合作）
8. 农作物秸秆还田及综合利用、有机肥料资源的开发生产
9. 林木（竹）营造及良种培育多倍体树木新品种和转基因树木新品种培育
10. 水产苗种繁育（不含我国特有的珍贵优良品种）
11. 防治荒漠化及水土流失的植树种草等生态环境保护工程建设、经营
12. 水产品养殖、深水网箱养殖、工厂化水产养殖、生态型海洋种养殖

二、采矿业

1. 煤层气勘探、开发和矿井瓦斯利用（限于合资、合作）
2. 石油、天然气的风险勘探、开发（限于合资、合作）
3. 低渗透油气藏（田）的开发（限于合资、合作）
4. 提高原油采收率及相关新技术的开发应用（限于合资、合作）
5. 物探、钻井、测井、录井、井下作业等石油勘探开发新技术的开发与应用（限于合作）
6. 油页岩、油砂、重油、超重油等非常规石油资源勘探、开发（限于合作）
7. 铁矿、锰矿勘探、开采及选矿

煤炭及伴生资源勘探、开发

8. 提高矿山尾矿利用率的新技术开发和应用及矿山生态恢复技术的综合应用
9. 海底可燃冰勘探、开发（限于合作）

三、制造业

（一）农副食品加工业

1. 生物饲料、秸秆饲料、水产饲料的开发、生产
2. 水产品加工、贝类净化及加工、海藻功能食品开发
3. 蔬菜、干鲜果品、禽畜产品的储藏及加工
（二）食品制造业
1. 婴儿、老年食品及功能食品的开发、生产
2. 森林食品的开发、生产和加工
3. 天然食品添加剂、食品配料生产（限于合资、合作）
（三）饮料制造业
1. 果蔬饮料、蛋白饮料、茶饮料、咖啡饮料、植物饮料的开发、生产
（四）烟草制品业
1. 二醋酸纤维素及丝束加工（限于合资、合作）
2. 造纸法烟草薄片生产（限于合资、合作）
3. 过滤嘴棒加工生产（限于合资、合作）
（五）纺织业
1. 采用高新技术的产业用特种纺织生产
2. 高档织物面料的织染及后整理加工
3. 符合生态、资源综合利用与环保要求的特种天然纤维（包括除羊毛以外的其他动物纤维、麻纤维、竹纤维、桑蚕丝、彩色棉花等）产品加工
4. 采用计算机集成制造系统的服装生产
5. 高档地毯、刺绣、抽纱产品生产
（六）皮革、皮毛、羽毛（绒）及其制品业
1. 皮革和毛皮清洁化技术加工
2. 皮革后整饰新技术加工
3. 高档皮革（沙发革、汽车坐垫革）的加工
（七）木材加工及木、竹、藤、棕、草制品业
1. 林业三剩物，“次、小、薪”材和竹材的综合利用新技术、新产品开发与生产
（八）造纸及纸制品业
1. 按林纸一体化建设的单条生产线年产 30 万吨及以上规模化学木浆和单条生产线年产 10 万吨及以上规模化学机械木浆以及同步建设的高档纸及纸板生产（限于合资、合作）
（九）石油加工及炼焦业
1. 针状焦、煤焦油深加工
（十）化学原料及化学制品制造业
1. 年产 80 万吨及以上规模乙烯生产（中方相对控股）
2. 乙烯下游产品衍生物的加工制造和副产品 C4—C9 产品（丁二烯生成合成橡胶除外）的综合利用
3. 年产 20 万吨及以上聚氯乙烯树脂生产（乙烯法）
4. 钠法漂粉精、聚氯乙烯和有机硅深加工产品生产
5. 苯、甲苯、二甲苯、乙二醇等基本有机化工原料及其衍生物生产
6. 合成材料的配套原料：双酚 A 生产、过氧化氢氧化丙烯法生产环氧丙烷
7. 合成纤维原料：精对苯二甲酸、己内酰胺、尼龙 66 盐、熔纺氨纶树脂生产
8. 合成橡胶：溶液丁苯橡胶（不包括热塑性丁苯橡胶）、丁基橡胶、异戊橡胶、聚氨酯橡胶、丙烯酸橡胶、氯醇橡胶、乙丙橡胶、丁腈橡胶，以及氟橡胶、硅橡胶等特种橡胶生产
9. 工程塑料及塑料合金：聚苯醚（PPO）、工程塑料尼龙 11 和尼龙 12、聚酰亚胺、聚砜、聚芳酯（PAR）、液晶聚合物等产品生产
10. 精细化工：催化剂、助剂、添加剂新产品、新技术，染（颜）料商品化加工技术，电子、造纸用

高科技化学品，食品添加剂、饲料添加剂，皮革化学品（N-N 二甲基甲酰胺除外）、油田助剂，表面活性剂，水处理剂，胶黏剂，无机纤维、无机纳米材料生产，颜料包膜处理深加工

11. 低滞后高耐磨炭黑生产

12. 环保型印刷油墨、环保型芳烃油生产

13. 天然香料、合成香料、单离香料生产

14. 高性能涂料、水性汽车涂料及配套水性树脂生产

15. 氟氯烃替代物生产

16. 有机氟系列化工产品生产（氟氯烃或氢氟氯烃、四氟乙烯除外）

17. 从磷化工、铝冶炼中回收氟资源生产

18. 大型煤化工产品生产（中方控股）

19. 林业化学产品新技术、新产品开发与生产

20. 烧碱用离子膜、无机分离膜、功能隔膜生产

21. 环保用无机、有机和生物膜开发与生产

22. 新型肥料开发与生产：生物肥料、高浓度钾肥、复合肥料、缓释可控肥料、复合型微生物接种剂、复合微生物肥料、秸秆及垃圾腐熟剂、特殊功能微生物制剂

23. 高效、安全农药新品种和高性能农药新剂型的开发与生产

24. 生物农药及生物防治产品开发与生产：微生物杀虫剂、微生物杀菌剂、农用抗生素、昆虫信息素、天敌昆虫、微生物除草剂

25. 废气、废液、废渣综合利用和处理、处置

26. 有机高分子材料生产：有机硅改性舰船外壳涂料、飞机蒙皮涂料、稀土硫化铈红色染料、无铅化电子封装材料、彩色等离子体显示屏专用系列光刻浆料、小直径大比表面积超细纤维、高精度燃油滤纸、锂离子电池隔膜、塑料加工用多功能复合助剂、柠檬酸甘油二酸酯、氟咯菌腈、氰霜唑

（十一）医药制造业

1. 新型化合物药物或活性成分药物的生产（包括原料药和制剂）

2. 氨基酸类：丝氨酸、色氨酸、组氨酸、饲料用蛋氨酸等生产

3. 新型抗癌药物、新型心脑血管药及新型神经系统用药生产

4. 新型、高效、经济的避孕药具生产

5. 采用生物工程技术的新型药物生产

6. 杂环氟化物等含氟高生理活性药品及中间体的生产

7. 基因工程疫苗生产（艾滋病疫苗、丙肝疫苗、避孕疫苗等）

8. 生物疫苗生产

9. 卡介苗和脊髓灰质炎疫苗生产

10. 海洋药物开发与生产

11. 药品制剂：采用缓释、控释、靶向、透皮吸收等新技术的新剂型、新产品生产

12. 新型药用辅料的开发及生产

13. 生物医学材料及制品（人体尸体及其标本、人体器官组织及其标本加工除外）生产

14. 兽用抗菌原料药生产（包括抗生素、化学合成类）

15. 兽用抗菌药、驱虫药、杀虫药、抗球虫药新产品及新剂型开发与生产

16. 新型诊断试剂的生产

（十二）化学纤维制造业

1. 差别化化学纤维及芳纶、碳纤维、高强高模聚乙烯、聚苯硫醚（PPS）等高新技术化纤生产

2. 新溶剂法纤维素纤维等环保型化纤的生产

3. 纤维及非纤维用新型聚酯生产：聚对苯二甲酸丙二醇酯（PTT）、聚萘二酸乙二醇酯（PEN）、聚对苯二甲酸丁二醇酯（PBT）

4. 利用可再生资源、生物质工程技术生产的新型纤维材料生产：聚乳酸纤维 PLA、生物法多元醇 PDO 纤维等

5. 单线生产能力日产 100 吨及以上聚酰胺生产

6. 子午胎用芳纶纤维及帘线生产

（十三）塑料制品业

1. 农膜新技术及新产品（光解膜、多功能膜及原料等）开发与生产

2. 废旧塑料的消解和再利用

3. 塑料软包装新技术、新产品（高阻隔、多功能膜及原料）开发与生产

（十四）非金属矿物制品业

1. 新型节能、环保建筑材料开发生产：轻质高强多功能墙体材料、高档环保型装饰装修材料、优质防水密封材料、高效保温材料

2. 以塑代钢、以塑代木、节能高效的化学建材品生产

3. 年产 1000 万平方米及以上弹性体、塑性体改性沥青好防水卷材，宽幅（2 米以上）优质三元乙丙橡胶防水卷材及配套材料，耐久性聚氯乙烯卷材，TPO 防水卷材生产

4. 屏蔽电磁波玻璃、微电子用玻璃基板、透红外线无铅玻璃、电子级大规格石英玻璃扩散管、超二代和三代微通道板、光学纤维面板和倒像器及玻璃光锥生产

5. 年产 5 万吨及以上玻璃纤维（池窑拉丝工艺生产线）及玻璃钢制品生产

6. 连续玻璃纤维原丝毡、玻璃纤维表面毡、微电子用玻璃纤维布及薄毡生产

7. 传像束及激光医疗光纤生产

8. 年产 100 万件及以上卫生瓷生产

9. 陶瓷原料的标准化精制、陶瓷用高档装饰材料生产

10. 水泥窑、高档（电子）玻璃、陶瓷、玻璃纤维、微孔炭砖等窑炉用高档耐火材料生产

11. 汽车催化装置用陶瓷载体、氮化铝（AlN）陶瓷基片、多孔陶瓷生产

12. 无机非金属材料及制品生产：人工晶体、碳/碳复合材料、特种陶瓷、特种密封材料、高速油封材料、特种胶凝材料、特种乳胶材料、水声橡胶制品、常温导热系数 0.025W/mK 及以下绝热材料等

13. 高技术复合材料生产：连续纤维增强热塑性复合材料和预浸料、耐温>300℃树脂基复合材料成型用工艺辅助材料、树脂基复合材料桨叶、树脂基复合材料高档体育用品、特殊性能玻璃钢管（压力>1.2MPa）、特种功能复合材料及制品、深水及潜水复合材料制品、医用及康复用复合材料制品、碳/碳复合材料及刹车片、高性能陶瓷基复合材料及制品、金属基复合材料及制品、金属层状复合材料及制品、压力≥320MPa 超高压复合胶管、大型客机航空轮胎

14. 精密高性能陶瓷及功能陶瓷原料生产：碳化硅（SiC）超细粉体（纯度>99%，平均粒径<1μm）、氮化硅（Si_3N_4）超细粉体（纯度>99%，平均粒径<1μm）、高纯超细氧化铝微粉（纯度>99.9%，平均粒径<0.5μm）、低温烧结氧化锆（ZrO_2）粉体（烧结温度<1350℃）、高纯氮化铝（AlN）粉体（纯度>99%，平均粒径<1μm）、金红石型 TiO_2 粉体（纯度>98.5%）、白炭黑（粒径<100nm）、钛酸钡（纯度>99%，粒径<1μm）

15. 金刚石膜工具、厚度 0.3mm 及以下超薄人造金刚石锯片生产

16. 非金属矿精细加工（超细粉碎、高纯、精制、改性）

17. 超高功率石墨电极生产

18. 珠光云母生产（粒径 3-150μm）

19. 多维多向整体编制织物及仿形织物生产

20. 利用新型干法水泥窑无害化处置可燃工业废弃物和生活垃圾

（十五）有色金属冶炼及压延加工业

1. 直径 200mm 以上硅单晶及抛光片、多晶硅生产

2. 高新技术有色金属材料生产：新型高性能储氢材料，锂离子电池电极材料，化合物半导体材料

（砷化镓、磷化镓、磷化铟、氮化镓），高温超导材料，记忆合金材料（钛镍、铜基及铁基记忆合金材料），超细（纳米）碳化钙及超细（纳米）晶硬质合金，超硬复合材料，贵金属复合材料，散热器用铝箔，中高压阴极电容铝箔，特种大型铝合金型材，铝合金精密模锻件，电气化铁路架空导线，超薄铜带，耐蚀热交换器铜合金材，高性能铜镍、铜铁合金带，铍铜带、线、管及棒加工材，耐高温抗衰钨丝，镁合金铸件，无铅焊料，镁合金及其应用产品，泡沫铝，钛合金带材及钛焊接管，原子能级海绵锆，钨及钼深加工产品

（十六）金属制品业

1. 汽车、摩托车轻量化及环保型新材料制造（车身铝板、铝镁合金材料、摩托车铝合金车架等）

2. 建筑五金件、水暖器材及五金件开发、生产

3. 用于包装各类粮油食品、果蔬、饮料、日化产品等内容物的金属包装制品（厚度 0.3 毫米以下）的制造及加工（包括制品的内外壁印涂加工）

（十七）通用机械制造业

1. 高档数控机床及关键零部件制造：五轴联动数控机床、数控坐标镗铣加工中心、数控坐标磨床、五轴联动数控系统及伺服装置、精密数控加工用高速超硬刀具

2. 1000 吨及以上多工位墩锻成型机制造

3. 报废汽车拆解、破碎处理设备制造

4. FTL 柔性生产线制造

5. 垂直多关节工业机器人、焊接机器人及其焊接装置设备制造

6. 特种加工机械制造：激光切割和拼焊成套设备、激光精密加工设备、数控低速走丝电火花线切割机、亚微米级超细粉碎机

7. 300 吨及以上轮式、履带式起重机械制造（限于合资、合作）

8. 压力（35~42MPa）通轴高压柱塞泵及马达、压力（35~42MPa）低速大扭矩马达的设计与制造

9. 电液比例伺服元件制造

10. 压力（21~31.5MPa）整体多路阀、功率 0.35W 以下气动电磁阀、200Hz 以上高频电控气阀设计与制造

11. 静液压驱动装置设计与制造

12. 压力 10MPa 以上非接触式气膜密封、压力 10MPa 以上干气密封（包括实验装置）的开发与制造

13. 汽车用高分子材料（摩擦片、改型酚醛活塞、非金属液压总分泵等）设备开发与制造

14. 第三、四代轿车轮毂轴承（轴承内、外圈带法兰盘和传感器的轮毂轴承功能部件），高中档数控机床和加工中心轴承（加工中心具有三轴以上联动功能、定位重复精度为 3-4μm），高速线材、板材轧机轴承（单途线材轧机轧速 120m/s 及以上、薄板轧机加工板厚度 2mm 及以上的支承和工作辊轴承），高速铁路轴承（行驶速度大于 200km/h），振动值 Z4 以下低噪音轴承（Z4、Z4P、V4、V4P 噪音级），各类轴承的 P4、P2 级轴承制造

15. 耐高温绝缘材料（绝缘等级为 F、H 级）及绝缘成型件制造

16. 液压气动用橡塑密封件开发与制造

17. 12.9 级及以上高强度紧固件制造

18. 汽车、摩托车用精铸、精锻毛坯件制造

19. 机床、汽车零部件（五大总成除外）、工程机械再制造

（十八）专用设备制造业

1. 矿山无轨采、装、运设备制造：100 吨及以上机械传动矿用自卸车，移动式破碎机，3000 立方米/小时及以上斗轮挖掘机，5 立方米及以上矿用装载机，2000 千瓦以上电牵引采煤机设备等

2. 物探、测井设备制造：MEME 地震检波器，数字遥测地震仪，数字成像、数控测井系统，水平井、定向井、钻机装置及器具，MWD 随钻测井仪

3. 石油勘探、钻井、集输设备制造：工作水深大于 500 米的浮式钻井系统和浮式生产系统，工作水

深大于 600 米的海底采油、集输设备，绞车功率大于 3000 千瓦、顶部驱动力大于 850 千瓦、钻井泵功率大于 1800 千瓦的深海用石油钻机，钻井深度 9000 米以上的陆地石油钻机和沙漠石油钻机，1000 万吨/年炼油装置用 80 吨及以上活塞力往复压缩机，数控石油深井测井仪，石油钻井泥浆固孔设备

4. 直径 6 米以上盾构机系统集成设计与制造、直径 5 米以上全断面硬岩掘进机（TBM）系统集成设计与制造、口径 1 米以上深度 30 米以上大口径旋挖钻机制造、直径 1.2 米以上顶管机设计与制造、回拖力 200 吨以上大型非开挖铺设地下管线成套设备制造、地下连续墙施工钻机制造、自动垂直钻井系统制造

5. 100 吨及以上大型吊管机、320 马力及以上大型挖沟机设计与制造

6. 接地压力 0.03MPa 及以下、功率 220 马力及以上履带推土机，520 马力及以上大型推土机设计与制造

7. 100 立方米/时及以上规格的清淤机、1000 吨及以上挖泥船的挖泥装置设计与制造

8. 防汛堤坝用混凝土防渗墙施工装备设计与制造

9. 水下土石方施工机械制造：水深 9 米以下推土机、装载机、挖掘机等

10. 公路桥梁养护、自动检测设备制造

11. 公路隧道营运监控、通风、防灾和救助系统设备制造

12. 铁路大型施工、大型养路机械和运营安全设备的设计与制造

13. （沥青）油毡瓦设备、镀锌钢板等金属屋顶生产设备制造

14. 环保节能型现场喷涂聚氨酯防水保温系统设备、聚氨酯密封膏配制技术与设备、改性硅酮密封膏配制技术和生产设备制造

15. 薄板坯连铸机、高精度带材轧机（厚度精度 10 微米）设计与制造

16. 直接还原铁和熔融还原铁设备制造

17. 50 吨以上大功率直流电弧炉制造

18. 彩色涂、镀板材设备制造

19. 多元素、细颗粒、难选冶金属矿产的选矿装置制造

20. 80 万吨/年及以上乙烯成套设备中的关键设备制造：裂解气、乙烯丙烯离心压缩机，年处理能力 10 万吨以上混合造粒机，直径 800 毫米及以上离心机，工作温度 250℃以上、工作压力 15Mpa 以上的高温高压耐腐蚀泵和阀门，-55℃以下的低温及超低温泵等（限于合资、合作）

21. 大型煤化工成套设备制造（限于合资、合作）

22. 金属制品模具（如铜、铝、钛、锆的管、棒、型材挤压模具）设计、制造、修理

23. 汽车车身外覆盖件冲压模具设计与制造，汽车及摩托车夹具、检具设计与制造

24. 精度高于 0.02 毫米（含 0.02 毫米）精密冲压模具、精度高于 0.05 毫米（含 0.05 毫米）精密型腔模具、模具标准件设计与制造

25. 非金属制品模具设计与制造

26. 6 万瓶/时及以上啤酒灌装设备、5 万瓶/时及以上饮料中温及热灌装设备、3.6 万瓶/时及以上无菌灌装设备制造

27. 氨基酸、酶制剂、食品添加剂等生产技术及关键设备制造

28. 10 吨/小时及以上的饲料加工成套设备及关键部件制造

29. 楞高 0.75 毫米及以下的轻型瓦楞纸板及纸箱设备制造

30. 对开单张纸多色平版印刷机印刷速度大于 16000 对开张/时（720×1020 毫米）、对开双面印单张纸多色平版印刷机印刷速度 13000 对开张/时（720×1020 毫米）、全张幅单张纸多色平版印刷机印刷速度 13000 对开张/时（1000×1400 毫米）制造

31. 单幅单纸路卷筒纸平版印刷机印刷速度大于 75000 对开张/时（787×880 毫米）、双幅单纸路卷筒纸平版印刷机印刷速度大于 170000 对开张/时（787×880 毫米）、商业卷筒纸平版印刷机印刷速度大于 50000 对开张/时（787×880 毫米）制造

32. 速度 300 米/分钟以上、幅宽 1000 毫米以上多色柔版印刷机制造

33. 计算机墨色预调、墨色遥控、水墨速度跟踪、印品质量自动检测和跟踪系统、无轴传动技术、速度在75000张/时的高速自动接纸机、给纸机和可以自动遥控调节的高速折页机、自动套印系统、冷却装置、加硅系统、调偏装置等制造

34. 平板玻璃深加工技术及设备制造

35. 高技术含量的特种工业缝纫机制造

36. 新型造纸机械（含纸浆）等成套设备制造

37. 皮革后整饰新技术设备制造

38. 农产品加工及储藏新设备开发与制造：粮食、油料、蔬菜、干鲜果品、肉食品、水产品等产品的加工储藏、保鲜、分级、包装、干燥等新设备，农产品品质检测仪器设备，农产品品质无损伤检测仪器设备，流变仪，粉质仪，超微粉碎设备，高效脱水设备，五效以上高效果汁浓缩设备，粉体食品物料杀菌设备，固态及半固态食品无菌包装设备，无菌包装用包装材料、乳制品生产用直投式发酵剂、碟片式分离离心机

39. 农业机械制造：农业设施设备（温室自动灌溉设备、营养液自动配置与施肥设备、高效蔬菜育苗设备、土壤养分分析仪器），配套发动机功率120千瓦以上拖拉机及配套农具，低油耗低噪音低排放柴油机，大型拖拉机配套的带有残余雾粒回收装置的喷雾机，高性能水稻插秧机，棉花采摘机及棉花采摘台，适应多种行距的自走式玉米联合收割机（液压驱动或机械驱动）

40. 林业机具新技术设备制造

41. 农作物秸秆还田及综合利用设备制造、稻壳综合利用设备制造

42. 农用废物的综合利用及规模化畜禽养殖废物的综合利用设备制造

43. 节肥、节（农）药、节水型农业技术设备制造

44. 机电井清洗设备及清洗药物生产设备制造

45. 电子内窥镜制造

46. 眼底摄影机制造

47. 医用成像设备（高场强超导型磁共振MRI、CT、X线计算机断层、B超等）关键部件的制造

48. 医用超声换能器（3D）制造

49. 硼中子俘获治疗设备制造

50. X射线立体定向放射治疗系统制造

51. 血液透析机、血液过滤机制造

52. 全自动酶免系统（含加样、酶标、洗板、孵育、数据后处理等部分功能）设备制造

53. 药品质量控制新技术、新设备制造

54. 中药有效物质分析的新技术、提取的新工艺、新设备开发与制造

55. 新型药品包装材料、容器及先进的制药设备制造

56. 新型纺织机械、关键零部件及纺织检测、实验仪器开发与制造

57. 电脑提花人造毛皮机制造

58. 太阳能电池生产专用设备制造

59. 污染防治设备开发与制造

60. 城市垃圾处理设备及农村有机垃圾综合利用设备制造

61. 废旧塑料、电器、橡胶、电池回收处理再生利用设备制造

62. 水生生态系统的环境保护技术、设备制造

63. 日产10万立方米及以上海水淡化及循环冷却技术和成套设备开发与制造

64. 特种气象观测及分析设备制造

65. 地震台站、台网和流动地震观测技术系统开发及仪器设备制造

66. 三鼓及以上子午线轮胎成型机制造

67. 滚动阻力试验机、轮胎噪音试验室制造

68. 供热计量、温控装置新技术设备制造

69. 氢能制备与储运设备及检查系统制造

70. 新型重渣油气化雾化喷嘴、漏汽率0.5%及以下高效蒸汽疏水阀、1000℃及以上高温陶瓷换热器制造

71. 废旧轮胎综合利用装置制造

（十九）交通运输设备制造业

1. 汽车整车制造（外资比例不高于50%）及汽车研发机构建设

2. 汽车发动机制造、发动机再生制造及发动机研发机构建设：升功率不低于50千瓦的汽油发动机、升功率不低于40千瓦的排量3升以下柴油发动机、升功率不低于30千瓦的排量3升以上柴油发动机、燃料电池和混合燃料等新能源发动机制造

3. 汽车关键零部件制造及关键技术研发：盘式制动器总成、驱动桥总成、自动变速箱、柴油机燃油泵、发动机进气增压器、黏性连轴器（四轮驱动用）、液压挺杆、电子组合仪表、车用曲轴及连杆（8升以上柴油发动机）、防抱死制动系统（ABS、ECU、阀体、传感器）、电子稳定系统（ESP）、电路制动系统（BBW）、电子制动力分配系统（EBD）、牵引力控制系统、汽车安全气囊用气体发生器、柴油电子喷射系统、燃油共轨喷射技术（最大喷射压力大于1600帕）、可变截面涡轮增压技术（VGT）、可变喷嘴涡轮增压技术（VNT）、达到中国Ⅳ阶段污染物排放标准的发动机排放控制装置、智能扭矩管理系统（ITM）及耦合器总成、线控转向系统、柴油机颗粒捕捉器、智能气缸、汽车用特种橡胶配件

4. 汽车电子装置制造与研发：发动机和底盘电子控制系统及关键零部件，车载电子技术（汽车信息系统和导航系统），汽车电子总线网络技术（限于合资），电子控制系统的输入（传感器和采样系统）输出（执行器）部件，电动助力转向系统电子控制器（限于合资），嵌入式电子集成系统（限于合资、合作）、电控式空气弹簧，电子控制式悬挂系统，电子气门系统装置，电子油门，动力电池（镍氢和锂离子）及控制系统（限于合资），一体化电机及控制系统（限于合资），轮毂电机、多功能控制器（限于合资），燃料电池堆及其零部件、车用储氢系统，汽车、摩托车型试验及维修用检测系统

5. 摩托车关键零部件制造：摩托车电控燃油喷射技术（限于合资、合作）、达到中国摩托车Ⅲ阶段污染物排放标准的发动机排放控制装置

6. 轨道交通运输设备（限于合资、合作）：高速铁路、铁路客运专线、城际铁路、干线铁路及城市轨道交通运输设备的整车和关键零部件（牵引传动系统、控制系统、制动系统）的研发、设计与制造；高速铁路、铁路客运专线、城际铁路及城市轨道交通旅客服务设施和设备的研发、设计与制造，信息化建设中有关信息系统的设计与研发；高速铁路、铁路客运专线、城际铁路的轨道和桥梁设备研发、设计与制造，轨道交通运输通信信号系统的研发、设计与制造，电气化铁路设备和器材制造、铁路噪声和振动控制技术与研发、铁路客车排污设备制造、铁路运输安全监测设备制造

7. 民用飞机设计、制造与维修：干线、支线飞机（中方控股），通用飞机（限于合资、合作）

8. 民用飞机零部件制造与维修

9. 民用直升机设计与制造：3吨级及以上（中方控股），3吨级以下（限于合资、合作）

10. 民用直升机零部件制造

11. 地面、水面效应飞机制造（中方控股）

12. 无人机、浮空器设计与制造（中方控股）

13. 航空发动机及零部件、航空辅助动力系统设计、制造与维修（限于合资、合作）

14. 民用航空机载设备设计与制造（限于合资、合作）

15. 民用运载火箭设计与制造（中方控股）

16. 航空地面设备制造：民用机场设施、民用机场运行保障设备、飞行试验地面设备、飞行模拟与训练设备、航空测试与计量设备、航空地面试验设备、机载设备综合测试设备、航空制造专用设备、航空材料试制专用设备、民用航空器地面接收及应用设备、运载火箭地面测试设备、运载火箭力学及环境实验设备

17. 航天器光机电产品、航天器温控产品、星上产品检测设备、航天器结构与机构产品制造

18. 轻型燃气轮机制造

19. 高新技术船舶及海洋工程装备的设计（限于合资、合作）

20. 船舶（含分段）及海洋工程装备的修理、设计与制造（中方控股）

21. 船舶低、中、高速柴油机的设计（限于合资、合作）

22. 船舶柴油机零部件的设计与制造（限于合资、合作）

23. 船舶低、中速柴油机及曲轴的设计与制造（中方控股）

24. 船舶舱室机械、甲板机械的设计与制造（中方相对控股）

25. 船舶通讯导航设备的设计与制造：船舶通信系统设备、船舶电子导航设备、船用雷达、电罗经自动舵、船舶内部公共广播系统等

26. 远洋捕捞渔船、游艇的设计与制造（限于合资、合作）

（二十）电气机械及器材制造业

1. 60 万千瓦超临界、100 万千瓦超超临界火电站用关键设备制造（限于合资、合作）：锅炉给水泵，循环水泵，工作温度 400℃以上、工作压力 20Mpa 以上的主蒸汽回路高温高压阀门

2. 百万千瓦级核电站用关键设备制造（限于合资、合作）：核Ⅰ级、核Ⅱ级泵和阀门

3. 火电站脱硫、脱硝、布袋除尘器技术及设备制造

4. 核电、火电设备的密封件设计、制造

5. 核电设备用大型铸锻件制造

6. 输变电设备（限于合资、合作）：非晶态合金变压器、500 千伏及以上高压电器用大套管、高压开关用操作机构及自主型整体弧触头、直流输电用干式电抗器、6 英寸直流换流阀用大功率晶阀管的设计与制造，符合欧盟 RoHS 指令的电器触头材料及无 Pb、Cd 的焊料制造

7. 新能源发电成套设备或关键设备制造（限于合资、合作）：光伏发电、地热发电、潮汐发电、波浪发电、垃圾发电、沼气发电、1.5 兆瓦及以上风力发电设备

8. 斯特林发电机组制造

9. 直线和平面电机及其驱动系统开发与制造

10. 太阳能空调、采暖系统、太阳能干燥装置制造

11. 生物质干燥热解系统、生物质气化装置制造

12. 交流调频调压牵引装置制造

13. 智能化塑壳断路器（电压 380V、电流 1000A）、大型工程智能化柜式或抽屉式断路器、带总线式智能化电控配电成套装置制造

（二十一）通信设备、计算机及其他电子设备制造业

1. 数字摄录机、数字放声设备和数字影院制作、编辑、播放设备制造

2. TFT-LCD、PDP、OLED、FED（含 SED 等）平板显示屏、显示屏材料制造

3. 大屏幕彩色投影显示器用光学引擎、光源、投影屏、高清晰度投影管和微显投影设备模块等关键件制造

4. 数字音、视频编解码设备，数字广播电视演播室设备，数字有线电视系统设备，数字音频广播发射设备，数字电视上下变换器，数字电视地面广播单频网（SFN）设备，卫星数字电视上行站设备，卫星公共接收电视（SMATV）前端设备制造

5. 600 万像素以上高性能数字单镜头反光照相机制造

6. 集成电路设计，线宽 0.18 微米及以下大规模数字集成电路制造，0.8 微米及以下模拟、数模集成电路制造及 BGA、PGA、CSP、MCM 等先进封装与测试

7. 大中型电子计算机、百万亿次高性能计算机、便携式微型计算机、、每秒一万亿次及以上高档服务器、大型模拟仿真系统、大型工业控制机及控制器制造

8. 计算机数字信号处理系统及板卡制造

9. 图形图像识别和处理系统制造

10. 大容量光、磁盘驱动器及其部件开发与制造

11. 高速、容量 100TB 及以上存储系统及智能化存储设备制造

12. 大幅面（幅宽 900mm 以上）高分辨率彩色打印设备、精度 2400dbi 及以上高分辨率彩色打印机机头、大幅面（幅宽 900mm 以上）高清晰彩色复印设备制造

13. 计算机辅助设计（三维 CAD）、辅助测试（CAT）、辅助制造（CAM）、辅助工程（CAE）系统及其他计算机应用系统制造

14. 软件产品开发、生产

15. 电子专用材料开发与制造（光纤预制棒开发与制造除外）

16. 电子专用设备、测试仪器、工模具制造

17. 新型电子元器件制造：片式元器件、敏感元器件及传感器、频率控制与选择元件、混合集成电路、电力电子器件、光电子器件、新型机电元件、高密度互连积层板、多层挠性板、刚挠印刷电路板及封装载板

18. 高技术绿色电池制造：动力镍氢电池、锌镍蓄电池、锌银蓄电池、锂离子电池、高容量全密封免维护铅酸蓄电池、太阳能电池、燃料电池、圆柱形锌空气电池等

19. 发光效率 501m/W 以上高亮度发光二极管、发光效率 501m/W 以上发光二极管外延片（蓝光）、发光效率 501m/W 以上且功率 200mW 以上白色发光管制造

20. RFID 芯片开发与制造

21. 高密度数字光盘机用关键件开发与生产

22. 只读类光盘复制和可录类光盘生产

23. 民用卫星设计与制造（中方控股）

24. 民用卫星有效载荷制造（中方控股）

25. 民用卫星零部件制造

26. 卫星通信系统设备制造

27. 卫星导航定位接收设备及关键部件制造

28. 光通信测量仪表、速率 10Gb/s 及以上光收发器制造

29. 超宽带（UWB）通信设备制造

30. 无线局域网（广域网）设备制造

31. 光交叉连接设备（OXC）、自动光交换网络设备（ASON）、40G/sSDH 以上光纤通信传输设备、光纤传输粗波分复用（CWDM）设备制造

32. 异步转移模式（ATM）及 IP 数据通信系统制造

33. 第三代及后续移动通信系统手机、基站、核心网设备以及网络检测设备开发制造

34. 高端路由器、千兆比以上网络交换机开发、制造

35. 空中交通管制系统设备制造（限于合资、合作）

（二十二）仪器仪表及文化、办公用机械制造业

1. 现场总线控制系统及关键零部件制造

2. 大型精密仪器开发与制造：包括电子显微镜、激光扫描显微镜、扫描隧道显微镜、功率 2kw 以上激光器、电子探针、光电直读光谱仪、拉曼光谱仪、质谱仪、液相色谱仪、工业色谱仪、色-质联用仪、核磁共振波谱仪、能谱仪、X 射线荧光光谱仪、衍射仪、工业 CT、大型动平衡试验机、在线机械量自动检测系统、转速 100000r/min 以上超高速离心机、大型金相显微镜、三坐标测量机、激光比长仪、电法勘探仪、500m 以上航空电法及伽玛能谱测量仪器、井中重力及三分量磁力仪、高精度微伽重力及航空重力梯度测量仪器、地球化学元素野外现场快速分析仪、便携式地质雷达

3. 高精度数字电压表、电流表制造（显示量程七位半以上）

4. 无功功率自动补偿装置制造

5. 两相流量计、固体流量计制造

6. 电子枪自动镀膜机制造

7. 管电压 800 千伏及以上工业 X 射线探伤机制造

8. 安全生产及环保检测仪器新技术设备制造

9. VXI 总线式自动测试系统（符合 IEEE1155 国际规范）制造

10. 煤矿井下监测及灾害预报系统、煤炭安全检测综合管理系统开发与制造

11. 工程测量和地球物理观测设备制造：数字三角测量系统、三维地形模型数控成型系统（面积>1000×1000mm、水平误差<1mm、高程误差<0.5mm）、超宽频带地震计（φ<5cm、频带 0.01~50Hz、等效地动速度噪声<10~9m/s）、地震数据集合处理系统、综合井下地震和前兆观测系统、精密可控震源系统、工程加速度测量系统、高精度 GPS 接收机（精度 1mm+1ppm）、INSAR 图像接收及处理系统、INSAR 图像接收及处理系统、精度<1 微伽的绝对重力仪、卫星重力仪、采用相干或双偏振技术的多普勒天气雷达、能见度测量仪、气象传感器（温、压、湿、风、降水、云、能见度、辐射、冻土、雪深）、防雷击系统、多级飘尘采样计、3-D 超声风速仪、高精度智能全站仪、三维激光扫描仪、钻探用高性能金刚石钻头、无合作目标激光测距仪、风廓线仪（附带 RASS）、GPS 电子探控仪系统、CO_2/H_2O 通量观测系统、边界层多普勒激光雷达、颗粒物颗粒经谱仪器（3nm~20μm）、高性能数据采集器、水下滑翔器

12. 环保检测仪器的新技术设备制造：空气质量检测、水质检测、烟气在线检测仪器的新技术设备，应急处理所需仪器和成套系统发展新型微分光学多组分析系统，自校准、组合式、低漂移、联网遥测、遥控仪器及系统等

13. 大气污染防治设备制造：耐高温及耐腐蚀滤料、燃煤电厂湿式脱硫成套设备、低 NOX 燃烧装置、烟气脱氮催化剂及脱氮成套装置、工业有机废气净化设备、柴油车排气净化装置

14. 水污染防治设备制造：卧式螺旋离心脱水机、膜及膜材料、10kg/h 以上的臭氧发生器、10kg/h 以上的二氧化氯发生器、紫外消毒装置、农村小型生活污水处理设备

15. 固体废物处理处置设备制造：垃圾填埋厂防渗土工膜、危险废物处理装置、垃圾填埋场沼气发电装置、规模化畜禽养殖废物的综合利用设备

16. 环境监测仪器制造：SO_2 自动采样器及测定仪、NOX 及 NO_2 自动采样器及测定仪、O_3 自动监测仪、CO 自动监测仪、烟气及粉尘自动采样器及测定仪、烟气自动采样器及测定仪、便携式有毒有害气体测定仪、空气中有机污染物自动分析仪、COD 自动在线监测仪、BOD 自动在线监测仪、浊度在线监测仪、DO 在线监测仪、TOC 在线监测仪、氨氮在线监测仪、辐射剂量检测仪、射线分析测试仪

17. 水文数据采集、处理与传输和防洪预警仪器及设备制造

18. 海洋勘探监测仪器和设备制造：中深海水下摄像机和水下照相机、多波束探测仪、中浅地层剖面探测仪、走航式温盐深探测仪、磁通门罗盘、液压绞车、水下密封电子连接器、效率>90%的反渗透海水淡化用能量回收装置、效率>85%的反渗透海水淡化用高压泵、反渗透海水淡化膜（脱盐率>99.7%）、日产 2 万吨以上低温多效蒸馏海水淡化装置、海洋生态系统监测浮标、剖面探测浮标、一次性使用的电导率温度和深度测量仪器（XCTD）、现场水质测量仪器、智能型海洋水质监测用化学传感器（连续工作 3~6 个月）、电磁海流计、声学多普勒海流剖面仪（自容式、直读式和船用式）、电导率温度深度剖面仪、声学应答释放器、远洋深海潮汐测量系统（布设海底）

（二十三）其他制造业

1. 洁净煤技术产品的开发利用及设备制造（煤炭气化、液化、水煤浆、工业型煤）

2. 煤炭洗选及粉煤灰（包括脱硫石膏）、煤矸石等综合利用

3. 全生物降解材料的生产

四、电力、煤气及水的生产及供应业

1. 采用整体煤气化联合循环（IGCC）、30 万千瓦及以上循环流化床、10 万千瓦及以上增压循环流化床（PFBC）洁净燃烧技术电站的建设、经营

2. 背压型热电联产电站的建设、经营

3. 发电为主水电站的建设、经营
4. 核电站的建设、经营（中方控股）
5. 新能源电站（包括太阳能、风能、磁能、地热能、潮汐能、波浪能、生物质能等）建设经营
6. 海水利用（海水直接利用、海水淡化）、工业废水处理回收利用产业化
7. 城市供水厂建设、经营

五、交通运输、仓储和邮政业

1. 铁路干线路网的建设、经营（中方控股）
2. 支线铁路、地方铁路及其桥梁、隧道、轮渡和站场设施的建设、经营（限于合资、合作）
3. 高速铁路、铁路客运专线、城际铁路基础设施综合维修（中方控股）
4. 公路、独立桥梁和隧道的建设、经营
5. 公路货物运输公司
6. 港口公用码头设施的建设、经营
7. 民用机场的建设、经营（中方相对控股）
8. 航空运输公司（中方控股）
9. 农、林、渔业通用航空公司（限于合资、合作）
10. 定期、不定期国际海上运输业务（中方控股）
11. 国际集装箱多式联运业务
12. 输油（气）管道、油（气）库的建设、经营
13. 煤炭管道运输设施的建设、经营
14. 运输业务相关的仓储设施建设、经营

六、批发和零售业

1. 一般商品的配送
2. 现代物流

七、租赁和商务服务业

1. 会计、审计（限于合作、合伙）
2. 国际经济、科技、环保信息咨询服务
3. 以承接服务外包方式从事系统应用管理和维护、信息技术支持管理、银行后台服务、财务结算、人力资源服务、软件开发、呼叫中心、数据处理等信息技术和业务流程外包服务

八、科学研究、技术服务和地质勘查业

1. 生物工程与生物医学工程技术、生物质能源开发技术
2. 同位素、辐射及激光技术
3. 海洋开发及海洋能开发技术、海洋化学资源综合利用技术、相关产品开发和精深加工技术、海洋医药与生化制品开发技术
4. 海洋监测技术（海洋浪潮、气象、环境监测）、海底探测与大洋资源勘查评价技术
5. 综合利用海水淡化后的浓海水制盐、提取钾、溴、镁、锂及其深加工等海水化学资源高附加值利用技术
6. 节约能源开发技术
7. 资源再生及综合利用技术、企业生产排放物的再利用技术开发及其应用
8. 环境污染治理及监测技术
9. 化纤生产的节能降耗、三废治理新技术
10. 防沙漠化及沙漠治理技术
11. 草畜平衡综合管理技术
12. 民用卫星应用技术

13. 研究开发中心
14. 高新技术、新产品开发与企业孵化中心

九、水利、环境和公共设施管理业

1. 综合水利枢纽的建设、经营（中方控股）
2. 城市封闭型道路建设、经营
3. 城市地铁、轻轨等轨道交通的建设、经营（中方控股）
4. 污水、垃圾处理厂，危险废物处理处置厂（焚烧厂、填埋场）及环境污染治理设施的建设、经营

十、教育

1. 高等教育机构（限于合资、合作）

十一、卫生、社会保障和社会福利业

1. 老年人、残疾人和儿童服务机构

十二、文化、体育和娱乐业

1. 演出场所经营（中方控股）
2. 体育场馆经营、健身、竞赛表演及体育培训和中介服务

限制外商投资产业目录

一、农、林、牧、渔业

1. 农作物新品种选育和种子开发生产（中方控股）
2. 珍贵树种原木加工（限于合资、合作）
3. 棉花（籽棉）加工

二、采矿业

1. 特殊和稀缺煤种勘查、开采（中方控股）
2. 重晶石勘查、开采（限于合资、合作）
3. 贵金属（金、银、铂族）勘查、开采
4. 金刚石等贵重非金属矿的勘查、开采
5. 磷矿开采、选矿
6. 硼镁石及硼镁铁矿石开采
7. 天青石开采
8. 大洋锰结核、海砂的开采（中方控股）

三、制造业

（一）农副食品加工业
1. 大豆、油菜籽食用油脂加工（中方控股），玉米深加工
2. 生物液体燃料（燃料乙醇、生物柴油）生产（中方控股）

（二）饮料制造业
1. 黄酒、名优白酒生产（中方控股）
2. 碳酸饮料生产

（三）烟草制品业
1. 打叶复烤烟叶加工生产

（四）印刷业和记录媒介的复制
1. 出版物印刷（中方控股，包装装潢印刷除外）

（五）石油加工及炼焦业
1. 年产 800 万吨及以下炼油厂建设、经营

（六）化学原料及化学制品制造业

1. 烧碱（氢氧化钠）、钾碱（氢氧化钾）生产

2. 感光材料生产

3. 联苯胺生产

4. 易制毒化学品生产（麻黄素、3，4-亚基二氧苯基-2-丙酮、苯乙酸、1-苯基-2-丙酮、胡椒醛、黄樟脑、异黄樟脑、醋酸酐）

5. 氟氯烃或氢氟氯烃、四氟乙烯、氟化铝、氢氟酸生产

6. 顺丁橡胶、乳液聚合丁苯橡胶、热塑性丁苯橡胶生产

7. 甲烷氯化物（一氯甲烷除外）、电石法聚氯乙烯生产

8. 硫酸法钛白粉、平炉法高锰酸钾生产

9. 硼镁铁矿石加工

10. 钡盐、锶盐生产

（七）医药制造业

1. 氯霉素、青霉素G、洁霉素、庆大霉素、双氢链霉素、丁胺卡那霉素、盐酸四环素、土霉素、麦迪霉素、柱晶白霉素、环丙氟哌酸、氟哌酸、氟嗪酸生产

2. 安乃近、扑热息痛、维生素 B_1、维生素 B_2、维生素C、维生素E、多种维生素制剂和口服钙剂生产

3. 国家计划免疫的疫苗（卡介苗和脊髓灰质炎疫苗除外）、菌苗类及抗毒素、类毒素类（白百破、麻疹、乙脑、流脑疫苗等）生产

4. 麻醉药品及一类精神药品原料药生产（中方控股）

5. 血液制品的生产

6. 非自毁式一次性注射器、输液器、输血器及血袋生产

（八）化学纤维制造业

1. 常规切片纺的化纤抽丝生产

2. 粘胶短纤维生产

（九）橡胶制品业

1. 旧轮胎翻新（子午线轮胎除外）及低性能工业橡胶配件生产

（十）有色金属冶炼及压延加工业

1. 钨、钼、锡（锡化合物除外）、锑（含氧化锑和硫化锑）等稀有金属冶炼

2. 电解铝、铜、铅、锌等有色金属冶炼

3. 稀土冶炼、分离（限于合资、合作）

（十一）金属制品业

1. 集装箱生产

（十二）通用设备制造业

1. 各类普通级（P0）轴承及零件（钢球、保持架）、毛坯制造

2. 300吨以下轮式、履带式起重机械制造（限于合资、合作）

（十三）专用设备制造业

1. 中低档B型超声显像仪制造

2. 一般涤纶长丝、短纤维设备制造

3. 320马力及以下推土机、30吨级及以下液压挖掘机、6吨级及以下轮式装载机、220马力及以下平地机、压路机、叉车、135吨级及以下非公路自卸翻斗车、路面铣平返修机械设备、园林机械和机具、商品混凝土机械（托泵、搅拌车、搅拌站、泵车）制造

（十四）交通运输设备制造业

1. 普通船舶（含分段）修理、设计与制造（中方控股）

（十五）通信设备、计算机及其他电子设备制造业

1. 卫星电视广播地面接收设施及关键件生产

2. 税控收款机产品制造

四、电力、煤气及水的生产和供应业

1. 西藏、新疆、海南等小电网范围内，单机容量30万千瓦及以下燃煤凝汽火电站、单机容量10万千瓦及以下燃煤凝汽抽汽两用机组热电联产电站的建设、经营

2. 电网的建设、经营（中方控股）

五、交通运输、仓储和邮政业

1. 铁路货物运输公司

2. 铁路旅客运输公司（中方控股）

3. 公路旅客运输公司

4. 出入境汽车运输公司

5. 水上运输公司（中方控股）

6. 摄影、探矿、工业等通用航空公司（中方控股）

7. 电信公司：增值电信业务（外资比例不超过50%），基础电信中的移动话音和数据服务（外资比例不超过49%），基础电信中的国内业务和国际业务（外资比例不超过35%，不迟于2007年12月11日允许外资比例达49%）

六、批发和零售业

1. 直销、邮购、网上销售、特许经营、委托经营、商业管理等商业公司

2. 粮食、棉花、植物油、食糖、药品、烟草、汽车、原油、农药、农膜、化肥的批发、零售、配送（设立超过30家分店、销售来自多个供应商的不同种类和品牌商品的连锁店由中方控股）

3. 音像制品（除电影外）的分销（限于合作、中方控股）

4. 商品拍卖

5. 船舶代理（中方控股）、外轮理货（限于合资、合作）

6. 成品油批发及加油站（同一外国投资者设立超过30家分店、销售来自多个供应商的不同种类和品牌成品油的连锁加油站，由中方控股）建设、经营

七、金融业

1. 银行、金融租赁公司、财务公司、信托投资公司、货币经纪公司

2. 保险公司（寿险公司外资比例不超过50%）

3. 证券公司（限于从事A股承销、B股和H股以及政府和公司债券的承销和交易，外资比例不超过1/3）、证券投资基金管理公司（外资比例不超过49%）

4. 保险经纪公司

5. 期货公司（中方控股）

八、房地产业

1. 土地成片开发（限于合资、合作）

2. 高档宾馆、别墅、高档写字楼和国际会展中心的建设、经营

3. 房地产二级市场交易及房地产中介或经纪公司

九、租赁和商务服务业

1. 法律咨询

2. 市场调查（限于合资、合作）

3. 资信调查与评级服务公司

十、科学研究、技术服务和地质勘查业

1. 测绘公司（中方控股）
2. 进出口商品检验、鉴定、认证公司
3. 摄影服务（含空中摄影等特技摄影服务，但不包括测绘航空摄影，限于合资）

十一、水利、环境和公共设施管理业

1. 大城市燃气、热力和供排水管网的建设、经营（中方控股）

十二、教育

1. 普通高中教育机构（限于合资、合作）

十三、卫生、社会保障和社会福利业

1. 医疗机构（限于合资、合作）

十四、文化、体育和娱乐业

1. 广播电视节目制作项目和电影制作项目（限于合作）
2. 电影院的建设、经营（中方控股）
3. 大型主题公园的建设、经营
4. 演出经纪机构（中方控股）
5. 娱乐场所经营（限于合资、合作）

十五、国家和我国缔结或者参加的国际条约规定限制的其他产业

禁止外商投资产业目录

一、农、林、牧、渔业

1. 我国稀有和特有的珍贵优良品种的养殖、种植（包括种植业、畜牧业、水产业的优良基因）
2. 转基因植物种子、种畜禽、水产苗种的开发、生产
3. 我国管辖海域及内陆水域水产品捕捞

二、采矿业

1. 钨、钼、锡、锑、萤石勘查、开采
2. 稀土勘查、开采、选矿
3. 放射性矿产的勘查、开采、选矿

三、制造业

（一）饮料制造业

1. 我国传统工艺的绿茶及特种茶加工（名茶、黑茶等）

（二）医药制造业

1. 列入《野生药材资源保护条例》和《中国珍稀、濒危保护植物名录》的中药材加工
2. 中药饮片的蒸、炒、炙、煅等炮炙技术的应用及中成药保密处方产品的生产

（三）有色金属冶炼及压延加工业

1. 放射性矿产的冶炼、加工

（四）专用设备制造业

1. 武器弹药制造

（五）电气机械及器材制造业

1. 开口式（即酸雾直接外排式）铅酸电池、含汞扣式氧化银电池、糊式锌锰电池、镉镍电池制造

（六）工业品及其他制造业

1. 象牙雕刻

2. 虎骨加工

3. 脱胎漆器生产

4. 珐琅制品生产

5. 宣纸、墨锭生产

6. 致癌、致畸、致突变产品和持久性有机污染物产品生产

四、电力、煤气及水的生产和供应业

1. 西藏、新疆、海南等小电网外，单机容量30万千瓦及以下燃煤凝汽火电站、单机容量10万千瓦及以下燃煤凝汽抽汽两用热电联产电站的建设、经营

五、交通运输、仓储和邮政业

1. 空中交通管制公司

2. 邮政公司

六、租赁和商务服务业

1. 社会调查

七、科学研究、技术服务和地质勘查业

1. 人体干细胞、基因诊断与治疗技术开发和应用

2. 大地测量、海洋测绘、测绘航空摄影、行政区域界线测绘、地图编制中的地形图编制、普通地图编制的导航电子地图编制

八、水利、环境和公共设施管理业

1. 自然保护区和国际重要湿地的建设、经营

2. 国家保护的原产于我国的野生动、植物资源开发

九、教育

1. 义务教育机构，军事、警察、政治和党校等特殊领域教育机构

十、文化、体育和娱乐业

1. 新闻机构

2. 图书、报纸、期刊的出版、总发行和进口业务

3. 音像制品和电子出版物的出版、制作和进口业务

4. 各级广播电台（站）、电视台（站）、广播电视频道（率）、广播电视传输覆盖网（发射台、转播台、广播电视卫星、卫星上行站、卫星收转站、微波站、监测台、有线广播电视传输覆盖网）

5. 广播电视节目制作经营公司

6. 电影制作公司、发行公司、院线公司

7. 新闻网站、网络视听节目服务、互联网上网服务营业场所、互联网文化经营

8. 录像放映公司

9. 高尔夫球场的建设、经营

10. 博彩业（含赌博类跑马场）

11. 色情业

十一、其他行业

1. 危害军事设施安全和使用效能的项目

十二、国家和我国缔结或者参加的国际条约规定禁止的其他产业

海关总署关于执行《中西部地区外商投资优势产业目录（2008年修订）》的公告

（海关总署公告2009年第4号）

经国务院批准，国家发展改革委、商务部联合发布第4号令公布了《中西部地区外商投资优势产业目录（2008年修订）》[以下简称《中西部外资目录（2008年修订）》，详见附件]，并规定自2009年1月1日起施行。现就海关执行中的有关问题公告如下：

一、2009年1月1日及以后核准（以项目的核准日期为准）属于《中西部外资目录（2008年修订）》范围的外商投资项目（包括增资项目），享受鼓励类外商投资项目进口税收优惠政策，相关项目项下进口的自用设备以及按照合同随上述设备进口的技术和配套件、备件，按照《国务院关于调整进口设备税收政策的通知》（国发〔1997〕37号）和海关总署公告2008年第103号的有关规定免征关税，进口环节增值税照章征收。

二、《中西部外资目录（2008年修订）》实施后，项目确认书中的"项目产业政策审批条目"编码为"K"，例如，山西省第2项应填写为：退耕还林还草、天然林保护等国家重点生态工程后续产业开发（K1402），项目性质仍为"I：外资中西部优势产业、项目"。

三、对2008年12月31日及以前按照《中西部地区外商投资优势产业目录（2004年修订）》（国家发展改革委、商务部令2004年第13号）或《辽宁省外商投资优势产业目录》（国家发展改革委、商务部令2006年第47号）核准的外商投资项目，相关项目项下进口的自用设备以及按照合同随上述设备进口的技术和配套件、备件可继续按照《国务院关于调整进口设备税收政策的通知》（国发〔1997〕37号）和海关总署公告2008年第103号的有关规定执行。相关项目单位须于2009年12月31日以前，持投资主管部门出具的《项目确认书》（其中"项目产业政策审批条目"仍按原审批条目及编码填写）等有关资料向海关申请办理减免税备案手续。逾期，海关不再受理上述减免税备案申请。

四、对于未列入《中西部地区外商投资优势产业目录（2004年修订）》或《辽宁省外商投资优势产业目录》的外商投资在建项目，凡符合《中西部外资目录（2008年修订）》规定的，可按有关规定向投资主管部门申请补办《项目确认书》。在取得《项目确认书》之后，在建项目进口的自用设备以及按照合同随上述设备进口的技术和配套件、备件可参照本公告第一条的规定享受进口税收优惠政策，但进口设备已经征税的，税款不予退还。

特此公告。

附件　中西部地区外商投资优势产业目录（2008年修订）

中华人民共和国海关总署

二〇〇九年一月十九日

附件

中西部地区外商投资优势产业目录（2008年修订）

山西省

1. 牧草饲料作物种植及深加工
2. 退耕还林还草、天然林保护等国家重点生态工程后续产业开发

3. 节水灌溉和旱作节水技术、保护性耕作技术开发与应用
4. 采煤矿区采空、塌陷区域生态系统恢复与重建工程
5. 硅石资源综合利用（勘探、开采除外）
6. 高岭土综合利用（勘探、开采除外）
7. 煤炭加工应用技术开发和产品生产（中方控股）
8. 煤层气下游化工产品生产和开发
9. 焦炭副产品综合利用
10. 丝绸产品深加工
11. 包装装潢印刷品印刷
12. 高档玻璃制品、高技术陶瓷（含工业陶瓷）技术开发和产品生产
13. 特殊品种（超白、超薄、在线 Low-E）优质浮法玻璃技术开发及深加工
14. 日产 4000 吨及以上水泥熟料新型干法水泥生产
15. 不锈钢制品生产
16. 精铸、精锻件技术开发及制造
17. 钢丝绳芯橡胶输运带生产
18. 液压技术系统及模具生产
19. 旱地、山地中小农业机械及配套机具制造
20. 洗中煤、焦炉煤气余热发电、供热等综合利用
21. 增值电信业务（需在我国入世承诺框架内）
22. 道路旅客运输（中方控股）
23. 城市供气、供热、供排水管网建设、经营（大城市中方控股）
24. 旅游景区（点）保护、开发和经营及其配套设施建设

内蒙古自治区

1. 退耕还林还草、退牧还草、天然林保护等国家重点生态工程后续产业开发
2. 节水灌溉和旱作节水技术、保护性耕作技术开发与应用
3. 甜菜糖精深加工及副产品综合利用
4. 铜、铅、锌、铝精深加工（勘查、开采、冶炼除外）
5. 非金属矿（红柱石、膨润土、白云石、晶质石墨、珍珠岩、沸石）综合利用及精细加工（勘探、开采除外）
6. 毛纺织、针织品高新技术产品开发
7. 煤炭加工应用技术开发和产品生产（中方控股）
8. 稀土深加工及应用产品生产
9. 天然气下游化工产品开发和利用（列入《天然气利用政策》限制类和禁止类的除外）
10. 蒙药材加工（列入《外商投资产业指导目录》限制类、禁止类的除外）
11. 以牛羊内脏为原料的生物制药产品的开发利用（列入《外商投资产业指导目录》限制类、禁止类的除外）
12. 少数民族特需用品、工艺美术品、包装容器材料及日用玻璃制品生产
13. 特殊品种（超白、超薄、在线 Low-E）优质浮法玻璃技术开发及深加工
14. 日产 4000 吨及以上水泥熟料新型干法水泥生产
15. 洗中煤、焦炉煤气余热发电、供热等综合利用
16. 增值电信业务（需在我国入世承诺框架内）
17. 道路旅客运输（中方控股）
18. 城市供气、供热、供排水管网建设、经营（大城市中方控股）
19. 冰雪、森林、草原生态旅游资源开发、建设和经营

20. 旅游景区（点）保护、开发和经营及其配套设施建设

辽宁省

1. 蔬菜、水果等种子（种苗）（转基因植物种子除外）开发、生产（中方控股）
2. 肉鸡、生猪、肉牛和肉羊饲养及产品深加工
3. 退耕还林还草等国家重点生态工程后续产业开发
4. 油母页岩、镁、锆石加工及综合利用（中方相对控股）
5. 高档棉、毛、麻、丝（柞蚕丝）、化纤的纺织、针织及服装加工
6. 天然药、原料药、中成药的深加工及其衍生物的生产（列入《外商投资产业指导目录》限制类、禁止类的除外）
7. 日产4000吨及以上水泥熟料新型干法水泥生产
8. 采用大型装备和技术（60万吨/年以上）生产以煤炭为原料的甲醇等产品
9. 百万吨乙烯及下游深加工产品生产
10. 高性能子午线轮胎生产
11. 金属包装、自动化立体仓库及仓储物流设备制造
12. 汽车零部件制造（汽车变速箱，汽车发动机曲轴、连杆、缸体、缸盖，发动机电子喷射系统，汽车减振器，离合器，发动机正时链，汽车车灯，汽车仪表）
13. 船用柴油机辅机、零部件、配件制造
14. 数字医疗设备及关键部件开发及生产
15. 高精度铜板带材深加工
16. 钢丝连线、超细钢丝绳制造
17. 医疗机构（限于合资、合作）
18. 城市集中供热、供气、供排水管网建设、经营（大城市中方控股）
19. 旅游景区（点）保护、开发和经营及其配套设施建设
20. 经国家投资主管部门批准的资源枯竭型城市的精深加工和接续产业等项目

吉林省

1. 节水灌溉和旱作节水技术、保护性耕作技术开发与应用
2. 肉鸡、肉鹅、生猪、肉牛和肉羊饲养及产品深加工
3. 果仁、山野菜、菌类、林蛙、柞蚕、蜂蜜等长白山特色生态食品、饮品的开发和加工（红松籽、松茸等国家二级保护植物除外）
4. 饮用天然矿泉水生产（中方控股）
5. 硅藻土资源开发及综合利用（勘探、开采除外）
6，高档棉、毛、麻、化纤的纺织、针织及服装加工生产
7. 动植物药材资源开发生产（列入《外商投资产业指导目录》限制类、禁止类的除外）
8. 特殊品种（超白、超薄、在线Low-E）优质浮法玻璃技术开发及深加工
9. 日产4000吨及以上水泥熟料新型干法水泥生产
10. 高性能子午线轮胎生产
11. 汽车零部件制造（汽车变速箱，汽车发动机曲轴、连杆、缸体、缸盖，发动机电子喷射系统，汽车减振器，离合器，发动机正时链，汽车车灯，汽车仪表）
12. 风力发电设备、生物质能发电设备制造（限于合资、合作）
13. 增值电信业务（需在我国入世承诺框架内）
14. 道路旅客运输（中方控股）
15. 汽车金融服务
16. 城市供气、供热、供排水管网建设、经营（大城市中方控股）

17. 职业教育机构（限于合作）

18. 医疗机构（限于合资、合作）

19. 冰雪旅游资源开发及滑雪场建设、经营

20. 旅游景区（点）保护、开发和经营及其配套设施建设

21. 经国家投资主管部门批准的资源枯竭型城市的精深加工和接续产业等项目

黑龙江省

1. 蔬菜、水果等种子（种苗）（转基因植物种子除外）开发、生产（中方控股）

2. 退耕还林还草、天然林保护等国家重点生态工程后续产业开发

3. 节水灌溉和旱作节水技术、保护性耕作技术开发与应用

4. 水利枢纽工程、水田灌区工程、旱田节水灌区工程

5. 饮用天然矿泉水生产（中方控股）

6. 甜菜制糖及副产品综合利用

7. 马铃薯深加工

8. 肉鸡、生猪、肉牛和肉羊饲养及产品加工

9. 煤炭加工应用技术开发和产品生产（中方控股）

10. 石墨产品深加工（普通功率和高功率石墨电极生产线除外）

11. 天然药、原料药、中成药的深加工及其衍生物的生产（列入《外商投资产业指导目录》限制类、禁止类的除外）

12. 特殊品种（超白、超薄、在线 Low-E）优质浮法玻璃技术开发及深加工

13. 日产 4000 吨及以上水泥熟料新型干法水泥生产

14. 切削刀具、量具、刃具制造

15. 高性能子午线轮胎生产

16. 汽车零部件制造（汽车变速箱，汽车发动机曲轴、连杆、缸体、缸盖，发动机电子喷射系统，汽车减振器，离合器，发动机正时链，汽车车灯，汽车仪表）

17. 医疗设备及关键部件开发及生产

18. 电网智能管理控制系统设备制造

19. 增值电信业务（需在我国入世承诺框架内）

20. 道路旅客运输（中方控股）

21. 职业教育机构（限于合作）

22. 医疗机构（限于合资、合作）

23. 城市供气、供热、供排水管网建设、经营（大城市中方控股）

24. 森林、冰雪旅游资源开发及滑雪场建设、经营

25. 旅游景区（点）保护、开发和经营及其配套设施建设

26. 经国家投资主管部门批准的资源枯竭型城市的精深加工和接续产业等项目

安徽省

1. 保护性耕作技术开发与应用

2. 高粱、蚕茧精深加工及综合利用

3. 高岭土、煤层气（瓦斯）、矿井水及天然焦等煤炭伴生资源综合利用（勘探、开采除外）

4. 非金属矿（方解石、膨润土、高岭土、凹凸棒黏土、石灰石、石英砂）综合利用（勘查、开采除外）

5. 高档棉、毛、麻、丝、化纤的纺织、针织及服装加工

6. 大型煤焦化——盐化一体化深加工及综合利用（中方控股）

7. 中药材、中药提取物、中成药加工及生产（列入《外商投资产业指导目录》限制类、禁止类的除

外）

8. 铜、铅、锌等有色金属精深加工及综合利用（限于合资、合作）

9. 包装装潢印刷品印刷

10. 特殊品种（超白、超薄、在线 Low-E）优质浮法玻璃技术开发及深加工

11. 日产 4000 吨及以上水泥熟料新型干法水泥生产

12. 高性能子午线轮胎生产

13. 汽车零部件制造（汽车变速箱，汽车发动机曲轴、连杆、缸体、缸盖，发动机电子喷射系统，汽车减振器，离合器，发动机正时链，汽车车灯，汽车仪表）

14. 新型干法水泥成套设备制造

15. 大型制氧机、大型焦炉及重型铸钢机械产品生产

16. 大型数控锻压设备及部件开发与制造

17. 叉车、挖掘机、专用车及零部件开发与制造

18. 电冰箱、空调用高效节能压缩机、特种漆包线生产制造

19. 高性能磁性材料及器件技术开发、生产

20. 增值电信业务（需在我国入世承诺框架内）

21. 道路旅客运输（中方控股）

22. 医疗机构（限于合资、合作）

23. 职业教育机构（限于合作）

24. 城市供气、供热、供排水管网的建设、经营（大城市中方控股）

25. 旅游景区（点）保护、开发和经营及其配套设施建设

江西省

1. 铜矿选矿、伴生元素提取及精深加工

2. 高岭土、粉石英、硅灰石、海泡石、化工用白云石等非金属矿选冶、应用及深加工

3. 高档棉、毛、麻、丝、化纤的纺织、针织及服装加工

4. 稀土深加工及应用产品生产

5. 无机氯、有机氯等精细化工产品生产（高残留有机氯产品除外）

6. 天然药、原料药、中成药的深加工及其衍生物的生产（列入《外商投资产业指导目录》限制类、禁止类的除外）

7. 高性能子午线轮胎生产

8. 包装装满印刷品印刷

9. 日产 4000 吨及以上水泥熟料新型干法水泥生产

10. 汽车零部件制造（汽车变速箱，汽车发动机曲轴、连杆、缸体、缸盖，发动机电子喷射系统，汽车减振器，离合器，发动机正时链，汽车车灯，汽车仪表）

11. 医用电子类和生物医学材料类医疗器械的开发及生产

12. 空调、高效节能压缩机及零部件生产

13. LCoS、DLP、液晶等新型投影显示技术产品开发及生产

14. 增值电信业务（需在我国入世承诺框架内）

15. 道路旅客运输（中方控股）

16. 职业教育机构（限于合作）

17. 医疗机构（限于合资、合作）

18. 城市供气、供热、供排水管网建设、经营（大城市中方控股）

19. 旅游景区（点）保护、开发和经营及其配套设施建设

河南省

1. 退耕还林还草、天然林保护等国家重点生态工程后续产业开发

2. 节水灌溉和旱作节水技术、保护性耕作技术开发与应用
3. 天然碱矿开采、加工（中方控股）
4. 铝、铅、锌精深加工（勘查、开采、冶炼除外）
5. 煤炭加工应用技术开发和产品生产（中方控股）
6. 高档棉纺织及服装加工
7. 丝绸产品深加工
8. 超硬材料产品生产
9. 螺旋霉素、抗高血压药品生产
10. 天然药、原料药、中成药的深加工及其衍生物的生产（列入《外商投资产业指导目录》限制类、禁止类的除外）
11. 包装装潢印刷品印刷
12. 特殊品种（超白、超薄、在线Low-E）优质浮法玻璃技术开发及深加工
13. 日产4000吨及以上水泥熟料新型干法水泥生产
14. 汽车零部件制造（汽车变速箱，汽车发动机曲轴、连杆、缸体、缸盖，发动机电子喷射系统，汽车减振器，离合器，发动机正时链，汽车车灯，汽车仪表）
15. 大型农用机械开发和生产
16. 大型煤炭综采、石油钻采、有色轧制、新型干法水泥成套设备开发和生产
17. 电能综合管理自动化设备制造
18. LCoS、DLP、液晶等新型投影显示技术产品开发及生产
19. 增值电信业务（需在我国入世承诺框架内）
20. 道路旅客运输（中方控股）
21. 城市供气、供热、供排水管网建设、经营（大城市中方控股）
22. 旅游景区（点）保护、开发和经营及其配套设施建设

湖北省

1. 保护性耕作技术开发与应用
2. 高档纺织品及服装工艺技术开发
3. 无纺布及医用纺织品生产
4. 动植物药材资源的开发生产（列入《外商投资产业指导目录》限制类、禁止类的除外）
5. 丝绸产品深加工
6. 包装装满印刷品印刷
7. 特殊品种（超白、超薄、在线Low-E）优质浮法玻璃技术开发及深加工
8. 日产4000吨及以上水泥熟料新型干法水泥生产
9. 空调、高效节能压缩机及零部件制造
10. 汽车零部件制造（汽车变速箱，汽车发动机曲轴、连杆、缸体、缸盖，发动机电子喷射系统，汽车减振器，离合器，发动机正时链，汽车车灯，汽车仪表）
11. 数控机床关键零部件（高速主轴、刀库、动力卡盘）
12. 特种钢丝绳、钢缆制造（平均抗拉强度>2200 MPa ）
13. 激光医疗设备开发与制造
14. 光电子技术和产品（含光纤预制棒、半导体发光二极管LED）开发
15. 增值电信业务（需在我国入世承诺框架内）
16. 道路旅客运输（中方控股）
17. 职业教育机构（限于合作）
18. 汽车加气站建设
19. 城市供气、供热、供排水管网建设、经营（大城市中方控股）

20. 旅游景区（点）保护、开发和经营及其配套设施建设

湖南省

1. 铅、锌精深加工（勘查、开采、冶炼除外）
2. 铋化合物生产（中方控股）
3. 激素类药物深度开发（列入《外商投资产业指导目录》限制类、禁止类的除外）
4. 包装装满印刷品印刷
5. 日产4000吨及以上水泥熟料新型干法水泥生产
6. 大口径钢管材加工
7. 混凝土机械：混凝土输送泵、混凝土泵车、混凝土布料机、混凝土搅拌运输车；起升机械：塔式起重机、施工升降机、汽车起重机；路面机械：沥青摊铺机、路面冷铣刨机、压路机（220马力以上）、沥青混凝土搅拌设备、平地机、加热机；环卫机械：扫路车、清洗车；土方机械：旋挖钻机、挖掘机（30吨以上）；液压阀、液压油缸、齿轮等工程机械及关键零部件开发与制造
8. 高效叶片泵及水利机械制造
9. 双金属高速锯切工具
10. 新型橡胶机械成套设备制造
11. 增值电信业务（需在我国入世承诺框架内）
12. 道路旅客运输（中方控股）
13. 职业教育机构（限于合作）
14. 广播电视节目制作、电影制作（限于合作）
15. 城市供气、供热、供排水管网建设、经营（大城市中方控股）
16. 旅游景区（点）保护、开发和经营及其配套设施建设

广西自治区

1. 退耕还林还草等国家重点生态工程后续产业开发
2. 动植物药材资源开发生产（列入《外商投资产业指导目录》限制类、禁止类的除外）
3. 蔗糖精深加工及副产品综合利用
4. 松香深加工
5. 重晶石深加工
6. 丝绸产品深加工
7. 少数民族特需用品、民族特色工艺品及包装容器材料生产
8. 高档日用陶瓷生产
9. 特殊品种（超白、超薄、在线Low-E）优质浮法玻璃技术开发及深加工
10. 日产4000吨及以上水泥熟料新型干法水泥生产
11. 高性能子午线轮胎生产
12. 汽车零部件制造（汽车变速箱，汽车发动机曲轴、连杆、缸体、缸盖，发动机电子喷射系统，汽车减振器，离合器，发动机正时链，汽车车灯，汽车仪表）
13. 大型工程机械关键零部件技术开发与制造
14. 增值电信业务（需在我国入世承诺框架内）
15. 道路旅客运输（中方控股）
16. 城市供气、供热、供排水管网建设、经营（大城市中方控股）
17. 旅游景区（点）保护、开发和经营及其配套设施建设

重庆市

1. 柑橘、生猪种养殖及深加工
2. 退耕还林还草、天然林保护等国家重点生态工程后续产业开发

3. 节水灌溉技术开发及应用

4. 高档棉、毛、苎麻、丝、竹纤维、化纤的纺织、针织及服装加工

5. 天然气下游化工产品生产和开发（列入《天然气利用政策》限制类和禁止类的除外）

6. 聚氨酯及原料、新型工程塑料生产

7. 生物基材料制造，生物基合成高分子材料，天然生物高分子材料、生物基平台化合物生产

8. 中药材、中药提取物、中成药加工及生产（列入《外商投资产业指导目录》限制类、禁止类的除外）

9. 特殊品种（超白、超薄、在线 Low-E）优质浮法玻璃技术开发及深加工

10. 日产 4000 吨及以上水泥熟料新型干法水泥生产

11. 铝精深加工（限于合资、合作）

12. 摩托车整车（外资比例不高于 50%）及零部件制造

13. 汽车零部件制造（汽车变速箱，汽车发动机曲轴、连杆、缸体、缸盖，发动机电子喷射系统，汽车减振器，离合器，发动机正时链，汽车车灯，汽车仪表）

14. 新型医疗器械产品开发及生产

15. 太阳能、风电等新型发电设备及零部件制造（限于合资、合作）

16. 线宽 0.25 微米以下大规模数字集成电路制造

17. 增值电信业务（需在我国入世承诺框架内）

18. 道路旅客运输（中方控股）

19. 城市供气、供热、供排水管网建设、经营（大城市中方控股）

20. 旅游景区（点）保护、开发和经营及其配套设施建设

四川省

1. 蔬菜、水果等种子（种苗）（转基因植物种子除外）开发、生产（中方控股）

2. 生猪、肉牛、肉羊、小家禽饲养和深加工

3. 退耕还林还草、天然林保护等国家重点生态工程后续产业开发

4. 节水灌溉和旱作节水技术、保护性耕作技术开发与应用

5. 稀土深加工及应用产品生产

6. 钒钛磁铁矿新技术、新产品开发（中方控股）

7. 天然气下游化工产品生产和开发（列入《天然气利用政策》限制类和禁止类的除外）

8. 丝绸产品深加工

9. 高性能无机氟化工产品生产（列入《外商投资产业指导目录》限制类、禁止类的除外）

10. 动植物药材资源开发生产（列入《外商投资产业指导目录》限制类、禁止类的除外）

11. 特殊品种（超白、超薄、在线 Low-E）优质浮法玻璃技术开发及深加工

12. 日产 4000 吨及以上水泥熟料新型干法水泥生产

13. 高性能子午线轮胎生产·

14. 汽车零部件制造（汽车变速箱，汽车发动机曲轴、连杆、缸体、缸盖，发动机电子喷射系统，汽车减振器，离合器，发动机正时链，汽车车灯，汽车仪表）

15. 起重机、挖掘机、装载机、液压机、混凝土机械、压路机、叉车、推土机、平地机等工程机械制造（中方控股）

16. 数字医疗设备及关键部件开发及生产

17. 天然气压缩机（含煤层气压缩机）制造

18. 增值电信业务（需在我国入世承诺框架内）

19. 道路旅客运输（中方控股）

20. 城市供气、供热、供排水管网建设、经营（大城市中方控股）

21. 旅游景区（点）保护、开发和经营及其配套设施建设

贵州省

1. 退耕还林还草、天然林保护等国家重点生态工程后续产业开发
2. 节水灌溉和旱作节水技术开发与应用
3. 马铃薯、魔芋等产品深加工
4. 禽肉（肉牛、猪肉、肉羊、畜禽）、辣椒、苦荞、山药、核桃深加工
5. 苎麻产品深加工
6. 煤炭加工应用技术开发和产品生产（中方控股）
7. 钛冶炼（中方控股）
8. 丝绸产品深加工
9. 磷、硫化工产品生产
10. 动植物药材资源开发生产（列入《外商投资产业指导目录》限制类、禁止类的除外）
11. 特殊品种（超白、超薄、在线 Low-E）优质浮法玻璃技术开发及深加工
12. 日产 4000 吨及以上水泥熟料新型干法水泥生产
13. 铝等有色金属精深加工（限于合资、合作）
14. 磨料磨具产品生产
15. 汽车零部件生产（汽车变速箱，汽车发动机曲轴、连杆、缸体、缸盖，发动机电子喷射系统，汽车减振器，离合器，发动机正时链，汽车车灯，汽车仪表）
16. 增值电信业务（需在我国入世承诺框架内）
17. 道路旅客运输（中方控股）
18. 城市供气、供热、供排水管网建设、经营（大城市中方控股）
19. 旅游景区（点）保护、开发和经营及其配套设施建设

云南省

1. 优质桑、蚕产品的开发生产
2. 退耕还林还草、天然林保护等国家重点生态工程后续产业开发
3. 节水灌溉和旱作节水技术开发与应用
4. 铜、铅、锌有色金属精深加工（勘查、开采、冶炼除外）（中方控股）
5. 特色食用资源开发及应用
6. 亚麻加工、开发及副产品综合利用
7. 煤炭加工应用技术开发和产品生产（中方控股）
8. 丝绸产品深加工
9. 磷精细化工应用技术开发和产品生产
10. 动植物药材资源开发生产（列入《外商投资产业指导目录》限制类、禁止类的除外）
11. 包装装潢印刷品印刷
12. 特殊品种（超白、超薄、在线 Low-E）优质浮法玻璃技术开发及深加工
13. 日产 4000 吨及以上水泥熟料新型干法水泥生产
14. 轻型车用柴油发动机及零部件制造
15. 增值电信业务（需在我国入世承诺框架内）
16. 道路旅客运输（中方控股）
17. 城市供气、供热、供排水管网建设、经营（大城市中方控股）
18. 旅游景区（点）保护、开发和经营及其配套设施建设

西藏自治区

1. 退耕还林还草、天然林保护等国家重点生态工程后续产业开发
2. 节水灌溉和旱作节水技术开发与应用

3. 盐湖资源的开发利用（中方控股）

4. 饮用天然矿泉水生产（中方控股）

5. 牛绒产品深加工及藏毯生产

6. 毛纺产品加工制造

7. 中药材、中药提取物、中成药加工及生产（列入《外商投资产业指导目录》限制类、禁止类的除外）

8. 藏药新品种、新剂型产品生产（列入《外商投资产业指导目录》禁止类的除外）

9. 少数民族特需用品、工艺美术品、包装容器材料及日用玻璃制品生产

10. 增值电信业务（需在我国入世承诺框架内）

11. 道路旅客运输（中方控股）

12. 城市供气、供热、供排水管网建设、经营（大城市中方控股）

13. 旅游景区（点）保护、开发和经营及其配套设施建设

陕西省

1. 马铃薯、棉花种子种苗开发生产（中方控股）

2. 退耕还林还草、天然林保护、水源地保护等国家重点生态工程后续产业开发

3. 节水灌溉和旱作节水技术、保护性耕作技术开发与应用

4. 高档棉、毛、化纤的纺织、针织及服装加工

5. 丝绸产品深加工

6. 动植物药材资源开发生产（列入《外商投资产业指导目录》限制类、禁止类的除外）

7. 天然气下游化工产品的生产与开发（列入《天然气利用政策》限制类和禁止类的除外）

8. 煤炭加工应用技术开发和产品生产（中方控股）

9. 特殊品种（超白、超薄、在线 Low-E）优质浮法玻璃技术开发及深加工

10. 日产 4000 吨及以上水泥熟料新型干法水泥生产

11. 钛金属精深加工（中方控股）

12. 高炉煤气能量回收透平装置设计制造

13. 增值电信业务（需在我国入世承诺框架内）

14. 道路旅客运输（中方控股）

15. 医疗机构（限于合资、合作）

16. 城市供气、供热、供排水管网建设、经营（大城市中方控股）

17. 旅游景区（点）保护、开发和经营及其配套设施建设

甘肃省

1. 节水灌溉和旱作节水技术、保护性耕作技术开发与应用

2. 瓜果、蔬菜、花卉种子的开发生产（中方控股）

3. 优质酿酒葡萄基地建设

4. 优质啤酒原料种植、加工

5. 天然气下游化工产品生产和开发（列入《天然气利用政策》限制类和禁止类的除外）

6. 稀土深加工及应用产品生产

7. 中药材 GAP 生产基地建设及深加工（列入《外商投资产业指导目录》限制类、禁止类的除外）

8. 铝、铜、镍等有色金属精深加工（中方控股）

9. 石油钻采、炼化设备制造

10. 输油气管道加工

11. 奈莫泵（单螺杆泵）、水泵、精细研磨机制造

12. 精密数控机床及工具制造

13. 风力、太阳能发电及设备制造业（限于合资、合作）
14. 增值电信业务（需在我国入世承诺框架内）
15. 道路旅客运输（中方控股）
16. 城市供气、供热、供排水管网建设、经营（大城市中方控股）
17. 旅游景区（点）保护、开发和经营及其配套设施建设

宁夏自治区

1. 节水灌溉和旱作节水技术、保护性耕作技术开发与应用
2. 枸杞、葡萄等种植及深加工
3. 少数民族特需用品及清真食品开发加工
4. 以发酵方式生产化学原料药及中间体、氨基酸产品开发生产
5. 碳基材料开发及生产
6. 石膏和陶瓷黏土的深加工
7. 日产4000吨及以上水泥熟料新型干法水泥生产
8. 钽、铌等金属精深加工（中方控股）
9. 高性能子午线轮胎生产
10. 数控机床、大型精密轴承、煤矿采掘设备、自动化仪表、大型精密铸件生产加工
11. 大型煤矿综采设备和防爆电机生产加工
12. 风能、太阳能发电设备研发及制造生产（限于合资、合作）
13. 增值电信业务（需在我国入世承诺框架内）
14. 道路旅客运输（中方控股）
15. 城市供气、供热、供排水管网建设、经营（大城市中方控股）
16. 旅游景区（点）保护、开发和经营及其配套设施建设

青海省

1. 高原动植物资源保护、种养与加工利用（列入《外商投资产业指导目录》限制类、禁止类的除外）
2. 退耕还林还草、天然林保护、水源地保护等国家重点生态工程后续产业开发
3. 节水灌溉和旱作节水技术、保护性耕作技术开发与应用
4. 有机天然农畜产品基地建设和产品精深加工
5. 牛绒产品深加工
6. 天然气下游化工产品生产和开发（列入《天然气利用政策》限制类和禁止类的除外）
7. 中、藏药新品种、新剂型产品生产（列入《外商投资产业指导目录》限制类、禁止类的除外）
8. 特殊品种（超白、超薄、在线Low-E）优质浮法玻璃技术开发及深加工
9. 日产4000吨及以上水泥熟料新型干法水泥生产
10. 增值电信业务（需在我国入世承诺框架内）
11. 道路旅客运输（中方控股）
12. 职业教育机构（限于合作）
13. 医疗机构（限于合资、合作）
14. 城市供气、供热、供排水管网建设、经营（大城市中方控股）
15. 旅游景区（点）保护、开发和经营及其配套设施建设

新疆自治区（含新疆生产建设兵团）

1. 退耕还林还草、天然林保护等国家重点生态工程后续产业开发
2. 节水灌溉和旱作节水技术、保护性耕作技术开发与应用
3. 优质番茄、特色香梨、葡萄、甜瓜、红枣和枸杞的种植及深加工

4. 优质酿酒葡萄基地建设
5. 天然香料的种植、加工
6. 甜菜糖加工及副产品综合利用
7. 亚麻种植及其制品生产
8. 高档棉毛产品升级改造
9. 丝绸产品深加工
10. 蛭石、云母、石棉、菱镁矿、石墨、石灰石、红柱石、石材等非金属矿产的综合利用（勘查、开发除外）
11. 煤炭加工应用技术开发和产品生产（中方控股）
12. 盐化工下游产品生产及开发（列入《外商投资产业指导目录》限制类、禁止类的除外）
13. 油气伴生资源综合利用
14. 放空天然气回收利用
15. 维吾尔族特色药用植物种植、加工和制药新工艺开发（列入《外商投资产业指导目录》限制类、禁止类的除外）
16. 风能、太阳能发电设备研发及制造生产（限于合资、合作）
17. 以牛羊内脏为原料的生物制药产品的开发利用
18. 少数民族特需用品、工艺美术品、包装容器材料及日用玻璃制品生产
19. 特殊品种（超白、超薄、在线 Low-E）优质浮法玻璃技术开发及深加工
20. 日产 4000 吨及以上水泥熟料新型干法水泥生产
21. 铜、铅、锌、铝等有色金属精深加工（限于合资、合作）
22. 增值电信业务（需在我国入世承诺框架内）
23. 道路旅客运输（中方控股）
24. 城市供气、供热、供排水设施建设、经营（大城市中方控股）
25. 旅游景区（点）保护、开发和经营及其配套设施建设

2.3　国内投资项目

海关总署关于执行《产业结构调整指导目录（2011 年本）（修正）》的公告

（海关总署公告 2013 年第 18 号）

2013 年 2 月 16 日，国家发展改革委第 21 号令公布了《产业结构调整指导目录（2011 年本）（修正）》（详见附件），并规定自 2013 年 5 月 1 日起施行。现就海关执行中的有关问题公告如下：

一、自 2013 年 5 月 1 日起，对属于《产业结构调整指导目录（2011 年本）（修正）》鼓励类范围的国内投资项目，在投资总额内进口的自用设备，除《国内投资项目不予免税的进口商品目录》和《进口不予免税的重大技术装备和产品目录》所列商品外，按照《国务院关于调整进口设备税收政策的通知》（国发〔1997〕37 号）、海关总署公告 2008 年第 103 号及其他相关规定免征关税，照章征收进口环节增值

税。

二、《产业结构调整指导目录（2011 年本）（修正）》实施后，《项目确认书》中的“项目产业政策审批条目”编码为“N”，例如，《产业结构调整指导目录（2011 年本）（修正）》中鼓励类的第一类第 1 项应填写为：中低产田综合治理与稳产高产基本农田建设（N0101）；第七类第 4 项应填写为：油气伴生资源综合利用（N0704）。

三、为保持政策的连续性，对于 2013 年 5 月 1 日以前（不含 5 月 1 日，下同）审批、核准或备案的国内投资项目（以项目的审批、核准或备案日期为准，下同），属于《产业结构调整指导目录（2011 年本）》鼓励类范围的，可继续按照相关规定办理免征进口关税手续。但有关项目单位须于 2014 年 5 月 1 日以前，持投资主管部门出具的《项目确认书》（其中“项目产业政策审批条目”仍按原审批条目及编码填写）等有关资料向海关申请办理减免税备案手续。逾期，海关不再受理上述减免税备案申请。

对于 2013 年 5 月 1 日以前审批、核准或备案，同时属于《产业结构调整指导目录（2011 年本）（修正）》鼓励类范围的国内投资项目，投资主管部门按照《产业结构调整指导目录（2011 年本）（修正）》的产业政策条目出具《项目确认书》的（其中“项目产业政策审批条目”以“N”为编码），海关可予受理减免税备案申请。

四、对于未列入《产业结构调整指导目录（2011 年本）》的国内投资在建项目，凡符合《产业结构调整指导目录（2011 年本）（修正）》鼓励类范围的，可按有关规定向投资主管部门申请补办《项目确认书》。在取得《项目确认书》之后，在建项目进口的自用设备以及按照合同随设备进口的技术和配套件、备件，可参照本公告第一条的规定享受进口税收优惠政策，但进口设备已经征税的，税款不予退还。

特此公告。

附件　产业结构调整指导目录（2011 年本）（修正）

中华人民共和国海关总署

二〇一三年四月二日

附件

中华人民共和国国家发展改革委令

（第 21 号）

为更好地适应转变经济发展方式的需要，根据《国务院关于发布实施〈促进产业结构调整暂行规定〉的决定》（国发〔2005〕40 号），我委会同国务院有关部门对《产业结构调整指导目录（2011 年本）》有关条目进行了调整，形成了《国家发展改革委关于修改〈产业结构调整指导目录（2011 年本）〉有关条款的决定》，现予公布，自 2013 年 5 月 1 日起施行。法律、行政法规和国务院文件对产业结构调整另有规定的，从其规定。

二〇一三年二月十六日

国家发展改革委关于修改《产业结构调整指导目录（2011 年本）》有关条款的决定

一、鼓励类“四、电力”第 3 项“采用 30 万千瓦及以上集中供热机组的热电联产，以及热、电、冷多联产”修改为“采用背压（抽背）型热电联产、热电冷多联产、30 万千瓦及以上热电联产机组”。

二、鼓励类“五、新能源”增加“海上风电机组技术开发与设备制造”作为第 11 项。

三、鼓励类“五、新能源”增加“海上风电场建设与设备制造”作为第 12 项。

四、鼓励类“六、核能”增加“核电站应急抢险技术和设备”作为第12项。

五、鼓励类“十九、轻工”第15项“二色及二色以上金属板印刷机及配套光固化（UV）设备；高速食品饮料罐制造生产线及配套设备；高速金属薄板覆膜设备及覆膜铁食品饮料罐加工设备”修改为“二色及二色以上金属板印刷、配套光固化（UV）、薄板覆膜和高速食品饮料罐加工及配套设备制造”。

六、鼓励类“二十、纺织”第1项“差别化、功能性聚酯（PET）的连续共聚改性［阳离子染料可染聚酯（CDP、ECDP）、碱溶性聚 酯（COPET）、高收缩聚酯（HSPET）、阻燃聚酯、低熔点聚酯等］；熔体直纺在线添加等连续化工艺生产差别化、功能性纤维（抗静电、抗紫外、有色纤维等）；智能化、超仿真等差别化、功能性聚酯（PET）及纤维生产；腈纶、锦纶、氨纶、粘胶纤维等其他化学纤维品种的差别化、功能性改性纤维生产”修改为“差别化、功能性聚酯（PET）的连续共聚改性［阳离子染料可染聚酯（CDP、ECDP）、碱溶性聚酯（COPET）、高收缩聚酯（HSPET）、阻燃聚酯、低熔点聚酯等］；熔体直纺在线添加等连续化工艺生产差别化、功能性纤维（抗静电、抗紫外、有色纤维等）；智能化、超仿真等差别化、功能性聚酯（PET）及纤维生产（东部地区限于技术改造）

腈纶、锦纶、氨纶、粘胶纤维等其他化学纤维品种的差别化、功能性改性纤维生产”

七、鼓励类“二十、纺织”第6项“采用紧密纺、低扭矩纺、赛络纺、嵌入式纺纱等高速、新型纺纱技术生产多品种纤维混纺纱线及采用自动络筒、细络联、集体落纱等自动化设备生产高品质纱线”修改为“采用紧密纺、低扭矩纺、赛络纺、嵌入式纺纱 等高速、新型纺纱技术生产多品种纤维混纺纱线及采用自动络筒、细络联、集体落纱等自动化设备生产高品质纱线（东部地区限于技术改造，新建和扩建除外）”。

八、鼓励类“三十二、商务服务业”第2项“经济、管理、信息、会计、税务、审计、法律、节能、环保等咨询与服务”修改为“经济、管理、信息、会计、税务、鉴证（含审计服务）、法律、节能、环保等咨询与服务”。

九、鼓励类“三十九、公共安全与应急产品”第19项“大型公共建筑、高层建筑、森林、水上和地下设施消防灭火救援技术与产品”修改为“大型公共建筑、高层建筑、石油化工设施、森林、山岳、水域和地下设施消防灭火救援技术与产品”。

十、鼓励类“三十九、公共安全与应急产品”第22项“破 拆、切割、疏堵、提升、投送等高效救援产品”修改为“侦检、破拆、救生、照明、排烟、堵漏、输转、洗消、提升、投送等高效救援产品”。

十一、鼓励类“三十九、公共安全与应急产品”增加“登高 平台消防车、举高喷射消防车、机场消防车、森林消防车、城市轨道交通专用消防车”作为第44项。

十二、鼓励类“三十九、公共安全与应急产品”增加“具有 灭火、侦查、排烟、救助等功能的消防机器人”作为第45项。

十三、鼓励类“三十九、公共安全与应急产品”增加“公称 直径≥150mm的消防水带、人工合成橡胶衬里消防水带”作为第46项。

十四、鼓励类“三十九、公共安全与应急产品”增加“水性钢结构防火涂料、预制组合式钢结构防火构件”作为第47项。

十五、鼓励类“三十九、公共安全与应急产品”增加“不 燃外保温材料、阻燃制品”作为第48项。

十六、鼓励类“三十九、公共安全与应急产品”增加“用于 哈龙替代的合成类气体灭火剂、泡沫灭火剂氟表面活性剂替代物、建筑外保温材料高效灭火剂、无磷类阻燃剂、塑胶及合成类纺织品高效灭火剂、金属火灾专用灭火剂”作为第49项。

十七、鼓励类“三十九、公共安全与应急产品”增加“洁净 气体灭火系统、探火管灭火装置、风力发电装置专用灭火系统”作为第50项。

十八、鼓励类“三十九、公共安全与应急产品”增加“使用 节能环保新型光源的消防应急照明和疏散指示产品”作为第51项。

十九、限制类“三、电力”第3项“直接向江河排放冷却水的火电机组”删除。

二十、限制类“十一、机械”第15项“电线、电缆制造项目（用于新能源、信息产业、航天航空、轨道交通、海洋工程领域的特种电线电缆除外）”修改为“6 千伏及以上（陆上用）干法交联电力电缆制造项目”。

二十一、限制类“十一、机械”第 25 项“220 千伏及以下 高、中、低压开关柜制造项目（使用环保型中压气体的绝缘开关柜除外）”修改为“220 千伏及以下高、中、低压开关柜制造项 目（使用环保型中压气体的绝缘开关柜以及用于爆炸性环境的防爆型开关柜除外）”。

二十二、限制类“十三、纺织”第 1 项“单线产能小于 10 万吨/年的常规聚酯（PET）连续聚合生产装置”修改为“单线产能小于 20 万吨/年的常规聚酯（PET）连续聚合生产装置”。

二十三、限制类“十五、消防”第 1 项“火灾自动报警设备”修改为“火灾报警控制器（包括联动型、独立型、区域型、集中型、集中区域兼容型）、消防联动控制器、点型感烟/温火灾探测器（独立式除外）、点型红外/紫外火焰探测器（独立式除外）、手动火灾报警按钮”。

二十四、限制类“十五、消防”第 2 项“灭火器项目”修改为“干粉灭火器、二氧化碳灭火器”。

二十五、限制类“十五、消防”第 3 项“碳酸氢钠干粉（BC）和环保型水系灭火剂”修改为“碳酸氢钠干粉灭火剂（BC）、磷酸铵盐干粉灭火剂（ABC）”。

二十六、限制类“十五、消防”第 4 项“防火门项目”修改 为“防火阀门（包括防火阀、排烟阀、排烟防火阀）、木质防火 门、采用酸洗磷化生产工艺的钢质和钢木质防火门、新建初始规模小于 6 万平方米/年的防火卷帘项目”。

二十七、限制类“十五、消防”第 5 项“消防水带项目”修改为“天然橡胶有衬里消防水带、无衬里消防水带、消防软管盘、消防湿水带、PVC 衬里消防水带”。

二十八、限制类“十五、消防”第 6 项“消防栓（室内、外）项目”修改为“室内消火栓、室外消火栓、消防水泵接合器的翻砂生产、加工、装配工艺”。

二十九、限制类“十五、消防”第 7 项“普通消防车（罐类、专项类）项目”修改为“水罐消防车、泡沫消防车、供水消防车、供液消防车、泵浦类消防车”。

三十、限制类“十五、消防”增加“防火封堵材料、溶剂型钢结构防火涂料、饰面型防火涂料、电缆防火涂料”作为第 8 项。

三十一、淘汰类“一、落后生产工艺装备”“（三）电力”第 3 项“以发电为主的燃油锅炉及发电机组（5 万千瓦及以下）”修改为“以发电为主的燃油锅炉及发电机组”。

三十二、淘汰类“一、落后生产工艺装备”“（四）石化”第 10 项“氯氟烃（CFCs）、含氢氯氟烃（HCFCs）、用于清洗的 1,1,1-三氯乙烷（甲基氯仿）、主产四氯化碳（CTC）、以四氯化碳（CTC）为加工助剂的所有产品、以 PFOA 为加工助剂的含氟聚合物、含滴滴涕的油漆、采用滴滴涕为原料非封闭生产三氯杀螨醇生产装置（根据国家履行国际公约总体计划要求进行淘汰）”修改为“氯氟烃（CFCs）、含氢氯氟烃（HCFCs）、用于清洗的 1,1,1-三氯乙烷（甲基氯仿）、主产四氯化碳（CTC）、以四氯化碳（CTC）为加工助剂的所有产品、以 PFOA 为加工助剂的含氟聚合物、含滴滴涕的涂料、采用滴滴涕为原料非封闭生产三氯杀螨醇生产装（根据国家履行国际公约总体计划要求进行淘汰）”。

三十三、淘汰类“一、落后生产工艺装备”“（五）钢铁”第 24 项“冷轧带肋钢筋生产装备”修改为“单机产能 1 万吨及以下的冷轧带肋钢筋生产装备（2012 年，高延性冷轧带肋钢筋生产装备除外）”。

三十四、淘汰类“一、落后生产工艺装备”“（十二）轻工”第 5 项“直接接触饮料和食品的聚氯乙烯（PVC）包装制品”删 除。

三十五、淘汰类“一、落后生产工艺装备”“（十七）其他”第 1 项“含氰电镀工艺（电镀金、银、铜基合金及予镀铜打底工艺，暂缓淘汰）”修改为“含有毒有害氰化物电镀工艺［氰化金钾电镀金及氰化亚金钾镀金（2014 年）；银、铜基合金及予镀铜 打底工艺（暂缓淘汰）］”。

三十六、淘汰类“二、落后产品”“（九）轻工”第 6 项“一次性发泡塑料餐具”删除。

产业结构调整指导目录（2011年本）（修正）

（2011年3月27日国家发展改革委令第9号公布，根据2013年2月16日国家发展改革委令第21号公布的《国家发展改革委关于修改〈产业结构调整指导目录（2011年本）〉有关条款的决定》修正）

第一类　鼓励类；第二类　限制类；第三类　淘汰类

第一类　鼓励类

一、农林业

1. 中低产田综合治理与稳产高产基本农田建设
2. 农产品基地建设
3. 蔬菜、瓜果、花卉设施栽培（含无土栽培）先进技术开发与应用
4. 优质、高产、高效标准化栽培技术开发与应用
5. 畜禽标准化规模养殖技术开发与应用
6. 重大病虫害及动物疫病防治
7. 农作物、家畜、家禽及水生动植物、野生动植物遗传工程及基因库建设
8. 动植物（含野生）优良品种选育、繁育、保种和开发；生物育种；种子生产、加工、贮藏及鉴定
9. 种（苗）脱毒技术开发与应用
10. 旱作节水农业、保护性耕作、生态农业建设、耕地质量建设及新开耕地快速培肥技术开发与应用
11. 生态种（养）技术开发与应用
12. 农用薄膜无污染降解技术及农田土壤重金属降解技术开发与应用
13. 绿色无公害饲料及添加剂开发
14. 内陆流域性大湖资源增殖保护工程
15. 远洋渔业、渔政渔港工程
16. 牛羊胚胎（体内）及精液工厂化生产
17. 农业生物技术开发与应用
18. 耕地保养管理与土、肥、水速测技术开发与应用
19. 农、林作物和渔业种质资源保护地、保护区建设；动植物种质资源收集、保存、鉴定、开发与应用
20. 农作物秸秆还田与综合利用（青贮饲料，秸秆氨化养牛、还田，秸秆沼气及热解、气化，培育食用菌，固化成型燃料，秸秆人造板，秸秆纤维素燃料乙醇、非粮饲料资源开发利用等）
21. 农村可再生资源综合利用开发工程（沼气工程、“三沼”综合利用、沼气灌装提纯等）
22. 平垸行洪退田还湖恢复工程
23. 食（药）用菌菌种培育
24. 草原、森林灾害综合治理工程
25. 利用非耕地的退耕（牧）还林（草）及天然草原植被恢复工程
26. 动物疫病新型诊断试剂、疫苗及低毒低残留兽药（含兽用生物制品）新工艺、新技术开发与应用
27. 优质高产牧草人工种植与加工
28. 天然橡胶及杜仲种植生产
29. 无公害农产品及其产地环境的有害元素监测技术开发与应用
30. 有机废弃物无害化处理及有机肥料产业化技术开发与应用
31. 农牧渔产品无公害、绿色生产技术开发与应用
32. 农林牧渔产品储运、保鲜、加工与综合利用

33. 天然林等自然资源保护工程
34. 碳汇林建设、植树种草工程及林木种苗工程
35. 水土流失综合治理技术开发与应用
36. 生态系统恢复与重建工程
37. 海洋、森林、野生动植物、湿地、荒漠、草原等自然保护区建设及生态示范工程
38. 防护林工程
39. 石漠化防治及防沙治沙工程
40. 固沙、保水、改土新材料生产
41. 抗盐与耐旱植物培植
42. 速生丰产林工程、工业原料林工程、珍贵树种培育及名特优新经济林建设
43. 竹藤基地建设、竹藤精深加工产品及竹副产品开发
44. 森林抚育、低产林改造工程
45. 野生经济林树种保护、改良及开发利用
46. 珍稀濒危野生动植物保护工程
47. 林业基因资源保护工程
48. 次小薪材、沙生灌木及三剩物深加工与产品开发
49. 野生动植物培植、驯养繁育基地及疫源疫病监测预警体系建设
50. 道地中药材及优质、丰产、濒危或紧缺动植物药材的种植（养殖）
51. 香料、野生花卉等林下资源人工培育与开发
52. 木基复合材料及结构用人造板技术开发
53. 木质复合材料、竹质工程材料生产及综合利用
54. 松脂林建设、林产化学品深加工
55. 人工增雨防雹等人工影响天气技术开发与应用
56. 数字（信息）农业技术开发与应用
57. 农业环境与治理保护技术开发与应用
58. 海水养殖及产品深加工，海洋渔业资源增殖与保护
59. 生态清洁型小流域建设及面源污染防治
60. 农田主要机耕道（桥）建设
61. 油茶、油棕等木本粮油基地建设
62. 生物质能源林定向培育与产业化
63. 粮油干燥节能设备、农户绿色储粮生物技术、驱鼠技术、农户新型储粮仓（彩钢板组合仓、钢骨架矩形仓、钢网式干燥仓、热浸镀锌钢板仓等）推广应用
64. 农作物、林木害虫密度自动监测技术开发与应用
65. 森林、草原火灾自动监测报警技术开发与应用
66. 气象卫星工程（卫星研制、生产及配套软件系统、地面接收处理设备等）和气象信息服务

二、水利

1. 江河堤防建设及河道、水库治理工程
2. 跨流域调水工程
3. 城乡供水水源工程
4. 农村饮水安全工程
5. 蓄滞洪区建设
6. 海堤建设
7. 江河湖库清淤疏浚工程
8. 病险水库、水闸除险加固工程

9. 堤坝隐患监测与修复技术开发与应用

10. 城市积涝预警和防洪工程

11. 出海口门整治工程

12. 综合利用水利枢纽工程

13. 牧区水利工程

14. 淤地坝工程

15. 水利工程用土工合成材料及新型材料开发制造

16. 灌区改造及配套设施建设

17. 防洪抗旱应急设施建设

18. 高效输配水、节水灌溉技术推广应用

19. 水情水质自动监测及防洪调度自动化系统开发

20. 水文应急测报、旱情监测基础设施建设

21. 灌溉排水泵站更新改造工程

22. 水利血吸虫病防治工程（采用护坡、吹填、隔离沟、涵闸改造、设置沉螺池、抬洲降滩等防螺灭螺工程措施和疫情监测、防治宣教等措施）

23. 农田水利设施建设工程（灌排渠道、涵闸、泵站建设等）

24. 防汛抗旱新技术新产品开发与应用

25. 山洪地质灾害防治工程（山洪地质灾害防治区监测预报预警体系建设及山洪沟、泥石流沟和滑坡治理等）

26. 水生态系统及地下水保护与修复工程

27. 水源地保护工程（水源地保护区划分、隔离防护、水土保持、水资源保护、水生态环境修复及有关技术开发推广）

28. 水土流失监测预报自动化系统（水土流失数据采集存储、智能传输、数据分析处理、科学预测预报、数据库管理一体化）开发与应用

29. 洪水风险图编制技术及应用（大江大河中下游及重点防洪区、防洪保护区等特定地区洪涝灾害信息专题地图）

30. 水资源管理信息系统建设（以水源、取水、输水、供水、用水、耗水和排水等水资源开发利用主要环节的监测及大江大河行政边界控制断面、地下水超采区监测为基础，以国家电子政务外网和国家防汛指挥系统骨干网为依托，以水资源业务应用系统为核心的综合管理信息系统）

31. 水文站网基础设施建设及其仪器设备开发与应用

三、煤炭

1. 煤田地质及地球物理勘探

2. 120 万吨/年及以上高产高效煤矿（含矿井、露天）、高效选煤厂建设

3. 矿井灾害（瓦斯、煤尘、矿井水、火、围岩、地温、冲击地压等）防治

4. 型煤及水煤浆技术开发与应用

5. 煤炭共伴生资源加工与综合利用

6. 煤层气勘探、开发、利用和煤矿瓦斯抽采、利用

7. 煤矸石、煤泥、洗中煤等低热值燃料综合利用

8. 管道输煤

9. 煤炭高效洗选脱硫技术开发与应用

10. 选煤工程技术开发与应用

11. 地面沉陷区治理、矿井水资源保护与利用

12. 煤电一体化建设

13. 提高资源回收率的采煤方法、工艺开发与应用

14. 矿井采空区矸石回填技术开发与应用
15. 井下救援技术及特种装备开发与应用
16. 煤矿生产过程综合监控技术、装备开发与应用
17. 大型煤炭储运中心、煤炭交易市场建设
18. 矿井进出人员自动监控记录系统开发与应用
19. 新型矿工避险自救器材开发与应用
20. 建筑物下、铁路等基础设施下、水体下采用煤矸石等物质充填采煤技术开发与应用

四、电力

1. 水力发电
2. 单机 60 万千瓦及以上超临界、超超临界机组电站建设
3. 采用背压（抽背）型热电联产、热电冷多联产、30 万千瓦及以上热电联产机组
4. 缺水地区单机 60 万千瓦及以上大型空冷机组电站建设
5. 重要用电负荷中心且天然气充足地区天然气调峰发电项目
6. 30 万千瓦及以上循环流化床、增压流化床、整体煤气化联合循环发电等洁净煤发电
7. 单机 30 万千瓦及以上采用流化床锅炉并利用煤矸石、中煤、煤泥等发电
8. 500 千伏及以上交、直流输变电
9. 在役发电机组脱硫、脱硝改造
10. 电网改造与建设
11. 继电保护技术、电网运行安全监控信息技术开发与应用
12. 大型电站及大电网变电站集约化设计和自动化技术开发与应用
13. 跨区电网互联工程技术开发与应用
14. 输变电节能、环保技术推广应用
15. 降低输、变、配电损耗技术开发与应用
16. 分布式供电及并网技术推广应用
17. 燃煤发电机组脱硫、脱硝及复合污染物治理
18. 火力发电脱硝催化剂开发生产
19. 水力发电中低温水恢复措施工程、过鱼措施工程技术开发与应用
20. 大容量电能储存技术开发与应用
21. 电动汽车充电设施
22. 乏风瓦斯发电技术及开发利用
23. 垃圾焚烧发电成套设备
24. 分布式电源

五、新能源

1. 太阳能热发电集热系统、太阳能光伏发电系统集成技术开发应用、逆变控制系统开发制造
2. 风电与光伏发电互补系统技术开发与应用
3. 太阳能建筑一体化组件设计与制造
4. 高效太阳能热水器及热水工程，太阳能中高温利用技术开发与设备制造
5. 生物质纤维素乙醇、生物柴油等非粮生物质燃料生产技术开发与应用
6. 生物质直燃、气化发电技术开发与设备制造
7. 农林生物质资源收集、运输、储存技术开发与设备制造；农林生物质成型燃料加工设备、锅炉和炉具制造
8. 以畜禽养殖场废弃物、城市填埋垃圾、工业有机废水等为原料的大型沼气生产成套设备
9. 沼气发电机组、沼气净化设备、沼气管道供气、装罐成套设备制造

10. 海洋能、地热能利用技术开发与设备制造

11. 海上风电机组技术开发与设备制造

12. 海上风电场建设与设备制造

六、核能

1. 铀矿地质勘查和铀矿采冶、铀精制、铀转化

2. 先进核反应堆建造与技术开发

3. 核电站建设

4. 高性能核燃料元件制造

5. 乏燃料后处理

6. 同位素、加速器及辐照应用技术开发

7. 先进的铀同位素分离技术开发与设备制造

8. 辐射防护技术开发与监测设备制造

9. 核设施实体保护仪器仪表开发

10. 核设施退役及放射性废物治理

11. 核电站延寿及退役技术和设备

12. 核电站应急抢险技术和设备

七、石油、天然气

1. 常规石油、天然气勘探与开采

2. 页岩气、油页岩、油砂、天然气水合物等非常规资源勘探开发

3. 原油、天然气、液化天然气、成品油的储运和管道输送设施及网络建设

4. 油气伴生资源综合利用

5. 油气田提高采收率技术、安全生产保障技术、生态环境恢复与污染防治工程技术开发利用

6. 放空天然气回收利用与装置制造

7. 天然气分布式能源技术开发与应用

8. 石油储运设施挥发油气回收技术开发与应用

9. 液化天然气技术开发与应用

八、钢铁

1. 黑色金属矿山接替资源勘探及关键勘探技术开发

2. 煤调湿、风选调湿、捣固炼焦、配型煤炼焦、干法熄焦、导热油换热、焦化废水深度处理回用、煤焦油精深加工、苯加氢精制、煤沥青制针状焦、焦油加氢处理、焦炉煤气高附加值利用 等先进技术的研发与应用

3. 非高炉炼铁技术

4. 先进压水堆核电管、百万千瓦火电锅炉管、耐蚀耐压耐温油井管、耐腐蚀航空管、高耐腐蚀化工管生产

5. 高性能、高质量及升级换代钢材产品技术开发与应用。包括 600 兆帕级及以上高强度汽车板、油气输送高性能管线钢、高强度船舶用宽厚板、海洋工程用钢、420 兆帕级及以上建筑和桥梁等结构用中厚板、高速重载铁路用钢、低铁损高磁感硅钢、耐腐蚀耐磨损钢材、节约合金资源不锈钢（现代铁素体不锈钢、双相不锈钢、含氮不锈钢)、高性能基础件（高性能齿轮、12. 9 级及以上螺栓、高强度弹簧、长寿命轴承等）用特殊钢棒线材、高品质 特钢锻轧材（工模具钢、不锈钢、机械用钢等）等

6. 在线热处理、在线性能控制、在线强制冷却的新一代热机械控制加工（TMCP）工艺技术应用

7. 直径 600 毫米及以上超高功率电极、高炉用微孔和超微孔碳砖、特种石墨（高强、高密、高纯、高模量)、石墨（质）化阴极、内串石墨化炉开发与生产

8. 焦炉、高炉、热风炉用长寿节能环保耐火材料生产工艺；精炼钢用低碳、无碳耐火材料和高效连

铸用功能环保性耐火材料生产工艺

9. 生产过程在线质量检测技术应用

10. 利用钢铁生产设备处理社会废弃物

11. 烧结烟气脱硫、脱硝、脱二恶英等多功能干法脱除，以及副产物资源化、再利用化技术

12. 难选贫矿、（共）伴生矿综合利用先进工艺技术

13. 冶金固体废弃物（含冶金矿山废石、尾矿，钢铁厂产生的各类尘、泥、渣、铁皮等）综合利用先进工艺技术

14. 利用低品位锰矿冶炼铁合金的新工艺技术，以及高效利用红土镍矿炼精制镍铁的回转窑-矿热炉（RKEF）工艺技术

15. 冶金废液（含废水、废酸、废油等）循环利用工艺技术与设备

16. 新一代钢铁可循环流程（在做好钢铁产业内部循环的基础上，发展钢铁与电力、化工、装备制造等相关产业间的横向、纵向物流和能流的循环流程）工艺技术开发与应用

17. 高炉、转炉煤气干法除尘

九、有色金属

1. 有色金属现有矿山接替资源勘探开发，紧缺资源的深部及难采矿床开采

2. 高效、低耗、低污染、新型冶炼技术开发

3. 高效、节能、低污染、规模化再生资源回收与综合利用。

（1）废杂有色金属回收（2）有价元素的综合利用（3）赤泥及其他冶炼废渣综合利用（4）高铝粉煤灰提取氧化铝

4. 信息、新能源有色金属新材料生产。（1）信息：直径 200mm 以上的硅单晶及抛光片、直径 125mm 以上直拉或直径 50mm 以上水平生长化合物半导体材料、铝铜硅钨钼等大规格高纯靶材、超大规模集成电路铜镍硅和铜铬锆引线框架材料、电子焊料等。（2）新能源：核级海绵锆及锆材、高容量长寿命二次电池电极材料

5. 交通运输、高端制造及其他领域有色金属新材料生产。（1）交通运输：抗压强度不低于 500MPa、导电率不低于 80%IACS 的铜合金精密带材和超长线材制品等高强高导铜合金、交通运输工具主承力结构用的新型高强、高韧、耐蚀铝合金材料及大尺寸制品（航空用铝合金抗压强度不低于 650MPa，高速列车用铝合金抗压强度不低于 500MPa）。（2）高端制造及其他领域：高性能纳米硬质合金刀具和大晶粒硬质合金盾构刀具及深加工产品、稀土及贵金属催化剂材料、低模量钛合金材及记忆合金等生物医用材料、耐蚀热交换器用铜合金及钛合金材料、高性能稀土磁性材料和储氢材料及高端应用

十、黄金

1. 黄金深部（1000 米以下）探矿与开采

2. 从尾矿及废石中回收黄金

十一、石化化工

1. 含硫含酸重质、劣质原油炼制技术，高标准油品生产技术开发与应用

2. 硫、钾、硼、锂等短缺化工矿产资源勘探开发及综合利用，中低品位磷矿采选与利用，磷矿伴生资源综合利用

3. 零极距、氧阴极等离子膜烧碱电解槽节能技术、废盐酸制氯气等综合利用技术、铬盐清洁生产新工艺的开发和应用，气动流化塔生产高锰酸钾，全热能回收热法磷酸生产，大型脱氟磷酸钙生产装置

4. 20 万吨/年及以上合成气制乙二醇、10 万吨/年及以上离 子交换法双酚 A、15 万吨/年及以上直接氧化法环氧丙烷、20 万吨 /年及以上共氧化法环氧丙烷、5 万吨/年及以上丁二烯法己二腈生产装置，万吨级脂肪族异氰酸酯生产技术开发与应用

5. 优质钾肥及各种专用肥、缓控释肥的生产，氮肥企业节能减排和原料结构调整，磷石膏综合利用技术开发与应用，10 万吨/年及以上湿法磷酸净化生产装置

6. 高效、安全、环境友好的农药新品种、新剂型（水基化剂型等）、专用中间体、助剂（水基化助剂等）的开发与生产，甲叉法乙草胺、水相法毒死蜱工艺、草甘膦回收氯甲烷工艺、定向合成法手性和立体结构农药生产、乙基氯化物合成技术等清洁生产工艺的开发和应用，生物农药新产品、新技术的开发与生产

7. 水性木器、工业、船舶涂料，高固体分、无溶剂、辐射固化、功能性外墙外保温涂料等环境友好、资源节约型涂料生产；单线产能 3 万吨/年及以上、并以二氧化钛含量不小于 90%的富钛料（人造金红石、天然金红石、高钛渣）为原料的氯化法钛白粉生产

8. 高固着率、高色牢度、高提升性、高匀染性、高重现性、低沾污性以及低盐、低温、小浴比染色用和湿短蒸轧染用的活性染料，高超细旦聚酯纤维染色性、高洗涤牢度、高染着率、高光牢度和低沾污性（尼龙、氨纶）、小浴比染色用的分散染料，用于聚酰胺纤维、羊毛和皮革染色的不含金属的弱酸性染料，高耐晒牢度、高耐气候牢度有机颜料的开发与生产

9. 染料及染料中间体清洁生产、本质安全的新技术（包括催化、三氧化硫磺化、连续硝化、绝热硝化、定向氯化、组合增效、溶剂反应、循环利用等技术，以及取代光气等剧毒原料的适用技术，膜过滤和原浆干燥技术）的开发与应用

10. 乙烯－乙烯醇树脂（EVOH）、聚偏氯乙烯等高性能阻隔树脂，聚异丁烯（PI）、聚乙烯辛烯（POE）等特种聚烯烃开发与生产

11. 6 万吨/年及以上非光气法聚碳酸酯生产装置，液晶聚合物（LCP）等工程塑料生产以及共混改性、合金化技术开发和应用，吸水性树脂、导电性树脂和可降解聚合物的开发与生产，尼龙 11. 尼龙 1414. 尼龙 46. 长碳链尼龙、耐高温尼龙等新型聚酰胺开发与生产

12. 3 万吨/年及以上丁基橡胶、乙丙橡胶、异戊橡胶，溶聚丁苯橡胶、稀土系顺丁橡胶、丙烯酸酯橡胶及低多芳含量填充油 、丁苯橡胶等生产装置，合成橡胶化学改性技术开发与应用

13. 聚丙烯热塑性弹性体（PTPE）、热塑性聚酯弹性体（TPEE）、苯乙烯-异戊二烯-苯乙烯热塑性嵌段共聚物（SIS）、热塑性聚氨 酯弹性体等热塑性弹性体材料开发与生产

14. 改性型、水基型胶黏剂和新型热熔胶，环保型吸水剂、水处理剂，分子筛固汞、无汞等新型高效、环保催化剂和助剂，安全型食品添加剂、饲料添加剂，纳米材料，功能性膜材料，超净高纯试剂、光刻胶、电子气、高性能液晶材料等新型精细化学品的开发与生产

15. 苯基氯硅烷、乙烯基氯硅烷等新型有机硅单体，苯基硅油、氨基硅油、聚醚改性型硅油等，苯基硅橡胶、苯撑硅橡胶等高性能橡胶及杂化材料，甲基苯基硅树脂等高性能树脂，三乙氧基硅烷等系列高效偶联剂

16. 全氟烯醚等特种含氟单体，聚全氟乙丙烯、聚偏氟乙烯、聚三氟氯乙烯、乙烯-四氟乙烯共聚物等高品质氟树脂，氟醚橡胶、氟硅橡胶、四丙氟橡胶、高含氟量 246 氟橡胶等高性能氟橡胶，含氟润滑油脂，消耗臭氧潜能值（ODP）为零、全球变暖潜能值（GWP）低的消耗臭氧层物质（ODS）替代品，全氟辛基磺酰化合物（PFOS）和全氟辛酸（PFOA）及其盐类替代品和替代技术的开发和应用，含氟精细化学品和高品质含氟无机盐

17. 高性能子午线轮胎［包括无内胎载重子午胎，低断面和扁平化（低于 55 系列）、大轮辋高性能轿车子午胎（15 吋以上），航空轮胎及农用子午胎］及配套专用材料、设备生产，新型天然橡胶开发与应用

18. 生物高分子材料、填料、试剂、芯片、干扰素、传感器、纤维素酶、碱性蛋白酶、诊断用酶等酶制剂、纤维素生化产品开发与生产

19. 四氯化碳、四氯化硅、一甲基氯硅烷、三甲级氯硅烷等副产物综合利用，二氧化碳的捕获与应用

十二、建材

1. 利用现有 2000 吨/日及以上新型干法水泥窑炉处置工业废弃物、城市污泥和生活垃圾，纯低温余热发电；粉磨系统等节能改造

2. 电子工业用超薄（1. 3mm 以下）、太阳能产业用超白（折合 5mm 厚度可见光透射率>90%）、在线

镀膜玻璃和低辐射等特殊浮法玻璃生产线；现有浮法生产线采用纯氧燃烧技术、低温余热发电技术；玻璃熔窑用高档耐火材料；玻璃深加工工艺装备技术开发与应用

3. 新型墙体和屋面材料、绝热隔音材料、建筑防水和密封等材料的开发与生产

4. 150 万平方米/年及以上、厚度小于 6 毫米的陶瓷板生产线和工艺装备技术开发与应用

5. 一次冲洗用水量 6 升及以下的坐便器、蹲便器、节水型小便器及节水控制设备开发与生产

6. 5 万吨/年及以上无碱玻璃纤维池窑拉丝技术和高性能玻璃纤维及制品技术开发与生产

7. 使用合成矿物纤维、芳纶纤维等作为增强材料的无石棉摩擦、密封材料新工艺、新产品开发与生产

8. 信息、新能源、国防、航天航空等领域用高品质人工晶体材料、制品和器件生产装备技术开发；高纯石英原料、石英玻璃材料及其制品制造技术开发与生产；航天航空等领域所需的特种玻璃制造技术开发与生产

9. 高新技术领域需求的高纯、超细、改性等精细加工的高岭土、石墨、硅藻土等非金属矿深加工材料生产及其技术装备开发与制造

10. 30 万平方米/年以上超薄复合石材生产；机械化石材矿山开采；矿石碎料和板材边角料综合利用生产及工艺装备开发

11. 废矿石、尾矿和建筑废弃物的综合利用

12. 农用田间建设材料技术开发与生产

13. 利用工业副产石膏生产新型墙体材料及技术装备开发与制造

14. 应急安置房屋开发与生产

十三、医药

1. 拥有自主知识产权的新药开发和生产，天然药物开发和生产，新型计划生育药物（包括第三代孕激素的避孕药）开发和生产，满足我国重大、多发性疾病防治需求的通用名药物首次开发和生产，药物新剂型、新辅料的开发和生产，药物生产过程中的膜分离、超临界萃取、新型结晶、手性合成、酶促合成、生物转化、自控等技术开发与应用，原料药生产节能降耗减排技术、新型药物制剂技术开发与应用

2. 现代生物技术药物、重大传染病防治疫苗和药物、新型诊断试剂的开发和生产，大规模细胞培养和纯化技术、大规模药用多肽和核酸合成、发酵、纯化技术开发和应用，采用现代生物技术改造传统生产工艺

3. 新型药用包装材料及其技术开发和生产（一级耐水药用玻璃，可降解材料，具有避光、高阻隔性、高透过性的功能性材料，新型给药方式的包装；药包材无苯油墨印刷工艺等）

4. 濒危稀缺药用动植物人工繁育技术及代用品开发和生产，先进农业技术在中药材规范化种植、养殖中的应用，中药有效成分的提取、纯化、质量控制新技术开发和应用，中药现代剂型的工艺技术、生产过程控制技术和装备的开发与应用，中药饮片创 新技术开发和应用，中成药二次开发和生产

5. 民族药物开发和生产

6. 新型医用诊断医疗仪器设备、微创外科和介入治疗装备及 器械、医疗急救及移动式医疗装备、康复工程技术装置、家用医疗器械、新型计划生育器具（第三代宫内节育器）、新型医用材料、人工器官及关键元器件的开发和生产，数字化医学影像产品及医疗信息技术的开发与应用

7. 实验动物标准化养殖及动物实验服务

8. 基本药物质量和生产技术水平提升及降低成本

十四、机械

1. 三轴以上联动的高速、精密数控机床及配套数控系统、伺服电机及驱动装置、功能部件、刀具、量具、量仪及高档磨具磨料

2. 大型发电机组、大型石油化工装置、大型冶金成套设备等重大技术装备用分散型控制系统（DCS），现场总线控制系统（FCS），新能源发电控制系统

3. 输入输出点数 512 个以上的可编程控制系统（PLC）

4. 数字化、智能化、网络化工业自动检测仪表与传感器，原位在线成分分析仪器，具有无线通信功能的低功耗智能传感器，电磁兼容检测设备，智能电网用智能电表（具有发送和接收信号、自诊断、数据处理功能），光纤传感器

5. 用于辐射、有毒、可燃、易爆、重金属、二恶英等检测分析的仪器仪表，水质、烟气、空气检测仪器，药品检验用质量数 大于 1000 原子质量单位（amu）的质谱仪，色质联用仪以及相关 的自动取样系统和样品处理系统

6. 科学研究用测量精度达到微米以上的多维几何尺寸测量仪器，自动化、智能化、多功能材料力学性能测试仪器，工业 CT、三维超声波探伤仪等无损检测设备，用于纳米观察测量的分辨率高于 3.0 纳米的电子显微镜

7. 城市智能视觉监控、视频分析、视频辅助刑事侦查技术设备

8. 矿井灾害（瓦斯、煤尘、矿井水、火、围岩等）监测仪器仪表和系统

9. 综合气象观测仪器装备（地面、高空、海洋气象观测仪器装备及耗材，专业气象观测、大气成分观测仪器装备及耗材，气象雷达等）、移动应急气象观测系统、移动应急气象指挥系统、气象计量检定设备、气象维修维护设备、气象观测仪器装备运行监控系统

10. 水文数据采集仪器及设备、水文仪器计量检定设备

11. 地震、地质灾害观测仪器仪表

12. 海洋观测、探测、监测技术系统及仪器设备

13. 数字多功能一体化办公设备（复印、打印、传真、扫描）、数字照相机、数字电影放映机等现代文化办公设备

14. 时速 200 公里以上动车组轴承，轴重大于 30 吨重载铁路货车轴承，使用寿命 200 万公里以上的新型城市轨道交通轴承，使用寿命 25 万公里以上汽车轮毂轴承单元，耐高温（400℃以上）汽车涡轮、机械增压器轴承，P4. P2 级数控机床轴承，2 兆瓦（MW）及以上风电机组用各类精密轴承，使用寿命大于 5000 小时盾构机等大型施工机械轴承，P5 级、P4 级高速精密冶金轧机轴承，飞机及发动机轴承，医疗 CT 机轴承，以及上述轴承零件

15. 单机容量 80 万千瓦及以上混流式水力发电设备（水轮机、发电机及调速器、励磁等附属设备），单机容量 35 万千瓦及以上抽水蓄能、5 万千瓦及以上贯流式和 10 万千瓦及以上冲击式水力发电设备及其关键配套辅机

16. 60 万千瓦及以上超临界、超超临界火电机组用发电机保护断路器、泵、阀等关键配套辅机、部件

17. 60 万千瓦及以上超临界参数循环流化床锅炉

18. 燃气轮机高温部件及控制系统

19. 60 万千瓦及以上发电设备用转子（锻造、焊接）、转轮、叶片、泵、阀、主轴护套等关键铸锻件

20. 耐高低温、耐腐蚀、耐磨损精密铸锻件

21. 500 千伏（kV）及以上超高压、特高压交直流输电设备及关键部件：变压器（出线装置、套管、调压开关），开关设备（灭弧装置、液压操作机构、大型盆式绝缘子），高强度支柱绝缘子和空心绝缘子，悬式复合绝缘子，绝缘成型件，特高压避雷器、直流避雷器，电控、光控晶闸管，换流阀（平波电抗器、水冷设备），控制和保护设备，直流场成套设备等

22. 高压真空元件及开关设备，智能化中压开关元件及成套设备，使用环保型中压气体的绝缘开关柜，智能型（可通信）低压电器，非晶合金、卷铁芯等节能配电变压器

23. 二代改进型、三代核电设备及关键部件；2.5 兆瓦以上风电设备整机及 2.0 兆瓦以上风电设备控制系统、变流器等关键零 部件；各类晶体硅和薄膜太阳能光伏电池生产设备；海洋能（潮汐、海浪、洋流）发电设备

24. 直接利用高炉铁液生产铸铁件的短流程熔化工艺与装备；黏土砂静压造型主机；外热送风水冷长

炉龄大吨位（15 吨/小时以 上）冲天炉；大型压铸机（合模力 3500 吨以上）；差压铸造机；自动浇注机；铸造专用机器人的制造与应用

25. 树脂砂、铸造黏土砂等干（热）法再生回用技术应用

26. 高速精密压力机（180~2500 千牛，2000~750 次/分钟）、黑色金属液压挤压机（150 毫米/秒以上）、轻合金液压挤压机（10 毫米/秒以下）、高速精密剪切机（2000 千牛以上，70~80 次/分，断面斜度 1.5O 以下）、内高压成形机（10000 千牛以上）、大型折弯 机（60000 千牛以上）、数字化钣金加工中心（柔性制造中心/柔性 制造系统）、高速强力旋压机（径向旋压力/每轮：1000 千牛，轴向旋压力/每轮：800 千牛，主轴转矩：240 千牛·米，主轴最高转速：95 转/分钟）、数控多工位冲压机、大公称压力冷/温锻压力机（有效公称力行程 25 毫米以上，公称力 10000 千牛以上）、4 工位以上自动温/热锻造压力机（公称力 16000 千牛以上）

27. 乙烯裂解三机，40 万吨级（聚丙烯等）挤压造粒机组，50 万吨级合成气、氨、氧压缩机等关键设备

28. 大型风力发电密封件（使用寿命 7 年以上，工作温度-45 ℃~100℃）；核电站主泵机械密封（适用压力≥17 兆帕，工作温度 26.7℃~73.9℃）；盾构机主轴承密封（使用寿命 5000 小时）；轿车动力总成系统以及传动系统旋转密封；石油钻井、测井设备密封（适用压力≥105 兆帕）；液压支架密封件；高 PV 值旋转动密封件；超大直径（≥2 米）机械密封；航天用密封件（工作温度-54℃~275℃，线速度≥150 米/秒）；高压液压元件密封件（适用压力≥31.5 兆帕）；高精密液压铸件（流道尺寸精度≤0.25 毫米，疲劳性能测试≥200 万次）

29. 高性能无石棉密封材料（耐热温度 500℃，抗拉强度≥20 兆帕）；高性能碳石墨密封材料（耐热温度 350℃，抗压强度≥270 兆帕）；高性能无压烧结碳化硅材料［弯曲强度≥200 兆帕，热导率≥130 瓦/米·开尔文（w/m·K）］

30. 智能焊接设备，激光焊接和切割、电子束焊接等高能束 流焊割设备，搅拌摩擦、复合热源等焊接设备，数字化、大容量逆变焊接电源

31. 大型（下底板半周长度冲压模>2500 毫米，下底板半周长度型腔模>1400 毫米）、精密（冲压模精度≤0.02 毫米，型腔模精度≤0.05 毫米）模具

32. 大型（装炉量 1 吨以上）多功能可控气氛热处理设备、程控化学热处理设备、程控多功能真空热处理设备及装炉量 500 公斤以上真空热处理设备、全纤维炉衬热处理加热炉

33. 高强度（12.9 级以上）、异形及钛合金紧固件，航空、航天、发动机等用弹簧，微型精密传动联结件（离合器），大型轧机联结轴；新型粉末冶金零件：高密度（≥7.0 克/立方厘米）、高精度、形状复杂结构件；高速列车、飞机摩擦装置；含油轴承；动车组用齿轮变速箱，船用可变桨齿轮传动系统、2.0 兆瓦以上风电用变速箱、冶金矿山机械用变速箱；汽车动力总成、工程机械、大型农机用链条

34. 海水淡化设备

35. 机器人及工业机器人成套系统

36. 500 万吨/年及以上矿井、薄煤层综合采掘设备，1000 万吨级/年及以上大型露天矿关键装备

37. 直径 1200 毫米及以上的天然气输气管线配套压缩机、燃气轮机、阀门等关键设备；单线 260 万吨/年及以上天然气液化配套的压缩机及驱动机械、低温设备等；大型输油管线配套的 3000 立方米/小时及以上的输油泵等关键设备

38. 单张纸多色胶印机（幅宽≥750 毫米，印刷速度：单面多色≥16000 张/小时，双面多色≥13000 张/小时）；商业卷筒纸胶印机（幅宽≥787 毫米，印刷速度≥7 米/秒，套印精度≤0.1 毫米）；报纸卷筒纸胶印机（印刷速度：单纸路单幅机≥75000 张/小时，双纸路双幅机≥150000 张/小时，套印精度≤0.1 毫米）；多色宽幅柔性版印刷机（印刷宽度≥1300 毫米，印刷速度≥350 米/分）；机组式柔性版印刷机（印刷速度≥150 米/分）；环保多色卷筒料凹版印刷机（印刷速度≥300 米/分，套印精度≤0.1 毫米）；喷墨数字印刷机（出版用：印刷速度≥150 米/分，分辨率≥600 dpi；包装用：印刷速度≥30 米/分，分辨率≥1000 dpi；可变数据用：印刷速度≥100 米/分，分辨率≥300 dpi）；CTP 直接制版机（成像速度≥

15 张/小时，版材幅宽≥750 毫米，重复精度 0.025 毫米，分辨率 3000 dpi）；无轴数控平压平烫印机（烫印速度≥10000 张/小时，加工精度 0.05 毫米）

39. 100 马力以上、配备有动力换挡变速箱或全同步器换挡变速箱、总线控制系统、安全驾驶室、动力输出轴有 2 个以上转速、液压输出点不少于 3 组的两轮或四轮驱动的轮式拖拉机、履带式拖拉机

40. 100 马力以上拖拉机配套农机具：保护性耕作所需要的深松机、联合整地机和整地播种联合作业机等，常规农业作业所需要的单体幅宽≥40 厘米的铧式犁、圆盘耙、谷物条播机、中耕作物精密播种机、中耕机、免耕播种机、大型喷雾（喷粉）机等

41. 100 马力以上拖拉机关键零部件：动力换挡变速箱，轮式拖拉机用带差速锁的前驱动桥，离合器，液压泵、液压油缸、各种阀及液压输出阀等封闭式液压系统，闭心变量、负载传感的电 控液压提升器，电控系统，轮辋及辐板，液压转向机构等

42. 农作物移栽机械：乘坐式盘土机动高速水稻插秧机（每分钟插次 350 次以上，每穴 3~5 株，适应行距 20~30 厘米，株距可调，适应株距 12~22 厘米）；盘土式机动水稻摆秧机（乘坐式或手扶式，适应行距为 20~30 厘米，株距可调，适应株距为 12~ 22 厘米）等

43. 配套动力 50 马力以上的棉田中耕型拖拉机、果园用高地隙拖拉机（最低离地高度 40 厘米以上）

44. 牧草收获机械：自走式牧草收割机、指盘式牧草搂草机、牧草捡拾压捆机等

45. 农业收获机械：自走式谷物联合收割机（喂入量 6 千克/秒以上）；自走式半喂入水稻联合收割机（4 行以上，配套发动机 44 千瓦以上）；自走式玉米联合收割机（3~6 行，摘穗型，带有剥皮装置，以及茎秆粉碎还田装置或茎秆切碎收集装置）；自走式大麦、草苜蓿、玉米、高粱等青贮饲料收获机（配套动力 147 千瓦以上，茎干切碎长度 10~60 毫米，带有去石去铁安全装置）；棉花采摘机（3 行以上，自走式或拖拉机背负式，摘花装置为机械 式或气力式，适应棉株高度 35~160 厘米，装有籽棉集装箱和自动卸棉装置）；马铃薯收获机（自走式或拖拉机牵引式，2 行以上，行距可调，带有去土装置和收集装置，最大挖掘深度 35 厘米）；甘蔗收获机（自走式或拖拉机背负式，配套功率 58 千瓦以上，宿根破碎率≤18%，损失率≤7%）；残膜回收与茎秆粉碎联合作业机

46. 节水灌溉设备：各种大中型喷灌机、各种类型微滴灌设备等；抗洪排涝设备（排水量 1500 立方米/小时以上，扬程 5~20 米，功率 1500 千瓦以上，效率 60%以上，可移动）

47. 沼气发生设备：沼气发酵及储气一体化（储气容积 300~2000 立方米系列产品）、沼液抽渣设备（抽吸量 1 立方米/分钟以上）等

48. 大型施工机械：30 吨以上液压挖掘机、6 米及以上全断面掘进机、320 马力及以上履带推土机、6 吨及以上装载机、600 吨及以上架桥设备（含架桥机、运梁车、提梁机）、400 吨及以上履带起重机、100 吨及以上全地面起重机、钻孔 100 毫米以上凿岩台车、400 千瓦及以上砼冷热再生设备、1 米宽及以上铣刨机；关键零部件：动力换挡变速箱、湿式驱动桥、回转支承、液力变矩器、为电动叉车配套的电机、电控、压力 25 兆帕以上液压马达、泵、控制阀

49. 自动化物流系统装备、信息系统

50. 非道路移动机械用高可靠性、低排放、低能耗的内燃机：寿命指标（重型 8000~12000 小时，中型 5000~7000 小时，轻型 3000~4000 小时）、排放指标（符合欧ⅢA、欧ⅢB 排放指标要求）；影响非道路移动机械用内燃机动力性、经济性、环保性的燃油系统、增压系统、排气后处理系统（均包括电子控制系统）

51. 制冷空调设备及关键零部件：热泵、复合热源（空气源与太阳能）热泵热水机、二级能效及以上制冷空调压缩机、微通道和降膜换热技术与设备、电子膨胀阀和两相流喷射器；使用环保制冷剂（ODP 为 0. GWP 值较低）的制冷空调压缩机

52. 12000 米及以上深井钻机、极地钻机、高位移性深井沙漠 钻机、沼泽难进入区域用钻机、海洋钻机、车装钻机、特种钻井工艺用钻机等钻机成套设备

53. 危险废物（含医疗废物）集中处理设备

54. 大型高效二板注塑机（合模力 1000 吨以上）、全电动塑料注射成型机（注射量 1000 克以下）、

节能型塑料橡胶注射成型机（能耗 0.4 千瓦时/千克以下）、高速节能塑料挤出机组（生产能力：30~3000 公斤/小时，能耗 0.35 千瓦时/千克以下）、微孔发泡塑料注射成型机（合模力：60~1000 吨，注射量：30~5000 克，能耗 0.4 千瓦时/千克以下）、大型双螺杆挤出造粒机组（生产能力：30~60 万吨/年）、大型对位芳纶反应挤出机组（生产能力 1.4 万吨/年以上）、碳纤维预浸胶机组（生产能力 60 万米/年以上；幅宽 1.2 米以上）

55. 涂装用纳米过滤和反向渗透纯水装备

56. 安全饮水设备：组合式一体化净水器（处理量 100~2500 吨/小时）

57. 大气污染治理装备：300 兆瓦以上燃煤电站烟气 SCR 脱硝技术装备（脱氮效率 90%以上，催化剂使用寿命 16000 小时以上）；钢铁烧结烟气循环流化床干法脱硫除尘成套装备（钙硫比：1.2~ 1.3）；1000 兆瓦超超临界机组配套电除尘技术装备；电袋复合除尘技术装备（烟尘排放浓度<30 毫克/立方米）；1000 兆瓦超超临界以上机组脱硫氧化多级离心鼓风机（风量≥450 立方米/分钟、升压≥14000 毫米水柱）；等离子体废气净化机（废气去除率>95%）

58. 污水防治技术设备：20 万吨/日城市污水处理成套装备（除磷脱氮）；污泥干燥焚烧技术装备（减渣量 90%以上）；浸没式膜生物反应器（COD 去除率 90%以上）；陶瓷真空过滤机（真空度：0.09~0.098 兆帕，孔隙：0.2 微米~20 微米）；中小城镇一体化污水处理成套技术装备；超生耦合法和生物膜法处理高浓度有机废水技术装备

59. 固体废物防治技术设备：生活垃圾清洁焚烧技术装备（助燃煤量 20%以下）；厨余垃圾集中无害化处理技术装备（利用率 95%以上）；垃圾填埋渗滤液和臭气处理技术装备（处理量 50 吨/天以上）；生活垃圾自动化分选技术装备（分选率 80%以上）；建筑垃圾处理和再利用工艺技术装备（处理量 100 吨/小时以上）；工业危险废弃物处置处理技术装备（处理率 90%以上）；油田钻井废弃物处理处置技术与成套装备（减容 50%以上，处理率 70%以上）；医疗废物清洁焚烧、高温蒸煮无害化处理技术装备（处理量 150 千克/小时以上，燃烧效率 70%以上）

60. 土壤修复技术装备

十五、城市轨道交通装备

1. 城市轨道交通减震、降噪技术应用

2. 自动售检票系统（AFC），车门、站台屏蔽门、车钩系统

3. 城市轨道交通火灾报警和自动灭火系统

4. 数字轨道电路及以无线通信为基础的信号系统［含自动列车监控系统（ATS）、列车自动保护装置（ATP）、自动列车运行装 置（ATO）］

5. 直流高速开关、真空断路器（GIS）供电系统成套设备关 键部件

6. 轨道车辆交流牵引传动系统、制动系统及核心元器件（含 IGCT、IGBT 元器件）

7. 城轨列车网络控制系统及运行控制系统

8. 车体、转向架、齿轮箱及车内装饰材料轻量化应用

9. 城轨列车再生制动吸收装置

十六、汽车

1. 汽车关键零部件：汽油机增压器、电涡流缓速器、轮胎气压监测系统（TPMS）、随动前照灯系统、LED 前照灯、数字化仪表、电控系统执行机构用电磁阀、低地板大型客车专用车桥、空气悬架、吸能式转向系统、大中型客车变频空调、高强度钢车轮、载重车后盘式制动器

2. 双离合器变速器（DCT）、电控机械变速器（AMT）

3. 轻量化材料应用：高强度钢、铝镁合金、复合塑料、粉末冶金、高强度复合纤维等；先进成形技术应用：激光拼焊板的扩大应用、内高压成形、超高强度钢板热成形、柔性滚压成形等；环保材料应用：水性涂料、无铅焊料等

4. 高效柴油发动机（3L 以下升功率≥50 kW/L，3L 以上升功 率≥40 kW/L）；后处理系统（包括颗

粒捕捉器、氧化型催化器、还原型催化器）；电控直列式喷油泵、电控高压共轨喷射系统、电控高压单体泵以及喷油器、喷油嘴

5. 高效汽油发动机（自然吸气汽油机升功率≥60kW/L，涡轮增压汽油机升功率≥70kW/L）

6. 新能源汽车关键零部件：能量型动力电池组（能量密度≥110Wh/kg，循环寿命≥2000次），电池正极材料（比容量≥150mAh/g，循环寿命2000次不低于初始放电容量的80%），电池隔膜（厚度15~40μm，孔隙率40%~60%）；电池管理系统，电机管理系统，电动汽车电控集成；电动汽车驱动电机（峰值功率密度≥2.5kW/kg，高效区：65%工作区效率≥80%），车用DC/DC（输入电压100V~400V），大功率电子器件（IGBT，电压等级≥600V，电流≥300A）；插电式混合动力机电耦合驱动系统

7. 车载充电机、非车载充电设备

8. 电动空调、电制动、电动转向；怠速起停系统

9. 汽车电子控制系统：发动机控制系统（ECU）、变速箱控制系统（TCU）、制动防抱死系统（ABS）、牵引力控制（ASR）、电子稳定控制（ESP）、网络总线控制、车载故障诊断仪（OBD）、电控智能悬架、电子驻车系统、自动避撞系统、电子油门等

10. 汽车产品开发、试验、检测设备及设施建设

十七、船舶

1. 散货船、油船、集装箱船适应绿色、环保、安全要求的优化升级，以及满足国际造船新规范、新标准的船型开发建造

2. 10万立方米以上液化天然气船、1.5万立方米以上液化石油气船、万箱以上集装箱船、5000车位及以上汽车运输船、豪华客滚船、IMO Ⅱ型以上化学品船、豪华邮轮等高技术、高附加值船舶

3. 大型远洋捕捞加工渔船、1万立方米以上耙吸式挖泥船、火车渡轮、科学考察船、破冰船、海洋调查船、海洋监管船等特种船舶及其专用设备

4. 小水线面双体船、水翼船、地效应船、气垫船、穿浪船等高性能船舶

5. 120米及以上水深自升式钻井平台、1500米及以上深钻井船、1500米及以上水深半潜式钻井平台等主流海洋移动钻井平台（船舶）；15万吨及以上浮式生产储卸装置（FPSO）、1500米水深半潜式生产平台、立柱式生产平台（SPAR）、张力腿平台（TLP）、LNG-FPSO、边际油田型浮式生产储油装置等浮式生产系统；万马力水级深水三用工作船、1500米水深大型起重铺管船、1500米水深工程勘察船、高性能物探船、5万吨及以上半潜运输船、海上风车安装船等海洋工程作业船和辅助船

6. 动力定位系统、FPSO单点系泊系统、大型海洋平台电站集成系统、主动力及传动系统、钻井平台升降系统、采油系统等通用和专用海洋工程配套设备

7. 豪华游艇开发制造及配套产业

8. 智能环保型船用中低速柴油机及其关键零部件、大型甲板机械、船用锅炉、油水分离机、海水淡化装置、压载水处理系统、船舶使用岸电技术及设备、液化天然气船用双燃料发动机、吊舱推进器、大型高效喷水推进装置、大功率中高压发电机、船舶通讯导航及自动化系统等关键船用配套设备

9. 水下潜器、机器人及探测观测设备

10. 精度管理控制、数字化造船、单元组装、预舾装和模块化、先进涂装、高效焊接技术应用

11. 高技术高附加值船舶、海洋工程装备的修理与改装

十八、航空航天

1. 干线、支线、通用飞机及零部件开发制造

2. 航空发动机开发制造

3. 机载设备、任务设备、空管设备和地面保障设备系统开发制造

4. 直升机总体、旋翼系统、传动系统开发制造

5. 航空航天用新型材料开发生产

6. 航空航天用燃气轮机制造

7. 卫星、运载火箭及零部件制造

8. 航空、航天技术应用及系统软硬件产品、终端产品开发生产

9. 航空器地面模拟训练系统开发制造

10. 航空器地面维修、维护、检测设备开发制造

11. 卫星地面和应用系统建设及设备制造

12. 航空器专用应急救援装备开发与应用

13. 航空器、设备及零件维修

14. 先进卫星载荷研制及生产

十九、轻工

1. 单条化学木浆 30 万吨/年及以上、化学机械木浆 10 万吨/年及以上、化学竹浆 10 万吨/年及以上的林纸一体化生产线及相应配套的纸及纸板生产线（新闻纸、铜版纸除外）建设；采用清洁生产工艺、以非木纤维为原料、单条 10 万吨/年及以上的纸浆生产线建设

2. 先进制浆、造纸设备开发与制造

3. 无元素氯（ECF）和全无氯（TCF）化学纸浆漂白工艺开发及应用

4. 非金属制品精密模具设计、制造

5. 生物可降解塑料及其系列产品开发、生产与应用

6. 农用塑料节水器材和长寿命（三年及以上）功能性农用薄膜的开发、生产

7. 新型塑料建材（高气密性节能塑料窗、大口径排水排污管道、抗冲击改性聚氯乙烯管、地源热泵系统用聚乙烯管、非开挖用塑料管材、复合塑料管材、塑料检查井）；防渗土工膜；塑木复合材料和分子量≥200 万的超高分子量聚乙烯管材及板材生产

8. 动态塑化和塑料拉伸流变塑化的技术应用及装备制造；应用电磁感应加热和伺服驱动系统的塑料加工装备

9. 应用于工业、医学、电子、航空航天等领域的特种陶瓷生产及技术、装备开发；陶瓷清洁生产及综合利用技术开发

10. 高效节能缝制机械（采用嵌入式数字控制、无油或微油润滑等先进技术）及关键零部件开发制造

11. 用于制笔、钟表等行业的多工位组合机床研发与制造

12. 高新、数字印刷技术及高清晰度制版系统开发与应用

13. 少数民族特需用品制造

14. 真空镀铝、喷镀氧化硅、聚乙烯醇（PVA）涂布型薄膜、功能性聚酯（PET）薄膜、定向聚苯乙烯（OPS）薄膜及纸塑基多层共挤或复合等新型包装材料

15. 二色及二色以上金属板印刷、配套光固化（UV）、薄板覆膜和高速食品饮料罐加工及配套设备制造

16. 锂二硫化铁、锂亚硫酰氯等新型锂原电池；锂离子电池、氢镍电池、新型结构（卷绕式、管式等）密封铅蓄电池等动力电池；储能用锂离子电池和新型大容量密封铅蓄电池；超级电池和超级电容器

17. 锂离子电池用磷酸铁锂等正极材料、中间相炭微球和钛酸锂等负极材料、单层与三层复合锂离子电池隔膜、氟代碳酸乙烯酯（FEC）等电解质与添加剂；废旧铅酸蓄电池资源化无害化回 收，年回收能力 5 万吨以上再生铅工艺装备系统制造

18. 先进的各类太阳能光伏电池及高纯晶体硅材料（单晶硅光伏电池的转化效率大于 17%，多晶硅电池的转化效率大于 16%，硅基薄膜电池转化效率大于 7%，碲化镉电池的转化效率大于 9%，铜铟镓硒电池转化效率大于 12%）

19. 锂离子电池自动化生产成套装备制造；碱性锌锰电池 600 只/分钟以上自动化生产成套装备制造

20. 制革及毛皮加工清洁生产、皮革后整饰新技术开发及关键设备制造、皮革废弃物综合利用；皮革铬鞣废液的循环利用，三价铬污泥综合利用；无灰膨胀（助）剂、无氨脱灰（助）剂、无盐浸酸（助）剂、高吸收铬鞣（助）剂、天然植物鞣剂、水性涂饰（助）剂等高档皮革用功能性化工产品开发、生产

与应用

21. 高效节能电光源（高、低气压放电灯和固态照明产品）技术开发、产品生产及固汞生产工艺应用；废旧灯管回收再利用

22. 高效节能家电开发与生产

23. 多效、节能、节水、环保型表面活性剂和浓缩型合成洗涤剂的开发与生产

24. 采用新型制冷剂替代氢氯氟烃-22（HCFC-22 或 R22）的空调器 开发、制造，采用新型发泡剂替代氢氯氟烃-141b（HCFC-141b）的家用电器生产，采用新型发泡剂替代氢氯氟烃-141b（HCFC-141b）的硬质聚氨酯泡沫的生产与应用

25. 节能环保型玻璃窑炉（含全电熔、电助熔、全氧燃烧技术）的设计、应用；废（碎）玻璃回收再利用

26. 轻量化玻璃瓶罐（轻量化度 L≤1.0 的一次性使用小口径玻璃瓶）工艺技术和关键装备的开发与生产

27. 水性油墨、紫外光固化油墨、植物油油墨等节能环保型油墨生产

28. 天然食品添加剂、天然香料新技术开发与生产

29. 先进的食品生产设备研发与制造；食品质量与安全监测（检测）仪器、设备的研发与生产

30. 热带果汁、浆果果汁、谷物饮料、本草饮料、茶浓缩液、茶粉、植物蛋白饮料等高附加价值植物饮料的开发生产与加工原料基地建设；果渣、茶渣等的综合开发与利用

31. 营养健康型大米、小麦粉（食品专用米、发芽糙米、留胚米、食品专用粉、全麦粉及营养强化产品等）及制品的开发生产；传统主食工业化生产；杂粮加工专用设备开发与生产

32. 粮油加工副产物（稻壳、米糠、麸皮、胚芽、饼粕等）综合利用关键技术开发应用

33. 菜籽油生产线：采用膨化、负压蒸发、热能自平衡利用、低消耗蒸汽真空系统等技术，油菜籽主产区日处理油菜籽 400 吨及以上、吨料溶剂消耗 1.5 公斤以下（其中西部地区日处理油菜籽 200 吨及以上、吨料溶剂消耗 2 公斤）以下；花生油生产线：花生主产区日处理花生 200 吨及以上，吨料溶剂消耗 2 公斤以下；棉籽油生产线：棉籽产区日处理棉籽 300 吨及以上，吨料溶剂消耗 2 公斤以下；米糠油生产线：采用分散快速膨化，集中制油、精炼技术；玉米胚芽油生产线；油茶籽、核桃等木本油料和胡麻、芝麻、葵花籽等小品种油料加工生产线

34. 发酵法工艺生产小品种氨基酸（赖氨酸、谷氨酸除外），新型酶制剂（糖化酶、淀粉酶除外）、多元醇、功能性发酵制品（功能性糖类、真菌多糖、功能性红曲、发酵法抗氧化和复合功能配 料、活性肽、微生态制剂）等生产

35. 薯类变性淀粉

36. 畜禽骨、血及内脏等副产物综合利用与无害化处理

37. 采用生物发酵技术生产优质低温肉制品

38. 搪瓷静电粉和预磨粉等高科技新型搪瓷瓷釉、静电搪瓷关键装备、0.3 毫米及以下的薄钢板平板搪瓷的开发与生产

39. 冷凝式燃气热水器、使用聚能燃烧技术的燃气灶具等高效节能环保型燃气具的开发与制造

二十、纺织

1. 差别化、功能性聚酯（PET）的连续共聚改性［阳离子染料可染聚酯（CDP、ECDP）、碱溶性聚酯（COPET）、高收缩聚酯（HSPET）、阻燃聚酯、低熔点聚酯等］；熔体直纺在线添加等连续化工艺生产差别化、功能性纤维（抗静电、抗紫外、有色纤维等）；智能化、超仿真等差别化、功能性聚酯（PET）及纤维生产（东部地区限于技术改造）

腈纶、锦纶、氨纶、粘胶纤维等其他化学纤维品种的差别化、功能性改性纤维生产

2. 聚对苯二甲酸丙二醇酯（PTT）、聚萘二甲酸乙二醇酯（PEN）、聚对苯二甲酸丁二醇酯（PBT）、聚丁二酸丁二酯（PBS）、聚对苯二甲酸环己烷二甲醇酯（PCT）等新型聚酯和纤维的开发、生产与应用

3. 采用绿色 、环保工艺与装备生产新溶剂法纤维素纤维（Lyocell）、细菌纤维素纤维、以竹、麻等

新型可再生资源为原料的再生纤维素纤维、聚乳酸纤维（PLA）、海藻纤维、甲壳素纤维、聚羟基脂肪酸酯纤维（PHA）、动植物蛋白纤维等生物质纤维

4. 有机和无机高性能纤维及制品的开发与生产［碳纤维（CF）（拉伸强度≥4200MPa，弹性模量≥240GPa）、芳纶（AF）、芳砜纶（PSA）、高强高模聚乙烯（超高分子量聚乙烯）纤维（UHMWPE）（纺丝生产装置单线能力≥300 吨/年）、聚苯硫醚纤维（PPS）、聚酰亚胺纤维（PI）、聚四氟乙烯纤维（PTFE）、聚苯并双噁唑纤维（PBO）、聚芳噁二唑纤维（POD）、玄武岩纤维（BF）、碳化硅纤维（SiCF）、高强型玻璃纤维（HT-AR）等］

5. 符合生态、资源综合利用与环保要求的特种动物纤维、麻纤维、竹原纤维、桑柞茧丝、彩色棉花、彩色桑茧丝类天然纤维的加工技术与产品

6. 采用紧密纺、低扭矩纺、赛络纺、嵌入式纺纱等高速、新型纺纱技术生产多品种纤维混纺纱线及采用自动络筒、细络联、集体落纱等自动化设备生产高品质纱线（东部地区限于技术改造，新建和扩建除外）

7. 采用高速机电一体化无梭织机、细针距大园机等先进工艺和装备生产高支、高密、提花等高档机织、针织纺织品

8. 采用酶处理、高效短流程前处理、冷轧堆前处理及染色、短流程湿蒸轧染、气流染色、小浴比染色、涂料印染、数码喷墨印花、泡沫整理等染整清洁生产技术和防水防油防污、阻燃、抗静电及多功能复合等功能性整理技术生产高档纺织面料

9. 采用编织、非织造布复合、多层在线复合、长效多功能整理等高新技术，生产满足国民经济各领域需求的产业用纺织品

10. 新型高技术纺织机械、关键专用基础件和计量、检测、试验仪器的开发与制造

11. 高档地毯、抽纱、刺绣产品生产

12. 服装企业计算机集成制造及数字化、信息化、自动化技术和装备的应用

13. 纺织行业生物脱胶、无聚乙烯醇（PVA）浆料上浆、少水无水节能印染加工、“三废”高效治理与资源回收再利用技术的推 广与应用

14. 废旧纺织品回收再利用技术与产品生产，聚酯回收材料生产涤纶工业丝、差别化和功能性涤纶长丝等高附加价值产品

二十一、建筑

1. 建筑隔震减震结构体系及产品研发与推广

2. 智能建筑产品与设备的生产制造与集成技术研究

3. 集中供热系统计量与调控技术、产品的研发与推广

4. 高强、高性能结构材料与体系的应用

5. 太阳能热利用及光伏发电应用一体化建筑

6. 先进适用的建筑成套技术、产品和住宅部品研发与推广

7. 钢结构住宅集成体系及技术研发与推广

8. 预制装配式整体卫生间和厨房标准化、模数化技术开发与推广

9. 工厂化全装修技术推广

10. 移动式应急生活供水系统开发与应用

二十二、城市基础设施

1. 城市基础空间信息数据生产及关键技术开发

2. 依托基础地理信息资源的城市立体管理信息系统

3. 城市公共交通建设

4. 城市道路及智能交通体系建设

5. 城市交通管制系统技术开发及设备制造

6. 城市及市域轨道交通新线建设
7. 城镇安全饮水工程
8. 城镇地下管道共同沟建设
9. 城镇供排水管网工程、供水水源及净水厂工程
10. 城市燃气工程
11. 城镇集中供热建设和改造工程
12. 城市雨水收集利用工程
13. 城镇园林绿化及生态小区建设
14. 城市立体停车场建设
15. 城市建设管理信息化技术应用
16. 城市生态系统关键技术应用
17. 城市节水技术开发与应用
18. 城市照明智能化、绿色照明产品及系统技术开发与应用
19. 再生水利用技术与工程
20. 城市下水管线非开挖施工技术开发与应用
21. 城市供水、排水、燃气塑料管道应用工程
22. 城市应急与后备水源建设工程
23. 沿海城镇海水供水管网及海水净水厂工程
24. 城市积涝预警技术开发与应用

二十三、铁路

1. 铁路新线建设
2. 既有铁路改扩建
3. 客运专线、高速铁路系统技术开发与建设
4. 铁路行车及客运、货运安全保障系统技术与装备，铁路列车运行控制与车辆控制系统开发建设
5. 铁路运输信息系统开发与建设
6. 7200 千瓦及以上交流传动电力机车、6000 马力及以上交流传动内燃机车、时速 200 公里以上动车组、海拔 3000 米以上高原机车、大型专用货车、机车车辆特种救援设备
7. 干线轨道车辆交流牵引传动系统、制动系统及核心元器件（含 IGCT、IGBT 元器件）
8. 时速 200 公里及以上铁路接触网、道岔、扣配件、牵引供电设备
9. 电气化铁路牵引供电功率因数补偿技术应用
10. 大型养路机械、铁路工程建设机械装备、线桥隧检测设备
11. 行车调度指挥自动化技术开发
12. 混凝土结构物修补和提高耐久性技术、材料开发
13. 铁路旅客列车集便器及污物地面接收、处理工程
14. 铁路 GSM-R 通信信号系统
15. 铁路宽带通信系统开发与建设
16. 数字铁路与智能运输开发与建设
17. 时速在 300 公里及以上高速铁路或客运专线减震降噪技术应用
18. 城际轨道交通建设

二十四、公路及道路运输（含城市客运）

1. 西部开发公路干线、国家高速公路网项目建设
2. 国省干线改造升级
3. 汽车客货运站、城市公交站

4. 高速公路不停车收费系统相关技术开发与应用
5. 公路智能运输、快速客货运输、公路甩挂运输系统开发与建设
6. 公路管理服务、应急保障系统开发与建设
7. 公路工程新材料开发与生产
8. 公路集装箱和厢式运输
9. 特大跨径桥梁修筑和养护维修技术应用
10. 长大隧道修筑和维护技术应用
11. 农村客货运输网络开发与建设
12. 农村公路建设
13. 城际快速系统开发与建设
14. 出租汽车服务调度信息系统开发与建设
15. 高速公路车辆应急疏散通道建设
16. 低噪音路面技术开发
17. 高速公路快速修筑与维护技术和材料开发与应用
18. 城市公交
19. 运营车辆安全监控记录系统开发与应用

二十五、水运

1. 深水泊位（沿海万吨级、内河千吨级及以上）建设
2. 沿海深水航道和内河高等级航道及通航建筑物建设
3. 沿海陆岛交通运输码头建设
4. 大型港口装卸自动化工程
5. 海运电子数据交换系统应用
6. 水上交通安全监管和救助系统建设
7. 内河船型标准化
8. 老港区技术改造工程
9. 港口危险化学品、油品应急设施建设及设备制造
10. 内河自卸式集装箱船运输系统
11. 水上高速客运
12. 港口龙门吊油改电节油改造工程
13. 水上滚装多式联运
14. 水运行业信息系统建设
15. 国际邮轮运输及邮轮母港建设

二十六、航空运输

1. 机场建设
2. 公共航空运输
3. 通用航空
4. 空中交通管制和通讯导航系统建设
5. 航空计算机管理及其网络系统开发与建设
6. 航空油料设施建设
7. 海上空中监督巡逻和搜救设施建设
8. 小型航空器应急起降场地建设

二十七、综合交通运输

1. 综合交通枢纽建设与改造

2. 综合交通枢纽便捷换乘及行李捷运系统建设
3. 综合交通枢纽运营管理信息系统建设与应用
4. 综合交通枢纽诱导系统建设
5. 综合交通枢纽一体化服务设施建设
6. 综合交通枢纽防灾救灾及应急疏散系统
7. 综合交通枢纽便捷货运换装系统建设
8. 集装箱多式联运系统建设

二十八、信息产业

1. 2.5GB/S 及以上光同步传输系统建设
2. 155MB/S 及以上数字微波同步传输设备制造及系统建设
3. 卫星通信系统、地球站设备制造及建设
4. 网管监控、时钟同步、计费等通信支撑网建设
5. 数据通信网设备制造及建设
6. 物联网（传感网）、智能网等新业务网设备制造与建设
7. 宽带网络设备制造与建设
8. 数字蜂窝移动通信网建设
9. IP 业务网络建设
10. 下一代互联网网络设备、芯片、系统以及相关测试设备的研发和生产
11. 卫星数字电视广播系统建设
12. 增值电信业务平台建设
13. 32 波及以上光纤波分复用传输系统设备制造
14. 10GB/S 及以上数字同步系列光纤通信系统设备制造
15. 支撑通信网的路由器、交换机、基站等设备
16. 同温层通信系统设备制造
17. 数字移动通信、接入网系统、数字集群通信系统及路由器、网关等网络设备制造
18. 大中型电子计算机、百万亿次高性能计算机、便携式微型计算机、每秒一万亿次及以上高档服务器、大型模拟仿真系统、大型工业控制机及控制器制造
19. 集成电路设计，线宽 0.8 微米以下集成电路制造，及球栅阵列封装（BGA）、插针网格阵列封装（PGA）、芯片规模封装（CSP）、多芯片封装（MCM）等先进封装与测试
20. 集成电路装备制造
21. 新型电子元器件（片式元器件、频率元器件、混合集成电路、电力电子器件、光电子器件、敏感元器件及传感器、新型机电元件、高密度印刷电路板和柔性电路板等）制造
22. 半导体、光电子器件、新型电子元器件等电子产品用材料
23. 软件开发生产（含民族语言信息化标准研究与推广应用）
24. 计算机辅助设计（CAD）、辅助测试（CAT）、辅助制造（CAM）、辅助工程（CAE）系统开发生产
25. 半导体照明设备，光伏太阳能设备，片式元器件设备，新型动力电池设备，表面贴装设备（含钢网印刷机、自动贴片机、无铅回流焊、光电自动检查仪）等
26. 打印机（含高速条码打印机）和海量存储器等计算机外部设备
27. 薄膜场效应晶体管 LCD（TFT-LCD）、等离子显示屏（PDP）、有机发光二极管（OLED）、激光显示、3D 显示等新型平板显示器件及关键部件
28. 新型（非色散）单模光纤及光纤预制棒制造
29. 高密度数字激光视盘播放机盘片制造
30. 只读光盘和可记录光盘复制生产

31. 音视频编解码设备、音视频广播发射设备、数字电视演播室设备、数字电视系统设备、数字电视广播单频网设备、数字电视接收设备、数字摄录机、数字录放机、数字电视产品

32. 信息安全产品、网络监察专用设备开发制造

33. 数字多功能电话机制造

34. 多普勒雷达技术及设备制造

35. 医疗电子、金融电子、航空航天仪器仪表电子、传感器电子等产品制造

36. 无线局域网技术开发、设备制造

37. 电子商务和电子政务系统开发与应用服务

38. 卫星导航系统技术开发与设备制造

39. 应急广播电视系统建设

40. 量子通信设备

41. TFT-LCD、PDP、OLED、激光显示、3D 显示等新型平板显示器件生产专用设备

42. 半导体照明衬底、外延、芯片、封装及材料等

43. 数字音乐、手机媒体、动漫游戏等数字内容产品的开发系统

44. 防伪技术开发与运用

二十九、现代物流业

1. 粮食、棉花、食用油、食糖、化肥、石油等重要商品现代化物流设施建设

2. 农产品物流配送（含冷链）设施建设，食品物流质量安全控制技术服务

3. 药品物流配送（含冷链）技术应用和设施建设，药品物流质量安全控制技术服务

4. 出版物等文化产品供应链管理技术服务

5. 实现港口与铁路、铁路与公路、民用航空与地面交通等多式联运物流节点设施建设与经营

6. 第三方物流服务设施建设

7. 仓储和转运设施设备、运输工具、物流器具的标准化改造

8. 自动识别和标识技术、电子数据交换技术、可视化技术、货物跟踪和快速分拣技术、移动物流信息服务技术、全球定位系统、地理信息系统、道路交通信息通讯系统、智能交通系统、物流信息系统安全技术及立体仓库技术的研发与应用

9. 应急物流设施建设

10. 物流公共信息平台建设

11. 海港空港、产业聚集区、商贸集散地的物流中心建设

三十、金融服务业

1. 信用担保服务体系建设

2. 农村金融服务体系建设

3. 债券发行、交易服务体系建设

4. 农业保险、责任保险、信用保险

5. 金融产品研发和应用

6. 知识产权、收益权等无形资产贷款质押业务开发

7. 信用卡及网络服务

8. 人民币跨境结算、清算体系建设

9. 信贷、保险、证券统计数据信息系统建设

10. 金融监管技术开发与应用

11. 创业投资

三十一、科技服务业

1. 工业设计、气象、生物、新材料、新能源、节能、环保、测绘、海洋等专业科技服务，商品质量

认证和质量检测服务、科技普及

2. 在线数据与交易处理、IT 设施管理和数据中心服务，移动互联网服务，因特网会议电视及图像等电信增值服务

3. 行业（企业）管理和信息化解决方案开发、基于网络的软件服务平台、软件开发和测试服务、信息系统集成、咨询、运营维护和数据挖掘等服务业务

4. 数字音乐、手机媒体、网络出版等数字内容服务，地理、国际贸易等领域信息资源开发服务

5. 数字化技术、高拟真技术、高速计算技术等新兴文化科技支撑技术建设及服务

6. 分析、试验、测试以及相关技术咨询与研发服务，智能产品整体方案、人机工程设计、系统仿真等设计服务

7. 数据恢复和灾备服务，信息安全防护、网络安全应急支援服务，云计算安全服务、信息安全风险评估与咨询服务，信息装备和软件安全评测服务，密码技术产品测试服务，信息系统等级保护安全方案设计服务

8. 科技信息交流、文献信息检索、技术咨询、技术孵化、科技成果评估和科技鉴证等服务

9. 知识产权代理、转让、登记、鉴定、检索、评估、认证、咨询和相关投融资服务

10. 国家级工程（技术）研究中心、国家工程实验室、国家认定的企业技术中心、重点实验室、高新技术创业服务中心、新产品开发设计中心、科研中试基地、实验基地建设

11. 信息技术外包、业务流程外包、知识流程外包等技术先进型服务

三十二、商务服务业

1. 租赁服务

2. 经济、管理、信息、会计、税务、鉴证（含审计服务）、法律、节能、环保等咨询与服务

3. 工程咨询服务（包括规划编制与咨询、投资机会研究、可行性研究、评估咨询、工程勘查设计、招标代理、工程和设备监理、工程项目管理等）

4. 资信调查与评级等信用服务体系建设

5. 资产评估、校准、检测、检验等服务

6. 产权交易服务平台

7. 广告创意、广告策划、广告设计、广告制作

8. 就业和创业指导、网络招聘、培训、人员派遣、高级人才访聘、人员测评、人力资源管理咨询、人力资源服务外包等人力资源服务业

9. 人力资源市场及配套服务设施建设

10. 农村劳动力转移就业服务平台建设

11. 会展服务（不含会展场馆建设）

三十三、商贸服务业

1. 现代化的农产品、生产资料市场流通设施建设

2. 种子、种苗、种畜禽和鱼苗（种）、化肥、农药、农机具、农膜等农资连锁经营

3. 面向农村的日用品、药品、出版物等生活用品连锁经营

4. 农产品拍卖服务

5. 商贸企业的统一配送和分销网络建设

6. 利用信息技术改造提升传统商品交易市场

7. 旧货市场建设

8. 现代化二手车交易服务体系建设

三十四、旅游业

1. 休闲、登山、滑雪、潜水、探险等各类户外活动用品开发与营销服务

2. 乡村旅游、生态旅游、森林旅游、工业旅游、体育旅游、红色旅游、民族风情游及其他旅游资源

综合开发服务

3. 旅游基础设施建设及旅游信息服务

4. 旅游商品、旅游纪念品开发及营销

三十五、邮政业

1. 邮政储蓄网络建设

2. 邮政综合业务网建设

3. 邮件处理自动化工程

4. 邮政普遍服务基础设施台账、快递企业备案许可、邮（快）件时限监测、消费者申诉、满意度调查与公示、邮编及行业资费查询等公共服务和市场监管功能等邮政业公共服务信息平台建设

5. 城乡快递营业网点、门店等快递服务网点建设

6. 城市、区域内和区域间的快件分拣中心、转运中心、集散中心、处理枢纽等快递处理设施建设

7. 快件跟踪查询、自动分拣、运递调度、快递客服呼叫中心等快递信息系统开发与应用

8. 快件分拣处理、数据采集、集装容器等快递技术、装备开发与应用

9. 邮件、快件运输与交通运输网络融合技术开发

三十六、教育、文化、卫生、体育服务业

1. 学前教育

2. 特殊教育

3. 职业教育

4. 远程教育

5. 文化艺术、新闻出版、广播影视、大众文化、科普设施建设

6. 文物保护及设施建设

7. 文化创意设计服务

8. 文化信息资源共享工程

9. 广播影视制作、发行、交易、播映、出版、衍生品开发

10. 动漫创作、制作、传播、出版、衍生产品开发

11. 移动多媒体广播电视、广播影视数字化、数字电影服务监管技术及应用

12. 网络视听节目技术服务、开发

13. 广播电视村村通工程、农村电影放映工程

14. 社区书屋、农家书屋、阅报栏等基本新闻出版服务设施建设

15. 新闻出版内容监管技术、版权保护技术、出版物的生产技术、出版物发行技术开发与应用

16. 电子纸、阅读器等新闻出版新载体的技术开发、应用和产业化

17. 语言文字技术开发与应用

18. 基层公共文化设施建设

19. 非物质文化遗产保护与开发

20. 民族和民间艺术、传统工艺美术保护与发展

21. 国家历史文化名城（镇、村）和文化街区保护

22. 演艺业

23. 民族文化艺术精品的国际营销与推广

24. 预防保健、卫生应急、卫生监督服务设施建设

25. 计划生育、优生优育、生殖健康咨询与服务

26. 全科医疗服务

27. 远程医疗服务

28. 卫生咨询、健康管理、医疗知识等医疗信息服务

29. 医疗卫生服务设施建设
30. 传染病、儿童、精神卫生专科医院和护理院（站）设施建设与服务
31. 心理咨询服务
32. 残疾人社会化、专业化康复服务和托养服务
33. 体育竞赛表演、体育场馆设施建设及运营、大众体育健身休闲服务
34. 体育经纪、培训、信息咨询服务
35. 中华老字号的保护与发展

三十七、其他服务业

1. 保障性住房建设与管理
2. 物业服务
3. 老年人、未成年人活动场所
4. 城乡社区基础服务设施及综合服务网点建设
5. 儿童福利、优抚收养性社会福利机构及相关配套服务设施建设
6. 救助管理站及相关配套设施建设
7. 公共殡葬服务设施建设
8. 开发区、产业集聚区配套公共服务平台建设与服务
9. 家政服务
10. 养老服务
11. 社区照料服务
12. 病患陪护服务
13. 再生资源回收利用网络体系建设
14. 婚庆服务业
15. 基层就业和社会保障服务设施建设
16. 农民工留守家属服务设施建设
17. 社会保障一卡通工程
18. 工伤康复中心建设

三十八、环境保护与资源节约综合利用

1. 矿山生态环境恢复工程
2. 海洋环境保护及科学开发
3. 微咸水、苦咸水、劣质水、海水的开发利用及海水淡化工程
4. 消耗臭氧层物质替代品开发与利用
5. 区域性废旧汽车、废旧电器电子产品、废旧船舶、废钢铁、废旧木材等资源循环利用基地建设
6. 流出物辐射环境监测技术工程
7. 环境监测体系工程
8. 危险废弃物（放射性废物、核设施退役工程、医疗废物、含重金属废弃物）安全处置技术设备开发制造及处置中心建设
9. 流动污染源（机车、船舶、汽车等）监测与防治技术
10. 城市交通噪声与振动控制技术应用
11. 电网、信息系统电磁辐射控制技术开发与应用
12. 削减和控制二恶英排放的技术开发与应用
13. 持久性有机污染物类产品的替代品开发与应用
14. 废弃持久性有机污染物类产品处置技术开发与应用
15. “三废”综合利用及治理工程

16. “三废”处理用生物菌种和添加剂开发与生产
17. 含汞废物的汞回收处理技术、含汞产品的替代品开发与应用
18. 重复用水技术应用
19. 高效、低能耗污水处理与再生技术开发
20. 城镇垃圾及其他固体废弃物减量化、资源化、无害化处理和综合利用工程
21. 废物填埋防渗技术与材料
22. 新型水处理药剂开发与生产
23. 节能、节水、节材环保及资源综合利用等技术开发、应用及设备制造
24. 高效、节能采矿、选矿技术（药剂）
25. 鼓励推广共生、伴生矿产资源中有价元素的分离及综合利用技术
26. 低品位、复杂、难处理矿开发及综合利用
27. 尾矿、废渣等资源综合利用
28. 再生资源回收利用产业化
29. 废旧电器电子产品、废印刷电路板、废旧电池、废旧船舶、废旧农机、废塑料、废橡胶、废弃油脂等再生资源循环利用技术与设备开发
30. 废旧汽车、工程机械、矿山机械、机床产品、农业机械、船舶等废旧机电产品及零部件再利用、再制造，墨盒、有机光导鼓的再制造（再填充）
31. 综合利用技术设备：4000 马力以上废钢破碎生产线；废塑料复合材料回收处理成套装备（回收率 95%以上）；轻烃类石化副产物综合利用技术装备；生物质能技术装备（发电、制油、沼气）；硫回收装备（低温克劳斯法）
32. 含持久性有机污染物土壤修复技术的研发与应用
33. 削减和控制重金属排放的技术开发与应用
34. 工业难降解有机废水处理技术
35. 有毒、有机废气、恶臭处理技术
36. 高效、节能、环保采选矿技术
37. 为用户提供节能诊断、设计、融资、改造、运行管理等服务
38. 餐厨废弃物资源化利用技术开发及设施建设
39. 碳捕获、存储及利用技术装备
40. 冰蓄冷技术及其成套设备制造

三十九、公共安全与应急产品

1. 地震、海啸、地质灾害监测预警技术开发与应用
2. 生物灾害、动物疫情监测预警技术开发与应用
3. 堤坝、尾矿库安全自动监测报警技术开发与应用
4. 煤炭、矿山等安全生产监测报警技术开发与应用
5. 公共交通工具事故预警技术开发与应用
6. 水、土壤、空气污染物快速监测技术与产品
7. 食品药品安全快速检测仪器
8. 新发传染病检测试剂和仪器
9. 公共场所体温异常人员快速筛查设备
10. 城市公共安全监测预警平台技术
11. 毒品等违禁品、核生化恐怖源探测技术与产品
12. 易燃、易爆、强腐蚀性、放射性等危险物品快速检测技术与产品
13. 应急救援人员防护用品开发与应用
14. 社会群体个人防护用品开发与应用

15. 雷电灾害新型防护技术开发与应用

16. 矿井等特殊作业场所应急避险设施

17. 突发事件现场信息探测与快速获取技术及产品

18. 生命探测仪器

19. 大型公共建筑、高层建筑、石油化工设施、森林、山岳、水域和地下设施消防灭火救援技术与产品

20. 起重、挖掘、钻凿等应急救援特种工程机械

21. 通信指挥、电力恢复、后勤保障等应急救援特种车辆

22. 侦检、破拆、救生、照明、排烟、堵漏、输转、洗消、提升、投送等高效救援产品

23. 应急物资投放伞具和托盘器材

24. 因灾损毁交通设施应急抢通装备及器材开发与应用

25. 公共交通设施除冰雪机械及环保型除雪剂开发与应用

26. 港口漂浮物应急打捞清理装备制造

27. 港口危险化学品、油品应急设施建设及设备制造

28. 船舶海上溢油应急处置装备

29. 突发环境灾难应急环保技术装备：热墙式沥青路面地热再生设备（再生深度：0~60 毫米）；无辐射高速公路雾雪屏蔽器；有毒有害液体快速吸纳处理技术装备；移动式医疗垃圾快速处理装置；移动式小型垃圾清洁处理装备；人畜粪便无害化快速处理装置；禽类病原体无害化快速处理装置；危险废物特性鉴别专用仪器

30. 应急发电设备

31. 应急照明器材及灯具

32. 生命支持、治疗、监护一体化急救与后送平台

33. 机动医疗救护系统

34. 防控突发公共卫生和生物事件疫苗和药品

35. 饮用水快速净化装置

36. 应急通信技术与产品

37. 应急决策指挥平台技术开发与应用

38. 反恐技术与装备

39. 交通、社区等应急救援社会化服务

40. 应急物流设施及服务

41. 应急咨询、培训、租赁和保险服务

42. 应急物资储备基础设施建设

43. 应急救援基地、公众应急体验基础设施建设

44. 登高平台消防车、举高喷射消防车、机场消防车、森林消防车、城市轨道交通专用消防车

45. 具有灭火、侦查、排烟、救助等功能的消防机器人

46. 公称直径≥150mm 的消防水带、人工合成橡胶衬里消防水带

47. 水性钢结构防火涂料、预制组合式钢结构防火构件

48. 不燃外保温材料、阻燃制品

49. 用于哈龙替代的合成类气体灭火剂、泡沫灭火剂氟表面活性剂替代物、建筑外保温材料高效灭火剂、无磷类阻燃剂、塑胶及合成类纺织品高效灭火剂、金属火灾专用灭火剂

50. 洁净气体灭火系统、探火管灭火装置、风力发电装置专用灭火系统

51. 使用节能环保新型光源的消防应急照明和疏散指示产品

四十、民爆产品

1. 炸药现场混装作业方式和低感度散装炸药

2. 电子延期雷管
3. 刚性药头雷管
4. 高穿深石油射孔弹
5. 具有高分辨率的震源药柱
6. 复合型导爆管
7. 适用于不同使用需要的系列导爆索
8. 高性能安全型工业炸药
9. 连续化、自动化工业炸药雷管生产线、自动化装药、包装技术与设备
10. 先进的人工影响天气用燃爆器材

第二类 限制类

一、农林业

1. 天然草场超载放牧
2. 单线 5 万立方米/年以下的普通刨花板、高中密度纤维板生产装置
3. 单线 3 万立方米/年以下的木质刨花板生产装置
4. 1000 吨/年以下的松香生产项目
5. 兽用粉剂/散剂/预混剂生产线项目（持有新兽药证书的品种和自动化密闭式高效率混合生产工艺除外）
6. 转瓶培养生产方式的兽用细胞苗生产线项目（持有新兽药证书的品种和采用新技术的除外）
7. 松脂初加工项目
8. 以优质林木为原料的一次性木制品与木制包装的生产和使用以及木竹加工综合利用率偏低的木竹加工项目
9. 1 万立方米/年以下的胶合板和细木工板生产线
10. 珍稀植物的根雕制造业
11. 以野外资源为原料的珍贵濒危野生动植物加工
12. 湖泊、水库投饵网箱养殖
13. 不利于生态环境保护的开荒性农业开发项目
14. 缺水地区、国家生态脆弱区纸浆原料林基地建设
15. 粮食转化乙醇、食用植物油料转化生物燃料项目
16. 在林地上从事工业和房地产开发的项目

二、煤炭

1. 单井井型低于以下规模的煤矿项目：山西、内蒙古、陕西 120 万吨/年；重庆、四川、贵州、云南 15 万吨/年；福建、江西、湖北、湖南、广西 9 万吨/年；其他地区 30 万吨/年
2. 采用非机械化开采工艺的煤矿项目
3. 设计的煤炭资源回收率达不到国家规定要求的煤矿项目
4. 未按国家规定程序报批矿区总体规划的煤矿项目
5. 井下回采工作面超过 2 个的新建煤矿项目

三、电力

1. 小电网外，单机容量 30 万千瓦及以下的常规燃煤火电机组
2. 小电网外，发电煤耗高于 300 克标准煤/千瓦时的湿冷发电机组，发电煤耗高于 305 克标准煤/千瓦时的空冷发电机组
3. 无下泄生态流量的引水式水力发电

四、石化化工

1. 新建1000万吨/年以下常减压、150万吨/年以下催化裂化、100万吨/年以下连续重整（含芳烃抽提）、150万吨/年以下加氢裂化生产装置

2. 新建80万吨/年以下石脑油裂解制乙烯、13万吨/年以下丙烯腈、100万吨/年以下精对苯二甲酸、20万吨/年以下乙二醇、20万吨/年以下苯乙烯（干气制乙苯工艺除外）、10万吨/年以下己内酰胺、乙烯法醋酸、30万吨/年以下羰基合成法醋酸、天然气制甲醇、100万吨/年以下煤制甲醇生产装置（综合利用除外），丙酮氰醇法丙烯酸、粮食法丙酮/丁醇、氯醇法环氧丙烷和皂化法环氧氯丙烷生产装置，300吨/年以下皂素（含水解物，综合利用除外）生产装置

3. 新建7万吨/年以下聚丙烯（连续法及间歇法）、20万吨/年以下聚乙烯、乙炔法聚氯乙烯、起始规模小于30万吨/年的乙烯氧氯化法聚氯乙烯、10万吨/年以下聚苯乙烯、20万吨/年以下丙烯腈/丁二烯/苯乙烯共聚物（ABS，本体连续法除外）、3万吨/年以下普通合成胶乳—羧基丁苯胶（含丁苯胶乳）生产装置，新建、改扩建溶剂型氯丁橡胶类、丁苯热塑性橡胶类、聚氨酯类和聚丙烯酸酯类等通用型胶黏剂生产装置

4. 新建纯碱、烧碱、30万吨/年以下硫磺制酸、20万吨/年以下硫铁矿制酸、常压法及综合法硝酸、电石（以大型先进工艺设备进行等量替换的除外）、单线产能5万吨/年以下氢氧化钾生产装置

5. 新建三聚磷酸钠、六偏磷酸钠、三氯化磷、五硫化二磷、饲料磷酸氢钙、氯酸钠、少钙焙烧工艺重铬酸钠、电解二氧化锰、普通级碳酸钙、无水硫酸钠（盐业联产及副产除外）、碳酸钡、硫酸钡、氢氧化钡、氯化钡、硝酸钡、碳酸锶、白炭黑（气相法除外）、氯化胆碱生产装置

6. 新建黄磷，起始规模小于3万吨/年、单线产能小于1万吨/年氰化钠（折100%），单线产能5千吨/年以下碳酸锂、氢氧化锂，单线产能2万吨/年以下无水氟化铝或中低分子比冰晶石生产装置

7. 新建以石油（高硫石油焦除外）、天然气为原料的氮肥，采用固定层间歇气化技术合成氨，磷铵生产装置，铜洗法氨合成原料气净化工艺

8. 新建高毒、高残留以及对环境影响大的农药原药［包括氧乐果、水胺硫磷、甲基异柳磷、甲拌磷、特丁磷、杀扑磷、溴甲烷、灭多威、涕灭威、克百威、敌鼠钠、敌鼠酮、杀鼠灵、杀鼠醚、溴敌隆、溴鼠灵、肉毒素、杀虫双、灭线磷、硫丹、磷化铝、三氯杀螨醇，有机氯类、有机锡类杀虫剂，福美类杀菌剂，复硝酚钠（钾）等］生产装置

9. 新建草甘膦、毒死蜱（水相法工艺除外）、三唑磷、百草枯、百菌清、阿维菌素、吡虫啉、乙草胺（甲叉法工艺除外）生产装置

10. 新建硫酸法钛白粉、铅铬黄、1万吨/年以下氧化铁系颜料、溶剂型涂料（不包括鼓励类的涂料品种和生产工艺）、含异氰脲酸三缩水甘油酯（TGIC）的粉末涂料生产装置

11. 新建染料、染料中间体、有机颜料、印染助剂生产装置（不包括鼓励类的染料产品和生产工艺）

12. 新建氟化氢（HF）（电子级及湿法磷酸配套除外），新建初始规模小于20万吨/年、单套规模小于10万吨/年的甲基氯硅烷单体生产装置，10万吨/年以下（有机硅配套除外）和10万吨/年及以上、没有副产四氯化碳配套处置设施的甲烷氯化物生产装置，全氟辛基磺酰化合物（PFOS）和全氟辛酸（PFOA），六氟化硫（SF6）（高纯级除外）生产装置

13. 新建斜交轮胎和力车胎（手推车胎）、锦纶帘线、3万吨/年以下钢丝帘线、常规法再生胶（动态连续脱硫工艺除外）、橡胶塑解剂五氯硫酚、橡胶促进剂二硫化四甲基秋兰姆（TMTD）生产装置

五、信息产业

1. 激光视盘机生产线（VCD系列整机产品）

2. 模拟CRT黑白及彩色电视机项目

六、钢铁

1. 未同步配套建设干熄焦、装煤、推焦除尘装置的炼焦项目

2. 180平方米以下烧结机（铁合金烧结机除外）

3. 有效容积 400 立方米以上 1200 立方米以下炼铁高炉；1200 立方米及以上但未同步配套煤粉喷吹装置、除尘装置、余压发电装置，能源消耗大于 430 公斤标煤/吨、新水耗量大于 2.4 立方米 /吨等达不到标准的炼铁高炉

4. 公称容量 30 吨以上 100 吨以下炼钢转炉；公称容量 100 吨及以上但未同步配套煤气回收、除尘装置，新水耗量大于 3 立方米/吨等达不到标准的炼钢转炉

5. 公称容量 30 吨以上 100 吨（合金钢 50 吨）以下电炉；公称容量 100 吨（合金钢 50 吨）及以上但未同步配套烟尘回收装置，能源消耗大于 98 公斤标煤/吨、新水耗量大于 3.2 立方米/吨等达不到标准的电炉

6. 1450 毫米以下热轧带钢（不含特殊钢）项目

7. 30 万吨/年及以下热镀锌板卷项目

8. 20 万吨/年及以下彩色涂层板卷项目

9. 含铬质耐火材料

10. 普通功率和高功率石墨电极压型设备、焙烧设备和生产线

11. 直径 600 毫米以下或 2 万吨/年以下的超高功率石墨电极生产线

12. 8 万吨/年以下预焙阳极（炭块）、2 万吨/年以下普通阴极炭块、4 万吨/年以下炭电极生产线

13. 单机 120 万吨/年以下的球团设备（铁合金球团除外）

14. 顶装焦炉炭化室高度<6.0 米、捣固焦炉炭化室高度<5.5 米，100 万吨/年以下焦化项目，热回收焦炉的项目，单炉 7.5 万吨/年以下、每组 30 万吨/年以下、总年产 60 万吨以下的半焦（兰炭）项目

15. 3000 千伏安及以上，未采用热装热兑工艺的中低碳锰铁、电炉金属锰和中低微碳铬铁精炼电炉

16. 300 立方米以下锰铁高炉；300 立方米及以上，但焦比高于 1320 千克/吨的锰铁高炉；规模小于 10 万吨/年的高炉锰铁企业

17. 1.25 万千伏安以下的硅钙合金和硅钙钡铝合金矿热电炉；1.25 万千伏安及以上，但硅钙合金电耗高于 11000 千瓦时/吨的矿热电炉

18. 1.65 万千伏安以下硅铝合金矿热电炉；1.65 万千伏安及以上，但硅铝合金电耗高于 9000 千瓦时/吨的矿热电炉

19. 2×2.5 万千伏安以下普通铁合金矿热电炉（中西部具有独立运行的小水电及矿产资源优势的国家确定的重点贫困地区，矿热电炉容量<2×1.25 万千伏安）；2×2.5 万千伏安及以上，但变压器未选用有载电动多级调压的三相或三个单相节能型设备，未实现工艺操作机械化和控制自动化，硅铁电耗高于 8500 千瓦时/吨，工业硅电耗高于 12000 千瓦时/吨，电炉锰铁电耗高于 2600 千瓦时/吨，硅锰合金电耗高于 4200 千瓦时/吨，高碳铬铁电耗高于 3200 千瓦时/吨，硅铬合金电耗高于 4800 千瓦时/吨的普通铁合金矿热电炉

20. 间断浸出、间断送液的电解金属锰浸出工艺；10000 吨/年以下电解金属锰单条生产线（一台变压器），电解金属锰生产总规模为 30000 吨/年以下的企业

七、有色金属

1. 新建、扩建钨、钼、锡、锑开采、冶炼项目，稀土开采、选矿、冶炼、分离项目以及氧化锑、铅锡焊料生产项目

2. 单系列 10 万吨/年规模以下粗铜冶炼项目

3. 电解铝项目（淘汰落后生产能力置换项目及优化产业布局项目除外）

4. 铅冶炼项目（单系列 5 万吨/年规模及以上，不新增产能的技改和环保改造项目除外）

5. 单系列 10 万吨/年规模以下锌冶炼项目（直接浸出除外）

6. 镁冶炼项目（综合利用项目除外）

7. 10 万吨/年以下的独立铝用炭素项目

8. 新建单系列生产能力 5 万吨/年及以下、改扩建单系列生产能力 2 万吨/年及以下，以及资源利用、能源消耗、环境保护等指标达不到行业准入条件要求的再生铅项目

八、黄金

1. 日处理金精矿 100 吨以下，原料自供能力不足 50%的独立氰化项目

2. 日处理矿石 200 吨以下，无配套采矿系统的独立黄金选矿厂项目

3. 日处理金精矿 100 吨以下的火法冶炼项目

4. 年处理矿石 10 万吨以下的独立堆浸场项目（东北、华北、西北）、年处理矿石 20 万吨以下的独立堆浸场项目（华东、中南、西南）

5. 日处理岩金矿石 100 吨以下的采选项目

6. 年处理砂金矿砂 30 万立方米以下的砂金开采项目

7. 在林区、基本农田、河道中开采砂金项目

九、建材

1. 2000 吨/日以下熟料新型干法水泥生产线，60 万吨/年以下水泥粉磨站

2. 普通浮法玻璃生产线

3. 150 万平方米/年及以下的建筑陶瓷生产线

4. 60 万件/年以下的隧道窑卫生陶瓷生产线

5. 3000 万平方米/年以下的纸面石膏板生产线

6. 中碱玻璃球生产线、铂金坩埚球法拉丝玻璃纤维生产线

7. 黏土空心砖生产线（陕西、青海、甘肃、新疆、西藏、宁夏除外）

8. 15 万平方米/年以下的石膏（空心）砌块生产线、单班 2.5 万立方米/年以下的混凝土小型空心砌块以及单班 15 万平方米/年以下的混凝土铺地砖固定式生产线、5 万立方米/年以下的人造轻集料（陶粒）生产线

9. 10 万立方米/年以下的加气混凝土生产线

10. 3000 万标砖/年以下的煤矸石、页岩烧结实心砖生产线

11. 10000 吨/年以下岩（矿）棉制品生产线和 8000 吨/年以下玻璃棉制品生产线

12. 100 万米/年及以下预应力高强混凝土离心桩生产线

13. 预应力钢筒混凝土管（简称 PCCP 管）生产线：PCCP－L 型：年设计生产能力≤50 千米，PCCP-E型：年设计生产能力≤30 千米

十、医药

1. 新建、扩建古龙酸和维生素 C 原粉（包括药用、食品用和饲料用、化妆品用）生产装置，新建药品、食品、饲料、化妆品等用途的维生素 B1. 维生素 B2. 维生素 B12（综合利用除外）、维生素 E 原料生产装置

2. 新建青霉素工业盐、6-氨基青霉烷酸（6-APA）、化学法生产 7-氨基头孢烷酸（7-ACA）、7-氨基-3-去乙酰氧基头孢烷酸（7-ADCA）、青霉素 V、氨苄青霉素、羟氨苄青霉素、头孢菌素 c 发酵、土霉素、四环素、氯霉素、安乃近、扑热息痛、林可霉素、庆大霉素、双氢链霉素、丁胺卡那霉素、麦迪霉素、柱晶白霉素、环丙氟哌酸、氟哌酸、氟嗪酸、利福平、咖啡因、柯柯豆碱生产装置

3. 新建紫杉醇（配套红豆杉种植除外）、植物提取法黄连素（配套黄连种植除外）生产装置

4. 新建、改扩建药用丁基橡胶塞、二步法生产输液用塑料瓶生产装置

5. 新开办无新药证书的药品生产企业

6. 新建及改扩建原料含有尚未规模化种植或养殖的濒危动植物药材的产品生产装置

7. 新建、改扩建充汞式玻璃体温计、血压计生产装置、银汞齐齿科材料、新建 2 亿支/年以下一次性注射器、输血器、输液器生产装置

十一、机械

1. 2 臂及以下凿岩台车制造项目

2. 装岩机（立爪装岩机除外）制造项目

3. 3 立方米及以下小矿车制造项目
4. 直径 2.5 米及以下绞车制造项目
5. 直径 3.5 米及以下矿井提升机制造项目
6. 40 平方米及以下筛分机制造项目
7. 直径 700 毫米及以下旋流器制造项目
8. 800 千瓦及以下采煤机制造项目
9. 斗容 3.5 立方米及以下矿用挖掘机制造项目
10. 矿用搅拌、浓缩、过滤设备（加压式除外）制造项目
11. 低速汽车（三轮汽车、低速货车）（自 2015 年起执行与轻型卡车同等的节能与排放标准）
12. 单缸柴油机制造项目
13. 配套单缸柴油机的皮带传动小四轮拖拉机，配套单缸柴油机的手扶拖拉机，滑动齿轮换挡、排放达不到要求的 50 马力以下轮式拖拉机
14. 30 万千瓦及以下常规燃煤火力发电设备制造项目（综合利用、热电联产机组除外）
15. 6 千伏及以上（陆上用）干法交联电力电缆制造项目
16. 非数控金属切削机床制造项目
17. 6300 千牛及以下普通机械压力机制造项目
18. 非数控剪板机、折弯机、弯管机制造项目
19. 普通高速钢钻头、铣刀、锯片、丝锥、板牙项目
20. 棕刚玉、绿碳化硅、黑碳化硅等烧结块及磨料制造项目
21. 直径 450 毫米以下的各种结合剂砂轮（钢轨打磨砂轮除外）
22. 直径 400 毫米及以下人造金刚石切割锯片制造项目
23. P0 级、直径 60 毫米以下普通微小型轴承制造项目
24. 220 千伏及以下电力变压器（非晶合金、卷铁芯等节能配电变压器除外）
25. 220 千伏及以下高、中、低压开关柜制造项目（使用环保型中压气体的绝缘开关柜以及用于爆炸性环境的防爆型开关柜除外）
26. 酸性碳钢焊条制造项目
27. 民用普通电度表制造项目
28. 8.8 级以下普通低档标准紧固件制造项目
29. 驱动电动机功率 560 千瓦及以下、额定排气压力 1.25 兆帕及以下，一般用固定的往复活塞空气压缩机制造项目
30. 普通运输集装干箱项目
31. 56 英寸及以下单级中开泵制造项目
32. 通用类 10 兆帕及以下中低压碳钢阀门制造项目
33. 5 吨/小时及以下短炉龄冲天炉
34. 有色合金六氯乙烷精炼、镁合金 SF6 保护
35. 冲天炉熔化采用冶金焦
36. 无再生的水玻璃砂造型制芯工艺
37. 盐浴氮碳、硫氮碳共渗炉及盐
38. 电子管高频感应加热设备
39. 亚硝盐缓蚀、防腐剂
40. 铸/锻造用燃油加热炉
41. 锻造用燃煤加热炉
42. 手动燃气锻造炉
43. 蒸汽锤

44. 弧焊变压器

45. 含铅和含镉钎料

46. 新建全断面掘进机整机组装项目

47. 新建万吨级以上自由锻造液压机项目

48. 新建普通铸锻件项目

49. 动圈式和抽头式手工焊条弧焊机

50. Y 系列（IP44）三相异步电动机（机座号 80~355）及其派生系列，Y2 系列（IP54）三相异步电动机（机座号 63~355）

51. 背负式手动压缩式喷雾器

52. 背负式机动喷雾喷粉机

53. 手动插秧机

54. 青铜制品的茶叶加工机械

55. 双盘摩擦压力机

56. 含铅粉末冶金件

57. 出口船舶分段建造项目

十二、轻工

1. 聚氯乙烯普通人造革生产线

2. 年加工生皮能力 20 万标张牛皮以下的生产线，年加工蓝湿皮能力 10 万标张牛皮以下的生产线

3. 超薄型（厚度低于 0.015 毫米）塑料袋生产

4. 新建以含氢氯氟烃（HCFCs）为发泡剂的聚氨酯泡沫塑料生产线、连续挤出聚苯乙烯泡沫塑料（XPS）生产线

5. 聚氯乙烯（PVC）食品保鲜包装膜

6. 普通照明白炽灯、高压汞灯

7. 最高转速低于 4000 针/分的平缝机（不含厚料平缝机）和最高转速低于 5000 针/分的包缝机

8. 电子计价秤（准确度低于最大称量的 1/3000，称量≤15 千克）、电子皮带秤（准确度低于最大称量的 5/1000）、电子吊秤（准确度低于最大称量的 1/1000，称量≤50 吨）、弹簧度盘秤（准确度低于最大称量的 1/400，称量≤8 千克）

9. 电子汽车衡（准确度低于最大称量的 1/3000，称量≤300 吨）、电子静态轨道衡（准确度低于最大称量的 1/3000，称量≤150 吨）、电子动态轨道衡（准确度低于最大称量的 1/500，称量≤150 吨）

10. 玻璃保温瓶胆生产线

11. 3 万吨/年及以下的玻璃瓶罐生产线

12. 以人工操作方式制备玻璃配合料及秤量

13. 未达到日用玻璃行业清洁生产评价指标体系规定指标的玻璃窑炉

14. 生产能力小于 18000 瓶/时的啤酒灌装生产线

15. 羰基合成法及齐格勒法生产的脂肪醇产品

16. 热法生产三聚磷酸钠生产线

17. 单层喷枪洗衣粉生产工艺及装备、1.6 吨/小时以下规模磺化装置

18. 糊式锌锰电池、镉镍电池

19. 牙膏生产线

20. 100 万吨/年以下北方海盐项目；新建南方海盐盐场项目；60 万吨/年以下矿（井）盐项目

21. 单色金属板胶印机

22. 新建单条化学木浆 30 万吨/年以下、化学机械木浆 10 万吨/年以下、化学竹浆 10 万吨/年以下的生产线；新闻纸、铜版纸生产线

23. 元素氯漂白制浆工艺

24. 原糖加工项目及日处理甘蔗 5000 吨（云南地区 3000 吨）、日处理甜菜 3000 吨以下的新建项目

25. 白酒生产线

26. 酒精生产线

27. 5 万吨/年及以下且采用等电离交工艺的味精生产线

28. 糖精等化学合成甜味剂生产线

29. 浓缩苹果汁生产线

30. 大豆压榨及浸出项目（黑龙江、吉林、内蒙古大豆主产区除外）；东、中部地区单线日处理油菜籽、棉籽 200 吨及以下，花生 100 吨及以下的油料加工项目；西部地区单线日处理油菜籽、棉籽、花生等油料 100 吨及以下的加工项目

31. 年加工玉米 30 万吨以下、绝干收率在 98%以下玉米淀粉湿法生产线

32. 年屠宰生猪 15 万头及以下、肉牛 1 万头及以下、肉羊 15 万只及以下、活禽 1000 万只及以下的屠宰建设项目（少数民族地区除外）

33. 3000 吨/年及以下的西式肉制品加工项目

34. 2000 吨/年及以下的酵母加工项目

35. 冷冻海水鱼糜生产线

十三、纺织

1. 单线产能小于 20 万吨/年的常规聚酯（PET）连续聚合生产装置

2. 常规聚酯的对苯二甲酸二甲酯（DMT）法生产工艺

3. 半连续纺粘胶长丝生产线

4. 间歇式氨纶聚合生产装置

5. 常规化纤长丝用锭轴长 1200 毫米及以下的半自动卷绕设备

6. 粘胶板框式过滤机

7. 单线产能≤1000 吨/年、幅宽≤2 米的常规丙纶纺粘法非织造布生产线

8. 25 公斤/小时以下梳棉机

9. 200 钳次/分钟以下的棉精梳机

10. 5 万转/分钟以下自排杂气流纺设备

11. FA502. FA503 细纱机

12. 入纬率小于 600 米/分钟的剑杆织机，入纬率小于 700 米 /分钟的喷气织机，入纬率小于 900 米/分钟的喷水织机

13. 采用聚乙烯醇浆料（PVA）上浆工艺及产品（涤棉产品，纯棉的高支高密产品除外）

14. 吨原毛洗毛用水超过 20 吨的洗毛工艺与设备

15. 双宫丝和柞蚕丝的立式缫丝工艺与设备

16. 绞纱染色工艺

17. 亚氯酸钠漂白设备

十四、烟草

1. 卷烟加工项目

十五、消防

1. 火灾报警控制器（包括联动型、独立型、区域型、集中型、集中区域兼容型）、消防联动控制器、点型感烟/温火灾探测器（独立式除外）、点型红外/紫外火焰探测器（独立式除外）、手动火灾报警按钮

2. 干粉灭火器、二氧化碳灭火器

3. 碳酸氢钠干粉灭火剂（BC）、磷酸铵盐干粉灭火剂（ABC）

4. 防火阀门（包括防火阀、排烟阀、排烟防火阀）、木质防火门、采用酸洗磷化生产工艺的钢质和钢木质防火门、新建初始规模小于 6 万平方米/年的防火卷帘项目

5. 天然橡胶有衬里消防水带、无衬里消防水带、消防软管卷盘、消防湿水带、PVC 衬里消防水带
6. 室内消火栓、室外消火栓、消防水泵接合器的翻砂生产、加工、装配工艺
7. 水罐消防车、泡沫消防车、供水消防车、供液消防车、泵浦类消防车
8. 防火封堵材料、溶剂型钢结构防火涂料、饰面型防火涂料、电缆防火涂料

十六、民爆产品

1. 非人机隔离的非连续化、自动化雷管装配生产线
2. 非连续化、自动化炸药生产线
3. 高污染的起爆药生产线
4. 高能耗、高污染、低性能工业粉状炸药生产线

十七、其他

1. 用地红线宽度（包括绿化带）超过下列标准的城市主干道 路项目：小城市和重点镇 40 米，中等城市 55 米，大城市 70 米（200 万人口以上特大城市主干道路确需超过 70 米的，城市总体规划中应有专项说明）

2. 用地面积超过下列标准的城市游憩集会广场项目：小城市 和重点镇 1 公顷，中等城市 2 公顷，大城市 3 公顷，200 万人口以上特大城市 5 公顷

3. 别墅类房地产开发项目
4. 高尔夫球场项目
5. 赛马场项目
6. 4 挡及以下机械式车用自动变速箱（AT）
7. 排放标准国三及以下的机动车用发动机

第三类　淘汰类

注：条目后括号内年份为淘汰期限，淘汰期限为 2011 年是指应于 2011 年底前淘汰，其余类推；有淘汰计划的条目，根据计划进行淘汰；未标淘汰期限或淘汰计划的条目为国家产业政策已明令淘汰或立即淘汰。

一、落后生产工艺装备

（一）农林业
1. 湿法纤维板生产工艺
2. 滴水法松香生产工艺
3. 农村传统老式炉灶炕
4. 以木材、伐根为主要原料的活性炭生产以及氯化锌法活性炭生产工艺
5. 超过生态承载力的旅游活动和药材等林产品采集
6. 严重缺水地区建设灌溉型造纸原料林基地
7. 种植前溴甲烷土壤熏蒸工艺

（二）煤炭
1. 国有煤矿矿区范围（国有煤矿采矿登记确认的范围）内的各类小煤矿
2. 单井井型低于 3 万吨/年规模的矿井
3. 既无降硫措施，又无达标排放用户的高硫煤炭（含硫高于 3%）生产矿井
4. 不能就地使用的高灰煤炭（灰分高于 40%）生产矿井
5. 6AM、φM-2. 5. PA-3 型煤用浮选机
6. PB2. PB3. PB4 型矿用隔爆高压开关
7. PG-27 型真空过滤机
8. X-1 型箱式压滤机

9. ZYZ、ZY3 型液压支架

10. 木支架

11. 不能实现洗煤废水闭路循环的选煤工艺、不能实现粉尘达标排放的干法选煤设备

（三）电力

1. 大电网覆盖范围内，单机容量在 10 万千瓦以下的常规燃煤火电机组

2. 单机容量 5 万千瓦及以下的常规小火电机组

3. 以发电为主的燃油锅炉及发电机组

4. 大电网覆盖范围内，设计寿命期满的单机容量 20 万千瓦以下的常规燃煤火电机组

（四）石化化工

1. 200 万吨/年及以下常减压装置（2013 年，青海格尔木、新疆泽普装置除外），废旧橡胶和塑料土法炼油工艺，焦油间歇法生产沥青

2. 10 万吨/年以下的硫铁矿制酸和硫磺制酸（边远地区除外），平炉氧化法高锰酸钾，隔膜法烧碱（2015 年）生产装置，平炉法和大锅蒸发法硫化碱生产工艺，芒硝法硅酸钠（泡花碱）生产工艺

3. 单台产能 5000 吨/年以下和不符合准入条件的黄磷生产装置，有钙焙烧铬化合物生产装置（2013 年），单线产能 3000 吨/年以下普通级硫酸钡、氢氧化钡、氯化钡、硝酸钡生产装置，产能 1 万吨/年以下氯酸钠生产装置，单台炉容量小于 12500 千伏安的电石炉及开放式电石炉，高汞催化剂（氯化汞含量 6.5%以上）和使用高汞催化剂的乙炔法聚氯乙烯生产装置（2015 年），氨钠法及氰熔体氰化钠生产工艺

4. 单线产能 1 万吨/年以下三聚磷酸钠、0.5 万吨/年以下六偏磷酸钠、0.5 万吨/年以下三氯化磷、3 万吨/年以下饲料磷酸氢钙、5000 吨/年以下工艺技术落后和污染严重的氢氟酸、5000 吨/年以下湿法氟化铝及敞开式结晶氟盐生产装置

5. 单线产能 0.3 万吨/年以下氰化钠（100%氰化钠）、1 万吨/年以下氢氧化钾、1.5 万吨/年以下普通级白炭黑、2 万吨/年以下普通级碳酸钙、10 万吨/年以下普通级无水硫酸钠（盐业联产及副产除外）、0.3 万吨/年以下碳酸锂和氢氧化锂、2 万吨/年以下普通级碳酸钡、1.5 万吨/年以下普通级碳酸锶生产装置

6. 半水煤气氨水液相脱硫、天然气常压间歇转化工艺制合成氨、一氧化碳常压变化及全中温变换（高温变换）工艺、没有配套硫磺回收装置的湿法脱硫工艺，没有配套建设吹风气余热回收、造气炉渣综合利用装置的固定层间歇式煤气化装置

7. 钠法百草枯生产工艺，敌百虫碱法敌敌畏生产工艺，小包装（1 公斤及以下）农药产品手工包（灌）装工艺及设备，雷蒙机法生产农药粉剂，以六氯苯为原料生产五氯酚（钠）装置

8. 用火直接加热的涂料用树脂、四氯化碳溶剂法制取氯化橡胶生产工艺，100 吨/年以下皂素（含水解物）生产装置，盐酸酸解法皂素生产工艺及污染物排放不能达标的皂素生产装置，铁粉还原法工艺[4,4-二氨基二苯乙烯-二磺酸（DSD 酸）、2-氨基-4-甲基-5-氯苯磺酸（CLT 酸）、1-氨基-8-萘酚-3,6-二磺酸（H 酸）三种产品暂缓执行]

9. 50 万条/年及以下的斜交轮胎和以天然棉帘子布为骨架的轮胎、1.5 万吨/年及以下的干法造粒炭黑（特种炭黑和半补强炭黑除外）、3 亿只/年以下的天然胶乳安全套，橡胶硫化促进剂 N-氧联二（1,2-亚乙基）-2-苯并噻唑次磺酰胺（NOBS）和橡胶防老剂 D 生产装置

10. 氯氟烃（CFCs）、含氢氯氟烃（HCFCs）、用于清洗的 1,1,1-三氯乙烷（甲基氯仿）、主产四氯化碳（CTC）、以四氯化碳（CTC）为加工助剂的所有产品、以 PFOA 为加工助剂的含氟聚合物、含滴滴涕的涂料、采用滴滴涕为原料非封闭生产三氯杀螨醇生产装置（根据国家履行国际公约总体计划要求进行淘汰）

（五）钢铁

1. 土法炼焦（含改良焦炉）；单炉产能 5 万吨/年以下或无煤气、焦油回收利用和污水处理达不到准入条件的半焦（兰炭）生产装置

2. 炭化室高度小于 4.3 米焦炉（3.8 米及以上捣固焦炉除外）

（西部地区 3.8 米捣固焦炉可延期至 2011 年）；无化产回收的单一炼焦生产设施

3. 土烧结矿

4. 热烧结矿

5. 90 平方米以下烧结机（2013 年）、8 平方米以下球团竖炉；铁合金生产用 24 平方米以下带式锰矿、铬矿烧结机

6. 400 立方米及以下炼铁高炉（铸造铁企业除外，但需提供企业工商局注册证明、三年销售凭证和项目核准手续等），200 立方米及以下铁合金、铸铁管生产用高炉

7. 用于地条钢、普碳钢、不锈钢冶炼的工频和中频感应炉

8. 30 吨及以下转炉（不含铁合金转炉）

9. 30 吨及以下电炉（不含机械铸造电炉）

10. 化铁炼钢

11. 复二重线材轧机

12. 横列式线材轧机

13. 横列式棒材及型材轧机

14. 叠轧薄板轧机

15. 普钢初轧机及开坯用中型轧机

16. 热轧窄带钢轧机

17. 三辊劳特式中板轧机

18. 直径 76 毫米以下热轧无缝管机组

19. 三辊式型线材轧机（不含特殊钢生产）

20. 环保不达标的冶金炉窑

21. 手工操作的土沥青焦油浸渍装置，矿石原料与固体原料混烧、自然通风、手工操作的土竖窑，以煤直接为燃料、烟尘净化不能达标的倒焰窑

22. 6300 千伏安以下铁合金矿热电炉，3000 千伏安以下铁合金半封闭直流电炉、铁合金精炼电炉（钨铁、钒铁等特殊品种的 电炉除外）

23. 蒸汽加热混捏、倒焰式焙烧炉、艾奇逊交流石墨化炉、10000 千伏安及以下三相桥式整流艾奇逊直流石墨化炉及其并联机组

24. 单机产能 1 万吨及以下的冷轧带肋钢筋生产装备（2012 年，高延性冷轧带肋钢筋生产装备除外）

25. 生产预应力钢丝的单罐拉丝机生产装备

26. 预应力钢材生产消除应力处理的铅淬火工艺

27. 2.5 万吨/年及以下的单套粗（轻）苯精制装置（酸洗蒸馏法苯加工工艺及装置）

28. 5 万吨/年及以下的单套煤焦油加工装置（2012 年）

29. 100 立方米及以下铁合金锰铁高炉

30. 煅烧石灰土窑

31. 每炉单产 5 吨以下的钛铁熔炼炉、用反射炉焙烧钼精矿的钼铁生产线及用反射炉还原、煅烧红矾钠、铬酐生产金属铬的生产线

32. 燃煤倒焰窑耐火材料及原料制品生产线

33. 单条生产线规模小于 20 万吨的铸铁管项目

34. 环形烧结机

35. 一段式固定煤气发生炉项目（不含粉煤气化炉）

36. 电解金属锰用 5000 千伏安及以下的整流变压器、150 立 方米以下的化合槽（2011 年），化合槽有效容积 150 立方米以下的 生产设备

37. 单炉产能 7.5 万吨/年以下的半焦（兰炭）生产装置（2012 年）

38. 未达到焦化行业准入条件要求的热回收焦炉（2012 年）

39. 6300 千伏安铁合金矿热电炉（2012 年）（国家贫困县、利用独立运行的小水电，2014 年）

40. 还原二氧化锰用反射炉（包括硫酸锰厂用反射炉、矿粉厂用反射炉等）

41. 电解金属锰一次压滤用除高压隔膜压滤机以外的板框、箱式压滤机

42. 电解金属锰用 5000 千伏安以上、6000 千伏安及以下的整流变压器；150 立方米以上、170 立方米及以下的倾倒槽（2014 年）

43. 有效容积 18 立方米及以下轻烧反射窑

44. 有效容积 30 立方米及以下重烧镁砂竖窑

（六）有色金属

1. 采用马弗炉、马槽炉、横罐、小竖罐等进行焙烧、简易冷凝设施进行收尘等落后方式炼锌或生产氧化锌工艺装备

2. 采用铁锅和土灶、蒸馏罐、坩埚炉及简易冷凝收尘设施等落后方式炼汞

3. 采用土坑炉或坩埚炉焙烧、简易冷凝设施收尘等落后方式炼制氧化砷或金属砷工艺装备

4. 铝自焙电解槽及 100KA 及以下预焙槽（2011 年）

5. 鼓风炉、电炉、反射炉炼铜工艺及设备（2011 年）

6. 烟气制酸干法净化和热浓酸洗涤技术

7. 采用地坑炉、坩埚炉、赫氏炉等落后方式炼锑

8. 采用烧结锅、烧结盘、简易高炉等落后方式炼铅工艺及设备

9. 利用坩埚炉熔炼再生铝合金、再生铅的工艺及设备

10. 铝用湿法氟化盐项目

11. 1 万吨/年以下的再生铝、再生铅项目

12. 再生有色金属生产中采用直接燃煤的反射炉项目

13. 铜线杆（黑杆）生产工艺

14. 未配套制酸及尾气吸收系统的烧结机炼铅工艺

15. 烧结-鼓风炉炼铅工艺

16. 无烟气治理措施的再生铜焚烧工艺及设备

17. 50 吨以下传统固定式反射炉再生铜生产工艺及设备

18. 4 吨以下反射炉再生铝生产工艺及设备

19. 离子型稀土矿堆浸和池浸工艺

20. 独居石单一矿种开发项目

21. 稀土氯化物电解制备金属工艺项目

22. 氨皂化稀土萃取分离工艺项目

23. 湿法生产电解用氟化稀土生产工艺

24. 矿石处理量 50 万吨/年以下的轻稀土矿山开发项目；1500 吨（REO）/年以下的离子型稀土矿山开发项目（2013 年）

25. 2000 吨（REO）/年以下的稀土分离项目

26. 1500 吨/年以下、电解槽电流小于 5000A、电流效率低于 85%的轻稀土金属冶炼项目

（七）黄金

1. 混汞提金工艺

2. 小氰化池浸工艺、土法冶炼工艺

3. 无环保措施提取线路板中金、银、钯等贵重金属

4. 日处理能力 50 吨以下采选项目

（八）建材

1. 窑径 3 米及以上水泥机立窑（2012 年）、干法中空窑（生产高铝水泥、硫铝酸盐水泥等特种水泥除外）、立波尔窑、湿法窑

2. 直径 3 米以下水泥粉磨设备

3. 无复膜塑编水泥包装袋生产线

4. 平拉工艺平板玻璃生产线（含格法）

5. 100 万平方米/年以下的建筑陶瓷砖、20 万件/年以下低档卫生陶瓷生产线

6. 建筑卫生陶瓷土窑、倒焰窑、多孔窑、煤烧明焰隧道窑、隔焰隧道窑、匣钵装卫生陶瓷隧道窑

7. 建筑陶瓷砖成型用的摩擦压砖机

8. 陶土坩埚玻璃纤维拉丝生产工艺与装备

9. 1000 万平方米/年以下的纸面石膏板生产线

10. 500 万平方米/年以下的改性沥青类防水卷材生产线；500 万平方米/年以下沥青复合胎柔性防水卷材生产线；100 万卷/年以下沥青纸胎油毡生产线

11. 石灰土立窑

12. 砖瓦 24 门以下轮窑以及立窑、无顶轮窑、马蹄窑等土窑（2011 年）

13. 普通挤砖机

14. SJ1580-3000 双轴、单轴制砖搅拌机

15. SQP400500-700500 双辊破碎机

16. 1000 型普通切条机

17. 100 吨以下盘转式压砖机

18. 手工制作墙板生产线

19. 简易移动式砼砌块成型机、附着式振动成型台

20. 单班 1 万立方米/年以下的混凝土砌块固定式成型机、单班 10 万平方米/年以下的混凝土铺地砖固定式成型机

21. 人工浇筑、非机械成型的石膏（空心）砌块生产工艺

22. 真空加压法和气炼一步法石英玻璃生产工艺装备

23. 6×600 吨六面顶小型压机生产人造金刚石

24. 手工切割加气混凝土生产线、非蒸压养护加气混凝土生产线

25. 非烧结、非蒸压粉煤灰砖生产线

26. 装饰石材矿山硐室爆破开采技术、吊索式大理石土拉锯

（九）医药

1. 手工胶囊填充工艺

2. 软木塞烫腊包装药品工艺

3. 不符合 GMP 要求的安瓿拉丝灌封机

4. 塔式重蒸馏水器

5. 无净化设施的热风干燥箱

6. 劳动保护、三废治理不能达到国家标准的原料药生产装置

7. 铁粉还原法对乙酰氨基酚（扑热息痛）、咖啡因装置

8. 使用氯氟烃（CFCs）作为气雾剂、推进剂、抛射剂或分散剂的医药用品生产工艺（根据国家履行国际公约总体计划要求进行淘汰）

（十）机械

1. 热处理铅浴炉

2. 热处理氯化钡盐浴炉（高温氯化钡盐浴炉暂缓淘汰）

3. TQ60、TQ80 塔式起重机

4. QT16、QT20、QT25 井架简易塔式起重机

5. KJ1600/1220 单筒提升绞机

6. 3000 千伏安以下普通棕刚玉冶炼炉

7. 4000 千伏安以下固定式棕刚玉冶炼炉
8. 3000 千伏安以下碳化硅冶炼炉
9. 强制驱动式简易电梯
10. 以氯氟烃（CFCs）作为膨胀剂的烟丝膨胀设备生产线
11. 砂型铸造黏土烘干砂型及型芯
12. 焦炭炉熔化有色金属
13. 砂型铸造油砂制芯
14. 重质砖炉衬台车炉
15. 中频发电机感应加热电源
16. 燃煤火焰反射加热炉
17. 铸/锻件酸洗工艺
18. 用重质耐火砖作为炉衬的热处理加热炉
19. 位式交流接触器温度控制柜
20. 插入电极式盐浴炉
21. 动圈式和抽头式硅整流弧焊机
22. 磁放大器式弧焊机
23. 无法安装安全保护装置的冲床
24. 黏土砂干型/芯铸造工艺
25. 无磁轭（≥0.25 吨）铝壳中频感应电炉（2015 年）
26. 无芯工频感应电炉

（十一）船舶

1. 废旧船舶滩涂拆解工艺
2. 船长大于 80 米的船舶整体建造工艺

（十二）轻工

1. 单套 10 万吨/年以下的真空制盐装置、20 万吨/年以下的湖盐和 30 万吨/年以下的北方海盐生产设施
2. 利用矿盐卤水、油气田水且采用平锅、滩晒制盐的生产工艺与装置
3. 2 万吨/年及以下的南方海盐生产装置
4. 超薄型（厚度低于 0.025 毫米）塑料购物袋生产
5. 年加工生皮能力 5 万标张牛皮、年加工蓝湿皮能力 3 万标张牛皮以下的制革生产线
6. 300 吨/年以下的油墨生产总装置（利用高新技术、无污染的除外）
7. 含苯类溶剂型油墨生产
8. 石灰法地池制浆设备（宣纸除外）
9. 5.1 万吨/年以下的化学木浆生产线
10. 单条 3.4 万吨/年以下的非木浆生产线
11. 单条 1 万吨/年及以下、以废纸为原料的制浆生产线
12. 幅宽在 1.76 米及以下并且车速为 120 米/分以下的文化纸生产线
13. 幅宽在 2 米及以下并且车速为 80 米/分以下的白板纸、箱板纸及瓦楞纸生产线
14. 以氯氟烃（CFCs）为制冷剂和发泡剂的冰箱、冰柜、汽车空调器、工业商业用冷藏、制冷设备生产线
15. 以氯氟烃（CFCs）为发泡剂的聚氨酯、聚乙烯、聚苯乙烯泡沫塑料生产
16. 四氯化碳（CTC）为清洗剂的生产工艺
17. 以三氟三氯乙烷（CFC-113）和甲基氯仿（TCA）为清洗剂和溶剂的生产工艺
18. 脂肪酸法制叔胺工艺，发烟硫酸磺化工艺，搅拌釜式乙氧基化工艺

19. 自行车盐浴焊接炉

20. 印铁制罐行业中的锡焊工艺

21. 燃煤和燃发生炉煤气的坩埚玻璃窑，直火式、无热风循环的玻璃退火炉

22. 机械定时行列式制瓶机

23. 生产能力12000瓶/时以下的玻璃瓶啤酒灌装生产线

24. 生产能力150瓶/分钟以下（瓶容在250毫升及以下）的碳酸饮料生产线

25. 日处理原料乳能力（两班）20吨以下浓缩、喷雾干燥等设施；200千克/小时以下的手动及半自动液体乳灌装设备

26. 3万吨/年以下酒精生产线（废糖蜜制酒精除外）

27. 3万吨/年以下味精生产装置

28. 2万吨/年及以下柠檬酸生产装置

29. 年处理10万吨以下、总干物收率97%以下的湿法玉米淀粉生产线

30. 桥式劈半锯、敞式生猪烫毛机等生猪屠宰设备

31. 猪、牛、羊、禽手工屠宰工艺

32. 小麦粉增白剂（过氧化苯甲酰、过氧化钙）的添加工艺

（十三）纺织

1. "1"字头成卷、梳棉、清花、并条、粗纱、细纱设备，1332系列络筒机，1511型有梭织机，"1"字头整经、浆纱机等全部"1"字头的纺纱织造设备

2. A512、A513系列细纱机

3. B581、B582型精纺细纱机，BC581、BC582型粗纺细纱机，B591绒线细纱机，B601、B601A型毛捻线机，BC272、BC272B型粗梳毛纺梳毛机，B751型绒线成球机，B701A型绒线摇绞机，B250、B311、B311C、B311C（CZ）、B311C（DJ）型精梳机，H112、H112A型毛分条整经机、H212型毛织机等毛纺织设备

4. 1990年以前生产、未经技术改造的各类国产毛纺细纱机

5. 辊长1000毫米以下的皮辊轧花机，锯片片数在80以下的锯齿轧花机，压力吨位在400吨以下的皮棉打包机（不含160吨、200吨短绒棉花打包机）

6. ZD647、ZD721型自动缫丝机，D101A型自动缫丝机，ZD681型立缫机，DJ561型绢精纺机，K251、K251A型丝织机等丝绸加工设备

7. Z114型小提花机

8. GE186型提花毛圈机

9. Z261型人造毛皮机

10. 未经改造的74型染整设备

11. 蒸汽加热敞开无密闭的印染平洗槽

12. R531型酸性粘胶纺丝机

13. 2万吨/年及以下粘胶常规短纤维生产线

14. 湿法氨纶生产工艺

15. 二甲基甲酰胺（DMF）溶剂法氨纶及腈纶生产工艺

16. 硝酸法腈纶常规纤维生产工艺及装置

17. 常规聚酯（PET）间歇法聚合生产工艺及设备

18. 常规涤纶长丝锭轴长900毫米及以下的半自动卷绕设备

19. 使用年限超过15年的国产和使用年限超过20年的进口印染前处理设备、拉幅和定形设备、圆网和平网印花机、连续染色机

20. 使用年限超过15年的浴比大于1∶10的棉及化纤间歇式染色设备

21. 使用直流电机驱动的印染生产线

22. 印染用铸铁结构的蒸箱和水洗设备，铸铁墙板无底蒸化机，汽蒸预热区短的 L 型退煮漂履带汽蒸箱

23. 螺杆挤出机直径小于或等于 90mm，2000 吨/年以下的涤纶再生纺短纤维生产装置

（十四）印刷

1. 全部铅排、铅印工艺

2. 全部铅印机及相关辅机

3. 照相制版机

4. ZD201、ZD301 型系列单字铸字机

5. TH1 型自动铸条机、ZT102 型系列铸条机

6. ZDK101 型字模雕刻机

7. KMD101 型字模刻刀磨床

8. AZP502 型半自动汉文手选铸排机、ZSY101 型半自动汉文铸排机、TZP101 型外文条字铸排机、ZZP101 型汉文自动铸排机

9. QY401、2QY404 型系列电动铅印打样机，QYSH401、2QY401、DY401 型手动式铅印打样机

10. YX01、YX02、YX03 型系列压纸型机，HX01、HX02、HX03、HX04 型系列烘纸型机

11. PZB401 型平铅版铸版机，YZB02、YZB03、YZB04、YZB05、YZB06、YZB07 型系列铅版铸版机

12. JB01 型平铅版浇版机

13. RQ02、RQ03、RQ04 型系列铅泵熔铅炉

14. BB01 型刨版机，YGB02、YGB03、YGB04、YGB05 型圆铅版刮版机，YTB01 型圆铅版镗版机，YJB02 型圆铅版锯版机，YXB04、YXB05、YXB302 型系列圆铅版修版机

15. P401、P402 型系列四开平压印刷机，P801、P802、P803、P804 型系列八开平压印刷机

16. PE802 型双合页印刷机

17. TE102、TE105、TE108 型系列全张自动二回转平台印刷机

18. TY201 型对开单色一回转平台印刷机，TY401 型四开单色一回转平台印刷机

19. TY4201 型四开一回转双色印刷机

20. TT201、TZ201、DT201 型对开手动续纸停回转平台印刷机

21. TT202 型对开自动停回转平台印刷机，TT402、TT403、TT405、DT402 型四开自动停回转平台印刷机，TZ202 型对开半自动停回转平台印刷机，TZ401、TZS401、DT401 型四开半自动停回转平台印刷机

22. TR801 型系列立式平台印刷机

23. LP1101、LP1103 型系列平板纸全张单面轮转印刷机，LP1201 型平板纸全张双面轮转印刷机，LP4201 型平板纸四开双色轮转印刷机

24. LSB201（880 毫米×1230 毫米）及 LS201、LS204（787 毫米×1092 毫米）型系列卷筒纸书刊转轮印刷机

25. LB203、LB205、LB403 型卷筒纸报版轮转印刷机，LB2405、LB4405 型卷筒纸双层二组报版轮转印刷机，LBS201 型卷筒纸书报二用轮转印刷机

26. K、M、T 型自动铸字排版机，PH-5 型汉字排字机

27. 球震打样制版机（DIA PRESS 清刷机）

28. 1985 年前生产的手动照排机、国产制版照相机

29. 离心涂布机

30. J1101 系列全张单色胶印机（印刷速度每小时 5000 张及以下）

31. J2101、PZ1920 系列对开单色胶印机（印刷速度每小时 4000 张及以下），PZ1615 系列四开单色胶印机（印刷速度每小时 4000 张及以下），YPS1920 系列双面单色胶印机（印刷速度每小时 4000 张及以下）

32. W1101 型全张自动凹版印刷机、AJ401 型卷筒纸单面四色凹版印刷机

33. DJ01 型平装胶订联动机，PRD-01、PRD-02 型平装胶订联动机，DBT-01 型平装有线订、包、烫联动机

34. 溶剂型即涂覆膜机、承印物无法降解和回收的各类覆膜机

35. QZ101、QZ201、QZ301、QZ401 型切纸机

36. MD103A 型磨刀机

（十五）民爆产品

1. 密闭式包装型乳化炸药基质冷却机

2. 密闭式包装型乳化炸药低温敏化机

3. 小直径手工单头炸药装药机

4. 轴承包覆在药剂中的混药、输送等炸药设备

5. 起爆药干燥工序采用蒸汽烘房干燥的工艺

6. 延期元件（体）制造工序采用手工装药的工艺

7. 雷管装填、装配工序及工序间的传输无可靠防殉爆措施的工艺

8. 导爆管制造工序加药装置无可靠防爆设施的生产线

9. 危险作业场所未实现远程视频监视的工业炸药和工业雷管生产线

10. 危险作业场所未实现远程视频监视的导爆索生产线

11. 采用传统轮碾方式的炸药制药工艺

12. 起爆药生产废水达不到《兵器工业水污染排放标准火工药剂》（GB14470.2）要求排放的生产工艺

13. 乳化器出药温度大于 130℃的乳化工艺

14. 小直径含水炸药装药效率低于 1200kg/h、小直径粉状炸药装药效率低于 800kg/h 的装药机

15. 有固定操作人员的场所，噪声超过 85 分贝以上的炸药设备

16. 全电阻极差大于 1.5Ω 的电雷管（钢芯脚线长度 2m）生产技术（2013 年）

17. 装箱产品下线未实现生产数据在线采集、及时传输的生产线（2013 年）

18. 全电阻极差大于 1.0Ω 的电雷管（钢芯脚线长度 2m）生产工艺（2015 年）

19. 工序间无可靠防传爆措施的导爆索生产线（2013 年）

20. 制索工序无药量在线检测、自动联锁保护装置的导爆索生产线（2013 年）

21. 最大不发火电流小于 0.25A 的普通型电雷管生产工艺（2015 年）

22. 雷管装填工序未实现人机隔离的生产工艺（2015 年）

23. 雷管卡口、检查工序间需人工传送产品的生产工艺（2015 年）

（十六）消防

1. 火灾探测器手工插焊电子元器件生产工艺

（十七）其他

1. 含有毒有害氰化物电镀工艺［氰化金钾电镀金及氰化亚金钾镀金（2014 年）；银、铜基合金及予镀铜打底工艺（暂缓淘汰）］

2. 含氰沉锌工艺

3. 实体坝连岛技术

4. 超过生态承载力的旅游活动和药材等林产品采集

5. 不符合国家现行城市生活垃圾、医疗废物和工业废物焚烧相关污染控制标准、工程技术标准以及设备标准的小型焚烧炉

二、落后产品

（一）石化化工

1. 改性淀粉、改性纤维、多彩内墙（树脂以硝化纤维素为主，溶剂以二甲苯为主的 O/W 型涂料）、氯乙烯-偏氯乙烯共聚乳液外墙、焦油型聚氨酯防水、水性聚氯乙烯焦油防水、聚乙烯醇及其缩醛类内外

墙（106、107 涂料等）、聚醋酸乙烯乳液类（含乙烯/醋酸乙烯酯共聚物乳液）外墙涂料

2. 有害物质含量超标准的内墙、溶剂型木器、玩具、汽车、外墙涂料，含双对氯苯基三氯乙烷、三丁基锡、全氟辛酸及其盐类、全氟辛烷磺酸、红丹等有害物质的涂料

3. 在还原条件下会裂解产生 24 种有害芳香胺的偶氮染料（非纺织品用的领域暂缓）、9 种致癌性染料（用于与人体不直接接触的领域暂缓）

4. 含苯类、苯酚、苯甲醛和二（三）氯甲烷的脱漆剂，立德粉，聚氯乙烯建筑防水接缝材料（焦油型），107 胶，瘦肉精，多氯联苯（变压器油）

5. 高毒农药产品：六六六、二溴乙烷、丁酰肼、敌枯双、除草醚、杀虫脒、毒鼠强、氟乙酰胺、氟乙酸钠、二溴氯丙烷、治螟磷（苏化 203）、磷胺、甘氟、毒鼠硅、甲胺磷、对硫磷、甲基对硫磷、久效磷、硫环磷（乙基硫环磷）、福美胂、福美甲胂及所有砷制剂、汞制剂、铅制剂、10%草甘膦水剂、甲基硫环磷、磷化钙、磷化锌、苯线磷、地虫硫磷、磷化镁、硫线磷、蝇毒磷、治螟磷、特丁硫磷（2011 年）

6. 根据国家履行国际公约总体计划要求进行淘汰农药产品：氯丹、七氯、溴甲烷、滴滴涕、六氯苯、灭蚁灵、林丹、毒杀芬、艾氏剂、狄氏剂、异狄氏剂

7. 软边结构自行车胎，以棉帘线为骨架材料的普通输送带和以尼龙帘线为骨架材料的普通 V 带，轮胎、自行车胎、摩托车胎手工刻花硫化模具

（二）铁路

1. G60 型、G17 型罐车

2. P62 型棚车

3. K13 型矿石车

4. U60 型水泥车

5. N16 型、N17 型平车

6. L17 型粮食车

7. C62A 型、C62B 型敞车

8. 轨道平车（载重 40 吨及以下）

（三）钢铁

1. 热轧硅钢片

2. 普通松弛级别的钢丝、钢绞线

3. 热轧钢筋：牌号 HRB335、HPB235

（四）有色金属

1. 铜线杆（黑杆）

（五）建材

1. 使用非耐碱玻纤或非低碱水泥生产的玻纤增强水泥（GRC）空心条板

2. 陶土坩埚拉丝玻璃纤维和制品及其增强塑料（玻璃钢）制品

3. 25A 空腹钢窗

4. S-2 型混凝土轨枕

5. 一次冲洗用水量 9 升以上的便器

6. 角闪石石棉（即蓝石棉）

7. 非机械生产中空玻璃，双层双框各类门窗及单腔结构型的塑料门窗

8. 采用二次加热复合成型工艺生产的聚乙烯丙纶类复合防水卷材、聚乙烯丙纶复合防水卷材（聚乙烯芯材厚度在 0.5mm 以下）；棉涤玻纤（高碱）网格复合胎基材料、聚氯乙烯防水卷材（S 型）

9. 石棉绒质离合器面片、合成火车闸瓦、石棉软木湿式离合器面片

（六）医药

1. 铅锡软膏管、单层聚烯烃软膏管（肛肠、腔道给药除外）

2. 安瓿灌装注射用无菌粉末

3. 药用天然胶塞

4. 非易折安瓿

5. 输液用聚氯乙烯（PVC）软袋（不包括腹膜透析液、冲洗液用）

（七）机械

1. T100、T100A 推土机

2. ZP-II、ZP-III 干式喷浆机

3. WP-3 挖掘机

4. 0.35 立方米以下的气动抓岩机

5. 矿用钢丝绳冲击式钻机

6. БY-40 石油钻机

7. 直径 1.98 米水煤气发生炉

8. CER 膜盒系列

9. 热电偶（分度号 LL-2、LB-3、EU-2、EA-2、CK）

10. 热电阻（分度号 BA、BA2、G）

11. DDZ-I 型电动单元组合仪表

12. GGP-01A 型皮带秤

13. BLR-31 型称重传感器

14. WFT-081 辐射感温器

15. WDH-1E、WDH-2E 光电温度计，PY5 型数字温度计

16. BC 系列单波纹管差压计，LCH-511、YCH-211、LCH-311、YCH-311、LCH-211、YCH-511 型环称式差压计

17. EWC-01A 型长图电子电位差计

18. XQWA 型条形自动平衡指示仪

19. ZL3 型 X-Y 记录仪

20. DBU-521、DBU-521C 型液位变送器

21. YB 系列（机座号 63-355mm，额定电压 660V 及以下）、YBF 系列（机座号 63-160mm，额定电压 380、660V 或 380/660V）、YBK 系列（机座号 100-355mm，额定电压 380/660V、660/1140V）隔爆型三相异步电动机

22. DZ10 系列塑壳断路器、DW10 系列框架断路器

23. CJ8 系列交流接触器

24. QC10、QC12、QC8 系列启动器

25. JR0、JR9、JR14、JR15、JR16-A、B、C、D 系列热继电器

26. 以焦炭为燃料的有色金属熔炼炉

27. GGW 系列中频无心感应熔炼炉

28. B 型、BA 型单级单吸悬臂式离心泵系列

29. F 型单级单吸耐腐蚀泵系列

30. JD 型长轴深井泵

31. KDON-3200/3200 型蓄冷器全低压流程空分设备、KDON-1500/1500 型蓄冷器（管式）全低压流程空分设备 、KDON-1500/1500 型管板式全低压流程空分设备、KDON-6000/6600 型蓄冷器流程空分设备

32. 3W-0.9/7（环状阀）空气压缩机

33. C620、CA630 普通车床

34. C616、C618、C630、C640、C650 普通车床（2015 年）

35. X920 键槽铣床

36. B665、B665A、B665-1 牛头刨床
37. D6165、D6185 电火花成型机床
38. D5540 电脉冲机床
39. J53-400、J53-630、J53-1000 双盘摩擦压力机
40. Q11-1.6×1600 剪板机
41. Q51 汽车起重机
42. TD62 型固定带式输送机
43. 3 吨直流架线式井下矿用电机车
44. A571 单梁起重机
45. 快速断路器：DS3-10、DS3-30、DS3-50（1000、3000、5000A）、DS10-10、DS10-20、DS10-30（1000、2000、3000A）
46. SX 系列箱式电阻炉
47. 单相电度表：DD1、DD5、DD5-2、DD5-6、DD9、DD10、DD12、DD14、DD15、DD17、DD20、DD28
48. SL7-30/10~SL7-1600/10、S7-30/10~S7-1600/10 配电变压器
49. 刀开关：IID6、IID3 100、HD3-200、HD3-400、HD3-600、HD3-1000、HD3-1500
50. GC 型低压锅炉给水泵，DG270-140、DG500-140、DG375-185 锅炉给水泵
51. 热动力式疏水阀：S15H-16、S19-16、S19-16C、S49H-16、S49-16C、S19H-40、S49H-40、S19H-64、S49H-64
52. 固定炉排燃煤锅炉（双层固定炉排锅炉除外）
53. 1-10/8、1-10/7 型动力用往复式空气压缩机
54. 8-18 系列、9-27 系列高压离心通风机
55. X52、X62W 320×150 升降台铣床
56. J31-250 机械压力机
57. TD60、TD62、TD72 型固定带式输送机
58. 以未安装燃油量限制器（简称限油器）的单缸柴油机为动力装置的农用运输车（指生产与销售）
59. E135 二冲程中速柴油机（包括 2、4、6 缸三种机型），TY1100 型单缸立式水冷直喷式柴油机，165 单缸卧式蒸发水冷、预燃室柴油机，4146 柴油机
60. TY1100 型单缸立式水冷直喷式柴油机
61. 165 单缸卧式蒸发水冷、预燃室柴油机
62. 含汞开关和继电器
63. 燃油助力车
64. 低于国二排放的车用发动机
65. 机动车制动用含石棉材料的摩擦片

（八）船舶

1. 采用整体造船法建造的钢制运输船舶
2. 不符合规范的改装船舶和已到报废期限的船舶
3. 单壳油船
4. 挂桨机船及其发动机

（九）轻工

1. 汞电池（氧化汞原电池及电池组、锌汞电池）
2. 开口式普通铅酸电池
3. 含汞高于 0.0001%的圆柱形碱锰电池
4. 含汞高于 0.0005%的扣式碱锰电池（2015 年）

5. 含镉高于 0.002%的铅酸蓄电池（2013 年）

6. 直排式燃气热水器

7. 螺旋升降式（铸铁）水嘴

8. 用于凹版印刷的苯胺油墨

9. 进水口低于溢流口水面、上导向直落式便器水箱配件

10. 铸铁截止阀

11. 添加白砒、三氧化二锑、含铅、含氟、铬矿渣等辅助原料玻璃配合料

12. 半自动（卧式）工业用洗衣机

13. 开启式四氯乙烯干洗机和普通封闭式四氯乙烯干洗机，分体式石油干洗机和普通封闭式石油干洗机

（十）消防

1. 二氟一氯一溴甲烷灭火剂（简称 1211 灭火剂）

2. 三氟一溴甲烷灭火剂（简称 1301 灭火剂）（原料及必要用途除外）

3. 简易式 1211 灭火器

4. 手提式 1211 灭火器

5. 推车式 1211 灭火器

6. 手提式化学泡沫灭火器

7. 手提式酸碱灭火器

8. 简易式 1301 灭火器（必要用途除外）

9. 手提式 1301 灭火器（必要用途除外）

10. 推车式 1301 灭火器（必要用途除外）

11. 管网式 1211 灭火系统

12. 悬挂式 1211 灭火系统

13. 柜式 1211 灭火系统

14. 管网式 1301 灭火系统（必要用途除外）

15. 悬挂式 1301 灭火系统（必要用途除外）

16. 柜式 1301 灭火系统（必要用途除外）

（十一）民爆产品

1. 火雷管

2. 导火索

3. 铵梯炸药

4. 纸壳雷管（2011 年）

（十二）其他

1. 59、69、72、TF-3 型防毒面具

●历年有关目录

海关总署、国家计委、国家经贸委、财政部关于贯彻《当前国家鼓励发展的产业、产品和技术目录（2000年修订）》和《国内投资项目不予免税的进口商品目录（2000年修订）》的通知

（署税〔2000〕620号）

国务院各部委、各直属机构，各省、自治区、直辖市及计划单列市政府计委、经贸委，国家试点企业集团，广东分署、各直属海关：

经国务院批准，由国家计委、国家经贸委发布的《当前国家重点鼓励发展的产业、产品和技术目录（2000年修订）》财政部发布的《国内投资项目不予免税的进口商品目录（2000年修订）》已经下达，现印发给你们（见附件一、二），并就执行中的有关问题通知如下：

一、为准确、稳妥地执行好上述两个目录，经研究决定，修订后的上述两个目录统一自2000年11月1日起执行。即2000年11月1日后新批准（指项目可研性批复日期，下同）的国内投资项目及其进口设备一律按照上述两个修订的目录执行。

二、为保证新目录修订前所批准的老项目顺利实施，对2000年10月31日（含10月31日）以前批准的国内投资项目（包括1998年1月1日以前的结转项目），其设备在2001年10月31日（含10月31日）以前报关进口的，仍按照1997年12月31日颁布的《国内投资项目不予免税的进口商品目录（试行）》执行；2001年11月1日及以后报关进口的一律按照《国内投资项目不予免税的进口商品目录（2000年修订）》执行。

三、为准确区分和认真贯彻好相关目录，海关计算机数据库已作相应调整。各项目审批部门出具的项目确认书，在“项目产业政策审批条目”一栏中，凡2000年10月31日（含10月31日）以前批准的内资鼓励项目，仍按原规范填写；对2000年11月1日及以后批准的内资鼓励项目，一律填写修订以后的条目，编码为“E”；如第（一类）第1条应填写为：动植物优良品种繁育（E0101）。

四、各项目审批部门应严格按照《当前国家重点鼓励发展的产业、产品和技术目录（试行）》和《当前国家重点鼓励发展的产业、产品和技术目录（2000年修订）》予以审批，规范出具项目确认书，不得擅自超越或下放审批权限，有问题要及时请示国家计委和国家经贸委，并按月将项目确认书分送国家计委和国家经贸委备案。

五、在进口单位提供完备的证明和资料后，海关要对照《国内投资项目不予免税的进口商品目录》的商品认真审核，特别在一年过渡期内，要认真核对相关目录，凡进口设备属于不予免税目录商品范围的，一律不予办理免税。确因技术规格等原因难以确定的，需上报总署商有关部门办理。

各海关要坚持依法行政方针，坚决贯彻三级审批制度，不得擅自扩大免税范围，并加强对免税货物的后续管理。进口地海关和主管地海关要加强联系配合，提高工作效率。执行中有何问题，及时请示海关总署。

八、本通知未提及的其他问题，仍按照国发〔1997〕37号文以及署税〔1997〕1062号文的规定执行。

附件 1 《当前国家鼓励发展的产业、产品和技术目录（2000 年修订）》
附件 2 《国内投资项目不予免税的进口商品目录（2000 年修订）》（略）

二〇〇〇年十月十九日

附件 1

当前国家重点鼓励发展的产业、产品和技术目录（2000 年修订）

为推进经济结构的战略性调整，促进产业升级，提高竞争力，特颁布《当家国家重点鼓励发展的产业、产品和技术目录（2000 年修订）》。

确定当前国家重点鼓励发展的产业、产品和技术的原则是：①当前和今后一个时期有圈套的市场需求，发展前景广阔，有利于开拓国内市场；②有较高的技术含量，有利于促进企业设备更新和进步，提高竞争力；③国内存在从研究开发到实现产业化的技术基础有利于技术创新的经济增长点；④符合可持续发展战略，有利于节约资源和改善生态环境；⑤供给能力相对滞后，提高其供给能力，有利于促进经济结构的合理化，保持国民经济持续快速健康发展。

本着上述原则，当前国家重点鼓励 28 个领域，共 526 种产品、技术及部分基础设备和服务的发展。

本目录是国家引导经济结构战略性调整，改善投资结构及以审批投资项目的主要依据之一 。有关经济管理部门，要依据本目录，采取相应的措施，保证经济结构战略性调整的顺利进行。

对条例本目录的国内投资项目，在投资总额内进口的自用设备，除《国内投资项目不予免税的进口商品目录（2000 年修订）》所列商品外，免征关税和进口环节增值税。

各地区要根据本地区的实际情况，认真分析国内外市场需求和供给条件的变化，从实际出发，量力而行，选择目录内有可能形成本地比较优势的领域发展，避免盲目重复建设。

一、农业

1. 动植物优良品种繁育
2. 重大病虫害防治
3. 农作物、家畜遗传基因工程及基因库建设
4. 种（苗）脱毒技术开发
5. 蔬菜、花卉无土栽培
6. 果、茶、桑等多年生经济作物良种繁育及优质产品开发
7. 农作物种子（种苗）繁育、储藏、加工、检验
8. 优质、高产、高效模式化栽培及养殖
9. 先进农业技术开发及推广
10. 农产品储藏、保鲜、加工及综合利用
11. 中低产田综合治理
12. 商品粮、棉、油、糖、肉、毛等农产品基地建设
13. 旱作农业、节水农业及生态农业建设
14. 天然橡胶种植
15. 草业
16. 水产品生态养殖
17. 秸秆氨化养牛
18. 奶业
19. 牛羊胚胎工厂化生产
20. 农业克隆技术开发
21. 土壤肥力培育技术开发

二、林业及生态环境

1. 天然林等自然资源保护工程
2. 植树种草工程
3. 水土保持技术及工程
4. 优质种苗工程
5. 经济林树种、花卉、中药材良种繁育及储藏
6. 森林灾害防治
7. 生态环境脆弱地区特殊困难立地造林技术开发
8. 生态示范工程
9. 速生丰产林工程
10. 竹林基地建设
11. 名特优新经济林建设
12. 防护林工程
13. 退耕还林及恢复森林资源工程
14. 荒漠化防治
15. 附带原料林基地的木浆造纸
16. 人工林、小径木材、竹材和林区剩余物的深度加工及系列产品开发
17. 木材功能性改良
18. 竹质工程材料及植物纤维工程材料生产
19. 林产化学工业产品的深度加工
20. 树木生理活性物质提取技术开发
21. 固沙、保水、改土新材料生产
22. 中幼林抚育工程
23. 天然经济林树种保护及开发
24. 珍稀濒危植物、野生动物保护及森林公园建设
25. 野生动植物基因库建设
26. 生态环境及小流域综合治理工程
27. 采矿植被恢复工程

三、水利

1. 大江、大河、大湖治理及干支流控制性工程
2. 跨流域调水工程
3. 水资源短缺地区水源工程
4. 干旱地区人畜饮水及改水工程
5. 蓄滞洪区安全建设
6. 海堤防维护及建设
7. 江河湖库清淤疏浚工程
8. 病险水库和堤防除险加固工程
9. 城市防洪工程
10. 出海口门整治工程
11. 综合利用水利枢纽工程
12. 微咸水、劣质水、海水的开发利用及海水淡化工程
13. 水能资源保护及开发
14. 水利工程用土工合成材料开发制造

15. 大中型灌区改造及配套设施建设
16. 高效输配水、节水灌溉技术及设备制造
17. 高效耐磨及低扬程大流量水泵制造
18. 水情自动测报及防洪调度自动化系统开发
19. 水利工程勘测设计（CAD）系列软件开发
20. 水文数据采集仪器及设备制造

四、气象

1. 自动气象站系统技术开发及设备制造
2. 特种气象观测及分析设备制造

五、煤炭

1. 煤田地质及地球物理勘探
2. 年产120万吨及以上高产、高效矿井（含露天）改扩建
3. 大中型高效选煤厂建设
4. 瓦斯、煤尘、矿井水、井下火灾防治
5. 工业及生活用环保型煤制造
6. 水煤浆技术开发
7. 煤炭气化、液化
8. 煤层气勘探及开发利用
9. 低热值燃料及煤矿伴生资源开发利用
10. 管道输煤
11. 洁净燃煤技术开发

六、电力

1. 水力发电
2. 大型煤矿坑口电站及重要枢纽电站建设
3. 热电联产
4. 太阳能、地热能、海洋能、生物质能及风力发电
5. 燃气联合循环发电
6. 洁净煤发电
7. 利用煤矸石或劣质煤发电
8. 远距离超高压输变电
9. 城乡电网改造及建设
10. 继电保护技术开发
11. 变电站自动化技术开发
12. 跨区电网互联工程技术开发
13. 电网商业化运营技术开发

七、核能

1. 百万千瓦级压水堆核电站建设
2. 低温核供热堆、快中子增殖堆、聚变堆、先进研究堆
3. 铀矿地质勘查和先进的铀矿采冶
4. 高性能核燃料元件制造
5. 乏燃料后处理
6. 核分析、核探测仪器仪表制造
7. 同位素及辐照应用技术开发

8. 先进的铀同位素分离技术开发
9. 核废料污染监视监测设备制造

八、石油天然气

1. 石油、天然气勘探、开采及利用
2. 原油及成品油管道输送及管网建设
3. 天然气管道输送
4. 石油、天然气储备技术及设施建设
5. 油气伴生资源综合利用
6. 油田提高采收率技术开发

九、铁路

1. 铁路干线网建设
2. 既有线路提速及扩能
3. 高速铁路系统技术开发及建设
4. 25 吨轴重货运重载技术开发
5. 铁路行车安全技术保障系统开发
6. 重型优质钢轨及新型轨枕制造
7. 编组站自动化、装卸作业机械化及货场设备制造
8. 铁路客货运装备制造
9. 铁路客货运信息系统开发
10. 铁路集装箱运输

十、公路

1. 国道主干线系统建设
2. 智能公路运输系统技术开发
3. 公路快速客货运输系统开发
4. 公路管理信息系统开发
5. 公路工程新材料开发及生产
6. 公路新型机械设备设计制造
7. 公路集装箱运输
8. 特大跨径桥梁修筑技术开发
9. 长大隧道修筑技术开发

十一、水运

1. 沿海主枢纽港口建设
2. 内河干线航道及码头建设
3. 大型港口装卸自动化工程
4. 海运电子数据交换系统开发
5. 水运安全保障系统开发及设备制造
6. 港口新型机械设备设计与制造
7. 水上集装箱运输
8. 集装箱多式联运
9. 水上高速客运
10. 沿海船舶溢油监测及应急消除系统开发
11. 水上滚装多式联运

十二、航空运输

1. 干线机场改造
2. 高性能机场安检设备开发制造
3. 航空特种车辆制造
4. 航空计算机管理及其网络系统开发
5. 航空货物装卸、货场设备、仓储设备、集装器及其配套设备制造
6. 航空货物检测设备制造
7. 机场通讯导航系统开发
8. 机场高性能消防设备制造

十三、信息产业

1. 2.5Gb/s 及以上光同步传输系统建设
2. 155Mb/s 及以上数字微波同步传输系统建设
3. 卫星通信地球站建设
4. 网管监控、七号信令、时钟同步、计费等通信支撑网建设
5. 数据通信网建设
6. 智能网等新业务网建设
7. 宽带异步转移模式网络建设
8. 数字蜂窝移动通信网建设
9. P 业务网络建设
10. 通信链路实时调度系统（交叉连接）建设
11. 邮政金融网建设
12. 邮政综合业务网建设
13. 邮件处理自动化工程
14. 光纤波分复用传输系统设备制造
15. 2.5Gb/s 及以上数字同步系列光纤通信系统设备制造
16. 数字交叉连接设备制造
17. 支撑通讯网的新技术设备制造
18. 卫星通信系统（含卫星移动通信）及地球站设备制造
19. 智能网络设备制造
20. 高速宽带数字程控交换机制造
21. 数据通信用网络系统设备制造
22. 同温层通信系统关键技术及设备制造
23. 155Mb/s 及以上数字同步系列微波通信系统设备制造
24. 数字移动通信（GSM、CDMA、DCS1800 等）手机，基站及交换设备制造（须经国家计委批准）
25. 有线及无线用户接入网系统设备制造
26. 数字集群通信系统设备制造
27. 路由器、集线器、网关、网卡等网络设备制造
28. 工作站、高性能服务器制造
29. 大中型电子计算机制造
30. 高性能微型电子计算机制造
31. 线宽 1.2 微米以下大规模集成电路设计制造
32. 新型电力电子器件及系统制造
33. 新型表面贴装元器件制造

34. 光电器件、敏感元器件及传感器制造
35. 电子专用材料、电子功能陶瓷材料制造
36. 软件开发生产
37. 计算机辅助设计（CAD）、辅助测试（CAT）、辅助制造（CAM）、辅助工程（CAE）系统开发生产
38. 电子专用设备、仪器、工模具制造
39. 大容量光、磁盘驱动器及其部件制遗
40. 液晶显示器件、等离子体（PDP）显示器件等新型显示器件开发制造
41. 大屏幕彩色投影电视及其关键器件开发制造
42. 激光打印机、喷墨打印机制造
43. 单模光纤及光纤预制棒制造
44. 数字音视频广播系统设备制造
45. DVD 系列数字激光视盘产品机芯、光头、专用芯片制造
46. 高密度数字激光视盘播放机（DVD）盘片制造（须经国家定点）
47. 数字录放像技术开发
48. 数字电视产品（包括传输设备、机顶盒、数字彩色电视机）制造
49. 普通纸传真机制造
50. 新型保密机制造
51. 多媒体终端制造
52. 高速无线寻呼系统设备制造
53. 数字多功能电话机制造
54. 新型频率器件制造
55. 无汞碱锰二次电池、镍氢电池、锂离子电池、太阳能电池制造
56. 移动通信用射频电缆制造
57. 混合集成电路制造
58. 6 英寸及以上单晶硅、多晶硅及晶片制造
59. 喷墨打印机用墨水生产
60. 数字照相机制造
61. 多普勒雷达技术及设备制造
62. 空中交通管制系统开发与制造
63. 汽车电子产品制造
64. 医疗电子产品制造

十四、钢铁

1. 高效采矿及运输
2. 高效选矿及矿产资源综合利用
3. 氧化球团生产
4. 炼焦煤调湿、配型煤炼焦、捣固炼焦、干法熄焦技术开发
5. 高风温热风炉长寿技术开发
6. 高炉富氧喷煤技术开发
7. 高炉高效长寿综合技术开发
8. 直接还原
9. 熔融还原
10. 高炉、转炉煤气回收及综合利用
11. 铁水预处理

12. 钢水炉外精炼
13. 转炉溅渣护炉技术开发
14. 高效连铸技术开发
15. 连铸坯热装热送技术开发
16. 薄板坯、薄带坯等近终型连铸连轧
17. 冶金综合自动化技术开发
18. 控制轧制及控制冷却系统开发
19. 板型控制系统开发
20. 表面镀锌（锌、铝）、镀锡、彩色涂层及复合
21. 微合金钢冶炼
22. 大中型不锈钢冶炼新工艺
23. 冷轧硅钢片生产
24. 高强度机械用钢生产
25. 热，冷轧不锈钢板生产
26. 高速铁路用钢生产
27. 石油油井管及油、气长输管生产
28. 高铝矾土、硬质黏土矿开采及熟料生产
29. 冶金炉窑及节能技术开发
30. 高性能精密合金板带生产

十五、有色金属

1. 深部及难采矿床开采
2. 多金属共生矿综合利用
3. 难处理金矿、含金尾矿资源综合回收
4. 低品位、难处理铜矿利用技术开发
5. 稀有、稀散金属开发及综合利用
6. 采用焙烧新工艺、热压预氧化氰化提金工艺和细菌氧化氰化提金工艺开发利用难处理金矿石
7. 金属硫化矿无污染强化熔炼技术开发
8. 高效节能选矿和电化学控制浮选
9. 高效选矿药剂开发
10. 氧化铝生产及新工艺开发
11. 280KA 以上预焙槽电解铝技术开发
12. 有色金属湿法冶炼
13. 超临界萃取技术开发
14. 铝及铝合金快速铸轧技术开发与设备制造
15. 非晶合金薄带制造
16. 稀土应用
17. 有色金属复合材料、新型合金材料制造
18. 高性能、高精度硬质合金、锡化合物、锑化合物及陶瓷材料制造
19. 高性能磁性材料制造
20. 超细粉体材料、电子浆料及其制品制造
21. 新型刹车材料制造
22. 地铁用高性能金属材料制造

十六、化工

1. 大中型化学矿山建设

2. 大型氮肥生产装置新建及现有氮肥企业的节能、增产改造
3. 高浓度磷复肥、钾肥及各种专用复混肥料生产
4. 各种新型化肥的开发利用
5. 高效、低毒、安全新品种农药的开发和生产
6. 易回收、可降解农膜生产
7. 采用新型节能、环保技术新建和改造现有无机化工生产
8. 新型精细无机化工产品生产
9. 新型涂料生产
10. 染料新品种生产
11. 饲料添加剂、食品添加剂、水处理化学品、油田化学品、电子化学品、造纸化学品、皮革化学品、胶黏剂生产
12. 新型生物化工产品生产
13. 新型信息化学品生产
14. 新型高效催化剂生产
15. 工程塑料及通用塑料的高性能化生产
16. 有机硅产品生产
17. 有机氟产品生产
18. 新型膜材料及制品生产
19. 无机纳米材料生产
20. 高等级子午线轮胎及配套专用材料和专用关键设备制造
21. 化工生产“三废”治理和资源综合利用
22. 生物活性饲料及肥料生产

十七、石化

1. 适应原油结构、油品品种结构调整和提高油品质量的炼油改造以及重油深度加工
2. 大型乙烯及后加工
3. 乙烯改扩建
4. 大型合成树脂及合成树脂新工艺、新产品制造
5. 大型合成橡胶和橡塑性弹性体先进工艺、新产品制造
6. 大型合成纤维单体及聚合物制造
7. 工程塑料及新型塑料合金生产
8. 符合经济规模的基本有机化工原料生产
9. 提高合成纤维差别化率技术及差别化合成纤维新品种制造
10. 乙烯氧氯化法制聚氯乙烯
11. 土工合成材料原料生产
12. 炼厂气、化工副产品的综合利用
13. “三废”治理及综合利用

十八、建材

1. 日产 4000 吨及以上熟料新型干法水泥生产
2. 新型墙体材料、新型保温材料、新型防水材料及新型建筑密封材料生产
3. 利废建材生产
4. 一万吨及以上无碱玻璃纤维池拉丝技术装备的开发及制造
5. 优质塑料复合门窗及年产万吨以上塑料管材生产线建设
6. 平板玻璃深加工技术开发

7. 50 万件以上高档卫生洁具及 30 万件以上五金配件生产线建设
8. 非金属矿超细、改性深加工技术装备开发及制造
9. 高技术陶瓷技术开发

十九、医药

1. 国家一、二、三类新药生产
2. 高附加值的出口优势产品生产
3. 药用生物工程新技术开发
4. 放射性药品生产
5. 艾滋病治疗药物生产
6. 新型药物制剂及辅料生产
7. 医药紧缺的中间体生产
8. 新型诊断试剂生产
9. 新型药用包装材料生产
10. 新型卫生材料和敷料生产
11. 计划生育药物及器具新产品生产
12. 新药筛选技术与筛选模型开发
13. 新菌种培育技术开发
14. 抗生素提炼和纯化技术开发
15. 发酵过程自动控制
16. 大规模药用多肽合成、纯化
17. 大规模药用核酸合成、纯化
18. 高产基因工程菌生产
19. 天然类药物、海洋类药物生产
20. 中药有效成分的提炼、纯化及分析技术开发
21. 药物生产中的膜技术、结晶技术、超临界萃取技术、手性技术及拆分技术开发
22. 药品生产中大规模动植物细胞培养技术开发
23. 酶技术开发
24. 输液软包装技术开发
25. 药用丁基胶塞生产技术开发
26. 优质、丰产、地道药材技术开发及野生变家种技术开发
27. 中药饮片全浸润炮制工艺技术开发
28. 医学影像信息采集技术开发
29. 新型医疗器械及制造技术开发
30. 介入治疗用装备及器械制造
31. 植入、进入人体的新型医用材料生产
32. 高效节能制药机械制造
33. 医药生产废水处理技术开发
34. 填补国内空白的药物制造

二十、机械

1. 精密成型技术开发及设备制造
2. 五轴以上联动的高速、精密数控机床，数控系统及交流伺服装置、直线电机制造
3. 机械产品开发用先进计算机软硬件技术开发及设备制造
4. 机械产品开发用先进试验、检测技术开发及设备制造

5. 数控机床关键零部件（高速主轴、刀库、动力卡盘）制造
6. 新型传感器制造
7. 轿车轴承、铁路机车车辆轴承、精密轴承、高速轴承制造
8. 转轮直径 8.5 米及以上混流、轴流式水电设备及其关键配套辅机制造
9. 大型贯流及抽水蓄能水电机组及其关键配套辅机制造
10. 超临界火电机组制造
11. 60 万千瓦及以上大型空冷机组制造
12. 10 万千瓦及以上循环流化床锅炉制造
13. 3.6 万千瓦及以上燃气、蒸汽联合循环设备制造
14. 大型风力发电机组制造
15. 核电机组及关键配套辅机制造
16. 50 万伏及以上超高压交直流输变电设备制造
17. 大电流断流容量试验及变压器突发短路试验设备制造
18. 脱硫技术及装置开发
19. 新型绝缘材料制造
20. 大型化肥、乙烯装置关键制造技术开发及设备制造
21. 重大技术装备的分散型控制系统开发
22. 在线自动测试技术及系统开发
23. 大型精密仪器制造
24. 新型液压、密封、气动元器件制造
25. 智能式低压电器制造
26. 高强度异型紧固件制造
27. 20 吨/时及以上树脂砂铸造设备制造
28. 先进模具设计、制造技术开发及设备制造
29. 大型真空电子束焊技术开发及设备制造
30. 可控气氛及真空热处理技术开发及设备制造
31. 安全生产及环保检测仪器新技术设备制造
32. 秸秆分解利用新技术及关键设备制造
33. 城市垃圾处理技术开发及设备制造
34. 大型污水处理技术开发及设备制造
35. 烟气脱硫脱硝设备制造
36. 重大自然灾害监测技术及设备制造
37. 消烟除尘成套设备制造
38. 环境监测仪器及测试仪器制造
39. 煤矸石发电成套设备制造
40. 粉煤灰储运、制砖成套设备制造
41. 废旧塑料回收利用设备制造
42. 海水淡化技术开发及设备制造
43. 工业利器人开发制造
44. 500 万吨/年及以上井下无轨采、装、运设备制造
45. 2000 万吨级及以上大型露天矿成套设备制造
46. 隧道掘进机制造
47. 地铁暗挖设备制造
48. 2 米及以上大型冷热连轧及过程控制技术开发及设备制造

49. 3 万立方米/时及以上空分设备制造
50. 机械式立体车库制造
51. 天然气集输设备制造
52. 石油化工装置配套用大型透平压缩机制造
53. 柔性版印刷关键设备制造
54. 全自动高速多色印刷设备制造
55. 先进、适用的农业机械设备制造
56. 农、渔、畜、糖蔗产品深加工及资源综合利用设备制造
57. 生态农业设备制造
58. 农业（棉花、水稻、玉米、豆类、青饲料等）收获机械及农机具制造
59. 林业机械设备制造技术开发
60. 真空精炼与铸造技术开发及设备制造
61. 新型仪表元器件及材料制造
62. 大型工程施工机械设备制造
63. 先进内燃机及关键零部件制造
64. 集中供热热量计量系统设备制造
65. 城市供水、污水处理仪器仪表及集中控制设备制造
66. 地铁变频变压（VVVF）设备制造
67. 城市轨道交通设备国产化项目
68. 石油天然气勘探、钻采设备制造
69. 高性能清淤设备制造
70. 城市绿化型草皮工业化生产技术及设备制造
71. 旅游抢险系统和设备制造

二十一、汽车

1. 汽车车身和车身附件开发及制造
2. 汽车、摩托车新型发动机制造
3. 汽车关键零部件开发制造
4. 汽车重要部件的精密锻压、黑色铸造、有色铸造毛坯制造
5. 汽车模具开发制造
6. 汽车轻型化新材料制造
7. 汽车、摩托车整车及发动机、零部件研制系统开发
8. 发动机管理系统、三元催化转化装置等汽车尾气排放控制系统开发制造
9. 国家级检测中心用于汽车、摩托车型式认证检测系统开发
10. 燃气汽车燃气转换系统等关键零部件开发制造

二十二、船舶

1. 高技术、高性能、特种船舶及 6 万吨级以上大型船舶设计及制造
2. 万吨级及以上客滚船、客箱船制造
3. 5000 立方米及以上液化石油气（LPG）、液化天然气（LNG）船制造
4. 船舶主机制造
5. 船用电站制造
6. 船用曲轴、特辅机、电子仪表制造
7. 海上钻井船、钻采平台制造
8. 3000 标准箱（TEU）及以上集装箱船舶制造

二十三、航空航天

1. 民用飞机及零部件开发制造
2. 航空发动机开发制造
3. 航空电子综合系统开发制造
4. 机载设备系统开发制造
5. 直升机总体、旋翼系统、传动系统开发制造
6. 航空航天新型材料、新工艺及应用
7. 燃气轮机制造
8. 卫星、运载火箭及零部件制造
9. 卫星应用
10. 航空、航天技术应用
11. 航空器地面模拟训练系统开发制造
12. 航空器地面维修、维护、检测设备开发制造

二十四、轻工纺织

1. 非金属制品模具设计、加工、制造
2. 符合经济规模标准的纸浆、纸和纸制品生产
3. 农用塑料节水器材制造
4. 新型高速九层以上瓦楞纸生产
5. 皮革后整理加工
6. 高技术陶瓷、高档出口日用瓷制造
7. 特种工业缝纫机制造
8. 酶制剂生产
9. 合成香料、单离香料生产
10. 无氟制冷技术开发
11. 黄原胶（食品级）生产
12. 新型包装材料生产
13. 新型复合材料制造
14. 数字印刷技术及高清晰度制版系统开发
15. 高档织物印染和高技术后整理加工
16. 单系列日产400吨及以上聚酯生产
17. 高仿真化纤面料生产
18. 纺织用油剂、助剂、染化料生产
19. 碳纤维、芳纶纤维、新型纤维素纤维及多功能、差别化化学纤维生产
20. 特种天然纤维加工
21. 产业用特种纺织品制造
22. 高技术的轻工、纺织机械及关键技术和零部件制造
23. 单线能力3万吨/年及以上直接纺涤纶短纤维生产
24. 单线能力1万吨/年及以上直接纺涤纶长丝生产
25. 符合经济规模的连续纺粘胶长丝生产

二十五、建筑

1. 建筑工程计算机辅助设计
2. 建筑机械计算机辅助设计及制造
3. 建筑节能关键技术开发

4. 高层建筑与空间结构设备制造
5. 建筑施工关键设备制造
6. 住宅高性能外围护结构材料与部件制造
7. 新型建筑结构系统开发
8. 建筑隔震减震材料制造
9. 地下工程盾构施工技术与装备制造
10. 市政设施用复合管道制造
11. 墙体吸收噪声技术与材料开发

二十六、城市基础设施及房地产

1. 城市地铁、轻轨（设备国产化比例70%及以上）及公共交通建设
2. 城市道路建设
3. 城市交通管制系统及设备制造
4. 城镇供水水源。自来水、排水及污水处理工程
5. 城镇垃圾及其他固体废弃物无害化、资源化、减量化处理和综合利用
6. 城镇燃气工程
7. 城镇集中供热工程
8. 节能、低污染取暖设备制造
9. 城镇园林绿化及生态小区建设
10. 城市立体停车场建设
11. 经济适用住房建设
12. 城市汽车燃气改造工程

二十七、环境保护和资源综合利用

1. 生态及环境整治工程
2. 生物多样性保护技术与工程
3. 林区资源综合开发与利用
4. 废弃物综合利用
5. 海洋开发及海洋环境保护
6. 消耗臭氧层替代物开发
7. 放射性废物处理处置
8. 农膜回收及无害分解技术开发

二十八、服务业

1. 现代化配送中心、加工中心、代理经营配套设施建设及连锁经营
2. 粮食、棉花、食糖、食用油、化肥、石油等重要商品的现代化仓储设施建设
3. 农产品贸工农、产加销一体化经营及流通设施建设
4. 闲置设备调剂市场
5. 农业社会化服务体系建设
6. 旅游交通等基础设施建设
7. 重大旅游度假项目和专项旅游项目建设
8. 大型旅游资源综合开发项目建设
9. 旅游信息服务系统开发
10. 信用卡及其网络服务
11. 租赁服务
12. 文化艺术、广播影视、大众体育设施建设

13. 文物保护
14. 高等学校、职业技术教育及特殊教育
15. 远程教育系统建设
16. 信息网络建设
17. 城市社区服务中心及服务网络建设
18. 养老院、老龄公寓、老人护理院等老年服务设施建设
19. 残疾人服务设施建设
20. 基本医疗服务设施建设
21. 预防保健服务设施建设
22. 地级以上中心血站建设
23. 国家工程（技术）中心、国家重点实验室、高新技术创业服务中心、新产品开发设计中心、科研中试基地、实验基地建设
24. 技术推广、科技交流、技术咨询、气象、环保、测绘、地震、海洋、专利、技术监督等科技服务
25. 经济、科技、工程、管理、会计、审计、就业、法律、环保咨询
26. 高新技术广告制作、经济和科技展览、科学普及
27. 精密仪器、设备维修及服务
28. 科学仪器、实验动物、化学试剂、文献信息等科研支撑条件共建共享服务

海关总署关于执行《产业结构调整指导目录（2005年本）》的公告

（海关总署公告2006年第7号）

经国务院批准，国家发展改革委以《中华人民共和国国家发展改革委令（第40号）》发布了《产业结构调整指导目录（2005年本）》（以下简称《产业指导目录》，详见附件），并规定自2005年12月2日起执行。现就海关执行中的有关问题公告如下：

一、自2005年12月2日起，对属于《产业指导目录》鼓励类范围的国内投资项目，在投资总额内进口的自用设备，除《国内投资项目不予免税的进口商品目录》所列商品外，可凭投资主管部门出具的项目确认书，按照《国务院关于调整进口设备税收政策的通知》（国发〔1997〕37号）及其他相关规定办理免征进口关税和进口环节增值税手续。

二、《产业指导目录》实施后，项目确认书中的“项目产业政策审批条目”编码为“I”，例如，《产业指导目录》中鼓励类的第一类第1项应填写为：粮食中低产田综合治理与稳产高产基本农田建设（I0101）；第六类第2项应填写为：天然气水合物勘探开发（I0602）。

三、为保持政策的连续性，对2005年12月2日（不含12月2日）以前审批、核准或备案的国内投资项目（以项目的审批、核准或备案日期为准），符合《当前国家重点鼓励发展的产业、产品和技术目录（2000年修订）》的，可按照原有关规定继续办理免征进口关税和进口环节增值税手续。有关项目单位须于2006年12月31日前，持投资主管部门出具的项目确认书（其中“项目产业政策审批条目”仍按原审批条目及编码填写）等有关资料向海关申请办理减免税备案手续。逾期，海关不再受理上述减免税备案申请。

四、有关投资主管部门已出具的国内投资项目的项目确认书需要变更的，应由原项目确认书的出具单位以函的形式进行变更，不再采取在原项目确认书复印件上变更的方式。对于仍在原项目确认书复印件上

进行变更的，海关不予认可。

特此公告。

附件　产业结构调整指导目录（2005 年本）

中华人民共和国海关总署

二○○六年二月九日

附件

产业结构调整指导目录（2005 年本）

第一类　鼓励类

一、农林业

1. 粮食中低产田综合治理与稳产高产基本农田建设
2. 国家级农产品基地建设
3. 蔬菜、花卉无土栽培
4. 优质、高产、高效标准化栽培和养殖技术开发及应用
5. 重大病虫害及动物疾病防治
6. 农作物、家畜、家禽及水生动植物、野生动植物遗传工程及基因库建设
7. 动植物优良品种选育、繁育、保种和开发
8. 种（苗）脱毒技术开发及应用
9. 旱作节水农业、保护性耕作、生态农业建设、耕地质量建设以及新开耕地快速培肥技术开发
10. 生态种（养）技术开发与应用
11. 农用薄膜无污染降解技术及农田土壤重金属降解技术开发及应用
12. 绿色无公害饲料及添加剂研究开发
13. 内陆流域性大湖资源增殖保护工程
14. 远洋渔业
15. 奶牛养殖
16. 牛羊胚胎（体内）及精液工厂化生产
17. 农业克隆技术研发
18. 耕地保养管理与土、肥、水速测技术开发
19. 农、林作物种质资源保护地、保护区建设以及种质资源收集、保存、鉴定、开发和应用
20. 农作物秸秆还田与综合利用（包括青贮饲料、秸秆氨化养牛、还田、气化、培育食用菌等）
21. 农村可再生资源综合利用开发工程（沼气工程、生态家园等）
22. 平垸行洪退田还湖恢复工程
23. 食（药）用菌菌种培育
24. 草原、森林灾害综合治理工程
25. 利用非耕地的退耕（牧）还林（草）及天然草原植被恢复工程
26. 动物疫病的新型诊断试剂、疫苗及低毒低残留新药开发
27. 高产牧草人工种植
28. 天然橡胶种植生产
29. 无公害农产品及其产地环境的有害元素监测技术开发及应用
30. 有机废弃物无害化处理及有机肥料产业化技术开发及应用

31. 农牧渔产品的无公害、绿色生产技术开发及应用
32. 农林牧渔产品储运、保鲜、加工及综合利用
33. 天然林等自然资源保护工程
34. 植树种草工程及林木种苗工程
35. 水土保持综合技术开发及应用
36. 生态系统恢复与重建工程
37. 森林、野生动植物、湿地、荒漠、草原等类型自然保护区建设及生态示范工程
38. 防护林工程
39. 石漠化防治及防沙治沙工程
40. 固沙、保水、改土新材料生产
41. 抗盐与耐旱植物的培植
42. 速生丰产林工程、工业原料林工程及名特优新经济林建设
43. 竹藤基地建设及竹藤新产品生产技术开发
44. 中幼林抚育工程
45. 野生经济林树种保护、改良及开发利用
46. 珍稀濒危野生动植物保护工程
47. 林业基因资源保护工程
48. 次小薪材、沙生灌木和三剩物的深度加工及系列产品开发
49. 野生动植物种源繁育、培植基地及疫源疫病监测预警体系建设
50. 地道中药材和优质、丰产、濒危或紧缺动植物药材的种（养）殖
51. 香料、野生花卉等林下资源的人工培育及开发
52. 木基复合材料的技术开发
53. 竹质工程材料、植物纤维工程材料生产及综合利用
54. 林产化学品深加工
55. 人工增雨防雹等人工影响天气技术开发和应用

二、水利

1. 大江、大河、大湖治理及干支流控制性工程
2. 跨流域调水工程
3. 水资源短缺地区水源工程
4. 农村人畜饮水及改水工程
5. 蓄滞洪区安全建设
6. 海堤防维护及建设
7. 江河湖库清淤疏浚工程
8. 病险水库和堤防除险加固工程
9. 堤坝隐患监测与修复技术开发应用
10. 城市积涝预警和防洪工程
11. 出海口门整治工程
12. 综合利用水利枢纽工程
13. 牧区水利工程
14. 淤地坝工程
15. 水利工程用土工合成材料及新型材料开发制造
16. 大中型灌区改造及配套设施建设
17. 防洪抗旱应急设施建设
18. 高效输配水、节水灌溉技术及设备制造

19. 水情水质自动监测及防洪调度自动化系统开发
20. 水文数据采集仪器及设备制造

三、煤炭

1. 煤田地质及地球物理勘探
2. 120万吨/年及以上的高产高效煤矿（含矿井、露天）、高效选煤厂建设
3. 矿井灾害（瓦斯、煤尘、矿井水、火、围岩等）防治
4. 工业及生活用环保型煤开发及生产
5. 水煤浆技术开发及应用
6. 煤炭气化、液化技术开发及应用
7. 煤层气勘探、开发和矿井瓦斯利用
8. 低热值燃料（含煤矸石）及煤矿伴生资源开发利用及设备制造
9. 管道输煤
10. 煤炭高效洗选脱硫技术开发及应用
11. 节水型选煤工程技术开发及应用
12. 地面沉陷区治理、矿井水资源保护及利用
13. 煤电、煤焦化（焦炉煤气、煤焦油深加工）一体化建设
14. 提高资源回收率的采煤方法、工艺开发应用及装备制造

四、电力

1. 水力发电
2. 单机60万千瓦及以上超临界、超超临界机组电站建设
3. 采用30万千瓦及以上集中供热机组的热电联产，以及热、电、冷多联产
4. 缺水地区单机60万千瓦及以上大型空冷机组电站建设
5. 风力发电及太阳能、地热能、海洋能、生物质能等可再生能源开发利用
6. 燃气蒸汽联合循环发电
7. 30万千瓦及以上循环流化床、增压流化床、整体煤气化联合循环发电等洁净煤发电
8. 单机20万千瓦及以上采用流化床锅炉并利用煤矸石或劣质煤发电
9. 500千伏及以上交、直流输变电
10. 投运发电机组脱硫改造
11. 城乡电网改造及建设
12. 继电保护技术、电网运行安全监控信息技术开发
13. 大型电站及大电网变电站集约化设计和自动化技术开发
14. 跨区电网互联工程技术开发
15. 输变电新技术推广应用
16. 降低输、变、配电损耗技术开发及应用
17. 分散供电技术开发及应用

五、核能

1. 铀矿地质勘查和铀矿采冶
2. 低温核供热堆、快中子增殖堆、聚变堆、先进研究堆、高温气冷堆
3. 核电站建设
4. 高性能核燃料元件制造
5. 乏燃料后处理
6. 核分析、核探测仪器仪表制造
7. 同位素、加速器及辐照应用技术开发

8. 先进的铀同位素分离技术开发
9. 辐射防护技术开发与监测设备制造
10. 核设施实体保护仪器仪表开发

六、石油、天然气

1. 石油、天然气勘探及开采
2. 天然气水合物勘探开发
3. 原油、天然气、成品油的储运和管道输送设施及网络建设
4. 油气伴生资源综合利用
5. 提高油气田采收率、生产安全保障技术和设施、生态环境恢复与污染防治工程技术开发和应用
6. 放空天然气回收利用

七、钢铁

1. 黑色金属矿山接替资源勘探及关键勘探技术开发
2. 炭化室高度6米以上、宽500毫米以上配干熄焦、装煤、推焦除尘装置的新一代大容积机械化焦炉建设
3. 煤捣固炼焦、配型煤炼焦工艺技术应用
4. 干法熄焦、导热油换热技术应用
5. 120万吨/年以上大型链篦机回转窑和带式球团焙烧机等氧化球团生产
6. 15万吨/年及以上直接还原法炼铁
7. 先进适用的熔融还原技术开发及应用
8. 废钢加工处理（分类、剪切和打包，不含炼钢）
9. 合金钢大方坯、大型板坯、圆坯、异型坯及近终型连铸技术开发及应用
10. 现代化热轧宽带钢轧机关键技术开发应用及关键部件制造
11. 薄板坯连铸连轧关键技术开发应用及关键部件制造
12. 高强度钢生产
13. 高速重载铁路用钢生产
14. 石油开采用油井管、电站用高压锅炉管及油、气等长距离输送用钢管生产
15. H型钢、400MPa及以上螺纹钢筋生产
16. 冷连轧宽带钢关键技术开发应用及关键部件制造
17. 冷轧硅钢片生产
18. 控制轧制、控制冷却工艺技术应用
19. 直径550毫米以上超高功率石墨电极生产
20. 大型高炉用微孔、超微孔炭砖生产
21. 优质合成、不定形耐火材料生产
22. 铁合金新工艺、新技术开发应用
23. 全燃煤气热电联产
24. 蓄热式燃烧技术应用
25. 冶金综合自动化技术应用

八、有色金属

1. 有色金属矿山接替资源勘探及关键勘探技术开发
2. 铜、铝、铅、锌、镍大中型矿山建设
3. 紧缺资源的深部及难采矿床开采
4. 硫化矿物无污染强化熔炼工艺开发及应用
5. 高效萃取设备和工艺技术开发

6. 高精铜板、带、箔、管材生产及技术开发
7. 高精铝板、带、箔及高速薄带铸轧生产技术开发与设备制造
8. 轨道交通用高性能金属材料制造
9. 有色金属复合材料技术开发及应用
10. 高性能、高精度硬质合金及深加工产品和陶瓷材料生产
11. 稀有、稀土金属深加工及其应用
12. 锡化合物、锑化合物（不含氧化锑）生产
13. 高性能磁性材料制造
14. 超细粉体材料、电子浆料及其制品生产
15. 非晶合金薄带制造
16. 新型刹车材料制造
17. 高品质镁合金铸造及板、管、型材加工技术开发
18. 有色金属生产过程检测和控制技术开发
19. 焙烧、热压预氧化和细菌氧化提金工艺技术开发及应用

九、化工

1. 化工原料矿产资源勘探及大中型化工原料矿山建设
2. 资源节约和环保型氮肥装置建设以及原料本地化、经济化改造
3. 优质磷复肥、钾肥及各种专用复合肥生产
4. 高效、低毒、安全新品种农药及中间体开发生产
5. 用清洁生产技术建设和改造无机化工生产装置
6. 环保型涂料生产
7. 新型生物化工产品、专用精细化学品和膜材料生产
8. 新型高效、无污染催化剂开发及生产
9. 有机硅、有机氟及高性能无机氟化工产品生产
10. 无机纳米及功能性材料生产
11. 新型染料及其中间体开发及生产
12. 大型芳烃生产装置建设
13. 提高油品质量的炼油及节能降耗装置改造
14. 大型乙烯建设（东部及沿海80万吨/年及以上、西部60万吨/年及以上）及现有乙烯改扩建
15. 大型合成树脂及合成树脂新工艺、新产品开发
16. 大型己内酰胺、乙二醇、丙烯腈的生产技术开发和成套设备制造
17. 大型合成橡胶、合成胶乳和热塑性弹性体先进工艺开发、新产品制造
18. 新型环保型油剂、助剂等纺织专用化学品生产
19. 复合材料、功能性高分子材料、工程塑料及低成本化、新型塑料合金生产
20. 采用先进工艺技术的大型基本有机化工原料生产
21. 高等级道路沥青、聚合物改性沥青和特种沥青生产
22. 低硫含酸重质原油综合利用
23. 合成树脂加工用新型助剂、新型吸附剂、高性能添加剂和复配技术开发
24. 20万吨/年及以上氧氯化法制聚氯乙烯
25. 氯化法钛白粉生产
26. 高等级子午线轮胎及配套专用材料、设备生产
27. 醇醚燃料生产

十、建材

1. 日产4000吨及以上（西部地区日产2000吨及以上）熟料新型干法水泥生产及装备和配套材料开

发

2. 新型节能环保墙体材料、绝热隔音材料、防水材料和建筑密封材料、建筑涂料开发生产

3. 优质环保型摩擦与密封材料生产

4. 3万吨/年及以上无碱玻璃纤维池窑拉丝技术和高性能玻璃纤维及制品技术开发与生产

5. 优质节能复合门窗及五金配件生产

6. 新型管材（含管件）技术开发制造

7. 优质浮法玻璃生产技术、装备和节能、安全平板玻璃深加工技术开发

8. 一次冲洗用水量6升及以下的坐便器、节水型小便、蹲便器及节水控制设备开发生产

9. 高新技术和环保产业需求的高纯、超细、改性等精细加工矿物材料生产及其技术装备开发制造

10. 新型干法水泥和新型墙体材料等建材产品生产中消纳工业废弃物、城市垃圾和污泥的无害化与资源化关键技术及装备开发

11. 玻璃纤维增强塑料制品（玻璃钢）机械化成型技术开发

12. 散装水泥装备技术开发

13. 高性能混凝土用外加剂技术开发与生产

14. 50万吨/年及以上人工砂生产线及其技术装备开发生产

15. 100万吨/年及以上大型水泥粉磨站建设

16. 20万立方米/年以上大型石材荒料、30万平方米/年以上超薄复合石材生产

17. 高品质人工晶体材料生产技术开发

十一、医药

1. 具有自主知识产权的新药开发与生产

2. 重大传染病防治疫苗和药物开发与生产

3. 新型诊断试剂及生物芯片技术开发与生产

4. 新型计划生育药物及器具开发与生产（含第三代孕激素的避孕药，第三代宫内节育器等）

5. 天然药物、海洋药物开发与生产

6. 制剂新辅料开发与生产

7. 关键医药中间体开发与生产

8. 医药生物工程新技术、新产品开发

9. 新型药物制剂技术开发与应用

10. 大规模药用多肽和核酸合成、发酵生产、纯化技术开发和应用

11. 药物生产中的膜技术、超临界萃取技术、手性技术及自控技术等开发和应用

12. 原料药清洁生产工艺开发与应用

13. 新型药用包装材料及其技术开发

14. 中药现代化（濒危稀缺药用动植物人工繁育技术开发；先进农业技术在中药材规范化种植、养殖中的应用；中药有效成分的提取、纯化、质量控制新技术开发和应用；中药现代剂型的工艺技术、生产过程控制技术和装备的开发与应用；中药饮片创新技术开发和产业化）

15. 少数民族医药开发生产

16. 数字化医学影像产品及医疗信息技术开发与制造

17. 早期诊断医疗仪器设备开发制造

18. 微创外科和介入治疗装备及器械开发制造

19. 医疗急救及康复工程技术装置开发生产

20. 实验动物养殖

21. 微生物开发利用

十二、机械

1. 数控机床关键零部件及刀具制造

2. 三轴以上联动的高速、精密数控机床，数控系统及交流伺服装置、直线电机制造
3. 新型传感器开发及制造
4. 轿车轴承、铁路轴承、精密轴承、低噪音轴承制造
5. 转轮直径 8.5 米及以上混流、轴流式水电设备及其关键配套辅机制造
6. 大型贯流及抽水蓄能水电机组及其关键配套辅机制造
7. 60 万千瓦及以上超临界及超超临界火电机组成套设备技术开发、设备制造及其关键配套辅机制造
8. 30 万千瓦及以上循环流化床锅炉制造
9. 40 万千瓦级以上燃气、蒸汽联合循环设备制造
10. 大型、精密、专用铸锻件技术开发及设备制造
11. 500 千伏及以上超高压交、直流输变电成套设备制造
12. 清洁能源发电设备制造（核电、风力发电、太阳能、潮汐等）
13. 30 万吨/年及以上合成氨成套设备制造
14. 60 万吨/年及以上乙烯成套设备制造技术开发及应用
15. 集散型（DCS）控制系统及智能化现场仪表开发及制造
16. 精密仪器开发及制造
17. 新型液压、气动、密封元器件及装置制造
18. 自动化焊接设备技术开发及设备制造
19. 大型、精密模具及汽车模具设计与制造
20. 可控气氛及大型真空热处理技术开发及设备制造
21. 安全生产及环保检测仪器设计制造
22. 城市垃圾处理设备制造
23. 粉煤灰储运、利用成套设备制造
24. 废旧电器、塑料、废旧橡胶回收利用设备制造
25. 海水淡化和海水直接利用设备制造
26. 工业机器人及其成套系统开发制造
27. 500 万吨/年及以上矿井综合采掘、装运成套设备及大型煤矿洗选机械设备制造
28. 2000 万吨级/年及以上大型露天矿成套设备制造
29. 大型油气集输设备制造
30. 自动化高速多色成套印刷设备制造
31. 种、肥、水、药高效施用和保护性耕作等农机具制造
32. 5 吨/时以上种子加工成套设备开发制造
33. 禽、畜类自动化养殖成套设备制造
34. 设施农业设备制造
35. 农、林、渔、畜产品深加工及资源综合利用设备制造
36. 秸秆综合利用关键设备制造
37. 农业（棉花、水稻、小麦、玉米、豆类、薯类、草饲料等）收获机械制造
38. 营林及人工植被工业化生产设备制造技术开发
39. 大型工程施工机械及关键零部件开发及制造
40. 电控内燃机及关键零部件技术开发与制造
41. 蓄冷（热）技术开发及设备制造
42. 大型能量回收装置成套设备设计制造
43. 7000 米及以上深井钻机成套设备设计制造
44. 高性能清淤设备制造
45. 医疗废物集中处理设备制造

46. 自动气象站系统技术开发及设备制造
47. 特种气象观测及分析设备制造
48. 地震台站、台网和流动地震观测技术系统开发及仪器设备制造
49. 地质灾害监测治理新技术及设备研发
50. 有害气体净化设备制造
51. 食品质量安全检验检测相关技术及设备
52. 报废汽车拆解、破碎处理设备制造

十三、汽车

1. 汽车、摩托车整车及发动机、关键零部件系统设计开发
2. 自动变速箱、重型汽车变速箱等汽车关键零部件及具有自主产权（品牌）的先进、适用汽车、发动机制造
3. 汽车轻量化及环保型新材料制造
4. 汽车重要部件的精密锻压、多工位压力成型及铸造
5. 汽车、摩托车型式试验及维修用检测系统开发制造
6. 压缩天然气、氢燃料、合成燃料、液化石油气、醇醚类燃料汽车和混合动力汽车、电动汽车、燃料电池汽车等新能源汽车整车及关键零部件开发及制造
7. 先进的小排量经济型乘用车、集装箱运输车、多轴大型专用车辆
8. 先进的轿车用柴油发动机开发制造
9. 城市用低底盘公共汽车开发制造

十四、船舶

1. 高技术、高性能、特种船舶和 10 万吨级及以上大型船舶设计及制造
2. 万吨级及以上客船、客滚船、滚装船、客箱船、火车渡船制造
3. 5000 立方米及以上液化石油气（LPG）、液化天然气（LNG）船制造
4. 3000 标准箱（TEU）及以上集装箱船制造
5. 船用动力系统、电站、特辅机制造
6. 大型远洋渔船及海上钻井船、钻采平台、海上浮式生产储油轮等海洋工程装备设计制造
7. 船舶控制与自动化、通讯导航、仪器仪表等船用设备制造

十五、航空航天

1. 飞机及零部件开发制造
2. 航空发动机开发制造
3. 机载设备系统开发制造
4. 直升机总体、旋翼系统、传动系统开发制造
5. 航空航天用新型材料开发及生产
6. 航空航天用燃气轮机制造
7. 卫星、运载火箭及零部件制造
8. 航空、航天技术应用及系统软硬件产品、终端产品开发生产
9. 航空器地面模拟训练系统开发制造
10. 航空器地面维修、维护、检测设备开发制造
11. 卫星地面系统建设及设备制造

十六、轻工

1. 符合经济规模的林纸一体化木浆、纸和纸板生产
2. 高新技术制浆造纸机械成套设备开发制造
3. 非金属制品模具设计、加工、制造

4. 生物可降解塑料及其系列产品开发

5. 农用塑料节水器材和农用多层薄膜开发、生产

6. 高技术陶瓷（含工业陶瓷）产品及装备技术开发

7. 陶瓷清洁生产技术开发及应用

8. 光、机、电子一体缝制机械及特种工业缝纫机开发制造

9. 天然香料、合成香料新技术开发和产品制造

10. 新型、生态型（易降解、易回收、可复用）包装材料研发、生产

11. 新型塑料保温板、大口径塑料管材（直径0.5米以上）、超低噪音排水塑料管、防渗土工膜、医用塑料等新型塑料产品开发、制造

12. 高新、数字印刷技术及高清晰度制版系统开发及应用

13. 高技术绿色电池产品制造（无汞碱锰电池、氢镍电池、锂离子电池、高容量密封型免维护铅酸蓄电池、燃料电池、锌空气电池、太阳能电池）

14. 少数民族特需用品制造

15. 天然食品添加剂原料及生产技术开发应用

16. 无元素氯（ECF）和全无氯（TCF）化学纸浆漂白工艺开发及应用

十七、纺织

1. 高档纺织品生产、印染和后整理加工

2. 采用化纤高仿真加工技术生产高档化纤面料

3. 各种差别化、功能化化学纤维、高技术纤维生产

4. 纤维及非纤维用新型聚酯（聚对苯二甲酸丙二醇酯、聚萘二酸乙二醇酯、聚对苯二甲酸丁二醇酯等）生产

5. 符合生态、资源综合利用与环保要求的特种天然纤维（包括除羊毛以外的其他动物纤维、麻纤维、竹纤维、桑蚕丝、彩色棉花等）产品加工

6. 采用高新技术的产业用特种纺织品生产

7. 新型高技术纺织机械及关键零部件制造

8. 高档地毯、抽纱、刺绣产品生产

9. 采用计算机集成制造系统的高档服装生产

10. 利用可再生资源的新型纤维（聚乳酸纤维、溶剂法纤维素纤维、动植物蛋白纤维等）生产

11. 纺织、纺机企业生产所需检测、试验仪器开发制造

十八、建筑

1. 节能省地型建筑暨绿色建筑的开发

2. 高层建筑与空间结构技术开发

3. 低噪声建筑施工机具开发与制造

4. 住宅高性能外围护结构材料与部件制造

5. 新型建筑结构系统开发

6. 建筑隔震减震结构体系及产品研发与推广

7. 建筑节水、节能、节地及节材关键技术开发

8. 智能建筑产品与设备的生产制造与集成技术研究

9. 居住及公共建筑集中采暖按热量计量技术应用

10. 商品混凝土、商品砂浆及其施工技术开发

十九、城市基础设施及房地产

1. 城市基础空间信息数据生产及关键技术开发

2. 城市公共交通建设

3. 城市道路及智能交通体系建设
4. 城市交通管制系统技术开发及设备制造
5. 城镇地下管道共同沟建设
6. 城镇供排水管网工程、供水水源及净水厂工程
7. 城镇燃气工程
8. 城镇集中供热建设和改造工程
9. 城市雨水收集利用工程
10. 节能、低污染取暖设备制造
11. 城镇园林绿化及生态小区建设
12. 城市立体停车场建设
13. 先进适用的建筑成套技术、产品和住宅部品研发和推广
14. 燃气汽车加气站工程
15. 城市建设管理信息化技术开发
16. 城市生态系统关键技术开发
17. 城际快速、城市轨道交通（经国家批准）系统开发、建设及车辆制造
18. 城市节水技术开发与应用
19. 城市照明智能化、绿色照明产品及系统技术开发
20. 国家住宅示范工程建设

二十、铁路

1. 铁路新线建设
2. 既有线路提速及扩能
3. 客运专线、高速铁路系统技术开发及建设
4. 机车同步操纵、列车电空制动（ECP）、25 吨及以上轴重货运重载技术开发
5. 铁路行车及客运、货运安全保障系统技术与装备开发
6. 编组站自动化、装卸作业机械化设备制造
7. 铁路运输信息系统开发
8. 铁路集装箱运输系统开发与建设
9. 交流传动机车、动车组、高原机车、机车车辆救援设备制造及技术开发
10. 交流传动核心元器件制造（含 IGCT、IGBT 元器件）
11. 时速 200 公里及以上铁路接触网、道岔、牵引供电技术开发与设备制造
12. 电气化铁路牵引供电功率因数补偿技术开发
13. 铁路线路检测、机车车辆监测技术开发与设备制造
14. 大型养路机械、多用途养路机械、轨道检测设备、工务专用设备开发制造
15. 行车调度指挥自动化技术开发
16. 混凝土结构物修补和提高耐久性技术、材料开发
17. 高速磁悬浮交通系统技术及材料开发与应用
18. 铁路旅客列车集便器及污物地面接收、处理工程

二十一、公路

1. 国道主干线、西部开发公路干线、国家高速公路网项目建设
2. 公路智能运输系统开发与建设
3. 公路快速客货运输系统开发与建设
4. 公路管理信息系统开发与建设
5. 公路工程新材料开发及生产

6. 公路工程及养护新型机械设备设计制造
7. 公路集装箱和厢式运输
8. 特大跨径桥梁修筑和养护技术开发
9. 长大隧道修筑和维护技术开发
10. 农村客货运输网络开发与建设
11. 农村公路建设

二十二、水运

1. 深水泊位（沿海万吨级、内河千吨级）建设
2. 出海深水航道及内河干线航道建设、通航建筑物建设
3. 大型港口装卸自动化工程
4. 海运电子数据交换系统开发
5. 水上安全保障系统和救助打捞装备建设与开发
6. 内河航运及船型标准化
7. 港口、深水航道及航电枢纽建设所需特种工程机械设备设计制造
8. 集装箱多式联运及水上集装箱运输
9. 水上高速客运
10. 原油、成品油、天然气船舶运输
11. 船舶溢油监测及应急消除系统建设开发
12. 水上滚装多式联运及水路大宗散货运输
13. 水运行业信息系统建设
14. 国际邮轮运输

二十三、航空运输

1. 机场建设
2. 公共航空运输
3. 通用航空
4. 空中交通管制和通讯导航系统建设
5. 航空器维修
6. 航空计算机管理及其网络系统开发与建设
7. 航空油料设施建设
8. 航空特种车辆、货场设备、仓储设备、货物集装器、高性能机场安检设备、高性能机场消防设备开发与制造
9. 海上空中监督巡逻和搜救设施建设

二十四、信息产业

1. 2.5GB/S 及以上光同步传输系统建设
2. 155MB/S 及以上数字微波同步传输设备制造及系统建设
3. 卫星通信系统、地球站设备制造及建设
4. 网管监控、七号信令、时钟同步、计费等通信支撑网建设
5. 数据通信网设备制造及建设
6. 智能网等新业务网设备制造及建设
7. 宽带网络设备制造及建设
8. 数字蜂窝移动通信网建设
9. IP 业务网络建设
10. 邮政储蓄网络建设

11. 邮政综合业务网建设
12. 邮件处理自动化工程
13. 卫星数字电视广播系统建设
14. 增值电信业务平台建设
15. 32 波及以上光纤波分复用传输系统设备制造
16. 10GB/S 及以上数字同步系列光纤通信系统设备制造
17. 支撑通讯网的新技术设备制造
18. 同温层通信系统设备制造
19. 数字移动通信（含 GSM-R）、接入网系统、数字集群通信系统及路由器、网关等网络设备制造
20. 大中型电子计算机及高性能微机、工作站、服务器设备制造
21. 线宽 1.2 微米以下大规模集成电路设计、制造
22. 大规模集成电路装备制造
23. 新型电子元器件（片式元器件、频率元器件、混合集成电路、电力电子器件、光电子器件、敏感元器件及传感器、新型机电元件、高密度印刷电路板和柔性电路板等）制造
24. 电子专用材料制造
25. 软件开发生产
26. 计算机辅助设计（CAD）、辅助测试（CAT）、辅助制造（CAM）、辅助工程（CAE）系统开发生产
27. 电子专用设备、仪器、工模具制造
28. 大容量光、磁盘驱动器及其部件和数字产品用存储卡制造
29. 新型显示器件、中高分辨率彩色显像管/显示管及玻壳制造及技术开发
30. 新型（非色散）单模光纤及光纤预制棒制造
31. 数字音视频广播系统设备制造
32. 高密度数字激光视盘播放机盘片制造
33. 只读光盘和可记录光盘复制生产
34. 数字摄录机、数字录放机、数字电视产品制造
35. 普通纸传真机制造
36. 信息安全产品、网络监察专用设备开发制造
37. 数字多功能电话机制造
38. 6 英寸及以上单晶硅、多晶硅及晶片制造
39. 多普勒雷达技术及设备制造
40. 汽车电子产品制造
41. 医疗电子产品制造
42. 金融电子设备制造及系统建设
43. 无线局域网（Wi-Fi 短距离无线通信技术等）技术开发、设备制造
44. 电子商务和电子政务系统开发
45. 卫星导航系统技术开发及设备制造

二十五、其他服务业

1. 电子商务、现代物流服务体系建设及以连锁经营形式发展的中小超市、便利店、专业店等新型零售业态
2. 粮食、棉花、食糖、食用油、化肥、石油等重要商品的现代化仓储等物流设施建设
3. 现代化的农产品市场流通设施及农产品贸工农一体化设施建设
4. 闲置设备、旧货、旧机动车调剂交易市场建设
5. 中小企业社会化服务体系建设

6. 农、林业社会化服务体系建设

7. 租赁服务

8. 后勤社会化服务

9. 城市社区服务网点建设

10. 房地产中介服务、物业管理服务

11. 社会化养老服务

12. 残疾人服务设施建设

13. 基本医疗、计划生育、预防保健服务设施建设

14. 血站建设

15. 远程医疗服务

16. 文化艺术、新闻出版、广播影视、大众文化、科普、体育设施建设及产业化运营

17. 文物保护及设施建设

18. 幼儿教育、义务教育、高中教育、高等教育、职业技术教育及特殊教育

19. 远程教育系统建设

20. 未成年人活动场所及儿童社会福利设施建设

21. 旅游基础设施建设及旅游信息服务系统开发

22. 工业旅游、农业旅游、森林旅游、生态旅游及其他旅游资源综合开发项目建设

23. 信用卡及其网络服务

24. 旅游商品、纪念品开发

25. 就业创业咨询、辅导、中介及培训服务

26. 国家级工程（技术）研究中心、国家认定的企业技术中心、重点实验室、高新技术创业服务中心、新产品开发设计中心、科研中试基地、实验基地建设

27. 科学普及、技术推广、科技交流、技术咨询、知识产权及气象、环保、测绘、地震、海洋、技术监督等科技服务

28. 经济、规划、工程、管理、会计、审计、法律、环保等咨询服务

29. 科学仪器、实验动物、化学试剂、文献信息等科研支撑条件共建共享服务

30. 商品质量认证和质量检测

31. 防伪技术开发和运用

32. 资信调查与评级服务体系建设

33. 动漫制作

二十六、环境保护与资源节约综合利用

1. 矿山生态环境恢复工程

2. 海洋开发及海洋环境保护

3. 生物多样性保护工程

4. 微咸水、劣质水、海水的开发利用及海水淡化工程

5. 消耗臭氧层物质替代品开发与利用

6. 医疗废物处置中心建设

7. 危险废弃物处理中心建设

8. 区域性废旧汽车处理中心建设

9. 流出物辐射环境监测技术工程

10. 环境监测体系工程和新型环保技术开发应用

11. 放射性废物及其他危险废物安全处置技术及设备开发、制造

12. 流动污染源（火车、船舶、汽车等）防治技术开发及应用

13. 城市交通噪声与振动控制及材料生产

14. 电网、信息系统电磁辐射控制技术开发
15. 削减和控制二恶英排放的技术开发与应用
16. 持久性有机污染物类产品的替代品开发与应用
17. 废弃持久性有机污染物类产品处置技术开发与应用
18. “三废” 综合利用及治理工程
19. “三废” 处理用生物菌种和添加剂开发及生产
20. 含汞废物的汞回收处理技术开发应用及成套设备制造
21. 重复用水技术开发及设备制造与使用
22. 高效、低能耗污水处理与再生技术开发及设备制造
23. 城镇垃圾及其他固体废弃物减量化、资源化、无害化处理和综合利用工程
24. 废物填埋防渗膜生产
25. 新型水处理药剂开发及生产
26. 煤气、烟气除尘、脱硫、脱硝技术及装置开发、成套设备制造
27. 墙体吸收噪声技术与材料开发
28. 交流变频调速节能技术开发及应用
29. 机动车、内燃机车节油技术开发及应用
30. 新型节能环保家用电器和关键零部件生产及技术开发
31. 节水、节能产品生产
32. 用水监测仪器开发、生产
33. 新型节能照明产品、生产技术开发和配套的材料、设备技术开发
34. 节能、节水、环保及资源综合利用等技术开发、应用及设备制造
35. 日产 2000 吨及以上熟料新型干法水泥生产余热发电
36. 高炉、转炉、焦炉煤气回收及综合利用
37. 高能耗、污染重的石油、石化、化工行业节能、环保改造
38. 高效、节能采矿、选矿技术（药剂）及设备开发、成套设备制造
39. 多元素共生矿资源综合利用
40. 低品位、复杂、难处理矿开发及综合利用
41. 尾矿、废渣等资源综合利用
42. 再生资源回收利用产业化

第二类　限制类

一、农林业

1. 天然草场超载放牧
2. 单线 5 万立方米/年以下的高中密度纤维板项目
3. 单线 3 万立方米/年以下的木质刨花板项目
4. 1000 吨/年以下的松香生产项目

二、煤炭

1. 单井井型低于以下规模的煤矿项目：山西、陕西、内蒙古 30 万吨/年；新疆、甘肃、宁夏、青海、北京、河北、东北及华东地区 15 万吨/年；西南和中南地区 9 万吨/年；开采极薄煤层 3 万吨/年
2. 采用非机械化开采工艺的煤矿项目
3. 设计的煤炭资源回收率达不到国家规定要求的煤矿项目
4. 未经国家或省（区、市）煤炭行业管理部门批准矿区总体规划的煤矿项目

三、电力

1. 除西藏、新疆、海南等小电网外，单机容量在 30 万千瓦及以下的常规燃煤火电机组

2. 除西藏、新疆、海南等小电网外，发电煤耗高于300克标准煤/千瓦时的发电机组，空冷机组发电煤耗高于305克标准煤/千瓦时的发电机组

四、石油、天然气和化工

1. 10万吨/年以下及DMT法聚酯装置

2. 7万吨/年以下聚丙烯装置（连续法及间歇法）

3. 10万吨/年以下丙烯腈装置

4. 10万吨/年以下ABS树脂装置（本体连续法除外）

5. 60万吨/年以下乙烯装置

6. 800万吨/年以下常减压炼油装置

7. 50万吨/年以下催化裂化装置、40万吨/年以下连续重整装置、80万吨/年以下加氢裂化装置、80万吨/年以下延迟焦化装置

8. 20万吨/年以下聚乙烯装置

9. 20万吨/年以下乙烯氧氯化法聚氯乙烯装置、12万吨/年以下电石法聚氯乙烯装置

10. 20万吨/年以下苯乙烯装置（干气制乙苯工艺除外）

11. 10万吨/年以下聚苯乙烯装置

12. 22.5万吨/年以下精对苯二甲酸装置

13. 20万吨/年以下环氧乙烷/乙二醇装置

14. 10万吨/年以下己内酰胺装置

15. 20万吨/年以下乙烯法醋酸装置、10万吨/年以下羰基合成法醋酸装置

16. 100万吨/年以下氨碱装置

17. 30万吨/年以下联碱装置

18. 20万吨/年以下硫磺制酸装置、10万吨/年以下硫铁矿制酸装置

19. 常压法及综合法硝酸装置

20. 以石油（高硫石油焦除外）为原料的化肥生产项目

21. 硫酸法钛白粉生产线（产品质量达到国际标准，废酸、亚铁能够综合利用，并实现达标排放的除外）

22. 1000吨/年以下铅铬黄生产线

23. 5000吨/年及以下氧化铁红颜料装置

24. 2.5万千伏安以下（能力小于4.5万吨）及2.5万千伏安以上环保、能耗等达不到准入要求的电石矿热炉项目

25. 5000吨/年以下的电解二氧化锰生产线

26. 15万吨/年以下烧碱装置

27. 2万吨/年以下氢氧化钾装置

28. 单线2万吨/年以下或有钙焙烧铬化合物生产装置

29. 氯化汞触媒项目

30. 单套1万吨/年以下无水氟化氢（HF）生产装置（配套自用和电子高纯氟化氢除外）

31. 单套反应釜6000吨/年以下、后处理3万吨/年以下的F22生产装置（作为原料进行深加工除外）

32. 2万吨/年以下的（甲基）有机硅单体生产装置

33. 8万吨/年以下的甲烷氯化物生产项目（不包括为有机硅配套的一氯甲烷生产项目）

34. 8万吨/年及以上、对副产的全部四氯化碳没有配套处置设施的甲烷氯化物生产项目

35. 斜交轮胎项目

36. 力车胎项目（手推车胎）

37. 高毒农药原药（甲胺磷、对硫磷、甲基对硫磷、久效磷、氧化乐果、水胺硫磷、甲基异柳磷、甲拌磷、甲基硫环磷、乙基硫环磷、特丁磷、杀扑磷、溴甲烷、灭多威、涕灭威、克百威、磷化锌、敌鼠

钠、敌鼠酮、杀鼠灵、杀鼠醚、溴敌隆、溴鼠灵）生产项目

38. 以滴滴涕为原料的生产三氯杀螨醇项目

39. 以六氯苯为原料的生产五氯酚钠项目

40. 林丹生产项目

41. 300吨/年以下皂素（含水解物）生产装置（综合利用除外）

五、信息产业

1. 激光视盘机生产线（VCD系列整机产品）

2. 模拟CRT黑白及彩色电视机项目

六、钢铁

1. 钢铁企业和缺水地区，未同步配套建设干熄焦、装煤、推焦除尘装置的焦炉项目

2. 180平方米以下烧结机项目

3. 有效容积1000立方米以下或1000立方米及以上，未同步配套煤粉喷吹装置、除尘装置、余压发电装置，能源消耗、新水耗量等达不到标准的炼铁高炉项目

4. 公称容量120吨以下或公称容量120吨及以上，未同步配套煤气回收、除尘装置，能源消耗、新水耗量等达不到标准的炼钢转炉项目

5. 公称容量70吨以下或公称容量70吨及以上，未同步配套烟尘回收装置，能源消耗、新水耗量等达不到标准的电炉项目

6. 800毫米以下热轧带钢（不含特殊钢）项目

7. 25万吨/年及以下热镀锌板卷项目

8. 10万吨/年及以下彩色涂层板卷项目

9. 2.5万千伏安以下、2.5万千伏安及以上环保、能耗等达不到准入要求的铁合金矿热电炉项目（中西部具有独立运行的小水电及矿产资源优势的国家确定的重点贫困地区，单台矿热电炉容量≥1.25万千伏安）

10. 含铬质耐火材料生产线

11. 普通功率和高功率石墨电极生产线

12. 直径550毫米以下及2万吨/年以下的超高功率石墨电极生产线

13. 5万吨/年以下炭块、4万吨/年以下炭电极生产线

14. 一段式固定煤气发生炉项目（不含粉煤气气化炉）

七、有色金属

1. 钨、钼、锡、锑及稀土矿开采、冶炼项目以及氧化锑、铅锡焊料生产项目（改造项目除外）

2. 单系列10万吨/年规模以下粗铜冶炼项目

3. 电解铝项目（淘汰自焙槽生产能力置换项目及环保改造项目除外）

4. 单系列5万吨/年规模及以下铅冶炼项目

5. 单系列10万吨/年规模以下锌冶炼项目

6. 镁冶炼项目（综合利用项目除外）

7. 4吨以下的再生铝反射炉项目

8. 再生有色金属生产中采用直接燃煤的反射炉项目

9. 铝用湿法氟化盐项目

10. 10万吨/年以下的独立铝用炭素项目

11. 离子型稀土矿原矿池浸工艺项目

12. 1万吨/年以下的再生铅项目

八、黄金

1. 日处理金精矿50吨以下的独立氰化项目

2. 日处理矿石100吨以下，无配套采矿系统的独立黄金选矿厂项目

3. 日处理金精矿50吨以下的火法冶炼项目

4. 处理矿石5万吨/年以下的独立堆浸场项目（青藏高原除外）

5. 日处理岩金矿石50吨以下的采选项目

6. 处理砂金矿砂20万立方米/年以下的砂金开采项目

7. 在林区、农田、河道中开采黄金项目

九、建材

1. 非浮法及日熔化量500吨以下普通浮法平板玻璃生产线

2. 100万平方米/年及以下的建筑陶瓷砖生产线

3. 50万件/年以下的隧道窑卫生陶瓷生产线

4. 水泥机立窑、干法中空窑、立波尔窑、湿法窑；新建日产1500吨及以下熟料新型干法水泥生产线

5. 2000万平方米/年以下的纸面石膏板生产线

6. 沥青纸胎油毡生产线，500万平方米/年以下的改性沥青防水卷材生产线，沥青复合胎柔性防水卷材生产线，聚乙烯膜层厚度在0.5毫米以下的聚乙烯丙纶复合防水卷材生产线

7. 中碱玻璃球生产线、铂金坩埚球法拉丝玻璃纤维生产线

8. 实心黏土砖生产项目

9. 15万平方米/年以下的石膏（空心）砌块生产线、单班年生产能力小于2.5万立方米混凝土小型空心砌块以及单班年生产能力小于15万平方米混凝土铺地砖固定式生产线、5万立方米/年以下人造轻集料（陶粒）生产线

10. 10万立方米/年以下的加气混凝土生产线

11. 3000万标砖/年以下的煤矸石、页岩烧结实心砖生产线

12. 5000吨/年以下岩（矿）棉生产线

十、医药

1. 维生素C原料项目

2. 青霉素原料药项目

3. 一次性注射器、输血器、输液器项目

4. 药用丁基橡胶塞项目

5. 无新药、新技术应用的各种剂型扩大加工能力的项目（填充液体的硬胶囊除外）

6. 原料为濒危、紧缺动植物药材，且尚未规模化种植或养殖的产品生产能力扩大项目

7. 使用氯氟烃（CFCs）作为气雾剂推进剂的医药用品生产项目

8. 充汞式玻璃体温计项目

9. 充汞式血压计项目

10. 银汞齐齿科材料项目

十一、机械

1. 2臂及以下凿岩台车制造项目

2. 装岩机（立爪装岩机除外）制造项目

3. 3立方米及以下小矿车制造项目

4. 直径2.5米及以下绞车制造项目

5. 直径3.5米及以下矿井提升机制造项目

6. 40平方米及以下筛分机制造项目

7. 直径700毫米及以下旋流器制造项目

8. 800千瓦及以下采煤机制造项目

9. 斗容3.5立方米及以下矿用挖掘机制造项目

10. 矿用搅拌、浓缩、过滤设备（加压式除外）制造项目
11. 农用运输车项目（三轮汽车、低速载货车）
12. 单缸柴油机制造项目（先进的第二代单缸机除外）
13. 50 马力及以下拖拉机制造项目
14. 30 万千瓦及以下常规燃煤火力发电设备制造项目（综合利用机组除外）
15. 电线、电缆制造项目（特种电缆及 500 千伏及以上超高压电缆除外）
16. 普通金属切削机床制造项目（数控机床除外）
17. 普通电火花加工机床和线切割加工机床制造项目（数控机床除外）
18. 6300 千牛及以下普通机械压力机制造项目（数控压力机除外）
19. 普通剪板机、折弯机、弯管机制造项目
20. 普通高速钢钻头、铣刀、锯片、丝锥、板牙项目
21. 棕刚玉、绿碳化硅、黑碳化硅等烧结块及磨料制造项目
22. 直径 400 毫米及以下各种结合剂砂轮制造项目
23. 直径 400 毫米及以下人造金刚石切割锯片制造项目
24. 普通微小型球轴承制造项目
25. 10~35 千伏树脂绝缘干式变压器制造项目
26. 220 千伏及以下高、中、低压开关柜制造项目
27. 普通电焊条制造项目
28. 民用普通电度表制造项目
29. 8.8 级以下普通低档标准紧固件制造项目
30. 100 立方米及以下活塞式动力压缩机制造项目
31. 普通运输集装干箱项目
32. 20 立方米以下螺杆压缩机制造项目
33. 56 英寸及以下单级中开泵制造项目
34. 通用类 10 兆帕及以下中低压碳钢阀门制造项目

十二、船舶

1. 未列入国家船舶工业中长期规划的民用大型造船设施项目（指船坞、船台宽度大于或等于 42 米，能够建造单船 10 万载重吨级及以上的船坞、船台及配套造船设施）

2. 未列入国家船舶工业中长期规划的船用柴油机制造项目

十三、轻工

1. 达不到国家《家用电冰箱耗电量限定值及能源效率等级》标准的冷藏箱、冷冻箱、冷藏冷冻箱（电冰箱、冷柜）项目

2. 达不到国家《电动洗衣机耗电量限定值及能源效率等级》标准的洗衣机项目
3. 达不到国家《房间空气调节器能效限定值及能效等级》标准的空调器项目
4. 低档纸及纸板生产项目
5. 聚氯乙烯普通人造革生产线
6. 超薄型（厚度低于 0.015 毫米）塑料袋生产线
7. 年加工皮革 10 万张（折牛皮标张）以下的制革项目
8. 生产速度低于 1500 只/时的单螺旋灯丝白炽灯生产线
9. 普通中速工业平缝机系列生产线
10. 普通中速工业包缝机系列生产线
11. 电子计价秤项目（准确度低于最大称量的 1/3000，称量≤15 千克）
12. 电子汽车衡项目（准确度低于最大称量的 1/3000，称量≤300 吨）

13. 电子静态轨道衡项目（准确度低于最大称量的 1/3000，称量≤150 吨）

14. 电子动态轨道衡项目（准确度低于最大称量的 1/500，称量≤150 吨）

15. 电子皮带秤项目（准确度低于最大称量的 5/1000）

16. 电子吊秤项目（准确度低于最大称量的 1/1000，称量≤50 吨）

17. 弹簧度盘秤项目（准确度低于最大称量的 1/400，称量≤8 千克）

18. 二片铝质易拉罐项目

19. 普通真空保温瓶玻璃瓶胆生产线

20. 2 万吨/年以下的玻璃瓶罐生产线

21. 合成脂肪醇项目（含羰基合成醇、齐格勒醇，不含油脂加氢醇）

22. 3 万吨/年以下三聚磷酸钠生产线

23. 糊式锌锰电池项目

24. 镉镍电池项目

25. 开口式普通铅酸蓄电池项目

26. 2000 吨/年以下牙膏项目

27. 原糖生产项目

28. 北方海盐 100 万吨/年以下项目；南方海盐新建盐场项目；矿（井）盐 60 万吨/年以下的项目；湖盐 20 万吨/年以下的项目

29. 白酒生产线

30. 酒精生产线（燃料乙醇项目除外）

31. 使用传统工艺、技术的味精生产线

32. 糖精等化学合成甜味剂生产线

十四、纺织

1. 74 型染整生产线

十五、烟草

1. 卷烟加工项目（改造项目除外）

十六、消防

1. 火灾自动报警设备项目

2. 灭火器项目

3. 碳酸氢钠干粉（BC）灭火剂项目

4. 防火门项目

5. 消防水带项目

6. 消防栓（室内、外）项目

7. 普通消防车（罐类、专项类）项目

十七、其他

1. 用地红线宽度（包括绿化带）超过下列标准的城市主干道路项目：小城市和重点镇 40 米，中等城市 55 米，大城市 70 米（200 万人口以上特大城市主干道路确需超过 70 米的，城市总体规划中应有专项说明）

2. 用地面积超过下列标准的城市游憩集会广场项目：小城市和重点镇 1 公顷，中等城市 2 公顷，大城市 3 公顷，200 万人口以上特大城市 5 公顷

3. 别墅类房地产开发项目

4. 高尔夫球场项目

5. 赛马场项目

第三类　淘汰类

注：条目后括号内年份为淘汰期限，淘汰期限为2006年是指应于2006年底前淘汰，其余类推；有淘汰计划的条目，根据计划进行淘汰；未标淘汰期限或淘汰计划的条目为国家产业政策已明令淘汰或立即淘汰。

一、落后生产工艺装备

（一）农林业

1. 湿法纤维板生产工艺（2006年）
2. 滴水法松香生产工艺（2006年）

（二）煤炭

1. 未按批准的矿区规划确定的井田范围和井型而建设的煤矿
2. 没有采矿许可证、安全生产许可证、营业执照、矿长资格证、煤炭生产许可证的煤矿
3. 国有煤矿矿区范围（国有煤矿采矿登记确认的范围）内的各类小煤矿
4. 单井井型低于3万吨/年规模的矿井（极薄煤层除外）（2007年）
5. 既无降硫措施，又无达标排放用户的高硫煤炭（含硫高于3%）生产矿井
6. 不能就地使用的高灰煤炭（灰分高于40%）生产矿井
7. 6AM、φM-2.5、PA-3型煤用浮选机
8. PB2、PB3、PB4型矿用隔爆高压开关
9. PG-27型真空过滤机
10. X-1型箱式压滤机
11. ZYZ、ZY3型液压支架
12. 木支架

（三）电力

1. 大电网覆盖范围内，服役期满的单机容量在10万千瓦以下的常规燃煤凝汽火电机组
2. 单机容量5万千瓦及以下的常规小火电机组
3. 以发电为主的燃油锅炉及发电机组（5万千瓦及以下）

（四）石油、天然气和化工

1. 没有取得采矿许可证的油气田，不符合国家油气资源整体开发规划的油气田
2. 安全环保达不到国家标准的成品油生产装置
3. 100万吨/年及以下生产汽煤柴油的小炼油生产装置（2005年）
4. 4万吨/年以下的硫铁矿制酸生产装置（2005年）
5. 50万条/年及以下的斜交轮胎，或以天然棉帘子布为骨架的轮胎生产线
6. 1万吨/年及以下的干法造粒炭黑生产装置
7. 1000吨/年以下黄磷生产线
8. 单线1万吨/年以下有钙焙烧铬化合物生产线（2006年）
9. 土法炼油
10. 汞法烧碱
11. 5000千伏安以下（1万吨/年以下）电石炉及开放式电石炉
12. 排放不达标的电石炉
13. 铁粉还原法工艺
14. 生产氰化钠的氨钠法及氰熔体工艺
15. 高中温钠法百草枯生产工艺
16. 农药产品手工包（灌）装设备
17. 石墨阳极隔膜法烧碱

18. KDON-6000/6600 型蓄冷器流程空分设备

19. 直接火加热涂料用树脂生产工艺

20. 氯氟烃（CFCs）生产装置（根据国家履行国际公约总体计划要求进行淘汰）

21. 主产四氯化碳（CTC）生产工艺（根据国家履行国际公约总体计划要求进行淘汰）

22. 四氯化碳（CTC）为加工助剂的所有产品的生产工艺（根据国家履行国际公约总体计划要求进行淘汰）

23. CFC-113 为加工助剂的含氟聚合物生产工艺（根据国家履行国际公约总体计划要求进行淘汰）

24. 用于清洗的 1,1,1-三氯乙烷（甲基氯仿）生产装置（根据国家履行国际公约总体计划要求进行淘汰）

25. 甲基溴生产装置（根据国家履行国际公约总体计划要求进行淘汰）

26. 100 吨/年以下皂素（含水解物）生产装置（2007 年）

27. 盐酸酸解法皂素生产工艺及污染物排放不能达标的皂素生产装置（2006 年）

28. 含滴滴涕的油漆生产工艺（根据国家履行国际公约总体计划要求进行淘汰）

29. 采用滴滴涕为原料非封闭生产三氯杀螨醇工艺（根据国家履行国际公约总体计划要求进行淘汰）

（五）钢铁

1. 土法炼焦（含改良焦炉）

2. 炭化室高度小于 4.3 米焦炉（3.2 米及以上捣固焦炉除外）（2007 年，西部地区 2009 年）

3. 土烧结矿

4. 热烧结矿

5. 30 平方米以下烧结机（2005 年）

6. 100 立方米及以下高炉

7. 100~200 立方米（含 200 立方米）高炉（不含铁合金高炉）（2005 年）

8. 200~300 立方米（含 300 立方米）高炉（不含专业铸铁管厂高炉）（2007 年）

9. 生产地条钢、钢锭或连铸坯的工频和中频感应炉

10. 15 吨及以下转炉（不含铁合金转炉）

11. 10 吨及以下电炉（不含机械铸造电炉）

12. 化铁炼钢

13. 15~20 吨转炉（不含铁合金转炉）（2005 年）

14. 20 吨转炉（不含铁合金转炉）（2006 年）

15. 10~20 吨电炉（不含高合金钢和机械铸造电炉）（2005 年）

16. 20 吨电炉（不含高合金钢和机械铸造电炉）（2006 年）

17. 复二重线材轧机

18. 横列式线材轧机

19. 横列式小型轧机

20. 叠轧薄板轧机

21. 普钢初轧机及开坯用中型轧机

22. 热轧窄带钢轧机

23. 三辊劳特式中板轧机

24. 直径 76 毫米以下热轧无缝管机组

25. 三辊式型线材轧机（不含特殊钢生产）（2005 年）

26. 环保不达标的冶金炉窑（2005 年）

27. 手工操作的土沥青焦油浸渍装置，矿石原料与固体原料混烧、自然通风、手工操作的土竖窑，以煤为燃料、烟尘净化不能达标的倒焰窑（2005 年）

28. 3200 千伏安及以下矿热电炉、3000 千伏安以下半封闭直流还原电炉、3000 千伏安以下精炼电炉

（硅钙合金、电炉金属锰、硅铝合金、硅钙钡铝、钨铁、钒铁等特殊品种的电炉除外）

29. 5000 千伏安以下的铁合金矿热电炉（2005 年）

30. 蒸汽加热混捏、倒焰式焙烧炉、交流石墨化炉、3340 千伏安以下石墨化炉及其并联机组、最大输出电流 5 万安以下的石墨化炉（2005 年）

（六）有色金属

1. 未经国务院主管部门批准，无采矿许可证的钨、锡、锑、离子型稀土等国家规定实行保护性开采的特定矿种的矿山采选项目

2. 未经国务院主管部门批准建设的钨、锡、锑、离子型稀土冶炼项目及钨加工（含硬质合金）项目

3. 采用马弗炉、马槽炉、横罐、小竖罐等进行焙烧、简易冷凝设施进行收尘等落后方式炼锌或生产氧化锌制品

4. 采用铁锅和土灶、蒸馏罐、坩埚炉及简易冷凝收尘设施等落后方式炼汞

5. 采用土坑炉或坩埚炉焙烧、简易冷凝设施收尘等落后方式炼制氧化砷或金属砷制品

6. 铝自焙电解槽

7. 炉床面积 1.5 平方米及以下密闭鼓风炉炼铜工艺及设备

8. 炉床面积 1.5~10 平方米密闭鼓风炉炼铜工艺及设备（2006 年）

9. 10 平方米及以上密闭鼓风炉炼铜工艺及设备（2007）

10. 电炉、反射炉炼铜工艺及设备（2006）

11. 烟气制酸干法净化和热浓酸洗涤技术

12. “二人转”式有色金属轧机（2006 年）

13. 采用地坑炉、坩埚炉、赫氏炉等落后方式炼锑

14. 采用烧结锅、烧结盘、简易高炉等落后方式炼铅工艺及设备

15. 利用坩埚炉熔炼再生铝合金、再生铅的工艺（2005 年）

（七）黄金

1. 混汞提金工艺

2. 小池浸、小堆浸、小冶炼工艺

3. 未经国务院主管部门批准，无开采黄金矿产批准书、采矿许可证的采选项目

（八）建材

1. 六机及以下垂直引上平板玻璃生产线

2. 平板玻璃普通平拉工艺生产线及日熔化量 100 吨以下的“格法”平拉生产线

3. 窑径 2.2 米及以下水泥机械化立窑生产线

4. 无复膜塑编水泥包装袋生产线

5. 70 万平方米/年以下的中低档建筑陶瓷砖、20 万件/年以下低档卫生陶瓷生产线

6. 400 万平方米/年及以下的纸面石膏板生产线

7. 200 万平方米/年以下的改性沥青防水卷材生产线（2006 年）

8. 窑径 2.5 米及以下水泥干法中空窑（生产特种水泥除外）

9. 直径 1.83 米以下水泥粉磨设备

10. 水泥土（蛋）窑、普通立窑

11. 建筑卫生陶瓷土窑、倒焰窑、多孔窑、煤烧明焰隧道窑、隔焰隧道窑、匣钵装卫生陶瓷隧道窑

12. 建筑陶瓷砖成型用的摩擦压砖机

13. 石灰土立窑

14. 陶土坩埚玻璃纤维拉丝生产工艺与装备

15. 砖瓦 18 门以下轮窑以及立窑、无顶轮窑、马蹄窑等土窑

16. 400 型及以下普通挤砖机

17. 450 型普通挤砖机（2006 年）

18. SJ1580-3000 双轴、单轴搅拌机

19. SQP400500-700500 双辊破碎机

20. 1000 型普通切条机

21. 100 吨以下盘转式压砖机

22. 手工制作墙板生产线

23. 简易移动式砼砌块成型机、附着式振动成型台（2005 年）

24. 单班 1 万立方米/年以下的混凝土砌块固定式成型机、单班 10 万平方米/年以下的混凝土铺地砖固定式成型机

25. 人工浇筑、非机械成型的石膏（空心）砌块生产工艺

26. 100 万卷/年以下沥青纸胎油毡生产线

27. 真空加压法和气炼一步法石英玻璃生产工艺装备

28. 6×600 吨六面顶小型压机生产人造金刚石

29. 手工切割、非蒸压养护加气混凝土生产线

30. 无采矿许可证或不符合环保、安全生产要求的非机械化非金属矿开采

（九）医药

1. 手工胶囊填充工艺

2. 软木塞烫腊包装药品工艺

3. 不符合 GMP 要求的安瓿拉丝灌封机

4. 塔式重蒸馏水器

5. 无净化设施的热风干燥箱

6. 劳动保护、三废治理不能达到国家标准的原料药生产装置（2006 年）

（十）机械

1. 热处理铅浴炉

2. 热处理氯化钡盐浴炉（高温氯化钡盐浴炉，暂缓淘汰）

3. TQ60、TQ80 塔式起重机

4. QT16、QT20、QT25 井架简易塔式起重机

5. KJ1600/1220 单筒提升绞机

6. 3000 千伏安以下普通棕刚玉冶炼炉

7. 3000 千伏安以下碳化硅冶炼炉

8. 强制驱动式简易电梯

9. 以氯氟烃（CFCs）作为膨胀剂的烟丝膨胀设备生产线（根据国家履行国际公约总体计划要求进行淘汰）

（十一）轻工

1. 5 万吨/年及以下的真空制盐、湖盐和北方海盐生产装置

2. 利用矿盐卤水、油气田水且采用平锅、滩晒制盐生产装置

3. 1 万吨/年及以下的南方海盐生产装置

4. 年加工皮革 3 万张（折牛皮标张）以下的制革生产装置

5. 300 吨/年以下的油墨生产装置（利用高新技术、无污染的除外）

6. 每分钟生产能力小于 100 瓶（瓶容在 250 毫升及以下）的碳酸饮料生产线

7. 1.7 万吨/年以下的化学制浆生产线

8. 3.4 万吨/年以下的草浆生产装置（2007 年）

9. 以氯氟烃（CFCs）为发泡剂的聚氨酯泡沫塑料产品、聚乙烯、聚苯乙烯挤出泡沫塑料生产工艺（根据国家履行国际公约总体计划要求进行淘汰）

10. 以氯氟烃（CFCs）为发泡剂或制冷剂的冰箱、冰柜、汽车空调器、工业商业用冷藏、制冷设备

生产线（根据国家履行国际公约总体计划要求进行淘汰）

11. 四氯化碳（CTC）为清洗剂的生产工艺（根据国家履行国际公约总体计划要求进行淘汰）

12. CFC-113 为清洗剂的生产工艺（根据国家履行国际公约总体计划要求进行淘汰）

13. 甲基氯仿（TCA）为清洗剂的生产工艺（根据国家履行国际公约总体计划要求进行淘汰）

14. 自行车盐浴焊接炉

15. 印铁制罐行业中的锡焊工艺

16. 火柴排梗、卸梗生产工艺

17. 火柴理梗机、排梗机、卸梗机

18. 冲击式制钉机

19. 打击式金属丝网织机

（十二）纺织

1. 建国前生产的细纱机

2. 所有“1”字头细纱机

3. 1979 年及以前生产的 A512、A513 系列细纱机

4. B581、B582 型精纺细纱机

5. BC581、BC582 型粗纺细纱机

6. B591 绒线细纱机

7. 使用期限超过 20 年的各类国产毛纺细纱机

8. B601、B601A 型毛捻线机

9. 辊长 1000 毫米以下的皮辊轧花机（长绒棉种子加工除外）

10. 锯片在 80 以下的锯齿轧花机

11. 压力吨位在 200 吨以下的皮棉打包机（不含 160 吨短绒棉花打包机）

12. 1332SD 络筒机

13. BC272、BC272B 型分条梳毛机

14. B701A 型绒线摇绞机

15. B311C、B311C（CZ）、B311C（DJ）型精梳机

16. 1511M-105 织机

17. K251、K251A 型丝织机

18. Z114 型小提花机

19. GE186 型提花毛圈机

20. Z261 型人造毛皮机

21. LMH551 型平网印花机

22. LMH571 型圆网印花机

23. LMH303、303B、304、304B-160 型热熔染色机

24. LMH731-160 型热风布铗拉幅机

25. LMH722M-180、LMH722D-180 型短环烘燥定型机

26. ZD647、ZD721 型自动缫丝机

27. D101A 型自动缫丝机

28. ZD681 型立缫机

29. DJ561 型绢精纺机

（十三）印刷

1. 全部铅排工艺

2. 全部铅印工艺

3. ZD201、ZD301 型系列单字铸字机

4. TH1 型自动铸条机
5. ZT102 型系列铸条机
6. ZDK101 型字模雕刻机
7. KMD101 型字模刻刀磨床
8. AZP502 型半自动汉文手选铸排机
9. ZSY101 型半自动汉文铸排机
10. TZP101 型外文条字铸排机
11. ZZP101 型汉文自动铸排机
12. QY401、2QY404 型系列电动铅印打样机
13. QYSH401、2QY401、DY401 型手动式铅印打样机
14. YX01、YX02、YX03 型系列压纸型机
15. HX01、HX02、HX03、HX04 型系列烘纸型机
16. PZB401 型平铅版铸版机
17. JB01 型平铅版浇版机
18. YZB02、YZB03、YZB04、YZB05、YZB06、YZB07 型系列铅版铸版机
19. RQ02、RQ03、RQ04 型系列铅泵熔铅炉
20. BB01 型刨版机
21. YGB02、YGB03、YGB04、YGB05 型圆铅版刮版机
22. YTB01 型圆铅版镗版机
23. YJB02 型圆铅版锯版机
24. YXB04、YXB05、YXB302 型系列圆铅版修版机
25. P401、P402 型系列四开平压印刷机
26. P801、P802、P803、P804 型系列八开平压印刷机
27. PE802 型双合页印刷机
28. TE102、TE105、TE108 型系列全张自动二回转平台印刷机
29. TY201 型对开单色一回转平台印刷机
30. TY401 型四开单色一回转平台印刷机
31. TY4201 型四开一回转双色印刷机
32. TT201、TZ201、DT201 型对开手动续纸停回转平台印刷机
33. TT202 型对开自动停回转平台印刷机
34. TZ202 型对开半自动停回转平台印刷机
35. TZ401、TZS401、DT401 型四开半自动停回转平台印刷机
36. TT402、TT403、TT405、DT402 型四开自动停回转平台印刷机
37. TR801 型系列立式平台印刷机
38. LP1101、LP1103 型系列平板纸全张单面轮转印刷机
39. LP1201 型平板纸全张双面轮转印刷机
40. LP4201 型平板纸四开双色轮转印刷机
41. LSB201（880 毫米×1230 毫米）及 LS201、LS204（787 毫米×1092 毫米）型系列卷筒纸书刊转轮印刷机
42. LB203、LB205、LB403 型卷筒纸报版轮转印刷机
43. LB2405、LB4405 型卷筒纸双层二组报版轮转印刷机
44. LBS201 型卷筒纸书、报二用轮转印刷机
45. K. M. T 型自动铸字排版机
46. PH-5 型汉字排字机

47. 球震打样制版机（DIAPRESS 清刷机）
48. 1985 年前生产的国产制版照相机
49. 1985 年前生产的手动照排机
50. 离心涂布机
51. J1101 系列全张单色胶印机（印刷速度每小时 4000 张及以下）
52. J2101、PZ1920 系列对开单色胶印机（印刷速度每小时 4000 张及以下）
53. PZ1615 系列四开单色胶印机（印刷速度每小时 4000 张及以下）
54. YPS1920 系列双面单色胶印机（印刷速度每小时 4000 张及以下）
55. W1101 型全张自动凹版印刷机
56. AJ401 型卷筒纸单面四色凹版印刷机
57. DJ01 型平装胶订联动机
58. PRD-01、PRD-02 型平装胶订联动机
59. DBT-01 型平装有线订、包、烫联动机
60. 溶剂型即涂覆膜机
61. QZ101、QZ201、QZ301、QZ401 型切纸机
62. MD103A 型磨刀机

（十四）消防

1. 火灾探测器手工插焊电子元器件生产工艺

（十五）其他

1. 含氰电镀工艺（电镀金、银、铜基合金及予镀铜打底工艺，暂缓淘汰）
2. 含氰沉锌工艺

二、落后产品

（一）石油、天然气和化工

1. 多氯联苯（农药）
2. 除草醚（农药）
3. 杀虫脒（农药）
4. 氯丹（农药）
5. 七氯（农药）
6. 毒鼠强（农药）
7. 氟乙酰胺（农药）
8. 氟乙酸钠（农药）
9. 二溴氯丙烷（农药）
10. 治螟磷（苏化 203）（农药）
11. 磷胺（农药）
12. 甘氟、毒鼠硅（农药）
13. 107 涂料
14. 改性淀粉涂料
15. 改性纤维涂料
16. 挥发性有机物含量超过 200 克/升或游离甲醛含量超过 0.1 克/千克的室内装修装饰用的水性涂料（含建筑物、木器家具用）
17. 可溶性金属铅含量超过 90 毫克/千克、或镉含量超过 75 毫克/千克、或铬含量超过 60 毫克/千克、或汞含量超过 60 毫克/千克的室内装修装饰用涂料（含建筑物、木器家具用）
18. 挥发性有机物含量超过 700 克/升或游离异氰酸酯含量超过 0.7%的室内装修装饰用的溶剂型木器家具涂料

19. 聚乙烯醇水玻璃内墙涂料（106 内墙涂料）

20. 多彩内墙涂料（树脂以硝化纤维素为主，溶剂以二甲苯为主的 O/W 型涂料）

21. 氯乙烯-偏氯乙烯共聚乳液外墙涂料

22. 焦油型聚氨酯防水涂料

23. 水性聚氯乙烯焦油防水涂料

24. 聚乙烯醇及其缩醛类内外墙涂料

25. 聚醋酸乙烯乳液类（含 EVA 乳液）外墙涂料

26. 聚氯乙烯建筑防水接缝材料（焦油型）

27. 联苯胺和联苯胺型偶氮染料

28. 软边结构自行车胎

29. 滴滴涕（根据国家履行国际公约总体计划要求进行淘汰）

30. 六氯苯（根据国家履行国际公约总体计划要求进行淘汰）

31. 灭蚁灵（根据国家履行国际公约总体计划要求进行淘汰）

（二）铁路

1. C50 型敞车

2. P50 型棚车

3. N60 型平车

4. G50 型轻油罐车

5. 东风 1、2、3 型内燃机车

（三）钢铁

1. 工频炉和中频炉等生产的地条钢，工频炉和中频炉生产的钢锭或连铸坯，及以其为原料生产的钢材产品

2. 热轧硅钢片

3. 25A 空腹钢窗料

4. I 级螺纹钢筋产品（2005 年）

（四）有色金属

1. 铜线杆（黑杆）

（五）建材

1. 使用非耐碱玻纤或非低碱水泥生产的玻纤增强水泥（GRC）空心条板

2. 陶土坩埚拉丝玻璃纤维增强塑料（玻璃钢）制品

3. 25A 空腹钢窗

4. S-2 型混凝土轨枕

5. 一次冲洗用水量 9 升以上的便器

6. 角闪石石棉（即蓝石棉）

7. 普通双层玻璃塑料门窗及单腔结构型的塑料门窗

8. 采用二次加热复合成型工艺生产的聚乙烯丙纶类复合防水卷材、棉涤玻纤网格（高碱）复合胎、聚氯乙烯防水卷材（S 型）

（六）医药

1. 铅锡软膏管

2. 粉针剂包装用安瓿

3. 药用天然胶塞［其中注射剂：注射用青霉素（钠盐、钾盐）、基础输液立即淘汰，其余大容量注射剂淘汰期限为：2005 年年底］

4. 直颈安瓿

（七）机械

1. T100、T100A 推土机
2. ZP-II、ZP-III 干式喷浆机
3. WP-3 挖掘机
4. 0.35 立方米以下的气动抓岩机
5. 矿用钢丝绳冲击式钻机
6. БY-40 石油钻机
7. 直径 1.98 米水煤气发生炉
8. CER 膜盒系列
9. 热电偶（分度号 LL-2、LB-3、EU-2、EA-2、CK）
10. 热电阻（分度号 BA、BA2、G）
11. DDZ-I 型电动单元组合仪表
12. GGP-01A 型皮带秤
13. BLR-31 型称重传感器
14. WFT-081 辐射感温器
15. WDH-1E、WDH-2E 光电温度计
16. BC 系列单波纹管差压计
17. LCH-511、YCH-211、LCH-311、YCH-311、LCH-211、YCH-511 型环称式差压计
18. EWC-01A 型长图电子电位差计
19. PY5 型数字温度计
20. XQWA 型条形自动平衡指示仪
21. ZL3 型 X-Y 记录仪
22. DBU-521，DBU-521C 型液位变送器
23. JO_2、JO_3 系列小型异步电动机
24. JDO_2、JDO_3 系列变极、多速三相异步电动机
25. YB 系列隔爆型三相异步电动机（机座号 63-355mm，电压 660 伏及以下）
26. DZ10 系列塑壳断路器
27. DW10 系列框架断路器
28. CJ8 系列交流接触器
29. QC10、QC12、QC8 系列启动器
30. JR0、JR9、JR14、JR15、JR16-A、B、C、D 系列热继电器
31. 电动机驱动旋转直流弧焊机全系列
32. GGW 系列中频无心感应熔炼炉
33. B 型、BA 型单级单吸悬臂式离心泵系列
34. F 型单级单吸耐腐蚀泵系列
35. GC 型低压锅炉给水泵
36. JD 型长轴深井泵
37. KDON-3200/3200 型蓄冷器全低压流程空分设备
38. KDON-1500/1500 型蓄冷器（管式）全低压流程空分设备
39. KDON-1500/1500 型管板式全低压流程空分设备
40. 3W-0.9/7（环状阀）空气压缩机
41. C620、CA630 普通车床
42. X920 键槽铣床
43. B665、B665A、B665-1 牛头刨床

44. D6165 电火花成型机床
45. D6185 电火花成型机床
46. D5540 电脉冲机床
47. J53-400 双盘摩擦压力机
48. J53-630 双盘摩擦压力机
49. J53-1000 双盘摩擦压力机
50. Q11-1.6×1600 剪板机
51. Q51 汽车起重机
52. TD62 型固定带式输送机
53. 3 吨直流架线式井下矿用电机车
54. A571 单梁起重机
55. 4146 柴油机
56. 快速断路器：DS3-10、DS3-30、DS3-50（1000、3000、5000A）、DS10-10、DS10-20、DS10-30（1000、2000、3000A）
57. BX1-135、BX2-500 交流弧焊机
58. AX1-500、AP-1000 直流弧焊电动发电机
59. SX 系列箱式电阻炉
60. 单相电度表：DD1、DD5、DD5-2、DD5-6、DD9、DD10、DD12、DD14、DD15、DD17、DD20、DD28
61. SL7-30/10~SL7-1600/10、S7-30/10~S7-1600/10 配电变压器
62. 刀开关：HD6、HD3-100、HD3-200、HD3-400、HD3-600、HD3-1000、HD3-1500
63. 锅炉给水泵：DG270-140、DG500-140、DG375-185
64. 热动力式疏水阀：S15H-16、S19-16、S19-16C、S49H-16、S49-16C、S19H-40、S49H-40、S19H-64、S49H-64
65. 0.4~0.7 吨/时立式水管固定炉排锅炉（双层固定炉排锅炉除外）
66. 动力用往复式空气压缩机：1-10/8、1-10/7 型
67. 高压离心通风机：8-18 系列、9-27 系列
68. X52、X62W 320×150 升降台铣床
69. J31-250 机械压力机
70. TD60、TD72 型固定带式输送机
71. 以未安装燃油量限制器（简称限油器）的单缸柴油机为动力装置的农用运输车（指生产与销售）
72. E135 二冲程中速柴油机（包括 2、4、6 缸三种机型）
73. TY1100 型单缸立式水冷直喷式柴油机
74. 165 单缸卧式蒸发水冷、预燃室柴油机
75. 非法改装车辆和已到报废期限的车辆

（八）轻工

1. 汞电池（氧化汞原电池及电池组、锌汞电池）
2. 一次性发泡塑料餐具
3. 直排式燃气热水器
4. 含重铬酸钾火柴
5. 螺旋升降式（铸铁）水嘴
6. 用于凹版印刷的苯胺油墨
7. 进水口低于溢流口水面、上导向直落式便器水箱配件
8. 铸铁截止阀

（九）纺织

1. H112、H112A 型毛分条整经机

2. B751 型绒线成球机

3. 1332 系列络筒机

（十）消防

1. 二氟一氯一溴甲烷灭火剂（简称 1211 灭火剂）（2005 年）

2. 三氟一溴甲烷灭火剂（简称 1301 灭火剂）（2010 年）

3. 简易式 1211 灭火器

4. 手提式 1211 灭火器（2005 年）

5. 推车式 1211 灭火器（2005 年）

6. 手提式化学泡沫灭火器

7. 手提式酸碱灭火器

（十一）其他

1. 59、69、72、TF-3 型防毒面具

海关总署关于《产业结构调整指导目录（2011 年本）》在执行中有关问题的公告

（海关总署公告 2011 年第 36 号）

2011 年 3 月 27 日，国家发展改革委以中华人民共和国国家发展改革委令第 9 号公布了《产业结构调整指导目录（2011 年本）》[以下简称《产业指导目录（2011 年本）》，详见附件]，并规定自 2011 年 6 月 1 日起施行。现就海关执行中的有关问题公告如下：

一、自 2011 年 6 月 1 日起，对属于《产业指导目录（2011 年本）》鼓励类范围的国内投资项目，在投资总额内进口的自用设备，除《国内投资项目不予免税的进口商品目录》和《进口不予免税的重大技术装备和产品目录》所列商品外，按照《国务院关于调整进口设备税收政策的通知》（国发〔1997〕37 号）、海关总署公告 2008 年第 103 号及其他相关规定免征关税，照章征收进口环节增值税。

二、《产业指导目录（2011 年本）》实施后，《项目确认书》中的“项目产业政策审批条目”编码为“L”，例如，《产业指导目录（2011 年本）》中鼓励类的第一类第 1 项应填写为：中低产田综合治理与稳产高产基本农田建设（L0101）；第七类第 4 项应填写为：油气伴生资源综合利用（L0704）。

三、为保持政策的连续性，对 2011 年 6 月 1 日以前（不含 6 月 1 日，下同）审批、核准或备案的国内投资项目（以项目的审批、核准或备案日期为准，下同），属于《产业结构调整指导目录（2005 年本）》鼓励类范围的，可继续按照规定办理免征进口关税手续。但有关项目单位须于 2012 年 6 月 1 日以前，持投资主管部门出具的《项目确认书》（其中“项目产业政策审批条目”仍按原审批条目及编码填写）等有关资料向海关申请办理减免税备案手续。逾期，海关不再受理上述减免税备案申请。

对于 2011 年 6 月 1 日以前审批、核准或备案，同时属于《产业指导目录（2011 年本）》鼓励类范围的国内投资项目，投资主管部门按照《产业指导目录（2011 年本）》的产业政策条目出具《项目确认书》的（其中“项目产业政策审批条目”以“L”为编码），海关可予受理。

四、对于未列入《产业结构调整指导目录（2005 年本）》的国内投资在建项目，凡符合《产业指导目录（2011 年本）》鼓励类范围的，可按有关规定向投资主管部门申请补办《项目确认书》。在取得《项目确认书》之后，在建项目进口的自用设备以及按照合同随设备进口的技术和配套件、备件，可参照

本公告第一条的规定享受进口税收优惠政策，但进口设备已经征税的，税款不予退还。

特此公告。

附件　产业结构调整指导目录（2011 年本）（见海关总署公告 2013 年第 18 号）

中华人民共和国海关总署
二〇一一年五月二十六日

●不予免税进口商品目录

海关总署关于执行《国内投资项目不予免税的进口商品目录（2006 年修订）》的有关问题的通知

（署税发〔2007〕90 号）

广东分署，天津、上海特派办，各直属海关：

经国务院有关部门共同研究修订，财政部对外发布了《国内投资项目不予免税的进口商品目录（2006 年修订）》[以下简称《内资不予免税商品目录（2006 年修订）》，详见附件]，现就执行中的有关问题通知如下：

一、《内资不予免税商品目录（2006 年修订）》自 2007 年 3 月 1 日起执行，即 2007 年 3 月 1 日及以后新批准的国内投资项目（以鼓励项目的审批、核准或备案日期为准，下同），其进口设备一律按照《内资不予免税商品目录（2006 年修订）》执行。

二、为保证新目录修订前所批准的老项目顺利实施，对 2007 年 2 月 28 日及以前批准的国内投资项目，其进口设备在 2007 年 12 月 31 日及以前申报进口的，仍按照 2002 年调整后的《国内投资项目不予免税的进口商品目录（2000 年修订）》（以下简称原《内资不予免税商品目录》）执行。但对于有关进口设备按照原《内资不予免税商品目录》审核，不符合免税条件，而按照《内资不予免税商品目录（2006 年修订）》审核，符合免税条件的，自 2007 年 3 月 1 日起，可以按照《内资不予免税商品目录（2006 年修订）》予以办理免税审批手续。

自 2008 年 1 月 1 日起，2007 年 2 月 28 日及以前批准的国内投资项目项下的进口设备一律按照《内资不予免税商品目录（2006 年修订）》执行。

三、对于《内资不予免税商品目录（2006 年修订）》中有多项（两项及以上）技术指标的商品，如进口属于此类商品范围的设备有两项或两项以上的技术指标优于《内资不予免税商品目录（2006 年修订）》中相应商品的限定技术规格的，可认定为不属于《内资不予免税商品目录（2006 年修订）》内商品。

四、《内资不予免税商品目录（2006 年修订）》对所列商品按行业进行了分类，主要为查找方便。对于在工作原理、功能、性能、限定的技术指标等方面与《内资不予免税商品目录（2006 年修订）》中具体列名商品相同的进口设备，不论是属于该目录中列名的“通用设备”还是“专用设备”范围，也不论用于何种行业，一律不予免税。

对于在“通用设备”和“专用设备”分类中都有具体列名的同类商品，进口设备的实际用途属于

“专用设备”范围的，应按照“专用设备”列名商品的技术规格进行审核，否则，应按照“通用设备”列名商品的技术规格进行审核。

五、《内资不予免税商品目录（2006 年修订）》中同时列出了有关商品的设备名称和对应的税则号列，对于因年度税则税目的调整、《内资不予免税商品目录（2006 年修订）》中所列税则号列不够准确等原因，导致其中设备名称和对应的税则号列不一致或产生矛盾的，应以设备名称为准。

六、《内资不予免税商品目录（2006 年修订）》列名的“……生产线”、“……成套设备”、“……系统”包含其全部组成设备，无论进口成套或部分设备，都受《内资不予免税商品目录（2006 年修订）》限制。

上述生产线、成套设备或系统的组成设备成套进口时，按照海关商品归类原则符合“功能机组”规定的，应一并归入“功能机组”单一税号，如其技术规格优于《内资不予免税商品目录（2006 年修订）》列名商品的技术规格，则该成套设备符合免税条件；按照海关商品归类原则各组成设备应分别归类的，如该生产线、成套设备或系统的技术规格优于《内资不予免税商品目录（2006 年修订）》列名商品的技术规格，则分别归类的各组成设备也符合免税条件。

在项目建设初装时期，仅进口上述生产线、成套设备或系统中的部分设备，也可以按照生产线、成套设备或系统的技术规格审核是否符合免税条件。其他情况下（包括技术改造）单独进口其中的部分设备，应按照《内资不予免税商品目录（2006 年修订）》中具体列名的相应商品的技术规格进行审核。

各关在办理上述进口设备的免税审批手续时，应在《进出口货物征免税证明》中注明该设备所属的生产线、成套设备或系统的具体技术指标情况及免税审批依据。

七、《内资不予免税商品目录（2006 年修订）》中相关用语的把握原则：

技术规格中的“以上”、“以下”均不含本数在内。

技术规格中以两项或两项以上指标相乘形式表示的，进口设备相应的各单项技术指标必须分别优于所列限定范围，才符合免税条件。

八、按照《海关总署关于进一步鼓励外商投资有关进口税收政策的通知》（署税〔1999〕791 号）的规定，进口设备应适用《国内投资项目不予免税的进口商品目录》的，自 2007 年 3 月 1 日起，均应按照《内资不予免税商品目录（2006 年修订）》审核确定有关设备是否符合免税条件。但在 2007 年 2 月 28 日及以前已出具的《进出口货物征免税证明》在有效期内仍然有效，有关商品必须在 2007 年 12 月 31 日及以前申报进口。

九、《内资不予免税商品目录（2006 年修订）》中有关商品的设备名称和对应的税则号列及技术规格等内容已维护到《减免税管理系统》相应参数库中。

根据本通知规定，新老项目分别适用新旧目录，且参数库中同时存在新旧目录的商品参数，因此，各关在办理减免税审批手续时，《减免税管理系统》参数主要起提示作用，审核应以相关文件规定为依据。

另外，由于参数库中商品名称、技术规格栏目的字符数受到限制，因此，超出限制范围的字符无法在《减免税管理系统》客户端显示。请各关在审核时注意以相关文件规定为准。

十、本通知未提及的其他问题，仍按照《国务院关于调整进口设备税收政策的通知》（国发〔1997〕37 号）以及《海关总署关于贯彻〈国务院关于调整进口设备税收政策的通知〉的紧急通知》（署税〔1997〕1062 号）的规定执行。

执行中遇到问题，请及时向总署关税征管司反映。

附件　中华人民共和国财政部公告 2007 年第 2 号

二〇〇七年二月二十八日

附件

中华人民共和国财政部公告

（2007 年第 2 号）

现将《国内投资项目不予免税的进口商品目录（2006 年修订）》予以公布。有关事项公告如下：

一、《国内投资项目不予免税的进口商品目录（2006 年修订）》自 2007 年 3 月 1 日起执行，即自 2007 年 3 月 1 日起新批准的国内投资项目进口设备一律按照《国内投资项目不予免税的进口商品目录（2006 年修订）》执行。

二、2007 年 3 月 1 日以前批准的国内投资项目，其设备在 2008 年 1 月 1 日前进口的仍按照《国内投资项目不予免税的进口商品目录（2000 年修订）》（2002 年调整后的）执行；2008 年 1 月 1 日以后（含 1 月 1 日）进口的一律按《国内投资项目不予免税的进口商品目录（2006 年修订）》执行。

附件　国内投资项目不予免税的进口商品目录（2006 年修订）（略）

海关总署关于修订《国内投资项目不予免税的进口商品目录》的公告

（海关总署公告 2007 年第 19 号）

经国务院有关部门共同研究修订的《国内投资项目不予免税的进口商品目录（2006 年修订）》已经财政部对外发布，并于 2007 年 3 月 1 日起实施。为保证相关政策的平稳过渡，对 2007 年 2 月 28 日及以前批准的国内投资项目项下在 2007 年 12 月 31 日及以前申报进口的设备，仍按照 2002 年调整后的《国内投资项目不予免税的进口商品目录（2000 年修订）》（以下简称《2000 年不予免税商品目录》）执行。为此，根据 2007 年版《中华人民共和国进出口税则》的税目调整情况，针对原《2000 年不予免税商品目录》在实施中存在的问题，对原《2000 年不予免税商品目录》进行了调整（详见附件 1、2）。经商财政部，现将有关事宜公告如下：

一、此次调整，除根据上述税则税目的调整及原《2000 年不予免税商品目录》所列税则号列不够准确等情况调整了相关商品的税则号列外，同时对其中个别商品的名称等内容进行了适当修正。

二、自 2007 年 5 月 25 日起，对于仍需按照《2000 年不予免税商品目录》执行的，应以此次调整后的《2000 年不予免税商品目录》为准。对于本公告发布前海关已出具的《进出口货物征免税证明》尚在有效期内的，仍然继续有效。货物已经征税或免税进口的，不再予以调整。

三、执行此次调整后的《2000 年不予免税商品目录》的有关问题，仍按照《国务院关于调整进口设备税收政策的通知》（国发〔1997〕37 号）、《海关总署关于贯彻〈国务院关于调整进口设备税收政策的通知〉的紧急通知》（署税〔1997〕1062 号）和《海关总署关于执行〈国内投资项目不予免税的进口商品目录（2006 年修订）〉的有关问题的通知》（署税发〔2007〕90 号）的有关规定执行。

四、自 2007 年 5 月 25 日起，原《2000 年不予免税商品目录》同时废止。

特此公告。

附件 1　《国内投资项目不予免税的进口商品目录（2000 年修订）》2007 年调整对照表（略）
附件 2　《国内投资项目不予免税的进口商品目录（2000 年修订）》（2007 年调整）（略）

中华人民共和国海关总署
二〇〇七年五月十六日

财政部、国家发展改革委、海关总署、国家税务总局关于调整《国内投资项目不予免税的进口商品目录》有关事项的公告

（财政部、国家发展改革委、海关总署、国家税务总局联合公告 2008 年第 39 号）

财政部、国家发展改革委、海关总署、国家税务总局在广泛收集、整理各部门、行业协会、企业意见的基础上，针对《国内投资项目不予免税的进口商品目录（2006 年修订）》（以下简称《目录》）执行中存在的问题，共同对《目录》中的部分条目进行了调整，现将有关事项公告如下：

一、根据近年来国内装备制造水平的变化，对《目录》中部分条目所列技术规格进行了相关调整。另外，根据《中华人民共和国进出口税则》对《目录》中部分条目所列税则号列进行了相应调整和修正，同时对其中个别商品的名称等内容进行了调整和修正（详见附件）。

二、调整后《目录》自 2008 年 12 月 15 日起执行，即 2008 年 12 月 15 日及以后新批准的国内投资项目（以项目的审批、核准或备案日期为准，下同），其进口设备一律按照调整后的《目录》执行。

为保证《目录》调整前审批的老项目顺利实施，对 2008 年 12 月 15 日以前批准的国内投资项目，其进口设备在 2009 年 6 月 30 日及以前申报进口的，仍按照调整前《目录》执行。但对于有关进口设备按照调整前《目录》审核不符合免税条件，而按照调整后《目录》审核符合免税条件的，自 2008 年 12 月 15 日起，可以按照调整后《目录》执行。货物已经征税进口的，不再予以调整。

自 2009 年 7 月 1 日起，国内投资项目项下申报进口的设备一律按照调整后《目录》执行。

三、现行政策对国内投资项目项下进口设备的免税条件另有规定的，有关进口设备仍需执行相关规定。

附件　国内投资项目不予免税的进口商品目录（2008 年调整）

财政部
国家发展改革委
海关总署
国家税务总局
二〇〇八年十二月九日

附件

国内投资项目不予免税的进口商品目录（2008 年调整）

编号	税则号列	设备名称	技术规格（调整后）	备注
通用设备				
一		柴油机		
1	840820 840890	柴油机（船用柴油机见后）	额定功率≤300kW	
二		泵		
1	84131100 84131900	计量泵	流量≤8200L/h	
2	841350	往复泵	所有规格	税号调整
3	84137091	电动潜油泵	所有规格	税号调整
4	84137091	潜水电泵	所有规格	税号调整
5	841360	回转泵	所有规格	税号调整
6	841370	离心泵	转速≤20000r/min，流量≤$200m^3/h$，扬程≤3000m	税号调整
7	84138100	大型污水泵	流量≤$6.0m^3/s$，扬程≤21m	
8	84138100	电磁泵、喷射泵、乳化液泵、气体压力泵	所有规格	
9	84138200	液体提升机	所有规格	
10	84141000	真空泵	所有规格	
11	84142000	手动或脚踏式空气泵	所有规格	
三		风机、压缩机		
1	84145990	轴流式风机	所有规格	
2	84145930	离心式风机	流量≤$1800m^3/min$，压升≤19kPa	
3	84148090 841430	轴流压缩机	流量≤$10000m^3/min$，轴功率≤51000kW	
4	841430 84148090	离心式压缩机	所有规格（流量>$5000m^3/min$或出口压力>50MPa 除外）	税号调整、技术规格调整
四		制冷装置		
1	84186920 84186990	冷水机组	所有规格	
2	84186920	离心式制冷机组	输出功率≤3000kW	
3	84186920	螺杆式制冷机组	所有规格	
五		气体分离装置及关键设备		
1	84196011 84196019	制氧机	制氧量≤$65000Nm^3/h$（Nm^3/h指名义工况下立方米每小时，即标立方）	税号调整、技术规格调整

编号	税则号列	设备名称	技术规格（调整后）	备注
2	84194020	气体分离设备用精馏塔	所有规格	
3	84195000	气体分离设备用板翅式换热器	所有规格	
4	84213990	气体分离设备用分子筛吸附器	所有规格	税号调整
5	84798990	气体分离设备用膨胀机	流量≤40000Nm³/h，进口压力≤5MPa（Nm³/h 指名义工况下立方米每小时，即标立方）	
六		分离设备		
1	84212190 84212200 84212990	真空带式过滤机	过滤面积≤110m²	
2	84211920 84211990	固液、液液分离机	所有规格	
3	842119	螺旋沉降式离心机	转鼓直径≤800mm	
4	842119	活塞推料离心机	转鼓直径≤800mm	
5	84212990	真空转鼓滤碱机	所有规格	
6	84212990	转台式过滤机	过滤面积≤132m²	
7	84212990 84213990	盘式过滤机	过滤面积≤120m²	
8	84212	液体过滤、净化机及反渗透装置（除以上分离设备以外）	单台液体处理量≤200t/h	税号调整、技术规格调整
七		起重机械		
1	84251100 84251900	提升机	滚筒直径≤5.5m	税号调整、技术规格调整
2	84253190	电动葫芦	所有规格	
3	84261120 84261190	单梁起重机	所有规格	税号调整
4	84261120 84261190	双梁桥式起重机	冶金：起重量≤400t；其他：起重量≤1200t	税号调整
5	84261200	带胶轮移动式吊运架及跨运车	所有规格	
6	84262000	塔式起重机	起重力矩≤1000t · m	
7	84263000	门座式起重机（门座式轮胎起重机见下）	所有规格	
8	84263000	门座式轮胎起重机	起重量≤50t	
9	84264910	履带式起重机	起重量≤1000t	技术规格调整
10	84283200	斗式提升机	所有规格	

编号	税则号列	设备名称	技术规格（调整后）	备注
11	84253190	水利启闭机	所有规格	
12	84281090	升船机	所有规格	
八		钻采设备		
1	84304111 84304119 85015 85016 8502 85371090	石油及天然气钻探机（采矿钻机、工程钻机、其他钻探机见后）	钻探深度≤9000m（包括钻机配套发电机、电动机、电控制系统）	税号调整、设备名称变更
2	84306990	修井机	额定载荷≤150t	
3	84798990	采油气井口装置	双油管压力≤70MPa；单油管压力≤105MPa	
九		草坪、公园、运动场机动割草机		
1	84331100 84331900	草坪、公园、运动场机动割草机	所有规格	
十		机床及锻压、铸造设备		
（一）		非数控机床		
1	8456 8457 8458 8459 8460 8461 8462 8463 8464 8465	非数控机床	所有规格	
（二）		数控机床		
1	84561000	数控激光加工机	≤3 轴联动	技术规格调整
2	84569010 84615000	数控切割机	等离子切割机：板厚≤40mm；水切割机：≤3 轴联动；其他数控切割机：所有规格	技术规格调整
3	84571030	龙门式加工中心	<4 轴联动，重复定位精度≥0.006mm/2m	

编号	税则号列	设备名称	技术规格（调整后）	备注
4	84563010	数控电加工机床	数控电火花成形机床：加工表面粗糙度 Ra≥0.32μm，型腔截面和深度尺寸精度≥±2μm，带有能自动交换工件和自动交换电极装置除外；数控线切割机床：切割效率≤300mm^2/min，加工表面粗糙度 Ra≥0.32μm，切割尺寸精度≥3μm；数控电解加工机床：所有规格	技术规格调整
5	84571010 84571020 84571030 84571090	钻削加工中心	所有规格	
6	84571010 84571020 84571030 84571090	镗铣加工中心	定位精度>0.006mm，重复定位精度≥0.004mm，快移速度≤40m/min，<4 轴联动，工作台<1250mm	技术规格调整
7	84581100 84589100	车削中心	重复定位精度≥0.004mm，主轴端径向圆跳动≥0.001mm，加工圆度>0.001mm	
8	84581100	数控重型卧式车床	最大加工工件直径 D≤4000mm，工件长度≤20000mm，加工圆度≥$5\times10^{-6}\times$Dmm	技术规格调整
9	84589100	数控重型立式车床	最大加工工件直径 D≤16000mm，定位精度>0.015mm/2m，加工圆度>0.01mm	技术规格调整
10	84581100 84589100	数控车床	重复定位精度>5μm，加工圆度≥$3\times10^{-6}\times$Dmm（D 为最大加工工件直径）	技术规格调整
11	84596110	数控龙门铣床	工作台宽度<5000mm，重复定位精度≥0.006mm/2m，≤3 轴联动	
12	84595100 84596190	数控铣床（数控龙门铣床除外）	定位精度>0.006mm（全程），重复定位精度>0.004mm，≤4 轴联动	税号调整、设备名称变更
13	84602110 84602120 84602190	数控重型磨床	工件直径≤1600mm，加工圆度>0.001mm，微量进给>0.0001mm	税号调整
14	84601100	数控平面磨床	定位精度>0.006mm（全程），重复定位精度>0.003mm（全程），平面度>0.002mm/1000mm，龙门宽≤3500mm	

编号	税则号列	设备名称	技术规格（调整后）	备注
15	84602110 84602120 84602190 84603100	数控磨床（含内圆、外圆、端面外圆、万能、无心、轴承、刃磨等），专用除外	定位精度>0.006mm，重复定位精度>0.003mm，加工圆度>0.0005mm，砂轮线速度≤60m/s	设备名称变更
16	846021	数控凸轮轴磨床	工件最大回转直径≤Φ250mm，砂轮线速度≤60m/s（单砂轮）	税号调整
17	846021	数控曲轴磨床	工件直径≤Φ630mm，砂轮线速度≤60m/s；定位精度>0.005mm，重复定位精度>0.002mm	税号调整、技术规格调整
18	84614010	数控重型滚齿机	立式：工件直径≤Φ8000mm，模数m≤30mm；卧式：工件直径≤Φ2000mm，模数m≤30mm；其他：所有规格	
19	84614010	数控齿轮加工机床	工件直径：15~800mm，模数：2~8mm，≤3轴联动，精度等级>5级	
20	84593100	数控铣镗床	镗杆直径<Φ260mm，加工同轴度≥0.008mm/500mm，重复定位精度≥0.006mm/2m，≤4轴联动	设备名称变更
21	84594010 8460	数控坐标镗床、磨床	坐标定位精度≥0.0015mm	
22	84572000 84573000	组合机床	孔加工精度为ITH5级及以下（注：I-国际；T-允差；H-基孔制，以孔定轴，级的数值越小精度越高），同轴度≥0.01mm，平面度≥0.01mm/m	
（三）		压力成形机械		
1	84621010 84621090 84624111 84624119	锻造用压力机或冲压机床	单台公称压力≤3000t（生产汽车用全集成横杆式柔性自动冲压线，整线节拍达到12次/分及以上，且重复定位精度保持在±1mm以内的除外）	税号调整、设备名称变更、技术规格调整
2	84621090	空气锤	所有规格	
3	84622110 84622910	矫直（平）机	公称压力≤100t	
4	84622190 84622990	折弯压力机	所有规格	
5	84622190 84622990	开卷机	所有规格	
6	84622190 84622990	弯管机	所有规格	

编号	税则号列	设备名称	技术规格（调整后）	备注
7	84622990	三辊四辊卷板机	所有规格（板宽>10m 或板厚>120mm×板宽>3200mm 除外）	技术规格调整
8	84622190 84622990	折边机	所有规格	
9	84623110 84623120 84623190	数控板带剪切机床	板厚×宽≤12×4000mm	税号调整
10	84623190 84623990	棒料剪断机	公称压力≤500t	
11	84624190 84624900	联合冲剪机	板厚≤30mm，冲孔力<120t	
12	84649090	金刚石成型液压机	公称压力≤9000t	税号调整、设备名称变更
13	84629110 84629190	单柱、双柱、四柱万能液压机	公称压力≤4000t	
14	84629110 84629190 84629910 84629990	立式、卧式冷挤压机	所有规格	税号调整
15	84629110 84629190 84629910 84629990	开式双点压力机	所有规格	税号调整
16	84629110 84629190 84629910 84629991	闭式四点多连杆压力机	所有规格	税号调整
17	84629190	双动薄板拉伸液压机	公称压力≤2000t	
18	84629190	校正压装液压机	公称压力<630t	
19	84629190	磨具制品液压机	公称压力≤1600t	
20	846291 8479	打包压块液压机	所有规格	税号调整
21	84629110 84629190 8479	单动薄板冲压液压机	公称压力≤2000t	税号调整
22	84629910 8479	开式固定台压力机	所有规格	
23	84629910 8479	开式可倾压力机	所有规格	
24	84629910 8479	开式底传动压力机	所有规格	
25	84629910 8479	闭式单点压力机	公称压力≤2000t	

编号	税则号列	设备名称	技术规格（调整后）	备注
26	84629910 8479	闭式双点压力机	公称压力≤2000t	
27	84629910 8479	双动拉伸压力机	公称压力≤2000t	
28	84629910 8479	双盘摩擦压力机	公称压力≤2500t	
29	84629910 8479	电动螺旋压力机	公称压力≤2500t	
30	84629910 8479	高速精密压力机	公称压力≤200t	
31	84624111	数控冲模回转头压力机（包括转塔冲床）	所有规格	
32	84629910 8479	封头旋压机	所有规格	
33	84629190 84629910 84629990 8479	粉末成形压力机	公称压力≤200t	
34	84629190 84629910 84629990 8480	数控粉末成形压力机	公称压力≤100t	
35	84629910	旋压机（强力压旋）	直径≤1000mm	
36	84629990	自动冷镦机	所有规格	
37	84659900 84793000	热压机（用于木材、建材装潢材料加工）	公称压力≤2000t	税号调整、设备名称变更
38	84622190 8479	数控滚轮式收口工作站（包括封头旋压工作站）	加工工件直径≤400mm，主轴转速≤400rpm，加工工件长度≤2m	新增
39	84633000	自动搓丝机	所有规格	
40	84633000	自动卷簧机	所有规格	税号调整
41	84633000 84639000	辗环机	直径≤5000mm	税号调整
（四）		木工机械		
1	84659100	木工锯床	所有规格	
2	84659200	单面木工压刨床	所有规格	
3	84659200	多面木工刨床	刨削宽度≤630mm，工件厚度≤300mm	
4	84659200	木工平刨床	所有规格	
5	84659200	木工镂铣床	所有规格	
6	84659200	木工铣床	所有规格	
7	84659200	木工仿形铣床	所有规格	

编号	税则号列	设备名称	技术规格（调整后）	备注
8	84659200	四面木工铣床	所有规格	
9	84659200	数控镂铣机	三维及以下	
10	84659300	木工磨光机	砂带宽度×砂带长度≤930×2100mm	
11	84659500	木工单排钻孔机	所有规格	
12	84659500	木工多排钻孔机	所有规格	
13	84659500	木工榫槽机	榫槽尺寸长×宽≤200×22mm，榫头深度≤120mm	
14	84659900	木工车床	所有规格	
15	84659900 84651000	木工多用机床	锯片直径≤400mm，平刨宽度≤400mm	
16	84659900	木工封边机	封边高度≤60mm，封边带厚度≤15mm	
（五）		铸造机械		
1	84543010	卧式冷室压铸机	合型力≤2500t	
2	84543090	热室压铸机	合型力≤160t	
3	84543090	离心铸造机	每循环≥120s	
4	84543090	低压铸造机（热融式）	坩埚容量≤500kg	设备名称变更
5	84741000	筛砂机	生产率≤140m^3/h	
6	84741000	永磁分离设备	生产率≤180m^3/h	
7	847420	破碎机	生产率≤120m^3/h	
8	84743900	辗轮式混砂机	混砂能力<100t/h	技术规格调整
9	84743900	间歇式碗形混砂机	生产率≤10t/h	
10	84743900	树脂砂连续式混砂机	生产率≤30t/h	
11	84743900	搅拌冷却机	生产率≤120t/h	
12	84748090	松砂机	所有规格	
13	84748090 84743900	树脂砂再生设备	生产率≤25t/h	设备名称变更
14	84741000	电磁分离设备	所有规格	
15	84748090	震压造型机	所有规格	
16	84748090	热芯盒射芯机	制芯能力≤60L	
17	84748090	冷芯盒射芯机	制芯能力≤60L	
18	84748090	多用射芯机	制芯能力≤60L	
19	84748090	抛砂机	所有规格	
20	84748020 84748090	水平有箱造型线（机）	砂箱尺寸（长边）≤1800mm，生产率<100型箱/小时；砂箱尺寸（长边）>1800mm，生产率<60型箱/小时	税号调整、设备名称变更、技术规格调整

编号	税则号列	设备名称	技术规格（调整后）	备注
21	84748020 84748090	水平脱箱造型线（机）	砂箱尺寸（长边）≤650mm，生产率<120型/小时；砂箱尺寸（长边）>650mm，生产率<90型/小时	税号调整、设备名称变更、技术规格调整
22	84748020 84748090	垂直无箱造型线（机）	砂箱尺寸（长边）>750mm，生产率<280型/小时；砂箱尺寸（长边）≤750 mm 生产效率<400型/小时	税号调整、设备名称变更、技术规格调整
23	84748090	振动落砂机	载荷<20吨	技术规格调整
24	84743000 84798990	抛丸清理机	每循环周期≥120s	税号调整
（六）		量具量仪		
1	90173000	游标卡尺、千分尺、百分表	所有规格	
2	90318090	齿轮测量机	模数≤20mm，外圆直径≤2000mm，齿宽≤350mm，测量齿轮精度等级为3级以下（级数越小精度越高）	
3	90318090	万能齿轮测量机	模数≤20mm，外圆直径≤1250mm，齿宽≤350mm	
4	90318090	齿轮整体误差测量仪	模数≤10mm，外圆直径≤450mm，齿宽≤200mm	
5	90318090	锥齿轮测量仪	大齿外径≤500mm，小齿外径≤257mm	
6	90318090	滚刀测量仪	滚刀模数≤20mm，直径≤80mm	
7	90318020	三坐标测量机	X、Y、Z ≤ 3000 × 3000 × 2000mm，单轴精度≥（1+L/400）μm，空间精度≥（1.2+L/300）μm，探测精度≥1μm	技术规格调整
8	90318090	圆度仪	可测外圆直径≤450mm，可测度高≤700mm，测量分辨率>0.01μm	
9	90318090	表面粗糙度仪	一维、二维分辨率Ra≥1.0nm	
10	90314910 90314990 90318090	形面轮廓测量仪	一维、二维分辨率Ra≥1.0nm，三维分辨率≥10nm	新增
11	90318090	刀具预调仪	所有规格	
12	90318090	数显测高仪	所有规格	
十一		车辆		
1	87章	车辆	所有汽车、摩托车整车（本目录所列87章税号中可以免税的规格部分除外）、成套散件	税号调整、技术规格调整

编号	税则号列	设备名称	技术规格（调整后）	备注
2	87011000	手扶拖拉机	所有规格	
3	87013000	履带式拖拉机	额定功率≤88.2kW（120马力）	
4	87019011	轮式拖拉机	额定功率≤132.3kW（180马力）	
5	87051021 87051022 87051023	全路面起重机	最大起重量≤300t	
6	87051091 87051092 87051093	其他汽车起重机	最大起重量≤200t	
7	87053010 87053090	消防车	登高平台救火车：载人作业高度≤55m；其他：所有规格	
8	87042 87043	吸引压送罐车	压送能力垂直高度≤20m，工作温度≤140℃	
9	87059090	冶金工业举升台车（框架车）	总重≤80t	
10	87059090	曲伸臂式高空作业车	作业高度≤30m（臂高）	
11	87059090	直伸臂高空作业车	作业高度≤30m（臂高）	
12	87059090	垂直升降式高空作业车	作业高度≤20m（臂高）	
13	87041030	非公路电动轮自卸车	载重量≤328t	
14	87041090	机械传动非公路刚性自卸车	所有规格	设备名称变更
15	87059090	非公路洒水车	容量≤80m^3	
16	87041090	非公路铰接式自卸车	载重≤60t	技术规格调整
17	87059080	测井绞车	测井深度≤7000m	
18	87059080	压裂车	工作压力≤105MPa	
19	87059080	混砂车	输砂量≤3.5m^3/min	
20	87059080	石油测井车	测井深度≤7000m	
21	87059090	桥梁检测车	检测臂作业长度≤16m	
22	87041090	井下运矿车	装载量≤18t	
23	87059090	炸药装药车	载重≤15t	
十二		其他交通设备		
1	8601 8602 8603 8605 8606	轨道机车、车辆	所有规格	
2	86040099	大型轨道式架桥机	载重吊装重量≤1600t	
3	88章	飞机	所有飞机整机	

编号	税则号列	设备名称	技术规格（调整后）	备注
4	89章	船舶	所有船舶整船	
十三		仪器仪表		
（一）		计量设备		
1	84233020	定量分选秤	X级系列（相当于静态精度低于或等于1/5000），Y级系列（相当于静态精度低于或等于1/3000,最大称量≥10kg）（注：数值越小，静态精确度越高）	
2	84233010 84233030 84233090	其他定量秤	准确等级低于或等于X（0.5）级，静态准确度低于或等于1/3000（注：数值越小，静态准确度越高）	
（二）		光学仪器		
1	9011	复式光学显微镜	所有规格	设备名称变更
2	90152000	经纬仪	精度≤±2s（注：一测回标准偏差：水平方向低于、等于±2秒。数值越小，指标越高）	
3	90151000	测距仪	测距精度≤±3mm（注：测距精度：小于、等于±3mm，数值越小，精度越高）	
4	90153000	水准仪	精度≤±1mm（注：精度指仪器每公里往返测量高差偶然误差小于、等于±1mm，数值越小，精度越高）	
（三）		气象仪器		
1	9015	气象测试仪器和系统	常规用地面测风、气压、温度、湿度、降水、能见度测量仪器，六要素以下的自动气象站	
（四）		实验仪器		
1	9016	天平	精度低于0.01mg（注：数值越小，精度越高）	
2	90291090 90312000	转速、扭矩等多参数动力机械性能自动测试仪器和系统试验台，包括：电磁振动试验台等	所有规格	
3	8514 8419 84798990	具有恒温、恒湿、烟雾等功能的环境实验箱	所有规格	
（五）		试验机		
1	90241000	金属材料试验机	所有规格	

编号	税则号列	设备名称	技术规格（调整后）	备注
2	90221990 90222900 9031803	无损检测设备（包括射线检测、磁粉检测、渗透检测、涡流检测、超声检测设备，但声发射、泄露检测、光全息照相、红外热成像、微波检测设备除外）	所有规格（450kV 以上 X 光探伤机除外）	税号调整、设备名称变更
3	90248000	非金属材料试验机（棉花综合检测仪除外）	所有规格	设备名称变更
4	90248000	棉花综合检测仪	检测速度<700 样/8 小时；测试光源：白炽灯	技术规格调整
5	90311000	平衡试验机	所有规格（其中曲轴动平衡机：测量精度<2 克厘米，进给速度≥500 毫米/分除外）	税号调整、技术规格调整
（六）		自动化仪表及系统		
1	84714991	分散型工业过程控制设备（DCS）	所有规格	
2	85371011	可编程控制器（PLC）	输入、输出点数小于 512 点的系统和产品	
3	90251100 90251910 90251990	温度测量仪表	所有规格	
4	9026 90318090	压力、物位、流量测量仪表	所有规格（三通道以上的超声流量计与物位仪表除外）	税号调整
5	902820	液量计	所有规格	
6	9032	温度自动控制装置	所有规格	
7	9032	压力、物位、流量自动控制装置	所有规格	
8	84818010	调节阀	所有规格（公称通径大于 400mm，或者公称压力大于 PN16MPa，或者温度范围高于 530℃的调节阀除外）	
9	84818090 8412 8483 8501 8537 8425 8481 8505	执行器（包括电动执行器、气动执行器；含电机、减速器、控制电路等）	所有规格（具有现场总线通信功能的智能执行器除外）	
（七）		分析仪器		
1	90272011 90272012	气、液相色谱仪	所有规格	
2	90273000	付立叶红外光谱仪	分辨率≥0.1 波数（注：数值越小，精度越高）	

编号	税则号列	设备名称	技术规格（调整后）	备注
3	90273000 90275000	近红外、紫外、原子吸收、原子发射、荧光等光谱仪器（包括全自动生化分析仪）	所有规格	设备名称变更
4	90273000	光电直读光谱仪	所有规格（采用中阶梯光栅或阵列接收器除外）	
5	90271000	光学式气体分析仪器	所有规格	
6	90278099	PH 计	被测溶液温度在 100℃以下	税号调整
7	90275000 90278099	粉质、粒度检测仪器	所有规格	
8	90278099	BOD/COD/TOC 水质多参数检测仪器	所有规格	税号调整
9	90271000	汽车尾气分析仪	所有规格	税号调整
（八）		电工仪器仪表		
1	90283010	电度表	0.01 级以下多功能关口表	
2	90283090	电度表检验装置	所有规格	
3	9028	工业用安装式开关板表	所有规格	
4	9030	数字式电工测量仪	六位半以下	
5	90303 90283090	其他电工仪表	所有规格	
（九）		电子仪器仪表		
1	85432090	数字合成音频扫频信号发生器	扫频频率范围：250KHz～1024MHz	
2	85432090	微波合成扫频信号发生器	扫频频率范围：10MHz～26.5GHz	
3	85432090	毫米波合成扫频信号发生器	扫频频率范围≤26.5GHz	技术规格调整
4	90302010 90302090	数字存储示波器	带宽≤500MHz；存储能力≤1M/ch	
5	85158000	光纤熔接机	单芯熔接损耗≥0.01dB	技术规格调整
6	85158000	带状光纤熔接机	带状 12 芯熔接损耗≥0.07dB	技术规格调整
7	85158000	保偏光纤熔接机	偏熔接损耗≥0.1dB，消光比≤80dB	技术规格调整
8	90314990 90318010 90318090	光时域反射计	动态范围≤40dB，波长：0.85μm，1.35μm，1.55μm	税号调整
9	90314990 90318090	光功率计	波长范围 0.4～1.75μm，测量光功率范围：-90dBm～+10dBm	税号调整
10	85176229	可编程光衰减器	波长范围 1.2～1.65μm，最大衰减≤60dB	税号调整

编号	税则号列	设备名称	技术规格（调整后）	备注
11	90308990 90318010	误码仪	固定速率：PDH1~4 次群； 连续速率：50b/s~50Mb/s	
12	90318010	SDH/PDH 数字传输分析仪	PDH 速率：1~4 次群；SDH 速率：155.52Mb/s，622.080Mb/s，2.5Gb/s	
13	90308990 903040	电信/数据通信分析仪	连续速率：50b/s~2.048Mb/s； 固定速率：2.048Mb/s	税号调整
14	90308990 903040	微波矢量网络分析仪	频率范围：45MHz~40GHz	税号调整
15	90308990 903040	毫米波矢量网络分析仪	频率范围≤26.5GHz	税号调整、技术规格调整
16	90308990 903040	脉冲矢量网络分析仪	频率范围 45MHz~20GHz	税号调整
17	90308990 903040	微波一体化矢量网络分析仪	频率范围 50MHz~20GHz	税号调整
18	90308990 903040	射频一体化矢量网络分析仪	频率范围 300kHz~3GHz	税号调整
19	90308990 903040	宽带射频一体化矢量网络分析仪	频率范围 30kHz~6GHz	税号调整
20	90308990 903040	标量网络分析仪	频率范围 10MHz~110GHz	税号调整
21	90308990 903040	一体化标量网络分析仪	频率范围 10MHz~8.6GHz	税号调整
22	90308990 903040	射频频谱分析仪	频率范围 2Hz~2GHz，9kHz~2.9GHz	税号调整
23	90308990 903040	微波频谱分析仪	频率范围 9kHz~26.5GHz	税号调整
24	90308990 903040	高性能微波频谱分析仪	频率范围 30Hz~26.5GHz	税号调整
25	90308990 903040	谐波混频器	频率范围≤26.5GHz	税号调整、技术规格调整
26	90308990 903040	微波功率计	频率范围 9kHz~110GHz，最大测量功率 100w	税号调整
27	90308990 903040	微波毫米波天线、RCS、T/R 组件测试系统	频率范围：45MHz~40GHz	税号调整
28	90308990 903040	数字微波通信综合测试仪	频率范围 9kHz~26.5GHz	税号调整
29	90308990 903040	全自动数字失真度测量仪	频率范围：10Hz~110KHz，不平衡：20Hz~40KHz，平衡失真度测量范围：100~0.005%	税号调整

编号	税则号列	设备名称	技术规格（调整后）	备注
30	90303320 90303900 90308410 90308910	电感电容电阻测试仪（LCR）	频率范围：20Hz～1MHz	税号调整
31	903031 903032	台式数字万用表	显示数位：六位半及其以下	税号调整
32	90304010 90304090	视音频测试仪	所有规格	
33	90303310 90303390 90303900	高频毫伏表	频率范围：10KHz～3GHz	
34	85432010 85432090	标准视音频信号发生器	所有规格	
35	90304090	调幅/调频广播测试仪	所有规格	
36	90304090	数字电视场强仪	所有规格	
37	90318090	空气粒子计数器	0.3μm～10μm	
38	90304090	DVB-T/S/C 制式数字电视发射系统测试仪	所有规格	
39	85432010 85432090	DVB-T（H）制式数字电视测试信号源	所有规格	
40	85432010 85432090	数字电视集中信号源	所有规格	
41	85432010 85432090	数字电视 TS 流信号发生器	所有规格	
42	90303390 90303900 90304090	智能电声测试仪	频率范围：20Hz～20KHz	税号调整
43	90318010	光纤通话机	波长范围：0.4μm ～ 1.75μm，动态范围≤35dBm	
44	90303390 90303900 90304090	元件参数测试仪	频率范围：20Hz～10MHz	税号调整
45	90308490 90308990	电能质量分析仪	频率范围：45Hz～500Hz，测量范围：AC：600Vrms 500Arms，DC：300V、2500A	税号调整
46	90230000	电磁物理教学仪器	所有规格	
47	850440	电子稳压电源	所有规格	
48	90303190 8543	电子负载	所有规格	税号调整
49	90303190 90303390 90308990	电路板在线测试仪	针床式电路板在线测试仪	税号调整

编号	税则号列	设备名称	技术规格（调整后）	备注
50	90251910	回流焊温度曲线测试仪	测温范围：0～400℃；记录时间：10min	税号调整
51	90303190 90304090 90308990	全自动干扰场强测试接收机	频率范围：150kHz～30MHz，分辨率：1Hz，过载系数：≥30dB，镜频抑制：>60dB	税号调整
52	85432010 85432090	低失真低频信号发生器	频率 5Hz～110kHz：失真 20Hz～20KHz≤0.005%；其余频段≤0.01%	税号调整
53	85432010 85432090	数字合成标准高频信号发生器	频率范围：5kHz～50MHz，最小分辨率：0.1Hz，频率稳定度：≤1PPm	税号调整
54	85432010 85432090 90304010 90304090	数字合成函数信号发生器/频率计数器	输出频率：1μHz～120MHz，输出幅度：1mVp－p～10Vp－p（50Ω 负载）；2mVp-p～20Vp-p（1MΩ 负载）	税号调整
55	90304010 90304090	多功能（通用）频率计数器	测频范围：0.001Hz～110GHz，测周范围：100ns～1000s	税号调整
56	85432010 85432090	射频合成信号发生器	频率范围：100kHz～4GHz，分辨率：0.1Hz	税号调整
57	90303390 90303900	数字射频电压—功率表	频率范围：10kHz～2GHz，射频探头：10kHz～1GHz	税号调整
十四		文化设备、电器		
1	85258022 85258029	数字照相机	所有规格	
2	85258012 85258013 85258032 85258033 85258039	摄像机及视频摄录一体机	所有规格	
3	9002 9001	光学元件	所有规格	税号调整
4	9006 （其中 90061010、 90061090、 90063000 除外）	照相机（不包括制版照相机和特种照相机）、闪光灯	所有规格	税号调整、设备名称变更
5	90072090	胶片式放映机	胶片宽度为 70mm、35mm、16mm 放映机	税号调整、设备名称变更
6	90071910 90071990	电影摄影机	胶片宽度为 16mm、35mm 摄影机	
7	90081000	幻灯机	所有规格	

编号	税则号列	设备名称	技术规格（调整后）	备注
8	90082000	缩微阅读机	所有规格	
9	90083010	正射投影仪	所有规格	
10	90084000	照片放大机及缩片机	所有规格	
11	8443	复印设备（包括多功能一体机）	所有规格	
12	9010	洗印设备	所有规格	
13	90106000	银幕	所有规格	
14	90101010 90101020 90101091 90101099	彩色扩印设备	所有规格	
15	8415	空调器	所有规格	
16	84181010 84181020 84181030 84182110 84182120 84182130 84182910 84182920 84182990 84183021 84183029 84184021 84184029 84185000	电冰箱、电冰柜	所有规格	税号调整
17	84213910 84213990	空气净化设备	≤100 级	税号调整
18	84501110 84501120 84501190 84501200 84501900 84502000 84511000	洗衣机	所有规格	
19	84690011 84690012 84690020 84690030	打字机及文字处理器	所有规格	
20	84701000 84702100 84702900	电子计算器	所有规格	

编号	税则号列	设备名称	技术规格（调整后）	备注
21	84713000 84714140 84714940 84715040 852351 84716050 84716060 84716090 84716071 84716072 84717090 85286100	微型计算机及外设	所有规格	税号调整
22	85284100 85285110 85285190	显示器	所有规格	
23	84433211 84433212 84433110 84433190 84433213 84433219	打印机	所有规格	税号调整
24	85171100 85171210 85171220 85171290 85171800 85176990	电话机包括手机、对讲机	所有规格	
25	84433290 84433110 84433190 84433290	传真机	所有规格	税号调整
26	85181000 85182100 85182200 85182900 85183000 85184000 85185000 8519 85271200 85271300 85271900 85272100 85272900 85279100 85279200 85279900	音响设备	所有规格	

编号	税则号列	设备名称	技术规格（调整后）	备注
27	85211011 85211019 85219090 85219011 85219012 85219019	录像机	所有规格	税号调整
	85211020 85219011 85219012 85219019 85219090	放像机	所有规格	
29	85234010 85234090	光盘（已录入技术信息的光盘除外）	所有规格	税号调整、设备名称变更
30	8528	电视机	所有规格	
十五		包装机械		
1	84222000	瓶子或其他容器的洗涤、干燥设备	所有规格	
2	84223010 84223090	玻璃瓶灌装设备	能力<48000瓶/小时（瓶容积以250毫升计）	税号调整
3	84223090	贴标机	所有规格	
4	8419 85437099	瓶子或其他容器的杀菌设备	所有规格	税号调整
5	84223010 84223090	易拉罐灌装设备	能力<300罐/分钟（罐容积以335毫升计）	税号调整
6	84223010	聚酯瓶饮料灌装设备	能力≤36000瓶/小时（瓶容积以250毫升计）	
7	84223021 84223029 84223030 84223090 84224000	固体、液体包装机（各种包装材料）	所有规格	设备名称变更
8	84223090 84224000 8462	生产三片罐的设备［主要包括圆盘剪（纵横剪）、卷圆装置、电阻焊、扁丝机构、补涂机、烘干杀菌装置、滚筋机、提升装置、成型机、缩颈机、封罐机］	能力≤18000罐/小时	税号调整
9	84391000 84392000 84393000	瓦楞板生产设备	速度≤140米/分钟，7层及以下，板宽≤2.2米	
10	84412000	纸塑复合水泥袋生产设备	能力≤150袋/分钟	
11	84418010	纸塑铝软包装制袋设备	所有规格	
12	84418090	模切机	圆压平：生产速度<6000张/小时；平压平：生产速度<4500张/小时	

编号	税则号列	设备名称	技术规格（调整后）	备注
十六		工程机械		
1	84134000	拖式、车载式混凝土泵	所有规格	
2	84264110	轮胎式起重机	最大起重量≤50吨	技术规格调整
3	84271010 84271020	堆垛机	所有规格	
4	84271090	电瓶叉车	所有规格	
5	84272010	集装箱叉车	所有规格	
6	84264190	集装箱正面吊	所有规格	新增
7	84272090	内燃叉车	所有规格	
8	84279000	其他装有升降或搬运装置的工作车	所有规格	
9	84292010 84292090	平地机	所有规格	
10	84293010 84293090	自行式铲运机	所有规格	
11	84293010 84293090	拖式铲运机	所有规格	
12	84294011 84294019	压路机	所有规格	
13	84295100 84295290 84295900	装载机	所有规格	
14	84295211	轮胎式挖掘机	整机重量≤29t	
15	84295212	履带式挖掘机	整机重量≤120t	
16	84295900	挖掘装载机	额定功率≤75kW（100马力）	
17	84301000	筒式柴油打桩机	所有规格	
18	84301000	液压打桩锤	整机重量≤25t	
19	842952 84305090 84306990 84314100	连续墙液压抓斗	斗宽≤1.2m	税号调整
20	84306919 84306911	水平定向钻	所有规格	税号调整
21	84303100	全断面掘进机	刀盘直径≤13m	
22	84304121 84304122 84304129	钻探机	所有规格	税号调整

编号	税则号列	设备名称	技术规格（调整后）	备注
23	843050 84306911 84306919	旋挖钻机	钻孔直径≤3m，动力头标准扭矩≤350kN·m	
24	84306911 84306919	工程钻机	钻孔直径≤3.5m	
25	84743100	混凝土或砂浆搅拌机器	所有规格	
26	84743200	矿物与沥青的混合搅拌设备	所有规格	
27	84791021	沥青混凝土摊铺机	所有规格	
28	84791022	稳定土路面拌合机	拌合宽度≤3m	
29	84791022	稳定土路面摊铺机	宽≤7.5m，厚≤350mm	
30	84791029	滑模式水泥摊铺机	最大铺宽≤9.75m	
31	84791090	高等级公路稀浆封层机	料仓≤$10m^3$，制浆≤3t	
32	84791090	沥青路面铣刨机	铣刨宽度≤2.5m	
十七		其他通用设备		
1	84281010 84281090	电梯	所有规格	
2	84284000	自动扶梯	所有规格	
3	84284000	自动人行道	所有规格	
4	84283300	行李输送机	所有规格	
5	8539 85437099	紫外线消毒设备	所有规格	
6	84238110 84238290	电子计价秤	所有规格	
7	84238210 84238910	电子汽车衡	所有规格	
8	84238990	电子平台秤	所有规格	
十八	84~90章	二手机电设备	所有规格	
十九	《中华人民共和国进出口税则》中第1章至第83章、第91章至第97章所有税号	其他	所有规格	
专用设备				
二十		船舶设备		
(一)		船用柴油机及配套件		
1	84081000	低速柴油机（<300转/min）	功率≤50000kW	

编号	税则号列	设备名称	技术规格（调整后）	备注
2	84081000	中速柴油机（300 ~ 1000 转/min）	缸径：160~400mm	
3	84081000	高速柴油机（>1000 转/min）	功率≤2000kW	
4	84148030	废气涡轮增压器	压比≤4.5，流量≤20m³/S	
（二）		辅机		
1	8426	船用吊机	起吊重量：单吊≤350t；双吊≤600t	税号调整
2	84021200 84021900	船用锅炉	蒸发量≤45t/h，工作压力≤3MPa	税号调整
3	84021190 84021200 84021900	废气锅炉	传热面积≤300m²，工作压力≤0.7MPa	税号调整
4	84161000	船用锅炉燃烧器	转杯式、蒸汽雾化式：燃油黏度≤2398×10⁻⁶m/s	
5	84178090	船用焚烧炉	热容量≤1300000kcal/h	
6	84212190	船用生活污水处理装置	污水处理量≤80000L/day	
7	84248991	原油洗舱机	流量≤140m³，射程≤36rpm	
8	84251100 84251900	船用救生艇降放装置	绞车工作负荷≤170kN	税号调整
9	84253190 84253990	船用起锚机、船用组合锚绞机	锚链直径≤112mm，卷筒负载≤686kN	税号调整
10	84261910 84261921 84261929 8425	船用起货绞机	负载≤150kN	税号调整
11	84253190 84253990	船用系泊绞车	负载≤400kN	
12	84798910	船用柱塞式舵机	转舵扭矩≤350t · m	
13	84798990 8481	液压遥控阀及指示器系统	压力≤0.3MPa，输出扭矩≤12500Nm（TELFON 型式除外）	税号调整
14	84798200	船用混油装置	仅限动态恒压混合方式，最高黏度≤7×10⁻⁴ sec（rwl#100 度F）	
15	8481	船用碟阀	口径 100~800mm，工作压力≤1.6MPa	税号调整
16	84834090	船用齿轮箱	扭矩≤346kN · m	
17	84871000	船用定距桨	螺旋桨直径≤11m	
18	84871000	主推进可调桨	螺旋桨直径≤10400mm	
19	84871000	侧向推进器	螺旋桨直径≤3300mm	
20	84871000	全回转推进器	螺旋桨直径≤3900mm	

编号	税则号列	设备名称	技术规格（调整后）	备注
21	85016100 85016200 85016300 85016410	船用无刷三相同步发电机	功率≤2300kW	税号调整
22	85318090 85437099 8537 9032	船用机舱报警/控制装置	所有规格	税号调整
23	85269200	船用主机遥控装置	所有规格	
24	89 章	船舶及浮动结构件	所有规格	
25	90278099	油分浓度计	测量范围≤30ppm，测量精度≥±5ppm	
二十一		农业机械		
1	84248100	微灌、滴灌设备	所有规格	
2	84248100	喷灌设备	所有规格	技术规格调整
3	84335100	谷物联合收割机	额定功率≤150kW（200 马力）	
4	84335100	全喂入橡胶履带式水稻联合收割机	额定功率≤44.1kW（60 马力）	设备名称变更
5	84335100	半喂入水稻联合收割机	行数不大于 4 行	新增
6	84335100	玉米联合收割机	6 行及以下自走式	
7	84335990	牵引式青饲料收割机	所有规格	
8	84335300	马铃薯联合收获机	收获行数不大于 2 行	新增
9	84335990	自走式青贮饲料收获机	功率不大于 260 千瓦	新增
10	84323000	马铃薯种植机	播种行数不大于 4 行	新增
11	84323000	大型小麦免耕播种机	播种行数不大于 19 行	新增
12	84323000	水稻覆土直播机	播种行数不大于 6 行	新增
13	84335920	采棉机	采收行数不大于 4 行	新增
二十二		轻工机械		
（一）		真空制盐部分设备		
1	8413	循环泵	生产能力≤150000t/年的真空盐厂用循环泵	税号调整
2	84211910 84211990 84211920	离心机	能力≤20t/h	
3	84193990	沸腾干燥床	能力≤15t/h	
（二）		脂肪醇聚氧乙烯醚成套技术装备		
1	8413 84198990 84798990	AEO3、AEO7、AEO9、AEO11 乙氧基化反应器、反应循环泵	所有规格	税号调整

编号	税则号列	设备名称	技术规格（调整后）	备注
2	84798990 842139	排气吸收塔	所有规格	税号调整
（三）		烷基苯磺酸及盐、醇醚硫酸盐成套设备		
1	84195000 84198990	SO_2—SO_3 转化塔	所有规格	税号调整
2	84195000 84198990	空气冷却器	所有规格	税号调整
3	84178090	燃硫炉	所有规格	
4	84198990	磺化反应器	能力≤1.6t/h	
（四）		合成脂肪醇成套技术设备		
1	84198990 84798990	C12—C15 洗涤剂醇反应器	所有规格	
2	84798990 84198990	脂肪醇反应器	所有规格	
3	84198910	脂肪醇加氢反应器	所有规格	
4	84198990 84213990 84798990	反应器产品脱气器	所有规格	
（五）		人造板设备		
1	84193200	干燥机	所有规格	
2	84193200 8465 84793000	人造板成套设备（包括热压机、砂光机、预压机、纵横锯边机、干燥机、涂胶机、拼板机、旋切机、铺料机等）	能力≤200000 立方米/年	税号调整、设备名称变更
3	8465	削片机	所有规格	
4	8465	刨片机	所有规格	
5	84793000	压机	能力≤100000 立方米/年	
6	84793000	热压机	所有规格	
7	84798200	混合搅拌机	所有规格	
8	84798990	铺装机	所有规格	
（六）		其他		
1	841350	双缸泥浆泵	所有规格	税号调整
2	84193990 84198990	蒸发器	所有规格	

编号	税则号列	设备名称	技术规格（调整后）	备注
3	84194010 84194020 84194090 84198990 84211910 84211920 84211990 84212190 84213990 84741000 84798990	萃取设备，反应釜，浓缩设备，离心萃取机，管式分离机，三足式离心机，刮刀卸料离心机，上悬式离心机，离心卸料离心机，转鼓真空过滤机，圆盘式真空过滤机，翻斗真空过滤机，叶滤机，筒式过滤机	蝶式分离机：转鼓直径Φ315～550mm，转速≤12000rpm；活塞推料离心机：转鼓直径Φ≤1200mm，转速≤2000rpm；螺旋卸料离心机：转鼓直径Φ≤1000mm，转速≤6000rpm；板框、厢式压滤机：滤版尺寸200～2000mm，过滤面积≤1200平方米；带式压榨过滤机：带宽400～3500mm除外；其余：所有规格	
4	84198990	制浆用横管连续蒸煮器	能力＜150t/day	
5	84242000	合成洗衣粉成套技术设备	≤7t/h的喷粉设备（含前后配粉）	
6	84383000	糖化设备	100000t以下糖化锅（D5850，D6450），过滤槽（D8800），澄清槽（D6000）	
7	84392000	浆板机	幅宽＜6600mm，工作车速＜200m/min	技术规格调整
8	84392000 84393000	造纸机（不含配套的复卷机、压光机）	幅宽＜3000mm，工作车速＜350m/min	
9	84411000	切纸机	所有规格	
10	84531000	制皮革用片皮机	工作宽度≤2100mm	
11	84531000	制皮革用震荡拉软机	工作宽度≤2400mm	
12	84391000 84729030	废纸粉碎机	所有规格（钱币粉碎机除外）	
13	84741000	振动筛（洗煤设备用见后）	所有规格	
14	84748090	液压压砖机	压力<5000吨	
15	84752919	六组单滴料制瓶机	EF型六组单滴料制瓶机：4.25英寸，5英寸，5.5英寸	
16	84775900	人造革生产设备	所有规格	
17	84798990	三聚磷酸钠（STTP）成套设备	热法磷酸工艺技术	
18	7309 7310	不锈钢发酵罐	所有规格	
19	84798990	锌锰糊式电池生产设备	生产R20、R14、R6、R03型的全套设备	
20	84798990	含汞碱锰电池生产设备	一次或二次各型号碱锰电池设备	
21	84798990	汞电池生产设备	所有规格	
22	84798990	可充镉镍电池生产设备	所有规格	

编号	税则号列	设备名称	技术规格（调整后）	备注
二十三		建材设备		
（一）		水泥		
1	84178030	水泥回转窑	所有规格	
2	84198990	篦冷机	所有规格	
3	84223021 84223029	水泥包装机	所有规格	
（二）		玻璃		
1	84171000 84752990	浮法玻璃生产设备	日产量≤900t/day，其中：混合机容积≤5250L，投料机投料口≤12m；热端设备产量≤900t/day；其他设备：所有规格	
（三）		其他		
1	84178090	耐火材料生产设备	所有规格	
2	84418090	改性沥青卷材设备	产量≤1000万平方米/年，按一年250天，每天两班，每班8小时计算	设备名称变更、技术规格调整
3	84641010 84641020 84641090 84642090 84649090	建筑陶瓷生产线	生产能力<3000000平方米/年	
4	8474	压砖机	所有规格	
5	84748090	加气混凝土设备	200000立方米/年以下	
6	84748090	混凝土砌块（砖）生产设备（不包括劈裂、抛丸等制品二次深加工设备）	年单班（按8小时、250天计）混凝土砌块（砖）产量≤30000m^3、混凝土路面砖产量≤150000m^2	设备名称变更、技术规格调整
7	84748090	纤维增强板生产设备	所有规格	设备名称变更
8	84742090	高速细碎对辊机	对辊间隙>1mm	税号调整
9	84748090	双级真空挤砖机	所有规格	
10	84233030	浮法玻璃原料称量系统	所有规格	税号调整
11	84178090	浮法玻璃熔窑L型、双J型吊墙，卡脖吊墙	所有规格	税号调整
二十四		化工设备		
1	84198910	加氢反应器、精制反应器	所有规格	税号调整
2	84178090	轻质纯碱煅烧炉	Φ≤3600mm	
3	84178090	重质纯碱煅烧炉	Φ≤3200mm	
4	84193990	磷铵造粒机	240000吨/年及以下	
5	84193990	回转干燥器	240000吨/年及以下磷铵装置用	

编号	税则号列	设备名称	技术规格（调整后）	备注
6	84195000 84798990	高压冷凝器	所有规格	
7	84195000	块孔石墨换热器	所有规格	
8	84195000 84798990	阳极保护冷却器	200000 吨/年及以下硫酸生产线用	税号调整
9	84195000 84778000	胶片冷却装置	密炼机用≤400L	税号调整
10	84198990	氨合成塔	合成塔直径≤Φ2800mm	技术规格调整
11	84198990	尿素合成塔（CO_2 汽提法）	内径×壁厚×总长≤Φ2800×122×36118mm	
12	84198990	尿素合成塔（氨气提法）	内径×壁厚×总长≤Φ2200×109×46880mm	
13	84198990	二氧化碳汽提法工艺汽提塔	内径×壁厚×总长≤Φ2350×28×11815mm	
14	84198990	碳化塔	所有规格	
15	84198990	PVC 及烯烃聚合釜	所有规格	
16	84223030 84223090	纯碱包装机	所有规格	
17	84223030 84223090	颗粒体物料包装机	≤500 袋/单秤/小时	技术规格调整
18	84772010	造粒机（石化用）	产量≤20 万吨/年	技术规格调整
19	84772090	橡胶螺杆挤出机	螺杆直径≤150mm	
20	84775900	机械式轮胎定型硫化机	模腔直径<105 英寸	
21	84775900	平板硫化机	热板规格<2200mm×10000mm	
22	84775900	液压硫化机	模腔直径≤1700mm	
23	84775900	斜胶轮胎成型机	所有规格	
24	84778000	密闭式炼胶机	密炼室容积≤400L	技术规格调整
25	84778000	双辊开放式炼胶机、压片机	直径≤660mm	
26	84778000	橡胶压延机	辊长 < 1730mm 的四辊、三辊、二辊压延机	
27	84798990 8424	高压洗涤器	容器外壳直径≤2830mm	税号调整
28	84798990	磷酸生产设备（包括塔、罐、动设备、静设备等）	所有规格	
29	85433000	离子膜电解槽	所有规格	
30	90248000	耐久性能试验机	载重胎最高时速≤150km，轿车胎时速≤240km	
31	84148090 840681 84068200	乙烯裂解气压缩机及配套工业汽轮机	年产量≤100 万吨	新增

编号	税则号列	设备名称	技术规格（调整后）	备注
32	84148090 840681 84068200	乙烯制冷压缩机及配套工业汽轮机	年产量≤100 万吨	新增
33	84148090 840681 84068200	丙烯制冷压缩机及配套工业汽轮机	年产量≤100 万吨	新增
34	84148090 84798990	聚乙烯配套用循环气压缩机（离心式）及其膨胀机	年产量≤40 万吨	新增
35	84148090	聚乙烯配套用往复式压缩机（迷宫密封式）	年产量≤40 万吨	新增
36	84137010	离心式急冷油泵	所有规格	新增
37	84137010	离心式急冷水泵	所有规格	新增
38	84196090 84195000	乙烯冷箱	年产量≤100 万吨	新增
39	73110090	加氢装置空冷器	所有规格	新增
40	84068200 84143014 84148090	硝酸装置四合一机组（包括汽轮机 、空气压缩机、尾气透平、氮氧合物压缩机）	年产量≤36 万吨	新增
41	73110090	PTA 氧化反应器	单机年产≤80 万吨	新增
42	84068200 84148090	PTA 工艺空气压缩机机组（包括蒸汽轮机、离心压缩机）	单机年产≤60 万吨	新增
43	84193990	PTA 蒸汽回转干燥机	单机年产≤100 万吨	新增
二十五		石油天然气设备		
1	8413	抽油泵	所有规格	税号调整
2	84314310	抽油杆	所有规格	
3	84798990	抽油机	所有规格	
4	85015100 85015200 85015300	井下马达（螺杆钻具）	所有规格	
5	90158000	地震检波器	所有规格	
二十六		印刷设备		
（一）		单张纸胶印机		
1	84431200 84431311 84431312 84431319	单张纸胶印机	对开单张纸单面多色胶印机：速度≤16000 张/小时，纸张尺寸<720×1020mm；对开单张纸双面多色胶印机：速度≤13000 张/小时，纸张尺寸<720×1020mm；全张及超全张单张纸单面多色胶印机：速度≤13000 张/小时，纸张尺寸<1000×1400mm；四色以下所有规格	税号调整

编号	税则号列	设备名称	技术规格（调整后）	备注
（二）		卷筒纸胶印机		
1	84431100	商用卷筒纸胶印机	印刷速度：单转筒≤45000对开张/小时（印刷速度指单纸路、单幅的印刷张数），幅宽<880mm	
2	84431100	报纸用卷筒纸胶印机	印刷速度：单幅机≤65000对开张/小时，双幅机≤140000对开张/小时（印刷速度指单纸路、单幅的印刷张数），幅宽<787mm	
3	84431100	书刊用卷筒纸胶印机	所有规格	
4	84431100	表格用卷筒纸胶印机	所有规格	
（三）		其他印刷设备		
1	84431600	柔版印刷机	卫星式：速度≤300米/分；其他：所有规格	
2	84431700	凹版印刷机	所有规格	
3	84431400 84431500	凸版印刷机	所有规格	
二十七		食品机械		
1	84211100	奶油分离器	所有规格	
2	84198990	乳品加工用超高温灭菌设备	生产处理量≤6t/h	新增
3	84193990	乳品加工用喷雾式干燥器	生产处理量≤6t/h	新增
4	84223010	乳品加工用自动化罐装设备	生产处理量≤6t/h	新增
5	84342000	乳品加工机器	所有规格	
6	84351000	带式榨汁机	能力≤10t/h	
7	84381000	方便面生产设备	能力≤30000包/小时（单机能力）	
8	84381000	滚切饼干生产设备机	能力≤1200kg/h	
9	84385000	肉鸡屠宰生产设备	能力≤8000只/小时	
10	84385000	鸭鹅屠宰设备	能力≤4500只/小时	
11	84385000	生猪屠宰设备	能力≤600头/小时	
12	84385000	香肠、火腿肠生产设备	能力≤1.5t/h	
13	84385000	斩拌机	能力≤140千克/锅	
14	84385000	嫩化机	能力≤3500kg/h	
15	84385000	乳化机	能力≤1.5t/h	
16	84385000	肉丸机	能力≤400个/分钟	
17	84385000	绞肉机	能力≤6t/h	
18	84385000	真空滚揉机	能力≤1300千克/次	
19	84385000	真空灌肠机	能力≤3.5t/h	

编号	税则号列	设备名称	技术规格（调整后）	备注
20	84386000	水果、坚果或蔬菜加工器械	所有规格	
21	84388000	紫菜加工机械	所有规格	
二十八		药品生产、包装机械		
1	84192000 85437099	灭菌器具	所有规格	
2	84192000 84222000 84223030	水针封装机械	所有规格	
3	84223030	口服液灌装生产线	所有规格	
4	84224000	硬胶囊充填机	所有规格	
5	84223090	西林瓶贴签机	所有规格	
6	84621010 84621090	药用铝制易开盖生产线	所有规格	税号调整
7	90248000	玻璃药瓶应力检测用数显扭力扳手	所有规格	税号调整
8	84222000	洗涤、过滤、干燥三合一机器	过滤面积≤$2m^2$	
9	84222000 84212190 84212990 84193990	其他洗涤、过滤、干燥机器	所有规格	税号调整
10	84798200	总混合器	所有规格	税号调整
11	84798990	压片机	能力≤250000片/小时	税号调整
12	84798990	制粒机	所有规格	税号调整
13	84752919 84752990	安瓿制造机	所有规格	
14	84798200 84224000	栓剂包装生产设备	所有规格	税号调整、设备名称变更
15	84201000	药品抛光机	所有规格	税号调整
16	84798990	空心胶囊生产线（生产线主要工艺：占胶，烘干，脱模，切割）	所有规格	
17	84798990	软胶囊制造机（制造机主要生产工艺：罐装生产，包装）	所有规格	
18	90248000	各类药瓶盖及塞用撕拉力、折断力、穿刺力检测仪	所有规格	
19	90314910 90314990	医用胶囊药瓶等玻璃制品缺陷检查用光学投影数显测量仪	所有规格	税号调整
20	90314990 90318090	药用玻璃瓶用数显底厚仪	所有规格	税号调整

编号	税则号列	设备名称	技术规格（调整后）	备注
21	90314990 90318090	壁厚仪	所有规格	税号调整
22	90248000 90318090	药用瓶耐内压力检测用线性增压内压力试验机	所有规格	税号调整
二十九		塑料加工设备		
（一）		塑料制品液压机		
1	8477	塑料制品液压机	所有规格	
（二）		注塑（射）机		
1	84771010	注塑（射）机	锁模力≤4000t（制品重量的重复误差<0.5%的精密注塑机、3色及以上注塑机、锁模力>500t的电动注塑机除外）	
（三）		塑料挤出机		
1	84772010	同向平行双螺杆混炼造粒机	螺杆直径≤150mm	
2	84772010	异向平行双螺杆混炼造粒机	螺杆直径≤150mm	
3	84772090	异向平行双螺杆挤压成型机	螺杆直径≤100mm	
4	84772090	吹塑薄膜挤出机	薄膜层数≤7层	
5	84772090	单螺杆异型材塑料挤出成型机	所有规格	
6	84772090	锥形双螺杆异形塑料挤出成型机（含排气式）	螺杆大端直径≤92mm	
7	84772090 84778000	平膜塑料挤出机（含辅机）	薄膜层数≤3层	税号调整、设备名称变更
8	84772090	单螺杆挤管机	螺杆直径≤200mm	
9	84772090	塑钢门窗挤出机	螺杆直径≤200mm	
10	84772090	锥形双螺杆排气式塑料挤出机	螺杆大端直径≤92mm	
11	84772090	单螺杆排气式塑料挤出机	螺杆直径≤150mm	
12	84772010 84772090	其他未列名的塑料挤出机（含造粒机）	所有规格	
13	84198990 85437099	废塑料杀菌机	所有规格	税号调整
14	84778000	废塑料颜色分选机	所有规格	
15	84778000	废塑料杂质分选机	所有规格	
16	84章	塑料挤出机的配套设备（辅机）	所有规格（薄膜层数在3层以上的平膜塑料挤出机的辅机除外）	技术规格调整
（四）		塑料中空吹塑成型机		
1	84773000	塑料中空吹塑成型机	产量≤8000只/小时	
2	84773000	塑料多层中空吹塑成型机	≤8层	

编号	税则号列	设备名称	技术规格（调整后）	备注
3	84773000	塑料一步法注拉吹中空吹塑成型机	容量≤50L	
（五）		其他塑料加工机械		
1	84193990 84211990 84772010 84772090 84774010 84774020 84774090 84775090 84778000 84798990	木塑复合材料生产及成型机组	所有规格	
2	84211990 84742 84772010 84772090 84774010 84774020 84774090 84775090 84778000 84193990 84798990	废塑料回收与利用机组	所有规格	
3	84223030 84223090 84224000	塑封机	所有规格	
4	84223030 84223090 84224000 84798990	复膜机	所有规格	
三十		仓储及停车场设备		
1	84798990	自动化立体仓储成套设备	所有规格	
2	84798990	立体停车场设备	所有规格	
三十一		环保设备		
（一）		大气污染防治设备		
1	84211990	离心式除尘器	所有规格	
2	84213910 84213990	油烟、油雾净化装置	所有规格	税号调整
3	84213921	静电除尘器	过滤面积≤450m^2，电场数≤4	
4	84213922	袋式除尘器	过滤面积≤25000m^2，长期使用温度≤280℃	
5	84213990	废气（活性炭）吸附装置	所有规格	

编号	税则号列	设备名称	技术规格（调整后）	备注
6	841381 84155900 842119 84213990 847439 84818010	电站烟气脱硫专用设备（包括循环浆液泵、水力旋流分离器、除雾器、烟气挡板门、脱硫增压风机、搅拌器等）	湿法脱硫：单机容量<600MW机组用；干法脱硫：单机容量≤100MW机组用；半干法脱硫：单机容量≤300MW机组用；氨法脱硫：单机容量≤100MW机组用	税号调整、设备名称变更
7	9026 9027	烟气在线监测设备	所有规格	
8	9026 9027	空气质量自动监测设备	所有规格	
（二）		污废水处理设备		
1	84212190 84212910 84212990	带式污泥浓缩压滤一体机	带宽≤3m，滤饼含水率≥70%	税号调整
2	84212910	板框、箱式、带式压滤机	所有规格	
3	84211990	螺旋离心浓缩机	转鼓直径≤1m，处理能力≤$8m^3/h$	税号调整
4	84212190	栅条式格栅除污机	所有规格	
5	84212190	固定式平面机械格栅除污机	所有规格	
6	84212910	螺旋栅渣压滤机	排渣量<$4m^3$	
7	84283990	无轴螺旋栅渣输送机	所有规格	
8	84798990	节能曝气机	服务面积≤$4.2m^2$	
9	84798990	盘式橡胶曝气机	所有规格	
10	84798990	剪切式转盘曝气机	直径≤1400mm	
11	84798990	水平轴转刷曝气机	直径≤1000mm，L≤10m	
12	84798990	转刷曝气机	所有规格	
13	84798990	刮泥机	所有规格	
14	84798990	平流式行车除砂机	所有规格	
15	84798990	竖轴式表面曝气机	叶轮最大直径<4m	
（三）		固体废物处理设备		
1	84178090 842139	生活垃圾焚烧炉及其烟气净化装置	处理能力<500t/day	税号调整
三十二		矿冶、港口机械		
（一）		露天矿设备		
1	84283300	排土机	出力≤$4500m^3/h$	
2	84305020 84305090 84306990 842952	矿用挖掘机	标准斗容≤$60m^3$	税号调整、技术规格调整
3	8601	矿山电力机车	牵引能力≤200t	税号调整

编号	税则号列	设备名称	技术规格（调整后）	备注
（二）		洗煤设备		
1	84211990	沉降离心机	直径≤1.3m	
2	84212910 84741000	压滤机	压滤面积≤700m²	税号调整
3	84212990 84741000	盘式过滤机	过滤面积≤300m²	税号调整
4	84741000	振动筛	筛面面积≤50m²	
5	84741000	跳汰机	筛面面积≤40m²	
6	84742010	双齿辊破碎机	直径≤1.25m	
（三）		选矿设备		
1	84212990 84741000	过滤机（圆盘式、带式）	所有规格	税号调整
2	84305031 84305039	牙轮钻机	钻头直径≤310mm	
3	84741000	浮选机	槽容量≤40m³	
4	84741000	磁选机	所有规格	
5	84742090	旋回破碎机	腔体直径≤1600mm	
6	84742090	圆锥破碎机	腔体直径≤2200mm	
7	84742020	球磨机	所有规格	
8	84741000 84798990	浓缩机	周边传动：所有规格；中心传动：直径≤38m	税号调整
9	84798990	旋流器	所有规格（多产品重介旋流器除外）	
（四）		装卸机械		
1	84261910 84283	散料装船机	装卸能力≤6000t/h	税号调整
2	84261910 84261921 84261929	岸边集装箱起重机	起重量≤40.5t	
3	84261921	抓斗卸船机	装卸能力≤2100t/h	
4	84261929 84283200	链斗式连续卸船机	卸货量≤1600t/h	税号调整
5	84261930	集装箱龙门起重机	所有规格	
6	84261930	轨道式龙门起重机	起重量≤100t	
7	84263000	多用途门座起重机	所有规格	
8	84283300 84283910 84283920 84283990	装车机 、卸车机	所有规格	
9	84289090	飞机集装单元装载机	最大装载重量≤14t	新增

编号	税则号列	设备名称	技术规格（调整后）	备注
10	84289010	翻车机（单翻、双翻、三翻）	所有规格	
11	842710 84798990	堆取料机	臂式：堆取能力≤4000t/h；门式：堆取能力≤3000t/h	
12	86090010 86090020 86090030 86090090	集装箱	所有规格	
（五）		开采设备		
1	84253110 84253190 84253910 84253990	绞车（卷扬机）	所有规格	
2	84251100 84251900	提升机	卷筒直径≤5.5m	税号调整、设备名称变更、技术规格调整
3	84253110 84253910	井下防爆卷扬机	卷筒直径≤3m	
4	84798990	液压支架	所有规格	税号调整
5	84798990	巷道装药器	容量≤700L	税号调整
6	84303100 84303900	采煤机	电牵引采煤机：装机功率≤2200千瓦；其他采煤机：所有规格	技术规格调整
（六）		索道及输送机		
1	84283300	固定式带式输送机	所有规格	技术规格调整
2	84283300	管状带式输送机	管径≤850mm	
3	84283300	移动式带式输送机	输送能力≤2500t/h，单点机头驱动长度≤2500m	
4	84283300	波状挡边带式输送机（大倾角带式输送机）	带宽≤2m	
5	84283910 84283920 84283990	混匀取料机	所有规格	
6	84283990	刮板输送机	单电机功率≤1000kW	税号调整、技术规格调整
7	84283990	刮板转载机	单电机功率≤1000kW	新增
8	84283910	埋刮板输送机	槽宽≤1.25m，输送能力≤2000t/h	
9	84283910	悬挂及地面链式输送机	所含设备所有规格	
10	84283920 84283990	滚道输送机（包括辊式）	所有规格	税号调整、设备名称变更
11	84283990	螺旋输送机	所有规格	
12	84286010	货运架空索道	运货能力≤600t/h	
13	84286021 84286029	客运架空索道	所有规格	

编号	税则号列	设备名称	技术规格（调整后）	备注
（七）		破磨设备		
1	84742010 84742020 84742090	破碎机（站）	所有规格	设备名称变更
2	84742010 84742020 84742090	磨粉机	所有规格	
3	84742090	辊压机	所有规格	
三十三		纺织机械		
1	84440020	涤纶短丝纺丝机	纺丝机速度≤1500m/min，生产线日产量≤200t	
2	84440030	粘胶连续纺丝机	纺速≤140m/min	
3	84451111	棉纺清梳联合机	单机产量≤120kg/h	税号调整
4	84451112	往复式抓棉机	所有规格	
5	84451310	棉纺并条机	所有规格	
6	84451210 84451220 84451290	棉纺精梳机	生产速度≤450 钳次/分钟	技术规格调整
7	84451321	棉纺粗纱机	所有规格	
8	84451900	开棉机	所有规格	
9	84451900	混棉机	所有规格	
10	84451900	清棉机	所有规格	
11	84451900	清梳联棉箱	单机产量≤100kg/h	
12	84452041	棉纺环锭细纱机	所有规格	
13	84454010	自动络筒机	所有规格（细络联形式的除外）	技术规格调整
14	84459010	整经机	直接整经机速度≤1000m/min；分条整经机速度≤800m/min	
15	84459020	浆纱机	车速≤80m/min	
16	84463020	剑杆织机	普通剑杆织机：引纬速度<900m/min 毛巾用剑杆织机：转速<400r/min 地毯用剑杆织机：转速<140r/min	
17	84463030	片梭织机	引纬速度<1400m/min	
18	84463040	喷水织机	引纬速度<1800m/min	
19	84463050	喷气织机	所有规格	技术规格调整
20	84471100 84471200	圆纬针织机	筒径≤34 英寸，机号≤28 针/英寸	
21	84471100 84471200	圆织机	四梭圆织机	

编号	税则号列	设备名称	技术规格（调整后）	备注
22	84471100 84471200	电子提花圆纬针织机	筒径≤30 英寸，机号≤24 针/英寸	
23	84481100	多臂机（装置）	用于喷气、喷水织机：转速<800r/min；用于剑杆织机：转速<500r/min	
三十四		电子、通讯设备		
1	8443	油墨打标志机	打印精度：一致性≥±0.1mm，生产效率≤480 条/小时(DIP16)，轨道宽度调整范围：19~51mm	
2	8443 8456 84798990	激光打标志机	定位精度：一致性≥±0.05mm；打印效率：UPH≤800 条；标刻范围：≤220×110mm	税号调整
3	84649019 84649090 84561030	划片机	适用片径：≤150mm	税号调整
4	84709000 84705010 84705090	销售点终端出纳机（POS）、自动收款机	所有规格	
5	85176236	路由器	所有规格	
6	84729010	自动柜员机	所有规格	
7	84861010 84862010 84863010	氧化/扩散炉	适用片径：≤200mm；工作温度：500℃ ~ 1200℃；恒温区长度：900mm；氧化层均匀性：±2%	技术规格调整
8	85153190 84864022	半自动金（铝）丝焊接机	所有规格	技术规格调整
9	85153190 84864022	全自动金（铝）丝焊接机	焊接速度≤13 线/秒	新增
10	85176211 85176212 85176219	程控交换机	所有规格	
11	8517	数字移动通信设备	所有规格	税号调整
12	85176221	光端机及脉冲编码调制设备	<140MB/S	
13	85176222	波分复用光传输系统及设备	所有规格	
14	85176229	数字同步系列光纤通信系统及设备	<140MB/S	
15	85176231	时钟同步网设备	所有规格	
16	85176232	以太网交换机	所有规格	
17	85176233	IP 电话设备	所有规格	
18	85176239	综合业务数字网络（ISDN）系统及设备	所有规格	
19	85176239	有线用户接入网系统设备	所有规格	

编号	税则号列	设备名称	技术规格（调整后）	备注
20	85176239	异步转移模式宽带节点机	所有规格	
21	85176239	7 号信令网设备	所有规格	
22	85176239	IP 业务网络接入服务器设备	所有规格	
23	85176239	智能网等新业务网系统及设备	所有规格	
24	85255000	广播电视用无线电广播电视发送设备	中波、短波广播发射机、调频广播发射机、电视发射机、差转机：所有规格	
25	85176190 85176910	无线寻呼系统（85176190 仅指无线寻呼系统基地）	所有规格	
26	85176292 85176293	无线用户接入网系统设备	所有规格	税号调整
27	85176190	短波通信设备	调幅、调频、单边带、自适应、跳频信号	
28	85176190	超短波通信电台	VHF/UHF 对讲机	
29	85176190	数字同步系列微波通信系统及设备	所有规格	
30	85287110	彩色卫星电视接收机（含天线和高频头）	所有规格	
31	84862050 84863090	离子注入机	束流≤1mA，能量≤200keV；注片直径≤150mm	
32	85447000 90011000	光缆	所有规格	
33	84862031 84862039 84863031 84863039	单面接触/接近曝光机	适用片径≤4 英寸，曝光不均匀性≥±4%，曝光分辨率≥2μm，对准精度≥1μm	
34	84862031 84862039 84863031 84863039	双面接触/接近曝光机	适用片径≤4 英寸，曝光不均匀性≥±4%，曝光分辨率≥5μm，对准精度≥3μm	
35	90302010	示波器（模拟）	频率≤100MHz	
36	90308990	自动探针测试台	适用片径≤6 英寸，工作台定位精度：≥0.01mm，工作台重复精度：≥0.003mm，Z 向行程：0~3mm（可调），Z 向重复精度：0.002mm	
三十五		冶金设备		
（一）		炼铁设备		
1	84178010	炼焦炉	顶装焦炉碳化室高度＜7.63m；侧装焦炉碳化室高度＜6m	
2	84178090	烧结机	布料烧结面积≤450m^2	
3	84178090	高炉	容积≤4000m^3	

编号	税则号列	设备名称	技术规格（调整后）	备注
（二）		炼钢设备		
1	84541000	转炉	炉塘容积≤300t	
2	85141090 85142000	电炉	炉塘容积≤100t	
（三）		连铸设备		
1	84543021 84543022 84543029 84543090	普通钢方坯、圆坯连铸机；合金钢方坯连铸机；板坯连铸机	所有规格（厚度≥300mm 厚板坯连铸机、厚度≤45mm 薄带坯连铸机除外）	
（四）		轧钢设备		
1	84551010	无缝管轧机	直径≤250mm	
2	84552110 84552210	冷、热连轧板带轧机	板宽≤2.2m 热连轧机；板宽≤2m 冷连轧机	
3	84552110	中板轧机	板宽≤4m	
4	84552120	普通型钢轧机	所有规格	
5	84552130	线材轧机	所有规格	
6	84552190	初轧开坯机	所有规格	
7	84552190	普通中小型棒材轧机（含半连轧、连轧机组）	所有规格	
8	85153110	螺旋焊管机	所有规格	
9	85152110 85153190 85158000	高频直缝焊管机	产品直径≤660mm	税号调整、技术规格调整
（五）		金属制品加工设备		
1	84631020 84633000 84794000 84798190	拉丝制绳设备	所含设备所有规格	
（六）		其他设备		
1	84051000 84798990	煤气炉中的各种常压水冷、空冷煤气炉，单段与两段炉，固定床加压气化炉（鲁奇式）	所有规格	
三十六		发电设备及输变电设备		
（一）		火力发电设备		
1	84021110 84021190 84021200 84021900 84022000	锅炉	蒸发量≤3600t/h	税号调整
2	84041010	锅炉辅助设备	所有规格	

编号	税则号列	设备名称	技术规格（调整后）	备注
3	84068110 84068120 84068130 84068200	汽轮机	单机容量≤1200MW 级	
4	84068110 84068120 84068130 84068200	锅炉给水泵工业汽轮机	为输出功率 600MW 级及以下的电站锅炉（给水泵）配套的工业汽轮机	技术规格调整
5	84138100	锅炉给水泵（组）	额定工况点流量≤2400m³/h，扬程≤4200m	设备名称变更、技术规格调整
6	84138100	凝结水泵	所有规格	
7	84138100	循环水泵	流量≤54000m³/h（流量≤15m³/s）	
8	84138100	锅炉强制循环泵	流量≤4000m³/h，扬程≤65m，温度≤400℃	
9	84163000 84798990	输配煤、制粉及气力除灰、除渣、输灰成套设备（包括煤粉计量系统）	所有规格	税号调整、设备名称变更
10	84798990	锅炉给水、凝结水、软化水处理设备	所有规格	
11	84814000	锅炉安全阀	压力≤100kg/cm²，温度≤450℃	
12	85016100 85016200 85016300 85016410 85016420 85016430	交流发电机	单机容量≤1200MW	税号调整
13	85023900	火力发电机组	机组容量≤1200MW	技术规格调整
（二）		余热锅炉		
1	84021900 84021190 84021200	余热锅炉	所有规格	税号调整
（三）		燃油燃气锅炉		
1	84031010 84031090 8402	燃油燃气锅炉	所有规格	税号调整
（四）		水力发电设备		
1	84101100 84101200 84101310 84101320 84101330 84101390	水轮机	混流式：所有规格 轴流式：所有规格 贯流式≤57MW 蓄能机组≤300MW，水头<600m 冲击式≤140MW	技术规格调整

编号	税则号列	设备名称	技术规格（调整后）	备注
2	8501 85023900	水轮发电机	与混流式水轮机配套的所有规格的发电机；与轴流式水轮机配套的所有规格的发电机；与≤57MW贯流式水轮机配套的发电机；与≤300MW蓄能机组水轮机配套的发电机；与≤140MW冲击式水轮机配套的发电机	税号调整、技术规格调整
（五）		燃气轮机		
1	84118100 84118200	燃气轮机	所有规格	
2	84118100 84118200	低热值煤气燃气轮机	输出功率≤100MW	
（六）		内燃机发电机组		
1	85021100 85021200 85021310 85021320 85022000	内燃机发电机组	所有规格	
（七）		直流输电设备		
1	8504	换流变压器	电压≤±500kV	
2	85045000	平波电抗器	所有规格	技术规格调整
3	85351000 85352100 85352900 85359000 85361000 86362000 85363000 85371090 85372010 85372090	控制保护设备	所有规格	税号调整、技术规格调整
4	85359000	换流阀	所有规格	技术规格调整
5	85437099	滤波装置	所有规格	技术规格调整
6	85442000 854442 854449 854460	电缆	所有规格	税号调整、技术规格调整
（八）		交、直流悬式绝缘子（瓷、玻璃、有机材料）		
1	85461000 85462010 85462090 85469000	交、直流悬式绝缘子	所有规格	技术规格调整

编号	税则号列	设备名称	技术规格（调整后）	备注
（九）		电动机及发电机（不包括发电机组）		
1	8501	电动机及发电机（不包括发电机组）	所有规格	设备名称变更
（十）		电力电子设备		
1	85044013 85044014 85044015 85044019 85044020 85044091 85044099 8543	整流、调压装置	所有规格	
2	85413000	晶闸管（包括大功率可控硅元件）	所有规格	技术规格调整
3	85437099 8504	静止无功补偿装置	所有规格	技术规格调整
4	85437099 8532	串联补偿装置	所有规格	新增
（十一）		交流输变电设备		
1	8504	变压器	电压≤1100kV	技术规格调整
2	8504	互感器	电压≤1100kV	技术规格调整
3	85045000	电抗器	电压≤1100kV	技术规格调整
4	85321000	电力电容器	电压≤1100kV	技术规格调整
5	8535 8536 85371010 85371090 85372090	各类低压电器	所有规格	技术规格调整
6	8535 8536 8537	六氟化硫断路器	所有规格	税号调整、设备名称变更、技术规格调整
7	85352100 85352900 85372090	高压断路器（油、六氟化硫、真空）	电压≤1100kV	技术规格调整
8	85354000	避雷器	所有规格	技术规格调整
9	85359000 85363000	继电保护装置	所有规格	技术规格调整
10	85371090 85372090	船用配电箱、主配电盘、应急配电盘、岸电箱、分配电盘	交流电压≤1100V	
11	85371090	其他配电箱、配电盘、配电柜、配电板、配电台等	所有规格	技术规格调整
12	85371090	充放电盘、电工试验板、组合启动器、单体启动器	所有规格	技术规格调整

编号	税则号列	设备名称	技术规格（调整后）	备注
13	85372010 85372090	全封闭组合电器（GIS）	电压≤1100kV	技术规格调整
14	8544	电力电缆	交联聚乙烯绝缘电缆电压220kV及以下；其他电缆：所有规格（电压220kV及以上的海底电力电缆除外）	技术规格调整
15	8544	电线	所有规格	
16	85437099 8532	串联补偿装置	所有规格	新增
（十二）		新能源、可再生能源设备		
1	84079010 85023900	沼气发动机及发电机组	所有规格	税号调整、设备名称变更
2	84335990 8402 85023900	农林废弃物燃烧气化装置及发电机组	所有规格	税号调整、设备名称变更
3	85023100	风力发电机组整机	单机≤2.5MW	设备名称变更、技术规格调整
4	85044091 85044099	逆电器	所有规格	
5	8507	蓄电池	所有规格	
6	85414000 85013100 85437099	太阳能光伏系统及电池组件	所有规格	
7	85371090	充电控制器	所有规格	
三十七		安全、消防设备		
1	85311000	防盗或防火报警器及类似装置	所有规格	设备名称变更
2	85311000	智能化火灾报警灭火系统	所有规格	设备名称变更
3	90221910	低剂量X射线安全检查设备	X射线发生器管电压≤420kV	
4	90230000	模拟驾驶设备	所有规格	
5	9031	机动车安全检测设备（包括刹车、灯光检测等）	所有规格	
三十八		医疗设备		
1	90181100	心电图记录仪	所有规格	
2	90181210	B型超声波诊断仪	所有规格	
3	90181291 90181299	其他超声波扫描装置	所有规格	
4	90181300	核磁共振成像装置	所有规格	
5	90181400 90181990	其他电气诊断装置（包括PET、ECT）	所有规格	
6	90181930	病员监护仪	所有规格	

编号	税则号列	设备名称	技术规格（调整后）	备注
7	90182000	医用紫外线及红外线装置	所有规格	
8	90184100	牙钻机	所有规格	
9	90184910	装有牙科设备的牙科用椅	所有规格	
10	90184990	牙科用其他仪器及器具	所有规格	
11	90185000	眼科用其他仪器及器具	所有规格	
12	90189010	听诊器	所有规格	
13	90189020	血压测量仪器及设备	所有规格	
14	90189030	内窥镜	所有规格	
15	90189040	肾脏透析设备（人工肾）	所有规格	
16	90189050	透热疗法设备	所有规格	
17	90189060	输血设备	所有规格	
18	90189070	麻醉设备	所有规格	
19	90222100	医用加速器及钴60治疗机	所有规格	税号调整
20	90189090	后装机	所有规格	
21	90189090	体外震波碎石治疗机	所有规格	
22	90191010	按摩器	所有规格	
23	90191090	机械疗法器具，心理功能测验仪	所有规格	
24	90192000	臭氧治疗器，氧气治疗器，医用高压氧仓等	所有规格	
25	90213100	人造关节	所有规格	
26	90221200	X射线断层检查仪	所有规格	
27	90221300	牙科用X射线设备	所有规格	
28	90221400	其他医疗用X射线的设备	所有规格	
29	90222100	医疗用α、β、γ射线设备	所有规格	
三十九		煤化工设备		
1	841350	往复式水煤浆隔膜泵	流量≤550m^3/h；压力≤25MPa	新增
2	73110090	煤液化加氢反应器	所有规格	新增
3	84194020 76090000 84143014 84068200	大型空分设备（包括精馏塔、含冷箱；氧气压缩机、空气压缩机组、增压机组，含蒸汽轮机或电机）	制氧量≤65000Nm^3/h	新增
4	84143014 84068200 76090000	年产20万吨合成氨及52万吨尿素装置［包括合成气压缩机、原料压缩机、氨冷冻压缩机、空气压缩机、尿素（CO_2）压缩机组，含蒸汽轮机；液氮洗冷箱］	所有规格	新增

编号	税则号列	设备名称	技术规格（调整后）	备注
5	84051000	煤化工汽化炉	所有规格	新增

说明：

1. 本目录不含符合《当前国家重点鼓励发展的产业、产品和技术目录》、《产业结构调整指导目录》中鼓励类投资项目按合同随设备进口的技术及配件、备件。
2. 对“生产线”及“成套设备”内含的本目录所列设备，如符合“功能机组”规定的，按《中华人民共和国进出口税则》第16类类注四和第91章章注三的规定归类，否则，应分别归类。本目录列名的“……生产线、……成套设备、……系统”的全部设备，无论成套或单独进口其中某一台，都受本目录限制。
3. 凡本目录中未注明“所有税号”的，即仅指该类中的列名商品。
4. 未列入本目录的商品，但其他政策法规已明确规定不予免税的，应照章征税。
5. 本目录所列商品的税则号列，如与海关商品归类的原则不一致的，由国务院关税税则委员会办公室商海关总署关税司调整。
6. 本目录对所列商品的行业分类，主要为查找方便。在实际执行中，进口本目录中的列名商品，一律不予免税。

海关总署关于执行《国内投资项目不予免税的进口商品目录（2008年调整）》有关问题的紧急通知

（署税发〔2008〕509号）

广东分署，天津、上海特派办，各直属海关：

财政部、国家发展改革委、海关总署、税务总局联合发布2008年第39号公告，对《国内投资项目不予免税的进口商品目录（2006年修订）》（以下简称《内资不予免税商品目录（2006年修订）》）中的部分条目进行了调整，并规定调整后的《国内投资项目不予免税的进口商品目录（2008年调整）》（以下简称《内资不予免税商品目录（2008年调整）》，详见该公告附件）自2008年12月15日起执行。现就执行中的有关问题紧急通知如下：

一、2008年12月15日及以后新批准的国内投资项目（以鼓励项目的审批、核准或备案日期为准，下同），其进口设备一律按照《内资不予免税商品目录（2008年调整）》执行。

二、为保证目录调整前批准的老项目顺利实施，对2008年12月14日及以前批准的国内投资项目，其进口设备在2009年6月30日及以前申报进口的，仍按照《内资不予免税商品目录（2006年修订）》执行。但对于有关进口设备按照《内资不予免税商品目录（2006年修订）》审核不符合免税条件，而按照《内资不予免税商品目录（2008年调整）》审核符合免税条件的，自2008年12月15日起，可以按照《内资不予免税商品目录（2008年调整）》执行。货物已经征税进口的，不再予以调整。

自2009年7月1日起，国内投资项目项下申报进口的设备一律按照《内资不予免税商品目录（2008年调整）》执行。

三、按照《海关总署关于进一步鼓励外商投资有关进口税收政策的通知》（署税〔1999〕791号）规定，利用自有资金进口自用设备及其配套的技术、配件、备件，自2008年12月20日起，应按照《内资不予免税商品目录（2008年调整）》审核确定是否符合免税条件。但2008年12月19日及以前按照《内资不予免税商品目录（2006年修订）》出具的《进出口货物征免税证明》在有效期内仍然有效，有关商品必须在2009年6月30日及以前申报进口。

四、按照海关总署、国家发展改革委、财政部、商务部联合发布的2007年第35号公告的有关规定，部分外商投资企业符合《外商投资产业指导目录》鼓励类或者《中西部地区外商投资优势产业目录》的投资项目，需按照《内资不予免税商品目录（2006 年修订）》审核确定设备征免税的，参照本通知第一条和第二条的有关规定执行《内资不予免税商品目录（2008 年调整）》。

五、现行政策对国内投资项目项下进口设备的免税条件另有限制性规定的，有关进口设备仍需执行相关规定。

六、《内资不予免税商品目录（2008 年调整）》执行中的具体把握原则，仍按照《海关总署关于执行〈国内投资项目不予免税的进口商品目录（2006 年修订）〉的有关问题的通知》（署税发〔2007〕90 号）中的有关规定以及其他相关文件要求执行。

特此通知。

二〇〇八年十二月十八日

海关总署关于明确《国内投资项目不予免税的进口商品目录》中压力机技术规格有关事宜的通知

（署税函〔2008〕499 号）

各直属海关：

近期，一些海关来文请示如何理解《国内投资项目不予免税的进口商品目录（2006 年修订）》（以下简称《目录》）第十类第（三）项“压力成形机械”中各种压力机涵盖的商品范围以及有关压力机的技术规格指标。经研究并商中国机械工业联合会，现将有关问题明确如下：

一、压力机是一个泛称，包括锻造用的压力机和冲压用的压力机，可以统称为锻压设备（具体商品范围及技术规格说明详见附件）。就同一品种压力机而言，锻造用压力机与冲压用压力机在结构性能上无明显的区别，仅是在技术规格上，锻造用的压力机的最大公称压力大于冲压用的压力机。国外一些产品有的为了强调其用于冲压的场合，把用于冲压的压力机称之为冲压机床（或称冲床、冲压床、冲压机等）。

二、根据上述行业分类，《目录》第十类第（三）项“压力成形机械”既包括锻造成形设备，也包括冲压成形设备。在具体运用时，应根据《目录》所列设备名称及技术规格，并结合所列该设备的税则号列，分析判断相关单位申请减免税进口的锻压设备是否属于《目录》范围内商品。

三、自本通知下发之日起，各关应按照本通知明确的有关压力机商品范围以及技术规格指标含义办理各种锻压设备的免税审批手续。

各关在执行中如遇到问题，请及时向总署关税司反映。

特此通知。

附件　压力机商品范围以及技术规格指标含义说明

二〇〇八年十二月十七日

附件

压力机商品范围以及技术规格指标含义说明

压力机（包括机械压力机、液压机和螺旋压力机）是一种应用面广泛的压力成形设备。从用途来讲，为数不少的压力机既可用于锻造成形，又可用于冲压成形，但是也有一定种类的压力机是只作为锻造的专用压力机或冲压的专用压力机，因而，可根据用途将压力机分为3类（详见附件1，2和3）。区别这些压力机的功能、性能和结构不是看它名称最后写的是压力机还是冲压机床，而是看该名称前面的定语。例如：双动（薄板）拉伸压力机，拉伸是指冲压时拉压出有一定深度的壳形体或槽形体，为了防止冲压深拉时引起板料外缘起皱，滑块需作成双层，先动作滑块外层压紧板料外缘，然后再以滑块内层冲压、成形，故称之为双动拉伸的压力机；又如数控冲模回转头压力机，它有一个装有多个不同形状冲模的回转头，通过各个冲模的依次冲剪，最终可套裁出形状复杂的冲压件。

一、锻造成形压力设备与冲压成形压力设备在工艺上和应用上的主要区别

（一）锻造成形。

所谓锻造成形，是用锻造设备对金属坯料施加压力，使坯料整体产生明显的塑性变形，形成一定的形状和尺寸，并能消除坯件中存在的疏松和孔洞以提高其机械性能。针对不同的成形要求，常用的锻造成形工艺有：自由锻（开式锻造）、模锻、墩锻、挤压、拉拨和旋转锻造（辊锻）等。常用的锻造设备分类及其主要应用工艺参见附件1和2。

（二）冲压成形。

所谓冲压成形，是通过改变板材、管材、型材等坯料各部位的面积和空间位置而成形，坯料的内部不产生较大的塑性变形。冲压成形的工艺有：冲裁（剪切）、弯曲、拉伸、胀形、旋压、矫正等。常用的冲压设备分类及其应用工艺参见附件1和3。

二、开式、闭式、单点、双点和四点等压力机的技术规格指标

（一）开、闭式表示压力机的机身结构。

开式压力机（早期国内曾称作冲床），它的机身呈C型，即前、左、右三面均敞开，主要用于中小型压力机，它操作方便，但床身刚性较差，通常其公称压力≤600t（详见附件4图1）。

闭式压力机，它的机身呈框架形，仅有前、后面敞开，机床的刚性强，适用于压制大型制件，其最大公称压力可达6000（详见附件4图2）。

（二）单点、双点和四点压力机的区分。

所谓的“点”，是指作用在压力机滑块上的着力点的数量。对于滑块工作面较大的压力机，为了使滑块受力均匀和运动平稳，往往采用二套或四套的曲柄-连杆的传动机构。该类压力机拥有的每套曲柄传动机构称为一个作用力点，故单点、双点和四点分别表示该压力机拥有曲柄传动机构的数量为一套，二套和四套。

使滑块上下运动的传动机构除了曲柄连杆外还有曲轴连杆、肘杆和凸轮等机构，它们的套数与曲柄连杆传动机构一样，在设备名称中写作“点”的数量。例如，在一些商业合同的产品名称中，往往习惯上将拥有两套传动机构的压力机，按其传动机构的名称分别称之为双曲轴压力机、双肘杆压力机和双凸轮压力机等，但实际上都归属双点压力机。

附件1　锻造成形与冲压成形通用的压力机（略）
附件2　锻造成形用的设备（略）
附件3　冲压成形用的设备（略）
附件4　开、闭式压力机图（略）

财政部、国家发展改革委、海关总署、国家税务总局关于调整《国内投资项目不予免税的进口商品目录》的公告

（财政部、国家发展改革委、海关总署、国家税务总局联合公告 2012 年第 83 号）

为加快转变经济发展方式、推动产业结构调整和优化升级，积极鼓励企业引进国内不能生产的先进技术设备，统筹兼顾对外开放和国内发展，促进先进技术引进和企业自主创新，财政部、国家发展改革委、海关总署、国家税务总局在广泛收集、整理各地方、有关部门、行业协会、企业意见的基础上，针对《国内投资项目不予免税的进口商品目录（2008 年调整）》（以下简称《2008 年目录》）执行中存在的问题，对《2008 年目录》中的部分条目进行了调整，形成了《国内投资项目不予免税的进口商品目录（2012 年调整）》（以下简称《2012 年目录》），现将有关事项公告如下：

一、根据近年来国内装备制造水平和相关产业发展的变化，对《2008 年目录》中部分条目所列技术规格进行了相关调整。另外，根据《中华人民共和国进出口税则》对《2008 年目录》中部分条目所列税则号列进行了相应调整和修正，同时对部分商品的名称等内容进行了调整和修正，调整后形成的《2012 年目录》详见附件。

二、《2012 年目录》自 2013 年 1 月 1 日起执行，即 2013 年 1 月 1 日及以后新批准的国内投资项目（以项目的审批、核准或备案日期为准，下同），其进口设备一律按照《2012 年目录》执行。

为保证老项目顺利实施，对 2013 年 1 月 1 日以前批准的国内投资项目，其进口设备在 2013 年 6 月 30 日及以前申报进口的，仍按照《2008 年目录》执行。但对于有关进口设备按照《2008 年目录》审核不符合免税条件的，而按照《2012 年目录》审核符合免税条件的，自 2013 年 1 月 1 日起，可以按照《2012 年目录》执行。货物已经征税进口的，不再予以调整。自 2013 年 7 月 1 日起，国内投资项目项下申报进口的设备一律按照《2012 年目录》执行。

三、现行政策对国内投资项目项下进口设备的免税条件另有规定的，有关进口设备仍需执行相关规定。但此前公布实施的《进口不予免税的重大技术装备和产品目录（2012 年修订）》中相关装备和产品的技术指标与《2012 年目录》不一致的，以《2012 年目录》所列技术规格为准，并自 2013 年 1 月 1 日起一并调整。

附件　国内投资项目不予免税的进口商品目录（2012 年修订）（见署税发〔2013〕99 号中附件）

财政部
国家发展改革委
海关总署
国家税务总局
二〇一二年十二月二十四日

海关总署关于执行《国内投资项目不予免税的进口商品目录（2012年调整）》有关问题的通知

（署税发〔2012〕493号）

广东分署，各直属海关：

财政部、国家发展改革委、海关总署、税务总局联合发布了2012年第83号公告，对《国内投资项目不予免税的进口商品目录（2008年调整）》（以下简称《2008年目录》）中的部分条目进行了调整，并规定调整后的《国内投资项目不予免税的进口商品目录（2012年调整）》（以下简称《2012年目录》，详见该公告附件）自2013年1月1日起执行。现就执行中的有关问题通知如下：

一、2013年1月1日及以后新批准的国内投资项目（以鼓励项目的审批、核准或备案日期为准，下同），其进口设备一律按照《2012年目录》执行。

二、为保证目录调整前批准的老项目顺利实施，对2012年12月31日及以前批准的国内投资项目，其进口设备在2013年6月30日及以前申报进口的，仍按照《2008年目录》执行。但对于有关进口设备按照《2008年目录》审核不符合免税条件，而按照《2012年目录》审核符合免税条件的，自2013年1月1日起，可以按照《2012年目录》执行。货物已经征税进口的，不再予以调整。

自2013年7月1日起，国内投资项目项下申报进口的设备一律按照《2012年目录》执行。

三、按照《海关总署关于进一步鼓励外商投资有关进口税收政策的通知》（署税〔1999〕791号）和《海关总署办公厅 国家发展改革委办公厅关于进一步明确外商投资项目利用自有资金进口设备税收优惠政策执行中有关问题的通知》（署办税函〔2012〕107号）规定，利用自有资金进口自用设备及其配套的技术、配件、备件，自2013年1月1日起，应按照《2012年目录》审核确定是否符合免税条件。但2012年12月31日及以前按照《2008年目录》出具的《进出口货物征免税证明》在有效期内仍然有效，有关商品必须在2013年6月30日及以前申报进口。

四、按照海关总署、国家发展改革委、财政部、商务部联合发布的2007年第35号公告的有关规定，部分外商投资企业符合《外商投资产业指导目录》鼓励类或者《中西部地区外商投资优势产业目录》的投资项目，需按照《国内投资项目不予免税的进口商品目录》审核确定设备征免税的，参照本通知第一条和第二条的有关规定执行《2012年目录》。

五、现行政策对国内投资项目项下进口设备的免税条件另有限制性规定的，有关进口设备仍需执行相关规定。但此前公布实施的《进口不予免税的重大技术装备和产品目录（2012年修订）》中相关装备和产品的技术指标和《2012年目录》不一致的，以《2012年目录》所列技术规格为准，并自2013年1月1日起执行。国家有关部门将于近期对《进口不予免税的重大技术装备和产品目录（2012年修订）》的部分条目进行调整，待调整后的不予免税装备和产品目录下发后，按调整后的不予免税装备和产品目录有关规定执行。

六、《2012年目录》执行中的具体把握原则，仍按照《海关总署关于执行〈国内投资项目不予免税的进口商品目录（2006年修订）〉的有关问题的通知》（署税发〔2007〕90号）中的有关规定以及其他相关文件要求执行。

特此通知。

二〇一二年十二月二十八日

海关总署关于明确《国内投资项目不予免税的进口商品目录（2012 年调整）》执行中有关问题的通知

（署税发〔2013〕99 号）

广东分署，各直属海关：

财政部、国家发展改革委、海关总署和税务总局已以 2012 年第 83 号公告（以下简称 83 号公告），联合发布了《国内投资项目不予免税的进口商品目录（2012 年调整）》（以下简称《2012 年目录》）。经商国家发展改革委、财政部和税务总局，现将执行中的有关问题明确如下：

一、83 号公告规定，此前公布实施的《进口不予免税的重大技术装备和产品目录（2012 年修订）》（以下简称《不予免税装备和产品目录》）中，相关装备和产品的技术规格指标与《2012 年目录》不一致的，以《2012 年目录》所列技术规格指标为准，并自 2013 年 1 月 1 日起一并调整。

（一）为保持相关政策的衔接，对于按照或比照《国务院关于调整进口设备税收政策的通知》（国发〔1997〕37 号）规定，享受进口税收优惠政策的有关项目和企业（包括国家鼓励发展的国内投资项目和外商投资项目；外国政府贷款和国际金融组织贷款项目；由外商提供不作价进口设备的加工贸易企业；中西部地区外商投资优势产业项目），其进口设备需对照《不予免税装备和产品目录》审核确定征免税的，对 2013 年 1 月 1 日以前批准的上述项目和企业，其进口设备在 2013 年 6 月 30 日及以前申报进口的，仍按照《不予免税装备和产品目录》执行。但对于有关设备按照《不予免税装备和产品目录》审核不符合免税条件，而按照《2012 年目录》所列相关商品的技术规格指标符合免税条件的，自 2013 年 1 月 1 日起，可以按照《2012 年目录》相关商品的技术规格指标执行。

自 2013 年 7 月 1 日起，上述项目和企业进口设备需对照《不予免税装备和产品目录》审核确定征免税的，《不予免税装备和产品目录》与《2012 年目录》中相关商品的技术规格指标不一致的，一律以《2012 年目录》所列技术规格指标为准。

（二）对于在本通知下发前，上述项目和企业已征税进口的有关设备，可根据以上规定对所缴纳的有关税款予以退还。

二、83 号公告所附《2012 年目录》有部分印刷错误，现将更正后的《2012 年目录》重新印发。

特此通知。

附件　国内投资项目不予免税的进口商品目录（2012 年调整）

二〇一三年八月十九日

附件

国内投资项目不予免税的进口商品目录（2012 年调整）

编号	税则号列	设备名称	技术规格	备注
通用设备				
一		柴油机		
1	840820　840890	柴油机（船用柴油机见后）	额定功率≤450kW	技术规格调整
二		泵（核级泵除外）		

编号	税则号列	设备名称	技术规格	备注
1	84131100 84131900	计量泵	流量≤8200L/h	
2	841350	往复泵	所有规格	
3	841360	回转泵	所有规格	
4	841370	离心泵	所有规格	技术规格调整
5	84138100	大型污水泵	流量≤6.0m³/s，扬程≤21m	
6	84138100	电磁泵、喷射泵、乳化液泵、气体压力泵	所有规格	
7	84138200	液体提升机	所有规格	
8	84141000	真空泵	所有规格	
9	84142000	手动或脚踏式空气泵	所有规格	
三		风机、压缩机		
1	84145990	轴流式风机	所有规格	
2	84145930	离心式风机	流量≤1800m³/min，压升≤19kPa	
3	84148090 841430	轴流压缩机	流量≤10000m³/min，轴功率≤51000kW	
4	841430 84148090	离心式压缩机	流量≤5000m³/min，出口压力≤20MPa	技术规格调整
5	84148090	螺杆压缩机	流量≤2500m³/min，功率≤3000kW	新增条目
四		制冷装置		
1	84186920 84186990	冷水机组	所有规格	
2	84186920	离心式制冷机组	输出功率≤3000kW	
3	84186920	螺杆式制冷机组	所有规格	
五		气体分离装置及关键设备		
1	84196011 84196019	制氧机	制氧量≤100000Nm³/h（Nm³/h指名义工况下立方米每小时，即标立方）	技术规格调整
2	84194020	气体分离设备用精馏塔	所有规格	
3	84195000	气体分离设备用板翅式换热器	所有规格	
4	84213990	气体分离设备用分子筛吸附器	所有规格	
5	84798999	气体分离设备用膨胀机	流量≤40000Nm³/h，进口压力≤5MPa（Nm³/h指名义工况下立方米每小时，即标立方）	税号调整
六		分离设备		
1	84212199 84212200 84212990	真空带式过滤机	过滤面积≤160m²	技术规格调整，税号调整
2	84211920 84211990	固液、液液分离机	所有规格	

编号	税则号列	设备名称	技术规格	备注
3	842119	螺旋沉降式离心机	转鼓直径≤1000mm	技术规格调整
4	842119	活塞推料离心机	转鼓直径≤1000mm	技术规格调整
5	84212990	真空转鼓滤碱机	所有规格	
6	84212990	转台式过滤机	过滤面积≤160m^2	技术规格调整
7	84212990 84213990	盘式过滤机	过滤面积≤200m^2	技术规格调整
8	84212	液体过滤、净化机及反渗透装置（除以上分离设备以外）	单台液体处理量≤200t/h	
七		起重机械		
1	84251100 84251900	提升机	滚筒直径≤5.5m	
2	84253190	电动葫芦	所有规格	
3	84261120 84261190	单梁起重机	所有规格	
4	84261120 84261190	双梁桥式起重机	①冶金用：起重量≤450t； ②其他：起重量≤1200t	技术规格调整
5	84261200	带胶轮移动式吊运架及跨运车	所有规格	
6	84262000	塔式起重机	所有规格	技术规格调整
7	84263000	门座式起重机（门座式轮胎起重机见下）	所有规格	
8	84263000	门座式轮胎起重机	起重量≤50t	
9	84264910	履带式起重机	起重量≤1600t	技术规格调整，重大技术装备进口不予免税目录同类指标一并调整
10	84283200	斗式提升机	所有规格	
11	84253190	水利启闭机	所有规格	
12	84281090	升船机	所有规格	
13	84261930	龙门式起重机	起重量≤1200t	新增条目，重大技术装备进口不予免税目录一并调整
八		钻采设备		
1	84304111 84304119 85015 85016 8502 85371090	陆地石油及天然气钻探机（采矿钻机、工程钻机、其他钻探机见后）	钻探深度≤12000m	设备名称变更、技术规格调整
2	84306990	修井机	额定载荷≤315t	技术规格调整
3	84798999	采油气井口装置	①双油管压力≤70MPa； ②单油管压力≤105MPa	税号调整
4	84137099 84138100	钻井泵（泥浆泵）	所有规格	新增条目
5	90158000	钻井参数仪	所有规格	新增条目
6	8413	抽油泵	所有规格	技术规格调整，设备类别调整
7	84314310	抽油杆	所有规格	技术规格调整，设备类别调整

编号	税则号列	设备名称	技术规格	备注
8	84798999	抽油机	所有规格	税号调整，设备类别调整
九		草坪、公园、运动场机动割草机		
1	84331100 84331900	草坪、公园、运动场机动割草机	所有规格	
十		机床及锻压、铸造设备		
（一）		非数控机床		
1	8456 8457 8458 8459 8460 8461 8462 8463 8464 8465	非数控机床	所有规格	
（二）		数控机床		
1	84561000	数控激光加工机	≤4 轴联动	技术规格调整
2	84569010 84615000	数控切割机	①等离子切割机：板厚≤40mm；②水切割机：<4 轴联动，切割金属厚度≤200mm；③其他数控切割机：所有规格	技术规格调整
3	84571030	龙门式加工中心	<5 轴联动，重复定位精度≥0.006mm/2m，快速移动速度X、Y<50m/min	技术规格调整
4	84563010	数控电加工机床	①数控电火花成形机床：加工表面粗糙度 Ra≥0.2μm，型腔截面和深度尺寸精度≥±3μm；②数控线切割机床：切割效率≤300mm²/min，加工表面粗糙度 Ra≥0.2μm，切割尺寸精度≥±2μm；③数控电解加工机床：<5 轴联动；④用于冷轧辊表面加工的电火花毛化机床：表面粗糙度均值偏差>±5%	技术规格调整，重大技术装备进口不予免税目录指标一并调整
5	84571010 84571020 84571090	钻削加工中心（龙门加工中心除外）	所有规格	设备名称调整，税号调整
6	84571010 84571020 84571090	镗铣加工中心（龙门加工中心、车铣复合加工中心除外）	①工作台宽度≤630mm 的镗铣加工中心：< 4 轴联动（必须满足）；快移速度≤60m/min，重复定位精度≥0.0025mm；②630mm<工作台宽度≤1250mm 的镗铣加工中心：< 4 轴联动；快移速度≤40m/min，重复定位精度≥0.003mm；③工作台宽度>1250mm 的镗铣加工中心：< 4 轴联动；快移速度≤20m/min，重复定位精度≥0.004mm	设备名称调整，税号调整，技术规格调整，重大技术装备进口不予免税目录指标一并调整

编号	税则号列	设备名称	技术规格	备注
7	84571090　84589100	车铣、铣车复合加工中心（复合机床）	回转直径≤630mm；重复定位精度≥0.004mm	新增条目，重大技术装备进口不予免税目录一并调整
8	84581100　84589100	车削中心（铣车复合加工中心除外）	重复定位精度≥0.002mm，主轴端径向圆跳动≥0.0005mm，加工圆度>$4\times10^{-6}\times$Dmm（D为最大加工工件直径）	设备名称调整，重大技术装备进口不予免税目录名称一并调整
9	84581100	数控重型卧式车床、重型卧式车削中心	最大加工工件直径D≤8000mm，工件长度≤25000mm，加工圆度≥4×10^{-6}×Dmm（D为最大加工工件直径），定位精度>0.01mm/2m	技术规格调整，重大技术装备进口不予免税目录指标一并调整
10	84589100	数控重型立式车床、重型立式车削中心	①D<5m：定位精度>0.015mm/2m，联动轴数<4轴，加工圆度>0.005mm；②5m≤D<10m：定位精度>0.015mm/2m，联动轴数<4轴，加工圆度>0.01mm；③D≥10m：定位精度>0.015mm/2m，联动轴数<4轴，加工圆度>0.015mm（D为最大加工工件直径）	技术规格调整，重大技术装备进口不予免税目录指标一并调整
11	84581100　84589100	数控车床	重复定位精度>0.001mm，加工圆度≥3×10^{-6}×Dmm（D为最大加工工件直径），主轴端径向圆跳动≥0.0005mm	技术规格调整
12	84581100　84589100	数控不落轮车床	最大切削面积<10mm^2/刀架；踏面径向跳动>0.1mm；内侧面端跳>0.1mm；同轴轮内径差>0.1mm	新增条目
13	84596110	数控龙门铣床	工作台宽度<5000mm，重复定位精度≥0.006mm/2m，<4轴联动	技术规格调整
14	84595100　84596190	数控铣床（数控龙门铣床除外）	定位精度>0.004mm（全程），重复定位精度>0.002mm，≤5轴联动	技术规格调整
15	84602110　84602120　84602190	数控重型磨床	最大加工工件直径D≤2500mm，微量进给>0.0001mm，重复定位精度>0.005mm，加工圆度>3×10^{-6}×Dmm	技术规格调整，重大技术装备进口不予免税目录指标一并调整
16	84601100	数控平面磨床（含成形磨、导轨磨）	定位精度>0.003mm/2m，重复定位精度>0.0015mm/2m，龙门宽≤3500mm，平面度>0.003mm/3000mm	设备名称调整，技术规格调整

编号	税则号列	设备名称	技术规格	备注
17	84602110 84602120 84602190 84603100	数控磨床（含内圆、外圆、端面外圆、万能、无心、轴承、刃磨等）	定位精度>0.004mm，重复定位精度>0.002mm，加工圆度>$3\times10^{-6}\times$Dmm（D为最大加工工件直径），砂轮线速度≤60m/s	设备名称调整，技术规格调整，重大技术装备进口不予免税目录指标一并调整
18	846021	数控凸轮轴磨床	工件最大回转直径≤250mm，砂轮线速度≤60m/s（单砂轮），凸轮轮廓精度>0.01mm	技术规格调整，重大技术装备进口不予免税目录指标一并调整
19	846021	数控曲轴磨床	工件回转直径≤630mm，砂轮线速度≤60m/s，定位精度>0.005mm，重复定位精度>0.002mm	技术规格调整，重大技术装备进口不予免税目录指标一并调整
20	84602190	数控立式磨床	定位精度>0.005mm，重复定位精度>0.003mm，圆度>$3\times10^{-6}\times$Dmm（D为最大加工工件直径）	新增条目，重大技术装备进口不予免税目录一并调整
21	84614010	数控重型滚齿机	精度等级>6级；联动轴数≤3轴；立式：工件直径<8000mm，卧式：工件直径<2000mm	技术规格调整，重大技术装备进口不予免税目录同类指标一并调整
22	84614010	数控齿轮加工机床	工件直径：10-2000mm且模数：1-24mm，≤3轴联动，精度等级>5级（齿轮磨床>4级）	技术规格调整，重大技术装备进口不予免税目录指标一并调整
23	84614010	数控插齿机	≤3轴联动，精度等级>5级	新增条目，重大技术装备进口不予免税目录一并调整
24	84614010	数控齿条加工机床	工件长度≤2000mm，精度等级>5级	新增条目，重大技术装备进口不予免税目录一并调整
25	84593100	数控铣镗床	镗杆直径≤260mm，加工孔同轴度≥0.008mm/500mm，重复定位精度≥0.006mm/2m，≤4轴联动	设备名称调整，技术规格调整，重大技术装备进口不予免税目录同类指标一并调整
26	84594010 84602190	数控坐标镗床、数控坐标磨床	坐标定位精度≥0.0015mm	技术规格调整
27	84572000 84573000	组合机床	加工精度为IT5级及以下（注：I-国际；T-允差；级的数值越小精度越高），同轴度≥0.01mm/500mm，平面度≥0.01mm/1000mm，直线度≥0.008mm/1000mm，平行度≥0.008mm/1000mm	技术规格调整，重大技术装备进口不予免税目录同类指标一并调整
28	84592100 84594010	数控深孔钻镗床（含数控深孔镗床）	镗孔直径≤1250mm，镗孔深度≤20000mm，钻孔直径≤110mm，孔的直线度≥0.10mm/1000mm	新增条目

编号	税则号列	设备名称	技术规格	备注
29	84604010	数控珩磨机床（深孔珩磨机床见下）	孔径圆度>0.002mm，孔的直线度>0.002mm/200mm，珩孔表面粗糙度 Ra≥0.05μm	新增条目
30	84604010	深孔珩磨机床	珩磨直径≤800mm，珩孔深度≤15000mm，珩孔表面粗糙度 Ra≥0.1μm	新增条目
31	84614010	数控重型磨齿机	齿轮直径≤8m，精密>5级	新增条目，重大技术装备进口不予免税目录一并调整
（三）		压力成形机械		
1	84621010 84621090	锻造用压力机	所有规格	技术规格调整，重大技术装备进口不予免税目录指标一并调整
2	84621010 84621090 84624111 84624119	冲压机床	所有规格（热压塑成型冲压机床除外）	技术规格调整，重大技术装备进口不予免税目录同类指标一并调整
3	84621090	空气锤	所有规格	
4	84622110 84622910	矫直（平）机	所有规格	技术规格调整
5	84622190 84622990	折弯压力机	所有规格	
6	84622190 84622990 84798999	开卷机	所有规格	
7	84622190 84622990	弯管机	所有规格	
8	84622990	三辊四辊卷板机	所有规格	技术规格调整
9	84622190 84622990	折边机	所有规格	
10	84623110 84623120 84623190	数控板带剪切机床	所有规格	技术规格调整
11	84623190 84623990	棒料剪断机	所有规格	技术规格调整
12	84624190 84624900	联合冲剪机	板厚≤30mm，冲孔力<120t	
13	84649090	金刚石成型液压机	所有规格	技术规格调整
14	84629110 84629190	单柱、双柱、四柱万能液压机	所有规格	技术规格调整
15	84629110 84629190 84629910 84629990	立式、卧式冷挤压机	所有规格	
16	84629110 84629190 84629910 84629990	开式双点压力机	所有规格	
17	84629110 84629190 84629910 84629990	闭式四点多连杆压力机	所有规格	税号调整，重大技术装备进口不予免税目录一并调整
18	84629190	双动薄板拉伸液压机	所有规格	技术规格调整
19	84629190	校正压装液压机	所有规格	技术规格调整
20	84629190	磨具制品液压机	所有规格	技术规格调整
21	846291 8479	打包压块液压机	所有规格	

编号	税则号列	设备名称	技术规格	备注
22	84629110 84629190 8479	单动薄板冲压液压机	所有规格	技术规格调整
23	84629910 8479	开式固定台压力机	所有规格	
24	84629910 8479	开式可倾压力机	所有规格	
25	84629910 8479	开式底传动压力机	所有规格	
26	84629910 8479	闭式单点压力机	所有规格	技术规格调整
27	84629910 8479	闭式双点压力机	所有规格	技术规格调整
28	84629910 8479	双动拉伸压力机	所有规格	技术规格调整
29	84629910 8479	双盘摩擦压力机	所有规格	技术规格调整
30	84629910 8479	电动螺旋压力机	公称压力≤8000t	技术规格调整，重大技术装备进口不予免税目录同类指标一并调整
31	84621010 84621090 84624111 84624119 84629910 8479	高速精密压力机（滑块行程次数至少到200次/分）	①公称压力T<200t：冲速<800次/分钟，综合间隙>0.2mm，下死点精度：纵向>0.005mm且前后左右>0.002mm；②200t≤公称压力T<400t：冲速<500次/分钟，综合间隙>0.3mm，下死点精度：纵向>0.2mm且前后左右>0.02mm；③公称压力T≥400t：冲速≤350次/分，综合间隙≥0.45mm，下死点精度：纵向>0.3mm且前后左右>0.03mm	技术规格调整，重大技术装备进口不予免税目录同类指标一并调整
32	84624111	数控冲模回转头压力机（包括转塔冲床）	公称压力≤60t，加工精度>±0.05mm，板料最大移动速度<140m/min，最高冲压频率≤1000次/分	技术规格调整，重大技术装备进口不予免税目录指标一并调整
33	84629910 8479	封头旋压机	所有规格	
34	84629190 84629910 84629990	粉末成形压力机	所有规格（加工硬质合金且加工精度<0.01mm的除外）	技术规格调整，重大技术装备进口不予免税目录同类指标一并调整
35	84629910	旋压机（强力压旋）	所有规格	技术规格调整
36	84629990	自动冷镦机	所有规格	
37	84659900 84793000	热压机（用于木材、建材装潢材料加工）	公称压力≤2000t	
38	84622190 8479	数控滚轮式收口工作站（包括封头旋压工作站）	加工工件直径≤400mm，主轴转速≤400rpm，加工工件长度≤2m	
39	84633000	自动搓丝机	所有规格	
40	84633000	自动卷簧机	所有规格	
41	84633000 84639000	辗环机	直径≤8000mm	技术规格调整，重大技术装备进口不予免税目录同类指标一并调整

编号	税则号列		设备名称	技术规格	备注
42	84624119		多工位板材成型机械压力机及自动化送料装置	公称压力≤5000t 或整机节拍≤45 次/分	新增条目，重大技术装备进口不予免税目录一并调整
43	84624119		多工位机械式热模锻压力机及自动化送料装置	公称压力≤1600t	新增条目，重大技术装备进口不予免税目录一并调整
44	84624119		多工位机械式温锻压力机及自动化送料装置	公称压力≤1000t	新增条目，重大技术装备进口不予免税目录一并调整
45	84624119		多工位机械式冷锻压力机及自动化送料装置	公称压力≤1000t	新增条目，重大技术装备进口不予免税目录一并调整
46	84624119		级进模压力机及自动化送料装置	公称压力≤2500t 或整机节拍≤50 次/分	新增条目，重大技术装备进口不予免税目录一并调整
（四）			木工机械		
1	84659100		木工锯床	所有规格	
2	84659200		单面木工压刨床	所有规格	
3	84659200		多面木工刨床	刨削宽度≤630mm，工件厚度≤300mm	
4	84659200		木工平刨床	所有规格	
5	84659200		木工镂铣床	所有规格	
6	84659200		木工铣床	所有规格	
7	84659200		木工仿形铣床	所有规格	
8	84659200		四面木工铣床	所有规格	
9	84659200		数控镂铣机	三维及以下	
10	84659300		木工磨光机	砂带宽度×砂带长度≤930×2100mm	
11	84659500		木工单排钻孔机	所有规格	
12	84659500		木工多排钻孔机	所有规格	
13	84659500		木工榫槽机	榫槽尺寸长×宽≤200×22mm，榫头深度≤120mm	
14	84659900		木工车床	所有规格	
15	84659900	84651000	木工多用机床	锯片直径≤400mm，平刨宽度≤400mm	
16	84659900		木工封边机	封边高度≤60mm，封边带厚度≤15mm	
（五）			铸造机械		
1	84543010		冷室压铸机	卧式：合型力≤3000t； 立式：合型力≤800t	技术规格调整
2	84543090		热室压铸机	合型力≤160t	
3	84543090		离心铸造机	每循环≥120s	

编号	税则号列	设备名称	技术规格	备注
4	84543090	低压铸造机（热融式）	坩埚容量≤500kg	
5	84741000	筛砂机	生产率≤140m³/h	
6	84741000	永磁分离设备	生产率≤180m³/h	
7	847420	破碎机	生产率≤120m³/h	
8	84743900	辗轮式混砂机	混砂能力<100t/h	
9	84743900	间歇式碗形混砂机	生产率≤10t/h	
10	84743900	树脂砂连续式混砂机	生产率≤30t/h	
11	84743900	搅拌冷却机	生产率≤120t/h	
12	84748090	松砂机	所有规格	
13	84748090 84743900	树脂砂再生设备	生产率≤25t/h	
14	84741000	电磁分离设备	所有规格	
15	84748090	震压造型机	所有规格	
16	84748090	热芯盒射芯机	制芯能力≤60L	
17	84748090	冷芯盒射芯机	制芯能力≤60L	
18	84748090	多用射芯机	制芯能力≤60L	
19	84748090	抛砂机	所有规格	
20	84748020 84748090	水平有箱造型线（机）	砂箱尺寸（长边）≤1800mm：生产率<100型/小时；砂箱尺寸（长边）>1800mm：生产率<60型/小时	
21	84748020 84748090	水平脱箱造型线（机）	砂箱尺寸（长边）≤650mm：生产率<120型/小时；砂箱尺寸（长边）>650mm：生产率<90型/小时	
22	84748020 84748090	垂直无箱造型线（机）	砂箱尺寸（长边）>750mm：生产率<280型/小时；砂箱尺寸（长边）≤750mm：生产效率<400型/小时	
23	84748090	振动落砂机	载荷<40t	技术规格调整
24	84743000 84798990	抛丸清理机	①机械手式抛丸清理机，循环周期≥60秒；②步进式悬挂抛丸清理机循环周期≥180秒。	技术规格调整
（六）		量具量仪		
1	90173000	游标卡尺、千分尺、百分表	所有规格	
2	90318090	齿轮测量机（带有齿轮整体误差功能见后）	模数≤20mm，外圆直径≤2000mm，齿宽≤350mm，测量齿轮精度等级为>3级（级数越小精度越高）	设备名称调整，技术规格调整
3	90318090	齿轮整体误差测量仪	模数≤10mm，外圆直径≤450mm，齿宽≤200mm	

编号	税则号列	设备名称	技术规格	备注
4	90318090	锥齿轮测量仪	大齿外径≤500mm，小齿外径≤257mm	
5	90318090	滚刀测量仪	滚刀模数≤20mm，直径≤80mm	
6	90318020	三坐标测量机	X、Y、Z ≤ 3000 × 3000 × 2000mm，单轴精度≥（1+L/400）μm，空间精度≥（1.2+L/300）μm，探测精度≥1μm（注：L 单位 mm）	
7	90318090	圆度仪	可测外圆直径≤450mm，可测度高≤700mm，测量分辨率>0.01μm	
8	90318090	表面粗糙度仪	二维、三维粗糙度仪的传感器分辨率≥1.0nm	技术规格调整
9	90314910 90314990 90318090	形面轮廓测量仪	一维、二维分辨率 Ra ≥ 1.0nm，三维分辨率≥10nm	
10	90318090	刀具预调仪	所有规格	
11	90318090	数显测高仪	所有规格	
十一		车辆		
1	87 章	车辆	所有汽车、摩托车整车（本目录所列 87 章税号中可以免税的规格部分除外）、成套散件	
2	87011000	手扶拖拉机	所有规格	
3	87013000	履带式拖拉机	额定功率≤132.3kW（180 马力）	技术规格调整，重大技术装备进口不予免税目录指标一并调整
4	87019011	轮式拖拉机	额定功率≤147.1kW（200 马力）	技术规格调整，重大技术装备进口不予免税目录指标一并调整
5	87051021 87051022 87051023	全路面起重机	最大起重量≤1200t	技术规格调整，重大技术装备进口不予免税目录指标一并调整
6	87051091 87051092 87051093	其他汽车起重机	最大起重量≤220t	技术规格调整，重大技术装备进口不予免税目录指标一并调整
7	87053010 87053090	消防车	登高平台救火车：载人作业高度≤68m；其他：所有规格	技术规格调整
8	87042 87043	吸引压送罐车	压送能力垂直高度≤20m，工作温度≤140℃	
9	87059090	冶金工业举升台车（框架车）	总重≤80t	
10	87059090 8427	高空作业车及作业平台（包括屈伸臂式和直伸臂式）	作业高度≤40m（臂高）	设备名称调整，技术规格调整，税号调整

编号	税则号列	设备名称	技术规格	备注
11	87059090　8427	垂直升降式高空作业车及作业平台	作业高度≤30m（臂高）	设备名称调整，技术规格调整，税号调整
12	87041030	非公路电动轮自卸车	载重量≤400t	技术规格调整，重大技术装备进口不予免税目录指标一并调整
13	87041090	机械传动非公路刚性自卸车	所有规格	
14	87059090	非公路洒水车	容量≤80m^3	
15	87041090	非公路铰接式自卸车	载重≤60t	
16	87059080　84253190	测井绞车	陆上：功率<300马力，测井深度≤7000m；海上：功率<2000马力	技术规格调整
17	87059080	压裂车	工作压力≤105MPa	
18	87059080	混砂车	输砂量≤3.5m^3/min	
19	87059080	石油测井车	测井深度≤10000m	技术规格调整
20	87059090	桥梁检测车	检测臂作业长度≤22m	技术规格调整
21	87041090	井下运矿车	装载量≤18t	
22	87059090	炸药装药车	载重≤15t	
23	87091910	混合动力牵引车	整机重量≤10t	新增条目
十二		其他交通设备		
（一）		轨道机车、车辆		
1	8601　8602　8603　8605　8606	轨道机车、车辆	所有规格	
2	86040099	大型轨道式架桥机	载重吊装重量≤1600t	
3	8604	捣固车（含捣稳车）	自行速度≤100km/h，连挂运行速度≤120km/h，作业效率≤2.4km/h（48镐）或≤1.8km/h（32镐）	新增条目
4	86040099	稳定车	自行速度≤80km/h，连挂运行速度≤120km/h，作业效率≤2.5km/h	新增条目
5	86040012	钢轨/道岔打磨车	打磨作业效率≤15km/h，自走行速度≤100km/h，连挂速度≤120km/h	新增条目
6	86040099	大修列车	作业速度≤1.1km/h，换枕效率≤20根/分，连挂速度≤120km/h	新增条目
7	86040099	路基处理车	作业速度≤80m/h，自走行速度≤20km/h，连挂速度≤100km/h	新增条目
8	86040099	清筛机	自运行速度≤80km/h，连挂运行速度≤100km/h，作业效率≤650m^3/h	新增条目

编号	税则号列	设备名称	技术规格	备注
9	86040099	物料运输车	空车最高连挂运行速度≤120km/h且重车最高连挂运行速度≤100km/h且额定载重≤95吨	新增条目
10	86040099	配渣车	所有规格	新增条目
11	86040099	焊轨车	所有规格	新增条目
12	86040011　86040019　86040099	其他轨道校正、检查车、查道车	所有规格	新增条目，重大技术装备进口不予免税目录同类商品名称一并调整
（二）		飞机及地面专用车辆、设备		
1	88章	飞机	所有飞机整机	
2	87059051	飞机地面电源车或电源机组（输出频率400Hz）	所有规格	新增条目
3	850440	飞机地面静变电源（用于飞机的频率为400Hz的静止式频率变换器）	所有规格	新增条目
4	87059060　84158	飞机地面空调车或空调调温机组	所有规格	新增条目
5	87091110　87091910	飞机牵引车（有拖把）	所有规格	新增条目
6	87059060	飞机加油车（罐式及管线式）	所有规格	新增条目
7	87059070	跑道除冰雪车或设备	所有规格	新增条目
8	87091110　87091910	行李牵引车	所有规格	新增条目
9	84797100	旅客登机桥	所有规格	新增条目
10	87059090	飞机启动气源车	所有规格	新增条目
11	84144000	飞机启动气源机组	所有规格	新增条目
12	87059060	飞机除冰车	所有规格	新增条目
（三）		船舶装备		
1	89章	船舶及浮动结构件	所有船舶整船及浮动结构件（生产率在$4000m^3/h$及以上的绞吸挖泥船、泥舱容量在$20000m^3$以上的耙吸挖泥船除外）	技术规格调整，重大技术装备进口不予免税目录同类指标一并调整
十三		仪器仪表		
（一）		计量设备		
1	84233020	定量分选秤	X级系列（相当于静态精度低于或等于1/5000），Y级系列（相当于静态精度低于或等于1/3000，最大称量≥10kg）（注：数值越小，静态精确度越高）	

编号	税则号列	设备名称	技术规格	备注
2	84233010 84233030 84233090	其他定量秤	准确等级低于或等于X（0.5）级，静态准确度低于或等于1/3000（注：数值越小，静态准确度越高）	
（二）		光学仪器		
1	9011	复式光学显微镜	所有规格	
2	90152000	经纬仪	精度≥±2s（注：一测回标准偏差：水平方向大于、等于±2秒。数值越小，指标越高）	技术规格调整
3	90151000	测距仪	测距精度≥±3mm（注：测距精度：大于、等于±3mm，数值越小，精度越高）	技术规格调整
4	90153000	水准仪	精度≥±1mm（注：精度指仪器每公里往返测量高差偶然误差大于、等于±1mm，数值越小，精度越高）	技术规格调整
（三）		气象仪器		
1	9015	气象测试仪器和系统	常规用地面测风、气压、温度、湿度、降水、能见度测量仪器，六要素以下的自动气象站	
（四）		实验仪器		
1	9016	天平	所有规格	技术规格调整
2	90291090	转速、扭矩等多参数动力机械性能自动测试仪器设备	所有规格	设备名称调整
3	90312000	机械式、液压式、电磁式、电液式振动试验台	所有规格	新增条目（条目拆分）
4	8419 84798990 8514	环境实验箱	所有规格	设备名称调整
（五）		试验机		
1	902410 90248000	金属材料、非金属材料、复合材料试验机（棉花综合检测仪除外）	所有规格	设备名称调整
2	90221920 90222910 90222990 9031803	无损探伤检测设备（包括射线检测、磁粉检测、渗透检测、涡流检测、超声检测设备）	所有规格（450kV以上X光探伤机除外；声发射、光全息照相、红外热成像、微波检测设备除外）	设备名称调整，技术规格调整、税号调整
3	90248000	棉花综合检测仪	检测速度<700样/8小时 测试光源：白炽灯	
4	90311000	平衡试验机	所有规格（其中：测量精度<2克厘米且进给速度≥500mm/min的曲轴动平衡机除外）	
（六）		自动化仪表及系统		

编号	税则号列	设备名称	技术规格	备注
1	84714991	分散型工业过程控制设备（DCS）	所有规格	
2	85371011	可编程控制器（PLC）	所有规格	技术规格调整
3	90251100 90251910 90251990	温度测量仪表	所有规格	
4	9026 90318090	压力、物位、流量测量仪表	所有规格	技术规格调整
5	902820	液量计	所有规格	
6	84818021 84818029 84818031 84818039 84818040	调节阀、开关阀	所有规格（公称通径大于400mm，或者公称压力大于PN16MPa，或者温度范围高于530℃的调节阀除外）	设备名称变更，税号调整
7	8412 8483 8501 8537 8425 8481 8505	执行器（包括电动执行器、气动执行器；含电机、减速器、控制电路等）	电动执行器推力≤15000 N·m,气动执行器：所有规格。	技术规格调整，税号调整
（七）		分析仪器		
1	90272011 90272012	气、液相色谱仪	所有规格	
2	90273000	付立叶红外光谱仪	分辨率≥0.1 波数（注：数值越小，分辨率越高）	
3	90273000 90275000	近红外、紫外、原子吸收、原子发射、荧光等光谱仪器（包括全自动生化分析仪）	所有规格	
4	90273000	光电直读光谱仪	所有规格	技术规格调整
5	90278012	气体色谱质谱联用仪	质量范围≤1100amu（注：amu 为原子质量单位）	新增条目
6	90278019	等离子质谱仪	质量范围≤300amu（注：amu 为原子质量单位）	新增条目
7	90271000	光学式气体分析仪器	所有规格	
8	90278099	PH 计	被测溶液温度在100℃以下	
9	90275000 90278099	粉质、粒度检测仪器	所有规格	
10	90278099	BOD/COD/TOC 水质多参数检测仪器	所有规格（核电用除外）	技术规格调整
11	90271000	汽车尾气分析仪	所有规格	
（八）		电工仪器仪表		
1	9028301	电度表	所有规格	技术规格调整
2	90283090	电度表检验装置	所有规格	
3	9028	工业用安装式开关板表	所有规格	
4	9030	数字式电工测量仪表	所有规格	技术规格调整
5	90303 90283090	其他电工仪表	所有规格	
（九）		电子仪器仪表		

编号	税则号列	设备名称	技术规格	备注
1	85432090	数字合成信号发生器	扫频频率范围：250kHz ~ 1024MHz	设备名称变更
2	85432090	微波合成扫频信号发生器	扫频频率范围：10MHz ~ 40GHz	技术规格调整
3	85432090	毫米波合成扫频信号发生器	扫频频率范围≤67GHz	技术规格调整
4	90302010　90302090	数字存储示波器	带宽≤1000MHz，存储能力≤1Mbit/ch，采样率≤5Gbit/s	技术规格调整
5	85158000	光纤熔接机	单芯熔接损耗≥0.01dB	
6	85158000	带状光纤熔接机	带状12芯熔接损耗≥0.07dB	
7	85158000	保偏光纤熔接机	偏熔接损耗≥0.05dB，消光比≤80dB	技术规格调整
8	90314990　90318010　90318090	光时域反射计	动态范围≤40dB，波长：0.85μm或1.35μm或1.55μm	
9	90314990　90318090	光功率计	波长范围0.4~1.75μm，测量光功率范围：-90dBm ~ +10dBm	
10	85176229	可编程光衰减器	波长范围1.2~1.65μm，最大衰减≤60dB	
11	90308990　90318010	误码仪	PDH速率：1~4次群，或连续速率：50b/s~50Mb/s	
12	90318010	SDH/PDH数字传输分析仪	PDH速率：1~4次群，SDH速率：155.52Mb/s或622.080Mb/s或2.5Gb/s	
13	90308990　903040	电信/数据通信分析仪	连续速率：50b/s~2.048Mb/s；固定速率：2.048Mb/s或622.080Mb/s	
14	90308990　903040	微波矢量网络分析仪	频率范围：45MHz~18GHz，动态范围：< 65 dB，不确定度 > 0.8 dB，相位：0~360相位精度> 1.5度	技术规格调整
15	90308990　903040	毫米波矢量网络分析仪	频率范围：< 30 GHz，动态范围：< 40 dB，不确定度 > 0.8 dB，相位：0~360相位精度> 5度	技术规格调整
16	90308990　903040	脉冲矢量网络分析仪	频率范围45MHz~40GHz	技术规格调整
17	90308990　903040	宽带射频一体化矢量网络分析仪	频率范围：30kHz~6GHz	
18	90308990　903040	标量网络分析仪	频率范围10MHz~110GHz	
19	90308990　903040	射频频谱分析仪	频率范围：<6GHz，动态范围：< 90dB，噪声电平 >-100dBm	技术规格调整
20	90308990　903040	高性能微波频谱分析仪	频率范围30Hz~50GHz	技术规格调整
21	90308990　903040	谐波混频器	频率范围≤110GHz	技术规格调整

编号	税则号列	设备名称	技术规格	备注
22	90308990 903040	微波功率计	频率范围 9kHz～40GHz，最大测量功率 100W	
23	90308990 903040	微波毫米波天线、RCS、T/R 组件测试系统	频率范围：45MHz～40GHz	
24	90308990 903040	数字微波通信综合测试仪	频率范围：9kHz～26.5GHz	
25	90308990 903040	全自动数字失真度测量仪	频率范围：10Hz～110kHz，不平衡：20Hz～40KHz，平衡失真度测量范围：100～0.005%	
26	90303320 90303900 90308410 90308910	电感电容电阻测试仪（LCR）	频率范围：20Hz～5MHz（测试频率\电平不连续可调）	技术规格调整
27	903031 903032	台式数字万用表	测量精度：六位半以下	技术规格调整
28	90304010 90304090	视音频测试仪	所有规格	
29	90303310 90303390 90303900	高频毫伏表	频率范围：10kHz～2000MHz	
30	90304090	调幅/调频广播测试仪	所有规格	
31	90304090	数字电视场强仪	所有规格	
32	90318090	空气粒子计数器	0.5μm～10μm	技术规格调整
33	90304090	DVB-T/S/C 制式数字电视发射系统测试仪	所有规格	
34	85432010 85432090	DVB-T（H）制式数字电视测试信号源	所有规格	
35	85432010 85432090	数字电视集中信号源	所有规格	
36	85432010 85432090	数字电视 TS 流信号发生器	所有规格	
37	90303390 90303900 90304090	智能电声测试仪	频率范围：20Hz～20kHz	
38	90318010	光纤通话机	波长范围：0.4μm～1.75μm，动态范围≤35dBm	
39	90308490 90308990	电能质量分析仪	频率范围：45Hz～500Hz，测量范围：AC：600Vrms 500Arms，DC：300V、2500A	
40	90230000	电磁物理教学仪器	所有规格	
41	850440	电子稳压电源	所有规格	
42	90303190 8543	电子负载	所有规格	
43	90303190 90303390 90308990	电路板在线测试仪	所有规格	技术规格调整
44	90251910	回流焊温度曲线测试仪	测温范围：0℃～400℃，记录时间：10min	
45	90303190 90304090 90308990	全自动干扰场强测试接收机	频率范围：150kHz～30MHz，分辨率：1Hz，过载系数：≥30dB，镜频抑制：>60dB，中频衰减：>60dB	

编号	税则号列	设备名称	技术规格	备注
46	85432010 85432090	低失真低频信号发生器	频率 5Hz ~ 110kHz：失真 20Hz~20kHz≤0.005%；其余频段≤0.01%	
47	85432010 85432090	数字合成标准高频信号发生器	频率范围：5kHz~50MHz，最小分辨率：0.1Hz，频率稳定度：≥0.1ppm	技术规格调整
48	85432010 85432090 90304010 90304090	数字合成函数信号发生器/频率计数器	输出频率：1μHz~50MHz	技术规格调整
49	90304010 90304090	多功能（通用）频率计数器	测频范围：0.001Hz ~ 110GHz，测周范围：100ns~1000s，频率稳定度≥1PPm	技术规格调整
50	90303390 90303900	数字射频电压-功率表	频率范围：10kHz~2GHz，射频探头：10kHz~1GHz，功率<1W	技术规格调整
51	90304090 90308490	噪声系数分析仪	频率范围：10MHz~40GHz	新增条目
十四		文化办公设备、电器		
1	85258022 85258029	数字照相机	所有规格	
2	85258012 85258013 85258032 85258033 85258039	摄像机及视频摄录一体机	所有规格	
3	9002 9001	光学元件	所有规格	
4	9006（其中 90061010、90061090、90063000 除外）	照相机（不包括制版照相机和特种照相机）、闪光灯	所有规格	
5	90072090	胶片式放映机	胶片宽度为 70mm、35mm、16mm 放映机	
6	90071010 90071090	电影摄影机	胶片宽度为 16mm、35mm 摄影机	税号调整
7	90085040	照片放大机及缩片机	所有规格	税号调整
8	8443	复印设备（包括多功能一体机）	所有规格	
9	9010	洗印设备	所有规格	
10	90106000	银幕	所有规格	
11	90101010 90101020 90101091 90101099	彩色扩印设备	所有规格	
12	8415	空调器	所有规格	
13	84181010 84181020 84181030 84182110 84182120 84182130 84182910 84182920 84182990 84183021 84183029 84184021 84184029 84185000	电冰箱、电冰柜	所有规格	
14	84213910 84213990	空气净化设备	≤100 级	

编号	税则号列	设备名称	技术规格	备注
15	84501110 84501120 84501190 84501200 84501900 84502000 84511000	洗衣机	所有规格	
16	84690011 84690012 84690020 84690030	打字机及文字处理器	所有规格	
17	84701000 84702100 84702900	电子计算器	所有规格	
18	84713000 84714140 84714940 84715040 852351 84716050 84716060 84716090 84716071 84716072 84717090 85286100	微型计算机及外设	所有规格	
19	85284100 85285110 85285190	显示器	所有规格	
20	844331 844332	打印机	所有规格	税号调整
21	85171100 85171210 85171220 85171290	电话机（包括手机、对讲机）	所有规格	
22	84433290 84433110 84433190 84433290	传真机	所有规格	
23	85181000 85182100 85182200 85182900 85183000 85184000 85185000 8519 8527	音响设备	所有规格	
24	85211011 85211019 85219090 85219011 85219012 85219019	录像机	所有规格	
25	85211020 852190	放像机	所有规格	
26	85234100 85234910 85234920 85234990	光盘（已录入技术信息的光盘除外）	所有规格	税号调整
27	8528	电视机	所有规格	
十五		包装机械		
1	84222000	瓶子或其他容器的洗涤、干燥设备	所有规格（生产效率≥600罐/小时且以轧盖方式封口的金属瓶包装洗涤干燥设备除外）	技术规格调整
2	84223010 84223090	玻璃瓶灌装设备	能力<48000瓶/小时（容量按250ml计）	技术规格调整
3	84223090	贴标机	所有规格	
4	8419 85437099	瓶子或其他容器的杀菌设备	所有规格	
5	84223010 84223090	易拉罐灌装设备	能力<600罐/分钟（容量按350ml计）	技术规格调整

编号	税则号列	设备名称	技术规格	备注
6	84223010	聚酯瓶饮料灌装设备	能力≤48000瓶/小时（瓶容积以550ml计）	技术规格调整
7	84223090 84224000 8462	生产三片罐的设备［包括圆盘剪（纵横剪）、电阻焊、补涂机、烘干固化装置、滚筋机、提升装置、翻边缩颈组合机、封罐机、检漏机、全内喷机等］	能力≤39000罐/小时	设备名称调整，技术规格调整
8	84391000 84392000 84393000	瓦楞板生产设备	速度≤300m/min，板宽≤2.5m	技术规格调整
9	84412000	纸塑复合水泥袋生产成套设备	能力≤300袋/分钟	设备名称调整
10	84418010	纸塑铝软包装制袋设备	所有规格	
11	84418090	模切机	单张走纸：生产速度<9000张/小时；连续模切：生产速度<200米/分钟	技术规格调整
12	84224000	热收缩包装机	能力≤40000件（瓶、袋、管）/小时	新增条目
13	847740 84223010 84223030	塑料杯成型充填包装机	能力≤48000件/小时（容积以250ml计）	新增条目
14	84223010 84223030 84223090	黏流体灌装设备（黏流体指酱类、油类、膏类、黏稠洗涤用品等产品）	油类灌装设备：能力≤6000件/小时（容积以5L计）；其他黏流体灌装设备：能力≤24000管（瓶、袋、件）/小时（容积以200ml计）	新增条目
15	84413010 84413090 84414000 84418090	纸箱成型、封箱设备	能力≤60箱/小时（箱容积以$1m^3$计）	新增条目
十六		工程机械		
1	84134000	拖式、车载式混凝土泵	所有规格	
2	84264110	轮胎式起重机	最大起重量≤100吨	技术规格调整
3	84271010 84271020	堆垛机	所有规格	
4	84271090	电瓶叉车	所有规格	
5	84272010	集装箱叉车	所有规格	
6	84264190	集装箱正面吊	所有规格	
7	84272090	内燃叉车	所有规格	
8	84279000	其他装有升降或搬运装置的工作车	所有规格	
9	84292010 84292090	平地机	所有规格	
10	84293010 84293090	自行式铲运机	所有规格	
11	84293010 84293090	拖式铲运机	所有规格	
12	84294011 84294019	压路机	所有规格	

编号	税则号列	设备名称	技术规格	备注
13	84295100 84295290 84295900	装载机	所有规格	
14	84295211	轮胎式挖掘机	整机重量≤36t	技术规格调整，重大技术装备进口不予免税目录指标一并调整
15	84295212	履带式挖掘机	整机重量≤120t	
16	84295900	挖掘装载机	所有规格	技术规格调整，重大技术装备进口不予免税目录指标一并调整
17	84301000	筒式柴油打桩机	所有规格	
18	84301000	液压打桩锤	整机重量≤25t（船用≤18t）	技术规格调整
19	842952 84305090 84306990 84314100	连续墙液压抓斗	斗宽≤1.2m	
20	84306919 84306911	水平定向钻	所有规格	
21	84303100	全断面掘进机	刀盘直径≤15m	技术规格调整
22	84304121 84304122 84304129	钻探机	所有规格	
23	843050 84306911 84306919	旋挖钻机	钻孔直径≤3m，动力头标准扭矩≤350kN · m	
24	84306911 84306919	工程钻机（竖井钻机见后）	钻孔直径≤3.5m	设备名称变更
25	84743100	混凝土或砂浆搅拌机器	所有规格	
26	84743200	矿物与沥青的混合搅拌设备	所有规格	
27	84791021	沥青混凝土摊铺机	所有规格	
28	84791022	稳定土路面拌合机	拌合宽度≤3m	
29	84791022	稳定土路面摊铺机	宽≤7.5m，厚≤350mm	
30	84791029	滑模式水泥摊铺机	最大铺宽≤9.75m	
31	84791090	高等级公路稀浆封层机	料仓≤10m^3，制浆≤3t	
32	84791090	沥青路面铣刨机	所有规格	技术规格调整
33	84261990	架桥机成套设备（含运梁车、提梁机、架桥机）	所有规格	新增条目
34	84791029	碎石摊铺机	所有规格	新增条目
35	84291100 84291190 84291910 84291990	推土机	额定功率≤520 马力	新增条目，重大技术装备进口不予免税目录一并调整
十七		模具		新增类别
1	82072010 82072090 82073000 8480	模具	所有规格的模具（本目录所列 82073000 和 8480 税号项下具体列明可以免税的部分模具除外）	新增条目

编号	税则号列	设备名称	技术规格	备注
2	82073000	乘用车车身侧围外板模具	所有规格（拉延模和翻边整形模的型面贴合率>80%/cm^{2}的除外）	新增条目
3	82073000	乘用车车身侧围内板和加强版模具	所有规格（采用整体拼装工艺和拉延模和翻边整形模的型面贴合率>80%/cm^2 的除外）	新增条目
4	82073000	乘用车车身翼子板模具、弧线型整体尾门内外板模具	所有规格（拉延模的型面贴合率>80%/cm^2 和重点匹配区域的型面贴合率>85%/cm^2 的除外）	新增条目
5	82073000	乘用车车身车顶模具	所有规格（采用激光焊接工艺和拉延模和翻边整形模的型面贴合率>80%/cm^2 的除外）	新增条目
6	82073000	乘用车车身四门及发动机仓盖模具	所有规格（采用激光焊接工艺或加工工件内外板为铝合金材料的除外）	新增条目
7	82073000	乘用车车身冲压件热成型模具	所有规格（加工工件抗拉强度≥1000MPa 以及屈服强度≥500MPa 的模具除外）	新增条目
8	82073000	乘用车车身冲压件内高压成型模具	所有规格（加工工件为变截面的除外）	新增条目
9	82073000	多工位级进冲压模具	所有规格（精度≤±0.001mm 的多工位级进冲压模具除外）	新增条目
10	82073000	高速冲压模具	所有规格（与速度≥3000 转/分的高速冲床配套的冲压模具除外）	新增条目
11	84807190　84807900	塑料模具	所有规格（为锁紧力>3000t 的注塑机配套的注塑模具和精度<±0.003mm 的塑料模具除外）	新增条目
12	84801000	铸造模具	所有规格（镁合金压铸模具和为锁紧力>3000t 的压铸机配套的铝合金压铸模具除外）	新增条目
十八		其他通用设备		
1	84281010　84281090	电梯	所有规格	
2	84284000	自动扶梯	所有规格	
3	84284000	自动人行道	所有规格	
4	84283300	行李输送机	所有规格	
5	8539　85437099	紫外线消毒设备	所有规格	
6	84238110　84238290	电子计价秤	所有规格	

编号	税则号列	设备名称	技术规格	备注
7	84238210　84238910	电子汽车衡	所有规格	
8	84238990	电子平台秤	所有规格	
十九	84~90 章	二手机电设备	所有规格	
二十	《中华人民共和国进出口税则》中第 1 章至第 83 章、第 91 章至第 97 章所有税号（82073000 税号所列商品除外）	其他	所有规格	商品名称调整
专用设备				
二十一		船用设备		
（一）		船用柴油机及配套件		
1	84081000	低速柴油机（<300 转/min）	缸径≤980mm	技术规格调整
2	84081000	中速柴油机（300－1000 转/min）	缸径：160~460mm	技术规格调整
3	84081000	高速柴油机（>1000 转/min）	功率≤2000kW	
4	84148030	废气涡轮增压器	压比≤4.5，流量≤$20m^3/S$	
（二）		辅机		
1	8426	船用吊机	起吊重量：单吊≤450t；双吊≤800t	技术规格调整
2	84021200　84021900	船用锅炉	蒸发量≤45t/h，工作压力≤3MPa	
3	84021190　84021200　84021900	废气锅炉	传热面积≤$300m^2$，工作压力≤0.7MPa	
4	84161000	船用锅炉燃烧器	转杯式、蒸汽雾化式：燃油黏度≤$2398\times10^{-6}m^2/s$（测量温度：50℃）	
5	84178090	船用焚烧炉	热容量≤1300000kcal/h	
6	84212199	船用生活污水处理装置	污水处理量≤80000 升/天	
7	84248991	原油洗舱机	流量≤$140m^3$，有效射程≤36m	技术规格调整
8	84251100　84251900	船用救生艇降放装置	绞车工作负荷≤170kN	
9	84253190　84253990	船用起锚机、船用组合锚绞机	锚链直径≤162mm	技术规格调整
10	84261910　8426192　8425	船用起货绞机	负载≤150kN	
11	84253190　84253990	船用系泊绞车	负载≤400kN	
12	84798910	船用柱塞式舵机	转舵扭矩≤350t·m	

编号	税则号列	设备名称	技术规格	备注
13	84798999　8481	液压遥控阀及指示器系统	压力≤0.3MPa，输出扭矩≤12500Nm（TELFON 型式除外）	
14	84798200	船用混油装置	仅限动态恒压混合方式，最高黏度≤$7\times10^{-4}m^2/s$（测量温度：100℃）	
15	8481	船用碟阀	200mm<口径≤1600mm，工作压力≤1.6MPa；50mm≤口径≤200mm，工作压力≤2.0MPa	技术规格调整
16	84814000	船用安全阀、截止阀	口径 40~200mm，工作压力≤4MPa	新增条目
17	84813000	船用止回阀	口径 40~400mm，工作压力≤4MPa	新增条目
18	84834090	船用齿轮箱	扭矩≤346kN·m	
19	84871000	船用定距桨	螺旋桨直径≤12m	技术规格调整
20	84871000	主推进可调桨	螺旋桨直径≤10400mm	
21	84871000	侧向推进器	螺旋桨直径≤3300mm	
22	84871000	全回转推进器	螺旋桨直径≤3900mm	
23	85016100　85016200　85016300　85016410	船用无刷三相同步发电机	中高压发电机≤10000kW，低压发电机≤2300kW	技术规格调整
24	85318090　85437099　8537　9032	船用机舱报警/控制装置	所有规格	
25	85269200	船用主机遥控装置	所有规格	
26	90278099	油分浓度计	测量范围≤30ppm，测量精度≥±5ppm	
27	84798910	船用转叶式舵机	扭矩≤1600kNm	新增条目
二十二		农业机械		
1	84248100	微灌、滴灌设备	所有规格	
2	84248100	喷灌设备	所有规格	
3	84335100	谷物联合收割机	额定功率≤147.1kW（200 马力）	拆分条目，技术规格调整
4	84335100	玉米联合收割机	8 行及以下自走式	拆分条目，技术规格调整
5	84335100	全喂入履带式水稻联合收割机	额定功率≤88.2kW（120 马力）	技术规格调整
6	84335100	半喂入水稻联合收割机	收获行数≤6 行	技术规格调整，重大技术装备进口不予免税目录指标一并调整
7	84335990	牵引式青饲料收割机	所有规格	
8	84335300	马铃薯联合收获机	收获行数≤4 行	技术规格调整
9	84335990	自走式青贮饲料收获机	额定功率≤260kW	

编号	税则号列	设备名称	技术规格	备注
10	84323021	马铃薯种植机	播种行数≤4 行	税号调整
11	84323011	大型小麦免耕播种机	播种行数≤19 行	税号调整
12	84323011	水稻覆土直播机	播种行数≤6 行	税号调整
13	84335920	采棉机	采收行数≤6 行	技术规格调整
二十三		轻工机械		
（一）		真空制盐部分设备		
1	8413	制盐用循环泵	生产能力≤800000 吨/年的真空盐厂用循环泵	设备名称变更，技术规格调整
2	84211910 84211990 84211920	制盐用离心机	能力≤40t/h	设备名称变更，技术规格调整
3	84193990	制盐用沸腾干燥床	能力≤15t/h	设备名称变更
（二）		脂肪醇聚氧乙烯醚成套技术装备		
1	8413 84198990 84798999	AEO3、AEO7、AEO9、AEO11 乙氧基化反应器、反应循环泵	所有规格	税号调整
2	842139 84798999	排气吸收塔	所有规格	税号调整
（三）		烷基苯磺酸及盐、醇醚硫酸盐成套设备		
1	84195000 84198990	SO_2—SO_3 转化塔	所有规格	
2	84195000 84198990	空气冷却器	所有规格	
3	84178090	燃硫炉	所有规格	
4	84198990	磺化反应器	能力≤1.6t/h	
（四）		合成脂肪醇成套技术设备		
1	84198990 84798999	C12—C15 洗涤剂醇反应器	所有规格	税号调整
2	84798999 84198990	脂肪醇反应器	所有规格	税号调整
3	84198910	脂肪醇加氢反应器	所有规格	
4	84198990 84213990 84798999	反应器产品脱气器	所有规格	税号调整
（五）		人造板设备		
1	84193200	人造板干燥机	所有规格	设备名称变更
2	84193200 8465 84793000	人造板成套设备（包括热压机或压机、砂光机、预压机、纵横锯边机、干燥机、涂胶机、刨片机、拼板机、旋切机、铺装机等）	能力≤200000 立方厘米/年	设备名称变更
3	8465	人造板削片机	所有规格	设备名称变更
4	8465	人造板刨片机	所有规格	设备名称变更
5	84793000	人造板压机	能力≤100000 立方厘米/年	设备名称变更
6	84793000	人造板热压机	所有规格	设备名称变更

编号	税则号列	设备名称	技术规格	备注
7	84798200	人造板混合搅拌机	所有规格	设备名称变更
8	84798999	人造板铺装机	所有规格	设备名称变更，税号调整
（六）		其他		
1	841350	双缸泥浆泵	所有规格	
2	84193990　84198990	管式蒸发器、板式蒸发器	所有规格	设备名称变更
3	84194010　84194020 84194090　84198990 84211910　84211920 84211990　84212199 84213990　84741000 84798999	萃取设备，反应釜，浓缩设备，离心萃取机，管式分离机，三足式离心机，刮刀卸料离心机，上悬式离心机，离心卸料离心机，翻斗真空过滤机，叶滤机，筒式过滤机，板框、厢式压滤机	①板框、厢式压滤机：滤版尺寸200~2000mm，过滤面积≤1200平方米；②其余：所有规格	设备名称变更，技术规格调整，税号调整
4	84198990	制浆用横管连续蒸煮器	所有规格	技术规格调整
5	84242000	合成洗衣粉成套技术设备	≤7t/h的喷粉设备（含前后配粉）	
6	84383000	糖化设备	100000t以下糖化锅（D5850，D6450），过滤槽（D8800），澄清槽（D6000）	
7	84392000	浆板机	纸制品幅宽＜6600mm，设计车速<200m/min	技术规格调整
8	84392000	造纸成套设备（不含配套的复卷机、压光机）	纸制品幅宽＜5000mm，设计车速<800m/min	技术规格调整，税号调整
9	84411000	切纸机	所有规格	
10	84531000	制皮革用片皮机	工作宽度≤2100mm	
11	84531000	制皮革用震荡拉软机	工作宽度≤2400mm	
12	84391000　84729030	废纸粉碎机	所有规格（钱币粉碎机除外）	
13	84741000	振动筛（洗煤设备用见后）	所有规格	
14	84748090	液压压砖机	压力<5000吨	
15	84752919	六组单滴料制瓶机	EF型六组单滴料制瓶机：4.25英寸，5英寸，5.5英寸	
16	84775900	人造革生产设备	所有规格	
17	84798990　84798999	三聚磷酸钠（STTP）成套设备	热法磷酸工艺技术	税号调整
18	84384000	不锈钢发酵罐（带加热、搅拌装置）	所有规格	设备名称变更，税号调整
19	842120　842130	食品用水平圆盘式过滤机	盘径≤1200mm	新增条目
20	842120　842130	食品用烛式过滤机	所有规格	新增条目
21	84798999	锌锰糊式电池生产设备	生产R20、R14、R6、R03型的全套设备	税号调整
22	84798999	含汞碱锰电池生产设备	一次或二次各型号碱锰电池设备	税号调整

编号	税则号列	设备名称	技术规格	备注
23	84798999	汞电池生产设备	所有规格	税号调整
24	84798999	可充镉镍电池生产设备	所有规格	税号调整
二十四		建材设备		
(一)		水泥		
1	84178030	水泥回转窑	所有规格	
2	84198990	篦冷机	所有规格	
3	84223021　84223029	水泥包装机	所有规格	
(二)		玻璃		
1	84171000　84752990	浮法玻璃生产线	生产线日产量≤900 吨/天，其中：混合机容积≤5250L，投料机投料口≤12m，热端设备产量≤900 吨/天；其他设备：所有规格	设备名称变更
(三)		其他		
1	84178090	耐火材料生产设备	所有规格	
2	84418090	改性沥青卷材设备	产量≤1000 万平方米/年，按一年 250 天，每天两班，每班 8 小时计算	
3	84178090　84641010 84641020　84641090 84642090　84649090	建筑陶瓷生产线	生产能力<300 万平方米/年	税号调整
4	8474	压砖机	所有规格	
5	84748090	加气混凝土设备	200000 立方米/年以下	
6	84748090	混凝土砌块（砖）生产设备（不包括劈裂、抛丸等制品二次深加工设备）	年单班（按 8 小时、250 天计）混凝土砌块（砖）产量≤30000m^3、混凝土路面砖产量≤150000m^2	
7	84748090	纤维增强板生产设备	所有规格	
8	84742090	高速细碎对辊机	对辊间隙>1mm	
9	84748090	双级真空挤砖机	所有规格	
10	84233030	浮法玻璃原料称量系统	所有规格	
11	84178090	浮法玻璃熔窑 L 型、双 J 型吊墙，卡脖吊墙	所有规格	
二十五		化工设备		
1	84198910	加氢反应器、精制反应器	所有规格	
2	84178090	轻质纯碱煅烧炉	Φ≤3600mm	
3	84178090	重质纯碱煅烧炉	Φ≤3200mm	
4	84193990	磷铵造粒机	240000 吨/年及以下	
5	84193990	回转干燥器	240000 吨/年及以下磷铵装置用	

编号	税则号列	设备名称	技术规格	备注
6	84198990　84798999	高压冷凝器	所有规格	税号调整，重大技术装备进口不予免税目录同类税号一并调整
7	84195000	块孔石墨换热器	所有规格	
8	84198990　84798999	阳极保护冷却器	200000吨/年及以下硫酸生产线用	税号调整，重大技术装备进口不予免税目录同类税号一并调整
9	84195000　84778000	胶片冷却装置	密炼机用≤400L	
10	84198990	氨合成塔	合成塔直径≤Φ2800mm	
11	84198990	尿素合成塔（CO_2汽提法）	内径×壁厚×总长≤Φ2800×122×36118mm	
12	84198990	尿素合成塔（氨气提法）	内径×壁厚×总长≤Φ2200×109×46880mm	
13	84198990	二氧化碳汽提法工艺汽提塔	内径×壁厚×总长≤Φ2350×28×11815mm	
14	84198990	碳化塔	所有规格	
15	84198990	PVC及烯烃聚合釜	所有规格	
16	84223030　84223090	纯碱包装机	所有规格	
17	84223030　84223090	颗粒体物料包装机	≤800包/单秤/小时（50千克/包）	技术规格调整，重大技术装备进口不予免税目录指标一并调整
18	84772010	混炼挤压造粒机组	产量≤25万吨/年	设备名称变更，技术规格调整，重大技术装备进口不予免税目录同类指标一并调整
19	84772090	橡胶螺杆挤出机	单螺杆直径≤250mm；双螺杆单根直径≤200mm；三复合螺杆及以上单根最大直径≤150mm	技术规格调整，重大技术装备进口不予免税目录同类指标一并调整
20	84775900	机械式轮胎定型硫化机	模腔直径≤150英寸	技术规格调整，重大技术装备进口不予免税目录指标一并调整
21	84775900	平板硫化机	热板规格<2200mm×10000mm	
22	84775900	液压硫化机	模腔直径≤2400mm	技术规格调整
23	84775900	斜胶轮胎成型机	所有规格	
24	84778000	密闭式炼胶机	密炼室容积≤400L	
25	84778000	双辊开放式炼胶机、压片机	直径≤660mm	
26	84778000	橡胶压延机	辊长<1730mm的四辊、三辊、二辊压延机	
27	8424　84798999	高压洗涤器	容器外壳直径≤2830mm	税号调整

编号	税则号列	设备名称	技术规格	备注
28	84198990 84798999	磷酸生产设备（包括塔、罐、动设备、静设备等）	所有规格	税号调整
29	85433000	离子膜电解槽	所有规格	
30	90248000	耐久性能试验机	载重胎最高时速≤150km，轿车胎时速≤240km	
31	84148090 840681 84068200	乙烯裂解气压缩机及配套工业汽轮机	年产量≤120 万吨	技术规格调整
32	84148090 840681 84068200	乙烯制冷压缩机及配套工业汽轮机	年产量≤120 万吨	技术规格调整
33	84148090 840681 84068200	丙烯制冷压缩机及配套工业汽轮机	年产量≤120 万吨	技术规格调整
34	84186920 84148090 84798999	聚乙烯配套用循环气压缩机（离心式）及其膨胀机	年产量≤40 万吨	税号调整
35	84148090	聚乙烯配套用往复式压缩机（迷宫密封式）	年产量≤45 万吨	技术规格调整
36	84137010	离心式急冷油泵	所有规格	
37	84137010	离心式急冷水泵	所有规格	
38	84195000	板翅式换热器冷箱（含乙烯冷箱）	所有规格	设备名称变更，税号调整，技术规格调整
39	8418 84195000	电站和石化空冷器（含加氢装置空冷器）	所有规格	设备名称变更，税号调整
40	84068200 84143014 84148090	硝酸装置四合一机组（包括汽轮机、空气压缩机、尾气透平、氮氧合物压缩机）	年产量≤60 万吨	技术规格调整
41	84198990	PTA 氧化反应器	单机年产≤120 万吨	技术规格调整，税号调整，重大技术装备进口不予免税目录同类指标一并调整
42	84068200 84148090	PTA 工艺空气压缩机机组（包括蒸汽轮机、离心压缩机）	单机年产≤100 万吨	技术规格调整
43	84193990	PTA 蒸汽回转干燥机	单机年产≤120 万吨	技术规格调整
44	84798200	PTA 搅拌机	单机年产≤100 万吨	新增条目
45	84148090	循环氢离心压缩机组	所有规格	新增条目
46	84148090 84183	二、四、六列往复式新氢压缩机组	轴功率≤8000kW	新增条目
47	84148090	长输管道压缩机组	轴功率≤30MW	新增条目
48	85015300	管道压缩机用高速变频防爆电机	输出功率≤25MW	新增条目
49	84148090	炼油用大型无油原料气往复压缩机	所有规格	新增条目
50	84137010 84137090	加氢进料泵	所有规格	新增条目

编号	税则号列	设备名称	技术规格	备注
51	84068200　84068110	工业汽轮机	输出功率≤100000kW	新增条目
52	8481	地面安装高压大口径全锻焊管道球阀	公称通径≤48 英寸（48″）、压力等级≤900 磅（class900LB）	新增条目
53	8481	埋地安装高压大口径大锻焊管道球阀	公称通径≤48 英寸（48″）、压力等级≤900 磅（class900LB）	新增条目
54	84714991	千万吨级炼油装置 DCS 集散控制系统	所有规格	新增条目
二十六		石油天然气设备		
1	85015100　85015200　85015300	井下马达（螺杆钻具）	所有规格	
2	90158000	地震检波器	所有规格	
二十七		印刷设备		
（一）		单张纸胶印机		
1	84431200　84431311　84431312　84431319	单张纸胶印机	对开单张纸单面多色胶印机：速度≤17000 张/小时，纸张尺寸<720×1020mm；对开单张纸双面多色胶印机：速度≤13000 张/小时，纸张尺寸<720×1020mm；全张及超全张单张纸单面多色胶印机：速度≤13000 张/小时，纸张尺寸<1000×1400mm；四色以下所有规格	技术规格调整
（二）		卷筒纸胶印机		
1	84431100	商用卷筒纸胶印机	印刷速度：单转筒≤45000 对开张/小时（印刷速度指单纸路、单幅的印刷张数），幅宽<889mm	技术规格调整
2	84431100	报纸用卷筒纸胶印机	单幅机：幅宽<787mm，印刷速度≤75000 对开张/小时；双幅机：幅宽<1562mm，印刷速度≤140000 对开张/小时（印刷速度指单纸路、单幅的印刷张数）	技术规格调整
3	84431100	书刊用卷筒纸胶印机	所有规格	
4	84431100	表格用卷筒纸胶印机	所有规格	
（三）		其他印刷设备		
1	84431600	柔版印刷机	卫星式：速度≤350 米/分；其他：所有规格	技术规格调整
2	84431700	凹版印刷机	所有规格	
3	84431400　84431500	凸版印刷机	所有规格	
二十八		食品机械		

编号	税则号列	设备名称	技术规格	备注
1	84211100	奶油分离器	所有规格	
2	84198990	乳品加工用超高温灭菌设备	生产处理量≤12t/h	技术规格调整
3	84193990	乳品加工用喷雾式干燥器	生产处理量≤6t/h	
4	84223010	乳品加工用自动化灌装设备	塑料瓶生产处理量≤10t/h；其他瓶或盒生产处理量≤6t/h	技术规格调整
5	84342000	乳品加工专用机械	所有规格	设备名称变更
6	84351000	带式榨汁机	能力≤20t/h	技术规格调整
7	84381000	方便面生产设备	能力≤35000包/小时（单机能力）	技术规格调整
8	84381000	滚切饼干生产设备机	能力≤1400kg/h	技术规格调整
9	84385000	肉鸡屠宰生产设备	能力≤12000只/小时	技术规格调整
10	84385000	鸭鹅屠宰生产设备	能力≤7000只/小时	技术规格调整
11	84385000	生猪屠宰设备	能力≤600头/小时	
12	84385000	香肠、火腿肠生产设备	所有规格	技术规格调整
12	84385000	斩拌机	能力≤650千克/锅	技术规格调整
13	84385000	嫩化机	能力≤6000kg/h	技术规格调整
14	84385000	乳化机	能力≤6t/h	技术规格调整
15	84385000	肉丸机	能力≤1000个/分钟	技术规格调整
16	84385000	绞肉机	能力≤8t/h	技术规格调整
17	84385000	真空滚揉机	能力≤3000千克/次	技术规格调整
18	84385000	真空灌肠机	能力≤6t/h	技术规格调整
19	84386000	水果、坚果或蔬菜加工机械	所有规格	设备名称变更
20	84388000	紫菜加工机械	所有规格	
二十九		药品生产、包装机械		
1	84192000 85437099	灭菌器具	所有规格（连续式、旋转式灭菌器，蒸汽-空气混合型灭菌器，过氧化氢灭菌器具除外）	技术规格调整
2	84192000 84222000 84223030	小容量注射剂洗、烘、灌封设备（水针封装机械）	≤36000瓶/小时（每瓶按2ml计，吹灌封塑料包装一体机除外，全过程无菌灌装玻璃瓶设备除外）	设备名称变更，技术规格调整
3	84224000	硬胶囊充填机	≤7200粒/小时	技术规格调整
4	84223090	西林瓶贴签机	所有规格	
5	84621010 84621090	药用铝制易开盖生产线	所有规格	
6	90248000	玻璃药瓶应力检测用数显扭力扳手	所有规格	
7	84222000	药品生产用洗涤、过滤、干燥三合一机器	过滤面积≤6m^2	设备名称变更，技术规格调整

编号	税则号列	设备名称	技术规格	备注
8	84222000 84212199 84212990 84193990	药品生产用其他洗涤、过滤、干燥机器	所有规格	技术规格调整，税号调整
9	84798200	总混合器	所有规格	
10	84798999	压片机	≤500000 片/小时	技术规格调整，税号调整
11	84798999	制粒机	所有规格	税号调整
12	84752919 84752990	玻璃安瓿制造机	所有规格（立式机除外）	设备名称变更
13	84798200 84224000	栓剂包装生产设备	所有规格	
14	84201000	药品抛光机	所有规格	
15	84388000 84798999	空心胶囊生产线（生产线主要工艺：占胶，烘干，脱模，切割）	所有规格	税号调整
16	84388000 84223030 84798999	软胶囊制造机（制造机主要生产工艺：灌装生产，包装）	所有规格	税号调整
17	84223030	大容量注射剂塑料瓶灌装生产线	≤ 8000 瓶/小时（每瓶按 500ml 计）	新增条目
18	84223030 84224000	大容量注射剂软袋灌装生产线	≤ 8000 袋/小时（每瓶按 500ml 计）	新增条目
19	84193990	冻干机	所有规格（带自动进出料功能的冻干机除外）	新增条目
20	84798999 84743900	包衣机	≤800 千克/批	新增条目
21	85141090	细胞培养器	所有规格	新增条目
22	84194090	制药用热压式蒸馏水机	出水量≤5t/h	新增条目
23	90248000	各类药瓶盖及塞用撕拉力、折断力、穿刺力检测仪	所有规格	
24	90314910 90314990	医用胶囊药瓶等玻璃制品缺陷检查用光学投影数显测量仪	所有规格	
25	90314990 90318090	药用玻璃瓶用数显底厚仪	所有规格	
26	90314990 90318090	壁厚仪	所有规格	
27	90248000 90318090	药用瓶耐内压力检测用线性增压内压力试验机	所有规格	
三十		塑料加工设备		
（一）		塑料制品液压机		
1	8477	塑料制品液压机	所有规格	
（二）		注塑（射）机		
1	84771010	注塑（射）机	锁模力≤6000t（制品重量的重复误差<0.3%的精密注塑机、4色及以上注塑机、锁模力>550t 的电动注塑机除外）	技术规格调整

编号	税则号列	设备名称	技术规格	备注
（三）		塑料挤出机		
1	84772010	同向平行双螺杆混炼造粒机	螺杆直径≤320mm	技术规格调整
2	84772010	异向平行双螺杆混炼造粒机	螺杆直径≤450mm	技术规格调整
3	84772090	异向平行双螺杆挤压成型机	螺杆直径≤100mm	
4	84772090	吹塑薄膜挤出机	薄膜层数≤9层	技术规格调整
5	84772090	单螺杆异型材塑料挤出成型机	所有规格	
6	84772090	锥形双螺杆异形塑料挤出成型机（含排气式）	螺杆大端直径≤92mm	
7	84772090　84778000	平膜塑料挤出机	薄膜层数≤7层	设备名称变更，技术规格调整
8	84772090	单螺杆挤管机	螺杆直径≤200mm	
9	84772090	塑钢门窗挤出机	螺杆直径≤200mm	
10	84772090	锥形双螺杆排气式塑料挤出机	螺杆大端直径≤92mm	
11	84772090	单螺杆排气式塑料挤出机	螺杆直径≤150mm	
12	84772090	塑料发泡挤出机	所有规格	新增条目
13	84772090	塑料网材挤出机	所有规格	新增条目
14	84772090　847740	塑料土工格栅挤出成型机组（包括挤出机、机头、冷却成型机）	所有规格	新增条目
15	84772090　847740	塑料双壁波纹管挤出成型机组（包括挤出机、机头、冷却成型机）	双壁波纹管直径≤2m	新增条目
16	84772010　84772090	其他未列名的塑料挤出机（含造粒机）	所有规格	
17	84198990　85437099	废塑料杀菌机	所有规格	
18	84778000	废塑料颜色分选机	所有规格	
19	84778000	废塑料杂质分选机	所有规格	
（四）		塑料中空吹塑成型机		
1	84774010	塑料中空吹塑成型机	产量≤48000瓶（件）/小时（瓶容积以550ml计）	技术规格调整，税号调整
2	84774010	塑料多层中空吹塑成型机	≤6层	技术规格调整，税号调整
3	84774010	塑料一步法注拉吹中空吹塑成型机	容量≤50L	税号调整
（五）		其他塑料加工机械		

编号	税则号列	设备名称	技术规格	备注
1	84193990 84211990 84772010 84772090 84774010 84774020 84774090 84775900 84778000 84798999	木塑复合材料生产及成型机组	所有规格	税号调整
2	84211990 84772010 84772090 84774010 84774020 84774090 84775090 84778000 84193990 84798999	废塑料回收与利用机组	所有规格	税号调整
3	84223030 84223090 84224000	塑封机	所有规格（半导体行业用塑封机除外）	设备名称变更，技术规格调整
4	84223030 84223090 84224000 84798999	复膜机	所有规格	税号调整
三十一		仓储及停车场设备		
1	84798992	自动化立体仓储成套设备	所有规格	税号调整
2	84798992	立体停车场设备	所有规格	税号调整
三十二		环保设备		
（一）		大气污染防治设备		
1	84211990	离心式除尘器	所有规格	
2	84213910 84213990	油烟、油雾净化装置	所有规格	
3	84213921	静电除尘器	所有规格	技术规格调整
4	84213922 84213924	袋式除尘器（含电袋式）	过滤面积≤25000m²，长期使用温度≤280℃	设备名称变更，税号调整
5	84213990	废气（活性炭）吸附装置	所有规格（流化床、移动床、固定床活性炭吸附装置除外）	技术规格调整
6	841381 84213940 842119 84213990 847439 84818040	电站烟气脱硫专用设备（包括循环浆液泵、水力旋流分离器、除雾器、烟气挡板门、脱硫增压风机、搅拌器等）	单机容量≤1000MW 火电机组	技术规格调整，税号调整
7	842139	燃煤电站烟气脱硝成套设备（吸收剂系统、催化反应设备、监测控制系统、空气稀释系统和吹灰系统）	所有规格	新增条目
8	9026 9027	烟气在线监测设备	所有规格	
9	9026 9027	空气质量自动监测设备	所有规格	
（二）		污废水处理和资源综合利用设备		
1	84212199 84212910 84212990	带式污泥浓缩压滤一体机	带宽≤3m，滤饼含水率≥70%	税号调整
2	84212910	板框、箱式、带式压滤机	所有规格	
3	84211990	螺旋离心浓缩机	转鼓直径≤1m，处理能力≤8m³/h	

编号	税则号列	设备名称	技术规格	备注
4	84212199	栅条式格栅除污机	所有规格	税号调整
5	84212199	固定式平面机械格栅除污机	所有规格	税号调整
6	84212910	螺旋栅渣压滤机	排渣量 < $4m^3$	
7	84283990	无轴螺旋栅渣输送机	所有规格	
8	84798999	节能曝气机	服务面积≤$4.2m^2$	税号调整
9	84798999	盘式橡胶曝气机	所有规格	税号调整
10	84798999	剪切式转盘曝气机	直径≤1400mm	税号调整
11	84798999	水平轴转刷曝气机	直径≤1000mm，L≤10m	税号调整
12	84798999	转刷曝气机	所有规格	税号调整
13	84798999	刮泥机	所有规格	税号调整
14	84798999	平流式行车除砂机	所有规格	税号调整
15	84798999	竖轴式表面曝气机	叶轮最大直径≤4m	技术规格调整，税号调整
16	84212990	转盘式膜反应分离器	所有规格	新增条目
17	84212990	转盘式微滤机	所有规格	新增条目
18	84213990	煤气综合利用脱酸塔	所有规格	新增条目
19	84213990	煤气综合利用喷淋式饱和器	所有规格	新增条目
（三）		固体废物处理设备		
1	84178090　842139	生活垃圾焚烧炉及其烟气净化装置	处理能力≤600 吨/天（烟气净化装置除外）	技术规格调整
三十三		矿冶、港口机械		
（一）		露天矿设备		
1	84283300	排土机	出力≤$4500m^3/h$	
2	84305020　84305090　84306990　842952	矿用挖掘机	所有规格	技术规格调整
（二）		洗煤设备		
1	84211990	沉降离心机	所有规格	技术规格调整
2	84212910　84741000	压滤机	所有规格	技术规格调整
3	84212990　84741000	盘式过滤机	所有规格	技术规格调整
4	84741000	振动筛	所有规格	技术规格调整
5	84741000	跳汰机	所有规格	技术规格调整
6	84742010	双齿辊破碎机	所有规格	技术规格调整
（三）		选矿设备		
1	84212990　84741000	过滤机（圆盘式、带式）	所有规格	
2	84305031　84305039	牙轮钻机	所有规格	技术规格调整
3	84741000	浮选机	所有规格	技术规格调整
4	84741000	磁选机	所有规格	

编号	税则号列	设备名称	技术规格	备注
5	84742090	旋回破碎机	所有规格	技术规格调整
6	84742090	圆锥破碎机	所有规格	技术规格调整
7	84742020	球磨机	所有规格	
8	84741000 84798999	浓缩机	所有规格	技术规格调整，税号调整
9	84798999	旋流器	所有规格	技术规格调整，税号调整
（四）		装卸机械		
1	84261910 84283	散料装船机	装卸能力≤6000t/h	
2	84261910 84261921 84261929	岸边集装箱起重机	起重量≤40.5t	
3	84261921	抓斗卸船机	装卸能力≤2100t/h	
4	84261929 84283200	链斗式连续卸船机	卸货量≤1600t/h	
5	84263000	多用途门座起重机	所有规格	
6	84283300 84283910 4283920 84283990	装车机、卸车机	所有规格	
7	84289090	飞机集装单元装载机	最大装载重量≤14t	
8	84289010	翻车机（单翻、双翻、三翻、四翻）	所有规格	设备名称变更
9	842710 84289031	堆取料机	臂式：堆取能力≤4000t/h；门式：堆取能力≤3000t/h	税号调整
10	8609	集装箱	所有规格	税号调整
（五）		开采设备		
1	84253110 84253190 84253910 84253990	绞车（卷扬机）	所有规格	
2	84306911	竖井钻机	钻孔直径≤13m，深度≤1000m	新增条目
3	84251100 84251900	提升机	卷筒直径≤5.5m	
4	84253110 84253910	井下防爆卷扬机	卷筒直径≤3m	
5	84798999	液压支架	所有规格	税号调整
6	84798999	巷道装药器	容量≤700L	税号调整
7	84303100 84303900	采煤机	电牵引采煤机：装机功率≤2200千瓦；其他采煤机：所有规格	
（六）		索道及输送机		
1	84283300	固定式带式输送机	所有规格	
2	84283300	管状带式输送机	管径≤850mm	
3	84283300	移动式带式输送机	输送能力≤2500t/h，单点机头驱动长度≤2500m	

编号	税则号列	设备名称	技术规格	备注
4	84283300	波状挡边带式输送机（大倾角带式输送机）	带宽≤2m	
5	84283910 84283920 84283990	混匀取料机	所有规格	
6	84283990	刮板输送机	单电机功率≤1000kW	
7	84283990	刮板转载机	单电机功率≤1000kW	
8	84283910	埋刮板输送机	槽宽≤1.25m，输送能力≤2000t/h	
9	84283910	悬挂及地面链式输送机	所含设备所有规格	
10	84283920 84283990	滚道输送机（包括辊式）	所有规格	
11	84283990	螺旋输送机	所有规格	
12	84286010	货运架空索道	运货能力≤600t/h	
13	84286021 84286029	客运架空索道	所有规格	
（七）		破磨设备		
1	84742010 84742020 84742090	破碎机（站）	所有规格	
2	84742010 84742020 84742090	磨粉机	所有规格	
3	84742090	辊压机	所有规格	
三十四		纺织机械		
1	84440020	涤纶短丝纺丝机	纺丝机速度≤1500m/min，生产线日产量≤200t	
2	84440030	粘胶连续纺丝机	纺速≤140m/min	
3	84451111	棉纺清梳联合机	单机产量≤120kg/h	
4	84451112	往复式抓棉机	所有规格	
5	84451310	棉纺并条机	所有规格	
6	84451210	棉纺精梳机	生产速度≤500钳次/分钟	技术规格调整
7	84451321	棉纺粗纱机	所有规格	
8	84451900	开棉机	所有规格	
9	84451900	混棉机	所有规格	
10	84451900	清棉机	所有规格	
11	84451900	清梳联棉箱	单机产量≤100kg/h	
12	84452041	棉纺环锭细纱机	所有规格	
13	84454010	自动络筒机	所有规格（细络联形式的除外）	
14	84459010	整经机	直接整经机速度≤1000m/min；分条整经机速度≤800m/min	
15	84459020	浆纱机	车速≤80m/min	

编号	税则号列	设备名称	技术规格	备注
16	84463020	剑杆织机	普通剑杆织机：引纬速度<900m/min；毛巾用剑杆织机：转速<400r/min；地毯用剑杆织机：转速<140r/min	
17	84463030	片梭织机	引纬速度<1400m/min	
18	84463040	喷水织机	引纬速度<1800m/min	
19	84463050	喷气织机	所有规格	
20	84471100 84471200	圆纬针织机	筒径≤34英寸，机号≤28针/英寸	
21	84471100 84471200	圆织机	四梭圆织机	
22	84471100 84471200	电子提花圆纬针织机	筒径≤30英寸，机号≤24针/英寸	
23	84481100	多臂机（装置）	用于喷气、喷水织机：转速<800r/min；用于剑杆织机：转速<500r/min	
三十五		电子、通讯设备		
1	8443	油墨打标志机	打印精度：一致性≥±0.1mm，生产效率≤480条/小时（DIP16），轨道宽度调整范围：19-51mm	
2	8443 8456 84798999	激光打标志机	定位精度：一致性≥±0.05mm；打印效率：UPH≤800条；标刻范围：≤220×110mm	税号调整
3	84649019 84649090 84561000 8486	划片机	适用片径：≤150mm	税号调整
4	84709000 84705010 84705090	销售点终端出纳机（POS）、自动收款机	所有规格	
5	85176236	路由器	所有规格	
6	84729010	自动柜员机	所有规格	
7	84861010 84862010 84863010	氧化/扩散炉	适用片径：≤200mm；工作温度：500℃～1200℃；恒温区长度：900mm；氧化层均匀性：±2%；	
8	85153190 84864022	半自动金（铝）丝焊接机	所有规格	
9	85153190 84864022	全自动金（铝）丝焊接机	金丝焊接机焊接速度≤13线/s；铝丝焊接机焊接速度≤2线/s	技术规格调整
10	85176211 85176212 85176219	程控交换机	所有规格	
11	8517	数字移动通信设备	所有规格	
12	85176221	光端机及脉冲编码调制设备	< 140MB/s	
13	85176222	波分复用光传输系统及设备	所有规格	

编号	税则号列	设备名称	技术规格	备注
14	85176229	数字同步系列光纤通信系统及设备	<140MB/s	
15	85176231	时钟同步网设备	所有规格	
16	85176232	以太网交换机	所有规格	
17	85176233	IP 电话设备	所有规格	
18	85176239	综合业务数字网络（ISDN）系统及设备	所有规格	
19	85176239	有线用户接入网系统设备	所有规格	
20	85176239	异步转移模式宽带节点机	所有规格	
21	85176239	7 号信令网设备	所有规格	
22	85176239	IP 业务网络接入服务器设备	所有规格	
23	85176239	智能网系统及设备	所有规格	设备名称变更
24	85255000	广播电视用无线电广播电视发送设备	中波、短波广播发射机、调频广播发射机、电视发射机、差转机：所有规格	
25	85176190 85176910	无线寻呼系统（85176190 仅指无线寻呼系统基地）	所有规格	
26	85176292 85176293	无线用户接入网系统设备	所有规格	
27	85176190	短波通信设备	调幅、调频、单边带、自适应、跳频信号	
28	85176190	超短波通信电台	VHF/UHF 对讲机	
29	85176190	数字同步系列微波通信系统及设备	所有规格	
30	85287110	彩色卫星电视接收机（含天线和高频头）	所有规格	
31	84862050 84863090	离子注入机	束流≤1mA，能量≤200keV；注片直径≤150mm	
32	85447000 90011000	光缆	所有规格	
33	84862031 84862039 84863031 84863039	单面接触/接近曝光机	适用片径≤4 英寸，曝光不均匀性≥±4%，曝光分辨率≥2μm，对准精度≥1μm	
34	84862031 84862039 84863031 84863039	双面接触/接近曝光机	适用片径≤4 英寸，曝光不均匀性≥±4%，曝光分辨率≥5μm，对准精度≥3μm	
35	90302010	示波器（模拟）	频率≤100MHz	
36	90308990	自动探针测试台	适用片径≤6 英寸，工作台定位精度≥0.01mm，工作台重复精度≥0.003mm，Z 向行程：0-3mm（可调），Z 向重复精度≥0.002mm	技术规格调整
37	90312000	振动测试设备	所有规格	新增条目
38	90312000	冲击测试设备	所有规格	新增条目

编号	税则号列	设备名称	技术规格	备注
39	84864022	高精外接驱动电路焊接机	所有规格	新增条目
40	84863029	无铅回流焊机	所有规格	新增条目
41	84864039	自动化物料系统	所有规格	新增条目
三十六		冶金设备		
（一）		炼铁设备		
1	84178010	炼焦炉设备	所有规格	技术规格调整
2	84178090	球团、烧结设备	所有规格	设备名称变更，技术规格调整
3	84178090	高炉	容积≤$4000m^3$	
4	841459	高炉用鼓风机	流量≤$12000Nm^3$/min，功率≤70000kW	新增条目
（二）		炼钢设备		
1	84541000	炼钢转炉	所有规格	设备名称变更，技术规格调整
2	85141090 85142000	炼钢电炉	所有规格	设备名称变更，技术规格调整，重大技术装备进口不予免税目录一并调整
3	84542010 84542090	炉外精炼设备	所有规格	新增条目
（三）		连铸设备		
1	84543021 84543022 84543029 84543090	普通钢方坯、圆坯连铸机；合金钢方坯连铸机；板坯连铸机	所有规格（厚度>400mm厚板坯连铸机、厚度≤45mm薄带坯连铸机除外）	技术规格调整
（四）		轧钢设备（含有色轧机）		
1	84551010	无缝管轧机	直径≤340mm	技术规格调整
2	84552110 84552210	冷、热连轧板带轧机	热连轧机：板宽≤2.5m；冷连轧机：板宽≤2.3m	技术规格调整
3	84552110	中板轧机	板宽≤5m	技术规格调整
4	84552120	型钢轧机	所有规格	设备名称变更
5	84552130	线材轧机	所有规格	
6	84552190	初轧开坯机	所有规格	
7	84552190	条杆轧机（含半连轧、连轧机组）	所有规格	设备名称变更
（五）		焊接机械		
1	85152110 85152190 85152900	电阻焊机	所有规格（线性摩擦焊除外）	新增条目，重大技术装备进口不予免税目录一并新增
2	85153110 85153190 85153900	电弧焊机	所有规格（数字化焊机除外）	新增条目，重大技术装备进口不予免税目录一并新增
3	85153110	螺旋焊管机	所有规格	

编号	税则号列	设备名称	技术规格	备注
4	85152110 85152900 85153190 85153900 85158000	高频直缝焊管机组（主要包括：开卷机，夹送矫平机，剪切对焊机，卧式螺旋活套，铣边机，成型机，定径机，飞锯机，平头倒棱机，铣切锯机，水压试验机，钢管矫直机，测长、称重、喷码装置、高频焊机、中频感应加热装置等）	产品直径≤711mm	设备名称变更，技术规格调整，重大技术装备进口不予免税目录同类指标一并调整
（六）		金属制品加工设备		
1	84631020 84633000 84794000 84798190	拉丝制绳设备	所含设备所有规格	
（七）		其他设备		
1	84051000 84798999	煤气炉中的各种常压水冷、空冷煤气炉，单段与两段炉，固定床加压气化炉（鲁奇式）	所有规格	税号调整
三十七		发电设备及输变电设备		
（一）		核电设备		
1	84137099	反应堆主冷却剂泵（包括电机、变频器、开关）	二代加核电用反应堆主冷却剂泵：所有规格；三代核电用反应堆主冷却剂泵：功率≤5000kW	新增条目
2	85044020 85044090 85371090	核岛直流不间断电源（包括逆变器/UPS/充电器等）	所有规格（核安全等级为1E级或RCCE标准K3及以上的除外）	新增条目
3	84195000	非能动余热排出热交换器	所有规格（核一级的除外）	新增条目
4	84014090	核反应堆压力容器安全壳	所有规格	新增条目
5	84269900	核反应堆厂房环形吊车	所有规格	新增条目
6	84137099	主给水泵组（含电机）	单级叶轮扬程低于500m	新增条目
7	8413	核级泵（上充泵/辅助给水泵/余热排出泵/水压试验泵/堆芯补水泵，含电机）	核安全三级及以下	新增条目
8	84714991	DCS仪控设备	所有规格（具有核电安全级或核抗震1级和2级的DCS仪控设备除外）	新增条目
9	90251910 90328100 85365000	核级温度传感器/温度开关/核级压力开关、差压开关	所有规格（核安全等级为1E级或RCCE标准K3及以上的除外）	新增条目
10	85044019	励磁系统设备	磁场额定电流≤9000A；额定电压≤500V	新增条目，重大技术装备进口不予免税目录一并新增
11	84194090 84798999	放射性废物处理设备（包括脱气塔、蒸发器）	核安全三级及以下	新增条目
12	85446012 85444921	K1类及K3类或AP10001E级大截面动力电缆	单芯截面小于400mm^{2}或耐受辐照剂量低于80Mrad	新增条目

编号	税则号列	设备名称	技术规格	备注
13	84212990	核岛安全壳过滤排放系统	气溶胶滞留能力≤80kg，气溶胶滞留率≤99.9%，元素碘滞留率≤99%，有机碘滞留率≤80%，碘挥发>0.1%	新增条目
14	84212990	核岛辅助水过滤器	过滤颗粒度大于200微米	新增条目
15	84014020 84014090 84289090	乏燃料贮存格架	所有规格（覆盖中子吸收材料的除外）	新增条目
16	84798999	核岛液压阻尼器	所有规格（主回路阻尼器和蒸发器阻尼器除外）	新增条目
（二）		火力发电设备		
1	84021110 84021190 84021200 84021900 84022000	电站用锅炉	蒸发量≤3600t/h	设备名称变更
2	84041010	电站用锅炉辅助设备	所有规格	设备名称变更
3	84068110 84068120 84068130 84068200	电站用汽轮机	所有规格	技术规格调整
4	84138100	锅炉给水泵（组）	配套≤1000MW火电机组	技术规格调整
5	84138100	凝结水泵	所有规格	
6	84138100	循环水泵	所有规格	技术规格调整
7	84138100	锅炉强制循环泵	所有规格	技术规格调整
11	84818010 84813000 84818040	火电机组用高温高压阀门（闸阀、截止阀、止回阀）	闸阀：公称通径DN≤600mm（24″）；压力等级≤4500Lb 截止阀：公称通径DN≤80mm（3″）；压力≤4500Lb 止回阀：公称通径DN≤600mm（24″）；压力≤4500Lb	新增条目
8	84163000 84798999	输配煤、制粉及气力除灰、除渣、输灰成套设备（包括煤粉计量系统）	所有规格	税号调整
9	84798999	锅炉给水、凝结水、软化水处理设备	所有规格	税号调整
10	84814000	锅炉安全阀	压力≤25.4MPa，温度≤517℃	技术规格调整
11	85016100 85016200 85016300 85016410 85016420 85016430	交流发电机	单机容量≤1200MW	
12	85023900	火力发电机组	所有规格	技术规格调整
（三）		余热锅炉		
1	84021900 84021190 84021200	余热锅炉	所有规格	
（四）		燃油燃气锅炉		
1	84031010 84031090 8402	燃油燃气锅炉	所有规格	

编号	税则号列	设备名称	技术规格	备注
（五）		水力发电设备		
1	84101100 84101200 84101310 84101320 84101330 84101390	水轮机	混流式、轴流式、贯流式：所有规格；蓄能式≤300MW，水头<700m；冲击式≤180MW，水头<800m	技术规格调整，重大技术装备进口不予免税目录指标一并调整
2	8501 85023900	水轮发电机	与混流式水轮机配套的所有规格的发电机；与轴流式水轮机配套的所有规格的发电机；与≤75MW贯流式水轮机配套的发电机；与≤300MW蓄能机组水轮机配套的发电机；与≤180MW冲击式水轮机配套的发电机	技术规格调整，重大技术装备进口不予免税目录同类指标一并调整
（六）		燃气轮机及其发电机组		
1	84118100 84118200 85023900	燃气轮机及其发电机组	所有规格	设备名称变更，税号调整
2	84118100 84118200 85023900	低热值（燃烧热量低于1150大卡）煤气燃气轮机及其发电机组	输出功率≤200MW	技术规格调整，税号调整
（七）		内燃机发电机组		
1	85021100 85021200 85021310 85021320 85022000	内燃机发电机组	所有规格	
（八）		输电设备		
1	8504	换流变压器（直流）	电压≤±500kV	
2	85045000	平波电抗器（直流）	所有规格	
3	85351000 85352100 85352900 85359000 85361000 86362000 85363000 85371090 85372010 85372090	控制保护设备	所有规格	设备名称变更
4	85359000	换流阀（直流）	所有规格	
5	85437099	滤波装置（直流）	所有规格	
6	85461000 854620 85469000	悬式绝缘子	所有规格	
7	8504	变压器（交流）	电压≤1100kV	
8	8504	互感器（交流）	电压≤1100kV	
9	85045000	电抗器（交流）	电压≤1100kV	
10	8535 8536 8537	六氟化硫断路器（交流）	所有规格	
11	85352100 85352900 85372090	高压断路器（油、六氟化硫、真空，交流）	电压≤1100kV	
12	85372010 85372090	全封闭组合电器	电压≤1100kV	
13	85442000 854442 854449 854460	电缆	所有规格（电力电缆除外）	设备名称变更，技术指标调整

编号	税则号列	设备名称	技术规格	备注
14	8544	电力电缆	交联聚乙烯绝缘电缆电压220kV及以下；其他电缆：所有规格（电压220kV及以上的海底电力电缆除外）	
15	8544	电线	所有规格	
（九）		电动机及发电机（不包括发电机组）		
1	8501	电动机及发电机（不包括发电机组）	所有规格	
（十）		电力电子设备		
1	850440 8543	整流、调压装置	所有规格	税号调整
2	85413000	晶闸管（包括大功率可控硅元件）	所有规格	
3	85437099 8504	静止无功补偿装置（交流）	所有规格	
4	85437099 8532	串联补偿装置（交流）	所有规格	
5	85321000	电力电容器	电压≤1100kV	
6	8535 8536 853710 85372090	低压电器	所有规格	
7	85354000	避雷器	所有规格	
8	85359000 85363000	继电保护装置	所有规格	
9	85371090 85372090	船用配电箱、主配电盘、应急配电盘、岸电箱、分配电盘	交流电压≤1100V	
10	85371090	其他配电箱、配电盘、配电柜、配电板、配电台等	所有规格	
11	85371090	充放电盘、电工试验板、组合启动器、单体启动器	所有规格	
（十一）		新能源、可再生能源设备		
1	84079010 85023900	天然气、沼气发动机及发电机组	所有规格	设备名称变更
2	84335990 8402 85023900	农林废弃物燃烧气化装置及发电机组	所有规格	
3	85023100	风力发电机组整机	单机≤3MW	技术规格调整
4	85044091 85044099	逆电器	所有规格	
5	8507	蓄电池	所有规格	
6	85414020 85013100 85437099	太阳能光伏系统及电池组件	所有规格	税号调整
7	85371090	充电控制器	所有规格	
8	84123900	大型高炉煤气余压透平发电装置（TRT）	额定功率≤40000kW	新增条目

编号	税则号列	设备名称	技术规格	备注
9	84079010　85023900	瓦斯发电机组	所有规格	新增条目
10	85023900	双燃料发动机	额定功率≤500kW	新增条目
（十二）		晶硅太阳能电池片生产设备		
1	8464　8465 84861030	多线锯开（切）方机	所有规格	新增条目
2	8464　8465 84861030	多线锯切片机	硅棒尺寸≤210mm×210mm×300mm（210mm 为截面尺寸，300mm 为棒长）	新增条目
3	8464　8465 84861020	磨床（含磨面、滚圆、倒角）	所有规格	新增条目
4	84862010　85141010 85141090	扩散炉	所有规格	新增条目
5	8421　84861090	清洗甩干设备	所有规格	新增条目
三十八		安全、消防设备		
1	85311000	防盗或防火报警器及类似装置	所有规格	
2	85311000	智能化火灾报警灭火系统	所有规格	
3	90221910	低剂量 X 射线安全检查设备	X 射线发生器管电压≤420kV	
4	90230000	模拟驾驶设备	所有规格	
5	9031	机动车安全检测设备	所有规格	设备名称变更
三十九		医疗设备		
1	90181100	心电图记录仪	所有规格	
2	90181210	B 型超声波诊断仪	所有规格	
3	90181291　90181299	其他超声波扫描装置	所有规格	
4	901813	核磁共振成像装置	所有规格	税号调整
5	90181400　90181990	其他电气诊断装置（包括 PET、ECT）	所有规格	
6	90181930	病员监护仪	所有规格	
7	90182000	医用紫外线及红外线装置	所有规格	
8	90184100	牙钻机	所有规格	
9	90184910	装有牙科设备的牙科用椅	所有规格	
10	90184990	牙科用其他仪器及器具	所有规格	
11	90185000	眼科用其他仪器及器具	所有规格	
12	90189010	听诊器	所有规格	
13	90189020	血压测量仪器及设备	所有规格	
14	90189030	内窥镜	所有规格	
15	90189040	肾脏透析设备（人工肾）	所有规格	
16	90189050	透热疗法设备	所有规格	
17	90189060	输血设备	所有规格	

编号	税则号列	设备名称	技术规格	备注
18	90189070	麻醉设备	所有规格	
19	90222100	医用加速器及钴60治疗机	所有规格	
20	90189090	后装机	所有规格	
21	90189090	体外震波碎石治疗机	所有规格	
22	90191010	按摩器	所有规格	
23	90191090	机械疗法器具，心理功能测验仪	所有规格	
24	90192000	臭氧治疗器，氧气治疗器，医用高压氧仓等	所有规格	
25	90213100	人造关节	所有规格	
26	90221200	X射线断层检查仪	所有规格	
27	90221300	牙科用X射线设备	所有规格	
28	90221400	其他医疗用X射线的设备	所有规格	
29	90222100	医疗用α、β、γ射线设备	所有规格	
四十		煤化工设备		
1	841350	往复式水煤浆隔膜泵	所有规格	技术规格调整
2	84198910	煤液化加氢反应器	所有规格	税号调整，重大技术装备进口不予免税目录同类指标一并调整
3	84194020 84143014 84148090 84068200	大型空分设备（包括精馏塔、含冷箱；氧气压缩机、空气压缩机组、增压机组，含蒸汽轮机或电机）	制氧量≤100000Nm^3/h	设备名称变更，技术规格调整，税号调整，重大技术装备进口不予免税目录同类指标一并调整
4	84143014 84068200	合成氨及尿素装置［包括合成气压缩机、原料压缩机、氨冷冻压缩机、空气压缩机、尿素（CO_2）压缩机组，含蒸汽轮机；液氮洗冷箱］	合成氨年产量≤50万吨；尿素年产量≤80万吨	设备名称变更，技术规格调整，税号调整，重大技术装备进口不予免税目录同类指标一并调整
5	84051000	煤化工汽化炉	所有规格	

说明：

1. 本目录不含符合《当前国家重点鼓励发展的产业、产品和技术目录》、《产业结构调整指导目录》中鼓励类投资项目按合同随设备进口的技术及配件、备件。

2. 对“生产线”及“成套设备”内含的本目录所列设备，如符合“功能机组”规定的，按《中华人民共和国进出口税则》第16类类注四和第91章章注三的规定归类，否则，应分别归类。本目录列名的“……生产线、……成套设备、……系统”的全部设备，无论成套或单独进口其中某一台，都受本目录限制。

3. 凡本目录中未注明“所有税号”的，即仅指该类中的列名商品。

4. 未列入本目录的商品，但其他政策法规已明确规定不予免税的，应照章征税。

5. 本目录所列商品的税则号列，如与海关商品归类的原则不一致的，由国务院关税税则委员会办公室商海关总署关税司调整。

6. 本目录对所列商品的行业分类，主要为查找方便。在实际执行中，进口本目录中的列名商品，一律不予免税。

2.4 管理要求

2.4.1 外商投资项目

海关总署关于执行《关于外商投资企业境内投资的暂行规定》有关条款的通知

（署税〔2000〕642号）

广东分署，各直属海关、院校：

对外贸易经济合作部、国家工商行政管理局联合制定的《关于外商投资企业境内投资的暂行规定》（以下简称《暂行规定》）已予公布，其中第十六条规定："外商投资企业向中西部地区投资，被投资公司注册资本中外资比例不低于25%的，可享受外商投资企业待遇"。现就执行中的有关问题明确如下：

一、中西部地区的被投资公司凡依据上述《暂行规定》。经批准获取《外商投资企业批准证书》和《（加注）营业执照》的，只要符合《海关总署关于贯彻〈国务院关于调整进口设备税收政策的通知〉的紧急通知》（署税〔1997〕1062号文）、《海关总署关于进一步鼓励外商投资有关进口税收政策的通知》（署税〔1999〕791号文）和《海关总署关于转发（中西部地区外商投资优势产业目录）的通知》（署税〔2000〕426号文）的有关规定，可向所在地主管海关申请办理享受外商投资企业的进口税收优惠待遇。

二、此项税收优惠政策纳入《减免税管理系统》，项目性质代码填写为"L"，中文简称："中西部外商再投资"，现行《减免税管理系统》项目性质参数库已经维护。

三、各有关海关要坚持依法行政方针，坚决执行三级审批制度，不得擅自扩大免税范围，并加强对减免税货物的后续管理。进口地海关与主管地海关要加强联系配合，改进作风，完善服务，提高效率。

执行中有何问题，请及时报告总署关税征管司。

附件　关于外商投资企业境内投资的暂行规定

二〇〇〇年十月十四日

附件

关于外商投资企业境内投资的暂行规定

第一条　为规范外商投资企业的投资行为，根据《中华人民共和国公司法》（以下简称"《公司法》"）以及有关外商投资的法律、法规的有关规定，制订本规定。

第二条　本规定所称外商投资企业境内投资，是指在中国境内依法设立，采取有限责任公司形式的中外合资经营企业、中外合作经营企业和外资企业以及外商投资股份有限公司，以本企业的名义，在中国境内投资设立企业或购买其他企业（以下简称“被投资公司”）投资者股权的行为。

外商投资举办的投资性公司境内投资，依照国家有关外商投资的法律、法规以及《关于外商投资举办投资性公司的暂行规定》办理。

外国投资者与外商投资企业共同在中国境内投资，按照国家有关外商投资的法律、法规办理，其中外国投资者的出资比例一般不得低于被投资企业注册资本的百分之二十五。

第三条 外商投资企业境内投资，应遵守国家法律、法规。

外商投资企业境内投资比照执行《指导外商投资方向暂行规定》和《外商投资产业指导目录》的规定。外商投资企业不得在禁止外商投资的领域投资。

第四条 被投资公司应为有限责任公司或股份有限公司。

第五条 外商投资企业应符合下列条件，方可投资：

1. 注册资本已缴清；
2. 开始盈利；
3. 依法经营，无违法经营记录。

第六条 外商投资企业境内投资，其所累计投资额不得超过自身净资产的百分之五十；投资后，接受被投资公司以利润转增的资本，其增加额不包括在内。

第七条 外商投资企业在鼓励类或允许类领域投资设立公司，应向被投资公司所在地公司登记机关提出申请，并应提供下列材料：

1. 外商投资企业关于投资的一致通过的董事会决议；
2. 外商投资企业的批准证书和营业执照（复印件）；
3. 法定验资机构出具的注册资本已经缴足的验资报告；
4. 外商投资企业经审计的资产负债表；
5. 外商投资企业缴纳所得税或减免所得税的证明材料；
6. 法律、法规及规章规定的其他材料。

第八条 公司登记机关依《公司法》、《中华人民共和国公司登记管理条例》（以下简称《公司登记管理条例》）的有关规定，决定准予登记或不予登记。准予登记的，发给《企业法人营业执照》，并在企业类别栏目加注“外商投资企业投资”字样［以下简称《（加注）营业执照》］。

第九条 外商投资企业在限制类领域投资设立公司的，应向被投资公司所在地省级外经贸主管部门（以下称“省级审批机关”）提出申请，并应提供下列材料：

1. 依照第七条规定提供的材料；
2. 被投资公司的章程。

被投资公司的章程应当载明下列事项：

（1）公司名称和住所；

（2）公司经营范围及产品国内外销售比例；

（3）公司注册资本；

（4）投资者的名称或姓名；

（5）投资者的权利和义务；

（6）投资者的出资方式和出资额；

（7）投资者转让出资的条件；

（8）公司的机构及其产生办法、职权、议事规则；

（9）公司的法定代表人；

（10）公司的解散事由与清算办法；

（11）投资者认为需要规定的其他事项。

投资者应当在公司章程上签名、盖章。

第十条 省级审批机关接到上述申请后，按照被投资公司的经营范围，征求同级或国家行业管理部门的意见。

省级审批机关应自收到同级或国家管理行业部门同意或不同意的意见起十日之内，作出书面批复。

第十一条 省级审批机关对外商投资企业作出同意批复的，外商投资企业凭该批复文件向被投资公司所在地公司登记机关申请设立登记。

公司登记机关依《公司登记管理条例》的有关规定，决定准予登记或不予登记。准予登记的，发给《（加注）营业执照》。

第十二条 自被投资公司设立之日起三十日内，外商投资企业应向原审批机关备案。备案材料包括：

1. 外商投资企业投资备案表；

2. 被投资公司的营业执照（复印件）；

3. 被投资公司经营范围涉及限制类领域的，还应提交省级审批机关作出的同意设立被投资公司的批复。

第十三条 外商投资企业以其固定资产投资而改变原经营规模或内容的，投资前应向原审批机关申请并征得原审批机关的同意。

原审批机关应自接到申请之日起十五日之内予以答复；逾期不答复的，视作同意。

原审批机关不同意的，外商投资企业可向其上级审批机关或对外贸易经济合作部（以下简称“外经贸部”）提出申诉。该上级审批机关或外经贸部应自收到申诉之日起三十日内，对外商投资企业作出书面答复。

第十四条 按照本规定第七条、第八条设立的公司变更经营范围，涉及限制类领域的，应按照本规定第九条、第十条规定的程序办理，并向其原公司登记机关申请变更登记。

第十五条 外商投资企业购买被投资公司投资者的股权，被投资公司经营范围属于鼓励类或允许类领域的，被投资公司应向原公司登记机关报送本规定第七条所列的材料，并按照《公司登记管理条例》等有关规定，申请变更登记。

被投资公司经营范围涉及限制类领域的，外商投资企业应按照本规定第九条、第十条规定的程序办理后，被投资公司凭省级审批机关的同意批复，按照《公司登记管理条例》等有关规定，向原公司登记机关申请变更登记。

公司登记机关依《公司登记管理条例》的有关规定，决定予以登记或不予登记。准予登记的，发给“（加注）营业执照”。

被投资公司属于外商投资企业的，按照《外商投资企业投资者股权变更的规定》办理。

第十六条 外商投资企业向中西部地区投资，被投资公司注册资本中外资比例不低于百分之二十五的，可享受外商投资企业待遇。

第十七条 被投资公司享受外商投资企业待遇，应按有关外商投资企业设立程序的规定，向被投资公司所在地的省级审批机关提出申请。申请人应提供下列材料：

1. 依照第七条规定应提供的材料；

2. 被投资公司的名称、住所；

3. 被投资公司的投资合同及章程；

4. 被投资公司经营范围涉及限制类领域的，还应提交设立被投资公司的项目建议书和可行性研究报告。

其投资者出让股权的被投资公司享受外商投资企业待遇的，申请人除向被投资公司所在地的省级审批机关提供上款所列材料之外，还应提交相应的投资者股权转让协议。

第十八条 省级审批机关确认外商投资企业的投资符合国家有关法律、法规且被投资公司注册资本中外资比例不低于百分之二十五的，向申请人下发批准文件，颁发《外商投资企业批准证书》，并加注“外商投资企业投资”字样。

被投资公司经营范围涉及限制类领域的，省级审批机关批准之前，应依照本规定第十条的规定，征求有关行业管理部门的意见。

第十九条 申请人凭《外商投资企业批准证书》向被投资公司所在地公司登记机关申请登记注册。

公司登记机关依《公司登记管理条例》的有关规定，决定准予登记或不予登记。准予登记的，发给《（加注）营业执照》。

被投资公司经营范围未涉及限制类领域的，按本规定第七条办理。

第二十条 中西部地区的被投资公司凭《外商投资企业批准证书》和《（加注）营业执照》享受国家法律、法规规定的外商投资企业待遇。

第二十一条 在中西部地区设立的被投资公司投资总额超过其所在省、自治区、直辖市审批机关审批权限的，应报外经贸部审批。

第二十二条 被投资公司属于法律、法规和部门规章明确规定的应由外经贸部审批的特定类型或行业的外商投资企业的，省级审批机关应将有关申请材料转报外经贸部审批。外经贸部根据有关法律、法规和部门规章的规定决定批准或不批准。

第二十三条 本规定颁布前，根据有关规定已设立的外商投资企业参股企业，符合本规定要求的，可参照本规定补办有关手续，享受外商投资企业待遇。

第二十四条 本规定由外经贸部和国家工商行政管理局负责解释。

第二十五条 本规定自2000年9月1日起施行。

海关总署关税征管司关于《外商投资产业指导目录（2004年修订）》中产业政策审批条目代码有关事宜的通知

（税管传〔2005〕5号）

各直属海关：

根据《海关总署关于转发〈外商投资产业指导目录（2004年修订）〉的通知》（署税发〔2004〕441号），总署在《减免税管理系统》参数库中增加了《外商投资产业指导目录（2004年修订）》对应的项目产业政策审批条目代码。

由于目前《减免税管理系统》中项目产业政策审批条目代码栏最多只能填写5位字符，而署税发〔2004〕441号对应的项目产业政策审批条目代码为5至7位字符。为确保相关政策的顺利实施，一方面，我司向科技司提出程序修改需求，计划于近期组织人员对系统进行完善；另一方面，将7位字符代码暂时用5位字符代替，具体规则为，《外商投资产业指导目录（2004年修订）》第三类制造业和第九类社会服务业的代码前3位分别用“Z”和“Y”代替。例如，第三类第（一）条第1项：粮食、蔬菜、水果、禽畜产品的储藏及加工的代码（H030101）用Z0101代替；第九类第（一）条第1项：城市封闭型道路建设、经营的代码（H090101）用Y0101代替。其余5位代码仍按照《海关总署关于转发〈外商投资产业指导目录（2004年修订）〉的通知》规定执行。

特此通知。

二〇〇五年一月十日

海关总署关税征管司关于《外商投资产业指导目录（2007年修订）》中产业政策审批条目代码有关问题的通知

（税管函〔2007〕242号）

各直属海关：

最近，国家发展改革委和商务部以第57号令联合发布了经国务院批准的《外商投资产业指导目录（2007年修订）》。该产业指导目录将自2007年12月1日起执行。总署为此发布了海关总署2007年第67号公告（以下简称67号公告），明确了执行中的有关问题。同时在《减免税管理系统》参数库中增加了《外商投资产业指导目录（2007年修订）》对应的项目产业政策审批条目代码。

67号公告对应的项目产业政策审批条目代码为5至7位字符，而现行的《减免税管理系统》中项目产业政策审批条目代码栏最多只能填写5位字符。这个问题在目前正在进行程序测试的《减免税管理系统》升级版本中已经得到解决。在该系统正式运行前，为确保相关政策的顺利实施，对于项目产业政策审批条目代码为7位字符的，暂时用5位字符代替。具体规则为，《外商投资产业指导目录（2007年修订）》第三类制造业的代码前3位均用“X”代替。例如，第三类第（一）条第1项：生物饲料、秸秆饲料、水产饲料的开发、生产的代码（J030101）用X0101代替。其余5位字符的项目产业政策审批条目代码仍按照67号公告的规定执行。

修改完善后的《减免税管理系统》预计将于2007年12月下旬正式上线运行。届时，请各关统一按照67号公告规定的项目产业政策审批条目代码规则执行。此前已采用5位字符的代用代码办理了项目备案手续的，该5位字符代码可不再修改。

请各关根据本关区实际情况，采取对外公告或其他适当方式将上述有关事项告知相关企业。

特此通知。

二〇〇七年十一月二十八日

海关总署、国家发展改革委、财政部、商务部关于外商投资项目进口税收优惠政策的联合公告

（海关总署、国家发展改革委、财政部、商务部联合公告2007年第35号）

为保证外商投资项目进口税收优惠政策的正确实施，营造规范、统一、公平的贸易环境，保障外商投资企业的合法权益，针对海关在执行相关进口税收优惠政策中遇到的问题，经研究，现将有关政策适用问题明确如下：

一、关于外商投资项目适用进口税收优惠政策问题：

根据外商投资的法律法规规定，在中国境内依法设立，并领取中华人民共和国外商投资企业批准证书和外商投资企业营业执照等有关法律文件的中外合资经营企业、中外合作经营企业和外资企业（以下统称外商投资企业），所投资的项目符合《外商投资产业指导目录》中鼓励类或《中西部地区外商投资优势

产业目录》的产业条目的，其在投资总额内进口的自用设备及随设备进口的配套技术、配件、备件（以下简称自用设备），除《外商投资项目不予免税的进口商品目录》所列商品外，免征关税和进口环节增值税。

2002年4月1日以前批准的外商投资限制乙类项目，以及1996年4月1日以前批准的外商投资项目，仍可享受上述外商投资项目进口税收优惠政策。但以上外商投资项目（包括鼓励类项目），其项目单位须于2007年12月31日前按照现行规定持项目确认书或其他相关资料向海关申请办理减免税备案手续，并于2010年12月31日前向海关申请办理项目项下进口自用设备的减免税审批手续。逾期，海关不再受理上述减免税备案和审批申请。个别投资规模大，建设期长的外商投资项目，经海关总署商原出具项目确认书的国务院有关主管部门同意，可适当延长办理减免税审批手续的时限。

二、关于外商投资股份有限公司适用进口税收优惠政策问题：

（一）中外投资者采取发起或募集方式在境内设立外商投资股份有限公司，或已设立的外商投资有限责任公司转变为外商投资股份有限公司，并且外资股比不低于25%，所投资的项目符合《外商投资产业指导目录》中鼓励类或《中西部地区外商投资优势产业目录》的产业条目的，其在投资总额内进口的自用设备，可以享受外商投资项目进口税收优惠政策。

（二）内资有限责任公司和股份有限公司转变为外资股比不低于25%的外商投资股份有限公司并且同时增资，所投资的项目符合《外商投资产业指导目录》中鼓励类或《中西部地区外商投资优势产业目录》的产业条目的，其增资部分对应的进口自用设备可享受外商投资项目进口税收优惠政策。但原项目（不含增资部分）项下进口的自用设备不能享受外商投资项目进口税收优惠政策。

（三）境内内资企业发行B股或发行海外股（H股、N股、S股、T股或红筹股）转化为外商投资股份有限公司，其投资项目一般不享受外商投资项目进口税收优惠政策。此类外商投资股份有限公司所投资的项目符合《外商投资产业指导目录》中鼓励类或《中西部地区外商投资优势产业目录》的产业条目的，其在投资总额内进口的自用设备，除《国内投资项目不予免税的进口商品目录》所列商品外，可以免征关税和进口环节增值税。此前已经国务院特别批准按国内投资产业政策管理的此类外商投资股份有限公司，仍按原规定执行。

三、关于外国投资者的投资比例低于25%的外商投资企业的进口税收政策适用问题：

（一）外国投资者的投资比例低于25%的外商投资企业，所投资的项目符合《外商投资产业指导目录》中鼓励类或《中西部地区外商投资优势产业目录》的产业条目的，其在投资总额内进口的自用设备，除《国内投资项目不予免税的进口商品目录》所列商品外，可以免征关税和进口环节增值税。

（二）持有外商投资企业批准证书的A股上市公司（以下简称外商投资上市公司）股权分置改革方案实施后，因增发新股或原外资法人股股东出售股份，使外资股比低于25%的，其投资项目不能享受外商投资项目进口税收优惠政策；之后即使原外资法人股股东通过回购股份等方式，使外资股比再次不低于25%的，其投资项目仍然不能享受外商投资项目进口税收优惠政策。对于股权分置改革方案实施后，外商投资上市公司增发新股，或原外资法人股股东出售股份，但外资股比不低于25%，所投资的项目符合《外商投资产业指导目录》中鼓励类或《中西部地区外商投资优势产业目录》的产业条目的，其在投资总额内进口的自用设备仍可享受外商投资项目进口税收优惠政策。

（三）外国投资者的投资比例低于25%的外商投资企业不能享受外商投资项目进口税收优惠政策，因此，此类企业不属于《海关总署关于进一步鼓励外商投资有关进口税收政策的通知》（署税〔1999〕791号）中规定的可享受有关税收优惠政策范围，不能利用自有资金免税进口自用设备。

四、关于外商投资企业境内再投资项目的进口税收政策适用问题：

（一）外商投资企业向中西部地区再投资设立的企业或其通过投资控股的公司，注册资本中外资比例不低于25%，并取得外商投资企业批准证书，所投资的项目符合《外商投资产业指导目录》中鼓励类或《中西部地区外商投资优势产业目录》的产业条目的，其在投资总额内进口的自用设备，可享受外商投资项目进口税收优惠政策。

（二）外商投资企业向中西部以外地区再投资设立的企业，以及向中西部地区再投资设立的外资比例低于25%的企业（上述企业包括直接或间接含有外资成分的公司），所投资的项目仍按外商投资产业政策管理，其中符合《外商投资产业指导目录》中鼓励类或《中西部地区外商投资优势产业目录》的产业条目的，其在投资总额内进口的自用设备，除《国内投资项目不予免税的进口商品目录》所列商品外，可以免征关税和进口环节增值税。

五、本公告自2007年7月20日起执行。此前有关文件规定与本公告不一致的，以本公告为准。

特此公告。

海关总署
国家发展改革委
财政部
商务部
二〇〇七年七月十三日

海关总署关于废止《中华人民共和国海关对外商投资企业进出口货物监管和征免税办法》的决定的令

（海关总署令第201号）

《海关总署关于废止〈中华人民共和国海关对外商投资企业进出口货物监管和征免税办法〉的决定》已于2010年11月15日经海关总署署务会议审议通过，现予公布，自2011年3月1日起施行。

署长　盛光祖
二〇一〇年十二月十五日

海关总署关于废止《中华人民共和国海关对外商投资企业进出口货物监管和征免税办法》的决定

为适应经济社会发展需要，现决定废止1992年9月1日以海关总署第29号令公布的《中华人民共和国海关对外商投资企业进出口货物监管和征免税办法》。

本决定自2011年3月1日起生效。

财政部、海关总署、国家税务总局关于深入实施西部大开发战略有关税收政策问题的通知

（财税〔2011〕58号）

各省、自治区、直辖市、计划单列市财政厅（局）、国家税务局、地方税务局，新疆生产建设兵团财务局，海关总署广东分署、各直属海关：

为贯彻落实党中央、国务院关于深入实施西部大开发战略的精神，进一步支持西部大开发，现将有关税收政策问题通知如下：

一、对西部地区内资鼓励类产业、外商投资鼓励类产业及优势产业的项目在投资总额内进口的自用设备，在政策规定范围内免征关税。

二、自2011年1月1日至2020年12月31日，对设在西部地区的鼓励类产业企业减按15%的税率征收企业所得税。

上述鼓励类产业企业是指以《西部地区鼓励类产业目录》中规定的产业项目为主营业务，且其主营业务收入占企业收入总额70%以上的企业。《西部地区鼓励类产业目录》另行发布。

三、对西部地区2010年12月31日前新办的、根据《财政部国家税务总局海关总署关于西部大开发税收优惠政策问题的通知》（财税〔2001〕202号）第二条第三款规定可以享受企业所得税“两免三减半”优惠的交通、电力、水利、邮政、广播电视企业，其享受的企业所得税“两免三减半”优惠可以继续享受到期满为止。

四、本通知所称西部地区包括重庆市、四川省、贵州省、云南省、西藏自治区、陕西省、甘肃省、宁夏回族自治区、青海省、新疆维吾尔自治区、新疆生产建设兵团、内蒙古自治区和广西壮族自治区。湖南省湘西土家族苗族自治州、湖北省恩施土家族苗族自治州、吉林省延边朝鲜族自治州，可以比照西部地区的税收政策执行。

五、本通知自2011年1月1日起执行。《财政部 国家税务总局 海关总署 关于西部大开发税收优惠政策问题的通知》（财税〔2001〕202号）、《国家税务总局关于落实西部大开发有关税收政策具体实施意见的通知》（国税发〔2002〕47号）、《财政部国家税务总局关于西部大开发税收优惠政策适用目录变更问题的通知》（财税〔2006〕165号）、《财政部 国家税务总局 关于将西部地区旅游景点和景区经营纳入西部大开发税收优惠政策范围的通知》（财税〔2007〕65号）自2011年1月1日起停止执行。

二〇一一年七月二十七日

财政部、海关总署、国家税务总局关于赣州市执行西部大开发税收政策问题的通知

（财税〔2013〕4号）

江西省财政厅、国家税务局、地方税务局，海关总署广东分署、各直属海关：

为贯彻落实《国务院关于支持赣南等原中央苏区振兴发展的若干意见》（国发〔2012〕21号）关于赣州市执行西部大开发政策的规定，现将赣州市执行西部大开发税收政策问题通知如下：

一、对赣州市内资鼓励类产业、外商投资鼓励类产业及优势产业的项目在投资总额内进口的自用设备，在政策规定范围内免征关税。

二、自2012年1月1日至2020年12月31日，对设在赣州市的鼓励类产业的内资企业和外商投资企业减按15%的税率征收企业所得税。

鼓励类产业的内资企业是指以《产业结构调整指导目录》中规定的鼓励类产业项目为主营业务，且其主营业务收入占企业收入总额70%以上的企业。

鼓励类产业的外商投资企业是指以《外商投资产业指导目录》中规定的鼓励类项目和《中西部地区外商投资优势产业目录》中规定的江西省产业项目为主营业务，且其主营业务收入占企业收入总额70%以上的企业。

三、本通知自2012年1月1日起执行。

二〇一三年一月十日

2.4.2　国内投资鼓励项目

国家发展改革委办公厅关于进一步加强内资项目进口设备免税确认管理工作的通知

（发改办规划〔2005〕1537号）

各省、自治区、直辖市及计划单列市、新疆生产建设兵团发展改革委、经（贸）委：

1997年，国务院下发了《关于调整进口设备税收政策的通知》（国发〔1997〕37号，以下简称国发37号文），决定对国家鼓励的内外资项目进口设备免征关税和进口环节增值税。8年来，这项政策对提高企业技术装备水平，促进传统产业改造升级，加快产业结构调整步伐，提升企业乃至行业竞争力起到了较大的推动作用。各省、自治区、直辖市及计划单列市投资主管部门按照规定，为符合政策的项目出具“国家鼓励发展的内外资项目确认书”（以下简称确认书），做了大量工作。但在实践中，也出现了政策尺度把握不统一、办理程序不规范等问题。为进一步正确理解和执行政策，减少政策执行的偏差，现就加强内资项目进口设备免税确认管理的有关事项通知如下：

一、提高认识，正确理解和把握政策

进口关税及进口环节增值税是国家财政收入的重要来源。免税确认是维护良好税收秩序，保证财政收入稳定增长，实现政府宏观调控目标的基础性工作。各有关单位务必从讲政治的高度，从维护国家利益出发，充分认识做好免税确认工作的重要意义，认真学习国发37号文及相关配套文件精神，严格执行有关规定，严防协助、纵容企业利用政策走私。

各有关单位在办理免税确认事宜时，要注意正确理解和把握政策。在一定时期内，国家鼓励发展的重点产业有所不同，出具确认书，必须严格依据《当前国家鼓励发展的产业、产品和技术目录》，不得随意放大政策内涵或错误引用该目录的条目，如：纺织项目需进口织机等纺织机械，不得以目录中纺织机械制造条目为依据出具确认书；生产织机的项目，不得以纺织机械技术开发条目为依据出具确认书。按照国发37号文精神，没有建设项目、单纯进口设备的，非项目业主进口设备的（政府代建制项目除外），不属于此项优惠政策范围，有关单位不得出具确认书。

税收管理与项目管理是两类不同性质的问题，进口关税及进口环节增值税均属中央财政收入，未经国务院同意，不能因投资体制改革而放宽免税确认管理权限。为了减轻企业负担，提高办事效率，对投资额在5000万元以下的项目，继续由各省、自治区、直辖市、计划单列市及新疆生产建设兵团投资主管部门负责出具确认书。各有关单位要严格执行有关规定，禁止越权出具确认书或以分拆项目方式出具确认书。

二、规范程序，提高工作水平和工作效率

规范、透明的确认书办理程序，是做好免税确认工作的必要条件。我委已以发改规划〔2003〕900号文及发改办规划〔2005〕682号文明确了办理确认书的基本程序、要求及办理时限，各有关单位要按照依法行政的要求，根据上述文件精神及本地的实际情况，制定并公布各自的免税确认工作程序。

各有关单位要以为国家认真把关、为企业热情服务的态度，提高免税确认的工作水平和工作效率。在办理确认书时，要以设计单位所做项目可行性研究报告中提出需引进的设备为依据，确定所附进口设备清单中的内容是否均为项目自用设备。在报送初审意见时，不能只充当“二传手”，要对项目业主报送的材料认真进行初审，力求一次报送完整材料，避免反复提供补充材料。在已出具的确认书因特殊情况必须变更时，要注意核实情况，有重大变化的应请原项目审批、核准、备案部门认可后，由原确认书出具部门以文件形式函复项目业主予以变更。

三、采取措施，加强免税确认管理

各有关单位要针对前一阶段工作中出现的问题，研究制定改进措施。属于制度不健全的，要研究制定新的工作制度，堵塞漏洞，形成一套行之有效的工作机制；属于制度不落实的，要强化领导责任，提高办事人员工作水平，落实各项工作制度。尚未做到集中归口管理的个别单位，要尽快采取措施，扭转多头办理、影响工作效率和政府形象的局面。未能坚持备案的，要严格按照发改规划〔2003〕900号文的要求，及时将本单位当月出具的确认书送我委备案。对前一阶段出现问题较多，经提醒、告诫仍未纠正的单位，我委将责令其暂停出具确认书，限期进行整改。如因政策运用不当，被有关部门认定为利用政策走私，有关单位和个人要承担相应的法律责任。

四、总结经验，进一步做好免税确认工作

为更加准确、有效地发挥政策的作用，进一步做好进口设备免税工作，请各有关单位对此项政策近年来的执行情况进行一次系统总结。主要内容包括：享受政策的行业分布情况、项目性质、项目投资总额和用汇总额、免税金额、出具确认书数量、政策的效果、免税确认工作的经验等。请各有关单位将情况总结于9月1日前报我委规划司。

二〇〇五年七月二十八日

海关总署关于国家鼓励发展内资项目确认书出具权限调整等事项的通知

（署税发〔2005〕207号）

广东分署，天津、上海特派办，各直属海关：

近期，国家发展改革委办公厅印发了《关于调整内资项目进口设备免税确认书出具依据等事项的通知》（发改办规划〔2005〕682号），对国家投资体制改革后内资项目确认书的出具依据和权限等事项进行了调整。经商国家发展改革委，现就其中涉及海关减免税审批的有关事项通知如下：

一、国家鼓励发展的内资项目确认书出具权限仍按原项目投资管理权限划分。即限额（项目投资总额5000万元人民币，下同）及以上的项目由国家发展改革委出具项目确认书，限额以下的项目由国务院有关部门及省级投资主管部门出具项目确认书。

二、按照投资体制改革决定精神，国家试点企业集团、国家计划单列企业集团不再具有项目审批、核准和备案的职能。依据《国务院关于调整进口设备税收政策的通知》（国发〔1997〕37号）的精神，上述单位的内资项目确认书由国家发展改革委出具。

三、因正当理由变更内资项目确认书的，海关凭原项目确认书的出具部门出具的经变更的项目确认书办理相应的备案变更和减免税审批手续。原出具部门正在办理变更手续过程中，货物已到达口岸的，海关可凭有关企业提供的税款担保先放行货物，待企业提交经变更的内资项目确认书后，按规定办理相关手续。

四、各海关应严格按照规定受理内资项目减免税备案申请，对不符合上述规定的内资项目确认书，海关不予接收其备案申请。

五、各海关要加强与投资主管部门的联系沟通。对投资主管部门审批、核准、备案的项目，海关如发现属于明显拆分项目、引用国家鼓励发展的产业、产品或技术目录不当的，应主动与项目投资主管部门沟通协商，共同把好审批关。协商后仍不能达成共识，海关仍认为与有关规定相违背的，应及时请示总署。

六、本通知自下发之日起执行。

二〇〇五年五月二十七日

2.4.3 自有资金

海关总署关于进一步鼓励外商投资有关进口税收政策的通知

（署税〔1999〕791 号）

广东分署，各直属海关、院校：

根据国务院指示精神，为了鼓励外商投资，决定进一步扩大对外商投资企业的进口税收优惠政策，经商外经贸部、国家经贸委、财政部，现就有关问题通知如下：

一、对已设立的鼓励类和限制乙类外商投资企业、外商投资研究开发中心、先进技术型和产品出口型外商投资企业（以下简称五类企业）技术改造，在原批准的生产经营范围内进口国内不能生产或性能不能满足需要的自用设备及其配套的技术、配件、备件，可按《国务院关于调整进口设备税收政策的通知》（国发〔1997〕37 号）的规定免征进口关税和进口环节税。

（一）享受本条免税优惠政策应符合以下条件：

1. 资金来源应是五类企业投资总额以外的自有资金（具体是指企业储备基金、发展基金、折旧和税后利润，下同）；

2. 进口商品用途：在原批准的生产经营范围内，对本企业原有设备更新（不包括成套设备和生产线）或维修；

3. 进口商品范围：国内不能生产或性能不能满足需要的设备（即不属于《国内投资项目不予免税的进口商品目录》的商品），以及与上述设备配套的技术、配件、备件（包括随设备进口或单独进口的）。

（二）征免税手续办理程序：

1. 进口证明的出具：由有关部门根据本条第（一）款第 1、2 点的规定出具《外商投资企业进口更新设备、技术及配备件证明》（格式见附件 1），其中：鼓励类、限制乙类外商投资企业由原出具项目确认书的部门出具（1997 年 12 月 31 日以前批准设立的上述企业由原审批部门出具）；外商投资研究开发中心由原审批部门［具体部门详见本通知第二条第（一）款第 1 点］出具；产品出口型企业和先进技术型企业由颁发《外商投资产品出口企业确认书》和《外商投资先进技术企业确认书》的外经贸部或省、自治区、直辖市、计划单列市的外经贸厅局出具。

2. 征免税证明的办理：企业所在地直属海关凭企业提交的上述进口证明、合同和进口许可证明等有关资料，并审核进口商品范围符合本条第（一）款第 3 点的规定后出具征免税证明。

（三）特殊规定：

1. 凡五类企业超出本条第（一）款第2点界定范围进行技术改造的，其进口证明应由国家或省级经贸委按审批权限出具《技术改造项目确认登记证明》（格式见附件2）。

2. 五类企业利用自有资金进行设备更新维修或技术改造，需进口属于《国内投资项目不予免税的进口商品目录》内的商品，如确属国内同类产品的性能不能满足需要的，由归口管理该类产品的国家行业主管部门审核并出具《外商投资企业设备更新或技术改造进口国内不能生产的同类设备证明》（格式见附件3），直属海关凭上述证明和《外商投资企业进口更新设备、技术及配备件证明》或《技术改造项目确认登记证明》及合同和进口许可证明等有关资料办理设备及配套技术的免税审批手续。

二、外商投资设立的研究开发中心，在投资总额内进口国内不能生产或性能不能满足需要的自用设备及其配套的技术、配件、备件，可按《国务院关于调整进口设备税收政策的通知》（国发〔1997〕37号）的规定免征进口关税和进口环节税。

（一）享受本条免税优惠政策应符合以下条件：

1. 享受单位应是经国家计委、国家经贸委、外经贸部以及各省、自治区、直辖市、计划单列市计委、经贸委、外经贸厅局批准，设立在外商投资企业内部或单独设立的专门从事产品或技术开发的研究机构；

2. 资金来源限于在投资总额内；

3. 进口商品范围：国内不能生产或性能不能满足需要的自用设备（指不属于《外商投资项目不予免税的进口商品目录》中的商品）及其配套的技术、配件、备件，但仅限于不构成生产规模的实验室或中试范畴，也不包括船舶、飞机、特种车辆和施工机械等。

（二）征免税手续办理程序：

1. 项目确认书的出具：按照上述研究机构的审批权限由国家计委、国家经贸委、对外经贸部以及各省、自治区、直辖市、计划单列市计委、经贸委、外经贸厅局按照本条第（一）款第1、2点的规定出具外商投资研究开发中心项目确认书。项目确认书的格式和内容与署税〔1997〕1062号文所附《国家鼓励发展的内外资项目确认书》相同。

2. 征免税证明的办理：企业所在地直属海关凭上述项目确认书及有关资料，比照署税〔1997〕1062号文的规定办理。

三、对符合中西部省、自治区、直辖市利用外资优势产业和优势项目目录（由国务院批准后另行发布，下同）的项目，在投资总额内进口国内不能生产或性能不能满足需要的自用设备及其配套的技术、配件、备件，除国发〔1997〕37号文规定的《外商投资项目不予免税的进口商品目录》外，免征进口关税和进口环节税。有关手续比照署税〔1997〕1062号文对外商投资项目的有关规定办理。

四、对符合中西部省、自治区、直辖市利用外资优势产业和优势项目目录的项目，在投资总额外利用自有资金进口享受税收优惠政策商品范围及免税手续比照本通知第一条对五类企业的有关规定办理。

五、符合本通知规定免税进口的货物为海关监管货物，企业不能擅自出售和转让。设备更新或技术改造而被替换的设备，如在本企业内继续使用，海关按监管年限进行管理，在监管年限内出售和转让给其他可享受进口设备税收优惠政策企业的，可免予补税，否则应照章征税。

六、企业所在地直属海关与进口地海关要加强联系配合，提高办事效率，直属海关经审核无误出具《进口货物征免税证明》后，尽快通知进口地海关办理免税验放。如企业所在地系非直属海关所在地，可由所在地处级海关受理初审，报送直属海关核准，出具征免税证明。总署将组织力量，尽快补充和调整《减免税管理系统》，将此项税收优惠政策纳入计算机管理。

七、此项税收优惠政策涉及的部门多、政策性强，各海关要认真学习领会文件精神，严格遵照执行，不得擅自扩大免税范围。要主动与地方政府和有关主管部门联系，做好宣传工作。

八、本通知自1999年9月1日起实施，但已征收的税款不予退还。在此日期以后报关进口，尚未办结征税手续的，按本通知的规定办结免税手续后，予以免税结案，已征收的保证金准予退还。

执行中的问题和情况，请及时报总署关税征管司。

附件 1　外商投资企业进口更新设备、技术及配备件证明
附件 2　技术改造项目确认登记证明
附件 3　外商投资企业设备更新或技术改造进口国内不能生产的同类设备证明

一九九九年十一月二十二日

附件 1

外商投资企业进口更新设备、技术及配备件证明

编号：

____________海关：

兹证明　　　　　（企业名称）利用投资总额以外的自有资金对原有设备进行更新或维修，请按海关总署署税〔1999〕791 号文的规定，办理免征进口关税和进口环节税有关手续。

资金性质：

企业自有资金总额：　　　　　　　　　　万元人民币

进口更新设备、技术及配备件用汇额：　　万美元

附　进口更新设备、技术及配备件清单

备注：

审批部门（司局级印章）

年　　月　　日

附件 2

技术改造项目确认登记证明

编号：

____________海关：

根据国务院有关规定以及海关总署署税〔1999〕791 号文的规定，兹证明：本项目经　　　　以　　　号文于　　年　　月　　日批准可行性研究报告，请按规定办理进口设备减免税手续。

项目单位：

项目性质：

项目内容：

项目投资额：　　　　　　　　　　万元人民币

其中自有资金：　　　　　　　　　万元人民币

项目用汇额：　　　　　　　　　　万美元

备注：

审批部门（盖章）

年　　月　　日

附件 3

外商投资企业设备更新或技术改造进口国内不能生产的同类设备证明

编号：

____________海关：

兹证明　　　　　（企业名称）在本企业设备更新或技术改造中进口的设备（详见所附清单），价值　　　　　（外币），目前在国内不能生产或同类产品中性能不能满足需要，请按海关总署署税〔1999〕791 号文的规定办理免征进口环节税有关手续。

附　进口国内不能生产的同类设备清单

国家行业主管部门 司局（盖章）

年　　月　　日

海关总署办公厅、国家发展改革委办公厅关于进一步明确外商投资项目利用自有资金进口设备税收优惠政策执行中有关问题的通知

（署办税函〔2012〕107 号）

广东分署、各直属海关；各省、自治区、直辖市、计划单列市发展改革委、经（贸）委，新疆生产建设兵团发展改革委：

为保证外商投资项目利用自有资金进口设备税收优惠政策的正确实施，营造规范、统一、公平的贸易环境，保障外商投资企业的合法权益，针对海关在执行相关进口税收优惠政策中遇到的问题，经研究，现将有关政策适用问题明确如下：

一、对于符合《海关总署关于进一步鼓励外商投资有关进口税收政策的通知》（署税〔1999〕791 号，以下简称《通知》）规定条件的外商投资企业利用自有资金进口设备及其配套的技术、配件、备件（以下简称进口设备及其配套件），用于对相关投资项目原有设备进行更新或维修的，如果该投资项目符合现行《外商投资产业指导目录》鼓励类条目，可继续按照《通知》的有关规定和相关政策规定享受进口税收优惠。对于因《外商投资产业指导目录》调整，有关外商投资项目不再属于鼓励类的，各省、自治区、直辖市和计划单列市投资主管部门不再出具《技术改造项目确认登记证明》，海关不再办理相关外商投资企业利用自有资金进口设备及其配套件的减、免税审批手续。

二、为保持政策的连续性，对 2012 年 1 月 30 日以前（不含 1 月 30 日）核准的外商投资项目（以项目的核准日期为准）利用自有资金进口设备及其配套件，其中符合《通知》规定，经国家发展改革委出具《技术改造项目确认登记证明》的，可继续按照《通知》的有关规定和相关政策规定享受进口税收优惠。但有关项目单位须于 2013 年 3 月 31 日以前，持上述《技术改造项目确认登记证明》等有关资料向海关申请办理减免税备案手续。逾期，海关不再受理上述减免税备案申请。

特此通知。

二〇一二年十二月四日

2.4.4 产品全部出口项目先征后返

财政部、国家发展计划委员会、国家经济贸易委员会、对外贸易经济合作部、海关总署、国家税务总局关于调整部分进口税收优惠政策的通知

（财关税〔2002〕146号）

各省、自治区、直辖市、计划单列市人民政府，国务院各部委、各直属机构：

为加强对享受进口税收优惠政策项目的管理，经国务院批准，对现行部分进口税收优惠政策进行适当调整。现将有关调整事项通知如下：

一、调整1996年4月1日以前批准的有关投资项目的税收政策。

1996年4月1日以前，经批准的技术改造项目、基本建设项目（含重大建设项目）、外商投资项目，包括享受外商投资政策的外国政府贷款和国际金融组织贷款项目在剩余额度内进口的商品，统一按照《国务院关于调整进口设备税收政策的通知》（国发〔1997〕37号）规定的税收政策执行，即在项目额度或投资总额内进口的自用设备，除《国内投资项目不予免税的进口商品目录》、《外商投资项目不予免税的进口商品目录》所列商品外，免征进口关税和进口环节增值税。

二、调整《外商投资产业指导目录》中“产品全部直接出口的允许类外商投资项目”（以下简称“全部出口项目”）政策的实施办法。

（一）自政策调整实施之日起新批准的全部出口项目项下进口设备，一律照章征收进口关税和进口环节增值税。自项目投产之日起，由外经贸部会同有关部门组成联合核查小组，对产品直接出口情况进行核查，核查期5年，具体核查办法由外经贸部会同有关部门制定。经核查后如情况属实，每年返还已纳税额的20%，5年内全部返还；如情况不实，当年税款不再返还，同时追缴该项目已返还的税款，并依法予以处罚。

（二）政策调整实施之日前已批准的全部出口项目仍需继续进口该项目项下设备的，仍执行免税政策，但自项目投产之日起5年核查期内，有关部门需对产品直接出口情况进行调查；政策调整实施之日前已批准的全部出口项目完成了设备进口的，对政策调整实施之日前的产品出口情况不再核查，在政策调整实施之日后的剩余核查期内，对产品出口情况有选择地进行调查。对于上述调查中发现的问题将依法进行处理。具体办法由外经贸部会同有关部门制定。

（三）新批准的全部出口项目进口设备5年内返还税款的办法，按照财政部、国家经贸委、税务总局、海关总署《关于对部分进口商品予以退税的通知》〔（94）财预字第42号〕的规定执行。

三、今后一般不再受理和审批个案减免进口税项目的申请。

今后一般不再受理和审批个案减免进口税项目的申请。对生产性原材料、国务院规定的一律不予减免税的20种商品以及各地为举办大型活动所需进口的车辆一律不予免税。其他确需减免进口税的商品，由财政部会同有关部门从严把握，报国务院审批。

四、本通知自2002年10月1日起实施。

二〇〇二年九月四日

商务部、财政部、海关总署、国家税务总局关于印发《产品全部直接出口的允许类外商投资企业产品出口情况检查暂行办法》的通知

（商资发〔2006〕1号）

各省、自治区、直辖市、计划单列市及新疆生产建设兵团商务主管部门、财政厅（局）、国税局，海关总署广东分署、各直属海关，财政部驻各省、自治区、直辖市、计划单列市财政监察专员办事处：

为执行《关于调整部分进口税收优惠政策的通知》（财税〔2002〕146号），商务部、财政部、海关总署和税务总局联合制定了《产品直接出口的允许类外商投资企业产品出口情况检查暂行办法》，现印发给你们，请遵照执行。执行中有何问题，请及时与相关部门联系。

附件 产品全部直接出口的允许类外商投资企业产品出口情况检查暂行办法

二〇〇六年三月一日

附件

产品全部直接出口的允许类外商投资企业产品出口情况检查暂行办法

第一条 按财政部、原国家发展计划委员会、原国家经济贸易委员会、原对外贸易经济合作部、海关总署、国家税务总局《关于调整部分进口税收优惠政策的通知》（财税〔2002〕146号）的要求，为规范“产品全部直接出口的允许类外商投资企业”的经营活动，根据相关外商投资法律法规及海关监管法律法规的有关规定，制定本办法。

第二条 本办法是用“产品全部直接出口的允许类外商投资企业”（以下简称产品全部出口企业），即经审批部门依法批准并确认为“产品全部出口企业”，据此依法享受进口设备减免税政策的外商投资企业。

2002年10月1日前设立的“产品全部出口企业”，产品的经营范围可归于其他鼓励类领域的，以及其他外商投资企业，不适用本办法。

第三条 本办法所称产品出口情况检查包括核查和调查。核查是指省、自治区、直辖市、计划单列市及新疆生产建设兵团商务主管部门（以下简称省级商务主管部门）会同财政部驻当地监察专员办事处、当地海关、国税部门（以下简称相关部门）对2002年10月1日以后设立的“产品全部出口企业”产品出口情况进行的检查。调查是指省级商务主管部门会同相关部门对2002年10月1日以前设立的“产品全部出口企业”产品出口情况进行的检查。

第四条 商务部负责“产品全部出口企业”产品出口检查工作的管理，并会同财政部、海关总署、税务总局指导全国的检查工作。省级商务主管部门会同相关部门负责对本地“产品全部出口企业”情况的检查。

第五条 核查的期限为“产品全部出口企业”投产之日起公历年度5年。如投产之日在当年9月1

日之后的，核查期限从下一年度1月1日起计算。

第六条 接受产品出口情况核查的"产品全部出口企业"应于每年1月31日前将本企业上年度产品生产、出口或销售数量情况报告（以下简称报告）一式两份及出口产品涉及的进（出）口报关单证送达所在地省级商务主管部门。

"产品全部出口企业"所提交的报告应由企业法定代表人签署并加盖企业印章，其内容包括：企业名称、设立时间、投产时间、上年度产量、出口情况、是否在国内市场销售、企业本年度纳税情况等（详见附表），并附企业财务报告。

第七条 省级商务主管部门在收到报告后60日内会同相关部门进行审核，对于产品出口情况符合本办法第十一条规定的，由商务主管部门与当地财政监察专员办、海关、国税部门在"产品全部出口企业"填报的报告上加注"产品出口状况属实"字样，并加盖印章。省级商务主管部门应在每年4月15日前，将审核后的本地区"产品全部出口企业"产品出口情况汇总后报商务部。

第八条 接受并通过年度核查的2002年10月1日以后设立的"产品全部出口企业"，应自收到加盖省级商务主管部门与当地海关、国税、财政监察专员办印章的"产品出口/销售数量情况报告"后15日内根据相关规定申办税收返还手续。

第九条 调查期限具体起止日期为：

（一）2002年10月1日前已设立并已投产，2002年10月1日后需继续在投资总额内进口设备的"产品全部出口企业"，调查期限为2002年10月1日起至企业投产后5年止。企业投产时，尚未实际投入生产使用的进口设备的调查期限，为该进口设备实际投入生产使用之后5年内。

（二）2002年10月1日前已设立但尚未投产，2002年10月1日后需继续在投资总额内进口设备的"产品全部出口企业"，调查期限为自企业投产之日起公历年度5年。如投产之日在当年9月1日以后的，核查期限从下一年度1月1日起计算。

（三）2002年10月1日以前设立，2002年10月1日以后不再进口设备的"产品全部出口企业"，调查期限为2002年10月1日起至企业投产5年止。

第十条 省级商务主管部门及相关部门在每年3月底前有选择地对尚须接受调查的"产品全部出口企业"的产品出口情况进行调查。省级商务主管部门向接受调查的"产品全部出口企业"发出通知，接到通知的企业应在收到调查通知后15日内向企业所在地省级商务主管部门报送本企业上年度"产品出口/销售数量情况报告"。报送报告内容及方式与本办法第六条"产品出口/销售数量情况报告"相同。

省级商务主管部门应于每年5月1日前，将本地区"产品全部出口企业"调查情况汇总后报商务部，并将未通过调查企业名单告知当地海关。

第十一条 "产品全部出口企业"，上年度直接出口产品总额必须达到企业上年度产品销售收入的100%。

第十二条 "产品全部出口企业"应保证向省级商务主管部门提交的材料真实、无误。

第十三条 已享受进口税收返还或免税政策的"产品全部出口企业"如在随后的检查其内因经营环境、市场变化等原因发生了内销行为，应在1个月内自行向当地海关申请重新补缴历年已返还或免征的进口税收税款，其当年及随后年度应返还的进口税收款项不再返还。在此基础上对以上内销行为从轻或免于行政处罚。

在检查期内"产品全部出口企业"发生内销行为逾期申请补税，或在向省级商务主管部门提交的"产品出口/销售数量情况报告"中故意隐瞒实情、虚报企业出口达到审核标准，被发现未能达到审核标准的，其当年及随后年度返还的进口税收税款不再返还，并追缴历年已返还或免征的进口税收税款。有关部门对上述行为将依法加以处罚。企业擅自销售、转让海关监管设备的，由海关依法予以处理。

第十四条 各级上午主管部门及相关部门应对企业产品出口情况监督检查工作尽职尽责，对核查、调查中发现的问题应坚持原则，依法处理。

第十五条 商务部于每年6月底前会同财政部、海关总署、税务总局完成上一年度“产品全部出口企业”出口情况检查报告，并上报国务院。

第十六条 本办法由商务部会同财政部、海关总署和税务总局负责解释，自公布之日起施行。

附表

（ ）年度产品出口/销售数量情况报告

<table>
<tr><td>企业名称</td><td colspan="5"></td></tr>
<tr><td>设立时间</td><td></td><td>投产时间</td><td colspan="3"></td></tr>
<tr><td>企业主要经营范围</td><td colspan="5"></td></tr>
<tr><td>增资项目的产品范围</td><td colspan="5"></td></tr>
<tr><td>接受核查产品品茗</td><td colspan="5"></td></tr>
<tr><td rowspan="2">享受进口设备免税产品上年度产品全部销售收入（万美元）</td><td rowspan="2"></td><td>出口销售收入（万美元）</td><td></td><td>所占比例</td><td></td></tr>
<tr><td>内销销售收入（万美元）</td><td></td><td>所占比例</td><td></td></tr>
<tr><td rowspan="2">如有内销，是否已补缴历年已返还的进口税收款项</td><td>是（ ）</td><td rowspan="2">补缴税款金额（万元）</td><td rowspan="2" colspan="3"></td></tr>
<tr><td>否（ ）</td></tr>
<tr><td colspan="6">企业法定代表人签字（加盖企业公章）
填报时间 年 月 日</td></tr>
<tr><td rowspan="2">相关部门审核意见</td><td>商务</td><td>财政监察专员办</td><td>海关</td><td colspan="2">国税</td></tr>
<tr><td></td><td></td><td></td><td colspan="2"></td></tr>
<tr><td>备注</td><td colspan="5"></td></tr>
</table>

财政部、海关总署关于公布允许类外商投资项目进口设备的税收政策问题的公告

（财政部、海关总署联合公告2007年第42号）

经国务院批准，国家发展改革委、商务部第57号令公布了新的《外商投资产业指导目录（2007年修订）》。该目录已于2007年12月1日起施行，产品全部直接出口的允许类外商投资项目不再作为国家鼓励类项目。现就产品全部直接出口的允许类外商投资项目进口设备的税收政策问题公告如下：

一、自 2007 年 12 月 1 日起，对新批准的产品全部直接出口的允许类外商投资项目（包括增资项目）（以项目的审批、核准或备案日期为准，下同）按照《外商投资产业指导目录（2007 年修订）》的规定不再作为国家鼓励类项目，对其所进口的设备一律照章征税。

二、为保证政策平稳过渡，对 2007 年 11 月 30 日及以前批准的产品全部直接出口的允许类外商投资项目（包括增资项目），其所需进口设备在 2007 年 12 月 31 日及以前申报进口的，仍继续按照《财政部 国家计委 国家经贸委 外经贸部 海关总署 国家税务总局关于调整部分进口税收优惠政策的通知》（财税〔2002〕146 号）和《商务部 财政部 海关总署 税务总局关于印发〈产品全部直接出口的允许类外商投资企业产品出口情况检查暂行办法〉》（商资发〔2006〕1 号）的有关规定执行相关进口税收政策。

自 2008 年 1 月 1 日起，对 2007 年 11 月 30 日及以前批准的产品全部直接出口的允许类外商投资项目（包括增资项目）所需进口的设备，一律照章征税，停止执行免税或先征后返政策。

财政部
海关总署
二〇〇七年十二月五日

财政部办公厅、商务部办公厅、海关总署办公厅、国家税务总局办公厅关于产品全部直接出口的允许类外商投资企业进口设备税收政策问题的意见

（财办关税〔2008〕12 号）

财政部驻各省、自治区、直辖市、计划单列市财政监察专员办事处，各省、自治区、直辖市、计划单列市商务主管部门、国家税务局，新疆生产建设兵团商务主管部门，海关总署广东分署、各直属海关：

2002 年财政部、原国家计委、原国家经贸委、原外经贸部、海关总署、国家税务总局联合发布了《关于调整部分进口税收优惠政策的通知》（财税〔2002〕146 号，以下简称《通知》），对《外商投资产业指导目录》中“产品全部直接出口的允许类外商投资项目”（以下简称“全部出口项目”）进口税收政策的实施办法进行了调整。为执行该《通知》，2006 年商务部、财政部、海关总署和国家税务总局联合制订了《产品全部直接出口的允许类外商投资企业产品出口情况检查暂行办法》（商资发〔2006〕1 号，以下简称《暂行办法》）。根据工作安排，2007 年财政部驻各地财政专员监察办事处（以下简称专员办）对“产品全部直接出口的允许类外商投资企业”产品直接出口情况进行了专项检查。为顺利开展检查和退税工作，现就专员办在检查中发现的一些政策问题，提出如下答复意见：

关于《暂行办法》中“产品”的概念

问：《通知》规定，外商投资企业全部出口项目项下进口设备，依法享受进口设备免税或先征后返的政策；但《暂行办法》则要求，经审批部门依法批准并确认为“产品全部出口企业”的外商投资企业，依法享受进口设备的减免税政策。那么，申请退税的产品是“企业生产的全部产品”还是“项目下生产的全部产品”？

答：按照《通知》规定，外商投资企业产品全部直接出口项目项下进口设备，依法享受进口设备免税或先征后返的政策。一般情况下企业生产的产品作为一个项目进行审核，项目是由企业来承担，企业设立的目的就是专门从事某一个项目，因此原则上以“企业生产的全部产品”作为独立的检查对象。

当同一个企业内存在多个生产项目时，如果产品全部出口的项目可以单独核算和管理，且该项目项下

的产品与其他项目项下的产品有实质性区别（以税则号列前四位是否改变为判断标准），则由地方商务部门受理满足上述条件的企业申请后，报商务部会同有关部门审核确认。经确认符合条件的，可以“项目下生产的全部产品”作为独立的检查对象。

关于“全部出口”的概念

问：《关于审核产品全部直接出口的允许类外商投资项目退税中几个问题的意见》（财关税〔2006〕27号）虽然明确“边角料、报废产品在所难免，只要其数量与制成品的比例控制在合理范围内”，不影响享受退税政策，但如何确定“合理范围”标准？

答：判断企业的报废产品是否影响其享受退税政策主要有两条标准：1. 报废产品的内销价格明显低于正常产品的销售价格；2. 报废产品的销售收入占全部产品销售收入的比例低于3%。满足上述两条标准的企业不影响其享受进口设备的退税政策。

关于“直接出口”的概念

问：目前，存在以下几种出口形式：1. 委托代理出口；2. 深加工结转出口，其中涉及跨区结转问题；3. 出口到保税区或加工区；4. 外贸收购出口；5. 自营出口。如何判断上述出口形式是否符合“直接出口”？

答：按照现行减免税的有关规定，“直接出口”包括自营出口、委托代理出口，但不包括外贸收购出口。

关于加工贸易深加工结转。情况比较复杂，建议按如下方式掌握：1. 来料加工方面。考虑到来料加工产品的销售权实际由国外供货方控制，因此核查过程中对境内外企业从事来料加工发生的深加工结转行为可不予追究，上述行为不影响其享受进口设备的退税或免税政策。2. 进料加工方面。按现行政策规定，对出口加工区等享受出口退税政策的海关特定监管区外的加工贸易企业（以下简称区外加工贸易企业）从事进料加工业务，其销售或结转到上述特定监管区内的产品被视为直接出口。区外加工贸易企业之间的进料加工深加工结转虽然海关也按进出口管理，但由于该货物在结转环节并未实际离境，因此结转环节并不实行增值税“免、抵、退”政策。由于存在中间结转环节，且进料加工的销售权实际由境内企业自己控制，因此，从严格意义上说，区外加工贸易企业之间的进料加工深加工结转不属于“产品直接出口”的范畴。此外，对2008年10月1日以前批准的产品全部直接出口项目，在2002年10月1日以后继续免税进口设备的，如在调查其内发生进料加工深加工结转行为（直接结转到享受出口退税政策的海关特定监管区内的除外），则应按照《中华人民共和国进出口关税条例》有关规定对该企业在2002年10月1日以后免税进口的设备予以补征进口税款。

二〇〇八年二月二十一日

商务部办公厅、财政部办公厅、海关总署办公厅、国家税务总局办公厅关于部分外商投资企业产品出口情况检查有关工作的补充通知

（商办资函〔2011〕979号）

各省、自治区、直辖市、计划单列市、新疆生产建设兵团商务主管部门、国税局，海关总署广东分署、各直属海关，财政部驻各省、自治区、直辖市、计划单列市财政监察专员办事处：

经国务院批准，发展改革委、商务部令2007年第57号公布了《外商投资产业指导目录（2007年修

订）》，不再将产品全部直接出口的允许类外商投资项目列为鼓励外商投资项目。财政部和海关总署发布2007年第42号公告，对产品全部直接出口的允许类外商投资项目进口设备税收政策，作出明确规定。

为执行有关进口税收政策，解决各地在执行商务部、财政部、海关总署、国家税务总局《关于印发产品全部直接出口的允许类外商投资企业产品出口情况检查暂行办法》（商资发〔2006〕1号，以下简称检查办法）过程中遇到的问题，商务部会同相关部门对检查办法进行了修改完善，现就进一步做好出口检查及退税工作补充通知如下：

一、各地商务主管部门会同财政部驻当地财政监察专员办事处（以下简称财政专员办）、当地海关和国税部门（以下简称相关部门），对2002年10月1日至2007年11月30日期间设立或增资，并根据《财政部 国家计委 国家经贸委 外经贸部 海关总署 国家税务总局 关于调整部分进口税收优惠政策的通知》（财税〔2002〕146号）和财政部、海关总署2007年第42号公告，以及《财政部办公厅 商务部办公厅 海关总署办公厅 国家税务总局办公厅 关于产品全部直接出口的允许类外商投资企业进口设备税收政策问题的意见》（财办关税〔2008〕12号）享受进口设备税收先征后退政策的外商投资企业（以下简称企业）的产品出口相关情况进行汇总。

二、请各地商务主管部门通知企业于2011年9月30日前将2011年以前核查期各年度产品出口情况核查表（以下简称核查表，见附件1）一式四份及申请退税企业缴税情况汇总表（见附件2，请随附光盘）报送当地省级商务主管部门。

三、商务主管部门收到核查表并进行初步审查后，按顺序将核查表以及核查产品涉及的进出口报关单证等相关材料转当地海关、国税局、财政专员办，由相关部门对企业产品出口有关情况进行审核。相关部门确认企业申报各项情况属实的，在核查表上加盖部门公章，商务主管部门于12月31日前将加盖相关部门印章的核查表反馈给企业三份，同时将准予退税企业有关情况汇总表（见附件3）报商务部，并将汇总表抄送当地相关部门。

四、经核查情况属实的企业，可根据《财政部 中国人民银行 海关总署 国家税务总局关于印发〈进口税收先征后返管理办法〉的通知》（财预〔2009〕84号），按已通过核查年限向纳税地海关申请办理有关进口设备所征税款的返还手续。核查一年且符合规定的，可申请返还已缴纳税款的20%；核查两年且符合规定的，可申请返还已缴纳税款的40%；依此类推。企业申办返还税收时，应附加盖印章的各年度产品出口情况核查表（纸质原件一份）。

五、纳税地海关应将加盖印章的企业各年度产品出口情况核查表报送财政部预算司（纸质原件一份）。

上述经核查情况属实的企业，此前已向海关申请办理有关进口设备所征税款返还手续，且海关按规定已向财政部报送税款先征后返申请材料的，由当地商务主管部门会同海关、国税、财政专员办对企业重新填报的核查表进行复核。经复核属实的，当地商务主管部门将核查表报送财政部预算司（纸质原件一份），由财政部凭此次复核属实的结果证明，按申请返还的比例批复同意返税并通知有关海关。

六、核查发现企业申报情况不实的，企业有关进口设备所征税款不再返还，同时追缴该项目已返还的税款，并依法予以处罚。

七、上述通知事项。执行过程中有何问题，请及时与相关部门联系。

附件1　（　）年度企业产品出口情况核查表（略）
附件2　企业申请退税情况统计表（略）
附件3　（　）省（市、区）准予退税企业有关情况汇总表（略）

二〇一一年八月三十一日

2.4.5 外国政府和国际金融组织贷款项目

海关总署转发财政部《关于利用国际金融组织贷款和外国政府贷款项目国际招标国内中标机电设备进口零部件免征关税的暂行办法》的通知

（署税〔2000〕484号）

广东分署，各直属海关、院校：

现将经国务院批准的《关于利用国际金融组织贷款和外国政府贷款项目国际招标国内中标机电设备进口零部件免征关税的暂行办法》（以下简称《办法》，见附件1）转发给你们，并就执行中的有关问题通知如下：

一、《办法》第二条中所述的日本海外经济协力基金、日本输出入银行已于1999年10月1日合并为日本国际协力银行。据此，对1999年10月1日前利用日本海外经济协力基金和日本输出入银行贷款项目和1999年10月1日以后利用日本国际协力银行贷款项目国际招标国内中标机电设备进口零部件均可按《办法》办理。

二、免税手续一律由中标设备的生产企业在所需的零部件进口前，向其所在地海关申请，海关凭以下单证办理免税手续：

1. 信息产业部或国家机械工业局核发的《国内中标设备进口国内不能生产的零部件证明书》原件（上述两单位的印章印模见附件2、3）；

2. 《国家评标委员会审议评标结果通知》复印件（国家评标委员会印章印模见附件4）；

3. 《中标通知书》复印件〈格式另发〉。

三、各审批海关要认真审核所附的各项单证，对不属于《办法》所规定的贷款范围或进口零部件用于生产《外商投资项目不予免税的进口商品目录》范围的设备，不予受理。

四、经审核无误后，海关出具《进口货物征免税证明》，并注明免征进口关税、照章征收进口环节增值税和消费税。进口地海关凭主管海关出具的上述证明办理征免税手续。

五、此项税收优惠政策的审批纳入《减免税管理系统》管理，并一律经由各直属海关经三级审批同意后方可出具《进口货物征免税证明》。征免性质代码填写“611”，征免性质简称“贷款中标”。项目性质代码分别填写：“J”简称“外国政府贷款中标”，“K”简称“国际金融组织贷款中标”。

六、按照现行规定，海关凭有效许可证件验放。

七、主管地海关与进口地海关要加强联系配合，提高工作效率，严格按《办法》执行，不得擅自扩大免税范围。要加强对免税进口零部件的后续管理，防止倒卖和挪作他用。

八、本通知自1999年10月1日起执行，已征税款不予退还。在此日期以后报关进口，尚未办结征税手续的，按本通知的规定办结免税手续后，予以免税结案，已征收的保证金准予退还。执行中有何问题，请及时向总署关税司反映。

附件 1 财政部关于颁发《关于利用国际金融组织贷款和外国政府贷款项目国际招标国内中标机电设备进口零部件免征关税的暂行办法》的通知（财税〔2000〕1 号）

附件 2 信息产业部主管部门印模（略）

附件 3 机械工业局主管部门印模（略）

附件 4 评标委员会审议评标结果通知（略）

二〇〇〇年八月十六日

附件 1

关于颁发《关于利用国际金融组织贷款和外国政府贷款项目国际招标国内中标机电设备进口零部件免征关税的暂行办法》的通知

（财税〔2000〕1 号）

海关总署：

经国务院批准，现将《关于利用国际金融组织贷款和外国政府贷款项目国际招标国内中标机电设备进口零部件免征关税的暂行办法》发给你署，请通知有关海关执行。

附件 关于利用国际金融组织贷款和外国政府贷款项目国际招标国内中标机电设备进口零部件免征关税的暂行办法

二〇〇〇年六月二十五日

附件

关于利用国际金融组织贷款和外国政府贷款项目国际招标国内中标机电设备进口零部件免征关税的暂行办法

一、为了鼓励国内机电制造企业积极参与利用国际金融组织贷款和外国政府贷款项目采购设备的国际招标活动，平衡国内外中标设备的税收负担，特制定本办法。

二、前款所述的国际金融组织贷款和外国政府贷款，是指世界银行贷款、亚洲开发银行贷款、日本海外经济协力基金贷款（OECF）、日本输出入银行资金协力贷款，以及上述组织的赠款。

三、在利用上述贷款项目的国际招标中，国内中标单位（以下简称“中标单位”）为生产中标机电设备而进口国内不能生产或性能不能满足需要的零部件免征进口关税，照章征收进口环节增值税和消费税。

中标机电设备是指，在国际招标中国内企业直接中标、中外联合中标生产的机电设备，以及中标的境外企业、国内企业将中标项目再分包给国内其他企业制造的机电设备，不包括《外商投资项目不予免税的进口商品目录》中所规定的设备。生产这类设备的企业称“进口单位”。

四、免税审批程序

1. “中标单位”凭国家评标委员会出具的《国家评标委员会审议评标结果通知》（包括《中标产品清单》）和《中标通知书》向国家机械工业局提交（属电子产品的向国家信息产业部提交）《中标设备进口国内不能生产零部件申请表》（式样见附表 1，以下简称《申请表》），《申请表》必须列明中标的设备名称，需进口零部件的名称、数量、金额以及相应的各项技术指标等。

2. 国家信息产业部和国家机械工业局接到《申请表》后，须组织有关专家进行审核，对按照中标设备的技术性能等指标所需进口的零部件确属国内不能生产或性能不能满足需要的，在五个工作日之内，为

“进口单位”出具《国内中标设备进口国内不能生产的零部件证明书》（式样见附表2，以下简称《证明书》）并加盖“国家信息产业部（或国家机械工业局）进口零部件审批专用章”（以下简称“专用章”），同时将《证明书》副本抄送财政部、海关总署和“进口单位”所在地直属海关。

3. 对国家实行进口配额管理的商品，“进口单位”须在提出《机电产品进口申请表》的同时提交《证明书》复印件，按产品所属进口管理目录，到相应机电产品管理机构办理进口手续。

4. “进口单位”在进口零部件报关时，必须向进口地海关提交加盖“专用章”的《证明书》（原件）、《国家评标委员会审议评标结果通知》（复印件）和《中标通知书》（复印件）。有关具体免税办法由海关总署拟定。

五、管理及处罚

1. 海关依据《中华人民共和国海关法》的有关规定，依法对免税进口的零部件实行监管。

2. “进口单位”进口免征关税的零部件，必须全部用于生产中标机电设备，如转手倒卖或移作他用，按《中华人民共和国海关法》的有关规定实施处罚。

六、本办法自一九九九年十月一日起执行。

附表1　（略）

附表2　国内中标设备进口国内不能生产的零部件证明书

附表2

国内中标设备进口国内不能生产的零部件证明书

〔　　〕机电审字第　　号

××海关：

××××（中标单位名称）利用××××贷款，在××××项目中，中标××××设备，中标号为××××号。为生产上述中标设备，需进口部分零部件。经我局审核以下零部件国内不能生产：

进口单位： 地址：			贸易国（地区）： 报送口岸：		
序号	商品名称	税则号列	数量	总金额（万美元）	合同号
总计					

年　　月　　日（签章）

海关总署关于办理国际金融组织和外国政府贷款项目减免税手续有关事宜的通知

（署税发〔2006〕317号）

广东分署，天津、上海特派办，各直属海关：

近期，国家发展改革委下发了《关于办理国际金融组织和外国政府贷款项目确认书有关事项的通知》（发改办外资〔2006〕408号），对国际金融组织和外国政府贷款项目（以下简称国外贷款项目）的《国家鼓励发展的内外资项目确认书》（以下简称项目确认书，格式见附件 1）出具权限和办理程序等事项进行了调整。现就其中涉及海关减免税审批工作的有关事宜通知如下：

一、由国务院和国家发展改革委审批、核准的国外贷款项目，海关凭国家发展改革委出具的项目确认书和其他相关材料受理项目单位的减免税备案申请。由地方审批、核准或备案的国外贷款项目，海关凭省级（即各省、自治区、直辖市、计划单列市及新疆生产建设兵团）发展改革委出具的项目确认书、国家发展改革委对项目资金申请报告的批复文件以及其他相关材料受理项目单位的减免税备案申请。

计划单列企业集团、中央管理企业的国外贷款项目，海关凭国家发展改革委出具的项目确认书和其他相关材料受理其减免税备案申请。

海关受理国外贷款项目的减免税备案和审批申请时，不再要求项目单位提供由财政部出具的贷款证明书。

二、对于由国家发展改革委出具项目确认书的国外贷款项目，项目单位为施工单位的，各海关也可受理其减免税备案和审批申请。

对于由省级发展改革委出具项目确认书的国外贷款项目，项目单位为施工单位的，各海关不予受理。

三、国外贷款项目的项目确认书中的“项目产业政策审批条目”适用内资鼓励产业条目；随附的进口设备清单需经发展改革部门盖章，确认有关进口设备用于特定的国外贷款项目。

海关按照《外商投资项目不予免税的进口商品目录》审核确定国外贷款项目进口设备是否符合免税条件。

四、对于涉及多个子项目的国外贷款项目，项目确认书中的项目单位可填写牵头实施单位，但应在牵头实施单位后用括号注明“项目具体实施单位，详见附件”等相关内容，并在项目确认书的附件中详细列名各子项目的具体实施单位。上述涉及多个子项目的国外贷款项目，可由项目确认书中的项目单位（牵头实施单位）统一向海关申请办理减免税手续。

五、国外贷款项目执行过程中需要变更项目单位名称、用汇额、执行年限等主要事项的，海关凭原项目确认书出具部门出具的同意变更的函（格式见附件 2）办理相应的备案变更手续。

六、在 2006 年 4 月 2 日及以后批准的国外贷款项目（以项目可行性研究报告批准文件、项目申请报告核准文件或项目备案文件的出具时间为准），海关按照上述规定办理减免税备案和审批手续。2006 年 4 月 2 日之前批准的国外贷款项目仍按原规定执行。

执行中遇到问题，请及时向总署关税司反映。

特此通知。

附件 1　国家鼓励发展的内外资项目确认书（略）

附件 2　关于变更《国家鼓励发展的内外资项目确认书》的函（略）

二〇〇六年七月十日

财政部、海关总署、国家税务总局关于外国政府贷款和国际金融组织贷款项目进口设备增值税政策的通知

（财关税〔2009〕63 号）

各省、自治区、直辖市、计划单列市财政厅（局）、国家税务局，新疆生产建设兵团财务局，海关总署广东分署、各直属海关：

经国务院批准，自 2009 年 1 月 1 日起，对按有关规定其增值税进项税额无法抵扣的外国政府和国际

金融组织贷款项目进口的自用设备，继续按《国务院关于调整进口设备税收政策的通知》（国发〔1997〕37号）中的相关规定执行，即除《外商投资项目不予免税的进口商品目录》所列商品外，免征进口环节增值税。

外国政府贷款和国际金融组织贷款项目单位利用外国政府贷款和国际金融组织贷款项目进口的设备，申请免征进口环节增值税的，按如下方式办理手续：

一、对于附件1所列贷款项目单位可以按相关规定到海关直接办理免征进口环节增值税的手续。

二、对于附件1所列的贷款项目单位以外的其他外国政府贷款和国际金融组织贷款项目单位，首先需经主管国家税务局审核后报地（市）级国税主管机关认定其购置设备缴纳的增值税进项税额因不属于增值税一般纳税人或该项目项下进口设备完全用于增值税免税业务等因素而无法抵扣，并为其出具税务确认书（税务确认书格式见附件2）后，方可按相关规定到海关办理进口设备免征进口环节增值税的手续。

三、2009年1月1日以后进口的外国政府和国际金融组织贷款项目项下设备，符合本通知上述免税条件和相关要求的，在补办海关免税审批手续后，已征收的进口环节增值税准予退还。但对于按照重大技术装备专项进口税收政策有关进口整机征收关税和进口环节增值税的规定，外国政府和国际金融组织贷款项目项下进口属于专项政策规定征税范围内的设备不能享受本通知免征进口环节增值税的待遇，已征收的进口环节增值税不予退还。

附件1 部分外国政府贷款和国际金融组织贷款项目单位清单

附件2 外国政府贷款和国际金融组织贷款项目单位税务确认书（格式）

二〇〇九年十一月十六日

附件1

部分外国政府贷款和国际金融组织贷款项目单位清单

贷款项目	项目单位
污水处理、再生水项目（不包括自来水项目）	污水处理厂
环境综合治理、环境监测、生物资源保护项目（不包括固体废物焚烧发电项目）	地方政府环保部门，包括环保局、环保监测站、建设与环境资源局、市政管理委员会、自然环境管理部门
公安、消防、气象、防洪项目	公安、消防、气象、防洪部门，包括公安局、交警支队、消防局、消防支队、气象局、防洪指挥部
教育培训、人才培养项目	教育部门、高等院校、技术学院、中等职业学校
文化遗产保护项目	地方政府文化保护部门、文物局、文物保护单位
交通项目	交通管理部门、铁道部、铁路局、航道局、民航总局、市交通委员会、市交通指挥控制中心
医疗卫生项目	各级公共卫生机构，包括各级公立医院疾控中心
广播电视、邮电项目	广播电视、邮电部门，包括电视台、广播电视中心、邮电局
农产品种植、林业产品种植、畜牧养殖、农机服务项目（不包括农林产品加工项目）	地方政府农业部门、农业综合开发办、农垦局、农机局、畜牧局、林业部门、扶贫办
其他外国政府贷款和国际金融组织贷款项目	政府部门

附件 2

外国政府贷款和国际金融组织贷款项目单位
税务确认书（格式）

编号：

（贷款项目单位）：

根据《财政部海关总署国家税务总局关于外国政府和国际金融组织贷款项目进口设备增值税政策的通知》（财关税〔2009〕63 号）规定以及财政部对备选贷款项目的批复（批复文件号），兹确认承接外国政府贷款和国际金融组织贷款项目的（贷款项目单位名称）因口属于非增值税一般纳税人口（贷款项目具体名称）项下进口设备完全用于增值税免税业务口其他原因（填写具体原因及增值税的有关规定），其增值税进项税额不能抵扣。

××省、自治区、直辖市、计划单列市

××地区（市）国家税务局

抄送：国家税务总局

注：

1. 其他原因应以《中华人民共和国增值税暂行条例》、《中华人民共和国增值税暂行条例实施细则》以及财政部和税务总局出台的相关规定为依据。

2. 确认书一式四联，第一联留存，第二联由项目单位交海关办理进口免税手续，第三联项目承接单位存档，第四联送国家税务总局。

海关总署关于外国政府贷款和国际金融组织贷款项目进口设备办理退还增值税手续有关事宜的公告

（海关总署公告 2010 年第 61 号）

经国务院批准，自 2009 年 1 月 1 日起，对按有关规定其增值税进项税额无法抵扣的外国政府和国际金融组织贷款项目（以下简称国外贷款项目）进口的自用设备，继续按照《国务院关于调整进口设备税收政策的通知》（国发〔1997〕37 号）的相关规定免征进口环节增值税。为此，《财政部 海关总署 国家税务总局关于外国政府贷款和国际金融组织贷款项目进口设备增值税政策的通知》（财关税〔2009〕63 号，以下简称《通知》）对相关政策及执行中有关事宜予以明确。现就符合《通知》规定准予退还已征收进口环节增值税的国外贷款项目项下进口设备，申请办理退还进口环节增值税手续的有关事宜公告如下：

一、对于符合《通知》规定的进口设备免征进口环节增值税条件和要求的国外贷款项目，有关项目单位要求退还该项目项下进口设备已征收的进口环节增值税的，应按以下程序办理：

（一）有关项目单位应持本公告规定的相关材料向项目单位所在地海关（以下简称主管海关）申请办理免征进口环节增值税认定手续；

（二）主管海关经审核确认后，出具《外国政府贷款和国际金融组织贷款项目项下进口设备符合免征进口环节增值税条件的认定证明》（格式详见附件，以下简称《免税认定证明》）；

（三）有关项目单位凭主管海关出具的《免税认定证明》向原进口地海关申请办理退还进口环节增值税的手续。

二、有关项目单位应于 2010 年 11 月 30 日前向主管海关提出办理免征进口环节增值税认定手续申请，并在《免税认定证明》的有效期内向原进口地海关申请办理退税手续；逾期，主管海关和原进口地海关均不再受理。

三、有关项目单位进口国外贷款项目项下设备时已取得《进出口货物征免税证明》（以下简称《征免税证明》）并免征进口关税的，在向主管海关申请办理免征进口环节增值税认定手续时，应提交下列材料：

（一）办理免征进口环节增值税认定的书面申请（加盖企业公章；《通知》附件1所列的贷款项目单位，应说明具体项目属于《通知》附件1所列贷款项目的类别）；

（二）《征免税证明》第三联（进口单位留存联）复印件；

（三）经海关和国库经收处（银行）盖章的《海关专用缴款书》复印件（加盖企业公章）；

（四）进口货物报关单（付汇证明联）复印件；

（五）《通知》附件1所列贷款项目单位以外的其他国外贷款项目单位，应提供地（市）级国税主管机关出具的《外国政府贷款和国际金融组织贷款项目单位税务确认书》（格式见《通知》附件2）；

（六）主管海关认为需要提供的其他材料。

四、有关项目单位进口国外贷款项目项下设备时未向海关申请办理免征进口关税手续的，在向主管海关申请办理免征进口环节增值税认定手续时，除需提交本公告第三条所列材料（不包括《征免税证明》）外，还需提交办理国外贷款项目进口设备减免税审批申请所需的相关材料。

五、主管海关在受理上述免征进口环节增值税认定申请后，对经审核符合《通知》规定的免税条件和相关政策要求的，出具《免税认定证明》（一张进口货物报关单对应一张《免税认定证明》）。

六、对于相关设备进口时未申请办理免征进口关税手续且已照章征收进口关税和进口环节增值税的，主管海关在出具《免税认定证明》时，应同时按照《中华人民共和国海关进出口货物减免税管理办法》（海关总署令第179号）的相关规定办理有关国外贷款项目的减免税备案手续，但不出具《征免税证明》，之前已征收的进口关税亦不予退还。

七、有关项目单位向原进口地海关申请办理国外贷款项目项下进口设备退还进口环节增值税手续时，除应提交主管海关出具的《免税认定证明》外，还应提交国外贷款项目项下进口设备的进口货物报关单（付汇证明联）复印件、《海关专用缴款书》原件和复印件、进口合同复印件等相关材料。进口地海关审核相关单证无误后，向有关项目单位出具《收入退还书》。

八、本公告内容自发布之日起实施。

特此公告。

附件　外国政府贷款和国际金融组织贷款项目项下进口设备符合免征进口环节增值税条件的认定证明（格式）

中华人民共和国海关总署

二〇一〇年九月十九日

附件

外国政府贷款和国际金融组织贷款项目项下进口设备符合免征进口环节增值税条件的认定证明（格式）

编号：

（国外贷款项目单位）：

根据《财政部 海关总署 国家税务总局关于外国政府贷款和国际金融组织贷款项目进口设备增值税政策的通知》（财关税〔2009〕63号）及相关规定，你单位提交的免税认定申请（《进口货物报关单》编号：__________，《征免税证明》编号：__________，《海关专用缴款书》编号：__________），经审核，

□全部商品/□其中第__________项商品符合免征进口环节增值税条件。

请你单位在有效期内持凭本认定证明到进口地海关办理有关国外贷款项目项下设备退还进口环节增值税手续。

海关（盖章）
年　月　日

注：

1. 本认定证明有效期：自签章之日起3个月内有效。

2. 认定证明一式三联，第一联由主管海关留存，第二联由国外贷款项目单位交由进口地海关办理退还进口环节增值税手续，第三联由国外贷款项目单位留存。

3. 之前未向海关申请办理免征关税手续的，不用填写《征免税证明》编号。

海关总署关于执行外国政府贷款和国际金融组织贷款项目进口设备办理退还增值税有关问题的通知

（署税发〔2010〕435号）

广东分署，各直属海关：

关于外国政府贷款和国际金融组织贷款项目（以下简称国外贷款项目）进口设备申请办理退还进口环节增值税手续涉及减免税申请人的有关事宜，海关总署第61号公告已经予以明确。现将执行中涉及海关内部管理的有关问题通知如下：

一、对于符合61号公告规定的国外贷款项目，有关项目单位进口国外贷款项目项下设备时未申请办理免征进口关税手续且已照章征收进口关税和进口环节增值税的，在向海关申请办理退还增值税手续时，主管海关经审核确认并出具《外国政府贷款和国际金融组织贷款项目项下进口设备符合免征进口环节增值税条件的认定证明》后，可采取手工方式调减“减免税管理系统”中相应的用汇额度（在系统中注明调减原因）；此后如需办理转让、补税、抵押贷款等后续管理审批业务，手工出具相关单证，不在“减免税后续管理系统”中进行处理。

二、在61号公告发布之前，有关海关已对符合61号公告规定条件的国外贷款项目项下进口设备办理了退还进口环节增值税手续的，有关手续继续有效，无需调整；但自61号公告发布之日起，应按照61号公告规定执行。

特此通知。

二〇一〇年十一月九日

3 重大技术装备

海关总署关税征管司关于城市轨道交通和三代核电装备自主化依托项目重大技术装备进口关键零部件及原材料减免税审批有关问题的通知

(税管函〔2012〕83号)

各直属海关：

关于享受重大技术装备进口税收政策的城市轨道交通和三代核电装备自主化依托项目进口关键零部件及原材料的减免税问题，经国务院有关部门共同研究，现将有关问题进一步明确如下：

一、对城市轨道交通和三代核电项目业主单位在2012年12月31日前进口的零部件及原材料，经海关审核确认，组装后能构成重大技术装备进口关键零部件及原材料免税清单中所列一级或二级部件整机特征的，或者属于重大技术装备进口关键部件及原材料免税清单所列一级或二级部件项下零部件或原材料的，准予办理相关减免税手续。

二、考虑到上述两个自主化依托项目的项目业主单位按照重大技术装备政策2011年进口关键零部件及原材料的海关减免税审批和有关认定工作量较大，海关减免税审批时限可适当延长，但最迟应于2012年12月31日前办结相关海关手续。

三、本通知未尽事宜，请按照《海关总署关于印发2011年享受重大技术装备进口税收政策的企业名单及免税进口额度清单的通知》(署税函〔2011〕606号)和《关税征管司关于印发2011年享受重大技术装备进口税收政策三代核电机组等领域企业名单及免税进口额度的通知》(税管函〔2012〕8号)的规定办理相关手续。

另外，近期国务院有关部门正在研究北京地铁6号线、8号线、9号线工程，以及重庆市轨道交通3号线一期工程和上海轨道交通8号线车辆增购项目2011年度免税进口额度增加的问题。上述项目项下2011年进口关键零部件及原材料享受免税的金额超过“署税函〔2011〕606号”附件2所列免税额度的，如原税款担保期限到期的，可办理延期手续。待有关政策明确后，再按照总署通知办理相关手续。

特此通知。

二〇一二年六月二十八日

财政部、国家发展改革委、工业和信息化部、海关总署、国家税务总局、国家能源局关于调整重大技术装备进口税收政策的通知

(财关税〔2014〕2号)

各省、自治区、直辖市、计划单列市财政厅(局)、发展改革委、工业和信息化主管部门、国家税务局，新疆生产建设兵团财务局、发展改革委，海关总署广东分署、各直属海关，财政部驻各省、自治区、直辖市、计划单列市财政监察专员办事处：

为贯彻落实国务院关于装备制造业振兴规划有关决定，提高我国装备制造业的核心竞争力及自主创新

能力，推动产业结构调整和升级，促进国民经济可持续发展，2009 年 8 月，财政部会同国家发展改革委、工业和信息化部、海关总署、国家税务总局、国家能源局出台了重大技术装备进口税收政策。根据近年来国内装备制造业及其配套产业的发展情况，在广泛听取产业主管部门、行业协会及相关企业等方面意见的基础上，决定对重大技术装备进口税收政策有关规定和目录进行调整。现通知如下：

一、《重大技术装备进口税收政策规定》（见附件 1）自 2014 年 3 月 1 日起执行。

二、《国家支持发展的重大技术装备和产品目录（2014 年修订）》（见附件 2）和《重大技术装备和产品进口关键零部件及原材料商品目录（2014 年修订）》（见附件 3）自 2014 年 3 月 1 日起执行，符合规定条件的国内企业为生产本通知附件 2 所列装备或产品而确有必要进口本通知附件 3 所列商品，免征关税和进口环节增值税。

三、《进口不予免税的重大技术装备和产品目录（2014 年修订）》（见附件 4，以下简称《不免目录》）自 2014 年 3 月 1 日起执行。对 2014 年 3 月 1 日（含 3 月 1 日）以后批准的按照或比照《国务院关于调整进口设备税收政策的通知》（国发〔1997〕37 号）规定享受进口税收优惠政策的下列项目和企业，进口本通知附件 4 所列自用设备以及按照合同随上述设备进口的技术及配套件、备件，一律照章征收进口税收：

（一）国家鼓励发展的国内投资项目和外商投资项目；

（二）外国政府贷款和国际金融组织贷款项目；

（三）由外商提供不作价进口设备的加工贸易企业；

（四）中西部地区外商投资优势产业项目；

（五）《海关总署关于进一步鼓励外商投资有关进口税收政策的通知》（署税〔1999〕791 号）规定的外商投资企业和外商投资设立的研究中心利用自有资金进行技术改造项目。

为保证《不免目录》调整前已批准的上述项目顺利实施，对 2014 年 3 月 1 日前（不含 3 月 1 日）批准的上述项目和企业在 2014 年 9 月 1 日前（不含 9 月 1 日）进口本通知附件 4 所列设备，继续按照《财政部 工业和信息化部 海关总署 国家税务总局关于调整重大技术装备进口税收政策有关目录的通知》（财关税〔2012〕14 号）附件 3、《财政部 工业和信息化部 海关总署 国家税务总局关于调整重大技术装备进口税收政策有关目录的通知》（财关税〔2013〕14 号）附件 3、《财政部 国家发展改革委 海关总署 国家税务总局关于调整〈国内投资项目不予免税的进口商品目录〉的公告》（2012 年第 83 号）执行。对于有关进口设备按照调整前有关目录审核不符合免税条件，而按照调整后的《不免目录》审核符合免税条件的，自 2014 年 3 月 1 日起按照调整后的《不免目录》执行。货物已经征税进口的，不再予以退税。

自 2014 年 9 月 1 日起对上述项目和企业进口本通知《不免目录》中设备，一律照章征收进口税收。为保证政策执行的统一性，对有关项目和企业进口商品需对照《不免目录》和《国内投资项目不予免税的进口商品目录（2012 年调整）》审核征免税的，《不免目录》与《国内投资项目不予免税的进口商品目录（2012 年调整）》所列商品名称相同，或仅在《不免目录》中列名的商品，一律以《不免目录》所列商品及其技术规格指标为准。

四、根据国内产业发展情况，自 2014 年 3 月 1 日起，将国家支持发展的油气钻探设备、半潜式钻井平台、液化天然气运输船、深水物探船、接触网多功能综合作业车、湿式电除尘器等装备纳入到重大技术装备进口税收政策支持范围（见附件 2）。

自 2014 年 3 月 1 日起，取消直流供电牵引设备、火灾自动报警及气体灭火系统、联锁系统、燃煤电站烟气脱硝成套设备等装备进口免税政策；调整三代核电机组核岛设备、二代改进型核电机组核岛设备与常规岛设备、清筛机、混凝土泵车、城市轨道交通装备等装备的进口免税零部件及原材料目录（见附件 3）。

五、2014 年新申请享受重大技术装备进口税收政策的企业或项目业主，应在 2014 年 3 月 1 日至 3 月 31 日提交申请文件，逾期不予受理，具体申请程序和要求按照本通知附件 1 执行。

省级工业和信息化主管部门应按照规定程序和要求对上述领域的地方制造企业申请材料进行初审，并在 2014 年 4 月 15 日前将申请文件及初审意见汇总上报工业和信息化部，逾期不予受理。自 2014 年 3 月 1

日起，新申请企业提交的申请文件经初审符合要求的，企业凭受理部门出具的证明文件向海关申请凭税款担保先予办理有关零部件及原材料放行手续。

工业和信息化部、国家发展改革委、国家能源局应在 2014 年 5 月 15 日前将制造企业或项目业主资格认定及相关因素核定结果报送财政部，逾期不予受理。

六、申请享受 2015 年度及以后重大技术装备进口税收政策的企业或项目业主，应按照按本通知附件 1 有关规定在上一年度 11 月 1 日至 30 日提交申请文件。

七、2013 年已获得免税资格的制造企业、承担城市轨道交通自主化依托项目业主、承担核电装备自主化依托项目业主，在 2014 年 3 月 1 日前（不含 3 月 1 日）继续申请免税进口关键零部件及原材料的，按照财关税〔2012〕14 号、财关税〔2013〕14 号文件有关规定及目录执行；自 2014 年 3 月 1 日起，2013 年已获得免税资格的企业及业主继续申请免税进口关键零部件及原材料的，按照本通知有关规定及目录执行。

八、2013 年已享受重大技术装备进口税收优惠政策的制造企业和项目业主，应在 2014 年 3 月 1 日至 3 月 31 日按照本通知附件 1 有关要求向财政部和海关总署报送享受政策落实情况报告，逾期未提交报告的企业或项目业主视为放弃享受政策。

九、自 2014 年 3 月 1 日起，下列文件予以废止：

1.《财政部、发展改革委、工业和信息化部、海关总署、国家税务总局、国家能源局关于调整重大技术装备进口税收政策的通知》（财关税〔2009〕55 号）

2.《财政部、工业和信息化部、海关总署、国家税务总局关于调整重大技术装备进口税收政策有关目录的通知》（财关税〔2012〕14 号）

3.《财政部、工业和信息化部、海关总署、国家税务总局关于调整重大技术装备进口税收政策有关目录的通知》（财关税〔2013〕14 号）

附件 1　重大技术装备进口税收政策规定

附件 2　国家支持发展的重大技术装备和产品目录（2014 年修订）

附件 3　重大技术装备和产品进口关键零部件及原材料商品目录（2014 年修订）

附件 4　进口不予免税的重大技术装备和产品目录（2014 年修订）

二〇一四年二月十八日

附件 1

重大技术装备进口税收政策规定

第一条　为提高我国企业的核心竞争力及自主创新能力，促进装备制造业的发展，贯彻落实国务院关于装备制造业振兴规划和加快振兴装备制造业有关调整进口税收政策的决定，特制定本规定。

第二条　根据国务院关于装备制造业振兴规划有关决定，财政部会同国家发展改革委、工业和信息化部、海关总署、国家税务总局、国家能源局制定了《国家支持发展的重大技术装备和产品目录》和《重大技术装备和产品进口关键零部件及原材料商品目录》。对符合规定条件的国内企业为生产国家支持发展的重大技术装备或产品而确有必要进口部分关键零部件及原材料，免征关税和进口环节增值税。

第三条　对国内已能生产的重大技术装备和产品，由财政部会同有关部门制定《进口不予免税的重大技术装备和产品目录》。对按照或比照《国务院关于调整进口设备税收政策的通知》（国发〔1997〕37 号）规定享受进口税收优惠政策的下列项目和企业，进口《进口不予免税的重大技术装备和产品目录》中自用设备以及按照合同随上述设备进口的技术及配套件、备件，照章征收进口税收：

（一）国家鼓励发展的国内投资项目和外商投资项目；

（二）外国政府贷款和国际金融组织贷款项目；

（三）由外商提供不作价进口设备的加工贸易企业；

（四）中西部地区外商投资优势产业项目；

（五）《海关总署关于进一步鼓励外商投资有关进口税收政策的通知》（署税〔1999〕791 号）规定的外商投资企业和外商投资设立的研究中心利用自有资金进行技术改造项目。

对相应国产装备尚不能完全满足需求，确需进口的部分整机和设备，根据产业的供应情况，经财政部会同有关部门严格审核，采取降低优惠幅度、逐步缩小免税范围等过渡措施，在一定期限内继续给予进口优惠政策，过渡期结束后停止执行整机的进口免税政策。

第四条 根据国内相关产业发展情况以及政策实施情况，工业主管部门、投资主管部门或海关总署提出调整《国家支持发展的重大技术装备和产品目录》、《重大技术装备和产品进口关键零部件及原材料商品目录》、《进口不予免税的重大技术装备和产品目录》的建议，财政部会同有关部门研究修订后公布执行。

第五条 申请享受政策的企业一般应为从事开发、生产国家支持发展的重大技术装备或产品的制造企业，并应当具备以下条件：

（一）独立法人资格；

（二）具有较强的设计研发和生产制造能力；

（三）具备专业比较齐全的技术人员队伍；

（四）具有核心技术和自主知识产权；

（五）申请享受政策的重大技术装备应符合《国家支持发展的重大技术装备和产品目录》中有关要求。

对于城市轨道交通、核电等领域承担重大技术装备自主化依托项目业主以及开发自用生产设备的企业，可申请享受本规定的进口税收优惠政策。

第六条 对新申请享受政策的企业的免税资格认定工作每年组织一次。新申请享受政策的制造企业应在每年 11 月 1 日至 11 月 30 日提交申请文件（要求见附 1），其中，地方制造企业通过企业所在地省级工业和信息化主管部门向工业和信息化部提交申请文件，中央企业直接向工业和信息化部提交申请文件，报送下一年度申请享受进口税收优惠政策的进口需求。逾期不予受理。

承担城市轨道交通重大技术装备自主化依托项目的业主应在每年 11 月 1 日至 11 月 30 日向国家发展改革委提交申请文件，报送当年度（根据上下文应为下一年度）申请享受进口税收优惠政策的进口需求。承担核电重大技术装备自主化依托项目的业主应在 11 月 1 日至 11 月 30 日向国家能源局提交申请文件，报送下一年度申请享受进口税收优惠政策的进口需求。逾期不予受理。

第七条 工业和信息化部或省级工业和信息化主管部门、国家发展改革委、国家能源局收到企业的申请文件后，应当审查申请文件是否规范、完整，材料是否有效。企业提交的申请文件符合规定的，有关部门应当予以受理，其中，省级工业和信息化主管部门应会同企业所在地直属海关、财政部驻当地财政监察专员办事处对申请材料进行初审，并在每年 12 月 31 日前将申请文件及初审意见汇总上报工业和信息化部，逾期不予受理。企业提交的申请文件不符合规定的，有关部门应当告知企业需要补正的有关材料，企业应在 5 个工作日内提交补正材料。企业不能按照规定提交申请文件或补正材料的，有关部门不予受理。

第八条 工业和信息化部受理制造企业申请文件后，应会同财政部、海关总署、国家税务总局（对能源装备制造企业资格的认定还应会同国家能源局）组织相关行业专家，根据本规定有关要求，对企业资格进行认定，并核定企业确有必要进口的关键零部件、原材料的进口需求。国家发展改革委、国家能源局应会同财政部、海关总署、国家税务总局组织相关行业专家，分别负责对城市轨道交通、核电领域承担重大技术装备自主化依托项目的业主免税资格进行认定，并核定项目业主确有必要进口的关键零部件及原材料的进口需求。工业和信息化部、国家发展改革委、国家能源局应在每年 3 月 1 日前将企业免税资格认定及相关因素核定结果报送财政部，逾期不予受理。

第九条 财政部会同海关总署、国家税务总局根据有关部门对企业免税资格认定和相关因素核定的结果，在年度预算以及税式支出规模（即年度减免税额度）安排的框架内，确定年度享受优惠政策的企业及相应免税进口额度的清单。企业免税进口额度的核定主要考虑企业设计研发制造能力、重大技术装备技术先进性、申报进口需求准确度、免税额度执行率和政策执行情况等方面因素。

第十条 财政部会同有关部门根据企业上一年度进口税收优惠政策执行情况，在印发当年度免税额度清单时，同时预拨下一年度部分免税进口额度，获得预拨免税进口额度的企业可直接向海关申请办理减免税手续。上年度已享受免税政策的企业在本年度免税额度清单印发之前可直接向海关申请凭税款担保先予办理有关零部件及原材料放行手续。本年度新申请企业或项目业主凭申请文件受理部门出具的证明文件向海关申请凭税款担保先予办理有关零部件及原材料放行手续。

第十一条 已享受免税政策的企业发生企业名称、公司类型、经营范围等事项变更的，应在完成变更登记手续后一个月内，将有关变更情况及证明文件报送免税资格认定部门，免税资格认定部门确认后报送财政部和海关总署备案。对企业变更事项涉及本规定第五条有关免税资格条件的，免税资格认定部门应商财政部等部门确认原企业免税资格是否予以有效，免税资格有效的企业可继续享受本进口税收优惠政策。

第十二条 取得免税资格的企业，应按照《中华人民共和国海关进出口货物减免税管理办法》（海关总署第 179 号令）及海关有关规定，在免税进口额度内办理有关重大技术装备或产品进口关键零部件及原材料的免税手续。

享受本规定进口税收优惠政策的企业如违反规定，将免税进口的零部件及原材料擅自转让、移作他用或者进行其他处置，被依法追究刑事责任的，从违法行为发现之日起停止享受本规定进口税收优惠政策；尚不够追究刑事责任的，从违法行为发现之日起停止享受本规定进口税收优惠政策 2 年。

第十三条 为及时对优惠政策进行绩效评价，享受本规定进口税收优惠政策的企业（包括上一年度未发生进口的企业和本年度无进口需求的企业）均应在每年的 3 月 1 日至 3 月 31 日将上一年度的优惠政策落实情况报财政部和海关总署，逾期不予受理。企业未按要求提交优惠政策落实报告的，停止享受本规定进口税收优惠政策。对免税政策执行情况较差的企业，根据轻重程度相应给予取消预拨部分免税进口额度、核减免税进口额度、暂停免税资格或取消免税资格等处理。

第十四条 本规定及有关目录由财政部会同国家发展改革委、工业和信息化部、海关总署、国家税务总局、国家能源局负责解释。

第十五条 本规定自 2014 年 3 月 1 日起实施。

附 1　重大技术装备企业申请文件及其要求

附 2　重大技术装备企业享受政策落实情况报告及其要求

附 1

重大技术装备企业申请文件及其要求

（制造企业版本）

一、申请书应当包括以下内容：

1. 企业性质、股权结构、注册资本以及经营范围、基本财务状况；

2. 重大技术装备生产销售或者合同订单情况；

3. 企业从事重大技术装备或产品的规格型号、主要技术指标等（须注明有关装备或产品在《重大技术装备和产品目录》所在条目）；

4. 企业设计研发能力、生产制造能力、核心技术和自主知识产权，企业研发技术人员人数及其占企业职工的比例；

5. 预计本年度有关装备或产品的销售额和销售数量；预计本年度进口零部件及原材料清单进口金额、进口税额；

6. 企业联系人及联系方式。

二、需要提供的其他文件和材料：

1. 企业法人营业执照复印件；

2. 企业最近年度经审计的财务会计报告（含资产负债表、损益表、现金流量表及相关附注）；

3. 与生产装备相关的核心技术和自主知识产权的证明材料，附核心技术和自主知识产权证明材料；

4. 重大技术装备或产品销售合同情况（包括年销售量的证明），有必要的附某年销售量证明合同汇总表；

5. 受理部门认为需要与申请文件相关的补充材料。

三、企业提交申请文件应一式三份，有关文件或材料应为原件或者加盖有效印章的复印件，并提供电子件两份（光盘形式）。

四、附表：

表1　重大技术装备进口税收优惠政策申请企业基本信息表

企业名称：

类别	序号	栏目		简要说明	备注
基本情况	1	企业性质			
		股权结构			
		独立法人资格			
		注册资本			
		经营范围			
		企业基本财务状况			
		企业所在地直属海关			
	2	企业设计研发能力			
		生产制造能力			
		核心技术和自主知识产权			
	3	企业研发技术人员	人数		
			占企业职工的比例		
	4	企业联系人及联系方式			
申请情况	1	装备或产品在《重大技术装备和产品目录》所在条目			
	2	企业从事重大技术装备或产品的规格型号及主要技术指标等			
	3	有关重大技术装备生产销售或者合同订单情况			
	4	预计本年度有关装备或产品的销售数量			
	5	预计本年度进口附录中零部件及原材料	进口关键零部件或原材料名称及数量		附本年度进口零部件及原材料清单
			进口关键零部件或原材料对应销售合同的情况		附本年度进口零部件所对应销售合同汇总表
			进口金额（注明币种）		
			进口税额（万元）		

表2　年度销售量证明合同汇总表

序号	销售设备名称	合同（项目名称）	销售数量	销售金额（人民币）	合同编号	技术规格	供货时间
1							
		……					
合计							
……	……	……	……	……	……	……	……
总计							

注：企业提供的销售合同分两类，一是有年销售量证明的装备或产品的生产销售情况；二是本年度进口零部件、原材料有关装备或产品的销售合同。此表为第一类销售合同的汇总。

表3　本年度进口零部件及原材料清单

序号	产品对应条目	一级部件名称	二级部件名称	单机用量	进口单价（美元）	进口数量	进口金额（美元）	进口税额（人民币）
1								
		……						
合计								
……	……	……	…………			……	……	……
总计								

注：城市轨道交通的制造企业应说明进口零部件及原材料所用于具体城市轨道交通项目。

表4　本年度进口零部件所对应销售合同汇总表

序号	销售设备名称	合同（项目名称）	销售数量	销售金额	合同编号	技术规格	供货时间
1							
		……					
合计							
……	……	……	……	……	……	……	……
总计							

注：企业提供的销售合同分两类，一是有年销售量证明的装备或产品的生产销售情况；二是本年度进口零部件、原材料有关装备或产品的销售合同。此表为第二类销售合同的汇总。销售金额应注明币种。

重大技术装备企业申请文件及其要求
（轨道交通或核电项目业主版本）

一、申请书应当包括以下内容：

1. 企业性质、股权结构、注册资本以及经营范围，基本财务状况；

2. 自主化依托项目的申报、核准基本情况，进口商品招投标简要情况；

3. 企业采购重大技术装备有关情况，注明有关装备或产品在《重大技术装备和产品目录》所在条目；

4. 企业联合科研院所、制造企业等单位共同推进重大技术装备研发制造情况，企业研发技术人员人数及其占企业职工的比例；

5. 预计本年度有关装备或产品的采购情况；预计本年度进口零部件及原材料清单、进口金额、进口税额；

6. 企业联系人及联系方式。

二、需要提供的其他文件和材料：

1. 企业法人营业执照复印件、国家有关部门对自主化依托项目审核批准文件；

2. 企业最近年度经审计的财务会计报告（含资产负债表、损益表、现金流量表及相关附注）；

3. 采购装备的核心技术和自主知识产权的情况说明；

4. 重大技术装备或产品的采购合同主要页复印件及其汇总统计表。

三、企业提交申请文件应一式三份，有关文件或材料应为原件或者加盖有效印章的复印件，并提供电子件两份（光盘形式）。

四、附表：

表1　重大技术装备进口税收优惠政策申请企业基本信息表

企业名称：

<table>
<tr><th>类别</th><th>序号</th><th colspan="2">栏目</th><th>简要说明</th><th>备注</th></tr>
<tr><td rowspan="11">基本情况</td><td rowspan="7">1</td><td colspan="2">企业性质</td><td></td><td></td></tr>
<tr><td colspan="2">股权结构</td><td></td><td></td></tr>
<tr><td colspan="2">独立法人资格</td><td></td><td></td></tr>
<tr><td colspan="2">注册资本</td><td></td><td></td></tr>
<tr><td colspan="2">经营范围</td><td></td><td></td></tr>
<tr><td colspan="2">企业基本财务状况</td><td></td><td></td></tr>
<tr><td colspan="2">企业所在地直属海关</td><td></td><td></td></tr>
<tr><td>2</td><td colspan="2">企业研发、设计情况</td><td></td><td></td></tr>
<tr><td rowspan="2">3</td><td rowspan="2">企业研发技术人员</td><td>人数</td><td></td><td></td></tr>
<tr><td>占企业职工的比例</td><td></td><td></td></tr>
<tr><td>4</td><td colspan="2">企业联系人及联系方式</td><td></td><td></td></tr>
<tr><td rowspan="7">申请情况</td><td>1</td><td colspan="2">装备或产品在《重大技术装备和产品目录》所在条目</td><td></td><td></td></tr>
<tr><td>2</td><td colspan="2">装备或产品的规格型号及主要技术指标等</td><td></td><td></td></tr>
<tr><td>3</td><td colspan="2">有关重大技术装备合同订单情况</td><td></td><td></td></tr>
<tr><td rowspan="4">5</td><td rowspan="4">预计本年度进口附录中零部件及原材料</td><td>进口关键零部件或原材料名称及数量</td><td></td><td>附本年度进口零部件及原材料清单</td></tr>
<tr><td>进口关键零部件或原材料对应销售合同的情况</td><td></td><td>附本年度进口零部件所对应销售合同汇总表</td></tr>
<tr><td>进口金额（注明币种）</td><td></td><td></td></tr>
<tr><td>进口税额（万元）</td><td></td><td></td></tr>
</table>

表 2　本年度进口零部件及原材料清单

序号	产品对应条目	一级部件名称	二级部件名称	单机用量	进口单价（美元）	进口数量	进口金额（美元）	进口税额（人民币）
1								
		……						
合计								
……	……	……	…………		……	……	……	……
总计								

表 3　本年度进口零部件所对应采购合同汇总表

序号	采购设备名称	合同（项目名称）	进口 数量	进口金额	合同编号	技术规格	供货时间
1							
		……					
合计							
……	……	……	……	……	……	……	……
总计							

附 2

重大技术装备企业享受政策落实情况报告及其要求

（制造企业版本）

一、封面要求

1. 标题：20××年度享受重大技术装备政策落实情况报告；

2. 企业名称：（请填写企业名称全称，并盖章）

3. 企业法定代表人：

4. 20××年度企业免税通知单编号：（20××-×××号）

5. 企业生产制造的重大技术装备名称：

（请按照《国家支持发展的重大技术装备和产品目录》中有关条目填写）

6. 企业所在地：省（市、区）、县（区）

7. 企业联系人：（请填写两位联系人信息，包括联系人姓名、所在部门、职务、办公电话、手机、传真）

二、正文要求

1. 目录；

2. 企业享受重大技术装备进口税收政策情况简表；

表1 企业享受重大技术装备进口税收政策情况简表

栏目	内容	栏目	内容
企业名称		企业性质	
法人代表		企业类别	（中央企业/地方企业）
注册资本		所在地海关	
上一年度核定免税额度（万美元）	（填写上一年度企业免税通知单中额度）	上一年度实际进口零部件、原材料货值合计（万美元）	（享受政策的零部件、原材料货值）
上一年度重大装备销售额合计（万元）	（企业享受政策的重大技术装备销售额）	上一年度减免进口税款合计（万元）	
本年度预计进口零部件、原材料货值合计（万美元）		本年度预计进口零部件、原材料减免税合计（万元）	
本年度预计享受政策重大装备销售额合计（万元）		经营范围	
下一年度预计进口零部件、原材料货值（万美元）		下一年度预计进口零部件、原材料减免税合计（万元）	

3. 企业性质、股权结构、注册资本以及经营范围、基本财务状况；

4. 企业上一年度免税额度执行情况：免税物资的进口数量与金额，免税进口物资分别占核定额度、申请额度的比重，享受减免进口关税及进口环节增值税的税额，以及上述指标同比增长（下降）率等；

5. 生产销售重大技术装备有关情况：重大技术装备的技术规格，重大技术装备销售数量、销售金额（含税），重大技术装备收入、毛利金额及其占全部产品收入、毛利的比重，重大技术装备年度国内销售额（含税）和出口销售额，以及上述指标同比增长（下降）率等；

6. 重大技术装备、关键零部件及原材料研发进展情况：免税进口零部件及原材料占重大技术装备成本的比重，核心技术研发进展情况，拥有的重大技术装备知识产权情况，关键零部件及原材料研制或合作开发情况等；

7. 企业研发创新情况：获得国家技术发明、科技进步奖项情况，企业当年度投入科研仪器设备投入，科技研发支出占企业销售收入比重及其增长情况，研发人员人数及占企业职工比重等；

8. 上一年度企业实际使用免税进口金额与核定免税额度存在较大差距时，应予以详细说明原因；本年度预计进口零部件、原材料数量、金额与上年度相比存在较大变化时，应予以说明；

9. 上年度企业免税通知单复印件；

10. 政策调整建议和意见等。

三、附表

说明：附表2、3、4、5，其中表2、表4中“所在编号”是指企业生产制造的重大技术装备在本通知附件1《国家支持发展的重大技术装备和目录》所在编号。

表 2　上一年度重大技术装备或产品生产、销售总表

所在编号	装备名称	技术规格	销售数量	销售金额（万元）	备注

注：销售设备应当在备注栏中填写合同编号和合同名称，对已经生产但尚未完成销售的装备需在备注栏中说明。

表 3　上一年度免税进口零部件、原材料汇总表

装备名称	进口零部件或原材料	进口数量	进口金额（万美元）	税额（万元）

表 4　预计本年度重大技术装备或产品销售汇总表

所在编号	装备名称	技术规格	销售数量	销售金额（万元）	备注

填写说明：销售设备应当在备注栏中填写合同编号和合同名称，对于预计销售（尚未签署合同）的设备，应当在备注栏中注明。

表 5　本年度申请免税进口零部件、原材料汇总表

装备名称	进口零部件或原材料	进口数量	进口金额（万美元）	税额（万元）

四、提交报告格式要求

提交落实情况报告应提交 3 份纸件、2 份电子件（光盘版）。其中，纸件应双面打印，一般不得超过 80 页；电子件采用 Word2003、Word2007 版本或者 PDF 版本。

重大技术装备企业享受政策落实情况报告及其要求

（轨道交通或核电项目业主版本）

一、封面要求

1. 标题：20××年度享受重大技术装备政策落实情况报告；

2. 企业名称：（请填写企业名称全称，并盖章）

3. 20××年度企业免税通知单编号：（20××－×××号）

4. 自主化依托项目的重大技术装备名称：____________________

（请按照《国家支持发展的重大技术装备和产品目录》中有关条目填写）

5. 企业所在地：省（市、区）、县（区）

6. 企业联系人：（请填写两位联系人信息，包括联系人姓名、所在部门、职务、办公电话、手机、传真）

二、正文要求

1. 目录；

2. 企业享受重大技术装备进口税收政策情况简表；

表1　企业享受重大技术装备进口税收政策情况简表

栏目	内容	栏目	内容
企业名称		企业性质	
法人代表		企业类别	（中央企业/地方企业）
注册资本		所在地海关	
上一年度核定免税额度（万美元）	（填写上一年度企业免税通知单中额度）	上一年度实际进口零部件、原材料货值合计（万美元）	（享受政策的零部件、原材料货值）
上一年度采购重大装备货值合计（万元）	（企业享受政策的重大技术装备销售额）	上一年度减免进口税款合计（万元）	
本年度预计进口零部件、原材料货值合计（万美元）		本年度预计进口零部件、原材料减免税合计（万元）	
本年度预计享受政策重大装备销售额合计（万元）		经营范围	
下一年度预计进口零部件、原材料货值（万美元））		下一年度预计进口零部件、原材料减免税合计（万元）	

3. 企业性质、股权结构、注册资本以及经营范围、基本财务状况；

4. 企业上一年度免税额度执行情况：免税物资的进口数量与金额，免税进口物资分别占核定额度、申请额度的比重，享受减免进口关税及进口环节增值税的税额，以及上述指标同比增长（下降）率等；

5. 采购重大技术装备有关情况：重大技术装备的技术规格，重大技术装备销售数量、销售金额（含税），重大技术装备年度国内采购额（含税）和进口采购额，以及上述指标同比增长（下降）率等；

6. 企业研发创新情况：企业推进重大技术装备及其关键部件自主化研发、设计、应用等方面情况等；

7. 上一年度企业实际使用免税进口金额与核定免税额度存在较大差距时，应予以详细说明原因；本年度预计进口零部件、原材料数量、金额与上年度相比存在较大变化时，应予以说明；

8. 上年度企业免税通知单复印件；

9. 政策调整建议和意见等。

三、附表

说明：附表2、3、4、5，其中表2、4中“所在编号”是指企业生产制造的重大技术装备在本通知附件1《国家支持发展的重大技术装备和目录》所在编号。

表2　上一年度重大技术装备和产品采购汇总表

所在编号	装备名称	技术规格	采购数量	采购金额（万元）	备注

注：销售设备应当在备注栏中填写合同编号和合同名称。

表 3　上一年度免税进口零部件、原材料汇总表

装备名称	进口零部件或原材料	进口数量	进口金额（万美元）	税额（万元）

表 4　预计本年度重大技术装备或产品采购汇总表

所在编号	装备名称	技术规格	采购数量	采购金额（万元）	备注

填写说明：销售设备应当在备注栏中填写合同编号和合同名称，对于预计销售（尚未签署合同）的设备，应当在备注栏中注明。

表 5　本年度申请免税进口零部件、原材料汇总表

装备名称	进口零部件或原材料	进口数量	进口金额（万美元）	税额（万元）

四、提交报告格式要求

提交落实情况报告应提交 3 份纸件、2 份电子件（光盘版）。其中，纸件应双面打印，一般不得超过 80 页；电子件采用 Word2003、Word2007 版本或 PDF 版本。

附件 2

国家支持发展的重大技术装备和产品目录（2014 年修订）

编号	名称	技术规格要求	销售量或订单要求	备注
一	**大型清洁高效发电装备**			
（一）	核电机组（三代核电机组）	百万千瓦级		
1	核岛设备：反应堆压力容器、蒸汽发生器、稳压器、反应堆堆内构件、控制棒驱动机构、环行吊车、主管道、安全注入箱、主设备支撑、数字化仪控系统、堆芯补水箱、安全壳、非能动余排换热器、结构模块、核燃料元件	三代核电机组核岛设备	持有合同订单	
2	常规岛设备：汽轮机、汽轮发电机、除氧器、汽水分离器再热器、加热器	三代核电机组常规岛设备	持有合同订单	
3	核级泵：核主泵（反应堆冷却剂主泵）、上充泵、安注泵、安全壳余热排出泵、喷淋泵	三代核电机组核级泵	持有合同订单	

编号	名称	技术规格要求	销售量或订单要求	备注
4	核级阀：安全壳隔离阀、波纹管截止阀、稳压器安全阀、稳压器比例喷雾调节阀、主蒸汽隔离阀、核岛阀	三代核电机组核级阀	持有合同订单	
（二）	核电机组（二代改进型核电机组）	百万千瓦级		
1	核岛设备：反应堆压力容器、蒸汽发生器、稳压器、堆内构件、控制棒驱动机构、环行吊车、主管道、安全注入箱、硼注箱	二代改进型核电机组核岛设备	持有合同订单	
2	常规岛设备：汽轮机（半转速组）、汽轮发电机、除氧器、汽水分离器再热器（MSR）和汽水分离再热器系统（GSS）、高低压给水加热器、应急柴油发电机组	二代改进型核电机组常规岛设备，其中应急柴油发电机组的技术规格要求为：50Hz/6.6Kv/10.5Kv	持有合同订单	
3	核级泵：核主泵、上充泵	二代改进型核电机组核级泵	持有合同订单	
4	核级阀：波纹管截止阀	二代改进型核电机组核级阀	持有合同订单	
（三）	超超临界参数火电机组			
	燃煤锅炉、汽轮机、发电机	输出功率：600WM 级、1000WM 级	持有合同订单	
（四）	大型循环流化床锅炉	输出功率≥300WM 级	持有合同订单	
（五）	大型空冷电站成套设备			
	空冷汽轮机、直接空冷系统	输出功率≥300MW	持有合同订单	
（六）	燃气—蒸汽联合循环机组			
	燃气轮机、发电机、汽轮机	E 级、F 级	持有合同订单	
（七）	大型水力发电成套设备			
1	混流式水电机组	额定容量≥600MW	持有合同订单	
2	抽水蓄能机组	额定容量≥250MW	持有合同订单	
3	轴流式水电机组	额定容量≥150MW	持有合同订单	
4	贯流式水电机组	额定容量≥40MW	持有合同订单	
5	冲击式水电机组	额定容量≥50MW	持有合同订单	
（八）	大功率风力发电机（组）及其配套部件			
1	风力发电机（组）整机	单机额定功率≥2MW	2MW 以上 150 台（2.5MW 及以上整机不作销售量要求）	
2	风力发电机（组）配套部件：叶片、齿轮箱、发电机、控制系统、变流器	叶片、齿轮箱、发电机为单机额定功率≥2MW 的整机配套	叶片年销售量≥300片；发电机年销售量≥100 台；齿轮箱≥100 台（为 2.5MW 及以上整机配套不作销售量要求）	
		控制系统、变流器为单机额定功率≥1.5MW 的整机配套	持有合同订单	
（九）	垃圾焚烧发电设备	*	*	

编号	名称	技术规格要求	销售量或订单要求	备注
（十）	太阳能发电设备	*	*	
二	**超、特高压输变电设备**			
（一）	直流输变电设备			
1	直流换流变压器	±600kV 及以上	持有合同订单	
2	换流阀	±800kV 及以上	持有合同订单	
3	直流输电用晶闸管	±800kV 及以上	持有合同订单	
4	控制保护设备	±800kV 及以上	持有合同订单	
5	直流场设备	±800kV 及以上	持有合同订单	
（二）	交流输变电设备			
1	电力变压器、六氟化硫断路器、气体绝缘金属封闭开关设备（GIS）、串联补偿装置	750kV 及以上	持有合同订单	
三	**大型石油及石化装备**			
（一）	乙烯成套设备			
1	乙烯裂解气压缩机组及其配套用工业汽轮机、乙烯制冷压缩机组及其配套用工业汽轮机、丙烯制冷压缩机组及其配套用工业汽轮机、乙烯冷箱、加氢反应器、加氢装置空冷器	年产量≥80 万吨	持有合同订单	
（二）	聚乙烯循环气压缩机和聚乙烯配套用往复式压缩机（迷宫密封式）	年产量≥40 万吨	持有合同订单	
（三）	混炼挤压造粒机组	年产量≥20 万吨	持有合同订单	
（四）	对苯二甲酸（PTA）成套设备			
1	PTA 氧化反应器、加氢精制装置加氢反应器、蒸汽回转干燥机、PTA 工艺空气压缩机组	年产量≥80 万吨	持有合同订单	
（五）	千万吨级炼油设备			
1	炼油用加氢反应器、精制反应器	设备单重≥1000 吨	持有合同订单	
2	循环氢离心压缩机	轴功率≥2000kW	持有合同订单	
3	大型工业汽轮机	输出功率≥60000kW	持有合同订单	
4	催化裂化空气压缩机机组	流量≥3000Nm^3/m	持有合同订单	
5	催化裂化能量回收装置空气压缩机机组	配套 1000 万吨原油/年	持有合同订单	
（六）	天然气管道运输和液化储运装备：燃压机组、大型管线球阀和控制系统、液化天然气接收站等设备			
1	长输管道燃驱压缩机组	30MW 级及以上	持有合同订单	
2	长输管道电驱压缩机组	20MW 级及以上	持有合同订单	
3	高压大口径全锻焊管道球阀	公称通径≥40″，压力等级≥class600Lb	持有合同订单	
（七）	油气钻采装备			
1	大型压裂装备（含配套的泵车、混砂车）	额定输出功率≥2500 马力	持有合同订单	新增

编号	名称	技术规格要求	销售量或订单要求	备注
2	连续油管作业装备（机组/车）	提升能力≥18 吨	持有合同订单	新增
3	不压井作业装备	提升能力≥70 吨	持有合同订单	新增
4	顶部驱动钻井装置	钻井深度≥7000m	持有合同订单	新增
5	天然气发动机驱动压缩机组	压缩机≥30Nm³/min	持有合同订单	新增
四	**大型煤化工设备**			
（一）	往复式水煤浆隔膜泵	流量：25~550m³/h 压力：1.5~25MPa	持有合同订单	
（二）	煤液化加氢反应器	设备自重≥500 吨	持有合同订单	
（三）	大型空分设备及其压缩机、空压机、增压机			
1	大型空分设备	氧产量≥40000Nm³/h	持有合同订单	
2	双缸氧气压缩机	流量≥30000Nm³/h；压力：8~30bar；功率：3000~12000kW	持有合同订单	
3	大型空分装置用空压机或增压机	为氧产量≥40000Nm³/h 的空分装置配套用	持有合同订单	
（四）	大型合成氨设备			
1	合成气压缩机	年产量 30 万吨以上合成氨项目配套用	持有合同订单	
2	二氧化碳压缩机	年产量 30 万吨以上尿素项目配套用	持有合同订单	
（五）	煤化工气化炉	为 30 万吨及以上合成氨、甲醇配套用，水煤浆（湿法）气化炉工作压力≥6.5MPa，粉煤浆（干法）气化炉工作压力≥2.8MPa	持有合同订单	
五	**大型冶金成套设备**			
（一）	大型薄板热连轧成套设备			
1	二辊或四辊粗轧机、切头飞剪、精轧机、层流冷却装置、卷取机、流体部分	轧辊宽度≥1400mm，产品厚度≤3mm	持有合同订单	
（二）	大型薄板冷连轧成套设备			
1	带压辊的转向控制辊、六辊轧机、轧机乳化液喷射装置、带钢吹扫装置及防缠导板、轮盘卷曲机、流体部分	轧辊宽度≥1400mm，产品厚度0.18~2.0mm	持有合同订单	
（三）	连续热镀锌生产线成套设备			
1	流体部分	年产量≥50 万吨，产品厚度：0.3 ~ 3.0mm，宽度：900 ~ 1850mm	持有合同订单	
（四）	大型板坯连铸机	*	*	
（五）	大型制氧机、大型高炉风机、余热回收装置			
1	大型高炉风机	配套高炉≥2500m³	持有合同订单	

编号	名称	技术规格要求	销售量或订单要求	备注
六	**大型煤炭设备**			
(一)	大型正铲式矿用挖掘机	标准斗容≥$20m^3$（测定标准斗容的物料密度为$1.8t/m^3$）		
(二)	大型非公路矿用自卸车			
1	电动轮非公路矿用自卸车	额定装载质量≥108吨	年销售量≥15台（额定装载质量在220吨及以上整机年销售量不做要求）	
2	机械传动非公路矿用自卸车	额定装载质量≥85吨	年销售量≥50台	
(三)	大型煤炭采掘设备			
1	电牵引采煤机	装机功率≥900千瓦	年销售量≥10台（套）	
2	刮板输送机和刮板转载机	刮板输送机装机功率≥800千瓦，刮板转载机装机功率≥400千瓦	年销售量≥10台（套）	
3	多绳摩擦式提升机	最大静张力≥960kN，最大静张力差≥180kN，电动机功率≥2200kW	年销售量≥10台（套）	
4	大型破碎站	生产能力≥500t/h；装机功率≥300kW	年销售量≥5台	
七	**大型船舶、海洋工程设备**			
(一)	大型海洋石油工程装备			
1	自升式钻井平台	作业水深≥300英尺	持有合同订单	
2	半潜式钻井平台	作业水深≥500米	持有合同订单	新增
(二)	大型高技术、高附加值船舶			
1	大型汽车运输船	5000车位及以上	持有合同订单	
2	科学考察船	海船	持有合同订单	
3	客滚船	大型	持有合同订单	
4	火车轮渡	大型	持有合同订单	
5	大型绞吸挖泥船	生产率在3500立方米/小时及以上	持有合同订单	
6	大型耙吸挖泥船	泥舱容量在10000立方米以上	持有合同订单	
7	海上浮式生产储卸油装置	储油≥100万桶	持有合同订单	
8	深海铺管船（平台）	水深≥2000米，张紧器单台张紧能力≥75吨，收放绞车单台能力≥75吨	持有合同订单	
9	大型浮式起重船	起重量≥1200吨，甲板面以上起升高度≥85m，装机功率≥3500KW	持有合同订单	

编号	名称	技术规格要求	销售量或订单要求	备注
10	海上及潮间带风机安装船	起吊能力≥500吨，可完成5兆瓦以上海上风机的安装	持有合同订单	
11	独立C型液化天然气运输船	整船舱容≥1000立方米	持有合同订单	新增
12	多缆高性能深水物探船	3~16缆	持有合同订单	新增
(三)	大功率柴油机及其他船用关键配套设备			
八	**高速铁路、城市轨道交通设备**			
(一)	城市轨道交通车辆及机电设备			
1	城市轨道交通车辆：列车网络控制系统、车辆制动系统、主牵引传动系统、辅助逆变器、转向架设备、接地装置、车钩、车门、空调系统		持有合同订单	
2	信号系统：列车自动防护/列车自动控制系统（ATP/ATO）		持有合同订单	
3	自动售检票系统：自动售检票系统（AFC）、一卡通清分中心（ACC）		持有合同订单	
(二)	高速动车组			
1	转向架、传动及减振装置、变流系统、牵引系统、网络控制系统、高压系统（额度工作电压：25KV）、辅助电气系统、制动及风源系统、车体及设备、空调系统	时速200公里及以上	持有合同订单	
(三)	大功率交流传动电力/内燃机车			
1	大功率交直交传动电力机车：电传动系统、牵引系统、控制系统、辅助电气系统、高压电器、走行系统、制动系统	单轴功率≥1200KW	持有合同订单	
2	大功率内燃机车：机车柴油机、转向架、电气系统、制动系统、辅助系统	车柴油机装车功率≥4400马力	持有合同订单	
(四)	铁路重载货车	*	*	
(五)	大型铁路养护机械			
1	捣固车（含捣稳车）	最高自行速度：100km/h；最高连挂运行速度：120km/h；作业效率：1.7~2.2 km/h；	持有合同订单	
2	稳定车	最高自行速度：80km/h；最高连挂运行速度：120km/h；最高作业效率：2.5km/h；	持有合同订单	
3	钢轨/道岔打磨车	最高打磨作业效率：15km/h；最大自走行速度：100km/h；最大连挂速度：120km/h；	持有合同订单	
4	大修列车	最高作业速度：1.1km/h；最高换枕效率：20根/分；最大连挂速度：120km/h；	持有合同订单	
5	路基处理车	最高作业速度：80m/h；最大自走行速度：20km/h；最大连挂速度：100km/h	持有合同订单	

编号	名称	技术规格要求	销售量或订单要求	备注
6	清筛机	最高自运行速度≥80km/h；最高连挂运行速度≥100km/h；最高作业效率≥650m^3/h	持有合同订单	调整零部件
7	物料运输车	最高连挂运行速度：120km/h（空载），100km/h（重载）；最高额定载重：95吨	持有合同订单	
8	接触网多功能综合作业车	最高运行速度160km/h；接触线高度测量范围：5000~6800mm，误差：2mm；双支接触线横向距离测量范围：0~1000mm，误差：5mm	持有合同订单	新增
（六）	高速铁路信号系统			
1	车载设备	适用于200km及以上动车组	持有合同订单	
2	列控地面安全数据网系统	整机交换容量≥5.6Gbps，整机转发性能≥1Mpps	持有合同订单	
3	地面应答器系统	单机有效数据容量831bit以上	持有合同订单	
九	**大型环保及资源综合利用设备**			
（一）	大气污染治理设备			
1	燃煤机组湿法烟气脱硫成套设备：循环浆液泵（流量≥4000立方米/小时）、烟气挡板门、喷淋层、脱硫风机（亦称脱硫增压风机，额定功率≥2000KW）、浆叶搅拌器、烟气换热器	300MW及以上	持有合同订单	
2	循环流化床干法烟气脱硫关键设备	火电厂600MW机组配套用	持有合同订单	
3	大型烟煤电站除尘除灰设备：袋式除尘器、电除尘器、烟气调质、电袋复合除尘器；	袋式除尘器（火电厂300MW及以上机组配套用）、电除尘器（火电厂600MW及以上机组配套用）、烟气调质、电袋复合除尘器（火电厂200MW及以上机组配套用）	持有合同订单	
	湿式电除尘器	600MW及以上燃煤电站机组配套用；粉尘排放浓度≤10mg/m^3	持有合同订单	新增
（二）	工业废水、城市污水、污泥处理设备			
1	城市污水处理成套设备：转盘式膜反应分离器、转盘式微滤机	转盘式膜反应分离器：过滤精度≤0.038μm，出水浊度<2NTU；转盘式微滤机：过滤精度≤10μm，出水固体悬浮物<10mg/l	持有合同订单	
2	污泥处理成套设备：污泥浓缩脱水设备、中低温污泥干化处理设备	污泥浓缩脱水设备：处理能力≥20m^3/h；中低温污泥干化处理设备：处理能力≥50m^3/d，出泥含固率≥60%DS	持有合同订单	
3	水质在线监测系统	可在线监测CODcr、总磷、氨氮、TOC、UV、高锰酸盐指数、总氮六价铬、正磷酸盐指数等	持有合同订单	

编号	名称	技术规格要求	销售量或订单要求	备注
(三)	固体废弃物处理设备			
1	危险废物回转窑焚烧系统（含医疗废物）	处理量≥10 吨/天	持有合同订单	
2	医疗废物高温蒸煮消毒处理系统	处理量≥2 吨/天	持有合同订单	
(四)	资源综合利用设备			
1	大型高炉煤气余压透平能量回收利用装置	额定功率≥4000kW	持有合同订单	
2	低热值富余高炉煤气联合循环发电机组	额定功率≥2.5 万千瓦	持有合同订单	
3	报废汽车拆解生产线		持有合同订单	
4	煤矿瓦斯发电成套设备：瓦斯、沼气发电机组；双燃料发动机；瓦斯防爆自动抽排设备；	发电机组或发动机额定功率≥500kW	持有合同订单	
5	煤气综合利用净化设备：脱酸塔、喷淋式饱和器		持有合同订单	
6	木塑产品生产线		持有合同订单	
7	尾气透平能量回收机组	回收功率≥1500kW	持有合同订单	
8	生活垃圾精分选成套系统装备	分选精度≥98%，分选率≥90%	持有合同订单	
十	**大型施工机械和基础设施专用设备**			
(一)	大型、新型施工机械			
1	大型全断面隧道掘进机	刀盘直径≥5 米	持有合同订单	
2	履带式起重机	最大起重量≥200 吨	年销售量≥10 台	
3	全路面起重机	最大起重量≥100 吨	持有合同订单	
4	混凝土泵车	臂架长度≥40 米	年销售量≥100 台	
5	沥青混凝土再生成套设备（加热机、复拌机）	功率≥300kW	持有合同订单	
6	液压挖掘机	整机重量≥30 吨	年销售量≥80 台	
7	旋挖钻机	钻孔直径≥2 米	年销售量≥10 台	
8	压路机（液压传动）	自重≥18 吨	年销售量≥10 台	
9	摊铺机	工作宽度≥9 米	年销售量≥10 台	
10	铣刨机	铣刨宽度≥1 米	持有合同订单	
11	装载机	额定载重≥6 吨	年销售量≥10 台	
12	推土机	功率≥410 马力	持有合同订单	
13	履带式全地形工程车	满载质量≥13000kg，最高公路行驶速度≥60km/h	持有合同订单	
14	举高消防车	工作高度≥40 米	持有合同订单	
(二)	机场专用设备			
1	机场行李自动分拣系统	单套分拣能力大于 5000 件/小时	持有合同订单	
(三)	大型斗轮堆取料机、翻车机、装卸船机等大型港口机械			

编号	名称	技术规格要求	销售量或订单要求	备注
1	斗轮堆取料机	生产率≥6000 吨/小时	年销售量≥10 台	
2	桥式抓斗卸船机、装船机	生产率≥2000 吨/小时	年销售量≥6 台	
3	环保型链斗式连续卸船机	生产能力≥2000 吨/小时	持有合同订单	
十一	**重大工程自动化控制系统和关键精密测试仪器**			
十二	**大型、精密、高速数控设备、数控系统、功能部件与基础制造装备**			
（一）	数控机床：		年销售量≥100 台（套），重型、高精度、五轴联动及以上数控设备年销售量不作要求	
1	立式、卧式加工中心	1. 立式加工中心：工作台尺寸≥800×1200mm；快速移动≥40m/min；重复定位精度≤0.004mm；2. 卧式加工中心：工作台尺寸≥800x800mm；快速移动≥40m/min；重复定位精度≤0.004mm（条件：三选二）		
2	龙门式加工中心（含龙门镗铣床）	1. 工作台尺寸≥1500×3000mm；重复定位精度≤0.008mm； 2. 工作台尺寸≥4000×8000mm；重复定位精度≤0.01mm		
3	数控车床（包括车削中心、铣车中心）	1. 630mm≤加工直径<1000mm；重复定位精度≤0.005mm；主轴径向跳动≤0.003mm；2. 加工直径≥1000mm；重复定位精度≤0.01mm；主轴径向跳动≤0.005mm；3. 车削中心：重复定位精度≤0.002mm；主轴径向跳动≤0.002mm；轴数≥三轴		
4	重型数控卧式车床（含车削中心）	加工直径≥2000mm；重复定位精度≤0.02mm；主轴径向跳动≤0.01mm		
5	大型数控立式车床（含车削中心）	1. 5m≥加工直径≥2m；重复定位精度≤0.008mm；2. 15m≥加工直径≥5m；重复定位精度≤0.01mm；3. 加工直径≥15m；重复定位精度≤0.02mm		
6	数控铣镗床（含铣镗加工中心）	镗杆直径≥130mm；工作台尺寸≥2000×2000mm；重复定位精度≤0.008mm；（条件：三选二）		

编号	名称	技术规格要求	销售量或订单要求	备注
7	数控滚齿机、插齿机、剃齿机	1. 滚齿机：联动轴数≥四轴；加工齿轮精度不低于6级；加工直径≥130mm；滚刀转速≥500r/min；加工直径≥800mm；滚刀转速≥200r/min（条件：四选二）；2. 插齿机：加工直径≥130mm；插齿速500次/min；联动轴数≥三轴；精度不低于6级		
		3. 剃齿机：联动轴≥二轴；加工齿轮精度不低于6级；加工直径≥130mm		
8	数控铣齿机	控制轴数≥4，加工齿轮精度不低于6级，加工直径≥300mm		
9	数控磨齿机	加工精度不低于5级；联动轴数≥四轴；加工直径≥130mm		
10	数控闭式机械压力机及大型多工位压力机	数控闭式机械压力机：公称压力≥6000kN；工作台尺寸≥1000×1200mm；公称压力行程≥10mm；滑块行程次数≥8次/分钟；大型多工位压力机：公称压力≥10000KN；工作台尺寸≥2000×4000mm；滑块行程次数≥8次/分钟（条件：三选二）		
11	数控激光冲压切割复合机	公称压力≥300KN；工作台最大速度≥80m/min；激光功率≥2000W（条件：三选二）		
12	数控不落轮车床	轮缘径向跳动≤0.1mm；同一轴上轮径差≤0.1mm		
13	柔性制造系统	多品种零件自动更换加工或混流加工，具有物料输送、加工质量监控、刀具管理等功能		
14	数控磨床	1. 外圆磨、内圆磨、万能磨：磨削圆度≤0.001mm；重复定位精度≤0.003mm；外圆磨、万能磨表面粗糙度Ra≤0.1μm；内圆磨表面粗糙度Ra≤0.16μm； 2. 龙门式（导轨）磨床：工作台宽≥2000mm；平面度≤0.004/1000mm；重复定位精度≤0.006mm； 3. 工具磨床：主轴转速10000r/min；重复定位精度：直线轴≤0.002mm；回转轴≤0.002°；多轴控制五轴联动。	年销售量≥100台	

编号	名称	技术规格要求	销售量或订单要求	备注
15	数控特种加工机床	1. 数控单向走丝电火花切割机床：最大切割效率≥300mm²/min；加工精度≤0.005mm；表面粗糙度 Ra≤0.3μm； 2. 数控电火花成形机床：重复定位精度≤0.003mm；表面粗糙度≤Ra0.3μm；最高加工效率50A≥400mm³/min； 3. 光纤激光切割机：切割精度≤±0.1mm；可切割板材厚度≥15mm（碳钢）；光纤激光器功率≥2kW	年销售量≥100 台	
（二）	数控装置及关键功能部件		年销售量≥100 台/套	
1	数控装置	分辨率≤0.0001mm；调速精度≤0.1%；联动轴数≥4 轴；单轴快移速度≥60m/min（条件：四选二）		
2	高速电主轴（加工中心）	主轴转速≥12000r/min；功率≥20KW；输出扭矩≥200N · m；回转精度≤0.001mm（条件：四选二）		
3	滚珠丝杠副	DN 值≥120000；精度达到 2 级及以上		
4	数控动力刀架	动力刀位≥4 个；重复定位精度≤2″；动力头转速≥5000r/min（条件：三选二）		
5	数控回转工作台	分度精度：±5″重复定位精度：±1″		
6	直线滚动导轨	单根导轨长度≥4m；滚动导轨副精度≤0.003mm/m；精度达到 3 级及以上		
7	自动换刀装置	换刀时间（刀—刀）<2s		
（三）	基础制造装备			
1	清洁高效铸造设备	*	*	
2	重型压力成型设备			
2.1	重型模锻液压机	400MN 及以上	持有合同订单	
2.2	多向模锻液压机、自由锻液压机	多向模锻液压机：压力≥40MN；自由锻液压机：压力≥16MN	持有合同订单	
2.3	全液压有轨锻造操作机	公称载重量≥30KN 机组	持有合同订单	
2.4	径锻机机组	公称压力≥1.6MN 机组	持有合同订单	
2.5	重型四辊全液压卷板机	卷板厚度 160mm 及以上×卷板宽度 2300mm 及以上，系统压力 31.5MPa	持有合同订单	

编号	名称	技术规格要求	销售量或订单要求	备注
2.6	重型快锻机	最大锻造能力≥45MN，频次≥90次/min	持有合同订单	
3	新型焊接设备与自动化生产设备	*	*	
4	大型清洁热处理与表面处理设备	*	*	
十三	**新型纺织机械**			
(一)	高速喷气织机	入纬率≥1500米/分钟	年销售≥100台	
(二)	自动络筒机	卷绕速度≥1800米/分钟	年销售≥50台	
(三)	涤纶短纤维成套设备	日产量≥200吨	*	
(四)	高速粘胶长丝连续纺丝机	*	*	
(五)	高效现代化成套棉纺设备			
1	清梳联合机（梳棉机）	最高产量≥120千克/小时	持有合同订单	
2	环绽细纱机	最高纺速≥20000r/min	持有合同订单	
3	粗纱机	最高转速≥1500r/min	持有合同订单	
4	精梳机	钳次≥400	持有合同订单	
(六)	机电一体化剑杆织机	*	*	
(七)	染色机			
1	高温高压溢流染色机	浴比≤1：4.5，设计温度≥140℃，设计压力≥3.0 bar	持有合同订单	
2	气流染色机	浴比≤1：2.5，设计温度≥140℃，设计压力≥3.0 bar	持有合同订单	
3	纱线染色机	浴比≤1：4，设计温度≥140℃，设计压力≥5.2 bar	持有合同订单	
十四	**新型、大马力农业装备**			
(一)	大马力轮式拖拉机	发动机额定功率≥74千瓦	年销售量≥20台	
(二)	水稻联合收割机	配用动力≥29千瓦，行数≥4行，立式割台，履带式	年销售量≥80台	
(三)	马铃薯联合收获机	牵引或悬挂式，收获行数≥2行	年销售量≥10台	
(四)	自走式青贮饲料收获机	功率≥197千瓦	持有合同订单	
(五)	马铃薯种植机	播种行数≥4行	年销售量≥10台	
(六)	大型小麦免耕播种机	播种行数≥15行	年销售量≥10台	
(七)	水稻覆土直播机	播种行数≥6行，拖拉机全悬挂，可在湿水田作业	年销售量≥20台	
(八)	采棉机	采收行数≥4行，自走式	持有合同订单	
(九)	番茄收获机	采收能力≥35吨/小时	持有合同订单	
(十)	自走轮式谷物联合收割机	功率≥88千瓦	年销售量≥50台	
(十一)	大马力拖拉机配套耕整地机械	配套动力≥88千瓦	年销售量≥50台	
(十二)	甘蔗收获机	自走式，发动机额定功率≥68千瓦	持有合同订单	

编号	名称	技术规格要求	销售量或订单要求	备注
（十三）	自走式喷杆喷雾机	药箱容积≥1000 升	持有合同订单	
十五	**电子信息及生物医疗装备**			
（一）	集成电路关键设备、新型平板显示器件生产设备、电子元器件生产设备、表面贴装及无铅工艺的整机联装设备			
1	太阳能电池生产设备			
（1）	等离子加强型化学气相沉积设备（PECVD）	膜厚均匀性<15%	持有合同订单	
（2）	低压化学气相沉积设备（LPCVD）	膜厚均匀性<15%	持有合同订单	
（3）	物理气相沉积设备（PVD）	膜厚均匀性<15%	持有合同订单	
（4）	硅片多线切割机	156mm×156mm 硅片；总厚度变化≤30μm；切割硅片厚度≤0.18mm	持有合同订单年产 30 台以上	
（5）	晶硅太阳能电池生产用全自动印刷、烘干、烧结、测试分选系统	硅片（多晶、单晶）尺寸：156mm×156mm	持有合同订单	
（6）	太阳能级单晶炉、多晶铸锭炉	单晶炉投料量≥150KG；多晶铸锭炉一次投料量≥800KG	持有合同订单	
（7）	扩散炉	硅片（多晶、单晶）尺寸：156mm×156mm	持有合同订单	
（8）	铜铟镓硒（CIGS）薄膜太阳能电池硒化、热处理设备	基板尺寸 0.6×1.2m；最高温度≥500 度	持有合同订单	
2	半导体发光二极管（LED）生产设备			
（1）	金属有机化学气相沉积设备（MOCVD）	单腔产出率≥50pcs（2 英寸）波长均匀性<3 纳米	持有合同订单	
（2）	等离子体刻蚀机台	托盘尺寸：330mm 及以上；产能：氮化钾 27 片及以上，蓝宝石 22 片及以上；刻蚀速率：氮化钾≥120nm/min，蓝宝石≥70nm/min	持有合同订单年产 10 台以上	
（3）	氧化铟锡（ITO）溅射台	沉积速率>10å/s、沉积均匀性<±3%	持有合同订单	
3	集成电路关键设备			
（1）	氧化炉	硅片直径 300mm，线宽 65－90nm	持有合同订单	
（2）	单晶硅棒多线切割机	硅片直径 200-300mm	持有合同订单	
（3）	高密度等离子刻蚀机	（1）硅片直径 200mm，线宽 0.18~0.10μm；（2）硅片直径 300mm，线宽 45~90nm	持有合同订单	
（4）	薄膜沉积设备	线宽≤0.13μm 工艺的化学气相沉积设备（CVD）；线宽≤65nm 物理沉积设备（PVD）	持有合同订单	

编号	名称	技术规格要求	销售量或订单要求	备注
(5)	芯片加工前道清洗设备	硅片直径 300mm，线宽 65～90nm	持有合同订单	
4	新型平板显示器件生产设备			
(1)	TFT-LCD 偏光片贴附机	用于 4.5 代及以上工艺线	持有合同订单	
(2)	TFT-LCD 用划线机	用于 4.5 代及以上工艺	持有合同订单	
5	锂离子动力电池设备			
(1)	锂离子电池生产用涂覆设备	涂布速度：20～70m/min；单面涂布厚度≤300μm；最大涂布宽度≥700mm	持有合同订单	
(2)	锂离子电池极片分切设备	最大放卷幅宽≥670mm；可分切极片厚度 50～300μm；分切精度≤±0.05mm	持有合同订单	
6	其他电子元器件生产设备			
(1)	低温共烧陶瓷（LTCC）基板制造设备	基板尺寸 200mm×200mm 或直径 200mm；层数≥30 层	持有合同订单	
（二）	数字化医疗影像设备、生物工程和医疗生产专用设备	*	*	
十六	**民用飞机及发动机、机载设备**	*	*	
十七	**重大技术装备的基础件**	*	*	
（一）	大型铸锻件	*	*	
（二）	基础部件	*	*	
（三）	加工附具	*	*	

附件 3

重大技术装备和产品进口关键零部件、原材料商品目录（2014 年修订）

<table>
<tr><th rowspan="2">设备名称</th><th rowspan="2">一级部件</th><th rowspan="2">二级部件</th><th colspan="2">单机用量</th><th rowspan="2">税则号列（供参考）</th></tr>
<tr><th>EPR</th><th>AP1000</th></tr>
<tr><td colspan="6">一、大型清洁高效发电装备</td></tr>
<tr><td colspan="6">（一）百万千瓦级核电机组（三代核电机组）</td></tr>
<tr><td colspan="6">1. 核岛设备</td></tr>
<tr><td rowspan="13">（1）反应堆压力容器</td><td>辐照监督管</td><td></td><td>10 件</td><td>10 件</td><td>84014010 84014090 73049000</td></tr>
<tr><td>一体化顶盖</td><td></td><td>2 件</td><td>1 件</td><td>72241000 72249010 72189900 84014090</td></tr>
<tr><td>壳体锻件（筒体、过渡段、下封头、接管）</td><td></td><td>13 件</td><td>12 件</td><td>72241000 72249010 84014090 72189900</td></tr>
<tr><td>堆内仪表测量管、检漏管、喇叭口</td><td></td><td>19 套</td><td>11 套</td><td>73044190 75089090 73072900 84014090</td></tr>
<tr><td>密封圈组件（特种核级 O 型/C 型）</td><td></td><td>10 套</td><td>16 套</td><td>73182200 84841000 73182900</td></tr>
<tr><td>控制棒驱动机构适配器（包括法兰座、袖套、CRDM 贯穿件延伸段和导向罩）</td><td></td><td>90 套</td><td>69 套</td><td>85044020 85489000 84014090 73269010</td></tr>
<tr><td>金属保温层</td><td></td><td>1 套</td><td>1 套</td><td>84014090 73269010</td></tr>
<tr><td>接管锻件（包括出口接管、进口接管、安全端、DVI 接管）</td><td></td><td>16 件</td><td>8 件</td><td>73269010 72249010 72249090 73044990 73049000 73043990 73079</td></tr>
<tr><td>支撑凸台及锻件垫块</td><td></td><td>8 件</td><td>12 件</td><td>84014090 84841000 73269010</td></tr>
<tr><td>压力容器紧固件（包括主螺栓、起吊导向管、导向栓、塞孔盖）</td><td></td><td>57 套</td><td>62 套</td><td>84014090 73044190 7318</td></tr>
<tr><td>一体化堆顶组件</td><td></td><td>1 套</td><td>1 套</td><td>84014090</td></tr>
<tr><td>焊材（焊丝、焊条、焊剂、焊带）</td><td></td><td>225 吨</td><td>200 吨</td><td>38109000 72209000 75051200 75052200 83113000</td></tr>
<tr><td rowspan="8">（2）蒸汽发生器</td><td>蒸汽发生器下部</td><td></td><td>3 组件</td><td>3 组件</td><td>84195000 84199090</td></tr>
<tr><td>上封头、下封头</td><td></td><td>8 件</td><td>4 件</td><td>72069000 72071900 72189900 72249010 73261910 84199090</td></tr>
<tr><td>接管锻件（主给水接管、主蒸汽接管、人孔接管、辅助给水接管）</td><td></td><td>20 件</td><td></td><td>73269010 72249010 72249090 73044990 73049000 73043990 73079</td></tr>
<tr><td>管板锻件</td><td></td><td>4 件</td><td>2 件</td><td>72069000 72071900 72189900 72249010 73261910</td></tr>
<tr><td>筒体锻件（上筒节、接管筒节、锥形筒节、高筒节、中筒节、下筒节）</td><td></td><td>24 件</td><td>12 件</td><td>72069000 72071900 72189900 72249010 73261910</td></tr>
<tr><td>安全端</td><td></td><td>16 件</td><td>8 件</td><td>72069000 72071900 72189900 72249010 73261910 84199090</td></tr>
<tr><td>水室隔板</td><td></td><td>8 件</td><td>4 件</td><td>72192100 75062000</td></tr>
<tr><td>支撑板</td><td></td><td>200 吨</td><td>100 吨</td><td>72192100 72199000 84014090</td></tr>
</table>

设备名称	一级部件	二级部件	单机用量		税则号列（供参考）
			EPR	AP1000	
（2）蒸汽发生器	抗震条组件		4套	2套	72221900 75051200 84199090
	二级分离器（波纹板）		4套	2套	84199090
	密封垫圈		750件	460件	84841000 73182200 68151000
	焊材（焊丝、焊条、焊剂、焊带）		300吨	300吨	38109000 72209000 75051200 75052200 83113000
	带整体支架的管嘴堵板、堵头		2套	2套	84199090
	保温层（含波动管、热段和冷段部分的保温层）		4套	1套	84199090 73269010
（3）稳压器	加热器（包括套管）		122套	85套	85162990 85169090 84014090 85168000
	喷淋头		3套	1套	84014090 85169090 84248999
	核级密封件		24件	16件	73182200 84841000 68151000 84849000 84014090 84014010
	焊材（焊带、焊丝、焊条、焊剂）		68吨	60吨	38109000 72209000 75051200 75052200 83113000
	保温层		1套	1套	84014090 73269010
（4）反应堆堆内构件	法兰、支撑板、管嘴、压紧弹簧		400吨	100吨	72189900 84014090 7307 7320
	焊材（焊带、焊丝、焊条、焊剂）		24吨	17吨	83111 72179000 72299090 75062000 38109000
	控制棒导向组件（含4根驱动杆备件）		91套	90套	85169090 84014090
	仪表组件		16套		85462010 84833000 84014090
（5）控制棒驱动机构	套筒		90吨	75吨	84014090
	钩爪组件（钩爪、连杆、驱动轴、可拆接头、限位装置等）		90吨/套	75吨/套	84014090 85365000 85169090
	核电电工材料（线圈骨架等）		15吨/套	5吨/套	85049090
	焊材（焊带、焊丝、焊条、焊剂）		15吨	11吨	83111000 83112000 83119000 83113000
	位置指示组件		90套		84014090
	运行线圈组件		90套		85049090
（6）环行吊车	电动机		12台	8台	85015200 85015300
	减速器		13台	8台	84879000 84834090
	电缆		12000米	1套	90318090 85444929 85444921
	制动器（包括液压站）		10个	6件	84836000 84122990 85052000
	制动盘/卷筒联轴器		12个	1件	84836000
	轴承		118套	200件	84821010 84825000 84841040

设备名称	一级部件	二级部件	单机用量		税则号列（供参考）
			EPR	AP1000	
（6）环行吊车	传感器		3个	3个	90328990 85030090 90259000 85043110
	环吊大车	环形轨道、控制柜、控制系统、电阻器	1套	1套	84161190 87051093 87079090 84314990
	环吊小车	吊索、吊钩、滑轮、联轴器、控制柜	1套	1套	84161190 87051093 87079090 84314990
	控制系统		1套	2套	84879000 84836000 85371090 90328990
（7）主管道	主管道锻件		160吨	80吨	72069000 72071900 72189900 72249010 73261910 84199090
	焊材（焊条、焊丝、焊剂）		15吨	3吨	83111000 83112000 83119000 72179000 75052200 38109000
（8）安全注入箱	复合钢板（不锈钢、低合金钢）			120吨	72192100 72199000 84014090
	焊材（焊带、焊丝、焊条、焊剂）		15吨	10吨	83111000 83112000 83119000 72179000 75052200 38109000
（9）主设备支撑	锻件、板材、管材、棒材		200吨	140吨	72254000 73044190 73072900 73049000 84014090 7219
	焊材（焊带、焊丝、焊条、焊剂）		150吨	100吨	83111000 83112000 83119000 72179000 75052200 38109000
	阻尼器		16个	10个	72192100 84798999
（10）数字化仪控系统	数字化仪控系统核级模块		47套	60套	85381090
（11）堆芯补水箱	上封头、下封头、筒体			6件	72249010 73182200 84841000 68151000 73261910 73053100 84014090
	焊材（焊条、焊丝、焊剂、焊带）			150吨	83111000 83112000 83119000 72179000 75052200 38109000
（12）安全壳	设备闸门部件（包括起升机构、密封垫片）			2套	84014090
	电气贯穿件			29套	84014090
	人员闸门部件（包括电气贯穿件、窥视窗玻璃、电子部件、密封装置及垫圈）			2套	84014090

设备名称	一级部件	二级部件	单机用量		税则号列（供参考）
			EPR	AP1000	
(13) 非能动余排换热器	换热管（镍基U型）			8吨	84014090 75071200
	上封头、下封头、管板			4件	72254000 73269010 75071200 84014090
	板材、棒材、型材			53吨	73269010 73049000 72254000 72192100 72149900 72221100
	焊材（焊条、焊丝、焊剂、焊带）			35吨	38109000 72209000 72299090 75051200 75052200 83113000
(14) 结构模块	双相不锈钢钢板			700吨	83112000
	双相不锈钢焊材（焊条、焊丝、焊剂）			100吨	72287090 72224000
	型材			1000吨	72287090 72224000
(15) 核燃料元件	锆合金管、棒、带材		100吨		81099000 84014090
	三氧化二钆合金		10吨		28469019
	银铟镉材料		5吨		71159010 84013090
	高硼靶材			5吨	28459000 84013090
	核纯级锆合金管、棒、带材			100吨	81099000 84013090
	带材			5吨	75062000 84013090
	核燃料专用毒物碳化硼铝板			100吨	28499090 84013090
2. 常规岛设备					
(1) 汽轮机	高中压转子或锻件（含转轴、叶片）		1套	1套	84069000 72249010
	低压转子或锻件（含转轴、叶片）		3套	3套	84069000 72249010
	冷凝器	钛复合板	130吨	130吨	72109000 81089032
		焊材	50吨	50吨	83113000 72179000 72299090 38109000
		减温减压器	4个		84819010 84818040 84069000
	高压隔板（含静叶）		9套	20套	84069000 84798999
	中压隔板（含静叶）		20套		84069000
	低压隔板（含静叶）		4套	60套	84069000
	高压缸缸体铸件		1套	1套	72249010 72249090 84069000
	主油泵		1套	1套	84133030
	抽汽逆止阀		16套	16套	84813000
	汽轮机控制与保护系统	高压主汽阀和调节阀	4套	4套	84818040 84069000
		再热主汽阀和再热截止阀	4套	12套	84818040 84069000

设备名称	一级部件	二级部件	单机用量		税则号列（供参考）
			EPR	AP1000	
（1）汽轮机	管道	高压管道	689 吨	689 吨	73045110 73043110 73059000 73065000
		高压管件	159 吨	159 吨	73079200 84069000 73079900
	汽轮机润滑油系统	主润滑油箱上的油泵	5 套	4 套	84133030
	轴承（高中压缸、低压缸、推力）		10 套	10 套	84833000
	旁路阀、调节阀、疏水阀		154 套	154 套	84818040
	EH 油系统		1 套	1 套	84133090
（2）汽轮发电机	转子、护环锻件		1 套	1 套	84149090 85030020 72249010 72249090
	励磁系统（含励磁变压器）		1 套	1 套	90328990 85371011 8501
	转子半线圈		1 套	1 套	85030020 8544
	无刷励磁机（静止部分、旋转部分、整流组件）		1 套	1 套	85021100 85044099 90328990 8501
	不锈钢空心线		2496 根	2496 根	73044190
	电流互感器（含备品）		34 件	28 件	85462010 85043110 85030020 85049090
	油密封装置、定子冷却水系统、氢气和二氧化碳系统		2 套	2 套	85030020 84195000 8484
	氢气冷却器		6 件	1 套	84195000
	出线套管（含备品）、液压螺母、轴瓦		1 套	1 套	85462010 85030020 73181600 84833000
	定子线棒（含备品）		2 套	110 根	85030020
	绝缘件和材料（含绝缘锥环、胶、云母带、绝缘引水管）			1 套	85479090 68141000 39173900 39173300
（3）除氧器	安全阀、仪表阀		9 套	14 套	84814000 84818040
	喷嘴		70 个	392 个	84248999 84249090
	液位、压力变送器		4 只	5 只	90318090 90262010 90261000
（4）汽水分离器再热器（MSR）	分离器、预分离器		6 套	7 套	84049090 84248999 84249090 73261910
	MSR 轴承		2 个	2 个	8483 73045910
	截止阀、仪表阀		156 个	156 个	84811000 84813000 84814000 84818040
	管板锻件		8 块	8 块	72249090 73261910
	鳍片管		130 吨	131 吨	84069000 84199090
	安全阀、活塞阀、疏水阀、调节阀		150 个	79 个	84814000 84818040 84813000
（5）加热器	安全阀		13 套	13 套	84814000
3. 核级泵					

设备名称	一级部件	二级部件	单机用量		税则号列（供参考）
			EPR	AP1000	
（1）核主泵（反应堆冷却剂主泵）	电机定子、转子组件		50 吨		85030090
	转速测震传感器及 K1 级电缆		16 吨		85030090 90318090
	壳体铸锻件		30 吨		72251900 84139100
	轴封（一二三级密封、静止密封、密封室）		2 吨		84842000
	水力部件毛胚（叶轮、导叶法兰、导叶、导叶螺母）		5 吨		84139100
	电机支撑		5 吨		85030090 84139100
	主法兰与飞轮毛胚		13 吨		84139100 7307
	防转装置毛胚（棘爪、棘齿盘）		1 吨		85030090 84139100
	热屏蔽盖、座、盘管		4 吨		84139100
	主螺栓、主螺母		3 吨		84139100 7318
	轴承（石墨轴瓦、轴套、电机轴承、推力轴承）		10 吨		84833000
	冷却器		4 吨		84195000
	泵轴、电机轴、中间轴、联轴器锻件		6 吨		84833000
	焊材（焊带、焊丝、焊条、焊剂）		50 吨		72299090 72285000
（2）上充泵	机械密封		10 套	4 套	84842000
（3）安注泵	机械密封		7 套		84842000
	轴承		7 套		84833000
（4）安全壳余热排出泵	电动机		4 台	2 台	85015300 84139100
	机械密封		8 套	4 套	84842000
（5）喷淋泵	机械密封		6 套		84842000
	滚动轴承		4 套		84833000
（6）核主泵（反应堆冷却剂主泵）	陶瓷端子部件			12 件	85389000
	水润滑轴承（止推轴承）、导向轴承、轴套			24 套	84833000
	热交换器			4 套	84195000
	壳法兰、飞轮锻件			12 套	73072100 85030090
	定子铁心部件			4 套	85030090 73261910 73269010

设备名称	一级部件	二级部件	单机用量		税则号列（供参考）
			EPR	AP1000	
（6）核主泵（反应堆冷却剂主泵）	轴、支承环、密封环、定子齿压板、定子端盖、上封头锻件			66 件	85030090 73261910 73269010
	定子转子屏蔽套用不锈钢薄板			2500 千克	85030090 72193400 73169010 73261910
	焊丝			1 吨	7299090 7285000 83112000
	定子陶瓷槽楔			3200 件	85030090
	绕组绝缘浸渍漆			1.6 吨	32089090
	夹套用不锈钢板			8 张	72193100 73269010 73261910 85030090
	定子线圈			384 件	85030090 74199991
	转子铜条			232 件	85030090 74199991
	速度传感器			16 件	903289
	端盖螺栓锻件			80 件	73269010 73261910
	核级焊材			4.8 吨	38109000 72209000 72299090 75051200 75052200 83113000
	推力盘			8 件	84139100 85030090
	绝缘材料			1.6 吨	85479090
4. 核级阀					
（1）安全壳隔离阀	防爆电动装置		180 个		85015200 84014010 84014090
	电磁阀		180 个		84818040 84818021
	气动马达		40 个		84123900
（2）波纹管截止阀	波纹管		40 个		83079000
（3）稳压器安全阀	主阀、先导阀		4 个		84812010 84818040 84814000 84812020
（4）稳压器比例喷雾调节阀	主阀		1 套		84812010 84818040
（5）主蒸汽隔离阀	主阀		4 套		84812010 84818040 84812020
	驱动机构		4 套		84819010 84123900 85015200

设备名称	一级部件	二级部件	单机用量		税则号列（供参考）
			EPR	AP1000	
（6）核岛阀	气动执行机构（核级）			100 件	84123900　90328100
	IE 级减压过滤器			100 件	84049090
	IE 级电动执行机构			100 件	85015200　90328990
	IE 级电磁阀			100 件	84818021
	IE 级快速接头			800 件	85381090
	IE 级位置指示开关			600 件	85365000

设备名称	一级部件	二级部件	单机用量	税则号列（供参考）
（二）百万千瓦级核电机组（二代改进型核电机组）				
1. 核岛设备				
（1）反应堆压力容器	辐照监督管		9 只	84014000　73049000
	热电偶喇叭罩		8 只	73044190　84014090
	中子测量管		57 只	73044190　75089090　84014090
	检漏管端口		1 只	73044190　73072900　84014090
	特种核级 O 型/C 型密封圈		10 只	73182200　84841000　84841000
	金属保温层		1 套	84014090　73269010
	焊材（焊丝、焊条、焊剂、焊带）		150 吨	38109000　72209000　72299090 75051200　75052200　83113000
（2）蒸汽发生器	流量分配板		6 吨	84199090
	抗震条组件		3 套	72221900　75051200　84199090
	二级分离器（波纹板）		20 套	84199090
	核级密封垫片		260 个	73182200　84841000　68151000
	焊材（焊丝、焊条、焊剂、焊带）		135 吨	38109000　72209000　72299090 75051200　75052200　83113000
（3）稳压器	加热器		70 件	85162990　85169090　84014090
	喷淋头		2 个	84014090　85169090　84818040
	核级密封件		16 个	73182200　84841000　68151000
	焊材（焊带、焊丝、焊条、焊剂）		45 吨	38109000　72209000　72299090 75051200　75052200　83113000
（4）堆内构件	吊兰底板、管嘴、压紧弹簧		85 吨/套	72189900
	焊材（焊带、焊丝、焊条、焊剂）		15 吨	83111000　83112000　83119000
（5）控制棒驱动机构	套筒		90 吨	84014090
	钩爪组件（钩爪、连杆、驱动轴、可拆接头）		10 吨/套	84014090
	核电电工材料		15 吨/套	85049090
	焊材（焊带、焊丝、焊条、焊剂）		10 吨	83111000　83112000　83119000

设备名称	一级部件	二级部件	单机用量	税则号列（供参考）
（6）环行吊车	电动机		12台	85015200 85015300
	减速器		13台	84834090
	电缆		12000米	85444929
	制动器（包括液压站）		10个	84122990 85052000
	制动盘联轴器		12个	84836000
	轴承		118套	84821010 84825000 84841040
	传感器		3个	90328990
（7）主管道	焊材（焊条、焊丝、焊剂）		10吨	83111000 83112000 83119000
（8）安全注入箱	板材		150吨	72192100 72199000 84014090
	焊材（焊带、焊丝、焊条、焊剂）		10吨	38101000 38109000 83111000 83112000 83119000
（9）硼注箱	电加热器		3套	84014090
	板材		30吨	72254000 72259990 72287090 73269010 84014090
	焊材（焊带、焊丝、焊条、焊剂）		10吨	38101000 38109000 83111000 83112000 83119000
2. 常规岛设备				
（1）汽轮机（半转速组）	再热主汽阀和再热截止阀		4套	84812010
	中压隔板（含静叶）		20套	84069000
	低压隔板（含静叶）		4套	84069000
	冷凝器	钛管	173吨	81089040
		钛复合板	45~60吨	72109000 80189032
	主油泵		1台	84133090
	抽汽逆止阀		1套	84813000
	汽轮机控制与保护系统		1套	90328990
（2）汽轮发电机	绝缘锥环		2件	85030020
	氢气冷却器		5件	84195000
	矽钢片		308吨	72251900
	转子半线圈		1套	85030020
	出线套管（电流互感器）		34件	85462010 85043110
	定子线棒		104根	85030020
	励磁系统		1套	90328990 8501
	油密封装置		2套	85030020 84842000
	无刷励磁机（静止部分、旋转部分、整流组件）		1套	85021100 90328990 8501
	护环		2件	85030020
	不锈钢空心线		2310根	73044190

设备名称	一级部件	二级部件	单机用量	税则号列（供参考）
（3）除氧器	安全阀		6只	84814000
	喷嘴		6只	84069000
（4）汽水分离器再热器和汽水分离再热器系统	铁素体不锈钢U型管束		100吨	73064000
	分离器、预分离器		4套	84049090
（5）高低压给水加热器	安全阀		12个	84814000
	焊缝不锈钢U型管		80~120吨	73064000
（6）应急柴油发电机组	涡轮增压器		2台	84148030
	机械动力泵		22台	84133021　84138100　84133030
	曲轴		1个	84831090
	滤清器		4个	84212300
	核级转速控制系统		1套	90328990　84099991
	喷油器总成		18套	84248999
	1E级控制柜		6套	84133021　85371090
3. 核级泵				
（1）核主泵	轴承（石墨轴瓦、轴套）		2吨	84833000
	水力部件毛坯（叶轮、导叶法兰、导叶、导叶螺母）		5吨	84139100　7318
	电机支撑		5吨	85030090　84139100
	热屏蔽盖、座、盘管		4吨	84139100
	推力轴承		2吨	84833000
	转速测震传感器及K1级电缆		16吨	85030090　90318090
	防转装置毛坯（棘爪、棘齿盘）		1吨	85030090
	轴封（一二三级密封、密封室）		2吨	84842000
（2）上充泵	机械密封		1套	84842000
	轴承		3套	84833000
4. 核级阀				
（1）波纹管截止阀	波纹管		1~2个	83079000
（三）超超临界参数火电机组				

设备名称	一级部件	二级部件	单机用量	税则号列（供参考）
1. 燃煤锅炉	闸阀		120 个	84818040
	调节阀		11~20 个	84818040
	安全阀		17~40 个	84814000 90329000
	气动执行器		224~250 套	90328100 84123900
	电动执行器		48~272 套	85015100 90328990
	减速机		2~3 个	84834090
	轴承		6~10 个	84821040
	焊材（焊丝、焊条、焊剂）		65 吨	72299090 72285000 83810900
	油压传动阀（油压阀）		54~65 个	84812010
2. 汽轮机	低压转子锻件（不带叶片）		3~4 根	84069000
	抽汽逆止阀		8~12 套	84813000
	调节阀、高排通风阀		12~40 套	84818040 84812020
	疏水阀		20~65 套	84818040 84812020
	钛复合板		60 吨	72109000 72085120
	喷嘴室		6 套	84069000
	高中压主汽阀及主汽调节阀		3 套	84069000
	调芯零件		3 套	84819010
	高、中、低压隔板		24 级	84069000
	主油泵		1 套	84137099
	辅助油泵		1 套	84137099
3. 发电机	静态励磁系统	灭磁开关	1 套	90328990 85365000
		碳化硅非线性电阻	1 套	85332900
		可控硅元件	1 套	85415000 85044091
		控制器及板卡	1 套	85381090 85371090 90328990
	定子冲片		190 吨	85030020
	护环		2 只	85030020
	取向硅钢		270~360 吨	72251900
（四）大型循环流化床锅炉				
循环流化床锅炉	安全阀		13~16 个	84814000
	调节阀		15~20 个	84818040
	紧急给水泵		1 台	84137090 84848010
	气动执行器		8 个	90328100 84123900
	电动执行器		8 个	85015100 90328990
	压力控制器		150 吨	90262010 90328100 90328990 853710
（五）大型空冷电站成套设备				

设备名称	一级部件	二级部件	单机用量	税则号列（供参考）
1. 空冷汽轮机	抽汽逆止阀		8~16 套	84813000
	调节阀、高排通风阀		10~40 套	84818040　84812020
	疏水阀		20~50 套	84818040　84812020
	钛复合板		60~80 吨	72109000　72085120
	高、中压主汽阀及主汽调节阀		3 套	84069000　84818040
	阀芯零件		3 套	84819010
	主油泵		5 套	84137091
	辅助油泵		2 套	84137091
2. 直接空冷系统	顺、逆流管束	单面复合铝钢板	1500~2400 吨	72126000
（六）燃气—蒸汽联合循环机组				
1. E、F 级燃气轮机	涡轮		1 套	84119990
	压气机转子	一级护环	1 套	84119990
		拉杆	1 套	84119990
		喷嘴	1 套	84119990
	控制系统（控制柜）		1 套	90328990　85372090　85371090
	可燃气体检测装置		1 套	90271000
	控制阀		6~10 个	84818040
	燃烧室		1 套	84119990
	点火装置		1 套	84119990
	进气导叶执行机构		1 个	85437090　84123900　84119990
	排气扩散段及膨胀节		1 套	84119990
	轴承		2~5 个	84821040　84821090
2. 配 E、F 级燃气~蒸汽联合循环机组的发电机	变频启动装置		1 套/2 台	85044099　85044091
	励磁装置	灭磁开关	1 套	90328990　85365000
		碳化硅非线性电阻	1 套	85332900
		可控硅元件	1 套	85415000　85044091
		控制器及板卡	1 套	85381090　85371090　90328990
3. 配 E、F 级燃气~蒸汽联合循环机组的汽轮机	钛复合板		配 E 级：5~10 吨 配 F 级：14 吨	72109000　72085120
	同步联轴器（盘车装置）		1 套	84834090
	调节阀		5~6 套	84818040　84812020
（七）大型水力发电成套设备				
1. 混流式水电机组	水轮机	抗撕裂钢板	270 吨	72251900
		高强度钢板	230 吨	72251900

设备名称	一级部件	二级部件	单机用量	税则号列（供参考）
2. 抽水蓄能机组 3. 轴流式水电机组 4. 贯流式水电机组 5. 冲击式水电机组	调速器	主配压阀	1套	84818040
		液压控制元件	1套	84818040
		油泵	1套	84135010
		控制器及配套板卡	1套	85381090
	励磁装置	灭磁开关	1套	85369000 85365000
		碳化硅非线性电阻	1套	85332900
		可控硅元件	1套	85415000 85044091
		控制器及配套板卡	1套	85381090 85371090 90328990
（八）大功率风力发电机（组）及其配套部件				
1. 风力发电机（组）整机				
风力发电机（组）整机	主轴轴承		1~2个	8482
	变桨矩控制器		3套	90328990 85371090
	整机控制器	控制器	3个	85371011 90328990 85371090
	变流器	变频器	2个	85044091
	刹车装置	刹车用制动器	1套	85030030
		液压泵站	1套	84122990
	风向仪		1个	85030090 90158000
	风速仪		1个	85030090 90158000
	变桨系统	变桨轴承	3个	8482
	偏航系统	刹车钳	8~12个	85030030
2. 风力发电机（组）配套部件				
（1）叶片	环氧树脂固化剂		1000千克	382490
	胶黏剂		450千克	39073000 3506
	胶黏剂固化剂		200千克	382490
（2）齿轮箱	轴承		16~32个	8482
	收缩盘		1套	84836000
（3）发电机	轴承		3套	8482
	定子避雷器		3套	85354000
	转子避雷器		3套	85354000
（4）控制系统	编码器		1套	853710 90318090 85437099
	传感器		1个	85389000 90329000
（5）变流器	电力电容器		63个	85321000
	功率模块及元件		6套	85044091 85044099
（十）太阳能发电设备（待定）				

设备名称	一级部件	二级部件	单机用量	税则号列（供参考）
二、超、特高压输变电设备				
（一）直流输变电设备				
1. 直流换流变压器	瓷套管（网侧套管）		2~4支	85462010 85471000
	硅胶套管		2~4支	85469000 3917
	冷轧晶粒取向电工钢带（片）		100~300吨	72251100
	有载开关		2~4台	85372010 85372090 85365000
	绝缘出线装置（包括直流出线和交流出线装置）		1套	85462010 85469000 85479090
	绝缘纸板		13吨~20吨	48116010
	绝缘成型件（包括角环、绝缘筒、绝缘罩、绝缘槽、绝缘套、绝缘支撑架等）		1套	85469000 85479090
2. 换流阀	散热器		3072~4032个/站	84195000
	绝缘螺杆		4608根/站	39269090 85489000 85479090
	拉紧环		768个/站	73066900
	ETT阀底部控制柜		12套/站	85379090 85371090
	LTT阀底部控制柜		4套/站	85379090 85371090
	阻尼电容（LTT/ETT）		2880（LTT）个/站或6144（ETT）个/站	85321000
	阻尼电阻		2880个/站	85333900
	阀避雷器		48个/站	85354000
3. 直流输电用晶闸管	硅单晶片		3~6片	38180011
	芯片		1~2片	85419000
	基板（钼片）		2~4片	85419000 38180090
	管壳		1套	85419000
	门极		1套	85419000
4. 控制保护设备	直流控制保护主机		90~100台	85372090 90328990
	处理器电路板		215~240块	85389000 90329000
	光电通讯电路板		100~110块	85389000 90329000 85176229
	背板		4~5块	85389000 90329000
	模拟量测量电路板		25~30块	85389000 9030
	电源板		300~350块	85389000 85044099
5. 直流场设备	直流穿墙套管		2~11支/站	85462010
	直流旁路开关		4~8台/站	85353090
	直流电压测量装置		4~12台/站	85043210
	直流电流测量装置		8~45台/站	85043210
	直流断路器		5~8台/站	85353090
	金具		2000~2800个/站	85389000

设备名称	一级部件	二级部件	单机用量	税则号列（供参考）
（二）交流输变电设备				
1. 电力变压器	有载开关/无载开关		单相：1个 三相：1~3个	85372090　85372010　85365000
2. 六氟化硫断路器	瓷套管		6个	85462010　85471000
	绝缘拉杆		800kV：12个	85479090
	油压传动阀（控制阀）		3个	84812010
	电阻		800kV:400~600个	85332900
	电容器片		800kV:1000~1500个	85322300
	电容器管		800kV：15~30个	85322900
3. 气体绝缘金属封闭开关设备（GIS）	绝缘拉杆		800kV：10~30个/间隔 1100kV：100~200个/间隔	85479090
	绝缘筒		30~40个/间隔	85479090
	弧触头		30~70/间隔	85381010　85359000　85369000
	液压动力装置		3套/间隔	84122990
	喷口		20~40个/间隔	85389000
	油压传动阀（控制阀）		3个/间隔	84812010
	弹簧触头		60件/间隔	74199920　85359000　85369000
	电阻		800kV：500~600个/间隔 1100kV：5000~6000个/间隔	85332900
	电容器片		800kV：1100~1500个/间隔 1100kV：4500~5500个/间隔	85322300
	电容器管		800kV：20~40个/间隔	85322900
4. 串联补偿装置	旁路断路器		3台/套	85352990
	金属氧化物限压器（MOV）		20~180支/套	85354000
	光纤绝缘子		6~7柱/套	85469000　85479090
三、大型石油及石化装备				
（一）乙烯成套设备				

设备名称	一级部件	二级部件	单机用量	税则号列（供参考）
1. 乙烯裂解气压缩机组、乙烯制冷压缩机组、丙烯制冷压缩机组及上述配套用工业汽轮机	膜盘联轴器		6 套	84836000
	干气密封		12 套	84842000
	止推轴承		7 套	84833000
	支撑轴承		26 套	84833000
	蒸汽透平（循环泵用小汽轮机）		3 套	84068200
	测振轴位移装置		3 套	90318090
	主轴锻件		2 根	73259910 84831090
	机壳铸件		2 个	84149090
	叶轮锻件		13 个	84149090
	调节阀		15 个	84813000
	调节气阀	阀杆（喷涂）	4 根	84819010
	电液转换器		2 套	84069000
	可倾瓦轴承		2 套	84833000
2. 乙烯冷箱	钢铝接头		30 个	76090000
	钎焊片		6 吨	76071190
3. 加氢反应器	钢板		100~1000 吨	72251900
	焊材（焊条、焊带、焊丝、合金钢丝、不锈钢带、焊剂）		100~150 吨	38109000 72209000 83111000 83112000
4. 加氢装置空冷器	管束	镍合金板	2500 千克	75062000
（二）聚乙烯循环气压缩机和聚乙烯配套用往复式压缩机（迷宫密封式）				
往复式压缩机	干气密封		2 套	84842000
	气阀		28~32 个	84812020 84149011
（三）混炼挤压造粒机组				
1. 混炼挤压造粒机组	摩擦离合器	摩擦片	3 组	84839000
		电机	1 套	85016430
	减速器	圆柱滚子轴承	25 套	84825000
		串列推力轴承	2 套	84825000
		四点接触轴承	3 套	84821030
		深沟球轴承	8 套	84821020
	减速器	滚子轴承	20 套	84823000
		带差压报警的双筒滤油器	2 套	84212990
	在线熔指测量仪		1 套	90268000
	离心干燥装置	离心干燥机、大块扑集器、三通取样	1 套	84211990

设备名称	一级部件	二级部件	单机用量	税则号列（供参考）
1. 混炼挤压造粒机组	振动分筛机		1套	84741000
	盘车机构	超越离合器	1套	84836000
		高速旋转接头	2套	84819090
	主电机		1套	85015300
	齿轮泵用电机	交流电机	1套	85015300
		直流电机	1套	85013400
	螺杆尾部密封		4套	84842000
	振动监测系统	监控装置	4套	90318090
		传感器	40个	90318090
	流变仪		1套	90278099
	水下切粒机	切粒刀及刀盘	60个	84779000
		模板	1套	84779000
	粒子冷却水系统，热油系统	气动、手动蜗轮对夹式蝶阀	16套	84818040
		电动气控两通阀、三通阀	6套	84818040
		止回阀	2套	84813000
		电动气控比例阀	6套	84818040
（四）对苯二甲酸（PTA）成套设备				
1. PTA氧化反应器	承压壳体（包括筒节、球形封头）	钛复合板	200~300吨	72251900
		焊丝、焊条、焊剂	1500千克	83111000 83112000
2. 加氢精制装置加氢反应器	焊材、焊剂		30~80吨	83111000 83112000
3. 蒸汽回转干燥机	机身	不锈钢板材	50~160吨	72192100 72199000
	换热管	不锈钢	40~90吨	73069000 73064000 73044190 73044990
	焊条		2~5吨	83111000 83112000
	滚动轴承		12件	84823000
	进/出料端密封填料		18件	84841000 84849000
	手动离合器		1台	84836000

设备名称	一级部件	二级部件	单机用量	税则号列（供参考）
4. PTA 工艺空气压缩机组	齿轮箱		3 套	84834090
	止推轴承		2 套	84833000
	支撑轴承		2 套	84833000
	膜盘联轴器		2 套	84836000
	膜片联轴器		2 套	84836000
	控制系统		1 套	853710　90328990
	机组监控系统		1 套	90318090　90328990
	测振轴位移装置		1 套	90318090
（五）千万吨级炼油设备				
1. 加氢反应器、精制反应器	承压壳体（含筒节、球形封头）	合金钢板	100~400 吨	72251900
	焊条、焊丝、焊带、焊剂		150 吨	83111000　83112000
2. 循环氢离心压缩机	干气密封		1 套	84842000
	干气密封控制系统		1 套	90328990
	测振轴位移装置		1 套	90318090
	调节阀		6 套	84818090
3. 大型工业汽轮机	传感器、前置器		7 套	90319000　90318090
	电磁阀		3 套	84818021
	电液转换器		2 套	84818040
4. 催化裂化空气压缩机组	变速箱		1 套/台	84834090
	测振轴位移装置		1 套/台	90318090
	盘车装置		1 套/台	84839000
	联轴器		2 套/台	84836000
	防喘振阀		2 套/台	84811000
	调节阀		2 套/台	84818090
5. 催化裂化能量回收装置空气压缩机机组	变速箱		1 套/台	84834090
	测振轴位移装置		1 套/台	90318090
	盘车装置		1 套/台	84839000
	联轴器		2 套/台	84836000
	防喘振阀		2 套/台	84811000
	调节阀		2 套/台	84818090
（六）天然气管道运输和液化气储运装备				

设备名称	一级部件	二级部件	单机用量	税则号列（供参考）
1. 长输管道燃驱压缩机组	高压、低压涡轮转子		1套/台	84119990
	低压涡轮支承环		1套/台	84119990
	低压涡轮支承环		1套/台	84119990
	高压过渡段机匣		1套/台	84119990
	下部传动箱		1套/台	84119990　84834090
	涡轮第2级导叶组		15套/台	84119990
	涡轮第1级导叶		40套/台	84119990
	涡轮第1级动叶		86套/台	84119990
	涡轮第2级动叶		86套/台	84119990
	低压0级动叶		19套/台	84119990
	火焰筒		1套/台	84119990
	高压后轴颈		1套/台	84119990
	联轴器		1套/台	84842000　84836000
	干气密封件		2套/台	84842000
	压缩机用滑动轴承		3套/台	84821090
	球轴承、圆柱滚子轴承、滚柱轴承		18套/台	84821090
2. 长输管道电驱压缩机组	膜盘联轴器		1套/台	84836000
	干气密封件		1套/台	84842000
	止推轴承		1套/台	84821040
	支撑轴承		1套/台	84833000
	测振轴位移装置		1套/台	90318090
	联轴器		1套/台	84842000　84836000
	干气密封件		2套/台	84842000
	压缩机用滑动轴承		3套/台	84821090
	球轴承、圆柱滚子轴承、滚柱轴承		18套/台	84821090
	转子护环锻件		2件/台	73269010
3. 高压大口径全锻焊管道球阀	电动执行机构		1套/台	85015300　90328990
	气液联动执行机构		1套/台	84122100　84123900
	阀座		2套/台	84819010
	卸压安全阀		1套/台	84814000
	焊剂		5千克/台	38109000
（七）油气钻采装备				
1. 大型压裂装备（含配套泵车、混砂车）	发动机		1台	84089093
	传动箱		1台	84834090
	载重底盘（含驾驶室、发动机）		1台	87042300

设备名称	一级部件	二级部件	单机用量	税则号列（供参考）
2. 连续油管作业装备（机组/车）	发动机		1台	84089093
	载重底盘（含驾驶室、发动机）		2台	87042300
	分动箱		1台	84834090
	液压泵		4台	84122910
	防喷系统	高压小通径防喷器(≥70WP)	1台	84314320
		防喷盒	1台	84314320
	数据采集系统		1套	90318090
	油管滚筒系统	减速箱	2台	84314310
		高压旋转接头	2台	73079900
	注入头	减速箱	2台	84314310
		负载传感器	1台	90262090
3. 不压井作业装备	发动机		1台	84089093
	分动箱		1台	84834090
	液压系统	液压马达	2台	84122910
		液压阀	1台	84812010
		液压泵	4台	84122910
	平衡绞车	扭矩鼓	2台	90269000
	不压井防喷器（≥70WP）		1台	84314320
	负载表		1台	90262090
4. 顶部驱动钻井装置	井控系统	旋塞阀	3台	84814000
5. 天然气发动机驱动压缩机组	天然气发动机		1套	84079090
	天然气压缩机组		1套	84148090
	膜片联轴器		1套	84836000
	气动球阀		1套	84818040
	预润滑油泵		1套	84138100
四、大型煤化工设备				
（一）往复式水煤浆隔膜泵				
往复式水煤浆隔膜泵	减速机		1台	84879000 84834090
	变频调速电机		1台	85015300
	液压阀		36件	84812010
	磁环		4件	85051110
	氢化丁腈		300千克	40024990
（二）煤液化加氢反应器				

设备名称	一级部件	二级部件	单机用量	税则号列（供参考）
煤液化加氢反应器	法兰		30 吨	72249090　73072100
	合金泡帽		1200 个	81019910
	合金钢		50~800 吨	72251900
	焊材、焊剂		150 吨	38109000　83112000
	不透钢焊材		150 吨	72230000　72209000
（三）大型空分设备及其压缩机、空压机、增压机				
1. 大型空分设备	低温调节阀		30 个/台	84818090
	高压板式换热器		4~12 台	84195000
	透平膨胀机	浮环密封	2 套	84842000
		可倾瓦组合轴承	2 套	84833000
	切换阀		8~12 个	84818090
	高压氧气阀		4~12 个	84818090
	高压液空节流阀		2~4 个	84818090
	离心式低温液体泵		2~12 台	84137090
	分馏塔系统	钢铝接头	30 个	76090000
		合金铝管	5000 米	76082000
		钎焊片	6 吨	76071190
2. 双缸氧气压缩机	多相交流异步电动机（防爆型）		1 个	85015300
	止推轴承		2 套	84833000
	膜盘联轴器		2 套	84836000
	轴承	温度计	12 个	84833000
	机组监控系统		1 套	90318090　90328990
	测振轴位移装置		1 套	90318090
	气动长行程执行机构		1 套	84813000
3. 大型空分装置用空压机或增压机	止推轴承		3 套	84833000
	支撑轴承		6 套	84833000
	膜盘联轴器		4 套	84836000
	膜片联轴器		4 套	84836000
	碳环密封		5 套	84842000
	蜂窝密封		2 套	84842000
	变速箱		1 套	84834090
	控制系统		1 套	85371011　90328990
	机组监控系统		1 套	90318090　90328990
	测振轴位移装置		1 套	90318090
（四）大型合成氨设备				

设备名称	一级部件	二级部件	单机用量	税则号列（供参考）
合成气压缩机、二氧化碳压缩机	膜盘联轴器		5套	84836000
	干气密封		6套	84842000
	止推轴承		4套	84833000
	支撑轴承		4套	84833000
（五）煤化工气化炉				
煤化工气化炉	钢板	合金钢板材	210吨	72255000
	焊材	焊条	2.2吨	83111000
		焊丝	10吨	83113000
		焊剂	4吨	38109000 83119000
		焊带	4.5吨	83111000 72209000
五、大型冶金成套设备				
（一）大型薄板热连轧成套设备				
1. 二辊或四辊粗轧机	压下装置	AGC伺服缸	2个	84122100
		制动器（电液型式）	2个	84836000
	液压缸	O型密封、V唇型密封、活塞用密封、杆用密封	4个	84842000 7318 3926
	粗轧主传动	剖分式轴承	2个	84825000 84829900 84821090 84828000
2. 切头飞剪	转鼓装配	制动器	1个	84836000
3. 精轧机	窜辊装置	带位移传感器的液压缸	28个	84122100
	导卫及活套	标高调整装置用液压马达	6个	84122910
		活套用液压伺服缸	7个	84122100
4. 层流冷却装置	上下集管装配	气动蝶阀	120个	84812020
5. 卷取机	助卷辊装配	助卷辊伺服液压缸（带位移传感器）	3个	84122100
	卷筒装配	干油旋转接头	1个	73079900 73072900
6. 流体部分	过程仪表及传感器	比例阀	100~130	84812010 84818040
		过滤器	80个	84212990 84814000

设备名称	一级部件	二级部件	单机用量	税则号列（供参考）
上述1～6类热连轧成套设备（备注：通用零部件清单）	设备配管	高压水软管	100件	40092100 40092200
		液压高压软管	1500～2000件	40092100 40092200
		干油分配器	300～600件	84818040
	除鳞集管	高压喷嘴	300～500件	84812020 84249090
	高压水集管	高压水接头	50～100件	73032900 73072900
	密封		764个	84842000
	滚子轴承、油膜轴承		266个	8482 8483
（二）大型薄板冷连轧成套设备				
1. 带压辊的转向控制辊	控制辊装配	光电探测头定位器	1套	85437099 90328990
		高频光源发射器	1套	85437099 90328990
		位置传感器	1套	90318090
		板带控制调节器	1套	90222990 84559000
2. 六辊轧机	辊系密封	密封圈	160个	84842000
	工作辊、支撑辊、中间辊	油气润滑装置	1台	84559000
	压下液压缸		10个	84122100
3. 轧机乳化液喷射装置	喷射梁		1套	84248999
4. 带钢吹扫装置及防缠导板	喷射梁	喷嘴	30套	84249090 84812020
5. 轮盘卷曲机	高速旋转接头		2个	73079900 73079200
6. 流体部分	伺服阀		130个	84812010 84818040
	比例阀		60～70个	84812010 84818040
	过滤器		80个	84212990 84814000
（三）连续热镀锌生产线成套设备				
流体部分	伺服阀		130个	84818010
	比例阀		60个	84182010 84818010
	过滤器		80个	84146090
	密封		168个	84841000
（四）大型板坯连铸机 *				
（五）大型制氧机、大型高炉风机、余热回收装置				

设备名称	一级部件	二级部件	单机用量	税则号列（供参考）
1. 大型高炉风机	变速箱		1套/台	84834090
	盘车装置		1套/台	84839000
	联轴器		2套/台	84836000
	防喘振阀		3套/台	84836000　84818040
	顶升油泵		1套/台	84813000　8413
	控制系统		1套/台	85371011　85371090
六、大型煤炭设备				
（一）大型正铲式矿用挖掘机				
大型正铲式矿用挖掘机	低合金高强度调质钢板		135吨	72255000
	重载滚动轴承		84个	84821000　84822000　84825000
	气动盘式制动器		5~8套	84314910
	强力动力联组传动皮带		1~3套	40103900
	气动润滑泵		4个	84135010
	润滑分配器		12个	84813000　84818040
	喷射控制阀		12个	84814000　84818040
	气路控制阀		43个	84814000　84818040
	绷绳		4套	73121000
	高强度药芯焊丝		20吨	8311
（二）大型非公路矿用自卸车				
电动轮/机械式非公路矿用自卸车	发动机		1台	84082010
	耐磨钢板		15~82吨	72254000
	制动器		14套	87083093
	轮胎		6条	40119900
	交、直流传动系统（额定装载质量大于210吨的交、直流传动电动轮自卸车用）	发电机	1套	85016410
		控制柜	1套	85372090　85371090
		电阻箱	1套	85334000　85044099
		电动轮电机	2台	87085073　87087030　8501
	液压泵		5个	84138100
	液压控制阀（转向、举升、制动用）		1套	84819010　84818040
	前后悬挂油缸		4个	87084030　87088090
	举升油缸		2个	84122100
	传动箱		1个	87084030
	后桥齿轮箱		2个	87084030
	锥形滚子轴承		10套	84822000
（三）大型煤炭采掘设备				

设备名称	一级部件	二级部件	单机用量	税则号列（供参考）
1. 电牵引采煤机	摇臂外牵引传动箱破碎装置用	滚动轴承	168 个	84821000　84823000　84825000
	摇臂牵引传动箱用	轴承滚柱	712~960 套	84829100
	摇臂外牵引传动箱	油封、浮动密封	8~10 套	84821000　84849000　84842000
	牵引传动箱	支承环	2 套	84314990
		外离合器板	26 套	84314990
	泵站用	真空表	1 套	90251910
		温度表	1 套	90251910
		高压表	1 套	90251910　9026
		低压表	1 套	90251910　9026
		调高泵（齿轮泵）	1 套	84138100
	辅助部件	低压安全阀	1 套	84814000
		减压阀	1 套	84811000
		反冲洗过滤器	1 套	84818090　8421
		文丘里喷嘴	6 套	84818090
		紧凑防爆压力开关	1 套	85353090
		高压安全阀	1 套	84814000
	辅助部件	流量/压力表	1 套	90262090
	高压箱用	隔离开关	1 套	85353090
		接触器	2 套	85369000　85359000
	控制系统用	可编程控制器	3 套	85371011
		触摸屏	3 套	85371090
	滚筒用	滚筒齿座零备件	150~180 件	84314990　84839000
2. 刮板输送机和刮板转载机	变频电机		4 台	85015300
	传动装置用	减速器	3 套	84834090　84834020
		可控传输装置（CST）	3 套	84834090　8428
		限矩器	2 套	84834090
		液压马达	2 套	84122910
		偶合器	1~3 套	84836000
	机头、尾架用链轮组件	轴承	4~8 套	84822000　84825000
		浮动油封	6~22 套	84841000　84842000
		链轮	2~8 件	84839000
	中部槽用	底板或耐磨钢板	45~100 吨	72254000

设备名称	一级部件	二级部件	单机用量	税则号列（供参考）
2. 刮板输送机和刮板转载机	刮板链用	圆环链	100~800米	73158200
		接链环	10~50件	73159000
3. 多绳摩擦式提升机	主轴装置和天轮装置	圆柱滚子轴承	4个	84825000
	电控系统	可编程控制器	1套	85371090
		大功率变频器	1套	85044099
4. 大型破碎站	电控系统	程序控制器	1套	85371090
		变频调速器	1套	85044099
		软启动综合保护器	1套	85363000
	轴承		4套	84821000
七、大型船舶、海洋工程设备				
（一）大型海洋石油工程装备				
1. 自升式钻井平台	钻井包及其组建		1船套	73089000 84253990 84314310 84742090
	主发电机组		8台	85021310 85030090
	推进器		9台	84871000
	电器控制系统（电气包）		1船套	85044099 85044020 85261010 85269190 85319090 85318090 90141000 90328990 90258000 90148000 85371090
	平台吊车		1船套	84261120 84269900
	提升装置		1船套	84798999 84251000 84254990
	桩腿和桩靴		1船套	73089000
	首部拖带气动绞车		1船套	84253990
	锚绞机		4台	84253190 84253990
	阀门遥控		1套	90328990
	变频装置		1船套	85044099
	污水处理装置		1船套	84212990 84219990
2. 半潜式钻井平台	钻井包及其组件		1船套	73089000 84304111 84314310
	电器控制系统（电器包）		1船套	85371019 85381090
	遥控阀		1船套	84818040
	变频装置		1船套	85044099
	污水处理装置		1船套	84212990 84219990
	烟火探测报警系统		1船套	85311000
	导航设备		1船套	85269190
	通讯系统		1船套	85256010
	铝制直升机平台		1船套	76109000
	海水淡化系统		1船套	84212199
	防喷器		1套	84818090
	防喷器控制系统		1船套	90328990
	船用高压电缆		20万米	85446012
	动力定位系统		1船套	90328900

编号	名称	一级部件	二级部件	单位船舶进口设备数量（套/船）						税则号列（供参考）
				1. 汽车运输船	2. 科学考察船	3. 客滚船	4. 火车轮渡	5. 绞吸挖泥船	6. 耙吸挖泥船	
（二）大型高技术、高附加值船舶										
（1）	主推进系统	主机附件	研磨机			1	1			84609090 84604020
		轴带发电机				2	2		2	85023900
		艉管总成	CPP 轴			2	2		2	84842000 84831090
			艉轴承			2	2		2	84821090
			艉轴密封			2	2		2	84842000
			艉管			2	2		2	73053900
			温度传感器			2			2	90261000
		舵桨			2		1	2	2	84789910
		动态轨迹及动态定位系统							1	90148000
		低压（690 伏及以下）电力驱动系统	独立式整体吊舱		2		1			84871000
		中高压（6600 伏及以上）电力驱动系统	主发电机组			1	4	4	1	85021310
			中高压变压器				2	6	2	85043400
			功率管理系统				1	1	1	90328990
（2）	船舶控制系统	温度和液位遥测系统				1				90261000 9025
		阀门遥控系统				1	1			85372090
（3）	操纵系统	联合操纵系统（装载计算机工作台）					1			85371090
（4）	通道系统	滚装设备	艏艉侧门和跳板坡道的升降装置			1				84289090 8428
			艏艉侧门和跳板坡道的液压装置			1				84122990
			艏艉侧门的电气控制装置			1				85371090
（5）	船舶安全系统	火灾报警系统				1			1	85311000
		垂直撤离系统（充气伐）					4			89071000
（6）	热力系统	热油锅炉				1			1	84021900
		废气组合锅炉（燃烧器、自控器）				2	1		2	84021900
		辅助部件	温控阀			1	1		1	84818040
			安全阀			1	1		1	84814000
			热油阀			1	1		1	84818040

编号	名称	一级部件	二级部件	单位船舶进口设备数量（套/船）						税则号列（供参考）
				1. 汽车运输船	2. 科学考察船	3. 客滚船	4. 火车轮渡	5. 绞吸挖泥船	6. 耙吸挖泥船	
（7）	通讯系统	卫星通讯C站				1	2		2	85256010　85176110
		卫星通讯F站及配件				1	1		1	85256010　85176110
		甚高频电话				1	2		3	85256090　85171290
		无线电台及配件				1	1		1	85256090　85176299
		雷达及配件				1	3		3	85261010
（8）	航行设备	电罗经				1	1		2	90148000
		磁罗经				1	1		1	90148000
		自动舵		1	1	1	1			90148000　90148000
		航行接收机				1	2		1	90148000　85269110
		GPS导航仪				1	1		1	90148000　85269110
		DGPS导航仪				1	1		1	90148000　85269110
		航行数据记录仪				1	1		1	90148000
		电子海图				1			2	90148000
		测深仪				1			1	90151000
		桥楼值班自动报警系统		1	1	1	1			85311000
（9）	挖泥设备	泥泵齿轮箱及传动装置							2	84099910　84834090
		气胎离合器							2	84836000
		泥泵					2	2	2	84138100
		耙头							4	84306999
		水下泵及传动装置	水下变频电机				1	1	1	85015300
			水下减速箱				1	1	1	84834090
			水下泥泵				1	1	1	84138100
		绞刀头					1	1		84306990
		绞刀驱动装置及绞刀梁	绞刀梁				1	1		84839000
			水下变频电机				1	1		85015300
			水下减速箱				1	1		84834090
		传动装置	轴				1	1		84831090
		水下油缸					1	1	8	84139100
		多波束测深仪							1	90158000
		液压系统	液压泵站				1	1	1	84138100

设备名称	一级部件	二级部件	单机用量	税则号列（供参考）
（二）大型高技术、高附加值船舶				
7. 海上浮式生产储卸油装置	排油监控		1 船套	90328990
	液位遥测		1 船套	90261000
	柴油消防泵撬块		1 船套	841350 841381 84131900 84142000
	直升机平台		1 船套	76109000 73044190 76161000
	水密移门		1 船套	73083000 73089000 85437099
	污水处理装置		1 船套	84212990
	泥浆泵船用泵		1 船套	841381 841350 841370 841420
8. 深海铺管船（平台）	全回转推进器		1 台	84871000
	动力定位 DP 系统		3 个	90148000 85269190
	铺管张紧器		2 台	84289090
	波浪补偿式起重机		1 台	84269900
	海上打桩设备		1 套	84301000
	绞车		1 台	84253190
9. 大型浮式起重船	柴油发电机组		6 台	85016410 85021320
	电气包		1 船套	850440 853190 85261010 85269190 90258000 90148000
	推进器		8 只	84871000
	动力定位系统		1 船套	90328990 90148000 85269190
	应急发电机组		2 台	85021310 85016410
	通讯导航系统		1 船套	85176910 85261010
	阀门遥控系统		1 船套	90328990
	海水淡化系统（造水机）		2 台	84798999
10. 海上及潮间带风机安装船	甲板吊机		1 船套	84269900 84314990 84261120
	提升系统		1 船套	84798999 84251000 84254990
	动态定位系统（DP2 及以上）		1 船套	90158000 90328990 90148000 85269190
	柴油发电机组		6 台	85021310 85021320 85030090
	应急发电机		1 台	85021310 85016410
	推进器		6 个	84871000
	直升机平台系统		1 船套	76161000
	深井泵（潜水泵）		2 套	84138100 84137099
	阀门遥控系统		1 船套	903289

设备名称	一级部件	二级部件	单机用量	税则号列（供参考）
11. 独立C型液化天然气运输船	双燃料/纯天然气发动机		3台	84081000
	液货系统设备	氮气发生器	1船套	84213990
		天然气压缩机、再液化装置	2船套	84143019
		货舱绝热材料	1船套	39211100
		货舱材料	1船套	72254000
		低温阀	1船套	84818040
		液货泵	1船套	84138100
		液货泵防爆电机	1船套	85015300
	电（气）总包	主发电机	1船套	85021320
		主推进变频器	1船套	85044099
		功率管理系统PMS	1船套	85371090
		主推进变频电机	1船套	85015300
		推进变频电缆、中压动力电缆	2船套	85444921
	全回转推进器		1船套	84871000
	综合自动化系统		1船套	85371090
	阀门遥控　液位遥测	阀门遥控	1船套	85372090
		液位遥测	1船套	90261000
	艏侧推系统	艏侧推	1船套	84871000
		艏侧推中压软启动器	1船套	85114010
		艏侧推中压电机	1船套	85015300
	通讯导航系统	雷达	1船套	85261090
		卫星通讯	1船套	85176910
		甚高频电话	1船套	85171800
		天线电台	1船套	85256090
		导航仪	1船套	85269190
		航行记录仪、测深仪、计程仪	3船套	90148000
		电罗经、磁罗经	2船套	90142090　90141000
		自动舵	1船套	85371011
		电子海图	1船套	85269190
12. 多缆高性能深水物探船	专业空压机组		3套	84148090
	震源及扩展器收放存储系统	双联炮缆绞车	5台	84253990
		扩展器收放绞车	2台	84253990
		震源扩展器收放存储系统	6套	84798990
		震源扩展器存储收放系统	2套	84798990

设备名称	一级部件	二级部件	单机用量	税则号列（供参考）
12. 多缆高性能深水物探船	电缆收放存储系统	双联电缆绞车	12 台	84253990
	综合导航系统		1 套	90148000
	水下定位系统	水下声学系统	1 套	90318090
	震源控制系统		1 套	90318090
	地震数据采集系统		1 套	90158000
	电力推进系统	主推进器（可调距桨）	1 船套	84871000
		全回转推进器	1 船套	84871000
		自动舵	1 船套	84798910
（三）大功率柴油机及其他船用关键配套设备				
八、高速铁路、城市轨道交通设备				
（一）城市轨道交通车辆及机电设备				
1. 城市轨道交通车辆				
（1）列车网络控制系统	列车控制单元		2 套/列	86079100　90328990
	列车监控装置		2 套/列	90328990
	网络监控装置		2 套/列	90328990
	车载显示单元		2 个/列	85385110　8528　8471　85371090
	控制传送装置（CCU）		2 台/列	90328990
	连接器（1~48 芯连接器）		220 套/列	86079100　85369000
	列车网络总线（MVB）连接器、中继器		16 套/列	86079100　85369000　85364900
	列车网络总线（MVB）终端		33 套/列	86079100
	列车诊断系统测试装置		1 台/系统	90318090　9030
	监控中心	监控箱（TMS）	2 套/列	85369000　85371090
		IC 卡读写器	2 套/列	85369000　84719000
		事件记录装置（故障记录仪）	2 套/列	86079100
	终端装置	车辆数据转换装置集成	6 套/列	85489000　85437099
		车辆控制单元	4 套/列	85369000　85371090　90328990
		监控终端	2 台/列	86079100　8528　84714　85371090
		压接连接器	28 个/列	85369000
		列车网络（MVB）维护接口	2 个/列	85366900
	车辆控制单元（VCU）	中央处理器模块	2 套/列	85366900　85423100
		中央控制单元	2 套/辆	85366900　90328990
	液晶显示器及控制器	显示屏单元/显示屏控制器	2 套/列	85372090　85371090　8528　8471
		司机故障指示器	2 套/列	85318090

设备名称	一级部件	二级部件	单机用量	税则号列（供参考）
（1）列车网络控制系统	控制单元	辅助逆变器控制单元	6套/列	85049090 85371090
		牵引逆变器控制单元	6套/列	85049090 85371090
		静止逆变器电子控制单元/模块	13个/列	85049090 85371090
		牵引控制电子装置	9个/列	85049090 85389000
		中央控制模块	2个/列	85049090 85389000
	列车网络总线（含电缆、转发器）		1套/辆	85372090 85444911
	中继器	远程输入输出模块	10套/列	85389000 85177090
		列车网络总线（MVB）中继器	1套/辆	85176239
（2）车辆制动系统	制动控制单元		10套/列	86072100
	踏面清扫控制装置		10套/列	86072100
	压力传感器		8套/列	86072100 90318090
	溢流阀		1个/辆	86072100 84819000
	双向阀		2个/辆	86072100 84818040
	回送装置		3套/列	86072100
	制动电控单元	网关阀及连接器	10套/列	86072100 84818040 8536 8538
		扩展阀（RIO）及连接器	10套/列	86072100 8536 8538
		智能阀及连接器	10套/列	84818021 84812020 8536 8538
	单元制动	踏面制动单元	4套/辆	86072100
		带停放踏面制动单元	4套/辆	86072100
		盘型制动装置	70套/列	86072100
		合成闸瓦/闸片	70套/列	86072100 86072902
		轮缘润滑装置	36套/列	86072100
	空压机总成	空气压缩机	3套/列	86072100 84143
		安全阀	3套/列	86072100 84814000
	高度阀（左、右）		32套/列	84812020
	智能电空阀	中继阀	10套/列	86072100 8481
		防滑阀	4个/辆	848180 86072100
		停放制动电磁阀	1个/辆	86072100 84818021
		空重阀	1个/辆	86072100 8481
		电磁阀	30套/列	84818021
	智能电空阀	压力调整阀	6套/列	86072100 84811000
		压力比较阀（压力开关）	10套/列	86072100 85365000

设备名称	一级部件	二级部件	单机用量	税则号列（供参考）
(3) 主牵引传动系统	牵引系统	牵引逆变器	4台/列	86079100　85044099
		交流牵引电机	24	85015300　86079100
		牵引控制单元	4套/列	86079100　90328990
		逆变器控制单元	4个/列	85049090　85371090
		牵引逆变器组件	1套/辆	85044099
		牵引控制单元（DCU）	1套/辆	90328990
	功率单元	逆变器模块	4套/列	85049090　85044099
		驱动控制单元	38套/列	86079100　85371090
		脉宽调制（PWM）指令器	2台/列	90328990　9030
	高速断路器（HSCB）	高速断路器（HSCB）模块	4套/列	85389000　85352100　85362
	熔断器箱	主熔断器（母线熔断器）	6套/列	85361000
		熔断器	6台/列	85351000
	司机控制器		2套/列	86079100　90328990
	牵引电动机轴承		4套/辆	85044099　8482　8483
	交流、直流接触器		100个/列	85049090　85044099　85364900
	三相断路器		4个/辆	85049090　85352　85362
	车辆间电气连接器接线箱及插座		1套/辆	85044099　85352　85362
	主隔离开关	隔离接地开关和电气连接箱	4套/列	85389000　85353　85363
		电气牵引系统用隔离开关箱	1套/辆	85359000　85353
	避雷器		1套/辆	85354000
(4) 辅助逆变器	功率单元模块		4套/列	85049090
	辅助逆变器模块		17个/列	85049090　85044019
	辅助变流器		4	85044099
	辅助逆变器组件		2套/列	85044019
	门极驱动单元		1套/辆	85044019
	高速断路器		1套/辆	85389000　85044019　85352　85362
	交流、直流接触器		1套/辆	85364900
(5) 转向架设备	空气弹簧		4套/辆	73209090　86073000　84798999
	轴承		8套/辆	84825000
	联轴节（弹性挠板或齿式）		16套/列	84834090　84836000
(6) 接地装置	接地装置		4套/辆	86072100
(7) 车钩	车钩联结器		1套/辆	73269090　86073000
	车钩缓冲器		2套/辆	85013100
(8) 车门	车门电机		8套/辆	72224000　8501

设备名称	一级部件	二级部件	单机用量	税则号列（供参考）
（9）空调系统	空调制冷系统	压缩机	12套/辆	84143014
2. 信号系统				
（1）列车自动防护/列车自动控制系统（ATP/ATO）	列车自动防护系统（ATP）	列车自动防护系统用计算机	2套/列	85301000 84714
		司机显示单元	2套/列	85301000 85371090 8528
		列车测速装置（雷达、测速电机、加速度计）	6套/列	85301000 90292090 90318090
		轨旁ATP计算机（区域控制器）	1套/5公里	85301000 84714
		线路控制器	1套/项目	85301000 85371090
		轨旁车地通信设备（接入设备、交换设备）	1套/200米	85301000 8517
	列车自动驾驶系统（ATO）	车载列车自动驾驶系统用计算机	2套/列	85301000 84714
		轨旁列车自动驾驶系统用计算机	30套/列	85301000 84714
	列车和轨道数据服务器（TTS）		1套/项目	85301000 8471
	固定数据应答器（信标）		30个/公里	85301000
	可变数据应答器（信标）		10个/公里	85301000
	应答器电子单元（LEU）		6套/公里	85301000
5. 自动售检票系统				
（1）自动售检票系统（AFC）	自助式售票机	硬币处理及识别模块	1套/台	84759000 84769000
		纸币处理及找零模块	1套/台	84769000
		传感器	1套/台	90330000 90318090
	自动检票机	主控单元模块	1套/通道	84798999 90329000
		传感器	1套/通道	90330000 90329000
		检票机机芯	1套/通道	84732900 90329000
（2）一卡通清分中心（ACC）	中央数据库服务器		2台/系统	84714999
	中央磁盘阵列		1台/系统	84714999 84717090
	存储光交换机		2台/系统	84714999
	中央磁带库		1台/系统	84714999 84717090
	异地备份数据服务器		1台/系统	84714999
	异地备份磁盘阵列		1台/系统	84714999 84717090
	异地备份SAN交换机		1台/系统	84714999 85176239
（二）时速200公里及以上高速动车组（单机用量按每列16辆编组计算）				

设备名称	一级部件	二级部件	单机用量	税则号列（供参考）
1. 转向架	构架钢材与铝材	钢板	80 吨	72254000
		钢管	64 吨	73049000
		锻铸件	960 套	73049000 73065000
	轮对及轴箱定位装置	轴箱轴承	128 个	84825000
		轴箱	128 个	86079900
	安全及稳定控制装置	失稳检测装置	16 套	90328990
2. 传动及减振装置	传动装置	齿轮箱	56 个	84834090
	减振装置	减振器	608 个	86073000
		抗侧滚扭杆	80 套	86073000
		空气弹簧	64 个	86073000 84798999
		气动阀	284 个	84812020
3. 变流系统	变流器及冷却单元（包括控制单元）	功率模块	70 套	85049090 85044099
		冷却单元	70 个	84195000
4. 牵引系统	牵引电机	特种绝缘材料（云母、玻璃丝、纤维）	103 千米	70195100 68141000 30209990
		轴承	120 套	84821020 84824000
		浸渍漆	800 千克	32089090
		硅钢片	76 吨	72251900 72261900
5. 网络控制系统	列车级网络控制系统	信息传输单元	40 个	90329000
		信息处理模块	48 个	85372090 90329000
		人机交互智能显示单元	10 套	90138030 90329000 85389 8528 8471
		控制电缆	12000 米	85443090
	车辆级网络控制系统	列车远程控制单元	4 套	84714999
		传感器	128 个	90329000 85030090 90318090
		连接器	142 套	85359000 85369000
6. 高压系统	避雷器	避雷器	6 台	85354000
	高压电缆及接头	高压电缆	26 个	85446012
		高压电缆接头	16 个	85359000
	互感器	互感器	4~8 个	85043110
	断路器	真空断路器	20 个	85352100
7. 辅助电气系统	辅助电源	蓄电池	640 节	85073000
		功率模块	40 套	85049090 85044099

设备名称	一级部件	二级部件	单机用量	税则号列（供参考）
8. 制动及风源系统	基础制动	制动盘毛坯	152 套	86072900
		闸片	304 对	86072900
		无螺纹管接头	4218 个	73079900
	风源系统	空气压缩机机头	6 套	84148090
	高速雨刷装置	高速雨刷装置	2 套	85124000　86079100
9. 车体及设备	车体材料	焊材（焊条、焊丝）	15 吨	76052900　72299090
	车钩及缓冲装置	气压缸	2 套	84123100
	高强度连接件	特种紧固件	1600 个	73181510　73181590
10. 空调系统	空调制冷系统	压缩机	64 个	84143014
	空调机组	换气装置	16 套	90328990
		加热器	950 个	85168000
（三）大功率交流传动电力/内燃机车				
1. 大功率交直交传动电力机车				
（1）电传动系统	牵引变流器	牵引控制单元（TCU/DCU）	2~10 套	85371011
		功率模块	36 套	850440　85049090
		IGBT 及其他半导体元件	8~160 个	85044091　85044099
		接触器、断路器	2~50 个	85353090　85362000　85364900　85359000　853520
		传感器（电流传感器、电压传感器、压力传感器）	2~48 个	85043110　85489000　90329000　90308990　90318990
		水泵	2~6 个	84141000　8413
		复合母排	18 组	85049090　74199991　8536　8537　8538
		IGBT 驱动电路板	48 块	85371090　85044019
		电源、电源板	6~36 个	850440　85049020
		冷却水管、快速接头、弯管组件	3~40 个	73079900　73072900　84189999
（2）牵引系统	牵引变压器	油泵	1~4 组	8413
		硅有机漆、绝缘漆、清漆	382~650 千克	39100000　32100000　35069190
		蝶阀	6 个	84818040
		低压端子	26 组	85462010
		绝缘板	172 千克	48232000
		牵引电机	6~8 台	85015300　39209200　84145990
		电机轴承	6~12 套	8482
		温度传感器、速度传感器	6~8 个	85030090　90259000　85043110　902519　90292

设备名称	一级部件	二级部件	单机用量	税则号列（供参考）
（3）控制系统	微机网络控制系统	中央控制单元（CCU）	2套	85371011 85371090
		司机室显示单元	2~4套	85489000 84716040 85371090 8528
		机车控制系统组套件	20组	85371090 90328990 85372090
		可编程芯片（TCU、CCU专用）	1套	85371011 85423100
		印刷电路板（TCU、CCU专用）	1套	85389000
		格雷编码器	4个	85389000 85437099
		通用电气系统	1~2套	85372090
		适配器	2个	85044020 85489000 85369000 85437099
		FIP插头、中央控制单元（CCU）的MVB插头	2~18个	85489000 85389000 85369000
		车辆总线MVB网卡	8个	85176237 84718000
		车辆总线的输入输出端口	2个	84718000
		车辆总线的输入输出端口插头组	2套	84733090 85369000
		电源插件	30个	85044014
		插件连接母板	16个	85389000
（4）辅助电气系统	辅助变流器	辅助控制单元（ACU）	4套	85371011 85371090
		功率模块	6套	85049090 85044091
	辅助电器设备	继电器	24~145个	85364900 85489000
		接触器	15~30个	85359000 85489000 85353090 85369000
		断路器	48~158个	85362000 85351000
（5）高压电器	真空断路器	真空开关管	2个	85389000
	受电弓	阀类（降弓阀、快排阀）	26个	84818040 84814000
		压力气缸	2个	84123100
		缓冲器气囊	4个	86079100
	高压电器设备	套管、电缆（25kV）	1套	85446012
（6）走行系统	转向架	整体辗钢车轮	12~16个	86071990
		轴箱轴承、抱轴箱轴承	6~72套	8482
		齿轮箱及齿轮	6~8套	84834090
		薄板联轴器、弹性联轴器	2~12套	86073000 84834090 84836000

设备名称	一级部件	二级部件	单机用量	税则号列（供参考）
（7）制动系统	制动机	制动控制器	1个	85371090　86079100
		制动控制单元	1个	90328990
		电磁阀、分配阀（SW4）	1~12套	86072100　84818040　84818021
	风源系统	主、辅助空气压缩机	3台	84148090
	制动专用显示屏		2个	85285110
2. 大功率内燃机车				
（1）机车柴油机	涡轮增压器（左、右）		2个	84148030
	燃油喷射系统	喷油泵	16个	84133029　84133021
		喷油器组件	16个	84099920　84099199
		柴油机（电喷）控制单元	2套（个）	90328990　85371019
		喷油器管路（高压油管）	16个	84099920
		传感器	1套	90330000　90329000
	油泵	低压燃油泵	1个	84133029　84133021
		主机油泵	1个	84133030
		辅助机油泵	1个	84133030
	动力组装配	供油滚轮、配气滚轮	各16个	84099920
		活塞环（油环、气环）	16~48个	86079100　84099920
		活塞	16套	84099920
		气门旋转机构	64个	73181510　84099920
	柴油机装配	曲轴	1个	84831090
		机体	1个	84099920
		连杆轴承（上、下瓦）	32个	84099920　84833000
		主轴承（上、下瓦）	18个	84099199　84833000
		减振器	1个	84099920　86073000
		衬套	4~16个	84099920　84833000
		凸轮轴末端瓦	2个	84833000
		启（气）动马达	2个	84123100　84133900
		专用销轴	23个	84833000　84099920
（2）转向架	轴箱轴承		12套	84825000　84822000
	滚动抱轴承		12套	84825000　84822000
	齿轮材料（渗碳优质合金钢）		7992千克	72283000　73262010
	减振器及配套件	抗蛇形、垂向、横向减振器	14~16套	86073000　86079100

设备名称	一级部件	二级部件	单机用量	税则号列（供参考）
（3）电气系统	牵引控制系统	主发电机励磁控制器	3个	85372090 85371090
		辅助交流发电机励磁控制器	3个	85372090
		主发励磁斩波单元	1套	85354000 85369000 85044099
		充电控制器	3个	85372090 85371090
		跳波控制器	1个	85372090 85371090
		逻辑控制电源	1个	85044099 85371090
		IGBT 功率模块、IGBT 元件	1套	85044091 85044099
		牵引控制单元	1个	85372090 85371090
		接口模块	1个	85369000
		供电保护模块	1个	85044099 85371090 85359000 85363000
	车载微机系统	智能监控主机	3个	85371090
		MPU 主牵引控制单元	2个	85371090
		CPM 主控模块	1个	85371090 85389000
		显示屏电子模块	6个	85371090 85389000
		显示屏 LCD	4块	85285110 85371090
		输入/输出板	1个	85371090 85389000
		通讯管理单元	1个	85371090 85389000
	电机	轴承	13套	848210 84825000
		绝缘材料（200级）	200千克	68141000 48070000 40091100 35069190
		齿轮转轴	6根	84831090
		端环、导条	538件	85030090
	机车专用电器设备	辅助供电相控单元 APC	1套	85489000
		接触器	45~90个	85389000
		插接件及组成	1套	85366900 85443020 85446012 85367000
		断路器	30~93个	85362000
		滑动开关	30~93个	85362000 85365000
		继电器	20~50个	85364100
		相模块连接铜排	4根	74199991
（4）制动系统	电空控制单元及其关键部件		1套	85372090 85371090
	制动系统控制阀		1~4个	84818040
	单元制动器体		12个	86072100
	空压机	空压机机头	2个	84149090 84195000 84148090
	辅助空压机		1个	

设备名称	一级部件	二级部件	单机用量	税则号列（供参考）
（5）辅助系统	散热器	散热器铜管	1240千克	74112190
	选择阀		1个	84818040
	刮雨器阀		2个	84818040
（四）铁路重载货车				
（五）大型铁路养护机械				
1. 捣固车（含捣稳车）	柴油发动机		3台	84089093
	传动装置	齿轮箱	4台	84834020 84839000 84834090
	工作装置	捣固装置	1套或4个	84791090 84314990 84306100 86079900
	走行系统	耐磨导板	80件	86079900
	电气系统	轨道几何参数控制器	1个	90328990
		电路板	50个	85423100 85389000 90329000
	液压系统	液压泵	30台	84136060 84133021 84138100
		液压马达	29台	84122910
		液压阀/阀块	427个	84811000 84813000 84814000
		软管	5000米	40092100 40092200
2. 稳定车	柴油发动机		1台	84089093
	传动装置	齿轮箱	1个	84839000 84314990
	液压系统	液压阀	40个	84811000 84813000 84814000
		液压马达	6个	84122910
		液压泵	5个	84136060 84133021 84138100
3. 钢轨/道岔打磨车	柴油发动机		10台	86040012 84089010 84089093
	发电机组		3台	86040012 85021310 85021200
	传动装置	液力传动箱	2台	84834020 84839000 84314990
	工作装置	打磨装置	12台	86040012
		检测装置	1台	86040012
	电气系统	控制电路板（含控制软件）	40个	86079900 86040012 85049020
	液压系统	液压泵	26个	84136060 84133021 84138100
		液压马达	10个	84122910
		液压阀/阀块	230~270个	84811000 84813000 84814000
		软管	280~315根	4009
		接头	560~630个	73079900 86079900

设备名称	一级部件	二级部件	单机用量	税则号列（供参考）
4. 大修列车	柴油发动机		2台	84089093
	传动装置	齿轮箱	14台	84834020 84839000 84836000
	电气系统	控制箱	41个	85371090 85371011 86079900
		总线控制器	61个	85371090 85309000 85371011
	液压系统	液压泵	6~12台	84136060 84138100
		液压马达	20台	84122910
		液压阀	225件	84811000 84813000 84814000
		软管	5000米	4009
		接头	1000个	73079900 86079900
5. 路基处理车	柴油发动机		2台	84089093
	发电机组		2台	85021100
	传动装置	齿轮箱（含传动轴）	12台	84834020 84834090 86071910
	工作装置	路基挖掘装置	2台	86040019
		圆锥破碎装置	1台	84742090
		平整装置	1台	86080090 86040019
		提轨装置	6台	86040019
		铰接装置	1台	86040019
	电气系统	控制箱	180个	85371090
	液压系统	液压泵	23个	84136060 84133021 84138100
		液压马达	51个	84122910
		液压阀/阀块	795个	84811000 84813000 84814000
		软管	15800米	4009
		接头	4000个	73079900 86079900
6. 清筛机	柴油发动机		4台	84089093
	传动装置	齿轮箱	8台	84839000 84836000 84834020
	液压系统	液压泵	53台	84136060 84133021 84138100
		液压马达	40台	84122910
		液压阀	330件	84811000 84813000 84814000
		接头	3600个	73079900 86079900
		软管	3600米	40092100 40092200
	工作装置	挖掘装置总成（未组装）	1套	86040099
		筛分装置总成（未组装）	1套	86040099
7. 物料运输车	液压系统	液压马达	12台	84122910
		液压阀	32件	84811000 84813000 84814000
		液压泵	12台	84136060 84133021 84138100
		软管	300米	40092100 40092200
		接头	1000个	73079900 86079900

设备名称	一级部件	二级部件	单机用量	税则号列（供参考）
8. 接触网多功能综合作业车	柴油机		2组	84089010
	液力传动箱		6套	84122990
	柴油机输出端分动箱		2组	84834090
	柴油机自由端分动箱		1组	84834090
	液压系统	液压泵	14件	84136060 84133021 84138100
		液压马达	18件	84122910
		液压阀/阀块	60件	84811000 84813000 84814000
		液压管	4000米	40092100 40092200
		控制箱	1套	85371019
		液压接头	610个	73079900 86079900
	动力传动系统	柴油机输出端联轴器	2套	84836000
		柴油机自由端联轴器	1组	84836000
		柴油机与传动箱用隔振器	16套	40082900
		万向轴	7组	84831090
	转向架零件	轴箱拉板	12套	86071990
		摇动台吊杆总成	12套	86071990
		一系单向摩擦减震器	12套	86071990
		二系减震器	12套	86071990
	工作装置	旋转作业平台	1套	84312090
		升降作业平台	1套	84312090
		导线拨线装置	1套	84312090
（六）高速铁路信号系统				
1. 车载设备	显示屏（DMI）		4台/列	85285110
	速度传感器		4根/列	90299000
	雷达测速传感器		4台/列	90299000
	事件记录单元（JRU）		2套/列	85301000
	无线模块（GSM~R）		2套/列	85176299
	电台天线		4个/列	85177070
	列控自动防护系统（ATP）	车载车辆控制单元（VCU）	20个/列	90329000
		车载数字输入输出单元	4个/列	90329000
		车载速度距离单元（SDU）	4个/列	90329000
		车载输入输出单元（VDX）	4个/列	90329000
		应答器传输模块（BTM）	4个/列	90329000
		车载接收天线（CAU）	4个/列	85291090
		车载总线转换单元（BCT）	2个/列	90329000
		通讯板	16块/列	90329000
		电源模块	4块/列	85044014

设备名称	一级部件	二级部件	单机用量	税则号列（供参考）
2. 列控地面安全数据网系统	安全数据网交换机		8 个/站	85176232
3. 地面应答器系统	应答器报文读写测试工具（BEPT）		1 个/站	85423900
	地面电子单元（LEU）	阻抗线圈	8.5 支/公里	85439090
九、大型环保及资源综合利用设备				
（一）大气污染治理设备				
1. 燃煤机组湿法烟气脱硫成套设备				
（1）循环浆液泵	轴承		3 个	84822000 84825000
	机械密封		1 个	84842000
（2）烟气挡板门	镍基合金板		6~10 千克/兆瓦	72191419
	密封材质（高镍基合金）		6~14 千克/100 兆瓦	75062000
（3）喷淋层	压力式雾化喷嘴		90~170 个/100 兆瓦	69091900 8424
（4）脱硫风机（亦称脱硫增压风机）	电厂脱硫轴流风机	液压缸	1 套	903289 84122000
		轴承	84 套	84821090
		测振仪（含专用探头）	1 套	90311000 90318090
	电厂脱硫离心风机	轴承	2 套	84821090
		测振仪（含专用探头）	1 套	90311000 90318090
（5）浆叶搅拌器	镍基合金厚板		1 套	72191419
	机械密封		1 个	84842000
	镍基合金杆		1 根	72284000
（6）烟气换热器	换热元件		40~50 吨	84199090
	电动机		1 个	85015200
	鼓形滚子轴承		2 个	84823000
	机械密封件		1 套	84842000
	吹灰器		2 个	84041010
	导向轴承		1 个	84825000
	支撑轴承		1 个	84822000
2. 循环流化床干法烟气脱硫关键设备				
（1）循环流化床干法烟气脱硫关键设备	回流式高压水喷枪		4 套	84248999 84242000
	物料循环流量调节阀		8 套	84818040
	气动插板阀		4 套	84818040
	高温帆布补偿器		4 个	59119000
3. 大型燃煤电站除尘除灰设备				

设备名称	一级部件	二级部件	单机用量	税则号列（供参考）
（1）袋式除尘器	脉冲阀		500个	84818040
	覆膜滤料		1万平方米/100MW	59119000
	电源系统数据处理器		20套	84715090
	气缸		10~18套	84118200 84129090
	密封件		80~150件	84842000
（2）电除尘器	浊度仪		1~2个	90271000 90318090
	料位计		16~32个	90318090
（3）烟气调质	电加热器		5套	85168000
	质量流量计		1套	90261000
	硫磺柱塞泵		2套	84135031
（4）电袋复合除尘器	滤料、无缝滤袋	纤维	1~7万平方米	59119000
	电磁脉冲阀		8~600个	84818021
	浓度仪		1~8套	90271000
	氧量仪		1~8套	90281090
（5）湿式电除尘器	阳极板		150吨	84219990
	阴极线		30吨	84219990
	框架		100吨	84219990
	喷嘴		400个	84219990
	可编程控制器（PLC）		1台/每炉	84219990
	pH值测量仪		1台/每炉	90318090
	液位计		1台/每炉	90261000
	湿烟气测尘仪		2台/每炉	90318090
（二）工业废水、城市污水、污泥处理设备				
1. 城市污水处理成套设备				
（1）转盘式膜反应分离器	过滤部件	板式盘片	48~720片	84219990
（2）转盘式微滤机	过滤部件	扇形盘片	48~720片	84219990
2. 污泥处理成套设备				
（1）污泥浓缩脱水设备	过滤组件	不锈钢滤网	500~600kg	84219990
（2）中低温污泥干化处理设备	干化组件	连续式污泥进料布料装置	1台	84798999
		烘干滤带	422.4~500m2	59119000
		蒸发仓箱	3个	73269010
		密封条	20m2	40169390
3. 水质在线监测系统				

设备名称	一级部件	二级部件	单机用量	税则号列（供参考）
水质在线监测系统	控制单元	PLC	1 个	85371011
		PLC 主存储器	1 个	85389000
		输出扩展模块	1 个	85389000
		通讯插件	1 个	85389000
	数据采集单元	GPRS 无线模块	1~8 个	84717090 851762
		GSM 无线模块	1~8 个	84717090 851762
		CPU 模块	1~8 个	84717090 85421000
	测量单元	氨氮气敏电极	1 个	83111000 90279000
		蠕动泵管	9 米	39173200
（三）固体废弃物处理设备				
1. 危险废物回转窑焚烧系统（含医疗废物）	燃烧器		2 台	84162019
	回转窑进口密封		1 套	84849000
	进口破碎机（剪切式）液压传动部件	液压马达	2 个	84122910
		变量泵	2 个	84135039
		齿轮串泵	1 个	84136029
		控制阀	5~6 个	84812010
	废液雾化泵		2 个	84138100
	急冷塔雾化喷头喷枪		1 个	84248999 84242000
	淬冷雾化喷枪		1 个	84248999 84242000
	增湿雾化喷头		1 个	84249090
	调温雾化喷头		1 个	84249090
2. 医疗废物高温蒸煮消毒处理系统	灭菌器		1 个	84192000
（四）资源综合利用设备				
1. 大型高炉煤气余压透平能量回收利用装置	变速离合器		1 个	84836000
	液动快速切断阀		1 个	84818040
	液动调节蝶阀		2 个	84818040
	水封阀		2 个	84818040
	膨胀透平	推力轴承	1 个	84828000
		支撑轴承	2 个	84828000

设备名称	一级部件	二级部件	单机用量	税则号列（供参考）
2. 低热值富余高炉煤气联合循环发电机组	高温部件	透平叶片、透平叶环、燃烧室外筒、尾筒、主轴锻件、叶轮锻件、燃料喷嘴	397 件	84119990
	主齿轮箱、扭矩变换器		2 件	84834090
	煤气冷却器		1 套	84195000
	气体的过滤、净化机器及其装置		4 套	84213990
	燃烧压力波动监测仪		1 套	90262090
	空气冷却器		2 件	84796000 84195000
	燃机本体仪表		1 套	90318090
	用于燃料气流量控制阀（A/B/C）的伺服机构		3 套	84818040
	滑动轴承		6 套	84833000
	燃机控制装置	煤气热值传感器	1 套	90319000 90318090
		气缸	3 套	84123100
		控制调节阀门	29 件	84818040
		控制系统（含软件）	1 套	90328990
3. 报废汽车拆解生产线	圆筒式磁力分选器		1 套	84741000 85437099
	电涡流分选器		1 套	84741000 85437099
4. 煤矿瓦斯发电成套设备				
（1）瓦斯、沼气发电机组	混合器部件	混合器	1 个	84818040
	点火系统	高压线分部件	12 个	85446090
		低压线分部件	1 套	85444219
		火花塞分部件	12 个	85111000
		点火线圈分部件	12 个	85113010
		点火控制器	1 个	90328990 85371090
		低压线轨	各 1 套	85444219
		信号及电源导线分部件	1 套	85444219
		定时信号传感器	1 个	90329000 90318090
		复位信号传感器	1 个	90329000 90318090
		线圈硅套	12 个	40169910
		磁电机分部件	1 个	90328990
	电子调速器部件	转速传感器	1 个	90329000 90299000
		执行器分部件	1 个	85013100
		控制器分部件	1 个	90328990

设备名称	一级部件	二级部件	单机用量	税则号列（供参考）
（1）瓦斯、沼气发电机组	电子控制器	控制器	1 个	90328990
		霍尔传感器	2 个	90329000
		电源线分部件	1 套	85444219
		信号线分部件	1 套	85444219
		电磁阀控制输出线	2 套	85444219
		磁钉	8 个	76161000
	控制系统	控制箱	1 个	90328990
		线束	1 套	85444219
（2）双燃料发动机	燃气单元	电磁阀	1 个	84818021
		零压阀	1 个	84818040
		压力开关	1 个	84818040 85365000
		球阀	1 个	81818040
		调压阀	1 个	84818040
		燃气过滤器	1 个	84213100
	控制系统	控制器	3 个	90328990
		转速斜坡器	1 个	90328990
		执行器	3 个	85013100
		执行器连线	1 套	85444219
		转速传感器	1 个	90329000 90299000
		分流阀	1 个	84818040
		分流阀连线分部件	1 套	85444219
（3）瓦斯防爆自动抽排设备	逆变器及整流器	IGBT 模块	30 个	85044091
		IEGT 模块	24~36	85044091
		二极管模块	6~8 套	85044091
		晶闸管	6~8 套	85413000
5. 煤气综合利用净化设备				
（1）脱酸塔	塔体	镍基合金板	10 吨	75062000
（2）喷淋式饱和器	罐体	镍基合金板	20 吨	75062000
6. 木塑产品生产线	控制系统	温控模块	4 套	90330000 90321000
		直流调速器、变频器	2 套	85044099
7. 尾气透平能量回收机组	变速箱		1 套/台	84834090
	膜片联轴器、膜盘联轴器		4 套/台	84836000
	控制系统		1 套/台	85371011 85371090
	机组监控系统		1 套/台	90318090 90328990
	旁通快开阀、进气切断阀		3 套/台	84813000
	止推轴承、支撑轴承		3 套/台	84833000

设备名称	一级部件	二级部件	单机用量	税则号列（供参考）
8. 生活垃圾精分选成套系统装备	近红外线识别自动分选装置		4套	84798990
十、大型施工机械和基础设施专用设备				
（一）大型、新型施工机械				
1. 大型全断面隧道掘进机	刀盘	滚刀	200把以内	82071300 82071910 82071990
	主驱动	主驱动箱	1套	848340
		联轴器、离合器、液力偶合器	1套	84834090 84836000
		主轴承及其密封	主轴承：1个；密封6~16个	8482 8483
		主驱动电机、变频器（110kW以上）及变频启动装置（含防超扭矩装置、变频器控制系统、软启动器）	1~20个	85015200 85015300 85044091 85044099
		主驱动减速机、小齿轮	1~20个	84834020 84834090 84839000
		驱动系统监测及控制元件（包括油温传感器、转速测量系统、齿轮油注入脉冲传感器、压力传感器）	1套	90292090 90318090 90328990 90330000
	盾体	盾壳铰接密封	1套	84849000 40169310
		盾壳紧急密封	1套	84849000
		土压传感器	4~10个	84314990 90318090
	推进系统	推进系统监测及控制元件	1套	90318090 90328990 90330000
	泥水系统（仅泥水平衡盾构）	送浆泵、排浆泵（进出口通径10吋以上）	4~13个	84135030
		送排泥泵电机、变频启动装置	1套	85015300 85042200 85044099 85371011 85371090 85372010
		泥浆流量测量装置	1套	90261000
		泥浆管路控制阀	1套	84818040
		控制及检测元件	1套	85371090
	除尘系统（仅TBM）	干式除尘器	1~2套	84213990
	螺旋输送机	驱动减速机	1套	84834020 84834090
		驱动轴承	2~8套	8482 8483
		驱动密封	1~4套	84841000 84842000 84849000
		监测及控制元件	1套	85371090
	同步注浆系统	双柱塞泵及同步控制装置	2~3套	84134000 84743100 84138100
		注浆球阀	2套	84818040
	豆砾石注入系统	注入泵	2个	84134000

设备名称	一级部件	二级部件	单机用量	税则号列（供参考）
1. 大型全断面隧道掘进机	液压系统	液压泵、站、马达和阀件	1套	84122910 84122990 84135030 8481
		传感器	2套	90261000
		换热器	3套	84195000 84186190
		蓄能器	1套	84122990
		检测及控制元件	1套	85371090 90318090 90328990 90291090
		双护盾用出口变量泵	2~10套	84137090
	人仓及压缩空气系统	气阀、仪表、管路及控制元件	1~2套	73045990 94054090 85372090 84818040 84149011 9026 8537 90328990
	导向测量系统	激光经纬仪（全站仪）	1个	90152000
		自动导向装置	1套	90328990 90152000
		X~Y 轴倾斜计	2个	90318020
		棱镜	3个	90029090
		间隙自动测量装置	1套	90151000
		工业监测装置	1套	85282100 84714190
		激光靶	1个	90132000
		控制单元	1套	85371090
		便携式终端	2个	85371090
	控制系统	可编程逻辑控制器、监控控制单元	1套	85371011 85372010 85371090 84714991 90328990 85369000
		数据采集系统	1套	84716011 84716012 84716019 84714190
		数据传输装置	1套	84714910
		特制密度仪	2套	90268000 90278099
		特制传感器	5套	85423300 90251100 90261000 90330000
		行程传感器	4~12套	90292090 90330000 90328990
		转速传感器	1套	90292090 90330000
		特制温度传感器	1套	90251100 90330000
	碴土改良系统	聚合物系统总成	1套	84249090
		泡沫泵	2个	84135030
		控制及检测元件	1套	85371090

设备名称	一级部件	二级部件	单机用量	税则号列（供参考）
1. 大型全断面隧道掘进机	管片拼装系统	驱动减速机	1个	84834020 84834090
		轴承	1个	8482 8483
		检测及控制元件	1套	85371090
		管片吊机控制器（有线、无线）	1套	85371090 84314990 90328990
		真空吸盘	1套	84798990 84314990
		控制器（有线、无线）	1套	85371090 84314990
		管片拼装机部件	1套	84314990 84798990 84122990 84286010
		管片卸载机总成（含动力及控制部件）	1套	84314990 84289090
	润滑系统	齿轮油泵及系统	1套	84133030 84131900
		齿轮油分配阀	4~6套	84131100 84818040
		齿轮油控制阀	1套	84818040
		主轴承 HBW 油脂泵	1套	84134000 84137090 84138100 84133030
		主轴承 EP2 脂注脂泵	1套	84134000 84137090 84138100 84133030
		盾尾油脂泵	1套	84134000 84137090 84138100 84133030
		油脂控制阀	1套	84818040
		控制及检测元件	1套	90328990 85371090
	锚杆钻机系统（仅 TBM）	液压泵和减速箱	各1个	84137090 84834090
		推进单元	1套	84306990
		钻进单元	1套	84306990
	有害气体检测系统	控制面板	1套	85371090
2. 履带式起重机	传动系统	分动箱	1台	87089960 84834090
		减速机	5~10台	84834090 84834020
	动力系统	柴油发动机	1~2台	84089092 84089093
	液压系统	液压泵	4~10台	84135039 84136060
		液压马达	6~18台	84122910
		电磁阀	5个	84818021
		液压阀	16~25个	84812010
	原材料	高强度钢板	45~408吨	72254000
		高强度钢管	32~254吨	73049000 73045990
		钢丝绳	452~7705米	73121000

设备名称	一级部件	二级部件	单机用量	税则号列（供参考）
3. 全路面起重机	传动系统	分动箱	1 台	87089960
		变速箱	1 台	87084060
		减速机	4 台	84834090　84834020
	动力系统	柴油发动机	2 台	84089093　84082010
	原材料	高强度钢板	25~400 吨	72254000
		钢丝绳	2000~4000 米	73121000
	轮胎		20 条	40119400
	驱动机构	驱动桥、非驱动桥	3~9 根	87085076　87085086
	液压系统	液压马达	3~5 台	84122910
		液压泵	4~8 台	84136060　84135039
		液压阀	20 个	84812010
4. 混凝土泵车	混凝土泵车上装	碳纤维臂及组件	385~2620 千克	84313900
		碳纤维连杆	200~600 千克	84313900
	底盘		1 台	87042300　87089960　87054000
	液压系统	液压泵	4~5 台	84135039
		液压阀	20~25 个	84812010
	原材料	高强度钢板	10~18 吨	72254000
5. 沥青混凝土再生成套设备				
（1）加热机	动力系统	柴油发动机	1 台	84089093
		弹性联轴器	1 个	84836000
	供油系统	燃油泵	2 台	84133021
	液压系统	三联泵组	1 套	84135039
		双联泵	1 台	84135039
		液压马达	1 套	84122910
		液压阀	3 个	84818040
	传动系统	深沟球轴承	8 个	84821000
	控制系统	人机界面（显示屏）	1 个	85371090
		比例调节液压马达	2 个	84122910
		逆变器	1 个	85044099
（2）复拌机	动力系统	水冷柴油机	1 台	84089093
		弹性联轴器	1 个	84836000
	液压系统	液压泵	1 台	84136022
		定量油泵	2 台	84136022　841330
		液压马达	1 套	84122910
		低速大扭矩液压马达	10 台	84122910
		液压阀	3 个	84812010

设备名称	一级部件	二级部件	单机用量	税则号列（供参考）
（2）复拌机	传动系统	分动箱	1台	87089960
		减速机	4台	84834090　84834020
		联轴器	10个	84836000
		轴承（含推力调心、调心滚子、圆柱滚子、滚针、双联圆锥滚子、带座、深沟球）	80个	8482
	供油系统	燃油泵	1台	84133021
	控制系统	可编程控制器	2套	85371011
		人机界面（显示屏）	2个	85371090
		比例调节液压马达	1个	85371090　84122910
		逆变器	2个	85044099
6. 液压挖掘机	动力系统	柴油机	1台	84089092　84089093
	传动系统	减速机	4台	84834090　84834020
	液压系统	液压马达	4台	84122910
		液压阀	13个	84812010
		液压泵	1套	84136060　84135039
7. 旋挖钻机	传动系统	减速机	1个	84834090　84834020
	动力系统	柴油发动机	1台	84089092　84089093
	液压系统	液压泵	1套	84135039　84136060
		液压马达	7台	84122910
		液压阀	2个	84812010
8. 压路机（液压传动）	动力系统	柴油发动机	1台	84089092　84089093
	液压系统	液压马达	3台	84122910
		液压泵	2台	84135039
	传动系统	减速机	1个	84834090　84834020
	驱动机构	驱动桥	1根	84314990
9. 摊铺机	动力系统	柴油发动机	1台	84089092　84089093
	传动系统	减速机	6台	84834090　84834020
		分动箱	1台	87089960
	液压系统	液压马达	8~14个	84122910
		液压泵	3套	84135039
		液压阀	2件	84812010
		电磁阀	9~12件	84818021
	控制系统	可编程控制器	2件	85371011
		高度控制器和坡度控制器	1套	90328990

设备名称	一级部件	二级部件	单机用量	税则号列（供参考）
10. 铣刨机	动力系统	柴油发动机	1台	84089092　84089093
	分动箱		1台	84834090
	刀具		162件	82081090
	液压系统	液压泵	1套	84135039　84136060
		液压马达	2~4台	84122910
		液压阀	10个	84812010
		电比例换向阀	2个	84812010
11. 装载机	动力系统	柴油发动机	1台	84089093
	驱动机构	驱动桥	2根	84314990
	传动系统	变速箱	1台	84834090
	液压系统	液压泵	1台	84812010
12. 推土机	过滤器		1个	84212990
	齿块		10个	84839000
	轴承		32套	8482
	行走装置	单边支重轮	8个	84314990
		双边支重轮	6个	84314990
13. 履带式全地形工程车	动力系统	柴油机	1台	84089090
	液压系统	液压马达	4个	84122910
		主液压泵	2个	84135039
		操作液压泵	2个	84135039
		液压阀	7个	84812010
	行走系统总成		1套	87087010
	电控系统	可编程控制器	2个	85371011
14. 举高消防车	液压系统	伸缩水管	1根	76082091
		中心回转总成	1套	87089960
		液压阀	4~8套	84812010
（二）机场专用设备				
1. 机场行李自动分拣系统	托盘倾翻式分拣机及导入线		1~4套	84798999
	360°自动条码读取站		1~60套	84719000
	行李称重仪		80~200台	84232090
	电动滚筒		240~600台	84313900
	变频器		1000台	85044099
（三）大型斗轮堆取料机、翻车机、装卸船机等大型港口机械				

设备名称	一级部件	二级部件	单机用量	税则号列（供参考）
1. 斗轮堆取料机；2. 桥式抓斗卸船机、装船机；3. 环保型链斗式连续卸船机	起重用重型电控	电控系统	1套	85371019 85371090
		输送皮带电机（取料机用）	4个	85015200 85015300
		提升电机（装卸船机用）	2个	85015300
		起升机构电机（起重机用）	1~2个	85015300
		大车行走机构电机	8~40个	85015200
		小车行走机构电机	1~4个	85015200 85015300
		变幅机构电机	1个	85015300
		变频柜	2~8套	85044099
		可编程控制器	1~2套	85371011
		柴油发动机	1~2台	85021100
		辅助控制柜	1套	85372090 85371090
	特种电缆	拖链、拖令电缆、高压电缆、吊具电缆	30千米	85444921
	重型钢丝绳（装卸船机，龙门起重机，岸边集装箱起重机用）	线接触钢丝绳	1台套	73121000
		面接触钢丝绳	1台套	73121000
	小车轨道		1套	73021000
	重型减速箱		10~40个	84314990
	起重用重型制动器	电机制动器	10~40个	84834020
		卷筒应急制动器	2~10个	84834020
		重型夹轮器	10~40套	84314990
		重型顶轨器（夹轨器）	2~8套	84834020
	重型联轴节		2~40个	84834020
	轴承	减速箱高速轴轴承（调心滚子轴承）	10~50个	84821010
		滑轮轴承（双列圆柱滚子轴承）	10~100个	84825000
		车轮轴承（调心滚子轴承）	10~100个	84821010
	振动给料器		1个	84283990
	集装箱吊具		1~2套	84253190
	供电系统	大车电缆卷筒	1套	84253190
		拖令系统	1套	84314990
		拖链系统	1套	84314990
		吊具电缆卷筒	2套	84253190
	轨道压板		1台套	90318090
	司机室		1~3套	84314990
	电梯		1套	84281010

设备名称	一级部件	二级部件	单机用量	税则号列（供参考）
1. 斗轮堆取料机；2. 桥式抓斗卸船机、装船机；3. 环保型链斗式连续卸船机	重型设备防撞系统		1~3 套	90318090
	重型缓冲器		4~20 套	87081000
	灭火系统		1 套	84241000
	照明系统	投光灯	10~80 个	94054090
	主令手柄		1~5 副	84314990
十一、重大工程自动化控制系统和关键精密测试仪器				
十二、大型、精密、高速数控设备、数控系统、功能部件与基础制造装备				
（一）数控机床				
1. 立式、卧式加工中心	自动换刀装置（ATC）		1 套	84669310
	精密数控转台		1 套	84669390
	电主轴/机械主轴组件		1~2 套	84831090
	主轴拉刀机构		1 个	82079090
	机内刀具/工件检测装置		1 套	84663000 90319000 82079090
2. 龙门式加工中心	自动换刀装置（ATC）		1 套	84669310
	滑枕溜板部件	镗铣头	1~2 套	84663000
		附件铣头	1~2 套	84663000
	电主轴/机械主轴		5~6 套	84831090
	机内刀具检测装置		1 套	84663000 90319000
	机内工件检测装置		1 套	84663000 90319000
	多头泵		2~40 个	84316090 84136021
	变速箱		3~6 个	84669400 84834090
	平旋盘　（直径>1m）		1 个	84663000
	双回转摆动铣头		1 个	84663000 820770
3. 数控车床	电主轴/机械主轴		1~2 套	84831090
	主轴拉刀机构		1~3 个	82079090
4. 重型数控卧式车床	尾座轴承		3 套	84821000
	液压泵站	液压阀	1~2 套	84811000
		液压泵	1~2 套	84136090
		液压接头	1~2 套	73079900
	多头泵		2~40 个	84836000
	机内对刀装置		3~9 个	84663000
	机内直径测量装置		3~9 个	84663000
	接纳器		6 套	82079090
	变频调速系统（功率大于37kW）		1 套	85044099
	直角头		1~2 个	84831090 820770
	摆角头		1~2 个	84831090 820770

设备名称	一级部件	二级部件	单机用量	税则号列（供参考）
5. 大型数控立式车床	自动换刀装置（ATC）		1套	84669310 84663000
	双摆角铣头		1个	84679990 84663000
	液压系统	比例伺服阀	2套	84818040
	直角铣头		1个	84663000 820770
	摆角铣头		1个	84663000 820770
	机内刀具检测装置		1套	84663000 90319000
	机内工件检测装置		1套	
	主轴拉刀机构		1套	82079090 84661000
6. 数控铣镗床	转台（直径>2.5m）		1套	84669390
	主轴	镗杆	1个	84831090
		铣轴	1个	84831090
	摆动头		1个	84669390
	直角铣头		1个	84831090 820770
	摆角铣头		1个	84831090 820770
	机内刀具检测装置		1套	84663000 90319000
	机内工件检测装置		1套	84663000 90319000
	双摆角铣头		1套	84679990 84663000 820770
	主轴拉刀机构		1套	82079090
7. 数控滚齿机、插齿机、剃齿机	电机	力矩电机、直线电机	4~15个	8501 853710
	液压泵站	液压泵	1个	84135030
		液压比例阀	3个	84818040
		液压油缸	1~5个	84122100
	油雾分离器		1套	84212990
	电气控制柜	电子锁	1套	85371019 85371090
8. 数控铣齿机	数控系统		1~2套	90328990 85371090
	伺服电机		1套	853710 8501
	滚珠丝杠		3~5套	84834010
	直线导轨		6~10套	84669390
	轴承		4~8套	848210
9. 数控磨齿机	主轴轴承		3~6套	848210
	液压油缸		1~5个	848210
	滚动导轨副		6~20套	84669390
	多头泵		10~60个	90314990 8413
	金刚石滚轮		3副	84836000
	机内砂轮动平衡装置		1套	84609010 84669300

设备名称	一级部件	二级部件	单机用量	税则号列（供参考）
10. 数控闭式机械压力机及大型多工位压力机	主传动电机		1件	85015300
	液压泵站	比例阀、调速阀	4套	84818040
	湿式离合器		1套	84836000
	数控液压气垫	阀组	1套	84814000
	数控液压气垫	液压缸	1套	84122100
	过载保护系统		1套	84814000 85363000
	上模夹紧系统		1套	84661000
	滑块锁紧器		2套	84661000
	旋转编码器		4件	853710 90318090 85437099
	轴承		10套	848210
	液压齿轮泵		5套	84135030
	变频器		3件	85044099
11. 数控激光冲压切割复合机	激光发生器		1套	85158000 90132000
	切割头		1个	82073000
	镜片		1~4个	90019090
	反射镜		1~3个	90029090
	液压装置	泵站	1套	84135030 84136090
	油缸	1套	8413	
12. 数控不落轮车床	刀具		2套	82081000
	自动测量装置		1个	84669310 84663000 9031 90328990
	液压系统	液压泵	1套	84131900
		液压比例阀	1套	84812010
	工件支撑装置		2套	84669390
	碎屑装置		1套	84798190
	轴承		6个	848210
上述1~12类数控设备（备注：通用零部件清单）	联轴器		3~7个	84836000
	滚动丝杠副		3~7套	84834010
	拖链		3~6条	39269090
	齿条		6~100米	84839000 84834090
	减速箱		1~14个	84834090
	数控装置和伺服电机		3~16个	8501 853710 90328990
	直线滚动导轨副		5~100米	84669300
	导轨防护罩		3套	84669300
	丝杠轴承、主轴轴承		10组	848210

设备名称	一级部件	二级部件	单机用量	税则号列（供参考）
13. 柔性制造系统	模具		24~48 个	80831019 8207 8480
	刀片		1 套	80831019 8208
	气缸		10 个	84123100
	电磁阀		10~18 个	84818021
	液压系统	泵站	1 套	82073000
		油箱	1 套	82073000
14. 数控磨床	主轴轴承（包括工件主轴轴承和砂轮主轴轴承）		3~6 套	848210
				848220
				848250
	电主轴		1~3 套	85015200 84831090
	液压泵站	液压泵	3~8 个	84131900
		液压油缸	2~5 个	84122100
	多头泵		1 个	84136021
	在线自动测量装置	端面量仪	1~3 套	84663000 9031
		径向量仪	1~3 套	84663000 90318090
	数控转台		1 套	84669310
	立方氮化硼砂轮、金刚石砂轮		4 副/8 只	68042100
	砂轮动平衡装置		1 套	84663000
	数控砂轮修正装置		1 套	84663000
15. 数控特种加工机床	走丝导向器		1 套	84663000
	高精度滚珠丝杠		4~6 套	84834010
	高精度直线导轨副		6~20 套	84669390
	直线电机		2~4 台	85044099 8501
	直驱电机		1 台	903289 8501
	光纤激光器		1 套	84561000 90132000
	数控高精度转台		1 套	84669390
	高精度光栅		2~4 套	84669390 90314990
（二）数控装置及关键功能部件				
1. 数控装置	工控主板（586 级以上）		1 个	84715040
	功率模块		3~6 个	85044091
	主轴驱动控制单元		1~2 个	85044099 85371090
	伺服电机	驱动器	3~5 个	90328990
		制动器	1 个	90329000
		编码器（26 位以上）	3~6 个	853710 90318090 85437099
	芯片		10 个	8542
	电解电容		6~10 个	85322590
	伺服电机		3~5 个	8501 853710

设备名称	一级部件	二级部件	单机用量	税则号列（供参考）
2. 高速电主轴（加工中心）	伺服装置		1个	853710
	编码器		1个	853710　90318090　85437099
	定向装置		1套	84663000
	油器润滑装置		1套	84219990
	内装式电机	定子	1套	85030090
		转子	1套	85030090
	拉刀机构	拉爪	1套	82079090
		弹簧	1套	82079090　7320
3. 滚珠丝杠副	滚珠丝杠副（精度≤0.004mm/2π）	合金钢	100~400千克/丝杠	72262000
		钢球	440~660个/丝杠	73182900　84829100
4. 数控动力刀架	液压分度马达		1个	84122990
	内装伺服电机组	定子	1~2个	85030090
		转子	1~2个	85030090
		编码器	1个	853710　90318090
		伺服装置	1个	853710
	转台复合轴承		1~2套	84828000
	卡紧装置		1~2个	84663000
	密封件		46个	84842000
	螺旋伞齿轮		4~6套	84839000
	动力刀夹		4~6个	84661000　84669310
	轴承		24~48个	848210
5. 数控回转工作台	蜗轮蜗杆副		1~3个	84834090
	转台复合轴承		1~3个	84821000
	拖盘拉紧机构		8个	84669390
	回转台夹紧装置		2套	84669390
	编码器（26位以上）		1~2套	90314990　85437099
	平旋盘		1个	84663000
	端齿盘		1个	84663000
6. 直线滚动导轨	合金钢		30~300千克	72262000
	滚珠/滚柱		160~640个/导轨	84829100
7. 自动换刀装置	凸轮箱		1个/刀库	84864096　84837090
（三）基础制造装备				
1. 清洁高效铸造设备				

设备名称	一级部件	二级部件	单机用量	税则号列（供参考）
2. 重型压力成型设备				
（1）重型模锻液压机	液压系统	液压柱塞泵	51 套	84135031
		液压齿轮泵	7 套	84136022
		液压阀	25 套	84818039
		球胆蓄能器	69 套	84129090
		PLC 系统	1 套	85371011
		液压系统配件	17 套	84129090
（2）多向模锻液压机、自由锻液压机	液压系统		1 套	8413　84122
	电控系统		1 套	8537
（3）全液压有轨锻造操作机	液压系统	液压阀	200 个	84812010
		柱塞泵	25 台	84136060
		马达	10 台	84122910
	电控系统	检测元器件	6 个	90318090
		工控机	1 套	8471　84714
		继电器	40 套	853641　85364900　86364
（4）径锻机机组	液压系统	液压阀	110 个	84812010
		柱塞泵	4 台	84136060
		轴承	12 套	84823000　84821020　84833000　84825000　84821010
	电控系统	压力传感器	16 套	90318090
（5）重型四辊全液压卷板机	液压系统	液压阀	24 个	84812010
		变量泵	7 台	84136060
		压力传感器和位移传感器	18 套	90318090
		马达	4 台	84122910
	电控系统	检测元器件	50 套	90318090
		工控机	1 套	8471　84714
		继电器	230 套	853641　85364900　86364
（6）重型快锻机	主工作缸（全套）、回程缸（全套）、移动缸	液压缸	10 个	84122100
	立柱部分	拉杆	1 套	72286000
	工作台、活动横梁	导向部分	1 套	84629190　84669400
	液压系统	油泵	1 套	84133030
	液压系统	蓄能器及控制阀组	1 套	848122990　84814000
		充液阀	3 个	84812020
	电控系统	电气自动化系统	1 套	85372090　90328990　85371090
3. 新型焊接设备与自动化生产设备				

设备名称	一级部件	二级部件	单机用量	税则号列（供参考）
4. 大型清洁热处理与表面处理设备				
十三、新型纺织机械				
（一）高速喷气织机	电子多臂装置		1套	84481100
	积极凸轮开口装置		1套	84481100
	电子提花装置		1套	84481100
	棕框		4~16件	84484200
	钢筘		2件	84484200
	综丝		20000件	84484200
（二）自动络筒机	电子清纱器		60~72件	84483920
	空气捻接器		60~72件	84483930
	机械捻接器		60~72件	84483990
	槽筒		60~72件	84483990
（三）涤纶短纤维成套设备				
（四）高速粘胶长丝连续纺丝机				
（五）高效现代化成套棉纺设备				
1. 清梳联合机（梳棉机）	钢丝针布		110千克	84483100
2. 环绽细纱机	气动摇架		240件	84483990
3. 粗纱机	气动摇架		60件	84483990
	板簧摇架		60件	84483990
4. 精梳机	锡林		8套	84483200
	顶梳		8套	84483200
（六）机电一体化剑杆织机				
（七）染色机				
1. 高温高压溢流染色机	染缸、储布槽、染液输送管道及部件	不锈钢	8~58吨	7219　7222　7223
2. 气流染色机	染缸、储布槽、染液输送管道及部件	不锈钢	7~21吨	7219　7222　7223
3. 纱线染色机	染缸、储布槽、染液输送管道及部件	不锈钢	9~21吨	7219　7222　7223
十四、新型、大马力农业装备				
1. 大马力轮式拖拉机	前驱动桥总成		1件	87085071
	变速箱总成		1件	87084010
	离合器		1件	87089310
	液压提升器		1件	84138200
	变量泵		1件	84135039

设备名称	一级部件	二级部件	单机用量	税则号列（供参考）
2. 水稻联合收割机	三角带		2~3 套	4010
	液压无级变速（HST）		1 件	84138100　84834090
3. 马铃薯联合收获机	输送分离链		2~3 件	7315
	升运链		1 件	7315
4. 自走式青贮饲料收获机	三角带		2~3 套	4010
	方向控制阀		1 件	84812010
	液压马达		1 件	84122910
	变量泵		1 件	84135039
5. 马铃薯种植机	播种施肥部件		每行 1 件	84329000
6. 小麦免耕播种机	波纹圆盘		每行 1 件	84329000
7. 水稻覆土直播机	排种器		6~12 件	84329000
	排肥器		6~12 件	84329000
	液压阀		1 件	8481
	液压泵		1 件	84122910
	液压马达		1 件	84812010
8. 采棉机	摘锭座杆总成		120 套	84339090
	脱棉盘装配		10 套	84339090
	切刀		20 件	84339090
	水刷盘		180 件	84339090
9. 番茄收获机	闭式液压传动装置		1 套	84122990
	电子分拣仪		1 台	84336000
	番茄专用输送链		1 套	40101100
	液压变速装置		1 套	84834090　84834090
	柴油发动机		1 台	84089092
10. 大型自走式联合收割机	液压马达		1~2 个	84122910
	控制阀		1 个	84812010
	变量泵		1 个	84135039
11. 大马力拖拉机配套耕整地机械	犁	犁体	3~7 件	72254000　84339010
	深松机	深松铲	3~7 件	
	耙	耙片	24~48 片	
12. 甘蔗收获机	行走减速器		2 个	84834020
	液压系统总成	液压马达	16 个	84122910
		三联齿轮泵	2 组	84136022
		三联柱塞泵	1 组	84135031
		多路阀	9 个	84818029

设备名称	一级部件	二级部件	单机用量	税则号列（供参考）
13. 自走式喷杆喷雾机	车架总成		1 件	87060090
	液压系统总成	液压马达	4 个	84122910
		液压阀及控制系统	1 套	84249090
		变量泵	1 个	84135039
	喷雾（洒）系统	隔膜泵	3 个	84135090
		喷头	36~180 个	84248999
十五、电子信息及生物医疗装备				
（一）集成电路关键设备、新型平板显示器件生产设备、电子元器件生产设备、表面贴装及无铅工艺的整机联装设备				
1. 太阳能电池生产设备				
（1）等离子加强型化学气相沉积设备	真空泵组	干式真空泵、增压泵组	5 套	84141000
	工控器 PLC 组件		4 套	85371011
	机械手臂		6 套	84289090 84869099
	沉积装置	陶瓷销	1080 个	69149000
		陶瓷螺钉	3500 个	69149000
		射频电缆和接头	30 个	85177090 85444 85369000
	气体引入装置	质量流量计	45 个	84818040 90261000
		气体节流阀	6 个	84818040
	冷水机组		3 套	84186990
	真空角阀		33 个	84818040
	顶杆销（工程塑料）		970 个	39269090
	真空腔体视窗		66 个	84869099
（2）低压化学气相沉积（LPCVD设备）	真空泵组	干式真空泵	2 套	84141000
		真空泵、罗茨增压泵、热井过滤器	1 套	84141000 8421
	真空加热装置	热阻丝加热器	4 台	85168000
		热电偶	26 个	85168000 90258000
	真空传动装置	磁流体密封	72 个	84836000 84842000 84798999
	碳中波加热管		28 根	85168000
	伺服电机		47 台	85015200
	钢制焊接波纹管		48 根	83071000
	真空阀		27 个	84149090 84818040
	腔盖开关液压油缸		12 台	84122100
	工控器 PLC		2 套	85371011
	气体引入装置	气体控制柜	4 台	90328990

设备名称	一级部件	二级部件	单机用量	税则号列（供参考）
（3）物理气相沉积设备（PVD）	真空泵组	干式真空泵、高真空泵组	3套	84141000
	工控器PLC组件		2套	85371011
	气体引入装置	质流流量计	12个	84818040 90261000
	冷水机组		1套	84186990
	真空腔体视窗		20个	84869099
	真空阀		5个	84818040
（4）硅片多线切割机	主轴电机		2台	85013200
	单轴电机模块		2个	85044099 8501
	皮带轮		4个	84863049 84839000
	皮带		6根	84863049 40103
（5）晶硅太阳能电池生产用全自动印刷、烘干、烧结、测试分选系统	测试系统		1套	84861010
	直线电机		41台	85013200
	滑环		1套	85369000
	圆光栅		3套	90314920
	光栅尺		6套	90314920
（6）太阳能级单晶炉、多晶铸锭炉	固体碳毡		4套	38019000 38011000 38011000
	热电偶		2个	90259000 90259000
	超导磁场装置		1个	85059090
（7）扩散炉	电磁阀、气动阀、手阀、减压阀		75个	8481
	源温控制器		5个	90321000
	外点火装置		5个	84869090
	炉丝		260KG	72230000
	温度控制器		25个	90321000
	碳化硅管保护器		1个	84869090
（8）CIGS薄膜太阳能电池硒化/热处理设备	真空泵组	干式真空泵、高真空泵组	22套	84869090
	传输阀		22个	84813000
	蝶阀		25个	84813000
2. 半导体发光二极管（LED）生产设备				

设备名称	一级部件	二级部件	单机用量	税则号列（供参考）
(1) 金属有机化学气相沉积设备(MOCVD)	真空泵组	无油真空干泵	4套	84141000
	工控器 PLC 组件		3套	85371011
	外延炉光学在位监测传感器		3套	90319000 90318090
	工艺气体分配传输系统	特殊气体气柜箱	3套	90328990
		气体质量流量计	72个	90268000
		动态压力控制计	27个	90262090
		特气源恒温槽	8套	84186990 84798999
		气体流量计	6个	90268000
		高纯气体气（手）动阀	180个	84149090 84812020
	高温加热装置	高温加热器组合件	3套	85168000
		高温红外温度监测传感器	6个	90330000
		热电偶	9套	90259000 90258000
		热电偶导线	9套	85444929
		温控器	17个	90328990 90321000
	大型真空机械手		1套	84289090 84864039
	碳化硅覆盖石墨件		28套	69039000
	氮化硼特种陶瓷材料		30kg	28500019
	大尺寸高纯石墨材料		100kg	38011000
	真空碟阀		10套	84149090 84818040
	磁流体转动真空密封装置		3个	84836000 84842000 84798999
	光电烟雾探测器		12个	90271000 85311000
	自动控制器		10个	85052000 90328990
	真空角阀		18个	84149090 84818040
	伺服电机		12套	85015200
	液体传输装置	液体压力控制计	15个	90262090
	液体流量计	15个	90261000	
(2) 等离子刻蚀机	射频电源		2台	85437099
	射频匹配器		2台	85437099
	真空泵		3台	84141000
	真空阀门		2个	84818040
	质量流量计		6个	84818039 90268000
	内衬		1个	84869099
	托盘		10个	84869099
	硅片传输机械手		1台	84864031
	波纹管		8根	84869099

设备名称	一级部件	二级部件	单机用量	税则号列（供参考）
(3) 氧化铟锡(ITO)溅射台	基座		2个	84869099
	真空泵（干式）		3台	84141000
	真空阀门		6个	84818040
3. 集成电路关键设备				
(1) 氧化炉	硅片装载装置（暂存盒）		1套	84289090
	硅片传输机械手		1套	84289090
	惰性气体供气装置		1套	84862049
	热偶		1套（5~7个）	90259000
	硅片传送平台		1套	84864039
(2) 单晶硅棒多线切割机	主轴电机及接口模块		2套	85013200
	伺服电机及控制	接口模块	3套	85013200
	160KW 电源模块		1套	85044019
	主动接口模块（AIM）		1个	84869090
	编码器		2个	85437099
	距离传感器		2个	84159010
	变频器		3个	85044099
(3) 高密度等离子刻蚀机	硅片传输系统		1~2个	84864031
	硅片传输机械手		1~2个	84864031
	射频电源		6~8个	85437099
	射频匹配器		6~8个	85437099
	真空泵（分子泵）		3~4个	84141000
	真空泵（干泵）		4~6个	84141000
	真空阀门		10~12个	84818040
	真空压力计		18~24个	90262090
	终点检测系统		3~4个	90314100
	质量流量计		50~66个	84818039
	静电卡盘		3~4个	84869090
	反应腔		3~4个	84869090
(4) 薄膜沉积设备	射频电源		4~10台	85044099
	直流电源		2~4台	85044014
	真空泵（分子泵、冷凝泵、干泵）		7~8个	84141000
	真空阀门		5~10个	84818040
	真空压力计		15~25个	90262090
	静电卡盘		2~4个	84869090
	硅片传输系统		1套	84864031

设备名称	一级部件	二级部件	单机用量	税则号列（供参考）
（5）芯片加工前道清洗设备	硅片传输机械手及装入平台		1套	84864039
	全氟烷氧基烷烃聚合物阀门、管件		1套	84818040　39173900
	静电消除器		1套	85437099
	二氧化碳渗入器		1台	39269010
	离心式磁力泵		4台	84137099
	风机过滤系统		1套	84213990
	风囊泵		15个	84135090
4. 新型平板显示器件生产设备				
（1）TFT－LCD偏光片贴附机	静电消除器		2个	84213921
	光纤传感器		6个	90318010
	伺服电机		2个	85015200
	直驱电机		2个	85013200
	平行光源		1个	85393290
（2）TFT－LCD用划线机	光栅尺		1套	90314900
	光栅尺读数头		5个	90314900
	控制卡		1个	90328900
	直线电机动子		5个	85030090
	直线电机定子		4个	85030090
	驱动器		12个	84717090
	转换器		5个	85308000
5. 锂离子动力电池设备				
（1）锂离子电池生产用涂覆设备	直线导轨		8对	84799090
	角接触球轴承		40个	84821030
	伺服电机		8个	8501
	变频器		8个	85044099
	传感器		2个	90319000
	控制模块		10个	85389000
	间隙测量放大器		2套	90319000
	喷头		1套	84249090
	高能输送螺杆泵		1套	84136040
（2）锂离子电池极片分切设备	直线导轨		6对	84799090
	变频器		1个	85044099
	刀片		30片	82089000
6. 其他电子元器件生产设备				

设备名称	一级部件	二级部件	单机用量	税则号列（供参考）
（1）低温共烧陶瓷（LTCC）基板制造设备	静电消除器		1个	84213921
	光纤传感器		6个	90318010
	伺服电机		2个	85015200
	直驱电机		2个	85013200
	平行光源		2个	85393290
	导轨丝杆		4个	84834090
	光电传感器		6个	90314900
（二）数字化医疗影像设备、生物工程和医疗生产专用设备				
十六、民用飞机及发动机、机载设备				
十七、重大技术装备的基础件				
（一）大型铸锻件				
（二）基础部件				
（三）加工辅具				

说明：本目录所列商品的单机用量，主要作为有关部门核定企业进口需求时的参考依据，企业提交申请文件和年度政策落实情况报告时应如实填写。海关审核企业申报零部件及原材料是否符合免税条件时，以是否属于《重大技术装备和产品进口关键零部件、原材料商品清单》所列的一级或二级部件商品作为海关审核的主要依据。

附件4

进口不予免税的重大技术装备和产品目录（2014年修订）

编号	税则号列	设备名称	技术规格	备注
一、大型清洁高效发电装备				
1	84137099	反应堆主冷却剂泵（包括电机、变频器、开关）	二代加核电用反应堆主冷却剂泵：所有规格；三代核电用反应堆主冷却剂泵：功率≤5000KW	
2	85044020　85044090 85371090	核岛直流不间断电源（包括逆变器/UPS/充电器等）	所有规格（核安全等级为1E级或RCCE标准K3及以上的除外）	
3	84195000	非能动余热排出热交换器	所有规格（核一级的除外）	
4	84014090	核反应堆压力容器安全壳	所有规格	
5	84269900	核反应堆厂房环形吊车	所有规格	
6	84137099	主给水泵组（含电机）	单级叶轮扬程低于500m	
7	8413	核级泵（上充泵/辅助给水泵/余热排出泵/水压试验泵/堆芯补水泵，含电机）	核安全三级及以下	
8	84714991	DCS仪控设备	所有规格（具有核电安全级或核抗震1级和2级的DCS仪控设备除外）	
9	90251910　90328100 85365000	核级温度传感器/温度开关/核级压力开关、差压开关	所有规格（核安全等级为1E级或RCCE标准K3及以上的除外）	
10	84194090　84798999	放射性废物处理设备（包括脱气塔、蒸发器）	核安全三级及以下	

编号	税则号列	设备名称	技术规格	备注
11	85446012 85444921	K1 类及 K3 类或 AP10001E 级大截面动力电缆	单芯截面小于 400mm² 或耐受辐照剂量低于 80Mrad	
12	84212990	核岛安全壳过滤排放系统	气溶胶滞留能力≤80kg，气溶胶滞留率≤99.9%，元素碘滞留率≤99%，有机碘滞留率≤80%，碘挥发>0.1%	
13	84212990	核岛辅助水过滤器	过滤颗粒度大于 200 微米	
14	84014020 84014090 84289090	乏燃料贮存格架	所有规格（覆盖中子吸收材料的除外）	
15	84798999	核岛液压阻尼器	所有规格（主回路阻尼器和蒸发器阻尼器除外）	
16	85023100	风力发电机组整机	单机额定功率≤3MW	
17	84021110 84021190 84021200 84021900 84022000	蒸汽锅炉	蒸发量≤3600t/h	
18	84041010	锅炉辅助设备	所有规格	
19	84068120 84068130	电站用汽轮机	所有规格	
20	84138100	锅炉给水泵（组）	配套≤1000MW 火电机组	
21	84138100	凝结水泵	所有规格	
22	84138100	循环水泵	所有规格	
23	84138100	锅炉强制循环泵	所有规格	
24	84818010 84813000 84818040	火电机组用高温高压阀门（闸阀、截止阀、止回阀）	闸阀：公称通径 DN≤600mm（24″）；压力等级≤4500Lb 截止阀：公称通径 DN≤80mm（3″）；压力≤4500Lb 止回阀：公称通径 DN≤600mm（24″）；压力≤4500Lb	
25	84163000 84798999	输配煤、制粉及气力除灰、除渣、输灰成套设备（含煤粉计量系统）	所有规格	
26	84798999	锅炉给水、凝结水、软化水处理设备	所有规格	
27	84814000	锅炉安全阀	压力≤25.4Mpa，温度≤517℃	
28	85016100 85016200 85016300 85016410 85016420 85016430	交流发电机	单机容量≤1200MW	
29	85023900	火力发电机组	所有规格	
30	84021900 84021190 84021200	余热锅炉	所有规格	
31	84031010 84031090 8402	燃油燃气锅炉	所有规格	
32	84101100 84101200 841013	水轮机	混流式、轴流式、贯流式：所有规格；蓄能式≤300MW，水头<700m；冲击式≤180MW，水头<800m	调整

编号	税则号列	设备名称	技术规格	备注
33	8501 85023900	水轮发电机	与混流式水轮机配套的所有规格的发电机；与轴流式水轮机配套的所有规格的发电机；与≤75MW 贯流式水轮机配套的发电机；与≤300MW 蓄能机组水轮机配套的发电机；与≤180MW 冲击式水轮机配套的发电机	调整
34	84118100 84118200 85023900	燃气轮机及其发电机组	所有规格	
35	84118100 84118200 85023900	低热值（燃烧热量低于 1150 大卡）煤气燃气轮机及其发电机组	输出功率≤200MW	
36	85021100 85021200 85021310 85021320 85022000	内燃机发电机组	所有规格	
37	85044019	励磁系统设备	磁场额定电流≤9000A；额定电压≤500V	新增
二、特高压输变电设备				
1	8504	换流变压器（直流）	电压≤±500kv	
2	85045000	平波电抗器（直流）	所有规格	
3	85351000 85352100 85359000 85361000 86362000 85363000 85371090 85372010 85372090	控制保护设备	所有规格	
4	85359000	换流阀（直流）	所有规格	
5	85437099	滤波装置（直流）	所有规格	
6	85442000 854442 854449 854460	电缆	所有规格	
7	85461000 85462010 85462090 85469000	悬式绝缘子	所有规格	
8	85044013 85044014 85044015 85044019 85044020 85044091 85044099 8543	整流、调压装置	所有规格	
9	85413000	晶闸管（包括大功率可控硅元件，直流）	所有规格	
10	85437099 8504	静止无功补偿装置（交流）	所有规格	
11	85437099 8532	串联补偿装置（交流）	所有规格	
12	8504	变压器	电压≤1100kV	
13	8504	互感器（交流）	电压≤1100kV	
14	85045000	电抗器（交流）	电压≤1100kV	
15	85321000	电力电容器	电压≤1100kV	

编号	税则号列	设备名称	技术规格	备注
16	8535 8536 85371010 85371090 85372090	各类低压电器（交、直流）	所有规格	
17	8535 8536 8537	六氟化硫断路器（交流）	所有规格	
18	85352100 85352900 85372090	高压断路器（包括油、六氟化硫、真空，交流）	电压≤1100kv	
19	85354000	避雷器	所有规格	
20	85359000 85363000	继电保护装置	所有规格	
21	85371090	其他配电箱、配电盘、配电柜、配电板、配电台等	所有规格	
22	85371090	充放电盘、电工试验板、组合启动器、单体启动器	所有规格	
23	85372010 85372090	全封闭组合电器（GIS）	电压≤1100kv	
24	8544	电力电缆	交联聚乙烯绝缘电缆电压220KV及以下；其他电缆：所有规格（电压220KV及以上的海底电力电缆除外）	
25	8544	电线	所有规格	
三、大型石油及石化装备				
1	84148090 840681 84068200	乙烯裂解气压缩机及配套工业汽轮机	年产量≤120万吨	
2	84148090 84068100 84068200	乙烯制冷压缩机及配套工业汽轮机	年产量≤120万吨	
3	84148090 84068100 84068200	丙烯制冷压缩机及配套工业汽轮机	年产量≤120万吨	
4	84148090 84186990	聚乙烯循环气压缩机（离心式）	年产量≤40万吨	
5	84148090	聚乙烯配套用往复式压缩机（迷宫密封式）	年产量≤45万吨	
6	84137010 84137099	离心式急冷油泵	所有规格	
7	84137010 84137099	离心式急冷水泵	所有规格	
8	84196090 84195000	板翅式换热器冷箱	所有规格	
9	8418	电站和石化空冷器	所有规格	调整
10	84068200 84143014 84148090	硝酸装置四合一机组（包括汽轮机、空气压缩机、尾气透平、氮氧合物压缩机）	年产量≤60万吨	
11	8419	精对苯二甲酸（PTA）氧化反应器	单机年产≤120万吨	
12	84068200 84148090	精对苯二甲酸（PTA）工艺空气压缩机机组（包括蒸汽轮机、压缩机）	单机年产≤100万吨	
13	84193990	PTA蒸汽回转干燥机	单机年产≤120万吨	
14	84198910	加氢反应器、精制反应器	所有规格	
15	84198990 84798999	高压冷凝器	所有规格	调整
16	84195000	块孔石墨换热器	所有规格	

编号	税则号列	设备名称	技术规格	备注
17	84198990　84798999	阳极保护冷却器	200000吨/年及以下硫酸生产线用	调整
18	84223030　84223090	纯碱包装机	所有规格	
19	84772010	混炼挤压造粒机（石化用）	产量≤25万吨/年	调整
20	84772090	橡胶螺杆挤出机	单螺杆直径≤250mm；双螺杆单根直径≤200mm；三复合螺杆及以上单根最大直径≤150mm	调整
21	84775900	机械式轮胎定型硫化机	模腔直径≤150英寸	调整
22	84198990	PVC及烯烃聚合釜	所有规格	
23	84223030　84223090	颗粒体物料包装机	≤800包/单秤/小时（50千克/包）	调整
24	84198910	炼油用加氢反应器（包括精制反应器、裂化反应器）	所有规格	
25	84148090	循环氢离心压缩机组	所有规格	
26	84148090　84183	二、四、六列往复式新氢压缩机组	轴功率≤8000kW	
27	84148090	长输管道压缩机组	轴功率≤30MW	
28	85015300	管道压缩机用高速变频防爆电机	输出功率≤25MW	
29	84148090	炼油用大型无油原料气往复压缩机	所有规格	
30	84137010　84137090	加氢进料泵	所有规格	
31	84068200　84068110	工业汽轮机	输出功率≤100000kW	
32	8481	地面安装高压大口径全锻焊管道球阀	公称通径≤48英寸（48″）、压力等级≤900磅（class900LB）	
33	8481	埋地安装高压大口径大锻焊管道球阀	公称通径≤48英寸（48″）、压力等级≤900磅（class900LB）	
34	84714991	千万吨级炼油装置DCS集散控制系统	所有规格	
35	84137091	长输管线输油泵	轴功率5000kW及以下	新增
36	87059080	大型压裂装备	额定输出功率≤2500马力	新增
37	84304119	连续油管作业装备	提升能力≤38吨	新增
38	84798999	不压井作业装备	提升能力≤120吨	新增
39	84122990	顶部驱动钻井装置	钻井深度≤7000m	新增
40	84122990	大口径直缝埋弧焊管生产线成套设备（JCOE和UOE）	所有规格	新增
四、大型煤化工设备				
1	841350	往复式水煤浆隔膜泵	所有规格	
2	84198910	煤液化加氢反应器	所有规格	调整
3	84194020　84143014 84068200　84148090	大型成套空分设备（包括精馏塔、含冷箱；氧气压缩机、空气压缩机组、增压机组，含蒸汽轮机或电机等）	制氧量≤100000Nm^3/h	
4	84143014　84068200	合成氨和尿素装置［包括合成气压缩机、原料压缩机、氨冷冻压缩机、空气压缩机、尿素（CO_2）压缩机组，含蒸汽轮机；液氮洗冷箱］	合成氨年产量≤50万吨；尿素年产量≤80万吨	调整

编号	税则号列	设备名称	技术规格	备注
5	84051000	煤化工汽化炉	所有规格	
五、大型冶金成套设备				
1	84543021 84543022 84543029 84543090	各钢种的方坯、圆坯、板坯、异型坯连铸机、板坯连铸机	所有规格（厚度>400mm 厚板坯连铸机、厚度≤45mm 薄带坯连铸机除外）	调整
2	84551010	无缝管轧机	直径≤340mm	
3	84552110 84552210	冷、热连轧板带轧机	热连轧机：板宽≤2.5m；冷连轧机：板宽≤2.3m	
4	84552110	中板轧机	板宽≤5m	
5	84552120	型钢轧机	所有规格	
6	84552130	线材轧机	所有规格	
7	84552190	初轧开坯机	所有规格	
8	85153110	螺旋焊管机	所有规格	
9	84541000	转炉设备	所有规格	
10	84542010 84542090	炉外精炼设备	所有规格	
11	84178010 84178090	炼焦炉设备；球团、烧结设备	所有规格	
12	841459	高炉用鼓风机	流量≤12000Nm^3/min，功率≤70000kw	
13	85141090 85142000	炼钢电炉	所有规格	新增
14	85152900	电阻焊机	所有规格（线性摩擦焊除外）	新增
15	85153120 85153191 85153199	电弧焊机	所有规格（数字化焊机除外）	新增
16	85152900 85153900 85158000	高频直缝焊管机组（主要包括：开卷机，夹送矫平机，剪切对焊机，卧式螺旋活套，铣边机，成型机，定径机，飞锯机，平头倒棱机，铣切锯机，水压试验机，钢管矫直机，测长、称重、喷码装置、高频焊机、中频感应加热装置等）	产品直径≤711mm	新增
六、大型煤炭设备				
1	84305020 84305090 84306990 842952	矿用挖掘机	所有规格	
2	84306911	竖井钻机	钻孔直径≤13m，深度≤1000m	
3	84251100 84251900	提升机	卷筒直径≤5.5m	
4	84798999	液压支架	所有规格	
5	84303100 84303900	采煤机	电牵引采煤机：装机功率≤3000 千瓦；其他采煤机：所有规格	
6	84283300	固定式带式输送机	所有规格	
7	84283990	刮板输送机	单电机功率≤1000kw	
8	84283990	刮板转载机	单电机功率≤1000kw	
9	84742010 84742020 84742090	破碎机（站）	所有规格	

编号	税则号列	设备名称	技术规格	备注
10	84741000	分类、筛选、分离或洗涤机器	所有规格	
11	87041030	非公路电动轮自卸车	载重量≤400吨	调整
12	87041090	机械传动非公路刚性自卸车	所有规格	
13	87041090	非公路铰接式自卸车	载重量≤60吨	
七、大型船舶、海洋工程设备				
1	89章	船舶及浮动结构件	所有船舶整船及浮动结构件（生产率在4000m³/h及以上的绞吸挖泥船、泥舱容量在20000m³以上的耙吸挖泥船除外）	调整
八、高速铁路、城市轨道交通设备				
1	8601 8602 8603 8605 8606	轨道机车、车辆	所有规格	
2	8604	捣固车（含捣稳车）	自行速度≤100km/h；连挂运行速度≤120km/h；作业效率≤2.4km/h（48镐），≤1.8km/h（32镐）	
3	86040099	稳定车	自行速度≤80km/h；连挂运行速度≤120km/h；作业效率≤2.5km/h	
4	86040012	钢轨/道岔打磨车	打磨作业效率≤15km/h；自走行速度≤100km/h；联挂速度≤120km/h	
5	86040099	大修列车	作业速度≤1.1km/h；换枕效率≤20根/分；连挂速度≤120km/h	
6	86040099	路基处理车	作业速度≤80m/h；自走行速度≤20km/h；连挂速度≤100km/h	
7	86040099	清筛机	自运行速度≤80km/h；连挂运行速度≤100km/h；作业效率≤650m³/h	
8	86040099	物料运输车	连挂运行速度≤120km/h（空载），≤100km/h（重载）；额定载重≤95吨	
9	86040099	配渣车	所有规格	
10	86040099	焊轨车	所有规格	
11	86040099	轨道车	所有规格	
12	86040011 86040019 86040099	其他轨道校正、检查车、查道车	所有规格	新增
九、大型环保及资源综合利用设备				
1	84213921	静电除尘器	所有规格	
2	84213922	袋式除尘器（含电袋式）	过滤面积≤25000㎡，长期使用温度≤280℃	
3	842139	电站烟气脱硫专用设备（包括循环浆液泵、水力旋流分离器、除雾器、烟气挡板门、脱硫增压风机、搅拌器等）	单机容量≤1000MW火电机组	
4	842139	燃煤电站烟气脱硝成套设备（吸收剂系统、催化反应设备、监测控制系统、空气稀释系统和吹灰系统）	所有规格	

编号	税则号列	设备名称	技术规格	备注
5	84212190 84212910 84212990	带式污泥浓缩压滤一体机	带宽≤3m，滤饼含水率≥70%	
6	84211990	螺旋离心浓缩机	转鼓直径≤1m，处理能力≤8m^3/h	
7	84212910	螺旋栅渣压滤机	排渣量＜4m^3	
8	84798999	节能曝气机	服务面积≤4.2㎡	
9	84798999	剪切式转盘曝气机	直径≤1400mm	
10	84798999	水平轴转刷曝气机	直径≤1000mm，L≤10m	
11	84798999	竖轴式表面曝气机	叶轮最大直径≤4m	
12	84178090 842139	生活垃圾焚烧炉及其烟气净化装置	处理能力≤600吨/天（烟气净化装置除外）	
13	84123900	大型高炉煤气余压透平发电装置（TRT）	额定功率≤40000KW	
14	84079010 85023900	瓦斯、沼气发电机组	所有规格	
15	85023900	双燃料发动机	额定功率≤500KW	
16	84212990	转盘式膜反应分离器	所有规格	
17	84212990	转盘式微滤机	所有规格	
18	84213990	脱酸塔（煤气综合利用）	所有规格	
19	84213990	喷淋式饱和器（煤气综合利用）	所有规格	
20	84772090	木塑产品生产线	所有规格	
21	84212910	压滤机	过滤面积2400㎡以下，压力4.5Mpa以下	新增
十、大型施工机械和基础设施专用设备				
1	84303100	全断面掘进机	刀盘直径≤15m	
2	84134000	拖式、车载式混凝土泵	所有规格	
3	84271010	堆垛机	所有规格	
4	84271090	电瓶叉车	所有规格	
5	84264190	集装箱正面吊	所有规格	
6	84272010	集装箱叉车	所有规格	
7	84272090	内燃叉车	所有规格	
8	84279000	其他装有升降或搬运装置的工作车	所有规格	
9	84292090	平地机	所有规格	
10	84293010	自行式铲运机	所有规格	
11	84293010 84293090	拖式铲运机	所有规格	
12	84294011	压路机	所有规格	
13	84295100	装载机	所有规格	
14	84301000	筒式柴油打桩机	所有规格	

编号	税则号列	设备名称	技术规格	备注
15	84306919	水平定向钻	所有规格	
16	84304122	钻探机	所有规格	
17	84743100	混凝土或砂浆搅拌机器	所有规格	
18	84743200	矿物与沥青的混合搅拌设备	所有规格	
19	84791021	沥青混凝土摊铺机	所有规格	
20	84264910	履带式起重机	起重量≤2000 吨	
21	87051021 87051022 87051023	全路面起重机	最大起重量≤1200 吨	调整
22	87051091 87051092 87051093	其他汽车起重机	最大起重量≤220 吨	调整
23	84264110	轮胎式起重机	最大起重量≤100 吨	
24	84295211	轮胎式挖掘机	整机重量≤36 吨	调整
25	84295212	履带式挖掘机	整机重量≤120 吨	
26	84295900	挖掘装载机	所有规格	调整
27	84301000	液压打桩锤	整机重量≤25 吨（船用≤18 吨）	
28	842952 84305090 84306990	连续墙液压抓斗	斗宽≤1.2m	
29	843050 84306911 84306919	旋挖钻机	钻孔直径≤3m，动力头标准扭矩≤350kN·m	
30	84306911	工程钻机	钻孔直径≤3.5m	
31	84791022	稳定土路面拌合机	拌合宽度≤3m	
32	84791022	稳定土路面摊铺机	宽≤7.5m，厚≤350mm	
33	84791029	滑模式水泥摊铺机	最大铺宽≤9.75m	
34	84791090	高等级公路稀浆封层机	料仓≤10m^3，制浆≤3 吨	
35	84791090	沥青路面铣刨机	所有规格	
36	84261990	架桥机成套设备（含运梁车、提梁机、架桥机）	所有规格	
37	84791029	碎石摊铺机	所有规格	
38	84743100	混凝土搅拌车	所有规格	
39	84291110 84291190 84291910	推土机	额定功率≤520 马力	调整
40	84261930	龙门式起重机	起重量≤1200t	新增
十二、大型、精密、高速数控设备、数控系统、功能部件与基础制造装备（振兴规划）				
1	8456 8457 8458 8459 8460 8461 8462 8463 8464 8465	非数控机床	所有规格	
2	84561000	数控激光加工机床	≤4 轴联动	

编号	税则号列	设备名称	技术规格	备注
3	84569010　84615000	数控切割机	等离子切割机：板厚≤40mm；水切割机：<4 轴联动，切割金属厚度≤200mm；其他数控切割机：所有规格	
4	84571030	龙门式加工中心	<5 轴联动，重复定位精度≥0.006mm/2m，快速移动速度 X、Y<50m/min	
5	84563010	数控电加工机床	①数控电火花成形机床：加工表面粗糙度 Ra≥0.2μm，型腔截面和深度尺寸精度≥±3μm；②数控线切割机床：切割效率≤300mm²/min，加工表面粗糙度 Ra≥0.2μm，切割尺寸精度≥±2μm；③数控电解加工机床：<5 轴联动；④用于冷轧辊表面加工的电火花毛化机床：表面粗糙度均值偏差>±5%	调整
6	84571010　84571020 84571030	钻削加工中心	所有规格	
7	84571010　84571020 84571030	镗铣加工中心（龙门加工中心、车铣复合加工中心除外）	①工作台宽度≤630mm 的镗铣加工中心：<4 轴联动（必须满足），快移速度≤60m/min，重复定位精度≥0.0025mm；②630mm<工作台宽度≤1250mm 的镗铣加工中心：<4 轴联动，快移速度≤40m/min，重复定位精度≥0.003mm；③工作台宽度>1250mm 的镗铣加工中心：<4 轴联动，快移速度≤20m/min，重复定位精度≥0.004mm	调整
8	84571090	车铣、铣车复合加工中心（复合机床）	回转直径≤630mm；重复定位精度≥0.004mm	新增
9	84581100	车削中心（铣车复合加工中心除外）	重复定位精度≥0.002mm，主轴端径向圆跳动≥0.0005mm，加工圆度>4×10⁻⁶×Dmm（D 为最大加工工件直径）	调整
10	84581100	数控重型卧式车床、重型卧式车削中心	最大加工工件直径 D≤8000mm，工件长度≤25000mm，加工圆度≥4×10⁻⁶×Dmm（D 为最大加工工件直径），定位精度>0.01mm/2m	调整
11	84589110　84589110 84589120	数控重型立式车床、重型立式车削中心	①D<5m：定位精度>0.015mm/2m，联动轴数<4 轴，加工圆度>0.005mm；②5m≤D<10m：定位精度>0.015mm/2m，联动轴数<4 轴，加工圆度>0.01mm；③D≥10m：定位精度>0.015mm/2m，联动轴数<4 轴，加工圆度>0.015mm（D 为最大加工工件直径）	调整
12	84581100　84589110 84589120	数控车床	重复定位精度>0.001mm，加工圆度≥3×10⁻⁶ * Dmm（D 为最大加工工件直径），主轴端径向圆跳动≥0.0005mm	

编号	税则号列	设备名称	技术规格	备注
13	84581100	数控不落轮车床	最大切削面积<10mm²/刀架；踏面径向跳动>0.1mm；内侧面端跳>0.1mm；同轴轮内径差>0.1mm	
14	84596110	数控龙门铣床	工作台宽度<5000mm，重复定位精度≥0.006mm/2m，<4 轴联动	
15	84595100 84596190	数控铣床（数控龙门铣床除外）	定位精度>0.004mm（全程），重复定位精度>0.002mm，≤5 轴联动	
16	84602110 84602120 84602190	数控重型磨床	最大加工工件直径 D≤2500mm，微量进给>0.0001mm，重复定位精度>0.005mm，加工圆度>$3\times10^{-6}\times$Dmm	调整
17	84601100	数控平面磨床（含成形磨、导轨磨）	定位精度>0.003mm/2m，重复定位精度>0.0015mm/2m，龙门宽≤3500mm，平面度>0.003mm/3000mm	
18	84602110 84602120 84602190 84603100	数控磨床（含内圆、外圆、端面外圆、万能、无心、轴承、刃磨等）	定位精度>0.004mm，重复定位精度>0.002mm，加工圆度>$3\times10^{-6}\times$Dmm（D为最大加工工件直径），砂轮线速度≤60m/s	调整
19	846021	数控凸轮轴磨床	工件最大回转直径≤250mm，砂轮线速度≤60m/s（单砂轮），凸轮轮廓精度>0.01mm	调整
20	846021	数控曲轴磨床	工件回转直径≤630mm，砂轮线速度≤60m/s，定位精度>0.005mm，重复定位精度>0.002mm	调整
21	84602190	数控立式磨床	定位精度>0.005mm，重复定位精度>0.003mm，圆度>$3\times10^{-6}\times$Dmm（D为最大加工工件直径）	新增
22	84614010	数控重型滚齿机	精度等级>6 级；联动轴数≤3 轴；立式：工件直径<8000mm，卧式：工件直径<2000mm	调整
23	84614010	数控齿轮加工机床	工件直径：10－2000mm 且模数：1－24mm，≤3 轴联动，精度等级>5 级（齿轮磨床>4 级）	调整
24	84614010	数控插齿机	≤3 轴联动，精度等级>5 级	新增
25	84614010	数控齿条加工机床	工件长度≤2000mm，精度等级>5 级	新增
26	84593100	数控铣镗床	镗杆直径≤260mm，加工孔同轴度≥0.008mm/500mm，重复定位精度≥0.006mm/2m，≤4 轴联动	调整
27	84614010	数控重型磨齿机	齿轮直径≤8m，精密>5 级	新增
28	84594010 8460	数控坐标镗床、数控坐标磨床	定位精度≥0.0015mm	

编号	税则号列	设备名称	技术规格	备注
29	84572000 84573000	组合机床	加工精度为IT5级及以下（注：I-国际；T-允差；级的数值越小精度越高），同轴度≥0.01mm/500mm，平面度≥0.01mm/1000mm，直线度≥0.008mm/1000mm，平行度≥0.008mm/1000mm	
30	84594010	数控深孔钻镗床（含数控深孔镗床）	镗孔直径≤Φ1250mm，镗孔深度≤20000mm，钻孔直径≤Φ110mm，孔的直线度≥0.10mm/1000mm	
31	84604010	数控珩磨机床（含深孔珩磨机床）	孔径圆度>0.002mm，孔的直线度>0.002mm/200mm，珩孔表面粗糙度Ra≥0.05μm 深孔珩磨机：珩磨直径≤800mm，珩孔深度≤15000mm，珩孔表面粗糙度Ra≥0.1μm	
32	84621010 84621090 84624111 84624119	锻造用压力机或冲压机床	所有规格（热压塑成型冲压机床除外）	调整
33	84621090	空气锤	所有规格	
34	84622110 84622910	矫直（平）机	所有规格	
35	84622190 84622990	折弯压力机	所有规格	
36	84622190 84622990	开卷机	所有规格	
37	84622190 84622990	弯管机	所有规格	
38	84622990	三辊四辊卷板机	所有规格	
39	84622190 84622990	折边机	所有规格	
40	84623110 84623120 84623190	数控板带剪切机床	所有规格	
41	84623190 84623990	棒料剪断机	所有规格	
42	84624190 84624900	联合冲剪机	板厚≤30mm，冲孔力<120t	
43	84649090	金刚石成型液压机	所有规格	
44	84629110 84629190	单柱、双柱、四柱万能液压机	所有规格	
45	84629110 84629190 84629910 84629990	立式、卧式冷挤压机	所有规格	
46	84629110 84629190 84629910 84629990	开式双点压力机	所有规格	
47	84629110 84629190 84629910 84629990	闭式四点多连杆压力机	所有规格	调整
48	84629190	双动薄板拉伸液压机	所有规格	
49	84629190	校正压装液压机	所有规格	
50	84629190	磨具制品液压机	所有规格	
51	846291 8479	打包压块液压机	所有规格	
52	84629110 84629190 8479	单动薄板冲压液压机	所有规格	

编号	税则号列	设备名称	技术规格	备注
53	84629910 8479	开式固定台压力机	所有规格	
54	84629910 8479	开式可倾压力机	所有规格	
55	84629910 8479	开式底传动压力机	所有规格	
56	84629910 8479	闭式单点压力机	所有规格	
57	84629910 8479	闭式双点压力机	所有规格	
58	84629910 8479	双动拉伸压力机	所有规格	
59	84629910 8479	双盘摩擦压力机	所有规格	
60	84629910 8479	电动螺旋压力机	公称压力≤8000t	调整
61	84621010 84621090 84624111 84624119 84629910 8479	高速精密压力机（滑块行程次数至少到200次/分）	①公称压力T<200t：冲速<800次/分钟，综合间隙>0.2mm，下死点精度：纵向>0.005mm且前后左右>0.002mm；②200t≤公称压力T<400t：冲速<500次/分钟，综合间隙>0.3mm，下死点精度：纵向>0.2mm且前后左右>0.02mm；③公称压力T≥400t：冲速≤350次/分，综合间隙≥0.45mm，下死点精度：纵向>0.3mm且前后左右>0.03mm	调整
62	84624111	数控冲模回转头压力机（包括转塔冲床）	公称压力≤60t，加工精度>±0.05mm，板料最大移动速度<140m/min，最高冲压频率≤1000次/分	调整
63	84629910 8479	封头旋压机	所有规格	
64	84629190 84629910 84629990	粉末成形压力机	所有规格（加工硬质合金且加工精度<0.01mm的除外）	调整
65	84629910	旋压机（含强力压旋）	所有规格	
66	84629990	自动冷墩机	所有规格	
67	84659900 84793000	热压机（用于木材、建材装潢材料加工）	公称压力≤2000t	
68	84622190 8479	数控滚轮式收口工作站（包括封头旋压工作站）	加工工件直径≤400mm，主轴转速≤400rpm，加工工件长度≤2m	
69	84633000	自动搓丝机	所有规格	
70	84633000	自动卷簧机	所有规格	
71	84633000 84639000	辗环机	直径≤8000mm	调整
72	84624119	多工位板材成型机械压力机及自动化送料装置	公称压力≤5000t或整机节拍≤45次/分	新增
73	84624119	多工位机械式热模锻压力机及自动化送料装置	公称压力≤1600t	新增
74	84624119	多工位机械式温锻压力机及自动化送料装置	公称压力≤1000t	新增
75	84624119	多工位机械式冷锻压力机及自动化送料装置	公称压力≤1000t	新增

编号	税则号列	设备名称	技术规格	备注
76	84624119	级进模压力机及自动化送料装置	公称压力≤2500t 或整机节拍≤50 次/分	新增
77	84621010	精锻机（径向锻造）	带 CNC，单锤头频次≤400 次/分或单锤头公称压力≤2000KN	新增
十三、新型纺织机械				
1	84451111	棉纺清梳联合机	单机产量≤120 千克/小时	
2	84451112	往复式抓棉机	所有规格	
3	84451310	棉纺并条机	所有规格	
4	84451210	棉纺精梳机	生产速度≤500 钳次/分钟	
5	84451321	棉纺粗纱机	所有规格	
6	84451900	开棉机	所有规格	
7	84451900	混棉机	所有规格	
8	84451900	清棉机	所有规格	
9	84451900	清梳联棉箱	单机产量≤100 千克/小时	
10	84452041	棉纺环锭细纱机	所有规格	
11	84454010	所有规格（细络联形式的除外）		
12	84463050	喷气织机	所有规格	
十四、新型、大马力农业装备				
1	87013000	履带式拖拉机	额定功率≤132.3kW（180 马力）	调整
2	84335100	半喂入水稻联合收割机	收获行数≤6 行	调整
3	84335300	马铃薯联合收获机	收获行数≤4 行	
4	84335990	自走式青贮饲料收获机	功率≤260 千瓦	
5	84323000	马铃薯种植机	播种行数≤4 行	
6	84323000	大型小麦免耕播种机	播种行数≤19 行	
7	84323000	水稻覆土直播机	播种行数≤6 行	
8	84335920	采棉机	采收行数≤6 行	
9	87019011	轮式拖拉机	额定功率≤147.1kW（200 马力）	调整
十五、电子信息及生物医疗装备				
1	84799090	点胶机	直线运动加速度≤800 米/秒	新增
2	84799090	点胶头	单点速度≤400 点/秒	新增

说明：1. 对“生产线”及“成套设备”内含的本目录所列设备，如符合“功能机组”规定的，按《中华人民共和国进出口税则》第 16 类类注四和第 91 章章注三的规定归类，否则，应分别归类。本目录列名的“……生产线、……成套设备、……系统”的全部设备，无论成套或单独进口其中某一台，都受本目录限制。2. 凡本目录中未注明“所有税号”的，即仅指该类中的列名商品。3. 未列入本目录的商品，但其他政策法规已明确规定不予免税的，应照章征税。

财政部、工业和信息化部、海关总署、国家税务总局关于民用飞机领域重大技术装备进口税收政策的通知

（财关税〔2014〕24号）

各省、自治区、直辖市、计划单列市财政厅（局）、工业和信息化主管部门、国家税务局，新疆生产建设兵团财务局，海关总署广东分署、各直属海关，财政部驻各省、自治区、直辖市、计划单列市财政监察专员办事处：

为贯彻落实国务院关于装备制造业振兴规划有关决定，提高我国装备制造业的核心竞争力及自主创新能力，推动产业结构调整和升级，促进国民经济可持续发展，根据国内相关产业发展情况，在广泛听取有关主管部门、行业协会和企业等方面意见的基础上，经研究，决定调整民用飞机领域进口税收政策，现通知如下：

一、自2013年1月1日起，对符合规定条件的国内企业为生产国家支持发展的新型涡扇支线飞机（见附件1）而确有必要进口部分关键零部件、原材料（见附件2），免征关税和进口环节增值税。

自2013年9月1日起，对符合规定条件的国内企业为生产国家支持发展的50座级涡桨支线飞机、70座级涡桨支线飞机、5座单发涡桨轻型公务机、19座级双发涡桨通用飞机、大型灭火/水上救援水陆两栖飞机、4吨级民用直升机、7吨级民用直升机、13吨级民用直升机、涡轴发动机、直升机尾传动系统等民用飞机及发动机、机载设备（见附件1）而确有必要进口部分关键零部件、原材料（见附件2），免征关税和进口环节增值税。

二、国内企业申请享受本通知附件1有关装备进口税收优惠政策的，具体申请程序和要求应按照《财政部国家发展改革委工业和信息化部海关总署国家税务总局国家能源局关于调整重大技术装备进口税收政策的通知》（财关税〔2014〕2号）附件1《重大技术装备进口税收政策规定》执行。

三、取得免税资格的企业应根据《中华人民共和国海关进出口货物减免税管理办法》（海关总署令第179号）及海关有关规定，在免税额度内办理有关重大技术装备或产品进口关键零部件、原材料的免税手续。

享受重大技术装备进口税收政策的企业应按照政策有关规定报送上一年度政策落实情况。

四、2014年度申请享受重大技术装备进口税收政策的国内企业，应在2014年7月1日至7月15日提交申请文件，申请程序和要求按照财关税〔2014〕2号文件附件1《重大技术装备进口税收政策规定》执行，逾期不予受理。其中，制造本通知第一条第一款所列民用飞机的企业提交2013年1月1日至2014年12月31日期间的进口需求；制造本通知第一条第二款所列民用飞机及发动机、机载设备的企业提交2013年9月1日至2014年12月31日期间的进口需求。国内企业申请享受2015年度及以后年度重大技术装备进口税收政策的，应按照财关税〔2014〕2号文件附件1《重大技术装备进口税收政策规定》执行。

五、工业和信息化部或省级工业和信息化主管部门按照政策规定审核企业提交的申请文件，经审核符合规定的，应当予以受理，并向申请企业出具受理证明文件。申请企业凭受理部门出具的证明文件，可向海关申请凭税款担保先予办理有关零部件及原材料放行手续。省级工业和信息化主管部门应在2014年8月1日前将申请文件及初审意见汇总上报工业和信息化部。工业和信息化部会同有关部门根据政策规定对企业资格进行认定，在2014年9月1日前将企业资格认定及认定依据报送财政部。

附件 1　国家支持发展的重大技术装备和产品目录（民用飞机领域）
附件 2　重大技术装备和产品进口关键零部件、原材料商品目录（民用飞机领域）

财政部
工业和信息化部
海关总署
国家税务总局
二〇一四年六月十七日

附件 1

国家支持发展的重大技术装备和产品目录（民用飞机领域）

编号	名称	技术规格要求	销售量或订单要求
十六	民用飞机及发动机、机载设备		
(一)	固定翼飞机与直升机		
1	50 座级涡桨支线飞机（整机）	最大起飞重量≥20 吨	持有合同订单
2	新型涡扇支线飞机（整机）	最大起飞重量≥38 吨	持有合同订单
	总装及以下机体结构：(1) 总装；(2) 机头；(3) 机身、机翼；(4) 后机身、垂尾、吊挂、电气组件；(5) 雷达天线罩	为生产新型涡扇支线飞机配套	
3	5 座单发涡桨轻型公务机（整机）	最大起飞重量≥2.6 吨	持有合同订单
4	19 座级双发涡桨通用飞机（整机）	最大起飞重量≥5.5 吨 获得 CAAC 型号合格证（TC）	持有合同订单
5	4 吨级民用直升机（整机）	最大起飞重量≥3.1 吨 获得 CAAC 型号合格证（TC）	持有合同订单
6	13 吨级民用直升机（整机）	最大起飞重量≥13 吨 获得 CAAC 型号合格证（TC）	持有合同订单
(二)	新研制飞机及发动机、机载设备		
1	70 座级涡桨支线飞机（整机）	最大起飞重量≥26.5 吨	暂不作要求
2	大型灭火/水上救援水陆两栖飞机	最大起飞重量≥53.5 吨	暂不作要求
	总装及以下机体结构：(1) 总装；(2) 机头；(3) 中机身、机翼；(4) 中后机身、后机身、尾翼；(5) 发动机短舱、发动机支架；(6) 浮筒；(7) 雷达罩、天线罩	为生产大型灭火/水上救援水陆两栖飞机配套	
3	7 吨级民用直升机（整机）	最大起飞重量≥6.7 吨 获得 CAAC 型号合格证（TC）	暂不作要求
4	涡轴发动机（整机）	起飞功率≥1240 千瓦；最大连续功率≥1100 千瓦；基准重量≤220 千克	暂不作要求
5	直升机尾传动系统（整机）	功率：550 千瓦；为 7 吨级民用直升机配套	暂不作要求

附件 2

重大技术装备和产品进口关键零部件、原材料商品目录（民用飞机领域）

十六、民用飞机及发动机、机载设备									
（一）固定翼飞机与直升机									
名称	一级部件	二级部件	单机用量						税则号列（供参考）
			50 座级涡桨支线飞机	新型涡扇支线飞机	5 座单发涡桨轻型公务机	19 座级双发涡桨通用飞机	4 吨级直升机	13 吨级直升机	
动力装置	发动机		2 台	2 套	1 台	2 台	2 台	3 台	84071020 84111210
	辅助动力装置（APU）	辅助动力装置本体及安装附件	1 台	1 套				1 台	84111190 90328990 84119100 84818040 73269010 84195000 90262090 90251990 85444211 84212990 84129090
		辅助动力装置消音器		1 套					84119100
		风门作动器，控制器及配套电缆		1 套					85013100 90328990 85444211
	发动机安装件	减震系统	17 件			8 件			84119100
		发动机操纵组件	4 套				1 套	1 套	84119100 88033000 73129000 73121000
		进气道及其组件		2 套			2 套		84119910 84119100 88033000 73181510 73181590 73181600 73182200 73182400 73182900 73269010
		反推罩组件，风扇罩组件，安装包		2 套					84119100 88033000 73181510 73181590 73181600 73182200 73182400 73182900 73269010
		发动机安装附件		1 套	3 套	4 套			84119100 90262090 85444211 73269010 90251990 90261000 84212990 85361000 85369000 90318090 73129000 85299000
		发动机振动监控仪及配套电缆		1 套					90328990 85444211
		发动机接口控制单元		1 套			3 套		85364100 90292090 90328990
螺旋桨	螺旋桨组件		2 套		1 套	2 套			88031000 88033000 85361000 39234000

名称	一级部件	二级部件	单机用量						税则号列（供参考）
			50座级涡桨支线飞机	新型涡扇支线飞机	5座单发涡桨轻型公务机	19座级双发涡桨通用飞机	4吨级直升机	13吨级直升机	
显示和记录	显示系统		1套	1套	1套	1套	1套		85285910 90318090 90251990 90261000 90262090 85284910 85299050 88033000 85371090 90318090 85371090 85312000 91040000 90328990 84433990
	记录系统		1套	1套					85299050 90328990 88033000 85437099 85371090 85439090 90142090 90141000 90149090
	显示和记录系统组件	飞参记录仪				1套			85366900 90142090 90328990 90149010 85392991 94056000 85381090
		指示仪表	17件			1套			90292090 90148000 90318090 90261000 85261090
		IPC航电核心设备		1套					90328990 85437099 84733090 85044014
通讯系统	高频通信系统		1套	1套		1套	1套		85176910 85291010 85444211 85447000 85261090 8529 85437092 85229099 85366900 85269190 85177070
	甚高频通信系统		2套	1套	2套	2套	2套		85291010 85176910 90328990 90142090 8536 84145199 85269190 85177070
	机内通话设备		1套	1套	5套				85235110 85182900 85181000 88033000 85184000 85183000 85189000 85365000 85183090
	通讯管理系统		1套	1套	1套				85437099 85299050 85299090 85234920 85371090 85299090
	通讯系统组件	舱音记录仪	1套			1套	1套		85181000 88033000 85198990 85444211 85299050 85437099 8536
		空中广播系统	1套				1套	1套	85198139 85182900 85184000 85299050 85366900
		静电放电装置			12套				88033000
		音频控制系统及组件	1套			1套	1套		85229039 85291090 85371090 85176299 85183000

名称	一级部件	二级部件	单机用量						税则号列（供参考）
			50座级涡桨支线飞机	新型涡扇支线飞机	5座单发涡桨轻型公务机	19座级双发涡桨通用飞机	4吨级直升机	13吨级直升机	
导航系统	雷达应答系统			1套	1套	1套	1套		85261090 85366900 85444211 85261010 85291010
	雷达高度系统		1套	1套		1套	1套		85291010 85176910 85269190 90148000 85299050 85261090 85261010 40169310 40169390 40169310 40169390
	气象雷达			1套					85261090
	地形预警/空中防撞系统		1套	1套		1套			90328990 85291010 85366900 85181000 85444211 90329000 85269190 85285910 85261090 85299050 39235000 40169390 40169310
	甚高频导航系统		2套	1套	2套	1套	1套		8526 8536 9405 8529 9014
	飞行管理系统		1套	1套	1套				90329000 85269190 90328990 85285910 85291010 85444211 90318090 85371090 85234920
	全球定位系统			1套	2套	1套	1套		85261090 85366900 85291010 85366900 85269050 85269190
	近地警告		1套			1套			85182900 88033000 94054090 85299050 85235110 85366900 90328990 85255000 85291010 85365000
	大气数据系统		1套		1套	1套	1套		85437099 85322290 85366900 88033000 83024900 85318090 9032 84714120 9014 9025
	姿态航向系统		1套		1套	1套			85389000 83024900 88033000 9014 90292090 90251910
	导航系统组件	地平仪、磁罗盘及组件	1套		1套	1套			90141000 90329000 84716090 88033000 85366900
		无线电罗盘及组件			1套	1套	1套		85269190 85291010 85261090 85269050
		测距机及组件			1套	1套	1套		85269190 85291010 90151000 85366900
自动驾驶系统	自动驾驶仪		1套		1套	1套			88033000 84145990 85369000 85366900 85365000 73181590 90328990 90329000 90328900 90149010 85371090 90271000 84834090
	舵机		4件		3件	3件			88033000 84798910 90149010
主旋翼	自动倾斜器							1件	84821090
	伺服操纵系统						1套		84841000 76161000 76169990 73201090

名称	一级部件	二级部件	单机用量						税则号列（供参考）
			50座级涡桨支线飞机	新型涡扇支线飞机	5座单发涡桨轻型公务机	19座级双发涡桨通用飞机	4吨级直升机	13吨级直升机	
飞行操纵系统	飞行控制系统			1套		1套			73129000 84821020 90328990 84122100 90328990 85013200 88033000 85371090 73072900 76169910 90318090 84818040 39269090
	襟/缝翼控制系统			1套					85013200 85371090 84122100 90318090 84834090 88033000 76169910 84832000
	失速保护系统			1套					84798999 90328990
	驾驶舱操控系统			1套					85013100 88033000 85365000 85371090 73269010 73181590 73181510
	飞行操纵系统组件	驾驶盘组件			1套				88033000
中央维护系统	中央维护系统			1套					85234920
信息系统	航电综合信息系统		1套			1套			85299050 90328990 88033000
电源系统	主电源系统			1套					85016100 85369000 85371090 85043300 85044099 85073000 85072000 90303390 85364110 85366900
	应急发电系统			1套					85023100 84122100 88033000 84132000 73129000 85371090 90328990 76169910
	电源系统组件	交/直流发电机系统	5套		1套	2套	1套	5套	8511 85016100 85012000 85013200
		交/直流配电系统	2套			3套	2套	3套	85073000 84211990 85044015 85041090 85043110 85044099 85371090 85151900 85044099
燃油系统	燃油系统			1套					85013100 84813000 84818040 85371090 90328990 84139100 90178000 90318090 85444211 76169910
	燃油系统组件	重力加油系统及组件			1套	1套			84818040 84122990 88033000 39234000 85365000
		压力加油系统					1套		84133029
		油量测量系统			1套		1套		85365000 84818040 85371090
		燃油泵			2套	4套	4套		84133029

名称	一级部件	二级部件	单机用量						税则号列（供参考）
			50座级涡桨支线飞机	新型涡扇支线飞机	5座单发涡桨轻型公务机	19座级双发涡桨通用飞机	4吨级直升机	13吨级直升机	
起落架系统	主起落架系统			1套					88032000 84122100 85444211 73209090 40129010 73269010 84822000 76169910 40169390 73181590
	前起落架系统			1套					88032000 73209090 84122100 84279000 82055900 39269090
	收放及位置和警告组件			1套					88032000 73129000 84813000 84798999 90262090 84818040 84814000 84812010 90328990 90318090
	刹车装置			1套					84818040 84813000 84798999 90262090 84814000 90328990 90318090 88032000 73129000 85365000
	转弯装置			1套					88032000 90328990 84818040 84812010 90292090
	起落架系统组件	轮胎、梭阀			1套		1套		40113000 84818021 40118000 85365000
环控系统	高低压通气管路			1套					88033000 70199090 40169390 73181590 73182200 73182400 73269010 73182900 39269090 7307290
防/灭火系统	防火系统			1套		1套			90314990 8536 85318090 90328990 85371090 85311000 73182900 40169310 73269010 73181600 85444219 84241000 84813000
	灭火系统		1套				3套		73110090 85311000 85444219 73269010 84241000
液压系统	液压系统		1套	1套	1套				84135031 90269000 84122990 84798999 88033000 84195000 90328990 84138100 84818040 84813000 90328100 73269010
	液压系统组件		1套		1套				84122990 90262010 39173900 85365000 85366900
滑油系统	滑油散热器		2套		1套	2套			84119100 84119100 39173900
	传感器					4套			90262010 90251910
防冰与防雨系统	引气和防冰系统		1套	1套					88033000 84813000 84818040 84814000 90251990 84195000 90261000 90262090 90329000 73072900 39269090
	防冰组件		1套		2套	1套			88033000

名称	一级部件	二级部件	单机用量						税则号列（供参考）
			50 座级涡桨支线飞机	新型涡扇支线飞机	5 座单发涡桨轻型公务机	19 座级双发涡桨通用飞机	4 吨级直升机	13 吨级直升机	
照明系统	驾驶舱照明		1 套	1 套	1 套				85371090 94054090 85043190 85332190 85365000 88033000 85389000 85044014 85444211 85393120 94056000 85393920 85392920 85392120 85389000 85044014 85444211 85393120 94056000 85393920 85392920 85392120
	座舱照明			1 套					94054090
	外部照明			1 套	1 套	1 套	1 套		94054090 88033000 85392920 85411000 85329090 85392120 85044014 85444211 94059200 94056000 94052000 85393920 39269090 85371090
	照明控制面板及组件			1 套					85369000 85044014 85371090
饮用水/污水	废水系统			1 套					73101000 84813000 73249000 84818040 84141000 84813000 90329000 85312000 85365000 85364100 88033000
	水系统			1 套					73101000 84148090 84813000 85365000 85364100 84818040 85371090 73269010 85168000 40169310
舱门	舱门及组件		1 套						88033000 84821010
设备与内饰	应急定位发射机及组件		2 套	1 套	1 套	1 套	1 套	1 套	85269190 85291010 85318010 85444211 88033000 85176910 85432010 85255000 85366900 85176299 85371090 85369000
	飞机急救设备		1 套	1 套	1 套		1 套	1 套	30065000 89079000 30065000 94054090 76169990 76169910 85131010 82014000
	任务设备	吊挂/探测设备及组件	1 套				1 套	1 套	84716050 85365000 85308000 94054090 4211990 85351000 73129000 56075009
		电动绞车及组件					1 套	2 套	84251100 84253190 84254990 63072000
		光电吊舱系统				1 套	1 套	1 套	85366900
		消防设备及组件					1 套	1 套	84241000 85366900 73090000 84143014 84212990
		货载系统	1 套						88033000 83024900 84879000

名称	一级部件	二级部件	单机用量						税则号列（供参考）
			50座级涡桨支线飞机	新型涡扇支线飞机	5座单发涡桨轻型公务机	19座级双发涡桨通用飞机	4吨级直升机	13吨级直升机	
氧气系统	机组氧气设备		1套	1套	1套				88033000 90200000 90262010 84818090 90049090 74122090 84196019 76169910 84818040 76130090 76090000 90328990 85365000 90262090
	乘客氧气设备		1套						73110090 73269010 90200000 73181590
	机载便携氧气设备					23套			90330000 90200000
	救援人员氧气设备		3套						73110090 90200000
机体结构及总装（机头、机身、机翼、后机身、水平安定面、垂尾、发动机短舱、吊挂、电气组件、雷达天线罩）	金属材料	铝、铝合金（型材、板、棒、管、丝、蜂窝、锻件）	12100千克	123007千克		29420千克	900千克	5900千克	7604 7605 7606 7607 7608 7609 7610
		钛、钛合金（板、棒、管、丝、锻件）		4655千克			300千克		81089032 81089040 81089010 81089020 81089031 81089090
		钢、不锈钢（板、棒、管、丝、丸、锻件）及其他金属		9304千克		1808千克	300千克		73065000 7304 73129000 72230000 72221100 72223000 72051000 72254000 72255000 72299090 73064000 73072200 73141900 73262010 7219 7228 72269100 72222000
		铜、铜合金（板、棒、管）		1661千克					74072900
	标准件（平垫圈除外）、轴承		182000件	883732件	14056件	22700件	6600件	78137件	7318 7317 8482 8544 7415 7616 40169310 75089080 73079900 84833000 88033000 73269010 73072900 39269090 85360000 81089090 84821090 73269090 76169910 76090000
	复合材料	预浸料、纤维、树脂	6870平方米	18248平方米	4950平方米	1500平方米	1600平方米	5590平方米	68159939 7019 63079000 56039390 54039490 39209910 39199090 39191010 68159932 56039490 59111090 59119000 39219090
		胶膜、胶膜	680平方米	4161平方米	511平方米	400平方米	400平方米	2426平方米	3920 3919 35069900 56039490 39219090
		内饰材料	4790平方米	362平方米					3920 41071110 70193900 68159939 90258000 76169990 68159931 39073000 48239090 68159920
		蜂窝芯	210平方米	152平方米	215平方米		200平方米	200平方米	48239090 39209200 76169990 76169100 39219090 76169910
	装配用成品件	风挡玻璃组件，舷窗组件		62件					7318 4016 85352100 90318090 8481 8803

（二）新研制飞机及发动机、机载设备

名称	一级部件	二级部件	单机用量			税则号列（供参考）
			70座级涡桨支线飞机	大型灭火/水上救援水陆两栖飞机	7吨级民用直升机	
动力装置	发动机				2台	84112100
	发动机安装件	发动机操纵组件		1套		73121000　73129000
		发动机安装附件			1套	84119910
显示和记录	显示系统				4套	85437099
	记录系统				1套	88033000
	显示和记录系统组件	飞参记录仪			1套	85366900　90142090　90328990　90149010　85392991
		航空时钟			2件	91069000
		中央告警系统			1套	88033000
		航电系统安装附件			1套	74121000　76161000　85365000
通讯系统	高频通信系统			2套	1套	85261090　8529　85437092　85229099　85366900
	甚高频通信系统			2套	2套	90142090　8536　85291010　84145199
	通讯系统组件	舱音记录仪			1套	85366900　85444211　85369000　88033000　85299050
		空中广播系统			1套	8537109090
		静电放电装置及组件		2套		88033000
		音频控制系统及组件			1套	85371090　8536
		海事电台			1台	85432010
导航系统	雷达应答系统				1套	85261090　85366900　85444211
	雷达高度系统				1套	90148000　85299050　85261090　85291010
	飞行管理系统				2套	88033300　8526　8536　8529　85255000　85299050
	全球定位系统			2套	1套	85261090　85366900　85291010　85366900　9014
	大气数据系统				1套	85299190　90271000　7608
	导航系统组件	磁罗盘及组件			1套	90142090　85437099
		无线电罗盘及组件			1套	85291010　85261090
		测距机及附件		2套		90148000　90151000
		综合无线电导航设备、天线、安装架及附件		2套		90142090

名称	一级部件	二级部件	单机用量			税则号列（供参考）
			70座级涡桨支线飞机	大型灭火/水上救援水陆两栖飞机	7吨级民用直升机	
自动驾驶系统	自动驾驶仪				1套	90328900 85366900 90149010 85371090 90271000
	舵机				1套	90149010
主旋翼	主旋翼桨叶	旋翼包铁			1套	72269990 88033000
	自动倾斜器	阻尼器组件			5套	84833000 84828000 76161000 75089090 81089090
主旋翼传动	发动机输入轴				1件	84831090
	主减速器及安装				1件	88033000
尾桨	尾桨叶				4套	88031000
	尾桨毂				1件	88033000
旋翼飞行操纵系统	主旋翼操纵系统				1套	84821030 84823000
	伺服操纵系统				4套	84831019 73129000 85354000
电源系统	应急发电系统				1套	85115010
	电源系统组件	直流发电机			2台	85114010
		交流发电机			1台	85115010
		直流配电系统			1套	8536 94054090
		电气附件		1套		85362000
燃油系统	燃油系统				1套	84133029 90262090 84818040 39173100 88033000
	燃油系统组件	辅助油箱系统			1套	88033000
		压力加油系统			1套	88033000
		油量测量系统		1套		90262010 90261000 90268000 90262090
起落架系统	主起落架系统				1套	88032000
	收放及位置和警告组件				1套	88033000 85365000 88032000 40113000
	刹车装置				2套	88032000
环控系统	空调及组件				1套	84158220 85365000 39173900 84186990 90251910
防/灭火系统	灭火系统				1套	84241000 8536 85318090
液压系统	液压系统				3套	88033000 85365000
	液压系统组件			1套	1套	84811000 9026 88033000 85365000 90259000
防冰与防雨	雨刷和温控盒系统				2套	90303310 8413 88033000 85392991 90322000
	防冰组件	尾翼除冰		1套		91069000 91070000 84814000 90251910 85369000

名称	一级部件	二级部件	单机用量			税则号列（供参考）
			70座级涡桨支线飞机	大型灭火/水上救援水陆两栖飞机	7吨级民用直升机	
照明系统	座舱照明				1套	85411000
	货舱照明			1套	1套	85392920 94054090 8539
	外部照明			1套	1套	85392920 85371090 85391000 88033000 85411000
	应急照明			1套		85392920 85131010 85073000 94054090
	照明控制面板及组件				1套	90328990
舱门	舱门及组件				2~27套	39202090 88033000 40082100
窗户	窗户（驾驶舱、舱门、客舱）				14套	39252000
	应急撤离设备				1~21套	84241000 89071000 85366900 89071000 63072000
	机组座椅				3~21套	9401 87082100
	宜急定位发射机及组件			2套	1套	85291010 85437099 85432010
	任务设备	吊挂设备及组件			4套	73129000 56075009
		电动绞车及组件			1套	84253190 84254990 63072000
氧气系统	机组氧气设备			1套	3套	83100000 73044190 74111090 76082010 68159920
	机载便携氧气设备			1套	4套	90200000 76130090
	救援人员氧气设备			1套		84814000 73044190 76082010 68159920
机体结构及总装（机头、中机身、机翼、中后机身、后机身、尾翼、发动机短舱、发动机支架、浮筒、雷达罩、天线罩）	金属材料	铝、铝合金（型材、板、棒、管、丝、蜂窝、锻件）	128320千克	381521千克	16623千克	7604 7605 7606 7607 7608 7609 7610
		钛、钛合金（板、棒、管、丝、锻件）	20632千克		980千克	81089032 81089040 81089010 81089020 81089031 81089090
		钢、不锈钢（板、棒、管、丝、丸、锻件）	11142千克	58000千克	2640千克	73065000 7304 73129000 72230000 72221100 72223000 72051000 72254000 72255000 72299090 73064000 73072200 73141900 73262010 7219 7228
	标准件（平垫圈除外）、轴承		500000件	1135000件	110000件	7318 7317 8482 8544 7415 7616 40169310 75089080 73079900 84833000 88033000 73269010 73072900 39269090 85360000

名称	一级部件	二级部件	单机用量			税则号列（供参考）
			70座级涡桨支线飞机	大型灭火/水上救援水陆两栖飞机	7吨级民用直升机	
	复合材料	预浸料、纤维、树脂	17621千克	525平方米	3000平方米	68159939 7019 63079000 56039390 54039490 39209910 39199090 39191010 68159932 56039490 59111090 59119000
		胶膜		60平方米		3920 3919 35069900 56039490 39219090
		内饰材料				3920 41071110 70193900
		蜂窝芯		30平方米	800平方米	48239090 39209200 76169990 76169100

名称	一级部件	二级部件	单机用量	税则号列（供参考）
4. 涡轴发动机	热端部件	燃烧室、燃气涡轮、动力涡轮	3套	84119100
	数字式电子调节器（FADEC）及软件		1套	84119100
	金属材料	铝、铝合金、镍、钢质型材、板、棒、丝、管等	600千克	7606 7604 7228 7218 7219 7220 7222 7224 7504
		锻铸件毛坯	21件	76169910 81089010 84119910
	成附件	成品件（滑油泵组件、轴承、密封组件、油路系统附件、温包膜盒组件、环	26套	84119910 73072200 84842000
		标准件	70千克	40169310 73079900 73181600 84119100
5. 直升机尾传动系统	传动轴	尾传动轴组件	5套	88033000 84831090
	减速器	轴承	11套	84828000 84825000 84821090 84822000
		标准件	14千克	73181900 76161000 73181590 73181100 73181600
		金属材料（铝、铝合金、钢、钛合金质型材、板、棒、管、丝、锻铸件、毛坯）	1134千克	7604 7606 7219 7220 7222 7224 7228 7326 7616 8108
		成品件（动密封/调整垫/堵头、传感器、堵头/滑套/锁紧环等）	8千克	84842000 88033000 90330000 90259000 85432010
		非金属材料（漆、润滑剂、密封剂、胶黏剂）	100千克	32089090 34039900 35069900

海关总署关于执行重大技术装备进口税收政策有关问题的通知

（署税发〔2014〕180号）

广东分署、各直属海关：

2009年8月，国务院相关6部门联合出台了重大技术装备进口税收政策。2014年2月，国务院相关6部门决定对重大技术装备进口税收政策有关规定和目录进行调整，联合发布了《财政部 国家发展改革委 工业和信息化部 海关总署 国家税务总局 国家能源局关于调整重大技术装备进口税收政策的通知》（财关税〔2014〕2号）。为确保重大技术装备进口税收政策得以正确实施，现就执行中涉及的有关问题明确如下：

一、对经认定符合享受重大技术装备进口税收政策条件的重大技术装备制造企业（以下简称重装企业）、承担城市轨道交通自主化依托项目的业主和承担核电重大技术装备自主化依托项目的业主（以下简称项目业主），为生产《国家支持发展的重大技术装备和产品目录》所列装备或产品而确有必要进口《重大技术装备和产品进口关键零部件、原材料商品目录》（以下简称《重装进口商品目录》）所列商品的，免征关税和进口环节增值税。

对经认定重装企业或项目业主主动向其所在地主管海关（以下简称主管海关）申请只减免关税、自愿放弃减免进口环节增值税的，在其提交放弃减免进口环节增值税书面申请后，可以办理减免关税、照章征收进口环节增值税手续。

二、重大技术装备进口税收政策实行年度免税资格认定和免税进口额度管理。国家有关部门每年组织一次对新申请享受该项政策的重装企业和项目业主的免税资格认定工作，并核定经认定重装企业和项目业主的年度免税进口额度；每年印发当年享受该项政策的重装企业和项目业主名单及免税进口额度、进口时间的清单（以下简称《年度清单》）。

国家有关部门根据经认定重装企业和项目业主上一年度进口税收优惠政策执行情况，在印发《年度清单》时，同时预拨下一年度部分免税进口额度。

年度免税进口额度仅限在当年度使用，不得跨年度使用。预拨的免税进口额度仅限在下一年度使用。

三、经认定重装企业和项目业主在《年度清单》所列免税进口额度内，向主管海关申请办理在《年度清单》所列进口时间（指海关接受进口货物收货人、受委托的报关企业申报相关货物进口数据的时间）范围内进口的有关零部件及原材料的减免税手续。

上述减免税手续纳入《减免税管理系统》管理。征免性质为：生产重大技术装备进口关键零部件及原材料（简称：重大技术装备，代码：408）；对应的监管方式为：一般贸易（代码：0110）。

四、对经认定重装企业或项目业主申请免税进口的有关零部件及原材料，主管海关在《年度清单》所列免税进口额度内，对照《重装进口商品目录》进行审核。

（一）对于《重装进口商品目录》同时列名了一级部件和二级部件项下商品的，仅进口的二级部件项下商品可予免税；仅列名了一级部件项下商品而未列名二级部件项下商品的，进口一级部件项下商品可予免税。

（二）对于以散件形式（即未组装成一级部件或二级部件整机）同时进口的多个零部件，其中组装后能构成《重装进口商品目录》所列一级部件或二级部件整机特征的有关零部件，可予免税。

（三）对于《重装进口商品目录》中的部分零部件按照归类原则归入设备整机税则号列，而相关商品和税则号列属于《国内投资项目不予免税的进口商品目录》所列范围的，仍可以按照本通知规定办理减免税手续。

五、在当年《年度清单》印发之前进口《重装进口商品目录》所列商品的，当年度新申请享受重大技术装备进口税收政策的重装企业或项目业主，可分别凭工业和信息化部或省级工业和信息化主管部门出具的重大技术装备进口税收优惠申请受理通知书（格式见附件）、国家发展改革委和国家能源局出具的相关申请受理证明文件，向主管海关申请凭税款担保先予办理有关进口零部件及原材料的放行手续；上年度已享受该项政策的重装企业或项目业主，可直接向主管海关申请凭税款担保先予办理有关进口零部件及原材料的放行手续。待《年度清单》印发后，再据以办理有关征免税审核确认以及征税或退保结关手续。

获得下一年度预拨免税进口额度的重装企业或项目业主，在《年度清单》印发之前进口《重装进口商品目录》所列商品的，可在预拨免税进口额度内，直接向主管海关申请办理有关进口零部件及原材料的减免税手续。

六、对按照或比照《国务院关于调整进口设备税收政策的通知》（国发〔1997〕37号）规定，享受进口税收优惠政策的项目和企业［包括国家鼓励发展的国内投资项目和外商投资项目；外国政府贷款和国际金融组织贷款项目；由外商提供不作价进口设备的加工贸易企业；中西部地区外商投资优势产业项目；《海关总署关于进一步鼓励外商投资有关进口税收政策的通知》（署税〔1999〕791号）规定的外商投资企业和外商投资设立的研究中心利用自有资金进行技术改造项目］，进口《进口不予免税的重大技术装备和产品目录》（以下简称《重装不免目录》）所列自用设备以及按照合同随上述设备进口的技术及配套件、备件，照章征收进口税收。

（一）对于上述项目和企业进口的有关商品，按照调整前的《重装不免目录》审核不符合免税条件，而按照调整后的《重装不免目录》审核符合免税条件的，可以按照调整后的《重装不免目录》执行。但货物已经征税进口的，所征税款不再退还。

（二）对于在工作原理、结构、用途、功能、性能和限定的技术指标等方面与《重装不免目录》中所列商品相同的进口设备，不论用于何种行业，一律不予免税。对于在工作原理、结构、用途、功能、性能上与《重装不免目录》所列商品明显不同的进口设备，可认定为不属于《重装不免目录》所列商品。

（三）对于《重装不免目录》中有多项（两项及以上）技术指标的商品，如进口属于此类商品范围的设备有两项或两项以上的技术指标优于《重装不免目录》中相应商品的限定技术规格的，可认定为不属于《重装不免目录》所列商品。

（四）《重装不免目录》中同时列出了有关商品的设备名称和对应的税则号列，对因年度税则税目调整、《重装不免目录》中所列税则号列不够准确等原因，导致其中设备名称和对应的税则号列不一致或产生矛盾的，应以设备名称为准。

（五）《重装不免目录》列名的“……生产线”、“……成套设备”、“……系统”包含其全部组成设备，无论进口成套或部分设备，都受《重装不免目录》限制。

上述生产线、成套设备或系统的组成设备成套进口时，按照商品归类原则符合“功能机组”定义的，应一并按“功能机组”归入相应税则号列，如其技术规格优于《重装不免目录》列名商品的技术规格，则按“功能机组”归类的该成套进口组成设备符合免税条件；按照商品归类原则各组成设备应分别归类的，如该生产线、成套设备或系统的技术规格优于《重装不免目录》列名商品的技术规格，则分别归类的各组成设备也符合免税条件。

（六）《重装不免目录》中的技术规格栏目中的“以上”、“以下”均不含本数在内。

技术规格栏目中以两项或两项以上指标相乘形式表示的，进口设备相应的各单项技术指标必须分别优于所列限定范围，才符合免税条件。

七、重大技术装备进口税收政策项下免税进口的关键零部件及原材料属于海关监管货物。对于重装企业或项目业主违反规定，将免税进口的关键零部件及原材料擅自转让、移作他用或者进行其他处置被依法追究刑事责任的，从违法行为发现之日起停止其享受重大技术装备进口税收优惠政策；尚不够追究刑事责任的，从违法行为发现之日起停止其享受重大技术装备进口税收优惠政策2年。

在上述违法行为性质最终确定前，自涉嫌违法行为发现之日起，海关不予受理相关重装企业或项目业主办理进口关键零部件及原材料减免税手续的申请，但可凭相关重装企业或项目业主提供的税款担保办理先予放行手续。待涉嫌违法行为性质确定后，按规定处理。

八、经认定重装企业或项目业主的企业名称、公司类型、经营范围等事项发生变更的，进口《重装进口商品目录》所列商品，可向主管海关申请凭税款担保先予办理有关进口零部件及原材料的放行手续。待其免税资格经国家有关部门认定后，各关再根据总署通知办理有关征免税审核确认以及征税或退保结关手续。

九、请各关及时将本通知的有关规定要求告知相关企业。在执行重大技术装备进口税收政策中遇有问题，请及时向总署报告。

各关在工作中要注意收集执行《重装进口商品目录》和《重装不免目录》中发现的问题和有关企业反映的意见建议，并适时反馈总署关税征管司，以便于今后对《重装进口商品目录》和《重装不免目录》进行调整。

十、本通知自印发之日起执行，《海关总署关于执行重大技术装备进口税收政策有关问题的通知》(署税发〔2010〕108 号) 同时废止。

特此通知。

附件　《重大技术装备进口税收优惠申请受理通知书》(格式)

二〇一四年八月二十七日

附件

中央企业重大技术装备进口税收优惠申请受理通知书

(工信财装备受理〔20××〕　　号)

××××××××：

你公司于　　年　　月　　日提交的申请享受"财关税〔2014〕2 号"文所规定的优惠政策申请材料(　　　领域，　　　产品)，经初步审查，申请材料齐全、符合法定形式，现决定予以受理。

你公司可凭本通知到公司所在地主管海关申请凭税款担保先予办理有关零部件及原材料放行手续。

特此通知。

工业和信息化部财务司(盖章)

年　月　日

联系人：____________________　　电话：____________

通信地址：北京市西长安街 13 号　　邮政编码：100804

工业和信息化部财务司综合处

抄送：海关总署关税征管司、×××海关

部内：装备工业司

地方企业重大技术装备进口税收优惠申请受理通知

（×××受理〔20××〕　　）号

××××××××：

你公司于　　年　　月　　日提交的申请享受"财关税〔2014〕2 号"文所规定的优惠政策申请材料（　　　领域，　　　　产品），经初步审查，申请材料齐全、符合法定形式，现决定予以受理。

你公司可凭本通知到公司所在地主管海关申请凭税款担保先予办理有关零部件及原材料放行手续。

特此通知。

×××（盖章）
年　月　日

联系人：____________　　电话：________

通信地址：×××　　邮政编码：×××

抄送：工业和信息化部财务司、海关总署关税征管司、×××海关

海关总署关税征管司关于印发 2014 年享受重大技术装备进口税收政策的企业名单及免税进口额度的通知

（税管函〔2014〕75 号）

各直属海关：

关于重大技术装备进口税收政策及海关管理事宜，《海关总署关于执行重大技术装备进口税收政策有关问题的通知》（署税发〔2014〕180 号）已经予以明确。现将国务院有关部门共同审核认定的《2014 年享受政策的制造企业名单及免税进口额度》、《2014 年享受政策的城市轨道交通项目业主名单及免税进口额度》和《2014 年享受政策的核电项目业主名单及免税进口额度》（详见附件 1、2、3，以下统称《2014 年清单》）予以印发，并就执行中的有关问题进一步明确如下：

一、《2014 年清单》中所列的重大技术装备制造企业或自主化依托项目业主（以下简称经认定重装企业或项目业主）应在 2014 年 12 月 31 日及以前，持《进出口货物减免税备案申请表》、企业法人营业执照、生产制造的相关装备情况资料或自主化依托项目审批文件及其他有关材料，向所在地主管海关（以下简称主管海关）申请办理减免税备案手续。对《2014 年清单》中未列名企业或项目业主的减免税备案申请，海关不予受理。

经认定重装企业或项目业主从事多项重大技术装备生产制造，且不同重大技术装备生产对应不同的免税进口额度的，应分别进行备案。年度免税进口额度仅限在当年度使用，不得跨年度使用。

二、在办理减免税备案手续时，《减免税管理系统》的《进出口货物减免税备案申请表》中有关栏目内容，应按以下要求填写：

（一）"企业名称"栏目，填写《2014 年清单》中列名的经认定重装企业或项目业主名称。

（二）"项目名称"栏目，经认定重装企业填写其在《2014 年清单》中所对应的重大技术装备名称，经认定项目业主填写其在《2014 年清单》中所对应具体项目名称。

（三）"立项日期"栏目，填写《2014 年清单》所列经认定重装企业或项目业主对应的"进口时间"的起始时间。

获得2015年预拨额度的经认定重装企业，可在2015年《年度清单》印发前使用其预拨免税进口额度，且仅能在2015年使用；使用预拨免税进口额度的有关项目的“立项日期”栏目统一填写2015年1月1日。

（四）“开始日期”栏目，填写经认定重装企业或项目业主向海关申请办理减免税备案手续的日期。

（五）“结束日期”栏目，统一填写2015年3月31日。

（六）“投资总额”、“用汇额度”和“减免税额度”栏目，均填写《2014年清单》所列经认定重装企业或项目业主对应的“免税进口额度”（指以美元为单位的进口货值）。

经认定重装企业在2015年《年度清单》印发前使用预拨免税进口额度的，上述栏目填写《2014年清单》中所对应的“2015年预拨额度”。待2015年《年度清单》印发后，再进行相应调整。

（七）经认定重装企业或项目业主在申请办理减免税备案手续时，对于预录入系统未提示必须填写的其他栏目可以不填写。

三、经认定重装企业或项目业主按照规定办理完毕减免税备案手续后，应在2014年12月31日及以前持凭《进出口货物征免税申请表》、进口合同、发票以及相关进口关键零部件及原材料情况说明和其他有关材料，向主管海关申请办理其在《2014年清单》所列“进口时间”范围内进口的有关货物的减免税手续。主管海关按照“署税发〔2014〕180号”规定进行审核，并办理有关进口货物的减免税手续。

四、经认定重装企业或项目业主在《2014年清单》所列“进口时间”范围内进口的关键零部件及原材料，其已向海关申请办理了凭税款担保放行手续的，凭主管海关出具的《进出口货物征免税证明》向进口地海关申请办理退保手续；已办理税款缴纳手续的，所征税款不予退还。

五、请各关根据“署税发〔2014〕180号”规定，及时告知有关经认定重装企业或项目业主，按照上述规定的时间和要求办理有关减免税手续。

六、本通知所附《2014年清单》内容涉及企业商业秘密，各关在使用过程中应注意保密，请勿对外公开。

特此通知。

附件1　2014年享受政策的制造企业名单及免税进口额度

附件2　2014年享受政策的城市轨道交通项目业主名单及免税进口额度

附件3　2014年享受政策的核电项目业主名单及免税进口额度

二〇一四年八月二十八日

附件1

2014年享受政策的制造企业名单及免税进口额度

货币单位：万美元

序号	企业名称	重大技术装备	2014年免税额度	2015年预拨额度	2014年进口时间
1	上海电气核电设备有限公司	一、大型清洁高效发电装备：（一）核电机组（三代核电机组）：1. 核岛设备：蒸汽发生器	8278		2014年1月1日~12月31日
		一、大型清洁高效发电装备：（一）核电机组（三代核电机组）：1. 核岛设备：反应堆压力容器；稳压器	148		2014年1月1日~12月31日

序号	企业名称	重大技术装备	2014年免税额度	2015年预拨额度	2014年进口时间
2	上海电气电站设备有限公司	一、大型清洁高效发电装备：（二）核电机组（二代改进型核电机组）：2. 常规岛设备	1302	391	2014年1月1日~12月31日
		一、大型清洁高效发电装备：（三）超超临界参数火电机组：燃煤锅炉、汽轮机、发电机	3385	1015	2014年1月1日~12月31日
		一、大型清洁高效发电装备：（五）大型空冷电站成套设备：空冷汽轮机	774	232	2014年1月1日~12月31日
		一、大型清洁高效发电装备：（六）燃气—蒸汽联合循环机组：燃气轮机、发电机、汽轮机	1988	596	2014年1月1日~12月31日
		一、大型清洁高效发电装备：（一）核电机组（三代核电机组）1. 核岛设备	140	42	2014年1月1日~12月31日
3	东方电气（广州）重型机器有限公司	一、大型清洁高效发电装备：（一）核电机组（三代核电机组）：1. 核岛设备：反应堆压力容器、蒸汽发生器、稳压器、主设备支撑、非能动余排换热器；2. 常规岛设备：汽水分离器再热器	4539	1362	2014年1月1日~12月31日
		一、大型清洁高效发电装备：（二）核电机组（二代改进型核电机组）：1. 核岛设备：反应堆压力容器、蒸汽发生器；2. 常规岛设备：汽水分离器再热器（MSR）和汽水分离再热器系统（GSS）	236	71	2014年1月1日~12月31日
4	中国第一重型机械股份公司	一、大型清洁高效发电装备：（一）核电机组（三代核电机组）：1. 核岛设备	475	143	2014年1月1日~12月31日
		一、大型清洁高效发电装备：（二）核电机组（二代改进型核电机组）：1. 核岛设备；2. 常规岛设备；3. 核级泵	748	224	2014年1月1日~12月31日
		三、大型石化设备：（一）乙烯成套设备；（四）对苯二甲酸（PTA）成套设备；（五）千万吨级炼油设备：1. 炼油用加氢反应器、精制反应器	1137		2014年1月1日~12月31日
		五、大型冶金成套设备：（一）大型薄板热连轧成套设备；（二）大型薄板冷连轧成套设备	150		2014年1月1日~12月31日
5	东方电气集团东方锅炉股份有限公司	一、大型清洁高效发电装备：（二）核电机组（二代改进型核电机组）：1. 核岛设备；（三）超超临界参数火电机组：燃煤锅炉；（四）大型循环流化床锅炉	3098	930	2014年1月1日~12月31日
6	哈尔滨锅炉厂有限责任公司	一、大型清洁高效发电装备：（三）超超临界参数火电机组：燃煤锅炉	4333	1300	2014年1月1日~12月31日
		一、大型清洁高效发电装备：（六）燃气—蒸汽联合循环机组：燃气轮机	15	4	2014年1月1日~12月31日
		一、大型清洁高效发电装备：（二）核电机组（二代改进型核电机组）：2. 常规岛设备	572	172	2014年1月1日~12月31日
		一、大型清洁高效发电装备：（四）大型循环流化床锅炉	263	79	2014年1月1日~12月31日
		四、大型煤化工设备：（五）煤化工气化炉	750		2014年1月1日~12月31日
7	哈电集团（秦皇岛）重型装备有限公司	一、大型清洁高效发电装备：（一）核电机组（三代核电机组）：1. 核岛设备；2. 常规岛设备	1620	486	2014年1月1日~12月31日

序号	企业名称	重大技术装备	2014年免税额度	2015年预拨额度	2014年进口时间
8	东方电气集团东方电机有限公司	一、大型清洁高效发电装备：（二）核电机组（二代改进型核电机组）：2. 常规岛设备；（三）超超临界参数火电机组：发电机	338		2014年1月1日~12月31日
9	东方电气集团东方汽轮机有限公司	一、大型清洁高效发电装备：（二）核电机组（二代改进型核电机组）：2. 常规岛设备；（三）超超临界参数火电机组；（五）大型空冷电站成套设备；（六）燃气—蒸汽联合循环机组	5836		2014年1月1日~12月31日
10	东方阿海珐核泵有限责任公司	一、大型清洁高效发电装备：（二）核电机组（二代改进型核电机组）：3. 核级泵：核主泵	1013		2014年1月1日~12月31日
11	哈尔滨电气动力装备有限公司	一、大型清洁高效发电装备：（一）核电机组（三代核电机组）：3. 核级泵：（6）核主泵（反应堆冷却剂主泵）	1617	485	2014年1月1日~12月31日
		一、大型清洁高效发电装备：（二）核电机组（二代改进型核电机组）：3. 核级泵：（1）核主泵	81		2014年1月1日~12月31日
12	江苏神通阀门股份有限公司	一、大型清洁高效发电装备：（一）核电机组（三代核电机组）：4. 核级阀：安全壳隔离阀	113	34	2014年1月1日~12月31日
13	陕西柴油机重工有限公司	一、大型清洁高效发电装备：（二）核电机组（二代改进型核电机组）：2. 常规岛设备：应急柴油发电机组	154	46	2014年1月1日~12月31日
14	沈阳透平机械股份有限公司	三、大型石化设备：（一）乙烯成套设备：乙烯裂解气压缩机组、乙烯制冷压缩机组、丙烯制冷压缩机组；（四）对苯二甲酸（PTA）成套设备：4. PTA工艺空气压缩机组；（五）千万吨级炼油设备：2. 循环氢离心压缩机；（六）天然气管道运输和液化储运装备：2. 长输管道电驱压缩机组	1048	314	2014年1月1日~12月31日
		四、大型煤化工设备：（三）大型空分设备及其压缩机、空压机、增压机：3. 大型空分装置用空压机或增压机；（四）大型合成氨设备：1. 合成气压缩机	422		2014年1月1日~12月31日
15	哈尔滨电机厂有限责任公司	一、大型清洁高效发电装备：（一）核电机组（三代核电机组）：2. 常规岛设备	1147	344	2014年1月1日~12月31日
		一、大型清洁高效发电装备：（三）超超临界参数火电机组：发电机；（七）大型水力发电成套设备：1. 混流式水电机组	162	49	2014年1月1日~12月31日
16	沈阳鼓风机集团核电泵业有限公司	一、大型清洁高效发电装备：（一）核电机组（三代核电机组）：3. 核级泵：安全壳余热排出泵；核主泵（反应堆冷却剂主泵）	34	10	2014年1月1日~12月31日
17	上海锅炉厂有限公司	一、大型清洁高效发电装备：（三）超超临界参数火电机组：燃煤锅炉	3470	1041	2014年1月1日~12月31日
18	北京龙源冷却技术有限公司	一、大型清洁高效发电装备：（五）大型空冷电站成套设备：直接空冷系统	404		2014年1月1日~12月31日

序号	企业名称	重大技术装备	2014年免税额度	2015年预拨额度	2014年进口时间
19	哈尔滨汽轮机厂有限责任公司	一、大型清洁高效发电装备：（一）核电机组（三代核电机组）：2. 常规岛设备	211		2014年1月1日~12月31日
		一、大型清洁高效发电装备：（三）超超临界参数火电机组；（五）大型空冷电站成套设备：空冷汽轮机；（六）燃气—蒸汽联合循环机组	1270	381	2014年1月1日~12月31日
		三、大型石化设备：（六）天然气管道运输和液化储运装备：1. 长输管道燃驱压缩机组	128		2014年1月1日~12月31日
20	哈尔滨空调股份有限公司	三、大型石化设备：（一）乙烯成套设备：加氢装置空冷器	51		2014年1月1日~12月31日
21	山西申华电站设备有限公司	一、大型清洁高效发电装备：（五）大型空冷电站成套设备：直接空冷系统	590		2014年1月1日~12月31日
22	双良节能系统股份有限公司	一、大型清洁高效发电装备：（五）大型空冷电站成套设备：直接空冷系统	442		2014年1月1日~12月31日
23	北京首航艾启威节能技术股份有限公司	一、大型清洁高效发电装备：（五）大型空冷电站成套设备：直接空冷系统	538	161	2014年1月1日~12月31日
24	哈尔滨电气股份有限公司	一、大型清洁高效发电装备：（六）燃气—蒸汽联合循环机组：燃气轮机	2413	724	2014年1月1日~12月31日
25	南京汽轮电机（集团）有限责任公司	一、大型清洁高效发电装备：（六）燃气—蒸汽联合循环机组：燃气轮机	2299	690	2014年1月1日~12月31日
26	太原重工股份有限公司	一、大型清洁高效发电装备：（一）核电机组（三代核电机组）：1. 核岛设备：环形吊车	116	35	2014年1月1日~12月31日
		一、大型清洁高效发电装备：（八）大功率风力发电机（组）及其配套部件：1. 风力发电机（组）整机；2. 风力发电机（组）配套部件：齿轮箱	1698	510	2014年1月1日~12月31日
		六、大型煤炭及露天矿设备：（一）大型正铲式矿用挖掘机	92		2014年1月1日~12月31日
27	北京北重汽轮电机有限责任公司	一、大型清洁高效发电装备：（五）大型空冷电站成套设备：空冷汽轮机	195	59	2014年1月1日~12月31日
28	上海福伊特水电设备有限公司	一、大型清洁高效发电装备：（七）大型水力发电成套设备：1. 混流式水电机组	16		2014年1月1日~12月31日
29	东方电气集团东方汽轮机有限公司	一、大型清洁高效发电装备：（一）核电机组（三代核电机组）：2. 常规岛设备（1）汽轮机	589		2014年3月1日~12月31日
30	中船重工特种设备有限责任公司	一、大型清洁高效发电装备：（一）核电机组（三代核电机组）：4. 核级阀（6）核岛阀	28		2014年3月1日~12月31日
31	哈尔滨汽轮机厂辅机工程有限公司	一、大型清洁高效发电装备：（二）核电机组（二代改进型核电机组）：2. 常规岛设备（4）汽水分离器再热器（MSR）和汽水分离再热器系统（GSS）	878		2014年3月1日~12月31日
32	湘电风能有限公司	一、大型清洁高效发电装备：（八）大功率风力发电机（组）及其配套部件：1. 风力发电机（组）整机	1244	373	2014年1月1日~12月31日

序号	企业名称	重大技术装备	2014年免税额度	2015年预拨额度	2014年进口时间
33	湘潭电机股份有限公司	一、大型清洁高效发电装备：（八）大功率风力发电机（组）及其配套部件：2. 风力发电机（组）配套部件：发电机	121		2014年1月1日～12月31日
34	广东明阳风电产业集团有限公司	一、大型清洁高效发电装备：（八）大功率风力发电机（组）及其配套部件：1. 风力发电机（组）整机	414		2014年1月1日～12月31日
35	新疆金风科技股份有限公司	一、大型清洁高效发电装备：（八）大功率风力发电机（组）及其配套部件：1. 风力发电机（组）整机	1097		2014年1月1日～12月31日
36	连云港中复连众复合材料集团有限公司	一、大型清洁高效发电装备：（八）大功率风力发电机（组）及其配套部件：2. 风力发电机（组）配套部件：叶片	428		2014年1月1日～12月31日
37	南京高速齿轮制造有限公司	一、大型清洁高效发电装备：（八）大功率风力发电机（组）及其配套部件：2. 风力发电机（组）配套部件：齿轮箱	475	143	2014年1月1日～12月31日
38	浙江日风电气有限公司	一、大型清洁高效发电装备：（八）大功率风力发电机（组）及其配套部件：2. 风力发电机（组）配套部件：变流器	885		2014年1月1日～12月31日
39	三一重型能源装备有限公司（原名三一电气有限责任公司）	一、大型清洁高效发电装备：（八）大功率风力发电机（组）及其配套部件：1. 风力发电机（组）整机	73		2014年1月1日～12月31日
40	杭州前进齿轮箱集团股份有限公司	一、大型清洁高效发电装备：（八）大功率风力发电机（组）及其配套部件：2. 风力发电机（组）配套部件：齿轮箱	407	122	2014年1月1日～12月31日
41	南京汽轮电机长风新能源股份有限公司	一、大型清洁高效发电装备：（八）大功率风力发电机（组）及其配套部件：2. 风力发电机（组）配套部件：发电机	31	9	2014年1月1日～12月31日
42	北京天诚同创电气有限公司	一、大型清洁高效发电装备：（八）大功率风力发电机（组）及其配套部件：2. 风力发电机（组）配套部件：变流器	2	1	2014年1月1日～12月31日
43	东方电气新能源设备（杭州）有限公司	一、大型清洁高效发电装备：（八）大功率风力发电机（组）及其配套部件：1. 风力发电机（组）整机	169		2014年1月1日～12月31日
44	上海电气风能有限公司	一、大型清洁高效发电装备：（八）大功率风力发电机（组）及其配套部件：1. 风力发电机（组）整机	837		2014年3月1日～12月31日
45	天津华建天恒传动有限责任公司	一、大型清洁高效发电装备：（八）大功率风力发电机（组）及其配套部件：2. 风力发电机（组）配套部件（2）齿轮箱	241		2014年3月1日～12月31日
46	上海电气集团上海电机厂有限公司	一、大型清洁高效发电装备：（八）大功率风力发电机（组）及其配套部件：2. 风力发电机（组）配套部件（3）发电机	59		2014年3月1日～12月31日
47	保定天威保变电气股份有限公司	二、超、特高压输变电设备：（一）直流输变电设备：直流换流变压器	526		2014年1月1日～12月31日
		二、超、特高压输变电设备：（二）交流输变电设备：电力变压器	35		2014年1月1日～12月31日

序号	企业名称	重大技术装备	2014年免税额度	2015年预拨额度	2014年进口时间
48	西安西电变压器有限责任公司	二、超、特高压输变电设备：（一）直流输变电设备：直流换流变压器	3750		2014年1月1日~12月31日
		二、超、特高压输变电设备：（二）交流输变电设备：电力变压器	88		2014年1月1日~12月31日
49	特变电工沈阳变压器集团有限公司	二、超、特高压输变电设备：（一）直流输变电设备：直流换流变压器	2843	853	2014年1月1日~12月31日
		二、超、特高压输变电设备：（二）交流输变电设备：电力变压器	33	10	2014年1月1日~12月31日
50	山东电力设备有限公司	二、超、特高压输变电设备：（二）交流输变电设备：电力变压器	82	25	2014年1月1日~12月31日
51	特变电工衡阳变压器有限公司	二、超、特高压输变电设备：（二）交流输变电设备：电力变压器	37		2014年1月1日~12月31日
52	河南平高电气股份有限公司	二、超、特高压输变电设备：（二）交流输变电设备：六氟化硫断路器；气体绝缘金属封闭开关设备（GIS）	818	246	2014年1月1日~12月31日
53	西安西电开关电气有限公司	二、超、特高压输变电设备：（二）交流输变电设备：六氟化硫断路器；气体绝缘金属封闭开关设备（GIS）	650	195	2014年1月1日~12月31日
54	西安西电电力系统有限公司	二、超、特高压输变电设备：（一）直流输变电设备：换流阀	957	287	2014年1月1日~12月31日
55	新东北电气集团高压开关有限公司	二、超、特高压输变电设备：（二）交流输变电设备：气体绝缘金属封闭开关设备（GIS）	127		2014年1月1日~12月31日
56	大连橡胶塑料机械股份有限公司	三、大型石化设备：（三）混炼挤压造粒机组	240		2014年1月1日~12月31日
57	四川精控阀门制造有限公司	三、大型石油及石化装备：（六）天然气管道运输和液化储运装备：燃压机组、大型管线球阀和控制系统、液化天然气接收站 3. 高压大口径全锻焊管道球阀	57		2014年3月1日~12月31日
58	成都成高阀门有限公司	三、大型石油及石化装备：（六）天然气管道运输和液化储运装备：燃压机组、大型管线球阀和控制系统、液化天然气接收站 3. 高压大口径全锻焊管道球阀	281		2014年3月1日~12月31日
59	胜利油田高原石油装备有限责任公司	三、大型石油及石化装备：（七）油气钻采装备：1. 大型压裂装备（含配套的泵车、混砂车）	1134		2014年3月1日~12月31日
60	山东科瑞机械制造有限公司	三、大型石油及石化装备：（七）油气钻采装备：1. 大型压裂装备（含配套的泵车、混砂车）；2. 连续油管作业装备	4948		2014年3月1日~12月31日
61	烟台杰瑞石油服务集团股份有限公司	三、大型石油及石化装备：（七）油气钻采装备：1. 大型压裂装备（含配套的泵车、混砂车）；2. 连续油管作业装备；3. 不压井作业装备	2590		2014年3月1日~12月31日
62	中国石油集团钻井工程技术研究院江汉机械研究所	三、大型石油及石化装备：（七）油气钻采装备：2. 连续油管作业装备	2105		2014年3月1日~12月31日

序号	企业名称	重大技术装备	2014 年免税额度	2015 年预拨额度	2014 年进口时间
63	山东科瑞压缩机有限公司	三、大型石油及石化装备：（七）油气钻采装备：5. 天然气发动机驱动压缩机组	568		2014 年 3 月 1 日～12 月 31 日
64	杰瑞天然气工程有限公司	三、大型石油及石化装备：（七）油气钻采装备：5. 天然气发动机驱动压缩机组	225		2014 年 3 月 1 日～12 月 31 日
65	杭州杭氧股份有限公司	四、大型煤化工设备：（三）大型空分设备及其压缩机、空压机、增压机：1. 大型空分设备	1292	388	2014 年 1 月 1 日～12 月 31 日
66	开封空分集团有限公司	四、大型煤化工设备：（三）大型空分设备及其压缩机、空压机、增压机：1. 大型空分设备	755		2014 年 3 月 1 日～12 月 31 日
67	西安陕鼓动力股份有限公司	三、大型石化设备：（四）对苯二甲酸成套设备：PTA 工艺空气压缩机组；（五）千万吨级炼油设备：4. 催化裂化空气压缩机机组	356	107	2014 年 1 月 1 日～12 月 31 日
		三、大型石油及石化装备：（五）千万吨级炼油设备：5. 催化裂化能量回收装置空气压缩机机组	490		2014 年 3 月 1 日～12 月 31 日
		四、大型煤化工设备：（三）大型空分设备及其压缩机、空压机、增压机：1. 大型空分设备；2. 双缸氧气压缩机；3. 大型空分装置用空压机或增压机	478	143	2014 年 1 月 1 日～12 月 31 日
68	西安陕鼓动力股份有限公司	九、大型环保及资源综合利用设备：（四）资源综合利用设备：1. 大型高炉煤气余压透平能量回收利用装置；7. 尾气透平能量回收机组	182		2014 年 1 月 1 日～12 月 31 日
69	上海锅炉厂有限公司	四、大型煤化工设备：（五）煤化工气化炉	58		2014 年 3 月 1 日～12 月 31 日
70	常州宝菱重工机械有限公司	五、大型冶金成套设备：（二）大型薄板冷连轧成套设备：六辊轧机、轮盘卷曲机	121	36	2014 年 1 月 1 日～12 月 31 日
71	一重集团天津重工有限公司	五、大型冶金成套设备：（一）大型薄板热连轧成套设备 1. 四辊粗轧机；3. 精轧机；4. 层流冷却装置；5. 卷取机；6. 流体部分	261		2014 年 3 月 1 日～12 月 31 日
72	湘电重型装备有限公司	六、大型煤炭及露天矿设备：（二）大型非公路矿用自卸车	1966	590	2014 年 1 月 1 日～12 月 31 日
73	内蒙古北方重型汽车股份有限公司	六、大型煤炭及露天矿设备：（二）大型非公路矿用自卸车	6082	1825	2014 年 1 月 1 日～12 月 31 日
74	太重煤机有限公司	六、大型煤炭及露天矿设备：（三）大型煤炭采掘设备：1. 电牵引采煤机	165	49	2014 年 1 月 1 日～12 月 31 日
75	三一重型装备有限公司	六、大型煤炭及露天矿设备：（三）大型煤炭采掘设备：2. 刮板输送机和刮板转载机	52		2014 年 1 月 1 日～12 月 31 日
76	山西煤矿机械制造有限责任公司	六、大型煤炭及露天矿设备：（三）大型煤炭采掘设备：2. 刮板输送机和刮板转载机	1571	471	2014 年 1 月 1 日～12 月 31 日
77	阳煤忻州通用机械有限责任公司	六、大型煤炭及露天矿设备：（三）大型煤炭采掘设备：2. 刮板输送机和刮板转载机	195		2014 年 1 月 1 日～12 月 31 日
78	宁夏天地奔牛实业集团有限公司	六、大型煤炭及露天矿设备：（三）大型煤炭采掘设备：2. 刮板输送机和刮板转载机	2704	811	2014 年 1 月 1 日～12 月 31 日
79	中煤张家口煤矿机械有限责任公司	六、大型煤炭及露天矿设备：（三）大型煤炭采掘设备：2. 刮板输送机和刮板转载机	1248	374	2014 年 1 月 1 日～12 月 31 日

序号	企业名称	重大技术装备	2014年免税额度	2015年预拨额度	2014年进口时间
80	中冶京诚（湘潭）重工设备有限公司	六、大型煤炭及露天矿设备：（二）大型非公路矿用自卸车：1. 电动轮非公路矿用自卸车	212		2014年1月1日~12月31日
81	连云港天明装备有限公司	六、大型煤炭及露天矿设备：（三）大型煤炭采掘设备：2. 刮板输送机和刮板转载机	2309		2014年1月1日~12月31日
82	徐州徐工挖掘机械有限公司	六、大型煤炭设备：（二）大型非公路矿用自卸车：1. 电动轮非公路矿用自卸车	291		2014年3月1日~12月31日
83	三一矿机有限公司	六、大型煤炭设备：（二）大型非公路矿用自卸车：2. 机械传动非公路矿用自卸车	1114		2014年3月1日~12月31日
84	广州文冲船厂有限责任公司	七、大型船舶、海洋工程设备：（二）大型高技术、高附加值船舶：5. 大型绞吸挖泥船	1084	325	2014年1月1日~12月31日
85	上海振华重工（集团）股份有限公司	十、大型施工机械和基础设施专用设备：（三）大型斗轮堆取料机、翻车机、装卸船机等大型港口机械：1. 斗轮堆取料机；2. 桥式抓斗卸船机、装船机	3182	955	2014年1月1日~12月31日
86	渤海装备辽河重工有限公司	七、大型船舶、海洋工程设备：（一）大型海洋石油工程装备：1. 自升式钻井平台	1431		2014年3月1日~12月31日
87	大连船舶重工集团海洋工程有限公司	七、大型船舶、海洋工程设备：（一）大型海洋石油工程装备：1. 自升式钻井平台	2907		2014年3月1日~12月31日
		七、大型船舶、海洋工程设备：（一）大型海洋石油工程装备：2. 半潜式钻井平台	200		2014年3月1日~12月31日
88	江南造船（集团）有限责任公司	七、大型船舶、海洋工程设备：（二）大型高技术、高附加值船舶：11. 独立C型液化天然气运输船	3190		2014年3月1日~12月31日
89	大连中远船务工程有限公司	七、大型船舶、海洋工程设备：（二）大型高技术、高附加值船舶：11. 独立C型液化天然气运输船	3545		2014年3月1日~12月31日
90	永济新时速电机电器有限责任公司	一、大型清洁高效发电装备：（八）大功率风力发电机（组）及其配套部件：2. 风力发电机（组）配套部件：发电机	95		2014年1月1日~12月31日
		八、高速铁路、城市轨道交通设备：（二）高速动车组：变流系统、牵引系统；（三）大功率交流传动电力/内燃机车：1. 大功率交直交传动电力机车：电传动系统、牵引系统；2. 大功率内燃机车：电气系统	4009	1203	2014年1月1日~12月31日
91	株洲南车时代电气股份有限公司	八、高速铁路、城市轨道交通设备：（一）城市轨道交通车辆及机电设备：城市轨道交通车辆：主牵引传动系统、辅助逆变器、接地装置；（二）高速动车组：网络控制系统；（三）大功率交流传动电力/内燃机车	8049	2415	2014年1月1日~12月31日
92	长春轨道客车股份有限公司	八、高速铁路、城市轨道交通设备：（一）城市轨道交通车辆及机电设备：1. 城市轨道交通车辆：列车网络控制系统、车辆制动系统、转向架设备；（二）高速动车组：转向架、传动及减振装置、变流系统、牵引系统、网络控制系统、高压系统（额度工作电压：25KV）、辅助电气系统、制动及风源系统、车体及设备	25080	7524	2014年1月1日~12月31日

序号	企业名称	重大技术装备	2014年免税额度	2015年预拨额度	2014年进口时间
93	南车株洲电力机车有限公司	八、高速铁路、城市轨道交通设备：（一）城市轨道交通车辆及机电设备：1. 城市轨道交通车辆：列车网络控制系统、主牵引传动系统、转向架设备；（三）大功率交流传动电力/内燃机车：1. 大功率交直交传动电力机车：电传动系统、牵引系统、控制系统、高压电器、走行系统	3815	1144	2014年1月1日~12月31日
		八、高速铁路、城市轨道交通设备：（一）城市轨道交通车辆及机电设备：1. 城市轨道交通车辆（2）车辆制动系统	327		2014年3月1日~12月31日
94	卡斯柯信号有限公司	八、高速铁路，城市轨道交通设备：（一）城市轨道交通车辆及其机电设备：1. 城市轨道交通车辆：车辆制动系统；2. 信号系统：列车自动防护/列车自动控制系统（ATP/ATO）	570	171	2014年1月1日~12月31日
95	江苏常牵庞巴迪牵引系统有限公司	八、高速铁路、城市轨道交通设备：（一）城市轨道交通车辆及机电设备：1. 城市轨道交通车辆：主牵引传动系统、辅助逆变器、接地装置；（二）高速动车组：传动及减振装置、变流系统、牵引系统、网络控制系统、高压系统（额度工作电压：25kV）、辅助电气系统；（三）大功率交流传动电力/内燃机车：1. 大功率交直交传动电力机车：电传动系统、牵引系统、辅助电气系统	527	158	2014年1月1日~12月31日
96	中国北车集团大连机车车辆有限公司	八、高速铁路、城市轨道交通设备：（一）城市轨道交通车辆及机电设备：1. 城市轨道交通车辆：转向架设备；（三）大功率交流传动电力/内燃机车：1. 大功率交直交传动电力机车：电传动系统、牵引系统、控制系统、走行系统；2. 大功率内燃机车：机车柴油机、转向架、电气系统、辅助系统	7043	2113	2014年1月1日~12月31日
97	南车青岛四方机车车辆股份有限公司	八、高速铁路、城市轨道交通设备：（一）城市轨道交通车辆及机电设备：1. 城市轨道交通车辆：转向架设备；（二）高速动车组：转向架、传动及减振装置、高压系统（额度工作电压：25KV）、制动及风源系统	20954	6286	2014年1月1日~12月31日
98	南京南车浦镇城轨车辆有限责任公司	八、高速铁路、城市轨道交通设备：（一）城市轨道交通车辆及机电设备：1. 城市轨道交通车辆：转向架设备、空调系统、列车网络控制系统、车辆制动系统	74	22	2014年1月·1日~12月31日
99	北京博得交通设备股份有限公司	八、高速铁路、城市轨道交通设备：（一）城市轨道交通车辆及机电设备：1. 城市轨道交通车辆：车门	155		2014年1月1日~12月31日
100	南京康尼机电股份有限公司	八、高速铁路、城市轨道交通设备：（一）城市轨道交通车辆及机电设备：1、城市轨道交通车辆：车门	467		2014年1月1日~12月31日
101	石家庄国祥运输设备有限公司	八、高速铁路、城市轨道交通设备：（一）城市轨道交通车辆及机电设备：1. 城市轨道交通车辆：空调系统；（二）高速动车组：空调系统	1606		2014年1月1日~12月31日
102	江苏新誉空调系统有限公司	八、高速铁路、城市轨道交通设备：（一）城市轨道交通车辆及机电设备：1. 城市轨道交通车辆：空调系统	20		2014年1月1日~12月31日

序号	企业名称	重大技术装备	2014年免税额度	2015年预拨额度	2014年进口时间
103	广州中车轨道交通装备股份有限公司	八、高速铁路、城市轨道交通设备：（一）城市轨道交通车辆及机电设备：1. 城市轨道交通车辆：空调系统	90		2014年1月1日~12月31日
104	唐山轨道客车有限责任公司	八、高速铁路、城市轨道交通设备：（二）高速动车组：转向架、传动及减振装置、变流系统、网络控制系统、高压系统、制动及风源系统、车体及设备	4987	1496	2014年1月1日~12月31日
		八、高速铁路、城市轨道交通设备（一）城市轨道交通车辆及机电设备：1. 城市轨道交通车辆（2）车辆制动系统	325		2014年3月1日~12月31日
105	南车戚墅堰机车车辆工艺研究所有限公司	八、高速铁路、城市轨道交通设备：（二）高速动车组：传动及减振装置、车体及设备；（三）大功率交流传动电力/内燃机车：2. 大功率内燃机车：转向架	4125	1238	2014年1月1日~12月31日
106	南车株洲电机有限公司	八、高速铁路、城市轨道交通设备：（二）高速动车组：牵引系统、网络控制系统（三）大功率交流传动电力/内燃机车：1. 大功率交直交传动电力机车：牵引系统	3314	994	2014年1月1日~12月31日
107	日立永济电气设备（西安）有限公司	八、高速铁路、城市轨道交通设备：（二）高速动车组：变流系统、网络控制系统、空调系统	1252	375	2014年1月1日~12月31日
108	中国北车集团大同电力机车有限责任公司	八、高速铁路、城市轨道交通设备：（三）大功率交流传动电力/内燃机车：1. 大功率交直交传动电力机车：电传动系统、牵引系统、控制系统、辅助电气系统、高压电器、走行系统、制动系统	2026	608	2014年1月1日~12月31日
109	大连东芝机车电气设备有限公司	八、高速铁路、城市轨道交通设备：（三）大功率交流传动电力/内燃机车：1. 大功率交直交传动电力机车：电传动系统、牵引系统、控制系统、辅助电气系统	9831		2014年1月1日~12月31日
110	中国北车集团大连机车研究所有限公司	八、高速铁路、城市轨道交通设备：（三）大功率交流传动电力/内燃机车：1. 大功率交直交传动电力机车：控制系统、大功率内燃机车、电气系统	2		2014年1月1日~12月31日
111	北京赛德高科铁道电气科技有限责任公司	八、高速铁路、城市轨道交通设备：（三）大功率交流传动电力/内燃机车：1. 大功率交直交传动电力机车：高压电器	98		2014年1月1日~12月31日
112	北京二七轨道交通装备有限责任公司	八、高速铁路、城市轨道交通设备：（三）大功率交流传动电力/内燃机车：1. 大功率交直交传动电力机车：走行系统；（五）大型铁路养护机械：钢轨/道岔打磨车、路基处理车	3551	1065	2014年1月1日~12月31日
113	南车戚墅堰机车有限公司	八、高速铁路、城市轨道交通设备：（三）大功率交流传动电力/内燃机车：2. 大功率内燃机车：机车柴油机、转向架、电气系统、辅助系统	739	222	2014年1月1日~12月31日
114	南车成都机车车辆有限公司	八、高速铁路、城市轨道交通设备：（三）大功率交流传动电力/内燃机车：2. 大功率内燃机车：电气系统	179	54	2014年1月1日~12月31日
115	昆明中铁大型养路机械集团有限公司	八、高速铁路、城市轨道交通设备：（五）大型铁路养护机械：捣固车（含捣稳车）、稳定车、清筛机、物料运输车	3958	1187	2014年1月1日~12月31日

序号	企业名称	重大技术装备	2014年免税额度	2015年预拨额度	2014年进口时间
116	金鹰重型工程机械有限公司	八、高速铁路、城市轨道交通设备：（五）大型铁路养护机械：捣固车（含捣稳车）、稳定车、钢轨/道岔打磨车、大修列车、清筛机、物料运输车	659		2014年1月1日~12月31日
117	深圳科安达电子科技股份有限公司	八、高速铁路、城市轨道交通设备：（一）城市轨道交通车辆及机电设备：2. 信号系统：联锁系统（CI）	545		2014年1月1日~12月31日
118	天津保富电气有限公司	八、高速铁路、城市轨道交通设备：（一）城市轨道交通车辆及机电设备：3. 直流供电牵引设备：直流牵引控制设备	528		2014年1月1日~12月31日
119	镇江大全赛雪龙牵引电气有限公司	八、高速铁路、城市轨道交通设备：（一）城市轨道交通车辆及机电设备：3. 直流供电牵引设备：直流牵引控制设备	779		2014年1月1日~12月31日
120	株洲庆云电力机车配件工厂有限公司	八、高速铁路、城市轨道交通设备：（三）大功率交流传动电力/内燃机车：1. 大功率交直交传动电力机车：高压电器	53		2014年1月1日~12月31日
121	上海铁路通信有限公司	八、高速铁路、城市轨道交通设备：（六）高速铁路信号系统：1. 车载设备	617	185	2014年1月1日~12月31日
122	南车株洲电机有限公司	八、高速铁路、城市轨道交通设备：（一）城市轨道交通车辆及机电设备：1. 城市轨道交通车辆（3）主牵引传动系统	20		2014年3月1日~12月31日
123	浙江利勃海尔中车交通系统有限公司	八、高速铁路、城市轨道交通设备：（一）城市轨道交通车辆及机电设备：1. 城市轨道交通车辆（9）空调系统	28		2014年3月1日~12月31日
124	北京铁路信号有限公司	八、高速铁路、城市轨道交通设备：（六）高速铁路信号系统：1. 车载设备	556		2014年3月1日~12月31日
125	南京龙源环保有限公司	九、大型环保及资源综合利用设备：（一）大气污染治理设备：3. 大型燃煤电站除尘除灰设备：电袋复合除尘器	289	87	2014年1月1日~12月31日
126	浙江菲达环保科技股份有限公司	九、大型环保及资源综合利用设备：（一）大气污染治理设备：3. 大型烟煤电站除尘除灰设备：电袋复合除尘器	66	20	2014年1月1日~12月31日
		九、大型环保及资源综合利用设备：（一）大气污染治理设备：3. 大型烟煤电站除尘除灰设备（5）湿式电除尘器	524		2014年3月1日~12月31日
127	湖北力帝机床股份有限公司	九、大型环保及资源综合利用设备：（四）资源综合利用设备：3. 报废汽车拆解生产线	91	27	2014年1月1日~12月31日
128	杭州汽轮机股份有限公司	九、大型环保及资源综合利用设备：（四）资源综合利用设备：2. 低热值富余高炉煤气联合循环发电机组	1328	399	2014年1月1日~12月31日
129	胜利油田胜利动力机械集团有限公司	九、大型环保及资源综合利用设备：（四）资源综合利用设备：4. 煤矿瓦斯发电成套设备：瓦斯、沼气发电机组	203	61	2014年1月1日~12月31日
130	浙江南源环境工程技术有限公司	九、大型环保及资源综合利用设备：（一）大气污染治理设备：3. 大型烟煤电站除尘除灰设备（5）湿式电除尘器	845		2014年3月1日~12月31日

序号	企业名称	重大技术装备	2014年免税额度	2015年预拨额度	2014年进口时间
131	济南柴油机股份有限公司	九、大型环保及资源综合利用设备：（四）资源综合利用设备：4. 煤矿瓦斯发电成套设备（1）瓦斯、沼气发电机组；（2）双燃料发动机	72		2014年3月1日~12月31日
132	上海隧道工程股份有限公司	十、大型施工机械和基础设施专用设备：（一）大型、新型施工机械：1. 大型全断面隧道掘进机	2385		2014年1月1日~12月31日
133	中国铁建重工集团有限公司	十、大型施工机械和基础设施专用设备：（一）大型、新型施工机械：1. 大型全断面隧道掘进机	2797	839	2014年1月1日~12月31日
134	中铁工程装备集团有限公司	十、大型施工机械和基础设施专用设备：（一）大型、新型施工机械：1. 大型全断面隧道掘进机	6118	1836	2014年1月1日~12月31日
135	中联重科股份有限公司	十、大型施工机械和基础设施专用设备：（一）大型、新型施工机械：2. 履带式起重机；3. 全路面起重机；4. 混凝土泵车；7. 旋挖钻机；8. 压路机（液压传动）；9. 摊铺机；10. 铣刨机	8728		2014年1月1日~12月31日
		十、大型施工机械和基础设施专用设备：（一）大型、新型施工机械：6. 液压挖掘机	267	80	2014年1月1日~12月31日
136	徐工集团工程机械股份有限公司	十、大型施工机械和基础设施专用设备：（一）大型、新型施工机械：2. 履带式起重机；4. 混凝土泵车；8. 压路机（液压传动）；9. 摊铺机；11. 装载机	821	246	2014年1月1日~12月31日
137	徐州重型机械有限公司	十、大型施工机械和基础设施专用设备：（一）大型、新型施工机械：3. 全路面起重机	1908	572	2014年1月1日~12月31日
138	三一汽车起重机械有限公司	十、大型施工机械和基础设施专用设备：（一）大型、新型施工机械：3. 全路面起重机	1044		2014年1月1日~12月31日
139	山推楚天工程机械有限公司	十、大型施工机械和基础设施专用设备：（一）大型、新型施工机械：4. 混凝土泵车	324		2014年1月1日~12月31日
140	国机重工（洛阳）建筑机械有限公司	十、大型施工机械和基础设施专用设备：（一）大型、新型施工机械：5. 沥青混凝土再生成套设备（加热机、复拌机）；8. 压路机（液压传动）	16		2014年1月1日~12月31日
141	力士德工程机械股份有限公司	十、大型施工机械和基础设施专用设备：（一）大型、新型施工机械：6. 液压挖掘机	539	162	2014年1月1日~12月31日
142	三一重机有限公司	十、大型施工机械和基础设施专用设备：（一）、大型、新型施工机械：6. 液压挖掘机；7. 旋挖钻机	1161	348	2014年1月1日~12月31日
143	山河智能装备股份有限公司	十、大型施工机械和基础设施专用设备：（一）大型、新型施工机械：6. 液压挖掘机；7. 旋挖钻机	216		2014年1月1日~12月31日
144	徐州徐工基础工程机械有限公司	十、大型施工机械和基础设施专用设备：（一）大型、新型施工机械：7. 旋挖钻机	1584	475	2014年1月1日~12月31日
145	北京市三一重机有限公司	十、大型施工机械和基础设施专用设备：（一）大型、新型施工机械：1. 大型全断面隧道掘进机；7. 旋挖钻机	108	32	2014年1月1日~12月31日
146	山推工程机械股份有限公司	十、大型施工机械和基础设施专用设备：（一）大型、新型施工机械：8. 压路机（液压传动）；12. 推土机	9		2014年1月1日~12月31日
147	北方重工集团有限公司	十、大型施工机械和基础设施专用设备：（一）大型、新型施工机械：1. 大型全断面隧道掘进机	978	293	2014年1月1日~12月31日

序号	企业名称	重大技术装备	2014年免税额度	2015年预拨额度	2014年进口时间
148	湖南中联重科履带起重机有限公司	十、大型施工机械和基础设施专用设备：（一）大型、新型施工机械：2. 履带式起重机	106		2014年1月1日~12月31日
149	莱阳市鸿达筑路机械制造有限公司	十、大型施工机械和基础设施专用设备：（一）大型、新型施工机械：4. 混凝土泵车	5		2014年1月1日~12月31日
150	龙工（上海）挖掘机制造有限公司	十、大型施工机械和基础设施专用设备（一）大型、新型施工机械：6. 液压挖掘机	99		2014年1月1日~12月31日
151	山重建机有限公司	十、大型施工机械和基础设施专用设备：（一）大型、新型工程机械：6. 液压挖掘机	109		2014年1月1日~12月31日
152	徐州徐工挖掘机械有限公司	十、大型施工机械和基础设施专用设备：（一）大型、新型施工机械：6. 液压挖掘机	4921	1476	2014年1月1日~12月31日
153	贵州詹阳动力重工有限公司	十、大型施工机械和基础设施专用设备：（一）大型、新型施工机械：6. 液压挖掘机；13. 履带式全地形工程车	416		2014年1月1日~12月31日
		十、大型施工机械和基础设施专用设备（一）大型、新型施工机械 11. 装载机	193		2014年3月1日~12月31日
154	广西柳工机械股份有限公司	十、大型施工机械和基础设施专用设备：（一）大型、新型施工机械：6. 液压挖掘机；9. 摊铺机；11. 装载机	98	29	2014年1月1日~12月31日
155	北京南车时代机车车辆机械有限公司	十、大型施工机械和基础设施专用设备：（一）大型、新型施工机械：7. 旋挖钻机	281		2014年1月1日~12月31日
156	中交天和机械设备制造有限公司	十、大型施工机械和基础设施专用设备：（一）大型、新型施工机械：1. 大型全断面隧道掘进机	2726	818	2014年1月1日~12月31日
157	上海汽车改装厂有限公司	十、大型施工机械和基础设施专用设备：（一）大型、新型施工机械：4. 混凝土泵车	644	193	2014年1月1日~12月31日
158	上海鸿得利重工股份有限公司	十、大型施工机械和基础设施专用设备：（一）大型、新型施工机械：4. 混凝土泵车	318	96	2014年1月1日~12月31日
159	阿特拉斯工程机械有限公司	十、大型施工机械和基础设施专用设备：（一）大型、新型施工机械：6. 液压挖掘机	60		2014年1月1日~12月31日
160	柳州柳工挖掘机有限公司	十、大型施工机械和基础设施专用设备：（一）大型、新型施工机械：6. 液压挖掘机	376	113	2014年1月1日~12月31日
161	沃得重工（中国）有限公司	十、大型施工机械和基础设施专用设备：（一）大型、新型施工机械：6. 液压挖掘机	223		2014年1月1日~12月31日
162	上海三一重机有限公司	十、大型施工机械和基础设施专用设备：（一）大型、新型施工机械：6. 液压挖掘机	872	262	2014年1月1日~12月31日
163	湖南三一路面机械有限公司	十、大型施工机械和基础设施专用设备：（一）大型、新型施工机械：8. 压路机（液压传动）；9. 摊铺机；10. 铣刨机	119		2014年1月1日~12月31日
164	北京天顺长城液压科技有限公司	十、大型施工机械和基础设施专用设备：（一）大型、新型施工机械：9. 摊铺机	34		2014年1月1日~12月31日

序号	企业名称	重大技术装备	2014年免税额度	2015年预拨额度	2014年进口时间
165	陕西建设机械股份有限公司	十、大型施工机械和基础设施专用设备：（一）大型、新型施工机械：9. 摊铺机	415	125	2014年1月1日～12月31日
166	浙江三一装备有限公司	十、大型施工机械和基础设施专用设备：（一）大型、新型施工机械：2. 履带式起重机	62	18	2014年1月1日～12月31日
167	三一汽车制造有限公司	十、大型施工机械和基础设施专用设备：（一）大型、新型施工机械：4. 混凝土泵车	1990	597	2014年1月1日～12月31日
168	徐州徐工施维英机械有限公司	十、大型施工机械和基础设施专用设备：（一）大型、新型施工机械：4. 混凝土泵车	1408		2014年1月1日～12月31日
169	山重建机（济宁）有限公司	十、大型施工机械和基础设施专用设备：（一）大型、新型施工机械：6. 液压挖掘机	331	99	2014年1月1日～12月31日
170	山东临工工程机械有限公司	十、大型施工机械和基础设施专用设备：（一）大型、新型施工机械：6. 液压挖掘机	323		2014年1月1日～12月31日
171	陕西中大机械集团有限责任公司	十、大型施工机械和基础设施专用设备：（一）大型、新型施工机械：9. 摊铺机	17		2014年1月1日～12月31日
172	常林股份有限公司	十、大型施工机械和基础设施专用设备：（一）大型、新型施工机械：11. 装载机	25		2014年1月1日～12月31日
173	沈阳捷通消防车有限公司	十、大型施工机械和基础设施专用设备：（一）大型、新型施工机械：14. 举高消防车	60		2014年1月1日～12月31日
174	中船重工（青岛）轨道交通装备有限公司	十、大型施工机械和基础设施专用设备：（一）大型、新型施工机械 1. 大型全断面隧道掘进机	308		2014年3月1日～12月31日
175	徐工集团凯宫重工南京有限公司	十、大型施工机械和基础设施专用设备：（一）大型、新型施工机械 1. 大型全断面隧道掘进机	126		2014年3月1日～12月31日
176	武汉船用机械有限责任公司	十、大型施工机械和基础设施专用设备：（一）大型、新型施工机械 1. 大型全断面隧道掘进机	87		2014年3月1日～12月31日
177	太原重工股份有限公司	十、大型施工机械和基础设施专用设备：（一）大型、新型施工机械 3. 全路面起重机	613		2014年3月1日～12月31日
178	国机重工（常州）挖掘机有限公司	十、大型施工机械和基础设施专用设备：（一）大型、新型施工机械 6. 液压挖掘机	219		2014年3月1日～12月31日
179	上海中联重科桩工机械有限公司	十、大型施工机械和基础设施专用设备：（一）大型、新型施工机械 7. 旋挖钻机	603		2014年3月1日～12月31日
180	昆明船舶设备集团有限公司	十、大型施工机械和基础设施专用设备：（二）机场专用设备 1. 机场行李自动分拣系统	564		2014年3月1日～12月31日
181	四川省长征机床集团有限公司	十二、大型、精密、高速数控设备、数控系统、功能部件与基础制造装备：（一）数控机床：1. 立式、卧式加工中心；2. 龙门式加工中心（含龙门镗铣床）；6. 数控铣镗床（含镗铣加工中心）	43		2014年1月1日～12月31日
182	宁波海天精工股份有限公司	十二、大型、精密、高速数控设备、数控系统、功能部件与基础制造装备：（一）数控机床：1. 立式、卧式加工中心；2. 龙门式加工中心（含龙门镗铣床）；3. 数控车床（包括车削中心、铣车中心）；5. 大型数控立式车床（含车削中心）	385	115	2014年1月1日～12月31日

序号	企业名称	重大技术装备	2014年免税额度	2015年预拨额度	2014年进口时间
183	沈机集团昆明机床股份有限公司	十二、大型、精密、高速数控设备、数控系统、功能部件与基础制造装备：（一）数控机床：1. 立式、卧式加工中心；2. 龙门式加工中心（含龙门镗铣床）；6. 数控铣镗床（含镗铣加工中心）	792		2014年1月1日~12月31日
184	威海华东数控股份有限公司	十二、大型、精密、高速数控设备、数控系统、功能部件与基础制造装备：（一）数控机床：1. 立式、卧式加工中心；2. 龙门式加工中心（含龙门镗铣床）；4. 重型数控卧式车床（含车削中心）；5. 大型数控立式车床（含车削中心）；6. 数控铣镗床（含镗铣加工中心）；7. 数控滚齿机、插齿机、剃齿机	194		2014年1月1日~12月31日
185	济南二机床集团有限公司	十二、大型、精密、高速数控设备、数控系统、功能部件与基础制造装备：（一）数控机床：2. 龙门式加工中心（含龙门镗铣床）；6. 数控铣镗床（含镗铣加工中心）；10. 数控闭式机械压力机及大型多工位压力机	2173	652	2014年1月1日~12月31日
186	四川普什宁江机床有限公司	十二、大型、精密、高速数控设备、数控系统、功能部件与基础制造装备：（一）数控机床：1. 立式、卧式加工中心；7. 数控滚齿机、插齿机、剃齿机	72		2014年1月1日~12月31日
187	重庆机床（集团）有限责任公司	十二、大型、精密、高速数控设备、数控系统、功能部件与基础制造装备：（一）数控机床：7. 数控滚齿机、插齿机、剃齿机	399	120	2014年1月1日~12月31日
188	北京工研精机股份有限公司	十二、大型、精密、高速数控设备、数控系统、功能部件与基础制造装备：（一）数控机床：1. 立式、卧式加工中心	37		2014年1月1日~12月31日
189	成都普瑞斯数控机床有限公司	十二、大型、精密、高速数控设备、数控系统、功能部件与基础制造装备：（一）数控机床：1. 立式、卧式加工中心	66	20	2014年1月1日~12月31日
190	齐齐哈尔二机床（集团）有限责任公司	十二、大型、精密、高速数控设备、数控系统、功能部件与基础制造装备：（一）数控机床	246		2014年1月1日~12月31日
191	东风汽车有限公司设备制造厂	十二、大型、精密、高速数控设备、数控系统、功能部件与基础制造装备：（一）数控机床：1. 立式、卧式加工中心；2. 龙门式加工中心（含龙门铣镗床）；（二）数控装置及关键功能部件：1. 数控装置；7. 自动换刀装置	257		2014年1月1日~12月31日
192	上海三一精机有限公司	十二、大型、精密、高速数控设备、数控系统、功能部件与基础制造设备：（一）数控机床：1. 立式、卧式加工中心；2. 龙门式加工中心（含龙门铣镗床）；6. 数控铣镗床（含铣镗加工中心）	127	38	2014年1月1日~12月31日
193	中捷机床有限公司	十二、大型、精密、高速数控设备、数控系统、功能部件与基础制造设备：（一）数控机床：2. 龙门式加工中心（含龙门铣镗床）；6. 数控铣镗床（含铣镗加工中心）	42		2014年1月1日~12月31日
194	北京北一机床股份有限公司	十二、大型、精密、高速数控设备、数控系统、功能部件与基础制造装备：（一）数控机床：2. 龙门式加工中心（含龙门铣镗床）；5. 大型数控立式车床（含车削中心）；6. 数控铣镗床（含铣镗加工中心）	90		2014年1月1日~12月31日

序号	企业名称	重大技术装备	2014年免税额度	2015年预拨额度	2014年进口时间
195	北京机电院机床有限公司	十二、大型、精密、高速数控设备、数控系统、功能部件与基础制造装备：（一）数控机床：1. 立式、卧式加工中心	71	21	2014年1月1日~12月31日
196	大连光洋科技工程有限公司	十二、大型、精密、高速数控设备、数控系统、功能部件与基础制造装备：（一）数控机床：1. 立式、卧式加工中心	70		2014年1月1日~12月31日
197	大连机床（数控）股份有限公司	十二、大型、精密、高速数控设备、数控系统、功能部件与基础制造装备：（一）数控机床：1. 立式、卧式加工中心；2. 龙门式加工中心（含龙门镗铣床）；3. 数控车床（包括车削中心、铣车中心）；5. 大型数控立式车床（含车削中心）	463		2014年3月1日~12月31日
198	太重（天津）滨海重型机械有限公司	十二、大型、精密、高速数控设备、数控系统、功能部件与基础制造装备：（三）基础制造装备：2. 重型压力成型设备（2）多向模锻液压机、自由锻液压机	116		2014年3月1日~12月31日
199	江苏凯宫机械股份有限公司	十三、新型纺织机械：（二）自动络筒机；（五）高效现代化成套棉纺设备：3、粗纱机、4、精梳机	32		2014年1月1日~12月31日
200	经纬纺织机械股份有限公司	十三、新型纺织机械：（二）自动络筒机	146		2014年1月1日~12月31日
		十三、新型纺织机械：（五）高效现代化成套棉纺设备：1. 清梳联合机（梳棉机）	57	17	2014年1月1日~12月31日
201	恒天重工股份有限公司	十三、新型纺织机械：（五）高效现代化成套棉纺设备：1. 清梳联合机（梳棉机）	387	116	2014年1月1日~12月31日
202	青岛纺织机械股份有限公司	十三、新型纺织机械（五）高效现代化成套棉纺设备：1. 清梳联合机（梳棉机）	21	6	2014年1月1日~12月31日
203	河北太行机械工业有限公司	十三、新型纺织机械：（五）高效现代化成套棉纺设备：3. 粗纱机	6		2014年1月1日~12月31日
204	立信染整机械（深圳）有限公司	十三、新型纺织机械：（七）染色机：1. 高温高压溢流染色机；2. 气流染色机；3. 纱线染色机	512		2014年1月1日~12月31日
205	青岛纺织机械股份有限公司	十三、新型纺织机械：（二）自动络筒机	193		2014年3月1日~12月31日
206	青岛宏大纺织机械有限责任公司	十三、新型纺织机械：（二）自动络筒机；（五）高效现代化成套棉纺设备 1. 清梳联合机（梳棉机）	1215		2014年3月1日~12月31日
207	天津宏大纺织机械有限公司	十三、新型纺织机械：（五）高效现代化成套棉纺设备：3. 粗纱机	83		2014年3月1日~12月31日
208	福田雷沃国际重工股份有限公司	十四、新型、大马力农业装备：（一）大马力轮式拖拉机	54	16	2014年1月1日~12月31日
209	山东五征集团有限公司	十四、新型、大马力农业装备：（一）大马力轮式拖拉机	1138	342	2014年1月1日~12月31日
210	第一拖拉机股份有限公司	十四、新型、大马力农业装备：（一）大马力轮式拖拉机	984	295	2014年1月1日~12月31日
211	久保田农业机械（苏州）有限公司	十四、新型、大马力农业装备：（二）水稻联合收割机	984	295	2014年1月1日~12月31日

序号	企业名称	重大技术装备	2014 年免税额度	2015 年预拨额度	2014 年进口时间
212	江苏沃得农业机械有限公司	十四、新型、大马力农业装备：（二）水稻联合收割机	812		2014 年 1 月 1 日~12 月 31 日
213	中机美诺科技股份有限公司	十四、新型、大马力农业装备：马铃薯联合收获机；大型小麦免耕播种机；水稻联合收割机	14	4	2014 年 1 月 1 日~12 月 31 日
214	莱恩农业装备有限公司	十四、新型、大马力农业装备：（二）水稻联合收割机	238	71	2014 年 1 月 1 日~12 月 31 日
215	广东科利亚现代农业装备有限公司	十四、新型、大马力农业装备：（十二）甘蔗收获机	99		2014 年 1 月 1 日~12 月 31 日
216	现代农装科技股份有限公司	十四、新型、大马力农业装备：（十三）自走式喷杆喷雾机	54		2014 年 1 月 1 日~12 月 31 日
217	新疆永成农业装备制造股份有限公司	十四、新型、大马力农业装备：（一）大马力轮式拖拉机	140		2014 年 3 月 1 日~12 月 31 日
218	安徽江淮重工机械有限公司	十四、新型、大马力农业装备：（十三）自走式喷杆喷雾机	295		2014 年 3 月 1 日~12 月 31 日
219	理想能源设备（上海）有限公司	十五、电子信息及生物医疗装备：（一）集成电路关键设备、新型平板显示器件生产设备、电子元器件生产设备、表面贴装及无铅工艺的整机联装设备：1. 太阳能电池生产设备：（1）等离子加强型化学气相沉积设备（PECVD）	56	17	2014 年 1 月 1 日~12 月 31 日
		十五、电子信息及生物医疗装备：（一）集成电路关键设备、新型平板显示器件生产设备、电子元器件生产设备、表面贴装及无铅工艺的整机联装设备：2. 半导体发光二极管（LED）生产设备：（1）金属有机化学气相沉积设备（MOCVD）	97	29	2014 年 1 月 1 日~12 月 31 日
220	中晟光电设备（上海）有限公司	十五、电子信息及生物医疗设备：（一）集成电路关键设备、新型平板显示器件生产设备、电子元器件生产设备、表面贴装及无铅工艺的整机联装设备：2. 半导体发光二极管（LED）生产设备：(·1) 金属有机化学气相沉积设备（MOCVD）	178	53	2014 年 1 月 1 日~12 月 31 日
221	北京北方微电子基地设备工艺研究中心有限责任公司	十五、电子信息及生物医疗装备：（一）集成电路关键设备、新型平板显示器件生产设备、电子元器件生产设备、表面贴装及无铅工艺的整机联装设备：2. 半导体发光二极管（LED）生产设备：（2）等离子体刻蚀机台	174		2014 年 1 月 1 日~12 月 31 日
		十五、电子信息及生物医疗装备：（一）集成电路关键设备、新型平板显示器件生产设备、电子元器件生产设备、表面贴装及无铅工艺的整机联装设备：3. 集成电路关键设备：（3）高密度等离子刻蚀机	475		2014 年 1 月 1 日~12 月 31 日
222	上海汉虹精密机械有限公司	十五、电子信息及生物医疗装备：（一）集成电路关键设备、新型平板显示器件生产设备、电子元器件生产设备、表面贴装及无铅工艺的整机联装设备：1. 太阳能电池生产设备：（6）太阳能级单晶炉、多晶铸锭炉	30		2014 年 1 月 1 日~12 月 31 日

序号	企业名称	重大技术装备	2014 年免税额度	2015 年预拨额度	2014 年进口时间
223	北京京运通科技股份有限公司	十五、电子信息及生物医疗装备：（一）集成电路关键设备、新型平板显示器件生产设备、电子元器件生产设备、表面贴装及无铅工艺：1. 太阳能电池生产设备：（6）太阳能级单晶炉、多晶铸锭炉	21		2014 年 3 月 1 日~12 月 31 日
224	北京北方微电子基地设备工艺研究中心有限责任公司	十五、电子信息及生物医疗装备：（一）集成电路关键设备、新型平板显示器件生产设备、电子元器件生产设备、表面贴装及无铅工艺：3. 集成电路关键设备：（4）薄膜沉积设备	361		2014 年 3 月 1 日~12 月 31 日

附件 2

2014 年享受政策的城市轨道交通项目业主名单及免税进口额度

货币单位：万美元

序号	项目名称	单位	免税进口额度	进口时间
1	北京市地铁 7 号线工程	北京市轨道交通建设管理有限公司	362	2013 年 1 月 1 日~12 月 31 日
2	北京市轨道交通昌平线工程	北京市轨道交通建设管理有限公司	662	2013 年 1 月 1 日~12 月 31 日
3	上海市轨道交通 12 号线工程	上海轨道交通十二号线发展有限公司	1885	2013 年 1 月 1 日~12 月 31 日
4	上海市轨道交通 13 号线一期工程	上海轨道交通十三号线发展有限公司	915	2013 年 1 月 1 日~12 月 31 日
5	上海市轨道交通 11 号线南段工程	上海轨道交通十一号线南段发展有限公司	2385	2013 年 1 月 1 日~12 月 31 日
6	上海市轨道交通 3 号线和 4 号线增购车辆项目	上海申通地铁集团有限公司	84	2013 年 1 月 1 日~12 月 31 日
7	上海市轨道交通 11 号线北段延伸工程（安亭站~花桥站）	昆山市轨道交通投资发展有限公司	155	2013 年 1 月 1 日~12 月 31 日
8	南京至高淳城际轨道南京站至禄口机场段工程	南京地铁集团有限公司	1376	2013 年 1 月 1 日~12 月 31 日
9	南京至天长城际轨道大桥北路至金牛湖段工程	南京地铁集团有限公司	266	2013 年 1 月 1 日~12 月 31 日
10	杭州市地铁 2 号线一期工程	杭州市地铁集团有限责任公司	1110	2013 年 1 月 1 日~12 月 31 日
11	武汉市轨道交通 4 号线二期工程	武汉地铁集团有限公司	172	2013 年 1 月 1 日~12 月 31 日
12	郑州市轨道交通 1 号线一期工程	郑州市轨道交通有限公司	1397	2013 年 1 月 1 日~12 月 31 日
13	无锡市轨道交通 2 号线工程	无锡地铁集团有限公司	851	2013 年 1 月 1 日~12 月 31 日

序号	项目名称	单位	免税进口额度	进口时间
14	重庆市轨道交通二号线延伸段工程	重庆市轨道交通（集团）有限公司	69	2013年1月1日~12月31日
15	重庆市轨道交通6号线支线一期工程	重庆市轨道交通（集团）有限公司	92	2013年1月1日~12月31日
16	长沙市轨道交通2号线一期工程	长沙市轨道交通集团有限公司	1362	2013年1月1日~12月31日
17	成都市地铁1号线南延线工程	成都地铁有限责任公司	1057	2013年1月1日~12月31日
18	沈阳市地铁二号线一期工程	沈阳地铁集团有限公司	29	2013年1月1日~12月31日
19	大连地铁1号线一期工程	大连地铁有限公司	120	2013年1月1日~12月31日
20	南昌市轨道交通1号线一期工程	南昌轨道交通集团有限公司	14	2013年1月1日~12月31日

附件3

2014年享受政策的核电项目业主名单及免税进口额度

货币单位：万美元

序号	单位	核电项目业主	免税进口额度	免税进口时间
1	中国核工业集团公司	三门核电有限公司（三门项目）	526	2014年1月1日~2014年12月31日
2	中国广东核电集团有限公司	台山核电合营有限公司（台山项目）	2045	2014年1月1日~2014年12月31日
3		阳江核电有限公司（阳江项目）	87	2014年1月1日~2014年12月31日
4	中国电力投资集团公司	山东核电有限公司（海阳项目）	1077	2014年1月1日~2014年12月31日

工业和信息化部办公厅、财政部办公厅、海关总署办公厅关于调整重大技术装备进口税收政策受理程序等事项的通知

（工信厅联财〔2014〕233号）

各省、自治区、直辖市及计划单列市、新疆生产建设兵团工业和信息化主管部门，海关总署广东分署、各直属海关，财政中驻各省、自治区、直辖市、计划单列市财政监察专员办事处，相关中央企业集团：

为提高我国企业的核心竞争力和自主创新能力，加快振兴装备制造业，推动产业结构调整和升级，促

进国民经济可持续发展，财政部、国家发展改革委、工业和信息化部、海关总署、国家税务总局、国家能源局联合印发了《关于调整重大技术装备进口税收政策的通知》（财关税〔2014〕2 号），对重大技术装备进口税收政策进行了调整。各省级工业和信息化主管部门（含计划单列市，下同）、当地直属海关、财政部驻当地财政监察专员办事处（以下简称财政专员办）、相关中央企业集团（以下简称央企集团）应高度重视，抓好落实。为落实好重大技术装备进口税收政策，现就调整受理、初审程序等有关事项通知如下：

一、地方企业申请的受理、初审程序

（一）各省级工业和信息化主管部门负责当地申请享受政策的制造企业（城市轨道交通、核电等领域的承担重大技术装备自主化依托项目业主除外，下同）免税资格认定初审工作。为做好申报准备，各省级工业和信息化主管部门应至少提前一个月以适当方式通知当地相关装备制造企业，明确申报要求和受理部门及联系人，并告知当地直属海关、财政专员办。

（二）各省级工业和信息化主管部门应于每年 11 月 1 日至 11 月 30 日受理当地申请享受政策企业提交的免税资格认定申请文件，并对申请文件的规范性、完整性、有效性进行形式审查。申请文件符合规定的，应当予以受理，并向申请企业开具《重大技术装备进口税收优惠申请受理通知书》（格式见附件）。申请文件不符合规定的，应当及时告知企业在 5 个工作日内补正材料。企业不能按照规定提交申请文件或补正材料的，不予受理。

（三）省级工业和信息化主管部门应于每年 12 月召集当地直属海关、财政专员办召开联席会议，对当地企业的申报资料进行初审，对省级工业和信息化部门提出的初审意见（草案）进行审议，形成会议纪要。

（四）省级工业和信息化主管部门根据联席会议审议情况，完善初审意见，形成报送文件，于每年 12 月 31 日前连同企业申报文件、联席会议纪要一并报送工业和信息化部（一式三份，原件或加盖有效印章的复印件；电子版光盘两份）。

二、中央企业申请的受理程序

（一）央企集团负责下属企业免税资格的申报组织工作。为做好申报准备，央企集团应至少提前一个月以适当方式通知下属企业，明确申报要求、受理部门及联系人。

（二）央企集团应于每年 11 月 1 日起收集下属企业提交的免税资格认定申请文件，并于 11 月 30 日前形成报送文件，连同下属企业申报文件一并直接报送工业和信息化部（一式三份，原件或加盖有效印章的复印件；电子版光盘两份）。

（三）工业和信息化部对中央企业申请文件的规范性、完整性、有效性进行形式审查。申请文件符合规定的，应向申请企业开具《重大技术装备进口税收优惠申请受理通知书》（格式见附件）。

三、其他事项

（一）省级工业和信息化主管部门、相关行业协会、央企集团于每年 12 月底前向工业和信息化部提出重大技术装备进口税收政策有关目录修订建议，工业和信息化部根据国内相关产业发展情况以及政策实施情况，研究提出《国家支持发展的重大技术装备和产品目录》、《重大技术装备和产品进口关键零部件及原材料商品目录》、《进口不予免税的重大技术装备和产品目录》调整建议，财政部会同有关部门研究修订后公布执行。

（二）省级工业和信息化主管部门和央企集团应督促已享受该项税收优惠政策的企业做好此政策绩效评价工作，收集所属企业的政策落实报告并进行汇总分析。省级工业和信息化主管部门、央企集团于每年 3 月底前将所属企业的政策落实报告集中报送财政部和海关总署，并告知当地直属海关、财政专员办。

（三）已享受免税政策企业发生企业名称、公司类型、经营范围等事项变更的，应在完成变更登记手续后的一个月内，将有关变更情况及证明文件通过省级工业和信息化主管部门或央企集团报送工业和信息化部。

（四）对于政策执行过程中存在的问题，省级工业和信息化主管部门、当地直属海关、财政专员办、相关企业可及时提出意见和建议。财政部、工业和信息化部、海关总署等将会同国家有关部门研究完善该项政策。

附件　重大技术装备进口税收优惠申请受理通知书

工业和信息化部办公厅
财政部办公厅
海关总署办公厅
二〇一四年十二月十六日

附件

中央企业重大技术装备进口税收优惠申请受理通知书

（工信财装备受理〔20××〕　　号）

××××××××：

你公司于　年　月　日提交的申请享受“财关税〔2014〕2号”文所规定的优惠政策申请材料（　　领域，　　产品），经初步审查，申请材料齐全、符合法定形式，现决定予以受理。

你公司可凭本通知到公司所在地主管海关申请凭税款担保先予办理有关零部件及原材料放行手续。

特此通知。

工业和信息化部财务司（盖章）
年　月　日

联系人：____________　　电话：________

通信地址：北京市西长安街13号　　邮政编码：100804

工业和信息化部财务司综合处

抄送：海关总署关税征管司、×××海关

地方企业重大技术装备进口税收优惠申请受理通知

（×××受理〔20××〕　　）号

××××××××：

你公司于　年　月　日提交的申请享受“财关税〔2014〕2号”文所规定的优惠政策申请材料（　　领域，　　产品），经初步审查，申请材料齐全、符合法定形式，现决定予以受理。

你公司可凭本通知到公司所在地主管海关申请凭税款担保先予办理有关零部件及原材料放行手续。

特此通知。

×××（盖章）
年　月　日

联系人：____________　　电话：________

通信地址：×××　　邮政编码：×××

抄送：工业和信息化部财务司、海关总署关税征管司、×××海关

进出口税收优惠政策

JINCHUKOU SHUISHOU YOUHUI ZHENGCE

第二版·下册

海关总署关税征管司　编

中国海关出版社

4 科研

4.1 科教用品、科技开发用品

财政部、海关总署、国家税务总局关于公布《科技开发用品免征进口税收暂行规定》的令

（财政部、海关总署、国家税务总局令第44号）

《科技开发用品免征进口税收暂行规定》经财政部、海关总署、国家税务总局审议通过，现予公布，自2007年2月1日起施行。1997年1月22日经国务院批准，1997年4月10日海关总署令第61号发布的《科学研究和教学用品免征进口税收暂行规定》，已经国务院批准同时废止。

部长　金人庆
署长　牟新生
局长　谢旭人
二〇〇七年一月三十一日

科技开发用品免征进口税收暂行规定

第一条　为了鼓励科学研究和技术开发，促进科技进步，规范科技开发用品的免税进口行为，根据国务院关于同意对科教用品进口实行税收优惠政策的决定，制定本规定。

第二条　下列科学研究、技术开发机构，在2010年12月31日前，在合理数量范围内进口国内不能生产或者性能不能满足需要的科技开发用品，免征进口关税和进口环节增值税、消费税：

（一）科技部会同财政部、海关总署和国家税务总局核定的科技体制改革过程中转制为企业和进入企业的主要从事科学研究和技术开发工作的机构；

（二）国家发展改革委会同财政部、海关总署和国家税务总局核定的国家工程研究中心；

（三）国家发展改革委会同财政部、海关总署、国家税务总局和科技部核定的企业技术中心；

（四）科技部会同财政部、海关总署和国家税务总局核定的国家重点实验室和国家工程技术研究中心；

（五）财政部会同国务院有关部门核定的其他科学研究、技术开发机构。

第三条　免税进口科技开发用品的具体范围，按照本规定所附《免税进口科技开发用品清单》执行。

财政部会同有关部门根据科技开发用品的需求变化及国内生产发展情况，适时对《免税进口科技开发用品清单》进行调整。

第四条　依照本规定免税进口的科技开发用品，应当直接用于本单位的科学研究和技术开发，不得擅自转让、移作他用或者进行其他处置。

第五条　经海关核准的单位，其免税进口的科技开发用品可以用于其他单位的科学研究和技术开发活动。

第六条　违反规定，将免税进口的科技开发用品擅自转让、移作他用或者进行其他处置的，按照有关

规定处罚，有关单位在1年内不得享受本税收优惠政策；依法被追究刑事责任的，有关单位在3年内不得享受本税收优惠政策。

第七条 海关总署根据本规定制定海关具体实施办法。

第八条 本规定自2007年2月1日起施行。

附件 免税进口科技开发用品清单（已修订，略，详见：财政部、海关总署、国家税务总局令第63号）

财政部、海关总署、国家税务总局关于公布《科学研究和教学用品免征进口税收规定》的令

（财政部、海关总署、国家税务总局令第45号）

《科学研究和教学用品免征进口税收规定》经财政部、海关总署、国家税务总局审议通过，现予公布，自2007年2月1日起施行。1997年1月22日经国务院批准，1997年4月10日海关总署令第61号发布的《科学研究和教学用品免征进口税收暂行规定》，已经国务院批准同时废止。

部长 金人庆
署长 牟新生
局长 谢旭人
二〇〇七年一月三十一日

科学研究和教学用品免征进口税收规定

第一条 为了促进科学研究和教育事业的发展，推动科教兴国战略的实施，规范科学研究和教学用品的免税进口行为，根据国务院关于同意对科教用品进口实行税收优惠政策的决定，制定本规定。

第二条 科学研究机构和学校，以科学研究和教学为目的，在合理数量范围内进口国内不能生产或者性能不能满足需要的科学研究和教学用品，免征进口关税和进口环节增值税、消费税。

第三条 本规定所称科学研究机构和学校，是指：

（一）国务院部委、直属机构和省、自治区、直辖市、计划单列市所属专门从事科学研究工作的各类科研院所；

（二）国家承认学历的实施专科及以上高等学历教育的高等学校；

（三）财政部会同国务院有关部门核定的其他科学研究机构和学校。

第四条 免税进口科学研究和教学用品的具体范围，按照本规定所附《免税进口科学研究和教学用品清单》执行。

财政部会同国务院有关部门根据科学研究和教学用品的需求及国内生产发展情况，适时对《免税进口科学研究和教学用品清单》进行调整。

第五条 依照本规定免税进口的科学研究和教学用品，应当直接用于本单位的科学研究和教学，不得擅自转让、移作他用或者进行其他处置。

第六条 经海关核准的单位，其免税进口的科学研究和教学用品可用于其他单位的科学研究和教学活动。

第七条 违反规定，将免税进口的科学研究和教学用品擅自转让、移作他用或者进行其他处置的，按照有关规定处罚，有关单位在1年内不得享受本税收优惠政策；依法被追究刑事责任的，有关单位在3年

内不得享受本税收优惠政策。

第八条 海关总署根据本规定制定海关具体实施办法。

第九条 本规定自2007年2月1日起施行。

附件 免税进口科学研究和教学用品清单（已修订，略，详见：财政部、海关总署、国家税务总局令第63号）

海关总署关于实施《科教用品免税规定》和《科技用品免税暂行规定》的有关办法和相关事宜的公告

（海关总署公告2007年第13号）

根据《科学研究和教学用品免征进口税收规定》（财政部、海关总署、税务总局令第45号，以下简称《科教用品免税规定》）和《科技开发用品免征进口税收暂行规定》（财政部、海关总署、税务总局令第44号，以下简称《科技用品免税暂行规定》）的有关规定，现就海关实施《科教用品免税规定》和《科技用品免税暂行规定》的有关办法和相关事宜公告如下：

一、《科教用品免税规定》和本公告所称科学研究机构和学校是指：

（一）国务院各部委、直属机构和省、自治区、直辖市、计划单列市所属专门从事科学研究工作的各类科研院所；

（二）国家承认学历的大专及以上学历教育的高等学校，其中包括成人高等学校（广播电视大学、职工大学、教育学院、管理干部学院、农民高等学校、独立设置的函授学院等）；高等职业学校；中央党校及省、自治区、直辖市、计划单列市党校；

（三）财政部会同国务院有关部门核定的其他科研机构和学校。

二、《科技用品免税暂行规定》和本公告所称科学研究、技术开发机构（以下简称科技开发机构）是指：

（一）科技部会同财政部、海关总署和税务总局核定的科技体制改革过程中转制为企业和进入企业的主要从事科学研究和技术开发工作的机构；

（二）国家发展改革委会同财政部、海关总署和税务总局核定的国家工程研究中心；

（三）国家发展改革委会同财政部、海关总署、税务总局和科技部核定的企业技术中心；

（四）科技部会同财政部、海关总署和税务总局核定的国家重点实验室和国家工程技术研究中心；

（五）财政部会同国务院有关部门核定的其他科学研究、技术开发机构。

三、科学研究机构、学校进口《科教用品免税规定》附件“免税进口科学研究和教学用品清单”所列商品和科技开发机构进口《科技用品免税暂行规定》附件“免税进口科技开发用品清单”中所列商品均可予免征进口关税和进口环节增值税、消费税，其中：

（一）“免税进口科学研究和教学用品清单”和“免税进口科技开发用品清单”（以下统称“清单”）第（一）项包括进行分析、测量、检查、计量、观测等工作必需的传感器或类似装置及其附件；

（二）“清单”第（二）项的“实验室设备”只限于为科学研究、教学和科技开发提供必要条件或与仪器、仪表配套使用的小型实验室设备、装置、专用器具和器械（国家规定不予免税的20种商品除外），如超低温设备、小型超纯水设备、小型发酵设备等，但不包括中试设备（详见附件1）；

（三）“清单”第（三）项包括网络设备，如数据交换仪、路由器、集成器、防火墙；

（四）“清单”第（四）项所列用于维修、改进或扩充功能的零部件及配件只限用于原享受科教用品、科技开发用品优惠政策免税进口并在海关监管期内的仪器、仪表和设备等的专用件；

（五）“免税进口科学研究和教学用品清单”第（八）项和“免税进口科技开发用品清单”第（七）项所列实验用材料是指科学研究、教学和科技开发实验中所需的试剂、生物中间体和制品、药物、同位素等特殊专用材料（详见附件2）；

（六）“免税进口科学研究和教学用品清单”第（十）项和“免税进口科技开发用品清单”第（九）项所列的医疗检测、分析仪器及其附件是指医药类院校、专业和医药类科学研究机构及科技开发机构为科学研究、科学试验、教学和科技开发进口的医疗检测、分析仪器，但不包括用于手术、治疗的仪器设备，例如呼吸机、监护仪、心脏起搏器、牙科椅等；

（七）“免税进口科学研究和教学用品清单”第（十二）项和“免税进口科技开发用品清单”第（十一）项所列“专业级乐器”是指艺术类院校、专业和艺术类科学研究机构及科技开发机构进行创作、教学、科学研究和科技开发所需的弦乐类、管乐类、打击乐与弹拨乐类、键盘乐类、电子乐类等方面的专用乐器；“音像资料”是指上述院校、科学研究机构及科技开发机构进行教学、科学研究和科技开发专用的音像资料。

四、符合上述第一条、第二条规定的科学研究机构、学校和科技开发机构，首次申请免税进口科教用品或科技开发用品前，应持凭有关批准文件向单位所在地直属海关申请办理资格备案手续。其中：

（一）高等学校（包括成人高等学校，师范、医药类高等职业学校以及由国务院有关部门和单位主办的高等职业学校）持凭教育部批准设立的文件；国务院授权省、自治区、直辖市人民政府审批设立的高等职业学校，持凭省级人民政府批准设立的文件；

（二）国务院各部委、直属机构设立的科学研究机构持凭主管部门批准成立的文件、《事业单位法人证书》和科技部认定该单位为科学研究机构的有关文件；

（三）省、自治区、直辖市、计划单列市设立的科学研究机构持凭主管部门批准成立的文件、《事业单位法人证书》和同级科技主管部门认定该单位为科学研究机构的有关文件。其中，省、自治区、直辖市、计划单列市设立的厅局级科学研究机构还需持凭国家机构编制主管部门批准成立的文件；

（四）科技开发机构持凭国务院有关部门的核定文件。

经海关审核认定申请单位符合条件的，海关予以办理科教用品、科技开发用品免税资格备案。

五、经批准免税进口的科教用品和科技开发用品，应当直接用于本单位的科学研究、教学和科技开发活动，未经海关许可不得擅自转让、移作他用或进行其他处置。

六、免税进口科教用品、科技开发用品的单位，经海关核准后，其免税进口的仪器、设备可用于其他单位的科学研究、教学和科技开发活动，但不得移出本单位。

七、医药类院校、专业和医药类科学研究机构为从事科学研究、教学活动，需将免税进口的医疗检测、分析仪器放置于其经省级或省级以上的教育或卫生主管部门批准的附属医院临床使用的，须事先向海关提出申请并经海关核准。上述仪器经海关核准进口后，应由医药类院校、医药类专业所在院校和医药类科学研究机构进行登记管理。

前款规定的上述单位进口放置在附属医院使用的大中型医疗检测、分析仪器，按照主要功能和用途，限每所附属医院每种每5年1台；放置在附属医院使用的其他小型医疗检测、分析仪器应限制在合理数量内。

本科院校的附属医院一般应达到三级甲等水平，专科学校的附属医院一般应达到二级甲等以上水平。

八、违反有关规定，将免税进口的科教用品和科技开发用品擅自转让、移作他用或进行其他处置，依法被追究刑事责任的，有关单位自违法行为发现之日起3年内不得享受本税收优惠政策；按照有关规定被处罚但未被追究刑事责任的，有关单位自违规行为发现之日起1年内不得享受本税收优惠政策。

九、接受捐赠进口科教用品和科技开发用品按照本公告的规定办理。

十、上述规定自公告之日起实施。

特此公告。

附件 1　为科学研究、教学和科技开发提供必要条件的实验设备、装置和器械（不包括中试设备）

附件 2　实验用材料

中华人民共和国海关总署

二〇〇七年三月三十日

附件 1

为科学研究、教学和科技开发提供必要条件的实验设备、装置和器械（不包括中试设备）

一、实验环境方面

（一）教学实验仪器及装置；

（二）教学示教、演示仪器及装置；

（三）超净设备（如换气、灭菌、纯水、净化设备等）；

（四）特殊实验环境设备（如超低温、超高温、高压、低压、强腐蚀设备等）；

（五）特殊电源、光源（如电极、开关、线圈、各种光源等）；

（六）清洗循环设备；

（七）恒温设备（如水浴、恒温箱、灭菌仪等）；

（八）小型粉碎、研磨制备设备；

（九）其他。

二、样品制备设备和装置

（一）特种泵类（如分子泵、离子泵、真空泵、蠕动泵、蜗轮泵、干泵等）；

（二）培养设备（如培养箱、发酵罐等）；

（三）微量取样设备（如移液管、取样器、精密天平等）；

（四）分离、纯化、浓缩设备（如离心机、层析、色谱、萃取、结晶设备、旋转蒸发器等）；

（五）气体、液体、固体混合设备（如旋涡混合器等）；

（六）制气设备、气体压缩设备；

（七）专用制样设备（如切片机、压片机、镀膜机、减薄仪、抛光机等），实验用注射、挤出、造粒、膜压设备；实验室样品前处理设备；

（八）实验室专用小器具（如分配器、量具、循环器、清洗器、工具等）；

（九）其他。

三、实验室专用设备

（一）特殊照相和摄影设备（如水下、高空、高温、低温等）；

（二）科研飞机、船舶用关键设备和部件；

（三）特种数据记录设备及材料（如大幅面扫描仪、大幅面绘图仪、磁带机、光盘机等）；

（四）特殊电子部件（如电路板、特种晶体管、专用集成电路等）；

（五）材料科学专用设备（如干胶仪、特种坩埚、陶瓷、图形转换设备、制版用干板、特种等离子体源、离子源、外延炉、扩散炉、溅射仪、离子刻蚀机，材料实验机等），可靠性试验设备，微电子加工设备，通信模拟仿真设备，通信环境试验设备；

（六）小型熔炼设备（如真空、粉末、电渣等），特殊焊接设备；

（七）小型染整、纺丝试验专用设备；

（八）电生理设备；

（九）其他。

附件 2

实验用材料

一、无机试剂、有机试剂、生化试剂。

二、新合成或新发现的化学物质或化学材料。

三、研究用的矿石、矿物燃料、矿物油及其副产品。

四、科研用的电子材料、特种金属材料、膜材料，各种分析用的标准物、固定相。

五、实验或研究用的水（超纯水、导电水、去离子水等），空气（液态空气、压缩空气、已除去惰性气体的空气等），超纯氮、氦（包括液氮、液氦等）。

六、科研用的各种催化剂、助剂及添加剂（防老化剂、防腐剂、促进剂、黏合剂、硫化剂、光吸收剂、发泡剂、消泡剂、乳化剂、破乳剂、分散剂、絮凝剂、抗静电剂、引发剂、渗透剂、光稳定剂、再生活化剂等）。

七、高分子化合物：特种塑料、树脂、橡胶（耐高、低温，耐强酸碱腐蚀、抗静电、高机械强度，或易降解等）。

八、其他。

国家发展改革委、科技部、财政部、海关总署、国家税务总局关于制定《国家认定企业技术中心管理办法》的令

（国家发展改革委、科技部、财政部、海关总署、国家税务总局令第 53 号）

为贯彻落实《中共中央关于制定国民经济和社会发展第十一个五年规划的建议》和《中共中央、国务院关于实施科技规划纲要增强自主创新能力的决定》，充分发挥国家认定企业技术中心在建立以企业为主体、市场为导向、产学研相结合的技术创新体系中的重要作用，规范和加强国家认定企业技术中心的认定和评价工作，特制定《国家认定企业技术中心管理办法》，现予公布，自 2007 年 5 月 20 日起施行。

国家发展改革委　马凯
科技部　徐冠华
财政部　金人庆
海关总署　牟新生
国家税务总局　谢旭人
二〇〇七年四月十九日

国家认定企业技术中心管理办法

第一章　总　则

第一条　为贯彻落实《中共中央关于制定国民经济和社会发展第十一个五年规划的建议》和《中共中央、国务院关于实施科技规划纲要增强自主创新能力的决定》，充分发挥国家认定企业技术中心在建立以企业为主体、市场为导向、产学研相结合的技术创新体系中的重要作用，规范和加强国家认定企业技术中心的认定和评价工作，依据《中华人民共和国科学技术进步法》，特制定本办法。

第二条 为推进企业技术中心建设，确立企业技术创新和科技投入的主体地位，对国民经济主要产业中技术创新能力较强、创新业绩显著、具有重要示范作用的企业技术中心，国家予以认定，并给予相应的优惠政策，以鼓励和引导企业不断提高自主创新能力。

第三条 国家发展改革委、科技部、财政部、海关总署、国家税务总局负责国家认定企业技术中心的认定工作。国家发展改革委牵头对企业技术中心建设进行宏观指导，并牵头负责国家认定企业技术中心认定的具体组织工作和评价工作。

第二章 认 定

第四条 国家认定企业技术中心的认定每年组织一次，受理认定申请的截止日期为每年 5 月 15 日。

第五条 申请企业应具备以下基本条件：

（一）有较强的经济技术实力和较好的经济效益，在国民经济各主要行业中具有显著的规模优势和竞争优势。

（二）领导层重视技术创新工作，具有较强的市场和创新意识，能为技术中心建设创造良好的条件。

（三）具有较完善的研究、开发、试验条件，有较强的技术创新能力和较高的研究开发投入，拥有自主知识产权的核心技术、知名品牌，并具有国际竞争力，研究开发与创新水平在同行业中处于领先地位。

（四）拥有技术水平高、实践经验丰富的技术带头人，拥有一定规模的技术人才队伍，在同行业中具有较强的创新人才优势。

（五）技术中心组织体系健全，发展规划和目标明确，具有稳定的产学研合作机制，建立了知识产权管理体系，技术创新绩效显著。

（六）企业两年内（指申请国家认定企业技术中心当年的 5 月 15 日起向前推算两年）未发生下列情况：1. 因偷税、骗取出口退税等税收违法行为受到行政刑事处理。2. 涉嫌涉税违法已被税务部门立案审查。3. 走私行为。

（七）已认定为省市（部门）认定企业技术中心两年以上。

（八）科技活动经费支出额、专职研究与试验发展人员数、技术开发仪器设备原值等三项指标不低于限定性指标的最低标准（详见附件三）。

第六条 认定程序：

（一）地方企业向省、自治区、直辖市、计划单列市相关主管部门（以下简称“相关主管部门”）提出申请并按要求上报申请材料，申请材料包括：《国家认定企业技术中心申请报告》（见附件一）和《企业技术中心评价材料》（见附件二）。

（二）相关主管部门会同同级科技、财政、海关、税务等部门对企业上报的申请材料进行审查，按照国家有关要求，确定推荐企业名单。相关主管部门会同同级科技部门将推荐企业的申请材料（一式三份）在规定时间内上报国家发展改革委，同时将推荐企业名单抄报科技部、抄送同级财政部门、主管海关、国家税务局。

（三）国务院有关部门、计划单列企业集团、中央管理企业可按要求将推荐企业的申请材料直接上报国家发展改革委，同时将推荐企业名单抄送科技部、财政部、海关总署、国家税务总局。

（四）国家发展改革委委托中介评估机构，按照《企业技术中心评价指标体系》（见附件三）对企业申请材料进行初评。

（五）依据初评结果，国家发展改革委牵头商科技部、财政部、海关总署、国家税务总局等有关部门，组织专家择优进行综合评审。

（六）国家发展改革委会同科技部、财政部、海关总署、国家税务总局依据国家产业政策、国家进口税收税式支出的总体原则及年度方案、初评结果、专家评审意见等进行综合审查后，择优确定国家认定企业技术中心名单。

第七条 已是国家认定企业技术中心的企业，其控股子公司企业技术中心如具备国家认定企业技术中心条件，且从事业务领域与母公司不同，可申请作为该企业国家认定企业技术中心的分中心，申请材料和认定程序与国家认定企业技术中心相同。

第八条 国家发展改革委会同科技部、财政部、海关总署、国家税务总局对认定结果（含国家认定企业技术中心分中心），以公告形式颁布。

第九条 国家认定企业技术中心认定结果从国家发展改革委受理申请之日起，90 个工作日之内颁布。

第三章 评 价

第十条 依据企业技术中心评价指标体系，对国家认定企业技术中心每两年进行一次评价。

第十一条 评价程序：

（一）数据采集。国家认定企业技术中心应于当年 4 月 15 日前将评价材料报相关主管部门。评价材料包括：《国家认定企业技术中心年度工作总结》（见附件四）和《企业技术中心评价材料》等。

（二）数据初审。相关主管部门对国家认定企业技术中心上报的评价材料进行审查，并出具审查意见，加盖公章后于当年 5 月 15 日前报国家发展改革委；国务院有关部门、计划单列企业集团、中央管理企业可直接上报国家发展改革委（评价材料一式三份）。

（三）数据核查。国家发展改革委委托中介评估机构对国家认定企业技术中心上报的评价材料及相关情况进行核查，核查方式包括召开核查会和实地核查等。

（四）数据计算与分析。国家发展改革委委托中介评估机构对核查后的数据按照企业技术中心评价指标体系进行计算、分析，得出评价结果，并形成评价报告。

第十二条 评价结果分为优秀、合格、不合格。

（一）评价得分 90 分及以上为优秀。

（二）评价得分 60 分（含 60 分）至 90 分之间为合格。

（三）有下列情况之一的评价为不合格。

1. 评价得分低于 60 分；

2. 连续两次评价得分在 65 分（含 65 分）至 60 分之间；

3. 逾期一个月不上报评价材料的企业技术中心；

4. 企业科技活动经费支出额、企业专职研究与试验发展人员数、企业技术开发仪器设备原值三项指标中任何一项低于评价指标体系规定的最低标准（详见附件三）。

第十三条 国家发展改革委会同科技部、财政部、海关总署、国家税务总局对评价结果和评价报告进行审核确认。由国家发展改革委以公告形式颁布评价结果。

第十四条 国家认定企业技术中心评价结果从上报评价材料截止之日起，70 个工作日内颁布。

第四章 调整与撤消

第十五条 集团公司技术中心被认定为国家认定企业技术中心的，其下属公司的原有国家认定企业技术中心资格应予调整，其中具有独立法人资格，且从事业务领域与集团公司不同的，可调整为集团公司国家认定企业技术中心的分中心；从事业务领域与集团公司一致的取消其国家认定企业技术中心资格，不再单独享受优惠政策。

第十六条 有下列情况之一的撤销其国家认定企业技术中心资格：

（一）评价不合格；

（二）国家认定企业技术中心所在企业自行要求撤销其国家认定企业技术中心；

（三）国家认定企业技术中心所在企业被依法终止；

（四）由于技术原因发生重大质量、安全事故的企业；

（五）国家认定企业技术中心所在企业将享受科技开发用品免征进口税收优惠政策的进口货物擅自转让、移作他用或者进行其他处置被依法追究刑事责任的。

（六）国家认定企业技术中心所在企业涉税违法被依法追究刑事责任的。

第十七条 国家发展改革委会同科技部、财政部、海关总署、国家税务总局对调整与撤销的国家认定企业技术中心，以公告形式颁布。

第五章　管理与政策

第十八条　企业上报的申请材料和评价材料内容和数据应真实可靠。提供虚假材料的企业，经核实后，申请国家认定企业技术中心的企业三年内不得申请国家认定；已是国家认定企业技术中心的企业撤销其国家认定企业技术中心资格，三年内不得申请国家认定。

第十九条　因第十六条原因被撤销国家认定企业技术中心资格的，两年内不得重新申请国家认定。

第二十条　对于评价得分 65 分（含 65 分）至 60 分的国家认定企业技术中心，给予警告，并由相关主管部门、国务院有关部门、计划单列企业集团、中央管理企业负责督促整改。

第二十一条　各直属海关对国家认定企业技术中心所在企业和申请国家认定企业技术中心所在企业是否存在走私行为进行核查，核查具体要求由海关总署另行通知。

第二十二条　税务部门每年对国家认定企业技术中心所在企业和申请国家认定企业技术中心所在企业是否存在涉税违法行为进行核查，核查具体要求由国家税务总局另行通知。

第二十三条　国家认定企业技术中心所在企业将享受科技开发用品免征进口税收优惠政策的进口货物擅自转让、移作他用或者进行其他处置被依法追究刑事责任的，从违法行为发现之日起停止享受有关进口税收优惠政策；尚不够追究刑事责任的，从违法行为发现之日起停止享受优惠政策一年。

第二十四条　有偷税、骗取出口退税等涉税违法行为的国家认定企业技术中心所在企业，尚不够追究刑事责任的，停止享受科技开发用品免征进口税收优惠政策一年（从发布停止享受优惠政策公告之日算起）。

第二十五条　国家认定企业技术中心所在企业发生更名、重组等重大调整的，应在办理相关手续后 30 个工作日内由相关主管部门、国务院有关部门、计划单列企业集团、中央管理企业将有关情况报国家发展改革委，同时抄报科技部、财政部、海关总署、国家税务总局。

第二十六条　国家发展改革委会同科技部、财政部、海关总署、国家税务总局每年对企业更名情况进行审核确认，并公告一次国家认定企业技术中心名单。

第二十七条　国家认定企业技术中心（含分中心）根据《科技开发用品免征进口税收暂行规定》（财政部 海关总署 国家税务总局〔2007〕第 44 号令），享受相关优惠政策。国家认定企业技术中心的异地分支机构需满足第五条第八款，并经核准后方可享受相关优惠政策。

第二十八条　国家发展改革委通过企业技术中心创新能力建设专项、科技部通过企业技术中心科技专项计划对国家认定企业技术中心给予资金支持，以引导和鼓励企业加大技术创新投入，加强自主创新，促进国家认定企业技术中心的建设和发展。

第二十九条　国家认定企业技术中心所在企业每年要填报《享受国家认定企业技术中心政策进口科技开发用品免税情况表》（见附件五），并于每年 2 月 15 日前报各主管部门及省级财政部门，各主管部门及省级财政部门汇总后于 2 月底前分别报国家发展改革委和财政部。

第六章　附　则

第三十条　各省市及国务院有关部门可结合本地区（部门）实际，参考本办法，制定相应政策，开展省市（部门）认定企业技术中心的认定和评价工作，并对企业技术中心建设给予相应支持。

第三十一条　本办法自 2007 年 5 月 20 日起施行。2005 年发布的《国家认定企业技术中心管理办法》（国家发展改革委、财政部、海关总署、国家税务总局第 30 号令）同时废止。

第三十二条　本办法由国家发展改革委会同科技部、财政部、海关总署、国家税务总局负责解释。

附件 1

《国家认定企业技术中心申请报告》编写提纲

一、企业（集团）的基本情况：

1. 企业经营管理等基本情况，包括所有制性质、职工人数、企业总资产、资产负债率、银行信用等级、销售收入、利润、主导产品及市场占有率、技术来源等。

2. 企业主营业务涉及哪些行业领域，以及在该行业领域的地位和作用。与国际同行业领域相比所具有的规模和技术优势。

3. 企业在本产业领域技术创新中的作用和竞争能力。

二、企业技术中心（含异地分支机构）的基本情况：

1. 企业技术中心的发展规划及近中期目标。

2. 目前企业技术中心的组织机构及运行机制，包括：各项制度建立，组织建设、研发经费的保障，激励机制，创新环境，产学研合作等。

3. 企业技术中心研究开发及试验的基础条件。

4. 企业技术中心的研究开发工作开展情况，包括：原始性创新、自主开发、引进技术消化吸收、产学研合作、企业间技术合作等。

5. 企业技术中心信息化建设。

6. 企业技术中心技术带头人及创新团队的情况，人才培养情况。

7. 企业技术中心取得的主要创新成果（3 年之内）及其经济效益。

三、省、自治区、直辖市、计划单列市主管部门或国务院有关部门、计划单列企业集团、中央管理企业的推荐意见。

附件 2

企业技术中心评价材料

一、企业技术中心评价表

企业名称			
通讯地址		邮政编码	
所属行业		主营业务	
企业负责人		联系电话	
技术中心负责人		联系电话	
联系人		联系电话	
联系传真		电子邮件	
企业网址		报告年度	

序号	定量数据名称	单位	数据值
1	企业营业收入总额	万元	
2	企业利润总额	万元	
3	企业产品销售收入总额	万元	
4	（T-1）年企业产品销售收入总额	万元	

5	企业产品销售利润总额	万元	
6	企业科技活动经费支出额	万元	
	其中：企业研究与试验发展经费支出额	万元	
7	（T-1）年企业科技活动经费支出额	万元	
8	企业全部科技项目数	项	
	其中：研发周期三年及以上的项目数	项	
	其中：对外合作项目数	项	
9	新产品销售收入	万元	
10	新产品销售利润	万元	
11	企业技术开发仪器设备原值	万元	
12	企业自有品牌产品与技术出口创汇额	万美元	
13	企业职工总数	人	
14	企业全体职工年收入总额	万元	
15	企业科技活动人员数	人	
	其中：企业研究与试验发展人员数	人	
16	技术中心职工人数	人	
17	技术中心人员培训费	万元	
18	技术中心全体职工年收入总额	万元	
19	技术中心高级专家人数	人	
20	技术中心博士人数	人	
21	来技术中心从事研发工作的外部专家人数	人月	
22	技术中心在海外设立开发设计机构数	个	
23	技术中心与其他组织合办开发机构数	个	
24	通过国家和国际组织认证实验室数	个	
25	完成新产品新技术新工艺开发项目数	项	
26	企业拥有的全部有效发明专利数	项	
27	当年被受理的专利申请数	项	
	其中：被受理的发明专利申请数	项	
28	最近三年主持和参加制定的国际、国家、行业标准数	项	
29	企业获得的驰名商标数	个	
30	企业获得的中国名牌产品数	个	
31	获国家自然科学、技术发明、科技进步奖项目数	项	

二、需提供的附件及证明材料

1. 大中型工业企业科技项目一览表（B107-1）、大中型工业企业科技活动情况表（B107-2）。未列入国家统计局大中型工业企业科技活动情况统计范围的企业应参照上述两个表的格式填报后提交。

2. 企业资产负债表、损益表、现金流量表的复印件。

3. 大型企业集团应将下属企业的（B107-1、B107-2）表合并填报，资产负债表、损益表、现金流量表进行合并填报。

4. 评价指标的必要证明材料，主要包括：技术中心高级专家和外部专家、对外合作项目、研发周期三年及以上的项目、在研和完成的全部科技项目、发明专利、参与制定的标准、国家认证实验室、驰名商标、中国名牌产品、科技奖励等方面的内容。

三、指标解释和填报说明

1. 报告年度：指评价表中指标统计年度，时间范围从填写评价表的上一年1月1日到12月31日。所有指标的填报时间范围，如无特殊指明，均为报告年度。（T-1）年指报告年度的前一年。

2. 企业营业收入总额：指技术中心所在企业总部和其下属分公司、子公司、控股企业（按实际控股权）等应该列入会计合并报表范围的所有企业的营业收入（销售收入），经按合并报表原则处理后的合并营业收入。包括工业性企业产品销售收入、房地产与旅游酒店服务等第三产业的营业收入。

3. 企业利润总额：指企业生产经营过程中各种收入扣除各种消耗后的盈余。反映企业在报告期内实现的盈亏总额（亏损以“一”号表示）。包括企业的营业利润补贴收入，各种投资净收益和营业外收支净额。

4. 企业产品销售收入总额：指企业销售产成品、试制半成品的收入和提供工业性劳务收入总额。

5. 企业产品销售利润总额：指企业销售收入扣除成本、费用、税金后的余额。

6. 企业科技活动经费支出额：指企业实际支出的全部科技活动费用，包括列入技术开发的经费支出以及技措技改等资金实际用于科技活动的支出。不包括生产性支出和归还贷款支出。科技活动经费支出总额分为内部支出和外部支出。

科技活动经费内部支出：指企业用于内部开展科技活动实际支出的费用，包括外协加工费。不包括委托研制或合作研制而支付外单位的经费。科技经费内部支出按用途分为科技活动人员劳务费、原材料费、赎买自制设备支出、其他支出。

科技活动经费外部支出：指企业委托其他单位或与其他单位合作开展科技活动而支付给其他单位的经费，不包括外协加工费。

7. 企业研究与试验发展经费支出额：指在企业科技活动经费内部支出中用于基础研究、应用研究和试验发展三类项目以及这三类项目的管理和服务费用的支出。

8. 企业全部科技项目数：指企业立项并开展研发（制）工作、以前年份立项（当年）仍继续进行研发（制）的科技项目，包括当年完成、年内仍在进行、年内研发工作已告失败的项目，不包括委托外单位进行研发的项目。从开发项目的性质看，包括新产品开发项目数、新技术开发项目数、新工艺开发项目数、新服务开发项目数与基础研究项目数之和。

9. 研发周期三年及以上的项目数：指研究开发周期在三年以上（含三年）的技术开发项目数。

10. 对外合作项目数：指企业与高等学校、科研院所及其他企业联合开展的科技项目数。

11. 新产品销售收入：新产品销售收入指报告期本企业销售新产品实现的销售收入。新产品销售收入是产品销售收入的组成部分，计算口径与产品销售收入一致。新产品即包括经政府有关部门认定并在有效期内的新产品，也包括企业自行研制开发，未经政府有关部门认定，从投产之日起一年之内的新产品。

新产品：指采用新技术原理、新设计构思研制、生产的全新产品，或在结构、材质、工艺等某一方面比原有产品有明显改进，从而显著提高了产品性能或扩大了使用功能的产品。新产品包括全新型新产品和重大改进型新产品二大类。

全新型新产品：指与以前制造的产品相比，其用途或者技术设计和材料三者都有显著变化的产品。这些创新可以涉及全新的技术，也可以基于组合现有技术新的应用，或者源于新的知识的应用。

重大改进型新产品：指在原有产品的基础上，产品性能得到显著提高或者重大改进的产品。若产品的改变仅仅是在美学上（外观、颜色、图案设计、包装等）的改变及技术上的较小的变化，属于产品差异，不作为新产品统计。

12. 新产品销售利润：指企业销售新产品所实现的利润。

13. 企业技术开发仪器设备原值：指年末整个企业用于科研、技术开发的仪器、科研设备、中间试验设备的原值（账面原值）。

技术开发仪器设备包括技术开发仪器、技术开发设备、技术开发检测设备、中间试验设备等。

14. 企业自有品牌产品与技术出口创汇额：指企业出口自己生产的自有品牌的产品和向国外出口技术所收入的外汇。

15. 企业职工总数：指企业在册职工人数。

16. 企业全体职工年收入总额：指企业在册全部职工一年的货币收入的总额。包括职工工资、福利费、奖金、政策补贴、项目提成等各项货币收入的总和。

17. 企业科技活动人员数：指企业直接从事（或参与）科技活动，以及专门从事科技活动管理和为科技活动提供直接服务的人员。累计从事科技活动的时间占制度工作时间10%（不含）以下的人员不统计。

（1）直接从事（或参与）科技活动的人员包括：企业所属的技术中心及中试车间（基地）等机构中从事科技活动的研究人员、工程技术人员、技术工人及其他辅助人员；虽不在上述机构工作，但编入科技活动项目组（攻关小组）的人员。

（2）专门从事科技活动管理和为科技活动提供直接服务的人员包括：企业主管科技工作的负责人，企业科技管理部门（科研管理处、部、科等）的工作人员，直接为科技活动提供资料文献、材料供应、设备维护等服务的人员。不包括保卫、医疗保健、司机、食堂人员、茶炉工、水暖工、清洁工等间接服务人员。

18. 企业研究与试验发展人员数：指企业科技活动人员中从事基础研究、应用研究和试验发展三类活动的人员。包括直接参加上述三类项目活动的人员及这类项目的管理和服务人员。

19. 技术中心职工人数：在技术中心工作并取得劳动报酬的从业人员年平均数。包括技术中心科研开发人员、直接管理人员和直接为其服务的人员等。

20. 技术中心人员培训费：指技术中心工作人员在国内、海外地区接受继续教育和专项培训的费用总支出。

21. 技术中心全体职工年收入总额：指技术中心在册全体工作人员的年货币总收入，包括工资、福利费、奖金、政策补贴、项目提成等各项收入的总和。

22. 技术中心高级专家人数：指全职在技术中心工作、获得国家、省、部和计划单列市等政府部门认定的有突出贡献的专家或者享受国家、省、部和计划单列市专项津贴的专家的人员数。

23. 技术中心博士人数：指全职在技术中心工作、获得博士学位的人员数。在站的博士后可以作为博士进行统计。

24. 来技术中心从事开发工作的外部专家人数：指来技术中心从事研究、技术开发工作的具有较高科技开发能力的海内外专家累计人月。最小统计单位为：0.5人月。

25. 技术中心在海外设立开发设计机构数：指技术中心在港澳台地区及国外设立以科研开发、设计为目的的开发机构数量。

26. 技术中心与其他组织合办开发机构数：指技术中心与高校、研究院所、其他企业联合设立的以科研开发设计为目的的组织机构数量。

27. 国家和国际组织认证的实验室数：指中华人民共和国有关国家部门和国际组织认定认证的、仍在有效期内的实验室、检测中心的数量。

28. 完成新产品新技术新工艺开发项目数：指企业完成（结题）的新产品开发项目数、新技术项目数、新工艺开发项目数之和。

29. 企业拥有的全部有效发明专利数：指企业作为专利权人拥有专利权属、经国内外专利机构授权且在有效期内的全部发明专利件数。

30. 当年被受理的专利申请数：指企业报告年度内向专利行政部门提出专利申请并被受理的专利件数。

31. 被受理的发明专利申请数：指企业报告年度内向专利行政部门提出发明专利申请并被受理的专利件数。

32. 最近三年主持和参加制定的国际、国家、行业标准数：指企业在报告年度、报告年度前一年、报告年度前二年主持或参与制定，目前仍有效执行的国际、国家、行业标准的数量。

33. 企业获得的驰名商标数：指企业拥有的国家工商行政管理总局评定的中国驰名商标数（含国际驰名商标数）。

34. 企业获得的中国名牌产品数：指企业拥有的国家质量监督检验检疫总局评定的中国名牌产品数。

35. 获国家自然科学、技术发明、科技进步奖项目数：

指企业获得国家自然科学奖、国家技术发明奖和国家科技进步奖的项目总数。

附件 3

企业技术中心评价指标体系

一、评价指标及评价基本要求

一级指标	二级指标	权重(分)	三级指标	权重(分)	单位	基本要求
创新机制	创新投入机制	20	科技活动经费支出额占产品销售收入的比重	17	%	≥3
			科技活动经费支出比例比上次评价增长	3	百分点	>0
	人才激励机制	5	中心年人均收入与企业年人均收入之比	3		≥1.2
			中心人员培训费占中心人员总收入的比重	2	%	≥2
	创新合作机制	5	来中心从事技术开发工作的外部专家数	2	人月	≥30
			对外合作项目占全部开发项目数的比重	3	%	≥10
技术与人才	创新队伍建设	12	企业研究与试验发展人员占职工人数的比重	7	%	≥2
			技术中心拥有的高级专家及博士人数	5	人	≥8
	创新条件建设	8	企业技术开发仪器设备原值	5	万元	≥3000
			通过国家和国际组织认证的实验室数	3	个	≥1
	技术积累储备	10	研发周期三年及以上项目数占全部项目数的比重	4	%	≥10
			企业拥有的全部有效发明专利数	4	项	≥3
			企业拥有的中国名牌产品或驰名商标数	2	个	≥1
产出与效益	技术创新产出	15	当年完成的新产品新技术新工艺开发项目数	3	项	≥20
			当年受理的专利申请数	4	项	≥10
			—其中当年受理的发明专利申请数	4	项	≥3
			主持和参与制定的国际、国家、行业标准数	4	项	≥1
	技术创新效益	25	新产品销售收入占产品销售收入的比重	11	%	≥20
			新产品销售利润占产品销售利润的比重	11	%	≥15
			自有品牌产品与技术出口创汇额	3	万美元	>0
加分扣分	加分		获国家自然科学、技术发明、科技进步奖项目数	≤3	项	
	扣分		企业经营亏损	≤3	万元	

二、行业系数

行业	科技活动经费支出额占产品销售收入的比重	新产品销售收入占产品销售收入的比重	新产品销售利润占产品销售利润的比重
航空	0.8	0.6	0.6
电子	0.6	0.4	0.4
轻工Ⅰ	0.6	0.4	0.4
轻工Ⅱ	1.0	1.0	1.0

行业	科技活动经费支出额占产品销售收入的比重	新产品销售收入占产品销售收入的比重	新产品销售利润占产品销售利润的比重
船舶	0.8	0.4	0.8
化工	1.2	1.0	0.8
机械	1.0	0.6	0.6
医药	0.8	0.8	0.6
冶金	1.2	1.4	1.4
纺织	1.0	1.0	1.0
建材	1.0	0.8	0.6
有色	1.0	1.4	1.4
铁道	1.2	0.6	0.4
石化	3.0	1.2	1.2
其他	3.0		

有关说明：

1. 由于不同行业在技术创新投入与产出方面存在较大差异，技术中心评估时，对不同行业企业科技活动经费支出额占产品销售收入的比重、新产品销售收入占产品销售收入的比重和新产品销售利润占产品销售利润的比重等三个指标引入行业系数加以调节。

2. 行业系数只作为评估机构评价时使用，企业填报时无需考虑行业系数，按实际数据填报。评价时，根据企业填报的实际数据得出上述指标的比重，再乘以行业系数，得出指标的评价值。

3. 行业系数表中的其他行业指农业、服务业及石油、煤炭、交通、建筑、烟草、电力、电信等行业，这些行业的新产品销售收入占产品销售收入的比重和新产品销售利润占产品销售利润的比重两项指标按满分的60%计算。

4. 轻工 I 为家电行业，轻工 II 为轻工的其他行业。

三、指标体系的完善

国家发展改革委会同科技部、财政部、海关总署、国家税务总局将根据各行业技术创新的实际状况和政府的宏观政策导向对评价指标、行业系数等进行必要的调整。

四、限定性指标的最低标准

1. 科技活动经费支出额不低于 1500 万元。

2. 专职研究与试验发展人员数不低于 150 人。

3. 技术开发仪器设备原值不低于 2000 万元。

附件 4

《国家认定企业技术中心年度工作总结》提纲

国家认定企业技术中心年度评价需要提交年度工作总结，以全面总结上一年度企业技术创新与技术中心工作情况。主要包括如下内容：

一、企业技术创新战略与规划的实施情况，包括企业技术创新战略的制定与调整，年度计划的制定与实施（涉及企业秘密可作技术处理）。

二、企业主营业务涉及哪些行业领域，以及在该行业领域的地位和作用。与国际同行业领域相比所具有的规模和技术优势。

三、企业技术创新体系建设，包括企业技术创新体系基本情况、技术中心组织建设（内部组织设置与调整、下属企业组织设置、与外部单位共建组织及运行情况等）、技术中心创新机制建设（技术带头人培养、人才激励机制、知识产权保护、技术创新投入制度及执行情况等）、合作创新情况（产学研之间、企业之间及国际合作情况)、企业技术创新基础设施建设(研究试验设施、检测设施、信息化设施)。

四、企业技术创新活动开展情况，包括年度重点创新项目的实施效果、关键核心技术和产品的自主创新情况、资源综合利用、节能降耗、清洁生产等创新情况。

五、技术创新信息化建设情况。

六、其他有特色的工作情况。

附件5

享受国家认定企业技术中心政策进口科技开发用品免税情况表

一、国家认定企业技术中心名称:

二、获得国家认定时间:

三、技术中心重点研究领域:

四、进口科技开发用品免税统计:

序号	进口货物名称	进口数量	进口金额	免征进口关税金额	免征进口环节增值税、消费税金额
1					
2					
3					
4					
5					
合计					

五、有关问题说明:

填报日期:　　年　　月　　日(企业盖章)

注: 此表为享受国家认定企业技术中心政策进口科技开发用品免税金额统计表，享受其他优惠政策进口产品免税额不在统计范围。

科技部、财政部、海关总署、国家税务总局关于印发执行《科技开发用品免征进口税收暂行规定》转制科研机构名单(第一批)的通知

(国科发政字〔2007〕453号)

各省、自治区、直辖市、计划单列市科技厅(委、局)、财政厅(局)、国家税务局，海关总署广东分署、天津特派办、上海特派办、各直属海关:

根据《科技开发用品免征进口税收暂行规定》(财政部、海关总署、国家税务总局第44号令)，现将经科技部、财政部、海关总署、国家税务总局核定的转制科研机构名单(第一批)(原国务院部门属技术开发类科研机构)印发给你们。

转制科研机构名称发生变更的，可持企业登记主管机关出具的《准予变更登记通知书》到主管直属海关办理资格备案手续。

改革后仍保留科研事业单位性质的科研机构和并入高校的科研机构进口科教用品执行《科学研究和

教学用品免征进口税收规定》。各省、自治区、直辖市、计划单列市所属转制科研机构执行《科技开发用品免征进口税收暂行规定》名单另行发布。

附件 执行《科技开发用品免征进口税收暂行规定》转制科研机构名单（第一批）

二〇〇七年七月二十四日

附件

执行《科技开发用品免征进口税收暂行规定》转制科研机构名单（第一批）

原所属部门（单位）	转制科研机构名称
内贸局	商用电子技术应用推广中心　中商科学技术信息研究所　商业经济研究所　国内贸易工程设计研究院　国贸食品科学研究所　徐州国贸稀贵金属综合利用研究所　中国物资经济研究所　湖北物资流通技术研究所　国家粮食储备局成都粮食储藏科学研究所　国家粮食储备局无锡科学研究设计院　国家粮食储备局武汉科学研究设计院　国家粮食储备局西安油脂科学研究设计院　国家粮食储备局郑州科学研究设计院
机械局	机械科学研究总院（包括北京机电研究所、北京机械工业自动化研究所、郑州机械研究所、沈阳铸造研究所、哈尔滨焊接研究所、武汉材料保护研究所）　中国农业机械化科学研究院　北京印刷机械研究所　洛阳矿山机械工程设计研究院　洛阳拖拉机研究所有限公司　中国第一汽车集团公司无锡油泵油嘴研究所　桂林电器科学研究所　天津电气传动设计研究所　北京起重运输机械研究所　长春试验机研究所　成都工具研究所　广州电器科学研究院　广州机械科学研究院　机械工业规划研究院　哈尔滨电工仪表研究所　哈尔滨电站设备成套设计研究所　合肥通用机械研究院　汽车工业发展研究所　济南铸造锻压机械研究所　兰州电源车辆研究所　兰州石油机械研究所　洛阳轴承研究所　秦皇岛视听机械研究所　沈阳仪表科学研究院　沈阳真空技术研究所　苏州电加工机床研究所　天津复印技术研究所　天津工程机械研究院　武汉计算机外部设备研究所　西安重型机械研究所　郑州磨料磨具磨削研究所　重庆仪表材料研究所　杭州照相机械研究所　中国汽车技术研究中心　北京机床研究所　长春气象仪器研究所　大连组合机床研究所　中国农业机械化科学研究院呼和浩特分院　昆明电器科学研究所　上海材料研究所　上海电动工具研究所　上海电缆研究所　上海电器科学研究所（集团）有限公司　上海发电设备成套设计研究院　上海工业锅炉研究所　上海工业自动化仪表研究所　上海内燃机研究所　西安电力电子技术研究所　西安电炉研究所　西安微电机研究所　青海省高原科技发展有限公司　重庆工业自动化仪表研究所　成都电焊机研究所　机械工业北京电工技术经济研究所　机械工业经济管理研究院　机械工业信息研究院　机械工业仪器仪表综合技术经济研究所
冶金局	中国钢研科技集团公司　长沙矿冶研究院　冶金自动化研究设计院　包头稀土研究院　中冶集团北京冶金设备研究设计总院　攀钢集团攀枝花钢铁研究院　中钢集团武汉安全环保研究院　中钢集团鞍山热能研究院　包头冶金建筑研究院　中冶集团建筑研究总院　中钢集团郑州金属制品研究院　中钢集团洛阳耐火材料研究院　中钢集团天津地质研究院　中冶集团武汉冶建技术研究有限公司　冶金工业信息标准研究院　冶金工业经济发展研究中心　中南冶金地质研究所　长春黄金研究院
石化局	沈阳化工研究院　西南化工研究设计院　沈阳感光化工研究院　光明化工研究设计院　海洋化工研究院　天华化工机械及自动化研究设计院　中化地质矿山总局地质研究院　中蓝连海设计研究院中橡集团沈阳橡胶研究设计院　中橡集团曙光橡胶工业研究设计院　西北橡胶塑料研究设计院　中橡集团株洲橡胶塑料工业研究设计院　北京橡胶工业研究设计院　化工部长沙设计研究院　中化化工标准化研究所　中昊晨光化工研究院　中蓝晨光化工研究院　大连化工研究设计院　广州合成材料研究院　锦西化工研究院　黎明化工研究院　炭黑工业研究设计院　天津化工研究设计院　北方涂料工业研究设计院　西北化工研究院　中化化工科学技术研究总院　中国化工信息中心　中国化工建设总公司常州涂料化工研究院　上海化工研究院

原所属部门（单位）	转制科研机构名称
轻工局	中国食品发酵工业研究院　中国日用化学工业研究院　蓝星沈阳轻工机械设计研究所　中盐制盐工程技术研究院　中国制浆造纸研究院　轻工业杭州机电设计研究院　轻工业西安机械设计研究所　中国皮革和制鞋工业研究院　轻工业钟表研究所　轻工业自动化研究所　上海包装科学研究所　广州甘蔗糖业研究所　香料研究所　广州机械设计研究所　中国家用电器研究院　轻工业环境保护研究所
纺织局	中国纺织科学研究院　科学技术发展中心　中纺机电研究所　中国服装研究设计中心　深圳纺织服装研究所　印染技术开发中心　服装技术开发中心　上海新型纺纱技术开发中心　中国纺织信息中心
建材局	中国建筑材料科学研究总院　北京玻钢院复合材料有限公司　中国化工建设总公司常州涂料化工研究院　中非地质工程勘查研究院　砌块技术开发研究中心　哈尔滨玻璃钢研究院　合肥水泥研究设计院　中材料集团研究开发中心　中材科技股份有限公司　秦皇岛玻璃工业研究设计院　中材人工晶体研究院　山东工业陶瓷研究设计院　苏州防水材料研究设计所　苏州混凝土水泥制品研究院　无锡自动控制设备研究设计院　西安墙体材料研究设计院　咸阳非金属矿研究设计院　咸阳陶瓷研究设计院　上海玻璃钢研究院　建筑材料工业技术监督研究中心　建筑材料工业技术情报研究所
烟草局	中国烟草总公司郑州烟草研究院　国家烟草专卖局烟草经济信息中心　国家烟草专卖局烟草经济研究所
有色局	北京有色金属研究总院　北京矿冶研究总院　西北有色金属研究院　郑州轻金属研究院　长沙矿山研究院　峨嵋半导体材料研究所　赣州有色冶金研究所　湖南稀土金属材料研究院　湖南有色金属研究院　湖南有色冶金劳动保护研究院　昆明贵金属研究所　甘肃土木工程科学研究院　沈阳有色金属研究院　四川省有色冶金研究院　西北矿冶研究院　西北稀有金属材料研究院　新疆有色金属研究所　有色金属技术经济研究院　中国有色金属工业技术开发交流中心　北京矿产地质研究院　桂林矿产地质研究院　有色金属工业人才中心　广州有色金属研究院
煤炭局	煤炭科学研究总院（包括煤炭科学研究总院重庆分院、煤炭科学研究总院唐山研究院、煤炭科学研究总院西安研究院、煤炭科学研究总院太原研究院、煤炭科学研究总院抚顺分院、煤炭科学研究总院常州自动化研究院、煤炭科学研究总院上海分院、煤炭科学研究总院爆破技术研究所、煤炭科学研究总院南京研究所、煤炭科学研究总院杭州环境保护研究所）　长春煤炭科学研究所　哈尔滨煤矿机械研究所　河南省煤炭化工研究所有限责任公司　河南省煤炭科学研究院有限公司　湖南省煤炭科学研究所　江西省煤炭工业科学研究所　煤科总院合肥研究所　陕西省煤炭科学研究所　沈阳煤炭科学研究所　昆明煤炭科学研究所　国家安全生产监督管理总局职业安全卫生研究所　国家安全生产监督管理总局信息研究院
建设部	城市建设研究院　建设综合勘察研究设计院　长沙建设机械研究院有限责任公司　建设部沈阳煤气热力研究设计院　中国建筑科学研究院　北京建筑机械化研究院　中国建筑设计研究院
铁道部	中国北车集团大连机车研究所　中国北车集团四方车辆研究所　中国南车集团戚墅堰机车车辆工艺研究所　中国南车集团株洲电力机车研究所　铁道第五勘察设计院　中铁工程机械研究设计院有限公司　中铁西南科学研究院有限公司　中铁西北科学研究院有限公司　铁道科学研究院（包括铁道科学研究院通信信号研究所、铁道科学研究院铁道建筑研究所、铁道科学研究院基础设施检测研究所、铁道科学研究院机车车辆研究所、铁道科学研究院金属及化学研究所、铁道科学研究院电子计算技术研究所、铁道科学研究院运输及经济研究所、铁道科学研究院东郊分院、铁道科学研究院科学技术信息研究所、铁道科学研究院环控劳卫研究所、铁道科学研究院标准计量研究所、中国铁道博物馆）
交通部	重庆交通科研设计院　中交天津港湾工程研究院有限公司　中交武汉港湾工程设计研究院有限公司　中交上海三航科学研究院有限公司　中交四航工程研究院有限公司　长江航运科学研究所　中国交通信息中心有限公司　上海船舶运输科学研究所

原所属部门（单位）	转制科研机构名称
信息产业部	湖南省邮电科学研究所　河北省电信设计咨询有限公司　山西省邮电科学研究所　江苏省电信科学技术研究院有限责任公司　浙江省电信科学技术研究所有限公司　安徽电信规划设计有限公司　福建电信科学技术研究院有限公司　江西省邮电科学研究所　河南省电信规划设计院　广东省电信有限公司研究院　广西壮族自治区邮电科学研究所　四川通信科研规划设计有限责任公司　云南邮电科技开发有限公司　青海省邮电科研所　上海邮政科学研究院　邮政科学研究规划院　辽宁省邮电科学研究所　山东省邮电科学研究所　中国移动通信第七研究所　电信科学技术研究院（包括数据通信科学技术研究所、电信科学技术仪表研究所、电信科学技术半导体研究所、电信科学技术第一研究所、电信科学技术第四研究所、电信科学技术第十研究所、国家无线电频谱管理研究所、电信科学技术第五研究所、电信科学技术研究院通信技术发展研究中心）　武汉邮电科学研究院
国家药品监督管理局	中国医药集团总公司四川抗菌素工业研究所　天津药物研究院　中国医药研究开发中心有限公司　上海医药工业研究院
中国科学院	中科院成都信息技术有限公司　中国科学院成都有机化学有限公司　中科院广州电子技术有限公司　中科院广州化学有限公司　中国科学院沈阳计算技术研究所有限公司　北京中科院软件中心有限公司　北京中科科仪技术发展有限责任公司　中国科学院沈阳科学仪器研制中心有限公司　成都中科唯实仪器有限责任公司　中科院新乡科学仪器研制中心　南京中科天文仪器有限公司　北京中科资源有限公司　中科建筑设计研究院有限责任公司
国家电力公司	中国电力科学研究院　西安热工研究院有限公司　国网南京自动化研究院　国网北京电力建设研究院　国网武汉高压研究院　国电环境保护研究院　苏州热工研究院有限公司　中国电力信息中心　国网北京经济技术研究院　国家电力公司劳动保护科学研究所　国电机械设计研究院　国家电力公司郑州机械设计研究所　电力工业产品质量标准研究所
中国石油化工集团公司	中国石油化工股份有限公司石油化工科学研究院　中国石油化工股份有限公司北京化工研究院　中国石油化工股份有限公司抚顺石油化工研究院　中国石油化工股份有限公司上海石油化工研究院　中国石油化工股份有限公司青岛安全工程研究院　中国石油化工集团公司信息研究所
中国石油天然气集团公司	中国石油集团科学技术研究院（包括廊坊中石油科学技术研究院、中国石油集团钻井工程技术研究院江汉机械研究所、中国石油集团测井有限公司技术中心）　中国石油集团西北地质研究所　中国石油集团杭州地质研究所　中国石油天然气集团公司中国科学院渗流流体力学研究所　中国石油天然气集团公司工程技术研究院　中国石油集团经济技术研究院
中国建筑工程总公司	贵州中建建筑科研设计院　唐山中建工程技术研究所　天津中建科学技术研究所　北京中建建筑科学技术研究院　中国建筑第三工程局建筑技术研究设计院
中国汽车工业总公司	重庆汽车研究所　中国汽车工业经济技术信息研究所　海南汽车试验研究所

海关总署关于印发国务院有关部门所属科学研究机构名单的通知

（署税发〔2007〕433号）

广东分署，天津、上海特派办，各直属海关：

根据《科学研究和教学用品免征进口税收规定》（财政部 海关总署 税务总局令第45号），国务院部委、直属机构所属专门从事科学研究工作的科研机构进口的科教用品可以享受进口税收优惠政策。为便于海关执行上述税收优惠政策，经商科技部，现将经认定的《国务院有关部门所属科学研究机构名单》（以下简称《名单》，详见附件）予以印发，并就执行中的有关事项通知如下：

一、自本通知下发之日起，《名单》中所列的科学研究机构首次申请免税进口科教用品前，可持凭《事业单位法人证书》直接向单位所在地直属海关申请办理资格备案手续，不再要求提供海关总署2007年第13号公告（以下简称13号公告）规定的主管部门批准成立文件和科技部认定文件。

二、《名单》中所列的科学研究机构已在海关办理科研机构资格备案手续的，在补充提交《事业单位法人证书》后，可以继续享受科教用品进口税收优惠政策。

三、已经在海关办理科研机构资格备案手续的国务院部委、直属机构设立的有关机构，不在《名单》所列范围内且未能提供科技部认定为科学研究机构文件的，自2007年11月1日起停止免税资格。在2007年10月31日（含）前出具的《进出口货物征免税证明》可继续使用，但不得延期。

四、《名单》中所列的科学研究机构如有名称变更的，可持凭主管部门批复文件和更名后的《事业单位法人证书》直接到所在地直属海关办理相关手续。

五、对于新设立或此次《名单》中未列入的国务院部委、直属机构所属科学研究机构，海关仍按照13号公告相关规定办理资格备案手续。

六、对于国防科工委所属的科学研究机构，海关可先凭国防科工委出具的认定为科学研究机构文件和《事业单位法人证书》，办理科研机构资格备案手续。

七、各省、自治区、直辖市、计划单列市所属专门从事科学研究工作的各类科研院所，仍按13号公告相关规定办理资格备案手续。

特此通知。

附件　国务院有关部门所属科学研究机构名单

二〇〇七年十月二十三日

附件

国务院有关部门所属科学研究机构名单

序号	部门	科研机构名称	所在地
1	中国科学院（108个）	中国科学院数学与系统科学研究院	北京市
2		中国科学院物理研究所	北京市
3		中国科学院理论物理研究所	北京市
4		中国科学院高能物理研究所	北京市
5		中国科学院力学研究所	北京市
6		中国科学院国家天文台	北京市
7		中国科学院国家天文台南京天文光学技术研究所	江苏省南京市
8		中国科学院云南天文台	云南省昆明市
9		中国科学院国家天文台乌鲁木齐天文站	新疆乌鲁木齐市
10		中国科学院国家天文台长春人造卫星观测站	吉林省长春市
11		中国科学院声学研究所	北京市
12		中国科学院声学研究所东海研究站	上海市
13		中国科学院声学研究所南海研究站	海南省海口市
14		中国科学院声学研究所北海研究站	山东省青岛市
15		中国科学院理化技术研究所	北京市
16		中国科学院化学研究所	北京市
17		中国科学院生态环境研究中心	北京市
18		中国科学院过程工程研究所	北京市
19		中国科学院工程热物理研究所	北京市
20		中国科学院大气物理研究所	北京市
21		中国科学院自动化研究所	北京市
22		中国科学院遥感应用研究所	北京市
23		中国科学院地理科学与资源研究所	北京市
24		中国科学院地质与地球物理研究所	北京市
25		中国科学院地质与地球物理研究所兰州油气资源研究中心	甘肃省兰州市

序号	部门	科研机构名称	所在地
26	中国科学院（108个）	中国科学院古脊椎动物与古人类研究所	北京市
27		中国科学院植物研究所	北京市
28		中国科学院动物研究所	北京市
29		中国科学院心理研究所	北京市
30		中国科学院微生物研究所	北京市
31		中国科学院生物物理研究所	北京市
32		中国科学院遗传与发育生物学研究所	北京市
33		中国科学院遗传与发育生物学研究所农业资源研究中心	河北省石家庄市
34		中国科学院计算技术研究所	北京市
35		中国科学院软件研究所	北京市
36		中国科学院计算机网络信息中心	北京市
37		中国科学院半导体研究所	北京市
38		中国科学院微电子研究所	北京市
39		中国科学院电子学研究所	北京市
40		中国科学院电工研究所	北京市
41		中国科学院空间科学与应用研究中心	北京市
42		中国科学院中国遥感卫星地面站	北京市
43		中国科学院自然科学史研究所	北京市
44		中国科学院科技政策与管理科学研究所	北京市
45		中国科学院文献情报中心	北京市
46		国家纳米科学中心	北京市
47		中国科学院青藏高原研究所	北京市
48		中国科学院北京基因组研究所	北京市
49		中国科学院光电研究院	北京市
50		中国科学院山西煤炭化学研究所	山西太原
51		中国科学院金属研究所	辽宁省沈阳市
52		中国科学院沈阳应用生态研究所	辽宁省沈阳市
53		中国科学院沈阳自动化研究所	辽宁省沈阳市
54		中国科学院大连化学物理研究所	辽宁省大连市
55		中国科学院海洋研究所	山东青岛市
56		中国科学院长春应用化学研究所	吉林省长春市
57		中国科学院东北地理与农业生态研究所	吉林省长春市
58		中国科学院东北地理与农业生态研究所农业技术中心	黑龙江哈尔滨市
59		中国科学院长春光学精密机械与物理研究所	吉林省长春市
60		中国科学院上海应用物理研究所	上海市
61		中国科学院上海硅酸盐研究所	上海市

序号	部门	科研机构名称	所在地
62	中国科学院（108个）	中国科学院上海有机化学研究所	上海市
63		中国科学院上海生命科学研究院	上海市
64		中国科学院上海天文台	上海市
65		中国科学院上海药物研究所	上海市
66		中国科学院上海微系统与信息技术研究所	上海市
67		中国科学院上海光学精密机械研究所	上海市
68		中国科学院上海技术物理研究所	上海市
69		中国科学院福建物质结构研究所	福建省福州市
70		中国科学院宁波材料技术与工程研究所	浙江省宁波市
71		中国科学院南京地理与湖泊研究所	江苏省南京市
72		中国科学院南京地质古生物研究所	江苏省南京市
73		中国科学院南京土壤研究所	江苏省南京市
74		中国科学院紫金山天文台	江苏省南京市
75		中国科学院合肥物质科学研究院	安徽省合肥市
76		中国科学院武汉岩土力学研究所	湖北省武汉市
77		中国科学院武汉物理与数学研究所	湖北省武汉市
78		中国科学院测量与地球物理研究所	湖北省武汉市
79		中国科学院水生生物研究所	湖北省武汉市
80		中国科学院武汉文献情报中心	湖北省武汉市
81		中国科学院武汉植物园	湖北省武汉市
82		中国科学院武汉病毒研究所	湖北省武汉市
83		中国科学院亚热带农业生态研究所	湖南省长沙市
84		中国科学院广州地球化学研究所	广东省广州市
85		中国科学院广州地球化学研究所长沙矿产资源勘查中心	湖南省长沙市
86		中国科学院南海海洋研究所	广东省广州市
87		中国科学院华南植物园	广东省广州市
88		中国科学院广州能源研究所	广东省广州市
89		中科院广州生物医药与健康研究院	广东省广州市
90		中国科学院成都生物研究所	四川省成都市
91		中国科学院成都文献情报中心	四川省成都市
92		中国科学院光电技术研究所	四川省成都市
93		中国科学院成都山地灾害与环境研究所	四川省成都市
94		中国科学院地球化学研究所	贵州省贵阳市
95		中国科学院昆明植物研究所	云南省昆明市
96		中国科学院昆明动物研究所	云南省昆明市
97		中国科学院西双版纳热带植物园	云南省勐腊县

序号	部门	科研机构名称	所在地
98	中国科学院（108个）	中国科学院西安光学精密机械研究所	陕西省西安市
99		中国科学院国家授时中心	陕西省西安市
100		中国科学院地球环境研究所	陕西省西安市
101		中国科学院近代物理研究所	甘肃省兰州市
102		中国科学院资源环境科学信息中心	甘肃省兰州市
103		中国科学院寒区旱区环境和工程研究所	甘肃省兰州市
104		中国科学院兰州化学物理研究所	甘肃省兰州市
105		中国科学院青海盐湖研究所	青海省西宁市
106		中国科学院西北高原生物研究所	青海省西宁市
107		中国科学院新疆理化技术研究所	新疆乌鲁木齐市
108		中国科学院新疆生态与地理研究所	新疆乌鲁木齐市
109	国家海洋局（7个）	国家海洋局第一海洋研究所	山东青岛市
110		国家海洋局第二海洋研究所	浙江省杭州市
111		国家海洋局第三海洋研究所	福建省厦门市
112		国家海洋局天津海水淡化与综合利用研究所	天津市
113		国家海洋技术中心（海洋仪器研究所）	天津市
114		中国极地研究中心（中国极地研究所）	上海市
115		国家海洋局海洋发展战略研究所	北京市
116	农业部（61个）	中国热带农业科学院	海南省儋州市
117		中国热带农业科学院橡胶研究所	海南省儋州市
118		中国热带农业科学院品种资源研究所	海南省儋州市
119		中国热带农业科学院环境与植物保护研究所	海南省儋州市
120		中国热带农业科学院热带生物技术研究所	海南省海口市
121		中国热带农业科学院南亚热带作物研究所	广东省湛江市
122		中国热带农业科学院分析测试中心	海南省海口市
123		中国热带农业科学院科技信息研究所	海南省儋州市
124		中国热带农业科学院海口实验站	海南省海口市
125		中国热带农业科学院湛江实验站	广东省湛江市
126		中国热带农业科学院广州实验站	广东省广州市
127		中国热带农业科学院农产品加工所	广东省湛江市
128		中国热带农业科学院农业机械研究所	广东省湛江市
129		中国热带农业科学院香料饮料研究所	海南省万宁市
130		中国热带农业科学院椰子研究所	海南省文昌市
131		中国农业科学院	北京市
132		中国农业科学院作物科学研究所	北京市
133		中国农业科学院植物保护研究所	北京市

序号	部门	科研机构名称	所在地
134	农业部（61个）	中国农业科学院蔬菜花卉研究所	北京市
135		中国农业科学院农业环境与可持续发展研究所	北京市
136		中国农业科学院畜牧研究所	北京市
137		中国农业科学院蜂蜜研究所	北京市
138		中国农业科学院饲料研究所	北京市
139		中国农业科学院原子能利用研究所	北京市
140		中国农业科学院生物技术研究所	北京市
141		中国农业科学院农业经济与发展研究所	北京市
142		中国农业科学院农业资源与农业区划研究所	北京市
143		中国农业科学院农业信息研究所	北京市
144		中国农业科学院农业质量标准研究所与检测技术研究所	北京市
145		中国农业科学院农田灌溉研究所	河南省新乡市
146		中国农业科学院中国水稻研究所	浙江省杭州市
147		中国农业科学院棉花研究所	河南省安阳市
148		中国农业科学院油料作物研究所	湖北省武汉市
149		中国农业科学院麻类研究所	湖南省长沙市
150		中国农业科学院果树研究所	辽宁省兴城市
151		中国农业科学院郑州果树研究所	河南省郑州市
152		中国农业科学院茶叶研究所	浙江省杭州市
153		中国农业科学院哈尔滨兽医研究所	黑龙江哈尔滨市
154		中国农业科学院兰州兽医研究所	甘肃省兰州市
155		中国农业科学院兰州畜牧与兽药研究所	甘肃省兰州市
156		中国农业科学院上海家畜寄生虫病研究所	上海市
157		中国农业科学院草原研究所	内蒙古呼和浩特市
158		中国农业科学院特产研究所	吉林省吉林市
159		中国农业科学院环境保护科研检测所	天津市
160		中国农业科学院沼气科学研究所	四川省成都市
161		中国农业科学院南京农业机械化研究所	江苏省南京市
162		中国农业科学院烟草研究所	山东省青岛市
163		中国水产科学研究院	北京市
164		中国水产科学研究院黄海水产研究所	山东省青岛市
165		中国水产科学研究院东海水产研究所	上海市
166		中国水产科学研究院南海水产研究所	广东省广州市
167		中国水产科学研究院黑龙江水产研究所	黑龙江哈尔滨市
168		中国水产科学研究院淡水渔业研究中心	江苏省无锡市
169		中国水产科学研究院长江水产研究所	湖北省荆州市

序号	部门	科研机构名称	所在地
170	农业部（61个）	中国水产科学研究院珠江水产研究所	广东省广州市
171		中国水产科学研究院渔业工程研究所	北京市
172		中国水产科学研究院渔业机械仪器研究所	上海市
173		中国水产科学研究院北戴河增殖实验站	河北省秦皇岛市
174		中国水产科学研究院营口增殖实验站	辽宁省营口市
175		中国水产科学研究院长岛增殖实验站	山东省长岛县
176		中国水产科学院下营增殖实验站	山东省昌邑县
177	国家质检总局（4个）	中国计量科学研究院	北京市
178		中国标准化研究院	北京市
179		中国检验检疫科学研究院	北京市
180		中国特种设备检测研究中心	北京市
181	中国地震局（7个）	中国地震局地球物理研究所	北京市
182		中国地震局地质研究所	北京市
183		中国地震局地壳应力研究所	北京市
184		中国地震局地震预测研究所	北京市
185		中国地震局工程力学研究所	黑龙江哈尔滨市
186		中国地震局地震研究所	湖北省武汉市
187		中国地震局兰州地震研究所	甘肃省兰州市
188	劳动保障部（5个）	中国劳动保障科学研究院	北京市
189		劳动保障部劳动科学研究所	北京市
190		劳动保障部劳动工资研究所	北京市
191		劳动保障部国际劳工与信息研究所	北京市
192		劳动保障部社会保障研究所	北京市
193	文物局	中国文物研究所	北京市
194	新闻出版总署（2个）	中国出版科学研究所	北京市
195		中国印刷技术研究所	北京市
196	安全部	南京841研究所	江苏省南京市
197	中医药局（14个）	中国中医科学院	北京市
198		中医基础理论研究所	北京市
199		中药研究所	北京市
200		针灸研究所	北京市
201		中医药信息研究所	北京市
202		中国医史文献研究所	北京市
203		中医临床基础医学研究所	北京市
204		医学实验中心	北京市
205		第一临床研究所	北京市

序号	部门	科研机构名称	所在地
206	中医药局（14个）	第二临床研究所	北京市
207		老年医学研究所	北京市
208		眼科研究所	北京市
209		骨伤研究所	北京市
210		中国中医药科技开发交流中心	北京市
211	司法部（3个）	司法部司法鉴定科学技术研究所	上海市
212		司法部司法研究所	北京市
213		司法部预防犯罪研究所	北京市
214	国家体育总局（3个）	国家体育总局运动医学研究所	北京市
215		国家体育总局体育信息中心	北京市
216		国家体育总局体育科学研究所	北京市
217	广电总局（3个）	国家广播科学研究院	北京市
218		国家广播电视规划院	北京市
219		中国电影科学技术研究院	北京市
220	粮食局	国家粮食局科学研究院	北京市
221	教育部（6个）	教育部教育发展研究中心	北京市
222		教育部教学仪器研究所	北京市
223		中央教育科学研究所	北京市
224		教育部科技发展中心	北京市
225		教育部高等学校社会科学发展研究中心	北京市
226		教育部职业技术教育中心研究所	北京市
227	民政部（5个）	国家康复铺具研究中心	北京市
228		中国老龄科研中心	北京市
229		民政部一零一研究所	北京市
230		民政部社会福利与社会进步研究所	北京市
231		国家统计局统计科学研究所	北京市
232	国家环保总局（3个）	中国环境科学研究院	北京市
233		国家环保总局南京环境科学研究所	江苏省南京市
234		国家环保华南环境科学研究所	广东省广州市
235	交通部（4个）	交通部科学研究院	北京市
236		交通部公路科学研究所	北京市
237		交通部水运工程研究所	北京市
238		交通部天津水运工程科学研究所	天津市

序号	部门	科研机构名称	所在地
239	供销合作总社（8个）	中华全国供销合作总社南京野生植物综合利用研究所	江苏省南京市
240		中华全国供销合作总社济南果品研究所	山东省济南市
241		中华全国供销合作总社杭州茶叶研究所	浙江省杭州市
242		中华全国供销合作总社郑州棉麻工程技术设计研究所	河南省郑州市
243		中华全国供销合作总社北京商业机械研究所	北京市
244		中华全国供销合作总社天津再生资源研究所	天津市
245		中华全国供销合作总社昆明食用菌研究所	云南省昆明市
246		中华全国供销合作总社西安生漆料研究所	陕西省西安市
247	公安部（10个）	公安部第四研究所	北京市
248		公安部科学技术信息研究所	北京市
249		公安部第一研究所	北京市
250		公安部第三研究所	上海市
251		公安部沈阳消防研究所	辽宁省沈阳市
252		公安部四川消防研究所	四川省都江堰市
253		公安部上海消防研究所	上海市
254		公安部天津消防研究所	天津市
255		公安部交通管理科学研究所	江苏省无锡市
256		公安部证物鉴定中心	北京市
257	信息产业部（9个）	信息产业部电信研究院	北京市
258		信息产业部电信传输研究所	北京市
259		信息产业部电信科学技术情报研究所	北京市
260		信息产业部电信规划研究院	北京市
261		信息产业部通信计量中心	北京市
262		信息产业部邮电工业标准化研究所	北京市
263		信息产业部电子第一研究所	北京市
264		信息产业部电子第四研究所	北京市
265		中国电子产品可靠性与环境实验研究所	广东省广州市
266	水利部（10个）	中国水利水电科学研究院	北京市
267		水利部交通部电力工业部南京水利科学研究院	江苏省南京市
268		长江水利委员会长江科学院	湖北省武汉市
269		黄河水利委员会黄河水利科学研究院	河南省郑州市
270		水利部南京水利水文自动化研究院	江苏省南京市
271		水利部长春机械研究所	吉林省长春市
272		水利部水工金属结构质量检验测试中心	河南省郑州市
273		水利部产品质量标准研究所	浙江省杭州市
274		珠江水利委员会科学研究所	广东省广州市
275		水利部农村电气化研究所	浙江省杭州市

序号	部门	科研机构名称	所在地
276	国家测绘局（4个）	中国测绘科学研究院	北京市
277		国家测绘局经济管理科学研究所	黑龙江哈尔滨市
278		国家测绘产品监督检验测试中心	四川省成都市
279		国家测绘局测绘标准化研究所	陕西省西安市
280	文化部（3个）	中国艺术研究院	北京市
281		中国艺术科技研究所	北京市
282		文化部民族民间文艺发展中心	北京市
283	中国气象局（31个）	中国气象科学研究院	北京市
284		中国气象局北京城市气象研究所	北京市
285		中国气象局沈阳大气环境研究所	辽宁省沈阳市
286		中国气象局上海台风研究所	上海市
287		中国气象局武汉暴雨研究所	湖北省武汉市
288		中国气象局广州热带海洋气象研究所	广东省广州市
289		中国气象局成都高原气象研究所	四川省成都市
290		中国气象局兰州干旱气象研究所	甘肃省兰州市
291		中国气象局乌鲁木齐沙漠气象研究所	新疆乌鲁木齐市
292		天津市气象科学研究所	天津市
293		河北省气象科学研究所	河北省石家庄市
294		山西省气象科学研究所	山西省太原市
295		内蒙古气象科学研究所	内蒙古呼和浩特市
296		吉林省气象科学研究所	吉林省长春市
297		黑龙江气象科学研究所	黑龙江哈尔滨市
298		江苏省气象科学研究所	江苏省南京市
299		浙江省气象科学研究所	浙江省杭州市
300		山东省气象科学研究所	山东省济南市
301		安徽省气象科学研究所	安徽省合肥市
302		福建省气象科学研究所	福建省福州市
303		江西省气象科学研究所	江西省南昌市
304		河南省气象科学研究所	河南省郑州市
305		湖南省气象科学研究所	湖南省长沙市
306		广西壮族自治区气象减灾研究所	广西南宁市
307		贵州省山地环境气候研究所	贵州省贵阳市
308		云南省气象科学研究所	云南省昆明市
309		陕西省气象科学研究所	陕西省西安市
310		青海省气象科学研究所	青海省西宁市
311		西藏高原大气环境科学研究所	西藏拉萨市

序号	部门	科研机构名称	所在地
312	中国气象局（31个）	重庆市气象科学研究所	重庆市
313		海南省气象科学研究所	海南省海口市
314	建设部（5个）	中国城市规划设计研究院	北京市
315		建设部标准定额研究所	北京市
316		建设部科技发展促进中心	北京市
317		建设部政策研究中心	北京市
318		中国城乡建设经济研究所	北京市
319	国家林业局（21个）	国际竹藤中心	北京市
320		中国林业科学研究院	北京市
321		中国林业科学研究院林业研究所	北京市
322		中国林业科学研究院森林生态环境与保护研究所	北京市
323		中国林业科学研究院资源信息研究所	北京市
324		中国林业科学研究院林业科技信息研究所	北京市
325		中国林业科学研究院木材工业研究所	北京市
326		国家林业局北京林业机械研究所	北京市
327		中国林业科学研究院华北林业实验中心	北京市
328		中国林业科学研究院亚热带林业研究所	浙江省富阳市
329		中国林业科学研究院热带林业研究所	广东省广州市
330		中国林业科学研究院资源昆虫研究所	云南省昆明市
331		中国林业科学研究院林产化学研究所	江苏省南京市
332		国家林业局哈尔滨林业机械研究所	黑龙江哈尔滨市
333		中国林业科学研究院热带林业实验中心	广西凭祥市
334		中国林业科学研究院亚热带林业实验中心	江西省分宜县
335		中国林业科学研究院沙漠林业实验中心	内蒙古磴口县
336		国家林业局泡桐研究开发中心	河南省郑州市
337		国家林业局按树研究开发中心	广东省湛江市
338		国家林业局竹子研究开发中心	浙江省杭州市
339		中国林业科学研究院林业新技术研究所	北京市
340	卫生部（31个）	中国医学科学院	北京市
341		中国医学科学院临床医学研究所	北京市
342		中国医学科学院肿瘤研究所	北京市
343		中国医学科学院整形外科研究所	北京市
344		中国医学科学院基础医学研究所	北京市
345		中国医学科学院药用植物研究所	北京市
346		中国医学科学院医药生物技术研究所	北京市
347		中国医学科学院药物研究所	北京市

序号	部门	科研机构名称	所在地
348	卫生部（31个）	中国医学科学院信息研究所	北京市
349		中国医学科学院医学实验动物研究所	北京市
350		中国医学科学院放射医学研究所	天津市
351		中国医学科学院皮肤病研究所	江苏省南京市
352		中国医学科学院输血研究所	四川省
353		中国医学科学院生物学研究所	云南省昆明市
354		中国医学科学院病原生物学研究所	北京市
355		中国医学科学院微循环研究所	北京市
356		中国医学科学院血液学研究所	天津市
357		中国医学科学院生物医学工程研究所	天津市
358		中国疾病预防控制中心	北京市
359		中国疾病预防控制中心传染病预防控制所	北京市
360		中国疾病预防控制中心病毒病预防控制所	北京市
361		中国疾病预防控制中心性病艾滋病预防控制所	北京市
362		中国疾病预防控制中心寄生虫病预防控制所	上海市
363		中国疾病预防控制中心营养与食品安全所	北京市
364		中国疾病预防控制中心环境与健康相关产品安全所	北京市
365		中国疾病预防控制中心职业卫生与中毒控制所	北京市
366		中国疾病预防控制中心辐射防护与核安全医学所	北京市
367		中国疾病预防控制中心慢性非传染性疾病预防控制所	北京市
368		中国疾病预防控制中心农村改水技术指导中心所	北京市
369		中国疾病预防控制中心健康教育所	北京市
370		中国疾病预防控制中心妇幼保健中心	北京市
371	国土资源部（23个）	中国地质科学院	北京市
372		中国地质科学院地址研究所	北京市
373		中国地质科学院矿产资源研究所	北京市
374		中国地质科学院地质力学研究所	北京市
375		国家地质实验测试中心	北京市
376		中国地质科学院水文地质环境地质研究所	河北省石家庄
377		中国地质科学院地球物理地球化学勘查研究所	河北省廊坊市
378		中国地质科学院岩溶地质研究所	广西桂林市
379		中国地质科学院成都矿产综合利用研究所	四川省成都市
380		中国地质科学院郑州矿产综合利用研究所	河南郑州市
381		中国地质科学院勘探技术研究所	河北省廊坊市
382		中国地质科学院探矿工业研究所	四川省成都市
383		北京探矿工程研究所	北京市

序号	部门	科研机构名称	所在地
384	国土资源部（23个）	沈阳地质矿产研究所	辽宁沈阳市
385		天津地质矿产研究所	天津市
386		西安地质矿产研究所	陕西省西安市
387		成都地质矿产研究所	四川省成都市
388		宜昌地质矿产研究所	湖北宜昌市
389		南京地质矿产研究所	江苏南京市
390		水文地质工程地质技术方法研究所	河北省保定市
391		青岛海洋地质研究所	山东省青岛市
392		国土资源部实物地质资料中心	河北三河市
393		中国地质博物馆	北京市
394	计生委	国家人口计生委科学技术研究所	北京市
395	档案局	国家档案局档案科学技术研究所	北京市
396	高检院	检察技术信息研究中心	北京市
397	民航总局（2个）	中国民航科学技术研究中心	北京市
398		中国民航民用航空总局第二研究所	四川成都市
399	安全监管总局（2个）	中国安全生产科学研究院	北京市
400		国家安全生产监督管理总局煤炭信息研究院（安全生产信息研究院）	北京市
401	科技部	中国科学技术信息研究所	北京市

海关总署办公厅关于印发中国社会科学院所属科学研究与教学机构名单及有关问题的通知

（署办函〔2008〕39号）

北京海关：

近接中国社会科学院办公厅《关于商请将我院及院属有关单位列入贵厅“科学研究和教学机构名单”的函》（社科〔2008〕办函字3号），申请将中国社会科学院及其所属科研教学单位列入享受科教用品进口税收优惠政策名单。

鉴于中国社会科学院是国务院直属事业单位，其前身是1955年成立的中国科学院哲学社会科学部，1977年5月更名为中国社会科学院。因此，中国社会科学院及其所属科研教学单位属于《科学研究和教学用品免征进口税收规定》（财政部海关总署税务总局令第45号）第三条规定的科学研究机构和学校，可以享受科教用品进口税收优惠政策。现将《中国社会科学院所属科学研究与教学机构名单》（以下简称《机构名单》，详见附件）印发你关，并就执行中的有关问题通知如下：

一、自本通知下发之日起，《机构名单》中所列的科研教学机构首次申请免税进口科教用品前，可持凭《事业单位法人证书》直接向你关申请办理资格备案手续，不再要求提供海关总署2007年第13号公告（以下简称 13 号公告）规定的主管部门批准成立文件和科技部认定文件。

二、《机构名单》中所列的科研教学机构已在海关办理科研教学机构资格备案手续的，在补充提交《事业单位法人证书》后，可以继续享受科教用品进口税收优惠政策。

三、今后新设立的中国社会科学院所属科研单位，可持凭中央编办批准成立的批复文件、中国社会科学院出具的科研单位证明和《事业单位法人证书》，直接向你关申请办理资格备案手续。

四、《机构名单》中所列的科研教学机构如有名称变更的，可持凭中央编办同意更名的批复文件和更名后的《事业单位法人证书》等材料向你关申请办理相关变更手续。

五、本通知未提及的其他事宜，仍按照 13 号公告的有关规定执行。

执行中遇到问题，请及时向总署关税征管司反映。

特此通知。

附件　中国社会科学院所属科学研究与教学机构名单

二〇〇八年一月二十四日

附件

中国社会科学院所属科学研究与教学机构名单

1. 中国社会科学院马克思主义研究院
2. 中国社会科学院经济研究所
3. 中国社会科学院工业经济研究所
4. 中国社会科学院农村发展研究所
5. 中国社会科学院财政与贸易经济研究所
6. 中国社会科学院金融研究所
7. 中国社会科学院数量经济与技术经济研究所
8. 中国社会科学院人口与劳动经济研究所
9. 中国社会科学院考古研究所
10. 中国社会科学院历史研究所
11. 中国社会科学院近代史研究所
12. 中国社会科学院世界历史研究所
13. 中国社会科学院台湾研究所
14. 中国社会科学院文学研究所
15. 中国社会科学院民族文学研究所
16. 中国社会科学院外国文学研究所
17. 中国社会科学院语言研究所
18. 中国社会科学院哲学研究所
19. 中国社会科学院世界宗教研究所
20. 中国社会科学院法学研究所
21. 中国社会科学院政治学研究所
22. 中国社会科学院民族学与人类学研究所
23. 中国社会科学院社会学研究所
24. 中国社会科学院新闻与传播研究所
25. 中国社会科学院世界经济与政治研究所
26. 中国社会科学院俄罗斯东欧中亚研究所

27. 中国社会科学院欧洲研究所
28. 中国社会科学院西亚非洲研究所
29. 中国社会科学院拉丁美洲研究所
30. 中国社会科学院亚洲太平洋研究所
31. 中国社会科学院美国研究所
32. 中国社会科学院日本研究所
33. 中国社会科学院研究生院
34. 中国社会科学院城市发展与环境研究中心
35. 中国社会科学院中国边疆史地研究中心

海关总署关于补充更正“署税发〔2007〕433号”文件中国务院有关部门所属科学研究机构名单的通知

（署税发〔2008〕84号）

广东分署，天津、上海特派办，各直属海关：

因有关部门向科技部提供的国务院有关部门所属科学研究机构名单存在个别单位遗漏和部分单位名称有误的问题，经科技部进一步收集整理和核实，现对2007年10月制发的《海关总署关于印发国务院有关部门所属科学研究机构名单的通知》（署税发〔2007〕433号）所附科学研究机构名单予以补充更正（详见附件）。其他有关事项仍按照“署税发〔2007〕433号”文件的规定执行。

特此通知。

附件　国务院有关部门所属科学研究机构名称补充更正名单

二〇〇八年三月十三日

附件

国务院有关部门所属科学研究机构名称补充更正名单

一、补充的机构名单

（一）卫生部

中国医学科学院阜外心血管病研究所，所在地北京。

（二）中国残疾人联合会

中国康复科学所，所在地北京。

（三）农业部

中国农业科学院研究生院，所在地北京。

（四）中国科学院

国家纳米技术与工程研究院，所在地天津；

中国科学院上海巴斯德研究所，所在地上海；

中国科学院研究生院，所在地北京；

中国科学院数据与通信保护研究教育中心，所在地北京。

（五）中国气象局

宁夏回族自治区气象科学研究所，所在地宁夏银川市。

（六）国家保密局

国家保密技术研究所，所在地北京。

二、更正的机构名称

（一）中国科学院

“中国科学院计算机网络信息中心（原序号 36）”更正为“中国科学院网络信息中心（中国互联网络信息中心）”；

“中国科学院成都山地灾害与环境研究所（原序号 93）”更正为“中国科学院、水利部成都山地灾害与环境研究所”。

（二）农业部

“中国热带农业科学院品种资源研究所（原序号 118）”更正为“中国热带农业科学院热带作物品种资源研究所”；

“中国热带农业科学院农产品加工所（原序号 127）”更正为“中国热带农业科学院农产品加工研究所”；

“中国农业科学院畜牧研究所（原序号 136）”更正为“中国农业科学院北京畜牧兽医研究所”；

“中国农业科学院蜂蜜研究所（原序号 137）”更正为“中国农业科学院蜜蜂研究所”；

“中国农业科学院质量标准研究所与检测技术研究所（原序号 144）”更正为“中国农业科学院质量标准与检测技术研究所”；

“中国农业科学院中国水稻研究所（原序号 146）”更正为“中国水稻研究所”；

“中国农业科学院上海家畜寄生虫病研究所（原序号 156）”更正为“中国农业科学院上海兽医研究所”；

“中国农业科学院环境保护科研检测所（原序号 159）”更正为“农业部环境保护科研监测所”；

“中国农业科学院沼气科学研究所（原序号 160）”更正为“农业部沼气科学研究所”；

“中国农业科学院南京农业机械化研究所（原序号 161）”更正为“农业部南京农业机械化研究所”；

“中国水产科学研究院北戴河增殖实验站（原序号 173）”更正为“中国水产科学研究院北戴河中心实验站”；

“中国水产科学院下营增殖实验站（原序号 174）”更正为“中国水产科学研究院下营增殖实验站”。

（三）卫生部

“中国疾病预防控制中心性病艾滋病预防控制所（原序号 361）”更正为“中国疾病预防控制中心性病艾滋病预防控制中心”；

“中国疾病预防控制中心慢性非传染性疾病预防控制所（原序号 367）”更正为“中国疾病预防控制中心慢性非传染性疾病预防控制中心”；

“中国疾病预防控制中心农村改水技术指导中心所（原序号 368）”更正为“中国疾病预防控制中心农村改水技术指导中心”。

（四）水利部

“珠江水利委员会科学研究所（原序号 274）”更正为“珠江水利委员会珠江水利科学研究院”。

（五）国家广播电影电视总局

“国家广播科学研究院（原序号 217）”更正为“国家广播电影电视总局广播科学研究院”；

“国家广播电视规划院（原序号 218）”更正为“国家广播电影电视总局广播电视规划院”；

“中国电影科学技术研究院（原序号 219）”更正为“中国电影科学技术研究所”。

（六）交通部

"交通部水运工程科学研究所（原序号237）"更正为"交通部水运科学研究所"。

（七）国家林业局

"国际竹藤中心（原序号319）"更正为"国际竹藤网络中心"；

"中国林业科学研究院林产化学研究所（序号331）"更正为"中国林业科学研究院林产化学工业研究所"。

（八）国家质量监督检验检疫总局

"中国特种设备检测研究中心（原序号180）"更正为"中国特种设备检测研究院"。

（九）国土资源部

"中国地质科学院地址研究所（原序号372）"更正为"中国地质科学院地质研究所"。

（十）国家中医药管理局

"中医基础理论研究所（原序号198）"更正为"中国中医科学院中医基础理论研究所"；

"中药研究所（原序号199）"更正为"中国中医科学院中药研究所"；

"针灸研究所（原序号200）"更正为"中国中医科学院针灸研究所"；

"中医药信息研究所（原序号201）"更正为"中国中医科学院中医药信息研究所"；

"中国医史文献研究所（原序号202）"更正为"中国中医科学院中国医史文献研究所"；

"中医临床基础医学研究所（原序号203）"更正为"中国中医科学院中医临床基础医学研究所"；

"医学实验中心（原序号204）"更正为"中国中医科学院医学实验中心"；

"第一临床研究所（原序号205）"更正为"中国中医科学院第一临床医药研究所"；

"第二临床研究所（原序号206）"更正为"中国中医科学院第二临床医药研究所"。

（十一）中国气象局

"中国气象局北京城市气象研究所（原序号284）"更正为"中国气象局北京城市气象研究所"；

"中国气象局兰州干旱气象研究所（原序号290）"更正为"中国气象局兰州干旱气象研究所"；

"内蒙古气象科学研究所（原序号295）"更正为"内蒙古自治区气象科学研究所"；

"黑龙江气象科学研究所（原序号297）"更正为"黑龙江省气象科学研究所"。

（十二）国家统计局

国家统计局统计科学研究所（原序号231），其主管部门应为国家统计局。

（十三）民政部

"国家康复铺具研究中心（原序号227）"更正为"国家康复辅具研究中心"。

（十四）公安部

"公安部证物鉴定中心（原序号256）"更正为"公安部物证鉴定中心"。

科技部、财政部、海关总署、国家税务总局关于印发执行《科技开发用品免征进口税收暂行规定》转制科研机构名单（第二批）的通知

（国科发政〔2008〕743号）

各省、自治区、直辖市、计划单列市科技厅（委、局），财政厅（局），国家税务局，广东分署，天津、上海特派办，各直属海关：

根据《科技开发用品免征进口税收暂行规定》（财政部、海关总署、国家税务总局第44号令），现将经科技部、财政部、海关总署、国家税务总局核定的转制科研机构名单（第二批，原各省、自治区、直

辖市、计划单列市属技术开发类科研机构）印发给你们。

今后转制科研机构名称发生变更的，企业可持登记主管机关出一具的《准予变更登记通知书》到主管海关办理备案名称变更手续。

转制后仍保留科研事业单位性质的科研机构和并入高校的科研机构进口科教用品执行《科学研究和教学用品免征进口税收规定》。

附件 执行《科技开发用品免征进口税收暂行规定》转制科研机构名单（第二批）

科技部

财政部

海关总署

国家税务总局

二〇〇八年十二月二十二日

附件

执行《科技开发用品免征进口税收暂行规定》转制科研机构名单（第二批）

所属地区	转制科研机构名称
北京市	北京机电院高技术股份有限公司　北京市粉末冶金研究所有限责任公司　北京市太阳能研究所有限公司　北京市新技术应用研究所　北京自动测试技术研究所　北京市计算中心　北京市营养源研究所　北京市射线应用研究中心　北京实验动物研究中心　北京一轻研究所　北京玻璃研究院　北京市食品工业研究所　北京电光源研究所　北京市发酵工业研究所　北京自动化技术研究院　北京光电技术研究所　北京电影机械研究所　北京无线电技术研究所　北京市半导体器件研究所　北京市化学工业研究院　北京化学试剂研究所　北京纺织科学研究所　北京毛纺织科学研究所有限公司　北京纺机所装备技术有限公司　北京市塑料研究所　北京建筑材料科学研究总院有限公司　北京有色金属与稀土应用研究所　北京市冶金设备自动化研究所　北京市建筑工程研究院　医科达北研（北京）医疗器械有限公司　北京北冶功能材料有限公司　北京汽车研究所有限公司　北京市农业机械研究所　北京市食品研究所　北京市粮食科学研究所　北京市商业机械研究所　北京市供销合作总社科学技术研究所　北京市服务机械研究所　北京双鹤现代医药技术有限责任公司　北京市公共交通研究所
天津市	天津市制造业信息化生产力促进中心　天津市技术物理研究所　天津实验动物中心　天津市激光技术研究所　天津市机械研究设计院　天津市机械研究所　天津市热处理研究所有限公司　天津市焊接研究所　天津市石化通用机械研究所　天津市机械涂层研究所有限责任公司　天津市机床研究所　天津市工具研究所有限公司　天津市数控及传动技术应用研究所　天津市电材工业研究所　天津市蝶桥包装食品机械研究所有限责任公司　天津市机电工业科技信息研究所　天津市电子计算机研究所　天津市科晓信息技术研究所　天津市工业自动化仪表研究所　天津市电视技术研究所　天津市电子仪表信息研究所　天津市合成材料工业研究所　天津市橡胶工业研究所　天津市染料工业研究所　天津市无机化学工业研究所　天津市农药研究所　天津市化学试剂研究所　天津市化工科技信息研究所　天津市有色金属研究所　天津市冶金科技信息研究所　天津市硅酸盐研究所　天津市硬质合金研究所有限公司　天津市轻工业化学研究所　天津市工业微生物研究所　天津市轻工业造纸技术研究所　天津市印刷技术研究所　天津市化妆品科学技术研究院有限公司　天津市一轻科技信息研究所　天津市食品研究所有限公司　天津市调味品研究所　天津市服装研究所　天津市轻工装备研究所　天津市资信家用电器研究所　天津甫华制鞋有限公司　天津市工艺美术研究所　天津市家具技术研究所　天津市五金工具研究所　天津市轻工信息研究所　天津市纺织服装研究院　天津市化学纤维研究所　天津市针织技术研究所　天津市纺织装饰品工业研究所　天津市毛纺织技术研究所　天津市纺织机械器材研究所　天津市丝绸技术研究所　天津市建筑科学研究院　天津市建筑材料科学研究所　天津市粮油科学设计院　天津市医疗器械研究所　天津市交通科学技术研究所　天津市包装装潢研究所　天津市塑料研究所　天津市光学精密机械研究所

所属地区	转制科研机构名称
河北省	河北省化学工业研究院　河北省机械科学研究设计院　河北省建筑材料工业设计研究院　河北省纺织科学研究所　河北省电子信息技术研究院　河北省建筑科学研究院　河北省自动化研究所　河北省机电一体化中试基地　河北省微生物研究所　河北省电信设计咨询公司　河北省交通科学研究所　河北省食用菌研究所　河北煤炭科学研究所　邯郸市东诚商业科贸有限责任公司　河北省农业机械化研究所有限责任公司
内蒙古自治区	内蒙古计算机应用研究院（有限责任公司）　内蒙古交通设计研究院有限责任公司　内蒙古自治区轻工科学研究所有限责任公司　内蒙古自治区机电设计研究院有限责任公司　内蒙古建筑材料工业科学研究设计院有限责任公司　内蒙古自治区电子研究所有限责任公司　内蒙古石油化工科学研究院有限责任公司　内蒙古自治区建筑科学研究所有限责任公司　内蒙古粮食科学研究设计院有限责任公司　内蒙古轻化工业设计院有限责任公司
辽宁省	辽宁省交通科学研究院　辽宁省建设科学研究院　辽宁省食品制冷研究设计院　辽宁省日用电器研究所　辽宁省能源研究所　辽宁省节能中心（辽宁省节能研究所）　辽宁省轻工科学研究院　辽宁省食品工业研究所　辽宁省机械研究院有限公司　辽宁省电子研究设计院有限公司　辽宁天维纺织研究建筑设计有限公司　辽宁省印刷技术研究所　辽宁省生物医学工程研究院有限公司　辽宁省果品科学技术研究所有限责任公司　辽宁省农牧业机械研究所有限公司　辽宁化工研究有限公司
上海市	上海市能源研究所　上海市计算技术研究所　上海市激光技术研究所　上海仪器仪表研究所　上海市纺织装饰用品科技研究所　上海市针织科学技术研究所有限公司　上海市纺织科学研究院　上海市毛麻纺织科学技术研究所　上海市服装研究所　上海轻工业研究所有限公司　上海市工业微生物研究所　上海市食品工业研究所　上海市钟表研究所　上海市制笔工业研究所　上海木材工业研究所　上海实用电子研究所有限公司　上海市工具工业研究所　上海市照明灯具研究所　上海建筑五金工业研究所有限公司　上海文教体育用品研究所有限公司　上海市晟光日用五金工业研究所有限公司　上海市皮革工业研究所　上海市塑料研究所　上海市有机氟材料研究所　上海染料研究所有限公司　上海市农药研究所　上海橡胶料品研究所　上海市涂料研究所　上海化学试剂研究所　上海市合成树脂研究所　上海宝钢建筑工程设计研究院　上海电气自动化设计研究所有限公司　上海市机械制造工艺研究所有限公司　上海市离心机械研究所有限公司。　上海市紧固件和焊接材料技术研究所　上海市电机技术研究所　上海市电器技术研究所　上海市轴承技术研究所　上海市机电设计研究院有限公司　上海市建筑科学研究院（集团）有限公司　上海市食品研究所　上海市粮食科学研究所　上海市丝绸科学技术研究所
江苏省	江苏省计算技术研究所有限责任公司　江苏省微生物研究所有限责任公司　江苏省农药研究所股份有限公司　江苏省机械研究设计院有限责任公司　江苏省机电研究所有限公司　江苏省冶金研究所有限公司　江苏省纺织研究所有限公司　江苏省煤矿研究所有限公司　江苏省建筑科学研究院有限公司　江苏省建筑材料研究设计院有限公司　江苏省粮食科学研究设计院有限公司　江苏省交通科学研究院股份有限公司　江苏省船舶设计研究所有限公司　江苏省宏图电子综合研究所有限公司　江苏省药物研究所有限公司　江苏省化工信息中心有限公司　江苏省医药工业研究所有限公司　江苏省广播电视科学研究所有限公司　江苏省农业机械研究所有限公司
浙江省	浙江大立科技股份有限公司　浙江省中药研究所有限公司　浙江省工艺美术研究所有限公司　浙江化工科技集团有限公司　浙江省电子技术研究所有限公司　浙江省中明化工科技有限公司　浙江省建筑材料科技有限公司　浙江丝绸科技有限公司　浙江省冶金研究院有限公司　浙江省机电设计研究院有限公司　浙江赞宇科技股份有限公司　浙江省普瑞科技有限公司　浙江纺织服装科技有限公司　浙江省建筑科学设计研究院有限公司　浙江省粮食科学研究所有限责任公司　浙江省广电科技股份有限公司　浙江舞台设计研究院有限公司　浙江天正信息科技有限公司　浙江天科高新技术发展有限公司　浙江省地矿科技有限公司
安徽省	安徽省化工研究院　安徽电子科学研究所　安徽省农业机械研究所　安徽省机械科学研究所　安徽省建筑材料科学技术研究所　安徽省冶金科学研究所有限公司　安徽省轻工科学技术研究所有限公司　安徽省裕丰粮油科技有限责任公司　安徽省纺织服装研究所　安徽省商标设计研究所有限公司　安徽省商业科技研究所有限公司　安徽省蚌埠工业自动化研究所有限责任公司
福建省	福建省工艺美术研究院
江西省	江西省金世纪新材料股份有限公司

所属地区	转制科研机构名称
河南省	河南纺织研究院　河南省服装研究所有限公司　河南省轻工业科学研究所有限公司　河南省轻工机械研究所有限责任公司　河南省食品工业科学研究所有限公司　河南省皮革塑料研究所有限公司　河南省机械设计研究院有限公司　河南省医药工业研究所有限公司　河南省电子规划研究院有限责任公司　河南省交通科学技术研究院有限公司　河南省粮食科学研究所有限公司　河南省建筑科学研究院有限公司（河南省建筑科学研究院）　河南省科学技术开发交流中心有限公司　河南省农村科学技术开发中心有限责任公司　河南省计算机应用技术研究所有限公司　河南省计算中心有限责任公司　河南省科学院化学研究所有限公司　河南省科学院能源研究所有限公司　河南省科学院同位素研究所有限责任公司　河南省科学院应用物理研究所有限公司　河南省科学院生物研究所有限责任公司　河南省化工研究所有限责任公司　河南省商业科学研究所有限责任公司　河南建筑材料研究设计院有限责任公司　河南省冶金研究所有限责任公司　河南省农科院农副产品加工研究所
湖北省	湖北省自动化研究所　湖北省生物工程研究有限公司　湖北省机电研究设计院　湖北省轻工业科学研究设计院　湖北省化学工业研究设计院　湖北省建筑标准设计研究院　湖北省冶金科学研究所　湖北省建筑材料工业研究设计院　湖北省电子科学研究所有限公司　湖北省纺织工业科学研究所　湖北省建筑科学研究设计院　湖北省医药工业研究院有限公司　湖北省交通科学研究所
湖南省	湖南省建筑科学研究院　湖南电器研究所　湖南省机械研究所　湖南化工研究院　湖南省电子研究所　湖南省印刷科技研究所　湖南省冶金材料研究所　湖南苎麻技术研究中心　湖南轻工研究院有限责任公司　湖南省造纸研究所有限公司　湖南湘瓷科艺股份有限公司　湖南省湘绣研究所　湖南省塑料研究所　湖南省工艺美术研究所（湖南省工艺美术馆）　湖南省皮革研究所　湖南省粮油科学研究设计院　湖南省建筑材料研究设计院有限公司　湖南医药工业研究所　湖南省交通科学研究院
广东省	广东省农业科学院畜牧研究所　广东省农业科学院兽医研究所　广东省农业科学院蚕业与农产品加工研究所　广东省农业科学院花卉研究所　广东省农业科学院土壤肥料研究所　广东省农业科学院茶叶研究所　广东省农业科学院农业生物技术研究所　广东省计算技术应用研究所　广东省技术开发中心　广东省化学纤维研究所　广东省造纸研究所　广东省电子技术研究所　广东省食品工业研究所　广东省石油化工研究院　广东省钢铁研究所　广州半导体材料研究所　广东省机械研究所　广东省农业机械研究所　广东省工程技术研究所　广东省医疗器械研究所　广东省陶瓷研究所　广东省大埔陶瓷工业研究所有限公司　广东省枫溪陶瓷工业研究所　广东省中药研究所　广东省农科院彩田农业科技信息中心
广西壮族自治区	广西壮族自治区化工研究院　广西轻工业科学技术研究院　广西壮族自治区机械工业研究院　广西壮族自治区计算中心　广西科学院应用物理研究所　广西壮族自治区电子研究所　广西壮族自治区粮油科学研究所　广西壮族自治区农业机械研究院　广西交通科学研究院　广西化工生物技术研究所有限责任公司　广西壮族自治区汽车拖拉机研究所　广西壮族自治区建筑材料科学研究设计院　广西壮族自治区水力机械研究所　广西壮族自治区工艺美术研究所　广西壮族自治区建筑科学研究设计院　广西塑料研究所　广西冶金研究所　广西壮族自治区煤炭科学研究所　广西壮族自治区药物研究所有限公司　广西绢麻纺织科学研究所　广西化学纤维研究所　广西纺织服装设计研究所　广西水电科学研究院　广西科学院生物研究所　广西壮族自治区海洋研究所
海南省	海南省建设项目规划设计研究院　海南省公路勘察设计院　海南省水利电力建筑勘测设计院　海南省海洋开发规划设计研究院
重庆市	重庆高技术创业中心　重庆造纸工业研究设计院有限责任公司　重庆市光学机械研究所　重庆市机电设计研究院　重庆市硅酸盐研究所　重庆市计算机技术研究所　重庆市日用化学工业研究所　重庆市生物技术研究所有限责任公司　重庆食品工业研究所　重庆市建筑科学研究院　重庆市纺织工业研究所有限责任公司　重庆钢铁研究所　重庆市电子技术研究所　重庆市化工研究院　重庆医药工业研究院有限责任公司　重庆有色金属研究所有限公司　重庆市机械工业理化计量中心　重庆电气科学研究院　重庆市城市害虫防治研究所　重庆西南信息有限公司
四川省	四川省丝绸科学研究院　四川省机械研究设计院　四川省纺织科学研究院　四川省化学工业研究设计院　四川省天然气化工研究院　四川省精细化工研究设计院　四川省食品发酵工业研究设计院　四川省轻工业研究设计院　四川省皮革研究所　四川省工艺美术研究所　四川省建筑科学研究院　四川省建材工业科学研究院　四川省酒类科研所

所属地区	转制科研机构名称
云南省	云南省化工研究院　云南省橡胶制品研究所　云南省纺织科学研究所　云南省轻工业科学研究所　云南省工艺美术研究所　云南省电子工业研究所　云南省计算机软件技术开发研究中心　云南省建筑材料科学研究设计院　云南省建筑科学研究院　昆明冶金研究院（云南省冶金研究设计院）　云南省药物研究所　云南省机械研究设计院　云南省农业机械研究所　云南省酿酒科学研究所　中国实验动物云南灵长类中心　云南省交通科学研究所　云南省印刷技术研究所　昆明体育电子设备研究所
贵州省	贵州省新材料研究开发基地　贵州省新技术研究所　贵州省冶金化工研究所　贵州省生物技术研究开发基地　贵州省信息技术创新服务中心　贵州省轻工业科学研究所　贵州省工艺美术研究所　贵州省机电研究设计院　贵州省矿山案例科学研究院（贵州省煤炭科学研究所）　贵州省化工研究院　贵州省建筑材料科学研究设计院　贵州省交通科学研究院　贵州省电子工业研究所　贵州省粮油科研设计所
陕西省	陕西省石油化工研究设计院　陕西省机械研究院　陕西省农业机械研究所　陕西省电子技术研究所　陕西省轻工业研究设计院　陕西纺织器材研究所　陕西省纺织科学研究所　陕西省建筑材料工业设计研究院　陕西省建筑科学研究院　西安公路研究所　陕西省印刷科学技术研究所
甘肃省	甘肃省膜科学技术研究院　甘肃省纺织研究所　甘肃省机械科学研究院　甘肃省建材科研设计院
宁夏回族自治区	宁夏林业研究所（有限公司）　宁夏机械研究院（有限责任公司）　宁夏粮食科技研究所（有限公司）　宁夏四正生物工程技术研究中心（有限公司）　宁夏回族自治区化工设计研究院　宁夏建筑材料研究院（有限公司）　宁夏药物研究所（有限公司）　宁夏农林科学院枸杞研究所（有限公司）　宁夏农林科学院畜牧兽医研究所（有限公司）　宁夏回族自治区计算机技术研究所　宁夏煤炭科学技术研究所　宁夏回族自治区农业机械研究所　宁夏轻工业设计研究院　宁夏回族自治区建筑科学研究院　宁夏回族自治区农垦科学研究所　宁夏回族自治区甜菜糖业研究所　宁夏城乡规划设计研究院　宁夏回族自治区交通科学研究所　宁夏回族自治区水产研究所　宁夏农林科学院园艺研究所　宁夏农林科学院银北盐碱土改良试验站　宁夏环境科学设计研究院（有限公司）
青海省	青海新能源（集团）有限公司　青海省轻工业研究所有限责任公司　青海省生产力促进青海省机械科学研究所　青海省科学技术信息研究所　青海省科技（青海省测试计算中心）　青海省化工设计研究院有限公司　青海煤矿设计研究院　青海省科学器材公司　青海省农牧业工程咨询公司　青海省体育发展研究中心　青海省水利水电科技发展有限公司　青海省人民防空工程设计研究院　青海省规划设计研究院　青海省环境科学研究设计院　青海省建筑建材科学研究开发咨询公司（青海省建筑建材科学研究院）　青海省公路科研勘测设计院
新疆维吾尔自治区	新疆轻工业设计研究院有限责任公司　新疆化工设计研究院　新疆建筑科学研究院（有限责任公司）　新疆电子研究所有限公司　新疆交通科学研究院
大连市	大连合成纤维研究所股份有限公司　大连电子研究所　大连计算机应用技术研究所有限公司　大连纺织研究所有限公司　大连塑料研究所有限公司　大连市轻化工研究所　大连市建筑科学研究设计院股份有限公司　大连恒庄化工有限公司　大连市服装研究所有限公司
宁波市	浙江华展工程研究设计院有限公司（原宁波市机电研究设计有限公司）　宁波市化工研究设计院有限公司
厦门市	厦门市建筑科学研究院集团股份有限公司
青岛市	青岛半导体研究所　青岛电子研究所有限责任公司　青岛市印染科学研究所　青岛市服装研究所有限公司　青岛橡胶工业研究所　青岛市机械研究所有限责任公司　青岛市建筑科学研究所有限责任公司　青岛晶星汽车电子装备有限公司　青岛市园林科学研究所有限公司　青岛化工研究院　青岛市工艺美术研究所　青岛家具研究所　青岛食品工业研究所　青岛市粮食科学研究所有限责任公司　青岛市轻工业研究所

财政部、海关总署、国家税务总局关于修改《科技开发用品免征进口税收暂行规定》和《科学研究和教学用品免征进口税收规定》的决定

（财政部、海关总署、国家税务总局令第63号）

经国务院批准，财政部、海关总署、国家税务总局决定对《科技开发用品免征进口税收暂行规定》和《科学研究和教学用品免征进口税收规定》的部分条款予以修改。

一、对《科技开发用品免征进口税收暂行规定》作如下修改：

（一）将第二条中的“在2010年12月31日前”修改为“在2015年12月31日前”。

（二）将附件《免税进口科技开发用品清单》中的第二项修改为：“（二）为科学研究、技术开发提供必要条件的科研实验用设备（用于中试和生产的设备除外）”。

二、对《科学研究和教学用品免征进口税收规定》作如下修改：

将附件《免税进口科学研究和教学用品清单》中的第二项修改为：“（二）为科学研究和教学提供必要条件的科研实验用设备（用于中试和生产的设备除外）”。

本决定自2011年1月1日起施行。

《科技开发用品免征进口税收暂行规定》和《科学研究和教学用品免征进口税收规定》根据本决定作相应修改，重新公布。

科技开发用品免征进口税收暂行规定

（2007年1月31日财政部、海关总署、国家税务总局令第44号公布，根据2011年6月14日《财政部、海关总署、国家税务总局关于修改〈科技开发用品免征进口税收暂行规定〉和〈科学研究和教学用品免征进口税收规定〉的决定》修订）

第一条 为了鼓励科学研究和技术开发，促进科技进步，规范科技开发用品的免税进口行为，根据国务院关于同意对科教用品进口实行税收优惠政策的决定，制定本规定。

第二条 下列科学研究、技术开发机构，在2015年12月31日前，在合理数量范围内进口国内不能生产或者性能不能满足需要的科技开发用品，免征进口关税和进口环节增值税、消费税：

（一）科技部会同财政部、海关总署和国家税务总局核定的科技体制改革过程中转制为企业和进入企业的主要从事科学研究和技术开发工作的机构；

（二）国家发展改革委会同财政部、海关总署和国家税务总局核定的国家工程研究中心；

（三）国家发展改革委会同财政部、海关总署、国家税务总局和科技部核定的企业技术中心；

（四）科技部会同财政部、海关总署和国家税务总局核定的国家重点实验室和国家工程技术研究中心；

（五）财政部会同国务院有关部门核定的其他科学研究、技术开发机构。

第三条 免税进口科技开发用品的具体范围，按照本规定所附《免税进口科技开发用品清单》执行。

财政部会同有关部门根据科技开发用品的需求变化及国内生产发展情况，适时对《免税进口科技开发用品清单》进行调整。

第四条 依照本规定免税进口的科技开发用品，应当直接用于本单位的科学研究和技术开发，不得擅自转让、移作他用或者进行其他处置。

第五条 经海关核准的单位，其免税进口的科技开发用品可以用于其他单位的科学研究和技术开发活动。

第六条 违反规定，将免税进口的科技开发用品擅自转让、移作他用或者进行其他处置的，按照有关规定处罚，有关单位在1年内不得享受本税收优惠政策；依法被追究刑事责任的，有关单位在3年内不得享受本税收优惠政策。

第七条 海关总署根据本规定制定海关具体实施办法。

第八条 本规定自2007年2月1日起施行。

附件

免税进口科技开发用品清单

（一）研究开发、科学试验用的分析、测量、检查、计量、观测、发生信号的仪器、仪表及其附件；

（二）为科学研究、技术开发提供必要条件的科研实验用设备（用于中试和生产的设备除外）；

（三）计算机工作站，中型、大型计算机；

（四）在海关监管期内用于维修依照本规定已免税进口的仪器、仪表和设备或者用于改进、扩充该仪器、仪表和设备的功能而单独进口的专用零部件及配件；

（五）各种载体形式的图书、报刊、讲稿、计算机软件；

（六）标本、模型；

（七）实验用材料；

（八）实验用动物；

（九）研究开发、科学试验和教学用的医疗检测、分析仪器及其附件（限于医药类科学研究、技术开发机构）；

（十）优良品种植物及种子（限于农林类科学研究、技术开发机构）；

（十一）专业级乐器和音像资料（限于艺术类科学研究、技术开发机构）；

（十二）特殊需要的体育器材（限于体育类科学研究、技术开发机构）；

（十三）研究开发用的非汽油、柴油动力样车（限于汽车类研究开发机构）。

科学研究和教学用品免征进口税收规定

（2007年1月31日财政部、海关总署、国家税务总局令第45号公布，根据2011年6月14日《财政部 海关总署 国家税务总局关于修改〈科技开发用品免征进口税收暂行规定〉和〈科学研究和教学用品免征进口税收规定〉的决定》修订）

第一条 为了促进科学研究和教育事业的发展，推动科教兴国战略的实施，规范科学研究和教学用品的免税进口行为，根据国务院关于同意对科教用品进口实行税收优惠政策的决定，制定本规定。

第二条 科学研究机构和学校，以科学研究和教学为目的，在合理数量范围内进口国内不能生产或者性能不能满足需要的科学研究和教学用品，免征进口关税和进口环节增值税、消费税。

第三条 本规定所称科学研究机构和学校，是指：

（一）国务院部委、直属机构和省、自治区、直辖市、计划单列市所属专门从事科学研究工作的各类科研院所；

（二）国家承认学历的实施专科及以上高等学历教育的高等学校；

（三）财政部会同国务院有关部门核定的其他科学研究机构和学校。

第四条 免税进口科学研究和教学用品的具体范围，按照本规定所附《免税进口科学研究和教学用品清单》执行。

财政部会同国务院有关部门根据科学研究和教学用品的需求及国内生产发展情况，适时对《免税进口科学研究和教学用品清单》进行调整。

第五条 依照本规定免税进口的科学研究和教学用品，应当直接用于本单位的科学研究和教学，不得擅自转让、移作他用或者进行其他处置。

第六条 经海关核准的单位，其免税进口的科学研究和教学用品可用于其他单位的科学研究和教学活动。

第七条 违反规定，将免税进口的科学研究和教学用品擅自转让、移作他用或者进行其他处置的，按照有关规定处罚，有关单位在 1 年内不得享受本税收优惠政策；依法被追究刑事责任的，有关单位在 3 年内不得享受本税收优惠政策。

第八条 海关总署根据本规定制定海关具体实施办法。

第九条 本规定自 2007 年 2 月 1 日起施行。

附件

免税进口科学研究和教学用品清单

（一）科学研究、科学试验和教学用的分析、测量、检查、计量、观测、发生信号的仪器、仪表及其附件；

（二）为科学研究和教学提供必要条件的科研实验用设备（用于中试和生产的设备除外）；

（三）计算机工作站，中型、大型计算机；

（四）在海关监管期内用于维修依照本规定已免税进口的仪器、仪表和设备或者用于改进、扩充该仪器、仪表和设备的功能而单独进口的专用零部件及配件；

（五）各种载体形式的图书、报刊、讲稿、计算机软件；

（六）标本、模型；

（七）教学用幻灯片；

（八）实验用材料；

（九）实验用动物；

（十）科学研究、科学试验和教学用的医疗检测、分析仪器及其附件（限于医药类院校、专业和医药类科学研究机构。经海关核准，上述进口单位以科学研究或教学为目的，在每 5 年每种 1 台的范围内，可将免税医疗检测、分析仪器用于其附属医院的临床活动）；

（十一）优良品种植物及种子（限于农林类科学研究机构和农林类院校、专业）；

（十二）专业级乐器和音像资料（限于艺术类科学研究机构和艺术类院校、专业）；

（十三）特殊需要的体育器材（限于体育类科学研究机构和体育类院校、专业）；

（十四）教练飞机（限于飞行类院校）；

（十五）教学实验船舶所用关键设备（限于航运类院校）；

（十六）科学研究用的非汽油、柴油动力样车（限于汽车类院校、专业）。

海关总署关于明确进口医疗检测分析类科教用品税收优惠政策有关问题的通知

（署税发〔2012〕480号）

广东分署，天津、上海特派办，各直属海关：

为规范医疗检测分析类科学研究和教学用品的免税进口行为，更好地执行科教用品进口税收优惠政策，经商财政部、税务总局，现将有关问题明确如下：

一、海关总署公告2007年第13号（以下简称“13号公告”）中规定“大中型医疗检测、分析仪器”的执行标准按照进口货值在200万元人民币/台（套）及以上掌握。

二、大中型医疗检测、分析仪器按照“13号公告”规定的“主要功能和用途”区分有明显差别的，可认定不属于“同种”仪器。例如：256排CT与128排CT相比，具备能量成像、高清冠状动脉成像功能，在早期发现病变、降低X射线辐射剂量方面有显著优势；3.0T核磁共振系统与1.5T核磁共振系统相比，缩短了检查时间，信噪比明显提高，对组织的形态及病理改变具有更高的敏感性，对疾病的早期发现、早期诊断有显著优势。同时，科研机构和院校进口医疗检测、分析仪器的功能和用途应与其自身所承担的科研项目和教学范围相适应。

三、对于医院下设的医药类科研机构（包括1个或多个医药类科研机构）以及既是医院也是医药类科研机构的单位，经海关审核符合财政部、海关总署、税务总局令第45号、第63号和“13号公告”所规定资格的，可将进口用于科学研究和教学的医疗检测、分析仪器放置于其所属医院临床使用，但同时应符合每所医院每种大中型医疗检测、分析仪器每5年1台的限定要求。上述既是医院也是医药类科研机构的单位，是指在其《事业单位法人证书》上同时体现医院和医药类科研机构名称的单位，或者机构编制、卫生、科技等主管部门批准其成立的文件中体现“一个机构两个牌子”内容的单位。对于此类单位，应以医药类科研机构的名义申请办理免税资格备案和进口仪器、设备的减免税审批手续；以医院名义申请办理相关备案和审批手续的，海关不予受理。

四、本通知下发前，对于各关因涉及上述问题凭保放行的医疗检测、分析仪器，可按上述原则进行审核。符合本通知要求的，可办理减免税审批和退保结关手续。已征税进口的，税款不予退还。

特此通知。

二〇一二年十二月二十五日

海关总署关于明确科教用品政策项下进口医用回旋加速器税收问题的通知

（署税发字〔2013〕51号）

广东分署，各直属海关：

近期，有关海关就医药类院校根据科教用品税收优惠政策申请免税进口医用回旋加速器问题请示总署。此前，总署会同财政部、税务总局针对医疗检测分析类科教用品税收优惠政策执行中存在的问题进行了调研，并下发了《海关总署关于明确进口医疗检测分析类科教用品税收优惠政策有关问题的通知》（署税发〔2012〕480号）。根据前期调研的有关情况，现将科教用品税收优惠政策项下进口医用回旋加速器的税收问题明确如下：

一、对于与PET/CT、PET/MR等医疗检测分析设备配套使用的医用回旋加速器，可按照医疗检测分析仪器办理免税进口手续。

二、免税进口的医用回旋加速器只能用于为PET/CT、PET/MR等医疗检测分析设备制备合成放射性药物（显像剂）。如果用于生产其他药物，应按照《中华人民共和国海关进出口货物减免税管理办法》的有关规定，事先经海关批准同意，并补缴相应税款。

三、对本通知下发前已凭保放行的医用回旋加速器，各海关应按照本通知以及现行科教用品税收优惠政策进行核定，符合免税条件的，可办理征免税审批和退保结关手续；否则，应办理税款担保转税等有关手续。对本通知下发前已征税进口的医用回旋加速器，税款不予退还。

特此通知。

二〇一三年二月四日

国家发展改革委、科技部、财政部、海关总署、国家税务总局关于公布第21批享受优惠政策的国家认定企业技术中心名单的公告

（国家发展改革委、科技部、财政部、海关总署、国家税务总局联合公告2014年第23号）

根据《国家认定企业技术中心管理办法》，经审定，现将第21批享受优惠政策的国家认定企业（集团）技术中心名单公告如下：

确认中国种子集团有限公司技术中心等96家技术中心和中铁四局集团钢结构有限公司等6家分中心为第21批享受优惠政策的国家认定企业（集团）技术中心（名单附后）。请享受优惠政策的企业（集团）技术中心按照《海关总署2007年第13号公告》的规定，向单位所在地直属海关申请办理减免税备案、审批等有关手续。

特此公告。

附件1　2014年（第21批）国家认定企业技术中心名单（自行转换请协助校对）

附件2　国家认定企业技术中心名单（全部）（自行转换请协助校对）

国家发展改革委

科技部

财政部

海关总署

国家税务总局

二〇一四年十二月二十六日

附件1

2014年（第21批）国家认定企业技术中心名单

序号	企业名称	企业技术中心名称
1	中国种子集团有限公司	中国种子集团有限公司技术中心
2	中铁十九局集团有限公司	中铁十九局集团有限公司技术中心
3	中国京冶工程技术有限公司	中国京冶工程技术有限公司技术中心
4	北京二七轨道交通装备有限责任公司	北京二七轨道交通装备有限责任公司技术中心
5	北京天地玛珂电液控制系统有限公司	北京天地玛珂电液控制系统有限公司技术中心
6	北京中科科仪股份有限公司	北京中科科仪股份有限公司技术中心
7	北京科诺伟业科技股份有限公司	北京科诺伟业科技股份有限公司技术中心
8	北京神州绿盟信息安全科技股份有限公司	北京神州绿盟信息安全科技股份有限公司技术中心
9	北京神雾环境能源科技集团股份有限公司	北京神雾环境能源科技集团股份有限公司技术中心
10	北京伟嘉人生物技术有限公司	北京伟嘉人生物技术有限公司技术中心
11	天津市松正电动汽车技术股份有限公司	天津市松正电动汽车技术股份有限公司技术中心
12	东旭集团有限公司	东旭集团有限公司技术中心
13	河北奥润顺达窗业有限公司	河北奥润顺达窗业有限公司技术中心
14	晶龙实业集团有限公司	晶龙实业集团有限公司技术中心
15	通辽梅花生物科技有限公司	通辽梅花生物科技有限公司技术中心
16	内蒙古电力（集团）有限责任公司	内蒙古电力（集团）有限责任公司技术中心
17	哈尔滨东安汽车发动机制造有限公司	哈尔滨东安汽车发动机制造有限公司技术中心
18	上海航空电器有限公司	上海航空电器有限公司技术中心
19	中芯国际集成电路制造（上海）有限公司	中芯国际集成电路制造（上海）有限公司技术中心
20	上海药明康德新药开发有限公司	上海药明康德新药开发有限公司技术中心
21	上海现代建筑设计（集团）有限公司	上海现代建筑设计（集团）有限公司技术中心
22	上海新时达电气股份有限公司	上海新时达电气股份有限公司技术中心
23	上海化工研究院	上海化工研究院技术中心
24	中船澄西船舶修造有限公司	中船澄西船舶修造有限公司技术中心
25	江苏牧羊集团有限公司	江苏牧羊集团有限公司技术中心
26	南通富士通微电子股份有限公司	南通富士通微电子股份有限公司技术中心
27	常州东风农机集团有限公司	常州东风农机集团有限公司技术中心
28	苏州环球集团链传动有限公司	苏州环球集团链传动有限公司技术中心
29	江苏华鹏变压器有限公司	江苏华鹏变压器有限公司技术中心
30	江苏丰东热技术股份有限公司	江苏丰东热技术股份有限公司技术中心
31	江苏长虹智能装备集团	江苏长虹智能装备集团技术中心
32	银江股份有限公司	银江股份有限公司技术中心
33	浙江仙居君业药业有限公司	浙江仙居君业药业有限公司技术中心
34	超威电源有限公司	超威电源有限公司技术中心

序号	企业名称	企业技术中心名称
35	永高股份有限公司	永高股份有限公司技术中心
36	华立仪表集团股份有限公司	华立仪表集团股份有限公司技术中心
37	浙江杭萧钢构股份有限公司	浙江杭萧钢构股份有限公司技术中心
38	芜湖长信科技股份有限公司	芜湖长信科技股份有限公司技术中心
39	安徽皖维高新材料股份有限公司	安徽皖维高新材料股份有限公司技术中心
40	安徽建工集团有限公司	安徽建工集团有限公司技术中心
41	合肥通用机械研究院	合肥通用机械研究院技术中心
42	泰尔重工股份有限公司	泰尔重工股份有限公司技术中心
43	安徽神剑新材料股份有限公司	安徽神剑新材料股份有限公司技术中心
44	安徽国星生物化学有限公司	安徽国星生物化学有限公司技术中心
45	合肥国轩高科动力能源股份公司	合肥国轩高科动力能源股份公司技术中心
46	安徽华菱汽车有限公司	安徽华菱汽车有限公司技术中心
47	安徽九华金润铜业有限公司	安徽九华金润铜业有限公司技术中心
48	安徽富煌钢构股份有限公司	安徽富煌钢构股份有限公司技术中心
49	兴业皮革科技股份有限公司	兴业皮革科技股份有限公司技术中心
50	江西钨业集团有限公司	江西钨业集团有限公司技术中心
51	江西铜业集团公司	江西铜业集团公司技术中心
52	江西正邦科技股份有限公司	江西正邦科技股份有限公司技术中心
53	中铁十四局集团有限公司	中铁十四局集团有限公司技术中心
54	山东罗欣药业股份有限公司	山东罗欣药业股份有限公司技术中心
55	山东金城医药化工股份有限公司	山东金城医药化工股份有限公司技术中心
56	九阳股份有限公司	九阳股份有限公司技术中心
57	蓬莱京鲁渔业有限公司	蓬莱京鲁渔业有限公司技术中心
58	山东圣阳电源股份有限公司	山东圣阳电源股份有限公司技术中心
59	通裕重工股份有限公司	通裕重工股份有限公司技术中心
60	盛瑞传动股份有限公司	盛瑞传动股份有限公司技术中心
61	龙口矿业集团有限公司	龙口矿业集团有限公司技术中心
62	河南汉威电子股份有限公司	河南汉威电子股份有限公司技术中心
63	洛阳双瑞特种装备有限公司	洛阳双瑞特种装备有限公司技术中心
64	中国化学工程第十一建设有限公司	中国化学工程第十一建设有限公司技术中心
65	灵宝金源矿业股份有限公司	灵宝金源矿业股份有限公司技术中心
66	河南中孚实业股份有限公司	河南中孚实业股份有限公司技术中心
67	中铁第四勘察设计院集团有限公司	中铁第四勘察设计院集团有限公司技术中心
68	南车株洲电机有限公司	南车株洲电机有限公司技术中心
69	湖南千山制药机械股份有限公司	湖南千山制药机械股份有限公司技术中心
70	广东威创视讯科技股份有限公司	广东威创视讯科技股份有限公司技术中心
71	佛山市日丰企业有限公司	佛山市日丰企业有限公司技术中心

序号	企业名称	企业技术中心名称
72	广东德美精细化工股份有限公司	广东德美精细化工股份有限公司技术中心
73	广东坚美铝型材厂（集团）有限公司	广东坚美铝型材厂（集团）有限公司技术中心
74	重庆莱美药业股份有限公司	重庆莱美药业股份有限公司技术中心
75	中铁二院工程集团有限责任公司	中铁二院工程集团有限责任公司技术中心
76	四川好医生药业集团有限公司	四川好医生药业集团有限公司技术中心
77	四川省宜宾惠美线业有限责任公司	四川省宜宾惠美线业有限责任公司技术中心
78	成都前锋电子电器集团股份有限公司	成都前锋电子电器集团股份有限公司技术中心
79	四川嘉华企业（集团）股份有限公司	四川嘉华企业（集团）股份有限公司技术中心
80	四川金星压缩机制造有限公司	四川金星压缩机制造有限公司技术中心
81	四川省银河化学股份有限公司	四川省银河化学股份有限公司技术中心
82	昆明云内动力股份有限公司	昆明云内动力股份有限公司技术中心
83	中铁二十局集团有限公司	中铁二十局集团有限公司技术中心
84	陕西飞机工业（集团）有限公司	陕西飞机工业（集团）有限公司技术中心
85	中铁宝桥集团有限公司	中铁宝桥集团有限公司技术中心
86	中铁西北科学研究院有限公司	中铁西北科学研究院有限公司技术中心
87	酒泉奥凯种子机械股份有限公司	酒泉奥凯种子机械股份有限公司技术中心
88	宁夏力成电气集团有限公司	宁夏力成电气集团有限公司技术中心
89	新疆隆成实业集团有限公司	新疆隆成实业集团有限公司技术中心
90	中冶焦耐工程技术有限公司	中冶焦耐工程技术有限公司技术中心
91	青岛英派斯健康科技有限公司	青岛英派斯健康科技有限公司技术中心
92	青岛天祥食品集团有限公司	青岛天祥食品集团有限公司技术中心
93	青岛聚大洋藻业集团有限公司	青岛聚大洋藻业集团有限公司技术中心
94	东睦新材料集团股份有限公司	东睦新材料集团股份有限公司技术中心
95	厦门科华恒盛股份有限公司	厦门科华恒盛股份有限公司技术中心
96	深圳市特发信息股份有限公司	深圳市特发信息股份有限公司技术中心
分中心：		
1	中铁四局集团钢结构有限公司	中铁四局集团钢结构有限公司技术中心
2	安徽安凯汽车股份有限公司	安徽安凯汽车股份有限公司技术中心
3	乐凯华光印刷科技有限公司	乐凯华光印刷科技有限公司技术中心
4	卧龙电气银川变压器有限公司	卧龙电气银川变压器有限公司技术中心
5	杭州鸿雁电器有限公司	杭州鸿雁电器有限公司技术中心
6	武汉铁锚焊接材料股份有限公司	武汉铁锚焊接材料股份有限公司技术中心

附件 2

国家认定企业技术中心名单（全部）

序号	企业名称	企业技术中心名称
1	联想（北京）有限公司	联想（北京）有限公司技术中心
2	北大方正集团有限公司	北大方正集团有限公司技术中心
※	北大医药股份有限公司	北大医药股份有限公司技术中心
3	中国地质装备集团有限公司	中国地质装备集团有限公司技术中心
4	北京北开电气股份有限公司	北京北开电气股份有限公司技术中心
5	首钢总公司	首钢总公司技术中心
6	中国远洋运输（集团）总公司	中国远洋运输（集团）总公司技术中心
※	南通中远船务工程有限公司	南通中远船务工程有限公司技术中心
※	大连中远船务工程有限公司	大连中远船务工程有限公司技术中心
7	北京城建集团有限责任公司	北京城建集团有限责任公司技术中心
8	北京燕京啤酒股份有限公司	北京燕京啤酒股份有限公司技术中心
9	中国石油天然气集团公司	中国石油天然气集团公司技术中心
※	中国石油天然气股份有限公司	中国石油天然气股份有限公司技术中心
※	中国石油天然气集团公司大庆油田有限责任公司	中国石油天然气集团公司技术中心大庆油田有限责任公司技术中心
※	中国石油集团济柴动力总厂	中国石油集团济柴动力总厂技术中心
※	中国石油集团渤海石油装备制造有限公司	中国石油集团渤海石油装备制造有限公司技术中心
※	中国石油集团渤海钻探工程有限公司	中国石油集团渤海钻探工程有限公司技术中心
10	中国电子信息产业集团有限公司	中国电子信息产业集团有限公司技术中心
※	中国长城计算机集团公司	中国长城计算机集团公司技术中心
※	夏新电子股份有限公司	夏新电子股份有限公司技术中心
※	上海贝岭股份有限公司	上海贝岭股份有限公司技术中心
※	中国软件与技术服务股份有限公司	中国软件与技术服务股份有限公司技术中心
※	熊猫电子集团有限公司	熊猫电子集团有限公司技术中心
※	长城信息产业股份有限公司	长城信息产业股份有限公司技术中心
11	同方股份有限公司	同方股份有限公司技术中心
※	同方威视技术股份有限公司	同方威视技术股份有限公司技术中心
12	中国铝业公司	中国铝业公司技术中心
※	中国铝业股份有限公司	中国铝业股份有限公司技术中心
※	中铝洛阳铜业有限公司	中铝洛阳铜业有限公司技术中心
※	西南铝业（集团）有限责任公司	西南铝业（集团）有限责任公司技术中心
※	金堆城钼业集团有限公司	金堆城钼业集团有限公司技术中心
13	北京和利时系统工程有限公司	北京和利时系统工程有限公司技术中心
14	北汽福田汽车股份有限公司	北汽福田汽车股份有限公司技术中心

序号	企业名称	企业技术中心名称
15	中国印钞造币总公司	中国印钞造币总公司技术中心
16	中国石油化工股份有限公司	中国石油化工股份有限公司技术中心
17	大唐电信科技股份有限公司	大唐电信科技股份有限公司技术中心
18	中国普天信息产业股份有限公司	中国普天信息产业股份有限公司技术中心
※	普天科创实业有限公司	普天科创实业有限公司技术中心
※	东方通信股份有限公司	东方通信股份有限公司技术中心
※	杭州鸿雁电器有限公司	杭州鸿雁电器有限公司技术中心
19	中国建筑材料集团有限公司	中国建筑材料集团有限公司技术中心
※	北新建材（集团）有限公司	北新建材（集团）有限公司技术中心
※	中国洛阳浮法玻璃集团有限责任公司	中国洛阳浮法玻璃集团有限责任公司技术中心
※	连云港中复连众复合材料集团有限公司	连云港中复连众复合材料集团有限公司技术中心
※	合肥神马科技集团有限公司	合肥神马科技集团有限公司技术中心
※	巨石集团有限公司	巨石集团有限公司技术中心
※	合肥水泥研究设计院	合肥水泥研究设计院技术中心
20	中牧实业股份有限公司	中牧实业股份有限公司技术中心
21	安泰科技股份有限公司	安泰科技股份有限公司技术中心
22	北京大北农科技集团股份有限公司	北京大北农科技集团股份有限公司技术中心
23	用友软件股份有限公司	用友软件股份有限公司技术中心
24	中国黄金集团公司	中国黄金集团公司技术中心
25	北京中科三环高技术股份有限公司	北京中科三环高技术股份有限公司技术中心
26	中国建筑工程总公司	中国建筑工程总公司技术中心
27	中国电力建设股份有限公司	中国电力建设股份有限公司技术中心
28	北京金隅集团有限责任公司	北京金隅集团有限责任公司技术中心
※	通达耐火技术股份有限公司	通达耐火技术股份有限公司技术中心
29	北京四方继保自动化股份有限公司	北京四方继保自动化股份有限公司技术中心
30	时代集团公司	时代集团公司技术中心
31	江河创建集团股份有限公司	江河创建集团股份有限公司技术中心
32	北京北一机床股份有限公司	北京北一机床股份有限公司技术中心
33	有研半导体材料股份有限公司	有研半导体材料股份有限公司技术中心
34	北京东方雨虹防水技术股份有限公司	北京东方雨虹防水技术股份有限公司技术中心
35	中国华电工程（集团）有限公司	中国华电工程（集团）有限公司技术中心
36	北京启明星辰信息技术股份有限公司	北京启明星辰信息技术股份有限公司技术中心
37	汉王科技股份有限公司	汉王科技股份有限公司技术中心
38	北京神州泰岳软件股份有限公司	北京神州泰岳软件股份有限公司技术中心
39	北京双鹭药业股份有限公司	北京双鹭药业股份有限公司技术中心
40	中铁十六局集团有限公司	中铁十六局集团有限公司技术中心
41	北京三元食品股份有限公司	北京三元食品股份有限公司技术中心

序号	企业名称	企业技术中心名称
42	国家核电技术有限公司	国家核电技术有限公司技术中心
43	百度在线网络技术（北京）有限公司	百度在线网络技术（北京）有限公司技术中心
44	京东方科技集团股份有限公司	京东方科技集团股份有限公司技术中心
45	新奥特（北京）视频技术有限公司	新奥特（北京）视频技术有限公司技术中心
46	北京汽车股份有限公司	北京汽车股份有限公司技术中心
47	北京资源亚太饲料科技有限公司	北京资源亚太饲料科技有限公司技术中心
48	北京建工集团有限责任公司	北京建工集团有限责任公司技术中心
49	中国电子工程设计院	中国电子工程设计院技术中心
50	中国建筑科学研究院	中国建筑科学研究院技术中心
51	中铁第五勘察设计院集团有限公司	中铁第五勘察设计院集团有限公司技术中心
52	中煤北京煤矿机械有限责任公司	中煤北京煤矿机械有限责任公司技术中心
53	中国种子集团有限公司	中国种子集团有限公司技术中心
54	中铁十九局集团有限公司	中铁十九局集团有限公司技术中心
55	中国京冶工程技术有限公司	中国京冶工程技术有限公司技术中心
56	北京二七轨道交通装备有限责任公司	北京二七轨道交通装备有限责任公司技术中心
57	北京天地玛珂电液控制系统有限公司	北京天地玛珂电液控制系统有限公司技术中心
58	北京中科科仪股份有限公司	北京中科科仪股份有限公司技术中心
59	北京科诺伟业科技股份有限公司	北京科诺伟业科技股份有限公司技术中心
60	北京神州绿盟信息安全科技股份有限公司	北京神州绿盟信息安全科技股份有限公司技术中心
61	北京神雾环境能源科技集团股份有限公司	北京神雾环境能源科技集团股份有限公司技术中心
62	北京伟嘉人生物技术有限公司	北京伟嘉人生物技术有限公司技术中心
63	天津钢管集团股份有限公司	天津钢管集团股份有限公司技术中心
64	天津药业集团有限公司	天津药业研究院有限公司
65	天津渤海化工集团有限责任公司	天津渤海化工集团有限责任公司技术中心
66	天津灯塔涂料有限公司	天津灯塔涂料有限公司技术中心
67	天津天士力集团	天津天士力集团技术中心
68	天津鼎盛工程机械有限公司	天津鼎盛工程机械有限公司技术中心
69	中法合营王朝葡萄酿酒有限公司	中法合营王朝葡萄酿酒有限公司技术中心
70	天津中新药业集团股份有限公司	天津中新药业集团股份有限公司技术中心
71	天津赛象科技股份有限公司	天津赛象科技股份有限公司技术中心
72	天津力神电池股份有限公司	天津力神电池股份有限公司技术中心
73	中环天仪股份有限公司	中环天仪股份有限公司技术中心
74	天津港（集团）有限公司	天津港（集团）有限公司技术中心
75	天狮集团有限公司	天狮集团有限公司技术中心
76	中材装备集团有限公司	中材装备集团有限公司技术中心
77	天津天铁冶金集团有限公司	天津天铁冶金集团有限公司技术中心
78	天津市天锻压力机有限公司	天津市天锻压力机有限公司技术中心

序号	企业名称	企业技术中心名称
79	天津钢铁集团有限公司	天津钢铁集团有限公司技术中心
80	天津市天发重型水电设备制造有限公司	天津市天发重型水电设备制造有限公司技术中心
81	天津瑞普生物技术股份有限公司	天津瑞普生物技术股份有限公司技术中心
82	天津海鸥表业集团有限公司	天津海鸥表业集团有限公司技术中心
83	曙光信息产业股份有限公司	曙光信息产业股份有限公司技术中心
84	天津光电集团有限公司	天津光电集团有限公司技术中心
85	天津天纺投资控股有限公司	天津天纺投资控股有限公司技术中心
86	中交第一航务工程局有限公司	中交第一航务工程局有限公司技术中心
87	中交天津航道局有限公司	中交天津航道局有限公司技术中心
88	天津七一二通信广播有限公司	天津七一二通信广播有限公司技术中心
89	天津银龙预应力材料股份有限公司	天津银龙预应力材料股份有限公司技术中心
90	天津长荣印刷设备股份有限公司	天津长荣印刷设备股份有限公司技术中心
91	中国天辰工程有限公司	中国天辰工程有限公司技术中心
92	凯莱英医药集团（天津）股份有限公司	凯莱英医药集团（天津）股份有限公司技术中心
93	天津立林机械集团有限公司	天津立林机械集团有限公司技术中心
94	天津市天塑科技集团有限公司	天津市天塑科技集团有限公司技术中心
95	天津富士达集团有限公司	天津富士达集团有限公司技术中心
96	中铁十八局集团有限公司	中铁十八局集团有限公司技术中心
97	天津航空机电有限公司	天津航空机电有限公司技术中心
98	天津市松正电动汽车技术股份有限公司	天津市松正电动汽车技术股份有限公司技术中心
99	保定天威集团有限公司	保定天威集团有限公司技术中心
100	中国乐凯集团有限公司	中国乐凯集团有限公司技术中心
※	乐凯华光印刷科技有限公司	乐凯华光印刷科技有限公司技术中心
101	恒天纤维集团有限公司	恒天纤维集团有限公司技术中心
102	新兴际华集团有限公司	新兴际华集团有限公司技术中心
※	际华三五四二纺织有限公司	际华三五四二纺织有限公司技术中心
※	际华三五零二职业装有限公司	际华三五零二职业装有限公司技术中心
103	中国耀华玻璃集团有限公司	中国耀华玻璃集团有限公司技术中心
104	风帆股份有限公司	风帆股份有限公司技术中心
105	唐山钢铁集团有限责任公司	唐山钢铁集团有限责任公司技术中心
106	石家庄常山纺织股份有限公司	石家庄常山纺织股份有限公司技术中心
107	中煤张家口煤矿机械有限责任公司	中煤张家口煤矿机械有限责任公司技术中心
108	中信戴卡股份有限公司	中信戴卡股份有限公司技术中心
109	石药集团有限责任公司	石药集团有限责任公司技术中心
110	开滦（集团）有限责任公司	开滦（集团）有限责任公司技术中心
111	中铁山桥集团有限公司	中铁山桥集团有限公司技术中心
112	河北新宝丰电线电缆有限公司	河北新宝丰电线电缆有限公司技术中心

序号	企业名称	企业技术中心名称
113	邯郸钢铁集团有限责任公司	邯郸钢铁集团有限责任公司技术中心
114	石家庄以岭药业股份有限公司	石家庄以岭药业股份有限公司技术中心
115	唐山轨道客车有限责任公司	唐山轨道客车有限责任公司技术中心
116	长城汽车股份有限公司	长城汽车股份有限公司技术中心
117	中国长城葡萄酒有限公司	中国长城葡萄酒有限公司技术中心
118	中钢集团邢台机械轧辊有限公司	中钢集团邢台机械轧辊有限公司技术中心
119	巨力索具股份有限公司	巨力索具股份有限公司技术中心
120	新奥集团股份有限公司	新奥集团股份有限公司技术中心
121	河北迁西板栗集团有限公司	河北迁西板栗集团有限公司技术中心
122	晨光生物科技集团股份有限公司	晨光生物科技集团股份有限公司技术中心
123	唐山三友集团有限公司	唐山三友集团有限公司技术中心
124	神威医药科技股份有限公司	神威医药科技股份有限公司技术中心
125	冀中能源集团有限责任公司	冀中能源集团有限责任公司技术中心
※	华北制药集团有限责任公司	华北制药集团有限责任公司技术中心
126	河北建工集团有限责任公司	河北建工集团有限责任公司技术中心
127	凌云工业股份有限公司	凌云工业股份有限公司技术中心
128	河北汉光重工有限责任公司	河北汉光重工有限责任公司技术中心
129	英利集团有限公司	英利集团有限公司技术中心
130	廊坊华日家具股份有限公司	廊坊华日家具股份有限公司技术中心
131	惠达卫浴股份有限公司	惠达卫浴股份有限公司技术中心
132	惠阳航空螺旋桨有限责任公司	惠阳航空螺旋桨有限责任公司技术中心
133	东旭集团有限公司	东旭集团有限公司技术中心
134	河北奥润顺达窗业有限公司	河北奥润顺达窗业有限公司技术中心
135	晶龙实业集团有限公司	晶龙实业集团有限公司技术中心
136	太原钢铁（集团）有限公司	太原钢铁（集团）有限公司技术中心
137	大同煤矿集团有限责任公司	大同煤矿集团有限责任公司技术中心
138	南风化工集团股份有限公司	南风化工集团股份有限公司技术中心
139	榆次液压有限公司	榆次液压有限公司技术中心
140	太原重型机械集团有限公司	太原重型机械集团有限公司技术中心
141	山西潞安矿业（集团）有限责任公司	山西潞安矿业（集团）有限责任公司技术中心
142	永济新时速电机电器有限责任公司	永济新时速电机电器有限责任公司技术中心
143	中国北车集团大同电力机车有限责任公司	中国北车集团大同电力机车有限责任公司技术中心
144	山西晋城无烟煤矿业集团有限责任公司	山西晋城无烟煤矿业集团有限责任公司技术中心
145	天脊煤化工集团股份有限公司	天脊煤化工集团股份有限公司技术中心
146	山西焦煤集团有限责任公司	山西焦煤集团有限责任公司技术中心
147	阳泉煤业（集团）有限责任公司	阳泉煤业（集团）有限责任公司技术中心
148	山西杏花村汾酒集团有限责任公司	山西杏花村汾酒集团有限责任公司技术中心

序号	企业名称	企业技术中心名称
149	经纬纺织机械股份有限公司	经纬纺织机械股份有限公司技术中心
※	青岛宏大纺织机械有限责任公司	青岛宏大纺织机械有限责任公司技术中心
150	山西三维集团股份有限公司	山西三维集团股份有限公司技术中心
151	亚宝药业集团股份有限公司	亚宝药业集团股份有限公司技术中心
152	山西省闻喜银光镁业（集团）有限责任公司	山西省闻喜银光镁业（集团）有限责任公司技术中心
153	山西建筑工程（集团）总公司	山西建筑工程（集团）总公司技术中心
154	太原通泽重工有限公司	太原通泽重工有限公司技术中心
155	中铁十二局集团有限公司	中铁十二局集团有限公司技术中心
156	山西汾西重工有限责任公司	山西汾西重工有限责任公司技术中心
157	山西华顿实业有限公司	山西华顿实业有限公司技术中心
158	山西蓝天环保设备有限公司	山西蓝天环保设备有限公司技术中心
159	晋西工业集团有限责任公司	晋西工业集团有限责任公司技术中心
160	中化二建集团有限公司	中化二建集团有限公司技术中心
161	中铁十七局集团有限公司	中铁十七局集团有限公司技术中心
162	包头钢铁（集团）有限责任公司	包头钢铁（集团）有限责任公司技术中心
※	内蒙古包钢稀土（集团）高科技股份有限公司	内蒙古包钢稀土（集团）高科技股份有限公司技术中心
163	亿利资源集团有限公司	亿利资源集团有限公司技术中心
164	内蒙古鹿王羊绒有限公司	内蒙古鹿王羊绒有限公司技术中心
165	内蒙古远兴能源股份有限公司	内蒙古远兴能源股份有限公司技术中心
166	内蒙古鄂尔多斯羊绒（集团）有限责任公司	内蒙古鄂尔多斯羊绒（集团）有限责任公司技术中心
167	内蒙古北方重工业集团有限公司	内蒙古北方重工业集团有限公司技术中心
168	内蒙古第一机械集团有限公司	内蒙古第一机械集团有限公司技术中心
169	金宇保灵生物药品有限公司	金宇保灵生物药品有限公司技术中心
170	内蒙古伊利实业集团股份有限公司	内蒙古伊利实业集团股份有限公司技术中心
171	内蒙古塞飞亚农业科技发展股份有限公司	内蒙古塞飞亚农业科技发展股份有限公司技术中心
172	内蒙古阜丰生物科技有限公司	内蒙古阜丰生物科技有限公司技术中心
173	内蒙古蒙牛乳业（集团）股份有限公司	内蒙古蒙牛乳业（集团）股份有限公司技术中心
174	通辽梅花生物科技有限公司	通辽梅花生物科技有限公司技术中心
175	内蒙古电力（集团）有限责任公司	内蒙古电力（集团）有限责任公司技术中心
176	东软集团股份有限公司	东软集团股份有限公司技术中心
177	沈阳飞机工业（集团）有限公司	沈阳飞机工业（集团）有限公司技术中心
178	沈阳机床股份有限公司	沈阳机床股份有限公司技术中心
179	沈阳鼓风机集团股份有限公司	沈阳鼓风机集团股份有限公司技术中心
180	辽宁银珠化纺集团有限公司	辽宁银珠化纺集团有限公司技术中心
181	北方华锦化学工业集团有限公司	北方华锦化学工业集团有限公司技术中心
182	东北制药集团股份有限公司	东北制药集团股份有限公司技术中心
183	鞍山钢铁集团公司	鞍山钢铁集团公司技术中心

序号	企业名称	企业技术中心名称
184	本溪钢铁（集团）有限责任公司	本溪钢铁（集团）有限责任公司技术中心
185	沈阳黎明航空发动机（集团）有限责任公司	沈阳黎明航空发动机（集团）有限责任公司技术中心
186	渤海船舶重工有限责任公司	渤海船舶重工有限责任公司技术中心
187	北方重工集团有限公司	北方重工集团有限公司技术中心
188	辽宁曙光汽车集团股份有限公司	辽宁曙光汽车集团股份有限公司技术中心
189	东北特殊钢集团有限责任公司	东北特殊钢集团有限责任公司技术中心
190	沈阳新松机器人自动化股份有限公司	沈阳新松机器人自动化股份有限公司技术中心
191	沈阳华晨金杯汽车有限公司	沈阳华晨金杯汽车有限公司技术中心
192	金德管业集团有限公司	金德管业集团有限公司技术中心
193	辽宁恒星精细化工有限公司	辽宁恒星精细化工有限公司技术中心
194	三一重型装备有限公司	三一重型装备有限公司技术中心
195	中冶北方工程技术有限公司	中冶北方工程技术有限公司技术中心
196	辽宁奥克化学股份有限公司	辽宁奥克化学股份有限公司技术中心
197	辽宁忠旺集团有限公司	辽宁忠旺集团有限公司技术中心
198	辽宁禾丰牧业股份有限公司	辽宁禾丰牧业股份有限公司技术中心
199	大连盛道集团有限公司	大连盛道集团有限公司技术中心
200	瓦房店轴承集团有限责任公司	瓦房店轴承集团有限责任公司技术中心
201	大连船舶重工集团有限公司	大连船舶重工集团有限公司技术中心
202	中国华录集团有限公司	中国华录集团有限公司技术中心
203	大连冷冻机股份有限公司	大连冷冻机股份有限公司技术中心
204	中国北车集团大连机车车辆有限公司	中国北车集团大连机车车辆有限公司技术中心
205	大化集团有限责任公司	大化集团有限责任公司技术中心
206	大连华锐重工集团股份有限公司	大连华锐重工集团股份有限公司技术中心
207	大连机床集团有限责任公司	大连机床集团有限责任公司技术中心
208	獐子岛集团股份有限公司	獐子岛集团股份有限公司技术中心
209	路明科技集团有限公司	路明科技集团有限公司技术中心
210	中冶焦耐工程技术有限公司	中冶焦耐工程技术有限公司技术中心
211	吉林化纤集团有限责任公司	吉林化纤集团有限责任公司技术中心
212	吉林敖东药业集团股份有限公司	吉林敖东药业集团股份有限公司技术中心
213	中钢集团吉林铁合金股份有限公司	中钢集团吉林铁合金股份有限公司技术中心
214	中国第一汽车股份有限公司	中国第一汽车股份有限公司技术中心
※	天津一汽夏利汽车股份有限公司	天津一汽夏利汽车股份有限公司技术中心
215	长铃集团有限公司	长铃集团有限公司技术中心
216	长春轨道客车股份有限公司	长春轨道客车股份有限公司技术中心
217	吉林炭素有限公司	吉林炭素有限公司技术中心
218	吉林龙鼎电气股份有限公司	吉林龙鼎电气股份有限公司技术中心
219	修正药业集团股份有限公司	修正药业集团股份有限公司技术中心

序号	企业名称	企业技术中心名称
220	通化东宝药业股份有限公司	通化东宝药业股份有限公司技术中心
221	通化万通药业股份有限公司	通化万通药业股份有限公司技术中心
222	吉林吉恩镍业股份有限公司	吉林吉恩镍业股份有限公司技术中心
223	吉林东光集团有限公司	吉林东光集团有限公司技术中心
224	长春迪瑞医疗科技股份有限公司	长春迪瑞医疗科技股份有限公司技术中心
225	中国第一重型机械集团公司	中国第一重型机械集团公司技术中心
226	哈尔滨飞机工业集团有限责任公司	哈尔滨飞机工业集团有限责任公司技术中心
227	哈药集团有限公司	哈药集团有限公司技术中心
228	哈尔滨轴承集团公司	哈尔滨轴承集团公司技术中心
229	哈尔滨电气集团公司	哈尔滨电气集团公司技术中心
230	齐齐哈尔二机床（集团）有限责任公司	齐齐哈尔二机床（集团）有限责任公司技术中心
231	齐齐哈尔轨道交通装备有限责任公司	齐齐哈尔轨道交通装备有限责任公司技术中心
232	东北轻合金有限责任公司	东北轻合金有限责任公司技术中心
233	齐重数控装备股份有限公司	齐重数控装备股份有限公司技术中心
234	哈尔滨九州电气股份有限公司	哈尔滨九州电气股份有限公司技术中心
235	哈尔滨东安发动机（集团）有限公司	哈尔滨东安发动机（集团）有限公司技术中心
236	黑龙江鑫达企业集团有限公司	黑龙江鑫达企业集团有限公司技术中心
237	哈尔滨东安汽车发动机制造有限公司	哈尔滨东安汽车发动机制造有限公司技术中心
238	上海贝尔股份有限公司	上海贝尔股份有限公司技术中心
239	江南造船（集团）有限责任公司	江南造船（集团）有限责任公司技术中心
240	宝钢集团有限公司	宝钢集团有限公司技术中心
※	上海宝信软件股份有限公司	上海宝信软件股份有限公司技术中心
241	上海家化联合股份有限公司	上海家化联合股份有限公司技术中心
242	上海氯碱化工股份有限公司	上海氯碱化工股份有限公司技术中心
243	沪东中华造船（集团）有限公司	沪东中华造船（集团）有限公司技术中心
244	上海汽车集团股份有限公司	上海汽车集团股份有限公司技术中心
※	上海汽车变速器有限公司	上海汽车变速器有限公司技术中心
※	上汽通用五菱汽车股份有限公司	上汽通用五菱汽车股份有限公司技术中心
※	上海柴油机股份有限公司	上海柴油机股份有限公司技术中心
※	泛亚汽车技术中心有限公司	泛亚汽车技术中心有限公司技术中心
※	上海大众汽车有限公司	上海大众汽车有限公司技术中心
245	上海电气集团印刷包装机械有限公司	上海电气集团印刷包装机械有限公司技术中心
246	上海日立电器有限公司	上海日立电器有限公司技术中心
247	上海德尔福汽车空调系统有限公司	上海德尔福汽车空调系统有限公司技术中心
248	上海雷允上药业有限公司	上海雷允上药业有限公司技术中心
249	上海三菱电梯有限公司	上海三菱电梯有限公司技术中心
250	上海自动化仪表股份有限公司	上海自动化仪表股份有限公司技术中心

序号	企业名称	企业技术中心名称
251	双钱集团股份有限公司	双钱集团股份有限公司技术中心
252	上海烟草集团有限责任公司	上海烟草集团有限责任公司技术中心
253	上海和黄白猫有限公司	上海和黄白猫有限公司技术中心
254	上海建工集团股份有限公司	上海建工集团股份有限公司技术中心
255	光明乳业股份有限公司	光明乳业股份有限公司技术中心
256	华宝食用香精香料（上海）有限公司	华宝食用香精香料（上海）有限公司技术中心
257	上海外高桥造船有限公司	上海外高桥造船有限公司技术中心
258	上海复星医药（集团）股份有限公司	上海复星医药（集团）股份有限公司技术中心
259	上海电器科学研究所（集团）有限公司	上海电器科学研究所（集团）有限公司技术中心
260	上海振华重工（集团）股份有限公司	上海振华重工（集团）股份有限公司技术中心
261	上海三爱富新材料股份有限公司	上海三爱富新材料股份有限公司技术中心
262	上海建设路桥机械设备有限公司	上海建设路桥机械设备有限公司技术中心
263	上海重型机器厂有限公司	上海重型机器厂有限公司技术中心
264	上海航天设备制造总厂	上海航天设备制造总厂技术中心
265	沪东重机有限公司	沪东重机有限公司技术中心
266	恒源祥（集团）有限公司	恒源祥（集团）有限公司技术中心
267	中交第三航务工程局有限公司	中交第三航务工程局有限公司技术中心
268	上海申通地铁集团有限公司	上海申通地铁集团有限公司技术中心
269	上海微创医疗器械（集团）有限公司	上海微创医疗器械（集团）有限公司技术中心
270	上海隧道工程股份有限公司	上海隧道工程股份有限公司技术中心
271	中交上海航道局有限公司	中交上海航道局有限公司技术中心
272	上海船厂船舶有限公司	上海船厂船舶有限公司技术中心
273	上海机床厂有限公司	上海机床厂有限公司技术中心
274	展讯通信（上海）有限公司	展讯通信（上海）有限公司技术中心
275	上海华虹宏力半导体制造有限公司	上海华虹宏力半导体制造有限公司技术中心
276	上海创诺医药集团有限公司	上海创诺医药集团有限公司技术中心
277	上海亚明照明有限公司	上海亚明照明有限公司技术中心
278	中国银联股份有限公司	中国银联股份有限公司技术中心
279	上海天马微电子有限公司	上海天马微电子有限公司技术中心
280	上海中信国健药业股份有限公司	上海中信国健药业股份有限公司技术中心
281	上海航空电器有限公司	上海航空电器有限公司技术中心
282	中芯国际集成电路制造（上海）有限公司	中芯国际集成电路制造（上海）有限公司技术中心
283	上海药明康德新药开发有限公司	上海药明康德新药开发有限公司技术中心
284	上海现代建筑设计（集团）有限公司	上海现代建筑设计（集团）有限公司技术中心
285	上海新时达电气股份有限公司	上海新时达电气股份有限公司技术中心
286	上海化工研究院	上海化工研究院技术中心
287	中船第九设计研究院工程有限公司	中船第九设计研究院工程有限公司技术中心

序号	企业名称	企业技术中心名称
288	春兰（集团）公司	春兰（集团）公司技术中心
289	无锡威孚高科技集团股份有限公司	无锡威孚高科技集团股份有限公司技术中心
290	扬子江药业集团有限公司	扬子江药业集团有限公司技术中心
291	双良集团有限公司	双良集团有限公司技术中心
292	常林股份有限公司	常林股份有限公司技术中心
293	大屯煤电（集团）有限责任公司	大屯煤电（集团）有限责任公司技术中心
294	无锡小天鹅股份有限公司	无锡小天鹅股份有限公司技术中心
295	中国石化仪征化纤股份有限公司	中国石化仪征化纤股份有限公司技术中心
296	江苏阳光股份有限公司	江苏阳光股份有限公司技术中心
297	宝胜集团有限公司	宝胜集团有限公司技术中心
298	中国石化集团南京化学工业有限公司	中国石化集团南京化学工业有限公司技术中心
299	徐州工程机械集团有限公司	徐州工程机械集团有限公司技术中心
300	江苏法尔胜泓昇集团有限公司	江苏法尔胜泓昇集团有限公司技术中心
301	江苏恒瑞医药股份有限公司	江苏恒瑞医药股份有限公司技术中心
302	江阴兴澄特种钢铁有限公司	江阴兴澄特种钢铁有限公司技术中心
303	江苏长电科技股份有限公司	江苏长电科技股份有限公司技术中心
304	南京南瑞集团公司	南京南瑞集团公司技术中心
305	江苏康缘药业股份有限公司	江苏康缘药业股份有限公司技术中心
306	江苏雨润肉类产业集团有限公司	江苏雨润肉类产业集团有限公司技术中心
307	南京汽车集团有限公司	南京汽车集团有限公司技术中心
308	江苏沙钢集团有限公司	江苏沙钢集团有限公司技术中心
309	江苏双登集团有限公司	江苏双登集团有限公司技术中心
310	大全集团有限公司	大全集团有限公司技术中心
311	江苏亨通光电股份有限公司	江苏亨通光电股份有限公司技术中心
312	江苏常铝铝业股份有限公司	江苏常铝铝业股份有限公司技术中心
313	常柴股份有限公司	常柴股份有限公司技术中心
314	江苏豪森药业股份有限公司	江苏豪森药业股份有限公司技术中心
315	江苏白雪电器股份有限公司	江苏白雪电器股份有限公司技术中心
316	无锡尚德太阳能电力有限公司	无锡尚德太阳能电力有限公司技术中心
317	中材科技股份有限公司	中材科技股份有限公司技术中心
318	大亚科技集团有限公司	大亚科技集团有限公司技术中心
319	江苏上上电缆集团有限公司	江苏上上电缆集团有限公司技术中心
320	江苏林海动力机械集团公司	江苏林海动力机械集团公司技术中心
321	江苏梦兰集团有限公司	江苏梦兰集团有限公司技术中心
322	江苏科行环保科技有限公司	江苏科行环保科技有限公司技术中心
323	江苏兴达钢帘线股份有限公司	江苏兴达钢帘线股份有限公司技术中心
324	南车戚墅堰机车有限公司	南车戚墅堰机车有限公司技术中心

序号	企业名称	企业技术中心名称
325	常州星宇车灯股份有限公司	常州星宇车灯股份有限公司技术中心
326	江苏盛虹科技股份有限公司	江苏盛虹科技股份有限公司技术中心
327	南京中船绿洲机器有限公司	南京中船绿洲机器有限公司技术中心
328	常熟开关制造有限公司（原常熟开关厂）	常熟开关制造有限公司（原常熟开关厂）技术中心
329	远东电缆有限公司	远东电缆有限公司技术中心
330	江苏苏净集团有限公司	江苏苏净集团有限公司技术中心
331	日出东方太阳能股份有限公司	日出东方太阳能股份有限公司技术中心
332	江苏恒顺集团有限公司	江苏恒顺集团有限公司技术中心
333	江苏通鼎光电股份有限公司	江苏通鼎光电股份有限公司技术中心
334	康力电梯股份有限公司	康力电梯股份有限公司技术中心
335	江苏江南高纤股份有限公司	江苏江南高纤股份有限公司技术中心
336	国电南京自动化股份有限公司	国电南京自动化股份有限公司技术中心
337	南京高精传动设备制造集团有限公司	南京高精传动设备制造集团有限公司技术中心
338	江南嘉捷电梯股份有限公司	江南嘉捷电梯股份有限公司技术中心
339	江苏科林集团有限公司	江苏科林集团有限公司技术中心
340	正大天晴药业集团股份有限公司	正大天晴药业集团股份有限公司技术中心
341	江苏恩华药业股份有限公司	江苏恩华药业股份有限公司技术中心
342	江苏扬农化工集团有限公司	江苏扬农化工集团有限公司技术中心
343	江苏豪迈照明科技有限公司	江苏豪迈照明科技有限公司技术中心
344	江苏苏博特新材料股份有限公司	江苏苏博特新材料股份有限公司技术中心
345	南车南京浦镇车辆有限公司	南车南京浦镇车辆有限公司技术中心
346	红豆集团有限公司	红豆集团有限公司技术中心
347	江苏 AB 集团股份有限公司	江苏 AB 集团股份有限公司技术中心
348	江苏恒力化纤股份有限公司	江苏恒力化纤股份有限公司技术中心
349	镇江中船设备有限公司	镇江中船设备有限公司技术中心
350	江苏中天科技股份有限公司	江苏中天科技股份有限公司技术中心
351	江苏常发农业装备股份有限公司	江苏常发农业装备股份有限公司技术中心
352	无锡透平叶片有限公司	无锡透平叶片有限公司技术中心
353	天奇自动化工程股份有限公司	天奇自动化工程股份有限公司技术中心
354	南车戚墅堰机车车辆工艺研究所有限公司	南车戚墅堰机车车辆工艺研究所有限公司技术中心
355	南京康尼机电股份有限公司	南京康尼机电股份有限公司技术中心
356	江苏联发纺织股份有限公司	江苏联发纺织股份有限公司技术中心
357	江苏春兴合金（集团）有限公司	江苏春兴合金（集团）有限公司技术中心
358	好孩子儿童用品有限公司	好孩子儿童用品有限公司技术中心
359	中船澄西船舶修造有限公司	中船澄西船舶修造有限公司技术中心
360	江苏牧羊集团有限公司	江苏牧羊集团有限公司技术中心
361	南通富士通微电子股份有限公司	南通富士通微电子股份有限公司技术中心

序号	企业名称	企业技术中心名称
362	常州东风农机集团有限公司	常州东风农机集团有限公司技术中心
363	苏州环球集团链传动有限公司	苏州环球集团链传动有限公司技术中心
364	江苏华鹏变压器有限公司	江苏华鹏变压器有限公司技术中心
365	江苏丰东热技术股份有限公司	江苏丰东热技术股份有限公司技术中心
366	江苏长虹智能装备集团	江苏长虹智能装备集团技术中心
367	亚普汽车部件股份有限公司	亚普汽车部件股份有限公司技术中心
368	万向集团公司	万向集团公司技术中心
369	杭州杭氧股份有限公司	杭州杭氧股份有限公司技术中心
370	巨化集团公司	巨化集团技术中心
371	西湖电子集团有限公司	西湖电子集团有限公司技术中心
372	杭州汽轮动力集团有限公司	杭州汽轮动力集团有限公司技术中心
373	浙江海正药业股份有限公司	浙江海正药业股份有限公司技术中心
374	横店集团控股有限公司	横店集团控股有限公司技术中心
375	浙江新和成股份有限公司	浙江新和成股份有限公司技术中心
376	浙江升华拜克生物股份有限公司	浙江升华拜克生物股份有限公司技术中心
377	万丰奥特控股集团	万丰奥特控股集团技术中心
378	浙江亚太机电股份有限公司	浙江亚太机电股份有限公司技术中心
379	浙江阳光照明电器集团股份有限公司	浙江阳光照明电器集团股份有限公司技术中心
380	德力西集团有限公司	德力西集团有限公司技术中心
381	浙江新安化工集团股份有限公司	浙江新安化工集团股份有限公司技术中心
382	杭州娃哈哈集团有限公司	杭州娃哈哈集团有限公司技术中心
383	浙江恒逸集团有限公司	浙江恒逸集团有限公司技术中心
384	中控科技集团有限公司	中控科技集团有限公司技术中心
385	浙江吉利控股集团有限公司	浙江吉利控股集团有限公司技术中心
386	菲达集团有限公司	菲达集团有限公司技术中心
387	浙江钱江摩托股份有限公司	浙江钱江摩托技术开发有限公司
388	浙江医药股份有限公司	浙江医药股份有限公司技术中心
389	正泰集团股份有限公司	正泰集团股份有限公司技术中心
390	浙江禾欣实业集团股份有限公司	浙江禾欣实业集团股份有限公司技术中心
391	浙江华海药业股份有限公司	浙江华海药业股份有限公司技术中心
392	浙江康恩贝制药股份有限公司	浙江康恩贝制药股份有限公司技术中心
393	浙江美欣达印染集团股份有限公司	浙江美欣达印染集团股份有限公司技术中心
394	浙江东南网架股份有限公司	浙江东南网架股份有限公司技术中心
395	杭州前进齿轮箱集团股份有限公司	杭州前进齿轮箱集团股份有限公司技术中心
396	浙江万安科技股份有限公司	浙江万安科技股份有限公司技术中心
397	华峰集团有限公司	华峰集团有限公司技术中心
398	富通集团有限公司	富通集团有限公司技术中心

序号	企业名称	企业技术中心名称
399	浙江龙盛集团股份有限公司	浙江龙盛集团股份有限公司技术中心
400	浙江三花股份有限公司	浙江三花股份有限公司技术中心
401	聚光科技（杭州）股份有限公司	聚光科技（杭州）股份有限公司技术中心
402	卧龙电气集团股份有限公司	卧龙电气集团股份有限公司技术中心
※	卧龙电气银川变压器有限公司	卧龙电气银川变压器有限公司技术中心
403	浙江盾安人工环境股份有限公司	浙江盾安人工环境股份有限公司技术中心
404	浙江浙大网新集团有限公司	浙江浙大网新集团有限公司技术中心
405	百合花集团股份有限公司	百合花集团股份有限公司技术中心
406	杭州诺贝尔集团有限公司	杭州诺贝尔集团有限公司技术中心
407	利欧集团股份有限公司	利欧集团股份有限公司技术中心
408	加西贝拉压缩机有限公司	加西贝拉压缩机有限公司技术中心
409	今飞控股集团有限公司	今飞控股集团有限公司技术中心
410	三维通信股份有限公司	三维通信股份有限公司技术中心
411	浙江海亮股份有限公司	浙江海亮股份有限公司技术中心
412	万事利集团有限公司	万事利集团有限公司技术中心
413	浙江大华技术股份有限公司	浙江大华技术股份有限公司技术中心
414	杭申集团有限公司	杭申集团有限公司技术中心
415	浙江天正电气股份有限公司	浙江天正电气股份有限公司技术中心
416	温州瑞明工业股份有限公司	温州瑞明工业股份有限公司技术中心
417	浙江九州药业股份有限公司	浙江九州药业股份有限公司技术中心
418	浙江精工钢结构有限公司	浙江精工钢结构有限公司技术中心
419	天能电池集团有限公司	天能电池集团有限公司技术中心
420	杭州海康威视数字技术股份有限公司	杭州海康威视数字技术股份有限公司技术中心
421	信雅达系统工程股份有限公司	信雅达系统工程股份有限公司技术中心
422	浙江银轮机械股份有限公司	浙江银轮机械股份有限公司技术中心
423	杭州东华链条集团有限公司	杭州东华链条集团有限公司技术中心
424	天马轴承集团股份有限公司	天马轴承集团股份有限公司技术中心
425	杭叉集团股份有限公司	杭叉集团股份有限公司技术中心
426	杭州锅炉集团股份有限公司	杭州锅炉集团股份有限公司技术中心
427	浙江久立特材科技股份有限公司	浙江久立特材科技股份有限公司技术中心
428	浙江南都电源动力股份有限公司	浙江南都电源动力股份有限公司技术中心
429	杭州老板电器股份有限公司	杭州老板电器股份有限公司技术中心
430	银江股份有限公司	银江股份有限公司技术中心
431	浙江仙居君业药业有限公司	浙江仙居君业药业有限公司技术中心
432	超威电源有限公司	超威电源有限公司技术中心
433	永高股份有限公司	永高股份有限公司技术中心
434	华立仪表集团股份有限公司	华立仪表集团股份有限公司技术中心

序号	企业名称	企业技术中心名称
435	浙江杭萧钢构股份有限公司	浙江杭萧钢构股份有限公司技术中心
436	雅戈尔集团股份有限公司	雅戈尔集团股份有限公司技术中心
437	海天塑机集团有限公司	海天塑机集团有限公司技术中心
438	奥克斯集团有限公司	奥克斯集团有限公司技术中心
439	博威集团有限公司	博威集团有限公司技术中心
440	宁波方太厨具有限公司	宁波方太厨具有限公司技术中心
441	宁波金田铜业（集团）股份有限公司	宁波金田铜业（集团）股份有限公司技术中心
442	宁波新海电气股份有限公司	宁波新海电气股份有限公司技术中心
443	宁波圣龙汽车动力系统股份有限公司	宁波圣龙汽车动力系统股份有限公司技术中心
444	东睦新材料集团股份有限公司	东睦新材料集团股份有限公司技术中心
445	合肥美菱股份有限公司	合肥美菱股份有限公司技术中心
446	安徽叉车集团有限责任公司	安徽叉车集团有限责任公司技术中心
447	中国扬子集团滁州扬子空调器有限公司	中国扬子集团滁州扬子空调器有限公司技术中心
448	合肥荣事达三洋电器股份有限公司	合肥荣事达三洋电器股份有限公司技术中心
449	安徽海螺集团有限责任公司	安徽海螺集团有限责任公司技术中心
450	马鞍山钢铁股份有限公司	马鞍山钢铁股份有限公司技术中心
451	奇瑞汽车股份有限公司	奇瑞汽车股份有限公司技术中心
452	安徽国风塑业股份有限公司	安徽国风塑业股份有限公司技术中心
453	铜陵有色金属集团控股有限公司	铜陵有色金属集团控股有限公司技术中心
454	安徽江淮汽车集团有限公司	安徽江淮汽车集团有限公司技术中心
※	安徽安凯汽车股份有限公司	安徽安凯汽车股份有限公司技术中心
455	中粮生物化学（安徽）股份有限公司	中粮生物化学（安徽）股份有限公司技术中心
456	安徽中鼎控股（集团）股份有限公司	安徽中鼎控股（集团）股份有限公司技术中心
457	淮北矿业（集团）有限责任公司	淮北矿业（集团）有限责任公司技术中心
458	安徽科大讯飞信息科技股份有限公司	安徽科大讯飞信息科技股份有限公司技术中心
459	中国人民解放军第五七二０工厂	中国人民解放军第五七二０工厂技术中心
460	安徽安利合成革股份有限公司	安徽安利合成革股份有限公司技术中心
461	中铁四局集团有限公司	中铁四局集团有限公司技术中心
※	中铁四局集团钢结构有限公司	中铁四局集团钢结构有限公司技术中心
462	合肥丰乐种业股份有限公司	合肥丰乐种业股份有限公司技术中心
463	合肥江航飞机装备有限公司	合肥江航飞机装备有限公司技术中心
464	安徽四创电子股份有限公司	安徽四创电子股份有限公司技术中心
465	安徽中天印染股份有限公司	安徽中天印染股份有限公司技术中心
466	中煤矿山建设集团有限责任公司	中煤矿山建设集团有限责任公司技术中心
467	安徽省电力公司	安徽省电力公司技术中心
468	合肥合锻机床股份有限公司	合肥合锻机床股份有限公司技术中心
469	安徽精诚铜业股份有限公司	安徽精诚铜业股份有限公司技术中心

序号	企业名称	企业技术中心名称
470	安徽华茂集团有限公司	安徽华茂集团有限公司技术中心
471	安徽淮化股份有限公司	安徽淮化股份有限公司技术中心
472	时代出版传媒股份有限公司	时代出版传媒股份有限公司技术中心
473	安徽鑫龙电器股份有限公司	安徽鑫龙电器股份有限公司技术中心
474	安徽丰原药业股份有限公司	安徽丰原药业股份有限公司技术中心
475	合肥杰事杰新材料股份有限公司	合肥杰事杰新材料股份有限公司技术中心
476	中国化学工程第三建设有限公司	中国化学工程第三建设有限公司技术中心
477	安徽鑫科新材料股份有限公司	安徽鑫科新材料股份有限公司技术中心
478	黄山永新股份有限公司	黄山永新股份有限公司技术中心
479	阳光电源股份有限公司	阳光电源股份有限公司技术中心
480	安徽博微长安电子有限公司	安徽博微长安电子有限公司技术中心
481	安徽全柴动力股份有限公司	安徽全柴动力股份有限公司技术中心
482	东华工程科技股份有限公司	东华工程科技股份有限公司技术中心
483	安徽六国化工股份有限公司	安徽六国化工股份有限公司技术中心
484	安徽鸿路钢结构（集团）股份有限公司	安徽鸿路钢结构（集团）股份有限公司技术中心
485	合肥美亚光电技术股份有限公司	合肥美亚光电技术股份有限公司技术中心
486	芜湖长信科技股份有限公司	芜湖长信科技股份有限公司技术中心
487	安徽皖维高新材料股份有限公司	安徽皖维高新材料股份有限公司技术中心
488	安徽建工集团有限公司	安徽建工集团有限公司技术中心
489	合肥通用机械研究院	合肥通用机械研究院技术中心
490	泰尔重工股份有限公司	泰尔重工股份有限公司技术中心
491	安徽神剑新材料股份有限公司	安徽神剑新材料股份有限公司技术中心
492	安徽国星生物化学有限公司	安徽国星生物化学有限公司技术中心
493	合肥国轩高科动力能源股份公司	合肥国轩高科动力能源股份公司技术中心
494	安徽华菱汽车有限公司	安徽华菱汽车有限公司技术中心
495	安徽九华金润铜业有限公司	安徽九华金润铜业有限公司技术中心
496	安徽富煌钢构股份有限公司	安徽富煌钢构股份有限公司技术中心
497	福建南平南孚电池有限公司	福建南平南孚电池有限公司技术中心
498	福建龙净环保股份有限公司	福建龙净环保股份有限公司技术中心
499	福建凤竹集团有限公司	福建凤竹集团有限公司技术中心
500	福耀玻璃工业集团股份有限公司	福耀玻璃工业集团股份有限公司技术中心
501	紫金矿业集团股份有限公司	紫金矿业集团股份有限公司技术中心
502	福建浔兴拉链科技股份有限公司	福建浔兴拉链科技股份有限公司技术中心
503	福建七匹狼集团有限公司	福建七匹狼集团有限公司技术中心
504	福建恒安集团有限公司	福建恒安集团有限公司技术中心
505	福建省南平铝业有限公司	福建省南平铝业有限公司技术中心
506	福建星网锐捷通讯股份有限公司	福建星网锐捷通讯股份有限公司技术中心

序号	企业名称	企业技术中心名称
507	安踏（中国）有限公司	安踏（中国）有限公司技术中心
508	漳州灿坤实业有限公司	漳州灿坤实业有限公司技术中心
509	福建新大陆科技集团有限公司	福建新大陆科技集团有限公司技术中心
510	三棵树涂料股份有限公司	三棵树涂料股份有限公司技术中心
511	福建百宏聚纤科技实业有限公司	福建百宏聚纤科技实业有限公司技术中心
512	福建森宝食品集团股份有限公司	福建森宝食品集团股份有限公司技术中心
513	兴业皮革科技股份有限公司	兴业皮革科技股份有限公司技术中心
514	厦门厦工机械股份有限公司	厦门厦工机械股份有限公司技术中心
515	厦门华侨电子股份有限公司	厦门华侨电子股份有限公司技术中心
516	厦门涌泉集团有限公司	厦门涌泉集团有限公司技术中心
517	厦门翔鹭化纤股份有限公司	厦门翔鹭化纤股份有限公司技术中心
518	厦门钨业股份有限公司	厦门钨业股份有限公司技术中心
519	厦门金龙汽车集团股份有限公司	厦门金龙汽车集团股份有限公司技术中心
520	厦门通士达照明有限公司	厦门通士达照明有限公司技术中心
521	厦门宏发电声股份有限公司	厦门宏发电声股份有限公司技术中心
522	厦门市三安光电科技有限公司	厦门市三安光电科技有限公司技术中心
523	联想移动通信科技有限公司	联想移动通信科技有限公司技术中心
524	福建中烟工业有限责任公司	福建中烟工业有限责任公司技术中心
525	路达（厦门）工业有限公司	路达（厦门）工业有限公司技术中心
526	厦门科华恒盛股份有限公司	厦门科华恒盛股份有限公司技术中心
527	江西洪都航空工业集团有限责任公司	江西洪都航空工业集团有限责任公司技术中心
528	泰豪科技股份有限公司	泰豪科技股份有限公司技术中心
529	新余钢铁集团有限公司	新余钢铁集团有限公司技术中心
530	江西昌河航空工业有限公司	江西昌河航空工业有限公司技术中心
531	江铃汽车股份有限公司	江铃汽车股份有限公司技术中心
532	蓝星化工新材料股份有限公司江西星火有机硅厂	蓝星化工新材料股份有限公司江西星火有机硅厂技术中心
533	江西稀有金属钨业控股集团有限公司	江西稀有金属钨业控股集团有限公司技术中心
534	江西三川水表股份有限公司	江西三川水表股份有限公司技术中心
535	崇义章源钨业股份有限公司	崇义章源钨业股份有限公司技术中心
536	江西钨业集团有限公司	江西钨业集团有限公司技术中心
537	江西铜业集团公司	江西铜业集团公司技术中心
538	江西正邦科技股份有限公司	江西正邦科技股份有限公司技术中心
539	济南二机床集团有限公司	济南二机床集团有限公司技术中心
540	浪潮集团有限公司	浪潮集团有限公司技术中心
541	鲁南制药集团股份有限公司	鲁南制药集团股份有限公司技术中心
542	济南轻骑摩托车有限公司	济南轻骑摩托车有限公司技术中心

序号	企业名称	企业技术中心名称
543	烟台万华合成革集团有限公司	烟台万华合成革集团有限公司技术中心
544	东方电子集团有限公司	东方电子集团有限公司技术中心
545	山东滨州渤海活塞股份有限公司	山东滨州渤海活塞股份有限公司技术中心
546	山东晨鸣纸业集团股份有限公司	山东晨鸣纸业集团股份有限公司技术中心
547	山推工程机械股份有限公司	山推工程机械股份有限公司技术中心
548	济南第一机床有限公司	济南第一机床有限公司技术中心
549	山东钢铁股份有限公司	山东钢铁股份有限公司技术中心
550	济南试金集团有限公司	济南试金集团有限公司技术中心
551	中国重型汽车集团有限公司	中国重型汽车集团有限公司技术中心
552	山东新华制药股份有限公司	山东新华制药股份有限公司技术中心
553	兖矿集团有限公司	兖矿集团有限公司技术中心
554	华能泰山电力有限公司	华能泰山电力有限公司技术中心
555	山东如意科技集团有限公司	山东如意科技集团有限公司技术中心
556	胜利石油管理局	胜利石油管理局技术中心
557	三角集团有限公司	三角集团有限公司技术中心
558	成山集团有限公司	成山集团有限公司技术中心
559	山东海化集团有限公司	山东海化集团有限公司技术中心
560	山东东阿阿胶股份有限公司	山东东阿阿胶股份有限公司技术中心
561	华泰集团有限公司	华泰集团有限公司技术中心
562	烟台张裕集团有限公司	烟台张裕集团有限公司技术中心
563	天润曲轴股份有限公司	天润曲轴股份有限公司技术中心
564	潍坊亚星集团有限公司	潍坊亚星集团有限公司技术中心
565	泰山玻璃纤维有限公司	泰山玻璃纤维有限公司技术中心
※	泰山玻璃纤维邹城有限公司	泰山玻璃纤维邹城有限公司技术中心
566	山东时风（集团）有限责任公司	山东时风（集团）有限责任公司技术中心
567	山东省鲁洲食品集团有限公司	山东省鲁洲食品集团有限公司技术中心
568	山东新华医疗器械股份有限公司	山东新华医疗器械股份有限公司技术中心
569	烟台冰轮集团有限公司	烟台冰轮集团有限公司技术中心
570	山东达驰电气有限公司	山东达驰电气有限公司技术中心
571	齐鲁制药有限公司	齐鲁制药有限公司技术中心
572	威高集团有限公司	威高集团有限公司技术中心
573	山东登海种业股份有限公司	山东登海种业股份有限公司技术中心
574	菱花集团有限公司	菱花集团有限公司技术中心
575	潍柴动力股份有限公司	潍柴动力股份有限公司技术中心
※	株洲齿轮有限责任公司	株洲齿轮有限责任公司技术中心
576	丛林集团有限公司	丛林集团有限公司技术中心
577	鲁泰纺织股份有限公司	鲁泰纺织股份有限公司技术中心

序号	企业名称	企业技术中心名称
578	山东泉林纸业有限责任公司	山东泉林纸业有限责任公司技术中心
579	山东中烟工业有限责任公司	山东中烟工业有限责任公司技术中心
580	山东金麒麟股份有限公司	山东金麒麟股份有限公司技术中心
581	威海广泰空港设备股份有限公司	威海广泰空港设备股份有限公司技术中心
582	福田雷沃国际重工股份有限公司	福田雷沃国际重工股份有限公司技术中心
583	山东滨州亚光毛巾有限公司	山东滨州亚光毛巾有限公司技术中心
584	山东绿叶制药股份有限公司	山东绿叶制药股份有限公司技术中心
585	新汶矿业集团有限责任公司	新汶矿业集团有限责任公司技术中心
586	东岳集团有限公司	东岳集团有限公司技术中心
587	万达集团股份有限公司	万达集团股份有限公司技术中心
588	恒天海龙股份有限公司	恒天海龙股份有限公司技术中心
589	烟台泰和新材集团有限公司	烟台泰和新材集团有限公司技术中心
590	力诺集团股份有限公司	力诺集团股份有限公司技术中心
591	南山集团有限公司	南山集团有限公司技术中心
592	山东新北洋信息技术股份有限公司	山东新北洋信息技术股份有限公司技术中心
593	山东齐鲁电机制造有限公司	山东齐鲁电机制造有限公司技术中心
594	中通客车控股股份有限公司	中通客车控股股份有限公司技术中心
595	保龄宝生物股份有限公司	保龄宝生物股份有限公司技术中心
596	好当家集团有限公司	好当家集团有限公司技术中心
597	山东华盛中天机械集团股份有限公司	山东华盛中天机械集团股份有限公司技术中心
598	山东泰山钢铁集团有限公司	山东泰山钢铁集团有限公司技术中心
599	信义集团公司	信义集团公司技术中心
600	得利斯集团有限公司	得利斯集团有限公司技术中心
601	山东五征集团有限公司	山东五征集团有限公司技术中心
602	烟台三环锁业集团有限公司	烟台三环锁业集团有限公司技术中心
603	中冶纸业银河有限公司	中冶纸业银河有限公司技术中心
604	济南重工股份有限公司	济南重工股份有限公司技术中心
605	济南圣泉集团股份有限公司	济南圣泉集团股份有限公司技术中心
606	鲁西化工集团股份有限公司	鲁西化工集团股份有限公司技术中心
607	山东道恩高分子材料股份有限公司	山东道恩高分子材料股份有限公司技术中心
608	山东宏艺科技股份有限公司	山东宏艺科技股份有限公司技术中心
609	泰山体育产业集团有限公司	泰山体育产业集团有限公司技术中心
610	山东太阳纸业股份有限公司	山东太阳纸业股份有限公司技术中心
611	金猴集团有限公司	金猴集团有限公司技术中心
612	日照金禾生化集团股份有限公司	日照金禾生化集团股份有限公司技术中心
613	龙大食品集团有限公司	龙大食品集团有限公司技术中心
614	孚日集团股份有限公司	孚日集团股份有限公司技术中心

序号	企业名称	企业技术中心名称
615	淄博兰雁集团有限责任公司	淄博兰雁集团有限责任公司技术中心
616	烟台龙源电力技术股份有限公司	烟台龙源电力技术股份有限公司技术中心
617	山东华凌电缆有限公司	山东华凌电缆有限公司技术中心
618	山东中际投资控股有限公司	山东中际投资控股有限公司技术中心
619	山东福田药业有限公司	山东福田药业有限公司技术中心
620	烟台市喜旺食品有限公司	烟台市喜旺食品有限公司技术中心
621	山东玲珑轮胎股份有限公司	山东玲珑轮胎股份有限公司技术中心
622	瑞阳制药有限公司	瑞阳制药有限公司技术中心
623	山东鲁抗医药股份有限公司	山东鲁抗医药股份有限公司技术中心
624	中色奥博特铜铝有限公司	中色奥博特铜铝有限公司技术中心
625	山东中创软件工程股份有限公司	山东中创软件工程股份有限公司技术中心
626	山东常林机械集团股份有限公司	山东常林机械集团股份有限公司技术中心
627	山东临工工程机械有限公司	山东临工工程机械有限公司技术中心
628	山东黄金集团有限公司	山东黄金集团有限公司技术中心
629	西王集团有限公司	西王集团有限公司技术中心
630	文登威力工具集团有限公司	文登威力工具集团有限公司技术中心
631	谷神生物科技集团有限公司	谷神生物科技集团有限公司技术中心
632	山东鲁阳股份有限公司	山东鲁阳股份有限公司技术中心
633	济南轨道交通装备有限责任公司	济南轨道交通装备有限责任公司技术中心
634	山东冠丰种业科技有限公司	山东冠丰种业科技有限公司技术中心
635	山东康平纳集团有限公司	山东康平纳集团有限公司技术中心
636	淄博柴油机总公司	淄博柴油机总公司技术中心
637	辰欣药业股份有限公司	辰欣药业股份有限公司技术中心
638	迪沙药业集团有限公司	迪沙药业集团有限公司技术中心
639	山东双轮股份有限公司	山东双轮股份有限公司技术中心
640	山东汇丰铸造科技股份有限公司	山东汇丰铸造科技股份有限公司技术中心
641	山东金正大生态工程股份有限公司	山东金正大生态工程股份有限公司技术中心
642	华纺股份有限公司	华纺股份有限公司技术中心
643	阳谷祥光铜业有限公司	阳谷祥光铜业有限公司技术中心
644	宝世达控股集团有限公司	宝世达控股集团有限公司技术中心
645	山东招金集团有限公司	山东招金集团有限公司技术中心
646	山东龙力生物科技股份有限公司	山东龙力生物科技股份有限公司技术中心
647	济南玫德铸造有限公司	济南玫德铸造有限公司技术中心
648	天元建设集团有限公司	天元建设集团有限公司技术中心
649	中铁十四局集团有限公司	中铁十四局集团有限公司技术中心

序号	企业名称	企业技术中心名称
650	山东罗欣药业股份有限公司	山东罗欣药业股份有限公司技术中心
651	山东金城医药化工股份有限公司	山东金城医药化工股份有限公司技术中心
652	九阳股份有限公司	九阳股份有限公司技术中心
653	蓬莱京鲁渔业有限公司	蓬莱京鲁渔业有限公司技术中心
654	山东圣阳电源股份有限公司	山东圣阳电源股份有限公司技术中心
655	通裕重工股份有限公司	通裕重工股份有限公司技术中心
656	盛瑞传动股份有限公司	盛瑞传动股份有限公司技术中心
657	龙口矿业集团有限公司	龙口矿业集团有限公司技术中心
658	烟台万润精细化工股份有限公司	烟台万润精细化工股份有限公司技术中心
659	海尔集团公司	海尔集团公司技术中心
660	海信集团有限公司	海信集团有限公司技术中心
661	双星集团有限责任公司	青岛双星集团技术开发中心
662	青岛港（集团）有限公司	青岛港（集团）有限公司技术中心
663	青岛啤酒股份有限公司	青岛啤酒股份有限公司技术中心
664	澳柯玛股份有限公司	澳柯玛股份有限公司技术中心
665	青岛黄海橡胶股份有限公司	青岛黄海橡胶股份有限公司技术中心
666	南车青岛四方机车车辆股份有限公司	南车青岛四方机车车辆股份有限公司技术中心
667	青岛即发集团控股有限公司	青岛即发集团控股有限公司技术中心
668	青岛明月海藻集团有限公司	青岛明月海藻集团有限公司技术中心
669	青岛喜盈门集团有限公司	青岛喜盈门集团有限公司技术中心
670	软控股份有限公司	软控股份有限公司技术中心
671	青岛汉缆股份有限公司	青岛汉缆股份有限公司技术中心
672	青特集团有限公司	青特集团有限公司技术中心
673	山东新希望六和集团有限公司	山东新希望六和集团有限公司技术中心
674	青岛地恩地投资集团有限公司	青岛地恩地投资集团有限公司技术中心
675	青岛亨达股份有限公司	青岛亨达股份有限公司技术中心
676	海利尔药业集团股份有限公司	海利尔药业集团股份有限公司技术中心
677	青岛康大食品有限公司	青岛康大食品有限公司技术中心
678	青建集团股份公司	青建集团股份公司技术中心
679	青岛琅琊台集团股份有限公司	青岛琅琊台集团股份有限公司技术中心
680	青岛四方车辆研究所有限公司	青岛四方车辆研究所有限公司技术中心
681	青岛东佳纺机（集团）有限公司	青岛东佳纺机（集团）有限公司技术中心
682	青岛康地恩药业股份有限公司	青岛康地恩药业股份有限公司技术中心
683	青岛征和工业有限公司	青岛征和工业有限公司技术中心

序号	企业名称	企业技术中心名称
684	青岛蔚蓝生物集团有限公司	青岛蔚蓝生物集团有限公司技术中心
685	青岛英派斯健康科技有限公司	青岛英派斯健康科技有限公司技术中心
686	青岛天祥食品集团有限公司	青岛天祥食品集团有限公司技术中心
687	青岛聚大洋藻业集团有限公司	青岛聚大洋藻业集团有限公司技术中心
688	河南黄河实业集团股份有限公司	河南黄河实业集团股份有限公司技术中心
689	许继集团有限公司	许继集团有限公司技术中心
690	神马实业股份有限公司	神马实业股份有限公司技术中心
691	河南新飞电器有限公司	河南新飞电器有限公司技术中心
692	平高集团有限公司	平高集团有限公司技术中心
693	河南莲花味精股份有限公司	河南莲花味精股份有限公司技术中心
694	平顶山天安煤业股份有限公司	平顶山天安煤业股份有限公司技术中心
695	中信重工机械股份有限公司	中信重工机械股份有限公司技术中心
696	中国一拖集团有限公司	中国一拖集团有限公司技术中心
697	郑州电缆有限公司	郑州电缆有限公司技术中心
698	洛阳 LYC 轴承有限公司	洛阳 LYC 轴承有限公司技术中心
699	河南省漯河市双汇实业集团有限责任公司	河南省漯河市双汇实业集团有限责任公司技术中心
700	河南安彩高科股份有限公司	河南安彩高科股份有限公司技术中心
701	郑州宇通客车股份有限公司	郑州宇通客车股份有限公司技术中心
702	三全食品股份有限公司	三全食品股份有限公司技术中心
703	风神轮胎股份有限公司	风神轮胎股份有限公司技术中心
704	河南天冠企业集团有限公司	河南天冠企业集团有限公司技术中心
705	恒天重工股份有限公司	恒天重工股份有限公司技术中心
706	辅仁药业集团有限公司	辅仁药业集团有限公司技术中心
707	中钢集团洛阳耐火材料研究院有限公司	中钢集团洛阳耐火材料研究院有限公司技术中心
708	南阳防爆集团股份有限公司	南阳防爆集团股份有限公司技术中心
709	通用天方药业集团有限公司	通用天方药业集团有限公司技术中心
710	河南大用实业有限公司	河南大用实业有限公司技术中心
711	河南羚锐集团	河南羚锐集团技术中心
712	河南华晶超硬材料股份有限公司	河南华晶超硬材料股份有限公司技术中心
713	安阳钢铁集团有限责任公司	安阳钢铁集团有限责任公司技术中心
714	金龙精密铜管集团股份有限公司	金龙精密铜管集团股份有限公司技术中心
715	郑州煤矿机械集团股份有限公司	郑州煤矿机械集团股份有限公司技术中心
716	河南金丹乳酸科技股份有限公司	河南金丹乳酸科技股份有限公司技术中心
717	河南永达食业集团	河南永达食业集团技术中心

序号	企业名称	企业技术中心名称
718	濮阳濮耐高温材料（集团）股份有限公司	濮阳濮耐高温材料（集团）股份有限公司技术中心
719	中南钻石有限公司	中南钻石有限公司技术中心
720	南阳二机石油装备（集团）有限公司	南阳二机石油装备（集团）有限公司技术中心
721	永城煤电控股集团有限公司	永城煤电控股集团有限公司技术中心
722	郑州新大方重工科技有限公司	郑州新大方重工科技有限公司技术中心
723	河南瑞贝卡发制品股份有限公司	河南瑞贝卡发制品股份有限公司技术中心
724	郑州思念食品有限公司	郑州思念食品有限公司技术中心
725	中航光电科技股份有限公司	中航光电科技股份有限公司技术中心
726	多氟多化工股份有限公司	多氟多化工股份有限公司技术中心
727	中铁隧道集团有限公司	中铁隧道集团有限公司技术中心
728	卫华集团有限公司	卫华集团有限公司技术中心
729	河南通海流体设备有限公司	河南通海流体设备有限公司技术中心
730	好想你枣业股份有限公司	好想你枣业股份有限公司技术中心
731	河南庆安化工高科技股份有限公司	河南庆安化工高科技股份有限公司技术中心
732	河南天海电器有限公司	河南天海电器有限公司技术中心
733	华兰生物工程股份有限公司	华兰生物工程股份有限公司技术中心
734	郑州飞机装备有限责任公司	郑州飞机装备有限责任公司技术中心
735	河南柴油机重工有限责任公司	河南柴油机重工有限责任公司技术中心
736	河南省力神机械有限公司	河南省力神机械有限公司技术中心
737	河南省中原内配股份有限公司	河南省中原内配股份有限公司技术中心
738	许昌远东传动轴股份有限公司	许昌远东传动轴股份有限公司技术中心
739	河南省西峡汽车水泵股份有限公司	河南省西峡汽车水泵股份有限公司技术中心
740	河南省西保冶材集团有限公司	河南省西保冶材集团有限公司技术中心
741	新乡航空工业（集团）有限公司	新乡航空工业（集团）有限公司技术中心
742	河南秋乐种业科技股份有限公司	河南秋乐种业科技股份有限公司技术中心
743	普莱柯生物工程股份有限公司	普莱柯生物工程股份有限公司技术中心
744	郑州安图生物工程股份有限公司	郑州安图生物工程股份有限公司技术中心
745	河南牧翔动物药业有限公司	河南牧翔动物药业有限公司技术中心
746	中石化洛阳工程有限公司	中石化洛阳工程有限公司技术中心
747	河南众品食业股份有限公司	河南众品食业股份有限公司技术中心
748	河南龙成集团有限公司	河南龙成集团有限公司技术中心
749	河南科隆集团有限公司	河南科隆集团有限公司技术中心
750	河南江河纸业股份有限公司	河南江河纸业股份有限公司技术中心
751	宏业生化股份有限公司	宏业生化股份有限公司技术中心

序号	企业名称	企业技术中心名称
752	中铁十五局集团有限公司	中铁十五局集团有限公司技术中心
753	河南汉威电子股份有限公司	河南汉威电子股份有限公司技术中心
754	洛阳双瑞特种装备有限公司	洛阳双瑞特种装备有限公司技术中心
755	中国化学工程第十一建设有限公司	中国化学工程第十一建设有限公司技术中心
756	灵宝金源矿业股份有限公司	灵宝金源矿业股份有限公司技术中心
757	河南中孚实业股份有限公司	河南中孚实业股份有限公司技术中心
758	河南中光学集团有限公司	河南中光学集团有限公司技术中心
759	荆州沙隆达控股有限公司	荆州沙隆达控股有限公司技术中心
760	武汉钢铁（集团）公司	武汉钢铁（集团）公司技术中心
761	湖北京山轻工机械股份有限公司	湖北京山轻工机械股份有限公司技术中心
762	大冶特殊钢股份有限公司	大冶特殊钢股份有限公司技术中心
763	东风汽车公司	东风汽车公司技术中心
※	郑州日产汽车有限公司	郑州日产汽车有限公司技术中心
※	东风朝阳朝柴动力有限公司	东风朝阳朝柴动力有限公司技术中心
764	湖北美尔雅集团有限公司	湖北美尔雅集团有限公司技术中心
765	红桃开集团股份有限公司	红桃开集团股份有限公司技术中心
766	湖北中烟工业有限责任公司	湖北中烟工业有限责任公司技术中心
767	烽火通信科技股份有限公司	烽火通信科技股份有限公司技术中心
768	中国葛洲坝集团股份有限公司	中国葛洲坝集团股份有限公司技术中心
769	武昌船舶重工集团有限公司	武昌船舶重工集团有限公司技术中心
770	武汉凯迪电力股份有限公司	武汉凯迪电力股份有限公司技术中心
771	安琪酵母股份有限公司	安琪酵母股份有限公司技术中心
772	中国航天三江集团公司	中国航天三江集团公司技术中心
773	华工科技产业股份有限公司	华工科技产业股份有限公司技术中心
774	湖北兴发化工集团股份有限公司	湖北兴发化工集团股份有限公司技术中心
775	航宇救生装备有限公司	航宇救生装备有限公司技术中心
776	武汉重型机床集团有限公司	武汉重型机床集团有限公司技术中心
777	长飞光纤光缆股份有限公司	长飞光纤光缆股份有限公司技术中心
778	武汉船用机械有限责任公司	武汉船用机械有限责任公司技术中心
※	武汉铁锚焊接材料股份有限公司	武汉铁锚焊接材料股份有限公司技术中心
779	湖北宜化化工股份有限公司	湖北宜化化工股份有限公司技术中心
780	大冶有色金属集团控股有限公司	大冶有色金属集团控股有限公司技术中心
781	黄石东贝电器股份有限公司	黄石东贝电器股份有限公司技术中心
782	马应龙药业集团股份有限公司	马应龙药业集团股份有限公司技术中心

序号	企业名称	企业技术中心名称
783	中交第二航务工程局有限公司	中交第二航务工程局有限公司技术中心
784	湖北新火炬科技股份有限公司	湖北新火炬科技股份有限公司技术中心
785	武汉虹信通信技术有限责任公司	武汉虹信通信技术有限责任公司技术中心
786	中铁大桥局股份有限公司	中铁大桥局股份有限公司技术中心
787	人福医药集团股份公司	人福医药集团股份公司技术中心
788	中冶南方工程技术有限公司	中冶南方工程技术有限公司技术中心
789	襄阳汽车轴承股份有限公司	襄阳汽车轴承股份有限公司技术中心
790	骆驼集团股份有限公司	骆驼集团股份有限公司技术中心
791	中铁十一局集团有限公司	中铁十一局集团有限公司技术中心
792	华新水泥股份有限公司	华新水泥股份有限公司技术中心
793	武汉光迅科技股份有限公司	武汉光迅科技股份有限公司技术中心
794	湖北华舟重工应急装备股份有限公司	湖北华舟重工应急装备股份有限公司技术中心
795	湖北飞龙摩擦密封材料股份有限公司	湖北飞龙摩擦密封材料股份有限公司技术中心
796	中石化石油工程机械有限公司第四机械厂	中石化石油工程机械有限公司第四机械厂技术中心
797	南车长江车辆有限公司	南车长江车辆有限公司技术中心
798	金鹰重型工程机械有限公司	金鹰重型工程机械有限公司技术中心
799	武汉金牛经济发展有限公司	武汉金牛经济发展有限公司技术中心
800	中铁第四勘察设计院集团有限公司	中铁第四勘察设计院集团有限公司技术中心
801	株洲硬质合金集团有限公司	株洲硬质合金集团有限公司技术中心
802	湖南华升集团公司	湖南华升集团公司技术中心
803	株洲冶炼集团股份有限公司	株洲冶炼集团科技开发有限责任公司
804	湖南中烟工业有限责任公司	湖南中烟工业有限责任公司技术中心
805	南车株洲电力机车有限公司	南车株洲电力机车有限公司技术中心
806	三一重工股份有限公司	三一重工股份有限公司技术中心
807	株洲时代新材料科技股份有限公司	株洲时代新材料科技股份有限公司技术中心
808	江南工业集团有限公司	江南工业集团有限公司技术中心
809	中联重科股份有限公司	中联重科股份有限公司技术中心
810	泰格林纸集团股份有限公司	泰格林纸集团股份有限公司技术中心
811	湘潭电机股份有限公司	湘潭电机股份有限公司技术中心
812	中国南方航空工业（集团）有限公司	中国南方航空工业（集团）有限公司技术中心
813	益阳橡胶塑料机械集团有限公司	益阳橡胶塑料机械集团有限公司技术中心
814	江麓机电集团有限公司	江麓机电集团有限公司技术中心
815	山河智能装备股份有限公司	山河智能装备股份有限公司技术中心
816	袁隆平农业高科技股份有限公司	袁隆平农业高科技股份有限公司技术中心

序号	企业名称	企业技术中心名称
817	锡矿山闪星锑业有限责任公司	锡矿山闪星锑业有限责任公司技术中心
818	湖南天雁机械有限责任公司	湖南天雁机械有限责任公司技术中心
819	湖南华联瓷业股份有限公司	湖南华联瓷业股份有限公司技术中心
820	晟通科技集团有限公司	晟通科技集团有限公司技术中心
821	威胜集团有限公司	威胜集团有限公司技术中心
822	楚天科技股份有限公司	楚天科技股份有限公司技术中心
823	株洲兴隆新材料股份有限公司	株洲兴隆新材料股份有限公司技术中心
824	中钢集团衡阳重机有限公司	中钢集团衡阳重机有限公司技术中心
825	迅达科技集团股份有限公司	迅达科技集团股份有限公司技术中心
826	唐人神集团股份有限公司	唐人神集团股份有限公司技术中心
827	湖南江滨机器（集团）有限责任公司	湖南江滨机器（集团）有限责任公司技术中心
828	中国铁建重工集团有限公司	中国铁建重工集团有限公司技术中心
829	湖南机油泵股份有限公司	湖南机油泵股份有限公司技术中心
830	南车株洲电机有限公司	南车株洲电机有限公司技术中心
831	湖南千山制药机械股份有限公司	湖南千山制药机械股份有限公司技术中心
832	广东风华高新科技股份有限公司	广东风华高新科技股份有限公司技术中心
833	美的集团股份有限公司	美的集团股份有限公司技术中心
※	重庆美的通用制冷设备有限公司	重庆美的通用制冷设备有限公司技术中心
※	安得物流股份有限公司	安得物流股份有限公司技术中心
834	TCL 集团股份有限公司	TCL 集团股份有限公司技术中心
835	汕头市超声仪器研究所有限公司	汕头市超声仪器研究所有限公司技术中心
836	广东佛陶集团股份有限公司	广东佛陶集团股份有限公司技术中心
837	广东肇庆星湖生物科技股份有限公司	广东肇庆星湖生物科技股份有限公司技术中心
838	广州无线电集团有限公司	广州无线电集团有限公司技术中心
839	海信科龙电器股份有限公司	海信科龙电器股份有限公司技术中心
840	惠州市德赛集团有限公司	惠州市德赛集团有限公司技术中心
841	广州珠江啤酒集团有限公司	广州珠江啤酒集团有限公司技术中心
842	金发科技股份有限公司	金发科技股份有限公司技术中心
843	广州市华南橡胶轮胎有限公司	广州市华南橡胶轮胎有限公司技术中心
844	广州钢铁企业集团有限公司	广州钢铁企业集团有限公司技术中心
845	广东榕泰实业股份有限公司	广东榕泰实业股份有限公司技术中心
846	广州万宝集团有限公司	广州万宝集团有限公司技术中心
847	广州广船国际股份有限公司	广州广船国际股份有限公司技术中心
848	中国南方电网有限责任公司	中国南方电网有限责任公司技术中心

序号	企业名称	企业技术中心名称
※	云南电网有限责任公司	云南电网有限责任公司技术中心
849	广东溢达纺织有限公司	广东溢达纺织有限公司技术中心
850	珠海格力电器股份有限公司	珠海格力电器股份有限公司技术中心
851	广州珠江钢琴集团股份有限公司	广州珠江钢琴集团股份有限公司技术中心
852	广东中烟工业有限责任公司	广东中烟工业有限责任公司技术中心
853	广东科达洁能股份有限公司	广东科达洁能股份有限公司技术中心
854	巨轮股份有限公司	巨轮股份有限公司技术中心
855	白云电气集团有限公司	白云电气集团有限公司技术中心
856	广东凤铝铝业有限公司	广东凤铝铝业有限公司技术中心
857	丽珠医药集团股份有限公司	丽珠医药集团股份有限公司技术中心
858	广东温氏食品集团股份有限公司	广东温氏食品集团股份有限公司技术中心
859	番禺珠江钢管有限公司	番禺珠江钢管有限公司技术中心
860	京信通信技术（广州）有限公司	京信通信技术（广州）有限公司技术中心
861	广东正龙股份有限公司	广东正龙股份有限公司技术中心
862	广东万家乐燃气具有限公司	广东万家乐燃气具有限公司技术中心
863	广州毅昌科技股份有限公司	广州毅昌科技股份有限公司技术中心
864	广州达意隆包装机械股份有限公司	广州达意隆包装机械股份有限公司技术中心
865	广州文冲船厂有限责任公司	广州文冲船厂有限责任公司技术中心
866	广州数控设备有限公司	广州数控设备有限公司技术中心
867	华帝股份有限公司	华帝股份有限公司技术中心
868	广东万和新电气股份有限公司	广东万和新电气股份有限公司技术中心
869	广东联邦家私集团有限公司	广东联邦家私集团有限公司技术中心
870	嘉宝莉化工集团股份有限公司	嘉宝莉化工集团股份有限公司技术中心
871	广东生益科技股份有限公司	广东生益科技股份有限公司技术中心
872	广东新会美达锦纶股份有限公司	广东新会美达锦纶股份有限公司技术中心
873	中船黄埔文冲船舶有限公司	中船黄埔文冲船舶有限公司技术中心
874	广东申菱空调设备有限公司	广东申菱空调设备有限公司技术中心
875	广州白云山制药股份有限公司	广州白云山制药股份有限公司技术中心
876	广东豪美铝业股份有限公司	广东豪美铝业股份有限公司技术中心
877	广东联塑科技实业有限公司	广东联塑科技实业有限公司技术中心
878	广东省长大公路工程有限公司	广东省长大公路工程有限公司技术中心
879	广东海大集团股份有限公司	广东海大集团股份有限公司技术中心
880	广州汽车集团股份有限公司	广州汽车集团股份有限公司技术中心
881	江门市大长江集团有限公司	江门市大长江集团有限公司技术中心

序号	企业名称	企业技术中心名称
882	广东明阳风电产业集团有限公司	广东明阳风电产业集团有限公司技术中心
883	广东先导稀材股份有限公司	广东先导稀材股份有限公司技术中心
884	广东东阳光铝业股份有限公司	广东东阳光铝业股份有限公司技术中心
885	广州市浪奇实业股份有限公司	广州市浪奇实业股份有限公司技术中心
886	广东蒙娜丽莎新型材料集团有限公司	广东蒙娜丽莎新型材料集团有限公司技术中心
887	广东威创视讯科技股份有限公司	广东威创视讯科技股份有限公司技术中心
888	佛山市日丰企业有限公司	佛山市日丰企业有限公司技术中心
889	广东德美精细化工股份有限公司	广东德美精细化工股份有限公司技术中心
890	广东坚美铝型材厂（集团）有限公司	广东坚美铝型材厂（集团）有限公司技术中心
891	深圳市中金岭南有色金属股份有限公司	深圳市中金岭南有色金属股份有限公司技术中心
892	华为技术有限公司	华为技术有限公司技术中心
893	中兴通讯股份有限公司	中兴通讯股份有限公司技术中心
894	深圳海王集团股份有限公司	深圳海王集团股份有限公司技术中心
895	康佳集团股份有限公司	康佳集团股份有限公司技术中心
896	深圳华强集团有限公司	深圳华强集团有限公司技术中心
897	中国国际海运集装箱（集团）股份有限公司	中国国际海运集装箱（集团）股份有限公司技术中心
898	深圳创维—RGB电子有限公司	深圳创维—RGB电子有限公司技术中心
899	深圳市航盛电子股份有限公司	深圳市航盛电子股份有限公司技术中心
900	中国广核集团有限公司	中科华核电技术研究院有限公司
901	深圳市大族激光科技股份有限公司	深圳市大族激光科技股份有限公司技术中心
902	深南电路有限公司	深南电路有限公司技术中心
903	深圳市通产丽星股份有限公司	深圳市通产丽星股份有限公司技术中心
904	深圳市比克电池有限公司	深圳市比克电池有限公司技术中心
905	深圳市嘉达高科产业发展有限公司	深圳市嘉达高科产业发展有限公司技术中心
906	比亚迪汽车工业有限公司	比亚迪汽车工业有限公司技术中心
907	深圳信立泰药业股份有限公司	深圳信立泰药业股份有限公司技术中心
908	海能达通信股份有限公司	海能达通信股份有限公司技术中心
909	飞亚达（集团）股份有限公司	飞亚达（集团）股份有限公司技术中心
910	深圳市特发信息股份有限公司	深圳市特发信息股份有限公司技术中心
911	柳州欧维姆机械股份有限公司	柳州欧维姆机械股份有限公司技术中心
912	广西贵糖（集团）股份有限公司	广西贵糖（集团）股份有限公司技术中心
913	广西玉柴机器股份有限公司	广西玉柴机器股份有限公司技术中心
914	桂林三金药业股份有限公司	桂林三金药业股份有限公司技术中心
915	广西柳工集团有限公司	广西柳工集团有限公司技术中心

序号	企业名称	企业技术中心名称
916	桂林橡胶机械厂	桂林橡胶机械厂技术中心
917	中国化工橡胶桂林有限公司	中国化工橡胶桂林有限公司技术中心
918	广西华锡集团股份有限公司	广西华锡集团股份有限公司技术中心
919	先声药业有限公司	先声药业有限公司技术中心
920	海南全星药业有限公司	海南全星药业有限公司技术中心
921	四川华神集团股份有限公司	四川华神集团股份有限公司技术中心
922	四川长虹电子集团有限公司	四川长虹电子集团有限公司技术中心
923	川化集团有限责任公司	川化集团有限责任公司技术中心
924	泸天化（集团）有限责任公司	泸天化（集团）有限责任公司技术中心
925	攀钢集团有限公司	攀钢集团有限公司技术中心
926	四川九洲电器集团有限责任公司	四川九洲电器集团有限责任公司技术中心
927	中国东方电气集团有限公司	中国东方电气集团有限公司技术中心
※	四川东方电气自动控制工程有限公司	四川东方电气自动控制工程有限公司技术中心
928	四川东材科技集团股份有限公司	四川东材科技集团股份有限公司技术中心
929	中核建中核燃料元件有限公司	中核建中核燃料元件有限公司技术中心
930	绵阳新晨动力机械有限公司	绵阳新晨动力机械有限公司技术中心
931	成都飞机工业（集团）有限责任公司	成都飞机工业（集团）有限责任公司技术中心
932	成都光明光电股份有限公司	成都光明光电股份有限公司技术中心
933	四川龙蟒集团有限责任公司	四川龙蟒集团有限责任公司技术中心
934	成都康弘药业集团	成都康弘药业集团技术中心
935	中国第二重型机械集团公司	中国第二重型机械集团公司技术中心
936	宜宾天原集团股份有限公司	宜宾天原集团股份有限公司技术中心
937	四川久大制盐有限责任公司	四川久大制盐有限责任公司技术中心
938	宜宾丝丽雅集团有限公司	宜宾丝丽雅集团有限公司技术中心
939	南车眉山车辆有限公司	南车眉山车辆有限公司技术中心
940	通威股份有限公司	通威股份有限公司技术中心
941	四川剑南春集团有限责任公司	四川剑南春集团有限责任公司技术中心
942	新希望集团有限公司	新希望集团有限公司技术中心
943	南车资阳机车有限公司	南车资阳机车有限公司技术中心
944	四川科伦药业股份有限公司	四川科伦药业股份有限公司技术中心
945	利尔化学股份有限公司	利尔化学股份有限公司技术中心
946	成都发动机（集团）有限公司	成都发动机（集团）有限公司技术中心
947	宜宾五粮液股份有限公司	宜宾五粮液股份有限公司技术中心
948	四川宏达（集团）有限公司	四川宏达（集团）有限公司技术中心

序号	企业名称	企业技术中心名称
949	四川省川威集团有限公司	四川省川威集团有限公司技术中心
950	四川惊雷科技股份有限公司	四川惊雷科技股份有限公司技术中心
951	成都地奥制药集团有限公司	成都地奥制药集团有限公司技术中心
952	四川铁骑力士实业有限公司	四川铁骑力士实业有限公司技术中心
953	四川高金食品股份有限公司	四川高金食品股份有限公司技术中心
954	中昊晨光化工研究院有限公司	中昊晨光化工研究院有限公司技术中心
955	四川雅化实业集团股份有限公司	四川雅化实业集团股份有限公司技术中心
956	成都国腾实业集团有限公司	成都国腾实业集团有限公司技术中心
957	中国人民解放军第五七一九工厂	中国人民解放军第五七一九工厂技术中心
958	中铁八局集团有限公司	中铁八局集团有限公司技术中心
959	四川省煤炭产业集团有限责任公司	四川省煤炭产业集团有限责任公司技术中心
960	成都华川电装有限责任公司	成都华川电装有限责任公司技术中心
961	中国成达工程有限公司	中国成达工程有限公司技术中心
962	中铁二局股份有限公司	中铁二局股份有限公司技术中心
963	四川省达州钢铁集团有限责任公司	四川省达州钢铁集团有限责任公司技术中心
964	成都天奥电子股份有限公司	成都天奥电子股份有限公司技术中心
965	成都索贝数码科技股份有限公司	成都索贝数码科技股份有限公司技术中心
966	四川宏华石油设备有限公司	四川宏华石油设备有限公司技术中心
967	四川大西洋焊接材料股份有限公司	四川大西洋焊接材料股份有限公司技术中心
968	四川飞亚新材料有限公司	四川飞亚新材料有限公司技术中心
969	四川省茶业集团股份有限公司	四川省茶业集团股份有限公司技术中心
970	成都市明珠家具（集团）有限公司	成都市明珠家具（集团）有限公司技术中心
971	中铁二院工程集团有限责任公司	中铁二院工程集团有限责任公司技术中心
972	四川好医生药业集团有限公司	四川好医生药业集团有限公司技术中心
973	四川省宜宾惠美线业有限责任公司	四川省宜宾惠美线业有限责任公司技术中心
974	成都前锋电子电器集团股份有限公司	成都前锋电子电器集团股份有限公司技术中心
975	四川嘉华企业（集团）股份有限公司	四川嘉华企业（集团）股份有限公司技术中心
976	四川金星压缩机制造有限公司	四川金星压缩机制造有限公司技术中心
977	四川省银河化学股份有限公司	四川省银河化学股份有限公司技术中心
978	中国嘉陵工业股份有限公司（集团）	中国嘉陵工业股份有限公司（集团）技术中心
979	重庆长安汽车股份有限公司	重庆长安汽车股份有限公司技术中心
980	中国四联仪器仪表集团有限公司	中国四联仪器仪表集团有限公司技术中心
981	太极集团有限公司	太极集团有限公司技术中心
982	重庆建设摩托车股份有限公司	重庆建设摩托车股份有限公司技术中心

序号	企业名称	企业技术中心名称
983	重庆钢铁（集团）有限责任公司	重庆钢铁（集团）有限责任公司技术中心
984	力帆实业（集团）股份有限公司	力帆实业（集团）股份有限公司技术中心
985	宗申产业集团有限公司	宗申产业集团有限公司技术中心
986	隆鑫通用动力股份有限公司	隆鑫通用动力股份有限公司技术中心
987	重庆齿轮箱有限责任公司	重庆齿轮箱有限责任公司技术中心
988	重庆机床（集团）有限责任公司	重庆机床（集团）有限责任公司技术中心
989	重庆紫光化工股份有限公司	重庆紫光化工股份有限公司技术中心
990	中电投远达环保工程有限公司	中电投远达环保工程有限公司技术中心
991	重庆青山工业有限责任公司	重庆青山工业有限责任公司技术中心
992	重庆耐德工业股份有限公司	重庆耐德工业股份有限公司技术中心
993	重庆山外山科技有限公司	重庆山外山科技有限公司技术中心
994	重庆通用工业（集团）有限责任公司	重庆通用工业（集团）有限责任公司技术中心
995	重庆莱美药业股份有限公司	重庆莱美药业股份有限公司技术中心
996	贵州航天工业有限责任公司	贵州航天工业有限责任公司技术中心
997	贵州轮胎股份有限公司	贵州轮胎股份有限公司技术中心
998	中国振华电子集团有限公司	中国振华电子集团有限公司技术中心
999	中国贵州航空工业（集团）有限责任公司	中国贵州航空工业（集团）有限责任公司技术中心
1000	中国贵州茅台酒厂（集团）有限责任公司	中国贵州茅台酒厂（集团）有限责任公司技术中心
1001	瓮福（集团）有限责任公司	瓮福（集团）有限责任公司技术中心
1002	贵州益佰制药股份有限公司	贵州益佰制药股份有限公司技术中心
1003	贵州开磷（集团）有限责任公司	贵州开磷（集团）有限责任公司技术中心
1004	贵州航天电器股份有限公司	贵州航天电器股份有限公司技术中心
1005	遵义钛业股份有限公司	遵义钛业股份有限公司技术中心
1006	贵州黎阳航空动力有限公司	贵州黎阳航空动力有限公司技术中心
1007	贵州百灵企业集团制药股份有限公司	贵州百灵企业集团制药股份有限公司技术中心
1008	中国航空工业标准件制造有限责任公司	中国航空工业标准件制造有限责任公司技术中心
1009	贵州钢绳股份有限公司	贵州钢绳股份有限公司技术中心
1010	昆明船舶设备集团有限公司	昆明船舶设备集团有限公司技术中心
1011	红塔烟草（集团）有限责任公司	红塔烟草（集团）有限责任公司技术中心
1012	云南锡业集团有限责任公司	云南锡业集团有限责任公司技术中心
1013	云天化集团有限责任公司	云天化集团有限责任公司技术中心
1014	红云红河烟草（集团）有限责任公司	红云红河烟草（集团）有限责任公司技术中心
1015	云南白药控股有限公司	云南白药控股有限公司技术中心
1016	云南冶金集团股份有限公司	云南冶金集团股份有限公司技术中心

序号	企业名称	企业技术中心名称
1017	云南生物谷药业股份有限公司	云南生物谷药业股份有限公司技术中心
1018	云南铜业（集团）有限公司	云南铜业（集团）有限公司技术中心
1019	滇虹药业集团股份有限公司	滇虹药业集团股份有限公司技术中心
1020	云南南天电子信息产业股份有限公司	云南南天电子信息产业股份有限公司技术中心
1021	沈机集团昆明机床股份有限公司	沈机集团昆明机床股份有限公司技术中心
1022	云南沃森生物技术股份有限公司	云南沃森生物技术股份有限公司技术中心
1023	昆明制药集团股份有限公司	昆明制药集团股份有限公司技术中心
1024	云南煤化工集团有限公司	云南煤化工集团有限公司技术中心
1025	云南建工集团有限公司	云南建工集团有限公司技术中心
1026	昆明云内动力股份有限公司	昆明云内动力股份有限公司技术中心
1027	西藏奇正藏药股份有限公司	西藏奇正藏药股份有限公司技术中心
1028	西藏诺迪康药业股份有限公司	西藏诺迪康药业股份有限公司技术中心
1029	西安飞机工业（集团）有限责任公司	西安飞机工业（集团）有限责任公司技术中心
1030	庆安集团有限公司	庆安集团有限公司技术中心
1031	秦川机床工具集团股份公司	秦川机床工具集团股份公司技术中心
1032	中国西电集团公司	中国西电集团公司技术中心
1033	西安陕鼓动力股份有限公司	西安陕鼓动力股份有限公司技术中心
1034	中国标准工业集团有限公司	中国标准工业集团有限公司技术中心
1035	西安利君制药有限责任公司	西安利君制药有限责任公司技术中心
1036	西安航空动力股份有限公司	西安航空动力股份有限公司技术中心
1037	宝钛集团有限公司	宝钛集团有限公司技术中心
1038	陕西汽车集团有限责任公司	陕西汽车集团有限责任公司技术中心
1039	陕西法士特齿轮有限责任公司	陕西法士特齿轮有限责任公司技术中心
1040	西安航空动力控制有限责任公司	西安航空动力控制有限责任公司技术中心
1041	中交第二公路工程局有限公司	中交第二公路工程局有限公司技术中心
1042	中铁一局集团有限公司	中铁一局集团有限公司技术中心
1043	陕西航空电气有限责任公司	陕西航空电气有限责任公司技术中心
1044	西安开米股份有限公司	西安开米股份有限公司技术中心
1045	陕西烽火电子股份有限公司	陕西烽火电子股份有限公司技术中心
1046	陕西延长石油（集团）有限责任公司	陕西延长石油（集团）有限责任公司技术中心
1047	西部超导材料科技股份有限公司	西部超导材料科技股份有限公司技术中心
1048	中铁二十局集团有限公司	中铁二十局集团有限公司技术中心
1049	陕西飞机工业（集团）有限公司	陕西飞机工业（集团）有限公司技术中心
1050	中铁宝桥集团有限公司	中铁宝桥集团有限公司技术中心

序号	企业名称	企业技术中心名称
1051	兰州兰电电机有限公司	兰州兰电电机有限公司技术中心
1052	金川集团股份有限公司	金川集团股份有限公司技术中心
1053	天水星火机床有限责任公司	天水星火机床有限责任公司技术中心
1054	兰州生物制品研究所有限责任公司	兰州生物制品研究所有限责任公司技术中心
1055	酒泉钢铁（集团）有限责任公司	酒泉钢铁（集团）有限责任公司技术中心
1056	兰州兰石集团有限公司	兰州兰石集团有限公司技术中心
1057	白银有色集团股份有限公司	白银有色集团股份有限公司技术中心
1058	甘肃银光化学工业集团有限公司	甘肃银光化学工业集团有限公司技术中心
1059	天水长城开关厂有限公司	天水长城开关厂有限公司技术中心
1060	天水华天电子集团	天水华天电子集团技术中心
1061	天水锻压机床（集团）有限公司	天水锻压机床（集团）有限公司技术中心
1062	甘肃稀土新材料股份有限公司	甘肃稀土新材料股份有限公司技术中心
1063	天华化工机械及自动化研究设计院	天华化工机械及自动化研究设计院技术中心
1064	天水风动机械有限责任公司	天水风动机械有限责任公司技术中心
1065	甘肃蓝科石化高新装备股份有限公司	甘肃蓝科石化高新装备股份有限公司技术中心
1066	西北永新集团有限公司	西北永新集团有限公司技术中心
1067	甘肃华羚酪蛋白股份有限公司	甘肃华羚酪蛋白股份有限公司技术中心
1068	中铁西北科学研究院有限公司	中铁西北科学研究院有限公司技术中心
1069	酒泉奥凯种子机械股份有限公司	酒泉奥凯种子机械股份有限公司技术中心
1070	西部矿业股份有限公司	西部矿业股份有限公司技术中心
1071	中色（宁夏）东方集团有限公司	中色（宁夏）东方集团有限公司技术中心
1072	西北轴承股份有限公司	西北轴承股份有限公司技术中心
1073	吴忠仪表有限责任公司	吴忠仪表有限责任公司技术中心
1074	宁夏泰瑞制药股份有限公司	宁夏泰瑞制药股份有限公司技术中心
1075	宁夏启元药业有限公司	宁夏启元药业有限公司技术中心
1076	宁夏天地奔牛实业集团有限公司	宁夏天地奔牛实业集团有限公司技术中心
1077	宁夏共享集团有限责任公司	宁夏共享集团有限责任公司技术中心
1078	宁夏红枸杞产业集团有限公司	宁夏红枸杞产业集团有限公司技术中心
1079	中电投宁夏青铜峡能源铝业集团有限公司	中电投宁夏青铜峡能源铝业集团有限公司技术中心
1080	宁夏伊品生物科技股份有限公司	宁夏伊品生物科技股份有限公司技术中心
1081	宁夏隆基宁光仪表有限公司	宁夏隆基宁光仪表有限公司技术中心
1082	神华宁夏煤业集团有限责任公司	神华宁夏煤业集团有限责任公司技术中心
1083	宁夏力成电气集团有限公司	宁夏力成电气集团有限公司技术中心
1084	特变电工股份有限公司	特变电工股份有限公司技术中心

序号	企业名称	企业技术中心名称
※	特变电工沈阳变压器集团有限公司	特变电工沈阳变压器集团有限公司技术中心
1085	新疆众和股份有限公司	新疆众和股份有限公司技术中心
1086	中粮屯河股份有限公司	中粮屯河股份有限公司技术中心
1087	麦趣尔集团股份有限公司	麦趣尔集团股份有限公司技术中心
1088	新疆金风科技股份有限公司	新疆金风科技股份有限公司技术中心
1089	新疆蓝山屯河化工股份有限公司	新疆蓝山屯河化工股份有限公司技术中心
1090	新特能源股份有限公司	新特能源股份有限公司技术中心
1091	新疆国统管道股份有限公司	新疆国统管道股份有限公司技术中心
1092	新疆天山水泥股份有限公司	新疆天山水泥股份有限公司技术中心
1093	新疆隆成实业集团有限公司	新疆隆成实业集团有限公司技术中心
1094	国投新疆罗布泊钾盐有限责任公司	国投新疆罗布泊钾盐有限责任公司技术中心
1095	新疆天康畜牧生物技术股份有限公司	新疆天康畜牧生物技术股份有限公司技术中心
1096	新疆天业（集团）有限公司	新疆天业（集团）有限公司技术中心
1097	新疆中基实业股份有限公司	新疆中基实业股份有限公司技术中心
1098	中国彩棉（集团）股份有限公司	中国彩棉（集团）股份有限公司技术中心

注："※"标注为国家认定企业技术中心分中心。

4.2　外资研发中心

海关总署关于外资研发中心适用科技开发用品进口税收政策有关问题的通知

（署税发〔2011〕69号）

广东分署，天津、上海特派办，各直属海关：

经国务院批准，对符合条件的外资研发中心进口科技开发用品适用《科技开发用品免征进口税收暂行规定》（财政部、海关总署、国家税务总局令第44号），免征进口关税和进口环节增值税。为此，财政部、海关总署和国家税务总局联合下发了《关于研发机构采购设备税收政策的通知》（财税〔2009〕115号），商务部、财政部、海关总署和国家税务总局联合下发了《关于外资研发中心采购设备免/退税资格审核办法的通知》（商资发〔2010〕93号），分别对政策内容和免税资格审核要求等事项进行了明确。为规范和统一相关减免税手续的办理，保证该项进口税收优惠政策的正确实施，现就执行中的有关问题通知如下：

一、企业所在地直属海关（以下简称主管海关）应参与有关省、自治区、直辖市、计划单列市及新疆生产建设兵团商务主管部门牵头组织的对外资研发中心资格的审核认定工作，并作为公布符合条件的外资研发中心名单公告的联合发文单位。

二、符合条件的外资研发中心进口科技开发用品的减免税审批手续纳入《减免税管理系统》管理。征免性质适用为科学研究、技术开发机构进口科技开发用品单独新设立的征免性质，简称“科技开发用品”（代码：405）；监管方式为：“一般贸易”（代码：0110）、“合资合作设备”（代码：2025）、“外资设备物品”（代码：2225）。

本通知下发之前，有关海关以“科教用品”（代码：401）的征免性质为符合条件的外资研发中心办理减免税审批手续的仍然有效，不作调整。

三、符合条件的外资研发中心在申请办理减免税审批手续前，应事先按规定向主管海关申请办理科技开发用品免税资格备案手续。

主管海关在办理符合条件的外资研发中心于2009年7月1日至2010年12月31日期间进口的科技开发用品的减免税审批手续时，对于已征税进口的货物，应要求有关外资研发中心主动说明相关货物进口环节增值税是否已抵扣，并提交相应的证明。进口环节增值税已抵扣的，只办理免征关税、照章征收进口环节增值税的审批手续。

对于独立法人外资研发中心，海关按其工商注册登记名称受理资格备案和减免税审批手续；对于非独立法人外资研发中心，海关按设立该外资研发中心的企业名称受理资格备案和减免税审批手续，同时在备注栏注明非独立法人外资研发中心名称。

四、对于在2010年12月31日前已经有关审核部门认定为符合条件的外资研发中心，其在2009年7月1日至2010年12月31日前已凭税款担保放行或征税进口的科技开发用品，原进口地海关凭主管海关出具的《进出口货物征免税证明》（以下简称《征免税证明》）办理退保或退税核销手续。其中已征税进口且进口环节增值税已抵扣的，只退还关税，进口环节增值税不予退还。

五、对于2010年12月31日前按照规定向有关审核部门提出资格审核申请，但有关审核部门在2011年1月1日以后才给予资格认定的外资研发中心，主管海关和原进口地海关参照上述第三条和第四条的规定执行。

六、对于2010年12月31日前未按照规定向有关审核部门提出申请的外资研发中心，以及2010年12月31日前提出申请但经审核被认定不符合免税资格条件的外资研发中心，其在2009年7月1日至2010年12月31日期间进口的科技开发用品应照章征税。

七、上述符合条件的外资研发中心在2009年7月1日至2010年12月31日期间进口的科技开发用品，已按鼓励项目税收优惠政策取得《征免税证明》免征进口关税，如按本通知的规定申请退还进口环节增值税的（进口环节增值税已抵扣的，进口环节增值税不予退还），应按以下程序办理：

（一）外资研发中心未办理科技开发用品免税资格备案手续的，应首先按规定向主管海关申请办理免税资格备案手续。

（二）外资研发中心在办理完毕免税资格备案手续后，持凭以下材料向主管海关申请办理免税认定手续：

1. 办理免征进口环节增值税认定的书面申请（加盖单位公章）；
2. 原《征免税证明》第三联（进口单位留存联）复印件；
3. 经海关和国库经收处（银行）盖章的《海关专用缴款书》复印件（加盖单位公章）；
4. 进口货物报关单（付汇证明联）复印件；
5. 相关货物进口环节增值税未予抵扣证明；
6. 办理进口科技开发用品减免税审批申请所需材料等。

（三）主管海关受理上述申请并经审核符合进口科技开发用品免税条件的，出具《外资研发中心进口科技开发用品符合免税条件认定证明》（格式详见附件，以下简称《免税认定证明》）。

（四）外资研发中心凭主管海关出具的《免税认定证明》向原进口地海关申请办理退还进口环节增值税手续。

八、在2010年12月31日前经有关审核部门认定符合条件的外资研发中心，应于2011年6月30日前向海关申请办理其在2009年7月1日至2010年12月31日期间进口科技开发用品的免税审批或免税认定手续，并在《征免税证明》或《免税认定证明》的有效期内向原进口地海关申请办理退保或退税手续。

在2010年12月31日前按照规定向有关审核部门提出资格审核申请但有关审核部门在2011年1月1日以后才给予资格认定的外资研发中心，应在获得资格认定3个月内向海关申请办理其在2009年7月1日至2010年12月31日期间进口科技开发用品的免税审批、免税认定及退保或退税手续。

九、符合条件的外资研发中心进口科技开发用品适用《科技开发用品免征进口税收暂行规定》的政策本应于2010年12月31日到期，国家有关部门在清理"十一五"末到期的进口税收优惠政策时建议保留此项政策继续执行，目前正在向国务院报批过程中。鉴此，对于已经有关审核部门按照规定审核认定为符合条件的外资研发中心在2011年1月1日以后进口的科技开发用品，有关海关可凭相关外资研发中心提供的税款担保先予办理货物放行手续，待国务院批复后，再按总署通知办理征免税等相关手续。

十、本通知内容自下发之日起实施。请各关及时将本通知内容通知相关外资研发中心。此前各关已按政策规定对符合条件的外资研发中心进口科技开发用品办理了退保或退税手续的，有关手续继续有效，无需调整。

特此通知。

附件　外资研发中心进口科技开发用品符合免税条件认定证明（格式）

二〇一一年二月十八日

附件

外资研发中心进口科技开发用品符合免税条件认定证明（格式）

编号：

（外资研发中心）：

根据《财政部 海关总署 国家税务总局关于研发机构采购设备税收政策的通知》（财税〔2009〕115号）及相关规定，你单位提交的免税认定申请（《进口货物报关单》编号：__________，《征免税证明》编号：__________，《海关专用缴款书》编号：__________），经审核，□全部商品/□其中第____项商品符合免征进口环节增值税条件。

请你单位在有效期内持凭本认定证明到进口地海关办理有关外资研发中心进口科技开发用品退还进口环节增值税手续。

____海关（盖章）

年　月　日

注：

1. 本认定证明有效期：自签章之日起3个月内有效。

2. 认定证明一式三联，第一联由主管海关留存，第二联由申请单位交由进口地海关办理退还进口环节增值税手续，第三联由申请单位留存。

财政部、商务部、海关总署、国家税务总局关于继续执行研发机构采购设备税收政策的通知

（财税〔2011〕88号）

各省、自治区、直辖市、计划单列市财政厅（局）、商务主管部门、国家税务局，海关总署广东分属、各直属海关，新疆生产建设兵团财务局：

为了鼓励科学研究和技术开发，促进科技进步，经国务院批准，继续对外资研发中心进口科技开发用品免征进口关税和进口环节增值税、消费税（以下统称进口税收），继续对内资研发机构和外资研发中心采购国产设备全额退还增值税。现将有关事项明确如下：

一、外资研发中心适用《科技开发用品免征进口税收暂行规定》（财政部、海关总署、国家税务总局令第44号）和《关于修改〈科技开发用品免征进口税收暂行规定〉和〈科学研究和教学用品免征进口税收规定〉的决定》（财政部、海关总署、国家税务总局令第63号）免征进口税收。根据其设立时间，应分别满足下列条件：

（一）对2009年9月30日及其之前设立的外资研发中心，应同时满足下列条件：

1. 研发费用标准：（1）对外资研发中心，作为独立法人的，其投资总额不低于500万美元；作为公司内设部门或分公司的非独立法人的，其研发总投入不低于500万美元；（2）企业研发经费年支出额不低于1000万元。

2. 专职研究与试验发展人员不低于90人。

3. 设立以来累计购置的设备原值不低于1000万元。

（二）对2009年10月1日及其之后设立的外资研发中心，应同时满足下列条件：

1. 研发费用标准：作为独立法人的，其投资总额不低于800万美元；作为公司内设部门或分公司的非独立法人的，其研发总投入不低于800万美元。

2. 专职研究与试验发展人员不低于150人。

3. 设立以来累计购置的设备原值不低于2000万元。

外资研发中心须经商务主管部门会同有关部门按照上述条件进行资格审核认定。具体审核认定办法见附件1。

二、适用采购国产设备全额退还增值税政策的内资研发机构和外资研发中心包括

（一）《科技开发用品免征进口税收暂行规定》（财政部、海关总署、国家税务总局令第44号）规定的科学研究、技术开发机构。

（二）《科学研究和教学用品免征进口税收规定》（财政部、海关总署、国家税务总局令第45号）规定的科学研究机构和学校。

（三）符合本通知第一条规定条件的外资研发中心。

具体退税管理办法由国家税务总局会同财政部另行制定。

三、本通知的有关定义

（一）本通知所述"投资总额"，是指外商投资企业批准证书所载明的金额。

（二）本通知所述"研发总投入"，是指外商投资企业专门为设立和建设本研发中心而投入的资产，包括即将投入并签订购置合同的资产（应提交已采购资产清单和即将采购资产的合同清单）。

（三）本通知所述"研发经费年支出额"，是指近两个会计年度研发经费年均支出额；不足两个完整会计年度的，可按外资研发中心设立以来任意连续12个月的实际研发经费支出额计算；现金与实物资产投入应不低于60%。

（四）本通知所述“专职研究与试验发展人员”，是指企业科技活动人员中专职从事基础研究、应用研究和试验发展三类项目活动的人员，包括直接参加上述三类项目活动的人员以及相关专职科技管理人员和为项目提供资料文献、材料供应、设备的直接服务人员，上述人员须与外资研发中心或其所在外商投资企业签订 1 年以上劳动合同，以外资研发中心提交申请的前一日人数为准。

（五）本通知所述“设备”，是指为科学研究、教学和科技开发提供必要条件的实验设备、装置和器械。在计算累计购置的设备原值时，应将进口设备和采购国产设备的原值一并计入，包括已签订购置合同并于当年内交货的设备（应提交购置合同清单及交货期限），上述设备应属于本通知《科技开发、科学研究和教学设备清单》所列设备（见附件 2）。对执行中国产设备范围存在异议的，由主管税务机关逐级上报国家税务总局商财政部核定。

四、本通知规定的税收政策执行期限为 2011 年 1 月 1 日至 2015 年 12 月 31 日，具体从内资研发机构和外资研发中心取得资格的次月 1 日起执行。《财政部 海关总署 国家税务总局关于研发机构采购设备税收政策的通知》（财税〔2009〕115 号）和《商务部财政部海关总署国家税务总局关于外资研发中心采购设备免/退税资格审核办法的通知》（商资发〔2010〕93 号）同时废止。

对于在 2011 年 1 月 1 日至 11 月 1 日期间批准设立的外资研发中心，从取得资格的次月 1 日至 11 月 1 日期间进口的科技开发用品，已缴纳税款的，可按照海关有关规定向海关申请办理退税手续。

附件 1　外资研发中心采购设备免、退税资格审核办法

附件 2　科技开发、科学研究和教学设备清单

二〇一一年十月十日

附件 1

外资研发中心采购设备免、退税资格审核认定办法

为落实好外资研发中心（包括独立法人和非独立法人研发中心，以下简称研发中心）采购设备相关税收政策，特制定以下资格审核认定办法：

一、资格条件的审核

（一）各省、自治区、直辖市、计划单列市及新疆生产建设兵团商务主管部门会同同级财政、国税部门和研发中心所在地直属海关（以下简称审核部门），根据本地情况，制定审核流程和具体办法。研发中心应按本通知有关要求向其所在地商务主管部门提交申请材料。

（二）商务主管部门牵头召开审核部门联席会议，对研发中心上报的申请材料进行审核，按照本通知正文第一条所列条件和本审核认定办法要求，确定符合免、退税资格条件的研发中心名单。

（三）经审核，对符合免、退税资格条件的研发中心，由审核部门以公告形式联合发布，并将名单抄送商务部（外资司）、财政部（税政司、关税司）、海关总署（关税征管司）、国家税务总局（货物和劳务税司）备案。对不符合有关规定的，由商务主管部门根据联席会议的决定出具书面审核意见，并说明理由。上述公告或审核意见应在审核部门受理申请之日起 45 个工作日之内做出。

（四）审核部门每两年对已获得免、退税资格的研发中心进行资格复审。对于不再符合条件的研发中心取消其享受免、退税优惠政策的资格。

二、需报送的材料

研发中心申请采购设备免、退税资格，应提交以下材料：

（一）研发中心采购设备免、退税资格申请书和审核表；

（二）研发中心为独立法人的，应提交外商投资企业批准证书及营业执照复印件；研发中心为非独立

法人的，应提交其所在外商投资企业的外商投资企业批准证书、营业执照的复印件以及研发中心的确认文件（商务主管部门的批复或出具的《国家鼓励发展的外资项目确认书》）；

（三）验资报告及上一年度审计报告复印件；

（四）研发费用支出明细、设备购置支出明细和清单以及通知规定应提交的材料；

（五）专职研究与试验发展人员名册（包括姓名、工作岗位、劳动合同期限、联系方式）。

（六）审核部门要求提交的其他材料。

三、相关工作的管理

（一）在公告发布后，列入公告名单的研发中心，可按有关规定直接向其所在地直属海关申请办理有关科技开发用品的进口免税手续，向其所在地国税部门申请办理采购国产设备退税手续。

（二）审核部门在共同审核认定研发中心资格的过程中，可到研发中心查阅有关资料，了解情况，核实其报送的申请材料的真实性。同时应注意加强对研发中心的政策指导和服务，提高工作效率。

（三）省级商务主管部门应将《外资研发中心采购设备免、退税资格审核表》有关信息及时录入外商投资审批管理系统研发中心选项，并向商务部进行电子备案。

（四）海关和国税部门应加强对免、退税设备的监管。对于研发中心违反规定，将享受税收优惠政策的设备擅自转让、销售、移作他用或者进行其他处置的，按照有关规定予以处罚，自违法行为发现之日起1年内不得享受免、退税优惠政策；被依法追究刑事责任的，自违法行为发现之日起3年内不得享受免、退税优惠政策。

附　外资研发中心采购设备免、退税资格审核表（略）

附件2

科技开发、科学研究和教学设备清单

科技开发、科学研究和教学设备，是指符合《中华人民共和国增值税暂行条例实施细则》（财政部国家税务总局令第50号）第二十一条“固定资产”的相关规定，为科学研究、教学和科技开发提供必要条件的实验设备、装置和器械（不包括中试设备）。具体包括以下四类。

一、实验环境方面：

（一）教学实验仪器及装置；

（二）教学示教、演示仪器及装置；

（三）超净设备（如换气、灭菌、纯水、净化设备等）；

（四）特殊实验环境设备（如超低温、超高温、高压、低压、强腐蚀设备等）；

（五）特殊电源、光源设备；

（六）清洗循环设备；

（七）恒温设备（如水浴、恒温箱、灭菌仪等）；

（八）小型粉碎、研磨制备设备。

二、样品制备设备和装置：

（一）特种泵类（如分子泵、离子泵、真空泵、蠕动泵、蜗轮泵、干泵等）；

（二）培养设备（如培养箱、发酵罐等）；

（三）微量取样设备（如取样器、精密天平等）；

（四）分离、纯化、浓缩设备（如离心机、层析、色谱、萃取、结晶设备、旋转蒸发器等）；

（五）气体、液体、固体混合设备（如旋涡混合器等）；

（六）制气设备、气体压缩设备；

（七）专用制样设备（如切片机、压片机、镀膜机、减薄仪、抛光机等），实验用注射、挤出、造粒、膜压设备；实验室样品前处理设备。

三、实验室专用设备：

（一）特殊照相和摄影设备（如水下、高空、高温、低温等）；

（二）科研飞机、船舶用关键设备；

（三）特种数据记录设备（如大幅面扫描仪、大幅面绘图仪、磁带机、光盘机等）；

（四）材料科学专用设备（如干胶仪、特种坩埚、陶瓷、图形转换设备、制版用干板、特种等离子体源、离子源、外延炉、扩散炉、溅射仪、离子刻蚀机，材料实验机等），可靠性试验设备，微电子加工设备，通信模拟仿真设备，通信环境试验设备；

（五）小型熔炼设备（如真空、粉末、电渣等），特殊焊接设备；

（六）小型染整、纺丝试验专用设备；

（七）电生理设备。

四、计算机工作站，中型、大型计算机。

4.3 国家中小企业公共技术服务示范平台

财政部、工业和信息化部、海关总署、国家税务总局关于国家中小企业公共技术服务示范平台适用科技开发用品进口税收政策的通知

（财关税〔2011〕71号）

各省、自治区、直辖市、计划单列市财政厅（局）、工业和信息化主管部门（中小企业厅、局）、国家税务局，海关总署广东分署、各直属海关，新疆生产建设兵团财务局：

为鼓励中小企业公共技术服务示范平台向中小企业提供科学研究和技术开发类的公共服务，促进中小企业技术进步、提高产品质量，经国务院批准，对符合条件的国家中小企业公共服务示范平台中的技术类服务平台纳入现行科技开发用品进口税收优惠政策范围，对其在2015年12月31日前，在合理数量范围内进口国内不能生产或者国内产品性能尚不能满足需要的科技开发用品，免征进口关税和进口环节增值税、消费税。为落实上述政策，财政部、工业和信息化部、海关总署、国家税务总局共同制定了《国家中小企业公共服务示范平台（技术类）进口设备免征进口税收的暂行规定》，现印发给你们，请遵照执行。

附件　国家中小企业公共服务示范平台（技术类）进口科技开发用品免征进口税收的暂行规定

附件

国家中小企业公共服务示范平台（技术类）进口科技开发用品免征进口税收的暂行规定

一、为贯彻落实《国务院关于进一步促进中小企业发展的若干意见》（国发〔2009〕36号），促进中小企业技术创新，提高市场竞争力，经国务院批准，将符合条件的国家中小企业公共服务示范平台（以下简称“示范平台”）中的技术类服务平台纳入现行科技开发用品进口税收优惠政策范围。据此，制定本规定。

二、本规定所指的示范平台应同时满足以下条件：（一）属于工业和信息化部认定的国家中小企业公共服务示范平台范围，且平台类别为技术、检测和工业设计类；（二）资产总额不低于1000万元；（三）累计购置设备总额（国产和进口设备原值）不低于300万元；（四）具有良好的服务资质和业绩，年服务中小企业至少150家，用户满意度在90%以上。

三、符合本规定第二款条件的示范平台，应于每年3月1日前向所在省、自治区、直辖市、计划单列市、新疆生产建设兵团中小企业主管部门（以下简称省级中小企业主管部门）提出书面申请，并附以下材料：1. 进口科技开发用品免税资格审核表（见附1）；2. 资产总额（指为建设本平台而投入的资产，包括即将投入并签订购置合同的资产，应提交已采购资产清单和即将采购资产的合同清单）和累计购置设备原值（是指将为建设本平台而进口的设备和采购的国产设备的原值合并计算，包括已签订购置合同并于当年内交货的设备原值，当年交货的设备应提交购置合同清单及交货期限）的审计报告并附设备购置支出明细及清单；3. 年度服务中小企业情况的报告；4. 省级中小企业主管部门对平台服务中小企业户数及服务满意度的测评意见（具体测评要求以及测评意见表详见附2、3）；5. 审核部门要求提交的其他材料。

四、各省、自治区、直辖市、计划单列市及新疆生产建设兵团中小企业主管部门会同同级财政、国税部门和示范平台所在地直属海关对提出申请的示范平台的免税资格进行初审，并将审核意见于每年3月底前报工业和信息化部。工业和信息化部会同财政部、海关总署、国家税务总局对示范平台的免税资格最终进行审核。审核合格的，由工业和信息化部、财政部、海关总署、国家税务总局联合公布享受科技开发用品进口税收优惠政策的示范平台名单。

五、经认定可享受科技开发用品进口税收优惠政策的示范平台，在2015年12月31日前，在合理数量范围内进口国内不能生产或者性能不能满足需要的科技开发用品，免征进口关税和进口环节增值税、消费税。免税进口科技开发用品的具体范围及相关规定，按照《科技开发用品免征进口税收暂行规定》（财政部、海关总署、国家税务总局令（〔2011〕63号）的“第三条、第四条、第五条、第六条、第七条”规定执行。

六、免税资格每两年复审一次。享受免税政策的示范平台将复审申请报告和两年的工作总结报省级中小企业主管部门。省级中小企业主管部门对其服务中小企业的业绩进行测评，出具测评意见，报工业和信息化部。工业和信息化部会同财政部、海关总署、国家税务总局对示范平台的免税资格进行复审。复审不合格的，取消免税资格，并由工业和信息化部、财政部、海关总署、国家税务总局联合公布名单。

七、获得免税资格的示范平台，如经查实，存在以虚报情况获得免税资格、偷税、骗税、或者将享受税收优惠政策的进口物资擅自转让、移作他用或者进行其他处置的，按照有关规定予以处罚，自违法行为发现之日起1年内不得享受免税优惠政策；被依法追究刑事责任的，自违法行为发现之日起3年内不得享受免税优惠政策。

八、本规定执行时间为2012年1月1日至2015年12月31日。

附 1

国家中小企业公共服务示范平台（技术类）进口科技开发用品免税资格审核表

省（市）：__________

<table>
<tr><td>平台机构名称</td><td colspan="5"></td></tr>
<tr><td>国家示范平台批准时间、类别</td><td colspan="5"></td></tr>
<tr><td>法人代表姓名</td><td></td><td>联系电话</td><td colspan="3"></td></tr>
<tr><td>平台性质</td><td colspan="5">□企业　□事业　□民办非企业法人　□其他</td></tr>
<tr><td>联 系 人</td><td></td><td>电话</td><td></td><td>传真</td><td></td></tr>
<tr><td>服务内容</td><td colspan="5"></td></tr>
<tr><td>资产总额（万元）</td><td></td><td>员工人数</td><td colspan="3"></td></tr>
<tr><td>年营业收入（万元）</td><td></td><td>专职技术人员数</td><td colspan="3"></td></tr>
<tr><td>年服务小企业数（家）</td><td></td><td>服务满意度（%）</td><td colspan="3"></td></tr>
<tr><td rowspan="3">累计购置设备原值（万元）</td><td>进口设备</td><td></td><td rowspan="3">台（套）数</td><td colspan="2"></td></tr>
<tr><td>采购国产设备</td><td></td><td colspan="2"></td></tr>
<tr><td>总计</td><td></td><td colspan="2"></td></tr>
<tr><td>省市测评、审核意见：
（服务户数、满意度）</td><td colspan="3"></td><td colspan="2">□通过
□未通过</td></tr>
<tr><td rowspan="2">各部门签字（盖章）</td><td>省级中小企业管理部门</td><td>财政</td><td>直属海关</td><td colspan="2">国税</td></tr>
<tr><td>年　月　日</td><td>年　月　日</td><td>年　月　日</td><td colspan="2">年　月　日</td></tr>
</table>

附 2

国家中小企业公共服务示范平台（技术类）服务满意度测评要求

一、测评组织

由省级中小企业管理部门组织对申请享受进口设备免税优惠政策的示范平台上年度的服务户数和满意度情况进行测评。

二、测评数量

根据示范平台上年度服务中小企业户数（不得低于 150 家）随机抽取 10%，了解其对示范平台服务情况和满意度。

三、测评方法

对随机抽取的中小企业客户，采取上门拜访、电话询问、网络互动、书面征求意见等方式，并将测评意见表报工业和信息化部。

附 3

国家中小企业公共服务示范平台（技术类）服务满意度测评意见表

<table>
<tr><td>服务平台名称</td><td colspan="6"></td></tr>
<tr><td>测评方法</td><td colspan="6">□上门拜访　□电话询问　□网络互动　□书面征求　□其他</td></tr>
<tr><td>抽样企业名称</td><td colspan="6"></td></tr>
<tr><td>地址</td><td colspan="6"></td></tr>
<tr><td>从业人员（人数）</td><td></td><td>主营收入</td><td colspan="4">□4 亿元以下　□2000 万元以下　□300 万元以下</td></tr>
<tr><td>被访人员姓名</td><td colspan="2"></td><td>职务</td><td></td><td>联系电话</td><td></td></tr>
<tr><td></td><td colspan="2">很满意</td><td colspan="2">基本满意</td><td colspan="2">不满意</td></tr>
<tr><td>服务质量</td><td colspan="2"></td><td colspan="2"></td><td colspan="2"></td></tr>
<tr><td>服务价格</td><td colspan="2"></td><td colspan="2"></td><td colspan="2"></td></tr>
<tr><td>服务态度</td><td colspan="2"></td><td colspan="2"></td><td colspan="2"></td></tr>
<tr><td>总体评价</td><td colspan="6"></td></tr>
<tr><td colspan="7">省中小企业管理部门意见：
盖章
年　月　日</td></tr>
</table>

海关总署关于国家中小企业公共技术服务示范平台适用科技开发用品进口税收政策有关问题的通知

（署税发〔2012〕199 号）

广东分署，各直属海关：

经国务院批准，对符合条件的国家中小企业公共服务示范平台中的技术类服务平台（以下简称示范平台）纳入现行科技开发用品进口税收优惠政策范围，对其在 2015 年 12 月 31 日前，在合理数量范围内进口国内不能生产或者国内产品性能尚不能满足需要的科技开发用品，免征关税和进口环节增值税、消费税。为此，财政部、工业和信息化部、海关总署和税务总局联合印发了《财政部 工业和信息化部 海关总署 国家税务总局关于国家中小企业公共技术服务示范平台适用科技开发用品进口税收政策的通知》（财关税〔2011〕71 号）。现将政策执行中涉及的有关问题通知如下：

一、对符合《国家中小企业公共服务示范平台（技术类）进口科技开发用品免征进口税收的暂行规定》（以下简称《规定》，详见附件 1）的示范平台进口科技开发用品，适用《关于修改〈科技开发用品免征进口税收暂行规定〉和〈科学研究和教学用品免征进口税收规定〉的决定》（财政部 海关总署 国家税务总局令第 63 号，以下简称第 63 号令）的有关规定。

免税进口科技开发用品的具体范围，按照第 63 号令公布的《科技开发用品免征进口税收暂行规定》

所附《免税进口科技开发用品清单》（详见附件 2）执行。

二、示范平台所在地直属海关应参与有关省、自治区、直辖市、计划单列市及新疆生产建设兵团中小企业主管部门牵头组织的对示范平台免税资格的初审工作。

三、示范平台的免税资格由工业和信息化部会同财政部、海关总署、税务总局审核认定，并联合公布符合条件的示范平台名单。列入该名单的有关示范平台，自该名单公布之日起可以享受进口科技开发用品的进口税收优惠政策。

示范平台的免税资格每两年复审一次。对复审不合格的，由工业和信息化部、财政部、海关总署和税务总局联合公布名单。列入该名单的有关示范平台，自该名单公布之日起停止享受进口科技开发用品的进口税收优惠政策。

四、经认定具备免税资格的示范平台（以下简称经认定的示范平台）进口科技开发用品除以一般贸易方式进口外，接受捐赠进口或者以租赁方式进口，以及暂时进口的科技开发用品也可以享受上述进口税收优惠政策，并应按照本通知的规定办理相关手续。

五、经认定的示范平台在申请办理减免税审批手续前，须事先按规定向其所在地海关（以下简称主管海关）办理免税资格备案手续。主管海关凭免税资格名单、减免税备案申请表等材料，受理其减免税备案申请。

六、经认定的示范平台进口科技开发用品的减免税审批手续纳入《减免税管理系统》管理。征免性质为：示范平台进口科技开发用品（简称："示范平台用品"；代码：402）；监管方式为："一般贸易"（代码：0110）、"捐赠物资"（代码：3612）、"暂时进出货物"（代码：2600）、"租赁贸易"（代码：1523）、"租赁不满一年"（代码：1500）。

七、请各关及时将本通知的有关规定要求告知相关企业。在执行中如遇到问题请及时反馈总署（关税司）。

特此通知。

附件 1　国家中小企业公共服务示范平台（技术类）进口科技开发用品免征进口税收的暂行规定
附件 2　免税进口科技开发用品清单

二〇一二年五月十一日

附件 1

国家中小企业公共服务示范平台（技术类）进口科技开发用品免征进口税收的暂行规定

一、为贯彻落实《国务院关于进一步促进中小企业发展的若干意见》（国发〔2009〕36 号），促进中小企业技术创新，提高市场竞争力，经国务院批准，将符合条件的国家中小企业公共服务示范平台（以下简称示范平台）中的技术类服务平台纳入现行科技开发用品进口税收优惠政策范围。据此，制定本规定。

二、本规定所指的示范平台应同时满足以下条件：（一）属于工业和信息化部认定的国家中小企业公共服务示范平台范围，且平台类别为技术、检测和工业设计类；（二）资产总额不低于 1000 万元；（三）累计购置设备总额（国产和进口设备原值）不低于 300 万元；（四）具有良好的服务资质和业绩，年服务中小企业至少 150 家，用户满意度在 90% 以上。

三、符合本规定第二款条件的示范平台，应于每年 3 月 1 日前向所在省、自治区、直辖市、计划单列市、新疆生产建设兵团中小企业主管部门（以下简称省级中小企业主管部门）提出书面申请，并附以下材料：1. 进口科技开发用品免税资格审核表（见附 1）；2. 资产总额（指为建设本平台而投入的资产，包括即将投入并签订购置合同的资产，应提交已采购资产清单和即将采购资产的合同清单）和累计购置设备原值（是指将为建设本平台而进口的设备和采购的国产设备的原值合并计算，包括已签订购置合同并于当年内交货的设备原值，当年交货的设备应提交购置合同清单及交货期限）的审计报告并附设备购置支出明细及清单；3. 年度服务中小企业情况的报告；4. 省级中小企业主管部门对平台服务中小企业户数及服务满意度的测评意见（具体测评要求以及测评意见表详见附 2、3）；5. 审核部门要求提交的其他材料。

四、各省、自治区、直辖市、计划单列市及新疆生产建设兵团中小企业主管部门会同同级财政、国税部门和示范平台所在地直属海关对提出申请的示范平台的免税资格进行初审，并将审核意见于每年 3 月底前报工业和信息化部。工业和信息化部会同财政部、海关总署、国家税务总局对示范平台的免税资格最终进行审核。审核合格的，由工业和信息化部、财政部、海关总署、国家税务总局联合公布享受科技开发用品进口税收优惠政策的示范平台名单。

五、经认定可享受科技开发用品进口税收优惠政策的示范平台，在 2015 年 12 月 31 日前，在合理数量范围内进口国内不能生产或者性能不能满足需要的科技开发用品，免征进口关税和进口环节增值税、消费税。免税进口科技开发用品的具体范围及相关规定，按照《科技开发用品免征进口税收暂行规定》（财政部、海关总署、国家税务总局令第 63 号）的“第三条、第四条、第五条、第六条、第七条”规定执行。

六、免税资格每两年复审一次。享受免税政策的示范平台将复审申请报告和两年的工作总结报省级中小企业主管部门。省级中小企业主管部门对其服务中小企业的业绩进行测评，出具测评意见，报工业和信息化部。工业和信息化部会同财政部、海关总署、国家税务总局对示范平台的免税资格进行复审。复审不合格的，取消免税资格，并由工业和信息化部、财政部、海关总署、国家税务总局联合公布名单。

七、获得免税资格的示范平台，如经查实，存在以虚报情况获得免税资格、偷税、骗税、或者将享受税收优惠政策的进口物资擅自转让、移作他用或者进行其他处置的，按照有关规定予以处罚，自违法行为发现之日起 1 年内不得享受免税优惠政策；被依法追究刑事责任的，自违法行为发现之日起 3 年内不得享受免税优惠政策。

八、本规定执行时间为 2012 年 1 月 1 日至 2015 年 12 月 31 日。

附 1　国家中小企业公共服务示范平台（技术类）进口科技开发用品免税资格审核表

附 2　国家中小企业公共服务示范平台（技术类）服务满意度测评要求

附 3　国家中小企业公共服务示范平台（技术类）服务满意度测评意见表

附 1

国家中小企业公共服务示范平台（技术类）进口科技开发用品免税资格审核表

省（市）：______

平台机构名称				
国家示范平台 批准时间、类别				
法人代表姓名		联系电话		
平台性质	□企业　□事业　□民办非企业法人　□其他			
联系人		电话	传真	
服务内容				
资产总额（万元）		员工人数		
年营业收入（万元）		专职技术人员数		

年服务小企业数（家）		服务满意度（%）		
累计购置设备原值（万元）	进口设备		台（套）数	
	采购国产设备			
	总计			
省市测评、审核意见：（服务户数、满意度）	□ 通过 □ 未通过			
各部门签字（盖章）	省级中小企业管理部门	财政	直属海关	国税
	年 月 日	年 月 日	年 月 日	年 月 日

附 2

国家中小企业公共服务示范平台（技术类）服务满意度测评要求

一、测评组织

由省级中小企业管理部门组织对申请享受进口设备免税优惠政策的示范平台上年度的服务户数和满意度情况进行测评。

二、测评数量

根据示范平台上年度服务中小企业户数（不得低于 150 家）随机抽取 10%，了解其对示范平台服务情况和满意度。

三、测评方法

对随机抽取的中小企业客户，采取上门拜访、电话询问、网络互动、书面征求意见等方式，并将测评意见表报工业和信息化部。

附 3

国家中小企业公共服务示范平台（技术类）服务满意度测评意见表

服务平台名称						
测评方法	□上门拜访 □电话询问 □网络互动 □书面征求 □其他					
抽样企业名称						
地 址						
从业人员（人数）		主营收入	□4 亿元以下 □2000 万元以下 □300 万元以下			
被访人员姓名			职务		联系电话	
	很满意		基本满意		不满意	
服务质量						
服务价格						
服务态度						
总体评价						
省中小企业管理部门意见： 盖章 年 月 日						

附件2

免税进口科技开发用品清单

（一）研究开发、科学试验用的分析、测量、检查、计量、观测、发生信号的仪器、仪表及其附件；

（二）为科学研究、技术开发提供必要条件的科研实验用设备（用于中试和生产的设备除外）；

（三）计算机工作站，中型、大型计算机；

（四）在海关监管期内用于维修依照本规定已免税进口的仪器、仪表和设备或者用于改进、扩充该仪器、仪表和设备的功能而单独进口的专用零部件及配件；

（五）各种载体形式的图书、报刊、讲稿、计算机软件；

（六）标本、模型；

（七）实验用材料；

（八）实验用动物；

（九）研究开发、科学试验和教学用的医疗检测、分析仪器及其附件（限于医药类科学研究、技术开发机构）；

（十）优良品种植物及种子（限于农林类科学研究、技术开发机构）；

（十一）专业级乐器和音像资料（限于艺术类科学研究、技术开发机构）；

（十二）特殊需要的体育器材（限于体育类科学研究、技术开发机构）；

（十三）研究开发用的非汽油、柴油动力样车（限于汽车类研究开发机构）。

工业和信息化部、财政部、海关总署、国家税务总局关于公布享受科技开发用品进口税收优惠政策的国家中小企业公共服务示范平台名单的通知（第一批）

（工信部联企业〔2012〕287号）

各省、自治区、直辖市及计划单列市、新疆生产建设兵团工业和信息化主管部门（中小企业厅、局）、财政厅（局）、国家税务局，地方税务局，广东分署，各直属海关：

根据《财政部 工业和信息化部 海关总署 国家税务总局关于国家中小企业公共技术服务示范平台适用科技开发用品进口税收政策的通知》（财关税〔2011〕71号）的要求，四部门审核确定了2012年度享受科技开发用品进口税收优惠政策的国家中小企业公共服务示范平台名单，现予以公布。有关事项通知如下：

一、同意上海浦东软件平台有限公司等10家（名单见附件）国家中小企业公共服务示范平台享受科技开发用品进口税收优惠政策，自本通知印发之日起具有免税资格。

二、免税资格每两年复审一次。对复审不合格的，由工业和信息化部、财政部、海关总署、国家税务总局联合公布名单，取消免税资格。

三、免税进口科技开发用品的具体范围及相关规定，按照《科技开发用品免征进口税收暂行规定》（财政部、海关总署、国家税务总局令第63号）的第三条、第四条、第五条、第六条、第七条规定执行，并办理相关手续。

四、获得免税资格的示范平台要进一步完善服务功能，不断提高服务能力和质量，发挥支撑和示范带动作用，为中小企业提供“及时、价廉、质优”的服务。如存在以虚报情况获得免税资格、偷税、骗税，或者将享受税收优惠政策的进口物资擅自转让、移作他用或进行其他处置的，一经查实将按照财关税

〔2011〕71 号文的相关规定处理。

五、各地中小企业主管部门要结合政策的执行，对所辖区内获得免税资格示范平台的服务业绩、服务质量、服务收费情况及服务对象满意度等进行检查、测评，对政策实施效果进行评价，并做好相关工作总结。

附件　享受科技开发用品进口税收优惠政策的国家中小企业公共服务示范平台名单

二〇一二年六月十五日

附件

享受科技开发用品进口税收优惠政策的国家中小企业公共服务示范平台名单

1. 上海浦东软件平台有限公司
2. 苏州市软件评测中心有限公司
3. 苏州中科纺织技术服务有限公司
4. 江苏五洲环保服务有限公司
5. 浙江方圆电气设备检测有限公司
6. 宁波中普检测技术服务有限公司
7. 宁波汽车零部件检测有限公司
8. 福建省电子产品监督检验所
9. 山东威海时进食品检测服务有限公司
10. 成都三方电气有限公司

工业和信息化部、财政部、海关总署、国家税务总局关于公布享受科技开发用品进口税收优惠政策的国家中小企业公共服务示范平台名单的通知（第二批）

（工信部联企业〔2013〕309 号）

有关省、直辖市中小企业主管部门、财政厅（局）、国家税务局，广东分署，各直属海关：

根据《财政部 工业和信息化部 海关总署 国家税务总局关于国家中小企业公共技术服务示范平台适用科技开发用品进口税收政策的通知》（财关税〔2011〕71 号）的要求，我们审核确定了享受科技开发用品进口税收优惠政策的国家中小企业公共服务示范平台名单（第二批），现予以公布。有关事项通知如下：

一、同意白山市产品质量检验所/国家饮用水产品质量监督检验中心等 13 家国家中小企业公共服务示范平台（名单见附件）享受科技开发用品进口税收优惠政策，自本通知印发之日起具有免税资格。

二、免税资格每两年复审一次。对复审不合格的，由工业和信息化部、财政部、海关总署、国家税务总局联合公布名单，取消免税资格。

三、免税进口科技开发用品的具体范围及相关规定，按照《科技开发用品免征进口税收暂行规定》（财政部、海关总署、国家税务总局令第 63 号）的第三条、第四条、第五条、第六条、第七条规定执行，并办理相关手续。

四、获得免税资格的示范平台要进一步完善服务功能，不断提高服务能力和质量，发挥支撑和示范带动作用，为中小企业提供“及时、价廉、质优”的服务。如存在以虚报情况获得免税资格、偷税、骗税，或者将享受税收优惠政策的进口物资擅自转让、移作他用或进行其他处置的，一经查实将按照财关税〔2011〕71号文的相关规定处理。

五、各地中小企业主管部门要结合政策的执行，对辖区内获得免税资格示范平台的服务业绩、服务质量、服务收费情况及服务对象满意度等进行检查、测评，对政策实施效果进行评价，并做好相关工作总结，于每年12月10日前将平台服务情况及工作总结报工业和信息化部。

附件　享受科技开发用品进口税收优惠政策的国家中小企业公共服务示范平台名单（第二批）

二〇一三年八月十五日

附件

享受科技开发用品进口税收优惠政策的国家中小企业公共服务示范平台名单（第二批）

1. 白山市产品质量检验所/国家饮用水产品质量监督检验中心
2. 上海计算机软件技术开发中心
3. 苏州电器科学研究院股份有限公司
4. 兰溪市质量技术监督检测中心
5. 浙江中一检测研究院股份有限公司
6. 安徽省包装印刷产品质量监督检验中心
7. 江西省钨与稀土研究院
8. 滨州市产品质量监督检验所
9. 滨州市纺织纤维检验所
10. 四川省电子产品监督检验所
11. 四川省机械研究设计院
12. 贵州航天计量测试技术研究所
13. 甘肃省化工研究院

工业和信息化部、财政部、海关总署、国家税务总局关于公布享受科技开发用品进口税收优惠政策的示范平台（第三批及首批复审合格）名单的通知

（工信部联企业〔2014〕309号）

有关省、直辖市、计划单列市中小企业主管部门、财政厅（局）、国家税务局，海关总署广东分署，各直属海关：

根据《财政部 工业和信息化部 海关总署 国家税务总局关于国家中小企业公共技术服务示范平台适用科技开发用品进口税收政策的通知》（财关税〔2011〕71号）的要求，四部门审核确定了第三批享受科技开发用品进口税收优惠政策的国家中小企业公共服务示范平台（以下简称示范平台）名单和首批享受科技开发用品进口税收优惠政策的示范平台复审合格名单，现予以公布。有关事项通知如下：

一、同意国家轻工业食品质量监督检测天津站等9家示范平台（名单见附件1）自本通知印发之日起享受科技开发用品进口税收优惠政策。

二、首批享受科技开发用品进口税收优惠政策的上海浦东软件平台有限公司等8家示范平台（名单见附件2）复审合格，自本通知印发之日起继续享受科技开发用品进口税收优惠政策。

三、苏州市软件评测中心有限公司和威海时进食品检测服务有限公司两家平台未申请复审，自2014年6月15日起不再享受科技开发用品进口税收优惠政策。

四、免税进口科技开发用品的具体范围及相关规定，按照《科技开发用品免征进口税收暂行规定》（财政部、海关总署、国家税务总局令第63号）的第三条、第四条、第五条、第六条、第七条规定执行，并办理相关手续。

五、享受科技开发用品进口税收优惠政策的示范平台要进一步完善服务功能，不断提高服务能力和质量，发挥支撑和示范带动作用，为中小企业提供“及时、价廉、质优”的服务。如存在以虚报情况获得免税资格、偷税、骗税，或者将享受税收优惠政策的进口物资擅自转让、移作他用或进行其他处置的，一经查实将按照财关税〔2011〕71号文的相关规定处理。

六、各地中小企业主管部门要结合政策的执行，对所辖区内享受科技开发用品进口税收优惠政策的示范平台的服务业绩，服务质量、服务收费情况及服务对象满意度等进行检查、测评，对政策实施效果进行评价，并做好相关工作总结，每年12月10日前将示范平台服务情况及工作总结报工业和信息化部，并抄送财政部、海关总署和税务总局。

附件1　享受科技开发用品进口税收优惠政策的国家中小企业公共服务示范平台名单（第三批）

附件2　首批享受科技开发用品进口税收优惠政策的国家中小企业公共服务示范平台复审合格名单

二〇一四年七月四日

附件1

享受科技开发用品进口税收优惠政策的国家中小企业公共服务示范平台名单（第三批）

1. 国家轻工业食品质量监督检测天津站
2. 昆山市工业技术研究院有限责任公司
3. 山东宏大农产品检测有限公司
4. 山东天衡食品检测有限公司
5. 威凯检测技术有限公司
6. 四川中小企业信息服务有限责任公司
7. 西安航天基地国际孵化器有限公司
8. 甘肃省轻工研究院
9. 甘肃省建材科研设计院

附件2

首批享受科技开发用品进口税收优惠政策的国家中小企业公共服务示范平台复审合格名单

1. 上海浦东软件平台有限公司
2. 苏州中科纺织技术服务有限公司
3. 江苏五洲环保服务有限公司
4. 浙江方圆电气设备检测有限公司

5. 宁波汽车零部件检测有限公司
6. 宁波中普检测技术服务有限公司
7. 福建省电子产品监督检验所
8. 成都三方电气有限公司

4.4 科技类民办非企业单位

财政部、科技部、民政部、海关总署、国家税务总局关于科技类民办非企业单位适用科学研究和教学用品进口税收政策的通知

（财关税〔2012〕54号）

各省、自治区、直辖市、计划单列市财政厅（局）、科技主管部门、民政部门、国家税务局，海关总署广东分署、各直属海关，新疆生产建设兵团财务局：

为贯彻落实中共中央国务院关于深化科技体制改革加快国家创新体系建设的有关精神，进一步支持科技类民办非企业单位开展科技创新，加快提高科研能力和水平，经国务院批准，将符合条件的科技类民办非企业单位纳入现行科学研究和教学用品进口税收优惠政策范围。自2013年1月1日起，对符合条件的科技类民办非企业单位以科学研究为目的，在合理数量范围内进口国内不能生产或者性能不能满足需要的科研用品，免征进口关税和进口环节增值税、消费税。现将《关于科技类民办非企业单位进口科学研究和教学用品免征进口税收的规定》印发给你们，请遵照执行。

附件 关于科技类民办非企业单位进口科学研究和教学用品免征进口税收的规定

财政部
科技部
民政部
海关总署
国家税务总局
二〇一二年十一月十二日

附件

关于科技类民办非企业单位进口科学研究和教学用品免征进口税收的规定

第一条 为贯彻落实中共中央国务院关于深化科技体制改革加快国家创新体系建设的有关精神，鼓励和支持科技类民办非企业单位开展科技创新，加快提高科研能力和水平，经国务院批准，将符合条件的科技类民办非企业单位纳入现行科学研究和教学用品进口税收优惠政策范围。据此，制定本规定。

第二条 本规定所指的科技类民办非企业单位应同时具备下列条件：

（一）依照《民办非企业单位登记管理暂行条例》、《民办非企业单位登记暂行办法》和《科技类民

办非企业单位登记审查与管理暂行办法》的要求，在民政部或省、自治区、直辖市和计划单列市民政部门登记注册的、具有法人资格的科技类民办非企业单位；

（二）资产总额在300万元人民币（含）以上；

（三）从事科学研究的专业技术人员（指大专以上学历或中级以上技术职称专业技术人员）在20人以上，且占全部人员的比例不低于60%；

（四）兼职的科研人员不超过25%；

第三条 符合上述条件的民办非企业单位进口与本单位所承担的科研任务直接相关的科研用品，在规定范围内免征进口关税和进口环节增值税、消费税。

第四条 对符合上述条件的科技类民办非企业单位，由科技主管部门会同民政部门进行资格审核认定，并对经认定符合条件的单位颁发资格证书。科技类民办非企业单位免税资格审核认定的具体管理办法，由科技部会同财政部、民政部、海关总署和国家税务总局另行制定。

第五条 经认定的科技类民办非企业单位可持有效的资格证书和其他有关材料，按照海关的管理规定，向其所在地直属海关申请办理减免税备案和相关进口科研用品的减免税审批手续。

第六条 经认定的科技类民办非企业单位进口与本单位承担的科研任务直接相关的免税科研用品的范围、用途等，按照《关于修改〈科技开发用品免征进口税收暂行规定〉和〈科学研究和教学用品免征进口税收规定〉的决定》（财政部海关总署国家税务总局令第63号）修改后的《科学研究和教学用品免征进口税收规定》（财政部海关总署国家税务总局令第45号）执行。

第七条 科技类民办非企业单位免税资格由科技部门会同民政等部门定期复审。已经获得免税资格的技类民办非企业单位，如经查实存在以虚报情况获得免税资格、违规分配资产或利润、偷税、骗税或者将免税进口物品擅自转让、移作他用或者进行其他处置行为的，海关或税务等部门按照有关规定予以处罚。按照有关规定被处罚但未被追究刑事责任的，有关单位自违规行为发现之日起一年内不得享受本税收优惠政策；被依法追究刑事责任的，自违法行为发生之日起3年内不得享受免税优惠政策。

第八条 财政部会同科技部、民政部、海关总署和国家税务总局根据实际需要，适时对民办非企业单位免税资格的认定条件进行调整。

第九条 本规定自2013年1月1日起执行。

科技部、民政部、财政部、海关总署、国家税务总局关于印发科技类民办非企业单位进口科学研究和教学用品免税资格审核认定管理办法的通知

（国科发政〔2013〕52号）

各省、自治区、直辖市及计划单列市、新疆生产建设兵团科技厅（委、局）、民政厅（局）、财政厅（局）、国家税务局，海关总署广东分署、各直属海关：

根据《关于科技类民办非企业单位适用科学研究和教学用品进口税收政策的通知》（财关税〔2012〕54号）规定，科技部、财政部、民政部、海关总署和国家税务总局研究制定了《科技类民办非企业单位进口科学研究和教学用品免税资格审核认定管理办法》，现印发你们，请遵照执行。

附件1 科技类民办非企业单位进口科学研究和教学用品免税资格审核认定管理办法

附件2 科技类民办非企业单位进口科学研究和教学用品免税资格审核表

二〇一三年一月二十四日

附件 1

科技类民办非企业单位进口科学研究和教学用品免税资格审核认定管理办法

为贯彻落实《关于科技类民办非企业单位适用科学研究和教学用品进口税收政策的通知》（财关税〔2012〕54 号）（以下简称《通知》），特制定本办法。

一、《通知》第二条认定条件的说明

（一）科技类民办非企业单位的资产总额以上一年度审计报告中年末总资产数额为准。

（二）专业技术人员，是指从事基础研究、应用研究、试验发展、科技成果转化和技术推广服务等活动的人员。包括：直接参加上述科技活动的人员、相关专职科技管理人员和为上述科技活动提供资料文献、材料供应、设备等科研辅助的直接服务人员。专业技术人员须有大专以上学历或中级以上职称。

（三）专职人员是指与单位签订一年以上劳动合同的人员。兼职人员是指在本单位从事有报酬活动的外部人员。人员数量以上一年年末人数为准。

二、免税资格审核认定的程序

（一）民政部或省、自治区、直辖市和计划单列市民政部门登记注册的具有法人资格的科技类民办非企业单位，应在每年 2 月底前向科技部或省、自治区、直辖市、计划单列市、新疆生产建设兵团科技行政主管部门提出免税资格申请，科技行政主管部门会同同级民政部门按照《通知》所列条件和本办法进行审核认定，对符合免税资格条件的科技类民办非企业单位颁发免税资格证书，同时将合格单位名单抄送同级财政、海关和税务部门。

（二）获得免税资格证书的科技类民办非企业单位可按照《通知》第五条规定，在有关科教用品进口前，向其所在地直属海关申请办理减税备案和减税审批手续。

三、需要报送的材料

申请单位应当向科技行政主管部门提交以下材料：

（一）《科技类民办非企业单位进口科学研究和教学用品免税资格审核表》；

（二）加盖上一年度年检合格章的民办非企业单位（法人）登记证书（副本）原件和复印件及《民办非企业单位年检报告书》；

（三）上一年度的工作报告和审计报告原件及复印件；

（四）上一年年末专职和兼职人员名册（包括姓名、学历、职称、工作岗位、劳动合同期限、联系方式等），并对专业技术人员予以标注；

（五）审核部门要求提交的其他材料。

四、复审

（一）科技行政主管部门会同同级民政部门每两年对科技类民办非企业单位的免税资格复审一次。

（二）复审时重点对已获得免税资格单位的非营利性质、依法纳税及免税进口物品使用情况等进行实质性审查，申请复审的科技类民办非企业单位除提供本办法第三条所规定的材料外，还应当提供已享受进口科教用品免税政策执行情况的报告。

（三）对复审通过的单位，以公告形式公布名单，名单抄送同级财政、海关和税务部门备案。

（四）在资格审核认定和复审过程中，审核部门可到科技类民办非企业单位查阅有关资料，了解情况，核实申报材料的真实性。

五、监督检查

（一）财政部会同科技部、民政部、海关总署、国家税务总局，根据实际需要，随时对科技类民办非企业单位免税进口科学研究和教学用品的使用情况进行抽查。

（二）已经获得免税资格的科技类民办非企业单位，如经查实存在以虚报情况获得免税资格、违规分配资产或利润、偷税、骗税或者将免税进口物品擅自转让、移作他用或者进行其他处置行为的，按照《通知》第七条规定予以处罚。

附件 2

科技类民办非企业单位进口科学研究和教学用品免税资格审核表（请摘录附件 2）

编码：

<table>
<tr><td>单位名称</td><td colspan="5"></td></tr>
<tr><td>单位地址</td><td colspan="5"></td></tr>
<tr><td>注册登记机关</td><td colspan="5"></td></tr>
<tr><td>组织机构代码</td><td colspan="2"></td><td>设立日期</td><td colspan="2">年 月 日</td></tr>
<tr><td>联系人</td><td></td><td colspan="2">电话</td><td>传真</td><td></td></tr>
<tr><td>主要业务范围</td><td colspan="5">□科学研究与技术开发 □科技成果转让与扩散 □科技成果评估□科学技术知识普及 □科技咨询、服务和培训 □其他 ______</td></tr>
<tr><td>业务领域
（可多选）</td><td colspan="5">□电子 □生物医药 □新能源 □新材料 □环保 □汽车 □化工 □农业 □软件开发 □专用设备 □轻工 □其他 ______</td></tr>
<tr><td>上年末资产总额
（万元）</td><td colspan="5"></td></tr>
<tr><td rowspan="3">单位人员数量（人）</td><td colspan="2">单位全部人员数</td><td colspan="3"></td></tr>
<tr><td colspan="2">专职专业技术人员数</td><td colspan="3"></td></tr>
<tr><td colspan="2">兼职专业技术人员数</td><td colspan="3"></td></tr>
<tr><td>□有无违法、违规行为</td><td colspan="5">有 □无</td></tr>
<tr><td>申请日期</td><td colspan="5">年 月 日</td></tr>
<tr><td colspan="6">以下由审核部门填写</td></tr>
<tr><td>审核意见</td><td colspan="5">□通过 □未通过</td></tr>
<tr><td rowspan="2">各部门签字（盖章）</td><td colspan="2">科技部门</td><td colspan="3">民政部门</td></tr>
<tr><td colspan="2">年 月 日</td><td colspan="3">年 月 日</td></tr>
<tr><td>公告日期</td><td colspan="5">年 月 日</td></tr>
</table>

注：专职和兼职专业技术人员数应填写大专及以上学历或中级及以上职称的相应人员数量。

4.5 动物防疫体系

海关总署关于动物防疫体系建设重点项目进口仪器、设备税收问题的通知

（署税发字〔2013〕61号）

北京、哈尔滨、兰州海关：

经国务院批准，对中国兽医药品监察所、中国动物疫病预防控制中心、中国农业科学院兰州兽医研究所、中国农业科学院哈尔滨兽医研究所（以下简称4个兽医研究所）分别承担建设的国家兽医微生物中心、国家动物疫病预防控制中心、国家口蹄疫参考实验室和国家动物疫病控制生物安全四级实验室等4个动物防疫体系建设重点项目，在2014年12月31日前进口总价值39267.78万元人民币的仪器、设备，免征关税和进口环节增值税。现将有关事项通知如下：

一、上述4个动物防疫体系建设重点项目进口仪器、设备的减免税审批手续纳入海关《减免税管理系统》管理。征免性质为“国批减免”（代码：898）；监管方式为“一般贸易”（代码：0110）

二、为便于对进口仪器、设备进行额度管理，4个兽医研究所在申请办理减免税审批手续前，应事先向其所在地海关（以下简称主管海关）办理减免税备案手续。

主管海关在办理减免税备案手续时，上述4个项目的“用汇额度”和“减免税额度”均以《动物防疫体系建设重点项目免税进口仪器、设备清单》（详见附件，以下简称《清单》）所列各项目进口总价按备案当日汇率折算的美元值填报。同时，在《海关进出口货物征免税备案登记表》备注栏标注各类进口仪器、设备的总价按备案当日汇率折算的美元值（即各类进口仪器、设备的进口货值额度）。

三、主管海关在办理上述进口仪器、设备减免税审批手续时，应按照《清单》所列仪器、设备的名称以及各类仪器、设备的数量和备案时折算为美元值的总价（下同）进行审核，并手工扣减相应各类进口仪器、设备的数量额度和货值额度。对于因汇率变化、合同变更等原因造成超出《清单》所列各类仪器、设备数量和总价的进口仪器、设备，一律照章征税。

四、本通知下发前已凭保放行的进口仪器、设备，符合本通知要求的，可办理减免税审批和退保结关手续；已征税进口的，税款不予退还。

各关在执行中如遇到问题，请及时向总署（关税司）反映。

特此通知。

附件　动物防疫体系建设重点项目免税进口仪器、设备清单

二〇一三年二月二十一日

附件

动物防疫体系建设重点项目免税进口仪器、设备清单

序号	项目名称/仪器、设备类别/仪器、设备名称	数量（台、套）	总价（万元人民币）
	合计	2351	39267.78
	一、国家兽医微生物中心	796	10022.04
	（一）通风设备及控制单元	496	4390.76
1	压差呼吸高效隔离器		
2	活毒废水管道高效过滤器		
3	定、变风量文丘里阀		
4	生物安全型气密阀		
5	送、排风高效过滤单位（含单片）		
	（二）消毒灭菌传递设备	13	3488.49
1	化学淋浴系统		
2	ABSL-3专用双扉高压灭菌柜 1.0m^3		
3	活毒废水处理系统		
4	活毒废水处理系统（生物安全三级）		
5	气化过氧化氢生物灭菌系统		
6	生物安全型双扉高压灭菌器 2.0m^3		
7	尸体处理设备		
	（三）隔离控制设备	137	973.30
1	生命支持系统		
2	头套正压防护服		
3	野外型正压防护服		
4	IVC小鼠笼144笼位		
5	二级A2型生物安全柜1800		
6	二级B2型生物安全柜1800		
7	二级生物安全柜（1200）		
8	穿墙密封器		
	（四）高致病性动物病原微生物实验仪器设备	150	1169.50
1	液氮罐51L		
2	干燥机		
3	低温冰箱（-31℃）		
4	冻干机（0.6平方米）		
5	冻干机（2平方米）		
6	高速离心机		
7	燃气系统		
8	普通显微镜		

序号	项目名称/仪器、设备类别/仪器、设备名称	数量（台、套）	总价（万元人民币）
9	普通显微镜		
10	系统荧光显微镜		
11	电镜设备		
12	电子天平		
13	电子天平		
14	水分测定仪		
15	酶标检测仪		
16	酶标检测仪		
17	酶标检测仪		
18	洗板机		
19	荧光定量 PCR 仪		
20	CO_4 恒温培养箱		
21	恒温震荡培养箱		
22	鸡胚孵化器		
23	生化培养箱		
24	厌氧培养箱		
25	程序降温仪		
26	负压解剖台		
	二、国家动物疫病预防控制中心	291	6133.74
	（一）通风设备及控制单元	49	1227.49
1	进口袋进袋出高效过滤单元 1300m^3/h—级		
2	进口袋进袋出高效过滤单元 1365m^3/h 一级		
3	进口袋进袋出高效过滤单元 2310m^3/h 二级加碳		
4	进口袋进袋出高效过滤单元 2475m^3/h 一级		
5	进口袋进袋出高效过滤单元 2550m^3/h 一级		
6	进口袋进袋出高效过滤单元 2595m^3/h 二级加碳		
7	进口袋进袋出高效过滤单元 2625m^3/h 二级加碳		
8	进口袋进袋出高效过滤单元 2625m^3/h 一级		
9	进口袋进袋出高效过滤单元 2670m^3/h 二级加碳		
10	进口袋进袋出高效过滤单元 2685m^3/h 二级加碳		
11	进口袋进袋出高效过滤单元 3750m^3/h 一级		
12	进口袋进袋出高效过滤单元 3870m^3/二级加碳		
13	进口袋进袋出高效过滤单元 4125m^3/h 一级		
14	进口袋进袋出高效过滤单元 4365m^3/h 二级加碳		
15	进口袋进袋出高效过滤单元 525m^3/h 一级		
16	进口袋进袋出高效过滤单元 638m^3/h 一级		
17	进口袋进袋出高效过滤单元 698m^3/h 一级		

序号	项目名称/仪器、设备类别/仪器、设备名称	数量（台、套）	总价（万元人民币）
18	压差呼吸高效隔离器		
19	活毒废水管道高效过滤器		
20	进口生物气密阀　¢进口生物气密阀 ¢150~400mm		
	（二）消毒灭菌传递设备	16	2504.56
1	化学淋浴系统		
2	ABSL-3专用双扉高压灭菌柜　1.0m^3		
3	ABSL-3专用双扉高压灭菌柜　1.5m^3		
4	BSL-3专用双扉高压灭菌柜　0.6m^3		
5	活毒废水处理系统		
6	落地式生物安全型高压灭菌锅		
7	气化过氧化氢生物灭菌系统		
8	尸体处理设备		
9	台式全自动高温灭菌器		
	（三）隔离控制设备	83	1307.39
1	生命支持系统		
2	野外型正压防护服		
3	野外型正压防护服		
4	二级A2型生物安全柜1200		
5	二级A2型生物安全柜1800		
6	进口鼠用隔离器（IVC）		
7	笼架		
8	三级小动物操作隔离器（含专用消毒器）		
9	三级小动物负压隔离器（含4套消毒传递桶）		
10	三级中动物负压半身隔离器（含2套可高压消毒传递桶）		
11	穿墙密封器		
	（四）高致病性动物病原微生物实验仪器设备	143	1094.30
1	液氮罐110L		
2	液氮罐50L		
3	烘箱		
4	低温冰箱（-30℃）		
5	超低温冰柜（-150℃）		
6	低温冰箱（-86℃）		
7	制冰机		
8	冻干机（1平方米）		
9	Mini离心机		
10	超速冷冻离心机		
11	大容量冷冻离心机		

序号	项目名称/仪器、设备类别/仪器、设备名称	数量（台、套）	总价（万元人民币）
12	高速连续冷冻离心机		
13	台式高速冷冻离心机		
14	台式水平离心机		
15	超纯水仪		
16	超声裂解器		
17	自动洗瓶机（含洗瓶装置）		
18	切条机		
19	标签机		
20	倒置显微镜		
21	电泳图像处理系统		
22	生物显微镜		
23	体视显微镜		
24	系统荧光显微镜		
25	显微数字成像系统		
26	分析天平		
27	发光法阅读器		
28	电泳仪		
29	台式酸度计		
30	DNA 测序仪		
31	PCR 扩增仪		
32	电穿孔仪		
33	电泳转印系统		
34	分子杂交箱		
35	封片机		
36	烤片机		
37	快速核酸蛋白分析仪		
38	酶标检测仪		
39	漂片机		
40	梯度 PCR 扩增仪		
41	微量板包被机		
42	细菌生化鉴定仪		
43	荧光定量 PCR 仪		
44	CO_2 恒温培养箱		
45	恒温培养箱		
46	鸡胚孵化器		
47	普通恒温培养箱		
48	生化培养箱		

序号	项目名称/仪器、设备类别/仪器、设备名称	数量（台、套）	总价（万元人民币）
49	水浴锅		
50	厌氧培养箱		
51	真空干燥箱		
52	转瓶培养箱		
53	电动吸液器		
54	台式恒温磁力搅拌器		
55	漩涡混匀器		
56	电葫芦		
57	负压解剖台		
58	旋转升降解剖台		
	三、国家口蹄疫参考实验室	542	6558.53
	（一）通风设备及控制单元	430	2496.32
1	高效过滤单元（袋进袋出）动物三级		
2	压差呼吸高效隔离器		
3	活毒废水管道高效过滤器		
4	变风量文丘里阀		
5	定风量文丘里阀		
6	生物型电动密闭阀 D200		
7	生物型电动密闭阀 D280		
8	生物型电动密闭阀 D360		
9	生物型电动密闭阀 D400		
10	生物型电动密闭阀 D450		
11	生物型电动密闭阀 D500		
12	生物型电动密闭阀 D630		
13	生物型电动密闭阀 D800		
14	生物型电动密闭阀 D900		
15	生物型手动密闭阀 D400		
16	生物型手动密闭阀 D450		
	（二）消毒灭菌传递设备	22	2593.54
1	ABSL-3 专用双扉高压灭菌柜　1.5m^3		
2	BSL-3 专用双扉高压灭菌柜　0.6m^3		
3	活毒废水处理系统		
4	活毒废水处理系统（生物安全三级）		
5	气化过氧化氢生物灭菌系统		
6	生物安全型双扉高压灭菌器 0.4m^3		
7	尸体处理设备		
8	台式高温灭菌器（85L）		

序号	项目名称/仪器、设备类别/仪器、设备名称	数量（台、套）	总价（万元人民币）
	（三）隔离控制设备	80	592.82
1	二级 A2 型生物安全柜 1200		
2	二级 A2 型生物安全柜 1800		
3	二级 B2 型生物安全柜 1800		
4	小动物负压 IVC		
5	穿墙密封器		
	（四）高致病性动物病原微生物实验仪器设备	10	875.85
1	液氮储柜（-196℃）		
2	超速冷冻离心机		
3	高速冷冻离心机		
4	多功能成像系统		
5	冷冻切片机		
6	96 孔酶标工作站		
7	DNA 测序仪		
8	分子生物学工作站		
	四、国家动物疫病防控生物安全四级实验室	722	16553.47
	（一）通风设备及控制单元	195	6598.02
1	BIBO（含生物安全密闭阀）11886m^3/h　备用 3*2		
2	BIBO（含生物安全密闭阀）13200m^3/h　备用 3*2		
3	BIBO（含生物安全密闭阀）15025m^3/h　备用 4*2		
4	BIBO（含生物安全密闭阀）15750m^3/h　备用 4*2		
5	BIBO（含生物安全密闭阀）16695m^3/h　备用 4*2		
6	BIBO（含生物安全密闭阀）1800m^3/h　不备用 1*1		
7	BIBO（含生物安全密闭阀）18900m^3/h　不备用 4*2		
8	BIBO（含生物安全密闭阀）2000m^3/h　不备用 1*1		
9	BIBO（含生物安全密闭阀）2160m^3/h　不备用 1*1		
10	BIBO（含生物安全密闭阀）24965m^3/h　备用 4*3		
11	BIBO（含生物安全密闭阀）2820m^3/h　不备用 1*1		
12	BIBO（含生物安全密闭阀）28221m^3/h　备用 4*3		
13	BIBO（含生物安全密闭阀）31561m^3/h　备用 4*3		
14	BIBO（含生物安全密闭阀）3196m^3/h　不备用 1*1		
15	BIBO（含生物安全密闭阀）3200m^3/h　不备用 1*1		
16	BIBO（含生物安全密闭阀）3300m^3/h　不备用 1*1		
17	BIBO（含生物安全密闭阀）35754m^3/h　备用 4*2		
18	BIBO（含生物安全密闭阀）3624m^3/h　不备用 1*1		
19	BIBO（含生物安全密闭阀）372m^3/h　不备用 1*1		
20	BIBO（含生物安全密闭阀）3800m^3/h　不备用 2*1		

序号	项目名称/仪器、设备类别/仪器、设备名称	数量（台、套）	总价（万元人民币）
21	BIBO（含生物安全密闭阀）3968m^3/h　不备用 2＊2		
22	BIBO（含生物安全密闭阀）4000m^3/h　不备用 2＊1		
23	BIBO（含生物安全密闭阀）480m^3/h　不备用 4＊3		
24	BIBO（含生物安全密闭阀）5100m^3/h　备用 3＊1		
25	BIBO（含生物安全密闭阀）5658m^3/h　备用 3＊1		
26	BIBO（含生物安全密闭阀）576m^3/h　不备用 1＊1		
27	BIBO（含生物安全密闭阀）5900m^3/h　不备用 2＊1		
28	BIBO（含生物安全密闭阀）6300+810m^3/h　不备用 1＊1		
29	BIBO（含生物安全密闭阀）6360m^3/h　备用 3＊1		
30	BIBO（含生物安全密闭阀）7000m^3/h　不备用 2＊1		
31	BIBO（含生物安全密闭阀）810m^3/h　不备用 1＊1		
32	BIBO（含生物安全密闭阀）7645m^3/h　备用 3/h　备用 4＊1		
33	压差呼吸高效隔离器		
34	活毒废水管道高效过滤器		
35	生物型电动密闭阀 D201		
36	生物型电动密闭阀 D361		
37	生物型电动密闭阀 D401		
38	生物型电动密闭阀 D501		
	（二）消霉灭菌传递设备	34	5836.40
1	化学淋浴系统		
2	活毒废水处理系统		
3	气化过氧化氢生物灭菌系统		
4	生物安全型双扉高压灭菌器 0.1m^3		
5	生物安全型双扉高压灭菌器 0.4m^3		
6	生物安全型双扉高压灭菌器 1.0m^3		
7	生物安全型双扉高压灭菌器 2.0m^3		
8	尸体处理设备		
	（三）隔离控制设备	428	3534.05
1	生命支持系统		
2	野外型正压防护服		
3	野外型正压防护服		
4	IVC 大鼠笼 20 笼位		
5	IVC 豚鼠笼 20 笼位		
6	IVC 小鼠笼 144 笼位		
7	二级 A2 型生物安全柜 1200		
8	二级 A2 型生物安全柜 1800		
9	二级 B2 型生物安全柜 1200		

序号	项目名称/仪器、设备类别/仪器、设备名称	数量（台、套）	总价（万元人民币）
10	二级 B2 型生物安全柜 1800		
11	猴隔离器（2 室）		
12	生物安全型换笼机		
13	气动排水地漏		
14	穿墙密封器		
	（四）高致病性动物病原微生物实验仪器设备	65	585.00
1	液氮罐 111L		
2	低温冰箱（-87℃）		
3	层析柜		
4	超速冷冻离心机		
5	高速冷冻离心机		
6	普通立式低温离心机		
7	台式小型离心机		
8	X-光机		
9	PCR 扩增仪		
10	CO_3 恒温培养箱		
11	恒温培养箱		

5 科技重大专项

财政部、科技部、国家发展改革委、海关总署、国家税务总局关于科技重大专项进口税收政策的通知

（财关税〔2010〕28号）

各省、自治区、直辖市、计划单列市财政厅（局）、科技厅（委、局）、发展改革委、国家税务局，新疆生产建设兵团财务局、科技局、发展改革委，海关总署广东分署、各直属海关：

为贯彻落实国务院关于实施《国家中长期科学和技术发展规划纲要（2006~2020年）》若干配套政策中有关科技重大专项进口税收政策的要求，扶持国家重大战略产品、关键共性技术和重大工程的研究开发，营造激励自主创新的环境，特制定《科技重大专项进口税收政策暂行规定》（见附件，以下简称《暂行规定》），现将有关事项通知如下：

一、自2010年7月15日起，对承担《国家中长期科学和技术发展规划纲要（2006~2020年）》中民口科技重大专项项目（课题）的企业和大专院校、科研院所等事业单位（以下简称项目承担单位）使用中央财政拨款、地方财政资金、单位自筹资金以及其他渠道获得的资金进口项目（课题）所需国内不能生产的关键设备（含软件工具及技术）、零部件、原材料，免征进口关税和进口环节增值税。

二、项目承担单位在2010年7月15日至2011年12月31日期间进口物资申请享受免税政策的，应在2010年9月1日前向科技重大专项项目牵头组织单位提交申请文件，具体申请程序和要求见《暂行规定》，逾期不予受理。符合条件的项目承担单位自2010年7月15日起享受进口免税政策，可凭牵头组织单位出具的已受理申请的证明文件，向海关申请凭税款担保办理有关进口物资先予放行手续。

三、科技重大专项牵头组织单位应按《暂行规定》有关要求，受理和审核项目承担单位的申请文件，并在2010年10月1日前向财政部报送科技重大专项免税进口物资需求清单。财政部会同科技部、发展改革委、海关总署、国家税务总局等有关部门按照《暂行规定》有关要求，及时研究制定各科技重大专项免税进口物资清单。

四、项目承担单位应当在进口物资前按照有关规定，持有关材料向其所在地海关申请办理免税审批手续。

附件　科技重大专项进口税收政策暂行规定

二〇一〇年七月二十四日

附件

科技重大专项进口税收政策暂行规定

第一条　为贯彻落实国务院关于实施《国家中长期科学和技术发展规划纲要（2006~2020年）》若干配套政策中有关科技重大专项进口税收政策的要求，扶持国家重大战略产品、关键共性技术和重大工程的研究开发，营造激励自主创新的环境，特制定本规定。

第二条　承担科技重大专项项目（课题）的企业和大专院校、科研院所等事业单位（以下简称项目承担单位）使用中央财政拨款、地方财政资金、单位自筹资金以及其他渠道获得的资金进口项目（课题）所需国内不能生产的关键设备（含软件工具及技术）、零部件、原材料，免征进口关税和进口环节增值税。

第三条　本规定第二条所述科技重大专项是指列入《国家中长期科学和技术发展规划纲要（2006~

2020年）》的民口科技重大专项，包括核心电子器件、高端通用芯片及基础软件产品，极大规模集成电路制造装备及成套工艺，新一代宽带无线移动通信网，高档数控机床与基础制造装备，大型油气田及煤层气开发，大型先进压水堆及高温气冷堆核电站，水体污染控制与治理，转基因生物新品种培育，重大新药创制，艾滋病和病毒性肝炎等重大传染病防治。

第四条 申请享受本规定进口税收政策的项目承担单位应当具备以下条件：

1. 独立的法人资格；

2. 经科技重大专项领导小组批准承担重大专项任务。

第五条 项目承担单位申请免税进口的设备、零部件、原材料应当符合以下要求：

1. 直接用于项目（课题）的科学研究、技术开发和应用，且进口数量在合理范围内；

2. 国内不能生产或者国产品性能不能满足要求的，且价值较高；

3. 申请免税进口设备的主要技术指标一般应优于当前实施的《国内投资项目不予免税的进口商品目录》所列设备。

第六条 为了提高财政资金和进口税收政策的使用效益，对于使用中央财政和地方财政安排的重大专项资金购置的仪器设备，在申报设备预算时，应当主动说明是否申请进口免税和涉及的进口税款。

第七条 各科技重大专项牵头组织单位（以下简称牵头组织单位）是落实进口税收政策的责任主体，负责受理和审核项目承担单位的申请文件、报送科技重大专项免税进口物资需求清单、出具《科技重大专项项目（课题）进口物资确认函》（格式见附件1，以下简称《进口物资确认函》）、报送政策落实情况报告等事宜。

有两个及以上牵头组织单位的科技重大专项，由第一牵头组织单位会同其他牵头组织单位共同组织落实上述事宜。科技重大专项牵头组织单位为企业的，由该专项领导小组组长单位负责审核项目承担单位的申请文件、报送科技重大专项免税进口物资需求清单、出具《进口物资确认函》。

第八条 财政部会同科技部、国家发展改革委、海关总署、国家税务总局等有关部门根据科技重大专项进口物资需求，结合国内外生产情况和供需状况，研究制定各科技重大专项免税进口物资清单，组织落实政策年度执行方案，定期评估政策的执行效果，并适时调整和完善政策。

第九条 项目承担单位是享受本进口税收政策和履行相应义务的责任主体。项目承担单位应在每年7月15日前向牵头组织单位提交下一年度进口免税申请文件（要求见附件2），项目承担单位在领取《进口物资确认函》之前，可凭牵头组织单位出具的已受理申请的证明文件，向海关申请凭税款担保办理有关进口物资先予放行手续。上年度已享受免税政策的项目承担单位尚未领取当年度《进口物资确认函》之前，可直接向海关申请凭税款担保办理有关进口物资先予放行手续。

第十条 项目承担单位应当在进口物资前，按照《中华人民共和国海关进出口货物减免税管理办法》（海关总署令第179号）的有关规定，持《进口物资确认函》等有关材料向其所在地海关申请办理免税审批手续。

对项目承担单位在《进口物资确认函》确定的免税额度内进口物资的免税申请，海关按照科技重大专项免税进口物资清单进行审核，并确定相关物资是否符合免税条件。

第十一条 为及时对政策进行绩效评价，享受本规定进口税收政策的单位，应在每年2月1日前将上一年度的政策执行情况如实上报牵头组织单位。牵头组织单位应在每年3月1日前向财政部报送科技重大专项进口税收政策落实情况报告，说明上一年度实际免税进口物资总体情况，同时抄送科技部、国家发展改革委、海关总署、国家税务总局。

牵头组织单位连续两年未按规定提交报告的，该科技重大专项停止享受本规定进口税收优惠政策1年。项目承担单位未按规定提交报告的，停止该单位享受本规定进口税收优惠政策1年。

第十二条 牵头组织单位应当按照本规定要求，切实做好科技重大专项进口税收政策执行的管理工作，保证政策执行的规范性、安全性和有效性。

项目承担单位应当严格按照本规定有关要求，如实申报材料、办理相关进口物资的免税申请和进口手续。项目承担单位违反规定，将免税进口物资擅自转让、销售、移作他用或者进行其他处置，除按照有关法律、法规及规定处理外，对于被依法追究刑事责任的，从违法行为发现之日起停止享受本规定进口税收优惠政策；尚不够追究刑事责任的，从违法行为发现之日起停止享受本规定进口税收优惠政策2年。

第十三条 经海关核准，有关项目承担单位免税进口的设备可用于其他单位的科学研究、教学活动和技术开发，但未经海关许可，免税进口的设备不得移出原项目承担单位。科技重大专项项目（课题）完成后，对于仍处于海关监管年限内的免税进口设备和剩余的少量原材料、零部件，项目承担单位可及时向所在地海关申请办理提前解除监管的手续，并免于补缴税款。

第十四条 本规定自2010年7月15日起施行。

附1 科技重大专项项目（课题）进口物资确认函

附2 项目（课题）承担单位免税申请文件有关要求

附1

科技重大专项项目（课题）进口物资确认函（格式）

编号：201×（年）-××（专项号）-×××（项目号）

单位名称：

根据科技重大专项进口税收政策的规定，兹确认：你单位申请享受科技重大专项进口税收政策符合有关规定，请按规定到所在地海关办理进口物资免税手续.

项目（课题）编号：

项目（课题）名称：

项目（课题）承担单位：

项目（课题）承担单位法定代表人：

项目（课题）负责人：

项目（课题）起止期：　年　月至　年　月

免税进口物资额度：

确认函有效期限：　年　月至　年　月

专项牵头组织单位（或领导小组组长单位）

年　月　日

附2

项目（课题）承担单位免税申请文件有关要求

申请文件应包括如下内容：

1. 单位性质、注册资本以及经营范围；

2. 项目（课题）的编号、名称、负责人，承担项目（课题）单位名称、法定代表人，项目（课题）的主要任务、经费来源与组成；

3. 单位申请免税进口的关键设备、零部件及原材料的必要性和合理性，申请免税进口金额、免税税款；

4. 提供申请免税进口设备、零部件及原材料具体信息（见表1、2）；

5. 单位联系人及联系方式；

6. 其他情况说明。

7. 申请文件应当提交一式六份，并提供电子版本一份（表1、2采用EXCELL格式）。

表1　申请免税进口设备清单

序号	设备名称	技术指标	税则号列	进口理由	进口数量	进口金额	进口税额	资金来源	所在编号

注："进口金额"单位：万美元、进口税额单位：万元。

申请免税进口设备技术规格属于当前《国内投资项目不予免税的进口商品目录》范围内的，应当在"所在编号"栏目中填写设备在《目录》中所在编号；进口设备未在该《目录》内的，"所在编号"不需填写。

资金来源分类：中央财政安排的重大专项资金、地方财政资金、单位自筹资金以及其他渠道。其中，使用地方财政资金购置设备应当注明所在省份。

表2　申请免税进口零部件、原材料清单

序号	零部件/原材料名称	税则号列	进口 数量	进口金额	进口税额	资金来源	备注

注："进口金额"单位：万美元、进口税额单位：万元。

资金来源分类：中央财政安排的重大专项资金、地方财政资金、单位自筹资金以及其他渠道。其中，使用地方财政资金购置设备应当注明所在省份。

海关总署关于执行科技重大专项进口税收政策有关问题的通知

（署税发〔2010〕490号）

各直属海关：

为贯彻落实国务院关于实施《国家中长期科学和技术发展规划纲要（2006-2020年）》的若干配套政策中有关科技重大专项进口税收政策的要求，国务院有关部门联合发布了《财政部、科技部、国家发展改革委、海关总署、国家税务总局关于科技重大专项进口税收政策的通知》（财关税〔2010〕28号），同时公布了《科技重大专项进口税收政策暂行规定》（以下简称《暂行规定》）。为确保该项政策得以正确实施，现就执行中涉及的有关问题明确如下：

一、自2010年7月15日起，对经认定符合享受科技重大专项进口税收优惠政策条件的承担科技重大专项项目（课题）的企业和大专院校、科研院所等事业单位（以下简称项目承担单位），使用中央财政拨款、地方财政资金、单位自筹资金以及其他渠道获得的资金进口直接用于项目（课题）科学研究、技术开发和应用的合理数量的国内不能生产的关键设备（含软件工具及技术）、零部件、原材料，免征进口关税和进口环节增值税。

二、各科技重大专项牵头组织单位（以下简称牵头组织单位，包括领导小组组长单位，下同）负责受理和审核项目承担单位的申请文件、免税进口物资需求清单和出具《科技重大专项项目（课题）进口物资确认函》（格式详见《暂行规定》附件1，以下简称《进口物资确认函》）的相关司（局、委员会）

名单及印模详见本通知附件1和2。

其中，极大规模集成电路制造装备及成套工艺重大专项直接由第一牵头组织单位北京市经济和信息化委员会与第二牵头组织单位上海市科学技术委员会共同受理、审核项目承担单位的申请文件、免税进口物资需求清单和出具《进口物资确认函》（《进口物资确认函》应由上述两牵头组织单位共同签章确认）。

大型油气田及煤层气开发重大专项由该专项领导小组组长单位国家能源局的石油天然气司具体承担受理、审核项目承担单位的申请文件、免税进口物资需求清单和出具《进口物资确认函》。

水体污染控制与治理重大专项分别由住房和城乡建设部建筑节能与科技司和环境保护部科技标准司各自对不同项目（课题）进行审核并单独出具《进口物资确认函》。

三、科技重大专项进口税收政策减免税审批手续纳入《减免税管理系统》管理，征免性质为：科技重大专项进口关键设备、零部件和原材料（简称：科技重大专项，代码：409）；对应的监管方式为：一般贸易（代码：0110）。考虑到该项进口税收政策实行年度免税进口额度管理，为便于海关实施额度管理和相关操作，该项进口税收政策实行减免税备案管理（按年度免税进口额度备案）。

四、在总署下发相关科技重大专项免税进口物资清单后，项目承担单位所在地海关（以下简称主管海关）可以凭项目承担单位提交的《进口物资确认函》、《进出口货物减免税备案申请表》、企业营业执照或事业单位法人证书等有关材料受理其减免税备案申请。

在办理减免税备案手续时，《减免税管理系统》备案申请表中有关栏目的填写要求如下：

（一）“企业名称”栏目填写《进口物资确认函》中“项目（课题）承担单位”的名称；

（二）“项目产业政策审批条目/代码”栏目填写科技重大专项的名称（注：计算机程序修改完成前此栏目可暂不填写）；

（三）“项目名称”栏目填写《进口物资确认函》中“项目（课题）名称”；

（四）“立项日期”栏目填写《进口物资确认函》中“项目（课题）起止期”的开始日期；

（五）“开始日期”栏目填写《进口物资确认函》中“确认函有效期限”的开始日期；

（六）“结束日期”栏目填写《进口物资确认函》中“确认函有效期限”的结束日期，但当年项目的结束日期原则上不应超过下一年的3月31日；2010年7月15日至2011年12月31日的跨年度项目的结束日期统一填写“2012年3月31日”；

（七）“投资总额”、“用汇额度”和“减免税额度”栏目均填写《进口物资确认函》中“免税进口物资额度”；

（八）“项目批文号”栏目填写《进口物资确认函》的编号。

（九）系统未提示必须填写的其他栏目可以不填写。

五、项目承担单位的减免税备案手续办理完成后，主管海关凭项目承担单位提交的《进出口货物征免税申请表》、进口合同、发票以及相关进口关键设备、零部件、原材料情况说明等有关材料受理其减免税审批申请。主管海关在《进口物资确认函》确定的免税额度内对照相关科技重大专项免税进口物资清单进行审核，属于清单所列商品的，予以免税；对超出免税额度或不在清单所列范围的进口物资，应予以照章征税。

项目承担单位在免税额度内进口物资须在当年内向主管海关申请办理减免税审批手续，相关免税物资须在下一年的3月31日前向海关申报进口。

六、项目承担单位在领取《进口物资确认函》之前，可凭牵头组织单位相关司（局、委员会）出具的《科技重大专项进口税收优惠申请受理通知书》（格式见本通知附件3）向主管海关申请凭税款担保先予办理有关进口物资放行手续。上年度已凭《进口物资确认函》享受免税优惠政策的项目承担单位在领取当年度《进口物资确认函》之前，可直接向海关申请办理同一项目（课题）项下所需进口物资的凭税款担保先予放行手续。

七、免税进口的关键设备、零部件、原材料属于海关监管货物。对于项目承担单位违反规定，将享受进口税收优惠政策的免税物资擅自转让、移作他用或者进行其他处置被依法追究刑事责任的，从违法行为发现之日起停止享受科技重大专项进口税收优惠政策；尚不够追究刑事责任的，从违法行为发现之日起停止享受科技重大专项进口税收优惠政策2年。

在项目承担单位违法行为性质最终确定前，自涉嫌违法行为发现之日起，海关不予受理相关项目承担单位进口物资的减免税审批申请，但可凭相关项目承担单位提供的税款担保办理先予放行手续。待涉嫌违法行为性质确定后，按规定处理。之前凭税款担保放行的货物需要补征税款的，将缴纳的税款担保转为税款。对于因上述违法行为被依法追究刑事责任而被取消享受科技重大专项进口税收优惠政策资格的，其在该税收政策项下免税进口物资仍处在海关监管年限内的，应按规定补征剩余海关监管年限的税款。

八、经海关核准，有关项目承担单位免税进口的设备可用于其他单位的科学研究、教学活动和技术开发，但未经海关许可，免税进口的设备不得移出原项目承担单位。科技重大专项项目（课题）完成后，对于仍处于海关监管年限内的免税进口设备和剩余的少量原材料、零部件，项目承担单位提出办理提前解除监管手续申请的，经主管海关审核，未发现项目承担单位在申请和使用有关免税进口物资过程中存在违反海关监管规定行为的，可予以办理提前解除监管手续，并免于补征税款。

九、请各关及时将本通知的有关规定要求告知相关项目承担单位。在执行科技重大专项进口税收政策中如遇到问题请及时反馈总署关税司。

特此通知。

附件1　科技重大专项牵头组织单位承办司（局、委员会）名单
附件2　科技重大专项牵头组织单位承办司（局、委员会）印模（略）
附件3　科技重大专项进口税收优惠申请受理通知书

二〇一〇年十二月三十日

附件1

科技重大专项牵头组织单位承办司（局、委员会）名单

序号	专项名称	牵头组织单位
1	核心电子器件、高端通用芯片及基础软件产品	工业和信息化部财务司
2	极大规模集成电路制造装备及成套工艺	北京市经济和信息化委员会 上海市科学技术委员会
3	新一代宽带无线移动通信网	工业和信息化部财务司
4	高档数控机床与基础制造装备	工业和信息化部财务司
5	大型油气田及煤层气开发	国家能源局石油天然气司
6	大型先进压水堆及高温气冷堆核电站	国家能源局电力司
7	水体污染控制与治理	住房和城乡建设部建筑节能与科技司环境保护部科技标准司
8	转基因生物新品种培育	农业部财务司
9	重大新药创制	卫生部规划财务司
10	艾滋病和病毒性肝炎等重大传染病防治	卫生部规划财务司

附件 3

科技重大专项进口税收优惠申请受理通知书（格式）

编号：20××年－××（专项号）－××（项目号）

××（承担单位编号）

项目承担单位名称：

你单位于20××年××月××日提交的申请享受科技重大专项进口税收优惠政策的申请材料［专项名称，项目（课题）名称］，经初步审查，申请材料齐全、符合法定形式，现决定予以受理。

你单位可凭本通知到单位所在地直属海关申请凭税款担保先予办理有关进口设备、零部件及原材料放行手续。

特此通知。

附件 1　申请单位基本信息及进口需求

附件 2　申请免税进口的设备、零部件及原材料汇总清单

专项牵头组织单位相关司（局、委员会）（盖章）

年　月　日

联系人：________________

电话：________________

通信地址：________________

邮政编码：________________

抄送：海关总署关税征管司、单位所在地直属海关

财政部、海关总署、国家税务总局关于印发新一代宽带无线移动通讯网等科技重大专项免税进口物资清单的通知

（财关税〔2011〕47 号）

各省、自治区、直辖市、计划单列市财政厅（局）、国家税务局，新疆生产建设兵团财务局，海关总署广东分署、各直属海关：

根据《财政部科技部国家发展改革委海关总署国家税务总局关于科技重大专项进口税收政策的通知》（财关税〔2010〕28 号）规定，有关部门依据科技重大专项进口物资需求，结合国内外生产情况和供需状况，研究制定了新一代宽带无线移动通信网等 4 个科技重大专项免税进口物资清单，现予印发。

附件　科技重大专项免税进口物资清单（略）

二○一一年八月二十九日

财政部、海关总署、国家税务总局关于印发极大规模集成电路制造装备及成套工艺等科技重大专项进口物资清单的通知

（财关税〔2012〕6号）

各省、自治区、直辖市、计划单列市财政厅（局）、国家税务局，新疆生产建设兵团财务局，海关总署广东分署、各直属海关：

根据《财政部科技部国家发展改革委海关总署国家税务总局关于科技重大专项进口税收政策的通知》（财关税〔2010〕8号）规定，依据科技重大专项进口物资需求，结合国内外生产情况和供需状况，财政部、海关总署、国家税务总局研究制定了极大规模集成电路制造装备及成套工艺等6个科技重大专项免税进口物资清单，现予印发。

附件　极大规模集成电路制造装备及成套工艺等6个科技重大专项免税进口物资清单（略）

二〇一二年一月十八日

财政部、海关总署、国家税务总局关于印发科技重大专项2012年度免税进口物资清单的通知

（财关税〔2012〕50号）

各省、自治区、直辖市、计划单列市财政厅（局）、国家税务局，新疆生产建设兵团财务局，海关总署广东分署、各直属海关：

根据《财务部、科技部、国家发展改革委、海关总署、国家税务总局关于科技重大专项进口税收政策的通知》（财关税〔2010〕28号）规定，有关部门依据科技重大专项进口物资实际需求，结合国内外产业发展水平和供需状况，研究制定了极大规模集成电路制造装备及成套工艺等7个科技重大专项2012年度免税进口物资清单（见附件1），现予印发。

各专项牵头组织单位应在科技重大专项2012年免税进口物资清单印发两个月内向项目（课题）承担单位出具《科技重大专项项目（课题）进口物资确认函》（以下简称《进口物资确认函》），《进口物资确认函》的有效期限截止到2013年3月31日。如项目（课题）承担单位名称、项目（课题）起止期等有关内容发生变更的，牵头组织单位应及时向项目（课题）承担单位出具《科技重大专项项目（课题）进口物资确认函变更证明》（格式见附件2）。项目（课题）承担单位在有关项目（课题）截止日期后进口相关物资的，海关不再受理其办理减免税审批手续的申请。项目（课题）承担单位未按《科技重大专项进口税收政策暂行规定》有关要求申请办理相关物资免税进口手续的，其进口物资已缴纳的税款不予退还。

附件1　科技重大专项2012年度免税进口物资清单（略）

附件2　科技重大专项项目（课题）进口物资确认函变更证明（格式）（略）

财政部
海关总署
国家税务总局
二〇一二年十月十日

财政部、海关总署、国家税务总局关于印发科技重大专项2014~2016年免税进口物资清单的通知

（财关税〔2014〕44号）

各省、自治区、直辖市、计划单列市财政厅（局）、国家税务局，新疆生产建设兵团财务局，海关总署广东分署、各直属海关：

根据《财政部、科技部、国家发展改革、海关总署、国家税务总局关于科技重大专项进口税收政策的通知》（财关税〔2010〕28号）规定，依据科技重大专项进口物资需求，结合国内外生产情况和供需状况，财政部、海关总署、国家税务总局研究制定了核心电子器件、高端通用芯片及基础软件产品等7个科技重大专项2014~2016年免税进口物资清单，现予印发。

附件　科技重大专项2014~2016年免税进口物资清单

财政部
海关总署
国家税务总局
二〇一四年八月十九日

附件

科技重大专项2014~2016年免税进口物资清单

一、核心电子器件、高端通用芯片及基础软件产品科技重大专项

（一）设备清单

序号	设备名称	税则号列（供参考）
1	半导体自动测试仪	90308200
2	频谱分析仪	90308200
3	逻辑模块板	85437099
4	误码率测试仪	90318090
5	矢量网络分析仪	90304090
6	网络分析仪	90304090

序号	设备名称	税则号列（供参考）
7	高速贴片机	84798962
8	激光焊接机	85158000
9	测温系统	90251990
10	椭偏仪	90314990
11	原子力显微镜	90121000
12	台阶仪	90318090
13	激光轮廓扫描仪	90314100
14	显微镜	90118000
15	精确高低温探头/热流罩	90258000
16	精密阻抗分析仪	90318090
17	焦平面圆片级在片测试系统	90308200
18	真空回流焊接系统	84864029
19	高速时序信号系统	90309000
20	超低噪声高精度偏置电压系统	90309000
21	高速信号采集系统	90309000
22	红外探测器相对光谱响应测试系统	90275000
23	离子铣机台	84862049
24	芯片热处理炉	85141010
25	专用清洗机	84862090
26	感应离子耦合刻蚀机	84862041
27	脉冲功率分析仪	90303900
28	频谱仪	90304090
29	精密粗磨机	84861020
30	精密细磨机	84861020
31	精密精磨机	84861020
32	精密抛光机	84861090
33	非接触方块电阻测试仪	90303900
34	精密电流测试系统	90303900
35	氮化镓封装器件大信号动态阻抗调谐器	90308490
36	全自动金丝球焊机	84864022
37	布鲁克高分辨X射线衍射仪	90221990
38	噪声系数测试扩频系统	90304090
39	频谱测试扩频系统扩频模块	90304090
40	功率测试扩频系统	90303900
41	芯片堆栈系统	84864029
42	雾化清洗机	84862090
43	阵列激光器驱动电源	85044019

序号	设备名称	税则号列（供参考）
44	电子点焊机	85151900
45	信号源	85432010
46	功率计	90303390
47	定向耦合器	90302090
48	频谱、噪声系数分析一体机	90304010
49	测厚仪	90318090
50	DDR3 高速速度测试机	90308200
51	分选机	90308200
52	硬件仿真加速器	85431000
53	高性能数据存储中心	84717090
54	高性能集群计算平台及软件	84717090
55	串行数据分析仪	90318090
56	串行分析仪采样模块	90319000
57	离子去层仪	84862041
58	抗扰度发生器	90308990
59	硬件在环测试及仿真机柜	90303900
60	小型实时仿真器	90303900
61	总线数据记录仪	85437099
62	自动测试仪及配套软件	90308200
63	自动测试仪配套附件	90308200
64	多点激光设备升级设备	90303390
65	束源炉	84879000
66	植球机	84798969
67	倒装贴片机	84798962
68	动态信号分析仪	90308200
69	示波器	90302090
70	系统级软硬件功能验证仿真加速器	90308200
71	系统级软硬性能验证仿真加速器	90308200
72	高性能可编程 CPU 功能仿真验证平台	90308200
73	现场可编程逻辑门阵列评估板及系统（FPGA 评估板及系统）	90308200
74	高速内存总线分析适配卡	90308990
75	多信道数字逻辑分析仪	90308990
76	时域反射计	90308990
77	协议分析仪（Attachment 3.0）	90308990
78	MIPI D-PHY 接口协议分析仪和训练器	90308990
79	高速数字示波器	90308990
80	多通道数字逻辑分析仪	90308990

序号	设备名称	税则号列（供参考）
81	PCI-Express 协议分析仪	90302010
82	MHL 协议分析仪（Main Link）	90303900
83	宽带数字示波器	90302010
84	SATA 协议分析仪	90308200
85	MIPI M-PHY 协议分析仪	90308200
86	UHS-II 协议分析仪	90308200
87	SD 和 eMMC 协议分析仪	90308200
88	高带宽任意波形发生器	90303900
89	TDR 反射计	90303900
90	PCIE Gen3 协议分析仪	90308200
91	HSIC 协议分析仪	90308200
92	差分多通道数字（示波器）逻辑分析仪	90302010
93	高性能可编程 CPU 功能仿真验证平台	90308200
94	高性能多信道数字逻辑分析仪	90302010
95	串行误码分析仪	90302010
96	超高速多通道数字逻辑分析仪	90302010
97	高采样率多通道数字逻辑分析仪	90302010
98	高速 Lecory 硬盘串口协议分析仪	90302010
99	MCCI HSIC 协议分析仪	90308990

（二）零部件、原材料清单

序号	零部件、原材料名称	税则号列（供参考）
1	现场可编程门阵列验证板	85340010
2	高纯 Ar 工艺气体	28042100
3	光刻掩膜材料	90029090
4	光刻掩膜显影材料	90029090
5	吸气剂	72029900
6	采集卡	85423100
7	金刚石抛光液	34039900
8	进口探测器	90319000
9	导电银浆	38249099
10	3 英寸进口 SiC 晶片	38180090
11	4 英寸进口 SiC 晶片	38180090
12	3 英寸蓝宝石晶片	38180090
13	溅射金源	71159010
14	金锡焊料	71159010
15	SiC 导通型衬底	38180090

序号	零部件、原材料名称	税则号列（供参考）
16	3 英寸 InP 单晶片	38180090
17	4 英寸 InP 单晶片	38180090
18	MOCVD 加热器	84869099
19	3 英寸 SiC 衬底	38180011
20	SiC 衬底	28492000
21	高纯石墨毡材料	68151000
22	高纯硅粉	28046190
23	高纯碳粉	38011000
24	化学抛光垫	68053000
25	气体纯化器	84213990
26	光学红外测温仪	90258000
27	ICP 真空室配件	90330000
28	光刻胶	29420000
29	环形器	85439090
30	碳化硼粉	28499010
31	干泵	90330000
32	溅射金	71081200
33	进口电镀液	28530090
34	蒸发金	71081200
35	SiC 衬底（3 英寸半绝缘）	28492000
36	SiC 衬底（4 英寸高纯半绝缘）	28492000
37	显影液	29420000
38	激光器	90132000
39	Au80Sn20 焊料粒系列	71090000
40	激光器波长稳定性模块	90132000
41	激光器箱体（chamber）	90330000
42	1.2%He/N_2 混合气	28041000
43	石墨舟	38011000
44	投影光刻机汞灯	90330000
45	滤光片	90019090
46	抛光布	29420000　68053000
47	探针座	90330000
48	冷凝泵	90330000
49	抛光液	29420000
50	测试系统备件包	90330000
51	InP 衬底	28480000
52	微波探针	90330000

序号	零部件、原材料名称	税则号列（供参考）
53	源炉	90330000
54	泛曝光机灯	90330000
55	电子束曝光机上固体激光器	90330000
56	校准片	90330000
57	透镜	90019090
58	砷烷	28500090
59	镀膜机冷泵	90330000
60	磷烷	28480000
61	化学抛光液	29420000
62	氮化硼夹持杆	28500000
63	钨带	81019990
64	钨铼丝	81019600
65	掩模版	90029090
66	探针卡	90309000
67	测试分选治具	90309000
68	DDR3 工程测试用低噪音板	90309000
69	测试夹具模具	85389000
70	功能测试主板	90309000
71	测试头主板转换套件	84869099
72	PBN 坩埚	69091900
73	轴承 SS3	84833000
74	金属密封圈	73181590
75	不锈钢丝网	73141400
76	离子注入机离子源耗材	81129230
77	高纯砷	28048000
78	齿轮套件	84879000
79	陶瓷引线环	85471000
80	厚胶光刻胶	37071000
81	光刻胶剥离液	37071000
82	SOI 硅片	38180011
83	汞灯	85393199
84	玻璃浆料	38249099
85	网印 Au 导体浆料	38249099
86	去胶液	38140000
87	外延衬底	56039490
88	分子束外延衬底加热器	84869099
89	分子束外延衬底装样钼块	84869099

序号	零部件、原材料名称	税则号列（供参考）
90	高纯溅射靶材	28309090
91	剥离液	38140000
92	电子级有机溶剂	38140000
93	抛光驱动环	84669400
94	抛光耗材	84669400
95	金属溅射靶材	28309090
96	铟	81129930

二、极大规模集成电路制造装备及成套工艺科技重大专项

（一）设备清单

序号	设备名称	税则号列（供参考）	设备参考名称
1	X 光探伤机	90221920 90221990	X 光探伤仪；X-RAY 锡球空洞检查仪；高性能 X 射线荧光镀层测试仪；X 射线检测仪
2	探针台及附带设备	90308200 84864031	硅片探针台；测试探针台；汞探针 CV；探针台；55 纳米芯片测试探针台；TSV 工艺晶圆探针系统；3G/LTE 多模基带芯片探针系统；三维集成器件异质晶圆探针系统；移动终端核心芯片探针系统；20/28nm 扇出型晶圆探针系统；IPTV 处理器探针系统；射频器件探针系统；12 英寸全自动探针台；郎缪探针；圆片凸点探针台
3	台阶仪	90314990	台阶仪（又称高分辨率表面形貌仪）；机械式台阶仪
4	印刷电路板平面度翘曲度测量仪	90278099	热变形外貌检测仪
5	膜厚测量仪	90314100 90158000 90328200	手动透明薄膜膜厚测量仪；四点探针金属膜厚仪；金属多层薄膜测量系统
6	应力测试仪	90318090	拉力剪切力测试仪
7	轮廓测量仪	90314100 90314990	光学轮廓仪；形貌测量仪；3D 表面轮廓仪
8	电学参数分析仪	90308200 90308410 90303900 90303320 90303390	静态测试台；塑封式 IGBT 模块动静态测试设备；静态测试设备；动态测试设备；热阻测试仪；静态测试仪；动态测试仪；IPM 测试机；电源管理电路测试系统；磁性材料测量仪；B-H 分析仪；频率计数器；8 位半数字多用表；阻抗分析仪；高压大功率静态测试系统；栅极偏置试验台（HTGB）；模块 IOL 试验台；直流测试仪
9	参数及电路测试设备	90308200	全自动 ESD 测试系统；集成电路测试机；移动终端核心芯片测试系统；TSV 工艺晶圆测试系统；3G/LTE 多模基带芯片测试系统；三维集成器件异质晶圆测试系统；20/28nm 扇出型晶圆测试系统；IPTV 处理器测试系统；射频器件测试系统；测试系统；封装模块自动测试机；晶圆级封装自动测试机；V93000SOC 测试系统
10	自动阻抗测试仪	90303320 90303900	离子迁移/绝缘电阻在线测试仪；阻抗测试仪
11	半导体器件分析仪	90303900 90303320	模块热阻测试台；热阻测试仪；圆片表面电阻测量仪
12	激光干涉仪	90314990	用于超高精度非球面检测方法研究的干涉仪整机
13	高精度经纬仪	90152000 90121000	电子经纬仪；缺陷分析仪
14	接触角测量仪	90318090	绝对测角仪

序号	设备名称	税则号列（供参考）	设备参考名称
15	位移测量干涉仪	90314990 90318090 90278099	3 轴位移测量干涉仪；激光干涉仪；6 轴位移测量干涉仪；6 轴位移测量干涉仪（自制设备中进口部件）
16	高精度测温仪	90258000 90278099 85141090	高低温控仪；硅片温度检测及控制系统；导热系数测试仪（Hotdisk）；差示扫描量热仪
17	自由度精密调整机构	90328990	六自由度精密调整机构
18	光学测量仪	90308200 90314100 90314990 90273000	激光三维检测设备；共面度光学检测机；激光定心装配工作台；中心偏差测量仪；深紫外光学元件双折射测量系统；深紫外光束斯托克斯参数测量仪；波前测量系统；40 通道模态测试系统；硅通孔深孔量测机；X 射线仪；椭偏仪
19	自动光学检测机	90314990	光学自动检查机；自动光学检测机；TSV 自动检测机台；凸点自动检测仪
20	自动倒角机	84659600	
21	分光光度计	90273000	
22	激光波长计	90273000	费索波长计
23	光谱仪	90273000 90275000	高分辨率光谱仪；X 射线荧光能谱仪（XRF）；红外傅里叶光谱；极紫外光谱仪；傅立叶变换红外光谱仪
24	红外热成像仪	90314990	红外热像仪
25	检漏仪	90318090 90271000	氦质谱检漏仪
26	颗粒分析仪	90314100 90271000	颗粒检查仪；总有机碳分析仪；光学颗粒检测仪；全自动比表面及孔径分析仪；激光粒度仪
27	数字频谱分析仪	90301000 90278019 90303190	高精度功率分析仪；频谱分析仪；实时频谱分析仪；频谱分析系统
28	信号发生器	85432010	高精度信号源；任意波形发生器；射频信号发生器
29	电子束蒸发镀膜机	84862022	
30	电子自准直仪	90275000	自准直仪
31	球推/拉力检测仪	90241090	拉力测试仪；焊接推力测试仪；金线推拉力测试仪
32	逻辑分析仪	90308990	安捷伦误码率分析仪；逻辑分析仪及附件
33	化学分析仪	90278099 90275000	TSV 电镀液监控仪；晶圆级凸点电镀化学分析仪；化学分析仪
34	缺陷检测仪	90314100 90308200	封装植球外观检测仪；控片检测系统；缺陷监测仪
35	示波器	90308200 90302010	示波器及附件
36	三坐标测量仪	90318020 90160010	热失重测量仪
37	镀膜机	84798999 84798990	光学薄膜镀膜机；碳膜溅射机
38	等离子激活机	84862090	等离子激活机
39	化学气相沉积设备	84862021	金属有机化合物化学气相淀积系统；金属有机化学气相沉积炉
40	贴片机	84864029 84798962	全自动综合智能贴片机；多功能正装贴片机；IPM 用粘片机；晶圆贴片机；被动元件安装机；基板贴片机；粘片机
41	拣片编带一体机	90308200 90314100	集成电路封装分选机；晶圆分拣

序号	设备名称	税则号列（供参考）	设备参考名称
42	键合机	84864022 84864010 84862090	键合对准机；临时键合机；晶圆键合机；打线机（wire bond 机）
43	双束聚焦离子束	90121000	双束聚焦离子束电镜；聚焦离子束系统
44	离子注入机	84862050	高温离子注入机
45	化学机械抛光实验机	84862090	铜化学机械抛光机；晶圆抛光减薄机
46	抛光机	84569090 84861040	6 坐标数控射流抛光加工中心；离子抛光机
47	扫描电子显微镜及附带设备	90121000 90314100	缺陷分析电子显微镜；聚焦离子束扫描电子显微镜；扫描电镜/能谱仪；扫描电子显微镜；原子力显微镜；光学测量系统（光学 CD SEM）；特征尺寸扫描电镜（CD SEM）；高分辨投射电镜；台式电子扫描显微镜
48	显微镜	90118000 90278099 90119000 90111000	显微镜；共焦显微镜；三维显微镜；桌上型扫描电子显微镜；金相分析显微镜；测量显微镜；非接触三维测量显微镜系统
49	芯片塑封机	84864021	晶圆塑封机
50	贴膜机	84201000 84798999 84864029 84862029	自动贴覆盖膜机；自动贴膜机；片对卷跟踪式贴膜机；在线晶圆贴膜揭膜机；在线晶圆贴膜揭膜机；贴膜机（减薄前）
51	退火设备	84862010	快速退火炉（RTA）
52	焊料涂覆印刷机	84798999	锡膏印刷机
53	植球机	84864029 84688000	晶圆丝网印刷机/植球机；封装植球机
54	主动隔振系统	90278099 90328990	小型主动隔振系统；干涉仪振动隔离系统
55	试验台	90312000	三维混合纳米定位台；6 自由度微位移台；空气轴承平台（自制设备中进口部件）
56	铣磨加工中心	84642010	数控 6 轴大口径精磨 OGM1200 光学铣磨机；铣磨加工中心
57	高精度立式定心车床	84589100	
58	数控加工中心	84571010 84571090 84593100	车铣复合加工中心；三轴精密加工中心；五轴加工中心；五轴联动加工中心；万能超声铣床
59	焊接设备	84864029 85158000	塑封式模块二次焊接炉；焊接炉；超声波焊接机
60	曝光成像机	90065910 90105022	激光直写曝光机
61	激光器	90132000	准分子激光加工机；碘稳频激光器
62	信号源分析仪	90304010	射频信号分析仪
63	半导体特性曲线分析仪	90308200	半导体曲线分析仪
64	网络分析仪	90308490 90304090	矢量网络分析仪
65	机械手	84864031 84864039	真空操作机械臂；IC 工厂专用的自动搬运机器人
66	激光钻孔机	84561000 84592100	卷对卷紫外光激光钻孔机；激光数控钻孔机（0.3 以下）
67	加速应力寿命试验机	84798999	加速应力寿命试验机（HAST）
68	质谱仪	90278019	电感耦合等离子体质谱；超高精度质谱仪；常规质谱仪；质量能量分析仪

序号	设备名称	税则号列（供参考）	设备参考名称
69	成像系统	85258031 85258021	高速摄像装置
70	烘箱	85141090	集成电路高温动态老化箱；除气泡烤箱
71	振动测量系统	90314990	
72	极紫外光源	85394900	
73	泵	84141000 84149090	机械泵；涡轮泵/分子泵
74	高精度激光定心磨边机	84642010	300mm 高精度激光定心磨边机
75	金刚石车床	84589110	金刚石车床
76	高精密数控车床	84589110 84581100	超精密立式以车代精磨数控车床；精密数控立式车床
77	超高精度平面磨床	84601100 84601900 84602990	超高精度数控圆台磨床；数控高精度平面及成型磨床；超精密数控坐标磨床
78	上下料装置	84864039 84659200 84659600	上框机；下料刨边机；PP 下料机
79	IPM 处理机	84864031	
80	双轴钻靶机	84798999	钻靶机
81	回流焊炉	85141090 84864029	真空回流焊机
82	划片机	84861030 84864029 84561000	激光划片机；自动划片机
83	烧结炉	85141090	高温烧结炉
84	气路测试标准设备	90268010	
85	刻蚀机	84243000 84862041	深反应离子刻蚀机；碱性蚀刻机；DES 蚀刻机（外层）；DES 蚀刻机（内层）
86	焊线机	84864022	
87	尾气处理设备	84213990 84198990	尾气处理设备；有毒尾气处理装置
88	冲孔机	84624190 84659900	卷对卷高速多功能冲孔机
89	晶圆连接端子高度检查机	90314990	
90	晶圆表面结构检查机	90314990	
91	圆片分片机	84864029	
92	修剪成型设备	84624111	
93	去毛刺设备	84561000	
94	微米级蚀刻去膜 COF 工程装置	90105022	
95	高精度油墨 PSR 显像 COF 工程装置	90105022	
96	高精度化学净面 COF 工程装置	84798190	

序号	设备名称	税则号列（供参考）	设备参考名称
97	高精度 R-R 净面自动线	84798190	
98	高精度 2 次元测试仪/影像测量仪	90318020	
99	全自动影像测量仪	90314990	
100	多功能强度测量仪	90318090	
101	真空热压机	85143000	
102	晶圆拆键合机	84798999	
103	晶圆电镀机	85433000	
104	晶圆边缘切削机	84861030	
105	激光开封机	84862049	
106	激光刮除器	84862049	
107	阻焊压平机	84201000	
108	底片光绘机	90065990	
109	凹陷度检测机	90241090	
110	分割曝光机	90105022	
111	制冷工质纯度原位分析系统	90271000	
112	微焊球高度测量机	90118000	
113	过滤器	84219990	
114	干涉仪温度控制单元	90321000	
115	精密绕线机	84864029	
116	TSV 背面露头腐蚀机	84862049	
117	铜硅抛光一体机	84862090	
118	晶圆回流炉	85143000	
119	晶圆等离子去胶机	84799090	
120	升级单片式腐蚀机	84862090	
121	电化学沉积台	85433000	
122	12 吋晶圆机械切割机	84861030	
123	晶圆助焊剂喷涂机	84431922	
124	电镀装置	85433000	

序号	设备名称	税则号列（供参考）	设备参考名称
125	底片光绘机	90065990	
126	干膜显影机	90101020	
127	外图超粗化前处理机	84798190	
128	水分仪	90278099	
129	红外分析仪	90272019	
130	预成型机	84775900	
131	气相色谱仪	90272011	
132	温度传感器	90321000	多路超精密温度传感器

（二）零部件、原材料清单

序号	零部件、原材料名称	税则号列（供参考）	零部件、原材料参考名称
1	化学试剂瓶	39259000	可加压 PFA 化学试剂瓶
2	包装耗材	39233000	
3	减薄膜、紫外膜、划片膜、蓝膜	39199090	
4	干膜	37024422	干膜、薄膜型阻焊材料
5	高纯度氟化铝镀膜材料	28161200	镀膜材料、深紫外薄膜蒸发材料氟化铝
6	高纯度氟化镧镀膜材料	28469090	深紫外薄膜蒸发材料氟化镧
7	多晶硅	28046190	超纯裸晶圆
8	氟化钙晶体	70010000 28261990	氟化钙光学材料
9	接头	39174000	管件接头、化学试剂传输接口、配件、防腐蚀流体输配件盒、连接零件（套）、液体加热配件、快速接头
10	光刻胶及光刻胶配套显影液	37071000 34029000 90314100	光刻胶、正胶、JSR 光刻胶、光刻胶（S9920）、光刻胶（S9912）、光刻胶（AZ5214E）、光刻胶（AZ4620）
11	抗反射层材料	37071000	抗反射涂层、抗反射层材料（PI 胶）、荧光层涂覆工艺原件、抗反射材料（BARC）
12	显影液	37071000	配套正胶显影液（MF320）、配套 AZ 显影液
13	去胶液	38249090 38249099	
14	掩模板	90314100 70200019 90029090	标准掩模板、高精度特制掩模基准板、高精度特制测试掩模板、高精度像质特征测试掩模
15	中小尺寸照明级光刻级氟化钙	70140010 28261990	中尺寸光刻照明级氟化钙、氟化钙光学材料、镀膜基底氟化钙
16	透红外窗口	70140010	
17	半固化片	70199021 37024422 70199000	低 CTE 半固化片、半固化片（BT）

序号	零部件、原材料名称	税则号列（供参考）	零部件、原材料参考名称
18	光学元件	90029090 90319000 90012000 90019090 90314990 90318900 90275000 85415000 85410000 84869099	衍射元件、衍射光学元件、滤光片、锆膜、光学镜片、紫外镀膜光学元件、光学传感器、光学棱镜、150mm 标准镜、卤素灯照明透镜、中继透镜、偏振分光镜、光学棱镜、探测透镜、投影透镜、LED 照明透镜、化学过滤片、四分之一波片、角锥棱镜、高反四分之一波片、棱镜、分光镜、偏振分光棱镜、高精度 1/4 波片、反射镜、汇聚透镜、准直扩束镜、芯片定位元件、偏振棱镜、非球面透镜、微型透镜、卤素灯照明透镜、中继透镜、聚光反射镜、非球面聚光透镜、LED 照明透镜、光学部件偏振分束器、光学部件法拉第隔离器、光隔离装置、扩束光学元件、光子转换晶体、光学模块合束器、分束器、光学定位元件、偏振分束器、50×0.9 NA BB 物镜、CCD 相机、光学标准具、复眼透镜、激光量热吸收测试系统光学元件更换
19	光栅	90019090 90319000 90314990 90318090	大尺寸深紫外光栅
20	光栅尺组件	90019090 90319000	光栅尺组件、高分辨率光栅尺和读数头
21	光栅尺	90314990 90319000	光栅尺、1.5D 高精度光栅尺
22	硅片	38180019	硅片、抛光测试晶圆、4 英寸镓砷外延片、芯片、芯片（直径大于 15.24cm 的单晶硅片（经掺杂用于电子工业的）、芯片（直径大于 15.25cm 的单晶硅片（经掺杂用于电子工业的）、芯片（直径大于 15.26cm 的单晶硅片（经掺杂用于电子工业的）、12 英寸硅晶圆、12 英寸图像传感器晶圆、新晶圆、镀膜无图形硅片、多层短流程硅片、化学机械研磨后单层短流程硅片、晶圆、12 英寸介质衬底硅片、缺陷参考硅片
23	过滤器	84219990 84213990 84213929	空气滤清器、化学过滤箱体、初效过滤器总成初效过滤器、高效过滤器总成高效过滤器、气体过滤器、氟气过滤器
24	基板	70199090 70199000	基板、掩摸台基准板
25	物镜关键组件性能测试用隔振地基	90029090	
26	炉丝	72230000	
27	镀膜用蒸发舟	71101990 84869099	镀膜用蒸发舟、热舟铂、蒸发舟
28	热电偶	90251910	热偶
29	铁镍合金	72026000	
30	滤芯	84219990	滤芯（其他过滤、净化装置用零件）
31	抛光垫	68053000	
32	抛光布	59119000	抛光垫（硅抛光机用）
33	铣磨刀具	84669100	铣磨刀具（钻石研磨盘）
34	抛光清洗刷	96035091	抛光芯片清洗刷
35	抛光液	34059000 28261990	电解抛光液
36	研磨颗粒	28112200	研磨颗粒（二氧化硅水溶液等）、IC 抛光用磨料
37	片盒晶圆片盒	39231000 84864039 84869090	晶圆盒、晶圆片盒、12 英寸标准片盒、版盒
38	机台主体框架	73269010 84869099	结构钢框架

序号	零部件、原材料名称	税则号列（供参考）	零部件、原材料参考名称
39	环氧树脂	70199000	
40	粒子成像测速仪	90318090	
41	底填充胶	38249099 35061000	底填充胶、灌封胶、底部填充胶、底填充胶（背胶）
42	导电银胶	38249099	
43	前驱体加热液态源	38249099	
44	树脂	32141010 32151900 39094000	环氧塑封料、塞孔树脂、丙烯酸酯、固化剂、增稠剂、酚醛树脂 A、酚醛树脂 D、双马来酰亚胺树脂、有机硅树脂
45	石英材料	70140010 70022090 70010000 90029090	标准镜头光学材料、准直和扩速系统光学材料、紫外成像光学系统熔石英材料、紫外熔石英材料、可见光材料、中等尺寸光刻照明级熔石英、大尺寸光刻照明级熔石英、光刻等级熔石英、自行研制的干涉仪透射球面波系统和零位补偿镜用进口熔石英光学材料、紫外熔融石英材料、石英管、熔石英基底
46	陶瓷材料	85322490 32071000 84869090 69141000	工程陶瓷结构件：1. 工程陶瓷结构件；2. 工程陶瓷结构件；3. 工程陶瓷、耐氟高纯 Al_2O_3 陶瓷材料、氧化铝承烧板、氮化铝陶瓷粉料、承片台多孔陶瓷吸盘、耐氟高纯 Al_2O_3 陶瓷材料、陶瓷吸盘、高压陶瓷电容、掩模台粗动陶瓷导轨、掩模台陶瓷框架、精密光学平台材料、硅片台和掩模台设计与集成材料（陶瓷材料）、掩模承版台定制加工、耐氟高纯 Al_2O_3 陶瓷材料
47	工艺用特气	28042900	高纯氟气预混气（准分子激光器运行）、准分子激光器工作气体、氯气（Cl_2）、乙烯（C_2H_4）、三氯化硼（BCl_3）、激光用气体
48	微晶玻璃	70140010 90029090	微晶玻璃、低膨胀光学材料、激光反射镜用微晶玻璃、同轴凹非球面被检镜及标定用最佳拟合球面镜加工需要的 ULE 光学材料、同轴凸非球面被检镜及标定用最佳拟合球面镜加工需要的 JLE 光学材料、离轴非球面被检镜及标定用最佳拟合球面镜加工需要的 ULE 光学材料、微动台微晶玻璃
49	有机金属源	28053019	
50	靶材	81029900 71159010 28499090	高纯度 EUV 镀膜用溅射靶材、实验用金靶、镀膜靶材
51	氟化氙化学品	28261990	
52	连接块材料	84862049	IGS 连接块材料
53	有机碱	29212900	有机碱［其他无环多胺及其衍生物（包括它们的盐）］
54	研磨砂轮	68042210	磨轮、研磨砂轮
55	泵	84141000 84137099 84149090	干泵、磁悬浮分子泵组、半磁悬浮分子泵组、泵组、EUV 镀膜机配套用真空泵、磁悬浮分子泵、干式机械泵、离子泵、磁力泵、氦压缩机泵、低温泵
56	薄膜规	90262090	真空薄膜规
57	计算全息非球面补偿片	90138090	计算全息非球面补偿器

序号	零部件、原材料名称	税则号列（供参考）	零部件、原材料参考名称
58	真空传感器、毒气传感器、压力传感器	90314999 90262090 90268010 90318090	光电传感器、压力传感器、温度、湿度、压力等传感器、空气绝对压力传感器、空气相对压力传感器、高精度压力传感器、XCDA 气控箱、XCDA 压力传感器、动力气体气控箱、动力气体压力传感器、流量传感器、XCDA 气控箱，高纯度热质式流量传感器、氮气浓度传感器
59	电容传感器及放大器	90314990 85423300 85437099 90318090 90318990 90309000	电容传感器、电容传感器放大器、锁相放大器、电涡流传感器、加速度传感器、高精度电涡流传感器、涡流检测传感器、超精密电容传感器、光强传感器、光线传感器、精密电容式传感器
60	隔膜泵	84135020	药液供给隔膜泵、精密供应胶泵
61	小型波前传感器关键部件	90278099	
62	位置、压力传感器	85415000 90319000 85415000 90318090 90262090	位移传感器、高精度激光三角传感器、可见光波段高精度位置敏感元件、各类智能控制传感器、线性可变差动变压器位移传感器、限位传感器、气压探测与硅片台相对位置传感器
63	高精度导轨	84869099	
64	紫外汞灯	85393910	
65	高精度转台	90318090 90312000	高精度转台、精密位移台及控制器、超精密回转台、精密旋转平台和控制器
66	一维扫描位移台	84798999 90312000	精密位移台、一维扫描位移台、高精度一维电动平移台
67	电机	85013100	电机、气压探测气嘴提升电机、参考气压基准板电机
68	直线电机及控制器	85011091 85371019 85015100 85013100	直线电机及控制器、定制微动电机及驱动器、购置直线电机及驱动器、电机及驱动器、运动控制器
69	伺服电机及驱动器	85371011 85013100 84123100 85030090	订制电机及驱动器、精密伺服电机、驱动器、电机及驱动类（洛伦兹电机、PWM/线性驱动器等）
70	电源	85044019 85044099 85044014 85044020 85371090	四区静电卡盘、电源抛光电源、不间断电源、高性能直流电源、精密直流电源、线性电源、高性能直流电源、开关电源、气压保护机箱电源、气压控制机箱电源、高功率直流电源系统、低噪声直流电源、高精度稳压电源、大功率高精度 UPS 电源、电源系统、高精度低压电源及附件、高功率直流电源系统
71	阀门	84812020 84818040 84813000 84811000 84818021 84135010	真空阀门、阀门、摆阀、限流器、2 向气动阀、3 向气动阀、手动阀腔、室阀、角阀、门阀气流压力在线控制阀门、药瓶压力 控制阀门（套）、隔膜阀安全阀高精度点胶喷射阀、气动阀、气动产品
72	主动减振系统	90328990 90312000	光学平板及主动隔振器、高刚性地基主动隔振系统、运动台、主动隔振系统、主动隔振支撑、精密主动隔振系统
73	轴承	90312000 84825000	空气静压电主轴、空气静压主轴、高温耐氟轴承
74	高端芯片测试适配器	85366900	老化插座、测试插座、测试工具（测试座）
75	工艺腔室	39269090	工艺腔室、微处理腔
76	高精度电控五维调整台	90328990	精密调整台、六自由度调整架高精度电控、五维调整台、被测镜五维精密调整台、零位补偿镜用五维精密调整台
77	精密微动台	90312000	精密微动台、微动平台、6 自由度微位移台
78	光弹调制器	90138090	光弹调制器

序号	零部件、原材料名称	税则号列（供参考）	零部件、原材料参考名称
79	光学调整架	84798999 90312000 90328990	光学调整架、精密光学调整架、高精度4维调整架、光学支架、光学调整架、高精度多维光学调整架（高精度电控五维调节台）
80	射频发生器	85044099	
81	硅片装载台	84864039 84869099	硅片装载台、12英寸载片装置
82	硅片传输系统	84864039 84862090 84864031	传输平台、生产模块硅片、传输系统、设备前端模块、机器人系统、高精度气浮转台、精密气浮旋转台
83	硅片传输机械手	90309000 84289090 84864031	传片机械手、存储仓、硅片盒传输机械手、硅片传输系统、晶圆双臂传递装置、工艺区机械手设备前端传片机械手、工艺区机械手设备前端传片机械手、铜PVD设备专用硅片传输系统、（含EFEM）硅片盒传输机械手、机械人包括零部件机械手SCARA机械手、压铸辅助大臂SCARA机械手、自动晶圆搬运机械手
84	真空机械手	84864031 84864039	真空操作机械臂、真空机械手
85	激光器	90132000	可调谐激光器、高精度波长激光器、632.8半导体激光器、稳频激光器、激光器532.8nm、激光多普勒测振系统、激光微粒计数器、颗粒去除激光器安装底板、532.8nm激光器
86	蒸馏水加热器	85161090	
87	在线加热器	85161090	酸清洗加热器
88	腔体加热器	84869090	
89	精密纳米定位平台及其伺服控制器	90312000 84123100	精密运动平台、干涉仪位移台、精密二维位移台、精密三维位移台、隔振平台、精密多自由度标定位移台、电控精密位移控制台、二维精密位移台、减震平台、光学器件支架及夹持器及载物台、零位传感测量系统、光学平台、电控位移控制台、全自动点胶运动平移台、高速高精度运动平台及控制系统
90	镜头	90021990	12”标准镜头、超高精度同轴干涉仪透射球面波系统和补偿镜、镜头
91	光纤器件	90011000	保偏光纤、光纤器件、光纤、通信光纤、照明光纤、传像光纤
92	卡盘	84869099 84869090	静电卡盘、卡盘、对准器
93	刻蚀机零件	84869099	反应腔及关键部件、反应腔室及关键组成部件
94	刻蚀终点监测装置	9031410090 275000	刻蚀终检系统、刻蚀终点检测系统、氟化氙终值检测系统
95	控制器	90328990	
96	温度控制器	90321000 90258000 90318900	温度控制器、温控系统、温控模块温度控制器、温度控制系统
97	压电陶瓷Z向运动台及控制器	84798999	压电陶瓷Z向运动台及控制器
98	气体质量流量控制器	84818039 90262090 90268010	质量流量控制器、流量控制器、（特氟龙）流量计、质量流量计、闭环流量控制器、浮子流量计、质量流量计、流量计
99	冷却器	84186990 84186920	循环冷却器、冷却器
100	离子源系统	85437099	
101	残余气体分析装置	90271000	

序号	零部件、原材料名称	税则号列（供参考）	零部件、原材料参考名称
102	抛光液供给装置	90275000 84798200	抛光液成分的在线分析以及成分补偿、抛光液供给装置
103	匹配器	85437099	射频匹配器
104	压电陶瓷及驱动器	84798999 90328990 85423100 85014000	压电陶瓷及驱动器、压电螺纹及驱动器、压电陶瓷压电陶瓷微位移驱动器、及驱动控制器、压电陶瓷及控制器
105	紫外探测器	85415000 85258021 90319000 90314990	紫外探测器、紫外面阵 CCD 相机紫外 CCD、采集卡、适配电源紫外四象限探测器、紫外能量探测器、探测器、高速光电探测器、PSD 光电探测器
106	电荷耦合元件	85258021 90314990 85415000 90063000 90318090	电荷耦合元件相机、电荷藕和元件、光纤耦合器、光栅干涉信号细分处理卡元器件、干涉测量光学元器件、干涉仪光学元器件、高信噪比相机、CCD 图像传感器、线阵 CCD
107	泄漏监测仪	90268000	气体检测器
108	精密集成电路芯片	85423200 38180019 85429000	IGBT 芯片、二极管芯片、驱动芯片、纳米晶磁芯高速面阵图像采集芯片、热测试芯片、高频集成电路
109	氙灯	85393910	
110	黏度计	90278099	
111	真空计	90268090 90262090 90322000 85437099	真空计、真空规、真空传感器（真空规、真空管）
112	准分子激光器腔镜	90139010	准分子激光器用腔镜
113	黏合剂	39199090 38249099	黏接剂、硅晶片黏着剂
114	温度传感器	90258000	温度传感器、热敏电阻温度传感器、预对准温度传感器、热敏电阻温度传感器
115	温度测量系统	90259000 90251990	温度测量系统、温度检测系统、多通道高精度温度测量装置
116	振动测量系统	90318090	振动测量系统、震动检测系统、多通道振动测试仪
117	液态源供应系统	84862090	电镀液自动添加系统、双氧水硫酸混合系统、硫酸双氧水混合系统
118	密封胶圈	40169310 84842000	全氟橡胶密封圈、C 型密封圈
119	在线监测化学浓度模块	90278099 90275000	在线监测器、电镀过程监测系统
120	晶圆膜厚度分布扫描测量系统	90318090	在线膜厚监控系统、非接触铜膜厚测量设备
121	六维高精度旋转移动台	90319000	
122	功率放大器	85437092	PWM 功率放大器、线性功率放大器
123	深紫外镀膜基片	70140010	镀膜用氟化钙基片镀膜用紫外石英基片
124	高纯度深紫外镀膜材料	76061199 28261990	高纯度金属铝镀膜材料深紫外薄膜蒸发材料氟化钆
125	射频离子源	85477099	清洗源、射频源
126	管路	39173100 39174000 39173200	管路、管件、镀铜腔管路、清洗腔管路

序号	零部件、原材料名称	税则号列（供参考）	零部件、原材料参考名称
127	图像传感器和数据获取系统	85258013 85423300	清洗腔腔体图像精度设备、图像传感器和数据获取系统
128	电子枪组件	85409110	
129	主排气系统	84213990	
130	电路板组件	85177090	
131	二次电子检测收集器组件	90314100	
132	石墨基座	6903100068 15999068151000	石墨基座、热场（石墨制品）、石墨大盘
133	电子束灯丝	90109090	
134	模块化气体供应系统	84213990	模组化气体供应系统
135	加热带	85168000	
136	电极	84869099	晶圆夹和阴极接触
137	兆声波发生器	84863049	
138	版库	84795090	EFEM
139	激光器气体放电腔	84869090 90139010	氟化氩激光腔、准分子激光器激光腔
140	运动控制器	85371011	
141	油压传动系统	84669300	
142	射频数据线	85444929	
143	测试负载板	90309000	
144	探针台用探针	90309000 73181100	自动测试机探针卡、探针台用探针
145	泵压缩机	84148090	
146	腔体内风流控制器	84213929	
147	腔体温湿度控制器	84158110	
148	气控柜	85437099 84862090	预润湿供气、氢气氮气混合系统
149	能量传感器	90319000	
150	极紫外光源聚焦系统	90138090	
151	多通道高精度湿度测量装置	90258000	
152	高精度压强测试装置	90262090 84123100	
153	洛伦兹电机线圈	85030090	
154	光学测量仪	90308200 90314990	激光双频干涉仪、ZYGO 测长干涉仪、用于构建 EUVL 超高精度非球面检测装置的干涉仪模块
155	球面标准具	90132000	
156	激光波长计	90273000	
157	光谱仪	90275000	

序号	零部件、原材料名称	税则号列（供参考）	零部件、原材料参考名称
158	电子自准直仪	90314990 90319000	高精度自准直仪、自准直测量组件
159	浓度控制器	90271000	
160	控制板卡	90318090 90319000	功率放大板卡、运动控制板卡、计算机测控板卡、总线接口板、功率放大控制板、机械手功率放大板卡、高性能数据采集卡、数字信号处理板、模拟信号处理板、PowerPC 板、PSD 信号处理板、版叉运动控制板卡、控制主板、图像采集卡、测控装置（含 VME 主控处理板等）工作站、图像处理板卡、板卡电子元件、旋转运动板卡、升降运动板卡、16 通道多串口卡、多通道高速数据采集卡、加速度传感器板、前置放大板
161	覆铜板	74102110	单面覆铜板、双面覆铜板、液晶聚合物挠性覆铜板、液晶聚合物挠性双面覆铜板、DBC 陶瓷覆铜板
162	石英纤维项圈	70199090	
163	气浴板	90318090 84869099	气浴板掩膜传输气浴板、气浴板测量框架气浴板、气浴板掩膜台气浴板、气浴板右工件台气浴板、气浴板左工件台气浴板、气浴板硅片传输气浴板
164	板材	74102110	板材 HL-832NX、板材 DS-7409 HGB、板材 MCL-E-679FGB（S）、板材 HL-833NS、聚酰亚胺单面板材、聚酰亚胺双面板材、PI 双面板材、BT 板材
165	硅微粉	70182000 34042000 28046190	硅微粉、其他添加剂、球型硅微粉
166	铜箔	74101100	铜箔 MT18Ex、铜箔 MFG-MT
167	油墨	32151900	
168	碳纤维材料	69141000	
169	传感器及组件	90329000 90314990 90308090 90261000 90319000 90259000 90069110 85437099	加速度传感器板、传感器处理板、超薄型光电传感器、C 传感器、高精度激光三角传感器、电导率传感器、漏液传感器、氮气浓度监测传感器、电导率传感器、泄漏检测装置漏液传感器、集成传感器、光线传感器、流体传感器组件、消色差传感器及控制器、时间延迟积分（TDI）传感组件、光电传感器、加速度传感器、微位移传感器
170	钢材	72223000 72249090 72202030	高性能不锈钢、殷钢毛坯、殷钢、钢板、特殊耐酸碱双真空冶炼不锈钢
171	小铅球	78042000	
172	钕铜	74061090	
173	钒	81129920	
174	钛材料	81082029 81089090	高纯钛、钛合金
175	氧化锆坩埚	69033900	
176	接触式测量仪	90314100	
177	碳化硅制品	38180090 69039000	碳化硅（SiC）衬底片、碳化硅晶舟、3 英寸 N 型 SiC 衬底（4H-SiC）、4 英寸 N 型 SiC 衬底（4H-SiC）、3/4 英寸碳化硅外延片、碳化硅炉管
178	助焊剂	38109000	助焊剂（倒装）
179	玻璃清洗剂	34029000	

序号	零部件、原材料名称	税则号列（供参考）	零部件、原材料参考名称
180	光源	90312000 90132000 85394900 85393910	激光光源、LED 光源、极紫外光源、266nm 光源子系统
181	线缆、电缆	85442200 85444211 85444911	戈尔柔性线缆、干涉仪电缆、柔性线缆
182	种子检测器	90318090	
183	盖板	68159990	卫星盘、星型盖板、三角形盖板、反应室天花板、盖板
184	光学部件组	90019090	光源子系统光学部件组、学成像子系统光学部件组、自动聚焦系统光学部件组
185	光机部件组	85167090 90019090 73079000	光源子系统光机部件组、光学成像光机部件组、自动聚焦光机部件组
186	焊锡球	80070030	
187	电镀液	38249099	
188	片叉	84869099	
189	气相硅	28046190	
190	石英钟罩	70200019	
191	玻璃	70049000	
192	全切刀	82089000	
193	三维线性位移导轨	90312000	
194	相位调制器	90319000	
195	变频器	85432090	
196	治具	90309000	
197	动态分析组件	84869099	
198	放电腔流场驱动叶轮	85030090	
199	划片刀	82089000	
200	测试板	90309000	
201	聚焦透镜动力供给系统	85177090	
202	大功率电容充电模块	85363000 90319000	
203	多光纤接口板	90314990	
204	气压探测气嘴及提升机构	84869099	气压探测气嘴提升机构、气压探测气嘴
205	缓冲器	84869099	
206	重力补偿装置	84869099	
207	气浮垫控制器	84869099	
208	IGBT 驱动模块	85030090	
209	铜离子浓度检测器	90314990	

序号	零部件、原材料名称	税则号列（供参考）	零部件、原材料参考名称
210	脉冲发生控制模块	84869099	
211	压力计	90262090	
212	颗粒度检测单元	84869099	
213	电压稳定器	85363000	
214	机械手柔性板	84869099	机械手柔性 PCB 板
215	电压暂降保护器	85363000	
216	光学调整机构	90318900	
217	气路差压变换器	84869099	
218	微波/毫米波晶振	85429000	
219	射频模数转换器	85423900	
220	精密对接装置	90308200	
221	空间光调制器	90318900	
222	热交换器	84195000	局部强化冷却装置热交换器
223	工艺元件	90029090	基底镀铬工艺元件、基底镀铝工艺元件
224	氮气释放窗口	84869099	
225	双楔板	90319000	
226	光纤转接板	90314990	
227	热压烧结模具	82072090	
228	局部强化冷却装置压缩空气气控箱	84869099	
229	静电去除器	90314990	
230	支撑基底	84869099	
231	平晶	85415000	二等长平晶、二等圆平晶
232	气浴空气热交换器组	84869099	
233	机械支撑件	84869099	
234	密封保护装置	84869099	
235	局部强化冷却装置半导体制冷器	84716090	
236	荧光层材料	37071000	
237	标准颗粒	84869099	
238	精密微分差动机构	84869099	止动元件、压紧元件
239	光阑	85415000　85437099	针孔光阑、离子光阑、可变光阑附件
240	止动、压紧元件	84869099	
241	固定、平衡装置	84869099	机械固定装置、楔形固定元件，掩模台平衡质量块
242	精密压簧	73209090	

序号	零部件、原材料名称	税则号列（供参考）	零部件、原材料参考名称
243	基底机械加工件	84869099	
244	连接元件	84869099	
245	静电导出元件	90319000	
246	透镜镜座（殷钢）	84869099	
247	畸变测量传感器材料	90319000	
248	标记基底	84869099	
249	位相延迟器	90318090	
250	光学元件机械装配结构	90029090	
251	平面标准具	90132000	
252	承片台	73089000	
253	真空六维样品台	90312000	
254	聚酰亚胺胶（PI）	28042900	
255	多核刀片计算组	84714190	
256	臭氧发生器	85437099	
257	行星夹具升级套件	84799090	
258	尾气收集圈	39269090	
259	带通讯协议规管	90262090	
260	保护膜	39209990	
261	场效应管	85412900	高压大功率场效应管
262	加热器	85161090	
263	高端芯片中测通道板	90309000	
264	微波/毫米波放大器	85423300	
265	压力调整器	90328990	
266	去静电棒	85437099	
267	层流风净化单元	84213990	
268	可编程计算控制器	85389000	
269	磁流体	84842000	
270	高频探针	90309000	
271	外围电路元件	85439090	外围电路元件（巴伦、功分器、双工器、耦合器、隔离器等）
272	转接头	85369000	
273	镜面定位仪	90314990	
274	双频激光位移测量系统	90314990	

序号	零部件、原材料名称	税则号列（供参考）	零部件、原材料参考名称
275	真空系统	90319000	
276	洛伦兹电机磁钢定制	85030090	
277	风机	84145930	
278	放电电源电极	85399000	
279	定制温控	90328990	
280	氟气浓度分析装置	90271000	

三、新一代宽带无线移动通信网科技重大专项

（一）设备清单

序号	设备名称	税则号列（供参考）
1	宽带无线电测试仪	85234920
2	MIMO 信号发生器（多输入多输出天线系统）	85437099
3	峰值功率计	90308490
4	探针台	90308200
5	矢量信号源	85432090
6	示波器	90302090
7	矢量网络分析仪配件	90309000
8	通讯用功率放大器	85437092
9	高精度粘片机	84798969
10	砂轮划片机	84861030
11	桶式等离子去胶机	84862049
12	负载牵引系统	85299090
13	全球卫星导航系统（GNSS）射频信号源	90318090
14	高性能实时中央处理器内核	85234920
15	宽带功率放大器	85437092
16	半导体分析仪	90308200
17	热成像仪	90314990
18	工具金相显微镜	90118000
19	全自动楔焊机	84864022
20	全自动高精度贴片机	84864029

（二）零部件、原材料清单

序号	零部件、原材料名称	税则号列（供参考）
1	4 英寸进口 SiC 晶片	38180090
2	3 英寸进口 SiC 晶片	38180090

四、高档数控机床与基础制造装备科技重大专项

（一）设备清单

序号	设备名称	税则号列（供参考）
1	40 通道机床振动噪声与模态试验分析系统	90318090
2	超高速 4 分力旋转式在线测量仪	90318090
3	位相光栅干涉轮廓仪	90318090
4	在线非接触式激光粗糙度测量系统	90314990
5	动平衡机	90311000
6	高效精密数控车床	84581100
7	数据记录仪	90303900
8	示波器	85432090
9	现场动平衡设备	90311000
10	动平衡机	90311000
11	内外圆数控磨床	84602110
12	EMI 自动测试实验器	90308990
13	三相电压跌落测试仪	90308990
14	射频场感应的传导骚扰抗扰度测试系统 CDG6050	90308990
15	EMI 接收机	90308990
16	振动及噪声动态数据分析仪	90318090
17	螺母磨削中心	84602090
18	刀具测量与检测设备	90318090
19	刀片钝化机	84642090
20	高速数控车床	84581100 84589100
21	螺母磨削中心	84602120
22	2 米数控螺纹磨床	84602110
23	表面粗糙度测试分析系统	90318090
24	数控万能外圆磨床	84602110
25	数控内孔端面磨床	84602120
26	卧式镗铣加工中心	84571010 84571020 84571090
27	高精度数控慢走丝	84569010
28	高精度电火花成形机床	84563100
29	数控工具磨床	84601100
30	定氧仪	90271000
31	钴磁仪	90318090
32	涂层膜厚测试仪	90318090
33	研究级倒置金相显微镜	90118000
34	数控导轨小变形压淬机床	85144000

序号	设备名称	税则号列（供参考）
35	滚珠丝杠高效在线检测自动矫直机	84622110
36	高刚性数控车削中心	84581100
37	无线蓝牙回转轴校准系统	85371019
38	工作台回转几何精度检查系统	85371019
39	无线蓝牙球杆仪系统	85371019
40	LMS 机床动态性能测试平台	90312000
41	高精度数控成形磨床	84601100

（二）零部件、原材料清单

序号	零部件、原材料名称	税则号列（供参考）
1	电主轴	84831090
2	双摆铣头	84663000
3	高速滚珠丝杠	84834010
4	光栅	84669300
5	数控系统	90328990
6	刀库	84663000
7	激光器（4kW CW Ytterbium Fiber Laser YLS-4000-C-TR）	90132000
8	电主轴	84831090
9	数控装置	90328990
10	高精度动态扭矩传感器	90309000
11	高精度激光焊缝跟踪系统	85158000
12	光纤激光器	90132000
13	激光功率计	90318090
14	熔接机	85153190
15	激光二极管	90132000
16	合束器	90139010
17	光纤布拉格光栅	90139010
18	光纤激光器模块	90132000

五、大型先进压水堆及高温气冷堆核电站科技重大专项

（一）设备清单

序号	设备名称	税则列号（供参考）
1	金属检测仪器	90241090
2	关键密封性能试验台	90312000
3	高精度缠绕设备	84622990
4	应力腐蚀试验系统	90241090
5	三轴六自由度地震模拟试验系统	90312000

序号	设备名称	税则列号（供参考）
6	地震台128通道数据采集系统	90312000
7	叶片动频无线电遥测系统	85437099　31809090
8	高频疲劳试验机	90241090
9	非接触全场应变测试系统	90314990
10	行走式振动成型机	84549022
11	DWK250 数字化宽量程测量系统	90301000
12	混合示波器	90302090
13	逻辑分析仪	90308900
14	等离子焊机	85153190
15	相控阵系列仪器	90318031
16	在线氢气浓度测量仪	90278019
17	高速摄像机	85258032
18	数控弯管机	84629190
19	高温堆内孔窄间隙焊接系统	85158000
20	数控铣镗床	84593100
21	纵缝焊接系统	73051100
22	定子线棒自动成型机	84798110
23	激光追踪测量仪	90318090
24	光学平面度测量仪	90318090
25	慢走丝线切割机	84563010
26	烧结炉	85141010
27	激光脉冲热导仪	90278099
28	显微镜光度计	90118000
29	同步热分析仪	90160010
30	热膨胀仪	90278099
31	颗粒尺寸分析仪	90314990
32	气相色谱仪	90272011
33	金相显微镜	90118000
34	电感耦合等离子体发射光谱仪	90330000
35	离子色谱仪	90272012
36	高速离心机	84211990
37	电锅炉及其附属设备	84021900
38	核测量系统设备、探测器及悬挂屏蔽装置	90308990
39	IE 级压力变送器	90318090
40	IE 级湿度分析设备	90258000
41	乏燃料贮存系统自动焊机装置	85158000
42	安全级 UPS	85044020

序号	设备名称	税则列号（供参考）
43	发电机断路器	85352100
44	主给水隔离阀	84818040
45	主蒸汽安全阀和大气释放阀	84814000
46	一回路压力泄放系统氦气安全阀	84814000
47	汽轮机旁路系统设备	84818040
48	启停系统调节阀	84818021
49	常规岛进口闸阀、逆止阀和截止阀	84818040
50	常规岛进口调节阀	84818021
51	核 1、2 级截止阀	84818040
52	专用计算机底片数字化设备	90221990
53	专用计算机射线照相设备	90221990
54	专用工业视频内窥镜设备	90189030
55	壳层探测器	90158000
56	预热装置及控制	84191990
57	汽液界面测量装置	90261000
58	高速摄像系统	90063000
59	空泡率测量装置	90158000
60	高速 CCD 激光位移传感器	85258022
61	粒子图像测速仪（PIV）	90314990
62	循环制冷机（THERMAL 系列）	84186920
63	流体颗粒直径测量系统	90314990
64	电化学磨削装置	84569090
65	脉冲固体激光器	90132000
66	UO_2 芯块振动装料机	84798999
67	包壳管端部氧化机	85142000
68	磁控溅射阴极	85051900
69	溅射直流电源	85044019
70	热膨胀检测分析仪	90278099
71	热导率分析仪	90318090
72	全谱直读等离子光谱仪	90278099
73	TIG 焊机电源	85044019
74	高速无源燃料棒丰度扫描仪	90301000
75	IFBA 芯块中硼含量 X 荧光检测装置	90221990
76	主阀门	84818039
77	转速传感器	90328990
78	相位传感器	90268090
79	流量计	90261000

序号	设备名称	税则列号（供参考）
80	冷却器	84195000
81	U 型加热器	85168000
82	液压螺母、液压泵、管及备件	73181600　84135031
83	冷场发射高分辨扫描电子显微镜	90121000
84	MsS 超声导波检测主机	90318031
85	线性共振分析仪	90318010
86	热释光自动读出系统	90222099
87	电机性能分析及故障诊断系统	90303390
88	高纯锗谱仪及辅助设备（含配套低本底铅室）	90222900
89	宽频疲劳试验机	90241090

（二）零部件、原材料清单

序号	零部件、原材料名称	税则列号（供参考）
1	绝缘锥环	85030020
2	护环锻件	85030020
3	绝缘引水管	39173900
4	电流互感器	85043110
5	出线套管	85462010
6	合俞 X750 丝	75052200
7	英科镍（INCONEL）718 管子	75071200
8	英科镍（INCONEL）X750 管子	75071200
9	承压不锈钢管（1E 级）	73041130
10	拉刀	82081090
11	低合金钢焊丝	75051200
12	镍基合余焊丝（ERNiCrFe-7A）	75052200
13	低合金钢焊条	83111000
14	不锈钢焊条（E309L/E308L）	83111000
15	不锈钢焊丝（ER309L/ER308L）	72230000
16	不锈钢焊带（EQ309L/EQ308L）	72209000
17	镍基锻件（Incoloy-800H）	75089080
18	镍基焊材（ERNiCrMo-3、ENiCrMo-3）	83111000
19	合金板（6625）	75062000
20	合金管（6625）	75071200
21	不锈钢锻件（SA-336 F304）	73261910
22	因科镍 O 型密封环	75089080
23	定子屏蔽套板材（HASTELLOY C276 板材）	72269990
24	转子屏蔽套板材（HASTELLOY C276 板材）	72269990

序号	零部件、原材料名称	税则列号（供参考）
25	H62 树脂	13019090
26	上下飞轮保持环锻件（18Mn-18Cr 合金钢）	72269990
27	钼舟	81029900
28	人造石墨块	38011000
29	钛管	81089000
30	锎-252 粉	84014090
31	一回路电气贯穿件	84014090
32	常规岛主蒸汽（P91）、主给水（P265GH）管道	73044110
33	氦气压缩机电磁轴承	84833000
34	低钴因科镍 718 合金带	75021010
36	低钴因科镍 718 合金带材、板材、丝材	75062000
37	CAP1400 核燃料组件零部件	84013090
38	低钴不锈钢铸锭、管、棒、丝材	72230000 72241000 73044190
39	高硼 10 富集度 ZrB_2 靶材	28459000
40	CAP1400 堆内相关组件零部件	84014010
41	AP1000 叶轮铸件	84139100
42	AP1000 上部 C 密封环	84841000
44	爆破阀电连接组件	85369000
45	4 种 O 型圈	39269010
46	QT 电机	85013100
47	电气板卡	85371090
48	耐辐照水下视频仪	90063000
49	耐辐照耐高温高速相机	90063000
50	水下耐辐照 ROS 相机	90063000
51	耐辐照电机	90328990
52	慢应变速率拉伸试验机	90241090
53	慢应变速率试验机配套循环回路	90249000
54	慢应变速率试验机配套裂纹开裂速率自动测量系统	90249000
55	腐蚀疲劳试验机配套循环回路	90249000
56	动态高温高压釜装置	90318090
58	1/4T CT 试样专用电液伺服疲劳试验机	90241090
59	U 型试样专用工夹具	90249000
60	冷场发射高分辨扫描电子显微镜配套能谱	90129000
61	MsS 超声导波环向聚焦探头	90318031
62	泄漏率试验测量系统零部件—温度传感器	90258000
63	泄漏率试验测量系统零部件—湿度传感器	90258000

序号	零部件、原材料名称	税则列号（供参考）
64	泄漏率试验测量系统零部件—局部检漏仪	90262090
65	泄漏率试验测量系统零部件—高精度压力仪	90262090
66	管道振动测试系统及泄漏测试系统用零部件—结构模态试验用三轴加速度计	90330000
67	管道振动测试系统及泄漏测试系统用零部件—PXI 控制器及配件	90330000
68	管道振动测试系统及泄漏测试系统用零部件—多功能温度数据采集卡	90330000
69	管道振动测试系统及泄漏测试系统用零部件—屏蔽线缆及接插件	90330000
70	管道振动测试系统及泄漏测试系统用零部件—温度及湿度数据采集卡	90330000
71	管道振动测试系统及泄漏测试系统用零部件—PXI 机箱及配套工具包	90330000
72	压力容器声发射检测系统零部件-32 通道声发射卡及附件	90318039
73	压力容器声发射检测系统零部件-32 通道声发射系统主机	90318039
74	压力容器声发射检测系统零部件-32 通道声发射泄漏检测、分析模块及附件	90318039
75	压力容器声发射检测系统零部件-32 通道压力容器底部腐蚀检测及分析模块	90318039
76	风机、泵、管道泄漏检测系统用零部件—加速度计	90330000
77	风机、泵、管道泄漏检测系统用零部件—多功能数据采集卡	90330000
78	风机、泵、管道泄漏检测系统用零部件—控制器及连接线	90330000
79	风机、泵、管道泄漏检测系统用零部件—屏蔽线缆及接插件	90330000
80	硅钼棒	84191990
81	加热元件	84191990
82	多点热电偶	90251990

六、重大新药创制科技重大专项

（一）设备清单

序号	设备名称	税则号列（供参考）
1	薄层色谱数码成像系统	90272019
2	层析仪	84212990
3	层析柱	90279000 39269090
4	差示扫描量热仪	90278099
5	超纯水机	84219990
6	超纯水系统	84212199
7	超高效液相色谱分析仪	90272012
8	超高压液相色谱分析仪	90272012
9	超滤系统	84212990
10	串联四级杆线性离子阱大气压电离质谱系统	90278019
11	纯水机	90272012
12	纯水系统	84219990
13	大容量低速离心机	84211990
14	蛋白层析纯化仪	84212990

序号	设备名称	税则号列（供参考）
15	蛋白纯化液相色谱仪	90272012
16	蛋白结合力测试仪	84212990
17	蛋白相互作用检测仪	90278099
18	倒置显微镜	90118000
19	碟片式离心机	84211920
20	顶空自动进样器	84798999
21	定量 PCR 仪	90275000
22	定制超滤渗滤系统	84212990
23	动态心电药物临床试验终端采集器（专用于新药临床试验）	90181100
24	冻干机	84198990
25	多功能酶标仪	90273000　90278090
26	二氧化碳摇床	84798200
27	反应器（10L）	84198990
28	高纯氮气发生器	85433000
29	高级发酵罐（100L）	84198990
30	高灵敏化学发光凝胶成像分析系统	90278099
31	高速冷冻离心机	84211990
32	高速离心机	84211990
33	高通量电泳仪	90272020
34	高通量细胞筛选仪	90278099
35	高效过滤检漏仪	90271000
36	高效克隆筛选仪	90275000
37	高效毛细管电泳仪	90272020
38	高效液相色谱仪	90272012　90272019
39	共聚焦生物荧光显微镜	90118000
40	红外光谱仪	90275000
41	红外吸收仪	90275000
42	菌种鉴定仪	90278099
43	克隆生长鉴定仪	84798999
44	空气恒温槽（干体炉）	90321000
45	冷冻干燥机	84193990
46	流式细胞仪	90278099　90318090
47	酶标仪	90278099
48	酶标仪（全波长）	90271000
49	纳滤系统	84212990
50	内毒素检测仪	90318090
51	凝胶成像系统	90069120

序号	设备名称	税则号列（供参考）
52	气相色谱仪	90272011
53	切向流超滤系统	84198990
54	全自动蛋白层析纯化仪	90272012
55	容量法水分仪	90278099
56	三重四极杆质谱仪	90278012
57	生产用自动纯化仪	90278099
58	生化分析仪	90275000 90278099
59	生物大分子相互作用分析仪	92075000
60	生物反应器（2~50 升）	84198990 84798999
61	生物氧化燃烧仪	90278099
62	生物荧光显微镜	90118000
63	实时定量 PCR 仪	90275000
64	实时荧光定量 PCR 仪	90278099
65	手动大容量大体积层析系统	90272012
66	数字化动态心电数据管理/诊断/分析/传输系统	90181100
67	数字切片扫描仪	90279000
68	四级杆飞行时间质谱仪	90278019
69	台式冻干机	84193990
70	完整性测试仪	90262090
71	微孔板多功能光度计	90273000
72	稳定性考察培养箱	90321000
73	无菌管道封口机	85153900
74	无菌管道焊接机	85158090
75	细胞反应控制系统	84198990
76	细胞计数仪	90278099 92075000
77	细胞培养摇床	84798999
78	细菌内毒素检测仪	92075000
79	显微操作恒温箱	84798999
80	旋光仪	90275000
81	血氨分析器	90181990
82	血气分析仪	90181990
83	血清中和抗体检测系统	90278099
84	摇床	84798999
85	液相色谱仪	90272012
86	液质联用仪	90278012
87	液质联用质谱仪	90278019
88	荧光定量 PCR 仪	90275000

序号	设备名称	税则号列（供参考）
89	荧光分光光度计	90273000
90*	荧光显微镜	90118000
91	圆二色光谱仪	90278099
92	在线清洗系统	84863041
93	质谱仪	90278019
94	质谱仪（高端 Q-TOF）	90278019
95	质谱仪（三重四级杆）	90278019
96	中低压层析系统	84212990
97	中空或卷式膜超滤系统	90272012
98	专用高压液相色谱仪	90272012
99	自动蛋白纯化仪	90272012
100	自动清洗机	84222000
101	总有机碳测试仪	90278099

（二）零部件、原材料清单

序号	零部件、原材料名称	税则号列（供参考）
1	Adhere 层析填料	38220090
2	Capto adhere 层析介质	39123100
3	CHT 层析填料	38220090
4	ELISA 检测试剂盒	38220010
5	MEM 培养基	38210000
6	Protein-A 填料	39090000
7	S-300 层析介质	39123100
8	病毒过滤膜	84212990
9	哺乳动物细胞培养基	38210000
10	层析柱	90272011 90272012
11	超滤离心管	39269090
12	超滤膜包	84219990 84212990
13	纯化用凝胶	30067000
14	单克隆抗体	38210000
15	海藻糖	17019990
16	核酸检测试剂盒	38220090
17	精氨酸甘氨酸天冬氨酸多肽	48241700
18	抗体	38210000
19	离子交换层析填料	38220090
20	离子交换填料	38220090
21	纳滤膜	84219990

序号	零部件、原材料名称	税则号列（供参考）
22	耐磨管	39173200
23	培养基	38210000
24	羟基磷灰石层析介质	39123100
25	亲和层析材料	38220090
26	亲和层析填料	38220090
27	亲和层析填料（protein A）	38220090
28	色谱填料	390090000
29	深层过滤膜包	84212990
30	深层滤膜	84212199
31	胎牛血清	30029090
32	微管蛋白聚合检测试剂盒	30020000
33	细胞常用培养基	38210000
34	细胞培养工艺基础原料	92075000
35	细胞培养工艺其他原料	92075000
36	细胞用常规培养基	38210000
37	宿主细胞核酸残留检测试剂盒	38220090
38	阳离子交换填料	39090000
39	阳离子填料	39140000
40	一次性反应袋	84798999
41	阴离子交换填料	39090000
42	中国仓鼠卵巢细胞培养基	38210000

七、艾滋病和病毒性肝炎等重大传染病防治科技重大专项

（一）设备清单

序号	设备名称	税则号列（供参考）
1	自动分装设备	84131900
2	磁珠提取仪	90278099
3	大型高速冷冻离心机	84211990
4	常规离心机	84211990
5	水纯化仪	84212190
6	点膜机	90279000
7	冷冻干燥机	84193990
8	黏膜机	90279000
9	化学发光分析仪	90275000
10	液氮柜	84184010
11	超低温冰箱	84184010
12	倒置荧光显微镜	90118000

序号	设备名称	税则号列（供参考）
13	全自动真空组织脱水机	90278099
14	全自动染色机	90278099
15	自动盖片机	90278099
16	卧式离心机	84211990
17	层析系统	90272012
18	细胞转染系统	84798999
19	凝胶成像仪	90278099

（二）零部件、原材料清单

序号	零部件、原材料名称	税则号列（供参考）
1	磁珠（514ml/瓶）	38220090
2	磁珠试剂缓冲液 LH Buffer（960ml/瓶）	38220090
3	96 孔深孔板	90278099
4	血清替代物（Knockout SR）	38210000
5	N-2 添加剂（N-2 supplement）	38210000
6	全基因组芯片	38220010
7	引物及探针	38220010
8	载玻片	38220010
9	逆转录酶	38220010
10	核糖核酸酶抑制剂	38220010
11	尿嘧啶-N-糖基化酶	38220010
12	热启动水生栖热菌酶	38220010
13	金标抗体	38220010
14	抗体（甲胎蛋白单克隆抗体、甲胎蛋白标记抗体、鼠免疫球蛋白 G、羊免疫球蛋白 G、纳米微粒、IFN-r 干扰素抗体、IFN-r 标记抗体、刺激多肽 A、刺激多肽 B、植物血凝素、单胺氧化酶抗体、磷酸化小鼠 T 细胞淋巴瘤癌蛋白抗体、P-28 抗体、OV-6 抗体、OCT-4抗体、磷脂酰肌醇蛋白聚糖 3 单克隆抗体、磷脂酰肌醇蛋白聚糖 3 标记抗体）	38220010
15	小核糖核酸提取试剂盒	38220010
16	高保真酶	38220010
17	检测用 384 孔板和贴膜	38220010
18	酶制品（SAT 酶）	35079090
19	探针（分子信标 RNA 探针）	29349930

海关总署关于调整科技重大专项进口税收政策执行有关问题的通知

(署税发〔2014〕218号)

各直属海关：

根据《财政部 科技部 国家发展改革委 海关总署 国家税务总局关于科技重大专项进口税收政策的通知》(财办关税〔2010〕28号) 的有关规定，结合科技重大专项“科学聚焦、合理瘦身”的要求以及专项管理实际情况，国务院有关部门对科技重大专项免税进口物资需求清单及年度申请方案报送办法进行了调整。现将调整的主要内容和涉及海关执行的有关问题通知如下：

一、科技重大专项免税进口物资需求清单及年度申请方案报送办法调整的主要内容

(一) 科技重大专项项目(课题) 承担单位(以下简称项目承担单位)，以3年为周期报送每个具体项目(课题) 的免税进口物资需求及申请方案。对于起止年限在3年以内的项目(课题)，一次性报送项目(课题) 起止年限内的免税进口物资需求清单及申请方案；对于起止年限超过3年的项目(课题)，每3年报送1次。

(二) 在每个3年周期内，每个项目(课题) 申请调整免税进口物资清单及申请方案原则上不超过1次。

(三) 对因专项“瘦身”等原因导致项目(课题) 终止的，自终止之日起，该项目(课题) 尚未申报进口的有关物资不再享受免税进口待遇。

(四) 在准予免税进口的期限内未申报进口的物资，不自动延期办理免税进口手续。对于起止年限在3年以内的项目(课题)，有关物资须在准予免税进口期限内申报进口；对于起止年限超过3年的项目(课题)，在每个3年周期后项目(课题) 持续的，可将符合条件但未及时申报进口的物资重新纳入报送清单，但应在清单中注明系前一次审核通过但未申报进口的物资。

(五)《科技重大专项项目(课题) 进口物资确认函》(以下简称《进口物资确认函》) 的有效期不应超过3年周期中第三年的12月31日，且不应超过有关项目(课题) 的起止年限。

二、涉及海关执行的有关问题

(一) 对《海关总署关于执行科技重大专项进口税收政策有关问题的通知》(署税发〔2010〕490号，以下简称《通知》) 的部分内容作相应修改。

1. 将《通知》第四条第(六) 项内容修改为：“‘结束日期’栏目填写《进口物资确认函》中‘确认函有效期限’的结束日期。”

2. 将《通知》第五条第二款内容修改为：“项目承担单位在《进口物资确认函》规定的免税额度内进口物资，须在《进口物资确认函》的有效期内向主管海关申请办理减免税手续，并向海关申报进口。项目承担单位在《进口物资确认函》有效期外申报进口相关物资的，海关不予受理其办理减免税手续的申请。”

3. 将《通知》第六条内容修改为：“项目承担单位在领取《进口物资确认函》之前，可凭牵头组织单位出具的《科技重大专项进口税收优惠申请受理通知书》，向主管海关申请办理有关进口物资的税款担保手续。

对于起止年限超过3年的项目(课题)，在每个3年周期后项目(课题) 持续的，上一周期已凭《进口物资确认函》享受免税优惠政策的项目承担单位，在领取本周期《进口物资确认函》之前，可直接向主管海关申请办理同一项目（课题）项下所需进口物资的税款担保手续。”

（二）对因专项“瘦身”等原因而导致终止的项目（课题），由总署关税征管司以司函形式将该项目（课题）的终止时间通知各关；自终止之日起，该项目（课题）尚未申报进口的有关物资，不再享受免税进口待遇。对终止之日及其后已免税进口的有关物资，补征相应税款。

（三）如项目承担单位名称、项目（课题）起止期等有关内容发生变更的，主管海关可凭项目承担单位提交的由其牵头组织单位出具的《科技重大专项项目（课题）进口物资确认函变更证明》（格式见附件），办理减免税相关变更手续。

（四）对于有关项目（课题）项下的进口物资，项目承担单位未按相关政策规定申请办理减免税手续而缴纳税款放行的，已缴纳税款不予退还。

（五）其他未尽事宜，仍按照《通知》及相关规定执行。

特此通知。

附件　科技重大专项项目（课题）进口物资确认函变更证明

二〇一四年九月二十三日

附件

科技重大专项项目（课题）进口物资确认函变更证明（格式）

编号：201×（年）-××（专项号）-×××（项目号）+N

项目承担单位主管海关：

《科技重大专项项目（课题）进口物资确认函》［编号：201×（年）-×××（专项号）-×××（项目号）］因____________________原因，现申请变更。其中的________________内容，变更为____________________________。

项目牵头组织单位（或领导小组组长单位）主管司局

年　月　日

注： 1. 201×（年）-××（专项号）-×××（项目号）为《科技重大专项项目（课题）进口物资确认函》编号；

2. N 为该《科技重大专项项目（课题）进口物资确认函》变更的次数，如第一次变更，则 N=1。

6 电子信息产业

6.1 集成电路和软件产业

财政部、国家税务总局、海关总署关于鼓励软件产业和集成电路产业发展有关税收政策问题的通知

（财税〔2000〕25号）

各省、自治区、直辖市、计划单列市财政厅（局）、国家税务局、地方税务局，海关总署广东分署、各直属海关：

为贯彻落实《国务院关于印发鼓励软件产业和集成电路产业发展若干政策的通知》（国发〔2000〕18号）的精神，推动我国软件产业和集成电路产业的发展，增强信息产业创新能力和国际竞争力，现就鼓励软件产业和集成电路产业发展的有关税收政策问题通知如下：

一、关于鼓励软件产业发展的税收政策

（一）自2000年6月24日起至2010年底以前，对增值税一般纳税人销售其自行开发生产的软件产品，按17%的法定税率征收增值税后，对其增值税实际税负超过3%的部分实行即征即退政策。所退税款由企业用于研究开发软件产品和扩大再生产，不作为企业所得税应税收入，不予征收企业所得税。

增值税一般纳税人将进口的软件进行转换等本地化改造后对外销售，其销售的软件可按照自行开发生产的软件产品的有关规定享受即征即退的税收优惠政策。

本地化改造是指对进口软件重新设计、改进、转换等工作，单纯对进口软件进行汉字化处理后再销售的不包括在内。

企业自营出口或委托、销售给出口企业出口的软件产品，不适用增值税即征即退办法。

（二）对我国境内新办软件生产企业经认定后，自开始获利年度起，第一年和第二年免征企业所得税，第三年至第五年减半征收企业所得税。

（三）对国家规划布局内的重点软件生产企业，如当年未享受免税优惠的，减按10%的税率征收企业所得税。

（四）软件生产企业的工资和培训费用，可按实际发生额在计算应纳税所得额时扣除。

（五）对经认定的软件生产企业进口所需的自用设备，以及按照合同随设备进口的技术（含软件）及配套件、备件，不需出具确认书、不占用投资总额，除国务院国发〔1997〕37号文件规定的《外商投资项目不予免税的进口商品目录》和《国内投资项目不予免税的进口商品目录》所列商品外，免征关税和进口环节增值税。

（六）企事业单位购进软件，凡购置成本达到固定资产标准或构成无形资产，可以按照固定资产或无形资产进行核算。内资企业经主管税务机关核准；投资额在3000万美元以上的外商投资企业，报由国家税务总局批准；投资额在3000万美元以下的外商投资企业，经主管税务机关核准，其折旧或摊销年限可以适当缩短，最短可为2年。

（七）集成电路设计企业视同软件企业，享受软件企业的有关税收政策。集成电路设计是将系统、逻辑与性能的设计要求转化为具体的物理版图的过程。

二、关于鼓励集成电路产业发展的税收政策

（一）自2000年6月24日起至2010年底以前，对增值税一般纳税人销售其自行生产的集成电路产品（含单晶硅片），按17%的法定税率征收增值税后，对其增值税实际税负超过6%的部分实行即征即退政策。所退税款由企业用于研究开发集成电路产品和扩大再生产，不作为企业所得税应税收入，不予征收企业所得税。

集成电路产品是指通过特定加工将电器元件集成在一块半导体单晶片或陶瓷基片上，封装在一个外壳内，执行特定电路或系统功能的产品。

单晶硅片是呈单晶状态的半导体硅材料。

企业自营出口或委托、销售给出口企业出口的集成电路产品，不适用增值税即征即退办法。

（二）集成电路生产企业的生产性设备，内资企业经主管税务机关核准；投资额在3000万美元以上的外商投资企业，报由国家税务总局批准；投资额在3000万美元以下的外商投资企业，经主管税务机关核准，其折旧年限可以适当缩短，最短可为3年。

（三）投资额超过80亿元人民币或集成电路线宽小于0.25μm的集成电路生产企业，可享受以下税收优惠政策：

1. 按鼓励外商对能源、交通投资的税收优惠政策执行。

2. 进口自用生产性原材料、消耗品，免征关税和进口环节增值税。

对符合上述规定的集成电路生产企业，海关应为其提供通关便利。

（四）对经认定的集成电路生产企业引进集成电路技术和成套生产设备，单项进口的集成电路专用设备与仪器，除国务院国发〔1997〕37号文件规定的《外商投资项目不予免税的进口商品目录》和《国内投资项目不予免税的进口商品目录》所列商品外，免征关税和进口环节增值税。

（五）集成电路设计企业设计的集成电路，如在境内确实无法生产，可在国外生产芯片，其加工合同（包括规格、数量）经行业主管部门认定后，进口时按优惠暂定税率征收关税。

三、关于税务管理

（一）软件企业的认定标准由信息产业部会同教育部、科技部、国家税务总局等有关部门制定。经由地（市）级以上软件行业协会或相关协会初选，报经同级信息产业主管部门审核，并会签同级税务部门批准后列入正式公布名单的软件企业，可以享受优惠政策。

国家规划布局内的重点软件企业名单由国家计委、信息产业部、外经贸部和国家税务总局共同确定。

（二）经由集成电路项目审批部门征求同级税务部门意见后确定的集成电路生产企业，可以享受税收优惠政策。

符合上述第二条第（三）款条件的集成电路免税商品目录由信息产业部会同国家计委、外经贸部、海关总署等有关部门拟定，报经国务院批准后执行。

（三）集成电路设计企业的认定和管理，按软件企业的认定管理办法执行。

（四）增值税一般纳税人在销售计算机软件、集成电路（含单晶硅片）的同时销售其他货物，其计算机软件、集成电路（含单晶硅片）难以单独核算进项税额的，应按照开发生产计算机软件、集成电路（含单晶硅片）的实际成本或销售收入比例确定其应分摊的进项税额。

（五）软件企业和集成电路生产企业实行年审制度，年审不合格的企业，取消其软件企业或集成电路生产企业的资格，并不再享受有关税收优惠政策。

准予和取消享受税收优惠政策的企业一经认定，应立即通知企业所在地主管海关。

关于软件、集成电路产品以及软件、集成电路企业的具体管理办法另行制定。

本通知中未明确生效时间的政策，一律从2000年7月1日起开始执行。此前规定与本通知有抵触的，以本通知为准。

请遵照执行。

二〇〇〇年九月二十二日

财政部关于部分集成电路生产企业进口自用生产性原材料消耗品税收政策的通知

（财税〔2002〕136号）

海关总署，信息产业部：

根据《国务院关于印发鼓励软件产业和集成电路产业发展若干政策的通知》（国发〔2000〕18号）的有关规定，经国务院批准，现对部分集成电路生产企业进口自用生产性原材料、消耗品的税收政策通知如下：

一、自2000年7月1日起，对在中国境内设立的投资额超过80亿元或集成电路线宽小于0.25微米的集成电路生产企业进口本通知附件所列自用生产性原材料、消耗品，免征关税和进口环节增值税。

二、由国家计委将符合上述条件的集成电路生产企业名单通知海关总署，海关对这些企业进口的生产性原材料、消耗品按照本通知附件所列商品目录办理免税手续，并作好后续监管工作。

三、商品目录原则上每年调整一次，由信息产业部会同国家计委、财政部、外经贸部、海关总署、税务总局等有关部门提出意见，报国务院审批。

四、附件所列商品目录包括税则号列和商品名称。海关审核该类进口商品免税时，如遇商品名称和税则归类与本文规定不一致时，以本文所列的商品名称为准。

五、国家计委对符合条件的集成电路生产企业名单、海关总署对享受该政策的年度实际进口数量应及时抄送财政部。

特此通知。

附件　部分集成电路生产企业免税进口自用生产性原材料、消耗品目录（略）

二〇〇二年八月二十四日

海关总署关于集成电路生产企业进口自用生产性原材料等享受税收优惠政策的通知

（署税发〔2002〕328号）

广东分署、天津、上海特派办，各直属海关：

根据《国务院关于印发鼓励软件产业和集成电路产业发展若干政策的通知》（国发〔2000〕18号）的有关规定，经国务院批准，自2000年7月1日起，对在中国境内设立的投资额超过80亿元或集成电路线宽小于0.25微米的集成电路生产企业进口自用生产性原材料、消耗品，免征进口关税和进口环节增值税。现就执行中的有关问题通知如下：

一、符合条件的集成电路生产企业（名单见附件1）进口自用生产性原材料、消耗品属于《部分集成电路生产企业免税进口自用生产性原材料、消耗品目录》（附件2，以下简称《目录》）内的，免征关税和进口环节增值税。

二、符合条件的集成电路生产企业进口自用生产性原材料、消耗品，企业所在地海关负责办理免税审批手续。经审核，进口原材料、消耗品属《目录》内的，海关出具《进出口货物征免税证明》。如进口商品名称和税则归类与《目录》不一致的，以《目录》所列商品名称作为审批依据。

三、集成电路生产企业进口自用生产性原材料、消耗品免税项目征免性质为：集成电路生产企业进口货物，简称：集成电路（代码：422）。有关参数库的维护请注意查收政法司下发的参数库维护通知。

四、上述政策自2000年7月1日起开始实施，之前已征保证金及税款准予退回。

附件1 第一批符合条件的集成电路生产企业名单
附件2 部分集成电路生产企业免税进口自用生产性原材料、消耗品目录

二〇〇二年十一月二十日

附件1

第一批符合条件的集成电路生产企业名单

一、上海华虹NEC电子有限公司
二、摩托罗拉（中国）电子有限公司
三、中芯国际集成电路制造（上海）有限公司
四、上海宏力半导体制造有限公司

附件2

部分集成电路生产企业免税进口自用生产性原材料、消耗品目录

序号	类别		序号	税则号列	商品名称	英文品名(企业参考)
一、直接原材料						
1	树脂	树脂	1.01	32149000	塑封胶	RESIN/Molding Compound/CHIP COAT
2		导电树脂	1.02	38249090	导电胶	
3	胶膜	保护膜	2.01	39209090	(硅片/光掩模、光罩)保护膜	(UV/ICROS TAPE/PELLICLEGALSS) TAPE
4		硅片正面保护膜	2.02	39199090	贴膜/(UV感应及非感应背磨/晶背研磨)/胶带/胶膜	UV&NON-UV CURABLE BACKGRINDING TAPE
5			2.03	39199090	剥离膜/揭膜(塑料制成卷，宽度>20cm)	ADHESIVE TAPE (plastic)
6			2.04	39199099	剥离膜/揭膜(塑料制成卷，宽度≤20cm)	ADHESIVE TAPE(plastic)
7		剥离膜	2.05	40169990	剥离膜/揭膜(橡胶制)	ADHESIVE TAPE (rubber)

序号	类别		序号	税则号列	商品名称	英文品名(企业参考)
8	基板	基板	3.01	85340090	基板(未装器件的印刷电路板)	SUBSTRATE
9			3.02	85425000	线路板	PC BOARD
10	撑带	支撑带	4.01	85425000	支撑带	TAB TAPE
11	硅片	硅片(晶片)	5.01	38180019	硅片/调整片/晶元	WAFER/DIE
12			5.02	38180019	辅助(挡控)硅片	(Dummy) WAFER
13			5.03	28046110	多晶硅(硅棒)	
14			5.04	38180090	硅圈,晶元	Wafer
15	特殊气体	高纯度单质气体	6.01	28011000	氯气	CHLORINE
16			6.02	28042100	氩气	ARGON
17		高纯度混合气体	6.03	28042900	氙气	XENON
18			6.04	28042900	氦气	HELIUM
19		高纯度刻蚀气体	6.05	28043000	氮气	NITROGEN
20			6.06	28111990	溴化氢	HYDROGEN BROMIDE
21		高纯度成膜气体	6.07	28112100	二氧化碳	CARBON DIOXIDE
22			6.08	28112900	一氧化碳	CARBON MONOXIDE
23		其他高纯度特殊气体	6.09	28112900	一氧化二氮(笑气)	NITROUS OXIDE
24			6.10	28510090	二氯(甲)硅烷	DICHLOROSILANE
25			6.11	28121049	三氯化硼	BORON TRICHLORIDE
26			6.12	28121049	三氟化氯	CHLORINE TRIFLUORIDE
27			6.13	28129000	三氟化硼	BORON TRIFLUORIDE
28			6.14	28121049	六氟化硫	SULFUR HEXAFLUORIDE
29			6.15	28129000	三氟化氮	NITROGEN TRIFLUORIDE
30			6.16	28141000	氨 气	AMMONIA
31			6.17	28261900	六氟化钨	TUNGSTEN HEXAFLUORIDE
32			6.18	38249090	硅烷氦气混合气体	SILANE/ HELIUM
33			6.19	28500000	(甲)硅烷	MONOSILANE
34			6.20	38249090	(甲)硅烷氮气混合气体	MONOSILANE/ NITROGEN

序号	类别		序号	税则号列	商品名称	英文品名(企业参考)
35	特殊气体		6.21	29033090	三氟甲烷	TRIFLUOROMETHANE
36			6.22	29033090	四氟化碳	TETRAFLUOROMETHANE
37			6.23	29033090	六氟化二碳	HEXAFLUOROETHANE
38			6.24	29033090	二氟甲烷	DIFLUORO METHANE
39			6.25	29035900	八氟环丁烷(八氟化四碳)	OCTA-FLUOROCYCLOBUTANE (C_4F_8)
40			6.26	29035900	八氟环戊烯(八氟化五碳,八氟环戊烷)	OCTA-FLUOROCYCLOPENTEN (C_5F_8)
41			6.27	38249090	氪氖混合气体	KRYPTON/ NEON
42			6.28	38249090	氪氟氖混合气	KRYPTON/ F_2/ NEON
43			6.29	38249090	氟氖混合气	F_2/Ne
44			6.30	38249090	氧气氩气混合气体	OXYGEN/ARGON
45			6.31	38249090	磷烷氦气混合气体	PHOSPINE/HELIUM
46			6.32	38249090	甲烷氩气混合气体	METHANE/ARGON
47			6.33	28041000	氢气	Hydrogen
48			6.34	28044000	液氧	
49			6.35	38249090	氯化氢氮气混合气体	
50			6.36	28499090	六碳化铬	CrC_6
51			6.37	38249090	蚀刻化学品	CR-3ST CHROMIUM ETCHANT
52			6.38	29033090	六氟化二碳	C_2F_4
53			6.39	38249090	氦/氢混合气	He/H_2
54			6.40	38249090	磷化氢/氢气	PH_3/H_2
55			6.41	38249090	磷化氢/氦气	PH_3/He
56			6.42	38249090	硅甲烷/磷化氢混合气	PH_3/SiH_4
57			6.43	28121049	六氯化硅	Si_2Cl_6
58			6.44	28500000	六氢化硅	Si_2H_6
59			6.45	29310000	三甲基硅烷	$SiH(CH_3)_3$
60			6.46	38249090	四氢化硅/氦气	SiH_4/HE_2
61			6.47	38249090	乙硼烷/氮气混合气体	Diborane/Nitrogen (B_2H_6/N_2)
62			6.48	38249090	氟/氮气混合气体	Flourine/Nitrogen

序号	类别		序号	税则号列	商品名称	英文品名(企业参考)
63	特殊气体		6.49	38249090	氦气/氮气混合气体	Helium/Nitrogen
64			6.50	28061000	氯化氢	Hydrogen Chloride
65			6.51	28121049	四氟化硅	Silicon Tetrafluoride(SiF_4)
66			6.52	28480000	磷化氢	Phosphine
67			6.53	28061000	氯化氢	Halocarbon
68			6.54	38249090	高纯度砷烷/氢气	ASH_3/H_2
69			6.55	38249090	乙硼烷/氦气	B_2H_6/He
70			6.56	28129000	高纯度氟化硼	BF_3
71			6.57	2850000	砷化氢	Arsine
72			6.58	38249090	氢气氮气混合气	H_2/N_2
73			6.59	38249090	磷化氢硅烷混合气	PH_3/SiH_4
74			6.60	29033090	六氟乙烷	C_2F_6
75			6.61	29033090	四氟甲烷	CF_4
76			6.62	29033090	氟甲烷	CH_3F
77			6.63	28111100	氟化氢	HF
78			6.64	28500000	氢化砷	ASH_3
79			6.65	28129000	氟化硼	BF_3
80			6.66	28261990	氟化锗	GeF_4
81			6.67	38249090	氧气氦气(氦气氧气)混合气体	O_2/He
82			6.68	38249090	磷烷氮气混合气	PH_3/N_2
83			6.69	38249090	氧气氮气混合气体	O_2/N_2
84			6.70	28112900	一氧化氮	NO
85			6.71	38249090	硅烷氩气混合气	SiH_4, N_5(20%)Ar
86			6.72	38249090	乙硼烷氢气混合气	B_2H_6/H_2
87			6.73	28510090	二氯二氢硅	

序号	类别		序号	税则号列	商品名称	英文品名(企业参考)
88	光刻工艺用化学品	显影液光刻胶	7.01	37079090	显像液,显影液(光刻显像剂)	Developer, Tetramethyl Ammonium Hydroxide Solution, (Developer series)
89		防反射薄膜生成液	7.02	37071000	光刻胶	Photoresist
90			7.03	38249090	防反射薄膜生成液	CVD 成膜用/防反射薄膜成膜用/BARC DUV/BARC
91		稀释液	7.04	38140000	稀释液(光刻显像稀释剂)	PM Thinner (THINNER series)
92		聚酰亚胺原液	7.05	38140000	(净化)稀释液	Cleaning Solution Thinner
93			7.06	39119000	聚酰亚胺原液(感光性聚酰亚胺)	Sumiresin Excel (HP/Photo sensitive polvmide)
94		增黏剂	7.07	29310000	双(三甲基硅)胺	HexamethyldisilazaneOAP
95			7.08	29141900	甲基戊基酮	Methy1Amy1Keton
96			7.09	29337900	N-甲基-2-吡咯烷酮	N-Methyl-2-Pyrolidone
97			7.10	34059000	氧化铝研磨浆	Slurry
98			7.11	37013090	光刻工艺专用高等级感光胶片	
99	抛光剂	抛光剂	8.01	34059000	研磨剂	PLANERLITE, Semi-sperse Aqueous Dispersions, DPPASTE, Aqueous Dispersions/PLANERLITE
100			8.02	34029000	用于化学机械研磨(CMP)表面活性剂	CMP SURFACTANT
101			8.03	34059000	CMP 研磨粒子	CMP abstrasive particle
102			8.04	34059000	二氧化铈研磨剂	SLURRY HS-DLS
103			8.05	32074000	钝化玻璃粉	
104	掺杂源	固态掺杂源	9.01	28047090	(高纯度)红磷	High Purity Red Phosphorus
105			9.02	28048000	(高纯度金属)砷	Arsenic Metal
106		气态掺杂源	9.03	28129000	硼源	
107		液态掺杂源	9.04	38249090	锑扩散乳胶源	
108			9.05	28258000	三氧化二锑	
109			9.06	28121020	磷酰氯(三氯氧磷)	Phosphorus Oxychloride
110			9.07	28273990	高纯度三氯化铟	INDIUM TRICHLORIDE
111			9.08	28261900	四氟化锗	GeF_4
112			9.09	28261900	三氟化铟	InF_3

序号	类别		序号	税则号列	商品名称	英文品名(企业参考)
113	刻蚀液	氟系刻蚀液	10.01	38249090	氢氟酸缓冲液/氢氟酸混合液	Buffered Hydrogen Fluoride
114			10.02	38249090	氢氟酸硝酸混合液	Film Etch Poly
115		剥离液	10.03	28111100	氢氟酸	Hydrofluoric Acid(HF)
116			10.04	38249090	剥离液	Resist Strip, IC461
117		磷酸	10.05	38249090	氧化物刻蚀缓冲剂	BUFFERED OXIDE ETCH
118			10.06	38249090	氟化氢氟化氨混合液	BOE ETCH
119			10.07	29053100	乙二醇	ETHYLENE GLYCOL
120			10.08	38249090	乙二醇+氟化胺	$EG+NH_4F$
121			10.09	29310000	六甲基乙硅烷	HMDS/HD POLYMIDE
122			10.10	38249090	铝刻蚀(液)/M_2 混合酸	DAE DEFRECKLING ALUMIMUN ETCH/M2 Acid/Al Etch
123			10.11	37071000	感光乳液	
124			10.12	38249090	酸、碱度调整添加剂	ACID & Alkali PH adjuster additives
125			10.13	34021900	BTA/EDA 化学品	BTA, EP GRADE 1HBENJO TRIAJOLE 100G/BT
126			10.14	28332500	含水硫酸铜	$CuSO_4$, $5H_2O$
127			10.15	28273500	氯化镍	NICKLE CHLORIDE
128			10.16	28309090	硫化镍	NICKELSULFATE
129			10.17	38249090	无尘室用原位氧化刻蚀剂	NOE (NATIVE OXIDE ETCHING)
130			10.18	29171110	草酸	CIREX FOR CMP/COOH OXALIC ACID
131			10.19	28061000	盐酸	HYDROCHLORIC ACID (HCI)
132			10.20	28261000	氟酸铵	AMMONIUM FLUORIDE 40%
133			10.21	29041000	甲烷磺酸(甲基磺酸)	METHANESULFONIC ACID
134	清洗液	乙醇	11.01	22071000	乙醇(纯度等级高于 PPM)	Ethanol
135			11.02	28070000	硫酸(纯度等级高于 PPM)	Sulfuric Acid
136		硫酸	11.03	28080000	硝酸(纯度等级高于 PPM)	Nitric Acid
137			11.04	28092010	磷酸(纯度等级高于 PPM)	Phosphoric Acid
138		硝酸	11.05	28142000	氨水(纯度等级高于 PPM)	Super Pure Ammonium HydroxideElm/ NH_3, H_2O (AR)

序号	类别		序号	税则号列	商品名称	英文品名(企业参考)
139	清洗液		11.06	28470000	过氧化氢(双氧水)(纯度等级高于PPM)	Hydrogen Peroxide
140		磷酸	11.07	29051220	异丙醇(纯度等级高于PPM)	Isopropyl Alcohol
141			11.08	28152000	氢氧化钾(纯度等级高于PPM)	POTASSIUM HYDROXIDE SOLUTION
142		氨水	11.09	28261900	氟化钾(纯度等级高于PPM)	POTASSIUM FLUORIDE KF
143			11.10	38249090	混合酸(1. M2 etching 即硝酸+醋酸+氢氟酸;2.硝酸+醋酸+磷酸;3.氢氟酸+氟化铵)(纯度等级高于PPM)	
144		过氧化氢	11.11	28142000	氢氧化铵(纯度等级高于PPM)	AMMONIUM HYDROXIDE PPB
145			11.12	38220090	钼酸盐试剂(纯度等级高于PPM)	MOLYBDATE 3 REAGENT
146		异丙醇	11.13	29051990	异丙基乙醇(纯度等级高于PPM)	ISOPROPYL ALCOHOL PPB
147			11.14	34029000	清洗溶液(磺酸铵溶液)(纯度等级高于PPM)	WRS-200 (surfactant)
148		盐酸	11.15	29189000	晶片清洗溶剂(1-甲氧基丙基乙酸酯)(纯度等级高于PPM)	RINSE FOR POLYMIDE
149			11.16	38249090	光刻胶去除剂(纯度等级高于PPM)	STRIPPER FOR PHOTORESIST
150		高纯度混合酸	11.17	29189000	甲氧基乙酸丙脂(纯度等级高于PPM)	RER 600 PPB
151			11.18	29141100	丙酮(纯度等级高于PPM)	Acetone
152	电镀液	电镀原液	12.01	11081900	可溶性淀粉	SOLUABLE STARCH
153			12.02	28012000	碘	IODINE
154		添加剂	12.03	38220090	标准硼溶液	BORON STANDARD SOLUTION
155			12.04	38249090	变色硅胶	SILICON GEL
156		退锡剂	12.05	29041000	无氟酸/无氟铅/无氟锡	NF ACID/NF LEAD/NF TIN
157			12.06	28080000	发烟硝酸	FUMING NITRIC
158		其他调整剂	12.07	38249090	HC 酸液	SOLDERON ACID HC
159			12.08	28151100	氢氧化钠	NaOH

序号	类别		序号	税则号列	商品名称	英文品名(企业参考)
160	电镀液	电镀分析试剂	12.09	38249090	RD 浓液	SOLDERON RD
161			12.10	38220090	铅标准溶液	STANDARD LEAD CONC 100ML/B
162			12.11	38249090	缓冲氧化物	BUFFERED OXIDE ETCHANT 10 : 1 W/OHS
163			12.12	28261100	氟化氨	NH_4F
164			12.13	28276000	碘化钾	POTASSIUM IODIDE 500ML/BTL
165			12.14	25010020	氯化钠(精制盐)	NACL 50KG/BTL (AR)
166			12.15	28323000	硫代硫酸钠	$Na_2S_2O_3$ 500ML/BTL
167			12.16	38220090	铜标准溶液	STANDARD CUPPER CONC 100ML/BTL
168			12.17	38220090	铁标准溶液	SODIUM IRON CONE 100ML/BTL
169			12.18	28362000	无水碳酸钠	SODIUM CDRBONDTE 500G/BTL
170			12.19	29054500	无水甘油	GLYCERINE
171			12.20	29072210	对苯二酚	HYDROQUINONE
172			12.21	38220090	酚酞试剂	PHENOLPHAHALEIN (5.5/25G) 50ML/BTL
173			12.22	38249090	退锡剂	TL-9010
174			12.23	29152190	乙酸	CH_3COOH
175			12.24	29041000	甲磺酸	NF ACID 30KG/CAN
176			12.25	38220090	硬度试剂/硬度滴定液	HARDRESS REAGENT/TITRART SOLUTION HARDRESS
177			12.26	38249090	DPD 余氯试剂/氟化电子回流液	DPD TOTAL CALORINE REAGENT
178			12.27	34039900	切割冷却液	CUTTING FLUID
179			12.28	34029000	表面活性剂制品	MODIFIER/72BC ADDITIVE/BUFFERED ETCH
180			12.29	38249090	$NaOH/Na_3PO_4/Na_2CO_3$ 混合液	ENBOND CA-S
181			12.30	38249090	PH 调节剂	PH ADJUSTOR
182			12.31	83119000	锡铅珠(锡占 80%)	SOLDER
183			12.32	38109000	助焊剂	ALPHAR TYPE 100#

序号	类别		序号	税则号列	商品名称	英文品名(企业参考)
184	成膜专用化学品	绝缘膜生成剂	13.01	38249090	绝缘膜生成剂	Sumika Film
185			13.02	28273990	四氯化钛	$TiCl_4$
186		无机硅成膜剂	13.03	29190000	磷酸三乙酯	TEPO
187			13.04	29190000	磷酸三甲酯	Trimethyl Phosphate
188			13.05	29190000	硼酸三乙酯	TEB
189			13.06	29190000	硼酸三甲酯	Trimethyl Borate
190			13.07	29310000	四乙氧基硅烷+氦气(氦气为保护气)	Tetraethoxysilane TEOS
191			13.08	29310000	四乙氧基硅烷+氮气(氮气为保护气)	
192			13.09	29153300	醋酸丁酯	Butyl Acetate
193			13.10	29181100	乳酸乙酯	Etyhl lactate
194			13.11	29310000	十二甲基硅醚	DODECAMETHYLCYCLOHEXA-SILOXANE
195			13.12	29310000	十甲基硅醚	DECAMETHYLCYCLOPENTASI-LOXANE
196			13.13	29310000	四甲基硅醚	HEXAMETHYLDISILOXANE
197			13.14	29310000	六甲基硅醚	HEXAMETHYLCYCLOTRISILOX-ANE
198			13.15	29310000	八甲基硅醚	OCTAMETHYLCYCLOTETRASIL-OXANE
199			13.16	29310000	二甲基硅醇	TRIMETHYLSILANOL
200			13.17	29032900	偏氯乙烯	TRANS1-2-DICHLOROETH YLENE
201			13.18	29310000	四-二钾胺钛	TDMAT,Tetrakisdimethylamine Titanium
202			13.19	29310000	四氧乙基硅	TEOS
203			13.20	38249090	光罩蚀刻机清洗剂(无机酸混合物)	AP/Mineral Acid
204			13.21	38249090	蚀刻化学药品/铬蚀刻液	CR/chromium etching
205			13.22	34029000	表面活性剂制品	TK
206			13.23	29310000	三乙基硼烷	TEB
207			13.24	39049000	六氟代聚丙烯	COOLANT Galden (R) HT200
208	掩膜版	掩膜板	14.01	70200019	掩膜版	EXPOSED & DEVELOPED PHOTO MASK
209		光刻版	14.02	70200019	光刻模板	Mask,Mask substrate material

序号	类别		序号	税则号列	商品名称	英文品名(企业参考)
210	靶材	靶材	15.01	74199990	铜靶材(>99%)	Ultra High Purity Sputterring Target
211			15.02	76169990	铝靶材(>99%)	Ultra High Purity Sputterring Target
212			15.03	81019900	钨金属靶(>99%)	Target (tungsten)
213			15.04	76169990	铝-铜靶(Al>99%,Cu≤1%)	TARGET Al-Cu
214			15.05	76169990	铝-硅靶(Al>99%,Si≤1%)	TARGET Al-Si
215			15.06	76169990	铝-硅-铜靶(Al>98%,Si<1%,Cu<1%)	TARGET Al-Si-Cu
216			15.07	81059000	钴靶(>99%)	TARGET Co
217			15.08	75089090	镍靶(>99%)	TARGET Ni
218			15.09	81039000	钽靶(>99%)	TARGET Ta
219			15.10	81089090	钛靶(Ti>99%)	TARGET TI
220	金线	金线	16.01	71081300	金线(99.99%)	GOLD WIRE
221	引线框架	引线框架	17.01	85429000	引线框架、支架	LEAD FRAME
222	银浆	银浆	18.01	38249090	银浆	AG PASTE
二、间接生产材料						
223	O型圈	O型圈	1.01	40169910	O型圈	O ring
224	组装专用吸头	组装专用吸头	2.01	39269010	吸头	vaccum TIP
225			2.02	39269010	真空吸杆	Vaccum Pick-up Svstem
226			2.03	40169910	橡胶吸嘴	SPONGE VACUUM CUPS
227	承载托盘	承载托盘	3.01	39269090	承载带/覆盖带/托盘(常温、高温)	CARRIER TAPE/ TRAY
228	研磨垫子	研磨垫子	4.01	68042290	研磨垫子	polishing Pad/Backing Pad
229			4.02	68042100	化学机械研磨钻石盘	Diamond Disks for CMP
230			4.03	39269010	化学机械研磨胶垫中间软垫(塑料)	insert film (plastic)
231			4.04	40169310	化学机械研磨胶垫中间软垫(橡胶)	insert film (rubber)
232			4.05	39269010	化学机械研磨头内垫(橡胶制)	membrance

序号	类别		序号	税则号列	商品名称	英文品名(企业参考)
233	防静电专用内包装材料	防静电专用内包装材料	5.01	39209990	包装袋	
234			5.02	39231000	硅片盒/晶舟盒	CASSETTE
235			5.03	48239090	硅片衬纸	
236			5.04	40161010	海绵(衬垫)	
237			5.05	38220010	指示纸	
238			5.06	38249090	干燥剂	
239			5.07	76129090	防潮铝袋	
240			5.08	39269090	缓冲垫	
241			5.09	39235000	防静电内包装紧固黑塞	BLACK FORM
242			5.10	39269090	防静电泡棉	POLLY PINK
243			5.11	39231000	防静电内包装盒	INTER CARTON
244			5.12	39172900	材料管	TUBE
245			5.13	39235000	防静电内包装紧固白塞	CLERA PLUG
246			5.14	76129090	真空包装袋(铝制)	ALUMINIUM BAG
247			5.15	38220010	湿度指示卡	H-I-CARD
248			5.16	58061090	魔带	VELSO STRAP (50EA/BOX)
249			5.17	39269010	塑料吸收棉	
250			5.18	40161010	橡胶吸收棉	CHEMICAL SERBENT PADS
251			5.19	39191099	防(抗)静电胶带	ANTI-ACID TAPE
252	生产线产品传输用品		6.01	39209990	高温(低温)隔离带	HIGH TEMP SEPERATOR
253			6.02	39269010	吸头(硅橡胶)	SARCON 45F SILICON RUBBER
254	硅片清洗专用刷		7.01	96035091	化学机械研磨胶垫处理刷子	PVA BRUSH
255	真空泵油		8.01	34031900	真空泵油	

序号	类别		序号	税则号列	商品名称	英文品名(企业参考)
256	分析用试剂	分析用试剂	9.01	28363000	碳酸氢钠	SODIUM HYDROGEN CARBONATE
257			9.02	29152190	醋酸	ACETIC ACID
258			9.03	29189000	丙二醇甲醚已酸酯	PROPYLENE GLYCOL METHYL E-THER ACETATE
259			9.04	38220090	甲基橙试剂	METHYL ORANGE
260			9.05	38249090	冰醋酸混合液	NSG-ACETIC ACID MIXED SOLUTION
261			9.06	38249090	异丙醇乙二醇混合液	ORGANO FLUX (3355-11)
262			9.07	28131000	二硫化碳	CARBON DISULFIDE
263			9.08	38220090	柠檬酸试剂	CITRIC ACID REAGENT
264			9.09	29221100	单乙醇胺	MONO ETHANOLAMINE
265			9.10	38220090	氨基酸试剂	AMINO ACID REAGENT
266	交换树脂	交换树脂	10.01	39140000	离子交换树脂	
267	过滤材料	过滤材料	11.01	38021000	活性炭	
268			11.02	38159000	触媒	
269			11.03	63079000	过滤袋(纺织材料制)	FITLER BAGS
270			11.04	39232900	阳极袋(PVC)	ANODE BAGS 18×2×1.5
271			11.05	39209990	反渗透膜	RO membrance for clean room
272	过滤芯	过滤芯	12.01	84212990	(液体)过滤芯	FILTER
273			12.02	84213990	(气体)过滤芯	FILTER
274			12.03	84213990	其他过滤芯	FILTER
275	高分子材料	脱模剂	13.01	34039900	脱模剂	MOLD WAX RELEASE 909C
276	超洁净分析物料	超洁净分析物料	14.01	39232100	无菌取样袋(PE)	DIW Sample Bag
277			14.02	39269090	无菌塑料针管	Plastic Syringe
278			14.03	39233000	无菌采样容器(杯瓶)	
279			14.04	38210000	超纯水细菌培养基	m-Heterotrophic Plate count medium
280	石英制品	扩散用/化学气相沉积用/湿法工艺用/干法工艺用石英制品	15.01	70200019	生产用石英制品	
281			15.02	68043090	打磨石	LAPPING PLATE FOR SHINKAWA IL~20
282			15.03	69149000	瓷嘴	CABILIARY

序号	类别		序号	税则号列	商品名称	英文品名(企业参考)
283	生产线产品传输用品		16.01	82032000	晶片镊	TWEEZER, WAFER
284			16.02	84283990	晶片传送器	TRANSFER, HORIZONTAL, WAFER
285	光罩盒	光罩盒	17.01	839269090	光罩盒	Reticle/Mask POD
286	探针/探针卡		18.01	84799090	探针卡/探针	prober card
287			18.02	85444990	探针连接线(电线)	prober card cable
288	探针卡清洗片/针尖清洗片	探针卡清洗片/针尖清洗片	19.01	68052000	(探针卡/针尖)清洗片	
289	洁净室专用框架	Class100及以下洁净室专用框架	20.01	70193900	无(防)尘网(玻璃纤维,铝框架)	
290			20.02	39262000	无(防)尘鞋套(PVC制)	
291	专用记录标识用品	Class100及以下专用记录标识用品	20.03	63071000	无(防)尘洁净布	
292			20.04	63079000	无纺布防尘鞋套	
293	超净保护用品	Class100及以下超净保护用品	20.05	62101090	(无纺布)防尘服	
294			20.06	62113290	(棉)防尘服、无尘服	
295	洁净室清洁用品	Class100及以下洁净室清洁用品	20.07	63079000	无纺布口罩	
296			20.08	64039900	无(防)尘鞋(皮革制)	
297	防静电用品	Class100及以下防静电用品	20.09	63079000	无纺布头套(100级)	
298			20.10	62114300	超净化无尘衣(100级)	Clean Room Suit/Garment
299			20.11	40151900	橡胶手套	
300			20.12	62160000	无纺布手套	
301			20.13	39262000	塑料手套	ANTI-ACID Glove
302			20.14	68129000	耐高温手套(石棉)	
303			20.15	84213990	气体滤毒盒	
304			20.16	39199090	塑料制粘尘垫	SCOURING
305			20.17	63071000	吸液棉/无尘室吸液布	
306			20.18	32159090	打点墨水	
307			20.19	85438990	电子标签	Smart tag
308			20.20	39199090	洁净室专用薄膜(有黏性)	BLUE TACKY MAT
309			20.21	39204300	洁净室专用PVC薄膜(无黏性)	Plastic sheets

序号	类别		序号	税则号列	商品名称	英文品名(企业参考)
310			20.22	48201000	洁净室用笔记本/标签/无尘笔记本	Clean room notebook/lable/clipboard, Clean room, Kit W/Paper
311			20.23	62160000	棉线五指手套	Full Finger glove liner Small
312			20.24	62171090	防尘腰带	
313			20.25	48235900	无尘纸	clean paper
314	洁净室专用灯管	Class100及以下洁净室专用灯管	21.01	85392999	专用离子回流灯	
315			21.02	85393290	专用氙灯	Xeon Lamp
316			21.03	85393290	专用卤素灯	Halogen Lamp
317			21.04	85393290	专用汞灯	Mercury Lamp
318			21.05	85393990	专用黄灯管	Fluoresent Lamp
319			21.06	85393990	专用UV灯	UV Lamp
320			21.07	85393290	专用金属卤化物灯	
321			21.08	85394900	专用紫外线灯	

财政部关于部分集成电路生产企业进口净化室专用建筑材料等物资税收政策问题的通知

(财税〔2002〕152号)

海关总署，信息产业部：

经国务院批准，现对部分集成电路生产企业进口净化室专用建筑材料、配套系统和集成电路生产设备零、配件的税收政策通知如下：

一、自2001年1月1日起，对在中国境内设立的投资额超过80亿元或集成电路线宽小于0.25微米的集成电路生产企业进口本通知附件所列净化室专用建筑材料、配套系统和集成电路生产设备零、配件，免征关税和进口环节增值税。

二、符合免税条件的集成电路生产企业名单由国家计委审核确定并通知海关总署，同时抄送财政部。海关对上述企业进口的净化室专用建筑材料、配套系统和集成电路生产设备零、配件按照本通知附件所列商品目录办理免税手续，并做好后续监管工作。

三、附件2所列商品目录包括税则号列和商品名称。海关审核该类进口商品免税时，如遇商品名称和税则归类与本文规定不一致时，以本文所列的商品名称为准。

四、附件所列商品目录将适时进行调整，由信息产业部会同国家计委、财政部、海关总署、国家税务总局等有关部门提出意见，报国务院批准后实施。

五、海关总署对享受该政策的年度实际进口数量应及时抄送财政部。

特此通知。

附件1 部分集成电路生产企业免税进口净化室专用建筑材料、配套系统商品目录（略）

附件2 部分集成电路生产企业免税进口集成电路生产设备零、配件商品目录（略）

二〇〇二年九月二十六日

海关总署关于集成电路生产企业进口净化室专用建筑材料等享受税收优惠政策的通知

（署税发〔2002〕329号）

广东分署、天津、上海特派办，各直属海关：

经国务院批准，财政部印发了《财政部关于部分集成电路生产企业进口净化室专用建筑材料等物资税收政策问题的通知》（财税〔2002〕152号），自2001年1月1日起，对在中国境内设立的投资额超过80亿元或集成电路线宽小于0.25微米的集成电路生产企业进口净化室专用建筑材料、配套系统和集成电路生产设备零、配件，免征进口关税和进口环节增值税。现就执行中的有关问题通知如下：

一、符合条件的集成电路生产企业（名单见附件1）进口净化室专用建筑材料、配套系统及集成电路生产设备零、配件属于《部分集成电路生产企业免税进口净化室专用建筑材料、配套系统商品目录》（附件2，以下简称《目录1》）及《部分集成电路生产企业免税进口集成电路生产设备零、配件商品目录》（附件3，以下简称《目录2》）内的，免征关税和进口环节增值税。

二、符合条件的集成电路生产企业进口净化室专用建筑材料等物资由所在地海关负责办理免税审批手续。经审核，有关企业进口净化室专用建筑材料、配套系统和集成电路生产设备零、配件等物资属于《目录1》和《目录2》的，海关出具《进出口货物征免税证明》。如商品名称和税则归类与《目录1》或《目录2》不一致的，以《目录1》和《目录2》所列商品名称作为审批依据。

三、集成电路生产企业进口净化室专用建筑材料等物资免税项目征免性质为：集成电路生产企业进口货物，简称：集成电路（代码：422）。有关参数库的维护请注意查收政法司下发的参数库维护通知。

四、上述政策自2001年1月1日起开始实施，之前已征保证金及税款准予退还。

以上请遵照执行。

附件1 第一批符合条件的集成电路生产企业名单

附件2 部分集成电路生产企业免税进口净化室专用建筑材料、配套系统商品目录

附件3 部分集成电路生产企业免税进口集成电路生产设备零、配件商品目录

二〇〇二年十一月二十日

附件1

第一批符合条件的集成电路生产企业名单

一、上海华虹NEC电子有限公司

二、摩托罗拉（中国）电子有限公司

三、中芯国际集成电路制造（上海）有限公司

四、上海宏力半导体制造有限公司

附件 2

部分集成电路生产企业免税进口净化室专用建筑材料、配套系统商品目录

序号	商品名称	英文名称	进口原因(技术规格)及用途
1	小型无尘室		国内无生产
2	净化厂房(室)钢结构用配套其他无螺纹紧固件(剪力钉)	Shear studs	国内无生产
3	防火漆	Fire Proofing Paint	看 FM(factory mutual)认证,国内没有生产
4	环氧树脂(需通过 FM 认证)	Epoxy zinc phosphate primer, EP66 paint	需 FM 认证,国内没有生产
5	表面色涂料(不发尘)/上色漆		国内无生产
6	净化室建材用调制胶及黏合剂(导电胶,密封胶,胶水,洁净强力胶,固定胶,洁净细胶)	conductive floor tile	特殊无尘及防静电材质,国内产品目前无验证资料
7	涂布层尘用硬化剂	Hardener for EPOXY	国内无生产
8	有机玻璃板		防静电、防灰尘微粒、无尘室专用,国内无生产,规格为 0.8m~1.2m×0.8m~1.2m
9	净化厂房(室)玻璃门及配件		国内无生产
10	净化室气密门窗及框架(钢制品)		国内无生产
11	避震弹簧/避抓弹簧		国内无符合技术标准、型号产品
12	铝合金制门		防静电、防灰尘微粒、无尘室专用,国内无符合技术标准、型号产品(规格为 0.9m~2.4m×2.2m 等)
13	净化室高架地板(铝合金)	Aluminum Alloy Raised Floor/ Raised Floor	特殊无尘及防静电材质,国内产品目前无验证资料
14	防静电地板(铝合金)	Aluminum ESD Floor	特殊无尘及防静电材质,国内产品目前无验证资料
15	铝合金制结构体/铝合金制吊顶结构体		防静电、防灰尘微粒、无尘室专用,国内无符合技术标准、型号产品(规格为 2.5m~6m×1.0m~1.2m 等)
16	铝合金吊顶龙骨及封盖(净化室悬吊系统)及相关配件		国内无符合技术标准、型号产品
17	铝合金制高架地板(成品)		国内无符合技术标准、型号产品
18	铝合金龙骨		防静电、防灰尘微粒、无尘室专用,国内无符合技术标准、型号产品 60cm×60cm(误差 0.1cm)
19	铝制隔板/铝制面板/铝合金制面板(成品)		防静电、防灰尘微粒、无尘室专用,国内无符合技术标准、型号产品 60cm×120cm, 90cm×120cm,90cm×75cm,75cm×120cm 等

序号	商品名称	英文名称	进口原因(技术规格)及用途
20	净化室隔间板及门		国内无符合技术标准、型号产品
21	铝制隔墙及支撑件		国内无符合技术标准、型号产品
22	铝制连接铰链及螺丝		国内无符合技术标准、型号产品
23	铝制蜂窝板及附件		国内无符合技术标准、型号产品
24	钢制防水板		国内无生产
25	净化室隔间板(钢制品)及其辅件	Clean room partition/door	表面具导电性自身不生尘之隔间板及门、国内无经技术认定产品
26	净化室隔间板(铝合金)及其辅件(厚>0.35mm)	Clean room partition/door	表面具导电性自身不生尘之隔间板及门、国内无经技术认定产品
27	净化室隔离板(铝合金)结合组件	Hardware(doors)	表面具导电性自身不生尘之隔间板及门、国内无经技术认定产品
28	净化室铝合金及钢材专用备件及相关零配件		国内无生产
29	静电消除器	Ionizer	消除静电
30	有机玻璃制品(成品)		防静电、防灰尘微粒、无尘室专用,国内无生产
31	防水卷材	Water proofing menbrane	国内产品目前无验证资料
32	钢制品吊顶龙骨封盖及相关零配件		配套产品,特殊构造及不发尘、不吸尘材质,国内产品目前无验证资料
33	预漆涂铝板	Prepainted Aluminum panels	为避免大面积立面产生色差
34	净化室隔离板结合组件(金属)		国内无符合技术标准、型号产品
35	净化室内自动闭门器		国内无符合技术标准、型号产品
36	净化室高架地板(钢制品)		国内无符合技术标准、型号产品
37	橡胶导电地板		国内无符合技术标准、型号产品
38	抗静电聚氯乙烯(pvc)/玻璃塑料视窗板	antistatic PVC plate, door/wall glazing	特殊无尘及防静电材质,国内产品目前无验证资料
39	导电铜箔胶带	Copper Tape	特殊无尘及防静电材质,国内产品目前无验证资料
40	不锈钢安全网	SUS safety net	特殊无尘,国内产品目前无验证资料
41	高架地板下方气密隔板	Under raised floor divider	配套产品,特殊构造及不发尘、不吸尘材质,国内产品目前无验证资料
42	聚氯乙烯(PVC)导电地砖	conductive floor tile	特殊无尘及防静电材质,国内产品目前无验证资料
43	净化室(无尘室)专用特制防震机座(特殊混凝土不锈钢结构)		国内无符合技术标准、型号产品
44	净化室气密门窗及框架(铝制品)		国内无符合技术标准、型号产品
45	放电灯管	Tear-drop lighting fixture	配套产品,特殊构造、不吸尘材质,国内产品目前无验证资料
46	封闭式聚光管灯	Lighting	配套产品,特殊构造、不吸尘材质,国内产品目前无验证资料

序号	商品名称	英文名称	进口原因(技术规格)及用途
47	其他类型灯	Exit/Direction lighting fixture	配套产品,特殊构造、不吸尘材质,国内产品目前无验证资料
48	紫(红)外线灯管(泡)	Surface Mounted lighting	配套产品,特殊构造、不吸尘材质,国内产品目前无验证资料
49	抗静电强化玻璃	anti-static tempered glass	国内无生产
50	特氟龙管材连接硅胶		国内无符合技术标准、型号产品
51	无尘防暴型灯具及配件		国内无符合技术标准、型号产品
52	离子发生器	Ionizer	国内无符合技术标准、型号产品
53	净化室专用特制方针机座(特殊混凝土不锈钢结构)		国内无符合技术标准、型号产品
54	管吊架,避震弹簧,电木/橡塑发泡,支撑管垫		国内无符合技术标准、型号产品
55	酸式洗涤器用塑料制零部件/有机存储槽		国内无符合技术标准、型号产品
56	醋酸纤维制过滤膜(无孔,利用分子间隙过滤)		国内无符合技术标准、型号产品
57	塑料制导电地板贴面		国内无符合技术标准、型号产品
58	塑料制电缆护套		国内无符合技术标准、型号产品
59	塑料制风口及其支撑件		国内无符合技术标准、型号产品
60	塑料制龙骨封条		国内无符合技术标准、型号产品
61	特氟龙塑料制风口		国内无符合技术标准、型号产品
62	冷轧不锈钢无缝管(电子抛光不锈钢)		无缝,高光洁度,国内无符合技术标准、型号产品 316LBA & EP 不锈钢管,平均表面粗糙度 Ra:BA<10u″,EP<3u″,最大表面粗糙度 Rmax:BA<3μm,EP<0.7μm;使用管径 1/8″,1/4″,3/8″,1/2″,5/8″,3/4″,15A,25A,40A,50A,65A,80A,100A,125A,200A,250A,300A 等
63	冷轧不锈钢无缝管(铁或非合金钢)		无缝,耐压力达到 10kg 以上,国内无符合技术标准、型号产品
64	冷轧不锈钢无缝管(其他合金钢)		无缝,耐压力达到 10kg 以上,国内无符合技术标准、型号产品
65	非冷轧不锈钢无缝管		无缝,国内无符合技术标准、型号产品
66	不锈钢焊缝管(成品)		随系统整体引进,国内无符合技术标准、型号产品
67	不锈钢直管、弯管、连接件		随系统整体引进,国内无符合技术标准、型号产品
68	钢制风口及其支撑件和附件		随系统整体引进,国内无符合技术标准、型号产品
69	铜管		国内无符合技术标准、型号产品
70	风机盘管		冷却用,国内无符合技术标准、型号产品

序号	商品名称	英文名称	进口原因(技术规格)及用途
71	空调箱系统及其零配件,包括空调系统盘管、挡水板、防潮器、连接件		国内无符合技术标准、型号产品
72	冷却盘管(成品)		国内无符合技术标准、型号产品
73	过滤器/高效过滤器/Y 型过滤器		国内无符合技术标准、型号产品
74	过滤、净化器分配装置及其附件(过滤器用冷盘管)		国内无符合技术标准、型号产品
75	酸式洗涤器		国内无符合技术标准、型号产品
76	传感器		国内无符合技术标准、型号产品
77	橡胶软管/防震软管	Expansion joint	管路伸缩保护用,国内无符合技术标准、型号产品
78	钢制软管/防震软管	Flexible Pipe Connector	冰水系统用,国内无符合技术标准、型号产品
79	工艺排气处理装置(一般,有机及酸碱废气洗涤)	General Process Exhaust Fan	国内产品目前无验证资料,国内无符合技术标准、型号产品
80	溶剂废气处理装置	VOC abatement device (contain fan and VFD)	工艺排气处理,国内无符合技术标准、型号产品
81	温度传感器		国内无符合技术标准、型号产品
82	水及其他蒸汽动力装置的冷凝器	Dearator	厂区供热系统用以除去水中氧气,国内无符合技术标准、型号产品
83	其他辅助设备备用零件	Steam de-temp Device	厂区供热系统减温用,国内无符合技术标准、型号产品
84	油泵	Oil Pump	冰水制造,国内无符合技术标准、型号产品
85	电动风门,气动控制风门,防火风门,排气风门	Motorized damper, penumatic damper, Fire Damper, Air damper	空调管道风系统控制用,防火风门(FM),国内无符合技术标准、型号产品
86	变风量控制箱及配件	VAV box system	办公环境空调用(控制风量 0~100%±3%),国内无符合技术标准、型号产品
87	不锈钢排气风管(内衬特氟龙)及配件		国内无符合技术标准、型号产品
88	不锈钢排气风管(内衬特氟龙)及配件(非圆形截面)		国内无符合技术标准、型号产品
89	工艺排气处理装置(一般,有机及酸碱废气洗涤)		国内无符合技术标准、型号产品
90	真空泵	Steam System Pumps	蒸汽系统水力输送用,国内无符合技术标准、型号产品
91	工艺用真空设备及附件	Process Vacuum Pump & Auxillary	生产工艺设备用,国内无符合技术标准、型号产品
92	风机	Fan	工艺送排气处理(35,000CMH~130,000CMH,静压达 8″ WG)
93	风淋室	Air shower	生产环境人员洁净控制用,国内无符合技术标准、型号产品
94	冷却塔	Cooling Tower	国内无符合技术标准、型号产品

序号	商品名称	英文名称	进口原因(技术规格)及用途
95	冷水机组(冰水主机)	Chiller	冰水制造,国内无符合技术标准、型号产品
96	工艺冷却水系统	Process cooling water system	提供工艺冷却水给无尘设备用,国内无符合技术标准、型号产品
97	防火填塞	Fire Barrier Sealing	冰水系统用防堵性材料,需符合 UL/FM 认证,国内无符合技术标准、型号产品
98	冷媒(制冷剂)	Refrigerant	冰水制造,国内无符合技术标准、型号产品
99	热交换装置	Heat Exchanger	热能转换,国内无符合技术标准、型号产品
100	保温材料(橡胶,泡棉,玻璃纤维,铝制层)	Insulation	管路保温用,国内无符合技术标准、型号产品
101	管阀及配件	Valve	管道流体控制用,国内无符合技术标准、型号产品
102	风机过滤器	Fan Filter Unit	生产环境洁净度控制,国内无符合技术标准、型号产品
103	干盘管(冷却盘管)	Dry Coil	生产环境空调用,国内无符合技术标准、型号产品
104	高效率过滤网(筛)/超高效率过滤网(筛)/油过滤网(筛)/充填过滤筛网	HEPA/ULPA filter	0.12μm 空气过滤器,过滤有效率达到 99.9999%,生产环境洁净度控制,国内无符合技术标准、型号产品
105	管道过滤单元(过滤网)	filter	冰水系统用,国内无符合技术标准、型号产品
106	水洗台		国内无符合技术标准、型号产品
107	卸货平台	Docklevelers	承载设备,国内无符合技术标准、型号产品
108	滑升门	Sectional doors	承载设备,国内无符合技术标准、型号产品
109	工艺排气处理装置(一般,有机及酸碱废气洗涤)		国内无符合技术标准、型号产品
110	加湿器及其配件(配管、喷嘴)	Steam type Humidifier	空调湿度保持,国内无符合技术标准、型号产品
111	消音箱	Sound attenuating chamber	生产环境噪音控制,国内无符合技术标准、型号产品
112	避震器(管吊架,避震弹簧,电木/橡塑发泡 支撑管垫)	shock absorber	冰水系统用,国内无符合技术标准、型号产品
113	自动释气阀	Air vent	管路排气用,国内无符合技术标准、型号产品
114	风机过滤器监控装置	Fan Filter Units Control and Monitor	生产环境洁净度控制,国内无符合技术标准、型号产品
115	控制器	Actuator	控制温湿度稳定(控制精度 Temp22 ±0.5℃、RH43±3%)
116	变风量控制箱及配件		国内无符合技术标准、型号产品
117	疏水器	Steam Trap	管道系统用,国内无符合技术标准、型号产品
118	洁净室专用接地电线及配件	Clean room grounding system	特殊设计接地材料,国内无经技术认定产品
119	空气洗涤器	Air washer	国内无生产,国内无符合技术标准、型号产品

序号	商品名称	英文名称	进口原因(技术规格)及用途
120	不锈钢风门,不锈钢内衬特氟龙风门	Stainless steel damper, stainless	工艺排气管道用,国内无符合技术标准、型号产品
121	沸石转轮	Rotator	环境保护防治设施,国内无符合技术标准、型号产品
122	燃烧炉	Flammable oven	环境保护防治设施,国内无符合技术标准、型号产品
123	燃烧器	Flammable device	环境保护防治设施,国内无符合技术标准、型号产品
124	无尘室用高速洗手干燥机		国内无生产,国内无符合技术标准、型号产品
125	冷冻机组/冷冻蒸发器		国内无生产,国内无符合技术标准、型号产品
126	真空系统(不含微机和外设)	House Vacuum System	无尘室洁净用,国内无符合技术标准、型号产品
127	接液盘		国内无符合技术标准、型号产品
128	有载调压开关(高压)		国内无符合技术标准、型号产品
129	电缆终端		国内无符合技术标准、型号产品
130	发电机用零件		发电装置,达到电压时间为15s,国内无法达到多台发电机的群控并联方式国内无符合技术标准、型号产品
131	空气滤清器		空气滤清装置,国内无符合技术标准、型号产品
132	离合器		机械耦合装置,国内无符合技术标准、型号产品
133	逆变器		国内无符合技术标准、型号产品
134	充电器		操作电源,用于电气真空开关柜稳定的控制电源,国内无符合技术标准、型号产品
135	电瓶组		操作电源,用电气真空开关柜稳定的控制电源,国内无符合技术标准、型号产品
136	电容器		用于改善电气设备功率因素,与配电柜一起进口,电压范围300kW~1500kW,国内无符合技术标准、型号产品
137	电路的开关,保护或连接用的电气装置/断路器		功率因素改善用,国内无符合技术标准、型号产品
138	避雷器		电源断开设备,国内无符合技术标准、型号产品
139	保护电驿(保护用继电器)		线路保护装置,国内无符合技术标准、型号产品
140	并联开关盘(电气控制及电力分配的盘,台,柜)/马达控制盘/配电盘		发电开关装置,国内无符合技术标准、型号产品
141	马达变频控制器	power panel MCC	功率因素改善用,国内无符合技术标准、型号产品
142	用于电器控制或电力分配的盘、板、台、柜及其他基座的零件		国内无符合技术标准、型号产品

序号	商品名称	英文名称	进口原因(技术规格)及用途
143	六氟化硫气体及充填装置		绝缘用气体,国内无符合技术标准、型号产品
144	感应耦合器		储能装置,国内无符合技术标准、型号产品
145	同步机		整流装置,国内无符合技术标准、型号产品
146	电力系统用电缆及辅料		电源用电缆及零料,国内无符合技术标准、型号产品
147	多功能电表		功能指示装置,国内无符合技术标准、型号产品
148	滤波器		国内无符合技术标准、型号产品
149	自动功率因素调整器		功率因素改装装置,国内无符合技术标准、型号产品
150	自我保护装置(过磁保护电驿,差动保护,接地故障保护瞬动,接地故障延时过流,过电压及低电压保护电驿)	Protection System	国内无符合技术标准、型号产品
151	二氧化碳喷淋系统(不含微机和外设)		国内无符合技术标准、型号产品
152	有机储存槽		国内无符合技术标准、型号产品
153	塑料制、聚乙烯(PVC)、偏聚二氟乙烯,特氟龙制、聚偏二氟乙烯、透明聚氯乙烯、聚丙烯、连接件管件及其附件;净化室防电击软管		高纯度电子级/耐高温,耐强酸碱
154	设备安装用气体、化学品管子(不锈钢 304、316 材料),连接件及配件		国内无符合技术标准、型号产品
155	阀门,控制阀(及其配件)	Valve	管道冰水控制用,国内无符合技术标准、型号产品
156	气体探测头/气体侦测器侦测头		国内无符合技术标准、型号产品
157	石英管推车		用于搬运工艺用石英管,附防尘、防震装置,国内无符合技术标准、型号产品
158	运酸台车		用于搬运工艺用酸性材料,附防尘装置,国内无符合技术标准、型号产品
159	桌上型氟离子测量仪		国内无符合技术标准、型号产品
160	离子交换树脂(颗粒状)/交换树脂		国内无符合技术标准、型号产品
161	塑料制/特氟龙制储藏罐		储藏高纯度化学品(316 低碳不锈钢),国内无符合技术标准、型号产品
162	石英管柜		国内无符合技术标准、型号产品
163	盛装物料用的钢铁槽、桶及类似容器(容积>300L)		采用 316 低碳不锈钢,国内无符合技术标准、型号产品
164	盛装物料用的钢铁槽、桶及类似容器(容积 50L~300L)		国内无符合技术标准、型号产品

序号	商品名称	英文名称	进口原因(技术规格)及用途
165	盛装物料用的钢铁槽、桶及类似容器(容积<50L)		国内无符合技术标准、型号产品
166	装压缩或液化气的钢铁容器		国内无符合技术标准、型号产品
167	混合机件及其相关配件	Agitator /Mixer/ Fan /blower and Accessory	超细晶片研磨液加水或双氧水后,稀释、搅拌混合装置,国内无符合技术标准、型号产品
168	紫外线灯单元模块及其相关配件	UV unit/Accessory	国内无符合技术标准、型号产品
169	监测仪器及其相关配件	Analysis Instruments/Accessor	国内无符合技术标准、型号产品
170	逆渗透单元组及其相关配件	Reverse Osmosis (RO) unit/Accessory	国内无符合技术标准、型号产品
171	水系统动力控制单元及其相关配件	Power & control unit/Accessory	国内无符合技术标准、型号产品
172	真空脱气模块及其相关配件	Menbrane Degasified unit & Accessory	国内无符合技术标准、型号产品
173	超过滤模块及其相关配件	Ultrafitration unit/Accessory	国内无符合技术标准、型号产品
174	多层过滤塔及其相关配件	Multi Media Fitter/Accessory	国内无符合技术标准、型号产品
175	活性炭过滤塔及其相关配件	Active Carbon Filter/Accessory	国内无符合技术标准、型号产品
176	文丘利供液装置	ejector	国内无符合技术标准、型号产品
177	真空脱气模块	membrane degasify module	国内无生产/整体系统引进
178	减速机(不锈钢304材质)	reducer	国内无符合技术标准、型号产品
179	滤心	filter	整体系统引进,国内产品目前无验证资料
180	石英砂	sillicon sand	国内无符合技术标准、型号产品
181	活性炭	active carbon	国内无符合技术标准、型号产品
182	桶,槽容器(玻璃钢制品)(聚二氟乙烯衬里)	FRP material	盛装高纯度化学器,防污染,国内无生产,整体系统引进
183	密封件(材质丁腈橡胶/聚四氟乙烯/聚二氟乙烯/不锈钢316/不锈钢304)	packing (EPDM/PTFE/PVDF/SUS316/viton/SUS304)	整体系统引进,国内产品目前无验证资料
184	过滤填充料	gravel	国内无符合技术标准、型号产品
185	目视玻璃窗	Sight glass	采用可绝缘、隔热且具有良好抗静电特殊材质,用于纯水系统的离子交换树脂塔目视窗,国内无符合技术标准、型号产品
186	桶,槽容器(不锈钢制品)(聚二氟乙烯衬里)		国内无符合技术标准、型号产品
187	空气泵或真空泵,空气及其他气体压缩机,风机及风扇,防爆风车	blower	整体系统引进,国内产品目前无验证资料
188	真空泵相关配件	accessory	国内无符合技术标准、型号产品
189	过滤器(材质不锈钢304/不锈钢316)	filter housing (SUS304/SUS316)	整体系统引进,国内产品目前无验证资料
190	活性炭过滤塔(碳钢/不锈钢316/不锈钢304,内衬橡胶)	AC tower(CS/CS rubber lining/SUS316/SUS304)	整体系统引进,国内产品目前无验证资料

序号	商品名称	英文名称	进口原因(技术规格)及用途
191	离子交换树脂塔(碳钢/不锈钢316/不锈钢304,内衬橡胶)及其相关配件	ion exchange tower(CS rubber lining/SuS316/SUS304)	整体系统引进,国内产品目前无验证资料
192	超过滤膜及其相关配件	accessory	国内无符合技术标准、型号产品
193	监控系统(不含微机和外设)	SCADA system	国内无生产,整体系统引进
194	搅拌机	agitator	用于化学药品搅拌及废水处理槽搅拌,氟系废弃物处理,以加强处理效果,国内无生产(硬件),整体系统引进、国内产品目前无验证资料
195	搅拌机相关配件	accessory	国内无符合技术标准、型号产品
196	自动溶解泡药装置		氧化铝加水成氢氧化铝后沉淀用,国内无符合技术标准、型号产品
197	污泥饼机(压滤机)	filter press	用于氟系统废弃物处理,氟化钙淤泥脱水使其污泥干燥度达处理水平,国内无生产,国内产品目前无验证资料
198	紫外线杀菌灯单元模块	TOC UV unit	国内无生产,整体系统引进
199	安定器	ballast	紫外线杀菌灯单元模块配套元件(硬件),国内无符合技术标准、型号产品
200	O 型环	O ring	密封圈,材料为橡胶、偏氯二氟乙烯聚二氟乙烯、丁腈橡胶等,国内无符合技术标准、型号产品
201	臭氧产生器	O_3 generator	国内无生产,整体系统引进
202	管路集散器	distributor	国内无符合技术标准、型号产品
203	减震模块	virbaration	国内无生产,整体系统引进
204	桶槽呼吸单元模块	breather unit	国内无生产,整体系统引进
205	液体、气体的测量或检验装置及其零配件	flow meter (SUS304/SUS316, ultrasonic)	国内无生产,整体系统引进
206	气体侦测模块	gas detector	国内无生产,整体系统引进
207	呼吸器快速接头	BA quick coupling	国内无符合技术标准、型号产品
208	空气室	air chamber	国内无符合技术标准、型号产品
209	离子交换树脂再生塔不锈钢316/304,碳钢橡胶内衬	ion exchange tower(CS rubber lining/SUS316/SUS304)	国内无符合技术标准、型号产品
210	人机界面(用于监控系统现场设备)软件	man machine interface	监控系统现场设备的连接装置,是一种组态软件,国内无符合技术标准、型号产品
211	压缩空气系统干燥机	CDA Dryer	国内无符合技术标准、型号产品
212	真空传感器	Vacuum detector	国内无符合技术标准、型号产品
213	超洁净化学品供应单元	Supply Unit (N_2 Pressure & pumping Type)	国内无符合技术标准、型号产品
214	超洁净化学品浓度稀释单元	Dilution Unit	国内无符合技术标准、型号产品
215	超洁净化学品注入单元	Charge Unit	国内无符合技术标准、型号产品
216	化学废品收集单元	waste Collection Unit	国内无符合技术标准、型号产品

序号	商品名称	英文名称	进口原因(技术规格)及用途
217	气体分配箱及阀件	Valve Macifold Box, Valve, Regulator, Filter and Pressure Transducer	国内无符合技术标准、型号产品
218	气体监控及侦测防护系统(含监视器、光纤、光缆,不含微机和外设)	Gas Monitoring System	国内无符合技术标准、型号产品
219	特种气体纯化及监测装置(含监视器、光纤、光缆)	Specialty gas purifier and monitor	国内无符合技术标准、型号产品
220	监控系统及可编程控制器(含监视器、光纤、光缆,不含微机和外设)	Monitoring System	国内无生产
221	纯水枪	DIW Gun	国内无符合技术标准、型号产品
222	氮气枪	N_2 Gun	国内无符合技术标准、型号产品
223	化学品防漏膜片特氟龙、316 低碳不锈钢		国内无符合技术标准、型号产品
224	加热带(金属材料、特种塑料)	Heater Line/Heater Trace	国内没有生产
225	加热外套(金属材料)	Heat Jacket	用于气瓶加热提高蒸发量,不锈钢材料,国内没有生产
226	空气呼吸器系统 含有带镜架防毒面具(硅胶材料),压缩空气气瓶(不锈钢或碳纤材料),及上述设备连接管及配件(不含微机和外设)	Breath Air System	国内没有生产
227	累计器	Accumulator	国内无符合技术标准、型号产品
228	冷凝器	Cooler	国内没有生产
229	铝合金电缆槽	Aluminum cable tray	外表有烤漆,防尘、防静电、防化学品腐蚀、防产生微粒,国内无符合技术标准、型号产品
230	末端阀箱	End Box	国产品目前无验证资料
231	火焰警报器,压力表及废气排放管(不锈钢内涂树脂),消防水管(不锈钢),仪表控制用气体连接管(不锈钢或特氟龙管)等。	Gas Cabinet	国内没有生产
232	气体分配箱,内含不锈钢外壳和支架,气体输送分配盘及废气排放管(不锈钢内涂树脂),仪表控制用气体连接管(不锈钢或特氟龙管)等		国内没有生产
233	钢瓶紧急泄露处理车	Emergency Response Containment Vessels for Leaking Cylinders	国内没有生产
234	氧化,金属及铜工艺研磨液供应系统(不含微机和外设)	Oxide, Cu process & Metal Dilution & Suply Unit	国内无符合技术标准、型号产品
235	化学门感应器	Door Sensor	国内无符合技术标准、型号产品
236	紫外线感应器	UV Sensor	国内无符合技术标准、型号产品
237	泄漏测量器	Leak Detector	国内无符合技术标准、型号产品
238	随身携带呼吸器件(SCBA 空压机)		一种空气系统,国内无符合技术标准、型号产品

序号	商品名称	英文名称	进口原因(技术规格)及用途
239	超级过滤膜及外壳(高洁净高强度工程塑料、超洁净不锈钢)		国内无符合技术标准、型号产品
240	超级过滤膜及外壳(高洁净度、高强度工程塑料)		国内无符合技术标准、型号产品
241	不锈钢管及连接件、抗压力指数≥4kg 的钢管、膨胀节		国内无符合技术标准、型号产品
242	化学品过滤系统用零配件		国内无符合技术标准、型号产品
243	机械轴封(配件)		国内无符合技术标准、型号产品
244	随身携带呼吸器件(SCBA 空压机)备用气瓶	Back-up gas cylinder of SCBA	由阻燃材料制成,于灾害状况下,提供呼吸空气
245	化学品泄漏处理对象、器材及防护衣	Chemical leakage special material	处理化学品泄漏时防护及处理器材
246	可燃/毒性物防爆箱	Chemical temporary storage	储存腐蚀性及易燃液体
247	自动灭火喷淋系统(不含微机和外设)	Sprinkler System	净化室消防灭火用,需 FM 认证
248	消防(火灾)防护防害器材及防护衣物	Fire fighting protection material	消防灭火的防护衣服手套等
249	全套自供式呼吸器(含碳纤气瓶)	Self container breathing aparatus (SCBA)	由阻燃材料制成,于灾害状况下,提供呼吸空气
250	磁簧感应器、红外线对照式侦测器、主机及控制器、路由器等	Access System	在事故发生时通过门禁系统来掌握及控制无尘室等人员出入
251	磁力锁	Electric Lock	在事故发生时通过门禁系统来掌握及控制无尘室等人员出入
252	寻址式火警控制盘、相应模块	Addressable fire alarm control panel & module	火灾侦测报警用,国内无符合技术标准、型号产品
253	无尘室用二氧化碳来灭火器	CO_2 Fire Extinguisher	消防灭火用,国内无符合技术标准、型号产品
254	二氧化碳系统(含钢瓶、喷头、烟感器、控制盘,不含微机和外设)	CO_2 System	消防灭火用,国内无符合技术标准、型号产品
255	防爆型摄像头、高分辨率摄像头	CCTV system	监视无尘室等运行状态,通过闭路监视系统来预防及处理发生相关事件
256	防火/防烟风门	Fire stop,fire/smoke damper	消防系统用,国内无符合技术标准、型号产品
257	感应读卡机	Proximity Card Reader	在事故发生时通过门禁系统来掌握及控制无尘室等人员出入
258	高压气瓶泄漏处理设备储备器材	compressed cylinder leakage treat equipment	国内无符合技术标准、型号产品
259	画面处理单元	Drawing Handle Unit	监视无尘室等运行状态,作画面处理(如分隔和警报),通过闭路监视系统来预防及处理发生相关事件

序号	商品名称	英文名称	进口原因(技术规格)及用途
260	环境安全管理监视系统[含影像接收、处理、记录系统,监控器,光纤,光缆(不含微机和外设)]	Monitoring System (including video receiving, processing, recording system)	国内无符合技术标准、型号产品
261	回路控制单元	Loop Control Unit	监视无尘室等运行状态,通过闭路监视系统来预防及处理发生相关事件
262	回路控制器	Loops Controller	火警广播用,国内无符合技术标准、型号产品
263	火警报警,(广播)系统(感应,灭火逃生警报单元,控制单元,不含微机和外设)	Fire Alarm, Public Address System(Detection, Alarm Unit)	火灾侦测报警用,需FM认证
264	火警矩阵主机(连动门禁、电梯、排烟及广播系统)	Fire System Materix Link	火灾侦测报警用,国内无符合技术标准、型号产品
265	极早期火警警报系统(不含微机和外设)	Very Early Smoke Detection System	洁净车间火灾侦测报警用,需FM认证。
266	紧急广播主控器、相应模块及附件	Emergency P.A. Main Controller & Module	火警广播用,国内无符合技术标准、型号产品
267	紧急洗眼及冲淋器具		国内无符合技术标准、型号产品
268	警报输入/输出(I/O)界面(用于门禁系统)	Alarm I/O Interface	一种组态软件,在事故发生时通过门禁系统来掌握及控制无尘室等人员出入
269	空气采样管(特种塑钢)	Air sampling piping	ABS(丙烯腈-丁二烯-苯乙烯三元共聚物)塑钢本身不产生尘粒和化学物质用于净化厂房中
270	空气采样系统主机、相应模块及附件	Air Sampling Smoke Detector, main machine	本身不产生尘粒和化学物质用于净化厂房中
271	门禁管理系统(不含微机和外设)	Access Control Alarm System (Accessory) (Control Unit)	有专用通讯协议,可接多个接口模块,且可管理数万个持卡者,国内无符合技术标准、型号产品
272	泡沫灭火系统(含泡沫桶,控制盘,不含微机和外设)	Foam Extinguish System	消防灭火用,国内无符合技术标准、型号产品
273	网络接口组件、图控压缩软件(用于火灾探测报警用/火警广播)	Network Interface Unit, Graphic Compress Software	火灾探测报警用/火警广播用,国内无符合技术标准、型号产品
274	网络界面设备及附件	Network Interface unit	本身不产生尘粒和化学物质用于净化厂房中
275	视觉信号装置零备件	System Accessories	火灾探测报警用,国内无符合技术标准、型号产品
276	消防组配件(洒水头,泡沫头,压扣开关,蜂鸣器,阀,扳手,防震支撑……)	Fire Protection System Accessories (Springkler head, foam head, emergency push botton, speaker…)	消防系统,国内无符合技术标准、型号产品
277	信号收集单元	signal collect unit	一种监视器,国内无符合技术标准、型号产品
278	烟感及温感器	Smoke Detector	火灾探测报警用,国内无符合技术标准、型号产品

序号	商品名称	英文名称	进口原因(技术规格)及用途
279	安全保护器具	Safety Protection Equipment	由阻燃材料制成,于灾害状况下,提供呼吸空气,需FM认证
280	厂务监控系统(不含微机和外设)	Facility Management & Control System	整合所有厂务系统进行监控,以确保净化室稳定生产
281	编程工具	Programming Tools	用洁净室监控器作网络重新测试和故障确认,整合所有厂务系统进行监控,以确保净化室稳定生产,国内无符合技术标准、型号产品
282	监控器与监控盘体(含监视器)	Controller and control Panel	整合所有厂务系统进行监控,以确保净化室稳定生产,国内无符合技术标准、型号产品
283	输入/输出监控工作站(不含计算机)	I/O Control Workstation	中控室监控站,监控净化室温度、湿度、压力、流量及警报,整合所有厂务系统进行监控,以确保净化室稳定生产,国内无符合技术标准、型号产品
284	网络设备(不含计算机)	Networking Device	工业级 Etchmet Kingbus 网络确保净化室监控网络的稳定,整合所有厂务系统进行监控,以确保净化室稳定生产,国内无符合技术标准、型号产品
285	数据库应用工具	Database Application Tools	整合所有厂务系统进行监控,以确保净化室稳定生产,国内无符合技术标准、型号产品
286	专用测试系统(不含微机和外设)	Special Instruments for clean room	国内无符合技术标准、型号产品
287	静电监测系统(不含微机和外设)		国内无符合技术标准、型号产品

附件3

部分集成电路生产企业免税进口集成电路生产设备零、配件商品目录

序号	设备类型	英文名称(企业参考)	设备零、配件	零、配件税则号列
1	化学机械研磨设备	CMP	研磨(二氧化硅、多晶硅、浅沟槽、铜研磨、钨研磨)设备配件(化学机械研磨机)	84799090 84669300
2		Defect Inspection/Back Order for RT 8800 Automatic Reticle Inspection System/Mask Particle & Pellicle Defection System	缺陷测试设备配件(缺陷检测仪)/自动缺陷检查仪/缺陷分析仪/缺陷检测仪(排气管拉口)/光罩颗粒/薄膜缺陷检测系统配件	90299000 90319000
3		Particle Counter	颗粒计数仪配件/粒子计数器配件	90299000 90309000
4		Profiler	剖面测量仪配件(高精度表面凸凹检测仪)	90309000
5			表面轮廓仪配件	90309000
6		Wafer Sort	晶圆分类机设备配件	84799090
7	扩散设备	RTA	快速热退火炉-热退火设备配件(快速热处理器)	85149090

序号	设备类型	英文名称(企业参考)	设备零、配件	零、配件税则号列
8		Sheet Resistance	电阻量测仪配件/层电阻测定仪配件/比电阻测定仪配件	90309000 90319000
9		Surface Charge Analyzer	表面电荷分析仪配件	90279000
10		VF LPCVD	低压化学气相沉积炉管配件	84859000 84799090 84799090
11		VF Poly Oxide/Anneal	常压垂直炉管(包括退火、干燥、合金化、膜生长垂直炉管)配件	85149090
12		Parts for Vertical Furnace	氧化机配件	84199090
13		IPI	高温燃烧废气处理设备配件	84199090
14		Vacuum pump	真空泵配件/干泵配件/生产真空泵配件	84149090
15		Tube cleaner	炉管清洗设备配件/炉管清洗机配件/炉芯管清洗机配件	84219990 85149090
16		Dry scrubber	干式清洗设备配件(清洗机)	84199090
17		Parts Cleaner HF	零件清洗机配件	84249090 84219990 85439090
18			表态老化炉配件	84179090
19			数字器件标准老化炉配件	85149090
20			单晶硅外延炉配件	84179090
21			老化炉配件	85149090
22			扩散炉配件	85149090
23			聚酰胺烘焙炉配件	85149090
24			氮气处理配件	85149090
25			椭圆仪配件	90319000
26			扩散用工夹具清洗机/化学气相沉积用工夹具清洗机/工夹具有机清洗装置配件	85149090 84799090 84669300
27			温度控制器配件	90329000
28			温度分布测定机配件	90319000
29	化学气相沉积/薄膜设备		除害装置配件	84219990
30			四乙氧基硅烷(TEOS)供给系统配件	84799090
31			磷浓度测定仪配件	90269000
32			尘埃检查仪配件	90309000
33			粒子监视系统配件	90309000
34			供气系统/气体供给系统配件	84799090
35			气体精制机(氮气)配件	84219990
36			涡轮分子泵/低温泵配件	84139100

序号	设备类型	英文名称(企业参考)	设备零、配件	零、配件税则号列
37			特性检查配件	90319000
38			气体泄漏监视系统配件	90269000
39			气体集中供给装置配件	84799090
40			ClF_3 废气吸附装置配件	84219990
41			聚酰亚胺烘焙配件	84799090
42	薄膜设备	FTIR	傅力叶红外线检测仪配件(量测仪)	90319000
43		PVD	物理气相沉积设备(仪)配件	84219990
44		CVD	化学气相觉积设备(仪)配件/化学气相淀积设备/高密度等离子化学气相沉积配件/亚大气压化学气相沉积配件	84219990 84799090
45		SMIF ARM	标准机器界面设备配件(晶片上料机)	84859000
46		SMIF	小型无尘室配件	84219990
47		Parts Cleaner	工艺配件清洗设备(包括石英管、片架、片盒、晶盒掩模版等)配件(零件清洗机)(清洗机)	84249090 84219990
48			擦片机配件/化学机械抛光擦片机配件/浅沟道隔离化学机械研磨擦片机/双面擦片机配件	84799090 84669100
49		Waste Gas Treatment(including local scrubber,burn tube,cool trap…)	工艺废气处理设备配件(高温燃烧废气处理设备)	85149090
50		Stress Measurement System Parts	应力测量仪配件/应力测定仪配件	90309000 90269000
51		sputter	溅射设备配件	84799090
52		VAPOR HF	气相清洁设备配件	84799090
53		XRF	X 射线测量仪配件(X 射线晶片分析仪)	90309000
54		Cu Plating	铜电镀机配件	84799090
55		Wafer Transfer System Parts	晶盒运输设备配件	84859000 84799090
56		Wafer Scrubber System Parts	晶片清洗设备(清洗机)(清洁机)(硅片清洗机)(清洗过滤机)配件	84219990
57		Liquid Delivery System Parts	自动供液系统(输送机)配件	84859000
58		Sheet Resistance Measurement System and Parts	阻抗量测仪器及配件	90309000
59		ESD TLP system	静电测试系统配件	90309000
60	金属化		溅射台配件	84799090
61			段差测定仪配件	90319000
62			表面反射率计配件	90319000
63			真空烘箱/烘箱/HT 烘箱配件	85149090 85149000

序号	设备类型	英文名称(企业参考)	设备零、配件	零、配件税则号列
64			固化烘箱/塑封固化烘箱配件	84779000
65			喷砂机配件	84249090
66			干燥机/版盒干燥机配件	85149090
67			荧光X线分析装置配件	90319000
68	干法蚀刻	Corner Rounding	倒角设备配件	84669300
69		Metal/W Etchback Etch	金属/钨回蚀设备配件	84669300
70		Microscope/Wafer Loader	光学显微镜/硅片承载器配件	90119000
71		Etch-Spacer	衬垫蚀刻设备配件	84669300
72		Opticstation	光学检测设备配件	90319000
73		Etch	蚀刻设备配件(刻蚀机)/电浆蚀刻机配件/干式蚀刻机(铬膜和半透膜)配件/反应离子刻蚀仪配件/反应离子刻蚀系统配件/背面多晶刻蚀机配件/研削用背面刻蚀机/等离子刻蚀机配件	84669300 84669300
74		Plasma Clean	等离子体清洁设备配件	84799090
75		Resist Strip	去胶机/等离子去胶机/酸去胶机配件	84219990 84799090 84669300 84669300
76		SN De-Polymer	高分子聚合物去除设备配件	84799090
77		UV Curing-MET	紫外线固化(金属)设备配件	84799090
78			回刻机配件	84669300
79			气体泄漏监视装置配件	90269000
80			工夹具水洗装置配件	84669300
81			工夹具干燥装置/化学气相沉积用工夹具干燥配件	85149090 84799090
82	研磨设备	Backside grinder/polisher	晶片背研磨机(研磨机)配件	84799090 84669300
83		Backside Thickness Measurement	背面测厚仪配件	90269000
84		Detape	去膜机配件/卸膜机配件	84799090 84669300
85		Tape	贴膜机配件	84799090 84669300
86	离子注入设备	Dose Measurement	剂量测量设备配件	90289010
87		Current IMP	离子注入设备配件(高速流、高能量)	85439010
88			离子注入设备配件(中速流)	85439010
89			喷砂机配件	85439090
90	光罩生产设备	AIMS Metrology System	空间影像模拟系统配件	90089090
91		Auto Pellicle Mounting System	自动防尘保护膜系统配件	84799090

序号	设备类型	英文名称(企业参考)	设备零、配件	零、配件税则号列
92		CD Metrology System	微距量测系统配件	90179000
93		Coater & Hot Plate	镀膜机配件	84799090
94		FIB Reticle Repair System	聚焦离子束光罩修补系统配件(光罩修补系统)	90279000
95		Film Thickness Measurement Tool	薄膜厚度量测机(测量仪器)/膜厚测定仪/厚度仪配件	90309000 90319000
96		Laser Beam Writing	扫描式(步进式、电子束、镭射束)曝光机配件	90109090
97			镭射束(电子束)曝光机配件(镭射刻读机)配件	84799090
98		Laser Reticle Repair System	镭射光罩修补系统配件(光罩修补系统)	90279000
99			光罩修补系统配件	90279000
100		M&M Visual Inspection Tool	目检机(包括焊线目检机、自动目检机、自动盘装目检机、自动管装目检机)配件	90319000 84799090
101		Manual Pellicle Mounting Tool	手动防尘保护膜系统配件	84799090
102		Optical Chemical Processor	光学化学制程机配件(光掩模制程机)	90109090
103		Overlay Metrology System	标记误差量测系统配件(叠对标记差测量仪)	90179000
104		Phase Angle Measurement Tool	相位量测系统配件	90179000
105		Starlight Inspection System	微尘检验系统配件(脏污检验系统)	90309000
106		Reticle Fine - cleaning System/Wet Bench	光罩清洗系统配件/湿式光罩清洗仪配件(水洗台)/去光阻清洗系统配件	84799090
107			扫描电子测量仪配件	90309000
108	产品工程设备	MOSAID EFA Tester	测试机配件	90309000
109		UV Eraser	紫外线光源擦除机配件	85439090
110		Cycling Machine	重复读写测试机配件	90309000
111		Precision Semiconductor Parameter Analyzer	精密半导体参数分析仪(参数分析仪)配件	90279000
112	光刻设备	Ammonia Detector	氨气检测器配件(多种气体分析仪)	90279000
113		Hot Plate	热板烘干机配件	84799090
114		In-Line DUV Scanner	光刻机配件	90109090
115			光刻机用控制器配件	84859000
116		In-Line DUV Track	在线式涂布显影机配件	84799090
117		Mask Optical Microscope	显微镜(包括红外线电子显微镜、电子显微镜、穿透式电子显微镜、电子扫描显微镜、非接触测量显微镜)配件	90129000 90119000
118			光学显微镜配件/激光显微镜/金相显微镜/X射线显微镜/高倍显微镜/共聚焦显微镜/发射显微镜配件	90119000

序号	设备类型	英文名称(企业参考)	设备零、配件	零、配件税则号列
119			立体显微镜配件	90119000
120		Overlay	套刻精度仪配件(量测仪)/套刻精度检测仪配件	90309000 90319000
121		Coater	涂布机配件(涂胶机)/涂敷机配件	84799090
122		Developer/PR Reworker	显影机配件	84799090
123		Reworker Dryer before cure	光刻胶预处理设备配件	84799090
124			紫外线光刻胶硬化机配件	90109090
125		Reticle Charger /Macro Check Station	光罩检测仪配件(晶片盒开封机)	84799090
126		Starlight Mask Inspection System	光罩检测检查系统配件	90319000
127			版盒清洗机配件	90330000.90
128			硅片周边曝光装置配件	90330000.90
129			紫外固胶机配件	90330000.90
130			紫外线处理装置配件	90330000.90
131			罩清洗机配件	90330000.90
132			显影液供给系统配件	90330000.90
133			溶剂供给系统配件	90330000.90
134			氦气气瓶柜配件	84799090
135			掩膜板检测仪配件	90319000
136			扫描电镜配件	90119000
137			聚焦离子光束、扫描电子显微镜配件	90330000.90
138			测试工作台配件	90319000
139			硅片分类机/倒片机/超高压化学气相沉积倒片机配件	84799090
140			外观检查仪配件	90319000
141			背面外观仪配件	90319000
142	质量保证设备	SIMS	二次离子质谱仪配件(质谱仪)/电感耦合质谱仪配件	90279000
143		Air Sampler	空气取样器配件(极早期空气采样系统)	90329000
144		GC/MS(gas chromatography)	气相色谱质谱联用分析仪配件	90279000
145		GFAAS	石墨炉原子吸收光谱仪配件(原子吸收分光光谱仪)	90279000
146		Ion Chromatography	离子色谱仪配件	90279000
147		KF Titrator	水分滴定仪配件(水分仪)	90319000
148		Microwave Concentrator	微波浓缩装置配件	90309000
149		Auto Titrator	自动电位滴定仪配件(自动滴定仪)	90319000

序号	设备类型	英文名称(企业参考)	设备零、配件	零、配件税则号列
150	可靠性保证设备	Viscometer	黏度计配件(黏度测量仪)	90319000
151		Hot Plate	搅拌器配件	84749000
152			加热器配件	85169090
153		Auto-Decapsulation Machine	自动开封机配件(晶片盒开封机)	84799090
154		FIB	聚焦离子束设备配件	85439030
155		Ion Milling	离子减薄机配件	84799090
156		Micro cleaving	裂片机配件	84799090
157		Microsection/Polisher	抛光机配件(化学机械抛光设备)	84859000 84669100
158		Precision Saw	精密切割仪/激光切割机配件(低速切割机)	84859000 84669300
159		Reflow	回流焊设备配件	84689000
160		Sample Preparation-CO_2 System	二氧化碳气泡机配件	84799090
161		Sample Preparation-dicing saw	划片机配件	84799090 84779000 84649100
162		Sample Preparation-die Bonder	上片机配件(粒子上片机)	84799090
163		Sample Preparation-wafer Mounter	粘片机配件	84799090
164		Sample Preparation-wire Bonder	焊线机配件	85159000
165		X-Ray	X 射线分析仪配件(X 射线晶片分析仪)	90309000
166		Failure Analysis Instrument	故障分析仪配件	90309000
167		Failure Analysis Sample Preparation	失效分析样品制备系统配件	90319000
168		EL Grade Clean Plastic Bottle (PE/PP/PTFE)	超洁净塑料瓶	39269010
169		Sterilized Sampling Tube	无菌采样管	39172900
170		Volumetric flask (PE/PP/PFA/PMP)	超洁净塑料凉瓶	39269010
171		Micropipettb	微量移液管	39269010
172		DIW Sample Bag	无菌取样袋	39239000
173		Plastic Syringe	无菌塑料针管	39173900
174			分析装置配件	90319000
175			去离子水系统配件	84219990
176			中央控制系统配件	84733090.90
177			蒸汽回流机配件	85439090
178			红外线回流系统配件	90319000
179			塑模开封机配件	84669100
180			化学腐蚀装置配件	84669300

序号	设备类型	英文名称(企业参考)	设备零、配件	零、配件税则号列
181			超声波清洗系统配件	84669300
182			超声波图机配件	90319000
183			热载流子分析仪配件	90319000
184			曲线跟踪仪配件	90319000
185		POD/Cassette Inspection	晶盒检测仪配件	90309000
186		TXRF	X 射线荧光光谱仪配件	90279000
187		W.S.Wafer Scrubber-non Metal	晶片去离子水喷射刷洗设备配件	84249090
188		Wafer Marker	激光晶圆刻片机配件(激光刻号机)	84799090
189		Wafer RS & Thk/Flat	晶圆片厚度/平整度测量仪配件(表面凸凹检测仪)	90309000
190		ALU	石英舟自动装载设备配件(晶片盒开封机)	84799090
191	研发设备	Dynamic Signal Analyzer	动态信号分析仪配件(噪声计)	90309000
192			超声波扫描仪配件	90319000
193			温湿度箱/压力锅配件	85439090
194			高加速应力实验箱配件	90309000
195			逻辑分析仪配件	90279000
196			晶体管曲线仪配件	85439090
197			静电模拟测试机配件	90309000
198		LCR Meter	电感电阻电容测试仪配件	90309000
199		Pulse Generator	专用脉冲发生器配件	85439029
200		Semiconductor Parameter Analyzer-manual	半导体参数分析设备配件(参数分析仪)	90279000 85439090
201		Semiconductor Parametric Tester	半导体参数测试设备(仪)配件	90309000
202		Switch Matrix	信号自动转接器配件	85191090
203		RF Noise Figure Instrument	高频噪声系数分析仪配件	90319000
204		ICCAP RF Measurement System	高频测试系统配件	90319000
205		Curve Tracer	信号轨迹追踪器配件	90319000
206		ESD TLP System	静电放电测试系统配件	90309000
207			图像处理器配件	84719000
208			绘图机配件	90330000.90
209			热波测试仪配件	90279090
210			高低温分析仪配件	90319000
211			微控针台配件	90319000
212			电子束探针/热探针仪/自动多探针配件	90319000
213			验证测试系统配件	90319000
214	测试设备	Laser Repair	激光修复仪配件	90319000

序号	设备类型	英文名称(企业参考)	设备零、配件	零、配件税则号列
215		Logio Tester	元件电参数测试设备配件	90319000
216		Prober Card Check	探针卡检测仪配件(探针测试仪)	90309000
217		Prober	探针台(手动、半自动、自动、微探针台)配件	84799090 90319000
218			探针卡	
219		Wafer Bake Oven Fittings	烤箱(包括晶元烤箱、动态老化晶元烤箱、银浆固化烤箱、高温烘烤箱、烤炉)配件	85149090 84199090
220		Logic Tester Fittings	逻辑测试机配件	90319000
221		Memory Tester Fittings	记忆体测试机配件	90319000
222		Wafer Loader	晶圆装载机配件	84799090
223		Tester Equipment PC Tool Fittings	测试设备电脑工具配件	84719000
224		Probe Card Macking Equipment Fittings	探针卡制作设备配件	84799090
225		Ultra Sonic Container Fittings	超音波振荡器配件	90319000
226		Tester Electronic Meter Fittings	测试仪计量设备配件	90309000
227		Mother-plate Fitting for Tester	测试仪专用工夹具及配件	90319000
228		Microscope Guard Against Earthquakes Fittings	显微镜防震工作台配件	90119000
229		Thermometer & Humidometer Fittings	温湿度测试仪配件	90259000
230			与机台相配套的高清晰度专用激光打印机配件	84859000
231		Logic analyzer Fitting	逻辑分析仪配件	90279000
232		Precise Oscillator Fittings	精密示波器配件(示波器)	90309000
233		Wafer Burn-in Tester Fittings	炙烧测试机配件	84799090
234		Dynamic Wafer Burn-in Bake Oven Fittings	动态老化晶圆烤箱配件	84199090
235		Mixed Signal Tester Fittings	混合型测试机配件	90319000
236			数字测试系统配件	90319000
237			混合信号测试系统配件	90319000
238			密封机配件	84779000
239			外观检查仪配件	90319000
240			切片机配件	84669100
241			粉尘收集器配件	84213990.90
242			尘埃测定器配件	90319000
243			热电子分析仪配件	90319000
244	湿法刻蚀设备	W.S. Cleaner	湿法清洗设备配件	84799090
245			晶片再生处理机配件	84569990.90

序号	设备类型	英文名称(企业参考)	设备零、配件	零、配件税则号列
246		Wafer Transfer/Transfer, Horizontal, Wafer, Automatic	晶片传送器配件(晶片传送机)	84859000
247			超声清洗机/酸清洗机/超声清洗机/片盒清洗干燥机/剥膜清洗机/自动腐蚀清洗机/片架清洗机配件	84669300
248			氧化膜腐蚀配件	84669300
249			氮化硅腐蚀配件	84669300
250			磷玻璃层去除设备配件	84669300
251			化学机械抛光清洗机配件	84669100
252			浆料供给装置配件	84669300
253			光刻胶剥离配件	84669300
254			减薄机配件	84669100
255			化学机械研磨用纯水加压装置配件	84669100
256			半球形玻璃(HSG)前处理装置配件	84669300
257			寿命测试仪配件	90319000
258			片架检查仪配件	90319000
259			淀积物支队装置配件	84669100
260			栅氧化前处理配件	84669300
261			荧光X射线分析装置配件	90319000
262			化学机械研磨用残膜测定仪配件	90319000
263			前处理装置配件	84669300
264	搬送设备		工程间搬送设备配件	84859000
265			工程间有轨/无轨搬送设备配件	84859000
266			掩模版库配件	90330000.90
267			机器人配件	84799090
268			精选机配件	90319000
269	封装设备		贴片机配件	84779000
270	后工序封装设备		等离子清洗机配件	84799090
271			晶片粘贴机配件	84799090
272			金线拉力检测机配件	90309000
273			自动生产线线体配件	84799090
274			二氧化碳充气机配件	84799090
275			印字机配件	84439000
276			切筋成型机配件	84669400
277			X光机配件	90229090
278			植球机配件	84779000

序号	设备类型	英文名称(企业参考)	设备零、配件	零、配件税则号列
279			清洗机配件	84799090
280			推球测试机配件	90309000
281			内脚焊接配件	84689000
282			封胶机配件	84779000
283			抓料机配件	84799090
284			电镀机配件	84799090
285	后工序测试设备		自动分检机配件	84799090
286			卷带包装机配件	84799090
287			老化板测试机配件	90309000
288			自动上下料分检机配件	84799090
289			紫外线擦除机配件	85439090
290			电源及其配件	85049020
291	实验分析校准设备		温湿度箱/压力锅配件	85439090
292			高加速应力实验箱配件	90309000
293			回流焊机配件	84799090
294			温度循环测试机配件	90309000
295			纯水加压机配件	84779000
296			装片机配件	84779000
297			键合机配件	84779000
298			键合检查仪配件	90319000
299			塑封压机/塑封机配件	84779000
300			塑封模配件	84779000
301			切筋打弯机配件	84779000
302			存储器测试系统配件	90319000
303			分选机配件	84779000
304			管脚检查系统配件	84779000
305			插拔机配件	84799090
306			老化测试板检查仪配件	90319000
307			托盘处理机配件	84779000
308	生产管理自动控制系统		主系统服务器配件	84733090.90
309			生产管理系统配件	84733090.90
310			管理系统服务器配件	84733090.90
311			自动装载系统配件	84733090.90
312			生产控制系统 H/W 配件	84733090.90
313			后道生产控制系统服务器配件	84733090.90

序号	设备类型	英文名称(企业参考)	设备零、配件	零、配件税则号列
314			抄送邮件服务器配件	84733090.90
315			网络设备(FA,OA)配件	84733090.90
316			网络测试系统配件	84733090.90
317	芯片出货检测设备	Wafer Vacuum Packing Machine	各类芯片专用真空包装机配件/真空包装机配件	84229090 84779000 84799090
318		OM Digital Printer	显微镜数码打印机配件	84859000
319		OM 3CCD RGB Camera	(带三电荷耦合装置)显微镜数码相机配件	90069199
320		Bar Code Printer	工业用条形码打印机配件	84859000
321		VLSI Standard Wafer	各类校准用标准晶片配件	90319000
322		TRH Meter, Anemometer, TRH Recorder	各类温湿度风速压力颗粒测量仪及其记录器配件	90269000
323		LOCKREEL	塑料带轮配件	39269090
324		TIP, WAND, VACCUM	硅片(晶片)吸附头	39269010
325		VACCUM PICK-UP PENCIL WITH HEAD	真空吸笔及吸头	40161010
326		CABILIARY	瓷嘴配件	69149000
327		DIAMOND CUT-OFF WHEEL	切割轮(金刚砂)配件	68042100
328		Diamond Blade	切割刀配件	82089000
329		REJECT PIN	顶起针配件	73199000
330		MAGAZINE/FRAME	弹匣/芯片承载环配件	73261910
331		TWEEZER, WAFER	晶片镊	82032000 73269010
332		PRINT CARTRIDGE	喷塑匣配件	84719000
333		HPC SAMPLER RED 25/PK	去离子水细菌测量抽样仪配件	90318090
334	电学计量校准检定设备	Digital Multimeter Calibrator Parts	数字多用表校准标准器配件	90319000
335		Precision Oscilloscope Calibrator Parts	示波器精密校准器配件	90309000
336		AC/DC Voltage and Current Calibrator Parts	交直流电压、电流标准装置配件	90309000
337		Resistance Standard Calibrator Parts	电阻标准检定装置配件	85389000
338		Multiple Channel Power Calibrator Parts	多功能标准源装置配件	85049090
339		Signal Generator Calibrator Parts	信号发生器检定装置配件	90319000
340	力学计量校准检定设备	Pressure Gauge Calibrator Parts	压力表检定装置配件	90269000

序号	设备类型	英文名称(企业参考)	设备零、配件	零、配件税则号列
341		Liquid/Gas Flow Meter Calibrator Parts	流量计标准装置配件	90269000
342		Velocity Meter Calibrator Parts	转速表检定装置配件	90269000
343	热工计量校准检定设备	Thermocouple Calibrator Parts	热电偶检定标准装置配件	90329000
344		Temperature Calibrator Parts	温度校准器配件	90329000
345		Heater Furnace Calibrator Parts	温度炉标准配件	90329000
346		Control Equipment & Spare Parts	控制装置配件	84859000
347		Ultra - violet Equipment & Spare Parts	紫外线杀菌灯配件	85399000
348	纯水,排水与药品供给回收系统		化学品供应系统配件	
349			化学品混合机配件	84799090
350	电气系统		六氟化硫组合电器柜配件	85489000
351			10kV 真空断路器配件	85489000
352			电力数据采集监控系统配件	85489000
353			高电压绝缘开关柜/高电压真空开关柜/不间断电源用高电压开关柜/高电压开关柜配件	85389000
354			高电压主变压器/站用干式变压器/不间断电源用干式变压器/不间断电源用旁路变压器配件	85030090 85049019
355			电力电容成套装置配件	85389000
356			综合保护装置配件	85389000
357			高电压电压监视系统配件	85389000
358			ATS 电源转换装置配件	85049019
359			发电机并车装置配件	85030090
360			中央监控站设备配件	85389000
361			冷冻机组配件	84189999
362			高效风车过滤单元配件	84219990
363			高效率过滤器配件	84219990
364			静电消除装置配件	90329000
365			温湿度监控系统配件	85319090
366			真空扫除机配件	84219990
367	气体系统		气体品质监控系统配件	85319090
368			气瓶柜输送系统配件	84313900
369			气体纯化器系统配件/气体纯化装置配件	84219990
370			气体溅楼漏侦测系统配件	85319090
371	化学品过滤及供应系统		控制装置配件	84733090
372			管道阀及其配件	84819010

序号	设备类型	英文名称(企业参考)	设备零、配件	零、配件税则号列
373			过滤器滤芯及其配件	84219990
374			化学品储存桶槽及其配件	39269010
375			化学品成分及浓度测量装置及其配件	90289090
376			重量测量装置及其配件	84239000

财政部、海关总署、国家税务总局、信息产业部关于线宽小于0.8微米（含）集成电路企业进口自用生产性原材料消耗品享受税收优惠政策的通知

（财关税〔2004〕45号）

海关总署广东分署，天津、上海特派办，各直属海关：

经国务院批准，对在中国境内设立的集成电路线宽小于0.8微米的集成电路生产企业进口国内无法生产的自用生产性原材料、消耗品，免征进口关税和进口环节增值税。现就有关问题通知如下：

一、符合条件的集成电路生产企业（名单见附件1）进口自用生产性原材料、消耗品属于《线宽小于0.8微米（含）集成电路企业免税进口自用生产性原材料、消耗品目录》（附件2，以下简称《目录》）内的，免征进口关税和进口环节增值税。

二、符合条件的集成电路生产企业进口自用生产性原材料、消耗品，企业所在地海关负责办理免税审批手续。经审核，进口原材料、消耗品属于《目录》内的，海关出具《进出口货物征免税证明》。如进口商品名称和税则归类与《目录》不一致的，以《目录》所列商品名称作为审批依据。

三、线宽小于0.8微米（含）集成电路生产企业进口自用生产性原材料、消耗品免税项目征免性质为：集成电路生产企业进口货物，简称：集成电路（代码：422）。

四、《目录》所列进口原材料、消耗品的范围和内容今后将根据国内配套产业的发展情况适时进行调整，由信息产业部会同国家发展改革委、财政部、商务部、海关总署、国家税务总局提出意见，报国务院审批。

五、集成电路线宽小于0.25微米或投资额超过80亿元的集成电路生产企业进口自用生产性原材料仍按《财政部关于部分集成电路生产企业进口自用生产性原材料消耗品税收优惠政策的通知》（财税〔2002〕136号）和《海关总署关于集成电路生产企业进口自用生产性原材料等等享受税收优惠政策的通知》（署税发〔2002〕328号）执行。

六、上述政策自2004年10月1日起开始实施。

附件1　第一批符合条件的集成电路生产企业名单

附件2　线宽小于0.8微米（含）集成电路企业免税进口自用生产性原材料、消耗品目录

二〇〇四年十月十日

附件 1

第一批符合条件的集成电路生产企业名单

一、无锡华润微电子有限公司

二、首钢日电电子有限公司

三、上海贝岭股份有限公司

四、上海先进半导体制造有限公司

五、杭州士兰微电子股份有限公司

附件 2

线宽小于 0.8 微米（含）集成电路企业免税进口自用生产性原材料 消耗品目录

序号	性质	类别		税则号列	品名	英文品名(企业参考)
1	一、直接原材料	树 脂	树 脂	39073000	塑封胶(环氧树脂)	RESIN/Molding Compound/CHIP COAT
2			导电树脂	38249090	导电胶(多种成分混合)	
3		胶 膜	丙烯酸树脂类保护膜	39191010	(硅片、光掩模、光罩)保护膜(丙烯酸树脂制)	(UV/ICROS TAPE/PELLICLE GALSS)TAPE
4			硅片正面保护膜	39191010	贴膜/(UV 感应及非感应背磨、晶背研磨)胶带/胶膜(丙烯酸树脂制)	UV&NON-UV CURABLE BACKGRINDING TAPE
5			剥离膜	39191010	剥离膜/揭膜(塑料制成卷,宽度>20cm)(丙烯酸树脂制)	ADHESIVE TAPE (plastic)
6				39191010	剥离膜/揭膜(塑料制成卷,宽度≤20cm)(丙烯酸树脂制)	ADHESIVE TAPE (plastic)
7				40169990	剥离膜/揭膜(橡胶制)	ADHESIVE TAPE (rubber)
8		硅 片	硅片/晶片(单晶硅切片)	38180011	硅片/晶圆/参考片/假片/调整片(单晶硅切片)	WAFER
9				38180019	硅片/晶圆/参考片/假片/调整片(单晶硅切片)	WAFER
10		特殊气体	高纯度混合气体	28121049	三氯化硼	BORON TRICHLORIDE
11			高纯度刻蚀气体	28121049	三氟化氯	CHLORINE TRIFLUORIDE
12			高纯度成膜气体	28129000	三氟化硼	BORON TRIFLUORIDE
13			其他高纯度特殊气体	28121049	六氟化硫	SULFUR HEXAFLUORIDE
14				28129000	三氯化氮	NITROGEN TRIFLUORIDE
15				28141000	氨气	AMMONIA
16				28261900	六氟化钨	TUNGSTEN HEXAFLUORIDE
17				28500000	硅烷	MONOSILANE
18				38249090	硅烷氩气混合气	SiH_4/Ar

序号	性质	类别		税则号列	品名	英文品名(企业参考)
19	一、直接原材料	特殊气体	其他高纯度特殊气体	38249090	硅烷氮气混合气	SiH_4/N_2
20				38249090	硅烷氦气混合气	SiH_4/He
21				29033090	三氟甲烷	TRIFLUOROMETHANE
22				29033090	二氟甲烷	DIFLUORO METHANE
23				29035900	八氟环丁烷(八氟化四碳)	OCTA - FLUOROCYCLOBUTANE (C_4F_8)
24				29035900	八氟环戊烯(八氟化五碳,八氟环戊烷)	OCTA - FLUOROCYCLOPENTEN (C_5F_8)
25				28042900	氪气	KRYPTON
26				28044000	氧气	OXYGEN
27				38249090	氧氩混合气	O_2/Ar
28				28480000	磷烷	PHOSPINE
29				38249090	磷烷氮气混合气	PHOSPINE/NITROCEN
30				38249090	磷烷氢气混合气	PHOSPINE/HYDROGEN
31				28042900	氦气	HELIUM
32				28043000	氮气	N_2
33				28112100	二氧化碳	CO_2
34				28112900	一氧化二氮	N_2O
35				28042100	氩气	AR
36				38249090	甲烷、氩气混合气体	METHANE/ARGON
37				28499090	六碳化铬	CrC_6
38				38249090	铬蚀刻化学品	CR-3ST CHROMIUM ETCHANT
39				28121049	六氯化硅	Si_2Cl_6
40				28500000	六氢化硅	Si_2H_6
41				29310000	三甲基硅烷	$SiH(CH_3)_3$
42				28500000	乙硼烷	Diborane
43				38249090	乙硼烷氢气混合气体	Diborane/Hydrogen
44				38249090	氟氮气混合气体	Flourine/Nitrogen
45				38249090	氦气氮气混合气体	Helium/Nitrogen
46				28061000	氯化氢	Hydrogen Chloride
47				28500000	三氯氢硅	$SiHCl_3$

序号	性质	类别		税则号列	品名	英文品名(企业参考)
48	一、直接原材料	特殊气体	其他高纯度特殊气体	28011000	氯气	Cl_2
49				28121049	四氟化硅	Silion Tetrafluoride(SiF_4)
50				28121049	四氯化硅	$SiCl_4$
51				28061000	氯化氢	Halocarbon
52				28129000	高纯度氟化硼	BF_3
53				2850000	砷化氢	Arsine
54				38249090	氢气氮气混合气	H_2/N_2
55				29033090	六氟乙烷	C_2F_6
56				29033090	四氟甲烷	CF_4
57				38249090	四氟甲烷氧气混合气体	CF_4/O_2
58				29033090	氟甲烷	CH_3F
59				28111990	溴化氢	HBR
60				28500000	砷烷	ASH_3
61				38249090	砷烷氢气混合气体	ASH_3/H_2
62				38249090	锗烷氢气混合气体	GeH_4/H_2
63				28510090	二氯二氢硅	
64		光刻工艺用化学品	显影液	37079090	显像液,显影液(光刻显像剂)	Developer, Tetramethyl Ammonium Hydroxide SolUtion (Developer Series)
65			光刻胶	37071000	光刻胶(感光乳液)	Photoresist
66			聚酰亚胺原液	39119000	聚酰亚胺	Sumiresin Excel (HP/Photo sensitive) polymide
67			增黏剂	29310000	双(三甲基硅)胺	HexamethyldisilazaneOAP
68				37013090	光刻工艺专用高等级感光胶片	
69		掺杂源	固态掺杂源	28047090	(高纯度)红磷	High Purity Red Phosphorus
70			气态掺杂源	28048000	(高纯度金属)砷	ArsenicMetal
71			液态掺杂源	28129000	硼源(卤化硼)	
72				28129000	磷源(卤化磷)	phophorsilicate polymers and organic solvents
73				28129000	三溴化磷	PBR_3
74				28121020	磷酰氯(三氯氧磷)	Phosphorus Oxychloride

序号	性质	类别		税则号列	品名	英文品名(企业参考)
75	一、直接原材料	刻蚀液	氟系刻蚀液	28111100	氢氟酸	Hydrogen Fluoride
76				38249090	氢氟酸混合液/氧化物刻蚀缓冲剂	BOE/BUFFERED OXIDE ETCH
77				29053100	乙二醇	ETHYLENE CLYCOL
78				38249090	乙二醇+氟化胺	EG+NH_4F
79				29310000	六甲基乙硅烷	HMDS/HD POLYIMIDE
80				37071000	感光乳液	
81				34021900	BTA/EDA 化学品	BTA, EP GRADE 1HBENJO TRIAJOLE 100G/BT
82				29041000	甲烷磺酸(甲基磺酸)	METHANESULFONIC ACID
83		清洗液	乙醇	22071000	乙醇(纯度等级高于 PPM)	Ethanol
84			硫酸	28070000	硫酸(纯度等级高于 PPM)	SUlfuric Acid
85				28061000	盐酸	HCl
86			硝酸	28080000	硝酸(纯度等级高于 PPM)	Nitric Acid
87			磷酸	28092010	磷酸(纯度等级高于 PPM)	Phosphoric Acid
88			氨水	28142000	氨水(纯度等级高于 PPM)	Super Pure Ammonium HydroxideElm/$NH_3 \cdot H_2O$(AR)
89			过氧化氢	28470000	过氧化氢(双氧水)(纯度等级高于 PPM)	Hydrogen Peroxide
90			异丙醇	29051220	异丙醇(纯度等级高于 PPM)	Isopropyl Alcohl
91			盐酸	28152000	氢氧化钾(纯度等级高于 PPM)	POTASSIUM HYDROXIDE SOLUTION
92			高纯度混合酸	28261900	氟化钾(纯度等级高于 PPM)	POTASSIUM FLUORIDE KF
93				38249090	混合酸(纯度等级高于 PPM)	
94				38249090	硅片平面化液(SOG)	SOG
95				28142000	氢氧化铵(纯度等级高于 PPM)	AMMONIUM HYDROXIDE PPB
96				38220090	钼酸盐试剂(纯度等级高于 PPM)	MOLYBDATE 3 REAGENT
97				34029000	清洗溶液(磺酸铵溶液)(纯度等级高于 PPM)	WRS-200(surfactant)
98				29141100	丙酮(纯度等级高于 PPM)	Acetone
99				29141200	丁酮(纯度等级高于 PPM)	Butanone

序号	性质	类别		税则号列	品名	英文品名（企业参考）
100	一、直接原材料	电镀液	电镀原液	11081900	可溶性淀粉	SOLUABLE STARCH
101				38220090	铅标准溶液	STANDARD LEAD CONC 100ML/B
102				38220090	铅标准溶液	STANDARD CUPPER CONC 100ML/BTL
103				38220090	铁标准溶液	SODIUM IRON CONE 100ML/BTL
104				34029000	表面活性剂制品	MODIFIER/72BC ADDITIVE/BUFFERED ETCH
105				38249090	NaOH、Na_3PO_4、Na_2CO_3 混合液	ENBOND CA-S
106				38249090	PH 调节剂	PH ADJUSTOR
107		成膜专用化学品	无机硅成膜剂	29310000	四乙氧基硅烷+氮气（氮气为保护气）	
108				29153300	醋酸丁酯	
109				29181100	乳酸乙酯	Ethyl Lactate
110				29310000	二甲基硅醇	TRIMETHYLSILANOL
111				29310000	四-二钾胺钛	TDMAT, Tetrakisdimethylamine Titanium
112				29209090	硼酸三甲酯	TMB
113				29209011	亚磷酸三甲酯	TMPI
114				29310000	四氧乙基硅	TEOS
115				38249090	光罩蚀刻机清洗剂（无机酸混合物）	AP/Mineral Acid
116				34029000	表面活性剂制品	TK
117				29310000	三乙基硼烷	TEB
118		掩膜版	掩膜版	70200019	光刻版/掩膜版	EXPOSED & DEVELOPED PHOTO MASK
119		靶材	靶　材	74199990	铜靶材（>99.9%）	Ultra High Purity Sputterring Target
120				76169990	铝靶材（>99.9%）	Ultra High Purity Sputterring Target
121				81019900	钨金属靶（>99%）	Target（tungsten）
122				76169990	铝-铜靶（Al+Cu>99.9%）	TARGET Al-Cu
123				76169990	铝-硅靶（Al+Si>99.9%）	TARGET Al-Si
124				76169990	铝-硅-铜靶（Al+Si+Cu>98%）	TARCET Al-Si-Cu
125				81059000	钴靶（>99%）	TARCET Co

序号	性质	类别		税则号列	品名	英文品名(企业参考)
126	一、直接原材料	靶材	靶材	75089090	镍靶(>99%)	TARGET Ni
127				81039000	钽靶(>99%)	TARGET Ta
128				81089090	钛靶(T>99%)	TARCET TI
129				71159010	铂靶(Pt>99%)	target Pt
130				81122900	铬粒(Cr>99%)	Cr slug
131				81019900	钨硅靶(W+SI>99%)	TARGET WSI
132				38180090	硅靶(SI>99%)	TARGET SI
133		引线框架	引线框架	85429000	引线框架、支架	LEAD FRAME
134		银浆	银浆	28431000	银浆	AG PASTE
135	二、间接生产材料	O 型圈	O 型圈	40169910	O 型圈(橡胶制)	O fing
136		组装专用吸头	组装专用吸头	39269010	真空吸杆/头(塑料制)	Vaccum Pick-up System
137		承载托盘	承载托盘	39269090	承载带/覆盖带/托盘(常温、高温)(塑料制)	CARRIER TAPE/TRAY
138		研磨垫子	研磨垫子	68042290	研磨垫子	Polishing Pad/Backing Pad
149				68042100	化学机械研磨钻石盘	Diamond Disks for CMP
140				39269010	化学机械研磨胶垫中间软垫(塑料)	insert film(plastic)
141				40169310	化学机械研磨胶垫中间软垫(橡胶)	insert film(rubber)
142				39269010	化学机械研磨头内垫(橡胶制)	membrance
143		防静电专用内包装材料	防静电专用内包装材料	39191099	防(抗)静电胶带	ANTI-ACID TAPE
144		生产线产品传输用品		39209990	高温(低温)隔离带	HIGH TEMP SEPERATOR
145		硅片清洗专用刷		96035091	化学机械研磨胶垫处理刷子	PVA BRUSH
146		分析用试剂	分析用试剂	28131000	二硫化碳	CARBON DISULFIDE
147				38220090	柠檬酸试剂	CITRIC ACID REAGENT
148				29221100	单乙醇胺	MONO ETHANOLAMINE
149				38220090	氨基酸试剂	AMINO ACID REAGENT

序号	性质	类别		税则号列	品名	英文品名(企业参考)
150	二、间接生产材料	交换树脂	交换树脂	39140000	离子交换树脂	
151				63079000	过滤袋(纺织材料制)	FITLER BAGS
152				39232900	阳极袋(PVC)	ANODE BAGS 18×2×1.5
153				39209990	反渗透膜	RO membrance for clean room
154		过滤材料	过滤芯	84219990	过滤芯(液体、气体)	FILTER
155				84219990	其他过滤芯	FILTER
156		高分子材料	脱模剂	34039900	脱模剂	MOLD WAX RELEASE 909C
157		石英制品		70200019	石英制品(管、舟、腔)	Quartz ware
158				39231000	硅片架/盒	wafer cassette/carrier/box
159		生产线产品传输用品		84283990	晶片传送器	TRANSFER, HORIZONTAL, WAFER, AUTOMATIC
160		电　极		84669300	电极	electrode
161		光罩盒		39269090	光罩盒	Reticle/Mask POD
162		探针/探针卡		84799090	探针卡/探针	prober card
163				85444990	探针连接线	prober card cable
164		探针卡清洗片/针尖清洗片		68052000	(探针卡/针尖)清洗片	
165		洁净室清洁用品	Class100及以下洁净室清洁用品	39199090	洁净室专用薄膜(有黏性)	BLUE TACKY MAT
166				39204300	洁净室专用PVC薄膜(无黏性)	Plastic Sheets
167		洁净室专用灯管	Class100及以下洁净室专用灯管	85392999	专用离子回流灯	
168				85393290	专用灯(氙灯、汞灯、卤素灯、卤钨灯)	Dedicated Lamp
169				85393990	专用黄灯管	Fluoresent Lamp
170				85394900	专用紫外线灯、专用UV灯	

国家发展改革委、信息产业部、国家税务总局、海关总署关于印发《国家鼓励的集成电路企业认定管理办法（试行）》的通知

（发改高技〔2005〕2136号）

各省、自治区、直辖市、计划单列市发展改革委、经委（经贸委）、信息产业主管部门、国家税务局、地方税务局、海关：

为贯彻落实国务院《鼓励软件产业和集成电路产业发展的若干政策》（国发〔2000〕18号）及其配套优惠政策，规范国家鼓励的集成电路企业认定工作，特制定《国家鼓励的集成电路企业认定管理办法（试行）》，现印发给你们，请按照执行，并做好有关工作。

特此通知。

附件 《国家鼓励的集成电路企业认定管理办法（试行）》

二〇〇五年十月二十一日

附件

国家鼓励的集成电路企业认定管理办法（试行）

第一条 为使企业享受国务院《鼓励软件产业和集成电路产业发展的若干政策》（国发〔2000〕18号，简称《若干政策》）及其配套的优惠政策，加速我国集成电路产业发展，根据《若干政策》第四十九条和有关规定，制定本办法。

第二条 本办法所指的集成电路企业，是指在中国境内（不含香港、澳门、台湾）依法设立的从事集成电路芯片制造、封装、测试以及6英寸（含）以上硅单晶材料生产的具有独立法人资格的组织，不包括集成电路设计企业。

第三条 国家发展改革委、信息产业部、国家税务总局和海关总署为集成电路企业认定主管部门（以下简称主管部门），负责全国集成电路企业的认定管理工作，其职责是：

（一）组织集成电路企业认定机构（以下简称认定机构）开展认定工作；

（二）监督检查全国集成电路企业的认定工作，审核批准认定结果；

（三）受理对认定结果、年审结果以及有关认定决定的异议申诉。

第四条 主管部门共同委托中国半导体行业协会为集成电路企业认定机构，负责集成电路企业认定和年审工作。其职责是：

（一）受理集成电路企业认定申请；

（二）具体组织集成电路企业认定工作，提出认定意见；

（三）负责集成电路企业年度审查，并将结果报主管部门备案。

第五条 申请认定的集成电路企业须满足下列条件：

（一）是依法成立的从事集成电路芯片制造、封装、测试以及6英寸（含）以上硅单晶材料生产的法人单位；

（二）具有与集成电路产品生产相适应的生产经营场所、软硬件设施和人员等基本条件，其生产过程符合集成电路产品生产的基本流程、管理规范，具有保证产品生产的手段与能力；

（三）自产（含代工）集成电路产品销售收入占企业当年总收入的60%以上（新建企业除外）；

（四）企业主管税务机关认定企业无恶意欠税或偷税骗税等违法行为。

第六条 企业在申请集成电路企业认定时，须按认定实施细则要求提供相关资料，提交的资料及其内容必须真实有效。

第七条 集成电路企业的认定，由企业向认定机构提出申请。认定机构应依照相关实施细则进行审理，并于15个工作日内向主管部门提出认定意见及相关资料。国家发展改革委会同信息产业部、国家税务总局、海关总署，于45个工作日内联合发文确定或将否定意见告认定机构。

第八条 认定结果在认定机构的网站及有关媒体上发布，接受社会监督。

第九条 国家对认定的集成电路企业实行年度审查制度。企业向认定机构提交年度审查报告，认定机构出具年审意见报主管部门备案。

第十条 企业应按规定的时限向认定机构提交年度审查报告，逾期未报的企业视为自动放弃认定资格；年审不合格的集成电路企业，其认定资格自下一年度起取消。

第十一条 经认定的集成电路企业发生调整、分立、合并、重组等变更情况时，须在作出变更决定之日起30日内，向原认定机构办理变更认定或重新申报手续。未经国家发展改革委与有关部门批准同意变更认定的，取消企业的认定资格，停止享受有关优惠政策。

第十二条 集成电路企业一经发现有偷税等违法行为的，经核实后取消该企业认定资格，停止享受有关优惠政策。

第十三条 经查明企业在申请集成电路企业认定时提供虚假材料及内容的，中止其认定申请；已认定的，撤销其集成电路企业的认定资格，并予以通报，同时追回已减免税收款项；认定机构3年内不再受理其认定申请。

第十四条 经认定的集成电路企业，凭主管部门共同签发的认定文件，到有关部门办理享受有关优惠政策的手续。

第十五条 本办法由国家发展改革委会同信息产业部、国家税务总局、海关总署负责解释。

第十六条 本办法自印发之日起施行。

海关总署关税征管司关于更正《部分集成电路生产企业免税进口自用生产性原材料、消耗品目录》有关内容的通知

（税管函〔2008〕65号）

各直属海关：

近期，天津海关就集成电路生产企业进口自用生产性原材料、消耗品目录有关事宜请示总署。经研究并商信息产业部，现就有关问题通知如下：

《海关总署关于集成电路生产企业进口自用生产性原材料等享受税收优惠政策的通知》（署税发〔2002〕328号）附件2《部分集成电路生产企业免税进口自用生产性原材料、消耗品目录》中第200项商品的中文商品名称有误。现将该项商品原中文商品名称“偏氯乙烯”更名为“反式1,2-二氯乙烯”，该项商品的其他内容仍维持不变。

特此通知。

二○○八年三月七日

海关总署关税征管司关于明确软件生产企业进口设备办理海关减免税审批手续有关问题的通知

（税管函〔2008〕280号）

各直属海关：

为贯彻落实《国务院关于印发鼓励软件产业和集成电路产业发展若干政策的通知》（国发〔2000〕18号）精神，财政部、国家税务总局和海关总署于2000年联合下发了《关于鼓励软件产业和集成电路产业发展有关税收政策问题的通知》（财税〔2000〕25号）。其中规定，对经认定的软件生产企业进口所需的自用设备，以及按照合同随设备进口的技术（含软件）及配套件、备件（以下统称为进口设备），不需出具确认书，不占用投资总额，除《外商投资项目不予免税的进口商品目录》和《国内投资项目不予免税的进口商品目录》所列商品外，免征进口关税和进口环节增值税。最近有关海关来函请示按照上述税收优惠政策进口设备办理海关减免税审批手续的问题，经研究，现将有关问题明确如下：

一、申请享受上述税收优惠政策的软件企业，应当向海关提交企业营业执照、经相关主管部门按财税〔2000〕25号文件的规定认定该企业为软件生产企业的证明文件，以及年审合格的证明文件等有关材料。企业不能按照规定向海关提交齐全、有效材料的，海关不予受理。

二、海关审核上述材料无误后，对经认定的外商投资软件生产企业，应当按照《外商投资项目不予免税的进口商品目录》审核该企业进口设备是否符合免税条件；对经认定的国内投资软件生产企业进口设备，应当按照《国内投资项目不予免税的进口商品目录》审核是否符合免税条件。经审核符合免税条件的，予以办理相关进口设备的减免税审批手续。

三、经认定的软件生产企业进口设备的减免税审批手续纳入《减免税管理系统》管理，监管方式为：一般贸易（代码：0110）；征免性质为：国批减免（代码898）。

执行中如遇到问题，请及时向关税征管司反映。

特此通知。

二〇〇八年十月十三日

国务院关于印发进一步鼓励软件产业和集成电路产业发展若干政策的通知

（国发〔2011〕4号）

各省、自治区、直辖市人民政府，国务院各部委、各直属机构：

现将《进一步鼓励软件产业和集成电路产业发展的若干政策》印发给你们，请认真贯彻执行。

软件产业和集成电路产业是国家战略性新兴产业，是国民经济和社会信息化的重要基础。近年来，在国家一系列政策措施的扶持下，经过各方面共同努力，我国软件产业和集成电路产业获得较快发展。制定实施《进一步鼓励软件产业和集成电路产业发展的若干政策》，继续完善激励措施，明确政策导向，对于优化产业发展环境，增强科技创新能力，提高产业发展质量和水平，具有重要意义。各地区、各有关部门要高度重视，加强组织领导和协调配合，抓紧制定实施细则和配套措施，切实抓好落实工作。发展改革委要会同有关部门及时跟踪了解政策执行情况，加强督促指导，确保取得实效。

二〇一一年一月二十八日

进一步鼓励软件产业和集成电路产业发展的若干政策

《国务院关于印发鼓励软件产业和集成电路产业发展若干政策的通知》（国发〔2000〕18号，以下简称国发18号文件）印发以来，我国软件产业和集成电路产业快速发展，产业规模迅速扩大，技术水平显著提升，有力推动了国家信息化建设。但与国际先进水平相比，我国软件产业和集成电路产业还存在发展基础较为薄弱，企业科技创新和自我发展能力不强，应用开发水平急待提高，产业链有待完善等问题。为进一步优化软件产业和集成电路产业发展环境，提高产业发展质量和水平，培育一批有实力和影响力的行业领先企业，制定以下政策。

一、财税政策

（一）继续实施软件增值税优惠政策。

（二）进一步落实和完善相关营业税优惠政策，对符合条件的软件企业和集成电路设计企业从事软件开发与测试，信息系统集成、咨询和运营维护，集成电路设计等业务，免征营业税，并简化相关程序。具体办法由财政部、税务总局会同有关部门制定。

（三）对集成电路线宽小于0.8微米（含）的集成电路生产企业，经认定后，自获利年度起，第一年至第二年免征企业所得税，第三年至第五年按照25%的法定税率减半征收企业所得税（以下简称企业所得税“两免三减半”优惠政策）。

（四）对集成电路线宽小于0.25微米或投资额超过80亿元的集成电路生产企业，经认定后，减按15%的税率征收企业所得税，其中经营期在15年以上的，自获利年度起，第一年至第五年免征企业所得税，第六年至第十年按照25%的法定税率减半征收企业所得税（以下简称企业所得税“五免五减半”优惠政策）。

（五）对国家批准的集成电路重大项目，因集中采购产生短期内难以抵扣的增值税进项税额占用资金问题，采取专项措施予以妥善解决。具体办法由财政部会同有关部门制定。

（六）对我国境内新办集成电路设计企业和符合条件的软件企业，经认定后，自获利年度起，享受企业所得税“两免三减半”优惠政策。经认定的集成电路设计企业和符合条件的软件企业的进口料件，符合现行法律法规规定的，可享受保税政策。

（七）国家规划布局内的集成电路设计企业符合相关条件的，可比照国发18号文件享受国家规划布局内重点软件企业所得税优惠政策。具体办法由发展改革委会同有关部门制定。

（八）为完善集成电路产业链，对符合条件的集成电路封装、测试、关键专用材料企业以及集成电路专用设备相关企业给予企业所得税优惠。具体办法由财政部、税务总局会同有关部门制定。

（九）国家对集成电路企业实施的所得税优惠政策，根据产业技术进步情况实行动态调整。符合条件的软件企业和集成电路企业享受企业所得税“两免三减半”、“五免五减半”优惠政策，在2017年12月31日前自获利年度起计算优惠期，并享受至期满为止。符合条件的软件企业和集成电路企业所得税优惠政策与企业所得税其他优惠政策存在交叉的，由企业选择一项最优惠政策执行，不叠加享受。

二、投融资政策

（十）国家大力支持重要的软件和集成电路项目建设。对符合条件的集成电路企业技术进步和技术改造项目，中央预算内投资给予适当支持。鼓励软件企业加强技术开发综合能力建设。

（十一）国家鼓励、支持软件企业和集成电路企业加强产业资源整合。对软件企业和集成电路企业为实现资源整合和做大做强进行的跨地区重组并购，国务院有关部门和地方各级人民政府要积极支持引导，防止设置各种形式的障碍。

（十二）通过现有的创业投资引导基金等资金和政策渠道，引导社会资本设立创业投资基金，支持中小软件企业和集成电路企业创业。有条件的地方政府可按照国家有关规定设立主要支持软件企业和集成电路企业发展的股权投资基金或创业投资基金，引导社会资金投资软件产业和集成电路产业。积极支持符合条件的软件企业和集成电路企业采取发行股票、债券等多种方式筹集资金，拓宽直接融资渠道。

（十三）支持和引导地方政府建立贷款风险补偿机制，健全知识产权质押登记制度，积极推动软件企业和集成电路企业利用知识产权等无形资产进行质押贷款。充分发挥融资性担保机构和融资担保补助资金的作用，积极为中小软件企业和集成电路企业提供各种形式的贷款担保服务。

（十四）政策性金融机构在批准的业务范围内，可对符合国家重大科技项目范围、条件的软件和集成电路项目给予重点支持。

（十五）商业性金融机构应进一步改善金融服务，积极创新适合软件产业和集成电路产业发展的信贷品种，为符合条件的软件企业和集成电路企业提供融资支持。

三、研究开发政策

（十六）充分利用多种资金渠道，进一步加大对科技创新的支持力度。发挥国家科技重大专项的引导作用，大力支持软件和集成电路重大关键技术的研发，努力实现关键技术的整体突破，加快具有自主知识产权技术的产业化和推广应用。紧紧围绕培育战略性新兴产业的目标，重点支持基础软件、面向新一代信息网络的高端软件、工业软件、数字内容相关软件、高端芯片、集成电路装备和工艺技术、集成电路关键材料、关键应用系统的研发以及重要技术标准的制订。科技部、发展改革委、财政部、工业和信息化部等部门要做好有关专项的组织实施工作。

（十七）在基础软件、高性能计算和通用计算平台、集成电路工艺研发、关键材料、关键应用软件和芯片设计等领域，推动国家重点实验室、国家工程实验室、国家工程中心和企业技术中心建设，有关部门要优先安排研发项目。鼓励软件企业和集成电路企业建立产学研用结合的产业技术创新战略联盟，促进产业链协同发展。

（十八）鼓励软件企业大力开发软件测试和评价技术，完善相关标准，提升软件研发能力，提高软件质量，加强品牌建设，增强产品竞争力。

四、进出口政策

（十九）对软件企业和集成电路设计企业需要临时进口的自用设备（包括开发测试设备、软硬件环境、样机及部件、元器件等），经地市级商务主管部门确认，可以向海关申请按暂时进境货物监管，其进口税收按照现行法规执行。对符合条件的软件企业和集成电路企业，质检部门可提供提前预约报检服务，海关根据企业要求提供提前预约通关服务。

（二十）对软件企业与国外资信等级较高的企业签订的软件出口合同，政策性金融机构可按照独立审贷和风险可控的原则，在批准的业务范围内提供融资和保险支持。

（二十一）支持企业"走出去"建立境外营销网络和研发中心，推动集成电路、软件和信息服务出口。大力发展国际服务外包业务。商务部要会同有关部门与重点国家和地区建立长效合作机制，采取综合措施为企业拓展新兴市场创造条件。

五、人才政策

（二十二）加快完善期权、技术入股、股权、分红权等多种形式的激励机制，充分发挥研发人员和管理人员的积极性和创造性。各级人民政府可对有突出贡献的软件和集成电路高级人才给予重奖。对国家有关部门批准建立的产业基地（园区）、高校软件学院和微电子学院引进的软件、集成电路人才，优先安排本人及其配偶、未成年子女在所在地落户。加强人才市场管理，积极为软件企业和集成电路企业招聘人才提供服务。

（二十三）高校要进一步深化改革，加强软件工程和微电子专业建设，紧密结合产业发展需求及时调整课程设置、教学计划和教学方式，努力培养国际化、复合型、实用性人才。加强软件工程和微电子专业师资队伍、教学实验室和实习实训基地建设。教育部要会同有关部门加强督促和指导。

（二十四）鼓励有条件的高校采取与集成电路企业联合办学等方式建立微电子学院，经批准设立的示范性微电子学院可以享受示范性软件学院相关政策。支持建立校企结合的人才综合培训和实践基地，支持示范性软件学院和微电子学院与国际知名大学、跨国公司合作，引进国外师资和优质资源，联合培养软件和集成电路人才。

（二十五）按照引进海外高层次人才的有关要求，加快软件与集成电路海外高层次人才的引进，落实好相关政策。制定落实软件与集成电路人才引进和出国培训年度计划，办好国家软件和集成电路人才国际培训基地，积极开辟国外培训渠道。

六、知识产权政策

（二十六）鼓励软件企业进行著作权登记。支持软件和集成电路企业依法到国外申请知识产权，对符合有关规定的，可申请财政资金支持。加大政策扶持力度，大力发展知识产权服务业。

（二十七）严格落实软件和集成电路知识产权保护制度，依法打击各类侵权行为。加大对网络环境下软件著作权、集成电路布图设计专有权的保护力度，积极开发和应用正版软件网络版权保护技术，有效保护软件和集成电路知识产权。

（二十八）进一步推进软件正版化工作，探索建立长效机制。凡在我国境内销售的计算机（大型计算机、服务器、微型计算机和笔记本电脑）所预装软件必须为正版软件，禁止预装非正版软件的计算机上市销售。全面落实政府机关使用正版软件的政策措施，将软件购置经费纳入财政预算，对通用软件实行政府集中采购，加强对软件资产的管理。大力引导企业和社会公众使用正版软件。

七、市场政策

（二十九）积极引导企业将信息技术研发应用业务外包给专业企业。鼓励政府部门通过购买服务的方式将电子政务建设和数据处理工作中的一般性业务发包给专业软件和信息服务企业，有关部门要抓紧建立和完善相应的安全审查和保密管理规定。

鼓励大中型企业将其信息技术研发应用业务机构剥离，成立专业软件和信息服务企业，为全行业和全社会提供服务。

（三十）进一步规范软件和集成电路市场秩序，加强反垄断工作，依法打击各种滥用知识产权排除、限制竞争以及滥用市场支配地位进行不正当竞争的行为，充分发挥行业协会的作用，创造良好的产业发展环境。加快制订相关技术和服务标准，促进软件市场公平竞争，维护消费者合法权益。

（三十一）完善网络环境下消费者隐私及企业秘密保护制度，促进软件和信息服务网络化发展。逐步在各级政府机关和事业单位推广符合安全要求的软件产品。

八、政策落实

（三十二）凡在我国境内设立的符合条件的软件企业和集成电路企业，不分所有制性质，均可享受本政策。

（三十三）继续实施国发 18 号文件明确的政策，相关政策与本政策不一致的，以本政策为准。本政策由发展改革委会同财政部、税务总局、工业和信息化部、商务部、海关总署等部门负责解释。

（三十四）本政策自发布之日起实施。

海关总署关于公布支持软件产业和集成电路产业发展的有关政策规定和措施的公告（海关总署关于落实软件产业和集成电路产业发展政策有关海关管理事宜的公告）

（海关总署公告2011年第30号）

为贯彻落实《国务院关于印发进一步鼓励软件产业和集成电路产业发展若干政策的通知》（国发〔2011〕4号）精神，进一步推动我国软件产业和集成电路产业的发展，增强信息产业创新能力和国际竞争力，现将海关支持软件产业和集成电路产业发展的有关政策规定和措施公告如下：

一、经认定的软件企业进口所需的自用设备，以及按照合同随设备进口的技术（含软件）及配套件、备件，不需出具确认书，不占用投资总额，除《外商投资项目不予免税的进口商品目录》和《国内投资项目不予免税的进口商品目录》所列商品外，免征进口关税，照章征收进口环节增值税。

软件企业向其所在地海关申请办理免税手续时，应当提交企业营业执照、相关主管部门认定有关企业为软件企业的证明文件以及年审合格的证明文件等相关材料。企业未能按照规定向海关提交齐全、有效材料的，海关不予受理申请。

二、经认定的线宽小于0.25微米或投资额超过80亿元人民币的集成电路生产企业和经认定的线宽小于0.8微米（含）的集成电路生产企业，其进口自用生产性原材料、消耗品，净化室专用建筑材料、配套系统，以及集成电路生产设备零、配件，可以继续按照《海关总署关于集成电路生产企业进口自用生产性原材料等享受税收优惠政策的通知》（署税发〔2002〕328号）、《海关总署关于集成电路生产企业进口净化室专用建筑材料等享受税收优惠政策的通知》（署税发〔2002〕329号）和《财政部、海关总署、国家税务总局、信息产业部关于线宽小于0.8微米（含）集成电路企业进口自用生产性原材料、消耗品享受税收优惠政策的通知》（财关税〔2004〕45号）的有关规定向企业所在地海关申请办理免征关税和进口环节增值税的相关手续。

三、经认定的集成电路设计企业和符合条件的软件企业的进口料件，符合现行法律、法规和政策规定的，可享受保税政策。

四、软件企业和集成电路设计企业需要临时进口的自用设备（包括开发测试设备、软硬件环境、样机及部件、元器件等），经地市级商务主管部门确认，软件企业和集成电路设计企业可以向海关申请上述设备按暂时进境货物监管，其进口税收按现行法规执行。

五、符合条件的软件企业和集成电路企业可以向货物进、出口地海关申请预约通关服务。

六、本公告内容自发布之日起实施。

特此公告。

中华人民共和国海关总署

二〇一一年五月十二日

国家发展改革委、工业和信息化部、海关总署、国家税务总局关于印发国家鼓励的集成电路企业名单的通知

（发改高技〔2013〕1544号）

各省、自治区、直辖市及计划单列市发展改革委、工业和信息化主管部门、国家税务局、地方税务局，海关总署广东分署、天津特派办、上海特派办、各直属海关：

为贯彻落实国务院印发的《进一步鼓励软件产业和集成电路产业发展的若干政策》（国发〔2011〕4号），经研究，现将国家鼓励的集成电路企业名单予以公布（名单见附件），并将有关事项通知如下：

一、名单中投资额超过80亿元人民币、线宽小于0.25微米、线宽小于0.8微米（含）的集成电路生产企业（见附件备注），可享受财政部、国家税务总局“财税〔2012〕27号”文件有关优惠政策。其中，对已开始享受定期减免税优惠的企业，凡条件未发生变化的，可继续享受至期满为止。

二、企业享受进口税收优惠政策等具体事宜，按现行规定办理。

附件　国家鼓励的集成电路企业名单

国家发展改革委
工业和信息化部
海关总署
国家税务总局
二〇一三年八月十二日

附件

国家鼓励的集成电路企业名单

序号	企业名称	企业类别	备注
1	上海华力微电子有限公司	芯片制造	线宽小于0.25微米
2	英特尔半导体（大连）有限公司	芯片制造	线宽小于0.25微米
3	和舰科技（苏州）有限公司	芯片制造	线宽小于0.25微米
4	上海集成电路研发中心有限公司	芯片制造	线宽小于0.25微米
5	上海先进半导体制造股份有限公司	芯片制造	线宽小于0.25微米
6	台积电（中国）有限公司	芯片制造	线宽小于0.25微米
7	无锡华润上华科技有限公司	芯片制造	线宽小于0.25微米
8	武汉新芯集成电路制造有限公司	芯片制造	线宽小于0.25微米
9	中国电子科技集团公司第十三研究所	芯片制造	线宽小于0.25微米
10	中芯国际集成电路制造（北京）有限公司	芯片制造	线宽小于0.25微米
11	中芯国际集成电路制造（上海）有限公司	芯片制造	线宽小于0.25微米

序号	企业名称	企业类别	备注
12	中芯国际集成电路制造（天津）有限公司	芯片制造	线宽小于0.25微米
13	中航（重庆）微电子有限公司	芯片制造	线宽小于0.25微米，原渝德科技（重庆）有限公司
14	德州仪器半导体制造（成都）有限公司	芯片制造	线宽小于0.25微米，原成都成芯半导体制造有限公司
15	SK海力士半导体（中国）有限公司	芯片制造	线宽小于0.25微米，原海力士—恒忆半导体有限公司
16	上海华虹宏力半导体制造有限公司	芯片制造	线宽小于0.25微米，由上海宏力半导体制造有限公司、上海华虹NEC电子有限公司合并
17	天津中环半导体股份有限公司	芯片制造	线宽小于0.8微米（含）
18	西安西岳电子技术有限公司	芯片制造	线宽小于0.8微米（含）
19	宁波比亚迪半导体有限公司	芯片制造	线宽小于0.8微米（含）
20	北京微电子技术研究所	芯片制造	线宽小于0.8微米（含）
21	北京燕东微电子有限公司	芯片制造	线宽小于0.8微米（含）
22	福建福顺微电子有限公司	芯片制造	线宽小于0.8微米（含）
23	杭州士兰集成电路有限公司	芯片制造	线宽小于0.8微米（含）
24	华越微电子有限公司	芯片制造	线宽小于0.8微米（含）
25	江苏东光微电子股份有限公司	芯片制造	线宽小于0.8微米（含）
26	日银IMP微电子有限公司	芯片制造	线宽小于0.8微米（含）
27	上海新进半导体制造有限公司	芯片制造	线宽小于0.8微米（含）
28	深圳方正微电子有限公司	芯片制造	线宽小于0.8微米（含）
29	首钢日电电子有限公司	芯片制造	线宽小于0.8微米（含）
30	无锡华润华晶微电子有限公司	芯片制造	线宽小于0.8微米（含）
31	无锡华润上华半导体有限公司	芯片制造	线宽小于0.8微米（含）
32	无锡中微晶园电子有限公司	芯片制造	线宽小于0.8微米（含）
33	西安微电子技术研究所	芯片制造	线宽小于0.8微米（含）
34	中国电子科技集团公司第二十四研究所	芯片制造	线宽小于0.8微米（含）
35	中国电子科技集团公司第五十八研究所	芯片制造	线宽小于0.8微米（含）
36	中国电子科技集团公司第五十五研究所	芯片制造	线宽小于0.8微米（含）
37	广州南科集成电子有限公司	芯片制造	线宽小于0.8微米（含）
38	天水华天微电子股份有限公司	芯片制造	
39	天水天光半导体有限责任公司	芯片制造	
40	常州市华诚常半微电子有限公司	芯片制造	
41	锦州七七七微电子有限责任公司	芯片制造	
42	河南新乡华丹电子有限责任公司	芯片制造	
43	河北博威集成电路有限公司	芯片制造	
44	昆山中辰矽晶有限公司	硅单晶材料	
45	河北普兴电子科技股份有限公司	硅单晶材料	
46	天津市环欧半导体材料技术有限公司	硅单晶材料	
47	有研半导体材料股份有限公司	硅单晶材料	

序号	企业名称	企业类别	备注
48	浙江金瑞泓科技股份有限公司	硅单晶材料	原宁波立立电子股份有限公司
49	上海合晶硅材料有限公司	硅单晶材料	
50	上海晶盟硅材料有限公司	硅单晶材料	
51	杭州海纳半导体有限公司	硅单晶材料	
52	宁波立立半导体有限公司	硅单晶材料	
53	国泰半导体材料有限公司	硅单晶材料	
54	南京国盛电子有限公司	硅单晶材料	
55	上海新傲科技股份有限公司	硅单晶材料	
56	万向硅峰电子股份有限公司	硅单晶材料	
57	杭州杭鑫电子工业有限公司	硅单晶材料	
58	飞思卡尔半导体（中国）有限公司	封装测试	投资额超过80亿人民币
59	智瑞达科技（苏州）有限公司	封装测试	投资额超过80亿人民币
60	日月光集成电路制造（中国）有限公司	封装测试	投资额超过80亿人民币
61	苏州日月新半导体有限公司	封装测试	
62	威讯联合半导体（北京）有限公司	封装测试	
63	上海松下半导体有限公司	封装测试	
64	南通富士通微电子股份有限公司	封装测试	
65	瑞萨半导体（北京）有限公司	封装测试	
66	江苏长电科技股份有限公司	封装测试	
67	勤益电子（上海）有限公司	封装测试	
68	瑞萨半导体（苏州）有限公司	封装测试	
69	星科金朋（上海）有限公司	封装测试	
70	安靠封装测试（上海）有限公司	封装测试	
71	上海凯虹电子有限公司	封装测试	
72	天水华天科技股份有限公司	封装测试	
73	力成科技（苏州）有限公司	封装测试	
74	无锡华润安盛科技有限公司	封装测试	
75	上海纪元微科电子有限公司	封装测试	
76	快捷半导体（苏州）有限公司	封装测试	
77	中电智能卡有限责任公司	封装测试	
78	矽品科技（苏州）有限公司	封装测试	
79	江阴长电先进封装有限公司	封装测试	
80	海太半导体（无锡）有限公司	封装测试	
81	杭州士兰光电技术有限公司	封装测试	
82	合肥合晶电子有限责任公司	封装测试	
83	哈尔滨海格科技发展有限责任公司	封装测试	
84	江门市华凯科技有限公司	封装测试	

序号	企业名称	企业类别	备注
85	华润赛美科微电子（深圳）有限公司	封装测试	
86	优特半导体（上海）有限公司	封装测试	
87	凤凰半导体通信（苏州）有限公司	封装测试	
88	嘉盛半导体（苏州）有限公司	封装测试	
89	颀中科技（苏州）有限公司	封装测试	
90	三星电子（苏州）半导体有限公司	封装测试	
91	苏州震坤科技有限公司	封装测试	
92	吴江巨丰电子有限公司	封装测试	
93	深圳市矽格半导体科技有限公司	封装测试	
94	国碁电子（中山）有限公司	封装测试	
95	无锡中微高科电子有限公司	封装测试	
96	英特尔产品（成都）有限公司	封装测试	
97	东莞晶广半导体有限公司	封装测试	
98	贵州振华风光半导体有限公司	封装测试	
99	珠海市华晶微电子有限公司	封装测试	
100	山东山铝电子技术有限公司	封装测试	
101	深圳电通纬创微电子股份有限公司	封装测试	
102	上海纪元富晶电子有限公司	封装测试	
103	南通华达微电子集团有限公司	封装测试	
104	日月光封装测试（上海）有限公司	封装测试	
105	豪威半导体（上海）有限责任公司	封装测试	
106	沛顿科技（深圳）有限公司	封装测试	
107	四川大雁微电子有限公司	封装测试	
108	深圳市气派科技有限公司	封装测试	
109	山东凯胜电子股份有限公司	封装测试	
110	上海芯哲微电子科技有限公司	封装测试	
111	深圳康姆科技有限公司	封装测试	
112	深圳市欧美亚实业有限公司	封装测试	
113	上海长丰智能卡有限公司	封装	
114	诺得卡（上海）微电子有限公司	封装	
115	广东风华芯电科技股份有限公司	封装	原广东省粤晶高科股份有限公司
116	浙江华越芯装电子股份有限公司	封装	
117	安徽国晶微电子有限公司	封装	
118	浙江金凯微电子有限公司	封装	
119	苏州晶方半导体科技股份有限公司	封装	原晶方半导体科技（苏州）有限公司
120	苏州固锝电子股份有限公司	封装	
121	英飞凌科技（无锡）有限公司	封装	

序号	企业名称	企业类别	备注
122	日月光半导体（上海）股份有限公司	封装	
123	超威半导体技术（中国）有限公司	测试	
124	深圳安博电子有限公司	测试	
125	北京确安科技股份有限公司	测试	原北京华大泰思特半导体检测技术有限公司
126	上海华岭集成电路技术股份有限公司	测试	原上海华岭集成电路技术有限责任公司
127	成都芯源系统有限公司	测试	
128	无锡中微腾芯电子有限公司	测试	
129	京隆科技（苏州）有限公司	测试	
130	西安西谷微电子有限责任公司	测试	
131	深圳市华宇半导体有限公司	测试	
132	无锡市华宇芯业半导体有限公司	测试	

6.2 新型显示器件

海关总署关于薄膜晶体管液晶显示器件生产企业进口自用生产性原材料税收政策有关问题的通知

（署税发〔2008〕90号）

广东分署，各直属海关：

经国务院批准，在2003年11月1日至2008年12月31日期间，对薄膜晶体管液晶显示器件（以下简称“膜晶显”）生产企业进口物资给予进口税收优惠政策，其中包括对其进口的国内不能生产的自用生产性原材料和消耗品，免征进口关税，照章征收进口环节增值税。总署为此下发了《海关总署关于薄膜晶体管液晶显示器件生产企业进口物资税收政策的通知》（署税发〔2006〕227号，以下简称《通知》）。近接北京海关反映，“膜晶显”生产企业北京京东方光电科技有限公司（以下简称京东方公司）从境外进口国内不能生产的、用于生产内销产品的原材料，本应当在相关原材料进口时办理免税手续，但在实际生产经营过程中，由于需要根据其客户的要求随时调整所生产产品的内外销数量，从而难以预先确定产品内外销的比例以及对应于内销产品的进口原材料的数量。为此，企业在实际进口自用生产性原材料时均采取保税方式进口，其后根据其产品内销的实际数量向海关申请办理对应原材料的内销申报手续。据了解，其他“膜晶显”生产企业也存在类似情况。

经研究，对京东方公司等“膜晶显”生产企业直接从境外以保税方式进口的自用生产性原材料，可以采取下述方式办理免税手续：

一、在“膜晶显”生产企业生产出成品并确定内销数量后，对与成品内销数量相对应的进口原材料中属于《通知》附件7的免税清单所列范围的，补办免征进口关税的审批手续。

二、上述免税审批手续纳入《减免税管理系统》管理，征免性质为：膜晶显（代码：423），对应的监管方式为：进料料件内销（代码：0644），对应的征减免税方式为：特案。《进出口货物征免税证明》的编号应填写在报关单“备注”栏内，并采用手工方式核销《进出口货物征免税证明》。

对于“膜晶显”配套企业从境外以保税方式进口的“膜晶显”原材料，以及经“膜晶显”配套企业加工后的保税“膜晶显”原材料，再以深加工结转方式结转给“膜晶显”生产企业使用的，不符合《通知》规定的“膜晶显”生产企业进口物资税收优惠政策规定，不能享受免征进口关税待遇。但考虑到之前对“膜晶显”生产企业从其他配套企业结转的保税原材料的有关政策未明确，为减少对企业生产经营活动的影响，在接到本通知前，海关对“膜晶显”生产企业从其他配套企业结转并内销的原材料已免税的，不再补征税款。

特此通知。

二〇〇八年三月十八日

海关总署关于新型显示器件生产企业进口物资税收政策的通知

（署税发〔2009〕284号）

广东分署，天津、上海特派办，各直属海关、院校：

经国务院批准，对薄膜晶体管液晶显示器件（以下简称“膜晶显”，即TFT-LCD）生产企业进口物资税收优惠政策的执行期限延长3年，执行截止日期由2008年12月31日延长至2011年12月31日，并将“膜晶显”进口税收优惠政策适用范围扩大至等离子显示面板（即PDP）和有机发光二极管显示面板（即OLED）生产企业。现就执行中的有关问题通知如下：

一、对“膜晶显”生产企业、等离子显示面板生产企业和有机发光二极管显示面板生产企业进口国内不能生产的净化室专用建筑材料、配套系统和维修生产设备用的零配件，免征关税和进口环节增值税；对其进口国内不能生产的自用生产性（含研发用）原材料和消耗品，免征关税，照章征收进口环节增值税。其中，等离子显示面板和有机发光二极管显示面板生产企业享受上述税收优惠政策的期限为2009年1月1日至2011年12月31日。

二、可享受上述进口税收优惠政策的新型显示器件生产企业由国务院有关部门共同审核确定。

已经认定符合条件的“膜晶显”生产企业是：北京京东方光电科技有限公司、上海广电NEC液晶显示器有限公司、昆山龙腾光电有限公司、上海天马微电子有限公司和深超光电（深圳）有限公司。

等离子显示面板和有机发光二极管显示面板生产企业名单由国务院有关部门共同审定后另行通知。

三、上述新型显示器件生产企业进口国内不能生产的净化室专用建筑材料、配套系统的免税商品范围和进口金额，按各企业的具体项目经国务院有关部门共同审核确定后，总署下发具体免税商品清单和进口金额。企业进口超出免税商品清单范围和进口金额的净化室专用建筑材料和净化室配套系统，应予以照章征税。

四、“膜晶显”生产企业免征关税的进口自用生产性（含研发用）原材料和消耗品的产品清单详见本通知附件1、2。

等离子显示面板和有机发光二极管显示面板生产企业免征关税的进口自用生产性（含研发用）原材料和消耗品的产品清单由国务院有关部门共同审定后另行通知。

五、对经认定符合条件的新型显示器件生产企业为维修生产设备进口国内不能生产的零配件实行年度免税额度管理。超出免税额度进口的维修用零配件，一律照章征税。

上述“膜晶显”生产企业2009~2011年度维修生产设备（详见附件3）用零配件的免税进口额度详见本通知附件4。

等离子显示面板和有机发光二极管显示面板生产企业维修设备用零配件的年度免税进口额度由国务院有关部门共同审定后另行通知。

六、对经认定符合条件的新型显示器件生产企业进口上述物资的免税审批手续，由企业所在地海关负责办理。上述减免税审批手续纳入《减免税管理系统》管理，征免性质为：新型显示器件生产企业进口物资，简称新型显示器件（代码：423）；对应的监管方式有：一般贸易（代码：0110），进料料件内销（代码：0644），合资合作设备（代码：2025）和外资设备物品（代码：2225）；对应的征减免税方式有：全免或特案。

七、本通知附件中的商品清单包括商品名称和税则编码（税则号列），各关在依照商品清单审核相关进口商品时，如果根据商品归类规则所确定的税则号列与本通知附件中的商品清单所列税则号列不一致的，应以商品清单所列的商品名称为准，作为审批依据。

八、本通知中的有关商品清单及免税进口金额将根据国内配套产业发展情况，适时进行调整。届时，请各关按照总署下发的调整后免税商品清单及免税进口金额执行。

九、对上述“膜晶显”生产企业自2009年1月1日起至本通知下发前进口的相关物资，按照本进口税收优惠政策规定可以免税的，准予办理免税审批手续和退保核销手续。

对于尚未经国务院有关部门共同审核确定可以享受本进口税收优惠政策的“膜晶显”生产企业、等离子显示面板生产企业和有机发光二极管显示面板生产企业进口的有关物资，经总署确认同意的，可以先凭税款担保办理货物放行手续，待国务院有关部门共同审核认定后，按照总署的有关通知规定执行。

十、上述新型显示器件生产企业免税进口的物资为海关监管货物，未经海关许可并补缴税款，不得转让、移作他用或进行其他处置。违反政策规定的生产企业将被取消享受该政策的资格，同时，海关按照有关规定予以补税和处罚。

十一、自本通知下发之日起，《海关总署关于薄膜晶体管液晶显示器件生产企业进口物资税收政策的通知》（署税发〔2006〕227号）和《海关总署关于调整薄膜晶体管液晶显示器件生产企业进口自用生产性原材料和消耗品免关税商品清单有关问题的通知》（署税函〔2008〕40号）同时废止。

对新型显示器件生产企业直接从境外以保税方式进口的自用生产性原材料的免税审批手续，仍按照《海关总署关于薄膜晶体管液晶显示器件生产企业进口自用生产性原材料税收政策有关问题的通知》（署税发〔2008〕90号）的有关规定办理。

特此通知。

附件1　进口“膜晶显”生产性原材料免关税产品清单

附件2　进口“膜晶显”生产性消耗品免关税产品清单

附件3　“膜晶显”生产设备清单

附件4　薄膜晶体管液晶显示器件生产企业2009~2011年度维修生产设备用零配件免税进口额

二〇〇九年七月六日

附件 1

进口“膜晶显”生产性原材料免关税产品清单

类别			商品名称	英文名称	税则编码(供参考)
1	玻璃	玻璃/彩膜/玻璃纤维/液晶屏	触摸屏/触摸板	Touch Panel/Touch Film	90139090
2			玻璃微粒/有机硅醇盐微粒/边框胶纤维	Glass Fiber	70182000 70199000
3			液晶显示屏/液晶显示板	Panel	90138030 85312000 90138090
4			彩色滤光膜	Color Filter	90019090
5	模具	模具	光罩/掩膜板	Photo Mask	37059090 90029090
6	胶膜	丙烯酸树脂类膜	偏光板/偏振片/偏光片	Polarizer	90012000
7			各向异性导电晶片/各向异性导电膜/自粘塑料膜(入、出、修补)/各向异性导电胶片	ACF	40059100 40059900 39199090
8			屏蔽条/保护罩/保护膜	Protection Film	39269010 39219090
9			塑料薄膜	Kapton Film	39209990
10	液晶	液晶	液晶/环乙基苯 65%水 35%	Liquid Crystal	29029090 38249090 38249090
11	表面取向剂	PI	聚酰亚胺	Polyamide For Aligmment Film	39119000
12			聚酰胺酸/(配向膜)/PI 液	Polyimide For Aligmment Film	39089000 39119000 39119000
13			PI 浸润液	PI Coating Supporter	39100000
14	靶材	靶材	靶材(包括 Al-Nd, Al, Mo-Nb, Cr, ITO, MoW, Al-Ni-La)	Target (AlNd, Al, Mo, Cr, ITO, MoW, Al-Ni-La)	76072000 81021000 81122900 28259090 76169990 76169910
15	树脂	树脂类	隔垫物/垫料	SPACER TAPE	39269090 39269010 38249090
16			边框胶/封框胶(环氧树脂)/密封胶/封口材料/	Sealant	35061000 35069120 35069120
17			紫外线固化树脂	Ultraviolet Curing Resin	39191010
18			封口胶/玻璃胶黏剂	End Sealant	35069120 35061000
19			硅树脂/硅胶	Silicon Resin	39100000 35069190
20			PET 胶片	Kapton Film	39209990
21		导电树脂	转印银浆/AG 还氧胶/芳基酸与芳基胺聚合物(银胶)/转印电极材料	AG Paste/Ag Epoxy	28431000 39119000 35069120
22			金浆	Gold paste	38249099

类别			商品名称	英文名称	税则编码(供参考)
23	背光模组	背光源	背光灯/背光源/背光模组	Back Light	90139090 85393990 90019090
24		灯组件	灯隔垫/O 型圈	Lamp Spacer	39269010
25			冷阴极管/灯管	CCFL	85393990
26			子灯管组	Lamp Sub Assembly	90139090
27			灯反射器/灯罩	Lamp Reflector Upper	90139090
28			灯管组	Lamp Assembly, Lower	90139090
29			灯座	Lamp Holder	94059900
30			引线(HV)/GN	Lead Wire WIRE(HV)/GN	85444990
31	其他	其他	助焊剂	Flux(RF800)	38109000
32			硅球/导电金球	Silica Beads/Electric Beads	28112200 71159010
33			焊锡/焊接剂	Solder Cream(RMA9154)	80012020 38109000
34	背光模组	导光板组件	反射板	Reflection Sheet	90019090
35			导光板	Light Guide Panel(L.G.P)	90019090
36			扩散膜	Diffusion Sheet	90019090
37			棱镜膜	Prism Sheet	90019090
38		其他零配件	胶框(上.左.右)/胶框组	Mold Frame	90139090
39			后盖板/铝背板/后盖	Back Cover	90139090
40			热缩管	Shrinkage Tube	39173900
41			双面胶	Double Stick Tape	39191099
42			隔垫胶带	Spacer Tape	39191099
43			双面摩擦带	Rubbing DoubLe Tape	39199090
44			缓冲垫	Pad, Diana	39211290
45			缓冲盖	Cushion Cover Diana	39211290
46			B/L 产品标签	B/L Product Label	48211000
47	金属件	边框/背板	金属边框/边框/液晶显示屏边框	Bezel/Barrier	73269010 90139090
48			屏蔽盖板	Shield Cover	73269010
49		螺丝	螺丝/螺钉	Screw/Blots	73181500 73181500
50	引线框架	引线框架	支架,线/压线板/黑压框	Bracket, Wire	76169990 90139090
51	包装类	包装物	干燥剂	Silicone drger	38249090
52			屏蔽袋	Shilding Bag	39239000
53			纸质标签/产品标签	Product Label/Safety	48211000 48211000

类别			商品名称	英文名称	税则编码(供参考)
54	高纯气体	高纯度混合气体 高纯度成膜气体 其他高纯度特殊气体	硅烷/SiH_4	Gas(SiH_4)	28500000 28500000
55			氨气/NH_3	Gas(NH_3)	28141000
56			磷烷/PH_3	Gas(PH_3/H_2)	28500000 28480000
57			氦气/He	Gas(He)	28042900
58			氮气/N_2	Gas(N_2)	28043000
59			三氟化氮	Gas(NF_3)	28129000
60			一氧化二氮	Gas(N_2O)	28112900
61			氩气	Gas(Ar)	28042100
62			氪气	Gas(Kr)	28042900
63			高纯氢	Gas(P-H_2)	28041000
64			高纯氧	Gas(P-O_2)	28044000
65		高纯度刻蚀气体	氯化氢/HCL	Gas(HCL)	28061000
66			六氟化硫/SF_6	Gas(SF_6)	28261900 28129000
67			二氧化碳/CO_2	Gas(CO_2)	28112100
68			氯气	Gas(CL_2)	28011000
69			四氟化碳	Gas(CF_4)	28261900
70	刻蚀液	刻蚀液	磷酸	Phosphoric Acid	28092010
71			硝酸铈胺[NH_4HNO_3,Ce$(HNO_3)_2$]	Ce Nitric Acid	28461090
72			盐酸	HCL	28061000
73			硝酸	Nitric Acid	28080000 28080000
74			醋酸	Acetic Acid	29152190
75			二氨乙醇	Mea	29221100
76			氢氟酸	Hydrogen Fluoride(H.F)	28111100
77			带缓释剂氢氟酸	H.F with buffer	38249090
78			ITO 刻蚀液	Etachant(ITO)	28080000 38101000
79			AL 刻蚀液	Etachant(AL)	28092010 38101000
80			钼刻蚀液	Etachant(AL,MO)	38101000
81			混酸	Etachant(mixed acids)	38249090
82	光刻工艺用化学品	显影液/光刻胶/去胶液/增黏剂/稀释剂/静电防止剂	四甲基氢氧化铵	TMAH	37079010 37079090
83			乙酸丁脂/稀释剂/醋酸丁脂	Thinner nBA	29153300 38140000
84			双(三甲基硅)胺/六甲基二硅烷胺/HMDS/粘着强化剂	HMDS	29310000 29211990 29310000
85			光刻胶	Photo Resist	37071000
86			湿法剥离液/剥离液	Strip(Stripper)	38140000 38249090
87			静电防止剂	Antistatic Agent Acid	34022090
88			异丙醇/IPA	IPA	29051220
89			剥离液/IPA 剥离液	Strip(IPA)	38249090
90			稀释剂	Thinner NBA	38140000
91			N 型甲烷基吡咯烷酮	NMP	29337900

类别			商品名称	英文名称	税则编码(供参考)
92	化学洗剂	玻璃基板洗剂/PI 洗剂/液晶洗剂	清洁剂	Detergent ETERGENT(LGL)	34021900
93			PI 前清洗剂/硅烷液	Cleaner(PI&ASS'Y)	34021900 29225000
94			液晶清洗剂	LC Cleaner	34021900
95			APR 版清洗剂/R 丁内脂	Cleanerfor APR Plate	38101000
96			非离子界面活性剂	Nonionics Modifier/Additive/Buffered Etch	34021300
97			清洗剂	Cleaner	34021900
98			化学净化剂	Chemical Detergent	34021900
99			酒精	Active Ethanol	29053100 22072000
100			PI 剥离剂	PI striper Chemical(PI_Rework)	38101000
101			氢氧化钠	(SVHJ-05) 1mol/l (IN) Sodium Hydroxide Solution/20L	28151200
102			乙二醇	(SVHJ-06) Ethylene Glycol	29053100
103			乙酸钠	(SVHJ-07) 1mol/l (IN) Sodium Acetate Solution/20L	29152200
104			硫代硫酸钠	(SVHJ-08) 0.1mol/l (N/10) Sodium Thisulfate Solution	28331900
105			PH4 标准液	(SVHJ-10) Phtalate Ph Standard Solution	29173900
106			PH7 标准液	(SVHJ-11) Neutral PH Standard Solution	38249090
107			氯化钾	(SVHJ-12) 2mol/l Potassium Chloride Solution/0.5L	25010019
108			3. 0mol/l 氯化钾	(SVHJ-12) 3mol/l Potassium Chloride Solution/0.5L	25010019
109			硫酸	(SVHJ-09) Sulfuric Acid/20L	28070000
110			氯化钾	Potassium Chloride	25010019
111			醋酸钠	(SVHJ-07) 1mol/l (1N) Sodium Acetate Solution/20L	29152200
112			二甲基亚砜(DMSO)	DMSO	29309090
113			单甲醚丙二醇(PGMEA)	PGMEA	29173900
114			丙二醇甲醚醋酸脂(PGME)	PGME	29153900
115			六羰基钨 $W(CO)_6$	$W(CO)_6$	29310000
116	集成电路基板	集成电路基板	信号处理基板	Sgnal Process Chip	90139090
117			接续基板	Chip	90139090

附件 2

进口"膜晶显"生产性消耗品免关税产品清单

序号	类别		中文名称	英文名称	税号(供参考)
1	灯类	曝光灯	激光紫外线灯	laser UV Lamp	85394990
2			高压水银灯	Ultra High Pressure Mercury Lamp	85393290
3			周边曝光用紫外线灯	Mercury Lamp	85394990
4		其他灯类	卤素灯	Halogen Lamp	85393290
5			钠灯	Sodium Hlogen Lamp	85393290
6			氙灯	Xeon Lamp	85393290
7			金属卤化物灯	Metal Halogen Lamp	85393290
8			金属卤化物灯(紫外线固化用)	Metal Halogen Lamp(for UV molding)	85393290
9			(精密)荧光灯	Fluorescent Light	85393190
10			纯水装置用紫外线灯	UV Lamp for Purified Water System	85394990
11			特种灯部品	Dedicated Lamp	85390000
12	过滤器	空气过滤芯	空气过滤器(筒式)	Filter	84213990
13			外气调和器用过滤器(片)	Filter	84213990
14		水过滤介质	纯水装置用过滤器(片)	filter	84212990
15			纯水装置用离子交换树脂(阴离子)	Filter(Anion Exchange Resin)	39144000
16			纯水装置用离子交换树脂(阳离子)	Filter(Cation Exchange Resin)	39144000
17		其他过滤芯	洗净装置用过滤器筒式过滤器	Filter	84213990
18			ND 过滤器	Filter	84213990
19			化学过滤器	Filter	84213990
20	金属类	挡板	后板	Shield Plate	84669300
21			DE 用挡板	Shield Plate	84669300
22		电极板	DE 用上部电极板	Shield Plate	84669300
23			DE 用下部电极板	Shield Plate	84669300
24		其他	探测器框架	Prober Frame	73269010
25			靶材托板	Backing Plate	76169910
26			AFM 用悬臂	AFM	90119000
27	检测器耗材	探针	台阶高差测定用测定针	Prober	90309000
28			除静电针	anti-static pin	90309000
29			特性测定器用探针导向件	Prober	90309000
30			探针板	Prober card	90309000
31			O/S 检查器用探针	Prober	90309000
32		检测仪器消耗品	显示屏检验用探测器部件	Detector Parts	90309000
33			紫外线固化装置用光学部件	UV Solid Parts	85159000
34			电子枪灯丝	Electric Gun Filament	85409990

序号	类别		中文名称	英文名称	税号(供参考)
35	检测器耗材	检测仪器消耗品	GAS(气体)检测器	Gas Detector	90318090
36			气体提纯装置用吸附剂	Sorbent	84669300
37			皮拉尼真空计	Vaccum Gauge	90318090
38			电离规管	Ion Gauge	90268000
39		电器类消耗品	带式热电偶	Thermocouple	90329000
40			信号电缆	Signal Cable	85441100
41			INV 电缆	Inv Cable	85441100
42			INV 基板	Inv Board	85441100
43			高压电缆	High Voltage Cable	85446019
44			背光源电缆	Back Light Cable	85393990
45		其他类	焊锡管	Solder Cream Tube	80030000
46			分配器用管	Adaptor Pipe	84799090
47			字幕机用偏光板	Polarized Board	90012000
48			紫外线窗玻璃	UV Glass Window	70200019
49	密封件	各类 O 型圈及其他密封垫	SP 用密封件	SP Sealing Ring	40169910
50			O 型圈	O Ring	40169910
51			衬垫	Pad Ring	68042290
52			高压储气瓶衬垫	High Pressor Bottle Boot Ring	68042290
53	陶瓷件	绝缘陶瓷	VCR 填密片	VCR Ring	84669300
54			陶瓷件	Ceramic Parts	84669300
55	石英制品	石英管	石英管	Crystal(Quartz) tube	70200019
56	膜类	臭氧溶解膜	溶解膜	Adhesive Tape	34039900
57			显影液再生装置用光刻胶去除膜	PR Stripper	34039900
58	配向耗材	摩擦布/刮板	摩擦布	Rubbing Cloth	84733090
59			摩擦辊轴	Rubbing Roller	84553000
60			取向版/取向模印刷用刮板	PI Plate	84669300
61			刮刀辊	Doctor Roller	84553000
62			感光板/取向板	APR Plate	39269010 40169990
63	注射器类	注射器及配件	注射器	Syringe	39269090
64			注射器用 O 型圈	O Ring for Syringe	40169910
65			注射器用密封垫片	Syringe Sealing Pad	40169910
66			滴下用箍	ODF Ring	84799090
67	刀具/磨具	各种切割刀轮/刀轴/磨具等	切断用刀片/刀轮/刀轴	Cutter Knife/Wheel/Axis	82089000
68			切断用夹具	Cutter Jig	85661000
69			倒角用研磨砂轮	Grinding Wheel	84669300
70			显示屏清洁器用研磨带	Grinding Tape	68130000
71			TCP 切断模具	TCP Punching Tools	84807900

序号	类别		中文名称	英文名称	税号(供参考)
72	刀具/磨具	各种切割刀轮/刀轴/磨具等	ACF 切割器	ACF Cutter	84778000
73			十字钻头	Cross Driver Tip	82075090
74			垫料供给用研磨管	Rubbing Pipe	84669300
75	喷嘴	金属喷嘴	金属喷嘴	Metal Nozzle	90330000
76		塑料喷嘴	塑料喷嘴	Plastic Nozzle	39269010
77			特氟隆喷嘴	Teflon Nozzle	39209910
78	滚筒/衬垫	滚筒类	偏光板剥离用胶带	POL Stripper Tape	39199090
79			偏光板粘贴用滚筒	POL Attach Roller	84209100
80			偏光板粘贴用滚筒(转印用)	POL Attach Roller(APR)	84209100
81			偏光板清扫滚筒	POL Clean Roll	84209100
82			偏光板清扫滚筒(转印用)	POL Clean Roll(APR)	84799090
83			剥离滚筒	stripper roll	84799090
84	滚筒/衬垫	衬垫类	吸附衬垫	PAD	68130000
85			显示屏清洁器用吸附衬垫	Clean Pad	68130000
86			耐热衬垫	Cushion	85149090
87		聚四氟乙烯纸	缓冲材料(TCP 预压)	Cushion(TCP pre-bonding)	84859090
88			缓冲材料(TCP 正式压接)	Cushion(TCP bonding)	84859090
89			缓冲材料(基板预压)	Cushion(PCB pre-bonding)	84859090
90			缓冲材料(基板正式压接)	Cushion(PCB bonding)	84859090
91		其他类	感压纸(LLW)	Pressure paper LLW	48239090
92			感压纸(LLLW)	Pressure paper LLLW	48239090
93	胶带类	各类净化/耐热胶带	黄色胶带	Yellow Tape	39199090
94			黏合胶带	Adhesive Tape	39199090
95			剥离胶带	Stripper Tape	39199090
96			硅胶膜	Silicon Sheet	39209090
97			特福珑导热膜	Teflon Sheet	39209090
98	清洁用品	清洁用品	无尘洗衣机用洗剂	Detergent	34021900
99			擦拭带(无须清洗)	Roll Wiper	63071000
100			便携式微型刷	Pocket Mini-brush	96035091
101			清洁滚	Clean Roller	40069020
102			擦拭布/无尘布	Wiper	63071000
103			无尘纸	Clean Paper	48235900
104	净化用品	净化服	净化服/帽	Clean Cloack	62179000
105			净化鞋	Clean Boots	64069900
106			净化手套	Clean Gloves	61169900
107		净化纸	净化本	Clean Note Book	48201000
108			净化纸	Clean Paper	48201000

附件 3

"膜晶显"生产设备清单

序号	工序	设备分类	设备名称	设备英文名
1	陈列	搬运设备	玻璃拆包机	Dense Unpacking M/C
2			基板移载机	Glass Loader
3		成膜设备	等离子增强化学气相淀积设备	PECVD
4			常压化学气相淀积设备	APCVD
5			溅射装置	Sputter
6		光刻系统	涂胶显影机	Track/In-line PR
7			涂胶机	
8			显影机	
9			显像液供再生设备	Developer System
10			药液浓度管理装置	
11		曝光装置	曝光机(一次/分步)	Exposure System
12			背曝光机	Back Exposure
13			周边曝光 & 印字曝光机	Titler & Edge Expo.
14		刻蚀/去胶设备	湿法刻蚀机	Wet Etcher
15			干刻蚀机(CDE/RIE/PE)	Dry Etcher
16			EPD 终点探测系统	EPD System
17			剥离装置	Stripper
18		清洗设备	清洗机	Cleaner
19			周转盒(基板架)清洗机	Cassette Cleaner
20		检测设备	自动线宽测试装置	
21			在线自动光学检查系统	In-Line AOI
22			复丽叶变换-红外光谱仪	FT-IR
23			薄膜应力测量系统	Stress Gauge
24			离线自动光学检查	Off-Line AOI
25			光刻胶膜厚测定装置	
26			光学式膜厚仪	Thickness Measurement
27			接触式膜厚仪	Touching Film Thickness Measurement
28			膜厚测量设备	Film Thickness Measure.
29			原子力显微镜	AFM
30			氦气检漏仪	Helium leasing measurment
31			斜光显微镜	Leanning light microscope
32			金相显微镜	Metal structure microscope
33			表面电阻测试装置	Surface resistance tester
34			O/S 检查设备	O/S Tester

序号	工序	设备分类	设备名称	设备英文名
35	陈列	检测设备	阵列自动测试仪	Arrary Auto Tester
36			阵列返修设备	Array Repair
37			粒子计数器	Particle Counter
38			台阶仪	Step Height Gauge
39			自动(手动)外观检查装置	
40			开路/短路测试仪	OS Tester
41			宏观缺陷检查机	MAC/MIC
42		搬送设备	周转盒	CASSETTE
43			套装淀积网板装置	Sputter Mask Kit
44			基板投入机	Glass Loader
45			港湾式储存搬送装置	Bay Stockor
46			天棚搬送装置	OHS
47			分类拣选机	Sorter
48			机器手	Robot
49			洁净吊车	CleanRoom Crane
50			拣选机	Indexer
51			自动搬送装置	AGV
52			装卸载装置	Loader & Unloader
53		烘箱类	退火炉	Anneal M/C
54		返修设备	激光化学气相沉积修补设备	Array Lazer CVD Repair
55	成盒		彩膜拆包机	CF Unpacking M/C
56		清洗设备	超声波清洗机	US Cleaner 外 3 Item
57			PI 投入前清洗机	PI Pre-Cleaner
58			摩擦后清洗机	Rubbing Post-Cleaner
59			屏清洗机	Cell Cleanning equipment
60			液晶屏清洗设备	4
61		周转盒清洗设备	个片周转盒洗净机	Cassette Cleaner
62			共通周转盒洗净机	Cassette Cleaner
63		取向膜印刷设备	配向膜印刷机	PI Coater
64			配向膜固化装置	PI MainCure
65			配向膜剥离洗净装置	
66			蒸发测量仪	Steam Tester
67			APR(选择印刷挡板)润湿机	APR Wetting M/C
68			配向版洗净机	
69			取向膜传送机	PI Transfer M/C

序号	工序	设备分类	设备名称	设备英文名
70	成盒	取向膜检查设备	配向膜外观检查装置	PI Visual Inspection
71			配向膜检查装置	PI Inspection
72			取向膜返修	PI Rework
73		摩擦设备	摩擦设备	Rubbing
74		ODF 设备（成盒及液晶注入设备）	垫料散布	Spacer Sprayer
75			垫料固着	Spacer Cure
76			自动除泡机	Auto Clave
77			边框胶涂布机	Seal Dispenser
78			边框胶检查装置	Seal Inspection
79			银胶涂布	Ag Dispenser
80			液晶注入机	Liquid crystal injection machine
81			液晶滴下	LC Dispenser
82			对盒机	Cell aligner
83			真空贴合装置	Vacuum Aligner
84			加压封口装置	High presure clave
85			封着炉	Sealing clave
86			本硬化炉	Heat Cure
87			UV 硬化	UV cure
88		检查装置	不均匀检查	Gray Mura Insp.
89			隔垫物散布检查及返工	Spacer Inspection
90			PS(柱状隔垫物)检查装置	PS Inspection
91			基板长度间距测定装置	
92			CD 测量装置	CD/Pitch Measure.
93			对位检查装置	Alignment Inspection
94			盒厚检测机	Cell Gap Inspection
95			清亮点测量仪	Tni Measurement
96			液晶电阴测量设备	LC Resistvity
97			R-DC(残留直流电压)测量仪	R-DC Measure
98			接触角测量仪	Contact Angle Measurement
99			破损检查装置	Burr Inspection
100			显示检查装置	
101			盒宏观检查机	Macro Tester
102			目视检查装置	Visual Inspection
103			智能缺陷检查机	Intelligent Mura Inspection
104			屏显示检查装置	Panel Visual Inspection
105			黏度计	Viscosty Measure
106			取向膜厚度测量仪	PI Thickness Measure

序号	工序	设备分类	设备名称	设备英文名
107	成盒	切断装置	单片切断装置(划片机)	Scriber machine
108			手工切片机	Manual Scriber machine
109		倒角装置	单片倒角装置	Single Edge Grinder
110			倒角装置	Edge Grinder
111			磨边清洗机	Grinder Cleaner
112			倒角后清洗机	Cullet Cleaner
113		偏光板粘着设备	偏振片前清洗机	Pol Cleaner
114			偏光板剪切机/灯箱	Pol Cutting/Light Box
115			偏光板贴付装置	Pol Attacher
116			装卸装置	LD/ULD ROBOT
117			偏光板卸料/面取卸料	
118			偏光板贴付装置	Pol Attacher
119			半自动偏光板贴付装置	
120		修复设备	偏光板剥离装置	
121			激光短路环切割机	laser short ring cutter
122			激光修复仪	Cell Laser Repair
123			保管炉(老化炉)	Aging Oven
124		其他设备	退火炉	Anneal Oven
125			信号发生器	
126			液晶脱泡装置	LC Evaporator
127			边框胶脱泡搅拌机	Sealant Evaporation
128			静电监测系统	Static Monitoring Sys
129			离子发生器(风扇型/X 射线型)	Ionizer(Blower/X-ray)
130			温度测量记录仪	Temperature Profiler
131			超声波清洗机	US Cleaner
132			真空室储存库	Vacuum Chamber Stocker
133			静电平衡测量仪	ESD Balance Measurement
134			洗手干手设备	Hand Washer & Dryer
135			函数发生器	Function Generator
136		搬送装置	ODF 搬送装置	
137			装卸装置	Loader & Unloader
138			组装线传送机	Assy Transfer M/C
139			取向膜传送机	PI Transfer M/C
140			个片周转盒搬运小车	MGV
141			通用周转盒搬运小车	
142			基板搬运小车	

序号	工序	设备分类	设备名称	设备英文名
143	模块	ACF 贴付装置	ACF 输入输出粘贴装置	
144		TCP 压接装置	TCP 输入输出装置	
145			TCP 输出压接装置	
146			TCP 实装及基板压接装置	
147			TCP 贴装设备	TCP Bonder
148		COG 压接装置	COG 压接装置	COG Bonder
149		FPC 压接装置	FPC 压接装置	FPC Bonder
150		焊接装置	PCB(印刷线路板)焊接机	PCB Bonder
151			OLB 半自动(外引线焊接)机	OLB Semi Auto M/C
152		检查装置	EPM 电学特性测量设备	EPM Prober
153			光学特性检查装置	
154			返修/品质检查机	Rework/QA Inspection
155			返修检查机	Rework Inspection
156		老炼装置	小室型老炼装置	
157			在线老化机	In-Line Aging M/C
158			批量老化设备	Batch Aging System
159			老化系统	Aging System
160		其他设备	冷阴极荧光灯管 & 背光源老化系统	CCFL BLU Aging Sys.
161			加热台	
162			显微镜	Microscope
163			示波器	
164			外引线探测站	Probe Test Station
165			离子风机	
166			零件清洗机/烘干炉	Part Cleaner/Bake Oven
167			信号发生器	
168			标签打印机	
169			螺丝供给器	
170			回转台	
171			升降机系统	Lifter System
172			组装线	Assy Line
173			包装机	Packing & Palletizing Sys
176	品质管理	试验设备	冲击试验机	Shock Tester
177			跌落试验台	Drop Tester
178			振动试验台	Vibration Tester
179			常温点灯装置(LAM)	
180			温度特性测定装置	temperature character testing system
181			热冲击试验装置	heat punching testing system

序号	工序	设备分类	设备名称	设备英文名
183	品质管理	试验设备	耐光试验机	optronic proof tester
184			静电试验机	static testing machine
185			盐水喷雾试验装置	saltwater spraying test system
186			大型环境试验箱	large-scale environment cabinet
187			恒温恒湿试验装置	temperature & humidity testing system
188		分析仪器	发散率测量仪	Haze Meter
189			分光光度计	Color Quest Meter
190			椭偏仪	Elipsometer
191			显微镜等	Microscope
192			多通道延迟系统	Retardation & Polarzation Sys
193			动态超微硬度测试仪	Dynamic Ultra Micro Hardness
194			黏度计	Viscosity Meter
195			频谱分析仪	Spectrum Analyzer
196			亮度均匀度仪等	Luminance Uniformity
197			二维彩色分析仪等	CA-1500
198			PCT(潜在缺陷早期测试)系统	PCT System
199			万用表/电源	Multimeter/Power Supply
200			示波器	Ocilloscope
201			图形发生器	Pattern Generator
202			可编程图形发生器	Programmable Pattern Generator
203			动态离子密度仪,预倾角测量仪	Dynamic Ion Density
204			半导体参数分析仪	semi-conductor data analysis
205			探针仪	prober tester
206			折射计	Refractmeter
207			数字示波器	Digital Ociloscope
208			静电测量仪	ESD Tester
209			精密电感电容电阴三用表	4156C 3 Item
210			电磁干扰测试设备	EMI Test Receiver & S/W
211			视频显微镜系统	Video Microscope System
212			液晶光电测量仪	EZ Contrast
213			光学试验系统	Optical Test System
214			液晶模块检查机	LCM Inspection M/C
215			XY 轴测量仪	XY Axis Measuring
216			三次元测长机	tridimensional length measurement
217			低温试验箱	Low Temp. Room Chamber
218			高温高湿试验装置	Wet Station
219			细菌培养器	Bacteria Incubator

<table>
<tr><th>序号</th><th>工序</th><th>设备分类</th><th>设备名称</th><th>设备英文名</th></tr>
<tr><td>220</td><td rowspan="4">品质管理</td><td rowspan="3">分析仪器</td><td>X 射线能谱仪</td><td>X-ray Energy spectrum tester</td></tr>
<tr><td>221</td><td>EPM(电学特性测量)测试仪</td><td>EPM Tester</td></tr>
<tr><td>222</td><td>扫描电镜</td><td>SEM & EDS</td></tr>
<tr><td>223</td><td>其他设备</td><td>洁净小房</td><td>Cleanning mini-room</td></tr>
<tr><td>224</td><td rowspan="4">框架</td><td>烘箱类</td><td>烘干箱</td><td>Bake chave</td></tr>
<tr><td>225</td><td rowspan="3">喷砂处理机</td><td>半自动干喷机</td><td>Semi-auto dry sprayer</td></tr>
<tr><td>226</td><td>手动干喷机</td><td>Manual dry sprayer</td></tr>
<tr><td>227</td><td>湿喷机</td><td>Humidity sprayer</td></tr>
<tr><td>228</td><td rowspan="29">动力</td><td rowspan="4">电气设备</td><td>主控制盘、动力盘</td><td></td></tr>
<tr><td>229</td><td>固态快速切换开头</td><td></td></tr>
<tr><td>230</td><td>柴油发电机组</td><td>Diesel Generator</td></tr>
<tr><td>231</td><td>不间断电源</td><td>UPS</td></tr>
<tr><td>232</td><td rowspan="13">空调设备</td><td>空调箱</td><td></td></tr>
<tr><td>233</td><td>干燥盘管风扇单元</td><td>CFU</td></tr>
<tr><td>234</td><td>风机盘管</td><td></td></tr>
<tr><td>235</td><td>空调器</td><td></td></tr>
<tr><td>236</td><td>室外风调节系统</td><td>OAC</td></tr>
<tr><td>237</td><td>真空泵</td><td></td></tr>
<tr><td>238</td><td>热水泵</td><td>Hot Water Pump</td></tr>
<tr><td>239</td><td>热交换器</td><td>Heat Exchanger</td></tr>
<tr><td>240</td><td>风机</td><td>AHU</td></tr>
<tr><td>241</td><td>送风过滤系统</td><td>FFU</td></tr>
<tr><td>242</td><td>冷冻机组</td><td>Chiller</td></tr>
<tr><td>243</td><td>自动控制系统</td><td>Auto Control Sys</td></tr>
<tr><td>244</td><td>冷却塔/上部系统 & 下部系统</td><td>Cooling Tower</td></tr>
<tr><td>245</td><td rowspan="3">气体供应设备</td><td>气体纯化设备</td><td>Gas Purifier</td></tr>
<tr><td>246</td><td>特气控制柜 VMB</td><td>Special gas controlling system</td></tr>
<tr><td>247</td><td>气体供应系统特殊气体滤清装置</td><td>Gas Supply System</td></tr>
<tr><td>248</td><td rowspan="9">中央动力设备</td><td>离心式空压机</td><td></td></tr>
<tr><td>249</td><td>螺杆式空压机</td><td></td></tr>
<tr><td>250</td><td>高压空压机</td><td></td></tr>
<tr><td>251</td><td>HHA 的干燥器</td><td></td></tr>
<tr><td>252</td><td>DAHA 的干燥器</td><td></td></tr>
<tr><td>253</td><td>冷冻机冷却塔</td><td></td></tr>
<tr><td>254</td><td>螺杆式空压机冷却塔</td><td></td></tr>
<tr><td>255</td><td>送气风机</td><td></td></tr>
<tr><td>256</td><td>排气风机</td><td></td></tr>
</table>

序号	工序	设备分类	设备名称	设备英文名
257	动力	中央动力设备	冷冻机组	
258			工厂真空系统	Plant Vaccum Pump
259			清洁用真空系统	Cleaning Vaccum Pump
260			冷却水注药设备	
261			DHA 过滤器	
262			通用周转盒搬运小车	
263		纯水系统	全自动初混床	full auto pre-humidity system
264			全自动精混床	full auto exactly humidity system
265			一次纯水抛光机	one time purified water grinding machine
266			超纯水抛光机	super purified water grinding machine
267			抛光混床	grinding mixer machine
268			多介质过滤器	mutil media filter
269			活性炭过滤器	carbon filter
270			反渗透系统	inverse-penetration system
271			各类泵组	verious pumps system
272			超纯水设备	UPW & WWT
273		化学品供应系统	特药混合柜/罐	special chemical mixing container
274			特药控制柜	special chemical controling container
275			特药供应柜	special chemical dispensing container
276			特药循环柜	special chemical recycle system
277		废水处理系统	废水回收设备	effluent collection system
278		废气处理系统	主洗气机	Main Scrubber
279			有机物蒸气洗净机	VOC Scrubber
280			空气烟感探测分析系统	VESDA System
281			二氧化碳发生装置	CO_2 Gas Cabinet
282			有毒气体清洗机	POU Scrubber
283			有毒气体热湿清洗机 & 干洗机	H/W, Dry Scrubber
284	厂房	净化系统	风淋室	Air Shower

附件 4

薄膜晶体管液晶显示器件生产企业 2009~2011 年度维修生产设备用零配件免税进口额

企业名称	北京京东方光电科技有限公司	上海广电 NEC 液晶显示器有限公司			昆山龙腾光电有限公司			上海天马微电子有限公司	深超光电（深圳）有限公司
		一期工程	二期工程	合计	一期工程	二期工程	合计		
进口生产设备总值(亿美元)	7.96	6.03	2.55		4.49	5.17		2.00	9.14
零配件 2009 年度免税进口额(万美元)	1990	1508	1020	2528	1347	1163	2510	800	2057
零配件 2010 年度免税进口额(万美元)	1990	1508	765	2273	1123	2327	3450	600	4113
零配件 2011 年度免税进口额(万美元)	1990	1508	638	2146	1123	2068	3191	500	3656

海关总署关于等离子显示面板生产企业进口物资税收政策有关问题的通知

（署税发〔2010〕153 号）

各直属海关：

关于对等离子显示面板生产企业进口物资给予进口税收优惠政策及海关管理事宜，总署已以《海关总署关于新型显示器件生产企业进口物资税收政策的通知》（署税发〔2009〕284 号，以下简称《通知》）予以明确。现就政策执行中的有关问题通知如下：

一、经国务院有关部门共同审核确定，第一批符合享受相关税收政策条件的等离子显示面板生产企业是：上海松下等离子显示器有限公司（以下简称上海松下）和四川虹欧显示器件有限公司（以下简称四川虹欧）。

二、等离子显示面板生产企业免征关税的进口自用生产性（含研发用）原材料和消耗品的产品清单详见本通知附件 1、2。其中，部分产品执行免征关税政策的截止日期为 2010 年 12 月 31 日（详见附件 1、2 的备注栏）。

三、经审核，上述等离子显示面板生产企业 2009-2011 年度维修本通知附件 3 所列生产设备用零配件的免税进口额度为：

设备使用年度	上海松下零配件免税进口额	四川虹欧零配件免税进口额
2009 年	486 万美元	720 万美元
2010 年	477 万美元	1440 万美元
2011 年	574 万美元	1280 万美元

四、请各关按照《通知》的规定，对上述等离子显示面板生产企业在规定期间内进口的上述相关物资办理免税审批手续和征免税及退保核销手续。

特此通知。

附件1　等离子显示面板生产所需进口原材料清单
附件2　等离子显示面板生产所需进口消耗品清单
附件3　等离子显示面板生产所需进口设备清单

二〇一〇年四月七日

附件1

等离子显示面板生产所需进口原材料清单

序号	类别	商品名称	英文名称	税则号列（供参考）	备注
1	玻璃基板/滤光玻璃/玻璃粉	基板玻璃(等离子屏生产用高应变点玻璃)	Front Glass	70200019	
2		低熔点玻璃粉	Front Dielectric Powder	32074000	
3		带低熔点环的排气管	Glass Flair with frit Ring	85299082/70023900	
4		滤光玻璃	Filter glass	85299082/70140090	
5	浆料	导电电极、介质、障壁、荧光粉浆料	Silver electrode, medium, concealment, phosphor pastes	38249099	
6		氧化镁浆料	MGO Paste	25199099	
7	胶/膜/带	导热硅脂	Silicon Resin	35069190	免税截至2010.12.31
8		UV树脂固化胶	UV PASTE	35069120	
9		紫外线(UV)固化胶带	UV TAPE	39219090	
10		漏印版加工用聚酯膜	POLYESTER FILM	39206200	免税截至2010.12.31
11		荧光粉清洗带	Phosphor Cleaning Tape	39199090	
12		各向异性导电膜	ACF	39219090	
13		热压着用缓冲垫	Cushion Sheet	84849000	
14		热压着用特福珑衬带	Teflon lining form	39209990	
15		导热双面胶带	Thermal conductive double stick tape	39199090	
16		滤光膜	film filter	85299082	
17		滤光膜贴附用干膜	Laminted Resin Film	38249099	
18	靶材	氧化镁晶体	MgO Pellet	25199099	
19	荧光粉	荧光粉	Phosphor Powder	32065000/38249099	

序号	类别	商品名称	英文名称	税则号列（供参考）	备注
20	惰性气体	惰性混合气体	PENNING GAS	38249099	
21	树脂	乙基纤维素	Ethylcellulose Resin	39129000	
22		液体硝化棉	Vehicle NC	39122000	
23	有机溶剂	邻苯二甲酸二丁脂	DBP	29173410	
24		松油醇	Terpineols	29061910	
25		丁基卡比醇	Other esters of ecetic	29094990	
26		丁基卡比醇乙酸脂	Other esters of ecetic acid	29153900	
27	湿化学品	玻璃基板清洗液	Glass cleaner	34029000	免税截至2010.12.31
28	湿化学品	涂层再生液	Rework Solution	38140000	免税截至2010.12.31
29		感光(PR)胶清洗液	LPR Cleaner	34021900	
30		电极端子清洗液	Pad Cleaner	34021900	
31		印刷丝网版清洗剂	Screen Mask Cleaner	34021900	免税截至2010.12.31
32		感光性障壁用显影液	Developer	29221100	
33	材料类	γ丁内酯	Other lactones	29322900	
34		曝光母板清洗剂	Mask detergent	34021900	
35		带状芯片封装(TCP)	TCP	85299082	
36		FPC柔性连接线	Flexible printed cable	85333919	
37	数据集成块	数据模块用集成块(IC)	Mos logic IC	85299082	
38	其他	各向异性导电膜(ACF)修复液		38140000	

附件2

等离子显示面板生产所需进口消耗品清单

序号	类别		商品名称	英文名称	税则号列（供参考）	备注
1	灯类	紫外线灯/水银灯/其他灯	紫外线灯	Ultraviolet lamp	85394900	
2			超高压水银灯	Ultra high pressure mercury lamp	85393290	
3			高压水银灯	Hight pressure mercury lamp	85393290	
4			低压水银灯	Low pressure mercury lamp	85393290	
5			卤素灯	Halogen lamp	85393290	
6			激光灯	Laser lamp	85414090	
7			特殊荧光灯	Fluorescent light	85393199	
8			特种灯部品	Special lamp parts	85399000	
9			灯源箱	Lamp Source Box	84413090	

序号	类别		商品名称	英文名称	税则号列（供参考）	备注
10	过滤器类	空气过滤器/芯/网	设备专用空气过滤器	Filtering for gases	84213990	
11			设备专用空气过滤网	Filter meshwork for gases	73141400/73141900	
12			设备专用空气过滤芯	Filter Cartridge for gases	84219990	
13		水过滤介质	纯水装置用反渗透(RO)膜	RO film	84219990	
14		其他过滤器/芯/网	各类浆料用过滤芯	Filter Cartridge for pastes	84219990	
15			金属过滤网	Metal filter meshwork	73141400/73141900	
16			各类浆料用过滤器	Filtering for pastes	84212990	
17			各类浆料用过滤网	Filter meshwork for pastes	73141400/73141900	
18	金属类	挡板/夹子/托架等	氧化镁(MGO)蒸镀防着板	MGO defending plate	84869090	
19			封接用金属夹	Metal clamp	84869090	
20			设备用传送托架	Tray	84869090	
21			设备用安装支架	Bracket	84869090	
22			机械手专用夹具	Clamping apparatus	84869090	
23	生产耗材	探针/探头	各类探针	Probe	90279000	
24			修正针	Correct pin	90279000/90309000/90319000	
25			各类电极	Electrode	85451900/8311000	
26			各类探头	Probe	90279000/90309000/90319000	
27	生产耗材	生产消耗品	各类曝光干板(曝光用母版)	Exposure machines mask	90029090/90021990/90022090	
28			曝光机光学部件	Optics for exposal machines	90029090/90021990/90022090	
29			紫外固化装置用光学部件	Optics for ultraviolet machines	90029090/90021990/90022090	
30			各类定位板	Orientation plate	84869090	
31			氧化镁(MGO)蒸镀用耐高温坩埚	Crucible for high temperature	69039000	
32			净化手动泵	Pump	84132000	
33			耐高温记号笔	Resistant pen	96089910	
34			电子枪灯丝	Electric gun filament	85409990	
35			电子枪配件	Electric gun parts	85409990	

序号	类别		商品名称	英文名称	税则号列（供参考）	备注
36	设施耗材	设施耗材	柔性印刷线路板（FPC）托盘	FPC salver	39269090	
37			等离子屏生产设备专用吸盘	Cupula	40169990	
38			紫外固化胶涂布机用加热软管	Heating tube	39173100	
39			热压设备橡胶压条	Rubber	40170020/ 40169990	
40			浆料调配筒	Bottle	39269090/ 73269010	
41			防紫外线窗玻璃	Prevent ultraviolet radiation glass	70200019	
42			高强度玻璃	High strength glass	70071900	
43			耐高温陶瓷玻璃	High temperature glass	70200019	
44			热分析仪专用铝盘	aluminium plate	76169910	
45			曝光机专用反光镜	Mirror	83063000	
46	检测器耗材	电器类消耗器	炉体专用热电偶	Thermocouple	90329000	
47			检测设备专用电缆	Cable	85442000	
48			检测设备专用光缆	Fiber cable	85447000	
49			配测设备专用线路板	Parts for inspection machines	90319000	
50		其他类	特殊色带	Special ribbon	96121000	
51			特殊记录纸	Special recording paper	48239090	
52	密封件	各类O型圈及其他密封垫	氧化镁设备衬垫	Padring	84841000	免税截至2010.12.31
53			氧化镁设备O型圈	Oring	40169390	免税截至2010.12.31
54			氧化镁设备密封件	Pressurize parts	84842000	免税截至2010.12.31
55	陶瓷件	绝缘陶瓷	陶瓷烧成垫板	Ceramic parts	69060000	
56	印刷/涂布工艺耗材	摩擦布/印刷刮刀/刮板/夹具	印刷机用摩擦布	Rubbing cloth	84439990	
57			封排设备用金属编织布	Metal cloth	73141400/ 73141900	
58			印刷用丝网版	Screen printing mask	73145000	
59			印刷机用摩擦辊轴	Rubbing Roller	84439990	
60			印刷用刮板/刀	Screen squeegee/Ink knife	84439990	
61			印刷刮刀夹具	Ink knife with clamp	84439990	
62			印刷机净化连接软管	Joint tube	39173100	
63	注射器类	注射器及配件	专用注射器（带修正浆料）	Syringe	38249099	
64	刀具/磨具	各种切割刀轮/刀轴	各向异性导电膜（ACF）切割器	ACF Cutter	84778000	
65			玻璃切割轮	Glass cutter	84669100	
66			玻璃研磨具	Glass grinding head	84669100	

序号	类别		商品名称	英文名称	税则号列（供参考）	备注
67	喷嘴	金属喷嘴	其他金属喷嘴	Metal Nozzle	84869090	
68		金属喷嘴	各类浆料涂布喷嘴	Nozzle	84869090	
69		塑料喷嘴	各类塑料喷嘴	Plastic Nozzle	39269090	
70	滚筒/衬垫	衬垫类	吸盘衬垫	Pad	68138100	
71			耐垫衬垫	Pad	85149090	
72			铝板压接用缓冲衬模	Foam for aluminium plate	39211390	
73		其他类	各类感压纸	Pressure paper	48239090	
74	胶带类	各类净化/耐热胶带（相同）	耐热胶带	Adhesive Tape	39199090	
75			各色净化胶带	Adhesive Tape	39199090	
76			导电胶带	Conducting Tape	39219090	
77			耐高温陶瓷胶水	Gluewater	35069900	
78	清洁/净化用品	清洁/净化用品	净化吸尘器	Cleansing dust-collector	84213929	
79			离子交换树脂	Ion-exchange Resin	39140000	
80			脱气膜	Degassing film	84219190	

附件3

等离子显示面板生产所需进口设备清单
（用于确定备品备件的免税进口）

序号	工序	设备分类	设备名称	设备英文名称
1	前/后基板加工	清洗	玻璃基板清洗机	GLASS CLEANING MACHINE
2			紫外线清洗机	UV CLEANING MACHINE
3			超声波清洗机	ULTRA SONIC WAVE CLEAN MACHINE
4			涡轮螺旋清洗机	TURBO BLOW CLEANING MACHINE
5			超声波风式干洗机	WIND-STYLE ULTRASONIC DRY-CLEANING MACHINE
6		移载/存储	装载/卸载设备	LOAD/UNLOAD EQUIPMENT
7			中间取出设备	MID HANDOUT EQUIPMENT
8			传送设备	TRANSPORT EQUIPMENT
9			搬送设备	CARRIER
10			机械手	ROBOT
11			暂存机	TEMPORARY STORAGE MACHINE
12			光罩存储箱	MASK STORGE BOX

序号	工序	设备分类	设备名称	设备英文名称
13	前/后基板加工	浆料印刷/涂布	浆料涂布机(用于银电极/介质/氧化镁/诱电体/荧光粉/障壁等)	PASTE COATING MACHINE
14			丝网印刷机	SCREEN PRINTING MACHINE
15			喷墨设备(含喷墨头)	INKJET(INCLUDING INKEJET HEAD)
16		压膜	压膜机	LAMINATOR
17		曝光	曝光机	EXPOSSURE MACHINE
18		显影	显影设备	DEVELOP MACHINE
19		脱膜	脱膜设备	STRIPPER
20		蚀刻	蚀刻设备	ETCHING MACHINE
21		干燥/加热	IR 干燥炉(用于银电极/介质/氧化镁/诱电体/荧光粉/障壁等)	IR DRYING FUNACE
22			预热炉	PREHEATING FURNACE
23			真空干燥设备	VACCUM DRYING MACHINE
24		烧成	烧成炉(用于银电极/介质/氧化镁/诱电体/荧光粉/障壁等)	FIRING FURNACE
25		蒸镀	MGO 蒸镀设备	MGO VAPOR DEPOSITION MACHINE
26		检查	导通检查设备	CONDUCTION CHECK MACHINE
27			荧光粉堵塞检查机	CLOG-IN CHECK MACHINE FOR LUMINOPHOR
28			缺陷检查仪	DEFECT TESTER
29			膜厚测定仪	FILM THICKNESS MEASURING DEVICE
30			量测显微镜	MEASURING MICROSCOPE
31			自动光学检查设备	AUTOMATIC OPTICAL INSPECTION MACHINE
32			真空氦质谱检漏仪	VACUUM HELIUM MASS SPECTROMETER LEAK DETECTOR
33		返修	荧光粉修正机	LUMINOPHOR REPAIR MACHINE
34			电极修复设备	ELECTRODE REPAIR EQUIPMENT
35		其他	除湿机	DEHUMIDIFY MACHINE
36			浆料调配设备	PASTE MIXING MACHINE
37			丝网清洗机	SCREEN CLEANING MACHINE
38			浆料搅拌机	PASTE MIXING MACHINE
39			洁净罩	CLEAN BOOTH
40			喷砂机	SANDBLASTING MACHINE
41	屏合成	移载	洁净垂直传送设备	CLEAN ELEVATOR
42			装载/卸载设备	LOAD/UNLOAD EQUIPMENT
43			传送设备	TRANSPORT EQUIPMENT
44			搬送设备	CARRIER
45			机械手	ROBOT
46		清洗	FPC 端子清洗设备	FPC CLEANING MACHINE
47			屏清洗设备	PANEL CLEANING EQUIPMENT

序号	工序	设备分类	设备名称	设备英文名称
48	屏合成	封接	封接料涂布设备	FRIT COATING MACHINE
49			前后基板自动对位设备	AUTO ALIGMENT EQUIPMENT
50			排气管安装设备	BULB SETTING MACHINE
51			封接炉	SEALING FURNACE
52		排气	排气设备	EXHUST EQUIPMENT
53		老炼	屏老练设备	PANEL AGING EQUIPMENT
54			洁净老练设备	CLEAN AGING STOCKER
55		检查	数据输入设备	DATA INPUT EQUIPMENT
56			信号发生器	SIGANAL GENERATOR
57			DDC 输入器	DDC INPUT EQUIPMENT
58			画像检查设备	IMAGE INSPECTION EQUIPMENT
59			屏检查设备	PDP INSPECTION MACHINE
60			单元检查设备	UNIT CHECK EQUIPMENT
61		贴合/压接	FPC 压接设备	FPC PRESS BONDING MACHINE
62			贴合调整设备	ALIGMENT EQUIPMENT
63			ACF 贴付机	ACF PRESS MACHINE
64			UV 涂布硬化设备	UV COATING & HARDENESS MACHINE
65			导热膜贴付压膜机	MOTNESS CONDUCTIVE SHEET PRESS MACHINE
66			合格标牌打印机	LABEL PRINTER
67	质管理	分析仪器	板厚测量机	GLASS THICKNESS MEASURE
68			烧成炉/干燥炉专用测试风速仪	ANEMOMETER
69			激光聚焦位移计	LASER FOCUS DISPLACE METER
70			障壁高度检查机	RIB HEIGHTNESS MESSURE MACHINE
71			色彩分析仪	COLOR ANALYZOR
72			分光式膜厚测量仪	SPECTROSCOPY THICKNESS MEASRUE MACHINE
73			接触角检测仪	CONTACT ANGLE DETECTOR
74			扫描电子显微镜	SCANNING ELECTRON MICROSCOPE
75		其他	二位码 ID 编码识别系统	QR CODE RECOGNITION SYSTEM
76			激光打号机	LASER MAKER
77			CIM 生产管理系统	CIM PRODUCTION MANAGEMENT SYSTEM
78	动力	电气	高压电源快速切换开关	SSTS
79		电气	不间断电源	UPS
80		中央动力	螺杆式空气压缩机	SCREW TYPE AIR COMPRESSOR
81		真空	真空泵	VACCUM PUMP
82		环保	固液分离设备	LIQUID & SOLID SEPERATION EQUIPMENT
83			废气燃烧炉	GASEOUS POLLUTANT BURNNING FURNACE

海关总署关于享受进口税收优惠政策的有机发光二极管显示面板生产企业进口物资有关问题的通知

（署税发〔2011〕139号）

各直属海关：

关于有机发光二极管显示面板（OLED）生产企业在2009年1月1日至2011年12月31日期间进口的物资享受相关进口税收优惠政策及海关管理事宜，已以《海关总署关于新型显示器件生产企业进口物资税收政策的通知》（署税发〔2009〕284号）予以明确。近期经国务院有关部门共同审核，确定了第一批符合享受相关税收政策条件的有机发光二极管显示面板生产企业、进口自用生产性（含研发用）原材料和消耗品免征关税的产品清单、免税进口零配件限用生产设备清单、部分企业进口维修生产设备用零配件的年度免税进口额度及进口净化室配套系统的免税商品清单和进口金额。现就有关问题通知如下：

一、第一批符合享受相关税收政策条件的有机发光二极管显示面板生产企业是：四川虹视显示器件有限公司、四川虹视显示技术有限公司、广东中显科技有限公司、上海天马微电子有限公司、北京维信诺科技有限公司、昆山维信诺显示技术有限公司、昆山工研院新型平板显示技术中心有限公司。

二、经认定的有机发光二极管显示面板生产企业免征关税（进口环节增值税照章征收）的进口自用生产性（含研发用）原材料和消耗品的产品清单详见本通知附件1、2。其中，部分原材料执行免征关税政策的截止日期为2010年12月31日（详见附件1备注栏标注）。

三、广东中显科技有限公司、上海天马微电子有限公司、昆山维信诺显示技术有限公司和昆山工研院新型平板显示技术中心有限公司2009-2011年度维修本通知附件3所列生产设备用零配件的免税进口额度详见附件4。

四、广东中显科技有限公司、上海天马微电子有限公司和昆山工研院新型平板显示技术中心有限公司进口的国内不能生产的净化室配套系统的免税商品清单和进口金额分别见本通知附件5、6和7。

五、本通知规定的享受相关进口税收优惠政策的起止时间，均以向海关申报进口日期为准。

六、请各关按照“署税发〔2009〕284号”的规定，对上述有机发光二极管显示面板生产企业在规定期间内进口的本通知附件所列相关物资办理免税审批手续和征免税及退税、退保核销手续。

特此通知。

附件1　有机发光二极管显示面板生产企业免关税进口原材料清单
附件2　有机发光二极管显示面板生产企业免关税进口消耗品清单
附件3　有机发光二极管显示面板生产企业免税进口零配件限用生产设备清单
附件4　部分有机发光二极管显示面板生产企业免税零配件进口额度
附件5　广东中显科技有限公司进口净化室专用配套系统清单
附件6　上海天马微电子有限公司AM-OLED中试线项目进口净化室配套系统免税商品清单
附件7　昆山工研院新型平板显示技术中心有限公司进口净房配套系统进口清单

二〇一一年四月八日

附件 1

有机发光二极管显示面板生产企业免关税进口原材料清单

序号	类别		中文名称	英文名称	规格	税则号列	备注
1	玻璃	玻璃/彩膜/玻璃纤维/OLED 屏	原板玻璃	Glass substrate	TFT 等级的无碱玻璃 厚度：0.3mm ~ 1.1mm；LTPS TFT 基板	70031900	
2			导电玻璃	Conductive Substrate	ITO，Cr，Al，Mo，Ag，Cu 及其合金	70200011	
3			彩色滤光玻璃/CF 玻璃	Color Filter Glass	厚度：0.4mm ~ 1.1mm，R/G/B 滤光	90019090	
4	模具	模具	光罩/掩膜板	Photo Mask	SiO_2+Cr/Sodalime/Quartz	37059090 90029090	
5	胶膜	丙烯酸树脂类膜	防眩膜/偏光片/圆偏光片	Antiglaring Film/Polarizer	波片+偏光片（灰色、黑色、紫色……）	90012000	
6			滤色膜	Color Filter Film	黄色、绿色、黄绿色、红色	90012000 90019090	
7			各向异性导电晶片/各向异性导电膜/自粘塑料膜（入、出、修补）/各向异性导电胶片	ACF	索尼/日立系列产品	32099010 32099020 32099090 32091000 39199090	
8	靶材	靶材	靶材（包括 Al-Nd，Al，Mo-Nb，Cr，ITO，MoW，Al-Ni-La，Ni-Si）	Target（Al-Nd，Al，Mo-Nb，Cr，ITO，MoW，Al-Ni-La，Ni-Si）	Al-Nd：0.7wt%02wt% Nd，Density > 95%，电阻率 > 5mWcm	76072000 76052900 81122900 81029900 81129290 80012090 81122900 76169990 76169910 75052100	
9			MoW 合金靶材	MoW target	W 含量 2at% ~ 20at%，纯度 > 99.9%，Fe < 200ppm，Cu < 200ppm，Al < 100ppm，Si < 100ppm，Resistivity < 30mWcm	81019990 81029900	
10			Al 靶材	Al target	纯度 99.999%	76042910 76052900	
11			Ti 靶材	Ti target	纯度 >99.9%	81089010 81089090	
12			Mo 靶材	Mo target	纯度 >99.9%，稀土元素 < 100ppm N<50ppm，O<50ppm	81029900 81029500	
13			Ag 靶材	Ag target	纯度 >99.99%	71069110	
14			Nd 靶材	Nd target	纯度 >99.9%	28053011	
15			镍靶材	Ni target	纯度 >99.99%	75089080	

序号	类别		中文名称	英文名称	规格	税则号列	备注
16	树脂	树脂类	边框胶/封框胶(环氧树脂)/密封胶/封口材料	Sealant/UV Glue	环氧树脂 Glass Transition Temperature:125 to 150℃; Water Absorption (25℃/24h): ≤ 1.0%; Heating Loss(150℃/24h):≤1.0%	35061000 35069120	
17			紫外线固化树脂	Ultraviolet Curing Resin	环氧树脂 Glass Transition Temperature:125 to 150℃; Water Absorption (25℃/24h): ≤ 1.0%; Heating Loss(150℃/24h):≤1.0%	39191010 35069120	
18	绝缘材料	绝缘胶	绝缘层胶	Insulation (PI)	敏感度 >20mJ (g line),最大加工温度<130℃,解析度<1.5 mm	37071000	
19			隔离柱胶	RIB glue	敏感度>20mJ (g line),最大加工温度<130℃,解析度<1.5 mm	37071000	
20	高纯固体材料	高纯有机材料	有机空穴传输材料	organic hole transport material	电子纯	29212900 29029090	
21			有机电子传输材料	organic electron transport material	电子纯	29214200 29029090	
22			有机空穴注入材料	organic hole injection material	电子纯	29029090	
23			有机发光材料	organic emitting material	电子纯	29029090	
24			磷光发光材料	phosphor emitting material	电子纯	29029090	
25		高分子材料	打印油墨	Print Ink	电子纯	29029090	
26			聚合物发光材料	Polymer Light Emitting Material	电子纯	29029090	
27		高纯金属	阴极材料高纯铝、银、铜、钙、镁等	Cathode Material(Al、Ag、Cu、Ca、Mg)	99.999%及以上	76042910 76052900 71069110 28051200 74031111 81043000	
28		高纯无机材料	氟化锂	Lithium Floride(LiF)	99.9%及以上	28261990	免税截至2010.12.31
29	封装材料	干燥剂	固体干燥剂/液体干燥剂	Desiccant	吸湿率: > 0.6mg/cm^2 (20℃,65%RH,15min)	28051200	
30		封接用玻璃粉	封接用玻璃粉	Glass Frit	含量为 $SnO\&P_2O_5$ 密度 3.9g/cm^2 软化温度<420℃	70182000 70189000	
31		后盖	玻璃后盖/金属后盖	Glass Cover/Metal Cover	200*200mm、370*470mm	70060000 72259990	
32	封装材料	金属掩模版/框架	金属掩膜板/框架	MASK	Invar (SUS) Frame/OPEN MASK/SHADOW MASK	72221900 72259990	

序号	类别		中文名称	英文名称	规格	税则号列	备注
33	高纯气体	高纯度混合气体 高纯度成膜气体其他高纯度特殊气体	硅烷 SiH_4	Gas(SiH_4)	纯度：99.9999%	28500000 28500000	
34			磷烷/ PH_3	Gas(PH_3/H_2)	比例： PH_3/H_2 (20%)；纯度：PH3：99.9950%，H2：99.9995% 比例： PH_3/H_2 (15%)；纯度： PH_3 ：99.9950%，H2：99.9995%	28500000 28480000	
35			乙硼烷/ B_2H_6	Gas(B_2H_6/H_2)	比例： B_2H_6/H_2 (5%)；纯度： B_2H_6 ：9.9950%， H_2 ：99.9995% 比例： B_2H_6/H_2 (40%)；纯度： B_2H_6 ：99.9950%， H_2 ：99.9995%	28500000	
36			三氟化氮	Gas(NF_3)	纯度：99.99%	28129000	免税截至2010.12.31
37			氪气	Gas(Kr)	纯度：99.999%	28042100	
38			四乙基原硅酸盐	Gas(TEOS)		28399000	
39			高纯氙	Gas(Xe)	纯度：99.999%	28042900	
40			激光退火用混合气体	HCL+ H_2 +Ne	比例：5% HCl + 1% H_2 + 94% Ne；纯度：HCL：99.9990%， H_2 ：99.9995%，Ne：99.9990%	2804290	
41			氯气	Gas(CL_2)	纯度:99.99%	28011000	
42	刻蚀液	刻蚀液	AL 刻蚀液	Etachant(AL)	电子纯 0.5um 以上杂质<30 个/毫升	28092010 38101000	
43			钼刻蚀液	Etachant(MO\MOW)	电子纯 0.5um 以上杂质<30 个/毫升	38101000	
44	刻工艺用化学品	显影液/光刻胶/去胶液/增黏剂/稀释剂/静电防止剂	四甲基氢氧化铵	TMAH	电子级浓度:TMAH:2.380±0.03;Na<1ppb;Fe<1ppb	37079010 37079090	
45			光刻胶	Photo Resist	敏感度>20mJ (g line)，最大加工温度 < 130℃，解析度<1.5mm	37071000	
46			湿法剥离液/剥离液	Strip(Stripper)	电子纯:Cl<0.005%; PO_4 <0.001%; SiO_2 <0.01%; SO_4 <0.002%; Na < 0.5%; Mg < 0.005%; Ca < 0.002%; Zn < 0.001%; 0.5um 以上异物<30 个/毫升	38140000 38249090	
47			显影液	Developer	电子级浓度:2.380±0.03;Na<1ppb;Fe< 1ppb;0.3um 以上异物<100 个/毫升	32049090 38249090	

序号	类别		中文名称	英文名称	规格	税则号列	备注
48	光刻工艺用化学品	显影液/光刻胶/去胶液/增黏剂/稀释剂/静电防止剂	脱膜液	Stripper	电子纯 Cl<0.005%;PO_4<0.001%;SiO_2<0.01%;SO_4<0.002%;Na<0.5%;Mg<0.005%;Ca<0.002%;Zn<0.001%;0.5um以上异物<30个/毫升	32049090 38249090	
49	学洗剂	玻璃基板洗剂/PI洗剂/液晶洗剂	非离子界面活性剂	Nonionics Modifier/Additive/Buffered Etch	电子纯 0.5um 以上异物<30个/毫升	34021300	
50			清洗剂	Cleaner	电子纯 P:0.90%;N:0.37% 砷(按 As_2O_6)未检出(检测限在 0.05mg /升);0.3um以上异物<100个/毫升	34021900	
51			清洗液	Washer	电子纯 P:0.90%;N:0.37% 砷(按 As_2O_6)未检出(检测限在 0.05mg /升);0.3um以上异物<100个/毫升	38101000	
52			掩模板清洗液	Mask resiner	电子纯 0.3um 以上异物<100个/毫升	38101000	
53	集成电路基板	集成电路基板	驱动芯片	DRIVER IC	TCP/COG OLED IC	84733010	

附件 2

有机发光二极管显示面板生产企业免关税进口消耗品清单

序号	类别		中文名称	英文名称	税则号列
1	灯类	曝光灯	激光紫外线灯	laser UV Lamp	85394990
2			激光灯管	Laser lamp	84869090
3			高压水银灯	UL	85393290
4			周边曝光用紫外线灯	Mercury Lamp	85394990
5		其他灯类	卤素灯	Halogen Lamp	85393290
6			离子注入用离子源	Ion source for Ion implant system	90278019
7	蒸发源	其他类	磁铁/磁条/橡胶磁铁	Magnet/Rubber Magnet	85051900
8		加热源	坩埚	Crucible	69039000
9			蒸发舟	pBN-Boat/ BN-Boat	69039000
10			加热丝/钨丝	Heat Thread/ Tungsten Filament	81019600
11	金属类	挡板	后板	Shield Plate	84669300
12			靶材托板	Backing Plate	76169910
13		探针	台阶高差测定用测定针/AFM 用探针	prober	90309000
14	检测器消耗品		晶振片	Crystal sensor	85416000
15			振荡器探头	Oscillator package	85416000
16			离子规	Ion Gauge	39140000
17			皮拉尼真空计	Vaccum Gauge	90318090
18	密封件	各类 O 型圈及其他密封垫	SP 用密封件	SP Sealing Ring	40169910
19			O 型圈	O Ring	40169910
20	石英制品	石英管	石英管(纯度 >99%, 密度>2.15g/cc, 介电常数 3.75)	Crystal(Quartz) tube	70200019
21		石英板	石英板(纯度 >99%, Al 杂质含量 < 100ppm, 密度>2.15g/cc, 介电常数 3.75, 热膨胀系数 0.5e~6/deg)	Crystal(Quartz) plate	70200019
22	注射器类	注射器及配件	点胶针头	Dispenser Head	90183100
23	刀具/磨具	各种切割刀轮/刀轴/磨具等	切断用刀片/刀轮/刀轴	Cutter Knife/Wheel/Axis	86841030
24			ACF 切割器	ACF Cutter	84778000
25		聚四氟乙烯纸	缓冲材料(TCP 预压)	Cushion(TCP pre-bonding)	84859090
26			缓冲材料(TCP 正式压接)	Cushion(TCP bonding)	84859090
27			缓冲材料(基板预压)	Cushion(PCB pre-bonding)	84859090
28			缓冲材料(基板正式压接)	Cushion(PCB bonding) 84859090	
29	离子注入机配件	离子源	起弧室	arc chamber	84863090
30	离子束源	离子束	防护石墨	graphite sheild	38019000

附件 3

有机发光二极管显示面板生产企业免税进口零配件限用生产设备清单

序号	工序	设备分类	设备名称	设备英文名称	税则号列
1	基板	清洗	基板玻璃清洗机	Washing Cleaner	84863094
2			蒸镀前清洗	Pre Cleaner before Evaportion	84863039
3			面板清洗机	Panel Cleaner	84863041
4			基板搬运篮清洗机	Cassette Cleaner	84863039
5			接触角测试仪	Contact Angle Measuring Instrument	90318091
6			掩模板清洗机	mask cleaner	84863039
7			封装玻璃清洗机	ENCAPSULATION GLASS WASHING UNIT	84863039
8		烘炉	固化炉/固化机	Oven/Baking Machine	84863010
9		移载、存储	装卸载装置	Loader & Unloader	84864029
10			天棚搬送装置	OHS	84864029
11			机械手	ROBOT	84864031
12			基板搬运车	MGV	84864029
13			港湾式储存搬送装置	Bay Stockor	84864029
14		成膜	溅射机	Sputtering machine	84863039
15			等离子加强气相沉积设备	PECVD	84863021
16			ITO 玻璃平坦化系统	ITO Glass Planarization System	84863090
17		涂胶、曝光、显影	涂布机	Coater	84863090
18			曝光机	Exposure Machine	84863090
19			长尺寸测定仪	Total Pitch	90134900
20			基板打标机	Numbering M/C	84863090
21			显影机	Developing Machine	84863090
22			照度计	photo meter	90134900
23		蚀刻、离子注入、晶化 、活化、退火	干法蚀刻机	Dry Etcher	84863039
24			湿法蚀刻机	Wet Etcher	84863039
25			HF 蚀刻机	HF Etcher	84863039
26			离子注入掺杂设备	Ion implanter	84862050
27			快速退火炉	RTA	84863010
28			立式数控电烘箱	Vertical Anneal	84863010
29			退火炉	Anneal M/C	84863010
30			晶化炉	Crystallization	84861010
31			激光晶化装置	Laser Crystallization machine	84861010
32		脱膜	干法剥离机	Dry Stripper M/C	84863039
33			湿法剥离机	Wet Stripper M/C	84863039

序号	工序	设备分类	设备名称	设备英文名称	税则号列
34	基板	光学检测	玻璃微粒计数器	Glass particle counter	90318090
35			线宽和坐标测量仪	linewidth and coordinator Measurement System	90318020
36			薄膜厚度测量仪	Thickness Meter System	90318090
37			纳米级测量仪	Nano Spec	90318090
38			显微镜	Microscope	90112000
39		电学检测	阵列检查仪	Array Test	90319000
40			表面阻值测量仪	Sheet Resistance Measurement	90303320
41			EPD 终点探测系统	EPD System	90275000
42		修补工序	激光化学气相沉积修补设备	Array Lazer CVD Repair	84863090
43			阵列返修设备	Array Repair	84863090
44			激光修补机	Laser Repair Machine	84561001
45	面板	蒸镀	蒸镀机	Evaporation Unit	84863090
46			掩模板张紧机	Mask Tension Machine	84864010
47			有机材料提纯机	Organic Materials Sublimation Machine	84863090
48			氦质谱检漏仪	Helium Leak Detector	90278011
49			低温泵	Cryo pump	84141000
50			干泵	dry pump	84141000
51			等离子清洗机	Plasma cleaner	84863090
52			对位检查装置	Alignment Inspection	84863090
53		封装	封装机	Encapsulation Unit	84863090
54			点胶机	Epoxy coating machine	84863090
55			frit 激光固化机	Laser frit solidifying machine	84863090
56			frit 丝印机	Frit screen printing machine	84863090
57			CVD 封装机	CVD encapsulation machine	84863090
58			贴合机	assembly	84863090
59			手套箱	Glove Box	84863090
60			紫外线固化机	UV Lamp M/C	84863010
61	老练、模组	老练	老化设备	Aging Equipment	85437099
62			点亮检查设备	Inspection set	85437099
63			漏电检查装置	Leakage Current Check Set	90303900
64		模组	玻璃基板切割机	Glass plate scribing machine	84649011
65			玻璃裂片机	Glass Break Machine	84861030
66			玻璃磨边机	Glass edge grind machine	84861020
67			ACF 贴付机	ACF Bonding Machine	84798962
68			绑定机(COG\COF\FOG)	Bonding Machine	84798090
69			偏光片裁切机	Polarizer Cutting Machine	84863090
70			偏光片清洗机	Polarizer Cleaner	84863090
71			偏光片贴片机	Polarizer Attaching Machine	84798962
72			I-V-L 测量机	I-V-L Measuring Machine	90318090
73			静电检测系统	Static Monitoring System	90302090
74	化学品、气体装置	化学品、气体	尾气处理	Gas Scrubber	84863090
75			气体传感器	Gas Senser	90271000
76			气体吸附处理柱	Gas adsorption pillar	84863090
77			气体纯化设备	Gas purifier	84863090
78			特气控制柜 VMB	special gas controlling system	84863090
79			特药供给控制系统	special chemical control system	84863090
80			药液浓度管理装置	Chemical supply system	84863090

序号	工序	设备分类	设备名称	设备英文名称	税则号列
81	检测	分析检测仪	辉度计	Luminance Meter	90318090
82			EPM 电学特性测量设备	EPM Prober	90121000
83			R-DC(残留直流电压)测量仪	R-DC Measure.	90303900
84			信号发生器	Signal Generator	85431000
85			浊度计(haze 测定机)	haze tester	90278099
86			CNC 自动影像测量仪	CNC Image Measuring Machine	90318090
87			扫描电镜	SEM	90121000
88			x 射线衍射仪	X-RAY DETECTOR(XRD)	90221990
89			RAMAN 光谱仪	RAMAN spectrometer	90273000
90			聚焦离子束	FIB	90121000
91			半导体参数分析仪	Semiconductor Parameter Analyzer	90308200
92			饱和蒸汽试验机	PCT	90262090
93			薄膜应力测量系统	Stress Gauge	90314100
94			低漏电开关仪	Low Leakage Switch Mainframe	90308200
95			低阻测量仪	Measurement for Low Resistance	90303320
96			多功能测试仪	Multi Function Tester	85437099
97			多通道光电探测器	Multichannel PhotoDetector	90318090
98			复丽叶变换—红外光谱仪	FT-IR	90273000
99			高加速应力试验机	HALT Tester	90241090
100			高精度阻抗分析仪	Precision Impedance Analyzer	90303320
101			高灵敏度摄像仪	High Sensitivity Camera	90154000
102			高效液相色谱仪	High Performance Liquid Chromatography (HPLC)	90272012
103			函数发生器	Function Generator	85044099
104			宏观缺陷检查机	MAC/MIC	90318090
105			基板测试机	Probe Station	90308990
106			激光功率测量器	Laser Power Meter	90275000
107			抗张强度测定机	Tensile Strength Tester	90248000
108			拉力测试机台	Push Pull Force Gages	90248000
109			亮度对比度测试装置	Integral(Contrast/Uniformity) M/C	90318090
110			亮度/波长分析仪	Brightness/Wavelength Analysis	90278099
111			数据采集器	Data Acquisition/Switch Unit	90308990
112			探针式表面轮廓仪	Stylus Type Surface Profiler	90318090
113			像素点采集器	PXI Data Acq	90308200
114			影像测量仪	Video Measuring Machine	90318090
115			有机发光寿命测试设备	OLED Lifetime Test Equipment	90318090
116			终端弯曲强度试验机	Terminal Bending Strength Tester	90248000
117			智能缺陷检查机	Intelligent Mura Inspection	90318090

序号	工序	设备分类	设备名称	设备英文名称	税则号列
118	动力	水、电、气	超纯水设备	UPW & WWT	84212990
119			冷冻机组	Chiller	84186920
120			送风过滤系统	FFU	84213990
121			数显式压力露点仪	Dew point meter	90278099
122			空压机	Air Compressor	84148090

附件4

部分有机发光二极管显示面板生产企业免税零配件进口额度

公司 年度	广东中显科技有限公司	上海天马微电子有限公司	昆山维信诺显示技术有限公司	昆山工研院新型平板显示技术中心有限公司
2009年度	0	0	79.2万美元	0
2010年度	36.5万美元	0	158.3万美元	48.7万美元
2011年度	73.1万美元	61.6万美元	140.7万美元	97.4万美元

附件5

广东中显科技有限公司进口净化室专用配套系统清单

序号	中文名称	英文名称	税则号列（供参考）	金额（万美元）	商品描述
1	主控制盘	Main Control Panel	85371011	1.01	电压1000V以下，可编程。用途：用于空压机等机器的操纵、分配或控制电力系统。
2	主控制盘	Main Control Panel	85371019	0.87	电压1000V以下，不可编程。用途：用于空压机等机器的操纵、分配或控制电力系统。
3	主控制盘	Main Control Panel	85372090	1.16	电压1000V以上。用途：用于空压等机器的操纵、分配或控制电力系统。
4	固态快速切换开关	Solid Rapid	85365000	0.14	电压：1000V以下。用途：连接发电机用，自动开关，操纵、控制、分配并保护特殊动力负荷。工作原理：利用电子控制方式或其他方式在很短时间内接通或断开电力负荷。
5	不间断电源	UPS	85044020	11.59	用途：电网停电或突变的应急交流电源，主要供控制系统使用。工作原理：电网交流电给蓄电池充电，蓄电池逆变输出交流电。
6	自动控制系统	Auto Control System	90328900	1.45	用途：用来实现空调系统的自动调节和控制。工作原理：利用检测元件（传感器）、电气控制元件、内部软件程序等实现系统自动按要求调整。
7	气体纯化设备	Gas Purifier	84863090	14.49	制造OLED显示面板用的N2纯化器，主要供应CVD、干制程、离子注入用于吹扫。
8	特气控制柜VWB	Special Gas Controlling system	84863090	6.52	制造OLED显示面板用，一个分流作用的箱子，分别给CVD、干制程、离子注入设备。

序号	中文名称	英文名称	税则号列（供参考）	金额（万美元）	商品描述
9	气柜	Gas Cabinet	84863090	25.36	制造 OLED 显示面板用，将储存在钢瓶内的气体通过气柜装载供应给生产设备用。
10	微热吸附式干燥机		84193990	2.32	干燥压缩后的高纯度空气。
11	数显式压力露点仪		90258000	0.58	用途：在线检测干燥后高纯度空气的含湿量。
12	PLC 控制器		85371011	0.14	用途：系统自动化控制通用。工作原理：用于工业自动化控制的计算机系统，可根据具体的控制过程要求编制程序。适用电压小于 1000V。
13	高压泵	High Presure Pump	84137099	0.72	离心泵，转速 10000 转/分以下。用途：给进入反渗透系统的水增压。
14	特药混合柜	Special Chemical Mixing Container	84863090	7.25	应用于制造 OLED 面板的蚀刻、清洗、脱膜、显影、涂胶等设备，将两种药液混合得到生产设备所要的混合药液。
15	特药控制柜	Special Chemical Controling Container	84863090	2.90	应用于制造 OLED 面板的蚀刻、清洗、脱膜、显影、涂胶等设备，生产 OLED 显示面板设备给出信号控制药液供应。
16	特药供应柜	Special Mhemical Dispensing Container	84863090	7.25	应用于制造 OLED 面板的蚀刻、清洗、脱膜、显影、涂胶等设备，给生产设备供应药液。
17	特药循环柜	Special Chemical Recycle System	84863090	1.45	应用于制造 OLED 面板的蚀刻、清洗、脱膜、显影、涂胶等设备，设备自行循环调试出合适的浓度。
18	有机物蒸气洗净机	VOC Scrubber	84863090	2.90	应用于制造 OLED 面板的干刻、镀膜等设备，将其所排出的废气与水溶合后酸碱中和处理，初步除去有害气体。
19	空气烟感探测分析系统	EVESDA System	90271000	4.35	用途：检测烟的浓度。
20	气体检知器		90271000	2.17	用途：检测空气中某种气体的含量。
21	纯水装置用离子交换树脂（阴）	Filter (Anion Exchange Resin)	3914000	0.58	粒状，用途：置换水中的阴离子。工作原理：用树脂中含有的 OH^- 离子交换水中的阴离子。
22	EP 级 316L 不锈钢管		73044990	2.17	无缝钢管，圆形截面，热拔抛光。
23	EP 级 304L 不锈钢管		73044990	2.90	无缝钢管，圆形截面，热拔抛光。
24	电导（阻）探头	Conductance (Resistance Sensor)	90309000	0.72	用途：检测水或其他液体的电阻率或电导率；转换成电信号。
25	PH 探头	PH Sensor	90279000	0.43	用途：检测液体的酸碱度，测量 PH 值；转换成电信号。
26	净化室专用防震机座		94032000	4.35	由铸钢件和可控制稳压气缸构成。用于光刻机的减震。
	总计			105.80	

附件6

上海天马微电子有限公司AM-OLED中试线项目进口净化室配套系统免税商品清单

系统名称	商品类别	商品名称	英文名称	税则号列(供参考)	进口金额(美元)
压缩空气系统	CDA管网扩容改造:				
		不锈钢管	Tube SUS316L BA	73064000	82620
		不锈钢球阀	BALL VALVE SUS316L BA	73072900	16072
		异径三通	R-Tee SUS316L BA	73072900	14237
		正三通	Tee SUS316L BA	73072900	2592
		大小头	Reducer SUS316L BA	73072900	399
		不锈钢弯头	Elbow SUS316L BA	84813000	4080
其他		气体供应系统	Gas supply system	85371090	375000
		超纯水制备系统	UPW	84212990	130000
		污泥脱水机	Filter Press	84211910	125000
合计					750000

附件7

昆山工研院新型平板显示技术中心有限公司进口净房配套系统进口清单

序号	类别	设备名称(中文)	设备名称(英文)	数量	金额(美元)	税则号列(供参考)
1	特气系统	气体检测仪零件(变送器)	MIDAS Extractive Transmitter	62	21700.00	90269000
2	特气系统	气体传感器	MIDAS Sensor	62	15000.00	90330000
3	特气系统	气体检测仪零件(热解模块)	MIDAS Pyrolyzer Module	8	4540.00	90269000
4	特气系统	过滤器	Filter	62	1000.00	84213990
5	特气系统	自动气瓶柜	GAS Cabinet	5	139484.00	90328900
6	特气系统	自动气瓶架	GAS Rack	2	58600.00	90328900
7	特气系统	阀门分配箱	VALVE Manifold Box	3	51300.00	84818040
8	特气系统	气体净化器	Scrubber	3	74600.00	84213990
合计				207	366224.00	

财政部、海关总署、国家税务总局关于进一步扶持新型显示器件产业发展有关税收优惠政策的通知

(财关税〔2012〕16号)

各省、自治区、直辖市、计划单列市财政厅(局)、国家税务局、新疆生产建设兵团财务局,海关总署广东分署、各直属海关:

为进一步鼓励和促进新型显示器件产业的发展，经国务院批准，现将有关进口税收政策通知如下：

一、自 2012 年 1 月 1 日至 2015 年 12 月 31 日，新型显示器件（包括薄膜晶体管液晶、等离子、有机发光二极管）面板生产企业进口国内不能生产的自用生产性（含研发用）原材料和消耗品，免征进口关税，照章征收进口环节增值税；进口建设净化室所需国内尚无法提供（即国内不能生产或性能不能满足）的配套系统以及维修生产设备所需零部件免征进口关税和进口环节增值税。具体免税办法依照《关于新型显示器件面板生产企业进口物资税收政策的暂行规定》（以下简称《暂行规定》，见附件）执行。

二、对符合国内产业自主化发展规划的彩色滤光膜、偏光片等属于新型显示器件产业上游的关键原材料、零部件的生产企业，经财政部会同有关部门共同确定后，可享受进口国内不能生产的自用生产性原材料、消耗品免征进口关税的优惠政策。该政策的操作程序比照上述面板生产企业的《暂行规定》执行。

三、"十二五"期间财政部将会同相关部门根据国内配套产业的发展情况，适时调整新型显示器件产业相关免税进口商品清单。

财政部
海关总署
国家税务总局
二〇一二年四月九日

附件

关于新型显示器件面板生产企业进口物资税收政策的暂行规定

一、根据国务院批准的保留并调整新型显示器件生产企业进口物资免征进口税收政策的精神，特制定本规定。

二、本规定中所指新型显示器件包括薄膜晶体管液晶显示器件面板（TFT-LCD）、等离子显示面板（PDP）、有机发光二极管显示面板（OLED）3 类。

三、在 2011 年 12 月 31 日前经财政部会同有关部门认定，已取得新型显示器件生产企业进口物资免税资格的企业，在 2012 年 1 月 31 日至 2015 年 12 月 31 日，按本规定第六款至第九款享受进口物资税收优惠政策。企业名单另行下发。

四、尚未取得免税资格的新型显示器件生产企业，在有关项目通过投资主管部门核准或备案后，可通过省级人民政府或同级财政部门向财政部提出免税申请。申请文件中应说明企业性质、项目建设情况（包括项目进度、产品类型、产能和初期产量、投产和量产时间等）、进口物资情况（包括进口物资类别、进口时间、进口金额及相应的免税金额等，格式附后），同时还应附投资主管部门出具的关于该项目的核准（或备案）文件以及国家鼓励发展的内外资项目确认书。

五、财政部会同海关总署、税务总局等有关部门对上述申请集中予以审核。

六、取得免税资格的生产企业进口规定范围内的生产性（含研发用）原材料和消耗品免征进口关税，进口建设净化室所需的规定范围内的配套系统免征进口关税和进口环节增值税。财政部会同有关部门负责制定上述原材料、消耗品和净化室配套系统的免税商品清单，具体清单另行公布。企业进口超出免税商品清单范围的，应予以照章征收。

七、取得免税资格的生产企业进口维修规定范围内的生产设备、在经核定的年度进口金额内所需零部件，免征进口关税和进口环节增值税。零部件年度免税进口金额根据企业所进口生产设备的总价及设备使用年限，按照相应的维修经验公式计算确定。财政部会同有关部门负责制定生产设备的清单以及计算零部件进口额度的公式，具体清单及公式另行公布。企业超出免税额度进口的维修用零部件，予以照章征税。企业应在规定的免税进口额度内将实际零部件进口清单报海关审核备案，以利于海关后续监管。

八、新型显示器件生产企业根据本规定免税进口的物资只能用于本企业的生产建设，不得擅自转让或移作他用。违反政策规定的企业将被取消享受该政策的资格，同时按照相关规定予以处罚。

九、取得免税资格新型显示器件生产企业应于每年1月向财政部关税司报告上一年度进口原材料、消耗品、配套系统以及零配件的实际免税情况（包括进口商品清单、进口金额和免税金额以及政策执行效果等内容），并抄送海关总署关税征管司和税务总局货物和劳务税司。

十、财政部将会同相关部门根据国内配套产业的发展情况，适时调整新型显示器件产业相关免税进口商品清单。新型显示器件面板生产企业以及相关原材料、零配件的供应企业，可通过省级财政部门或相关行业主管部门或协会向财政部提出调整上述进口物资免税范围的具体建议。

十一、本规定由财政部会同海关总署、税务总局负责解释。

十二、本规定执行时间为2012年1月1日至2015年12月31日。

附

进口物资金额及其免税额预测表

（填报企业名称）

	2012年			2013年			2014年			2015年		
	进口金额（万美元）	免征进口关税金额（万元）	免征进口环节增值税（万元）	进口金额（万美元）	免征进口关税金额（万元）	免征进口环节增值税（万元）	进口金额（万美元）	免征进口关税金额（万元）	免征进口环节增值税（万元）	进口金额（万美元）	免征进口关税金额（万元）	免征进口环节增值税（万元）
原材料												
消耗品												
净化室配套系统												
零配件												
合计												

财政部、海关总署、国家税务总局关于印发薄膜晶体管液晶显示器件生产企业进口免税物资范围及首批享受政策企业名单的通知

（财关税〔2012〕18号）

各省、自治区、直辖市、计划单列市财政厅（局）、国家税务局，新疆生产建设兵团财务局，海关总署广东分署、各直属海关：

根据《财政部、海关总署、税务总局关于进一步扶持新型显示器件产业发展有关税收优惠政策的通知》（财关税〔2012〕16号）的有关精神，现将薄膜晶体管液晶显示器件（TFT-LCD）生产企业的有关进口物资范围及首批享受政策的企业名单通知如下。

一、自2012年1月1日至2015年12月31日，对薄膜晶体管液晶显示器件生产企业进口的生产性（含研发用）原材料、消耗品免征进口关税，进口原材料免税商品清单见本通知附件1，进口消耗品免税商品清单见本通知附件2。

二、自2012年1月1日至2015年12月31日，对薄膜晶体管液晶显示器件生产企业进口建设净化室

所需的配套系统免征进口关税和进口环节增值税，配套系统免税商品清单见本通知附件 3。

三、自 2012 年 1 月 1 日至 2015 年 12 月 31 日，对薄膜晶体管液晶显示器件生产企业为维修本通知附件 4 所列的生产设备所需的进口零部件免征进口关税和进口环节增值税，零配件的年度进口金额通过本通知附件 5 规定的“维修经验公式”核定。

四、2011 年 12 月 31 日前已经认定的薄膜晶体管液晶显示器件生产企业按财关税〔2012〕16 号文件规定继续享受进口税收政策，企业名单见附件 6，各企业 2012~2015 年度进口维修本通知附件 4 所列生产设备所需零配件的免税进口金额见本通知附件 7。

五、具体免税办法依照财关税〔2012〕16 号文件附件《关于新型显示器件面板生产企业进口物资税收政策的暂行规定》执行。

附件 1　进口生产性原材料清单
附件 2　进口生产性消耗品清单
附件 3　进口净化室配套系统商品清单
附件 4　进口生产设备清单
附件 5　进口维修设备用零部件免税进口额计算公式
附件 6　首批 TFT-LCD 生产企业名单
附件 7　首批 TFT-LCD 生产企业 2012~2015 年度进口维修生产设备所需零部件免税进口额度

财政部
海关总署
国家税务总局
二〇一二年六月二十日

附件 1

进口生产性原材料清单

序号	类别		商品名称	英文名称	税则编码（供参考）	免税期限	备注
1	玻璃	玻璃/彩膜/玻璃纤维/液晶屏	玻璃微粒/有机硅醇盐微粒/边框胶纤维	Glass Fiber	70182000/70199000		
2			彩色滤光膜/彩色滤光片［宽视角(高级超维场转换 ADS/平面内开关 IPS/边场效应开关 FFS)型或扭曲向列(TN)型中用于 3.95 寸以下(不含 3.95 寸)］	Color Filter	90019090	至 2013 年底	限 5 代线生产线企业免税进口
			彩色滤光膜/彩色滤光片	Color Filter	90019090	至 2013 年底	限 6 代线生产企业免税进口
3			低温多晶硅用玻璃基板	LTPS Glass	70060000		
4	触摸屏模组	零配件	强化玻璃	Strengthen Glass	70060000		
5	模具	模具	光罩/掩膜板［尺寸大于 850mm×1200mm 或使用下述其中一种技术的所有尺寸(GT MASK/Half tone/Gray tone/UV2A)］	Photo Mask	37059090/90029090/84805000/84807190		
			除上述规格外的其他光罩/掩膜板	Photo Mask	37059090/90027090/84805000/84807190	至 2012 年底	

序号	类别		商品名称	英文名称	税则编码（供参考）	免税期限	备注
6	胶膜	胶膜	偏光板/偏振片/偏光片/偏光片卷材	Polarizer	90012000	至2013年底	
7			各向异性导电芯片/各向异性导电膜/自粘塑料膜（入、出、修补）/各向异性导电胶片	ACF	40059100/40059900/38249099		
8			3D光学膜	3D FPR	90019090		
9			层间绝缘膜/保护膜	Organic Insulator/Over Coat	39209990/39202090		
10	液晶	液晶	液晶	Liquid Crystal	29029090/38249099		
11	表面取向剂	聚酰亚胺	聚酰亚胺取向液	Polyimide For Alignment Film	39119000		
12	靶材	靶材	靶材（包括铝钕，钼钕，铬，氧化铟锡，钼钨，铝镍，钛，银铋铌，银铌铜镧，铝镍锕钕，钼，银，铟锌氧化物，铟镓锌氧化物）	TARGET（Al—Nd，Mo—Nb，Cr，ITO，MoW，Al—Ni—La，Ti，Ag—Bi—Nd，Al—Ni—Cu—La，Al—Ni—Ge—Nd，Mo，Ag，IZO，IGZO）	76072000/81021000/81122900/28259090/76169990/76169910/81089010/81089032/71069190/76169990/76169910/81021000/81029500/81029900/71159010/71069110	铝靶的免税仅限8代线及以上生产企业，免税时间至2012年底。其他靶材不限企业，时间至2015年底。	
13	树脂	树脂类	隔垫物/垫料	SPACER	39269090/39269010/38249099		
14			边框胶/封框胶（环氧树脂）/密封胶/封口材料/	Sealant	35061000/35069120		
15			紫外线固化树脂	Ultraviolet curingresin/UV Tuffy	39191010/38249099		
16			封口胶/玻璃胶黏剂	End SEALANT	35069120/35061000		
17			硅树脂/硅胶/矽胶	SILICON RESIN	39100000/35069190		
18			光学绝缘树脂/液态光学透明胶/光学弹性树脂	Over Coat（Insulate/Passivation of TP）/Liquid Optical Clear Adhensive/Super Visual Resin/LOCA/SVR	39073000/35069900		
19			触摸屏用光学胶	Optical Clear Adhesive（OCA）；Liquid Optical Clear Adhesive（LOCA）	39199090		
20			非感光型有机绝缘树脂	PTS	39073000		
21			可剥胶/热固化胶/保护胶/防蚀刻油墨/紫外线UV保护胶	Peelng glUe ink/Strip mask/Mask ink	35061000/35069120/35069900/32151900		
22			高反射聚碳酸酯	Polycarbonate	39074000		
23		导电树脂	转印银浆/银还氧胶/芳基酸与芳基胺聚合物（银胶）/转印电极材料	AG Paste/Ag Epoxy	38249099		

序号	类别		商品名称	英文名称	税则编码（供参考）	免税期限	备注
24	其他	其他	硅球/导电金球/导电晶球	Silica Beads/Electric Beads	28112200/71159010		
25	背光模组	导光板组件	反射板	REFLECTION SHEET	90019090	至2013年底	
26			导光板	Light Guide Panel(L. G. P)	90019090	至2013年底	
27			扩散膜/扩散板	DIFFUSION SHEET	90019090	至2013年底	
28			棱镜膜/聚对苯二甲酸乙二醇酯(PET)复合光学膜	PRISM SHEET	90019090	至2013年底	
29	高纯气体	高纯度混合气体 高纯度成膜气体 其他高纯度特殊气体	硅烷	GAS(SiH_4)	28500090		
30			氨气	GAS(NH_3)	28141000	至2013年底	
31			磷烷	GAS(PH_3/H_2)	28500090/28480000		
32			三氟化氮	GAS(NF_3)	28129011	至2013年底	
33			1%磷化氢—硅烷混合气	Gas (1% PH_3/SiH_4)	38249099		
34			三氯化硼	Gas(BCl_3)	28121049		
35			20%磷烷氢混合气	20%PH_3/H_2	28500090		
36			氙气	Xe	28042900		
37			五氟乙烷	C_2HF_5	29033990		
38			0.4%氙氖混合气	0.4%Xe/Ne	38249099/28042900		
39			1%氟氖混合气	1%F_2/Ne	38249099/28042900		
40			四氟化碳	CF_4	28129019	至2013年底	
41			乙硼烷	Gas(B_2H_6/H_2)	28500090		
42			激光退火用混合气体	100ppm H_2+Ne	28042900		
43			气体吸附剂	Adsorbent	38249099		
44			正硅酸乙酯	Liquid(TEOS)	29209090		
45			氮氢混合气	Gas(H_2/N_2)	29270000		
46			氯化氢/氢氖混合气	Gas (4.5% HCL/0.9% H_2/94.6% Ne)	38249099		
47		高纯度刻蚀气体	氯气	GAS(Cl_2)	28011000		
48			三氟化硼	$11BF_3$	28129019		
49	刻蚀液	刻蚀液	带缓释剂氢氟酸	H. F with buffer	38249099	至2013年底	
50			二氧化硅蚀刻液/缓冲氧化层刻蚀液	BHF63U	28261910/28111100	至2013年底	
51	刻蚀液	刻蚀液	刻蚀液(铜,铝,非晶氧化铟锡,银,钛—铝—钛)	ETCHANT (CU, AL, ITO, Ag, Ti—AL—Ti)	28092010, 38101000/28080000/38249099		

序号	类别		商品名称	英文名称	税则编码（供参考）	免税期限	备注
52	光刻工艺用化学品	显影液/光刻胶/去胶液/增黏剂/稀释剂/静电防止剂	乙酸丁脂/稀释剂/醋酸丁脂	THINNER	29153300/38140000	至2013年底	
53			双(三甲基硅)胺/六甲基二硅烷胺/六甲基二硅胺/粘着强化剂	HMDS	29310000/29211990/29310000	至2013年底	
54			光刻胶	PHOTO RESIST	37071000		
55			异丙醇	IPA	29051220	至2013年底	
56			稀释剂	Thinner nBA	38140000	至2013年底	
57			N型甲烷基吡咯烷酮	NMP	29337900	至2013年底	
58	彩膜	彩膜	光阻/光阻剂(红,绿,蓝,黑,间隙粒子,平坦层)	COLOR RESIST (R,G,B,BM,PS,OVER COAT)	32041700		
59	化学洗剂	玻璃基板洗剂/PI洗剂/液晶洗剂	清洁剂	DETERGENT (LGL)	34021900	至2013年底	
60			PI前清洗剂/硅烷液	CLEANER (PI&ASS'Y)	29225090	至2013年底	
61			转印凸版(APR版)清洗剂/R丁内脂	CLEANER for APR PLATE	38101000	至2013年底	
62			含氢氖/激光退火用混合气体	100PPM H_2 in Ne	28042900	至2013年底	
63			含氢和氯化氢的氖	4.5%HCl in Ne	28042900	至2013年底	
64			一氧化二氮	N_{20}	28112900	至2013年底	
65			四氟化碳	CF_4	28129090	至2013年底	
66			三氟甲烷	CHF_3	28129090	至2013年底	
67			八氟环丁烷	C_4F_8	28129090	至2013年底	
68			三氯化硼	BCl_3	28273990	至2013年底	
69			剥离剂/剥离液	PI/PR striper CHEMICAL(PI_REWORK)	38101000	至2013年底	
70			六羰基钨	WCO_6	29319000		

附件2

进口生产性消耗品清单

序号	类别		商品名称	英文名称	税则编码(供参考)
1	灯类	曝光灯	激光紫外线灯/激光灯管	Laser UV lamp/ELA Laser Lamp	85394900
2			高压水银灯	Ultra High Pressure Mercury Lamp	85393290
3			周边曝光用紫外线灯	Mercury Lamp	85394900
4		其他灯类	氙灯	xeon lamp	85393290
5			金属卤化物灯(紫外线固化用)	metal halogen Lamp(for UV molding)	85393290
6			(精密)荧光灯	Fluorescent Light	85393190
7			纯水装置用紫外线灯	UV Lamp for purified water system	85394900
8			特种灯部品/离子灯丝	dedicated lamp/Ion Fliament	85390000/85399000

序号	类别		商品名称	英文名称	税则编码(供参考)
9	过滤器	空气过滤芯	空气过滤器(筒式)/(无硼)	Filter	84213990/84219990
10			外气调和器用过滤器(片)	Filter	84213990
11		水过滤介质	纯水装置用过滤器(片)	Filter	84212199
12			纯水装置用离子交换树脂(阴离子)/抛光树脂	Filter (Anion Exchange Resin)/Polishing Resin	39140000
13			纯水装置用离子交换树脂(阳离子)/抛光树脂	Filter (Cation Exchange Resin)/Polishing Resin	39140000
14		其他过滤芯	洗净装置用过滤器筒式过滤器	Filter	84212199
15			化学过滤器	Filter/Chemical Filter	84213990/84219990
16	金属类	电极板	电极板/干刻(DE)用上部电极板/上电极板/扩散器	(ACC、DEC) electration Grid Extraction Grid、Groung Grid/Shield Plate/Diffuser	84669390/83111000/84869099/71159010
17			干刻(DE)用下部电极板/下电极板	Shield Plate/Susceptor	84669390
18		其他	探测器框架	prober frame	90319000
19			靶材托板/背板/靶材衬背(铜制)	backing plate	84869091
20	检测器耗材	探针	台阶高差测定用测定针	prober	90309000
21			除静电针	anti-static pin	90309000
22			探针板	prober card	90309000
23			检查器用探针	prober	90309000
24		检测仪器消耗品	显示屏检验用探测器部件	detector parts	90309000
25			紫外线固化装置用光学部件	UV solid parts	90029090
26			电子枪灯丝	electric gun filament	85409990
27			气体检测器	gas detector	90271000
28			气体提纯装置用吸附剂	sorbent	38249099
29			皮拉尼真空计	vaccum gauge	90318090
30			电离规管	ion gauge	90268000
31			电光调制器	Modulator	85377099
32	密封件	各类O型圈及其他密封垫	O型圈	O ring	40169310
33			衬垫	pad ring	68042290
34			高压储气瓶衬垫	high pressor bottle booting	68042290
35	陶瓷件	绝缘陶瓷	真空连接管道(VCR)填密片	VCR ring	69091900
36			陶瓷件	ceramic parts	69091900
37			陶瓷滚轮	Ceramic Roller	69091900
38	膜类	臭氧溶解膜	溶解膜	adhesive tape	34039900
39			显影液再生装置用光刻胶去除膜	PR stripper	34039900

序号	类别		商品名称	英文名称	税则编码(供参考)
40	配向耗材	摩擦布/刮板	磨擦布/摩擦布	rubbing cloth	63071000
41			摩擦辊轴	rubbing roller	84553000
42			取向版	PI plate	84669390
43			刮刀辊/V 型刮板/铁氟龙刮刀	doctor roller/V-Block/Teflon Blade	84553000/40059100/39269010
44			感光板/取向板	APR Plate	39269010/40169990
45	注射器类	注射器及配件	注射器	Syringe	39269090
46			注射器用 O 型圈	O ring for Syringe	40169390
47			注射器用密封垫片	Syringe sealing pad	40169390
48			滴下用箍	ODF ring	84799090
49	刀具/磨具	各种切割刀轮/刀轴/磨具等	切断用刀片/刀轮/刀轴	cutter knife/wheel/axis	82089000
50			切断用夹具	cutter jig	85661000
51			倒角用研磨砂轮	grinding wheel	68042210
52			显示屏清洁器用研磨带/研磨带	grinding tape	68130000/84869099
53			切断模具	TCP punching tools	84807900
54	刀具/磨具	各种切割刀轮/刀轴/磨具等	各向异性导电胶片切割器	ACF cutter	84778000
55			垫料供给用研磨管	rubbing pipe	84669200
56	喷嘴	金属喷嘴	金属喷嘴	Metal nozzle	84249090
57		塑料喷嘴	塑料喷嘴	Plastic nozzle	84249090
58			特氟隆喷嘴	Teflon nozzle	84249090
59	滚筒/衬垫	滚筒类	偏光板剥离用胶带	POL stripper tape	39199090
60			偏光板粘贴用滚筒	POL attach roller	84669090
61			偏光板粘贴用滚筒(转印用)	POL attach roller(APR)	84669090
62			偏光板清扫滚筒	POL clean roll	84669090
63			偏光板清扫滚筒(转印用)	POL clean roll(APR)	84669090
64			剥离滚筒	stripper roll	84669090
65		衬垫类	吸附衬垫	PAD	68130000
66			显示屏清洁器用吸附衬垫	clean pad	68130000
67			耐热衬垫	cushion	85149090
68		聚四氟乙烯纸	缓冲材料(封装预压)	cushion (TCP pre-bonding)	39209910
69			缓冲材料(封装正式压接)	cushion(TCP bonding)	39209910
70			缓冲材料(基板预压)	cushion(PCB pre-bonding)	39209910
71			缓冲材料(基板正式压接)	cushion (PCB bonding)	39209910
72	胶带类	各类净化/耐热胶带	黏合胶带	adhesive tape	39199090
73			剥离胶带	stripper tape	39199090
74			硅胶膜	silicon sheet	39209090
75			特福珑导热膜	Teflon sheet	38249099

序号	类别		商品名称	英文名称	税则编码(供参考)
76	石英制品	石英组件	石英支架	Quartz Supporter	70209019
77			石英板	Quartz Plate	70209019
78	石墨	石墨	石墨挡板	Graphite Plate	68151000
79	腔体	激光腔体	激光腔体	Laser chamber	84869099
80	激光光学配件	光学组件	激光灯管窗	Laser Turb window	84869099

附件3

进口净化室配套系统商品清单

序号	系统	商品类别	商品名称	税则编码(供参考)
1	供电系统	电量补偿、储能发电装置	电量补偿、储能发电装置	85437099/85023900
2	特气供应系统	气体供给装置	气瓶柜/气瓶架	84798999
3		阀盘,阀箱	阀门分配盘	84818040
4			阀门分配箱	84818040
5		毒气探测器	气体检测仪	90271000
6		气体净化器	气体净化器	84213990
7		吹扫盘面	吹扫盘面	84818090/84819010
8		磅秤	钢瓶秤	84238290
9		管配件	超洁净阀门管配件(不锈钢管道,调压阀,球阀,逆止阀,隔膜阀,过滤器,不锈钢接头)	73044190/73064000/73072300/73072900/84818010/84813000/84818031/84818040/84819010/84811000/84213990
10	有毒气体净化系统	有毒气体处理机	有毒气体处理机(POU)	84213990
11	有机废气处理系统	转轮装置	吸附浓缩转轮箱体,转轮,配件	84213990/73181590
12	化学品供给系统	化学品控制装置	化学品储存罐	73090000
13			化学品供应柜	84135010
14			化学品混合柜	84798200
15			洁净阀箱	84818040
16			洁净不锈钢管及其配件、管阀	73064000/73044190
17			洁净聚四氟乙烯管及其配件、管阀	39173100/3917400
18		化学药品供应装置	化学品泄漏检测装置	90261000
19			化学品监控装置	90268000
20			浓度分析仪器	90278099
21		二氧化碳灭火系统	有机溶剂自动二氧化碳灭火系统	84241000

序号	系统	商品类别	商品名称	税则编码(供参考)
22	超纯水控制装置	超纯水处理装置	反渗透(RO)膜	39209990
23			脱气膜	39209990
24			超滤膜(PFA)	39209990
25			离子交换树脂	39140000
26			紫外(UV)杀菌灯	85394900
27		超纯水处理系统	控制装置	85371090/85371011
28			监测仪表	90308990
29		超纯水管材配件	洁净聚氯乙烯(Clean—PVC)管道	39172300
30			洁净聚氯乙烯管件、阀门(Clean—PVC)	39174000/84818040/84818039
31	大宗气体供应系统	阀门、管配件	超洁净阀门管配件(不锈钢管道,调压阀,球阀,蝶阀,波纹管阀,逆止阀,隔膜阀,过滤器,不锈钢接头)	73044190/73064000/73072300/73072900/84818010/84813000/84818031/84818040/84819010/84811000/84213990

附件4

进口生产设备清单

(用于确定维修所需进口的零部件免税范围)

序号	工序	设备分类	设备名称	设备英文名称
1	陈列	搬运设备	玻璃拆包机	Dense Unpacking M/C
2			基板移载机	Glass Loader
3		成膜设备	等离子增强化学气相淀积设备	PECVD
4			常压化学气相淀积设备	APCVD
5			溅射装置/溅射机	Sputter
6			离子注入机/离子植入机	Ion implant/Implanter
7		光刻系统	涂胶显影机	Track / In-line PR
8			涂胶机	Pre Coater
9			显影机	Developer
10			显像液供给再生设备	Developer System
11			药液浓度管理装置/设备	Developer Control System
12		曝光装置	曝光机(一次/分步)/曝光机	Exposure System/Scanner Exposure
13			背曝光机	Back Exposure
14			周边曝光 & 印字曝光机	Titler & Edge Expo.

序号	工序	设备分类	设备名称	设备英文名称
15	陈列	刻蚀/去胶设备	湿法刻蚀机	Wet Etcher
16			干刻蚀机(CDE/RIE/PE)/干刻灰化机台	Dry Etcher/Dry Asher
17			EPD 终点探测系统/设备	EPD System
18			剥离装置/剥离机	Stripper
19			晶界刻蚀机	SECO-ETCH
20		清洗设备	清洗机/氢氟酸清洗机	Cleaner/HF Cleaner
21			周转盒(基板架)清洗机	Cassette Cleaner
22			多晶硅刻蚀机	Slice etcher
23		检测设备	在线自动光学检查系统/设备	In-Line AOI
24			膜厚测量设备	Film Thickness Measure
25			表面电阻测试装置/表面电阻测试仪	Surface resistance tester
26			O/S 检查设备	O/S Tester
27			阵列自动测试仪	Array Auto Tester
28			粒子计数器	Particle Counter
29			自动(手动)外观检查装置/自动(手动)外观	Visual Inspection
30			开路/短路测试仪	OS Tester
31			宏观缺陷检查机	MAC/MIC
32			套装淀积网板装置/设备	Sputter Mask Kit
33			港湾式储存搬送装置/设备	Bay Stockor
34			天棚搬送装置/设备	OHS
35			机器手	Robot
36			洁净吊车	CleanRoom Crane
37			自动搬送装置/设备	AGV
38		退火设备类	退火炉	Anneal M/C
39			退火处理机	DL Anneal
40			快速退火处理机	Rapid Thermal Anneal <RTA>
41			激光退火机(镭射退火处理机)	Excimer Laser Anneal <ELA>
42		返修设备	激光化学气相沉积修补设备	Array Lazer CVD Repair
43	成盒	曝光设备	激光打标机/激光打码机	Laser Mark System
44		搬送设备	彩膜拆包机/玻璃拆包机/彩膜打包机/平板显示器玻璃基板拆包机/彩膜玻璃拆包机/密集玻璃基板解包机	CF DENSE UNPACKER/CF PP BOX PACKER/CF Unpacker
45		清洗设备	超声波清洗机/浸泡式清洗机/配向印刷版清洗机	US Cleaner 外 3 Item/APR Cleaner
46			PI 投入前清洗机	PI Pre-Cleaner
47			摩擦后清洗机	Rubbing Post-Cleaner
48			屏清洗机	cell cleanning equipment
49			液晶屏清洗设备	panel cleanning equipment
50			等离子清洗机	Plasma Cleaner

序号	工序	设备分类	设备名称	设备英文名称
51	成盒	周转盒清洗设备	个片周转盒洗净机	Cassette Cleaner
52			共通周转盒洗净机	Cassette Cleaner
53		取向膜印刷设备	配向膜印刷机	PI Coater
54			配向膜固化装置/配向膜固化机	PI Main Cure
55			配向膜剥离洗净装置/配向膜剥离洗净机	PI Cleaner
56			蒸发测量仪	Steam Tester
57			APR(选择印刷挡板)润湿机	APR Wetting M/C
58			配向版洗净机	PI Cleaner
59			取向膜传送机	PI Transfer M/C
60			配向膜喷涂机	PI Inkjet
61		取向膜检查设备	配向膜外观检查装置/配向膜外观检查机	PI Visual Inspection
62			配向膜检查装置/配向膜检查机	PI Inspection
63			取向膜返修/取向膜返修机	PI Rework
64		摩擦设备	摩擦设备/配向膜摩擦机	Rubbing Machine
65			布毛自动检查机	Rubbing Cloth Inspection
66		紫外光配向设备	紫外光配向设备	UV2A
67		成盒及液晶注入设备	垫料散布设备	Spacer Sprayer
68			垫料固着设备	Spacer Cure
69			自动除泡机	Auto Clave
70			边框胶涂布机	Seal Dispenser
71			边框胶检查装置/设备	Seal Inspection
72			银胶涂布/银胶涂布机	Ag Dispenser
73			液晶滴下/液晶滴下机	LC Dispenser
74			对盒机	cell aligner
75			真空贴合装置/真空贴合机	Vacuum-Aligner
76			本硬化炉/真空干燥炉	Heat Cure
77			UV 硬化/UV 硬化机	UV Cure
78			枚叶式真空脱气装置	Slot Type Degassing
79		减薄设备	玻璃刻蚀机	Glass Slim Etcher System
80			玻璃薄化计算机集成生产控制系统	Slim In-line System
81		检查装置	不均匀检查/不均匀检查机	Gray Mura Insp.
82			隔垫物散布检查及返工设备	Spacer Inspection
83			PS(柱状隔垫物)检查装置/PS(柱状隔垫物)检查机	PS Inspection
84			基板长度间距测定装置/设备	Glass Length Inspection
85			CD 测量装置/设备	CD/Pitch Measure.

序号	工序	设备分类	设备名称	设备英文名称
86	成盒	检查装置	对位检查装置/对位检查机	Alignment Inspection
87			盒厚检测机	Cell Gap Inspection
88			清亮点测量仪	Tni Measurement
89			液晶电阻测量设备	LC Resistivity
90			R-DC(残留直流电压)测量仪	R-DC Measure.
91		倒角装置	倒角装置/倒角机	Edge Grinder
92			磨边清洗机	Grinder Cleaner
93			倒角后清洗机	Cullet Cleaner
94		偏光板粘着设备	偏振片前清洗机	Pol Cleaner
95			偏光板剪切机	Pol Cutting/Light Box
96			偏光板贴付装置/偏光板贴附机	Pol Attacher
97			装卸装置/装卸机	LD/ULD ROBOT
98			偏光板卸料/曲取卸料	Pol Loader
99			半自动偏光板贴付装置/半自动偏光板贴附机	Pol Attacher
100		修复设备	偏光板剥离装置/偏光板剥离机	Pol Attacher
101			激光短路环切割机	laser short ring cutter
102			激光修复仪	Cell Laser Repair
103			保管炉(老化炉)	Aging Oven
104		其他设备	液晶脱泡装置/液晶脱泡机	LC Evaporator
105			边框胶脱泡搅拌机	Sealant Evaporation
106			静电监测系统/静电监测仪	Static Monitoring Sys
107			离子发生器(风扇型/X 射线型)	Ionizer (Blower/X-ray)
108			超声波清洗机	US Cleaner
109			静电平衡测量仪	ESD Balance Measurement
110	模块	ACF 贴付装置	ACF 输入输出粘贴装置/设备	ACF Attacher
111		TCP 压接装置	TCP 输入输出装置/设备	TCP Loader
112			TCP 输出压接装置/设备	TCP Pre-Bonding
113			TCP 实装及基板压接装置/设备	TCP Main-Bonding
114			TCP 贴装设备	TCP Bonder
115		COG 压接装置	COG 压接装置/集成电路贴附机	COG bonder
116		FPC 压接装置	FPC 压接装置/软性印刷电路板贴附机	FPC bonder
117		焊接装置	PCB(印刷线路板)焊接机/印刷电路板压合机/焊接机	PCB Bonder
118			OLB 半自动(外引线焊接)机/半自动(外引线压合)	OLB Semi Auto M/C
119		检查装置	光学特性检查装置/光学特性检查仪	Inspection
120			返修/品质检查机	Rework/QA Inspection
121			返修检查机	Rework Inspection

序号	工序	设备分类	设备名称	设备英文名称
122	品质管理	分析仪器	椭偏仪	Elipsometer
123			多通道延迟系统/设备	Retardation & Polarzation Sys
124			探针仪	prober tester
125			X 射线能谱仪	X-ray Energy spectrum
126			双束聚焦离子电子显微镜系统	SEM & EDS/Dual Focused Ion & Electron Beam system
127	动力		溶解氢装置	Hydrogen Dissolving unit
128		干燥机	吸附式干燥机	Dryer
129	彩膜	成膜设备	彩膜溅射机/磁控溅射机/彩膜氧化铟锡溅射机	C/F SPUTTER /CF ITO
130		光刻设备	彩膜显影系统/彩膜显影机	CF developer system
131			彩膜涂布机/彩膜涂覆机/彩膜涂腔机/涂胶机	CF COATER
132			旋转涂覆机	Spin Coater
133		曝光设备	彩膜曝光机	CF EXPOSURE/CF Aligner
134			彩膜打码机/彩膜标码机/彩膜刻号机/印字曝光	CF TITLER /Titler Exposure
135		清洗设备	彩膜掩膜清洗机/彩膜掩膜版清洗机/光罩清洗机	CF MASK CLEANER
136			平板显示器玻璃基板清洗机/彩膜清洗机/玻璃投料清洗机/彩膜湿洗机/彩膜氧化铟锡清洗机	CF Cleaner/CF Photo Cleaner/Initial cleaner/CF ITO Cleaner
137			平板显示器紫外线清洗机/紫外线灰化机	CF UV Asher
138			平板显示器玻璃承载台清洗机/玻璃卡盒清洗机	CF Cassette Cleaner
139			紫外线清洗机	UV Cleaner
140			铟锡氧化物金属溅射传输装置	ITO Sputter Transfer
141			铟锡氧化物剥离机	ITO Stripping Machine
142			光阻剥离装置	Resist Stripping Machine
143			涂胶零件清洗机	Wagon Cleaner
144		检测设备	彩膜自动光学检测系统/彩膜自动光学枪测机	CF AOI/CF Inspector
145			彩膜柱状阵列测定机	PS MEASUREMENT
146			在线系统(CF)/彩膜在线设备	Inline System (CF)/CF
147			彩膜曝光图案光学检测机	CF TP/CD
148			火灾自动报警装置	Fire Extinguisher
149		搬送设备	彩膜拣选机/玻璃基板交换机	COLOR FILTER SORTER/Exchanger
150			玻璃对位索引机(彩膜)	FEEDER
151			彩膜溅射机装卸载机械手/液晶面板机械手臂	CF SPUTTER INDEX/Robot
152			掩膜板自动储存设备	MASK STOCKER
153			彩膜自动化物料输运系统/自动化立体仓储设备(彩膜)	CF AMHS
154			高架台车卡匣输送机/高空传输系统	CF Over Head Cassette Conveyor/Overhead
155			彩色滤光片传输系统	Color Filter Line Conveyor Handling System

序号	工序	设备分类	设备名称	设备英文名称
156	彩膜	烘箱类	平板显示器彩膜后烘设备/彩膜后烘机	Postbake/CF Photo OVEN
157			彩膜紫外线干燥设备	CF Oven
158			热盘/冷盘/彩膜加热冷却机/彩膜预烘机/软烤机	HP/CP /CF HPCP /Pre Bake Machine
159			平板显示器后烘设备热交换器	Heat Exchanger
160			彩膜氧化铟锡后烘机	CF ITO Oven
161			脱水烘烤机	Dehydration Bake Machine
162		返修设备	彩膜检查修复机/平板显示器彩膜修复机/彩膜色彩研磨激光修复机/彩膜镭射修补机/研磨修补机/彩膜光阻修补机	CF REVIEW & REPAIR/CF Laser Repair/Tape repair/CF INK Repair
163			彩膜返修机	CF REWORK
164			平板显示器刻蚀线路修复机	CF Pattern Repair

注：上述生产设备清单不包括二手设备。

附件 5

进口维修设备用零部件免税进口额计算公式

根据国外以往同类设备的运行以及维修经验，国内薄膜晶体管液晶显示器件生产企业进口维修设备用零部件的年度免税进口限额按如下经验公式计算：

$$I=\alpha\% * P，其中\ a=f(n)=\begin{cases}2.25n & (0\leqslant n\leqslant 2)\\ 7-n & (3\leqslant n\leqslant 4)\\ 2.5 & (5\leqslant n\leqslant 8)\\ 1.25n-7.5 & (9\leqslant n\leqslant 10)\\ 5 & (11\leqslant n\leqslant 15)\end{cases}$$

I 代表维修生产设备所需零部件的年度进口总额；α%代表每年进口的零部件总额与生产设备价值之间的百分比值，该比值反映了零部件的需求量与设备的使用年限及故障发生率之间的一般经验规律（呈碗形曲线）；P 代表进口生产设备总值，该值将根据国家发展改革委在项目立项环节的审核文件确定；n 代表设备的使用年限。

附件 6

首批 TFT-LCD 生产企业名单

1. 北京京东方光电科技有限公司
2. 上海中航光电子有限公司
3. 昆山龙腾光电有限公司
4. 上海天马微电子有限公司
5. 深超光电（深圳）有限公司
6. 成都京东方光电科技有限公司
7. 合肥京东方光电科技有限公司
8. 北京京东方显示技术有限公司
9. 深圳市华星光电技术有限公司
10. 南京中电熊猫液晶显示科技有限公司

11. 成都天马微电子有限公司

12. 武汉天马微电子有限公司

附件 7

首批 TFT-LCD 生产企业 2012~2015 年度进口维修生产设备所需零部件免税进口额度

企业名称	北京京东方光电科技有限公司	成都京东方光电科技有限公司	合肥京东方光电科技有限公司	北京京东方显示技术有限公司	深圳市华星光电技术有限公司	深超光电(深圳)有限公司	上海天马微电子有限公司	成都天马微电子有限公司	武汉天马微电子有限公司	上海中航光电子有限公司			南京中电熊猫液晶显示科技有限公司	昆山龙腾光电有限公司		
										一期工程	二期工程	合计		一期工程	二期工程	合计
进口生产设备总值(亿美元)	7.96	3.00	17.10	25.57	28.00	9.14	2.96	1.77	2.95	7.23	2.89		8.58	4.68	5.66	
零部件 2012 年度进口额(万美元)	2985	1200	7695	5753	6300	2742	740	797	1328	2711	723	3434	1931	1170	1698	2868
零部件 2013 年度进口额(万美元)	3980	900	6840	11507	12600	2285	740	708	1180	3615	723	4338	3861	1170	1415	2585
零部件 2014 年度进口额(万美元)	3980	750	5130	10228	11200	2285	740	531	885	3615	723	4338	3432	1755	1415	3170
零部件 2015 年度进口额(万美元)	3980	750	4275	7671	8400	2285	1110	443	738	3615	1084	4699	2574	2340	1415	3755

财政部、海关总署、国家税务总局关于印发等离子显示面板生产企业进口免税物资范围及享受政策企业名单的通知

（财关税〔2012〕19 号）

四川省、安徽省财政厅、国家税务局，合肥、成都海关：

一、根据《财政部 海关总署 税务总局关于进一步扶持新型显示器件产业发展有关税收优惠政策的通知》（财关税〔2012〕16 号）的有关规定，自 2012 年 1 月 1 日至 2015 年 12 月 31 日，对等离子显示面板生产企业进口国内不能生产的自用生产性（含研发用）原材料和消耗品，免征进口关税，照章征收进口环节增值税；进口建设净化室所需国内尚无法提供（即国内不能生产或性能不能满足）的配套系统以及维修生产设备所需零部件免征进口关税和进口环节增值税。具体免税办法依照财关税〔2012〕16 号附件《关于新型显示器件面板生产企业进口物资税收政策的暂行规定》执行。

二、财政部会同有关部门制定了上述免征进口关税的自用生产性（含研发用）原材料、消耗品清单以及免征进口关税和进口环节增值税的净化室配套系统清单，现予以公布执行，详见附件 1-3。

三、等离子显示面板生产企业为维修附件 4 所列设备进口国内不能生产的设备零部件采取限定年度免

税进口额度的方式加以控制，年度进口免税额度由财政部根据企业所用生产设备的总价及设备使用年限，按照附件 5 的维修经验公式计算确定。

四、2011 年 12 月 31 日前已经认定的等离子显示面板生产企业按财关税〔2012〕16 号文件规定继续享受进口税收政策，企业名单见附件 6，有关企业 2012-2015 年度进口维修本通知附件 4 所列生产设备所需零部件的免税进口金额见本通知附件 7。

附件 1　进口原材料清单
附件 2　进口消耗品清单
附件 3　进口净化室配套系统商品清单
附件 4　进口生产设备清单
附件 5　进口维修设备用零部件免税进口额计算公式
附件 6　等离子显示面板生产企业名单
附件 7　等离子显示面板生产企业 2012~2015 年度进口维修生产设备所需零部件免税进口额度

财政部
海关总署
国家税务总局
二〇一二年六月二十日

附件 1

进口原材料清单

序号	类别	商品名称	英文名称	税则号列(供参考)
1	玻璃基板/滤光玻璃/玻璃粉	基板玻璃(等离子屏生产用高应变点玻璃)	Front Glass	70200019
2		低熔点玻璃粉	Front Dielectric Powder	38249099
3		带低熔点环的排气管	Glass Flair with frit Ring	70200019
4		滤光玻璃	Filter glass	85299082/70140090
5	浆料	导电电极、介质、障壁、荧光粉浆料	Silver electrode, medium, concealment, phosphor pastes	37079090
6		氧化镁浆料	MGO Paste	38249099
7	胶/膜/带	UV 树脂固化胶	UV PASTE	35069120
8		紫外线(UV)固化胶带	UV TAPE	37071000/35069900
9		荧光粉清洗带	Phosphor Cleaning Tape	39199090
10		各向异性导电膜	ACF	38249099
11		热压着用缓冲垫	Cushion Sheet	84849000
12		热压着用特福珑衬带	Teflon lining form	39209990
13		导热双面胶带	Thermal conductive double stick tape	85459000
14		滤光膜	film filter	39206200
15		滤光膜贴附用干膜	Laminted Resin Film	38249099
16	靶材	氧化镁晶体	MgO Pellet	38249099
17	荧光粉	荧光粉	Phosphor Powder	32065000/38249099

序号	类别	商品名称	英文名称	税则号列(供参考)
18	惰性气体	惰性混合气体	PENNING GAS	38249099
19	树脂	乙基纤维素	Ethylcellulose Resin	39123900
20		液体硝化棉	Vehicle NC	39122000
21	有机溶剂	邻苯二甲酸二丁脂	DBP	29173410
22		松油醇	Terpineols	29061910
23		丁基卡比醇	Other esters of ecetic	29094990
24		丁基卡比醇乙酸脂	Other esters of ecetic acid	29153900
25	湿化学品	感光(PR)胶清洗液	LPR Cleaner	38140000
26		电极端子清洗液	Pad cleaner	34021900
27		感光性障壁用显影液	Developer	29221100
28	材料类	γ丁内酯	Other lactones	29322900
29		曝光母板清洗剂	Mask detergent	34021900
30		带状芯片封装(TCP)	TCP	85299082
31		FPC 柔性连接线	Flexible printed cable	85340090
32	数据集成块	数据模块用集成块(IC)	Mos logic IC	85299082
33	其他	各向异性导电膜(ACF)修复液	ACF remover	38140000

附件 2

进口消耗品清单

序号	类别		商品名称	英文名称	税则号列(供参考)
1	灯类	紫外线灯/水银灯/其他灯	紫外线灯	Ultraviolet lamp	85394900
2			超高压水银灯	Ultra high pressure mercury lamp	85393290
3			高压水银灯	High pressure mercury lamp	85393290
4			低压水银灯	Low pressure mercury lamp	85393290
5			卤素灯	Halogen lamp	85392190
6			激光灯	Laser lamp	85414090
7			特殊荧光灯	Fluorescent light	94054090
8			特种灯部品	Special lamp parts	94054020
9			灯源箱	Lamp Source Box	85414090
10	过滤器类	空气过滤器/芯/网	设备专用空气过滤器	Filtering for gases	84212990
11			设备专用空气过滤网	Filter meshwork for gases	73141400/73141900
12			设备专用空气过滤芯	Filter Cartridge for gases	84219990
13		水过滤介质	纯水装置用反渗透(RO)膜	RO film	84219990
14		其他过滤器/芯/网	各类浆料用过滤芯	Filter Cartridge for pastes	39269010
15			金属过滤网	Metal filter meshwork	73141400/73141900
16			各类浆料用过滤器	Filtering for pastes	73261910
17			各类浆料用过滤网	Filter meshwork for pastes	73141400/73141900

序号	类别		商品名称	英文名称	税则号列(供参考)
18	金属类	挡板/夹子/托架等	氧化镁(MGO)蒸镀防着板	MGO defending plate	73269010
19			封接用金属夹	Metal clamp	84869099
20			设备用传送托架	Tray	84869099
21			设备用安装支架	Bracket	84869099
22			机械手专用夹具	clamping apparatus	84869099
23	生产耗材	探针/探头	各类探针	Probe	90309000
24			修正针	Correct pin	90279000/90309000/90319000
25			各类电极	Electrode	85451900/83111000
26	生产耗材	探针/探头	各类探头	Probe	90279000/90309000/90319000
27	生产耗材	生产消耗品	各类曝光干板(曝光用母版)	Exposure machines mask	37059090
28			曝光机光学部件	Optics for exposal machines	37059090
29			紫外线固化装置用光学部件	Optics for ultraviolet machines	37059090
30			各类定位板	Orientation plate	73202090
31			氧化镁(MGO)蒸镀用耐高温坩埚	Crucible for high temperature	69039000
32			净化手动泵	Pump	84132000
33			耐高温记号笔	Resistant pen	96089910
34			电子枪灯丝	Electric gun filament	85409990
35			电子枪配件	Electric gun parts	85409990
36	设施耗材	设施耗材	柔性印刷线路板(FPC)托盘	FPC salver	39269090
37			等离子屏生产设备专用吸盘	Cupula	40169990
38			紫外固化胶涂布机用加热软管	Heating tube	39173100
39			热压设备橡胶压条	Rubber	40170020/40169990
40			浆料调配筒	Bottle	39269090/73269010
41			防紫外线窗玻璃	Prevent ultraviolet radiation glass	70200019
42			高强度玻璃	High strength glass	70071900
43			耐高温陶瓷玻璃	High temperature glass	70200019
44			热分析仪专用铝盘	aluminium plate	76169910
45			曝光机专用反光镜	Mirror	83063000
46	检测器耗材	电器类消耗品	炉体专用热电偶	Thermocouple	90329000
47			检测设备专用电缆	Cable	85444211
48			检测设备专用光缆	Fiber cable	90119000
49			检测设备专用线路板	Parts for inspection machines	90319000
50		其他类	特殊色带	Special ribbon	96121000
51			特殊记录纸	Special recording paper	48239090
52	陶瓷件	绝缘陶瓷	陶瓷烧成垫板	Ceramic parts	69079000

序号	类别		商品名称	英文名称	税则号列(供参考)
53	印刷/涂布工艺耗材	摩擦布/印刷刮刀/刮板/夹具	印刷机用摩擦布	Rubbing cloth	84439990
54			封排设备用金属编织布	Metal cloth	73141400/73141900
55			印刷用丝网版	Screen printing mask	73145000
56			印刷机用摩擦辊轴	Rubbing Roller	84439990
57			印刷用刮板/刀	Screen squeegee/Ink knife	76169910
58			印刷刮刀夹具	Ink knife with clamp	84439990
59			印刷机净化连接软管	Joint tube	39173200
60	注射器类	注射器及配件	专用注射器(带修正浆料)	Syringe	84249090
61	刀具/磨具	各种切割刀轮/刀轴	各向异性导电膜(ACF)切割器	ACF Cutter	84778000
62			玻璃切割轮	glass cutter	68042210
63			玻璃研磨具	Glass grinding head	68042210
64	喷嘴	金属喷嘴	其他金属喷嘴	Metal Nozzle	84869099
65		金属喷嘴	各类浆料涂布喷嘴	Nozzle	84869099
66		塑料喷嘴	各类塑料喷嘴	Plastic Nozzle	39269010
67	滚筒/衬垫	衬垫类	吸盘衬垫	Pad	68138100
68			耐热衬垫	Pad	85149090
69			铝板压接用缓冲衬模	Foam for aluminium plate	39211390
70		其他类	各类感压纸	Pressure paper	48239090
71	胶带类	各类净化/耐热胶带(相同)	耐热胶带	Adhesive Tape	39199090
72			各色净化胶带	Adhesive Tape	39191090
73			导电胶带	conducting Tape	39219090
74			耐高温陶瓷胶水	gluewater	35069900
75	清洁/净化用品	清洁/净化用品	净化吸尘器	Cleansing dust-collector	84213929
76	其他		离子交换树脂	Ion-exchange Resin	39140000
77	其他		脱气膜	Degassing film	84219190

附件3

进口净化室配套系统商品清单

序号	系统	商品类别	商品名称	税则编码(供参考)
1	供电系统	电量补偿、储能发电装置	电量补偿、储能发电装置	85437099/85023900

序号	系统	商品类别	商品名称	税则编码(供参考)
2	特气供应系统	气体供给装置	气瓶柜/气瓶架	84798999
3		阀盘,阀箱	阀门分配盘	84818040
4			阀门分配箱	84818040
5		毒气探测器	气体检测仪	90271000
6		气体净化器	气体净化器	84213990
7		吹扫盘面	吹扫盘面	84818090/84819010
8		磅秤	钢瓶秤	84238290
9		管配件	超洁净阀门管配件(不锈钢管道,调压阀,球阀,逆止阀,隔膜阀,过滤器,不锈钢接头)	73044190/73064000/73072300/73072900/84818010/84813000/84818031/84818040/84819010/84811000/84213990
10	有毒气体净化系统	有毒气体处理机	有毒气体处理机(POU)	84213990
11	有机废气处理系统	转轮装置	吸附浓缩转轮箱体,转轮,配件	84213990/73181590
12	化学品供给系统	化学药品供应装置	化学品储存罐	73090000
13			化学品供应柜	84135010
14			化学品混合柜	84798200
15			洁净阀箱	84818040
16			洁净不锈钢管及其配件、管阀	73064000/73044190
17			洁净聚四氟乙烯管及其配件、管阀	39173100/3917400
18		化学品控制装置	化学品泄漏检测装置	90261000
19			化学品监控装置	90268000
20			浓度分析仪器	90278099
21		二氧化碳灭火系统	有机溶剂自动二氧化碳灭火系统	84241000
22	超纯水处理系统	超纯水处理装置	反渗透(RO)膜	39209990
23			脱气膜	39209990
24			超滤膜(PFA)	39209990
25			离子交换树脂	39140000
26			紫外(UV)杀菌灯	85394900
27		超纯水控制装置	控制装置	85371090/85371011
28			监测仪表	90308990
29		超纯水管材配件	洁净聚氯乙烯(Clean-PVC)管道	39172300
30			洁净聚氯乙烯管件、阀门(Clean-PVC)	39174000/84818040/84818039
31	大宗气体供应系统	阀门、管配件	超洁净阀门管配件(不锈钢管道,调压阀,球阀,蝶阀,波纹管阀,逆止阀,隔膜阀,过滤器,不锈钢接头)	73044190/73064000/73072300/73072900/84818010/84813000/84818031/84818040/84819010/84811000/84213990

附件 4

进口生产设备清单

（用于确定维修所需进口的零部件免税范围）

序号	工序	设备分类	设备名称	设备英文名称
1	前/后基板加工	清洗	玻璃基板清洗机	GLASS CLEANING MACHINE
2			紫外线清洗机	UV CLEANING MACHINE
3			超声波清洗机	ULTRA SONIC WAVE CLEAN MACHINE
4			涡轮螺旋清洗机	TURBO BLOW CLEANING MACHINE
5			超声波风式干洗机	WIND-STYLE ULTRASONIC DRY-CLEANING MACHINE
6		移载/存储	装载/卸载设备	LOAD/UNLOAD EQUIPMENT
7			中间取出设备	MID HANDOUT EQUIPMENT
8			传送设备	TRANSPORT EQUIPMENT
9			搬送设备	CARRIER
10			机械手	ROBOT
11			暂存机	TEMPORARY STORAGE MACHINE
12			光罩存储箱	MASK STORGE BOX
13		浆料印刷/涂布	浆料涂布机（用于银电极/介质/氧化镁/诱电体/荧光粉/障壁等）	PASTE COATING MACHINE
14			丝网印刷机	SCREEN PRINTING MACHINE
15			喷墨设备（含喷墨头）	INKJET（INCLUDING INKEJET HEAD）
16		压膜	压膜机	LAMINATOR
17		曝光	曝光机	EXPOSSURE MACHINE
18		显影	显影设备	DEVELOP MACHINE
19		脱膜	脱膜设备	STRIPPER
20		蚀刻	蚀刻设备	ETCHING MACHINE
21		干燥/加热	IR 干燥炉（用于银电极/介质/氧化镁/诱电体/荧光粉/障壁等）	IR DRYING FUNACE
22			预热炉	PREHEATING FURNACE
23			真空干燥设备	VACCUM DRYING MACHINE
24		烧成	烧成炉（用于银电极/介质/氧化镁/诱电体/荧光粉/障壁等）	FIRING FURNACE
25		蒸镀	MGO 蒸镀设备	MGO VAPOR DEPOSITION MACHINE
26		检查	导通检查设备	CONDUCTION CHECK MACHINE
27			荧光粉堵塞检查机	CLOG-IN CHECK MACHINE FOR LUMINOPHOR
28			缺陷检查仪	DEFECT TESTER
29			膜厚测定仪	FILM THICKNESS MEASURING DEVICE
30			量测显微镜	MEASURING MICROSCOPE

序号	工序	设备分类	设备名称	设备英文名称
31	前/后基板加工	检查	自动光学检查设备	AUTOMATIC OPTICAL INSPECTION MACHINE
32			真空氦质谱检漏仪	VACUUM HELIUMMASS SPECTROMETER LEAKDETECTOR
33		返修	荧光粉修正机	LUMINOPHOR REPAIR MACHINE
34			电极修复设备	ELECTRODE REPAIR EQUIPMENT
35		其他	除湿机	DEHUMIDIFY MACHINE
36			浆料调配设备	PASTE MIXING MACHINE
37			丝网清洗机	SCREEN CLEANING MACHINE
38			浆料搅拌机	PASTE MIXING MACHINE
39			洁净罩	CLEAN BOOTH
40			喷砂机	SANDBLASTING MACHINE
41	屏合成	移载	洁净垂直传送设备	CLEAN ELEVATOR
42			装载/卸载设备	LOAD/UNLOAD EQUIPMENT
43			传送设备	TRANSPORT EQUIPMENT
44			搬送设备	CARRIER
45			机械手	ROBOT
46		清洗	FPC 端子清洗设备	FPC CLEANING MACHINE
47			屏清洗设备	PANEL CLEANING EQUIPMENT
48		封接	封接料涂布设备	FRIT COATING MACHINE
49			前后基板自动对位设备	AUTO ALIGMENT EQUIPMENT
50			排气管安装设备	BULB SETTING MACHINE
51			封接炉	SEALING FURNACE
52		排气	排气设备	EXHUST EQUIPMENT
53		老炼	屏老练设备	PANEL AGING EQUIPMENT
54			洁净老练设备	CLEAN AGING STOCKER
55		检查	数据输入设备	DATA INPUT EQUIPMENT
56			信号发生器	SIGANAL GENERATOR
57			DDC 输入器	DDC INPUT EQUIPMENT
58			画像检查设备	IMAGE INSPECTION EQUIPMENT
59			屏检查设备	PDP INSPECTION MACHINE
60			单元检查设备	UNIT CHECK EQUIPMENT
61		贴合/压接	FPC 压接设备	FPC PRESS BONDING MACHINE
62			贴合调整设备	ALIGMENT EQUIPMENT
63			ACF 贴付机	ACF PRESS MACHINE
64			UV 涂布硬化设备	UV COATING & HARDENESS MACHINE
65			导热膜贴付压膜机	HOTNESS CONDUCTIVE SHEET PRESS MACHINE
66			合格标牌打印机	LABEL PRINTER

序号	工序	设备分类	设备名称	设备英文名称
67	品质管理	分析仪器	板厚测量机	GLASS THICKNESS MEASURE
68			烧成炉/干燥炉专用测试风速仪	ANEMOMETER
69			激光聚焦位移计	LASER FOCUS DISPLACE METER
70			障壁高度检查机	RIB HEIGHTNESS MESSURE MACHINE
71			色彩分析仪	COLOR ANALYZOR
72			分光式膜厚测量仪	SPECTROSCOPY THICKNESS MEASRUE MACHINE
73			接触角检测仪	CONTACT ANGLE DETECTOR
74			扫描电子显微镜	SCANNING ELECTRON MICROSCOPE
75		其他	二位码 ID 编码识别系统	QR CODE RECOGNITION SYSTEM
76			激光打号机	LASER MAKER
77			CIM 生产管理系统	CIM PRODUCTION MANAGEMENT SYSTEM
78	动力	电气	高压电源快速切换开关	SSTS
79		电气	不间断电源	UPS
80		中央动力	螺杆式空气压缩机	SCREW TYPE AIR COMPRESSOR
81		真空	真空泵	VACCUM PUMP
82		环保	固液分离设备	LIQUID & SOLID SEPERATION EQUIPMENT
83			废气燃烧炉	GASEOUS POLLUTANT BURNNING FURNACE

注:上述生产设备清单不包括二手设备。

附件 5

进口维修设备用零部件免税进口额计算公式

根据国外以往同类设备的运行以及维修经验，国内等离子显示面板生产企业进口维修设备用零部件的年度免税进口限额按如下经验公式计算：

$$I=\alpha\% * P，其中\ a=f(n)=\begin{cases}2.25n & (0\leqslant n\leqslant 2)\\ 7-n & (3\leqslant n\leqslant 4)\\ 2.5 & (5\leqslant n\leqslant 8)\\ 1.25n-7.5 & (9\leqslant n\leqslant 10)\\ 5 & (11\leqslant n\leqslant 15)\end{cases}$$

I 代表维修生产设备所需零部件的年度进口总额；α%代表每年进口的零部件总额与生产设备价值之间的百分比值，该比值反映了零部件的需求量与设备的使用年限及故障发生率之间的一般经验规律（呈碗形曲线）；P 代表进口生产设备总值，该值将根据国家发展改革委在项目立项环节的审核文件确定；n 代表设备的使用年限。

附件 6

等离子显示面板生产企业名单

1. 四川虹欧显示器件有限公司

2. 安徽鑫昊等离子显示器件有限公司

附件 7

等离子显示面板生产企业 2012~2015 年度进口维修生产设备所需零部件免税进口额度

企业名称	四川虹欧显示器件有限公司
进口生产设备总值（亿美元）	3.36
零部件 2012 年度进口额（万美元）	1008
零部件 2013 年度进口额（万美元）	840
零部件 2014 年度进口额（万美元）	840
零部件 2015 年度进口额（万美元）	840

财政部、海关总署、国家税务总局关于印发有机发光二极管显示面板生产企业进口免税物资范围及首批享受政策企业名单的通知

（财关税〔2012〕20 号）

各省、自治区、直辖市、计划单列市财政厅（局）、国家税务局、新疆生产建设兵团财务局，海关总署广东分署、各直属海关：

一、根据《财政部 海关总署 税务总局关于进一步扶持新型显示器件产业发展有关税收优惠政策的通知》（财关税〔2012〕16 号）的有关规定，自 2012 年 1 月 1 日至 2015 年 12 月 31 日，对有机发光二极管显示面板（OLED）生产企业进口国内不能生产的自用生产性（含研发用）原材料和消耗品，免征进口关税，照章征收进口环节增值税；进口建设净化室所需国内尚无法提供（即国内不能生产或性能不能满足）的配套系统以及维修生产设备所需零部件免征进口关税和进口环节增值税。具体免税办法依照财关税〔2012〕16 号附件《关于新型显示器件面板生产企业进口物资税收政策的暂行规定》执行。

二、财政部会同有关部门制定了上述免征进口关税的自用生产性（含研发用）原材料、消耗品清单以及免征进口关税和进口环节增值税的净化室配套系统清单，现予以公布执行，详见附件 1-3。

三、有机发光二极管显示面板生产企业为维修附件 4 所列设备进口国内不能生产的设备零部件采取限定年度免税进口额度的方式加以控制，年度进口免税额度由财政部根据企业所用生产设备的总价及设备使用年限，按照附件 5 的维修经验公式计算确定。

四、2011 年 12 月 31 日前已经认定的有机发光二极管显示面板生产企业按财关税〔2012〕16 号文件规定继续享受进口税收政策，企业名单见附件 6，各企业 2012-2015 年度进口维修本通知附件 4 所列生产设备所需零部件的免税进口金额见本通知附件 7。

附件 1　进口原材料清单

附件 2　进口消耗品清单

附件 3　进口净化室配套系统商品清单

附件 4　进口生产设备清单

附件 5　进口维修设备用零部件免税进口额计算公式

附件 6　首批 OLED 生产企业名单

附件 7　首批 OLED 生产企业 2012~2015 年度进口维修生产设备所需零部件免税进口额度

财政部
海关总署
国家税务总局
二〇一二年六月二十

附件 1

进口原材料清单

序号	类别		中文名称	英文名称	规格	税则号列
1	玻璃	玻璃/彩膜/玻璃纤维/OLED 屏	原板玻璃	Glass substrate	TFT 等级的无碱玻璃厚度：0. 3mm~1mm;LTPS TFT 基板	70031900
2			导电玻璃	Conductive Substrate	ITO, Cr, Al, Mo, Ag, Cu 及其合金	70200011
3			彩色滤光玻璃/CF 玻璃	Color Filter Glass	厚度：0. 4mm ~ 1. 1mm, R/G/B 滤光	90019090
4	模具	模具	光罩/掩膜板	Photo Mask	SiO_2+Cr/Sodalime/Quartz	37059090/90029090
5	胶膜	丙烯酸树脂类膜	防眩膜/偏光片/圆偏光片	Antiglaring Film/Polarizer	波片+偏光片（灰色、黑色、紫色……）	90012000
6			滤色膜	Color Filter Film	黄色、绿色、黄绿色、红色	90012000/90019090
7			各向异性导电晶片/各向异性导电膜/自粘塑料膜（入、出、修补）/各向异性导电胶片	ACF	索尼/日立系列产品	32099010/32099020/32099090/32091000/39199090
8	靶材	靶材	靶材（包括 Al—Nd, Al, Mo—Nb, Cr, ITO, MoW, Al—Ni—La, Ni—Si）	Target（Al—Nd, Al, Mo—Nb, Cr, ITO, MoW, Al—Ni—La, Ni—Si）	Al—Nd：0. 7wt%02wt%Nd, Density>95%,电阻率>5mWcm	76072000/76052900/81122900/81029900/81129290/80012090/81122900/76169990/76169910/75052100
9			MoW 合金靶材	MoW target	W 含量 2at% ~ 20at%，纯度 > 99. 9%， Fe < 200ppm， Cu < 200ppm， Al < 100ppm， Si < 100ppm, Resistivity<30mWcm	81019990/81029900
10			Al 靶材	Al target	纯度 99. 999%	76042910/76052900
11			Ti 靶材	Ti target	纯度>99. 9%	81089010/81089090
12			Mo 靶材	Mo target	纯度 > 99. 9%，稀土元素 < 100ppmm N<50ppm,0<50ppm	81029900/81029500
13			Ag 靶材	Ag target	纯度>99. 99%	71069110
14			Nd 靶材	Nd target	纯度>99. 9%	28053011
15			镍靶材	Ni target	纯度>99. 99%	75089080

序号	类别		中文名称	英文名称	规格	税则号列
16	树脂	树脂类	边框胶/封框胶(环氧树脂)/密封胶/封口材料/	Sealant/UV Glue	环氧树脂 Glass Transition Temperature: 125 to 150℃; Water Absorption (25℃/24h): ≤1.0%; Heating Loss (150℃/24h): ≤1.0%	35061000/35069120
17			紫外线固化树脂	Ultraviolet Curing Resin	环氧树脂 Glass Transition Temperature: 125 to 150℃; Water Absorption (25℃/24h): ≤1.0%; Heating Loss (150℃/24h): ≤1.0%	39191010/35069120
18	绝缘材料	绝缘胶	绝缘层胶	Insulation (PI)	敏感度>20mJ(g line),最大加工温度<130℃,解析度<1.5mm	37071000
19			隔离柱胶	RIB glue	敏感度>20mJ(g line),最大加工温度<130℃,解析度<1.5mm	37071000
20	高纯固体材料	高纯有机材料	有机空穴传输材料	organic hole transport	电子纯	29212900/29029090
21			有机电子传输材料	organic electron transport	电子纯	29214200/29029090
22			有机空穴注入材料	organic hole injection	电子纯	29029090
23			有机发光材料	organic emitting material	电子纯	29029090
24			磷光发光材料	phosphor emitting material	电子纯	29029090
25		高分子材料	打印油墨	Print Ink	电子纯	29029090
26			聚合物发光材料	Polymer Light Emitting Material	电子纯	29029090
27		高纯金属	阴极材料高纯铝、银、铜、钙、镁等	Cathode Material (Al、Ag、Cu、Ca、Mg)	99.999%及以上	76042910/76052900/71069110/28051200/74031111/81043000
28	封装材料	干燥剂	固体干燥剂/液体干燥剂	Desiccant	吸湿率: > 0.6mg/cm^2 (20℃, 65%RH, 15min)	28051200
29		封接用玻璃粉	封接用玻璃粉	Glass Frit	含量为 SnO&P_2O_5,密度 3.9g/cm^2,软化温度<420℃	70182000/70189000
30		后盖	玻璃后盖/金属后盖	Glass Cover/Metal Cover	200×200mm,370×470mm	70060000/ 72259990
31	封装材料	金属掩模版/框架	金属掩膜板/框架	MASK	Invar (SUS) Frame/OPEN MASK/SHADOW MASK	72221900/72259990

序号	类别		中文名称	英文名称	规格	税则号列
32	高纯气体	高纯度混合气体 高纯度成膜气体 其他高纯度特殊气体	硅烷/SiH_4	Gas(SiH_4)	纯度:99.9999%	28500000/28500000
33			磷烷/PH_3	Gas(PH_3/H_2)	比例：PH_3/H_2（20%）；纯度：PH_3：99.9950%，H_2：99.9995% 比例：PH_3/H_2（15%）：纯度：PH_3：99.9950%，H_2：99.9995%	28500000/28480000
34			乙硼烷/B_2H_6	Gas(B_2H_6/H_2)	比例：B_2H_6/H_2（5%）；纯度：B_2H_6：9.9950%，H_2：99.9995% 比例：B_2H_6/H_2（40%）；纯度：B_2H_6：99.9950%，H_2：99.9995%	28500000
35			氪气	Gas(Kr)	纯度:99.999%	28042100
36			四乙基原硅酸盐	Gas(TEOS)		28399000
37			高纯氙	Gas(Xe)	纯度:99.999%	28042900
38			激光退火用混合气体	$HCl+H_2+Ne$	比例:5% HCl+1% H_2+94% Ne;纯度：HCl：99.9990%，H_2：99.9995%，Ne：99.9990%	28042900
39			氯气	Gas(Cl_2)	纯度:99.99%	28011000
40	刻蚀液	刻蚀液	AL 刻蚀液	Etachant(AL)	电子纯 0.5um 以上杂质<30个/毫升	28092010/38101000
41			钼刻蚀液	Etachant (MO/MOW)	电子纯 0.5um 以上杂质<30个/毫升	38101000
42	光刻工艺用化学品	显影液/光刻胶/去胶液/增黏剂/稀释剂/静电防止剂	四甲基氢氧化铵	TMAH	电子级浓度：TMAH：2.380±0.03；Na<1ppb；Fe<1ppb	37079010/37079090
43			光刻胶	Photo Resist	敏感度>20mJ(g line)，最大加工温度<130℃，解析度<1.5mm	37071000
44			湿法剥离液/剥离液	Strip(Stripper)	电子纯 Cl<0.005%；PO_4<0.001%；SiO_2<0.01%；SO_4<0.002%；Na<0.5%；Mg<0.005%；Ca<0.002%；Zn<0.001%；0.5um 以上异物<30个/毫升	38140000/38249090
45			显影液	Developer	电子级浓度：2.380±0.03；Na<1ppb；Fe<1ppb；0.3um 以上异物<100个/毫升	32049090/38249090
46	光刻工艺用化学品	显影液/光刻胶/去胶液/增黏剂/稀释剂/静电防止剂	脱膜液	Stripper	电子纯 Cl<0.005%；PO_4<0.001%；SiO_2<0.01%；SO_4<0.002%；Na<0.5%；Mg<0.005%；Ca<0.002%；Zn<0.001%；0.5um 以上异物<30个/毫升	32049090/38249090

序号	类别		中文名称	英文名称	规格	税则号列
47	化学洗剂	玻璃基板洗剂/PI洗剂/液晶洗剂	非离子界面活性剂	Nonionics Modifier/Additive /Buffered Etch	电子纯 0.5um 以上异物<30个/毫升	34021300
48			清洗剂	Cleaner	电子纯 P:0.90%;N:0.37% 砷(按As206)未检出(检测限在0.05毫克/升); 0.3um以上异物<100个/毫升	34021900
49			清洗液	Washer	电子纯 P:0.90%;N:0.37% 砷(按As206)未检出(检测限在0.05毫克/升); 0.3um以上异物<100个/毫升	38101000
50			掩模板清洗液	Mask resiner	电子纯 0.3um 以上异物<100个/毫升	38101000
51	集成电路基板	集成电路基板	驱动芯片	DRIVER IC	TCP/COG OLED IC	84733010

附件2

进口消耗品清单

序号	类别		中文名称	英文名称	税则号列
1	灯类	曝光灯	激光紫外线灯	Laser UV Lamp	85394990
2			激光灯管	Laser Lamp	84869090
3			高压水银灯	UL	85393290
4			周边曝光用紫外线灯	Mercury Lamp	85394990
5		其他灯类	卤素灯	Halogen Lamp	85393290
6			离子注入用离子源	Ion source for Ion implant system	90278019
7	蒸发源	其他类	磁铁/磁条/橡胶磁铁	Magnet/Rubber Magnet	85051900
8		加热源	坩埚	Crucible	69039000
9			蒸发舟	pBN-Boat/BN-Boat	69039000
10			加热丝/钨丝	Heat Thread/Tungsten Filament	81019600
11	金属类	挡板	后板	Shield Plate	84669300
12			靶材托板	Backing Plate	76169910
13		探针	台阶高差测定用测定针/AFM用探针	prober	90309000
14	检测器消耗品		晶振片	Crystal sensor	85416000
15			振荡器探头	Oscillator package	85416000
16			离子规	Ion Gauge	39140000
17			皮拉尼真空计	Vaccum Gauge	90318090
18	密封件	各类O型圈及其他密封垫	SP用密封件	SP Sealing Ring	40169910
19			O型圈	O Ring	40169910

序号	类别		中文名称	英文名称	税则号列
20	石英制品	石英管	石英管(纯度>99%,密度>2.15g/cc,介电常数3.75)	Crystal(Quartz)tube	70200019
21		石英板	石英板(纯度>99%,Al杂质含量<100ppm,密度>2.15g/cc,介电常数3.75,热膨胀系数0.5e-6/deg)	Crystal(Quartz)plate	70200019
22	注射器类	注射器及配件	点胶针头	Dispenser Head	90183100
23	刀具/磨具	各种切割刀轮/刀轴/磨具等	切断用刀片/刀轮/刀轴	Cutter Knife/Wheel/Axis	86841030
24			ACF切割器	ACF Cutter	84778000
25		聚四氟乙烯纸	缓冲材料(TCP预压)	Cushion(TCP pre-bonding)	84859090
26			缓冲材料(TCP正式压接)	Cushion(TCP bonding)	84859090
27			缓冲材料(基板预压)	Cushion(PCB pre-bonding)	84859090
28			缓冲材料(基板正式压接)	Cushion(PCB bonding)	84859090
29	离子注入机配件	离子源	起弧室	arc chamber	84863090
30	离子束源	离子束	防护石墨	graphite sheild	38019000

附件3

进口净化室配套系统商品清单

序号	系统	商品类别	商品名称	税则编码
1	供电系统	电量补偿、储能发电装置	电量补偿、储能发电装置	85437099/85023900
2	特气供应系统	气体供给装置	气瓶柜/气瓶架	84798999
3		阀盘,阀箱	阀门分配盘	84818040
4			阀门分配箱	84818040
5		毒气探测器	气体检测仪	90271000
6		气体净化器	气体净化器	84213990
7		吹扫盘面	吹扫盘面	84818090/84819010
8		磅秤	钢瓶秤	84238290
9		管配件	超洁净阀门管配件(不锈钢管道,调压阀,球阀,逆止阀,隔膜阀,过滤器,不锈钢接头)	73044190/73064000/73072300/73072900/84818010/84813000/84818031/84818040/84819010/84811000/84213990
10	有毒气体净化系统	有毒气体处理机	有毒气体处理机(POU)	84213990
11	有机废气处理系统	转轮装置	吸附浓缩转轮箱体,转轮,配件	84213990/73181590

序号	系统	商品类别	商品名称	税则编码
12	化学品供给系统	化学药品供应装置	化学品储存罐	73090000
13			化学品供应柜	84135010
14			化学品混合柜	84798200
15			洁净阀箱	84818040
16			洁净不锈钢管及其配件、管阀	73064000/73044190
17			洁净聚四氟乙烯管及其配件、管阀	39173100/3917400
18		化学品控制装置	化学品泄漏检测装置	90261000
19			化学品监控装置	90268000
20			浓度分析仪器	90278099
21		二氧化碳灭火系统	有机溶剂自动二氧化碳灭火系统	84241000
22	超纯水处理系统	超纯水处理装置	反渗透(RO)膜	39209990
23			脱气膜	39209990
24			超滤膜(PFA)	39209990
25			离子交换树脂	39140000
26			紫外(UV)杀菌灯	85394900
27		超纯水控制装置	控制装置	85371090/85371011
28			监测仪表	90308990
29		超纯水管材配件	洁净聚氯乙烯(Clean-PVC)管道	39172300
30			洁净聚氯乙烯管件、阀门(Clean-PVC)	39174000/84818040/84818039
31	大宗气体供应系统	阀门、管配件	超洁净阀门管配件(不锈钢管道,调压阀,球阀,蝶阀,波纹管阀,逆止阀,隔膜阀,过滤器,不锈钢接头)	73044190/73064000/73072300/73072900/84818010/84813000/84818031/84818040/84819010/84811000/84213990

附件 4

进口生产设备清单

(用于确定维修所需进口的零部件免税范围)

序号	工序	设备分类	设备名称	设备英文名称	税则号列
1	基板	清洗	基板玻璃清洗机	Washing Cleaner	84863094
2			蒸镀前清洗	Pre Cleaner before Evaportion	84863039
3			面板清洗机	Panel Cleaner	84863041
4			基板搬运篮清洗机	Cassette Cleaner	84863039
5			接触角测试仪	Contact Angle Measuring Instrument	90318091
6			掩模板清洗机	mask cleaner	84863039
7			封装玻璃清洗机	ENCAPSULATION GLASS WASHING UNIT	84863039
8		烘炉	固化炉/固化机	Oven/Baking Machine	84863010

序号	工序	设备分类	设备名称	设备英文名称	税则号列
9	基板	移载、存储	装卸载装置	Loader & Unloader	84864029
10			天棚搬送装置	OHS	84864029
11			机械手	ROBOT	84864031
12			基板搬运车	MGV	84864029
13			港湾式储存搬送装置	Bay Stockor	84864029
14		成膜	溅射机	Sputtering machine	84863039
15			等离子加强气相沉积设备	PECVD	84863021
16			ITO 玻璃平坦化系统	ITO Glass Planarization System	84863090
17		涂胶、曝光、显影	涂布机	Coater	84863090
18			曝光机	Exposure Machine	84863090
19			长尺寸测定仪	Total Pitch	90134900
20			基板打标机	Numbering M/C	84863090
21			显影机	Developing Machine	84863090
22			照度计	Photo Meter	90134900
23		蚀刻、离子注入、晶化、活化、退火	干法蚀刻机	Dry Etcher	84863039
24			湿法蚀刻机	Wet Etcher	84863039
25			HF 蚀刻机	HF Etcher	84863039
26			离子注入掺杂设备	Ion implanter	84862050
27			快速退火炉	RTA	84863010
28			立式数控电烘箱	Vertical Anneal	84863010
29			退火炉	Anneal M/C	84863010
30			晶化炉	Crystallization	84861010
31			激光晶化装置	Laser Crystallization machine	84861010
32		脱膜	干法剥离机	Dry Stripper M/C	84863039
33			湿法剥离机	Wet Stripper M/C	84863039
34		光学检测	玻璃微粒计数器	Glass particle counter	90318090
35			线宽和坐标测量仪	Linewidth and Coordinator Measurement System	90318020
36			薄膜厚度测量仪	Thickness Meter System	90318090
37			纳米级测量仪	Nano Spec	90318090
38			显微镜	Microscope	90112000
39		电学检测	阵列检查仪	Array Test	90319000
40			表面阻值测量仪	Sheet Resistance Measurement	90303320
41			EPD 终点探测系统	EPD System	90275000
42		修补工序	激光化学气相沉积修补设备	Array Lazer CVD Repair	84863090
43			阵列返修设备	Array Repair	84863090
44			激光修补机	Laser Repair Machine	84561001

序号	工序	设备分类	设备名称	设备英文名称	税则号列
45	面板	蒸镀	蒸镀机	Evaporation Unit	84863090
46			掩模板张紧机	Mask Tension Machine	84864010
47			有机材料提纯机	Organic Materials Sublimation Machine	84863090
48			氦质谱检漏仪	Helium Leak Detector	90278011
49			低温泵	Cryo Pump	84141000
50			干泵	Dry Pump	84141000
51			等离子清洗机	Plasma Cleaner	84863090
52			对位检查装置	Alignment Inspection	84863090
53		封装	封装机	Encapsulation Unit	84863090
54			点胶机	Epoxy coating machine	84863090
55			frit 激光固化机	Laser frit solidifying machine	84863090
56			frit 丝印机	Frit screen printing machine	84863090
57			CVD 封装机	CVD encapsulation machine	84863090
58			贴合机	Asembly	84863090
59			手套箱	Glove Box	84863090
60			紫外线固化机	UV Lamp M/C	84863010
61	老练、模组	老练	老化设备	Aging Equipment	85437099
62			点亮检查设备	Inspection set	85437099
63			漏电检查装置	Leakage Current Check Set	90303900
64		模组	玻璃基板切割机	Glass plate scribing machine	84649011
65			玻璃裂片机	Glass Break Machine	84861030
66			玻璃磨边机	Glass edge grind machine	84861020
67			ACF 贴付机	ACF Bonding Machine	84798962
68			绑定机(COG\COF\FOG)	Bonding Machine	84798090
69			偏光片裁切机	Polarizer Cutting Machine	84863090
70			偏光片清洗机	Polarizer Cleaner	84863090
71			偏光片贴片机	Polarizer Attaching Machine	84798962
72			I-V-L 测量机	I-V-L Measuring Machine	90318090
73			静电检测系统	Static Monitoring Sys	90302090
74	化学品、气体装置	化学品、气体	尾气处理	Gas Scrubber	84863090
75			气体传感器	Gas Senser	90271000
76			气体吸附处理柱	Gas adsorption pillar	84863090
77			气体纯化设备	Gas purifier	84863090
78			特气控制柜 VMB	special gas controlling system	84863090
79			特药供给控制系统	special chemical control system	84863090
80			药液浓度管理装置	Chemical supply system	84863090

序号	工序	设备分类	设备名称	设备英文名称	税则号列
81	检测	分析检测仪	辉度计	Luminance Meter	90318090
82			EPM 电学特性测量设备	EPM Prober	90121000
83			R-DC(残留直流电压)测量仪	R-DC Measure	90303900
84			信号发生器	Signal Generator	85431000
85			浊度计(haze 测定机)	haze tester	90278099
86			CNC 自动影像测量仪	CNC Image Measuring Machine	90318090
87			扫描电镜	SEM	90121000
88			X 射线衍射仪	X-RAY DETECTOR (XRD)	90221990
89			RAMAN 光谱仪	RAMAN spectrometer	90273000
90			聚焦离子束	FIB	90121000
91			半导体参数分析仪	Semiconductor Parameter Analyzer	90308200
92			饱和蒸汽试验机	PCT	90262090
93			薄膜应力测量系统	Stress Gauge	90314100
94			低漏电开关仪	Low Leakage Switch Mainframe	90308200
95			低阻测量仪	Measurement for Low Resistance	90303320
96			多功能测试仪	Multi Function Tester	85437099
97			多通道光电探测器	Multichannel Photo Detector	90318090
98			复丽叶变换—红外光谱仪	FT-IR	90273000
99			高加速应力试验机	HALT Tester	90241090
100			高精度阻抗分析仪	Precision Impedance Analyzer	90303320
101			高灵敏度摄像仪	High Sensitivity Camera	90154000
102			高效液相色谱仪	High Performance Liquid Chromatography (HPLC)	90272012
103			函数发生器	Function Generator	85044099
104			宏观缺陷检查机	MAC/MIC	90318090
105			基板测试机	Probe Station	90308990
106			激光功率测量器	Laser Power Meter	90275000
107			抗张强度测定机	Tensile Strength Tester	90248000
108			拉力测试机台	Push Pull Force Gages	90248000
109			亮度对比度测试装置	Integral(Contrast/Uniformity) M/C	90318090
110			亮度/波长分析仪	Brightness/Wavelength Analysis	90278099
111			数据采集器	Data Acquisition/Switch Unit	90308990
112			探针式表面轮廓仪	Stylus Type Surface Profiler	90318090
113			像素点采集器	PXI Data Acq	90308200
114			影像测量仪	Video Measuring Machine	90318090
115			有机发光寿命测试设备	OLED Lifetime Test Equipment	90318090
116			终端弯曲强度试验机	Terminal Bending Strength Tester	90248000
117			智能缺陷检查机	Intelligent Mura Inspection	90318090

序号	工序	设备分类	设备名称	设备英文名称	税则号列
118	动力	水、电、气	超纯水设备	UPW & WWT	84212990
119			冷冻机组	Chiller	84186920
120			送风过滤系统	FFU	84213990
121			数显式压力露点仪	Dew point meter	90278099
122			空压机	Air Compressor	84148090

注：上述生产设备清单不包括二手设备。

附件 5

进口维修设备用零部件免税进口额计算公式

根据国外以往同类设备的运行以及维修经验，国内有机发光二极管显示面板生产企业进口维修设备用零部件的年度免税进口限额按如下经验公式计算：

$$I=\alpha\% * P，其中\ a=f(n)=\begin{cases}2.25n & (0\leqslant n\leqslant 2)\\ 7-n & (3\leqslant n\leqslant 4)\\ 2.5 & (5\leqslant n\leqslant 8)\\ 1.25n-7.5 & (9\leqslant n\leqslant 10)\\ 5 & (11\leqslant n\leqslant 15)\end{cases}$$

I 代表维修生产设备所需零部件的年度进口总额；α%代表每年进口的零部件总额与生产设备价值之间的百分比值，该比值反映了零部件的需求量与设备的使用年限及故障发生率之间的一般经验规律（呈碗形曲线）；P 代表进口生产设备总值，该值将根据国家发展改革委在项目立项环节的审核文件确定；n 代表设备的使用年限。

附件 6

首批 OLED 生产企业名单

1. 北京维信诺科技有限公司
2. 昆山维信诺显示技术有限公司
3. 昆山工研院新型平板显示技术中心有限公司
4. 上海天马微电子有限公司
5. 四川虹视显示器件有限公司
6. 四川虹视显示技术有限公司
7. 广东中显科技有限公司

附件 7

首批 OLED 生产企业 2012~2015 年度进口维修生产设备所需零部件免税进口额度

企业名称	昆山维信诺显示技术有限公司	昆山工研院新型平板显示技术中心有限公司	上海天马微电子有限公司	广东中显科技有限公司
进口生产设备总值（万美元）	3518	2164	2737	1624
零部件 2012 年度进口额（万美元）	106	87	123	65
零部件 2013 年度进口额（万美元）	88	65	109	49
零部件 2014 年度进口额（万美元）	88	54	82	41
零部件 2015 年度进口额（万美元）	88	54	68	41

财政部、海关总署、国家税务总局关于印发彩色滤光膜、偏光片生产企业进口物资范围及首批享受政策企业名单的通知

（财关税〔2012〕53 号）

各省、自治区、直辖市、计划单列市财政厅（局）、国家税务局，新疆生产建设兵团财务局，海关总署广东分署、各直属海关：

一、根据《财政部 海关总署 税务总局关于进一步扶持新型显示器件产业发展有关税收优惠政策的通知》（财关税〔2012〕16 号）的有关规定，自 2012 年 6 月 1 日至 2015 年 12 月 31 日，对符合国内产业自主化发展规划的彩色滤光膜、偏光片等属于新型显示器件产业上游的关键原材料、零部件的生产企业，可享受进口国内不能生产的自用生产性原材料、消耗品免征进口关税，照章征收进口环节增值税的优惠政策。具体免税办法比照财关税〔2012〕16 号附件《关于新型显示器件面板生产企业进口物资税收政策的暂行规定》执行。

二、财政部会同有关部门制定了彩色滤光膜、偏光片生产企业享受免征进口关税政策的进口自用生产性（含研发用）原材料、消耗品清单，现予以公布执行，详见附件 1-4。

三、经商有关部门认定，现将享受上述政策的首批企业名单予以公布，详见附件 5。对企业已缴税款不予退还。

四、对经认定符合条件的彩色滤光膜、偏光片生产企业进口上述物资的免税审批手续，由企业所在地海关负责办理。上述减免税审批手续纳入海关《减免税管理系统》管理，征免性质为：新型显示器件生产企业进口物资，简称：新型显示器件（代码：423）；对应的监管方式：一般贸易（代码：0110），进料料件内销（代码：0644），合资合作设备（代码：2025）和外资设备物品（代码：2225）；对应的征减免税方式：特案。

附件 1　偏光片生产企业进口原材料清单
附件 2　偏光片生产企业进口消耗品清单
附件 3　彩色滤光膜生产企业进口原材料清单
附件 4　彩色滤光膜生产企业进口消耗品清单
附件 5　首批享受政策的彩色滤光膜及偏光片生产企业名单

财政部
海关总署
国家税务总局
二〇一二年十一月六日

附件 1

偏光片生产企业进口原材料清单

序号	类别		商品名称	英文名称	税则编码（供参考）	备注
1	胶膜	三醋酸纤维素膜	三醋酸纤维素膜（TAC 膜，1.33 米≤幅宽<1.49 米且厚度为 40 微米，或幅宽≥1.49 米）	Triacetyl Cellulose Film	39207300	免税至 2013 年底
2			三醋酸纤维素膜（补偿膜）	Compensation Film	39207300	
3			三醋酸纤维素膜（防反射涂层）	TAC Film (Anti-Reflection)	39207300	
4			三醋酸纤维素膜（防眩光涂层）	TAC Film (Anti-Glare)	39207300	
5			三醋酸纤维素膜（宽视角涂层）	Wide-View Film	39207300	
6			三醋酸纤维素膜（硬化涂层）	TAC Film (Hard-Coating)	39207300	
7			三醋酸纤维素膜（防污涂层）	TAC Film (Anti-Contamination)	39207300	
8			三醋酸纤维素膜（防静电涂层）	TAC Film (Anti-Static)	39207300	
9		聚乙烯醇膜	聚乙烯醇膜（PVA 膜）	Polyvinyl Alcohol Film	39209990	
10		环戊烯膜	环戊烯膜（COP 膜）	Cyclo—olefin Polymer Film	39209990	
11			环戊烯膜（补偿膜）	Cyclo—olefin Polymer Film (Compensation Film)	39209990	
12		聚碳酸酯膜	聚碳酸酯膜（无补偿）	Polycarbonate Film	39206100	
13			聚碳酸酯膜（补偿膜）	Polycarbonate Film (Compensation Film)	39206100	
14		聚对苯二甲酸乙二醇酯薄膜	聚对苯二甲酸乙二醇酯剥离膜/聚酯薄膜	PET Release Film	39199090/39206200	
15			聚对苯二甲酸乙二醇酯反射膜	PET Reflection Film	39199090	
16			聚对苯二甲酸乙二醇酯保护膜	PET Protection Film	39199090/39206200	
17	胶膜	聚乙烯薄膜	聚乙烯保护膜	PE Protection Film	39201090/39206200	
18		亚克力膜	亚克力膜	Acrylic film	39205100	

序号	类别	商品名称	英文名称	税则编码（供参考）	备注
19	其他	压敏胶（树脂）/丙烯酸聚合物	Acrylic Resin	35069190	
20		硬化剂	Hardener	38249099	
21		偏光片用固体染料	Dye for Polarizer(S)	32047400	
22		偏光片用液体染料	Dye for Polarizer(L)	32047400	
23		聚乙烯醇粉（PVA 粉）	Polyvinyl Alcohol Powder	39053000	
24		架桥剂	Bridging Agent	29161290	

附件 2

偏光片生产企业进口消耗品清单

序号	类别		商品名称	英文名称	税则编码（供参考）
1	灯类	各类检验灯具	卤素灯	Halogen Lamp	85393290
2			制图用检验灯	Inspection Lamp	94059100
3			（精密）荧光灯	Fluorescent Light(precision)	85393190
4	生产性消耗品	辊筒/擦拭用工业纸/静电消除扇	粘尘辊筒	POL Clean Roller	84439190/40169990
5			偏光片制造胶辊	POL Rubber Roller	84439190/84869090
6			氯化聚氯乙烯（CPVC）收放卷管芯	CPVC Roller	73269090
7			丙烯腈—丁二烯—苯乙烯收放卷管芯	ABS Roller	73269090
8			纤维增强复合塑料收放卷管芯	FRB Roller	73269090
9			碳纤维 收放卷管芯	Carbon Roller	73269090
10			静电消除扇	Static Elimination Fan	84145990

附件 3

彩色滤光膜生产企业进口原材料清单

序号	类别	商品名称	英文名称	税则编码（供参考）
1	模具	光罩/掩膜板［尺寸大于 850mm×1200mm 或使用下述其中一种技术的所有尺寸（GT MASK/Half tone/Gray tone/UV2A）］	Color Filter	90019090
2	胶膜	转印膜	Transfer Film	39219090/39205900
3	靶材	氧化铟锌靶材	ITO Target	28259090/84869091
4	光刻工艺用化学品	光刻胶	PHOTO RESIST	37071000
5	光阻/光阻剂	光阻/光阻剂（红，绿，蓝，黑，间隙粒子，平坦层）	COLOR RESIST(R, G, B, BM, PS, OVER COAT)	32041700

附件 4

彩色滤光膜生产企业进口消耗品清单

序号	类别		商品名称	英文名称	税号(供参考)
1	灯类	曝光灯	高压水银灯	Ultra High Pressure Mercury Lamp	85393290/85393240
2		其他灯类	氙灯	Xeon Lamp	85393290/85393990
3			金属卤化物灯	Metal Halogen Lamp	8539329000
4			(精密)荧光灯	Fluorescent Light	85393290/85393199
5			纯水装置用紫外线灯	UV Lamp for Purified Water System	85394900
6			特种灯部品	Dedicated lamp	85390000/85399000
7	过滤器	空气过滤芯	空气过滤器(筒式)	Filter	84213990/84219990
8		水过滤介质	纯水装置用过滤器(片)	filter	84212199/84212990
9			纯水装置用离子交换树脂(阴离子)/抛光树脂	Filter (Anion Exchange Resin)	39140000/39140000
10			纯水装置用离子交换树脂(阳离子)/抛光树脂	Filter (Cation Exchange Resin)	39140000/39140000
11		其他过滤芯	洗净装置用过滤器筒式过滤器	Filter	84213990
12			陶瓷过滤器	Ceramic Filter	84212990
13			化学过滤器	Filter	84213990/84219990
14	金属类	电极	PH 电极	PH Electrode	83111000
15		其他	靶材托板/背板(钛制)	Backing Plate	81089090
16	检测器耗材	探针	台阶高差测定用测定针	Prober	90309000
17			除静电针	anti-static pin	90309000
18		检测仪器消耗品	电子枪灯丝	electric gun filament	85409990
19			皮拉尼真空计	vaccum gauge	90318090
20			电离规管	ion gauge	90268000
21	密封件	各类 O 型圈及其他密封垫	衬垫	pad ring	68042290
22			O 型圈	O Ring	40169910
23	陶瓷件	绝缘陶瓷	陶瓷件	Ceramic parts	69091900
24			陶瓷滚轮	Ceramic Roller	69091900
25	刀具/磨具/磨料	各种切割刀轮/刀轴/磨具/磨料等	切断用刀片/刀轮/刀轴	Cutter Knife/Wheel/Axis	82089000
26			切断模具	Punching tools	84807900/84805000
27			彩膜缺陷修补用研磨带	Griding Tape	68053000/68130000/84869099
28			彩膜缺陷修补用修补带	Dry film	68053000/68130000/84869099
29			彩膜缺陷修补用掩膜带	Mask film tape	68053000/68130000/84869099

序号	类别		商品名称	英文名称	税号(供参考)
30	喷嘴	金属喷嘴	金属喷嘴	Metal Nozzle	84249090
31		塑料喷嘴	塑料喷嘴	Plastic Nozzle	84249090
32			特氟隆喷嘴	Teflon Nozzle	84249090
33	滚筒/衬垫	滚筒类	转印膜粘贴用滚筒	Lami Roller	84669090/84869099
34			基板清洗用滚筒	Clean Roller	84669090/84869099
35			剥离滚筒	Stripper roller	84669090/84869099
36		衬垫类	吸附衬垫	PAD	68130000/68138100
37	胶带类	各类净化胶带	转印膜基材连接用架桥带	Bridge Tape	39199090
			转印膜连接用银带	Silver Tape	76071900
39	石英制品	石英组件	石英板	Quartz Vacuum Glass	70200019/70200099
40	腔体	激光腔体	激光腔体	Laser chamber	84869099
41	激光光学配件	光学组件	激光灯管窗	Laser Turb window	84869099

附件5

首批享受政策的彩色滤光膜及偏光片生产企业名单

1. 彩色滤光膜生产企业：上海广电富士光电材料有限公司
2. 偏光片生产企业：深圳市盛波光电科技有限公司

财政部、海关总署关于印发第二批偏光片生产企业享受进口物资税收政策的通知

（财关税〔2013〕5号）

江苏省财政厅、深圳市财政委员会、南京海关、深圳海关：

经商有关部门共同审核，认定乐金化学（南京）信息电子材料有限公司、深圳市三利谱光电科技股份有限公司具有享受新型显示器件上游关键原材料、零部件生产企业进口物资税收优惠政策的资格。现将有关问题通知如下：

一、对上述两家企业，自2013年2月1日至2015年12月31日进口的国内不能生产的自用生产性原材料、消耗品免征进口关税，照章征收进口环节增值税。对企业已缴税款不予退还。

二、有关免征进口关税的原材料和消耗品清单以及海关减免税审批手续等事宜，请按照《财政部 海关总署 国家税务总局关于印发彩色滤光膜 偏光片生产企业进口物资范围及首批享受政策企业名单的通知》（财关税〔2012〕53号）办理。

财政部

海关总署

二○一三年二月七日

财政部、海关总署关于新型平板显示器件重大项目进口设备增值税分期纳税有关政策的通知

（财关税〔2012〕17 号）

各省、自治区、直辖市、计划单列市财政厅（局），新疆生产建设兵团财务局，海关总署广东分署、各直属海关，财政部驻各省、自治区、直辖市、计划单列市财政监察专员办事处：

经国务院批准，现将新型平板显示器件重大项目进口设备增值税分期纳税的有关政策通知如下：

一、在增值税转型及相关政策调整期间，承建已列入国家战略性新兴产业发展规划布局的高世代（即 6 代及以上）或低温多晶硅液晶面板项目和有机发光二极管显示面板项目的企业（名单见附件 1），一次性申报本项目自 2011 年起所需全部进口关键新设备清单，经审核，准予其在申请享受政策的首台设备进口之后的 6 年期限内，分期缴纳上述设备的进口环节增值税，6 年期限内各年度依次至少缴纳进口设备增值税总额的 0%、20%、20%、20%、20%、20%。在此期间，对未缴纳的部分税款，需要企业按照海关事务担保的规定，提供海关认可的银行保证金或银行保函形式的税款担保，同时不征收缓税利息和滞纳金。

此期间，为防止企业欠税，财政部与海关总署共同负责协调制定和落实企业分期纳税计划，同时项目所在的地方政府应积极配合海关督促相关企业按期纳税，必要时地方政府还应协助海关依法采取税收保全等必要措施。

二、对项目已纳和未纳增值税税款分别处理。对本通知附件 1 所列项目进口设备已缴纳的部分增值税税款按照《财政部、国家税务总局关于退还集成电路企业采购设备增值税期末留抵税额的通知》（财税〔2011〕107 号）的相关规定处理；对未纳的进口设备增值税按本通知的相关规定处理。

三、上述分期纳税有关政策的具体操作办法依照《关于新型平板显示器件重大项目进口设备增值税分期纳税的暂行规定》（见附件 2）执行。

附件 1　享受进口设备增值税分期纳税政策的项目及承建企业名单

附件 2　关于新型平板显示器件重大项目进口设备增值税分期纳税的暂行规定

财政部

海关总署

二〇一二年三月三十日

附件 1

享受进口设备增值税分期纳税政策的项目及承建企业名单

序号	企业名称	项目名称
1	北京京东方显示技术有限公司	第 8 代薄膜晶体管液晶显示器件（TFT-LCD）项目
2	深圳市华星光电技术有限公司	第 8.5 代薄膜晶体管液晶显示器件（TFT-LCD）项目
3	友达光电（昆山）有限公司	第 8.5 代薄膜晶体管液晶显示器件（TFT-LCD）项目
4	苏州三星电子液晶显示科技有限公司	第 8.5 代薄膜晶体管液晶显示器件（TFT-LCD）项目

序号	企业名称	项目名称
5	南京中电熊猫液晶显示科技有限公司	第6代薄膜晶体管液晶显示器件（TFT-LCD）项目
6	厦门天马微电子有限公司	第5.5代低温多晶硅（LTPS）薄膜晶体管液晶显示器件（TFT-LCD）及彩色滤光片（CF）项目
7	鄂尔多斯市源盛光电有限责任公司	第5.5代有机发光显示器件（AM-OLED）项目
8	乐金显示（中国）有限公司	第8.5代薄膜晶体管液晶显示器件（TFT-LCD）项目

附件2

关于新型平板显示器件重大项目进口设备增值税分期纳税的暂行规定

一、根据国务院批准的对新型平板显示器件重大项目进口设备增值税分期纳税有关政策的精神，特制定本规定。

二、对承建本通知附件1所列项目的企业至少应于首台设备进口时间的3个月前，分别向省级（含自治区、直辖市、计划单列市，下同）财政部门（以下简称省级财政部门）和企业所在地直属海关提交进口设备增值税分期纳税的申请，省级财政部门会同企业所在地直属海关在接到相关企业申请文件后，应在1个月内完成对各企业申请文件的完备性和合规性的初审，并出具审核意见，以上申请及初审材料齐全后，由省级人民政府将上述材料及时报送财政部，并抄报海关总署。

对于本通知印发之前已进口设备的上述企业，应于2012年4月30日前分别向省级财政部门和企业所在地直属海关提交进口设备增值税分期纳税的申请，省级财政部门会同企业所在地直属海关对各企业申请文件进行初审，并出具审核意见，以上申请及初审材料齐全后，由省级人民政府将上述材料于2012年5月31日前报送财政部，并抄报海关总署。

企业申请文件需说明企业性质、项目建设情况（包括项目进度、产品类型、产能和初期产量、投产和量产时间等）、自2011年1月1日开始进口的关键新生产设备有关情况（包括①进口设备种类、金额及进口环节增值税总额；②设备预计进口起止时间；③已缴纳的设备进口环节增值税金额；④申请分期纳税的设备进口环节增值税税额，即④=①-③等内容），同时附投资主管部门出具的关于该项目的核准（或备案）文件以及鼓励类项目确认书。按照海关事务担保的规定，企业还应在申请文件中写明分期纳税期间提供税款担保的具体方案（包括拟提供税款担保的种类、担保机构的名称、担保金额、次数、期限等内容）。

三、财政部会同海关总署对申报材料进行审核，确定准予分期纳税的总税额，并按此税额分期征缴。自企业申报的首台设备进口时间开始，第一年（即前12个月）不需缴纳设备进口环节增值税，从第二年开始，经直属海关与企业协商后，企业可选择按季度或按月分期缴纳设备进口环节增值税。即从首台设备进口时间的次年所对应的季度开始，于每季度的最后15日内向项目所在地海关至少缴纳准予分期纳税总税额的1/20，或从首台设备进口时间的次年所对应的月份开始，于每月的最后10日内向项目所在地海关至少缴纳准予分期纳税总税额的1/60。企业也可以每季度或每月缴纳超过准予分期纳税总税额的1/20或1/60的税款。

四、在准予分期纳税的6个年度内，对经核定的准予分期缴纳的税款，不征收缓税利息和滞纳金。企业应主动配合海关履行纳税义务，否则，不能享受分期纳税的有关优惠政策。

五、财政部、海关总署对申请材料进行审核同意后，正式通知相关省级财政部门及直属地海关，并抄送相关企业。相关企业凭此通知并按照申请文件中载明的税款担保方案提供海关认可的银行保证金或银行保函，到所在地的直属海关办理准予分期纳税的有关手续。

六、企业在分期纳税期间，如遇实际进口金额与当初申报金额发生超过±20%的变化时，应及时向省级财政部门和直属地海关提交变更申请，省级财政部门会同直属地海关审核后，上报财政部并抄送海关总署，由财政部会同海关总署负责审核，若审核同意，则通知相关部门办理变更手续。

七、企业在最后一次纳税时，海关应对该项目全部应纳税款进行汇算清缴，并完成项目实际应纳税额的计征工作。

八、项目所在地的地方政府应积极配合海关督促相关企业按期纳税，必要时地方政府还应协助海关依法采取税收保全等必要措施。

九、本规定由财政部会同海关总署负责解释。

十、本规定从 2011 年 1 月 1 日开始执行。

财政部、海关总署关于首批新型平板显示器件项目享受分期纳税政策的通知

（财关税〔2012〕67 号）

江苏省财政厅、深圳市财政委员会、厦门市财政局，南京海关、深圳海关、厦门海关：

根据《财政部、海关总署关于新型平板显示器件重大项目进口设备增值税分期纳税有关政策的通知》（财关税〔2012〕17 号）的规定，现将南京中电熊猫液晶显示科技有限公司（以下简称中电熊猫）、深圳华星光电技术有限公司（以下简称华星光电）和厦门天马微电子有限公司（以下简称厦门天马）享受进口设备增值税分期纳税政策的相关规定通知如下：

一、中电熊猫为承担第 6 代薄膜晶体管液晶显示器件项目所进口的生产设备，尚未缴纳的 3 亿元进口环节增值税，从 2012 年 8 月至 2018 年 7 月期间实行分期纳税，即在 2012 年 8 月至 2013 年 7 月期间暂不缴纳进口环节增值税；在 2013 年 8 月至 2018 年 7 月的期限内，于每季度的最后 15 日内向项目所在地海关至少缴纳 0.15 亿元的进口环节增值税税款。

二、华星光电承担第 8.5 代薄膜晶体管液晶显示器件项目所进口的生产设备，尚未缴纳的 0.6 亿元进口环节增值税，从 2012 年 9 月至 2014 年 12 月期间实行分期纳税，即从 2012 年 9 月开始，该公司于 2012 年第三、四季度的最后 15 日内向项目所在地海关至少缴纳 600 万元的进口环节增值税税款，在 2013 年每季度的最后 15 日内向项目所在地海关至少缴纳 300 万元的进口环节增值税税款，在 2014 年每季度的最后 15 日内向项目所在地海关至少缴纳 900 万元的进口环节增值税税款。

三、厦门天马为承担第 5.5 代低温多晶硅薄膜晶体管液晶显示器件项目所进口的生产设备，尚未缴纳的 6 亿元进口环节增值税，从 2012 年 7 月至 2018 年 6 月期间实行分期纳税，即在 2012 年 7 月至 2013 年 6 月期间，暂不缴纳进口环节增值税；在 2013 年 7 月至 2018 年 6 月的期限内，于每季度的最后 15 日内向项目所在地海关至少缴纳 0.3 亿元的进口环节增值税税款。

四、企业在分期纳税期间，如遇实际进口金额与其申报金额发生超过±20%的变化时，应及时向省级财政部门和直属地海关提交变更申请，省级财政部门会同直属地海关审核后，上报财政部并抄送海关总署，由财政部会同海关总署负责审核，若审核同意，则通知相关部门办理变更手续。

五、企业在最后一次纳税（至少应于分期纳税最终截止日期之前的 15 日内）时，海关应对全部应纳税款进行汇算清缴，并完成项目实际应纳税额的计征工作。

六、其他事项按照财关税〔2012〕17 号附件《关于新型平板显示器件重大项目进口设备增值税分期纳税的暂行规定》执行。

二〇一二年十二月三日

海关总署关于印发《新型平板显示器件重大项目进口设备增值税分期纳税的操作办法》的通知

（署税函〔2012〕284号）

广东分署，各直属海关：

为保证《财政部 海关总署关于新型平板显示器件重大项目进口设备增值税分期纳税有关政策的通知》（财关税〔2012〕17号）中增值税分期纳税政策的顺利实施，总署研究制定了《新型平板显示器件重大项目进口设备增值税分期纳税的操作办法》。现印发你关，请遵照执行，并可根据本操作办法制定本关区的实施细则。

为更好地贯彻落实分期纳税政策，各关执行中要主动向相关企业通报情况宣讲操作办法，使企业及时了解分期纳税政策，主动按照规定办理手续，切实享受到国家对新兴产业的政策支持。

执行中如遇到问题，请及时向总署报告。

特此通知。

二〇一二年六月二十五日

新型平板显示器件重大项目进口设备增值税分期纳税的操作办法

第一条 为规范新型平板显示器件重大项目进口设备增值税分期纳税的海关操作管理，特制定本办法。

第二条 实行增值税分期纳税的设备，仅限于《财政部 海关总署关于新型平板显示器件重大项目进口设备增值税分期纳税有关政策的通知》（财关税〔2012〕17号）附件1所列鼓励类项目项下进口并且按照现行规定审核予以免征关税的设备。

第三条 对经国务院批准、实行增值税分期纳税的新型平板显示器件生产企业（以下简称企业），由主管海关建立专门的账册进行管理。具备条件的海关，可以自行开发辅助的信息化系统，进行统计、分析和监控。

前款所述主管海关为企业所在地的直属海关。直属海关关税处具体负责组织实施和职能管理工作。

第四条 海关对实行增值税分期纳税的新型平板显示器件重大项目进口设备采用“属地申报、口岸验放”的方式进行管理。

第五条 企业在新型平板显示器件重大项目下的首台设备进口前，向主管海关申请办理减免税审批手续时，应同时提供由海关认可的银行或其他金融机构出具的担保期限为6年的税款保函。

对于符合分期纳税政策要求的进口设备，海关出具《进出口货物征免税证明》（以下简称《征免税证明》）时，应在备注栏中注明“分期纳税”字样。对于未办理《征免税证明》的进口设备，不实行分期纳税政策。

第六条 分期纳税设备申报进口时，企业应向现场海关提供注明有“分期纳税”字样的《征免税证明》，并在报关单备注栏中注明银行的保函号。

第七条 对符合分期纳税政策的进口设备，海关在报关单审单结束后进入“现场作业-税单打印”模块，选择“先放后征”（系统默认是“先征后放”），打印税单后，即可放行货物。

税单第一联由海关交予企业，提示企业应纳税额度。税单其余五联，由海关留存备查，纳入专门账册管理。

第八条 海关应制定专人负责分期纳税账册管理，跟踪落实缴税计划，督促企业按期缴纳税款，定期进行账册复核、数据比对和统计分析。

第九条 从首台设备进口第二年开始，经主管海关同意，企业可选择按季度或按月分期缴纳进口设备的增值税。税款缴纳按照“先发生先缴纳”的原则办理。海关按照进口设备纳税义务的发生时间，依顺序核定应按期纳税的设备及其对应的进口报关单。

海关核定的企业按期纳税金额可以在不超过规定金额5%的范围内浮动。

第十条 海关核定企业应纳税款后，应通过H2000系统税单打印模块重新打印税单，交由企业持凭办理缴税手续。

设备进口时交由企业备查的第一联税单应同时交回海关，由海关存档。

第十一条 对分期纳税的设备在核准缓税期限内海关不征收增值税的缓税利息和滞纳金。逾期未办理纳税手续的，海关应按分期纳税计划按时出具税单，并自税单注明的纳税期限届满之日起按日征收税款滞纳金。

第十二条 主管海关要加强对分期纳税企业的督促检查，定期对分期纳税税单进行核对和催缴。同时应与当地政府密切联系，通告情况，与地方政府共同履行职责，防止企业欠税。

第十三条 主管海关应每半年将分期纳税情况报送总署（关税司）。

财政部、海关总署关于第二批新型平板显示器件项目享受分期纳税政策的通知

（财关税〔2013〕31号）

内蒙古自治区、江苏省财政厅，呼和浩特海关、南京海关：

根据《财政部、海关总署关于新型平板显示器件重大项目进口设备增值税分期纳税有关政策的通知》（财关税〔2012〕17号）的规定，现将鄂尔多斯市源盛光电有限责任公司（以下简称源盛光电）、苏州三星电子液晶显示科技有限公司（以下简称苏州三星）享受进口设备增值税分期纳税政策的相关规定通知如下：

一、源盛光电为第5.5代有机发光二极管显示面板（AM-OLED）项目所进口的生产设备，尚未缴纳的20亿元进口环节增值税，从2013年5月至2019年4月期间实行分期纳税，即在2013年5月至2014年4月期间，暂不缴纳进口环节增值税；在2014年5月至2019年4月的期限内，于每季度的最后15日内向项目所在地海关至少缴纳1亿元的进口环节增值税税款。

苏州三星为第8.5代膜晶体管液晶显示器件（TFT-LCD）项目所进口的生产设备，尚未缴纳的9.4亿元进口环节增值税，从2013年5月至2019年4月期间实行分期纳税，即在2013年5月至2014年4月期间，暂不缴纳进口环节增值税；在2014年5月至2019年4月的期限内，于每季度的最后15日内向项目所在地海关至少缴纳4700万元的进口环节增值税税款。

在此期间，对未缴纳的部分税款，不征收缓税利息和滞纳金。

二、上述两家企业在分期纳税期间，如遇实际进口金额与其申报金额发生超过±20%的变化，应及时向省级财政部门和直属地海关提交变更申请，省级财政部门会同直属地海关审核后，上报财政部并抄送海关总署，由财政部会同海关总署负责审核，若审核同意，则通知相关部门办理变更手续。

三、企业在最后一次纳税（至少应于分期纳税最终截止日期之前的15日内）时，海关应对全部应纳税款进行汇算清缴，并完成项目实际应纳税额的计征工作。

四、其他事项按照财关税〔2012〕17号附件《关于新型平板显示器件重大项目进口设备增值税分期纳税的暂行规定》执行。

财政部
海关总署
二〇一三年六月十八日

财政部、海关总署、国家税务总局关于苏州三星电子液晶显示科技有限公司等企业享受新型显示器件生产企业进口物资税收政策的通知

（财关税〔2013〕25号）

内蒙古自治区、江苏省、安徽省财政厅、国家税务局，呼和浩特、南京、合肥海关：

根据《财政部、海关总署、国家税务总局关于进一步扶持新型显示器件产业发展有关税收优惠政策的通知》（财关税〔2012〕16号）的规定，经商有关部门共同审核，认定苏州三星电子液晶显示科技有限公司、合肥鑫晟光电科技有限公司、鄂尔多斯市源盛光电有限责任公司具有享受新型显示器件生产企业进口税收政策的资格。现将有关规定函告如下：

一、经审核，对苏州三星电子液晶显示科技有限公司于2012年11月1日至2013年6月30日，合肥鑫晟光电科技有限公司于2012年11月1日至2015年6月30日进口的属于《财政部、海关总署、国家税务总局关于印发薄膜晶体管液晶显示器件生产企业进口免税物资范围及首批享受政策企业名单的通知》（财关税〔2012〕18号）附件3范围内的净化室配套系统，免征进口关税和进口环节增值税。

对苏州三星电子液晶显示科技有限公司于2013年4月1日至2015年12月31日，合肥鑫晟光电科技有限公司于2012年12月至2015年12月31日进口的属于财关税〔2012〕18号文件附件1、2范围内的自用生产性（含研发用）原材料和消耗品，免征进口关税，照章征收进口环节增值税。

苏州三星电子液晶显示科技有限公司和合肥鑫晟光电科技有限公司在2014~2015年期间，为维修财关税〔2012〕18号文件附件4所列生产设备所需零部件的年度免税进口金额如下表：

企业名称	零部件2014年度免税进口额（万美元）	零部件2015年度免税进口额（万美元）
苏州三星电子液晶显示科技有限公司	4050	8100
合肥鑫晟光电科技有限公司	6300	12600

二、对鄂尔多斯市源盛光电有限责任公司自2012年11月1日至2014年3月31日进口的属于《财政部、海关总署、国家税务总局关于印发有机发光二极管显示面板生产企业进口免税物资范围及首批享受政策企业名单的通知》（财关税〔2012〕20号）附件3范围内的净化室配套系统，免征进口关税和进口环节增值税。

对鄂尔多斯市源盛光电有限责任公司于2013年5月至2015年12月31日进口的属于财关税〔2012〕20号文件附件1、2范围内的自用生产性（含研发用）原材料和消耗品，免征进口关税，照章征收进口环节增值税。

鄂尔多斯市源盛光电有限责任公司为维修财关税〔2012〕20号文件附件4所列生产设备所需零部件，2014和2015年度的免税进口金额分别为4500万美元、9000万美元。

三、财关税〔2012〕18号文件附件1第12项“靶材”在“免税期限”栏内有关“铝靶”的表述，仅指纯铝靶，不包括铝钕、铝镍、铝镍镧钕等具体列名的铝合金靶材。

四、财关税〔2012〕18号、财关税〔2012〕20号文件的免税物资清单包括商品名称和税则编码（税则号列）等，海关审核该类免税进口商品时，如果根据商品归类规则所确定的税则号列与免税商品清单所列税则号列不一致的，应以免税商品清单所列的商品名称为准。

财政部
海关总署
国家税务总局
二〇一三年四月二十七日

财政部、海关总署关于调整偏光片生产企业进口原材料免税清单的通知

（财关税〔2014〕59号）

各省、自治区、直辖市、计划单列市财政厅（局），新疆生产建设兵团财务局，海关总署广东分署、各直属海关：

根据《财政部、海关总署、国家税务总局关于进一步扶持新型显示器件产业发展有关税收优惠政策的通知》（财关税〔2012〕16号）规定，财政部会同发展改革委、工业和信息化部、海关总署等有关部门根据国内配套产业的发展情况，对《财政部、海关总署、国家税务总局关于印发彩色滤光膜偏光片生产企业进口物资范围及首批享受政策企业名单的通知》（财关税〔2012〕53号）中的偏光片生产企业进口原材料清单进行调整：即从2014年10月1日至2015年12月31日，恢复对进口三醋酸纤维素膜（TAC膜，英文名称为Triacetyl Cellulose Film）免征进口关税，同时将TAC膜的免税规格调整为“1.33米≤幅度<1.49米，且厚度≤60微米；或幅宽≥1.49米”。

财政部
海关总署
二〇一四年十月十三日

7 能源开发

财政部、海关总署、国家税务总局关于“十二五”期间煤层气勘探开发项目进口物资免征进口税收的通知

（财关税〔2011〕30 号）

各省、自治区、直辖市、计划单列市财政厅（局）、国家税务局，新疆生产建设兵团财务局，海关总署广东分署、各直属海关：

为支持煤层气的勘探开发和煤矿瓦斯治理，经国务院批准，现将“十二五”期间煤层气勘探开发项目进口物资的税收政策通知如下：

一、自 2011 年 1 月 1 日至 2015 年 12 月 31 日，中联煤层气有限责任公司及其国内外合作者（以下简称中联煤层气公司），在我国境内进行煤层气勘探开发项目，进口国内不能生产或国内产品性能不能满足要求，并直接用于勘探开发作业的设备、仪器、零附件、专用工具（详见本通知所附管理规定的附 1《勘探开发煤层气免税进口物资清单》，以下简称《免税物资清单》），免征进口关税和进口环节增值税。

二、国内其他从事煤层气勘探开发的单位，应在实际进口发生前按有关规定程序向财政部提出申请，经财政部商海关总署、国家税务总局等有关部门认定后，比照中联煤层气公司享受上述进口税收优惠政策。

三、符合本通知规定的勘探开发项目项下暂时进口《免税物资清单》所列的物资，准予免税。进口时海关按暂时进口货物办理手续。超出海关规定暂时进口时限仍需继续使用的，经海关批准可予延期，在暂时进口（包括延期）期限内准予按本通知规定免税。

四、符合本通知规定的勘探开发项目项下租赁进口《免税物资清单》所列的物资准予免征进口税收，租赁进口《免税物资清单》以外的物资应按有关规定照章征税。

五、本通知规定的煤层气勘探开发项目进口物资税收政策的具体管理规定详见附件。

附件　关于煤层气勘探开发项目进口物资免征进口税收的管理规定

二○一一年八月八日

附件

关于煤层气勘探开发项目进口物资免征进口税收的管理规定

一、根据国务院批准的有关“十二五”期间继续执行煤层气勘探开发项目进口物资免征关税和进口环节增值税政策的精神，特制定本规定。

二、本规定所指的进口免税物资是指在我国进行煤层气开采作业的项目所需进口的国内不能生产或性能不能满足要求，并直接用于开采作业的设备、仪器、零附件、专用工具，具体物资清单附后。

三、除中联煤层气有限责任公司及其国内外合作者外，国内其他从事煤层气勘探开发的单位，应在实际进口发生前的每年 3 月底前，向财政部提交免税资格的申请文件（其中地方单位应通过省级人民政府或同级财政部门向财政部提交申请），同时抄报海关总署和国家税务总局，申请文件应说明申请单位的基本情况以及其所承担的煤层气勘探开发项目情况（包括项目执行期限）、拟进口物资的应用范围，同时附上已取得的探矿证或采矿证以及煤层气勘探开发项目的批准文件（即有关部门出具的项目确认书）。非项目业主单位的承包商需与项目业主单位共同出具关于煤层气勘探开发项目的承包证明文件。财政部商海关

总署、国家税务总局每年集中一次审核申请单位的免税资格及相关免税项目。

四、中联煤层气有限责任公司应于每年 11 月底前将下一年度符合政策范围的勘探开发项目（包括合作项目）汇总报财政部，并对照上一年度对项目的变化情况进行说明。经财政部商海关总署、国家税务总局等有关部门审核确认后，由进口单位向项目所在地直属海关申请办理项目所需物资进口手续。

五、进口单位在办理免税手续时，应向海关提交符合政策规定的进口物资清单，并填报对应的已经审核项目。其中，中联煤层气有限责任公司组织的煤层气勘探开发合作项目，需出具经中联煤层气有限责任公司审核确认的用于该项目的进口物资清单。具体操作程序和监管办法由海关总署另行制定。

六、本规定附件所列《勘探开发煤层气免税进口物资清单》（以下简称《免税物资清单》）包括税则号列、货品名称和技术指标，以货品名称和技术指标与实际用途相符为主。该《免税物资清单》根据执行情况由财政部会同海关总署、国家税务总局等有关部门适时调整。海关审核该类进口商品免税时，如商品名称或税则归类与《免税物资清单》所列不一致，应以《免税物资清单》所列的货品名称和技术指标为准。

七、在实际进口中，如有《免税物资清单》中未具体列名但确需进口用于我国煤层气的设备、仪器、零附件、专用工具，由海关总署会同财政部、国家税务总局审定。

八、经海关核准备案，依据本通知规定免税进口的物资可在经审核认定的不同煤层气勘探开发项目之间转移或转让，并可临时用于煤矿瓦斯治理和抢险救灾。具体操作程序和监管办法由海关总署另行制定。

九、中联煤层气有限责任公司及其他经认定的煤层气勘探开发单位，应于每年 3 月底前将上一年度本单位各项目实际进口的免税物资清单、进口金额、免税额、物资使用等情况汇总报财政部备案，并抄报海关总署、国家税务总局。财政部将会同海关总署、国家税务总局等有关部门对各有关单位的免税执行情况进行核查，对擅自超出确定的项目范围组织进口的单位，按有关规定处理，严重违反本规定的，将取消免税资格。

十、对用于勘探开发煤层气的免税进口物资，未经海关核准，不得抵押、质押、转让、移作他用或者进行其他处置。如有违反，按国家有关法律、法规处理。

十一、本规定由财政部会同海关总署、国家税务总局负责解释。

十二、本规定执行时间为 2011 年 1 月 1 日至 2015 年 12 月 31 日。

附件　勘探开发煤层气免税进口物资清单

附件

勘探开发煤层气免税进口物资清单

序号	税则号列	货品名称	技术规格
一、地球物理、地球化学、地质勘探类			
	1. 地震勘探数据采集、处理、解释仪器、设备及零附件		
1	85243920	地震勘探及重磁电应用软件	
	90158000	全数字地震采集系统	
	90158000	数字检波器	
二、钻井类			
	1. 钻机、钻机部件及零附件		
2	84304111	车载顶驱空气潜孔锤钻机	钻探深度≤2000m

序号	税则号列	货品名称	技术规格
3	84311000 84312000 84313100 84313900 84314100 84314200 84314310 84314320 84314390 84314910 84314990	钻机、车装钻机、空气钻机、井下水平长钻孔钻机	
		上述设备的零附件	
	2. 钻井设备及其零附件		
4	84148090	空气压缩机	
	84148090	两级气体压缩机、压缩机	
5	84834090	变矩器	功率≥ 600kW，精度≤ 1‰
6	84135010	雾化泵及相关总成	转速 > 20000r/min，扬程 > 3000m，流量>200m³/h。
7	84834090	变速箱	功率≥ 600KW，精度≤1‰
8	84211910	两级气体分离器	螺旋沉降式离心机，转鼓直径>800mm
		上述设备的零附件	
	3. 钻井用仪器、仪表		
9	85253010	鹰眼井下视像仪	功率≥ 600kW，精度≤1‰
	4. 钻井液处理设备、测量监测仪器及其零附件		
10	85243920	地层伤害模拟评价系统（软件）	
		上述仪器、设备的零附件	
	5. 钻井定向井工具及其零附件		
11	84122990	井下可调式弯壳体马达	外径≥2. 5″
12	84122990	井下纠斜马达	外径≥2. 5″
13	84834010	螺杆	外径≥2. 5″
14	84314310	斜向器	尺寸≥4. 5″
15	90158000	无线随钻测斜定向仪器	
16	90158000	随钻测量仪	
17	90158000	电子多点仪	
18	90278090	地质导向系统	
19	90158000	陀螺测斜仪	
20	84314310	短半径水平井钻井专用工具（包括：柔性钻杆、同向双弯头、螺杆马达、螺旋钻铤等）	
21	90318090	水平井穿针专用工具	
22	84798090	修（拔）套管机	
		上述设备的零附件	
	6. 钻井工具、井下工具		

序号	税则号列	货品名称	技术规格
23	84314320	套管补贴工具	
24	84148090	空气及泡沫钻井设备	
25	84314310	井下可变径稳定器	
	7. 钻井井控、欠平衡设备及其零附件		
26	84818090	旋转防喷器	压力≥2000PSI
27	84812020 84818090	防喷器四通阀	压力≥2000PSI
28	84818090	导流器	压力≥600PSI
29	90328100 90328990	防喷器控制系统	压力≥3000PSI
30	84148090	空气及泡沫钻井设备	
		上述设备的零附件	
	8. 煤层气专用管材		
31	70199000 73062000 73069000	玻璃钢油管	
三、测井、录井、试气、井下作业类			
	1. 压裂设备及其零附件		
32	90328990	煤层气压裂控制系统及设备	
		上述仪器、设备的零附件	
	2. 测井及井下仪器		
33	84714999 84714190 84715090	测井过程资料处理用工作站、服务器（微型机式服务器除外）	
34	85446012	测井电缆	
35	90158000	井径仪	直径≥38mm
36	90158000	水平井测井工具	
37	90158000	储层监测仪	直径≥38mm
38	90158000	工程测井仪	直径≥38mm
39	90222900	持气率测井仪	直径≥38mm
40	90278090	岩芯分析仪	
41	90262090	流体压力测井仪	直径≥38mm，三通道以上的超声流量计与物位仪表
42	90278090	含水率测井仪	直径≥39mm
43	90158000	地层测试仪	直径≥38mm
44	90158000	倾角测井仪	直径≥38mm
45	90158000	成像测井仪	直径≥38mm
46	90222900	碳氧比测井仪	直径≥38mm
47	90261000	流量测井仪	直径≥38mm，三通道以上的超声流量计与物位仪表
		上述仪器、设备的零附件	
	3. 录井地面设备和井下仪器及其零附件		

序号	税则号列	货品名称	技术规格
48	90158000　90318090	综合录井仪	
		上述仪器、设备的零附件	
	4. 试油、修井设备及其零附件		
49	90278090	地层测试设备	尺寸≥3～3/8″
50	84678900	电缆桥塞	
		上述仪器、设备的零附件	
	5. 地面及井下仪器		
51	90251910　90258000 90261000　90262000 90308990　90328990	电子压力计、电子流量计、机械压力计、压力变送器、压差变送器、温度变送器、光导液位计、传感器、电缆	压力、物位、流量测量仪表仪包括三通道以上的超声流量计与物位仪表
52	90318090	综合标定仪、液面测试仪	
		上述仪器、设备的零附件	
四、开发作业类			
	1. 煤层气、水生产作业用各种压缩机及其零附件		
53	84148090	天然气压缩机	
54	84148090	空气压缩机	
55	84148090	增压机	
		上述仪器、设备的零附件	
	2. 煤层气、水井生产设备		
56	84304129	连续油管设备、连续油管作业设备和连续油管	尺寸≥1″
	3. 各种注入、排供及油气水处理设备		
57	84148020　84148090	二氧化碳及气体注入、监测配套设备及零附件	
	4. 各种井下生产设备		
58	84678900　84818019	多段压裂井下工具、封隔器	
	5. 有水及含硫气体脱硫、净化、防腐设备		
59	84212990	污水处理装置	
60	84211900	气水分离器	
	6. 煤层气或井场动力设备及其零附件		
61	84089093	大功率柴油发动机	单机容量>300kW
62	84136010　84136090 84135020　84135090	螺杆泵装置、电潜泵装置、电潜螺杆泵装置	>200 方/天
63	85016300　85016410 85016420　85016430 85023900	发电机、燃气发电机组	不包括电驱动钻机配套发电机；交流：单机容量>500kW级
		上述设备的零附件	
	7. 煤层气开发生产实验室用仪器及其零附件		
64	90321000	吸附仪	
65	90121000　90129000	扫描电镜；后增加三轴应力测试仪	

序号	税则号列	货品名称	技术规格
		上述仪器的零附件	
	8. 煤层气排采自动装置系统及监控仪表和配套设施及零附件		
66	90288190 90282090 90261000 90262000 90281090 90282090	煤层气生产监测控制仪表、煤层气排采数据采集、监控设备和零附件（含相关变频器、传感器、电缆等）	
五、特种工程车辆类			
		归入 8705 的以下特种车：	
67	87059090	连续油管车	工作压力≥10000PSI
68	84213990 87059080	氮气泡沫压裂车、制氮装置	不包括气体分离设备用分子筛吸附器
69	87052000	钻探车	
		上述车辆的零附件	
六、煤层气储运类			
	1. 煤层气地面集输大直径阀门、油气专用三相分离设备及其零附件		
70	8481	电磁阀、安全阀、减压阀、关断阀、气压传动阀、止回阀、截止阀、球阀、蝶阀、多路阀、排气阀、控制阀、调节阀	直径≥1/8″，调节阀仅包括公称通径大于 400mm，或者公称压力大于 PN16MPa，或者温度范围高于 530°C
71	84213100 84213910 84213921 84213922 84213929 84213990	气体净化机	
		上述设备的零附件	
	2. 煤层气集输用动力装置、设备及控制装置、设备及其零附件		
72	90328120 90328900	控制器、自动中继控制装置（中间站）	
		上述设备的零附件	
	3. 煤层气集输系统、输气站仪器、仪表配套装置及其零附件		
73	90328900	流量计（孔板、超声波、涡轮）	
		上述仪器、设备的零附件	
七、安全救生类			
	1. 各种消防、防火装置		
74	84241000	灭火机	
75	84248999	消防炮	
76	84798920	防爆除湿机	
77	85311090 85318090 90271000	气体探测仪、报警装置、防火报警器、火灾探测器	
78	84137090 84148090	氧气冲压泵、消防泵、泡沫泵	
79	84798990	泡沫发生器	
80	84248990	安全冲洗装置	
81	84798990	逃生装置	
82	85318090	可燃气体监测装置	
83	89079000	救生气垫	

序号	税则号列	货品名称	技术规格
	2. 有毒气体气体检测装置		
84	85311010 85311090 85312000 85318010 85318090 85319010 85319090	有毒气体检测装置	
八、在国内制造供应特定地区煤层气勘探、开采作业用的机器和设备，需进口的国内不能生产的零附件，山地钻机的附件和零附件			
85	84079090	汽油发动机	非汽车用，功率>220HP
86	84071020	燃气发动机	额定功率>300kW
87	84122910	液压马达	
88	84138100	液压泵	
89	84812010	液压控制阀	

海关总署关于执行“十二五”期间勘探开发煤层气项目进口物资税收优惠政策有关问题的通知

（署税发〔2011〕510号）

各直属海关：

经国务院批准，“十二五”期间继续执行煤层气勘探开发项目进口物资免征进口关税和进口环节增值税的税收优惠政策。为此，财政部、海关总署和税务总局联合印发了《财政部 海关总署 国家税务总局关于“十二五”期间煤层气勘探开发项目进口物资免征进口税收的通知》（财关税〔2011〕30号）。现就政策执行中涉及的有关问题通知如下：

一、“十二五”期间在我国境内进行的煤层气勘探开发项目，凡符合《关于煤层气勘探开发项目进口物资免征进口税收的管理规定》（以下简称《管理规定》，见附件1），进口《勘探开发煤层气免税进口物资清单》（以下简称《免税物资清单》，见附件2）所列的物资，免征关税和进口环节增值税。

二、中联煤层气有限责任公司及其国内外合作者、其他经财政部商海关总署和税务总局审核认定的勘探开发煤层气项目的单位（以下统称开发单位），其从事的勘探开发煤层气项目，经上述国家有关部门审核认定后，由总署通知有关海关。

三、从事勘探开发煤层气项目的开发单位和承包勘探开发煤层气项目的执行单位均为勘探开发煤层气项目的进口单位（以下简称进口单位）。项目所在地海关（以下称主管海关）凭进口单位提交的符合政策规定并加盖开发单位进口免税专用章（中联煤层气有限责任公司进口免税专用章印模见附件3）的《煤层气勘探开发项目进口物资审核表》（以下简称《审核表》，见附件4）及所附的《清单联》，对照《免税物资清单》、年度勘探开发煤层气项目表等受理其减免税审批申请，对经审核符合免税条件的，出具《进出口货物征免税证明》。主管海关在审核商品是否符合免税条件时，应以《免税物资清单》所列的货品名称和技术指标为准，税则号列作为参考。

四、勘探开发煤层气免税进口物资除一般贸易方式进口外，还包括暂时进口和租赁进口方式。

五、上述煤层气勘探开发项目进口物资的减免税审批手续纳入《减免税管理系统》管理，征免性质为“勘探开发煤层气”（代码：605）；监管方式为：“一般贸易”（代码：0110）、“暂时进出货物”（代码：2600）、“租赁贸易”（代码：1523）、“租赁不满一年”（代码：1500）。

六、在有关年度勘探开发煤层气项目表下发前，主管海关可按上一年度的勘探开发煤层气项目情况为进口单位进口《免税物资清单》范围内的相关物资出具《中华人民共和国海关准予办理减免税货物税款担保证明》，进口地海关凭此按规定办理凭税款担保先予放行手续。

在有关年度勘探开发煤层气项目表下发后，对已凭税款担保放行或已征税进口的相关物资，经审核符合免税条件的，主管海关出具《进出口货物征免税证明》，进口地海关凭《进出口货物征免税证明》按规定办理退保结关手续或退税手续。

七、根据《管理规定》，免税进口的《免税物资清单》内物资如需在不同的煤层气开发项目之间转移、转让，或者临时用于煤矿瓦斯治理和抢险救灾的，应由进口单位向主管海关提出申请，经主管海关批准并办理相关手续后，方可执行。主管海关应建立有关免税进口物资的转移、转让或抢险救灾的登记、备案和核查管理制度。

八、用于勘探开发煤层气的免税进口物资，在海关规定的监管期限内，未经海关许可，不得抵押、质押、转让、移作他用或进行其他处置。对违反规定的，海关按《中华人民共和国海关法》及国家有关法律、法规处理。

九、自本通知下发之日起，《海关总署关于执行“十一五”期间勘探开发煤层气项目进口物资税收优惠政策的通知》（署税发〔2007〕208 号）予以废止。

特此通知。

附件 1　关于煤层气勘探开发项目进口物资免征进口税收的管理规定（略）
附件 2　勘探开发煤层气免税进口物资清单（略）
附件 3　中联煤层气有限责任公司进口免税专用章印模（略）
附件 4　煤层气勘探开发项目进口物资审核表（附清单联）

二○一一年十二月二十九日

附件 4

煤层气勘探开发项目进口物资审核表（附清单联）

编号：

项目名称：	项目地区：
项目所在地直属海关：	进口口岸：
进口物资名称及数量：	代理进口经营单位名称：
进口合同号：	合同金额：
申请免税依据：	
开发单位审核意见及签章： 年　月　日	
进口单位名称：	进口单位经办人姓名及联系电话：
海关审核意见及签章： 年　月　日	

注：1. 一次性使用，自审批之日起半年内有效，允许跨年度使用。
2.《审核表》和《清单联》的内容不得更改，复印件无效。
3.《审核表》和《清单联》一式两联，第一联交海关办理有关手续后留存；第二联由签发单位留存。

附件 4-1

清单联

编号：

货品名称	规格型号	税则号列	金额	数量

财政部、海关总署、国家税务总局关于“十二五”期间在我国陆上特定地区开采石油（天然气）进口物资税收政策的通知

（财关税〔2011〕31号）

各省、自治区、直辖市、计划单列市财政厅（局）、国家税务局，新疆生产建设兵团财务局，海关总署广东分署、各直属海关：

为支持我国陆上特定地区石油（天然气）的勘探开发，经国务院批准，现将“十二五”期间在我国陆上特定地区开采石油（天然气）进口物资税收政策通知如下：

一、本通知所指陆上特定地区为：我国领土内的沙漠、戈壁荒漠（详见附件1）和中外合作开采经国家批准的陆上石油（天然气）中标区块。

二、自2011年1月1日至2015年12月31日，在我国领土内的沙漠、戈壁荒漠（详见附件1）进行石油（天然气）开采作业的自营项目，进口国内不能生产或性能不能满足要求，并直接用于勘探、开发作业的设备、仪器、零附件、专用工具［详见本通知所附管理规定的附1《开采陆上特定地区石油（天然气）免税进口物资清单》，以下简称《免税物资清单》］，在规定的免税进口额度内，免征进口关税；在经国家批准的陆上石油（天然气）中标区块内进行石油（天然气）开采作业的中外合作项目，进口国内不能生产或性能不能满足要求，并直接用于勘探、开发作业的《免税物资清单》所列范围内的设备、仪器、零附件、专用工具，在规定的免税进口额度内，免征进口关税和进口环节增值税。

三、符合本通知规定的勘探开发项目项下免税进口的物资继续实行《免税物资清单》与年度免税进口额度相结合的管理方式（具体管理规定见附件2）。

四、符合本通知规定的勘探开发项目项下暂时进口《免税物资清单》所列的物资，准予免税。进口时海关按暂时进口货物办理手续。超出海关规定的暂时进口时限仍需继续使用的，经海关批准可予延期，在暂时进口（包括延期）期限内准予按本通知第二条规定免税。

五、符合本通知规定的沙漠、戈壁荒漠（详见附件1）自营项目项下租赁进口《免税物资清单》所

列的物资准予免征进口关税，符合本通知规定的中外合作项目项下租赁进口《免税物资清单》所列的物资准予免征进口税收，上述进口物资均纳入免税进口额度统一管理。租赁进口《免税物资清单》以外的物资应按有关规定照章征税。

附件 1　享受特定地区政策的地域范围
附件 2　关于在我国陆上特定地区开采石油（天然气）进口物资税收政策的管理规定

二〇一一年八月八日

附件 1

享受特定地区政策的地域范围

单位：平方公里

所在地区	地域名称	分布地区	面积
	塔克拉玛干沙漠	塔里木盆地	337600
	古尔班通古特沙漠	准噶尔盆地	48800
	库姆塔格沙漠	新疆东部地区	22800
	库木库里沙漠	阿尔金山山间盆地	2448
	鄯善库姆塔格沙漠	吐鲁番盆地	2500
新疆维吾尔自治区	阿克别勒沙漠	焉耆盆地	674
	霍城沙漠	伊犁霍城	485
	福海沙漠	艾比湖东南	463
	乌苏沙漠	额尔齐斯河南侧	5513
	布尔津—哈巴河—吉木乃沙漠		400
	巴丹吉林沙漠		6645
	腾格里沙漠		6405
	乌兰布和沙漠		1485
	库布其沙漠		2415
内蒙古自治区	毛乌素沙漠		4815
	浑善达克沙地		3210
	科尔沁沙地		6345
	呼伦贝尔沙地		720
青海省	柴达木盆地沙漠及戈壁荒沙漠	柴达木盆地	68367
西藏自治区	藏北戈壁荒漠区	藏北	600000

附件 2

关于在我国陆上特定地区开采石油（天然气）进口物资税收政策的管理规定

一、根据国务院批准的有关“十二五”期间保留并调整在我国陆上特定地区开采石油（天然气）进口物资免征关税和进口环节增值税政策的精神，特制定本规定。

二、本规定所指的进口免税物资是指在我国陆上特定地区进行石油（天然气）开采作业的项目所需进口的国内不能生产或性能不能满足要求，并直接用于勘探、开发作业的设备、仪器、零附件、专用工具，具体物资清单见附1。

三、中国石油天然气集团公司、中国石油化工集团公司作为项目主管部门，应于每年11月底前将下一年度符合政策范围的勘探开发项目汇总报财政部（申报表格参见附2），并于每年的4月将当年各项目申请免税物资（包括租赁进口的物资）的计划进口额汇总报财政部（申报表格参见附3），并对照上一年度对项目及进口额的增减情况进行分析说明。有关项目主管部门应将勘探开发项目认定和免税进口额度申请文件同时抄报海关总署和国家税务总局。

四、享受税收优惠政策的勘探开发项目及年度免税进口额度由财政部商海关总署、国家税务总局等有关部门审核确定。年度免税进口额度将结合企业实际进口需求、项目投资具体情况、往年免税执行情况、国际油价水平、企业利润水平、国家财政收支状况等因素综合确定。在收到上述各项目主管部门分别按期提交的申请下一年度享受税收优惠政策的勘探开发项目清单和当年免税进口额度的文件后，财政部商海关总署和国家税务总局，原则上在40个工作日内分别印发符合政策规定的年度勘探开发项目清单和当年的免税进口额度。

除遇特殊情况外，已经下达的年度免税进口额度原则上不予追加。

五、各项目主管部门依据经审定的项目及其年度免税进口额度，对下属项目单位免税进口物资清单予以认定，项目单位将经认定的进口物资清单送有关项目所在地直属海关直接申请办理免税手续。具体操作程序和监管办法由海关总署另行制定。

六、为适应企业连续生产的需要、简化操作以及强化各项目主管部门的自身管理责任和意识，在当年度免税进口额度下发前，各项目主管部门可以在上一年度已确定的免税进口额度的30%以内，提前对下属项目单位免税进口物资清单予以认定，并向海关申请办理免税手续。对于擅自超出上述规定范围提前对下属项目单位免税进口物资清单进行认定的，将相应扣减当年的免税进口额度，情节严重的，取消其免税资格。

项目主管部门当年最终获得的年度免税进口额度小于其提前认定的免税进口额度的，有关项目主管部门应主动向财政部报告有关情况，财政部商海关总署和国家税务总局将在确定下一年度的免税进口额度时根据实际情况予以相应扣减。

七、本规定附1所列《开采陆上特定地区石油（天然气）免税进口物资清单》（以下简称《免税物资清单》）包括税则号列、货品名称和技术指标，以货品名称和技术指标与实际用途相符为主。该《免税物资清单》根据执行情况由财政部会同海关总署、国家税务总局等有关部门适时调整。海关审核该类进口商品免税时，如商品名称或税则归类与《免税物资清单》所列不一致，应以《免税物资清单》所列的货品名称和技术指标为准。

八、在实际进口中，如有《免税物资清单》中未具体列名但确需进口用于我国陆上特定地区开采石油（天然气）的设备、仪器、零附件、专用工具，由海关总署会同财政部、国家税务总局审定。

九、各项目主管部门的年度免税进口总额均不得延续至下一年度使用。但对有关进口单位已经项目主管部门认定并已对外签约、尚不能在当年到货的物资，可延期至下一年度第一季度内办结海关手续。如遇特殊情况并经海关总署批准，可适当予以延期。

十、各项目主管部门应于每年4月底前将上一年度本单位免税物资进口总额、免税额及各项目免税进口情况汇总报财政部，并抄报海关总署、国家税务总局。财政部将会同海关总署、国家税务总局等有关部门对各项目主管部门的免税执行情况进行核查，对擅自超出确定的勘探开发项目范围和免税进口额度组织进口的项目主管部门，按有关规定处理，严重违反本规定的，将取消免税资格。

十一、对用于开采陆上特定地区石油（天然气）免税进口物资，未经海关核准，不得抵押、质押、转让、移作他用或者进行其他处置。如有违反，按国家有关法律、法规处理。

十二、本规定由财政部会同海关总署、国家税务总局负责解释。

十三、本规定执行时间为2011年1月1日至2015年12月31日。

附件 1　开采陆上特定地区石油（天然气）免税进口物资清单
附件 2　项目申报表
附件 3　项目进口额申报表

附件 1

开采陆上特定地区石油（天然气）免税进口物资清单

序号	税则号列	货品名称	技术指标
一、用于特定地区石油（天然气）勘探与生产的物资设备及零部件			
1	90158000	地震仪	
2	90158000	地震测井仪	
3	90158000	检测仪	
4	90158000	地震仪主机	
5	90158000	数字检波器	
6	90158000	浅层折射仪	接收道数≥96CH
7	90158000	编/译码器、电控箱体	
8	90158000	地面采集设备	
9	90158000	检波器测试仪	
10	85444110	地震电缆	
11	90171000	绘图仪	分辨率≥200dpi
12	90148000	测量定位仪、参考站、流动站	
13	90158000	全站仪	
14	90158000	测距仪	
15	90158000	测深仪	
16	90148000	声学定位系统	
17	90158000	声速仪	
18	90153000	水准仪	
19	90148000	综合导航系统	
20	90158000	电法仪	
21	90158000	电磁仪	
22	85261090	地质雷达	
23	90158000	重力仪	
24	90158000	磁力仪	
25	84148090	山地钻机供气站	
26	84798990	可控震源	出力>60000lb
27	84291190	沙漠推土机	
28	89069010	空气船	
29	84269900	起重吊	起吊能力>6tm，臂长>9m
30	84304119	液压钻机	钻探深度≥4000m

序号	税则号列	货品名称	技术指标
31	84304119	连续油管钻机设备	
32	84304119	斜直井钻机	钻探深度≥2000m
33	84304900	套管钻井设备	钻井深度≥1500m
34	84304900	连续油管钻井井下配套工具	
35	84122990 84128000	顶驱装置	载荷≥350t
36	84314310	顶驱装置零部件	
37	85021100 85021200 85021310 85021320 85023900	发电机/组（柴油、天然气）	
38	84118200	燃气轮机	
39	84099093	发动机（柴油、天然气）	
40	84834090	变矩器	
41	84834090	变速箱	
42	90318090	钻井仪表	
43	84212990	除气器	处理量≥400gpm
44	84212990	油气分离器	
45	84211920	固液分离设备	
46	84212990 90268000	三相（四相）分离器	
47	84741000	振动筛	
48	90258000	密度仪	
49	90328900	垂直钻井系统	
50	84834090	导向马达	
51	90310890	橇座电缆	电缆电压≥500V
52	90318090	随钻测量仪	
53	90318090	陀螺测斜仪	
54	84834090	旋转导向系统	
55	82071910 82071990	钻头	牙轮钻头除外
56	82071990	分支井开窗工具	
57	84314310	井下工具（取芯工具、打捞工具、造斜工具、防斜工具、段铣工具、震击器、稳定器、永久封、滑套、坐落短节）	
58	84798990	隔堵工具	
59	84314310	套管补贴工具	
60	84314310	防砂工具	

序号	税则号列	货品名称	技术指标
61	84678900	铁钻工	
62	84678900	液压套管钳	尺寸≥5 1/2″
63	84314310	尾管悬挂器	尺寸≥5″
64	84314310	尾管送入工具	与尾管悬挂器配套
65	84818090	防喷器	压力≥70MPa
66	90328900	防喷器液压控制系统	压力≥70MPa
67	90312000	防喷器试压装置	压力≥15000PSI
68	84818090	节流管汇	压力≥5000PSI
69	90328900	节流管汇控制系统	储能压力≥3000PSI
70	84818090	压井管汇	压力≥100MPa
71	84314310	旋转头	压力≥2000PSI
72	84314310	导流器	耐压≥600PSI
73	84798999	不压井作业设备	压力≥21MPa
74	84798999	空气、泡沫钻井设备	
75	84211920	除泥除砂器	
76	84211990	离心机	
77	84108090	制氮、注氮装置	
78	84314310	分级箍	
79	84314310	浮箍	
80	84314310	浮鞋	
81	73042900	气密封特殊丝扣套管	
82	73042900	气密封特殊丝扣油管	
83	84138100	压裂泵	压力≥100MPa
84	84818010	高压管汇	压力≥100MPa
85	84289090	防爆测井橇	
86	90328900	测井地面系统	
87	90318090	随钻测井仪	
88	28444090	放射性源	
89	84314310	打捞工具	尺寸≥2 3/8″
90	82071990	桥塞及下桥塞工具	耐压≥15000PSI
91	85446012	测井电缆	直流电压≥500V
92	82071990	水平井测井工具	
93	90158000 90303920 90222900	测井仪（电法、声波、放射性、成像、地层测试、地层倾角、流动剖面、特殊井眼、井径、卡点指示、地层元素、核磁）	
94	90158000	综合录井仪	防爆等级：A0ZONE1
95	90262010	压力传感器	精度≤0.1

序号	税则号列	货品名称	技术指标
96	90262010	录井传感器	工作环境温度：-48℃~60℃
97	84212990 84213990	试井除砂系统	非离心式
98	84818090	封隔器	
99	84818090	高压井口装置	单油管压力≥70MPa
100	84798999	连续油管撬	
101	83071000	连续油管	油管直径≥1 1/2″
102	84798999	高温高压控制装置（含井口、控制管汇、油嘴管汇、防喷器）	单油管压力≥70MPa
103	84314310	测试工具	
104	84818090	电缆桥塞	
105	90262010 90262090 90268000	电子压力计	耐温≥150℃，精度≤0.02%满量程
106	90303990	电导率变送器	
107	84162011 84162019	燃烧器	
108	84195000	油气换热器	
109	84212990	水处理设备	
110	84798999	注蒸汽泡沫装置	
111	84021900	余热回收装置	额定蒸发量≥45t/h
112	84148090	压缩机/组（天然气、空气、凝析油开采注气、蒸汽）	
113		天然气膨胀机	
114	84798999	采气树	抗硫化氢、二氧化碳的腐蚀，压力≥25MPa
115	84798999	采油树	抗硫化氢、二氧化碳的腐蚀
116	84138100 84131900 84135090 84137010 84137090 84135010 84135020 84135030 84136010 84136090	离心泵、往复泵、柱塞泵、螺杆泵、计量泵、防砂泵	
117	84138100	电潜泵	井深≥1000m
118	84148020	二氧化碳及气体配套注入设备	
119	84122990 84123900	执行机构（电动、气动、气液联动、液动）	
120	84178090	导热油炉（热媒炉）	

序号	税则号列	货品名称	技术指标
121	90278099	油气分析仪	
122	90132000	激光器	
123	90318090	分子量测定仪	
124	90268000 90281090 90282090 90318090	监测控制仪表	
125	84714991	自动化控制系统（SCADA、DCS、ESD、SIS、FGS、PLC、RTU）	
126	84306100	气动夯锤	
127	84306919 84306911	水平定向钻机	推拉力≥100t
128	85153190 85158000	自动及半自动焊机	
129	84798999	管道对口器	管道直径≥28″
130	84798999	管道封口器	管道直径≥12″
131	84798999	管道清管器	管道直径≥12″
132	85158000	送丝机	焊丝直径≥1.6mm
133	90278099	非金属检测仪	读测精度≤0.1μs
134	90278099	金属材料探测仪	探测深度≥3000mm
135	90318090	测厚仪	分辨率≤0.1μm（测量范围<100μm） 分辨率≤1μm（测量范围≥100μm）
136	87042230	地震勘探沙漠车底盘	门式桥、离地间隙≥440mm、螺旋弹簧悬挂
137	87051021 87051022 87051090 87051092	起重车	汽车起重机起重量≥200t；全路面起重机起重量≥300t
138	87059080	压裂车	工作压力>105MPa
139	87059080	压裂仪器车	
140	87059080	混砂车	输砂量3.5m^3/min
141	87059080	高压管汇车	
142	87059090	二氧化碳泵车	工作压力≥70MPa
143	87059080	测井车	功率≥300HP，测井电缆长度≥5000m
144	87059090	测井绞车	功率≥300HP，测井电缆长度≥5000m
145	87059090	液氮泵车	
146	87059090	连续油管车	
147	87059090	固井水泥车	工作压力≥40MPa，功率≥450HP
148	87053010 87053090	消防车	
149	87059090	地震仪器车	

序号	税则号列	货品名称	技术指标
150	87059090	地震勘探车	
151	8481	油、气田用阀门（电磁阀、安全阀、减压阀、调节阀、关断阀、气压传动阀、油压传动阀、止回阀、截止阀、球阀、蝶阀、多路阀、排气阀、控制阀、旋塞阀、节流阀、J-T 阀、闸板阀）	耐腐，直径≥1/8″
152	84818090	旋塞	
153	85065000	锂电池	耐高温≥150℃
154	84211910	脱水橇	
155	84798990	硫磺成型机	
156		上述设备、装置、仪器的专用工具及零部件	
二、用于国内制造供特定地区石油（天然气）勘探与生产的设备需进口的国内不能生产的零部件			
	1. 可控震源附件及零部件		
157	84834090	变速箱	工程机械用，非车辆用
158	84834090	分动箱	工程机械用，非车辆用
159	84834090	齿轮箱	工程机械用，非车辆用
160	84089093	柴油发动机	功率≥400HP
161	84122910	驱动马达	
162	84138100	驱动泵	
163	84138100	振动泵	
164	84198990	液压冷却器	散热能力≥100kW
165	84212990	高精度滤油器	
166	84812010	伺服阀	频率：6~250Hz
167	87085073	驱动桥	静载桥荷≥17t
	2. 山地钻机、沙漠摩托的附件及零部件		
168	84079090	汽油发动机	净重<70kg，功率>22HP，非车辆用
169	84089093	柴油发动机	净重<80kg，功率>18HP，非车辆用
170	84122910	液压马达	额定压力>20MPa
171	84138100	液压泵	额定压力>20MPa
172	84144000	空压机	排气压力>0.7MPa
	3. 地震勘探车、沼泽车的附件及零部件		
173	84082010	柴油发动机	100~600HP
174	87084060	变速箱	传递功率≥300kW，输入扭矩≥1500NM
175	84834090	分动箱	
176	84834090	取力器（箱）	
177	87085060	驱动桥	沼泽车用桥及桥荷≥13t 的重型桥
178	87089430	转向器	半整体式液压助力转向器，压力 100~130bar
179	84138100	液压泵	额定压力>20MPa

序号	税则号列	货品名称	技术指标
180	84122910	液压马达	额定压力>20MPa
181	84812010	液压控制阀	
182	87083930	制动元器件	
183	84212990	高精度滤油器	
	4. 地面采集设备的附件及零部件		
184	85366900	地震电缆插头	
185	85366900	检波器插头	
186	90159000	高精度检波器芯体	误差指标<2. 5%

附件 2

项目申报表

自营项目					
	项目名称	所属地域	项目单位	直属海关	备注
勘探项目	1.				
	2.				
	……				
开发项目	1.				
	2.				
	……				

中外合作项目							
	项目名称	所属地域	中方项目单位	外方合作者（国籍）	直属海关	起止日期	备注
勘探项目	1.						
	2.						
	……						
开发项目	1.						
	2.						
	……						

附件 3

项目进口额申报表

自营项目					
	项目名称	所属地域	直属海关	计划进口额（万美元）	主要进口设备范围简要说明
勘探项目	1.				
	2.				
	……				

勘探项目计划进口额小计					
开发项目	1.				
	2.				
	……				
开发项目计划进口额小计					
项目进口额总计					

中外合作项目							
	项目名称	所属地域	外方合作者（国籍）	直属海关	计划进口额（万美元）	主要进口设备范围简要说明	备注
勘探项目	1.						
	2.						
	……						
勘探项目计划进口额小计							
开发项目	1.						
	2.						
	……						
开发项目计划进口额小计							
项目进口额总计							

财政部、海关总署、国家税务总局关于“十二五”期间在我国海洋开采石油（天然气）进口物资税收政策的通知

（财关税〔2011〕32号）

各省、自治区、直辖市、计划单列市财政厅（局）、国家税务局，新疆生产建设兵团财务局，海关总署广东分署、各直属海关：

为支持我国海洋石油（天然气）的勘探开发，经国务院批准，现将“十二五”期间在我国海洋开采石油（天然气）进口物资税收政策通知如下：

一、自2011年1月1日至2015年12月31日，在我国海洋进行石油（天然气）开采作业的项目，进口国内不能生产或性能不能满足要求，并直接用于开采作业的设备、仪器、零附件、专用工具（详见本通知所附管理规定的附1《开采海洋石油（天然气）免税进口物资清单》，以下简称《免税物资清单》），在规定的免税进口额度内，免征进口关税和进口环节增值税。

二、本通知所指海洋为：我国内海、领海、大陆架以及其他海洋资源管辖海域（包括浅海滩涂）。

三、符合本通知规定的勘探开发项目项下免税进口的物资继续实行《免税物资清单》与年度免税进口额度相结合的管理方式（具体管理规定见附件1）。

四、符合本通知规定的勘探开发项目项下暂时进口《免税物资清单》所列的物资，准予免税。进口

时海关按暂时进口货物办理手续。超出海关规定的暂时进口时限仍需继续使用的，经海关批准可予延期，在暂时进口（包括延期）期限内准予按本通知规定免税。

五、符合本通知规定的勘探开发项目项下租赁进口《免税物资清单》所列的物资，准予免征进口税收，并纳入免税进口额度统一管理。租赁进口《免税物资清单》以外的物资应按有关规定照章征税。

六、1994 年 12 月 31 日之前批准的对外合作“老项目”（项目清单详见附件 2）进口《免税物资清单》所列的原材料，可继续享受免税政策。

附件 1 关于在我国海洋开采石油（天然气）进口物资免征进口税收的管理规定

附件 2 中外合作老项目清单

二〇一一年八月八日

附件 1

关于在我国海洋开采石油（天然气）进口物资免征进口税收的管理规定

一、根据国务院批准的有关“十二五”期间继续执行在我国海洋开采石油（天然气）进口物资免征关税和进口环节增值税政策的精神，特制定本规定。

二、本规定所指的进口免税物资是指在我国海洋进行石油（天然气）开采作业的项目所需进口的国内不能生产或性能不能满足要求，并直接用于开采作业的设备、仪器、零附件、专用工具，具体物资清单见附 1。

三、国土资源部、中国海洋石油总公司、中国石油天然气集团公司、中国石油化工集团公司作为项目主管部门，应于每年 11 月底前将下一年度符合政策范围的勘探开发项目汇总报财政部（申报表格参见附 2），并于每年的 4 月底前将当年各项目申请免税物资（包括租赁进口的物资）的计划进口额汇总报财政部（申报表格参见附 3），并对照上一年度对项目及进口额的增减情况进行分析说明。有关项目主管部门应将勘探开发项目认定和免税进口额度申请文件同时抄报海关总署和国家税务总局。

四、享受税收优惠政策的勘探开发项目及年度免税进口额度由财政部商海关总署、国家税务总局等有关部门审核确定。年度免税进口额度将结合企业实际进口需求、项目投资具体情况、往年免税执行情况、国际油价水平、企业利润水平、国家财政收支状况等因素综合确定。在收到上述各项目主管部门分别按期提交的申请下一年度享受税收优惠政策的勘探开发项目清单和当年免税进口额度的文件后，财政部商海关总署和国家税务总局，原则上在 40 个工作日内分别印发符合政策规定的年度勘探开发项目清单和当年的免税进口额度。

除遇特殊情况外，已经下达的年度免税进口额度原则上不予追加。

五、各项目主管部门依据经审定的项目及其年度免税进口额度，对下属项目单位免税进口物资清单予以认定，项目单位将经认定的进口物资清单送有关项目所在地直属海关直接申请办理免税手续。具体操作程序和监管办法由海关总署另行制定。

六、为适应企业连续生产的需要、简化操作以及强化各项目主管部门的自身管理责任和意识，在当年度免税进口额度下发前，各项目主管部门可以在上一年度已确定的免税进口额度的 30% 以内，提前对下属项目单位免税进口物资清单予以认定，并向海关申请办理免税手续。对于擅自超出上述规定范围提前对下属项目单位免税进口物资清单进行认定的，将相应扣减当年的免税进口额度，情节严重的，取消其免税资格。

项目主管部门当年最终获得的年度免税进口额度小于其提前认定的免税进口额度的，有关项目主管部门应主动向财政部报告有关情况，财政部商海关总署和国家税务总局将在确定下一年度的免税进口额度时根据实际情况予以相应扣减。

七、本规定附1所列《开采海洋石油（天然气）免税进口物资清单》（以下简称《免税物资清单》）包括税则号列、货品名称和技术指标，以货品名称和技术指标与实际用途相符为主。该《免税物资清单》根据执行情况由财政部会同海关总署、国家税务总局等有关部门适时调整。海关审核该类进口商品免税时，如商品名称或税则归类与《免税物资清单》所列不一致，应以《免税物资清单》所列的货品名称和技术指标为准。

八、在实际进口中，如有《免税物资清单》中未具体列名但确需进口用于我国海洋开采石油（天然气）的设备、仪器、零附件、专用工具，由海关总署会同财政部、国家税务总局审定。

九、各项目主管部门的年度免税进口额度不能延续至下一年度使用。但对有关进口单位已经项目主管部门认定并已对外签约、尚不能在当年到货的物资，可延期至下一年度第一季度内办结海关手续。如遇特殊情况并经海关总署批准，可适当予以延期。

十、各项目主管部门应于每年4月底前将上一年度本单位免税物资进口总额、免税额及各项目免税进口情况汇总报财政部，并抄报海关总署、国家税务总局。财政部将会同海关总署、国家税务总局等有关部门对各项目主管部门的免税执行情况进行核查，对擅自超出确定的勘探开发项目范围和免税进口额度组织进口的项目主管部门，按有关规定处理，严重违反本规定的，将取消免税资格。

十一、对用于开采海洋石油（天然气）免税进口物资，未经海关核准，不得抵押、质押、转让、移作他用或者进行其他处置。如有违反，按国家有关法律、法规处理。

十二、本规定由财政部会同海关总署、国家税务总局负责解释。

十三、本规定执行时间为2011年1月1日至2015年12月31日。

附件1 开采海洋石油（天然气）免税进口物资清单
附件2 项目申报表
附件3 项目进口额申报表

附件1

开采海洋石油（天然气）免税进口物资清单

序号	税则号列	货品名称	技术指标	备注
一、直接用于开采石油（天然气）开采作业的设备、仪器、零附件、专用工具				
1	89069010	勘探船（物探船、震源船、勘查船、工程勘察船）		
2	89052000	钻井平台［浮式钻井平台（船）、半潜式钻井平台、自升式钻井平台、底座式钻井平台、工程支持及服务平台］		
3	89069010 89040000 89019080 89059090 89051000	海洋工程作业船（油田守护供应船、三用工作船、拖轮、破冰船、起重船、铺管船、驳船、挖沟船、安装船、完井压裂工程船、饱和潜水支持船、打捞作业船、油田弃置作业船）		
4	89079000	浮式生产储油轮		
5	84089093	柴油机（船用除外）	功率≥350千瓦，防腐防爆	
6	84081000	船用柴油发动机	功率≥300千瓦	
7	84195000	热交换装置		
8	84798910	舵机	电液转叶式	

序号	税则号列	货品名称	技术指标	备注
9	85269190	导航仪		
10	84138100	液压泵站	功率≥55 千瓦	
11	90158000	综合导航系统		
12	84212990	油水分离器	排放浓度≤45PPM	
13	89069010	工作艇	航速≥15 节	
14	84148090	空压机	排量≥9 方/小时	
15	84871000	推进系统		
16	85044099	变频器		
17	85044020	不间断电源	功率≥5 千瓦	
18	90328990	自动化系统		
19	84871000	侧推器	功率≥240 千瓦	
20	85015300　85016410	发电机	功率≥35 千瓦	
21	85021200　85021310	发电机组	功率≥100 千瓦	
22	85261010	雷达		
23	90258000	记录仪		
24	90148000	自动识别系统		
25	85319090	船舶保安系统		
26	90148000	定位系统		
27	85318090	航行警告接收机		
28	90141000	电罗经		
29	85269190	无线电控制台		
30	90148000	计程仪	精度≤±1%（航程）	
31	90328990	自动操舵仪		
32	84122990	液压动力装置		
33	84253990	液压绞车	载荷≥3 吨	
34	84253990	气动绞车	载荷≥2 吨	
35	84253190	电动绞车	防爆	
36	84253990	提升装置线性绞车		
37	84264910　84269900	起重机	起吊重量≥40 吨	
38	84263000　84269900	吊机	起吊重量≥5 吨	
39	84253190　84253990	锚机	拉力≥5 吨	
40	84211990	分油机	处理量≥0. 5 方/小时	
41	84798990	船舶减摇装置		
42	84193990	空气干燥器	处理量≥13 方/天	
43	84189900	冷却装置	冷却能力≥20 千瓦	
44	84798990	减振降噪装置		
45	90261000	液位遥测装置		

序号	税则号列	货品名称	技术指标	备注
46	90328900	阀门遥控装置		
47	90148000 90158000	测深仪、经纬仪、视距仪、测距仪、多波束测深仪		
48	90158000	全站仪		
49	90158000	单/多道地震系统		
50	90158000	海洋物探地震震源系统		
51	90158000	地层剖面仪		
52	90158000	地震采集系统/地震仪		
53	90159000	地震炮缆		
54	90159000	接收采集段		
55	90318090	检测仪/设备		
56	90158000	定深/定向控制器		
57	90158000	浮标定位系统		
58	90159000	浮体		
59	90158000	CPT 测试系统		
60	90158000	海流计		
61	90328990	海洋地震导航综合处理系统		
62	90159000	空气枪	体积≥10 立方英寸	
63	84798990	气枪锁闭系统		
64	90158000	水面定位仪		
65	84798990	扩展器/扩展器收放系统		
66	90158000	声纳系统		
67	90159000	数字包	24 位	
68	90159000	前导段/前导段防折器		
69	90158000	海流剖面仪		
70	90158000	取样器		
71	90158000	水速鸟/声速鸟/声学鸟/水鸟		
72	90158000	水下声学定位器		
73	90158000	拖缆定位系统		
74	90159000	拖鱼	体积≥1000 升	
75	90159000	验潮仪		
76	90158000	涌浪补偿器/姿态传感器		
77	84122100	补偿器		
78	90318090	综合记录器		
79	90158000	空气枪控制器		
80	85044019	稳压电源	≥1000VAC	
81	90318090	检波器		

序号	税则号列	货品名称	技术指标	备注
82	90158000	海洋重力仪		
83	85269190	反射尾标		
84	90158000	磁力仪		
85	90158000	海洋磁力梯度仪		
86	90159000	基底总成		
87	90158000	海洋物探地震仪器		
88	90158000	水下声学传输通信器（系统）		
89	90158000	前视声纳系统		
90	84795010	水下机器人	水深≥50 米	
91	90158000	深水调查系统 AUV		
92	90158000	深海拖曳观测系统		
93	85258013	水下摄像系统		
94	84798990	声学释放器（系统）		
95	90158000	海底磁测系统		
96	90158000	海底热流仪		
97	90158000	触探仪		
98	90158000	锥探仪		
99	90158000	测探仪		
100	90158000	海底观测基站		
101	70312100	专用取样钢缆		
102	85444911 85444921 85446012	电缆（等浮电缆、屏蔽电缆、海底电缆、船用电缆、动力电缆、控制电缆、电潜泵电缆、测井电缆、仪表电缆、数据电缆、铠装数据电缆、输送电缆等）		
103	90158000	GPS 接收机		
104	84289090	海底电缆/等浮电缆收放装置		
105	84717090	磁带机	磁带容量≥10GB；读取速率：14MB/S	
106	84715040	服务器	CPU≥3.0GHz；内存≥4GB	
107	84714190	工作站	CPU≥2.0GHz；内存≥4GB	
108	90171000	绘图仪	分辨率≥300 点阵；出图速度≥4.0inch/sec	
109	84714120	数据处理设备	CPU≥64 个；内存≥16GB	
110	85234020	软件（解释软件、开发软件、系统软件、集成软件、定位导航软件、采集软件、处理软件、反演软件、叠加软件、工程软件等）		
111	84717020	阵列机		
112	84717020	磁盘机		

序号	税则号列	货品名称	技术指标	备注
113	85232923	地震磁带		
114	90158000	船位仪系统		
115	90158000	定位导航设备		
116	90158000	动力定位装置		
117	85269200	无线电遥控设备		
118	90278099	分析仪		
119	85149010	熔样机		
120	84742010	碎样机		
121	90278099	测定仪		
122	90278099	自动电位滴定仪		
123	90301000	X 射线衍射仪		
124	90278099	岩芯分析仪		
125	90158000	三轴试验系统		
126	84304121	钻机	钻探深度≥7000 米	
127	84798990	钻井模块		
128	84289000	船体升降系统		
129	84289000	井架移动系统		
130	73089000	桩腿		
131	84314310	顶部驱动装置	载荷≤150 吨或载荷≥450 吨	
132	84798990	液压猫头	拉力≥20 千牛	
133	84314310	转盘	工作载荷≥450 吨	
134	85052000	涡磁刹车系统		
135	73089000	井架	工作负荷≥450 吨	
136	84122100	张紧系统		
137	90328900	控制装置		
138	84138100	泥浆泵	功率≥1600 马力	
139	84798990	自动灌浆装置		
140	90318090	钻井仪表		
141	84314310	天车	工作载荷≥450 吨	
142	84314310	游车	工作载荷≥450 吨	
143	84798990	泥浆循环系统		
144	40092200	水龙带		
145	84253190	钻井绞车	功率≥2000 马力	
146	73121000	钻井大绳	直径≥38 毫米	
147	90318090	扭矩仪		
148	90158000	测井地面系统		
149	90158000	测井仪		

序号	税则号列	货品名称	技术指标	备注
150	90158000	综合录井仪		
151	90158000	水平井测井工具		
152	28444090	放射源		
153	90328900	监测仪/自动监测装置		
154	90158000	脉冲编码调制解调器		
155	90158000	无线随钻测斜测量仪/旋转导向钻井工具		
156	84798900	海上拖撬		
157	90158000	地层测试仪		
158	90159000	测井短节		
159	90159000	偏心器		
160	90330000	传感器		
161	87059080	测井车		
162	90158000	桥塞		
163	90158000	录井岩屑称重仪		
164	90158000	多臂井径仪		
165	85023900	液压发电机		
166	90318090	张力计		
167	84304900	修井机	载荷≥315 吨	
168	89052000	修井作业平台		
169	84212990	三相分离器		
170	84798990	连续油管设备	工作压力≥10000PSI	
171	84798990	试油橇	工作压力≥2000 马力	
172	84138100	压裂酸化泵组	工作压力≥2000 马力	
173	84798990	压裂撬	工作压力≥2000 马力	
174	84798990	仪表撬		
175	84314310	油嘴管汇		
176	84314310	环空操作压力工具/APR 测试工具		
177	84314310 84678900	钻井工具（钻井大钳、液压套管钳、气动旋扣钳、液动力扭矩钳、吊卡、吊环、卡瓦、动力卡瓦、动力吊卡、套管卡盘、液压油套管钳等）		
178	84289090	机械手		

序号	税则号列	货品名称	技术指标	备注
179	84314310	井下工具（取芯工具、打捞工具、造斜工具、防斜工具、段铣工具、震击器、分支井工具、牙轮钻头、稳定器、永久封、滑套、坐落短节、加速器、减振器、刮管器、完井工具、井下安全阀、化学药剂注入阀、油藏保护阀、气举阀、控制接头、Y型接头、流动短节、旋转接头、插入密封、定位密封、引鞋、堵塞器、偏心工作筒、丢手工具、电子压力计）		
180	84314310	浮箍		
181	84314310	浮鞋		
182	84314310	扶正器		
183	84314310	分级箍		
184	90158000	无线随钻测量仪		
185	90158000	陀螺测量仪		
186	90158000	可调角度的导向马达		
187	84314310	无磁钻铤/钻杆		
188	84212990	除气器		
189	84212990	清洁器		
190	84741000	振动筛		
191	84798990	泥浆剪切装置		
192	84211990	泥浆离心机		
193	84314310	泥浆刮泥器		
194	93069000	射孔弹		
195	93069000	切割弹/药		
196	84798990	射孔仪器		
197	84798990	射孔枪		
198	94060000	工作间（测井工作间、录井工作间、试油工作间、水下机器人工作间、定向钻井工作间、水下安装工作间）		
199	84798990	井口装置		
200	84314310	导向基座		
201	84798990	悬挂器	尺寸≥5 英寸	
202	84314310	下入工具		
203	84314310	水下采油树		
204	73042900	导管	钢级≥52	
205	73062900	隔水管	外径≥21 英寸	
206	84798990	连接器		
207	84818040	井口管汇		
208	84818040	阻流管汇		

序号	税则号列	货品名称	技术指标	备注
209	84798999	防喷器（万能防喷器、闸板防喷器、旋转防喷器等）	工作压力≥2000PSI	
210	84138100	试压装置	压力≥2000PSI	
211	90328900	防喷器控制系统		
212	84818040	导流器		
213	84314310 90328900 85372090	控制盘		
214	84248999 85318090 90328990	消防系统		
215	85319010	防火防爆检测系统		
216	85311000 85318010 85311000	报警系统（装置）		
217	85318090	雾笛		
218	94054010 94054090 94054020 85309000 85318090	灯具（边界灯、轮阔灯、障碍灯、防汛灯、防爆灯具、应急灯、探照灯、闪光灯）		
219	90271000 90318090	气体探测仪		
220	90159000 85176910	示位标		
221	63072000	防寒救生衣/救生衣		
222	84289090 56079090	抛绳装置		
223	85437099	遇难者搜寻器		
224	89069010	救生艇/救生筏		
225	73129000	吊索		
226	90200000	呼吸器		
227	84148090 84798999	呼吸器充气机		
228	84289090	起艇机		
229	84798999	两栖逃生系统		
230	63072000	安全带	拉力≥150 千克	
231	56090000 56081900	吊笼	安全载荷≥2500 千克	
232	84289090	架工逃生装置		
233	84248999	安全冲洗装置	ABS≥30gpm	
234	84248999	洗眼装置		
235	84688000 8515	水下焊接设备		
236	84798999 84799090	水下切割设备		
237	84798999	饱和潜水设备	水深≥50 米	
238	84123100 84123900	气压动力装置		
239	40159090	潜水服		
240	90148000	水下指南针		

序号	税则号列	货品名称	技术指标	备注
241	90200000	潜水头盔		
242	84122990	液压/气动动力扳手		
243	84798990	吸油机		
244	40169990	围油栏		
245	73269010	防腐挂片		
246	85437099 85438990	外加电流防腐装置		
247	39269090 84798990	防海生物装置		
248	88021220 88021210	直升机	5 吨<空载重量<10 吨	
249	84253990	拖缆机		
250	84021110 84195000	锅炉	换热量≥5000 千瓦时	
251	85256010	卫星通讯发射/接收设备		
252	85256010	卫星通讯设备		
253	85437099	单边带	功率≥250 瓦	
254	85269190	归航机		
255	89052000	深水生产平台	水深≥300 米	
256	84798999	生产模块		
257	90328990	处理模块		
258	84161000	燃烧器		
259	84051000	惰性气体发生器	生产量≥10000 立方英尺/小时	
260	84733090 84714991	中央控制系统		
261	90261000	原油计量橇		
262	84798990	原油外输装置		
263	84212190	海水处理装置		
264	84212990	电脱水装置	处理量≥100 方/小时	
265	73160000	锚	锚重≥5 吨	
266	84798999	单点系泊系统		
267	40094100 40092100	输油（水）软管		
268	84798990	油轮绞接式摇柱		
269	90269000	浮标		
270	89079000	浮筒		
271	40094200 40092200	柔性立管	尺寸≥6 英寸	
272	40069010	橡胶护舷		
273	85158000 85150000 84682000 84688000	焊接设备	全位置（陆地和海洋）焊接设备	
274	84589900 84619090 84798190	切割设备	机器人 H 形钢切割设备	
275	84798190	卷板机	卷板半径≥3 米	

序号	税则号列	货品名称	技术指标	备注
276	84289000	升降平板车		
277	84248999	涂装设备		
278	84213929	除尘除沙设备		
279	84301000	打桩设备		
280	84250000	吊桩器		
281	84798990	对中器	管径≥8 英寸	
282	84295900	水下挖沟机		
283	84798999	溢油回收装置		
284	84118100	燃气轮机		
285	8501 84122910 84123900	马达（电动、液压、气动）	功率≥5 千瓦	
286	84145990	风机	轴流式风机不免；离心式风机流量≤1800m^3/min，压力≤19 千帕不免	
287	85415000	可控硅系统		
288	85065000	锂电池	耐高温≥150℃	
289	84219990 84212990	海水淡化装置	处理量≥30 方/天	
290	84148090	压缩机	功率≥7.5 千瓦	
291	84211920 84211990	水力旋流器	处理量≥150 方/小时	
292	84212990 84213990	过滤装置	精度≥50 目	
293	84798999	氯化装置		
294	84798999	脱氧装置		
295	84314310	封隔器		
296	84314310	夹紧器		
297	73269010	筛管		
298	83071000 40091100	控制管线		
299	73079900 84314310	转换接头		
300	90262090	测压系统		
301	84798999	防砂工具		
302	84254210 84254910	千斤顶	承重能力≥100 吨	
303	84289090	抓管机		
304	73042900	气密封特殊丝扣油管（套管）	气密封、特殊扣	
305	84798990	陆岸终端设备		
306	84148090	天然气涡轮压缩机组	功率≥120 千瓦	
307	73069000	海底管汇	工作压力≥1000PSI	
308	84798999	油（气）运输设备		

序号	税则号列	货品名称	技术指标	备注
309	8481100 84812010 84812020 84813000 84814000 84818021 84818029 84818039 84818090	阀门（包括电磁阀、安全阀、气流阀、减压阀、调节阀、关断阀、气压传动阀、油压传动阀、止回阀、液压阀、截止阀、球阀、蝶阀、多路阀、泵保护阀、排气阀、控制阀、旋塞阀、高压闸阀、井口安全阀、液动阀、闸阀、呼吸阀、疏水阀、柱塞阀、消防阀、氧气阀、排污阀、平衡阀、保温阀、放料阀、油田阀、仪表阀、防爆阀、浮阀、真空阀、管道阀）	耐腐，直径≥1/8″	
310	84135010 84135020 84135090 84137090 84138100 84131900 84142000	泵（包括海水提升泵、原油外输泵、补给泵、生产水泵、排放泵、冲洗泵、循环水泵、渣油泵、增压泵、气动泵、深井泵、试压泵、往复式液泵、混输泵、热媒油泵、冷凝泵、替挤泵、注入泵、电潜泵、输送泵、离心泵、冲桩泵、压载泵、氮气加压泵、消防泵、打气泵、液氮泵、真空泵、柱塞泵、叶轮泵、螺杆泵、燃油泵、润滑油泵、排液泵、隔膜泵、化学药剂泵、齿轮泵、冷却泵、磁力泵、计量泵、喷射泵）	耐腐	
311	85168000 85167990	电加热器		
312	90261000	液位仪（计）		
313	90262010	差压仪		
314	90262090	压力表（计）		
315	73269010	清管器		
316	84619090 84678900	工业洗片机		
317	73072100	法兰	工作压力≥150PSI	
318	84619090	坡口机		
319	90328900	自动遥测装置		
320	90318090	探伤仪		
321	84158120	中央空调机组	制冷量>10万大卡	
322	73269090	钻井四通	压力≥500PSI	
323	73071100	挠性接头/球接头		
324	73071100	伸缩节		
325	84289090	防喷器/隔水管/采油树起重设备	载荷≥20吨	
326	84289090	防喷器/隔水管/采油树运移设备	载荷≥20吨	
327	90278099	激光粒度分析仪		
328	90318090	水下电位测量仪	工作水深≥50米	
329	90318090	水下超声波测厚仪	工作水深≥50米	
330	90158000	惯性导航系统	2分钟修正漂移≤5米，5分钟修正漂移≤30米	
331	90158000	剪切波速仪	最大工作压力≥20兆帕	
332	90158000	可控源电磁勘探系统	发射源电流≥1000安培	

序号	税则号列	货品名称	技术指标	备注
333	84193990	天然气处理装置		
334	84798990	废热回收系统		
335	84795090	铁钻工（工业机器人）	上扣扭矩≥100000 牛·米	
336	85371019	船舶联合操控台（非编程数控装置）		
337	85437099	椅式集控式操纵台		
338	84248999	水下清洗设备（含水枪）	水深≥50 米	
339	84798990	水下打磨设备	水深≥50 米	
340	84798990	水下喷射式挖掘设备	水深≥50 米	
341	84798990	空气排载系统	排量≥1 万方/小时	
342	90318090	调平器（测平）	调平的最小重量≥800 吨	
343	84798990	涨桩器（带液压装置）	适用桩径≥300 毫米	
344	84798990	水下管线回收装置	海管直径≥12 英寸	
345	84798990	翻桩器（带液压装置）	适用桩径≥1000 毫米	
346	84269900	船用巨型起重机	起升装置能力≥1 万吨	
347	84251900	船体起升装置（非滚筒式）	起升能力≥1000 吨	
348	90318090	电火花测漏仪		
349	84798990	水下生产系统		
350	40092200	脐带缆		
351	90328900	修井控制装置		
352	84122990	液压驱动装置		
353	84798990	水下液压分配装置		
354	73051100	深水海底管线		
355	56075000　73121000	系泊缆		
356	73269010	深水套管头	尺寸≥7 英寸	
357	84314310	泥线悬挂器		
358	73269010	锁紧装置		
359	90318090	缆绳张力测量系统		
360	84798999	液压防溜桩器	载荷≥100 吨	
361	89052000	自升式起重平台	载荷≥500 吨	
362	90318090	称重设备	载荷≥2000 吨	
363	84798999	化学药剂注入橇		
364	84798999	喷淋阀撬		
365	90328990	控制系统		
366	90328990	智能完井系统		
367	73269010	鲨鱼钳拖销		
368	84314310	扶中器		
369	84834090	齿轮箱		

序号	税则号列	货品名称	技术指标	备注
370	84289090	等浮电缆回收保护装置		
371	84798999	组合式下套管工具		
372	90268000	温盐深测量仪		
373	90318090	单点测斜仪	测斜0~8度或0~16度	
374		以上设施、设备、装置、仪器、仪表、工具的安装调试工具、附件和零配件		
二、对外合作“老项目”* 所需进口的部分原材料				
375	38101000 7208~7212 7216 7303~7306	平台制造用钢材（钢铁管、平板轧材、型钢）、焊接材料、海底管线、金刚石复合片和聚晶		仅适用于老项目
376	75062000	镍合金钢板		仅适用于老项目
377	27100039	其他海上作业用油品		仅适用于老项目
378	27100053	润滑油		仅适用于老项目
379	27100054	润滑脂		仅适用于老项目
380	27100059	水下控制液、丝扣油、冷却液、冷冻液、		仅适用于老项目
381	38190000	液压油		仅适用于老项目
382	38200000	防冻剂		仅适用于老项目
383	25232900	油井水泥		仅适用于老项目
384	27150000	环保型基础油		仅适用于老项目
385	27150000	磺化沥青		仅适用于老项目
386	29051210 29054500 29051100 29051400 29061200	甲醇、丁醇、丙醇、丙三醇、环已醇及其他醇类		仅适用于老项目
387	29094990	脱水剂		仅适用于老项目
388	34021900 38140000 38249090	缓凝剂、堵漏剂、表面活性剂		仅适用于老项目
389	34029000	清洁剂、除碳剂		仅适用于老项目
390	38030000	妥尔油		仅适用于老项目

序号	税则号列	货品名称	技术指标	备注
391	38082090	杀菌剂		仅适用于老项目
392	38101000 38249090	除锈剂、油融性无机聚合物、环保油基钻井液、除垢剂、复合型无膨胀黏土粉、有机复合型解卡剂、沥青质稳定剂		仅适用于老项目
393	38119000	防腐剂、防垢剂、清水剂、除氧剂、凝固剂、破乳剂、减阻剂、防腐防垢剂、反向破乳剂、防蜡剂、除凝剂、絮凝剂、助滤剂、硫化氢去除剂、PH 调节剂		仅适用于老项目
394	39089000	脂肪酸		仅适用于老项目
395	38110000 38240000	密封剂、磷化剂、黏化剂、稳定剂、防沉淀剂、分散剂、失水剂、消泡剂、悬浮剂、隔离剂、冲洗剂飘珠、海泡石、活性铝、黏土、卵磷脂类油润温剂、高温降滤失剂等		仅适用于老项目
396	73041000 73042100 73042900 73043120 73043190 73043920 73043990 73044990 73045190	油管、套管		仅适用于老项目
397	73051100 73051200 73051900	海底管线		仅适用于老项目
398	84314310	钻头、钻铤、钻杆		仅适用于老项目

* 老项目是指 1994 年 12 月 31 日之前批准的中外合作海上开发石油（天然气）项目。

附件 2

项目申报表格

自营项目					
	项目名称	所属海域	项目单位	直属海关	备注
勘探项目	1.				
	2.				
	……				
开发项目	1.				
	2.				
	……				

中外合作项目							
	项目名称	所属海域	中方项目单位	外方合作者（国籍）	直属海关	起止日期	备注
勘探项目	1.						如：老项目
	2.						
	……						
开发项目	1.						
	2.						
	……						

附件 3

项目进口额申报表

自营项目					
	项目名称	所属海域	直属海关	计划进口额（万美元）	主要进口设备范围简要说明
勘探项目	1.				
	2.				
	……				
勘探项目计划进口额小计					
开发项目	1.				
	2.				
	……				
开发项目计划进口额小计					
项目进口额总计					

中外合作项目							
	项目名称	所属海域	外方合作者（国籍）	直属海关	备注（例如：是否属于老项目）	计划进口额（万美元）	主要进口设备范围简要说明
勘探项目	1.						
	2.						
	……						
勘探项目计划进口额小计							
开发项目	1.						
	2.						
	……						
开发项目计划进口额小计							
项目进口额总计							

附件 2

中外合作老项目清单

序号	区块	批准日期	合作方	主管单位
1	11/19	1992. 5. 13	雪佛龙德士古中国能源公司	中国海洋石油总公司 中海石油（中国）有限公司天津分公司
2	04/36	1994. 9. 14	科麦奇中国石油有限公司 能源资源海外公司	中国海洋石油总公司 中海石油（中国）有限公司天津分公司
3	11/05	1994. 12. 13	康菲石油中国有限公司 康菲石油渤海有限公司	中国海洋石油总公司 中海石油（中国）有限公司天津分公司
4	莺歌海	1982. 10. 11	中海石油（中国）有限公司崖城作业公司 科佩克（中国）有限公司 BP（中国）勘探生产公司	中国海洋石油总公司 中海石油（中国）有限公司湛江分公司
5	WAB-21	1992. 5. 22	奔顿海洋中国公司	中国海洋石油总公司 中海石油（中国）有限公司湛江分公司
6	15/11	1983. 12. 12	康菲石油中国有限公司 派克顿东方有限责任公司	中国海洋石油总公司 中海石油（中国）有限公司深圳分公司
7	15/22	1985. 12. 30	康菲石油中国有限公司 派克顿东方有限责任公司	中国海洋石油总公司 中海石油（中国）有限公司深圳分公司
8	16/08	1984. 1. 3	埃尼中国公司 雪佛龙德士古中国能源公司	中国海洋石油总公司 中海石油（中国）有限公司深圳分公司
9	16/06	1985. 12. 24	新南海石油开发株式会社 新华南石油开发株式会社 日矿珠江口石油开发株式会社	中国海洋石油总公司 中海石油（中国）有限公司深圳分公司
10	17/22	1992. 5. 13	挪威国家石油（东方）有限公司	中国海洋石油总公司 中海石油（中国）有限公司深圳分公司
11	渤海湾 赵东区块	1993. 4. 7	美国阿帕契（中国）公司	中国石油天然气股份有限公司对外合作经理部

海关总署关于执行“十二五”期间在我国海洋和陆上特定地区开采石油（天然气）进口物资税收优惠政策有关问题的通知

（署税发〔2012〕32 号）

广东分署，天津、上海特派办，各直属海关：

经国务院批准，“十二五”期间继续执行对开采我国海洋和陆上特定地区石油（天然气）进口物资的税收优惠政策。为此，财政部、海关总署和税务总局联合印发了《财政部、海关总署、国家税务总局关于“十二五”期间在我国陆上特定地区开采石油（天然气）进口物资税收政策的通知》（财关税〔2011〕31 号）和《财政部海关总署国家税务总局关于“十二五”期间在我国海洋开采石油（天然气）进口物资免征进口税收的通知》（财关税〔2011〕31号）。根据上述政策规定，现将政策执行中涉及的有关海关管理事宜通知如下：

一、“十二五”期间，在我国海洋进行石油（天然气）勘探、开发作业的项目，符合《关于在我国海洋开采石油（天然气）进口物资免征进口税收的管理规定》（以下简称《规定1》，详见附件1），进口《规定1》所附《开采海洋石油（天然气）免税进口物资清单》（以下简称《免税清单1》，详见附件1-1）所列的直接用于勘探、开发作业的设备、仪器、零附件、专用工具，免征关税和进口环节增值税。1994年12月31日之前批准的对外合作“老项目”，（详见附件1-2）进口《免税清单1》所列的原材料，可继续免征关税和进口环节增值税。

“十二五”期间，在我国领土内的沙漠、戈壁荒漠进行石油（天然气）勘探、开发作业的自营项目，符合《关于在我国陆上特定地区开采石油（天然气）进口物资税收政策的管理规定》（以下简称《规定2》，详见附件2），进口《规定2》所附《开采陆上特定地区石油（天然气）免税进口物资清单》（以下简称《免税清单2》，详见附件2-1）所列的直接用于勘探、开发作业的设备、仪器、零附件、专用工具，免征关税。享受特定地区政策的地域范围详见附件2-2。

“十二五”期间，在经国家批准的陆上石油（天然气）中标区块内进行石油（天然气）勘探、开发作业的中外合作项目，符合《规定2》，进口《免税清单2》所列的直接用于勘探、开发作业的设备、仪器、零附件、专用工具，免征关税和进口环节增值税。

二、国土资源部、中国石油天然气集团公司、中国海洋石油总公司、中国石油化工集团公司是有关石油（天然气）勘探、开发的主管单位。上述主管单位分别指定以下部门（以下称主管部门）具体负责办理相关业务：

（一）国土资源部规划司；

（二）中国石油天然气集团公司物资采购管理部、中国石油天然气股份有限公司对外合作经理部；

（三）中国海洋石油总公司物资进出口办公室；

（四）中国石油化工集团公司国际事业有限公司。

三、“十二五”期间在我国海洋和陆上特定地区开采石油（天然气）的项目、项目执行单位的名单及项目年度免税物资进口额度，按年度由财政部商海关总署和税务总局根据《规定1》和《规定2》审核认定。海关在具体执行时，不对项目免税物资进口额度进行管理。

四、项目执行单位包括项目单位、外方合作者、国内外承包商。其中项目单位是指国土资源部、中国石油天然气集团公司、中国海洋石油总公司、中国石油化工集团公司及其所属公司或机构；外方合作者是指与主管单位签订勘探、开发石油（天然气）合同的外国石油公司；国内外承包商是指向项目单位和外方合作者提供物资或服务的公司。

五、主管部门负责对本单位的石油（天然气）勘探、开发项目出具经审核、签章的《我国海洋及陆上特定地区开采石油（天然气）进口物资审核表》（可加附清单联，以下简称《审核表》，式样见附件3，主管部门印章印模见附件4）。《审核表》与随附的清单联间应加盖骑缝章。

有关项目执行单位应持《审核表》向其所在地海关（以下称主管海关）申请办理相关进口物资的减免税审批手续。

六、项目执行单位中的外方合作者和国外承包商在首次进口相关物资前，应分别持凭工商营业执照复印件、商务部批准勘探开发石油（天然气）合同的批准文件复印件（此项文件只需外方合作者提供）、相关主管部门出具的《海洋和陆上石油（天然气）项目国外承包商承包合同确认函》（式样见附件5）和承包合同复印件（此两项文件只需国外承包商提供），以及相关主管部门出具的承担相应法律责任的承诺书，向主管海关申请办理进出口货物收发货人的报关注册手续，并按时办理换证手续。海关给予相对固定的临时海关注册编码，比照对进出口货物收发货人的有关规定进行管理。

七、主管海关根据《规定1》、《规定2》和《免税清单1》、《免税清单2》，核对《审核表》无误后，办理有关进口物资的减免税审批手续，出具《中华人民共和国海关进出口货物征免税证明》（以下简称《征免税证明》）。

《免税清单1》、《免税清单2》均列出了有关商品的税则号列、货品名称和技术指标。各关在根据上述清单审核有关进口物资时，对于按照商品归类规则所确定的税则号列与清单中对应商品的税则号列不一致的，应以《免税清单1》、《免税清单2》所列的货品名称为准。

八、勘探、开发石油（天然气）进口物资除以一般贸易方式进口外，还包括暂时进口、租赁进口等方式。

符合《规定1》、《规定2》的勘探、开发项目项下暂时进口《免税清单1》、《免税清单2》所列物资，准予免税。适用海关对暂时进口货物管理规定的物资，进口时海关按暂时进口货物办理手续。超出海关规定暂时进口时限仍需继续使用的，按现行规定办理延期等有关手续。

符合《规定1》、《规定2》的勘探、开发项目项下租赁进口《免税清单1》、《免税清单2》所列物资，准予免税，并纳入免税进口额度统一管理。

九、勘探、开发石油（天然气）进口物资的减免税审批手续纳入《减免税管理系统》管理。有关征免性质为“海上石油”（代码：606）或“陆地石油”（代码：608）；监管方式为：“一般贸易”（代码：0110），“暂时进出货物”（代码：2600），“租赁贸易”（代码：1523），“租赁不满一年”（代码：1500）。

十、对于进口《免税清单1》、《免税清单2》中未具体列明但确需进口用于勘探、开发我国海洋和陆上特定地区石油（天然气）的设备、仪器、零附件和专用工具的，由主管单位报海关总署会同国家有关部门审定。

十一、在年度免税进口额度下发前，有关主管部门可以在上一年度已确定的免税进口额度30%以内，提前对项目执行单位免税进口物资清单予以认定并出具《审核表》，项目执行单位可凭此向主管海关申请办理减免税审批手续；对于项目执行单位未取得《审核表》进口符合《免税清单1》，《免税清单2》范围有关物资的，主管海关可按规定出具《中华人民共和国海关准予办理减免税货物税款担保证明》（以下简称《担保证明》），进口地海关凭《担保证明》和项目执行单位提供的税款担保办理凭保放行手续。待当年年度免税进口额度下发后，进口地海关验凭主管海关出具的相关《征免税证明》及其他相关单证，按规定办理有关的征免税和退保结关手续。

十二、对有关项目执行单位使用当年免税进口额度并于下一年度第一季度申报进口的物资，确实难以在下一年度第一季度内办结减免税审批及核销、退保、结关等海关手续的，有关主管海关可根据相关主管部门出具的《审核表》，在下一年度6月30日前办理完毕各项有关手续。

十三、对中外合作开采石油（天然气）项目，在合同期结束时，外方合作者将其尚在海关监管期限内的免税进口设备、仪器、零附件、专用工具（以下简称设备仪器）或原材料转至中方项目单位继续使用，并用于已经财政部商海关总署和税务总局审核认定的年度项目清单所列项目的，可按照有关规定办理减免税结转手续，并且不占用年度免税进口额度。其中：

（一）用于1994年12月31日前批准尚在执行的中外合作开采石油（天然气）项目的设备仪器或原材料，免于征收关税和进口环节增值税。

（二）用于陆上特定地区自营项目的设备仪器，免于征收关税，应补征相应进口环节增值税；对原材料应补征相应税款。

（三）用于其他开采石油（天然气）项目的设备仪器，免于征收关税和进口环节增值税；对原材料应补征相应税款。

十四、主管单位、主管部门和项目执行单位应对免税进口的物资加强管理，在海关规定的监管期限内，未经海关许可，不得将免税进口物资抵押、质押、转让、移作他用或者进行其他处置。对违反规定的，海关按《中华人民共和国海关法》及其他有关法律、法规处理。

十五、自本通知下发之日起，下列文件予以废止：

（一）《海关总署关于执行“十一五”期间在我国海洋和陆上特定地区开采石油（天然气）进口物资税收优惠政策的通知》（署税发〔2007〕151号）；

（二）《海关总署关于延长2010年度海陆石油（天然气）进口物资减免税手续办理期限的通知》（署税发〔2010〕478号）；

（三）《海关总署关于开采海陆石油（天然气）对外合作区块免税进口物资结转有关问题的通知》（署税函〔2010〕62号）；

（四）《关税征管司关于执行开采海陆石油（天然气）进口物资税收优惠政策有关问题的通知》（税管函〔2009〕112号）。

特此通知。

附件1　关于在我国海洋开采石油（天然气）进口物资免征进口税收的管理规定（见财关税〔2011〕31号）

附件2　关于在我国陆上特定地区开采石油（天然气）进口物资税收政策的管理规定（见财关税〔2011〕32号）

附件3　我国海洋及陆上特定地区开采石油（天然气）进口物资审核表（略）

附件4　主管部门印章印模（略）

附件5　海洋和陆上石油（天然气）项目国外承包商承包合同确认函（略）

二〇一二年一月三十一日

海关总署关于明确海上石油税收优惠政策执行中有关问题的通知

（署税发字〔2013〕256号）

广东分署、各直属海关：

为贯彻落实党的十八大提出的提高海洋资源开发能力，发展海洋经济，建设海洋强国的战略要求，支持国内企业实施“走出去”战略，参与国际海洋石油的勘探、开发，保障国内石油供应安全，以及简化海关有关操作程序、提高执法统一性，根据近年来有关企业在海洋石油勘探开发方面的实际需求，经研究，现将海上石油税收优惠政策执行中的有关问题明确如下：

一、关于海油工程船舶以对外承包工程方式出口并复运进境有关海关监管及税收征管问题

对于有关海洋石油勘探开发项目单位使用海油工程船舶（包括勘探船、钻井平台、海洋工程作业船舶等）开展对外承包工程的，不论该船舶及其上装有的设备、物资（不包括生活物资，下同）是否为免税进口，均可一并按照相应的海油工程船舶申报出口和复运进境，不需逐项申报各相关物资。对其中仍在海关监管年限内的免税海油工程船舶及设备、物资，复运进境后继续在海关监管下按照规定使用，其在境外使用的时间不计算在海关监管年限内。有关海关手续可按以下简化操作：

（一）海油工程船舶申报出口时，如果其中免税进口的设备、物资（以下统称免税物资）仍在海关监管年限内，经营单位应同时向出境地海关提交经主管海关核准并加盖印章的“海油工程船舶海关监管年限内免税物资出口清单”（一式五联，以下简称“免税物资清单”，详见附件1）第二联至第四联。

如果海油工程船舶上同时装有上述免税物资以外的其他设备、物资（以下统称非免税物资）的，经营单位还应向出境地海关提交“海油工程船舶非免税物资出口清单”（一式三联，以下简称“非免税物资清单”，详见附件2）第一联和第二联。

对于海油工程船舶上装有的设备、物资均属非免税物资的，经营单位也应向出境地海关提交“非免税物资清单”。

（二）海油工程船舶出口报关单“商品名称”栏可填报为“勘探船”、“钻井平台”或“海洋工程作业船舶”；“备注”栏填写“出口物资详见随附清单”。出境地海关审核无误后在“免税物资清单”第二联至第四联、“非免税物资清单”第一联和第二联上加盖印章。“免税物资清单”第二联由出境地海关留存，第三联和第四联退给经营单位；“非免税物资清单”第一联由出境地海关留存，第二联退给经营单位。

（三）海油工程船舶复运进境时，经营单位应向进境地海关提交原出口报关单，以及经出境地海关审核并加盖印章的“免税物资清单”第三联和第四联、“非免税物资清单”第二联。

对未随海油工程船舶复运进境的物资，经营单位应向进境地海关说明，并在“免税物资清单”第三联和第四联、“非免税物资清单”第二联上予以标注。进境地海关审核无误后，在“免税物资清单”第三联和第四联、“非免税物资清单”第二联上加盖印章。“免税物资清单”第三联由进境地海关留存，第四联退给经营单位；“非免税物资清单”第二联由进境地海关留存。

（四）对于未随海油工程船舶复运进境的“非免税物资清单”所列物资，不再要求补办有关通关手续，但如果属于应征出口关税的货物，进境地海关应按规定补征相应税款。

（五）经营单位应将经进境地海关审核并加盖印章的“免税物资清单”第四联提交给主管海关，主管海关凭此清单进行后续监管。对“免税物资清单”中标记为未随海油工程船舶复运进境的物资，直接解除海关监管。

（六）上述“免税物资清单”和“非免税物资清单”范围不包括固定安装在船舶上的相关物资，但应包括为防止在船舶运行时发生移动等情况而采取简易固定措施的物资。

（七）海油工程船舶复运进境时，对于在境外新增或更换的物资，应按照现行规定单独办理相关进口税收征免及通关手续。

（八）对于海油工程船舶上的生活物资，海关按现行规定进行监管。

（九）上述第（一）条至第（八）条未明确的其他事项，仍按照《海关总署关于明确对外承包工程项目项下出口设备材料复运进境有关问题的通知》（署税发〔2013〕35号）等文件的规定执行。

二、关于中外合作海洋石油（天然气）勘探、开发项目作业权转移涉及的免税物资监管问题

根据中外合作海洋石油（天然气）勘探、开发项目的石油合同，在作业权转移前，由外方负责向海关办理进口物资的免税手续，并承担免税物资的保管义务。作业权转移后，免税进口物资的保管义务由外方转移至由中方和外方共同成立的作业公司（非法人单位），但设备的所有权并未发生变更，仍属于中方和外方成立的联合管理委员会。鉴于上述情况，为简化操作，对于中外合作海洋石油（天然气）勘探、开发项目作业权发生转移时，可由《海关总署关于执行“十二五”期间在我国海洋和陆上特定地区开采石油（天然气）进口物资税收优惠政策有关问题的通知》（署税发〔2012〕32号）所列主管部门向主管海关提交作业权转移的情况说明，并出具承担相应法律责任的承诺书，申请将免税物资的监管主体由外方变更为作业公司，同时提供交由作业公司管理的免税物资清单。主管海关审核同意后，无须再办理减免税货物结转手续，但应加强对作业权转移后有关免税进口物资的后续管理。

执行中遇有问题请及时向总署关税司反馈。

特此通知。

附件1　海油工程船舶海关监管年限内免税物资出口清单

附件2　海油工程船舶非免税物资出口清单

二〇一三年十月二十八日

附件1

海油工程船舶海关监管年限内免税物资出口清单

减免税申请人：（公章）　　主管海关：（印章）　　出境地海关：（印章）　　进境地海关：（印章）

序号	货名	规格	税号	数量	单位	金额	币制	原进口报关单号	征免税证明号	进口日期	备注
1											
2											
3											
4											
5											
6											
7											
8											
9											
10											
11											
12											
13											
14											
15											
16											
17											
18											
19											
20											

备注：本清单一式五联，第一联由主管海关留存，第二联由出境地海关留存，第三联由进境地海关留存，第四联经出境地、进境地海关审核签章后交主管海关留存，第五联由减免税申请人留存。

附件2

海油工程船舶非免税物资出口清单

经营单位：（印章）　　出境地海关：（印章）　　出境地海关：（印章）

序号	货名	规格	数量	单位	金额	币制	备注
1							
2							
3							
4							
5							
6							
7							
8							
9							
10							
11							
12							
13							

序号	货名	规格	数量	单位	金额	币制	备注
14							
15							
16							
17							
18							
19							
20							

备注：本清单一式三联，第一联由出境地海关留存，第二联由进境地海关留存，第三联由经营单位留存。

财政部、海关总署、国家税务总局关于调整享受税收优惠政策的天然气进口项目的通知

（财关税〔2014〕8号）

天津、河北、福建、海南省（市）财政厅（局）、国家税务局，海关总署广东分署、各直属海关：

根据《财政部、海关总署、国家税务总局关于对2011~2020年期间进口天然气及2010年底前“中亚气”项目进口天然气按比例返还进口环节增值税有关问题的通知》和《财政部、海关总署、国家税务总局关于调整进口天然气税收优惠政策有关问题的通知》（财关税〔2011〕39号、财关税〔2013〕74号）中的有关规定，对进口天然气具体项目和相应企业名单进行调整，具体如下：

一、新增加天津浮式液化天然气项目享受优惠政策，该项目进口规模为220万吨/年，进口企业为中海石油气电集团有限责任公司和中海油天津液化天然气有限责任公司。享受政策起始时间为2013年10月1日。

二、新增加唐山液化天然气项目享受优惠政策，该项目进口规模为350万吨/年，进口企业为中国石油国际事业有限公司和东北中石油国际事业有限公司。享受政策起始时间为2013年10月1日。

三、新增加海南液化天然气项目享受优惠政策，该项目进口规模为300万吨/年，进口企业为中海石油气电集团有限责任公司和中海石油海南天然气有限公司。享受政策起始时间为2014年7月1日。

四、自2013年10月1日起，将福建液化天然气项目可享受政策的进口规模由260万吨调整为630万吨。

特此通知。

财政部
海关总署
国家税务总局
二〇一四年四月二十一日

8 公益事业

8.1 无偿赠送、履行国际条约

中华人民共和国海关对外国政府、国际组织无偿赠送及我国履行国际条约规定进口物资减免税的审批和管理办法

（1999 年 8 月 5 日海关总署令第 77 号发布，自 1999 年 9 月 15 日起施行）

第一条 根据《中华人民共和国海关法》和《中华人民共和国进出口关税条例》的有关规定，为加强海关对外国政府、国际组织无偿赠送及我国履行国际条约规定进口物资减免税的审批和管理工作，特制订本办法。

第二条 本办法下列用语的含义是：

外国政府是指外国国家的中央政府；

国际组织是指联合国各专门机构以及长期与我国有合作关系的其他国际组织（见附件 1）；

国际条约是指依据《中华人民共和国缔结条约程序法》（见附件 2）以“中华人民共和国”、“中华人民共和国政府”以及“中华人民共和国政府部门”名义同外国缔结协定或协议以及参加的国际条约。

第三条 外国政府、国际组织无偿赠送及我国履行国际条约规定进口物资的减免税范围包括：

（一）根据中国与外国政府、国际组织间的协定或协议，由外国政府、国际组织直接无偿赠送的物资或由其提供无偿赠款，由我国受赠单位按照协定或协议规定用途自行采购进口的物资；

（二）外国地方政府或民间组织受外国政府委托无偿赠送进口的物资；

（三）国际组织成员受国际组织委托无偿赠送进口的物资；

（四）我国履行国际条约规定减免税进口的物资。

第四条 外国政府、国际组织无偿赠送及我国履行国际条约规定进口物资减免税的审批单位：

（一）由受赠单位或项目执行单位向其所在地直属海关申请办理，经所在地直属海关审批。

（二）对于受赠单位或项目执行单位是多个且跨省、市、自治区的，可由我国政府主管部委统一向海关总署申请办理。经海关总署审批后，通知有关直属海关和进口地海关执行。

第五条 外国政府、国际组织无偿赠送及我国履行国际条约规定进口物资减免税的办理程序如下：

（一）受赠单位或项目执行单位应于首批物资进口前向所在地直属海关提交外国政府、国际组织的赠送函或含有减免税条款的协定、协议、国际条约的复印件备案。

（二）外国政府、国际组织临时无偿赠送进口的物资，如不能及时提交外国政府、国际组织的赠送函，也可提交外国驻我国大使馆、国际组织驻中国代表处的证明函。

（三）外国地方政府或民间组织受外国政府委托无偿赠送进口的物资，受赠单位或项目执行单位应向所在地直属海关提交外国政府的委托书，或外国驻我国大使馆的证明函。

（四）国际组织成员受国际组织委托无偿赠送进口的物资，受赠单位或项目执行单位应向所在地直属海关提交国际组织的委托书，或国际组织驻中国代表处的证明函。

（五）受赠单位或项目执行单位应于上述无偿赠送物资进口前，向所在地直属海关提出申请，除提交

上述协定、协议和证明函外，应同时提交我国政府主管部委出具的《外国政府、国际组织无偿赠送及我国履行国际条约进口物资证明》（见附件3）和进口物资清单，经所在地直属海关审核无误后出具《进口货物征免税证明》，进口地海关凭以减免税验放。

第六条 海关对上述减免税审批工作，一般应在接到申请单位的申请之日起十个工作日内办结。如申请单位提交的有关材料不完整或不准确的，海关应在接到申请之日起五个工作日内通知申请单位补办。

第七条 上述减免税进口物资属海关监管货物，未经批准不得擅自转让、出售或移作他用。对违反本规定的，海关将依照《中华人民共和国海关法》及国家有关法律、法规的规定予以处罚。

第八条 本办法由海关总署负责解释。

第九条 本办法自一九九九年九月十五日起实施。

附件1 国际组织（部分）

附件2 中华人民共和国缔结条约程序法

附件3 外国政府、国际组织无偿赠送及我国履行国际条约进口物资证明

附件1

国际组织（部分）

一、联合国有关组织

1. 联合国开发计划署（United Nations Development Programme—UNDP）
2. 联合国环境规划署（United Nations Environment Programme—UNEP）
3. 联合国贸易和发展会议（United Nations Conference on Trade and Development—UNCTAD）
4. 联合国人口基金（United Nations Population Fund—UNFPA）
5. 联合国儿童基金会（United Nations Children' s Fund—UNICEF）
6. 联合国难民事务高级专员公署（Office of the United Nations High Commissioner for Refugees—UNHCR）
7. 联合国欧洲经济委员会（United Nation' s Economic Commission for Europe—UN/ECE）
8. 世界粮食计划署（World Food Programme—WFP）
9. 亚洲及太平洋经济社会委员会（Economic and Social Commission for Asia and the Pacific—_ ESCAP）
10. 和平利用外层空间委员会（The Committee on the Peaceful Uses of Outer Space—COPUOS）

二、同联合国建立关系的政府间机构

1. 国际劳工组织（International Labour Organization—ILO）
2. 联合国粮食及农业组织（Food and Agriculture Organization of the United Nations—FAO）
3. 联合国教育、科学及文化组织（United Nations Educational, Scientific and Cultural Organization—UNESCO）
4. 世界卫生组织（World Health Organization—WHO）
5. 国际货币基金组织（International Monetary Fund—IMF）
6. 国际开发协会（International Development Association—IDA）
7. 国际复兴开发银行（世界银行）（International Bank for Reconstruction and Development—IBRD）（World Bank）
8. 国际金融公司（International Finance Corporation —IFC）
9. 国际民用航空组织（International Civil Aviation Organization—ICAO）
10. 万国邮政联盟（Universal Postal Union—UPU）
11. 国际电信联盟（International Telecommunication Union—ITU）

12. 世界气象组织（World Meteorological Organization—WMO）

13. 国际海事组织（International Maritime Organisation—IMO）

14. 世界知识产权组织（World Intellectual Property Organization—WIPO）

15. 国际农业发展基金会（International Fund for Agricultural Development—IFAD）

16. 联合国工业发展组织（United Nations Industrial Development Organization—UNIDO）

17. 国际原子能机构（International Atomic Energy Agency—IAEA）

18. 世界贸易组织（World Trade Organization—WTO）

三、其他有关国际组织和金融机构

1. 红十字会与红新月会国际联合会（简称国际联合会）（The International Federation of Red Cross And Red Crescent Societies—IFRCS）

2. 红十字国际委员会（The International Committee of The Red Cross—ICRC）

3. 欧洲联盟（European Union—EU）

4. 亚太经济合作组织（Asia Pacific Economic Cooperation—APEC）

5. 亚洲开发银行（Asia Deve1opment Bank—ADB）

6. 日本协力团（Japan International Cooperation Agency—JICA）

7. 韩国协力团（Korea International Cooperation Agency—KOICA）

8. 国际计生联组织（International Planned Parenthood Federation—IPPF）

9. 国际移动卫星组织（International Mobile Satellite Organization—INMARSAT）

10. 阿拉伯国家联盟（League of Arab States—LAS）

附件 2

中华人民共和国缔结条约程序法

（1990 年 12 月 28 日第七届全国人民代表大会常务委员会第十七次会议通过
1990 年 12 月 28 日中华人民共和国主席令第三十七号公布，自公布之日起施行）

第一条 根据中华人民共和国宪法，制定本法。

第二条 本法适用于中华人民共和国同外国缔结的双边和多边条约、协定和其他具有条约、协定性质的文件。

第三条 中华人民共和国国务院，即中央人民政府，同外国缔结条约和协定。

中华人民共和国全国人民代表大会常务委员会决定同外国缔结的条约和重要协定的批准和废除。

中华人民共和国主席根据全国人民代表大会常务委员会的决定，批准和废除同外国缔结的条约和重要协定。

中华人民共和国外交部在国务院领导下管理同外国缔结条约和协定的具体事务。

第四条 中华人民共和国以下列名义同外国缔结条约和协定：

（一）中华人民共和国；

（二）中华人民共和国政府；

（三）中华人民共和国政府部门。

第五条 谈判和签署条约、协定的决定程序如下：

（一）以中华人民共和国名义谈判和签署条约、协定，由外交部或者国务院有关部门会同外交部提出建议并拟订条约、协定的中方草案，报请国务院审核决定；

（二）以中华人民共和国政府名义谈判和签署条约、协定，由外交部提出建议并拟订条约、协定的中方草案，或者由国务院有关部门提出建议并拟订条约、协定的中方草案，同外交部会商后，报请国务院审核决定。属于具体业务事项的协定，经国务院同意，协定的中方草案由国务院有关部门审核决定，必要时同外交部会商；

（三）以中华人民共和国政府部门名义谈判和签署属于本部门职权范围内事项的协定，由本部门决定或者本部门同外交部会商后决定；涉及重大问题或者涉及国务院其他有关部门职权范围的，由本部门或者本部门同国务院其他有关部门会商后，报请国务院决定。协定的中方草案由本部门审核决定，必要时同外交部会商。

经国务院审核决定的条约、协定的中方草案，经谈判需要作重要改动的，重新报请国务院审核决定。

第六条 谈判和签署条约、协定的代表按照下列程序委派：

（一）以中华人民共和国名义或者中华人民共和国政府名义缔结条约、协定，由外交部或者国务院有关部门报请国务院委派代表。代表的全权证书由国务院总理签署，也可以由外交部长签署；

（二）以中华人民共和国政府部门名义缔结协定，由部门首长委派代表。代表的授权证书由部门首长签署。部门首长签署以本部门名义缔结的协定，各方约定出具全权证书的，全权证书由国务院总理签署，也可以由外交部长签署。

下列人员谈判、签署条约、协定，无须出具全权证书：

（一）国务院总理、外交部长；

（二）谈判、签署与驻在国缔结条约、协定的中华人民共和国驻该国使馆馆长，但是各方另有约定的除外；

（三）谈判、签署以本部门名义缔结协定的中华人民共和国政府部门首长，但是各方另有约定的除外；

（四）中华人民共和国派往国际会议或者派驻国际组织，并在该会议或者该组织内参加条约、协定谈判的代表，但是该会议另有约定或者该组织章程另有规定的除外。

第七条 条约和重要协定的批准由全国人民代表大会常务委员会决定。

前款规定的条约和重要协定是指：

（一）友好合作条约、和平条约等政治性条约；

（二）有关领土和划定边界的条约、协定；

（三）有关司法协助、引渡的条约、协定；

（四）同中华人民共和国法律有不同规定的条约、协定；

（五）缔约各方议定须经批准的条约、协定；

（六）其他须经批准的条约、协定。

条约和重要协定签署后，由外交部或者国务院有关部门会同外交部，报请国务院审核；由国务院提请全国人民代表大会常务委员会决定批准；中华人民共和国主席根据全国人民代表大会常务委员会的决定予以批准。

双边条约和重要协定经批准后，由外交部办理与缔约另一方互换批准书的手续；多边条约和重要协定经批准后，由外交部办理向条约、协定的保存国或者国际组织交存批准书的手续。批准书由中华人民共和国主席签署，外交部长副署。

第八条 本法第七条第二款所列范围以外的国务院规定须经核准或者缔约各方议定须经核准的协定和其他具有条约性质的文件签署后，由外交部或者国务院有关部门会同外交部，报请国务院核准。

协定和其他具有条约性质的文件经核准后，属于双边的，由外交部办理与缔约另一方互换核准书或者以外交照会方式相互通知业已核准的手续；属于多边的，由外交部办理向有关保存国或者国际组织交存核准书的手续。核准书由国务院总理签署，也可以由外交部长签署。

第九条 无须全国人民代表大会常务委员会决定批准或者国务院核准的协定签署后，除以中华人民共和国政府部门名义缔结的协定由本部门送外交部登记外，其他协定由国务院有关部门报国务院备案。

第十条 缔约双方为使同一条约、协定生效需要履行的国内法律程序不同的，该条约、协定于缔约双方完成各自法律程序并以外交照会方式相互通知后生效。

前款所列条约、协定签署后，应当区别情况依照本法第七条、第八条、第九条的规定办理批准、核准、备案或者登记手续。通知照会的手续由外交部办理。

第十一条 加入多边条约和协定，分别由全国人民代表大会常务委员会或者国务院决定。

加入多边条约和协定的程序如下：

（一）加入属于本法第七条第二款所列范围的多边条约和重要协定，由外交部或者国务院有关部门会同外交部审查后，提出建议，报请国务院审核；由国务院提请全国人民代表大会常务委员会作出加入的决定。加入书由外交部长签署，具体手续由外交部办理；

（二）加入不属于本法第七条第二款所列范围的多边条约、协定，由外交部或者国务院有关部门会同外交部审查后，提出建议，报请国务院作出加入的决定。加入书由外交部长签署，具体手续由外交部办理。

第十二条 接受多边条约和协定，由国务院决定。

经中国代表签署的或者无须签署的载有接受条款的多边条约、协定，由外交部或者国务院有关部门会同外交部审查后，提出建议，报请国务院作出接受的决定。接受书由外交部长签署，具体手续由外交部办理。

第十三条 中华人民共和国同外国缔结的双边条约、协定，以中文和缔约另一方的官方文字写成，两种文本同等作准；必要时，可以附加使用缔约双方同意的一种第三国文字，作为同等作准的第三种正式文本或者作为起参考作用的非正式文本；经缔约双方同意，也可以规定对条约、协定的解释发生分歧时，以该第三种文本为准。

某些属于具体业务事项的协定，以及同国际组织缔结的条约、协定，经缔约双方同意或者依照有关国际组织章程的规定，也可以只使用国际上较通用的一种文字。

第十四条 以中华人民共和国或者中华人民共和国政府名义缔结的双边条约、协定的签字正本，以及经条约、协定的保存国或者国际组织核证无误的多边条约、协定的副本，由外交部保存；以中华人民共和国政府部门名义缔结的双边协定的签字正本，由本部门保存。

第十五条 经全国人民代表大会常务委员会决定批准或者加入的条约和重要协定，由全国人民代表大会常务委员会公报公布。其他条约、协定的公布办法由国务院规定。

第十六条 中华人民共和国缔结的条约和协定由外交部编入《中华人民共和国条约集》。

第十七条 中华人民共和国缔结的条约和协定由外交部按照联合国宪章的有关规定向联合国秘书处登记。

中华人民共和国缔结的条约和协定需要向其他国际组织登记的，由外交部或者国务院有关部门按照各该国际组织章程的规定办理。

第十八条 中华人民共和国同国际组织缔结条约和协定的程序，依照本法及有关国际组织章程的规定办理。

第十九条 中华人民共和国缔结的条约和协定的修改、废除或者退出的程序，比照各该条约、协定的缔结的程序办理。

第二十条 国务院可以根据本法制定实施条例。

第二十一条 本法自公布之日起施行。

附件 3

外国政府、国际组织无偿赠送及我国履行国际条约进口物资证明

编号（ ）字 号

所在地直属海关		到货口岸	
赠送国家或国际组织			
协定或国际条约名称			
受赠或项目执行单位			
进口物资提货单号			
进口物资品名			
物资数量		物资金额	
主管单位审批盖章 经办人： 电话 年 月 日			

1. 本证明一次性使用，自审批之日起半年内有效，允许跨年度使用。如物资品名栏不能填写详尽的，应附盖有公章的物品清单。

2. 物资进口前，受赠单位或项目执行单位应持《证明》正本向所在地直属海关申请办理免税手续，证明内容不得更改，复印件无效。

3. 证明一式两联，第一联由所在地直属海关留存，第二联由主管单位留存。

海关总署关于印发《中华人民共和国海关对外国政府、国际组织无偿赠送及我国履行国际条约规定进口物资减免税的审批和管理办法》的通知

（署税〔1999〕565 号）

广东分署，各直属海关，院校：

为进一步贯彻《国务院关于改革和调整进口税收政策的通知》（国发〔1995〕34 号），严格执行“依法行政、为国把关”的海关工作指导方针，切实做到规范审批，方便通关，我署在征求有关部委和部分海关意见的基础上制定了《中华人民共和国海关关于对外国政府、国际组织无偿赠送及我国履行国际条约规定进口物资减免税的审批和管理办法》，现印发你们，请以中华人民共和国海关总署令第 77 号对外公布，自 1999 年 9 月 15 日起实施。现将执行中的有关问题通知如下：

1. 外国政府、国际组织无偿赠送及我国履行国际条约规定进口物资的减免税，包括减免关税、进口环节增值税和消费税。上述免税物资的范围不受国家停止减免税的 20 种商品和汽车的限制。

2. 各海关在审批和管理工作中要认真执行三级审批制度，不得擅自扩大减免税范围。凡不属于外国政府、国际组织无偿赠送或所签协定、协议中没有减免税条款的均不能按本办法办理；对界限不清的，须报总署审批。所在地直属海关与进口地海关要运用《减免税管理系统》加强联系，密切配合，同时做好有关政策的宣传工作。

3. 我国政府主管部委（包括部委代管局）和国务院直属机构，需指定一个司局级单位具体负责此项工作，并由该单位向有关直属海关出具《外国政府，国际组织无偿赠送及我国履行国际条约进口物资证

明》（以下简称《证明》），《证明》由上述主管部委和国务院直属机构按照本文所附的格式自行印制和管理，并将加盖在《证明》上的印章印模样本送海关总署备案，由海关总署发文通知各直属海关。

4. 本办法实施后，此前海关总署下发的有关管理规定即行废止。各海关要及时反映执行的情况，执行中有何问题，请及时与总署关税征管司联系。

特此通知。

一九九九年八月五日

海关总署关于全球艾滋病、结核病和疟疾基金中国项目国外采购物资免税进口事宜的通知

（署税函〔2004〕39号）

广东分署，天津、上海特派办，各直属海关：

近日，卫生部就全球艾滋病、结核病和疟疾基金（以下简称“全球基金”）中国项目国外采购物资免税进口事宜致函我署。函称：经我国申请，“全球基金”已批准我国施行3个项目，即“加强中国中部地区以社区为基础的艾滋病综合治疗、关怀和预防项目”、“全国实施DOTS策略控制结核病的流行”和“中国疟疾高传播区疟疾控制项目”。上述项目中的后2个项目已进入实施阶段，前2个年度的赠款金额已落实，其中有关物资将从国外采购。为此，卫生部向我署申请办理有关进口免税手续。经研究，现将有关事宜通知如下：

一、“全球基金”为外交部核准的国际组织，总署已在《海关总署关于“全球艾滋病、结核病和疟疾基金（全球基金）”补充列入国际组织名录的通知》（署税函〔2003〕164号）中予以明确。“全球基金”赠送物资（包括赠款）的进口免税手续按《海关总署关于印发〈中华人民共和国海关关于外国政府、国际组织无偿赠送和我国履行国际条约规定进口物资减免税的审批和管理办法〉的通知》（署税〔1999〕565号）的规定办理。

二、“全球基金”以执行令的形式批准上述项目中的赠款用于国外采购的计划，海关可将其执行令视为赠送函并凭此予以办理有关手续。

三、“全球基金”中国项目的执行机构为卫生部下属的中国疾病预防控制中心。署税〔1999〕565号文件规定的《进口物资证明》，按规定仍由卫生部国际合作司出具。

四、“全球基金”今后对上述3个项目（或新增项目）的赠送（包括赠款）物资的进口免税事宜，均按本通知及有关规定办理。

以上，请遵照执行。

二〇〇四年一月十八日

海关总署关于联合国开发计划署无偿援助物资进口免税问题的通知

（署税发〔2005〕150号）

广东分署，天津、上海特派办，各直属海关：

为进一步明确和规范联合国开发计划署（英文简称UNDP）无偿援助我国项目进口物资的减免税管理，经商财政部、商务部，现就海关办理上述援助项目进口物资免税手续的有关问题通知如下：

一、根据《中华人民共和国海关法》第五十六条和《中华人民共和国进出口关税条例》第四十五条的规定，对联合国开发计划署无偿援助项目进口物资免征进口关税、进口环节增值税和消费税。

二、联合国开发计划署无偿援助我国项目的资金来源包括由捐助方捐助、由会员国缴纳或由受援国政府分摊等形式。根据我国政府规定，联合国开发计划署要求我国政府为受援项目提供的相应配套资金，由受援项目单位自行支付。

对纳入项目统一使用的我国受援项目单位提供的配套资金，作为联合国开发计划署无偿援助款项的组成部分，其进口物资准予列入国际组织无偿援助项目范围办理免税手续。

三、商务部委托中国国际经济技术交流中心（以下简称交流中心）负责联合国开发计划署援华项目的执行和管理工作。交流中心根据我国政府和联合国开发计划署签署的协议，具体办理项目的筛选、确认和实施等相关手续。

四、各受援项目单位应在项目文件签署后将配套资金汇入交流中心账户，由交流中心集中汇入联合国开发计划署账户，并实施统一管理。项目实施期间所需费用和购买设备的资金，由联合国开发计划署审核后，分批拨入交流中心的项目专用账户，由交流中心根据计划拨付并实施监督。

五、受援项目单位应在设备进口前，向项目所在地直属海关申请办理免税手续，申请时须提交以下单证和文件：

（一）中国国际经济技术交流中心出具的《外国政府、国际组织无偿赠送及我国履行国际条约进口物资证明》（格式见附件1，交流中心印章式样见附件2）。

（二）联合国开发计划署出具的《申请联合国援助物资免税证明》（格式见附件3，联合国开发计划署印章式样见附件4）。

（三）有关项目文件（协议、协定等）。

六、项目所在地直属海关负责对《外国政府、国际组织无偿赠送及我国履行国际条约进口物资证明》和《申请联合国援助物资免税证明》进行审核，按规定办理免税手续。

七、上述证明为一次性使用，不能更改，复印件无效，有效期为6个月（可跨年度使用）。

八、凡在联合国开发计划署统一拨付使用的项目援助资金之外，由受援项目单位另行出资进口的物资应照章征税。

以上请遵照执行。

附件1　外国政府、国际组织无偿赠送及我国履行国际条约进口物资证明（格式）（略）

附件2　中国国际经济技术交流中心印章印模样本（略）

附件3　申请联合国援助物资免税证明（格式）（略）

附件4　联合国开发计划署公章印样（略）

二〇〇五年二月三日

海关总署关于国家环保总局办理国际组织无偿援助物资进口免税手续问题的通知

（署税函〔2005〕357号）

广东分署，天津、上海特派办，各直属海关：

近期，国家环保总局以《关于申请继续由我局向直属海关出具〈外国政府、国际组织无偿赠送及我国履行国际条约进口物资证明〉的函》（环函〔2005〕315号）致函总署，要求继续由该局负责办理联合国开发计划署执行国际环境公约向我提供无偿援助项目的有关手续。经研究，现就有关问题通知如下：

一、鉴于目前我国已经加入了多个国际环境公约，国家环保总局是我国履行相关国际环境公约的主管部门，且联合国开发计划署作为支持有关公约的基金（全球环境基金和蒙特利尔多边基金）的国际执行机构之一，负责执行基金项下的无偿援助项目，与《海关总署关于联合国开发计划署无偿援助物资进口免税问题的通知》（署税法〔2005〕150号）中所述的联合国开发计划署无偿援助我国的项目情况不同，不属于商务部执行的国际项目，因此，对于联合国开发计划署执行的国际环境公约基金无偿援助我国的项目，仍由国家环保总局根据《海关总署关于印发〈中华人民共和国海关对外国政府、国际组织无偿赠送及我国履行国际条约规定进口物资减免税的审批和管理办法〉的通知》（署税〔1999〕565号）办理相关审核手续，并由该局对外经济合作领导小组办公室负责出具有关《外国政府、国际组织无偿赠送及我国履行国际条约进口物资证明》。

二、上述项目进口物资的免税范围，包括有关公约或援助协议中规定利用国内配套资金进口的物资。

特此通知。

二〇〇五年九月二十六日

海关总署关于外国政府、国际组织无偿赠送及我国履行国际条约规定进口物资减免税有关问题的通知

（署税发〔2005〕398号）

广东分署，天津、上海特派办，各直属海关：

《海关总署关于印发〈中华人民共和国海关对外国政府、国际组织无偿赠送及我国履行国际条约规定进口物资减免税的审批和管理办法〉的通知》（署税〔1999〕565号）于1999年下发执行。最近，有关海关就执行中遇到的问题向总署请示。经研究，现就有关问题进一步明确如下：

一、外国政府、国际组织无偿赠送的物资，属于《海关法》第五十六条所列进口免税范围。此类免税属于我国主动实施并以法律形式确定的法定减免税，不要求有关赠送协议或者项目文件中对无偿赠送的物资进口免税作具体规定，但进口单位向海关申请办理有关减免税手续时提交的相关项目文件或证明函中，须明确有关物资是无偿或免费提供的。

二、我国缔结或者参加的国际条约规定减征、免征关税的货物、物品，同为《海关法》第五十六条

规定的进口减免税范围，也属于法定减免税，但是执行时受条约相关内容的限制。

（一）我国加入的国际条约（包括公约、双边或多边协定等，下同）生效后，在国际条约项下进口的货物、物品的减免税应当按照国际条约规定的减税或免税条款及我国的承诺办理。对于我国已经明确不接受其中的减免税条款的，对属于该条约范围的进口货物、物品应当按规定照章征税。

（二）进口单位向海关申请办理上述进口货物、物品减免税手续时，不要求进口单位提交的具体项目执行文件中再对减免税事项作出规定或者承诺。

特此通知。

二○○五年十月二十日

海关总署关税征管司关于进一步明确外国政府、国际组织无偿赠送等进口物资减免税审批有关问题的通知

（税管函〔2006〕123号）

广东分署，天津、上海特派办，各直属海关：

近期，有海关就外国政府、国际组织无偿赠送及我国履行国际条约规定进口物资的减免税审批权限下放后的具体审批程序事宜请示总署。经研究，现将有关问题进一步明确如下：

根据《海关总署关于下放部分减免税审批权限的通知》（署税发〔2003〕5号）的有关规定，对外国政府、国际组织无偿赠送或我国履行国际条约规定进口的物资，受赠单位或项目执行单位是多个且跨省、市、自治区的，该项免税审批的权限由原来的总署审批下放到北京海关负责统一审批。这样规定主要是考虑到上述跨省、市、自治区的项目需进行统一采购而无法分拆，由北京海关统一审批，以便于有关单位统一办理相关免税手续。

在近两年海关办理减免税的一些外国政府、国际组织无偿赠送或无偿援助项目中，有些属于受赠单位或项目执行单位是多个且跨省、市、自治区的项目，在办理免税和进口手续时可以分拆成若干子项目，而且国务院有关部门出具的《外国政府、国际组织无偿赠送及我国履行国际条约进口物资证明》（以下简称《证明》）中也直接填写子项目的所在地直属海关名称以及子项目的单位名称、进口商品数量、金额等内容。为了方便各受赠单位或项目执行单位办理相关手续，简化海关操作程序、提高工作效率，对于这类项目，子项目所在地直属海关可以受理减免税申请。

对于受赠单位或项目执行单位是多个且跨省、市、自治区的，并且由于统一采购等原因在办理免税和进口手续时无法分拆成若干子项目的项目，仍由北京海关负责统一办理有关减免税审批手续。

另外，国务院有关部门出具的《证明》中填写的受赠单位或项目执行单位的所在地直属海关名称不规范的，应请原出具《证明》的部门按规范名称重新出具《证明》。

特此通知。

二○○六年四月十日

海关总署关税征管司关于美国联邦快递公司进口民用航空运输协定项下货物减免税有关问题的通知

（税管函〔2007〕196号）

上海、深圳海关：

接民航总局国际合作司《关于美国联邦快递公司申请豁免关税的函》（民航际函〔2007〕4号），向总署申请美国联邦快递公司进口飞机专用外置移动空调机组按照《中华人民共和国政府和美利坚合众国政府民用航空运输协定》（以下简称《中美航空运输协定》）享受免税事宜。经研究，现就有关问题通知如下：

一、我国政府与外国政府签订的有关民用航空运输协定规定减征、免征关税的货物、物品，属于《海关法》第五十六条规定的进口减免税货物范围。海关应根据《中华人民共和国海关对外国政府、国际组织无偿赠送及我国履行国际条约规定进口物资减免税的审批和管理办法》（海关总署令第77号，以下简称《管理办法》）的有关规定办理相关减免税手续，但是执行时受条约相关内容的限制。

二、根据《中美航空运输协定》第十四条“关税和税收”的有关规定，为检修、维护或修理另一方指定空运企业飞行协议航班的飞机而运入一方领土的地面设备和包括发动机在内的零部件可以免征一切关税、检验费和其他国家费用。美国联邦快递公司此次进口的飞机专用外置移动空调机组符合免税条件，海关可以按规定办理相关免税审批手续。

三、美国联邦快递公司可以通过其设在上海、深圳的办事处向你关提出办理有关免税审批手续的申请。由于民航总局原负责出具《外国政府，国际组织无偿赠送及我国履行国际条约进口物资证明》的规划科技和体改司已撤销，你关在办理相关免税审批手续时可以不要求申请单位提供《外国政府，国际组织无偿赠送及我国履行国际条约进口物资证明》，其他免税审批手续应按照《管理办法》的有关规定办理，其中《进出口货物征免税证明》中的征免性质填写“其他法定”（代码：299）。

四、本通知下发前，海关直接根据有关政府间民用航空运输协定审核出具的《进出口货物征免税证明》可继续使用，但不得延期。

五、待民航总局指定该局负责出具《外国政府，国际组织无偿赠送及我国履行国际条约进口物资证明》的部门并报送总署备案后，总署将另行通知。海关再办理相关减免税审批手续时，应要求申请单位提供由民航总局指定部门出具的上述证明，并严格按照《管理办法》的规定办理。

特此通知。

二〇〇七年九月二十八日

海关总署关税征管司关于变更民航总局负责外国政府、国际组织无偿赠送及我国履行国际条约进口物资主管部门的通知

（税管函〔2007〕236号）

各直属海关：

近接民航总局《关于为履行双边民用航空运输协定豁免外国指定空运企业关税事的函》（民航函〔2007〕968号），称该局为履行与外国政府签署的双边民用航空运输协定，根据《中华人民共和国海关对外国政府、国际组织无偿赠送及我国履行国际条约规定进口物资减免税的审批和管理办法》（海关总署令第77号），需为经营至我国定期国际航班的外国指定空运企业开具《外国政府、国际组织无偿赠送及我国履行国际条约进口物资证明》，以便符合条件的外国指定空运企业享受豁免关税的待遇。根据民航总局内设机构的职能划分，该局负责此项事务的部门调整为国际合作司。特向我署函送相关印章印模及样本备案。

考虑到来函所述的民航总局内设机构职能划分的原因，同意将《海关总署办公厅关于发送部分部委印章印模样本的通知》（署办税〔1999〕299号）附件一第23项列名的“中国民用航空总局规划科技和体改司”变更为“中国民用航空总局国际合作司”（印章印模见附件1）。

自本通知下发之日起，对民航总局接受外国政府、国际组织无偿赠送及我国履行国际条约进口的物资，各海关凭中国民用航空总局国际合作司出具的加盖有该司印章的《外国政府、国际组织无偿赠送及我国履行国际条约进口物资证明》（式样见附件2）办理免税审批手续。

特此通知。

附件1　中国民用航空总局国际合作司印章印模（略）

附件2　外国政府、国际组织无偿赠送及我国履行国际条约进口物资证明（加盖有中国民用航空总局国际合作司印章的式样）（略）

二〇〇七年十一月二十一日

海关总署关于中日合作项目日方无偿赠送物资适用进口税收政策有关问题的通知

（署税函〔2008〕105号）

各直属海关：

近接国家发展改革委来函，商请对国家发展改革委与日本新能源产业技术综合开发机构（NEDO）分别代表中日政府签署的浙江中日合作并网光伏微电系统实证研究项目合作协议项下进口的日方无偿赠送物资享受现行免税政策，同时说明日本新能源产业技术综合开发机构是日本经济产业省所属的特殊法人机构，代表日本政府负责日本新能源、节能、环境保护及新型产业技术的研发资金，并负责开展相关的国际

合作。

鉴于日本新能源产业技术综合开发机构所具有的日本政府官方机构的地位，同意该机构代表日本政府与国家发展改革委代表中国政府签署的有关合作项目协议（包括中日合作并网光伏微电系统实证研究项目及其他合作项目协议）项下进口日方无偿赠送物资按照《海关总署关于印发〈中华人民共和国海关对外国政府、国际组织无偿赠送及我国履行国际条约规定进口物资减免税的审批和管理办法〉的通知》（署税〔1999〕565号）的有关规定执行。

对于国家发展改革委与日本新能源产业技术综合开发机构分别代表中日两国政府签署的中日合作项目项下进口的日方无偿赠送物资，各直属海关可凭国家发展改革委办公厅出具的《外国政府、国际组织无偿赠送及我国履行国际条约进口物资证明》及所附的物资清单，按规定办理有关日方无偿赠送物资的进口免税审批手续。

特此通知。

二〇〇八年三月三十一日

●国际组织名录

海关总署关于补充国际组织名录的通知

（署税〔2000〕137号）

广东分署，各直属海关：

经外交部国际司核准，“全球环境基金会”（Global Environment Facility GEF）和“联合国禁毒署”（UNDCP United Nations International Drug Control Programme）补充列入我署署税〔1999〕565号文件附件一“国际组织（部分）”名录中，对上述两个国际组织无偿赠送物资按署税〔1999〕565号文件办理进口免税手续。

特此通知。

二〇〇〇年三月二十七日

海关总署关于补充国际组织名录的通知

（署税函〔2001〕178号）

广东分署，各直属海关：

经外交部国际司核准，“国际热带木材组织”和“世界海关组织”补充列入《海关总署关于印发〈中华人民共和国海关关于外国政府、国际组织无偿赠送及我国履行国际条约规定进口物资减免税的审批和管理办法〉的通知》（署税〔1999〕565号）附件一“国际组织”部分名录中对上述两个国际组织无偿赠送的物资，按署税〔1999〕565号文件办理进口免税手续。

二〇〇一年六月一日

海关总署关于补充国际组织名录的通知

（署税函〔2001〕312号）

广东分署，各直属海关：

根据外交部国际司《关于海关总署关税征管司请核定有关“国际组织”事的复函》（国函〔2001〕2390号）的意见，经研究，现就有关事项通知如下：

同意将“欧洲核子研究中心”补充列入《海关总署关于印发〈中华人民共和国海关关于外国政府、国际组织无偿赠送及我国履行国际条约规定进口物资减免税的审批和管理办法〉的通知》（署税〔1999〕565号）附件1“国际组织（部分）”名录中，对该中心无偿赠送物资按署〔1999〕565号文件办理进口免税手续。

二〇〇一年八月二十九日

海关总署关于补充国际组织名录的通知

（署税函〔2001〕474号）

广东分署，各直属海关：

根据外交部国际司《关于核定“商品共同基金”为国际组织事的复函》（国函〔2001〕3979号）的意见，经研究，现就有关问题通知如下：

同意将“商品共同基金”补充列入《海关总署关于印发〈中华人民共和国海关关于外国政府、国际组织无偿赠送及我国履行国际条约规定进口物资减免税的审批和管理办法〉的通知》（署税〔1999〕565号）附件一“国际组织（部分）”名录中，对该组织无偿赠送的物资按署税〔1999〕565号文件办理进口免税手续。

二〇〇一年十一月二十九日

海关总署关于将“全球艾滋病、结核病和疟疾基金（全球基金）”补充列入国际组织名录的通知

（署税函〔2003〕164号）

广东分署，天津、上海特派办，各直属海关：

经外交部办公厅核准，“全球艾滋病、结核病和疟疾基金（全球基金）”为在瑞士注册的国际组织。

鉴此，现将“全球艾滋病、结核病和疟疾基金（全球基金）”补充列入《海关总署关于印发〈中华人民共和国海关关于外国政府、国际组织无偿赠送及我国履行国际条约规定进口物资减免税的审批和管理办法〉的通知》（署税〔1999〕565号，以下简称《通知》）附件一“国际组织”名录中。对该组织无偿赠送的物资，请按《通知》的规定办理进口免税手续。

特此通知。

二〇〇三年五月二十六日

海关总署关税征管司关于转发科技部关于日本协力事业团更名事宜的函

（税管函〔2003〕220号）

广东分署、天津、上海特派办，各直属海关

现将科技部《关于日本国际协力事业团更名为日本国际协力机构的通知》（国科函外字〔2003〕111号）转发你关。根据该通知，自2003年10月1日起，“日本国际协力事业团”更名为“日本国际协力机构”（英文名称及缩写不变，仍简称JICA）。

鉴此，《海关总署关于印发〈中华人民共和国海关对外国政府、国际组织无偿赠送及我国履行国际条约规定进口物资减免税的审批和管理办法〉的通知》（署税〔1999〕565号）附件1“国际组织（部分）”第三条“其他有关国际组织和金融机构”第6款“日本协力团”名称也作相应变更。

特此通知

附件　《关于日本国际协力事业团更名为日本国际协力机构的通知》（国科函外字〔2003〕111号）（略）

二〇〇三年十一月三日

海关总署关于将蒙特利尔议定书多边基金补充列入国际组织名录的通知

（署税函〔2006〕370号）

广东分署，天津、上海特派办，各直属海关：

近接外交部办公厅《关于确认蒙特利尔议定书多边基金国际组织地位的函》（办条函〔2006〕546号）称，“蒙特利尔议定书多边基金”是根据《关于消耗臭氧层物质的蒙特利尔议定书伦敦修正案》成立的资金机制，旨在通过提供赠款或贷款帮助发展中国家履行《蒙特利尔议定书》所规定的义务，其地位为国际组织，多边基金秘书处设在加拿大蒙特利尔。

鉴此，现将“蒙特利尔议定书多边基金”补充列入《海关总署关于印发〈中华人民共和国海关关于外国政府、国际组织无偿赠送及我国履行国际条约规定进口物资减免税的审批和管理办法〉的通知》（署税〔1999〕565号）附件1所列的《国际组织（部分）》名录中。对该国际组织无偿赠送的物资，请按署税〔1999〕565号文件的规定办理进口免税手续。

特此通知。

二〇〇六年十二月三十日

8.2 残疾人专用品

海关总署关于执行《科学研究和教学用品免征进口税收暂行规定》、《残疾人专用品免征进口税收暂行规定》的通知

（署税〔1997〕227号）

广东分署、各直属海关：

《科学研究和教学用品免征进口税收暂行规定》、《残疾人专用品免征进口税收暂行规定》已经国务院批准，并要求海关总署制定实施办法和对外发布，有关实施办法，我署正与有关部门拟定中，届时将另行通知。现将国务院批准的《科学研究和教学用品免征进口税收暂行规定》、《残疾人专用品免征进口税收暂行规定》先予公布，并就实施办法下达前的有关执行问题通知如下：

一、关于《科学研究和教学用品免征进口税收暂行规定》的执行问题：

《科学研究和教学用品免征进口税收暂行规定》（以下简称新《规定》）是在原《科教用品报运进口免税办法》的基础上，结合当前科研、教学的实际需要制定的。新《规定》在第三条第（三）项和第五条中增加了一些适用单位；在第四条第（八）项、第（十一）至第（十六）项中，增加了特殊院校和专

业所需专用教学科研用品等；科教用品免税范围也作了调整，取消了“教学专用闭路电视及其配件”。为了在实施办法下达前便于各关掌握，现就办理原则明确如下：

（一）新《规定》中的免税品种凡与原规定相一致的仍按原审批尺度掌握。

（二）第四条第（四）项进口维修用零部件应严格控制在原免税进口仪器设备（在监管期内）金额的10%以内。其余新增条款的免税审批一律报经总署关税司审核后方可执行。对于新《规定》中已取消的品种，海关一律不再受理免税申请。

（三）新《规定》中增加的适用单位，一律由总署关税司审批后下达执行。

（四）免税审批一律在单位所在地主管海关（处级及处级以上海关）办理。主管海关应对符合条件的科教单位设立专门档案，以利于审批和后续管理。凡首次申请办理科教用品免税的科教单位，应先持凭有关上级主管部门的批准文件向单位所在地主管海关申请办理“资格认定”手续。经海关审核符合文件规定标准的，发给“科教用品免税登记手册”（一式二本，一本海关留存，一本由申请单位保留存查）。申请单位每次办理免税手续时，应填写“进口货物征免税证明”，携带“登记手册”（三联单）和有关单证，向主管海关提出申请，经主管海关审核批准的，可在“进口货物征免税证明”上签章，凭以向进口地海关办理免税。同时，将每次审批情况记录在“登记手册”上，凭以进行后续管理。货物免税进口后，进口地海关应在“进口货物征免税证明”上注明核准免税情况，并将反馈一联及时寄送主管海关。

二、关于《残疾人专用品免征进口税收暂行规定》的执行问题：

鉴于有关残疾人专用品的具体货品范围和福利、康复机构的名称，我署正与有关部门拟定中，在最终确定之前，对《残疾人专用品免征进口税收暂行规定》（以下简称《规定》）先按以下办法执行：

（一）《规定》第二条由纳税人直接在海关办理免税手续的残疾人专用品，暂限个人自带（用）物品，凡以贸易形式批量进口的一律报总署关税司审定后通知口岸海关执行。

（二）《规定》第三条有关单位进口的残疾人专用品，一律由海关总署审批后通知福利、康复机构所在地海关、由所在地海关出具“进口货物征免税证明”通知进口地海关办理手续。所在地海关应对福利、康复机构设立专门档案，以利后续管理。

三、科教用品和残疾人专用品审批过程中发生难以界定的单位和物品，应及时上报海关总署关税司，由总署会商国务院有关部门审定。

四、接受捐赠进口科教用品和残疾人专用品也暂照此办理。

所拟署长令请予4月10日对外公布。

附件　国务院关于《科学研究和教用品免税进口税收暂行规定》和《残疾人专用品免征进口税收暂行规定》的批复（国函〔1997〕3号）

一九九七年三月十五日

附件

国务院关于《科学研究和教学用品免征进口税收暂行规定》和《残疾人专用品免征进口税收暂行规定》的批复

（国函〔1997〕3号）

海关总署：

国务院批准《科学研究和教学用品免征进口税收暂行规定》和《残疾人专用品免征进口税收暂行规定》，由你署发布施行。

附件 1 科学研究和教学用品免征进口税收暂行规定（略）

附件 2 残疾人专用品免征进口税收暂行规定

中华人民共和国国务院

一九九七年一月二十二日

附件 2

残疾人专用品免征进口税收暂行规定

（1997 年 1 月 22 日国务院批准 1997 年 4 月 10 日海关总署发布）

第一条 为了支持残疾人康复工作，有利于残疾人专用品进口，制定本规定。

第二条 进口下列残疾人专用品，免征进口关税和进口环节增值税、消费税：

（一）肢残者用的支辅具，假肢及其零部件，假眼，假鼻，内脏托带，矫形器，矫形鞋，非机动助行器，代步工具（不包括汽车、摩托车），生活自助具，特殊卫生用品；

（二）视力残疾者用的盲杖，导盲镜，助视器，盲人阅读器；

（三）语言、听力残疾者用的语言训练器；

（四）智力残疾者用的行为训练器，生活能力训练用品。

进口前款所列残疾人专用品，由纳税人直接在海关办理免税手续。

第三条 有关单位进口的国内不能生产的下列残疾人专用品，按隶属关系经民政部或者中国残疾人联合会批准，并报海关总署审核后，免征进口关税和进口环节增值税、消费税：

（一）残疾人康复及专用设备，包括床旁监护设备、中心监护设备、生化分析仪和超声诊断仪；

（二）残疾人特殊教育设备和职业教育设备；

（三）残疾人职业能力评估测试设备；

（四）残疾人专用劳动设备和劳动保护设备；

（五）残疾人文体活动专用设备；

（六）假肢专用生产、装配、检测设备，包括假肢专用铣磨机、假肢专用真空成型机、假肢专用平板加热器和假肢综合检测仪；

（七）听力残疾者用的助听器。

第四条 本规定第三条规定的有关单位，是指：

（一）民政部直属企事业单位和省、自治区、直辖市民政部门所属福利机构、假肢厂和荣誉军人康复医院（包括各类革命伤残军人休养院、荣军医院和荣军康复医院）；

（二）中国残疾人联合会（中国残疾人福利基金会）直属事业单位和省、自治区、直辖市残疾人联合会（残疾人福利基金会）所属福利机构和康复机构。

第五条 依据本规定免税进口的残疾人专用品，不得擅自移作他用。

违反前款规定，将免税进口的物品擅自移作他用，构成走私罪的，依法追究刑事责任；尚不构成犯罪的，按走私行为或者违反海关监管规定的行为论处。

第六条 海关总署根据本规定制定实施办法。

第七条 本规定自发布之日起施行。

海关总署关于执行《残疾人专用品免征进口税收暂行规定实施办法》的通知

（署税〔1997〕544 号）

广东分署、各直属海关：

国务院关于《残疾人专用品免征进口税收暂行规定》的批复（国发〔1997〕2 号）文，我署已以第 61 号署长令对外公布，现将有关实施办法下达你关，并就有关执行问题通知如下：

一、残疾人专用品免征进口税收是国务院批准的税收优惠规定，政策性、技术性很强，各关应认真学习，严格贯彻执行。本《办法》附件所列残疾人专用品清单，是征求民政部、中国残疾人联合会意见的基础上，经过清理予以汇总的，各关执行中应严格按此清单所列范围审批验放，不得擅自随意扩大解释范围，要掌握残疾人专用器材、设备和正常人使用的普通器材、设备的区别，凡界限模糊不清难以界定的，应一律报总署商有关部门予以审批。

二、《办法》下发后，原（85）署税字第 46 号文即予废止。1997 年 4 月 10 日前依据（85）署税字第 46 号文开具出《进出口货物征免税证明》的，关于 1997 年 7 月底前到货的，仍可按原规定办理，8 月 1 日后到货一律按此办法规定办理。

三、为全面掌握年度进口及免税情况，进口地海关每年于 12 月底前填写有关单位进口残疾人专用品统计表（表的格式见附件四）报送总署关税司。

《实施办法》请于 7 月 21 日对外公布。

以上请研究执行。

附件　关于残疾人专用品免征进口税收暂行规定的实施办法

一九九七年七月二日

附件

关于残疾人专用品免征进口税收暂行规定的实施办法

第一条　根据国务院批准的《残疾人专用品免征进口税收暂行规定》（以下简称《规定》）和《海关法》及有关法律、法规，特制定本实施办法。

第二条　《规定》和本办法称“残疾人”是指由于心理、生理、人体结构或某种组织的功能丧失或不正常，以致全部或部分丧失以正常方式从事某种活动能力的人。残疾人包括视力残疾、听力残疾、语言残疾、肢体残疾、智力残疾、精神残疾、多重残疾和其他残疾人。

第三条　凡进口《规定》第二条的残疾人专用品和第三条民政部、中国残疾人联合会所属福利、康复机构所用的残疾人专用品的免税手续，按本实施办法的规定办理。

第四条　个人进口本办法附件一所列的残疾人专用物品在自用合理数量范围内，由纳税人直接在进口地海关办理免税进口手续。

第五条　批量进口本办法附件一所列残疾人专用品，进口单位在进口前应提供用途说明等文件，向所在地主管海关申请，经所在地主管海关审核同意后，出具《进出口货物征免税证明》（三联单）通知进口地海关办理免税手续。

第六条　福利、康复机构进口本办法附件二所列国内不能生产的残疾人专用品的免税手续按以下规定办理：

（一）进口前，有关福利、康复机构应按隶属关系，填写《残疾人免税进口专用品申请表》一式三份（《申请表》的格式见附件三），分别向民政部或中国残疾人联合会提出申请。

（二）经民政部或中国残疾人联合会审核无误后，应在《申请表》上签章，将其中一份存档，另二份报送海关总署；经海关总署关税司审核无误后，通知福利、康复机构所在地主管海关。

（三）福利、康复机构所在地主管海关凭关税司下发的批准文件，填写《进出口货物征免税证明》三联单，其中第一联福利、康复机构所在地主管海关留存，第二、三联送交进口地海关凭以免税；进口地海关在免税验放后，及时将第三联退福利、康复机构所在地主管海关。

第七条 境外捐赠给残疾人个人或有关福利、康复机构的国内不能生产的残疾人专用品，凭捐赠证明按本办法办理。

第八条 经批准免税进口的残疾人免税专用品不得擅自移作他用，违者由海关将按《海关法》有关规定予以处罚。其他违反本办法规定的，按《海关法》及有关规定处理。

第九条 本办法由海关总署负责解释。

第十条 本办法与《规定》同时实施。

附件 1

残疾人个人用专用品清单

一、假肢及其零部件：

上肢假肢包括部分手、前臂、上臂、假手、肘关节

下肢假肢包括部分足、小腿、大腿、膝关节等

二、假眼

三、假鼻

四、内脏托带：

肾托、胃托、疝气带、疝气腰带等。

五、矫形器：

包括脊柱、上肢、下肢、功能性电子刺激器和复合力源矫形器系统等。

六、矫形鞋：

成品矫形鞋、定做的矫形鞋、适配的标准鞋。

七、非机动助行器：

包括单臂操作助行器（手杖、肘拐、前臂支撑拐、腋拐、三脚及多脚拐杖等）；双臂操作助行器（助行器、轮式助行架、助行椅、助行台等）及助行器的附件等。

八、代步工具（不包括汽车、摩托车）：

包括轮椅车（手动、电动、机动）、残疾人专用自行车（如手摇三轮车、串翼自行车、助行自行车手扒推轮椅等）。

九、辅助器具：

移动用辅助器具、翻身用辅助器具（如翻身垫、翻身床单、翻身毯等）、升降用辅助器具（如轮椅爬楼梯装置、升降架等）。

十、生活自助具：

包括残疾人专用服装（如轮椅使用者的连裤服、雨衣、手套；鞋和靴的防滑装置等），安全防护辅助器具（如用于头部面部、上肢、下肢及全身的防护装置等），穿脱衣服的辅助器具、画图和书写辅助器具（如书写板、书写框等），日常生活用辅助器具（如罐头开启器、防洒碗等）。

十一、专用卫生用品

十二、视力残疾者用的盲杖

十三、导盲镜

十四、助视器：

内装灯的放大镜等。

十五、盲人阅读器：

电子盲文书写器、手动盲文书写器等。

十六、语言、听力残疾者的语言训练器：

言语训练辅助器具。

十七、智力残疾者用的行为训练器

十八、生活能力训练用品

附件 2

康复福利机构进口国内不能生产的残疾人专用品清单

一、残疾人康复及专用设备，包括床旁监护设备、中心监护设备、生化分析仪和超声诊断仪。

二、残疾人特殊教育设备和职业教育设备：对残疾人进行义务教育、学历教育、职业教育所需各类设备。例如：聋人助听设备、智力残疾检测设备等。

三、残疾人职业能力评估测试设备，例如：手腕作业检查盘、注意力集中能力测试仪等。

四、残疾人专用劳动设备和劳动保护设备：如某种肢残人操作的特殊机床、聋人专用的特殊报警装置等，以及为残疾人就业设立的福利企业进口的适合于残疾人操作的生产设备。

五、残疾人文体活动专用设备：是指残疾人进行文化、娱乐、体育活动和体育竞赛所需的专用设备。例如：各种运动轮椅，盲人门球等。

六、假肢专用生产、装配、检测设备，包括假肢专用铣磨机、假肢专用真空成型机、假肢专用平板加热器和假肢综合检测仪。

七、听力残疾者用的助听器：包括各类助听器等。

附件 3

单位名称	进口物品名称	合同	金额（万美元）	数量	到货口岸	用途

附件 4

有关单位进口残疾人免税专用品统计表

进口单位	品名	数量	金额（万美元）	免税额（万元）

海关总署关于残疾人专用品免税审批有关事宜的补充通知

（署税〔2004〕355号）

广东分署，天津、上海特派办，各直属海关：

为保证国家对残疾人专用品进口税收优惠政策的有效实施，经商民政部、中国残疾人联合会，现就有关问题进一步明确如下：

一、《海关总署关于执行〈残疾人专用品免征进口税收暂行规定实施办法〉的通知》（署税〔1997〕544号）附件第五条规定批量进口残疾人专用品的“进口单位”，由民政部和中国残疾人联合会分别进行管理。

（一）民政部门核准的有：

1. 直接从事残疾人康复治疗工作的机构；

2. 专门制作残疾人用品的生产企业；

3. 专门经营和销售残疾人用品的贸易公司。

（二）中国残疾人联合会系统有：

1. 各级残联；

2. 各级残联所属的单位；

二、上述单位批量进口《残疾人个人用专用品清单》所列商品，海关凭民政部（包括省、自治区、直辖市的民政部门）或中国残疾人联合会（包括省、自治区、直辖市的残疾人联合会）出具的证明函，办理免税审批手续。

三、进口单位可以委托进出口公司代理进口，或者自营进口。自营进口的应在向商务部门领取对外贸易经营者备案登记表后，按规定到海关办理注册登记手续。

特此通知。

二〇〇四年十月十五日

民政部、海关总署、中国残疾人联合会关于残疾人专用品免征进口税收审批有关事项的通知

（民发〔2011〕84号）

各省、自治区、直辖市民政厅（局）、残疾人联合会，新疆生产建设兵团民政局、残疾人联合会；各直属海关：

目前执行的《残疾人专用品免征进口税收暂行规定实施办法的通知》（署税〔1997〕544号）和《海关总署关于下放残疾人专用品进口减免税审批权限的通知》（署税发〔2003〕4号），要求福利企业、集中安置残疾人单位资格由省、自治区、直辖市一级民政部门、残疾人联合会认定。但2007年7月1日施行的新《福利企业资格认定办法》（民发〔2007〕103号）和《盲人按摩机构工疗机构及其他集中安置残

疾人单位资格认定办法》(残联发〔2007〕29号),将福利企业、集中安置残疾人单位资格认定机关改为由省、自治区、直辖市民政厅(局)、残疾人联合会确定的县以上民政部门、残疾人联合会。据此,部分区、县民政部门、残疾人联合会成为福利企业、残疾人集中安置机构资格认定机关。为保证政策有效衔接,使残疾人专用品免征进口税收的优惠政策在扶持、发展福利企业,服务、便利残疾人上更好地发挥作用,经研究,现就残疾人专用品免征进口税收审批有关事项通知如下:

一、福利企业、残疾人集中安置机构资格认定机关为区、县民政局、残疾人联合会的省、自治区、直辖市,请在向民政部规划财务司、中国残疾人联合会报送残疾人专用品进口减免税审批材料时,在所附《社会福利企业证书》、《集中安置残疾人单位证书》上,加盖省、自治区、直辖市一级民政厅(局)、残疾人联合会印章。

二、上述省、自治区、直辖市进口单位向海关申请办理残疾人专用品进口减免税审批手续时,除提交署税发〔2003〕4号文件规定的单证外,还应提供盖有省、自治区、直辖市一级民政厅(局)、残疾人联合会印章的《社会福利企业证书》、《集中安置残疾人单位证书》复印件,上述证书复印件与《残疾人专用品进口证明》之间应加盖民政部规划财务司、中国残疾人联合会审核签章(骑缝章)。

二〇一一年五月三十一日

8.3 救灾捐赠

海关总署关于印发《关于救灾捐赠物资免征进口税收的暂行办法》的通知

(署税〔1998〕443号)

广东分署,各直属海关:

由财政部、国务院关税税则委员会、国家税务总局、海关总署拟定的《关于救灾捐赠物资免征进口税收的暂行办法》(以下简称《暂行办法》)已经国务院批准,现印发你们,请接此通知之日对外公布(公告稿附后)。现就有关执行问题通知如下:

一、救灾捐赠物资统一由民政部、中国红十字会、中华全国妇女联合会分别负责接受,并向总署提出免税申请,总署依据《暂行办法》对符合免税范围的救灾物资,通知有关直属海关办理验放手续。各地海关不得接受申请。

二、捐赠救灾的免税物资应严格按免税物品范围验放,如与申报物品不相符或超出免税物品范围的,一律不予放行。对捐赠的旧衣服、被褥、鞋帽等物品不准入境。

三、对捐赠的救灾物资准予免税进口体现了党中央和国务院对灾区人民生活的关怀。对符合上述免税规定捐赠进口的救灾物资,各关一定要简化手续、加速验放,确保救灾物资及时发放灾区。

四、免税进口的捐赠救灾物资,由接收部门负责管理并运往灾区救灾。总署将救灾物资分发情况通知所在地海关以便后续核查。对假借捐赠救灾名义进口货物或擅自将捐赠救灾进口物资在国内销售牟利的,海关应根据《中华人民共和国海关法》和《中华人民共和国海关行政处罚实施细则》有关规定处理。

以上请遵照执行。

附件1 关于救灾捐赠物资免征进口税收的暂行办法
附件2 公告稿（略）

一九九八年八月五日

附件

关于救灾捐赠物资免征进口税收的暂行办法

第一条 为有利于灾区紧急救援，规范救灾捐赠进口物资的管理，制定本办法。

第二条 对外国民间团体、企业、友好人士和华侨、香港居民和台湾、澳门同胞无偿向我境内受灾地区捐赠的直接用于救灾的物资，在合理数量范围内，免征进口关税和进口环节增值税、消费税。

第三条 享受救灾捐赠物资进口免税的区域限于新华社对外发布和民政部《中国灾情信息》公布的受灾地区。

第四条 免税进口的救灾捐赠物资限于：

（一）食品类（不包括调味品、水产品、水果、饮料、酒等）；

（二）新的服装、被褥、鞋帽、帐篷、手套、睡袋 、毛毯及其他维持基本生活的必需用品等；

（三）药品类（包括治疗、消毒、抗菌等）、疫苗、白蛋白、急救用医疗器械、消杀灭药械等；

（四）抢救工具（包括担架、橡皮艇、救生衣等）

（五）经国务院批准的其他直接用于灾区救援的物资。

第五条 救灾捐赠物资进口免税的审批管理。

（一）救灾捐赠进口物资一般应由民政部（中国国际减灾十年委员会）提出免税申请，对于来自国际和友好国家及香港特别行政区、台湾地区、澳门红十字会和妇女组织捐赠的物资分别由中国红十字会、中华全国妇女联合会提出免税申请，海关总署依照本规定进行审核并办理免税手续。免税进口的救灾捐赠物资按渠道分别由民政部（如涉及国务院有关部门、民政部应会同相关部门）、中国红十字会、中华全国妇女联合会负责接收、管理并及时发送给受灾地区。

（二）接受的捐赠物资，按国家规定属配额、特定登记和进口许可证管理的商品，应向有关部门申请配额、登记证明和进口许可证，海关凭证验放。

第六条 各地区、各有关部门要加强管理，不得以任何形式将免税进口的救灾捐赠物资转让、出售、出租或移作他用，如违反上述规定，由海关按《中华人民共和国海关法》有关条款处理。

第七条 外国政府、国际组织无偿捐赠的救灾物资按《中华人民共和国海关法》第三十九条和《中华人民共和国增值税暂行条例》第十六条有关规定执行，不适用本办法。

第八条 本办法由财政部会同国务院关税税则委员会、国家税务总局、海关总署负责解释。

第九条 本办法自发布之日起施行。

海关总署关于下放救灾捐赠物资免税审批权限的通知

(署税发〔2003〕3号)

广东分署、天津、上海特派办，各直属海关：

为进一步转变总署机关职能，提高工作效率，加快进口救灾捐赠物资通关速度，经署领导批准，决定对《海关总署关于印发〈关于救灾捐赠物资免征进口税收的暂行办法〉的通知》(署税〔1998〕443号，以下简称《通知》)中有关由总署审批进口救灾捐赠物资免税的规定予以修改，将救灾捐赠物资免征进口税收的审批手续下放到救灾物资使用地直属海关办理，其他规定仍按原《通知》执行。现将有关事宜通知如下：

一、免税范围。

救灾捐赠物资免征进口税收的范围按照《通知》附件一第四条规定执行。

二、申请免税审批程序。

救灾捐赠物资，统一由民政部、全国妇联和中国红十字会总会分别负责接收，并向救灾捐赠物资使用地直属海关申请免税(救灾物资使用地的省、自治区内设有两个以上直属海关的，有关进口免税手续在省会海关办理，对受赠单位是多个且跨省、市、自治区的，由北京海关统一办理)，所需如下单证：

(一)由民政部、全国妇联和中国红十字会总会出具由其审核签章的《接受境外救灾捐赠物资进口证明》及《救灾捐赠物资清单》(见附件1、2，由3个主管部门按本文样式自行印制)；

(二)境外捐赠函正本复印件；

(三)按海关规定应提交的其他单证。

三、免税审批制度。

各海关对救灾捐赠进口物资的审批要运用本关区《减免税管理系统》来管理。各关区之间要加强联系配合，做好救灾捐赠物资的进口免税审批工作。

四、后续管理。

免税进口的救灾捐赠物资属于海关监管货物，仅限灾区使用，严禁投放市场或移作他用。有关海关要做好后续管理工作。

五、本通知自2003年2月1日起执行。

附件1　接受境外救灾捐赠物资进口证明

附件2　救灾捐赠物资清单

二〇〇三年一月三日

附件 1

接受境外救灾捐赠物资进口证明

编号（　　）字　　号

申请免税海关		物资到货口岸	
境外捐赠人名称			
受赠单位名称			
物资品名			
物资数量		物资金额	
接收单位审批盖章 （注明申请减免税依据） 经办人姓名：　　　　电话：　　　　年　月　日			

备注：

1. 本《证明》一次性使用，自审批之日起半年内有效。
2. 物资进口前，受赠单位应持《证明》正本向使用地直属海关申请办理免税手续。《证明》内容不得更改，复印件无效。
3. 《证明》一式两联，第一联由海关留存，第二联由出具《证明》的接收单位留存。
4. 如受赠单位超过 2 家及以上的，应附《救灾捐赠物资清单》。

附件 2

救灾捐赠物资清单

序号	受赠单位名称	物资品名	数量	金额	执行单位地址
备注： 本《救灾物资分配使用清单》有关管理规定与《接受境外救灾捐赠物资进口证明》管理规定一致。			接收单位审批盖章 年　月　日		

8.4 扶贫慈善

财政部、国家税务总局、海关总署关于发布《扶贫、慈善性捐赠物资免征进口税收暂行办法》的通知

（财税〔2000〕152号）

国务院各部委、各直属机构、各省、自治区、直辖市人民政府：

经国务院批准，现将《扶贫、慈善性捐赠物资免征进口税收暂行办法》印发，请遵照执行。

附件 扶贫、慈善性捐赠物资免征进口税收暂行办法

二○○一年一月十五日

附件

扶贫、慈善性捐赠物资免征进口税收暂行办法

第一条 为促进公益事业的健康发展，规范对扶贫、慈善事业捐赠物资的进口管理，根据《中华人民共和国公益事业捐赠法》有关规定，制订本办法。

第二条 对境外捐赠人无偿向受赠人捐赠的直接用于扶贫、慈善事业的物资，免征进口关税和进口环节增值税。

第三条 本办法所称扶贫、慈善事业是指非营利的扶贫济困、慈善救助等社会慈善和福利事业。

第四条 本办法所称境外捐赠人是指中华人民共和国关境外的自然人、法人或者其他组织。

第五条 本办法所称受赠人是指：

（一）经国务院主管部门依法批准成立的，以人道救助和发展扶贫、慈善事业为宗旨的社会团体。

（二）国务院有关部门和各省、自治区、直辖市人民政府。

第六条 本办法所称用于扶贫、慈善公益性事业的物资是指：

（一）新的衣服、被褥、鞋帽、帐篷、手套、睡袋、毛毯及其他维持基本生活的必需用品等。

（二）食品类及饮用品（调味品、水产品、水果、饮料、烟酒等除外）。

（三）医疗类包括直接用于治疗特困患者疾病或贫困地区治疗地方病及基本医疗卫生、公共环境卫生所需的基本医疗药品、基本医疗器械、医疗书籍和资料。

（四）直接用于公共图书馆、公共博物馆、中等专科学校、高中（包括职业高中）、初中、小学、幼儿园教育的教学仪器、教材、图书、资料和一般学习用品。

（五）直接用于环境保护的专用仪器。

（六）经国务院批准的其他直接用于扶贫、慈善事业的物资。

前款物资不包括国家明令停止减免进口税收的二十种商品、汽车、生产性设备、生产性原材料及半成品等。捐赠物资应为新品，在捐赠物资内不得夹带有害环境、公共卫生和社会道德及政治渗透等违禁物

品。

第七条 进口的捐赠物资，由受赠人向海关提出免税申请，海关按规定负责审批并进行后续管理。经批准免税进口的捐赠物资，由海关进行专项统计。

第八条 进口的捐赠物资按国家规定属配额、特定登记和进口许可证管理的商品，受赠人应向有关部门申请配额、登记证明和进口许可证，海关凭证验放。

第九条 经批准免税进口的捐赠物资，依照《中华人民共和国公益事业捐赠法》第三章有关条款进行使用和管理。

第十条 免税进口的扶贫、慈善性捐赠进口物资，不得以任何形式转让、出售、出租或移作他用。如有违反，按国家有关法律、法规处理。

第十一条 （一）外国政府、国际组织无偿捐赠的扶贫、慈善物资按《中华人民共和国海关法》和《中华人民共和国增值税暂行条例》有关规定继续执行，不适用本办法。

（二）经国务院特别批准的免征进口税的捐赠物资，不适用本办法。

第十二条 本办法由财政部会同国家税务总局、海关总署解释。

第十三条 海关总署根据本办法制定具体实施办法。

第十四条 本办法自发布之日起施行。

中华人民共和国海关关于《扶贫、慈善性捐赠物资免征进口税收暂行办法》的实施办法

（2001年12月13日海关总署令第90号发布，自2002年1月1日起施行。根据2010年11月26日海关总署令第198号《海关总署关于修改部分规章的决定》将第八条删除，根据《财政部关于扶贫慈善性捐赠进口物资用于学校教育税收优惠政策有关问题的通知》（财税〔2003〕51号）附件1第六条第四款规定调整为“直接用于公共图书馆、公共博物馆、各类职业学校、高中、初中、小学、幼儿园教育的教学仪器、器材、图书、资料和一般学习用品”）

第一条 根据《中华人民共和国海关法》和《扶贫、慈善性捐赠物资免征进口税收暂行办法》（以下简称《暂行办法》，见附件1）及国家有关法律、法规的规定，特制定本实施办法。

第二条 《暂行办法》所称的受赠人，是指国务院有关部门和各省、自治区、直辖市人民政府，以及从事人道救助和发展扶贫、慈善事业为宗旨的全国性的社会团体。包括中国红十字会总会、全国妇女联合会、中国残疾人联合会、中华慈善总会、中国初级卫生保健基金会和宋庆龄基金会。

本实施办法所称的使用人（使用单位），是指捐赠物资的直接使用者或负责分配该捐赠物资的单位或个人。

第三条 《暂行办法》所称的“公共图书馆和公共博物馆”是指：

（一）经省级以上文化行政管理部门认定、向社会开放的县（市）级以上单位管理的公益性图书馆。

（二）经省级以上文物行政管理部门认定、向公众开放的县（市）级以上单位管理的各类公益性博物馆。

第四条 《暂行办法》第六条各项所列的用于扶贫、慈善公益性事业的捐赠物资可予免税，其中：

（一）“基本医疗药品”是指用于急救、治疗、防疫、消毒、抗菌等用途的药品和人体移植用的器官，但不包括保健药和营养药。

（二）“基本医疗器械”是指诊疗器械、手术器械、卫生检测器械、伤残修复器械、防疫防护器械、消毒灭菌器械。

（三）“教学仪器”是指《暂行办法》规定的学校、幼儿园专用于教学的检验、观察、计量、演示用的仪器和器具。

（四）“一般学习用品”是指《暂行办法》规定的学校、幼儿园教学和学生专用的文具、教具、婴幼儿玩具、标本、模型、切片、各类学习软件、实验室用器皿和试剂、学生服装（含鞋帽）和书包等。

（五）“直接用于环境保护的专用仪器”是指环保系统专用的空气质量与污染源废气监测仪器及治理设备、环境水质与污水监测仪器及治理设备、环境污染事故应急监测仪器、固体废物监测仪器及处置设备、辐射防护与电磁辐射监测仪器及设备、生态保护监测仪器及设备、噪声及振动监测仪器和实验室通用分析仪器及设备。

第五条 国际和外国医疗机构在我国从事慈善和人道医疗救助活动，供免费使用的医疗药品和器械及在治疗过程中使用的消耗性的医用卫生材料比照本规定办理。

第六条 扶贫、慈善捐赠进口物资由本规定第二条所述的受赠人接受捐赠并向海关出具接受捐赠物资进口证明申请免税。具体免税手续由最终使用人（使用单位）向项目所在地直属海关办理。国务院有关部门、本规定第二条所述的全国性的社会团体等受赠人接受境外捐赠的项目，由受赠人统一向北京海关申请免税。

第七条 扶贫、慈善捐赠进口物资的进口按以下规定办理免税手续：

（一）扶贫、慈善捐赠进口物资的使用人向其所在地直属海关申请免税时应当向海关提供如下单证：

1. 境外捐赠函正本；

2. 由受赠人出具的《政府部门或社会团体接受境外扶贫、慈善性捐赠物资进口证明》，并应随附《捐赠物资分配使用清单》（均为正本，详见附件2）；

3. 属于国家规定限制进口商品应提交的有关许可证件（或其他单证）的复印件；

4. 海关规定应提交的其他单证。

（二）有关项目所在地直属海关凭前款所述的单证、对照《暂行办法》规定的免税物品范围进行审批后，办理扶贫、慈善性捐赠物资免税手续，出具《进出口货物征免税证明》，对超出《暂行办法》免税物资范围的，应照章征税。

由北京海关统一办理捐赠物资免税手续的，应将项目审批情况书面通知使用人（使用单位）所在地直属海关。

（三）有关直属海关对上述免税审批工作要运用《减免税管理系统》进行，并与有关进口地海关加强联系，密切配合。

（四）海关对上述减免税审批工作，应在受理申请之日起10个工作日内办结。如提交的有关材料不齐全或不准确的，海关应在接到申请之日起5个工作日内通知受赠人或使用人补充有关材料后再予受理。

第八条 对免税进口的扶贫、慈善捐赠物资，免征海关监管手续费。

第九条 上述免税进口物资属海关监管货物，在海关监管期限内，未经海关许可，不得抵押、质押、转让、移作他用或者进行其他处置。有关项目所在地海关应按现行规定做好后续监管工作。对违反本办法的，海关将依照《中华人民共和国海关法》及国家有关法律、法规的规定予以处罚。

第十条 本办法由海关总署负责解释。

第十一条 本办法自2002年1月1日起实施。

附件1 扶贫、慈善性捐赠物资免征进口税收的暂行办法

附件2 受赠人（政府部门或社会团体）接受境外扶贫、慈善性捐赠物资进口证明

附件3 捐赠物资分配使用清单（略）

附件1

扶贫、慈善性捐赠物资免征进口税收暂行办法

（2001年1月15日经国务院批准，财政部、国家税务总局、海关总署发布）

第一条 为促进公益事业的健康发展，规范对扶贫、慈善事业捐赠物资的进口管理，根据《中华人民共和国公益事业捐赠法》有关规定，制订本办法。

第二条 对境外捐赠人无偿向受赠人捐赠的直接用于扶贫、慈善事业的物资，免征进口关税和进口环节增值税。

第三条 本办法所称扶贫、慈善事业是指非营利的扶贫济困、慈善救助等社会慈善和福利事业。

第四条 本办法所称境外捐赠人是指中华人民共和国关境外的自然人、法人或者其他组织。

第五条 本办法所称受赠人是指：

（一）经国务院主管部门依法批准成立的，以人道救助和发展扶贫、慈善事业为宗旨的社会团体。

（二）国务院有关部门和各省、自治区、直辖市人民政府。

第六条 本办法所称用于扶贫、慈善公益性事业的物资是指：

（一）新的衣服、被褥、鞋帽、帐篷、手套、睡袋、毛毯及其他维持基本生活的必需用品等。

（二）食品类及饮用品（调味品、水产品、水果、饮料、烟酒等除外）。

（三）医疗类包括直接用于治疗特困患者疾病或贫困地区治疗地方病及基本医疗卫生、公共环境卫生所需的基本医疗药品、基本医疗器械、医疗书籍和资料。

（四）直接用于公共图书馆、公共博物馆、中等专科学校、高中（包括职业高中）、初中、小学、幼儿园教育的教学仪器、教材、图书、资料和一般学习用品。

（五）直接用于环境保护的专用仪器。

（六）经国务院批准的其他直接用于扶贫、慈善事业的物资。

前款物资不包括国家明令停止减免进口税收的二十种商品、汽车、生产性设备、生产性原材料及半成品等。捐赠物资应为新品，在捐赠物资内不得夹带有害环境、公共卫生和社会道德及政治渗透等违禁物品。

第七条 进口的捐赠物资，由受赠人向海关提出免税申请，海关按规定负责审批并进行后续管理。经批准免税进口的捐赠物资，由海关进行专项统计。

第八条 进口的捐赠物资按国家规定属配额、特定登记和进口许可证管理的商品，受赠人应向有关部门申请配额、登记证明和进口许可证，海关凭证验放。

第九条 经批准免税进口的捐赠物资，依照《中华人民共和国公益事业捐赠法》第三章有关条款进行使用和管理。

第十条 免税进口的扶贫、慈善性捐赠进口物资，不得以任何形式转让、出售、出租或移作他用。如有违反，按国家有关法律、法规处理。

第十一条 （一）外国政府、国际组织无偿捐赠的扶贫、慈善物资按《中华人民共和国海关法》和《中华人民共和国增值税暂行条例》有关规定继续执行，不适用本办法。

（二）经国务院特别批准的免征进口税的捐赠物资，不适用本办法。

第十二条 本办法由财政部会同国家税务总局、海关总署解释。

第十三条 海关总署根据本办法制定具体实施办法。

第十四条 本办法自发布之日起施行。

附件 2

受赠人（政府部门或社会团体）接受境外扶贫、慈善性捐赠物资进口证明

（第一联：海关留存）　　　　　　　　　　编号（　　）字　号

主管海关		物资到货口岸	
境外捐赠人名称			
捐赠物资品种 （详见随附清单）			
物资数量		物资金额	
受赠人审批盖章 经办人姓名：　　　　电话：　　　　年　月　日			

备注：

1. 本《证明》由受赠人按样式自行印制，一次性使用，自审批之日起半年内有效，允许跨年度使用，并附盖有公章的物品清单。

2. 物资进口前，受赠单位或项目执行单位应持《证明》正本向所在地直属海关申请办理免税手续。《证明》内容不得更改，复印件无效。

3. 《证明》一式两联，第一联由海关留存，第二联由出具《证明》单位留存。

4. 受赠人为国务院有关部门和各省、自治区、直辖市人民政府的，由各有关部门和政府办公厅出具《证明》；对受赠人为本《实施办法》所述的社会团体的，由该团体出具《证明》。

捐赠物资分配使用清单

（第一联：海关留存）

序号	使用人（使用单位）名称	物资数量捐赠物资品名	数量	金额	使用单位或使用人地址
备注： 本《捐赠物资分配使用清单》有关管理规定与《政府部门或社会团体接受境外扶贫、慈善性捐赠物资进口证明》管理规定一致。			受赠人（政府部门或社会团体） 审批盖章 年　月　日		

海关总署关于转发《财政部关于扶贫慈善性捐赠进口物资用于学校教育税收优惠政策有关问题的通知》的通知

（署税发〔2003〕67号）

广东分署，天津、上海特派办，各直属海关：

现将《财政部关于扶贫慈善性捐赠进口物资用于学校教育税收优惠政策有关问题的通知》（财税〔2003〕51号）转发你们，根据本通知，进口物资的范围由《中华人民共和国海关关于〈扶贫、慈善性捐赠物资免征进口税收暂行办法〉的实施办法》（海关总署令第90号）附件中第六条第四款规定的“直接用于公共图书馆、公共博物馆、中等专科学校、高中（包括职业高中）、初中、小学、幼儿园教育的教学仪器、器材、图书、资料和一般学习用品”调整为“直接用于公共图书馆、公共博物馆、各类职业学校、高中、初中、小学、幼儿园教育的教学仪器、器材、图书、资料和一般学习用品”。

特此通知，请遵照执行。

附件 财政部关于扶贫慈善性捐赠进口物资用于学校教育税收优惠政策有关问题的通知（财税〔2003〕51号）

二〇〇三年三月二十日

附件

财政部关于扶贫慈善性捐赠进口物资用于学校教育税收优惠政策有关问题的通知

（财税〔2003〕51号）

海关总署：

为了进一步促进教育事业的发展，经国务院批准，将《扶贫、慈善性捐赠物资免征进口税收暂行办法》中第六条第四款进口物资范围规定“直接用于公共图书馆、公共博物馆、中等专科学校、高中（包括职业高中）、初中、小学、幼儿园教育的教学仪器、器材、图书、资料和一般学习用品”，调整为“直接用于公共图书馆、公共博物馆、各类职业学校、高中、初中、小学、幼儿园教育的教学仪器、器材、图书、资料和一般学习用品”。

特此通知。

二〇〇三年三月十日

海关总署关于将中国癌症基金会增列为扶贫慈善性捐赠进口物资受赠人的通知

（署税发〔2010〕109号）

广东分署，各直属海关：

中国癌症基金会通过募集资金、接受捐赠、与境内外相关机构开展合作项目等方式，参与我国癌症控制和救助工作。该基金会鉴于近年来在接受境外捐赠用于防治癌症的医药物资工作中遇到的问题和困难，向总署申请将其列为扶贫、慈善性捐赠物资进口免税单位。

经研究，考虑到目前我国防治癌症工作的实际需要和开展国际间相关援助项目的必要性，以及便利扶贫慈善性捐赠防治癌症的医药物资的进口，同时结合中国癌症基金会内部对慈善性捐赠进口物资的管理情况，同意将中国癌症基金会增列为《中华人民共和国海关关于〈扶贫、慈善性捐赠物资免征进口税收暂行办法〉的实施办法》（海关总署令第90号）规定的受赠人。对中国癌症基金会接受用于防治癌症的捐赠进口医药物资，请各关按照该实施办法的规定办理进口减免税审批手续和进行后续管理。

特此通知。

二〇一〇年三月九日

8.5 抗艾滋病药物

海关总署关于"十二五"期间进口抗艾滋病病毒药物税收政策的通知

（署税发〔2011〕282号）

广东分署，各直属海关：

经国务院批准，自2011年1月1日起至2015年12月31日，对卫生部委托进口的抗艾滋病病毒药物免征进口关税和进口环节增值税。为此，财政部、海关总署和税务总局联合下发了《财政部 海关总署 国家税务总局关于"十二五"期间进口抗艾滋病病毒药品免税额度的通知》（财关税〔2011〕26号）。现就有关政策规定及执行事宜通知如下：

一、有关抗艾滋病病毒药物的免税审批手续由北京海关统一办理。北京海关凭中国疾病预防控制中心性病艾滋病预防控制中心的《进口抗艾滋病病毒药物免税证明》（详见附件1），对《卫生部关于报送享受免税政策的抗艾滋病病毒药物名录备案的函》（卫疾控函〔2011〕144号，详见附件2）所列的药物，出具《进出口货物征免税证明》。有关免税审批手续纳入海关《减免税管理系统》管理，监管方式为：一般贸易（代码：0110）；征免性质为：进口抗艾滋病病毒药物（简称：抗艾滋病药物，代码：803）。

二、2011~2015年免税进口抗艾滋病病毒药物额度共5.6亿美元（各年额度详见附件3）。上述各年额度，如当年未使用完的额度可结转到下一年度使用；并且在5.6亿美元总额度内，如当年额度不足，可提前使用下一年额度，但不得超过当年额度的15%。

为便于实施额度控制，免税进口抗艾滋病病毒药物在申请办理免税审批手续前，须事先办理减免税备案手续。

三、有关进口地海关验凭北京海关出具的《进出口货物征免税证明》对进口抗艾滋病病毒药物予以免征进口关税和进口环节增值税。

四、在本通知下发前已按《海关总署关于2010年底到期专项进口税收优惠政策项下进口货物办理凭保放行事宜的通知》（署税发〔2010〕452号）规定办理担保放行手续的进口抗艾滋病病毒药物，请北京海关按照规定办理免税审批手续，并由进口地海关凭北京海关出具的《进出口货物征免税证明》及其他相关单证办理退保核销手续。

特此通知。

附件1　进口抗艾滋病病毒药物免税证明（样式）
附件2　卫生部关于报送享受免税政策的抗艾滋病病毒药物名录备案的函
附件3　2011~2015年进口抗艾滋病病毒药物免税额度

二○一一年八月一日

附件1

进口抗艾滋病病毒药物免税证明（样式）

编号：

__________海关：

兹介绍我中心干部____________前往办理从____________公司进口抗艾滋病病毒药物有关手续，请按照《财政部、海关总署、国家税务总局关于“十二五”期间进口抗艾滋病病毒药物免税额度的通知》（财关税〔2011〕26号）的要求，免征该批药物的进口关税和进口环节增值税（药物名称、规格、数量及金额详见下表）。

货币单位：美元

货物名称	规格	单价	数量	价值金额	合同号	备注

特此证明。

中国疾病预防控制中心
性病艾滋病预防控制中心
（盖章）
年　月　日

附件 2

卫生部关于报送享受免税政策的抗艾滋病病毒药物名录备案的函

财政部、海关总署、税务总局：

根据《财政部、海关总署、国家税务总局关于“十二五”期间进口抗艾滋病病毒药品免税额度的通知》（财关税〔2011〕26 号）要求，我部确定了享受免税政策的抗艾滋病病毒药物名录，委托中国疾病预防控制中心性病艾滋病预防控制中心负责国家免费抗艾滋病病毒药物的进口工作。

我部进口的抗艾滋病病毒药物名录如下：齐多夫定、司他夫定、拉米夫定、替诺福韦、阿巴卡韦、奈韦拉平、依非韦伦、洛匹那韦、利托那韦、复方新诺明、达芦那韦、利托那韦、阿扎那韦、拉替拉韦、去羟肌苷、依曲韦林、替诺福韦+恩曲他滨+依非韦伦、替诺福韦十恩曲他滨、阿巴卡韦十拉米夫定。

请予备案。

二〇一一年五月三十一日

附件 3

2011~2015 年进口抗艾滋病病毒药物免税额度

年度	2011	2012	2013	2014	2015	合计
额度（万美元）	7000	9000	11000	13000	16000	56000

9 农业扶持政策

9.1 种子种苗

财政部、海关总署、国家税务总局关于种子（苗）种畜（禽）鱼种（苗）和种用野生动植物种源免征进口环节增值税政策及2011年进口计划的通知

（财关税〔2011〕36号）

各省、自治区、直辖市、计划单列市财政厅（局）、国家税务局，新疆生产建设兵团财务局，海关总署广东分署、各直属海关：

为支持引进和推广良种，加强物种资源保护，丰富我国动植物资源，发展优质、高产、高效农林业，经国务院批准，“十二五”期间对进口种子（苗）、种畜（禽）、鱼种（苗）和种用野生动植物种源（以下简称“种子种源”）免征进口环节增值税。现将有关问题通知如下：

一、享受上述免税政策的商品范围包括：

（一）与农、林业生产密切相关的进口种子（苗）、种畜（禽）、鱼种（苗），以及具备研究和培育繁殖条件的动植物科研院所、动物园、专业动植物保护单位、养殖场和种植园进口的用于科研、育种、繁殖的野生动植物种源。

（二）军队、武警、公安、安全部门（含缉私警察）进口的警用工作犬以及繁育用的工作犬精液及胚胎。

二、农业部2011年度种子（苗）种畜（禽）鱼种（苗）免税进口计划（见附件1）和国家林业局2011年度种子（苗）和种用野生动植物种源免税进口计划（见附件2、附件3）已经审核确定。各地海关可凭农业部和国家林业局签发的机打审批表办理相关单位进口种子种源的免税审批手续，并对2011年凭保进口的种子种源在办理免税审批手续后，给予退保核销。

2011年云南省进口花卉种苗、种球、种子的具体品种和数量另行规定。

三、自2012年起，在年度种子种源（不包括警用工作犬、繁育用的工作犬精液及胚胎）免税进口计划下发前，对于上一年度免税进口计划中已列名的种子种源品种，农业部和国家林业局可以在上一年度确定的免税进口额度的30%以内，提前签发审批表，有关进口单位可凭审批表向海关申请办理免税审批手续。

四、未经批准或未列入年度计划的进口种子种源应照章征收进口环节增值税。

五、免税进口的种子种源，未经合理种植、培育、试种、养殖或饲养，不得擅自转让和销售。对违反规定的种子种源进口单位，按照有关规定处罚，并暂停其1年免税资格；依法被追究刑事责任的种子种源进口单位，暂停其3年免税资格。

附件1　农业部2011年度种子（苗）种畜（禽）鱼种（苗）免税进口计划（略）

附件2　国家林业局2011年度种子（苗）免税进口计划（略）

附件3　国家林业局2011年度种用野生动植物种源免税进口计划（略）

二〇一一年六月二十四日

财政部、海关总署、国家税务总局关于印发《“十二五”期间进口种子种源免税政策管理办法》的通知

（财关税〔2011〕76号）

农业部、国家林业局：

经国务院批准，“十二五”期间对进口种子（苗）种畜（禽）鱼种（苗）和种用野生动植物种源（以下简称种子种源）免征进口环节增值税。为加强管理，特制定《“十二五”期间进口种子种源免税政策管理办法》，现印发给你们，请认真贯彻执行。

附件 “十二五”期间进口种子种源免税政策管理办法

二〇一一年十一月二十三日

附件

“十二五”期间进口种子种源免税政策管理办法

国务院批准，“十二五”期间对进口种子（苗）种畜（禽）鱼种（苗）和种用野生动植物种源（以下简称种子种源）免征进口环节增值税，为加强管理，制定本办法。

一、种子种源进口免税政策目标。

种子种源进口免税政策旨在支持引进和推广良种，加强物种资源保护，丰富我国动植物资源，发展优质、高产、高效农林业，降低农林产品生产成本，增加农民收入，改善人民生活。

二、种子种源进口免税条件。

（一）免税进口种子（苗）种畜（禽）鱼种（苗）应同时符合以下条件：

1. 与农、林业生产密切相关，直接用于或服务于农林业生产的下列种源：

（1）用于种植和培育各种农作物和林木的种子（苗）；

（2）用于饲养以获得各种畜禽产品的种畜（禽）；

（3）用于培育和养殖的水产种（苗）；

（4）用于农、林业科学研究与试验的种子（苗）种畜（禽）水产种（苗）。

2. 进口种子（苗）不得用于高尔夫球场、足球场、度假村或俱乐部等场所的建设；进口种畜（禽）鱼种（苗）不得用于度假村或俱乐部等高档消费场所。

3. 在每年财政部、海关总署、国家税务总局核定的年度进口计划产品范围内。

（二）免税进口野生动植物种源应同时符合以下条件：

1. 进口单位是动植物科研院所、动物园、专业动植物保护单位、养殖场、种植园。进口单位应具备研究和培育繁殖条件。

2. 用于科研，或育种，或繁殖。以科研为目的免税进口种源，应说明具体科研项目并适时提供科研项目成果。以育种或繁殖为目的免税进口种源，进口数量应以确保野生动植物存活和种群繁衍的合理需要为限。

3. 在每年财政部、海关总署、国家税务总局核定的年度进口计划产品范围内。

三、种子种源进口免税申请。

种子种源进口单位应适时向种子种源进口免税政策执行单位（以下简称执行单位，即农业部或国家林业局）提出种子种源进口免税申请。

执行单位根据行业发展规划及实际需要，于每年 1 月 31 日前将核定后汇总的本年度免税进口计划和上一年度的免税进口执行情况（数据具体报送格式按产品种类分别采用附 1、2）报财政部，抄报海关总署和国家税务总局。

四、种子种源进口免税核定。

每年 3 月 31 日前自 2012 年起，财政部会同海关总署、国家税务总局核定并通知本年度免税进口计划。

执行单位在核定的年度免税品种、数量范围内签发种子种源免征进口环节增值税的证明文件（以下简称免税证明文件）。执行单位应核定、确认种子种源进口单位的资质、进口种子种源最终用途以及免税进口申请数量合理性等事项，确保其符合本办法第二条规定的免税条件。

经核定的种子种源免税进口年度计划以及执行单位签发的免税证明文件在公历年度内有效，不得跨年度结转。未经核定或未列入年度计划的进口种源应照章征收进口环节增值税。

在本年度种子种源（不包括警用工作犬、繁育用的工作犬精液及胚胎）免税进口计划下发前自 2012 年起。，对于上一年度免税进口计划中已列名的种子种源品种，执行单位可以在上一年度确定的免税进口额度的 30%以内，提前签发免税证明文件按照第五条暂停提前签发免税证明文件的情况除外。，有关进口单位可凭免税证明文件向海关申请办理免税手续。

五、监管及处罚。

关于第四条提前签发免税证明文件：（一）若有关执行单位超出规定数量范围提前签发，财政部、海关总署、国家税务总局将相应扣减其本年度的免税进口额度。（二）若上一年度有关品种违反本管理办法免税条件等有关规定，财政部商海关总署、国家税务总局后暂停执行单位提前签发有关品种的免税证明文件。

若有关执行单位超过年度核定计划数量签发免税证明文件，应暂停有关公务人员签发免税证明文件的资格，对其予以书面通报批评。

若有关执行单位上一年度超过年度核定计划数量签发免税证明文件，财政部、海关总署、国家税务总局暂停核定该执行单位本年度有关品种的免税进口年度计划。

免税进口的种子种源，未经合理种植、培育、养殖或饲养，不得擅自转让和销售。但种子种源进口单位在向执行单位申请免税进口额度时，已经执行单位核准可以转让和销售的，可转让和销售。对违反规定的种子种源进口单位，按照有关规定处罚，并暂停其 1 年免税资格；依法被追究刑事责任的种子种源进口单位，暂停其 3 年免税资格。

六、本办法有效期为 2011 年 1 月 1 日至 2015 年 12 月 31 日。

附 1　201×年种子（苗）种畜（禽）鱼种（苗）免税进口计划执行情况表（略）

附 2　201×年野生动植物免税进口计划执行情况表（略）

海关总署关于执行“十二五”期间进口种子（苗）种畜（禽）鱼种（苗）和种用野生动植物种源税收政策有关问题的通知

（署税发〔2011〕447号）

广东分署，各直属海关：

经国务院批准，“十二五”期间对进口种子（苗）、种畜（禽）、鱼种（苗）和种用野生动植物种源（以下简称种子种源）继续免征进口环节增值税。为此，财政部、海关总署和税务总局联合下发了《财政部、海关总署、国家税务总局关于种子（苗）种畜（禽）鱼种（苗）和种用野生动植物种源免征进口环节增值税政策及2011年进口计划的通知》（财关税〔2011〕36号）。最近又联合制定印发了《财政部、海关总署、国家税务总局关于印发〈“十二五”期间进口种子种源免税政策管理办法〉的通知》（财关税〔2011〕76号，详见附件1）。现就有关政策规定及执行问题通知如下：

一、“十二五”期间免税进口种子种源分年度执行。每年免税进口种子种源计划的具体品种、数量经财政部、海关总署和税务总局核定后，由国家有关主管部门在核定的年度免税进口计划（免税品种和数量）范围内签发进口种用审批表（审批表应为机打形式）。

其中，与农、林业生产和科研密切相关的进口种子种源，分别由农业部和国家林业局出具《中华人民共和国农业部动植物苗种进（出）口审批表》、《国家林业局种子苗木（种用）进口许可表》、《国家林业局从境外引进林木种质资源许可表》和《非盈利性种用野生动植物进口审批表》（样式详见附件2、3、4、5）；军队、武警、公安（含缉私警察）、安全部门进口的警用工作犬分别由相关进口单位的主管部门出具进口种犬审批函（样式详见附件6、7、8）。

二、种子种源的进口单位应在自然年度的当年内向海关申报进口种子种源。申报进口前，进口单位应持凭国家有关主管部门出具的机打审批表向所在地直属海关（以下简称主管海关）申请办理免税审批手续。经审核符合免税范围的，主管海关应出具《进出口货物征免税证明》。除特殊情况经总署同意外，主管海关对当年进口种子种源的免税审批手续最迟应于当年12月31日前办理完成，《进出口货物征免税证明》的有效期不得超过次年3月31日。考虑到本通知下发时间较晚，2011年度免税进口计划范围内进口种子种源的免税审批手续最晚可延至2012年3月底，相应的《进出口货物征免税证明》有效期不得超过2012年6月30日。

三、有关免税审批手续纳入海关《减免税管理系统》管理，监管方式为：一般贸易（代码：0110）；征免性质为：进口种子（苗）、种畜（禽）、鱼种（苗）和种用野生动植物种源（简称：种子种源，代码：811）。

四、进口地海关验凭主管海关出具的相关《进出口货物征免税证明》及其他相关单证，办理进口种子种源免征进口环节增值税的进口手续。对未取得有关主管部门出具的进口种用审批表或未列入年度计划的进口种子种源应照章征收进口环节增值税。

五、自2012年起，在年度种子种源（不包括警用工作犬、繁育用的工作犬精液及胚胎）免税进口计划下发前，对于上一年度免税进口计划中已列名的种子种源品种，农业部和国家林业局可以在上一年度确定的免税进口额度的30%以内，提前签发机打审批表，有关进口单位可凭机打审批表向海关申请办理免税审批手续，主管海关应予受理。

六、在年度种子种源免税进口计划下发前，对于进口单位未取得有关主管部门按上一年度免税进口额度30%以内出具的进口种用审批表进口种子种源的，进口地海关可先凭进口单位提供的税款担保办理凭保放行手续。待当年年度免税进口计划核定下达后，进口地海关验凭主管海关出具的相关《进出口货物征免税证明》及其他相关单证，按规定办理有关的征免税和退保结关手续。

七、免税进口的种子种源，未经合理种植、培育、养殖或饲养，不得擅自转让和销售。但种子种源进口单位在向农业部或国家林业局申请免税进口额度时，已经上述部门核准可以转让和销售的，进口后可以直接转让和销售。对违反规定的种子种源进口单位，按照有关规定处罚，并自违规行为发现之日起暂停其1年免税资格；依法被追究刑事责任的，自违法行为发现之日起暂停其3年免税资格。

免税进口的种子（苗）不得用于高尔夫球场、足球场、度假村或俱乐部等场所的建设；进口种畜（禽）鱼种（苗）不得用于度假村或俱乐部等高档消费场所。请有关主管海关加强对此类免税进口种子种源的后续监管工作。

八、本通知下发前已按《海关总署关于2010年底到期专项进口税收优惠政策项下进口货物办理凭保放行事宜的通知》（署税发〔2010〕452号）规定办理担保放行手续的进口种子种源，请主管海关按照规定办理免税审批手续，进口地海关凭主管海关出具的《进出口货物征免税证明》及其他相关单证办理征免税和退保结关手续。

特此通知。

附件1　财政部、海关总署、国家税务总局关于印发《“十二五”期间进口种子种源免税政策管理办法》的通知（财关税〔2011〕76号）

附件2　中华人民共和国农业部动植物苗种进（出）口审批表（样式）（略）

附件3　国家林业局种子苗木（种用）进口许可表（样式）（略）

附件4　国家林业局从境外引进林木种质资源许可表（样式）（略）

附件5　非盈利性种用野生动植物进口审批表（样式）（略）

附件6　军队进口种犬审批函（样式）（略）

附件7　武警进口种犬审批函（样式）（略）

附件8　公安部进口种犬审批函（样式）（略）

二〇一一年十二月十五日

海关总署关税征管司关于国家濒危物种进出口管理办公室更改进口审批单证的通知

（税管函〔2012〕4号）

各直属海关：

《海关总署关于执行“十二五”期间进口种子（苗）种畜（禽）鱼种（苗）和种用野生动植物种源税收政策有关问题的通知》（署税发〔2011〕447号）明确了执行“十二五”期间进口种子种苗等动植物种源进口税收优惠政策的有关管理规定要求，并随附了《非盈利性种用野生动植物进口审批表》（以下简称《审批表》）等进口种用审批表的样式。现接国家濒危物种进出口管理办公室来函称，为适应国家进一步深化行政审批制度改革的需要，该办出具的《审批表》已更改为《进口种用野生动植物证明》（以下简称《证明》，样式详见附件）。鉴此，请有关海关验凭上述《证明》，按照“署税发〔2011〕447号”通知的规定办理相关减免税审批手续和退保结关等手续。

特此通知。

附件　《进口种用野生动植物证明》（样式）（略）

二〇一二年一月七日

财政部、海关总署、国家税务总局关于种子（苗）种畜（禽）鱼种（苗）和种用野生动植物种源2014年免税进口计划的通知

（财关税〔2014〕3号）

各省、自治区、直辖市、计划单列市财政厅（局）、国家税务局，新疆生产建设兵团财务局，海关总署广东分署、各直属海关：

经国务院批准，“十二五”期间对进口种子（苗）、种畜（禽）、鱼种（苗）和种用野生动植物种源免征进口环节增值税。根据有关政策及管理办法的规定，农业部2014年种子（苗）、种畜（禽）、鱼种（苗）免税进口计划、国家林业局2014年种子（苗）及种用野生动植物种源免税进口计划已经核定，请按照《财政部 海关总署 国家税务总局关于种子（苗）种畜（禽）鱼种（苗）和种用野生动植物种源免征进口环节增值税政策及2011年进口计划的通知》（财关税〔2011〕36号）办理有关进口手续。

附件1　农业部2014年种子（苗）种畜（禽）鱼种（苗）免税进口计划

附件2　国家林业局2014年种子（苗）免税进口计划

附件3　国家林业局2014年种用野生动植物种源免税进口计划

二〇一四年三月二十八日

附件1

农业部2014年种子（苗）种畜（禽）鱼种（苗）免税进口计划

序号	名称	规格[①]	单位	数量
1	无根插枝及接穗		万条	0.25
2	水果、干果种子（苗）		万株	0.25
9	种用薯类		吨	2
10	豆类种子		吨	2515
11	瓜类种子		吨	133.16
16	麦类种子		吨	2
17	玉米种子		吨	486
19	其他谷物种子		吨	2.5
21	麻类种子		吨	50
24	棉花种子		吨	1

序号	名称	规格[①]	单位	数量
20，22，23，28，29	种用花生、油菜子、向日葵籽、芝麻及其他油料种子		吨	3568.63
25，26，27	郁金香、百合、唐菖蒲种球		万头	4050
30	甜菜种子		吨	1196.5
31	紫苜蓿子		吨	2400
32	三叶草子		吨	1036
33	羊茅子		吨	6048
34	早熟禾子		吨	2803
35	黑麦草子		吨	8294
42	草坪种子		吨	800
43	其他饲草、饲料植物种子		吨	2000
44	花卉种子（苗、球、茎）		万株	334
45	蔬菜类		吨	12924.56
46	其他种植用的种子、果实及孢子		吨	32
47	其他种植用根、茎、苗、芽等繁殖材料		万株	5
52	改良种用的马		匹	630
54	改良种用的牛		万头	30
55	改良种用的猪		万头	3.24
56	改良种用的绵羊		只	38000
57	改良种用的山羊		只	3000
58	不超过185克的改良种用鸡		万只	282.8
60	不超过185克的其他改良种用家禽		万只	13.2
64	改良种用的其他活动物[②]		万头（只）	1.03
65	种用禽蛋		万枚	5.9
66	牛的精液		万剂	240
67	动物精液（牛精液除外）		万剂	3.3
68	种用动物胚胎		万枚	1.33
70	鳟鱼鱼苗	鱼卵及苗	万尾（粒）	1994
71	鳗鱼鱼苗	鱼苗	吨	49
73	其他鱼苗及其卵或受精卵或发眼卵	亲本及苗	万尾（粒）	6480
74，75，77，78	龙虾、大螯虾、蟹的种苗及其他甲壳动物种苗或休眠卵	亲本及苗	万尾	2100
76	小虾、对虾种苗	亲本及苗	万尾	65
79-81	牡蛎（蚝）、扇贝（含海扇）、贻贝种苗	亲贝及苗	万个（枚）	1
84	水生无脊椎动物的种苗	亲本及苗	万尾	0.9
85	经济藻类种苗及其配子或孢子	亲本及苗	万株	0.25
125	龟鳖类	种龟及幼体	万只	4.9[③]

注①：具体规格见《中华人民共和国农业部动植物苗种进（出）口审批表》备注说明。

②：2015年起，其中不含陆生野生动物。

③：其中濒危野生龟鳖类不超过2万只。

附件 2

国家林业局2014年种子（苗）免税进口计划

序号	名称	种子（吨）	种苗（万株）	种球（万粒）
1	无根插枝及接穗		200	
2	水果、干果种子苗	150	100	
4	松、杉、柏类种子	135		
5	桉、相思类种子	2. 5		
8	棕榈、漆、槭类种子	20		
25	郁金香种球	270		8000
26	百合种球	300		10000
27	唐菖蒲种球	100		1000
32	三叶草子	2000		
33	羊茅子	8000		
34	早熟禾子	5000		
35	黑麦草种子	12000		
38	狗牙根种子	1500		
42	草坪种子	3000		
44	花卉种子（苗、球、茎）	60	1500	3000
46	其他种植用的种子、果实及孢子	500		100
47	其他种植用根、茎、苗、芽等繁殖材料		300	

附件 3

国家林业局2014年种用野生动植物种源免税进口计划

序号	名称	数量*
	兽类	
86	有袋类	57
87	灵长类	3000
88	鲸类	113
89	大型蝠类	5
90	熊类	10
91	浣熊类	5
92	鼬类（水貂等）	7500
93	犬狐类	3000
94	灵猫类	5
95	狮虎豹类	65
96	猫类	5

序号	名称	数量*
97	海豹类（包括：海狮、海狗、海象）	140
98	海牛类	18
99	鹿类	76
100	野牛类	5
101	羚羊类	39
102	野羊类	6
103	野驼类（包括：原驼、骆马）	13
104	象类	16
105	斑马类	89
106	貘类	5
107	犀牛类	63
108	大型啮齿类	38
109	野马	5
110	河马	5
	鸟类	
111	鸵鸟类（含蛋）	560
112	鹈鹕类	120
113	企鹅类	117
114	鹳鹤类	150
115	火烈鸟类	450
116	雁鸭类	200
117	鹰隼类	30
118	猫头鹰类	5
119	雉鸡类	41
120	欧类	5
121	鸽鸠类	5
122	鹦鹉类	243
123	犀鸟类	50
124	雀类	25
	爬行类	
125	龟鳖类	2000
126	鳄类（包括苗）	4500
127	蜥蜴类	490
128	蛇类	490
	两栖类	
129	蛙蟾类	49
130	鲵螈类	5

序号	名称	数量*
	鱼类	
131	观赏鱼类	560
132	鲟类	98
133	鳗类	34
134	鲨类	15
	昆虫类	
135	蝴蝶类	49
136	观赏昆虫类	49
137	贝类	49
138	珊瑚类	25
	植物类	
139	兰花类（万株，含瓶苗）	118
140	参类（千克）	39
141	苏铁类（种子）	10 千克
	苏铁类（种苗）	5 万株
142	仙人掌类（万株）	5
143	仙客来类（万株，包括瓶苗）	5
144	樟类（种子）	5 千克
	樟类（种苗）	1 万株
145	木棉类（种子）	5 千克
	木棉类（种苗）	1 万株
146	红豆杉类（万株）	5
147	大戟类（万株，含瓶苗）	5
148	蚌壳蕨类（种子）	5 千克
	蚌壳蕨类（种苗）	1 万株
149	骨碎补类（万株）	5
150	菊类（万株）	5
151	杨柳类（万株）	5
152	棕榈类（万株）	5
153	百合类（万株）	5
154	山茶类（万株）	5
155	槭树类（万株）	5
156	桑类（万株）	5
157	石松类（万株）	5
158	壳斗类（万株）	5

*注：86~138 项单位为只、匹、头等；139~158 项单位已在有关栏目标明。

9.2 饲料

海关总署关于对部分饲料继续免征进口环节增值税的通知

（署税发〔2001〕344号）

广东分署，各直属海关：

根据《财政部、国家税务总局关于免征饲料进口环节增值税的通知》（财税〔2001〕82号），经国务院批准，对部分饲料（商品范围详见附件）继续免征进口环节增值税。现就有关问题通知如下：

一、关于列名饲料享受免征进口环节增值税的执行问题。

时间分为两个阶段：

（一）序号1~13的商品，自2001年1月1日起执行；

（二）序号14~15的商品，自2001年8月1日起执行。超出上述范围的进口饲料一律照章征税。

二、进口单位应于货物进口前，向进口地海关申请办理免税手续。海关应根据列名商品范围认真审核其进口品种，确认无误后，出具《进口货物征免税证明》。货物进口时海关凭《进出口货物征免税证明》予以免税放行。

三、本通知下达前已经报关进口，并按规定已经征收保证金放行的饲料，各关应严格按照本通知复核，凡符合规定商品范围内的品种，已征保证金准予退还。

H883\EDI参数库已作调整，有关通知将另行下达。

附件　进口饲料免征进口环节增值税的商品范围

二〇〇一年九月三日

附件

进口饲料免征增值税的商品范围

序号	税则号列	货品名称	法定增值税税率（%）	执行增值税税率（%）
1	23012010	饲料用鱼粉	13	免
2	23012090	其他不适用供人食用的水产品残渣	13	免
3	23021000	玉米糠、麸及其他残渣	13	免
4	23022000	稻米糠、麸及其他残渣	13	免
5	23023000	小麦糠、麸及其他残渣	13	免
6	23024000	其他谷物糠、麸及其他残渣	13	免
7	23033000	酿造及蒸馏过程中的糟粕及残渣	13	免

序号	税则号列	货品名称	法定增值税税率（%）	执行增值税税率（%）
8	23050000	花生油渣饼	13	免
9	23061000	棉子油渣饼	13	免
10	23062000	亚麻子油渣饼	13	免
11	23063000	葵花子油渣饼	13	免
12	23064000	油菜子油渣饼	13	免
13	23070000	葡萄酒渣、粗酒石	13	免
14	12141000	紫苜蓿粗粉及团粒	13	免
15	12149000	芜菁甘蓝、饲料甜菜等其他植物饲料	13	免

海关总署关税征管司关于矿物质微量元素舔砖免征进口环节增值税有关问题的通知

（税管函〔2007〕162号）

广东分署，天津、上海特派办，各直属海关：

根据《财政部、国家税务总局关于矿物质微量元素舔砖免征进口环节增值税的通知》（财关税〔2006〕73号）规定，自2007年1月1日起，对进口税则号列38249090项下的矿物质微量元素舔砖免征进口环节增值税。现就有关问题通知如下：

一、矿物质微量元素舔砖是以4种以上微量元素、非营养性添加剂和载体为原料，经高压浓缩制成的块状预混物，供牛、羊等直接食用。

二、进口矿物质微量元素舔砖的免税审批手续由进口地海关负责办理，并纳入《海关减免税管理系统》管理；征免性质为“国批减免”（代码：898）。

三、自2007年1月1日至本通知下发前，已征税进口或凭税款担保放行的矿物质微量元素舔砖，在按本通知规定补办免税审批手续后，准予办理退还已缴纳的进口环节增值税或退保结关手续。

特此通知。

二〇〇七年八月九日

海关总署关税征管司关于更正税管函〔2007〕162号文件中矿物质微量元素舔砖税则号列的通知

（税管函〔2007〕175号）

广东分署，天津、上海特派办，各直属海关：

《财政部、国家税务总局关于矿物质微量元素舔砖免征进口环节增值税的通知》（财关税〔2006〕73

号）规定，自2007年1月1日起，对进口矿物质微量元素舔砖免征进口环节增值税。为此，我司下发了《关税征管司关于矿物质微量元素舔砖免征进口环节增值税有关问题的通知》（税管函〔2007〕162号），对该项税收政策及执行中的有关问题予以明确。

由于上述财政部和税务总局的通知中所列矿物质微量元素舔砖的税则号列有误，现特将税管函〔2007〕162号文件中矿物质微量元素舔砖的税则号列予以更正，其对应的税则号列应为23099090。

请你关按更正后的税则号列执行税管函〔2007〕162号文件。

特此通知。

二〇〇七年八月二十四日

9.3 化肥

海关总署关于进口化肥税收政策问题的通知

（署税发〔2002〕93号）

广东分署，天津、上海特派办，各直属海关：

根据《财政部、国家税务总局关于进口化肥税收政策问题的通知》（财税〔2002〕44号），自2002年1月1日起继续对进口钾肥、复合肥免征进口环节增值税。现就有关问题通知如下：

一、享受免征进口增值税的化肥品种要严格限定在本通知附件所列范围内，进口超出规定范围的化肥一律照章征税。

二、进口税号31052000.10的化肥凭《化肥进口关税配额证明》办理免征进口环节增值税手续。进口其他品种的化肥，外商投资企业凭外经贸部门授权机构签发的《中华人民共和国自动进口许可证》办理，其他企业凭国家经贸委授权机构签发的《重要工业品自动进口许可证明》办理。

对于凭2001年12月31日前签发的《中华人民共和国进口许可证》在其有效期内，于2002年3月31日前进口的（硝酸钾除外），可免征进口环节增值税。

三、享受免征进口环节增值税的进口钾肥、复合肥由进口地海关办理相关手续，进口地海关应纳入减免税管理系统并签发《进口货物征免税证明》。

四、硝酸钾（税号28342110）即将纳入国家经贸委重要工业品自动进口许可管理，具体执行日期以国家经贸委下发文件为准。国家经贸委文件下发前已经进口的属国家计划内的硝酸钾，按本通知第七条的规定办理。

五、免征进口环节增值税的进口化肥出现溢装时，按《关税征管司关于进口化肥、农药溢装部分免征增值税的通知》（税传〔2000〕276号）规定不需要重新办理上述进口证明的，也一并免征进口环节增值税。

六、进口钾肥、复合肥免征进口环节增值税的规定，在2005年12月31日前顺延执行，如有变化另行通知。

七、本通知下发前已经进口并未办结海关手续的，经审核符合本通知规定范围的，准予按照本通知有关规定办理。

以上，请遵照执行。

附件　进口钾肥、复合肥所需进口证件对应表

二〇〇二年四月二十三日

附件

进口钾肥、复合肥所需进口证件对应表

税号	享受免征进口环节增值税的化肥名称	进口监管证件
28342110	硝酸钾	《重要工业品自动进口许可证明》或《中华人民共和国自动进口许可证》
31042090	氯化钾	《重要工业品自动进口许可证明》或《中华人民共和国自动进口许可证》
31043000	硫酸钾	《重要工业品自动进口许可证明》或《中华人民共和国自动进口许可证》
31052000.10	含氮、磷、钾三种肥效元素的矿物肥料或化学肥料	《化肥进口关税配额证明》
31056000	含磷、钾两种肥效的矿物肥料或化学肥料	《重要工业品自动进口许可证明》或《中华人民共和国自动进口许可证》

海关总署关税征管司关于进口化肥免征进口环节增值税的通知

（税管函〔2005〕380号）

广东分署，天津、上海特派办、各直属海关：

根据《财政部、国家税务总局关于进口化肥税收政策问题的通知》（财税〔2002〕44号）和《财政部 国家税务总局关于国家计划安排进口钾肥、复合肥免征进口增值税的通知》（财税〔2001〕76号）规定，自2006年1月1日起，国家对进口钾肥、复合肥，继续免征进口环节增值税。

有关免税品种和具体操作办法仍按照《海关总署关于进口化肥税收政策问题的通知》（署税发〔2002〕93号）规定办理。

特此通知。

二〇〇五年十二月二十一日

海关总署关于执行进口磷酸氢二铵免征进口环节增值税的公告

（海关总署公告 2007 年第 75 号）

经国务院批准，自 2008 年 1 月 1 日起，进口磷酸氢二铵（税则号列：31053000）免征进口环节增值税。现就执行中有关问题公告如下：

一、进口单位在进口磷酸氢二铵前，需持凭有关单证材料向进口地海关申请办理免税审批手续。

二、进口磷酸氢二铵的免税审批手续纳入《海关减免税管理系统》管理，征免性质为“国批减免”（代码：898）。进口地海关按规定审核无误后，应出具《进出口货物征免税证明》。

特此公告。

中华人民共和国海关总署

二〇〇七年十二月二十七日

9.4 自捕水产品

海关总署、农业部关于印发《远洋渔业企业运回自捕水产品不征税的暂行管理办法》的通知

（署税〔2000〕260 号）

北京、天津、石家庄、大连、上海、南京、杭州、宁波、福州、厦门、青岛、广州、深圳、汕头、湛江、海口海关：

为更好地贯彻执行国家对远洋渔业企业运回自捕水产品的原产地规则，加强对远洋渔业企业的管理，根据《国务院办公厅转发农业部关于当前调整农业生产结构若干意见的通知》（国办发〔1999〕68 号）中关于继续执行对远洋渔业企业在公海或按照有关协议规定在国外海域捕获并运回国内销售的自捕水产品及其加工制品，不征收关税和进口环节增值税的有关规定，海关总署和农业部联合制定了《远洋渔业企业运回自捕水产品不征税的暂行管理办法》（以下简称《暂行管理办法》），现随文下发，请遵照执行。

此项工作政策性和技术性都很强，各有关部门要认真学习文件规定，积极研究实施意见。为方便企业、提高工作效率，有关企业可径向所在地海关申请办理，直属海关使用《减免税管理系统》进行审批。远洋渔业企业所在地直属海关和进口地海关要加强联系配合，共同做好对自捕水产品原产地的认定工作。各有关省、市渔业主管部门要加强对所属远洋渔业企业的监督和管理，各远洋渔业企业要严格遵守本《暂行管理办法》。执行中如有问题，请及时报海关总署关税征管司和农业部渔业局。

附件　远洋渔业企业运回自捕水产品不征税的暂行管理办法

二〇〇〇年五月二十九日

附件

远洋渔业企业运回自捕水产品不征税的暂行管理办法

第一条　为加强远洋渔业管理，维护国家利益和远洋渔业企业及从业人员的合法权益，更好地贯彻执行国家制定的原产地规定，根据《中华人民共和国海关法》和《中华人民共和国渔业法》等有关规定，制定本暂行管理办法。

第二条　本暂行管理办法所称的贯彻执行国家制定的原产地规定是指，我国远洋渔业企业在公海或按照有关协议规定，在国外海域捕获并运回国内销售的自捕水产品（及其加工制品），视同国内产品不征收进口关税和进口环节增值税。

第三条　海关负责远洋渔业企业自捕水产品运回国内的原产地认定，农业部协助对远洋渔业企业运回自捕水产品进行监督管理。远洋渔业企业必须经农业部批准，获得“农业部远洋渔业企业资格证书”方能享受国家上述政策。

第四条　农业部将获得“农业部远洋渔业企业资格证书”的企业名单、远洋渔业企业生产区域、船名船号和主要捕捞品种等情况送海关总署备案，并由海关总署通知有关直属海关。获得“农业部远洋渔业企业资格证书”的企业应将企业印章印模、法人代表或委托人的印章印模和拥有远洋捕捞船舶的数量、船名船号、吨位等情况向企业所在地直属海关备案。海关将远洋渔业企业运回自捕水产品不征税的工作纳入《减免税管理系统》管理。

第五条　远洋渔业企业办理自捕水产品不征税手续程序：

（一）远洋渔业企业运回自捕水产品前，应向所在地直属海关（若企业所在地非直属海关所在地，可向所在地处级海关）提交以下单证：

1. 工商管理部门核发的远洋渔业企业营业执照（正本复印件）；
2. 农业部核发的远洋渔业企业资格证书（正本复印件）；
3. 《远洋渔业企业运回自捕水产品申报单》（第一联）；
4. 农业部批准从事远洋捕捞生产的有效批件（正本复印件）

（二）企业所在地直属海关（若企业所在地处级海关接受初审，需报直属海关核准）经审核无误后，出具《进口货物免税证明》（备注栏内注明船名船号），通知进口地海关。

（三）企业持《进口货物征免税证明》、《中华人民共和国海关进口货物报关单》及进口货物仓单或提单等单证到进口地海关办理报关手续。

（四）进口地海关凭企业所在地直属海关签章的《进口货物征免税证明》，对企业申报的自捕水产品进行原产地查验，无误后办理不征税验放手续。

第六条　《远洋渔业企业运回自捕水产品申报单》（见附件一）一式四联，第一联报直属海关（或所在地处级海关）办理有关手续；第二联报送农业部渔业局；第三联报送企业所在地的省级渔业主管部门；第四联由申报企业留存。该《申报单》须加盖企业印章，企业法人代表或委托人须在“郑重声明”栏中签字，并承担法律责任。

第七条　远洋渔业企业必须遵守国家法律法规，严禁将从境外购进或串换的水产品作为自捕水产品申报入境。严禁以自捕水产品名义运回龙虾、象拔蚌、甲鱼、海藻和鲜活的鲑鱼、虾、蟹、贝类水产品。如确有自捕运回的，由农业部认定后书面通知海关总署，由海关总署通知有关海关审核验放。

第八条　各省级渔业主管部门负责对辖区内远洋渔业企业报送的《远洋渔业企业运回自捕水产品申报单》进行日常监督管理工作；并于每季度前的5个工作日内将上季度《远洋渔业企业运回的自捕水产品审核情况汇总表》（见附件二）填报农业部渔业局。

第九条　农业部渔业局每季度前15个工作日内将上季度运回自捕水产品的情况汇总后送海关总署关

税征管司备查。并同时向所有的远洋渔业企业公布，以建立企业间相互监督与举报制度。

第十条 农业部和海关总署将不定期对有关远洋渔业企业的自捕水产品运回情况进行检查。

第十一条 对维护国家和行业利益，如实举报远洋渔业企业违规行为的有功人员将视情况予以奖励。对违反本暂行管理办法的远洋渔业企业，将按有关规定进行处理。

第十二条 本办法自2000年7月1日起实施。

第十三条 本办法由海关总署和农业部负责解释。

附件1 《远洋渔业企业运回自捕水产品申报单》(略)

附件2 《远洋渔业企业运回的自捕水产品审核情况汇总表》(略)

海关总署、财政部、农业部关于执行远洋渔业自捕水产品不征税政策的补充通知

(署税发〔2003〕151号)

北京、天津、石家庄、大连、上海、南京、杭州、宁波、福州、厦门、青岛、广州、深圳、汕头、江门、湛江、海口海关：

自2000年海关总署和农业部印发《远洋渔业企业运回自捕水产品不征税的暂行管理办法》(署税〔2000〕260号)执行以来，远洋渔业企业运回自捕水产品的行业管理和税收工作已逐步规范。根据近期远洋渔业运回自捕水产品过程中反映出的问题，经财政部、农业部和海关总署联合进行调查研究，现就有关问题补充通知如下：

一、为促进我国远洋渔业的发展、增加水产品市场供应量，考虑到我国远洋渔业企业多数规模比较小、资金比较紧张、企业运输能力不足的实际情况，远洋渔业自捕水产品运输方式除捕捞船和辅助运输船直接运回外，准予利用专业船运公司的运输船舶运回国内，高档和鲜活水产品准予通过航空公司班机空运回国。

二、远洋渔业企业利用专业公司的运输船舶或班机运回自捕水产品的，应当办理起运港至目的港的全程托运手续，在运输过程中应该尽量减少货物更换运输工具次数，不得串换货物和改换包装。在办理自捕水产品不征税手续时，应当向企业所在地直属海关提供自捕水产品运输“全程提单”复印件。

三、本通知下发后，《海关总署办公厅关于江门海关请示远洋渔业进口自捕水产品有关税收问题的复函》(署办函〔2003〕19号)停止执行。

二○○三年五月二十一日

海关总署关税征管司关于调整远洋渔业自捕水产品品种及产地目录的通知

(税管函〔2012〕100号)

北京、天津、石家庄、大连、上海、南京、杭州、宁波、福州、厦门、青岛、广州、深圳、汕头、江门、湛江、海口海关：

近接农业部渔业局来函称，随着远洋渔业的发展，农业部批准了一些新的远洋渔业项目，增加了新的作业方式，同时个别项目的品种也有所增加。为此，对《远洋渔业自捕水产品品种及产地目录》进行了调整。现将调整后的《远洋渔业自捕水产品品种及产地目录》（以下简称《目录》，详见附件）转发你关。自本通知发文之日起，请以《目录》所列的品种和产地为准，办理有关远洋渔业自捕水产品不征税的手续。

原《关税征管司关于转发农业部渔业局远洋渔业自捕水产品品种和产地目录及有关问题的通知》（税管函〔2011〕27号）和《关税征管司关于增加远洋渔业自捕水产品品种的通知》（税管函〔2011〕59号）同时废止。

特此通知。

附件　远洋渔业自捕水产品品种及产地目录

二〇一二年七月二十四日

附件

远洋渔业自捕水产品品种及产地目录

作业水域	作业方式	捕捞和加工产品
俄罗斯、朝鲜东部、泰国、印度尼西亚、马来西亚、菲律宾、斯里兰卡、文莱、巴基斯坦、印度、缅甸、阿曼、孟加拉、加蓬、莫桑比克、科特迪瓦、摩洛哥、塞内加尔、毛里塔尼亚、几内亚、几内亚比绍、塞拉利昂、加纳、也门、喀麦隆、马达加斯加、安哥拉、阿根廷、苏里南、乌拉圭、西班牙海域	拖网、围网、流刺网、定置网、底钓、延绳钓、笼捕	带鱼、鱿鱼、鳀鱼、墨鱼、章鱼、牙鲆、鲀、长线六线鱼、欧洲枪乌贼、斑节对虾、红对虾、印度白虾、鲨鱼类、鲽鱼、鳎鱼、鳕鱼、狭鳕、海鳗、银鲳、非洲鸡笼鲳、乌鲳、真鲳、角鲳、印度无齿鲳、刺鲳、赤鯮、白姑鱼、黄姑鱼、短颌拟牙鱼或、喀麦隆拟牙鱼或、斑鳍拟牙鱼或、塞内加尔拟牙鱼或、银牙鱼或、鲭鱼、黑斑十指鲅、斑点马鲛、康氏马鲛、西非马鲛、鲑鱼、鲱鱼、鳐鱼、沙丁鱼、鲫鱼、海鲶、红笛鲷、斑鳍大眼鲷、肖氏胡椒鲷、斜鳞鲷、纵带裸颊鲷、贝氏小鲷、真鲷、马拉巴笛鲷、玉带笛鲷、裘氏石鲈、非洲赤鲷、星斑裸颊鲷、细条石颌鲷、黄鳍棘鲷、日本金线鱼、花斑、青铜石斑鱼、马拉巴若鲹、康氏拟鲹、黄条鰤、纵纹石斑鱼、颌斑石斑鱼、石斑鱼、波线石斑鱼、鲻、青点鹦鹉鱼、黄鳍紫鲷、刺黄盖鲽、大西洋胸棘鲷、海鲂、斑点月鱼（月亮鱼）、竹荚鱼、鲥鱼、鲐鱼，黑鲳，金目鲈，四指马鲅，沙梭鱼，石鲈，鲹类，顺风鱼，蟹类，油魣，宝刀鱼，多鳞鱚，海鲇，海鹞鱼，海虾，鱿鱼母，魟，白鳞鲻，短鳍红娘鱼，羽鳃鲐，单带绯鲤，鮻，刀鲚，鲈鱼，杜氏鰤，摩鹿加绯鲤，丁香鱼，庵钉，海鲫、遮目鱼、黄鲷，黄鮟鱇，头颅鱼，打铁鱼，白午鱼，红午鱼，红眼雕，白力鱼，海鲢鱼，加志鱼，龙尖鱼，马面鲀，印尼红鱼，渔鲰鱼、牛尾鱼，金龙鱼，巴拉金梭鱼，大甲鲹，大眼金梭鱼、日本蝠魟、日本乌鲂、鮸鱼，长尾鳕，无须鳕，真鳕 加工产品：海螺肉、冻鱼肉、鱼片、鱼油、鱼粉、鱼段、鱼骨、鱼皮、鱼肠、鱼肚、虾仁、鲨鱼翅

作业水域	作业方式	捕捞和加工产品
泰国、印度尼西亚、马来西亚、斯里兰卡、马尔代夫、塞舌尔、毛里求斯、密克罗尼西亚、帕劳、马绍尔、斐济、汤加、瓦努阿图、图瓦卢、所罗门、库克群岛、巴布亚新几内亚、基里巴斯、瑙鲁海域、大西洋、印度洋、东太平洋、中西部太平洋、太平洋公海	金枪鱼延绳钓、鲨鱼延绳钓、金枪鱼围网	大目金枪鱼、黄鳍金枪鱼、长鳍金枪鱼、蓝鳍金枪鱼、鲣、旗鱼类、剑鱼、鲨鱼类、斑点月鱼（月亮鱼）、鲯鳅、刺鲅、大魣、乌鲂类、鰤、翻车鲀 加工产品：鲜冷冻金枪鱼类、剑鱼、旗鱼类鱼肉、鱼片、鱼段、鱼骨、鱼皮、鱼肠、鱼肚、鱼眼、鱼鳍、鳍脖、鱼头、鱼唇、鲨鱼翅
日本、韩国、秘鲁、阿根廷、俄罗斯海域、西南大西洋、印度洋、东南太平洋、北太平洋	鱿鱼钓、舷提网	鱿鱼、鸢乌贼、秋刀鱼 加工产品：鱿鱼头、鱿鱼胴体、鱿鱼片
印度洋公海	底钓	金枪鱼类，鲨鱼类，斑点月鱼（月亮鱼），麒鳅，刺鲅，大魣，乌鲂类，鰤，翻车鲀，双带鲹，许式犁头鳐， 加工产品：冻鱼肉，鱼片，鱼段，鱼皮，鱼骨，鱼肠，鱼肚，鲨鱼翅
西南大西洋，印度洋，东南太平洋，北太平洋公海	拖网，围网	鱿鱼，竹荚鱼，鲐鱼，智利鲳，乌鲂类、无须鳕、长尾鳕、鳞鳕、拉氏南美南极鱼 加工产品：冻鱼肉，鱼片，鱼油，鱼粉，鱼段，鱼骨，鱼皮，鱼肠，鱼肚，虾仁
南极海域	钓、拖网	犬牙鱼、南极磷虾 加工产品：熟磷虾、干磷虾、磷虾粉、磷虾膏、磷虾肽粉、磷虾油、磷虾肉、磷虾壳、磷虾干、虾糜

海关总署政法司关于转发《农业部渔业局对远洋渔业企业自捕水产品政策解释的复函》的通知

（政法函〔2013〕12号）

广东分署，天津、上海特派办，各直属海关：

针对方后忠、方伦福在诉青岛海关隶属威海海关行政征税一案中主张的“在公海捕获的水产品进口时不能提交《进口货物免税证明》，并不影响货物本身不征税的性质”问题，我司专门致函农业部渔业局，请其从行业管理角度就远洋渔业企业自捕水产品不征税政策的理解与适用进行解释。农业部渔业局函复明确：根据农业部《远洋渔业管理规定》（农业部令第27号）和《海关总署、农业部关于印发〈远洋渔业企业运回自捕水产品不征税的暂行管理办法〉的通知》（署税〔2000〕260号，以下简称“《办法》”）的规定，企业享受远洋渔业自捕水产品不征收进口关税和进口环节增值税政策必须符合一定的条件和程序，除企业应当具有农业部远洋渔业企业资格、运回的水产品必须是经农业部批准项目的远洋渔船自捕的产品外，企业运回自捕水产品前，必须按照《办法》第五条规定程序申报并取得海关签发的《进口货物免税证明》，经海关对项目企业申报的不征税产品进行原产地查验、确认无误后方可办理不征税验放手续。不符合上述条件和程序的入境水产品不得享受自捕水产品不征收进口关税和进口环节增值税政策。

为了准确理解和适用《办法》及相关规定，确保海关执法统一性，现将农业部渔业局复函予以转发，请严格按照上述政策解释对远洋渔业自捕水产品开展进口监管和征税。

附件 农业部渔业局对远洋渔业企业自捕水产品政策解释的复函

二〇一三年三月二十七日

附件

农业部渔业局对远洋渔业企业自捕水产品政策解释的复函

（农渔远便函〔2013〕3号）

海关总署政法司：

《海关总署政法司关于请就远洋渔业自捕水产品政策进行解释的函》（政法函〔2013〕1号）收悉。现从行业管理角度就有关问题答复如下：

一、根据我部《远洋渔业管理规定》（农业部令第27号）和海关总署、农业部联合印发的《远洋渔业企业运回自捕水产品不征税的暂行管理办法》（署税〔2000〕260号，以下简称《办法》），企业享受远洋渔业自捕水产品不征收关税和进口环节增值税政策须符合一定的条件和程序：一是享受政策的企业应具有农业部远洋渔业企业资格，运回的水产品必须是经农业部批准项目的远洋渔船自捕的产品；二是符合上述条件的企业运回自捕水产品前，须按《办法》第五条规定程序申报并取得海关签发的《进口货物免税证明》，并经海关对项目企业申报的不征税产品进行原产地查验、确认无误后方可办理不征税验放手续。

二、不符合上述条件和程序的入境水产品不得享受远洋渔业自捕水产品不征收关税和进口环节增值税政策。对于违反上述条件和程序或利用国家政策非法运回水产品的企业和个人，《农业部、外交部、公安部、海关总署关于加强赴境外作业渔船监督管理的通知》（农渔发〔2007〕4号）明确要求根据有关法律法规，严格追究其责任。

9.5 粮食

财政部、海关总署、国家税务总局关于"十二五"期间中央储备粮油进口税收政策的通知

（财关税〔2011〕33号）

各省、自治区、直辖市、计划单列市财政厅（局）、国家税务局，新疆生产建设兵团财务局，海关总署广东分署、各直属海关：

经国务院批准，从2011年至2015年，对中国储备粮管理总公司（以下简称中储粮总公司）及其子公司（包括中储粮油脂有限公司等）为实现中央储备粮油年度轮换、转储备以及履行政府承诺而组织进口的粮油，免征进口环节增值税（以下简称免税）。具体规定如下：

一、免税进口粮油包括稻谷、小麦、玉米、豆类和食用油等产品，其税则号列见附件。根据履行政府承诺需要、粮油储备变化以及进出口税则调整情况，财政部会同海关总署和国家税务总局视情适时调整免税进口粮油的税目范围。

二、在免税政策执行期内，中储粮总公司于每年6月底前向财政部书面提出年度免税进口计划。该计划应明确具体进口公司名称、进口品种和数量、计划报关日期和报关口岸等相关事项，并附送经国家有关主管部门批准的中央储备粮油年度进口轮换计划文件。对为转储备或者履行政府承诺而组织进口的粮油，中储粮总公司应参照以上程序和内容，于进口前书面提出免税进口计划。中储粮总公司应将上述免税进口计划同时抄送海关总署和国家税务总局。

三、财政部在收到免税进口计划文件之后两个月内，会同海关总署、国家税务总局确定粮油免税进口公司名称、免税进口税目、有关免税进口额度以及有效期等事项，并通知有关主管海关及中储粮总公司执行免税政策。

四、中储粮总公司及其子公司凭上述免税进口额度通知，在有效期内，到有关海关办理免税审核手续和进口手续。在有关免税进口额度通知下发前，中储粮总公司及其子公司若需先行报关进口，可向有关主管海关申请办理凭税款担保先予放行手续。对中储粮总公司及其子公司在有关有效免税进口额度外进口的粮油照章征收进口环节增值税。

五、用于中央储备粮油轮换或转储备的免税进口粮油，除按《中央储备粮管理条例》（国务院令第388号）及有关规定储存、轮换、动用和销售外、不得转让、抵押、质押或者移作他用。

六、按《中央储备粮管理条例》（国务院令第388号）及有关规定，国家有关主管部门和中储粮总公司应加强对免税进口粮油保管和使用情况的监督检查。从2012年起，中储粮总公司应在有关免税进口额度通知执行结束之后1个月内，及时汇总上报实际免税进口金额和数量，并列表详细说明各品种粮油免税进口数量和金额、进口报关日期和报关口岸、储存库点、依据的免税通知文件文号等。

如中储粮总公司及其子公司在进口和保管使用免税进口储备粮油中发生违规情形，财政部、海关总署和国家税务总局将在核定下一年度免税进口额度时扣减违规行为涉及的数量，同时追缴中储粮总公司及其子公司违规行为涉及的税款。

特此通知。

附件　免税进口粮油税目

二〇一一年五月十一日

附件

免税进口粮油税目

序号	类别	2011年税则号列	货品名称
1	稻谷	10061091	其他籼米稻谷
		10061099	其他稻谷
2	小麦	10011000	硬粒小麦
		10019090	其他小麦和混合麦
3	玉米	10059000	其他玉米
4	豆类	12010091	黄大豆
5	食用油	15071000	初榨豆油及分离品
		15079000	其他豆油及分离品
		15141100	初榨低芥子酸菜子油及其分离品
		15141900	其他低芥子酸菜子油及其分离品
		15149110	初榨菜子油及其分离品
		15149900	其他菜子油及其分离品

海关总署关于执行“十二五”期间中央储备粮油进口税收优惠政策有关问题的通知

（署税发〔2011〕299 号）

广东分署，各直属海关：

经国务院批准，对中国储备粮管理总公司（以下简称中储粮总公司）及其子公司（包括中储粮油脂有限公司等）“十二五”期间为实现中央储备粮油年度轮换、转储备以及履行政府承诺而组织进口的粮油（以下统称中央储备粮油），免征进口环节增值税。为此，财政部、海关总署和税务总局联合下发了《财政部 海关总署 国家税务总局关于“十二五”期间中央储备粮油进口税收政策的通知》（财关税〔2011〕33 号）。现就政策执行中涉及的有关问题通知如下：

一、对中储粮总公司及其子公司在国务院有关部门联合下发的免税进口额度通知（以下简称“免税额度文件”）范围内进口的粮油，予以免征进口环节增值税；对其超出“免税额度文件”范围进口的粮油照章征收进口环节增值税。

二、中央储备粮油的免税审批手续纳入《减免税管理系统》管理，征免性质简称为：中央储备粮油（代码：818）；对应的监管方式为：一般贸易（代码：0110）。

三、免税进口的粮油分项目、分品种限定进口数量，为便于实施数量额度的控制，中央储备粮油在申请办理免税审批手续前，须事先办理减免税备案手续。

企业所在地海关（以下简称主管海关）凭“免税额度文件”复印件、中储粮总公司出具的关于“免税额度文件”范围内进口粮油的说明文件及减免税备案申请表，受理中储粮总公司及其子公司的减免税备案申请。对于符合免税条件的进口中央储备粮油按照“免税额度文件”中明确的免税项目（指年度轮换、转储备或履行政府承诺，下同）、免税进口公司名称、进口商品品名、进口税目、进口额度以及有效期等事项进行备案。对于不同的免税项目以及粮油品种应分别进行备案，并在《减免税管理系统》中的《海关进出口货物征免税备案登记表》备注栏标注相应的免税项目类型。

四、主管海关凭中储粮总公司或其子公司提交的进口合同、发票、提单、《进出口货物征免税证明申请表》、进口委托代理协议、中储粮总公司出具的证明有关进口粮油属于“免税额度文件”范围的说明文件等相关资料，受理其减免税审批申请，对审核符合免税条件的，出具《进出口货物征免税证明》，其中进口粮油的数量及计量单位应填报提单中标注的数量及计量单位。

五、进口地海关办理上述免税进口粮油的进口手续时，对实际进口数量（即《中华人民共和国出入境检验检疫重量证书》标注的数量，下同）低于提单数量（即发票数量，下同）的，无需要求中储粮总公司或其子公司再向主管海关申请修改《进出口货物征免税证明》，仅需按照规定对报关单申报数量进行修改，在审单时可以强行审核通过；对实际进口数量高于提单数量的，对超出提单数量部分应分单申报，并按照相关规定照章征收进口环节增值税。

六、中央储备粮油的免税进口数量仅限在“免税额度文件”注明的有效期内执行，即有关中央储备粮油的申报进口日期应在有效期内才能享受免征进口环节增值税待遇。

七、在有关“免税额度文件”下发前，中储粮总公司及其子公司需要先行申报进口有关粮油的，进口地海关可直接凭中储粮总公司出具的凭税款担保放行申请、《进口粮油凭税款担保放行手续办理委托书》（详见附件）、进口合同等资料为中储粮总公司及其子公司进口的粮油办理凭税款担保先予放行手续。

在有关“免税额度文件”下发后，对中储粮总公司及其子公司已凭保进口的粮油，经审核符合免税条件的，主管海关出具《进出口货物征免税证明》，进口地海关凭《进出口货物征免税证明》按规定办理退保结关手续；不符合免税条件的，按规定将税款担保予以转税。

八、本通知内容执行时间为2011年1月1日至2015年12月31日。在本通知下发前，中储粮总公司及其子公司已凭保进口的粮油，亦按上述规定办理。

各关在执行中如遇到问题，请及时向总署（关税司）反映。

特此通知。

附件　进口粮油凭税款担保放行手续办理委托书

二〇一一年八月十六日

附件

进口粮油凭税款担保放行手续办理委托书

委托人			
联系地址			
联系人		联系电话	
被委托人			
联系地址			
联系人		联系电话	
委托事项	我公司委托＿＿＿＿＿＿＿公司（单位）向海关办理用于中央储备年度轮换、转储备以及履行政府承诺进口粮油的凭税款担保先予放行手续，保证提供的申请材料真实、合法，并承担由此产生的一切法律责任。		
委托人签章： 年　月　日		被委托人签章： 年　月　日	

海关总署关于中央储备粮油有关进口税收政策及进口环节增值税返还问题的通知

（署税函〔2011〕366号）

广东分署，天津、上海特派办，各直属海关：

经国务院批准，对中国储备粮管理总公司2009年至2010年用于转储备和轮换以及履行政府承诺而组织的进口粮（油）继续执行2006年至2008年的相关进口税收政策，即：照章征收进口环节增值税，所纳税款由中央财政全额退付。现将有关事宜通知如下：

一、税款退付按照财政部、中国人民银行、海关总署、税务总局制定的《进口税收先征后返管理办法》（财预〔2009〕84号）和《海关总署关于中国储备粮管理总公司进口用于转储备粮（油）增值税返还问题的通知》（署税发〔2007〕388号）的有关规定办理。

二、经国家批准，2009年度中国储备粮管理总公司组织进口大豆72.85万吨、豆油37.43万吨，用于中央储备粮（油）的轮换。由于轮换粮（油）的特殊性，按照政策规定，2009年度中央储备大豆和豆油轮换的出库期截至2010年4月底，轮入粮（油）的入库期截至2010年8月底。因此，中国储备粮管理总公司2010年8月底前申报进口的用于轮换的粮（油）允许计入2009年度额度管理。

三、经审核，同意返还中国储备粮管理总公司2009年度进口上述粮（油）已经缴纳的增值税税款（具体情况详见附件）。请你关按照规定办理有关增值税款返还手续。

特此通知。

附件　中储粮2009年度进口中央储备大豆及豆油先征后返退税申请表

二○一一年七月六日

附件

中储粮2009年度进口中央储备大豆及豆油先征后返退税申请表

直属海关			豆油		合计		纳税地海关
	退税数量(吨)	退税金额(元)	退税数量(吨)	退税金额(元)	退税数量(吨)	退税金额(元)	
天津	100,176,000	37,655,615.89	63,100.000	48,633,634.64	163,276.000	86,289,250.53	天津
青岛	197,412.000	74,626,173.15	56,105.490	42,000,695.91	253,517.490	116,626,869.06	青岛、烟台、日照、岚山
大连	124,045.816	47,768,669.42	30,000.000	23,086,844.75	154,045.816	70,855,514.17	大连、大窑湾
福州	0.000	0.00	10,000.000	6,775,823.07	10,000.000	6,775,823.07	福清
石家庄	38,603.000	13,223,212.29	0.000	0.00	38,603.000	13,223,212.29	秦皇岛
南京	135,339.000	50,461,308.95	134,732.000	94,253,768.30	270,131.000	144,715,077.25	连云港、南通、张家港、镇江
南宁	20,019.000	7,145,814.25	10,000.000	7,014,635.46	30,019.000	14,160,449.71	防城
黄埔	60,000.000	23,307,314.75	59,912.000	43,773,527.99	119,912.000	67,080,842.74	黄埔、新沙港
宁波	25,043.000	9,068,139.42	0.000	0.00	25,043.000	9,068,139.42	北仑
厦门	31,772.000	12,277,123.23	10,500.000	7,873,694.830	42,272.000	20,150,818.06	泉州
合计	732,469.816	275,533,371.35	374,349.490	273,412,624.95	1,106,819.306	548,945,996.30	

10 中资方便旗

海关总署关于中资“方便旗”船舶回国登记有关问题的通知

（署税发〔2008〕46号）

广东分署，天津、上海特派办，各直属海关：

经国务院批准，对在2007年7月1日至2009年6月30日报关进口的悬挂“方便旗”、船龄达到一定年限且符合相关技术条件的中资船舶（以下简称中资“方便旗”船舶），免征关税和进口环节增值税。现就执行中的有关问题通知如下：

一、享受税收优惠的各类进口船舶的条件：

（一）中方对船舶出资比例不低于50%；

（二）2005年12月31日前已经在境外办理船舶登记手续；

（三）具体船龄范围：油船、化学品船、液化气船等的船龄为4~12年；散货船、矿砂船等的船龄为6~18年；集装箱船、杂货船、多用途船、液化石油气船、散装水泥船等的船龄为9~20年。

以上船龄是指船舶自建造完工之日起至2007年7月1日的年限。

二、有关免税手续和进口手续的办理程序：

（一）进口单位向交通部提出进口中资“方便旗”船舶的免税申请，国家有关部门经共同审核后，确定可享受进口税收优惠政策的中资“方便旗”船舶。有关享受进口税收优惠政策的中资“方便旗”船舶清单分批次下达，第一批清单随本通知下发（见附件），其他批次由总署另行通知。

（二）进口单位应向其所在地直属海关申请办理进口船舶的免税审批手续。所在地直属海关按照总署下发的免税进口船舶清单，对照船名、船型、船籍、实际所有人、名义所有人等审核有关单证确认无误后，对相关进口船舶出具《进出口货物征免税证明》（以下简称《征免税证明》）。

有关免税审批手续纳入《减免税管理系统》管理，在《征免税证明》的“申请单位”栏内填写实际所有人名称，“对外签约单位备注”栏内填写实际所有人或实际所有人指定的进口代理单位名称，监管方式为：“一般贸易”（代码：0110），征免性质为“国批减免”（代码：898）。出具的《征免税证明》有效期不能超过2009年6月30日。

（三）享受进口税收优惠政策的中资“方便旗”船舶在进入中国国境并向海关申报进口船舶后，方可办理免税进口手续。

中资“方便旗”船舶进境时，船舶进境地海关按外籍船舶办理国际航行船舶进境（港）手续后，凭进口单位所持的《征免税证明》（复印件）人工录入进口形式舱单。进口单位按照“一般贸易”（代码：0110）办理船舶的进口申报手续。

进境地海关应当对船舶进行检查，验核船舶相关证书，确认进境船舶为免税进口船舶清单所列船舶后，办理免税进口手续，并做好备案记录。

（四）进口单位依照《中华人民共和国船舶登记条例》（国务院令第155号）及有关规定办理相关中资“方便旗”船舶登记手续后，海关凭《所有权证书》、《国籍证书》、进口报关单复印件以及其他规定的材料，办理《中国籍国际航行船舶进出境（港）监管簿》。

对于船舶进境地和登记注册地不在同一关区的，船舶登记地海关可凭进境地海关对船舶检查时所做的备案记录办理相关手续。

三、享受进口税收优惠政策的中资“方便旗”船舶，属特定减免税进口货物，应当接受海关监管。监管年限自船舶进口放行之日起计算，期限8年。在监管年限内，进口单位应当自免税船舶放行之日起每年一次向其所在地直属海关报告该船舶的状况；未经海关批准，不得擅自转让。

四、享受免税进口税收优惠政策的中资“方便旗”船舶，原则上应继续从事国际航运。经交通部批准，可从事国内航运。在从事国内货物运输途中所用进口燃料油应当照章缴纳进口环节税收。

执行中如遇问题，请及时与总署联系。

特此通知。

附件　第一批享受进口税收优惠政策的中资“方便旗”船舶清单

二○○八年二月二日

附件

第一批享受进口税收优惠政策的中资“方便旗”船舶清单

序号	中文船名	英文船名	船型	船籍	名义所有人	实际所有人
1	玉兰海	SEA MAGNOLIA	散货船	巴拿马	WINLIGHT SHIPPING INC.	中远散货运输有限公司
2	欢乐海	JOY SEA	散货船	巴拿马	ASIAN HARVEST MARITIME INC.	中远散货运输有限公司
3	冬青海	SEA ILEX	散货船	巴拿马	SKYWIDE SHIPPING INC.	中远散货运输有限公司
4	佳丽海	BEAUTY SEA	散货船	巴拿马	BLUE HARVEST MARITIME INC.	中远散货运输有限公司
5	风光海	SCENERY SEA	散货船	巴拿马	CONCORD HARVEST MARITIME INC.	中远散货运输有限公司
6	西昌海	XI CHANG HAI	散货/木材船	巴拿马	XI CHANG HAI MARITIME INC.	广州远洋运输公司
7	瑞昌海	RUI CHANG HAI	散货/木材船	巴拿马	RUICHANGHAI MARITIME INC.	广州远洋运输公司
8	金沙岭	JIN SHA LING	散货/木材船	巴拿马	GUANGZHOU OCEAN SHIPPING CO.	广州远洋运输公司
9	金牛岭	JIN NIU LING	散货/木材船	巴拿马	GUANGZHOU OCEAN SHIPPING CO.	广州远洋运输公司
10	秀河	PRETTY RIVER	集装箱船	巴拿马	PRETTY RIVER SHIPPING INC.	深圳远洋运输股份有限公司
11	雅河	DAINTY RIVER	集装箱船	巴拿马	DAINTY RIVER SHIPPING INC.	深圳远洋运输股份有限公司
12	飞越	ALESLEVADA	散货船	巴拿马	OCEAN PRITI SHIPPING S. A.	深圳远洋运输股份有限公司
13	向明	XIANG MING	集装箱船	巴拿马	BRANT MANAGEMENT S. A.	中海集装箱股份有限公司
14	向珠	XIANG ZHU	集装箱船	巴拿马	XIANG XIU SHIPPING S. A.	中海发展股份有限公司
15	向旺	XIANG WANG	集装箱船	巴拿马	XIANG WANG SHIPPING S. A.	中海发展股份有限公司
16	向兴	XIANG XING	集装箱船	巴拿马	XIANG XIN SHIPPING S. A.	中海发展股份有限公司
17	宝兴	BAO XING	散货船	香港	LI CHUAN SHIPPING S. A.	中海发展股份有限公司
18	荣誉山	GLORY MOUNTAIN	散货船	香港	LI CHUAN SHIPPING S. A.	中海发展股份有限公司
19	桃花山	PEACH MOUNTAIN	散货船	香港	LI CHUAN SHIPPING S. A.	中海发展股份有限公司

序号	中文船名	英文船名	船型	船籍	名义所有人	实际所有人
20	银杏	SILVER SHING	散货船	香港	LI CHUAN SHIPPING S. A.	中海发展股份有限公司
21	银樱	SILVER YING	散货船	香港	LI CHUAN SHIPPING S. A.	中海发展股份有限公司
22	银樟	SILVER ZHANG	散货船	香港	LI CHUAN SHIPPING S. A.	中海发展股份有限公司
23	集远	JI YUAN	集装箱船	利比里亚	AMT NO. 1 SHIPPING COMPANY INC.	上海长江轮船公司
24	河北腾飞	HEBEI DRAGON	散货船	香港	HEBEI DRAGON SHIPPING CO. LTD	河北远洋运输股份有限公司
25	金荣	JIN RONG	集装箱船	圣文森特	JIN RONG SHIPPING LIMITED	中国外运集装箱运输有限公司

海关总署关于延长中资“方便旗”船舶回国登记进口税收政策执行期限的通知

（署税函〔2009〕201号）

各直属海关：

经国务院批准，对中资“方便旗”船舶特案减免税政策的执行截止日期由2009年6月30日延长至2011年6月30日。现就有关问题通知如下：

一、对在2009年7月1日至2011年6月30日期间报关进口的“方便旗”船舶，继续免征关税和进口环节增值税。

二、有关具体操作办法仍按照《海关总署关于中资“方便旗”船舶回国登记有关问题的通知》（署税发〔2008〕46号）规定执行。

特此通知。

二〇〇九年六月九日

财政部、海关总署、国家税务总局关于“十二五”期间中资“方便旗”船舶回国登记进口税收政策问题的通知

（财关税〔2011〕63号）

各省、自治区、直辖市、计划单列市财政厅（局）、国家税务局，海关总署广东分署、各直属海关：

经国务院批准，中资“方便旗”船回国登记进口税收政策延长至“十二五”末。现将有关问题通知如下：

一、对2005年12月31日前已在境外办理船舶登记手续悬挂“方便旗”、船龄达到一定年限且符合相

关技术条件的中资船舶（中方出资比例不低于50%的船舶），在2011年7月1日至2015年12月31日期间报关进口的，免征关税和进口环节增值税。进口单位可选择国内任一船籍港，依照《中华人民共和国船舶登记条例》（国务院令第155号）及相关规定办理船舶登记手续。

二、享受税收优惠的各类进口船舶的船龄范围为：油船、化学品船、液化气船等的船龄为4~12年，散货船、矿砂船等的船龄为6~18年，集装箱船、杂货船、多用途船、液化石油气船、散装水泥船等的船龄为9~20年，上述船龄指船舶自建造完工之日起至2007年7月1日的年限。同时，享受税收优惠的各类进口船舶还应符合旧船舶进口的相关要求。

三、进口单位可在“十二五”期间每年3月1日前向交通运输部提出申请（具体申请程序及相关要求由交通运输部另行规定），交通运输部初审汇总后报财政部，经财政部会同海关总署、税务总局等有关部门进行审定后，对符合条件的船舶，由进口单位向海关办理相关的减免税手续。

二〇一一年十月十九日

海关总署关税征管司关于“十二五”期间中资“方便旗”船舶回国登记进口税收政策具体执行有关问题的通知

（税管函〔2011〕115号）

各直属海关：

经国务院批准，对中资“方便旗”船舶回国登记进口税收政策的执行截止日期由2011年6月30日延长至2015年12月31日。国务院有关部门已联合发布了《财政部 海关总署 国家税务总局关于“十二五”期间中资“方便旗”船回国登记进口税收政策问题的通知》（财关税〔2011〕63号），对有关问题予以明确。对于有关免税手续和进口手续的办理程序，请各关仍按照《海关总署关于中资“方便旗”船舶回国登记有关问题的通知》（署税发〔2008〕46号）的相关规定执行。

特此通知。

二〇一一年十一月三十日

财政部、海关总署、国家税务总局关于“十二五”期间第一批享受进口税收优惠政策的中资“方便旗”船舶清单的通知

（财关税〔2011〕78号）

各省、自治区、直辖市、计划单列市财政厅（局）、国家税务局，海关总署广东分署、各直属海关：

根据《财政部 海关总署 国家税务总局关于“十二五”期间中资“方便旗”船回国登记进口税收政策问题的通知》（财关税〔2011〕63号）的规定，经审定，“十二五”期间第一批共有1艘中资“方便旗”船舶可享受免征关税和进口环节增值税的优惠，具体船舶清单见附件。享受优惠的船舶应依照《中

华人民共和国船舶登记条例》(国务院令第155号)及相关规定办理船舶登记手续。

附件 享受进口税收优惠政策的中资“方便旗”船舶清单

二〇一一年十一月三十日

附件

享受进口税收优惠政策的中资“方便旗”船舶清单

序号	中文船名	英文船名	建造完工时间	船龄(年)	船型	载重吨	船籍	名义所有人	实际所有人
1	泰兴	TAIXING	1997年9月	10	杂货船	22200	中国香港	TAIXING MARITIME COMPANY LIMITED	中波轮船股份公司

财政部、海关总署、国家税务总局关于“十二五”期间第二批享受进口税收优惠政策的中资“方便旗”船舶清单的通知

(财关税〔2013〕48号)

各省、自治区、直辖市、计划单列市财政厅(局)、国家税务局,海关总署广东分署、各直属海关:

根据《财政部、海关总署、国家税务总局关于“十二五”期间中资“方便旗”船回国登记进口税收政策问题的通知》(财关税〔2011〕63号)的规定,经审定,“十二五”期间第二批共有14艘中资“方便旗”船舶可享受免征关税和进口环节增值税的优惠,具体船舶清单附后。享受优惠的船舶应依照《中华人民共和国船舶登记条例》(国务院令第155号)及相关规定办理船舶登记手续。

附件 享受进口税收优惠政策的中资“方便旗”船舶清单

财政部

海关总署

国家税务总局

二〇一三年八月二十八日

附件

享受进口税收优惠政策的中资“方便旗”船舶清单

序号	中文船名	英文船名	建造完工时间	船龄（年）	船型	载重吨	船籍	名义所有人	实际所有人
1	聪河	RIVER WISDOM	1994年3月	14	集装箱船	49945	巴拿马	GOLDEN CASCADE CORPORATION	中远集装箱运输有限公司
2	俊河	RIVER ELEGANCE	1994年9月	13	集装箱船	49945	巴拿马	GOLDEN SHORE CORPORATION	中远集装箱运输有限公司
3	天后	EMPRESS HEAVEN	1993年10月	14	集装箱船	40373	巴拿马	TIANHOU MARITIME INC.	中远集装箱运输有限公司
4	海后	EMPRESS SEA	1994年1月	14	集装箱船	40348	巴拿马	HAIHOU MARITIME INC.	中远集装箱运输有限公司
5	龙后	EMPRESS DRAGON	1994年2月	14	集装箱船	40377	巴拿马	LONGHOU MARITIME INC.	中远集装箱运输有限公司
6	凤后	EMPRESS PHOENIX	1994年4月	14	集装箱船	40457	巴拿马	FENGHOU MARITIME INC.	中远集装箱运输有限公司
7	潮汕河	CHAO SHAN HE	1996年11月	11	集装箱船	15923	巴拿马	CHAOSHANHE MARITIME INC.	中远集装箱运输有限公司
8	阳江河	YANG JIANG HE	1997年1月	11	集装箱船	15918	巴拿马	YANGJIANGHE MARITIME INC.	中远集装箱运输有限公司
9	滹沱河	HUTUOHE	1997年2月	11	集装箱船	12687	巴拿马	HUTUOHE SHIPPING INC.	中远集装箱运输有限公司
10	大清河	DAQINGHE	1996年3月	12	集装箱船	12570	巴拿马	DAQINGHE SHIPPING INC.	中远集装箱运输有限公司
11	永定河	YONGDINGHE	1996年11月	11	集装箱船	12668	巴拿马	YONGDINGHE SHIPPING INC.	中远集装箱运输有限公司
12	子牙河	ZIYAHE	1996年6月	12	集装箱船	12714	巴拿马	ZIYAHE Shipping INC.	中远集装箱运输有限公司
13	肇庆河	ZHAO QING HE	1996年9月	11	集装箱船	15920	巴拿马	ZHAOQINGHE MARITIME INC.	中远集装箱运输有限公司
14	吉耀	J. SHINE	1995年2月	13	杂货船	8642	香港	J. SAFE SHIPPING CO.，LTD	江苏远洋运输有限公司

11 飞机

海关总署关于印发《海关总署关于营运国际和港澳航线的国内航空公司进口维修用航空器材实施进口税收优惠政策的管理规定》的通知

（署税发〔2005〕479 号）

广东分署，天津、上海特派办，各直属海关：

经国务院批准，自 2005 年 1 月 1 日起，国内航空公司用于国际航线和港澳航线飞机维修的进口航空器材（包括送境外维修的零部件）实施进口税收优惠政策。财政部商总署制定了《关于营运国际航线和港澳航线的国内航空公司进口维修用航空器材进口税收的暂行规定》（详见附件 2）。根据该暂行规定，经与民航总局研究，并征求有关海关和航空企业的意见，总署制定了《海关总署关于营运国际和港澳航线的国内航空公司进口维修用航空器材实施进口税收优惠政策的管理规定》（以下简称《管理规定》，详见附件 1），现印发你们，并就有关问题通知如下：

一、根据《财政部关于 2005 年对营运国际航线和港澳航线的国内航空公司进口维修用航空器材税收问题的通知》（财关税〔2004〕63 号），2005 年核准 10 家航空公司享受用于维修国际航线和港澳航线飞机的进口航空器材的免税优惠政策。10 家航空公司的名单、减税比例及主管海关名单详见附件 3。

二、由于进口维修用航空器材的数量大、批次多、时间紧，为简化手续并加快通关速度，《管理规定》采取由进口地海关先凭进口全额税款保证金放行有关进口货物，后由主管海关按季度凭所辖航空公司提交的有关进口单证及代理进口协议等文件，按规定向有关进口地海关出具《进出口货物征免税证明》，进口地海关凭以办理减税手续的方式实施管理。请各有关海关注意加强联系配合和管理，以保证有关政策规定的顺利实施。

三、自 2005 年 1 月 1 日起至本通知下发前，对已凭进口税款保证金或直接征税方式进口并符合规定的维修用航空器材，准予按照《管理规定》的有关要求办理相关减税审批手续后，退还已征收的税款保证金或税款。

四、今后每年度享受上述税收优惠政策的航空公司及其减税比例，由总署另行通知。在通知下发前，仍凭进口全额税款保证金放行有关进口货物，但暂不办理相关减税审批手续。执行中如遇到问题，请及时与总署关税司联系。

特此通知。

附件 1　海关总署关于营运国际和港澳航线的国内航空公司进口维修用航空器材实施进口税收优惠政策的管理规定

附件 2　关于营运国际航线和港澳航线的国内航空公司进口维修用航空器材进口税收的暂行规定

附件 3　经核准的 10 家航空公司的名单、减税比例及主管海关名单

二〇〇五年十二月二十一日

附件 1

海关总署关于营运国际和港澳航线的国内航空公司进口维修用航空器材实施进口税收优惠政策的管理规定

一、根据经国务院批准的关于国内航空公司用于国际航线和港澳航线飞机及其发动机维修的进口航空

器材免征进口关税和进口环节增值税的税收优惠政策和财政部商海关总署制定的《关于营运国际航线和港澳航线的国内航空公司进口维修用航空器材进口税收的暂行规定》，特制定本规定。

二、实施上述进口税收优惠政策的基本方法是：对经民航总局批准的营运国际航线和港澳航线的国内航空公司（以下简称经核准的航空公司），财政部根据由民航总局确认的该航空公司营运国际和港澳航线的飞行里程及总飞行里程等情况，统筹核算确定该航空公司进口全部维修用航空器材的减税比例，海关按照财政部核定的减税比例办理进口维修用航空器材的减税手续。

三、本规定所称的进口维修用航空器材，是指用于维修飞机机载设备及其零部件所进口的航空器材，以及维修飞机所必需的消耗材料。包括：

（一）发动机及其零部件、附件；

（二）辅助动力装置（APU）及其零部件、附件；

（三）起落架及其零部件、附件；

（四）其他飞机零部件、附件；

（五）维修飞机所必需的润滑油、油漆；

（六）上述设备、装置和附件送境外维修时所更换的零部件及附件。

四、经核准的航空公司进口维修用航空器材减征税款的计算原则为，先按法定税率计算该项航空器材进口关税和进口环节增值税税额，再按经核定的该航空公司进口维修用航空器材的减税比例计算实征税额。基本计算公式如下：

实征关税税额=法定关税税额×（1-减税比例）

实征增值税税额=法定增值税税额×（1-减税比例）

五、经核准的航空公司进口维修用航空器材（包括航材保税库经营的进口航空器材）的减税审批手续，纳入海关《减免税管理系统》管理。具体操作时，由进口地海关先凭进口全额税款保证金放行进口维修用航空器材，后凭主管海关按季度签发的《进出口货物征免税证明》办理减税手续。

六、经核准的航空公司向海关申报进口维修用航空器材时，进口的监管方式包括：一般贸易（代码0110）、修理物品（代码1300）；征免性质为“航材减免”（代码888）；征减免税方式为“特案”（代码4）。

七、经核准的航空公司可以自行进口或委托本企业的航空器材进出口公司以及中国航空器材进出口集团公司代理进口航空器材，双方应签署有法律效力的委托代理进口协议。但进口货物报关单的收货单位必须是经核准的航空公司。

八、因飞机紧急维修需要，经主管海关批准，经核准的航空公司之间可以临时借用已减税进口的维修用航空器材，用后应及时归还。

九、经核准的航空公司从境外租赁或借用的航空器材，以及与其他航空公司以合作方式或者共同出资进口专用于共享或交换的航空器材，应按规定照章征税。

十、飞机维修企业进口维修用的航空器材，应按规定照章征税。进口后用于维修经核准的航空公司的飞机的，相关航空公司可以在下一年度向财政部、民航总局报送有关免税申请材料时，说明情况并提供相关单据。

十一、飞机整机在境外维修改装后所安装或更换的机上设备、器材和零部件，应按规定照章征税。

十二、经核准的航空公司应对减税进口的维修用航空器材加强管理，如实向海关申报。在海关监管期限内未经海关核准并补缴税款的航空器材，不得抵押、质押、转让、移作他用或者进行其他处置。对违反规定的，海关将依照《中华人民共和国海关法》、《中华人民共和国海关行政处罚实施条例》及国家有关法律、法规予以处罚。

十三、经核准的航空公司自2005年1月1日起进口的维修用航空器材按照本规定办理。

附件 2

关于营运国际航线和港澳航线的国内航空公司进口维修用航空器材进口税收的暂行规定

一、根据国务院关于调整民航进口税收政策的有关批复，特制定本规定。

二、本规定适用于民航总局批准的营运定期国际航线和港澳航线的国内航空公司。

本规定的国际航线是指航班的出发地、目的地或者约定的经停地至少有一点不在中华人民共和国境内的航线；港澳航线是指内地与香港或澳门特别行政区之间的航线。以上航线均包括国际航班途经的境内航段和港澳航班途经的内地航段。

满足本规定适用条件的航空公司可向民航总局提出申请，由民航总局统一确认名单后报财政部。

三、本规定所指航空器材是指用于维修飞机及发动机用的进口器材，包括发动机、辅助动力装置（APU）、起落架、其他飞机、发动机的附件（含以上内容的送境外维修件，但不包括送境外维修或改装的飞机整机）以及维修用消耗器件。航材范围仅限定于飞行器的机载设备及其零部件，不包括地勤系统所使用的设备及其零部件。

四、经国务院批准，对国内航空公司用于国际航线和港澳航线飞机，发动机维修用的进口航空器材（包括送境外维修的零部件）免征进口关税和进口环节增值税。此税收政策按以下方式进行管理，其程序为：

（一）每年 11 月 15 日之前，符合本规定第二条所列条件的航空公司向财政部、民航总局同时报送下一年度《免税申请报告》（以下简称《报告》），该《报告》应包括以下内容：

1. 公司在报告期内（以下均指：上年 11 月 1 日至本年 10 月 31 日）实际进口航空器材的执行情况：包括直接进口和送外维修两种方式对航空发动机、辅助动力装置（APU）、起落架、其他飞机和发动机附件以及维修用消耗器件五大类航材的实际进口金额、已缴和免缴的关税税额和增值税税额的统计情况，并需附相关财务报表和说明。

2. 公司在报告期内飞机维修业务情况：包括飞机大修（国内）、发动机大修、APU 大修、附件修理、航线维修的业务量（含所修飞机或发动机的机型、数量、维修总费用、航材费用等内容，统一按照实物入库的口径进行统计）。

3. 按大类申报公司下一年全年（1~12 月）进口航材的计划金额。如申报的下一年全年计划进口金额与报告期内的实际进口金额存在较大差异，在《报告》中应当列明具体原因。

4. 公司在报告期内国际航线飞行里程及飞机总里程（均含正班、加班以及包机飞行里程）。

（二）民航总局根据国内航空公司的运输生产报表，对各航空公司上报的报告期内国际航线飞行里程以及飞机总里程进行审核确认后，于 12 月 1 日以前将确认结果报财政部。

（三）财政部根据民航总局的确认结果，将各航空公司报告期内国际航线飞行里程占全部飞行里程的比值作为该公司下一年全年（1~12 月）航材进口的减税基准比例。并以此为基础，结合本年度报告期内执行减税政策的结余情况以及下一年航空公司申报的全年进口总额度，统筹确定出下一年各公司进口全部航材（包括执行国内航线和国际航线的全部飞机维修所需航材）减征部分进口关税和进口环节增值税税额的比例。

（四）海关按照财政部核定的减税比例办理进口航材的征减免手续。具体操作办法由海关总署另行制定。

五、凡享受上述政策的航空公司要切实做好与《报告》相关的计划、统计和管理工作，各公司要对《报告》内容的真实性、准确性负责。为确保《报告》所提供的航材进口金额等财务会计信息的真实性，财政部门将组织相应的定期或专项财务检查。

六、对在财务检查过程中发现的航空公司伪报、瞒报等违反本规定的问题，一经查实，将视情节轻重取消该公司进口减免税资格一至三年，并按有关规定给予相应处理。

七、本规定自 2005 年 1 月 1 日起开始实施。

附件 3

经核准的 10 家航空公司名单、减征比例及主管海关名单

序号	航空公司	减征比例	主管海关
1	中国国际航空股份有限公司	39.3%	北京海关
2	中国东方航空股份有限公司	31.0%	上海海关
3	中国南方航空股份有限公司	18.7%	广州海关
4	海南航空股份有限公司	1.2%	海口海关
5	上海航空股份有限公司	9.3%	上海海关
6	山东航空股份有限公司	2.2%	青岛海关
7	厦门航空有限公司	13.4%	厦门海关
8	中国货运航空有限公司	100.0%	上海海关
9	中国国际货运航空有限公司	99.5%	北京海关
10	深圳航空有限责任公司	1.2%	深圳海关

海关总署关于营运国际和港澳航线的国内航空公司进口维修用航空器材实施进口税收优惠政策有关问题的补充通知

（署税函〔2006〕203 号）

广东分署，天津、上海特派办，各直属海关：

为了实施经国务院批准的对营运国际和港澳航线的国内航空公司进口维修用航空器材的进口税收优惠政策，总署下发了《海关总署关于印发〈海关总署关于营运国际和港澳航线的国内航空公司进口维修用航空器材实施进口税收优惠政策的管理规定〉的通知》（署税发〔2005〕479 号）。在实际执行过程中，陆续有海关反映《海关总署关于营运国际和港澳航线的国内航空公司进口维修用航空器材实施进口税收优惠政策的管理规定》（以下简称《管理规定》）中第四条和第五条规定不易于操作执行的问题。为便于海关工作，方便进口企业通关，经研究，现将有关问题补充通知如下：

一、《管理规定》第四条主要明确了对经核准的国内航空公司进口的维修用航空器材减征税款的计算原则，并规定了基本计算公式。鉴于有关海关反映使用基本计算公式无法直接由 H2000 系统自动计算出实际应征收的关税和增值税税额，给海关现场通关工作造成很大困难，现补充提供可直接使用的实征税率的计算公式如下：

实征关税税率＝法定关税税率×（1－减税比例）

实征进口环节增值税税率＝（1+法定关税税率）×法定增值税税率×（1－减税比例）／［1+法定关税税率×（1－减税比例）］

二、对于经核准的国内航空公司进口维修用航空器材的减税手续，不再纳入海关《减免税管理系统》

管理，而直接由进口口岸海关将按照上述公式计算得出的实征税率，采用“特案”方式输入 H2000 系统，计征税款并办理相关进口放行手续。

经核准的国内航空公司向海关申报进口维修用航空器材时，进口货物报关单的贸易方式（监管方式）栏应填写“一般贸易”（代码 0110）或“修理物品”（代码 1300）；征免性质栏应填写“航材减免”（代码 888）；征减免税方式栏应填写“特案”（代码 4）。

三、经核准的国内各航空公司的减税比例只在当年有效。在每年新的年度减税比例核定下发前，各关可凭全额税款保证金或银行保函先予放行货物，待经核定的当年减税比例下发后，再按规定办理减税结案手续。

四、其他有关事项，仍按照署税发〔2005〕479 号通知的规定办理。各关在执行中如遇到新的问题，请及时向总署关税司反映。

特此通知。

二〇〇六年七月十日

海关总署关税征管司关于进口维修用航空器材税收政策有关问题的通知

（税管函〔2007〕173 号）

各直属海关：

近来，陆续有海关就执行《海关总署关于营运国际和港澳航线的国内航空公司进口维修用航空器材实施进口税收优惠政策的管理规定》（署税发〔2005〕479 号，以下简称《管理规定》）遇到的问题请示总署。经研究，现就有关问题明确如下：

一、关于实行暂定税率的航空器材适用政策问题

经国务院批准，对国内航空公司用于国际航线和港澳航线飞机维修的进口航空器材（包括送境外维修的零部件）免征关税和进口环节增值税。为了便于操作，执行上述税收优惠政策的基本方法是：以各航空公司的国际航线和港澳航线飞行里程占全部飞行里程的比例为基础确定其全部维修用进口航空器材的减税比例，然后根据应征税款和减税比例计算出实征税款。因此，在具体执行时，如遇到实行暂定税率的进口航空器材，可依据现行适用的暂定税率和减税比例，计算出实征关税税率和进口环节增值税税率并以此计征税款。

二、关于享受税收优惠政策的商品范围问题

根据《管理规定》第三条的规定，进口维修用的飞机驾驶舱内的设备及其零部件，以及固定安装在飞机上且为飞行和载客、载货运输所必需的设备及其零部件（例如，飞机上的液晶显示屏、机上用照明灯具、飞机轮胎等），均属于可享受进口税收优惠政策的商品范围。但移动式餐车等非固定安装在飞机上的物品不属于减税商品范围。

自本通知下发之日起，请各关按照上述原则确定有关航空公司进口的货物是否属于署税发〔2005〕479 号文件规定的可享受税收优惠政策的商品范围。

特此通知。

二〇〇七年八月二十三日

海关总署关于飞机租赁中相关费用海关税收问题的公告

（海关总署公告2010年第47号）

为进一步规范飞机租赁中的大修储备金、赔偿金和企业所得税等费用的海关税收问题，便利企业通关和海关管理，根据《海关审定进出口货物完税价格办法》（海关总署令第148号，以下简称《审价办法》）及其他有关规定，现就有关事宜公告如下：

一、维修费用

（一）在飞机租赁合同中约定的由承租人承担的维修检修（即通常所称的大修），无论发生在境内或境外，其费用均按租金计入完税价格。

（二）在飞机租赁合同约定范围外，由承租人自行从事的维修，其费用发生在境内的不征税；发生在境外的，按照《审价办法》第31条的规定审价征税。

（三）飞机租赁结束时未退还承租人的维修保证金，按租金计入完税价格。

（四）对飞机租赁结束时，承租人因未符合交还飞机条件而向出租人支付的赔偿费用，按租金计入完税价格。

二、国内税收

对于出租人为纳税义务人，而由承租人依照合同约定，在合同规定的租金之外另行为出租人承担的国内税收（包括企业所得税、营业税等），视为间接支付的租金，计入完税价格。

三、保险费用

在飞机租赁合同中约定的由承租方支付的机身、零备件一切险，不管发生在国外还是国内，视为间接支付的租金，应计入租金的完税价格；承租人为飞机租赁期间保持正常营运投保，如旅客意外伤害险等，不计入完税价格。

在航空保单无法区分飞机的机身、零备件一切险、第三者责任险、运营险等险种保费的情况下，有关航空保费不计入租金的完税价格。

四、溯及力

本公告发布以前，租赁合同已经履行完毕的，原征税款不再依据本公告进行调整；租赁合同未履行完毕的，应依据本公告做出相应的税款调整。

本公告内容自发布之日起实施。

特此公告。

中华人民共和国海关总署

二〇一〇年七月十九日

财政部、海关总署、国家税务总局关于营运支线航线的国内航空公司维修用航空器材进口税收问题的通知

（财关税〔2010〕58号）

各省、自治区、直辖市、计划单列市财政厅（局）、国家税务局，新疆生产建设兵团财务局，海关总署广东分署、各直属海关，财政部驻各省、自治区、直辖市、计划单列市财政监察专员办事处：

经国务院批准，在“十二五”期间（2011年1月1日至2015年12月31日），对国内航空公司用于支线航线飞机、发动机维修的进口航空器材（包括送境外维修的零部件）免征进口关税和进口环节增值税。具体管理办法按《关于营运支线航线的国内航空公司维修用航空器材进口税收的暂行规定》（见附件）执行。

附件　关于营运支线航线的国内航空公司维修用航空器材进口税收的暂行规定

二〇一〇年十二月九日

附件

关于营运支线航线的国内航空公司维修用航空器材进口税收的暂行规定

一、经国务院批准，在“十二五”期间（2011年1月1日至2015年12月31日），对国内航空公司用于支线航线飞机、发动机维修的进口航空器材（包括送境外维修的零部件）免征进口关税和进口环节增值税。

二、本规定适用于民航局批准的营运定期支线航线的国内航空公司。

本规定的支线是指从支线机场始发或到达支线机场的省（自治区）内航段，以及跨省（自治区、直辖市）但距离较短或运量较小的航段。支线机场是指民航机场规划中的中小型机场。同时满足以下条件的航段纳入支线的具体范围：（一）省（自治区）内的航段或距离在600公里以内（含）跨省（自治区、直辖市）的航段。（二）航段至少一端连接支线机场。连接北京首都机场，上海虹桥、浦东机场，广州白云机场及旅游热点城市（不包括红色旅游城市）机场的航段除外。（三）为避免支线航线在市场淡、旺季航班数量增减落差过大，规定淡季航班量至少达到旺季航班量的20%。

三、本规定所指航空器材是指用于维修飞机及发动机用的进口器材，包括发动机、辅助动力装置（APU）、起落架、其他飞机、发动机的附件（含以上内容的送境外维修件，但不包括送境外维修或改装的飞机整机）以及维修用消耗器件。航材范围仅限定于飞行器的机载设备及其零部件，不包括地勤系统所使用的设备及其零部件。

四、符合本规定标准（详见附1）的国内飞机、发动机维修公司为维修享受支线航线进口税收优惠政策的国内航空公司的飞机、发动机而进口航材，可在照章缴纳进口税收后，在出具给国内航空公司的加工维修发票的备注栏中注明“进口航材缴纳的关税和增值税的具体数额”，该进口税额将被折算到下一年度享受支线航线进口税收优惠政策的国内航空公司进口航材的减税比例中。

五、符合本规定适用条件或标准的国内航空公司和飞机、发动机维修公司可向民航局提出申请，由民航局统一确认名单后报财政部。

六、符合本规定适用条件的国内航空公司应按照财关税〔2004〕63号、财关税〔2006〕52号以及其

他相关文件规定的内容、格式和期限向财政部和民航局同时报送下一年度《免税申请报告》（以下简称《报告》）。

符合本规定标准的国内飞机、发动机维修公司应在每年11月15日之前分别向财政部、民航局报送在报告期内（上年11月1日至本年10月31日）为享受支线航线进口税收优惠政策的国内航空公司提供维修服务结算的修理费用汇总表及相关单据明细表，具体要求详见附2和附3，并说明情况。

七、为便于操作，享受国际航线、港澳航线和支线航线进口税收优惠政策的国内航空公司应统一上报《报告》，《报告》中有关统计数据的填报要求详见附4、附5和附6。

本规定附1同样适用于为享受国际航线和港澳航线进口税收优惠政策的国内航空公司提供维修服务的国内飞机、发动机维修公司。为享受国际航线和港澳航线进口税收优惠政策的国内航空公司提供维修服务的国内飞机、发动机维修公司应按本规定第六条相关要求统一上报材料。

八、民航局根据国内航空公司的运输生产报表，对各航空公司上报的报告期内国际航线、港澳航线和支线航线飞行里程以及飞行总里程进行审核确认后，于每年12月1日以前将确认结果报财政部。

九、财政部根据民航局的确认结果，原则上参照《关于营运国际航线和港澳航线的国内航空公司进口维修用航空器材进口税收的暂行规定》所规定的方法确定营运支线航线维修用进口航材的减税比例，即以某国内航空公司报告期内支线航线飞行里程占全部飞行总里程的比例作为该公司下一年度进口航材的减税基准比例；并与国内航空公司营运国际航线和港澳航线维修用进口航材的减税比例合并计算和执行，即以某国内航空公司每年飞行国际航线、港澳航线和支线航线里程之和占该公司全年飞行总里程的比例作为基础，计算该公司进口航材的减税比例。

十、海关按照财政部核定的减税比例办理进口航材的征减免手续。具体操作办法由海关总署另行制定。

十一、凡享受上述政策的航空公司要切实做好与《报告》相关的计划、统计和管理工作，各公司要对《报告》内容的真实性、准确性负责。为确保《报告》所提供的航材进口金额等财务会计信息的真实性，财政部门将组织相应的定期或专项财务检查。

十二、对在财务检查过程中发现的航空公司伪报、瞒报等违反本规定的问题，一经查实，将视情节轻重取消该公司进口减免税资格一至三年，并按有关规定给予相应处理。

附1　纳入国内航空公司航材进口税收优惠政策范围内的国内飞机、发动机维修公司的标准（略）

附2　××飞机、发动机维修公司××年度报告期内修理费用汇总表（略）

附3　××飞机、发动机维修公司××年度报告期内修理费用单据明细表（略）

附4　国内航空公司《免税申请报告》中统计数据的填报说明（略）

附5　××航空公司××年度报告期内数据汇总表（略）

附6　××航空公司××年度报告期内送符合规定标准的国内飞机、发动机维修公司修理费用汇总表（略）

海关总署关于进一步明确飞机租赁中相关费用税收问题的公告

（海关总署公告2011年第55号）

为规范飞机租赁的海关税收管理，海关总署发布了2010年第47号公告（以下简称47号公告）对有关问题予以明确。根据47号公告的执行情况，现将有关问题进一步明确如下：

一、47 号公告中所称“租赁”是指经营性租赁。

二、47 号公告中所称“在飞机租赁合同中约定的由承租人承担的维修检修（即通常所称的大修）”，是指在飞机租赁合同中约定的针对机身、起落架、辅助动力装置（APU）、发动机、发动机时寿件等 5 部分进行的检修（以下简称飞机大修），即承租方在租赁期内根据飞机生产厂商维修方案的要求定期进行的飞机机身结构检修、发动机核心机深度维修、发动机时寿件更换、辅助动力装置性能恢复、起落架翻修等。

三、飞机大修在境内进行的，承租人所支付费用发票中单独列明的增值税等国内税收、境内生产的零部件和材料费用及已征税的进口零部件和材料费用不计入完税价格。

四、承租人应在支付大修费用后 30 日内向其所在地海关（以下简称主管海关）申报办理纳税手续。

五、按照 47 号公告第二条规定，承租人因对外支付租金而代出租人缴纳的企业所得税、营业税等国内税收，视为间接支付的租金计入完税价格的，应随下一次支付的租金一同向主管海关申报办理纳税手续；对于为支付最末一期租金而代缴的上述国内税收，承租人应在代缴国内税款后 30 日内向主管海关申报办理纳税手续。

六、承租人在实际送大修前对外支付飞机大修储备金的，海关暂不征收税款或保证金。

七、在租赁合同期满承租人退租时，海关审核飞机大修费用的最终实际结算情况，根据实际结算费用调整的情况征税或退税。经审核需要退税的，海关按承租人此前最后一次申报租金征税时适用的税率、汇率计算应退税款。

八、飞机大修在境外进行的，承租人应在出、进境的报关单备注栏注明“租赁合同规定的大修货物”。进境时海关按照“修理物品”监管方式、“一般征税”征免性质、“全免”征免方式办理进境手续。承租人在主管海关集中办理大修费用纳税手续时，应在报关单备注栏注明此前飞机在境外大修后进境申报时的报关单编号。

九、送往境外进行维修检修的飞机及其零部件，进境时不能证明属于租赁合同规定的大修的，海关按“修理物品”的相关规定办理征税进口手续。

十、对于租赁合同在 47 号公告发布之日尚未完全履行完毕的，海关对已履行部分所征税款不再调整，对未履行部分依照 47 号公告的规定计征税款。

特此公告。

中华人民共和国海关总署
二〇一一年八月三十一日

海关总署关于加强对国内航空公司进口飞机减免税管理的通知

（署税发〔2011〕88 号）

广东分署，天津、上海特派办，各直属海关：

为加强对国内航空公司进口空载重量在 25 吨以上的客货运飞机（以下简称飞机）的减免税管理，规范海关办理进口飞机减免税审批等手续，现就国内航空公司向海关申请办理进口飞机减免税审批手续涉及的贷款抵押、融资租赁（包括售后回租，下同）、调拨转租和监管年限等有关事宜通知如下：

一、国内航空公司已经向海关办理了进口飞机的减免税手续，在飞机进口后海关监管年限内，需要以飞机向金融机构办理贷款抵押或进行融资租赁的，应当事先向其所在地海关提出书面申请并提供相应担保。

办理贷款抵押的，按照《中华人民共和国海关进出口货物减免税管理办法》（海关总署令第 179 号，以下简称《减免税管理办法》）第三十一条和第三十二条的规定办理。

进行融资租赁的，按以下规定办理：

（一）向境内金融机构进行融资租赁的，应当向海关提供下列形式之一的担保：

1. 与飞机应缴税款等值的保证金；

2. 境内金融机构提供的相当于飞机应缴税款的保函；

3. 国内航空公司、境内金融机构共同向海关提交《进口减免税货物融资租赁承诺保证书》（格式详见附件），书面承诺当航空公司融资租赁租金无法缴清需要以融资租赁飞机抵偿时，国内航空公司应先补缴海关税款，或者从飞机的折（变）价款中优先偿付海关税款。如国内航空公司在规定的期限内未履行缴纳海关税款义务，海关可以直接要求境内金融机构承担连带的担保责任。

（二）向境外金融机构进行融资租赁的，应当向所在地海关提交上述第 1 项或第 2 项规定形式的担保。

二、国内航空公司采取贷款抵押或融资租赁方式进口飞机，在飞机进口前，已经向金融机构办理贷款抵押或融资租赁手续的，国内航空公司应在向海关申请办理进口飞机减免税审批手续时如实向其所在地海关书面报告有关贷款抵押或融资租赁事宜，同时应当向海关提供下列形式之一的担保：

（一）与飞机应缴税款等值的保证金；

（二）境内金融机构提供的相当于飞机应缴税款的保函；

（三）国内航空公司向海关提交《进口减免税货物贷款抵押承诺保证书》或者《进口减免税货物融资租赁承诺保证书》，书面承诺当航空公司抵押贷款无法清偿或融资租赁租金无法缴清需要以抵押或融资租赁飞机抵偿时，国内航空公司先补缴海关税款，或者从飞机的折（变）价款中优先偿付海关税款。

三、所在地海关收到国内航空公司提交的有关申请材料和相应税款担保后，按照或参照《中华人民共和国海关事务担保条例》和《减免税管理办法》的有关规定办理同意进口飞机贷款抵押或融资租赁的手续。

四、未经海关批准，国内航空公司不得在飞机减免税进口后擅自进行贷款抵押或融资租赁。

五、国内航空公司将飞机调拨或转租给子公司或其他国内航空公司使用的，应当事先向海关提出书面申请，报告有关调拨或转租的情况。未经海关批准，不得进行调拨或转租。

六、减免税进口飞机租赁期不足 8 年的，海关监管年限为 8 年；租赁期超过 8 年的，在 8 年监管年限届满时，海关按照《中华人民共和国海关进出口货物征税管理办法》的有关规定，继续监管至租赁结束办结海关手续之日止。

七、本通知下发前，国内航空公司存在未经海关批准已将飞机进行融资租赁、抵押贷款、调拨转租给子公司使用等情况的，应自本通知内容执行之日起 3 个月内按照本通知相关规定向所在地海关申请补办有关手续。

八、本通知内容自 2011 年 4 月 1 日起执行。请各国内航空公司所在地海关采取适当方式及时将本通知的规定告知相关航空公司。

特此通知。

附件　进口减免税货物融资租赁承诺保证书（格式）

二〇一一年三月二日

附件

进口减免税货物融资租赁承诺保证书

编号：

<table>
<tr><td colspan="2">国内航空公司：</td></tr>
<tr><td>地址：</td><td>法人代表：</td></tr>
<tr><td>联系电话：</td><td>开户银行及账号：</td></tr>
<tr><td colspan="2">境内金融机构：</td></tr>
<tr><td>地址：</td><td>法人代表：</td></tr>
<tr><td colspan="2">联系电话：</td></tr>
<tr><td>融资租赁租金金额：</td><td>期限：</td></tr>
<tr><td colspan="2">国内航空公司保证事项：融资租赁租金无法缴清需要以融资租赁货物抵偿时，保证先补缴海关税款，或者从飞机的折（变）价款中优先偿付海关税款。

单位签章：　　法定代表人签字：
年　月　日</td></tr>
<tr><td colspan="2">境内金融机构承诺：国内航空公司向我单位申请融资租赁事项，如国内航空公司在规定的期限内未履行缴纳海关税款义务，我单位承担连带的担保责任。

单位签章：　　法定代表人签字：
年　月　日</td></tr>
</table>

海关总署关于从保税港区等海关特殊监管区域租赁进口飞机办理纳税手续等有关问题的通知

（署税函〔2012〕24号）

广东分署，各直属海关：

近期，部分海关请示航空公司从保税港区租赁进口飞机如何办理纳税手续等事宜。经研究，现将有关问题通知如下：

一、根据《中华人民共和国海关进出口货物征税管理办法》（海关总署令第124号）和《中华人民共和国海关进出口货物减免税管理办法》（海关总署令第179号）有关规定，航空公司从保税港区等海关特殊监管区域租赁进口飞机，仍应向航空公司所在地海关办理减免税审批和进口纳税手续。

保税港区等海关特殊监管区域海关应按照转关运输有关规定，办理飞机出区手续。

二、根据《海关总署关于印发〈海关总署关于海关税收考核的实施办法〉的通知》（署税发〔2006〕597号）规定，保税港区等海关特殊监管区域出区飞机所纳税收计入保税港区等海关特殊监管区域所在地海关税收流量。

三、航空公司所在地海关应加强租赁进口飞机的征税管理并负责减免税后续监管。

保税港区等海关特殊监管区域海关和航空公司所在地海关应加强联系配合，必要时，可制定具体联系配合办法。

特此通知。

二〇一二年一月十六日

海关总署关于调整进口飞机进口环节增值税有关问题的通知

（署税发〔2013〕90号）

各直属海关：

经国务院批准，自2013年8月30日起，对按此前规定所有减按4%征收进口环节增值税的空载重量在25吨以上的进口飞机，调整为按5%征收进口环节增值税。现将有关问题通知如下：

一、自2013年8月30日起，对国内从事航空运输业的航空公司进口的空载重量在25吨以上的客货运飞机，以及有关海关特殊监管区域内的租赁公司或租赁公司设立的项目子公司进口并租赁给国内航空公司使用的上述飞机，一律减按5%征收进口环节增值税。

对此前已经进口的上述飞机，2013年8月30日及以后申报分期缴纳税款的，也应减按5%征收进口环节增值税。

二、上述进口飞机由有关企业所在地直属海关（以下简称主管海关）负责办理减免税审批手续。经审核符合免税条件的，由主管海关出具《中华人民共和国海关进出口货物征免税证明》（以下简称《征免税证明》），进口地海关凭以办理有关减免税进口手续。

三、2013年8月30日前，对上述进口飞机海关已出具《征免税证明》，但飞机尚未申报进口的，该《征免税证明》作废，并按本通知及相关规定重新出具《征免税证明》。

四、自2013年8月30日起，《海关总署关于调整国内航空公司进口飞机增值税政策的通知》（署税发〔2004〕352号）废止。

特此通知。

二〇一三年八月二十九日

财政部、海关总署、国家税务总局关于修改营运支线航线的国内航空公司维修用航空器材进口税收暂行规定有关条文的通知

（财关税〔2014〕7号）

各省、自治区、直辖市、计划单列市财政厅（局）、国家税务局，新疆生产建设兵团财务局，海关总署广东分署、各直属海关，财政部驻各省、自治区、直辖市、计划单列市财政监察专员办事处：

参照行业主管部门对支线航线有关范围的修改，经财政部、海关总署、国家税务总局研究决定，对

《关于营运支线航线的国内航空公司维修用航空器材进口税收问题的通知》（财关税〔2010〕58号）附件《关于营运支线航线的国内航空公司维修用航空器材进口税收的暂行规定》（以下简称《暂行规定》）有关条文予以修改，现通知如下：

《暂行规定》第二条修改为："二、本规定适用于民航局批准的营运定期支线航线的国内航空公司。本规定中支线航线是指持续运营、淡季不停航的支线，包括：（一）至少有一端连接支线机场（民航机场规划中的中小型机场，但西藏自治区内机场除外）的省（自治区）内航段，以及距离在600公里以内（含）的跨省（自治区、直辖市）航段。连接北京首都机场，上海虹桥、浦东机场，广州白云机场（不含广东省内支线机场连接广州白云机场的航段）及旅游热点城市机场的航段除外。（二）西藏自治区内航线，以及从西藏区内机场始发或到达的跨区航线。（三）政府指定开通的支线机场连接北京、上海、广州三个城市五个机场的政策性航线。"

申请享受政策的航空公司应按照《暂行规定》及上述修改后的规定向民航局报送2013年度及以后年度的支线航线飞行里程，民航局核定确认后报送财政部，请遵照执行。

二〇一四年三月十日

海关总署关于营运国际航线、港澳航线和支线航线的国内航空公司2014年度进口维修用航空器材税收问题的通知

（署税发字〔2014〕35号）

各直属海关：

经国务院批准，对营运国际航线、港澳航线和支线航线的国内航空公司进口维修用航空器材（包括送境外维修的零部件）实施进口税收优惠政策。现将经财政部核定的中国国际航空股份有限公司等23家国内航空公司2014年度（2014年1月1日至12月31日）进口维修用航空器材减征部分关税和进口环节增值税税额的比例印发你们（详见附件），并就有关问题通知如下：

一、有关进口维修用航空器材（包括执行国内航线和国际航线的全部飞机维修所需器材）的减税方式及减征手续，仍按照《海关总署关于印发〈海关总署关于营运国际和港澳航线的国内航空公司进口维修用航空器材实施进口税收优惠政策的管理规定〉的通知》（署税发〔2005〕479号）、《海关总署关于营运国际和港澳航线的国内航空公司进口维修用航空器材实施进口税收优惠政策有关问题的补充通知》（署税函〔2006〕203号）等有关规定执行。

二、鉴于顺丰航空有限公司属于民航局批准的营运定期国际航线、港澳航线或支线航线的国内航空公司，因此，自2014年1月1日起，准予顺丰航空有限公司享受有关进口维修用航空器材税收优惠政策。

三、深圳航空有限责任公司、银河国际货运航空有限公司、东海航空有限公司和成都航空有限公司由于2014年度进口维修用航空器材测算的减税比例较低，为降低行政成本，上述4家航空公司2014年度进口维修用航空器材的减税比例将累计折算到以后年度一并执行。鉴此，2014年，上述4家航空公司进口的维修用航空器材应照章征税。

特此通知。

附件　2014年度国内航空公司进口航材减税比例

二〇一四年四月二十六日

附件

2014年度国内航空公司进口航材减税比例

序号	航空公司名称	2014年国内航空公司进口航材税收减征关税和进口环节增值税比例
1	中国国际航空股份有限公司	43.1%
2	中国东方航空股份有限公司	33.3%
3	中国南方航空股份有限公司	27.0%
4	海南航空股份有限公司	8.1%
5	山东航空股份有限公司	6.0%
6	上海航空有限公司	19.6%
7	厦门航空有限公司	9.7%
8	四川航空股份有限公司	11.8%
9	中国国际货运航空有限公司	100.0%
10	中国货运航空有限公司	97.4%
11	扬子江快运航空有限公司	43.0%
12	中国邮政航空有限责任公司	23.6%
13	幸福航空有限责任公司	56.2%
14	河北航空有限公司	34.1%
15	天津航空有限责任公司	24.1%
16	华厦航空有限公司	35.1%
17	中国联合航空有限公司	10.7%
18	奥凯航空有限公司	15.5%
19	春秋航空股份有限公司	28.3%
20	上海吉祥航空股份有限公司	30.4%
21	友和道通航空有限公司	99.8%
22	西藏航空有限公司	47.3%
23	顺丰航空有限公司	11.9%

财政部、海关总署、国家税务总局关于租赁企业进口飞机有关税收政策的通知

（财关税〔2014〕16号）

各省、自治区、直辖市、计划单列市财政厅（局）、国家税务局，新疆生产建设兵团财务局，海关总署广东分署、各直属海关，财政部驻各省、自治区、直辖市、计划单列市财政监察专员办事处：

经国务院批准，自2014年1月1日起，租赁企业一般贸易项下进口飞机并租给国内航空公司使用的，

享受与国内航空公司进口飞机同等税收优惠政策，即进口空载重量在25吨以上的飞机减按5%征收进口环节增值税。自2014年1月1日以来，对已按17%税率征收进口环节增值税的上述飞机，超出5%税率的已征税款，尚未申报增值税进项税额抵扣的，可以退还。租赁企业申请退税时，应附送主管税务机关出具的进口飞机所缴纳增值税未抵扣证明（格式见附件）。

海关特殊监管区域内租赁企业从境外购买并租给国内航空公司使用的、空载重量在25吨以上、不能实际入区的飞机，不实施进口保税政策，减按5%征收进口环节增值税。

附件　租赁企业进口飞机增值税进项税额未抵扣证明

财政部
海关总署
国家税务总局
二〇一四年五月十三日

附件

租赁企业进口飞机增值税进项税额未抵扣证明

编号：主管税务机关代码+三位流水号

<table>
<tr><td rowspan="2">纳税人名称</td><td rowspan="2"></td><td>纳税人识别号</td><td></td></tr>
<tr><td>海关企业代码</td><td></td></tr>
<tr><td>飞机进口时间</td><td colspan="3">年　月　日</td></tr>
<tr><td>海关进口增值税专用缴款书</td><td colspan="3">该纳税人一般贸易项下进口飞机，取得海关报关单（报关单号：__________）、进口环节增值税专用缴款书（凭证号：__________），进口环节增值税税额为（大写）________，¥________元。</td></tr>
<tr><td>进项税额抵扣情况</td><td colspan="3">经审核，该纳税人上述海关进口环节增值税专用缴款书税额尚未申报抵扣。</td></tr>
<tr><td>其他需要说明的事项</td><td colspan="3"></td></tr>
<tr><td>审核意见：
审核人：
年　月　日</td><td colspan="2">复核意见：
复核人：
年　月　日</td><td>局长意见：
局领导：　（局章）
年　月　日</td></tr>
</table>

注： 本表由进口飞机的租赁企业所在地主管税务机关填写并盖章确认。

12 文化、体育

12.1 公益收藏

财政部、海关总署、国家税务总局关于公布施行《国有公益性收藏单位进口藏品免税暂行规定》的公告

（财政部、海关总署、国家税务总局联合公告2009年第2号）

《国有公益性收藏单位进口藏品免税暂行规定》经国务院批准，现予以公布施行。《财政部、国家税务总局、海关总署关于印发〈国有文物收藏单位接受境外捐赠、归还和从境外追索的中国文物进口免税暂行办法〉的通知》（财税〔2002〕81号）经国务院批准同时停止执行。

特此公告。

附件1　国有公益性收藏单位进口藏品免税暂行规定

附件2　免税进口藏品备案表

财政部

海关总署

国家税务总局

二〇〇九年一月二十日

附件1

国有公益性收藏单位进口藏品免税暂行规定

第一条　为贯彻落实科学发展观，弘扬和传承中外传统文化艺术，提高民族文化软实力，促进我国对文物和艺术品等进口藏品的收藏和保护事业的健康发展，特制定本规定。

第二条　国有公益性收藏单位以从事永久收藏、展示和研究等公益性活动为目的，以接受境外捐赠、归还、追索和购买等方式进口的藏品，免征进口关税和进口环节增值税、消费税。

第三条　本规定所称国有公益性收藏单位是指：

（一）国家有关部门和省、自治区、直辖市、计划单列市相关部门所属的国有公益性图书馆、博物馆、纪念馆及美术馆（以下简称省级以上国有公益性收藏单位）。

省级以上国有公益性收藏单位的名单，由财政部会同国务院有关部门以公告的形式发布。

（二）财政部会同国务院有关部门核定的其他国有公益性收藏单位。

第四条　本规定所称的藏品，是指具有收藏价值的各种材质的器皿和器具、钱币、砖瓦、石刻、印章封泥、拓本（片）、碑帖、法帖、艺术品、工艺美术品、典图、文献、古籍善本、照片、邮品、邮驿用品、徽章、家具、服装、服饰、织绣品、皮毛、民族文物、古生物化石标本和其他物品。

第五条　国有公益性收藏单位进口与其收藏范围相应的藏品，方能享受本规定的税收政策。

第六条　符合规定的国有公益性收藏单位进口藏品，应持捐赠、归还、追索和购买等有效进口证明及海关规定的其他有关文件办理海关手续。免税进口藏品属于海关监管货物。

第七条　国有公益性收藏单位免税进口的藏品应依照《中华人民共和国文物保护法》、《中华人民共和国文物保护法实施条例》和《博物馆管理办法》进行管理，建立藏品登记备案制度。免税进口藏品入境30个工作日内须记入藏品总账——进口藏品子账，列入本单位内部年度审计必审科目。同时按规定格式（见附件2）报送主管文化文物行政管理部门备案，并抄报海关。

第八条　国有公益性收藏单位免税进口的藏品应永久收藏，并仅用于非营利性展示和科学研究等公益性活动，不得转让、抵押、质押或出租。

第九条　免税进口藏品如需在国有公益性收藏单位之间依照国家有关法律法规的规定进行调拨、交换、借用，应依照法律法规的规定履行相关手续，同时报送主管文化文物行政管理部门备案，并抄报海关。

国有公益性收藏单位将免税进口藏品转让、抵押、质押或出租的，由海关依照国家有关法律法规的规定予以处罚；涉嫌犯罪的，移送司法机关处理。

对于有上述违法违规行为的单位，在1年内不得享受本税收优惠政策；被依法追究刑事责任的，在3年内不得享受本税收优惠政策。

第十条　海关总署根据本规定制定具体实施细则。

第十一条　本规定由财政部会同海关总署和国家税务总局负责解释。

第十二条　本规定自公布之日起施行。

附件2

免税进口藏品备案表

收藏单位：（公章）　　　　　　　　单位负责人：（签字）

藏品名称		藏品编号		藏品质地	
藏品尺寸		进口国别（地区）		入境时间	
特征描述					
照片					

注：本表一式三份，本单位存档1份，报送主管文化文物行政管理部门和海关各1份。

财政部、海关总署、国家税务总局关于发布享受省级以上国有公益性收藏单位名单的公告

（财政部、海关总署、国家税务总局联合公告2010年第2号）

根据《国有公益性收藏单位进口藏品免税暂行规定》（财政部 海关总署 国家税务总局公告2009第2号）的规定，现将享受该项税收优惠政策的省级以上国有公益性收藏单位名单（第一批）予以公告。

附件　省级以上国有公益性收藏单位名单（第一批）

财政部
海关总署
国家税务总局
二〇一〇年一月四日

附件

省级以上国有公益性收藏单位名单（第一批）

一、图书馆（36家）

省份	编号	名称
文化部	1	国家图书馆
北京	2	首都图书馆
天津	3	天津图书馆
	4	天津市少年儿童图书馆
河北	5	河北省图书馆
山西	6	山西省图书馆
内蒙古	7	内蒙古自治区图书馆
辽宁	8	辽宁省图书馆
吉林	9	吉林省图书馆
黑龙江	10	黑龙江省图书馆
上海	11	上海图书馆
	12	上海少年儿童图书馆
江苏	13	南京图书馆
浙江	14	浙江图书馆
安徽	15	安徽省图书馆
福建	16	福建省图书馆
江西	17	江西省图书馆
山东	18	山东省图书馆
河南	19	河南省图书馆
湖北	20	湖北省图书馆
湖南	21	湖南图书馆
	22	湖南省少年儿童图书馆
广东	23	广东省立中山图书馆
广西	24	广西壮族自治区图书馆
海南	25	海南省图书馆
重庆	26	重庆图书馆
	27	重庆市少年儿童图书馆
四川	28	四川省图书馆

省份	编号	名称
贵州	29	贵州省图书馆
云南	30	云南省图书馆
西藏	31	西藏自治区图书馆
陕西	32	陕西省图书馆
甘肃	33	甘肃省图书馆
青海	34	青海省图书馆
宁夏	35	宁夏回族自治区图书馆
新疆	36	新疆维吾尔自治区图书馆

二、博物馆、纪念馆（108家）

省份	编号	名称
部门直属	1	中国国家博物馆
	2	故宫博物院
	3	文化部恭王府管理中心
	4	中国财税博物馆
	5	中国人民革命军事博物馆
	6	中国农业博物馆
	7	中国地质博物馆
	8	中国航空博物馆
	9	中国妇女儿童博物馆
	10	宋庆龄故居
	11	中国钱币博物馆
	12	中国现代文学馆
	13	中国铁道博物馆
	14	中国电影博物馆
	15	北京鲁迅博物馆
	16	北京新文化运动纪念馆
	17	梅兰芳纪念馆
	18	钓鱼台国宾馆
北京	19	首都博物馆
	20	大钟寺古钟博物馆
	21	北京艺术博物馆
	22	北京古代建筑博物馆
	23	北京石刻艺术博物馆
	24	孔庙和国子监博物馆
	25	北京市古代钱币展览馆
	26	北京市西周燕都遗址博物馆
	27	北京辽金城垣博物馆
	28	北京大葆台西汉墓博物馆
	29	北京四合院博物馆
	30	北京文博交流馆
	31	老舍纪念馆
	32	徐悲鸿纪念馆

省份	编号	名称
天津	33	天津博物馆
	34	天津自然博物馆
	35	天津戏剧博物馆文庙博物馆管理办公室
	36	元明清天妃宫遗址博物馆
	37	平津战役纪念馆
	38	周恩来邓颖超纪念馆
河北	39	河北省博物馆
	40	河北省民俗博物馆
辽宁	48	辽宁省博物馆
内蒙古	41	内蒙古博物院
	42	乌兰夫纪念馆
山西	43	山西博物院
	44	山西省民俗博物馆
	45	山西省艺术博物馆
	46	八路军太行纪念馆
	47	红军东征纪念馆
吉林	49	吉林省自然博物馆
	50	吉林省博物院
黑龙江	51	黑龙江省博物馆
	52	黑龙江省民族博物馆
	53	北大荒博物馆
	54	东北烈士纪念馆
	55	革命领袖视察黑龙江纪念馆
上海	56	上海博物馆
	57	上海市历史博物馆
	58	鲁迅纪念馆
	59	中共一大会址纪念馆
江苏	60	南京博物院
浙江	61	浙江自然博物馆
	62	中国丝绸博物馆
	63	浙江省博物馆
安徽	64	安徽省博物馆
福建	65	福建博物馆
	66	福建闽越王越城博物馆
	67	福建昙石山遗址博物馆
	68	福建中国闽台缘博物馆

省份	编号	名称
江西	69	江西省博物馆
山东	70	山东省博物馆
	71	山东省石刻艺术博物馆
河南	72	河南博物院
湖北	73	湖北省博物馆
	74	湖北省文化厅古民居抢救保护中心（湖北明代藩王博物馆）
	75	辛亥革命武昌起义纪念馆
湖南	76	湖南省博物馆
	77	韶山毛泽东同志纪念馆
广东	78	广东省博物馆
广西	79	广西壮族自治区博物馆
	80	广西壮族自治区自然博物馆
	81	广西壮族自治区民族博物馆
海南	82	海南省博物馆
	83	海南省民族博物馆
重庆	84	重庆中国三峡博物馆（重庆博物馆）
	85	重庆直然博物馆
	86	重庆红岩革命历史博物馆
	87	重庆大足石刻艺术博物馆
	88	重选大韩民国临时政府旧址陈列馆
四川	89	四川省博物馆
贵州	90	贵州省博物馆
云南	91	云南省博物馆
西藏	92	西藏自治区博物馆
	93	西藏自治区罗布林卡管理处
	94	西藏自治区布达拉宫管理处
陕西	95	陕西历史博物馆
	96	西安碑林博物馆
	97	西安半坡博物馆
	98	西安事变纪念馆
	99	法门寺博物馆
甘肃	100	甘肃省博物馆
	101	敦煌研究院
青海	102	青海省博物馆
	103	中国青海柳湾彩陶博物馆
	104	青海民俗博物馆（馨庐文物管理所）

省份	编号	名称
宁夏	105	宁夏回族自治区博物馆
	106	宁夏回族自治区固原博物馆
新疆	107	新疆维吾尔自治区博物馆
	108	新疆生产建设兵团军垦博物馆

三、美术馆（32家）

省份	编号	名称
文化部	1	中国美术馆
	2	中国工艺美术馆
	3	中国国家画馆
北京	4	北京画馆
河北	5	河北省画院（河北美术馆）
内蒙古	6	内蒙古美术馆
辽宁	7	辽宁美术馆
吉林	8	吉林省美术馆
黑龙江	9	黑龙江省美术馆
上海	10	上海美术馆
	11	刘海粟美术馆
	12	上海油画雕塑院
	13	上海中国画院
江苏	14	江苏省美术馆
	15	江苏省国画院
浙江	16	浙江美术馆
福建	17	福建省美术馆
江西	18	江西书画院
山东	19	山东省美术馆
河南	20	河南省美术馆
湖北	21	湖北省艺术馆
	22	湖北省美术馆
广东	23	广东美术馆
	24	何香凝美术馆
	25	广东画院
四川	26	四川省诗书画院
云南	27	云南美术馆
陕西	28	陕西省美术博物馆
	29	陕西国画院

省份	编号	名称
甘肃	30	甘肃美术馆
宁夏	31	宁夏书画院（宁夏回族自治区美术馆）
新疆	32	新疆画院

海关总署关于实施《国有公益性收藏单位进口藏品免税暂行规定》有关事宜的公告

（海关总署公告2010年第7号）

经国务院批准，对国有公益性收藏单位以从事永久收藏、展示和研究等公益性活动为目的，以接受境外捐赠、归还、追索和购买等方式进口的藏品，免征关税和进口环节增值税、消费税。为此，财政部、海关总署和国家税务总局联合发布了《国有公益性收藏单位进口藏品免税暂行规定》（财政部、海关总署、国家税务总局公告2009年第2号）。现将海关实施《国有公益性收藏单位进口藏品免税暂行规定》（以下简称《规定》）的有关事宜公告如下：

一、《规定》所称捐赠、归还、追索和购买的含义是：

捐赠，指境外机构、个人将合法所有的藏品无偿捐献给国有公益性收藏单位的行为；

归还，指境外机构、个人将持有的原系从中国劫掠、盗窃、走私或以其他方式非法出境的藏品无偿交还给国有公益性收藏单位的行为；

追索，指国家主管文化文物行政管理部门依据有关国际公约从境外索回原系从中国劫掠、盗窃、走私或以其他方式非法出境的藏品的行为；

购买，指国有公益性收藏单位通过合法途径从境外买入藏品的行为。

二、列入财政部会同国务院有关部门审定并以公告形式发布的《省级以上国有公益性收藏单位名单》（以下简称《名单》）的收藏单位，首次申请免税进口藏品前，应先持凭《事业单位法人证书》向单位所在地直属海关申请办理资格备案手续。

对于财政部会同国务院有关部门核定的其他国有公益性收藏单位，其所在地直属海关需验凭该单位的《事业单位法人证书》和海关总署下发的审核认定文件办理相关资格备案手续。

三、《名单》中所列收藏单位名称发生变更的，有关收藏单位应持主管部门的批复文件和更名后的《事业单位法人证书》到所在地直属海关办理资格备案变更手续。

四、国有公益性收藏单位进口藏品前，应先向所在地直属海关申请办理免税审批手续，并提供以下材料：

（一）相关机构、个人出具的境外捐赠、归还、追索藏品的书面证明材料或购买藏品的合同、发票；

（二）有关进口藏品的特征的详细资料及清晰的彩色图片；

（三）承诺接受的藏品将作为永久收藏，并仅用于向公众展示和科学研究等公益性活动的有关材料；

（四）海关认为需要提供的其他材料。

五、审批和进口免税藏品手续纳入海关《减免税管理系统》和H2000通关管理系统管理。国有公益性收藏单位所在地直属海关对收藏单位提交的有关单证进行审核后，符合免税条件的，出具《进出口货物征免税证明》，进口地海关凭以办理有关免税进口手续。

免税进口藏品的征免性质为：国有公益性收藏单位进口藏品（简称：公益收藏，代码：698）。对应的监管方式为：一般贸易（代码：0110，以购买方式进口的）；捐赠物资（代码：3612）；其他（代码：9900，以归还、追索方式进口的）。

六、国有公益性收藏单位应按照《规定》要求，将免税进口的藏品在入境后30个工作日内记入本单位藏品总账—进口藏品子账，并列入本单位内部年度审计必审科目。同时填写《免税进口藏品备案表》（格式详见《规定》附件2）报送主管文化文物行政管理部门备案，并抄报单位所在地直属海关。

七、免税进口藏品如需在国有公益性收藏单位之间依照国家有关法律法规的规定进行调拨、交换、借用，应依照法律法规的规定履行相关手续，同时报送主管文化文物行政管理部门备案，并抄报单位所在地直属海关。

八、国有公益性收藏单位免税进口的藏品属于海关永久监管货物，进口藏品的国有公益性收藏单位应当按照《中华人民共和国海关法》、《中华人民共和国关税条例》和《中华人民共和国进出口货物减免税管理办法》的规定接受海关监管。进口藏品仅限用于非营利性展示和科学研究等公益性活动，不得转让、抵押、质押或出租。

对于违反上述规定的，海关按《中华人民共和国海关法》及其他有关法律法规予以处理；构成犯罪的，依法追究刑事责任。

九、有上述违法违规行为的国有公益性收藏单位，按照有关规定被处罚但未被追究刑事责任的，自违规行为发现之日起1年内不得享受本税收优惠政策；被依法追究刑事责任的，自违法行为发现之日起3年内不得享受本税收优惠政策。

在上述违法违规行为性质最终确定前，自违法违规行为发现之日起，海关不予受理相关单位进口藏品的免税审批申请，但可验凭相关单位提供的税款担保办理先予放行手续。待违法违规行为性质确定后，按前款规定处理。

十、在2009年1月20日至本公告发布之日期间，国有公益性收藏单位已征税进口或凭税款担保放行的藏品，如符合《规定》的免税条件，可按本公告的有关规定办理免税审批和退税、退保手续。

十一、《海关总署关于下发〈国有文物收藏单位接受境外捐赠、归还和从境外追索的中国文物进口免税暂行办法〉及有关问题的通知》（署税发〔2003〕32号）自本公告发布之日起予以废止。

特此公告。

中华人民共和国海关总署
二〇一〇年一月二十九日

12.2 文化企业

财政部、海关总署、国家税务总局关于支持文化企业发展若干税收政策问题的通知

（财税〔2009〕31号）

各省、自治区、直辖市财政厅（局）、国家税务总局、地方税务局，新疆生产建设兵团财务局，海关总署广东分署，天津、上海特派办，各直属海关：

根据《国务院办公厅关于印发文化体制改革中经营性文化事业单位转制为企业和支持文化企业发展两个规定的通知》（国办发〔2008〕114号）有关精神，现就文化企业的税收政策问题通知如下：

一、广播电影电视行政主管部门（包括中央、省、地市及县级）按照各自职能权限批准从事电影制片、发行、放映的电影集团公司（含成员企业）、电影制片厂及其他电影企业取得的销售电影拷贝收入、转让电影版权收入、电影发行收入以及在农村取得的电影放映收入免征增值税和营业税。

二、2010年底前，广播电视运营服务企业按规定收取的有线数字电视基本收视维护费，经省级人民政府同意并报财政部、国家税务总局批准，免征营业税，期限不超过3年。

三、出口图书、报纸、期刊、音像制品、电子出版物、电影和电视完成片按规定享受增值税出口退税政策。

四、文化企业在境外演出从境外取得的收入免征营业税。

五、在文化产业支撑技术等领域内，依据《关于印发〈高新技术企业认定管理办法〉的通知》（国科发火〔2008〕172号）和《关于印发〈高新技术企业认定管理工作指引〉的通知》（国科发火〔2008〕362号）的规定认定的高新技术企业，减按15%的税率征收企业所得税；文化企业开发新技术、新产品、新工艺发生的研究开发费用，允许按国家税法规定在计算应纳税所得额时加计扣除。文化产业支撑技术等领域的具体范围由科技部、财政部、国家税务总局和中宣部另行发文明确。

六、出版、发行企业库存呆滞出版物，纸质图书超过五年（包括出版当年，下同）、音像制品、电子出版物和投影片（含缩微制品）超过两年、纸质期刊和挂历年画等超过一年的，可以作为财产损失在税前据实扣除。已作为财产损失税前扣除的呆滞出版物，以后年度处置的，其处置收入应纳入处置当年的应税收入。

七、为生产重点文化产品而进口国内不能生产的自用设备及配套件、备件等，按现行税收政策有关规定，免征进口关税。

八、对2008年12月31日前新办文化企业，其企业所得税优惠政策可以按照财税〔2005〕2号文件规定执行到期。

九、本通知适用于所有文化企业。文化企业是指从事新闻出版、广播影视和文化艺术的企业。文化企业具体范围见附件。

除上述条款中有明确期限规定者外，上述税收优惠政策执行期限为2009年1月1日至2013年12月31日。

附件 文化企业的具体范围

二〇〇九年三月二十七日

附件

文化企业的具体范围

1. 文艺表演团体；
2. 文化、艺术、演出经纪企业；
3. 从事新闻出版、广播影视和文化艺术展览的企业；
4. 从事演出活动的剧场（院）、音乐厅等专业演出场所；
5. 经国家文化行政主管部门许可设立的文物商店；
6. 从事动画、漫画创作、出版和生产以及动画片制作、发行的企业；
7. 从事广播电视（含付费和数字广播电视）节目制作、发行的企业，从事广播影视节目及电影出口贸易的企业；
8. 从事电影（含数字电影）制作、洗印、发行、放映的企业；
9. 从事付费广播电视频道经营、节目集成播出推广以及接入服务推广的企业；
10. 从事广播电影电视有线、无线、卫星传输的企业；
11. 从事移动电视、手机电视、网络电视、视频点播等视听节目业务的企业；
12. 从事与文化艺术、广播影视、出版物相关的知识产权自主开发和转让的企业；从事著作权代理、贸易的企业；
13. 经国家行政主管部门许可从事网络图书、网络报纸、网络期刊、网络音像制品、网络电子出版物、网络游戏软件、网络美术作品、网络视听产品开发和运营的企业；以互联网为手段的出版物销售企业；
14. 从事出版物、影视、剧目作品、音乐、美术作品及其他文化资源数字化加工的企业；
15. 图书、报纸、期刊、音像制品、电子出版物出版企业；
16. 出版物物流配送企业，经国家行政主管部门许可设立的全国或区域出版物发行连锁经营企业、出版物进出口贸易企业、建立在县及县以下以零售为主的出版物发行企业；
17. 经新闻出版行政主管部门许可设立的只读类光盘复制企业、可录类光盘生产企业；
18. 采用数字化印刷技术、电脑直接制版技术（CTP）、高速全自动多色印刷机、高速书刊装订联动线等高新技术和装备的图书、报纸、期刊、音像制品、电子出版物印刷企业。

财政部、海关总署、国家税务总局关于继续实施支持文化企业发展若干税收政策的通知

（财税〔2014〕85号）

各省、自治区、直辖市、计划单列市财政厅（局）、国家税务局、地方税务局，新疆生产建设兵团财务局，广东分署、各直属海关：

为贯彻落实《国务院办公厅关于印发文化体制改革中经营性文化事业单位转制为企业和进一步支持文化企业发展两个规定的通知》（国办发〔2014〕15号）有关规定，进一步深化文化体制改革，促进文化企业发展，现就继续实施支持文化企业发展的税收政策有关问题通知如下：

一、新闻出版广电行政主管部门（包括中央、省、地市及县级）按照各自职能权限批准从事电影制片、发行、放映的电影集团公司（含成员企业）、电影制片厂及其他电影企业取得的销售电影拷贝（含数字拷贝）收入、转让电影版权（包括转让和许可使用）收入、电影发行收入以及在农村取得的电影放映收入免征增值税。一般纳税人提供的城市电影放映服务，可以按现行政策规定，选择按照简易计税办法计算缴纳增值税。

二、2014 年 1 月 1 日至 2016 年 12 月 31 日，对广播电视运营服务企业收取的有线数字电视基本收视维护费和农村有线电视基本收视费，免征增值税。

三、为承担国家鼓励类文化产业项目而进口国内不能生产的自用设备及配套件、备件，在政策规定范围内，免征进口关税。

支持文化产品和服务出口的税收优惠政策由财政部、税务总局会同有关部门另行制定。

四、对从事文化产业支撑技术等领域的文化企业，按规定认定为高新技术企业的，减按 15%的税率征收企业所得税；开发新技术、新产品、新工艺发生的研究开发费用，允许按照税收法律法规的规定，在计算应纳税所得额时加计扣除。文化产业支撑技术等领域的具体范围和认定工作由科技部、财政部、税务总局商中央宣传部等部门另行明确。

五、出版、发行企业处置库存呆滞出版物形成的损失，允许按照税收法律法规的规定在企业所得税前扣除。

六、对文化企业按照本通知规定应予减免的税款，在本通知下发以前已经征收入库的，可抵减以后纳税期应缴税款或办理退库。

七、除另有规定外，本通知规定的税收政策执行期限为 2014 年 1 月 1 日至 2018 年 12 月 31 日。《财政部、海关总署、国家税务总局关于支持文化企业发展若干税收政策问题的通知》（财税〔2009〕31 号）自 2014 年 1 月 1 日起停止执行。

财政部
海关总署
国家税务总局
二〇一四年十一月二十七日

12.3 动漫

财政部、海关总署、国家税务总局关于印发《动漫企业进口动漫开发生产用品免征进口税收的暂行规定》的通知

（财关税〔2011〕27 号）

各省、自治区、直辖市、计划单列市财政厅（局）、国家税务局，新疆生产建设兵团财务局，海关总署广东分署、各直属海关：

根据《国务院办公厅转发财政部等部门关于推动我国动漫产业发展若干意见的通知》（国办发

〔2006〕32 号）的精神，经国务院有关部门认定的动漫企业自主开发、生产动漫直接产品，确需进口的商品可享受免征进口关税及进口环节增值税的政策。为促进我国动漫产业健康快速发展，增强动漫产业的自主创新能力，财政部、海关总署、国家税务总局会同文化部共同制定了《动漫企业进口动漫开发生产用品免征进口税收的暂行规定》，现印发给你们，请遵照执行。

附件　动漫企业进口动漫开发生产用品免征进口税收的暂行规定

二〇一一年五月十九日

附件

动漫企业进口动漫开发生产用品免征进口税收的暂行规定

一、根据《国务院办公厅转发财政部等部门关于推动我国动漫产业发展若干意见的通知》（国办发〔2006〕32 号）中对经国务院有关部门认定的动漫企业自主开发、生产动漫直接产品，确需进口的商品可享受免征进口关税及进口环节增值税政策的精神，特制定本规定。

二、本规定所指经国务院有关部门认定的动漫企业应符合以下标准：（一）符合《文化部财政部国家税务总局关于印发〈动漫企业认定管理办法（试行）〉的通知》（文市发〔2008〕51 号）中动漫企业的基本认定标准；（二）具备自主开发、生产动漫直接产品的资质和能力；（三）企业注册资本金达到 80 万元人民币及以上。

三、本规定所称动漫直接产品包括：

（一）漫画：单幅和多格漫画、插画、漫画图书、动画抓帧图书、漫画报刊、漫画原画等；

（二）动画：动画电影、动画电视剧、动画短片、动画音像制品，影视特效中的动画片段，科技、军事、气象、医疗等影视节目中的动画片段等；

（三）网络动漫（含手机动漫）：以计算机互联网和移动通信网等信息网络为主要传播平台，以电脑、手机及各种手持电子设备为接收终端的动画、漫画作品，包括 FLASH 动画、网络表情、手机动漫等。

四、符合本规定第二款条件的企业于每年的 3 月底前向文化部提出申请，由文化部会同财政部、海关总署、国家税务总局对动漫企业的免税资格进行审核。审核合格的，由文化部、财政部、海关总署、国家税务总局联合公布享受进口税收优惠政策的动漫企业名单，并在已取得的“动漫企业证书”中对该企业是否享受本规定的进口税收优惠政策予以标注。

对经认定获得进口免税资格的动漫企业实行年审制度。进口免税资格的年审由文化部直接负责，对年度认定合格的企业在证书上加盖年审专用章。不提出年审申请或年度审核不合格的企业，其动漫企业进口免税资格到期自动失效。

五、经认定获得进口免税资格的动漫企业，凭本年度有效的“动漫企业证书”及证书上标注的享受本规定的进口税收优惠政策的相关规定，向主管海关申请办理享受进口税收优惠政策的手续。动漫企业在本年度有效期内进口《动漫企业免税进口动漫开发生产用品清单》（附件）范围内的商品免征进口关税和进口环节增值税。该清单由财政部会同相关部门根据国内配套产业发展能力的提高及动漫企业的需求变化适时调整。海关审核该类进口商品免税时，以《动漫企业免税进口动漫开发生产用品清单》所列的产品名称和技术指标为准。

六、经认定的动漫企业应在每年的 2 月底前将上一年度实际免税进口的商品、数量、免税金额及所用于的项目报文化部文化产业司，并由文化部文化产业司汇总后报财政部关税司，抄送海关总署关税征管司和国家税务总局货物和劳务税司。

七、对用于自主开发、生产动漫直接产品免税进口的商品，未经海关核准，不得抵押、质押、转让、移作他用或者进行处置。如经查实，获得免税资格的动漫企业存在以虚报情况获得免税资格、非法转让免税物资、偷税、骗税等违法经营行为，将被撤销进口免税资格，并予以公布。

八、本规定执行时间暂定为 2011 年 1 月 1 日至 2015 年 12 月 31 日。

附件　动漫企业免税进口动漫开发生产用品清单

附件

动漫企业免税进口动漫开发生产用品清单

编号	产品类别	税则号列	类型	产品名称	技术规格描述		
					功能用途	核心规格	产品描述
TF001	二维无纸动画软件与设备	85234020	软件	二维无纸动画制作软件	二维无纸动画造型建立、动画口型同步、特效制作等全流程支持软件。	工作模式:点阵式、矢量式 支持分辨率≥1080 口型自动对位	光盘
		84715040	软硬一体	数字化仪	提供创作人员类似图画板的数字化输入工具,能精确模拟各种传统画笔、笔刷与马克笔的笔触表现,可以在超过 21.3 英寸的屏幕上更加自然和直观地操作。	像素数≥1600×1200 分辨率≥0.005 毫米/点 笔压感级数≥2048 级	数字交互式绘制屏幕及数字绘制笔
TF002	定格动画创作软件	85234020	软件	定格动画创作软件	定格动画制作全流程支持软件。	以每秒 30 格的速度预览动画影片 支持输入影像灯箱功能(可以用来和已截取的画面做比较) 可以使用 Rig Removal 工具删除拍摄时使用的辅助构件	光盘
TF003	三维建模、动画软件	85234020	软件	三维建模、动画软件	计算机三维图形的模型创建、表示与修改;三维图形动画的制作。	可以自由绘制设定相机运动轨迹,并可保存、输出、导入、复用 支持三维建模,动画,可视化设计,特效,渲染等功能 提供模拟布料和毛发形态的工具	光盘
TF004	镜头轨迹运动控制设备与软件	85234020 84289090 84714920 84714940	软硬一体	运动拍摄控制系统	由软件控制的精密机械与电子装置,实现对所安装的摄像机的运动轨迹进行精确控制与记录。	机头旋转速度每秒 90 度以上 系统移动速度大于每秒钟 2 米 运动误差小于 0.01 毫米 有效载荷 30 千克以上	底座 机械控制臂 旋转控制塔身 摄影设备安装架 精确轨道
TF005	胶片扫描设备	84716050	硬件	胶片数字化仪	动画前期制作的胶片输入,将电影胶片转换成数字图像。	35 毫米 4 片孔扫描分辨率超过 4K 数字化色彩深度超过 12bit 2K 处理速度大于 4 格/秒	主机柜式胶片数字化仪及系统控制器

编号	产品类别	税则号列	类型	产品名称	技术规格描述		
					功能用途	核心规格	产品描述
TF006	三维扫描设备	90314990	硬件	三维激光扫描仪	通过对物体空间外形和结构数字化信息的获取，设计和制作动画中的虚拟角色和场景。	获取时间：<20 秒； 每个扫描仪纹理贴图分辨率：1280×1024	激光扫描头 扫描主控机身
		90314990	硬件	三维光学扫描仪		精度：单帧≤0.15mm 复帧≤0.05mm 分辨率：单帧≥200′000 points 速率≥30km/h 捕捉时间<1s	光学扫描头 扫描主控机身
TF007	运动捕捉设备	90314990	硬件	光学动作捕捉系统	用于动画制作，将表演者的肢体动作或者面部表情进行数字化采集。	捕捉精度误差小于 0.001 毫米 采集速度大于 120 次/秒 分辨率超过 400 万像素 支持多单元、多摄像机的实时三维运动数据采集	高分辨率、高速数字摄像头 数据手套 图像数据集线器 专用采集服装
		90314990	硬件	惯性动作捕捉系统		节点数>10 个 传输范围（户外）>100 米 传输范围（室内无障碍）>50 米 传感器分辨率<0.1 度 实际分辨率<2 度	机械式传感器组件 图像数据集线器
TF008	集群渲染软件与管理系统	85234020	软件	三维渲染软件	计算机三维图形专业渲染软件。	支持局部光线追踪 支持全域照明 支持 HDRI 支持深影效果：可表现出电影中真实的毛发运动和影子运动	光盘
		85234020	软件	集群渲染管理系统	将三维场景分发给集群渲染中的其他机器进行处理，并提供的网络渲染、在线渲染结果查看、多用户管理、计费管理、调度管理等功能。	包含渲染节点和管理节点许可 可支持多节点发布渲染 支持多种应用软件的分发渲染：3DsMax、Maya、Nuke、Skake 等	光盘
TF009	数字特效、合成、后期调色与调光软件及设备	85234020	软件	视觉特效设计与合成软件	通过计算机对视频或图像文件进行管理和图像处理，对原始视频与图像素材进行计算，生成新的视频与图像。实现动画中立体的虚拟的特殊视觉效果，包括动画片素材合成、二维动画特效、三维动画特效创作与制作。	提供真实 3D 合成环境 支持大部分常用图像格式 支持 4 通道以上图像 支持浮点格式图像合成	光盘
		85234020 84714120 84714140 84714920 84714940	软硬一体	视觉特效设计、合成、后期调色与调光软硬一体化系统		支持 2K 以上、对数编码的无压缩数据的实时采集，播放、制作输出 色彩深度达到 10Bit 以上 输入输出格式高清 10Bit 以上 含有内置的色彩校正管理系统	超高性能工作站主机 专用操作面板 高级显示设备 外置高速特殊存储装置 高性能特殊图像处理板卡

编号	产品类别	税则号列	类型	产品名称	技术规格描述		
					功能用途	核心规格	产品描述
TF010	数字剪辑、编辑软件及设备	85234020	软件	非线性剪辑、编辑软件	现代动漫视频的剪辑、编辑工作都是借助计算机来进行数字化制作。非线性编辑只要上传一次就可以多次的编辑，信号质量始终不会变低，所以节省了设备、人力，提高了效率。非线性编辑需要专用的编辑软件、硬件，在现在绝大多数的动画制作机构都采用了这类系统。	包含大部分整合、剪辑、音频、绘画、文字制作、图形设计和视觉特效创造工具 支持大部分主要媒体格式 可进行高清 1920×1080 以上分辨率项目剪辑	光盘
		85234020 84714120 84714140 84714920 84714940	软硬一体	非线性剪辑、编辑软硬一体化系统		支持高标清所有格式文件剪辑 支持 edl 和 cutlist 文件	高性能工作站主机 显示设备 高性能图像处理板卡
TF011	胶片记录设备	84716060	硬件	胶片记录仪	动画后期制作的胶片输出，将存储在计算机中的图像或视频序列曝光在胶片负片上。	分辨率：可在 35 毫米胶片上记录 2K、4K 或更高分辨率 记录速度：2K 分辨率的速度不低于 2 秒一格；4K 分辨率的速度不低于 6 秒一格 可接受胶片类型片种：至少包括中间片和底片 密度范围：能够在中间片上记录 2.046 个密度值	机柜式记录仪主机
TF012	图像视频转换、输出设备	84714120 84714140 84718000	硬件	图像视频转换、输出设备	通过记录设备对数字视频信号进行记录，通过采集设备将数字视频信号转换成数字视频文件或图像文件，通过输出设备将数字视频文件或图像文件转换成数字图像信号。	图像记录码率 440 兆以上 同时记录 8 轨以上非压缩音频 能够记录不压缩的 DPX 格式计算机图形文件，可以使用 SDI 接口输出图像	数字视频、文件转换器 超高码率数字录像机
TF013	音频后期处理设备与软件	85234020	软件	音频后期处理软件	对动画片声音进行处理与加工。	可以同时处理的音轨数量>128 个 支持最多 1024 轨声音同时播放混合	光盘
		85234020 85437099	软硬一体	数字调音台		可以同时处理的音轨数量>128 个 支持最多 1024 轨声音同时播放混合 调音台全部模块具备自动化记忆能力，能够根据时间点记忆旋钮和推子位置，并无限还原每一部操作	工作站式数字调音台

海关总署关于执行动漫企业进口动漫开发生产用品税收优惠政策有关问题的通知

（署税发〔2012〕127 号）

各直属海关：

经国务院批准，自 2011 年 1 月 1 日至 2015 年 12 月 31 日，对经国务院有关部门认定的动漫企业自主开发、生产动漫直接产品而确需进口的商品，免征关税和进口环节增值税。为此，出台了《财政部 海关总署 国家税务总局关于印发〈动漫企业进口动漫开发生产用品免征进口税收的暂行规定〉的通知》（财关税〔2011〕27 号）。现就执行该项政策涉及的有关问题通知如下：

一、享受本项进口税收优惠政策的经认定的动漫企业（以下简称动漫企业）由国务院有关部门共同核定，并以联合发文的形式公布获得免税资格的动漫企业名单及免税资格的有效期。免税资格的有效期一般为核定具有免税资格当年的 7 月 1 日至第二年的 6 月 30 日（以下称免税年度）。例如 2012 年 7 月 1 日至 2013 年 6 月 30 日。

对经核定符合享受本项进口税收优惠政策的动漫企业，由文化部在其所持的《动漫企业证书》（以下简称《证书》，样本见附件 1）副本上标注“享受进口税收优惠政策”（印模见附件 2）。

二、对获得免税资格的动漫企业实行免税资格年审制度。对于年审合格的动漫企业，文化部将在其《证书》副本上标注具有下一个免税年度免税资格的有效期，并加盖免税资格的年审专用章（即文化部办公厅印章，印模见附件 3）。动漫企业经核定获得免税资格的第一个免税年度内，其《证书》（副本）上不加盖免税资格的年审专用章。未提出年审申请或年审不合格的动漫企业，其免税资格到期自动失效，不能再继续享受本项进口税收优惠政策。

三、动漫企业的认定同样实行年审制度。具体由文化部或企业所在地省、自治区、直辖市文化行政部门（以下统称文化行政主管部门）负责进行年审。对年审合格的动漫企业，其《证书》（副本）右侧方框内将加盖文化行政主管部门的动漫企业认定年审印章。动漫企业首次获得动漫企业认定的当年度，其《证书》（副本）上不加盖文化行政主管部门的动漫企业认定年审印章。

四、动漫企业应在有关货物进口前，持有效的《证书》（正本复印件和副本原件）、《进出口货物征免税申请表》等有关材料向其所在地海关（以下称主管海关）申请办理减免税审批手续。

五、主管海关受理获得免税资格的动漫企业减免税审批申请时，按以下规定办理：

（一）有关动漫企业在获得免税资格的第一个免税年度内申请办理减免税审批手续的，主管海关凭其具有“享受进口税收优惠政策”标注的《证书》（副本）受理其减免税审批申请。

（二）有关动漫企业在获得免税资格的第一个免税年度到期后申请办理减免税审批手续的，主管海关凭其加盖了免税资格年审专用章的《证书》（副本）并验核标注的免税资格有效期，受理其减免税审批申请。

（三）动漫企业提交的《证书》（副本）上仅加盖了免税资格年审专用章，而未加盖同期动漫企业认定年审印章的，为无效的《证书》，海关不予受理有关动漫企业的减免税审批申请。

六、对在动漫企业免税资格有效期限内进口的货物，主管海关应对照《动漫企业进口动漫开发生产用品免征进口税收的暂行规定》所附《动漫企业免税进口动漫开发生产用品清单》进行审核。审核时，应以该清单所列的商品名称和技术指标为准。经审核符合减免税范围的，由主管海关出具《进出口货物征免税证明》，进口地海关凭以办理有关减免税进口手续。

在有关动漫企业的免税资格有效期已到期，下一个免税年度的免税资格年审认定工作尚未完成时，对其进口的有关货物，主管海关可凭其上一免税年度具有“享受进口税收优惠政策”标注或加盖了上一免税年度免税资格年审专用章的《证书》，办理凭税款担保放行手续。待当年动漫企业免税资格年审认定工作完成后，主管海关凭其加盖了当年度免税资格年审专用章的《证书》并验核标注的免税资格有效期，按规定办理有关核销和结关手续。上述税款担保期限不得超过当年的 12 月 31 日。

七、有关进口货物的减免税审批手续纳入《减免税管理系统》管理，征免性质为：动漫开发生产用品（简称：动漫用品，代码：407）；监管方式为：一般贸易（代码：0110）。

八、鉴于“财关税〔2011〕27 号”文件下发较晚，国务院有关部门核定动漫企业免税资格的工作推迟，对于 2011 年经国务院有关部门共同核定享受本项进口税收优惠政策的动漫企业，其免税资格有效期为 2011 年 1 月 1 日至 2012 年 6 月 30 日。具体详见《文化部 财政部 海关总署 国家税务总局关于公布 2011 年获得进口动漫开发生产用品免税资格的动漫企业名单的通知》（文产发〔2012〕1 号）。

在本通知下发前，对 2011 年经核定获得免税资格的动漫企业，进口《动漫企业免税进口动漫开发生产用品清单》所列货物征收的税款或提供的税款担保，凭主管海关出具的《进出口货物征免税证明》向进口地海关申请办理退税或退保手续。进口环节增值税已抵扣的，进口环节增值税不予退还，只退还关税。

上述已获得免税资格并在 2011 年 1 月 1 日至本通知下发前已进口相关货物的动漫企业，应在 2012 年 6 月 30 日前向主管海关申请办理已进口货物的减免税审批手续并提交齐全有效单证，逾期不予受理。有关动漫企业在申请办理减免税审批手续和退税退保手续时，应主动说明相关货物进口环节增值税是否已抵扣，并提交相应的证明。

九、请各关及时将本通知的有关规定要求告知相关企业。在执行中如遇到问题请及时反馈总署（关税司）。

特此通知。

附件 1　动漫企业证书
附件 2　“享受进口税收优惠政策”印模
附件 3　年审专用章印模

二〇一二年三月二十三日

附件 1

动漫企业证书

动漫企业证书

（副本）

根据文化部、财政部、国家税务总局　　　　　　　　，经认定，　　　　　　　　为动漫企业，有效期三年。

年　月　日

动漫企业认定年审受理申请时间为每年的5月1日—7月31日。动漫企业认定实行年审制度。不提出年审申请或年度认定不合格的企业，其资格到期自动失效。

年　月　日	年　月　日	年　月　日

动漫企业证书

（正本）

根据文化部、财政部、国家税务总局

经认定，　　　　　　　　为动漫企业，有效期三年。

年　　月　　日

附件 2

"享受进口税收优惠政策"印模

享受进口税收优惠政策

附件 3

年审专用章印模

文化部、财政部、海关总署、国家税务总局关于公布 2014 年获得进口动漫开发生产用品免税资格的动漫企业名单的通知

（文产发〔2014〕24 号）

各省、自治区、直辖市文化厅（局）、财政厅（局），新疆生产建设兵团文化广播电视局、财务局，各计划单列市文化局、财政局，海关总署广东分署、各直属海关，各省、自治区、直辖市、计划单列市国家税务局：

根据《财政部海关总署国家税务总局关于印发〈动漫企业进口动漫开发生产用品免征进口税收的暂行规定〉的通知》（财关税〔2011〕27），文化部会同财政部、海关总署、国家税务总局对 2014 年提出申请进口开发生产用品免税资格的动漫企业进行了审核。经审核，北京中视互动科技发展有限公司等 3 家企业获得享受《动漫企业进口动漫开发生产用品免征进口税收的暂行规定》所规定的进口税收优惠政策资格（具体名单见附件 1），免税资格有效期自 2014 年 7 月 1 日起至 2015 年 6 月 30 日止。

2014 年动漫企业进口税收免税资格年审工作已经结束，已获得进口税收免税资格的 28 家企业均通过年审（具体名单见附件 2），继续享受进口税收优惠政策，免税资格有效期延至 2015 年 6 月 30 日。

请各相关省（市）文化行政部门在通知下发后 15 日内将通过此次认定和年审动漫企业的动漫企业认定证书副本收齐寄送至文化部文化产业司，以便加盖享受进口税收优惠政策和年审专用章。（邮寄地址：北京市中关村南大街 1 号友谊宾馆迎宾楼，100873）

已获得进口税收免税资格的企业应每年按照《文化部关于转发财政部、海关总署、国家税务总局〈关于印发《动漫企业进口动漫开发生产用品免征进口税收的暂行规定》的通知〉的通知》（文产发〔2011〕34 号）的有关规定，在每年 3 月 31 日前向文化部文化产业司提出年审申请，不提出年审申请或年审不合格的业，其动漫企业进口税收免税资格到期自动失效。

特此通知。

附件 1　2014 年获得进口动漫开发生产用品免税资格的动漫企业名单

附件 2　2014 年通过进口动漫开发生产用品免税资格年审的动漫企业名单

文化部

财政部

海关总署

国家税务总局

二〇一四年六月二十三日

附件 1

2014 年获得进口动漫开发生产用品免税资格的动漫企业名单

序号	企业所在地	企业名称
1	北京	北京中视互动科技发展有限公司
2	浙江	杭州路行动画设计有限公司
3	河南	河南智睿动漫设计有限公司

附件 2

2014 年通过进口动漫开发生产用品免税资格年审的动漫企业名单

序号	企业所在地	企业名称
1	北京	北京迪生动画制作有限公司
2	北京	北京万豪天际文化传播股份有限公司
3	北京	北京若森数字科技有限公司
4	天津	天津画国人动漫创意有限公司
5	天津	天津神界漫画有限公司
6	天津	天津市灵感创然动画制作有限公司
7	天津	天津福丰达动漫游戏制作有限公司
8	黑龙江	哈尔滨品格文化传播有限公司
9	上海	上海幻维数码创意科技有限公司
10	上海	上海河马动画设计股份有限公司
11	江苏	苏州欧瑞动漫有限公司
12	江苏	江苏卡龙动画影视传媒股份有限公司
13	江苏	好莱坞（中国）数码艺术研发中心有限公司
14	浙江	浙江中南卡通股份有限公司
15	江西	江西凯天动漫有限公司
16	江西	江西笛卡传媒有限公司
17	山东	山东中动文化传媒有限公司
18	河南	郑州谷晶创艺动漫有限公司
19	河南	河南省漫画时代传媒有限公司
20	河南	河南升环动漫影视有限公司
21	湖北	海豚传媒股份有限公司
22	广东	深圳博克斯数码动画有限公司
23	广东	环球数码媒体科技研究（深圳）有限公司
24	广东	深圳华强数字动漫有限公司
25	广东	广东咏声文化传播有限公司
26	陕西	西安长风影视文化传播有限公司
27	陕西	陕西嘉荷网络空间开发股份有限公司
28	宁夏	宁夏新科动漫产业有限公司

12.4 图书

海关总署关于中国图书进出口（集团）总公司等单位进口图书资料免征进口环节增值税有关执行问题的通知

（署税发〔2011〕297 号）

广东分署，各直属海关：

经国务院批准，对中国图书进出口（集团）总公司等 7 家图书进出口公司为科研单位、大专院校进口用于科研、教学的图书、文献、报刊及其他资料（包括只读光盘、缩微平片、胶卷、地球资料卫星照片、科技和教学声像制品）免征进口环节增值税。现将政策执行中的有关问题进一步明确如下：

一、享受该项进口税收优惠政策的企业为中国图书进出口（集团）总公司及其具有独立法人资格的子公司、中国经济图书进出口公司、中国教育图书进出口公司、中国出版对外贸易总公司、北京中科进出口有限责任公司、中国科技资料进出口总公司和中国国际图书贸易集团有限公司等 7 家图书进出口公司。

上述图书进出口公司免税进口图书资料实行年度免税额度（进口金额额度）管理，年度免税额度由国务院有关部门核定。进口图书资料的年度免税额度仅限当年使用，不得跨年度使用或结转。2011 年度免税额度已经审核确定，有关额度情况详见附件。

二、为了便于免税额度的管理，上述图书进出口公司在年度免税额度下发后，首先应向公司注册地直属海关（以下简称主管海关）申请办理减免税备案手续。主管海关凭有关图书进出口公司减免税备案申请、海关总署下发的年度免税额度文件以及有关图书进出口公司上一年度免税进口图书资料的自查报告等材料办理相关减免税备案手续。

上述图书进出口公司在每次进口图书资料前，应向主管海关申请办理减免税审批手续。对于符合上述政策规定的，主管海关出具《进出口货物征免税证明》，并核减相应的免税额度。有关进口地海关验凭主管海关出具的《进出口货物征免税证明》对进口图书资料予以免征进口环节增值税。

有关减免税备案、审批手续纳入海关《减免税管理系统》管理，监管方式为：一般贸易（代码：0110）；征免性质为：进口科研教学用图书资料（简称：科教图书，代码：819）。

三、由于在进口环节难以确定图书资料的最终用途，为加强对免税进口图书资料的管理，海关实行年终核查的管理办法。年度免税政策执行期结束后，上述图书进出口公司应结合核准的年度免税额度及其所代理进口的图书资料销售流向进行自查，并在下一年的 2 月 28 日前，将自查结果书面报告主管海关以备核查。

四、上述图书进出口公司在年度免税额度下发前进口符合上述政策规定的图书资料的，可以直接向进口地海关申请办理凭税款担保先予放行手续。待年度免税额度下发后，再按规定办理减免税备案、审批手续，由进口地海关凭主管海关出具的《进出口货物征免税证明》办理免税进口和退保结关手续。

特此通知。

附件　2011 年度图书资料免征进口增值税额度

二〇一一年八月十五日

附件

2011年度图书资料免征进口增值税额度

一、中国图书进出口（集团）总公司及其子公司免税额度为14928万美元，其中：

（一）中国图书进出口（集团）总公司14130万美元；

（二）中国图书进出口广州公司208万美元；

（三）中国图书进出口西安公司80万美元；

（四）中国图书进出口上海公司350万美元；

（五）中国图书进出口深圳公司110万美元；

（六）中国图书进出口（集团）大连有限公司50万美元。

二、中国经济图书进出口公司免税额度为500万美元。

三、中国教育图书进出口公司免税额度为8826万美元。

四、中国出版对外贸易总公司免税额度为260万美元。

五、北京中科进出口有限责任公司免税额度为6920万美元。

六、中国科技资料进出口总公司免税额度为2500万美元。

七、中国国际图书贸易集团有限公司免税额度为1554万美元。

12.5 电影

海关总署关于“十二五”期间进口特定用途彩色拷贝正片胶片税收政策有关问题的通知

（署税发〔2011〕362号）

北京海关：

经国务院批准，自2011年1月1日至2015年12月31日，对用于拍摄科教影片和由国家财政支持的、具有政治教育意义的“主旋律”影片所需进口的宽度小于或等于35毫米未曝光的彩色拷贝正片胶片（以下简称胶片），继续实行进口税收优惠政策，即进口关税按5%的税率征收，进口环节增值税照章征收。现就有关政策规定及执行事宜通知如下：

一、2011~2015年每年可享受该项税收优惠政策进口的胶片长度分别为220万米、150万米、100万米、80万米和50万米。上述进口胶片的年度数量额度只限当年使用，不得跨年度结转。

二、上述胶片统一由中国电影器材公司进口，并向你关申请办理减免税手续。有关减免税审批手续纳入海关《减免税管理系统》管理，进口胶片的监管方式为：一般贸易（代码0110）；征免性质为：国批减免（代码898）；征减免税方式为：特案（代码4）。

三、上述享受税收优惠政策的进口胶片为海关监管货物，应用于指定用途，未经海关许可并补缴关税，不得转让、移作他用或进行其他处置。请你关注意做好后续管理工作。

四、在本通知下发前已按《海关总署关于2010年底到期专项进口税收优惠政策项下进口货物办理凭保放行事宜的通知》（署税发〔2010〕452号）规定办理担保放行手续的进口胶片，请你关按照规定办理减免税审批手续和退保结关手续。

特此通知。

二〇一一年十月十二日

12.6 科普

财政部、国家税务总局、海关总署、科技部、新闻出版总署关于鼓励科普事业发展税收问题的通知

（财税〔2003〕55号）

各省、自治区、直辖市、计划单列市财政厅（局）、国家税务总局、地方税务局、科技厅（局）、新闻出版局，海关广东分署、各直属海关，新疆生产建设兵团财务局、新闻出版局，解放军总政治部宣传部、新闻出版局：

经国务院批准，现将鼓励我国科普事业发展的税收政策问题通知如下：

一、2005年底以前，对综合类科技报纸和科技音像制品在出版环节的发行收入，实行增值税先征后退办法。

综合类科技报纸是指以普及科学知识、倡导科学方法、传播科学思想、弘扬科学精神为宗旨的科技报纸。其具体范围是，新闻出版管理机关在报纸批准登记时分类认定的综合科技类报纸（详见附件1）。

科技音像制品具体范围是，中国标准音像制品编码分类代码（ISRC）中的A—马克思主义、列宁主义、毛泽东思想，B—哲学，D—政治、法律，E—军事，F—经济，K—历史、地理，N—自然科学总论，O—数理科学和化学，P—天文学、地球科学，Q—生物科学，R—医药、卫生，S—农业科学，T—工业技术，U—交通运输，V—航空、航天，X—环境科学、劳动保护科学。

科技报纸和科技音像制品的增值税退税，按照财政部、国家税务总局、中国国人民银行在《关于税制改革后某些企业实行"先征后退"有关预算管理问题的暂行规定的通知》（〔1994〕财预字第55号）的有关规定办理。

违规出版物和多次出现违规的出版社、报社不得享受本通知规定的税收优惠政策。

二、对科技馆、自然博物馆、对公众开放的天文馆（站、台）和气象台（站）、地震台（站）、高校和科研机构对公众开放的科普基地的门票收入，以及县及县以上（包括县级市、区、旗等）党政部门和科协开展的科普活动的门票收入免征营业税。

三、2005年底以前，对科技馆、自然博物馆、对公众开放的天文馆（站、台）和气象台（站）、地震台（站）、高校和科研机构对公众开放的科普基地，从境外购买自用科普影视作品播放权而进口的拷贝、工作带，免征关税，不征进口环节增值税，免征对境外单位转让上述播映权等无形资产应代扣（缴）的营业税；以其他形式进口的自用影视作品，免征关税和进口环节增值税。

进口影视作品的税号范围见附件2。

四、对企事业单位、社会团体按照《捐赠法》的规定，通过中国境内非营利的社会团体、国家机关向科技馆、自然博物馆、对公众开放的天文馆（站、台）和气象站（台）、地震站（台）、高等院校和科研机构对公众开放的科普基地的捐赠，符合《中华人民共和国企业所得税暂行条例实施细则》第十二条规定的，在年度内应纳税所得额的10%以内的部分，准予扣除。

五、科技馆、自然博物馆，对公众开放天文馆（站、台）和气象站（台）、地震站（台）、高等院校和科研机构对公众开放的科普基地的认定标准和办法，以及县及县以上党政部门和科协开展的科普活动的认定标准和办法另行制定。

有关单位进口的自用科普影视作品，由省、自治区、直辖市和计划单列市科委（厅、局）认定。

六、经认定享受税收优惠政策的科普基地和科普活动，由税务部门凭相关证明办理免税手续。

七、本通知自2003年6月1日起执行。

附件1　综合类科技报纸名单

附件2　进口影视作品税号范围

二〇〇三年五月八日

附件1

综合类科技报纸名单

中国职工科技报	CN11—0009	浙中科技报	CN33—0052
科技日报	CN11—0078	安徽科技报	CN34—0023
科学时报	CN11—0084	福建科技报	CN35—0009
北京科技报	CN11—0144	山东科技报	CN37—0007
中学生科学报	CN11—0202	山东科技信息报	CN37—0016
科技文摘报	CN11—0204	鲁西科技报	CN37—0049
大众科技报	CN11—0211	河南科技报	CN41—0019
河北科技报	CN13—0030	武汉科技报	CN42—0081
家庭百科报	CN13—0043	科技信息快报	CN42—0083
山西科技报	CN14—0009	湖北科技报	CN42—0084
科技消息报	CN14—0015	科教导报	CN42—0103
内蒙古科技报	CN15—0043	湖南科技报	CN43—0034
少年科普报	CN21—0060	科技导报	CN43—0044
吉林科技报	CN22—0032	科学先驱报	CN44—0112
东北朝鲜族科技报	CN22—0039	广东科技报	CN44—0113
黑龙江科技报	CN23—0033	湛江科技报	CN44—0116
科学发现报	CN23—0035	广西科技报	CN45—0021
科学生活报	CN23—0045	教科导报	CN46—0021
上海科技报	CN31—0008	四川科技报	CN51—0046
青少年科技报	CN31—0023	少年百科知识报	CN51—0058
社会科学报	CN31—0034	贵州科技报	CN52—0025
江苏农业科技报	CN32—0001	云南科技报	CN53—0028
江苏科技报	CN32—0019	西藏科技报	CN54—0007/—Z
浙江科技报	CN33—0016	西藏科技报	CN54—0008
陕西科技报	CN61—0024	宁夏科技报	CN64—0003

农业科技报	CN61—0062	新疆科技报	CN65—0045
农业科技报	CN61—0068	中国高新技术产业导报	CN11—0237
科技鑫报	CN62—0024	中国技术市场报	CN12—0020
青海科技报	CN63—0013	实用技术信息报	CN13—0032

附件 2

进口影视作品税号范围

税号	名称
3705	已曝光与冲洗的摄影硬片及软件，但电影胶片除外；
37051000	-供复制胶版用
	-缩微胶片：
37052010	---书籍，报刊的
37052090	---其他
	-其他：
37059010	---教学专用幻灯片
37059090	---其他
3706	已曝光已冲洗的电影胶片，不论是否配有声道或仅有声道：
	-宽度在 35 毫米级以上：
37061010	---教学专用
37061090	---其他
	-其他：
37069010	---教学专用
37069090	---其他
8524	已灌（录）音或录制其他信息的唱片、磁带及其他媒体，包括供复制用的母片及母带，但不包括第三十七章的产品：
	-用于激光阅读系统的光盘：
	--其他：
85243910	---教学用
85243920	---税号 8471 所列机器用
85243990	---其他
	-其他磁带：
	-宽度不超过 4 毫米：
85245110	---教学用
85245190	---其他
	--宽度超过 4 毫米，但不超过 6.5 毫米：
85245210	---教学用
85245290	---其他
	-宽度超过 6.5 毫米：
85245310	---教学用
85245390	---其他

科技部、财政部、国家税务总局、海关总署、新闻出版总署关于印发《科普税收优惠政策实施办法》的通知

（国科发政字〔2003〕416号）

各省、自治区、直辖市、计划单列市科技厅（科委、局）、财政厅（局）、国家税务局、地方税务局、新闻出版局，海关广东分署，各直属海关、院校，新疆生产建设兵团科委、财务局、新闻出版局，解放军总政治部宣传部、新闻出版局，财政部驻各省、自治区、直辖市、计划单列市财政监察专员办事处：

为落实《财政部、国家税务总局、海关总署、科技部、新闻出版总署关于鼓励科普事业发展税收问题的通知》（财税〔2003〕55号）精神，更有效地鼓励科普事业发展，科技部、财政部、国家税务总局、海关总署、新闻出版总署联合制定了《科普税收优惠政策实施办法》，现印发你们，请认真贯彻执行。

附件　科普税收优惠政策实施办法

二○○三年十一月十四日

附件

科普税收优惠政策实施办法

为实施《关于鼓励我国科普事业发展税收政策问题的通知》（财税〔2003〕55号，以下简称《通知》），现就科普基地、科普活动等有关认定工作规定如下：

一、关于综合类科技报纸和科技音像制品的认定。

1.《通知》第一条所称的综合类科技报纸和科技音像制品是指以普及科学知识、倡导科学方法、传播科学思想、弘扬科学精神为宗旨，经批准正式出版的报纸和音像制品。

2. 新闻出版总署根据报纸经批准的办报宗旨和业务范围提出《综合类科技报纸名单》。新闻出版总署会同财政部、国家税务总局每年对《综合类科技报纸名单》调整一次，并将调整情况通报科技部。

根据有关文件要求，由省级新闻出版行政部门对符合条件的综合类科技报纸办理认定手续，财政部门办理增值税先征后返审核退付，并将有关情况通报同级科技行政部门。

3. 科技音像制品的范围要根据《通知》要求严格执行。出版单位对符合增值税退税条件的科技音像制品，须单独核算。由省级新闻出版行政部门办理科技音像制品认定手续，财政部门办理增值税审核退付手续，并将有关情况通报同级科技行政部门。

二、关于科技馆、自然博物馆等科普基地的认定。

1. 科技馆、对公众开放的自然博物馆、天文馆（站、台）、气象台（站）、地震台（站）和设有植物园、标本馆、陈列馆等科普场所的高校和科研机构可以申请科普基地认定。

申请认定为科普基地的科技馆等，必须专门从事面向公众的科普活动，有开展科普活动的科普专职工作人员、场所、设施、工作经费等条件。有关科普工作的经费不得挪用；科普场所不得改作他用。

2. 申请认定为科普基地的自然博物馆、天文馆（站、台）、气象台（站）、地震台（站）以及设有植物园、标本馆、陈列馆等科普场所的高校和科研机构必须同时具备以下条件：

（1）面向公众从事《科普法》所规定的科普活动，有稳定的科普活动投入；

（2）有适合常年向公众开放的一定的科普设施、器材和场所等，累计每年不能少于200天；对青少年实行优惠或免费开放的时间不少于每年20天（含法定节假日）；

（3）有常设内部科普工作机构并配备有必要的专职科普工作人员；

（4）有明确的科普工作规划和年度科普工作计划。

3. 符合以上条件的科技馆、自然博物馆等申请认定为科普基地的单位，应附相关证明材料、资料，经所在地的地（市）级科技行政管理部门审核同意后，报所在地的省级（包括省、自治区、直辖市、计划单列市，以下同）科技行政管理部门审批。省级科技行政管理部门应当在批准后1个月内，向同级财政、税务部门和国家科技部备案。

4. 经认定的科普基地开展科普活动的门票收入申请免征营业税时，须持科普基地认定批准文件、其他证明文件以及税务机关要求的其他材料，向所在地主管税务机关提出申请，经审核批准后，享受《通知》规定的税收优惠政策。取得享受税收优惠资格的科普基地，需进口科普影视作品的，应按海关规定向所在地海关备案。

5. 省级科技行政管理部门会同同级财政、税务部门对经认定的科普基地每年进行一次年检。不合格者，取消其科普基地资格，并将有关情况报科技部备案。

三、关于党政部门开展科普活动的认定。

1. 县及县级以上（含县级市、区、旗等）的党委、政府及其工作部门以及科协、工会、妇联、共青团组织开展的科普活动，同时具备下列条件的，可以申请享受《通知》规定的税收优惠。

（1）必须是符合《科普法》规定，以普及科学知识、倡导科学方法、传播科学思想、弘扬科学精神为宗旨的社会性、群众性科普活动；

（2）地方党委、政府及其工作部门和科协、工会、妇联、共青团必须是科普活动的主办单位，并且应当设置有专门的科普活动组织工作机构；

（3）应当有具体的科普活动方案；

（4）应当建立有完备的组织管理、财务管理等制度。

2. 举办符合以上条件的科普活动的地方党政部门等单位，应当在活动举办1个月前，向所在地的地（市）级科技行政管理部门提出认定申请，并提交科普活动批件、科普活动方案电话主办单位、承办单位、活动目的、活动规模、门票定价等内容等相关文件。

接受申请后，地（市）级科技行政管理部门认为必要的，应当负责活动的现场监督和过程管理。活动结束后1个月内，主办单位应当将科普活动总结报告以及相关证明材料、资料报经所在地的地（市）级科技行政管理部门审核同意后，由所在地的省级科技行政管理部门审批，并在批准后1个月内向同级财政、税务部门和国家科技部备案。

3. 跨省举办的科普活动，只得选择在一个省份申请认定，不得重复申请认定。

4. 对经认定的科普活动申请免征门票收入营业税时，主办单位须持科普活动认定批准文件、其他证明文件以及税务机关要求的其他材料，向所在地主管税务机关提出申请，经审核批准后，享受《通知》规定的税收优惠政策。

四、关于科普基地进口科普影视作品的认定。

1.《通知》规定的从境外购买科普影视作品播映权而进口的拷贝、工作带必须同时符合下列条件：

（1）必须是由按照本办法经认定的科普基地自行进口或委托进口的；

（2）必须属于《通知》附件3所列税号范围；

（3）必须是为其自用，不得进行商业销售或挪作他用。

2. 经认定的科普基地进口的科普影视作品拷贝、工作带符合以上条件的，可以提出申请，并附带进口影视作品的合同、协议（含中文译本）和相关资料报经所在地的地（市）级科技行政管理部门初审合格后，由所在地的省级科技、新闻出版行政管理部门批准，并在批准后1个月内向同级财政部门及国家科技部和新闻出版总署备案。

3. 对经认定的进口科普影视作品拷贝、工作带申请享受税收优惠时，科普基地须持进口科普影视作品批准文件、其他证明文件以及海关要求的其他材料，向所在地海关提出申请，海关按规定办理减免税手续。

五、地（市）级科技行政管理部门受理科普基地认定申请后，应当在15个工作日内作出初审决定。省级科技行政管理部门应当自收到初审决定之日起15个工作日内作出是否认定的决定。不予认定的，应当说明理由并书面通知申请人。经过认定的，报同级财政、税务部门和国家科技部备案。

六、各省级科技行政管理部门可以根据本办法，结合本地区的实际情况，会同同级财政、税务、新闻出版等部门制定相应的实施细则，并报国家科技部备案。

七、本办法自2003年6月1日起施行。

财政部、海关总署、国家税务总局关于鼓励科普事业发展的进口税收政策的通知

（财关税〔2012〕4号）

各省、自治区、直辖市、计划单列市财政厅（局）、国家税务局，新疆生产建设兵团财务局，海关总署广东分署、各直属海关：

经国务院批准，自2012年1月1日至2015年12月31日，对公众开放的科技馆、自然博物馆、天文馆（站、台）和气象台（站）、地震台（站）、高校和科研机构对外开放的科普基地，从境外购买自用科普影视作品播映权而进口的拷贝、工作带，免征进口关税，不征进口环节增值税；对上述科普单位以其他形式进口的自用影视作品，免征进口关税和进口环节增值税。进口科普影视作品的商品名称及税号见附件。

以上科普单位进口的自用科普影视作品，由省、自治区、直辖市和计划单列市科技厅（委、局）认定。经认定享受税收优惠政策的进口科普影视作品，由海关凭相关证明办理免税手续。

附件　科普影视作品的商品名称及税号

二〇一二年一月十七日

附件

科普影视作品的商品名称及税号

税则号列	商品名称
37.05	已曝光已冲洗的摄影硬片及软片，但电影胶片除外：
3705.1000	-供复制胶版用
	-其他：
3705.9010	---教学专用幻灯片
	---缩微胶片：
3705.9021	----书籍、报刊的
3705.9029	----其他

税则号列	商品名称
3705.9090	---其他
37.06	已曝光已冲洗的电影胶片，不论是否配有声道或仅有声道：
	-宽度在35毫米及以上：
3706.1010	---教学专用
3706.1090	---其他
	-其他：
3706.9010	---教学专用
3706.9090	---其他
85.23	录制声音或其他信息用的圆盘、磁带、固态非易失性数据存储器件、“智能卡”及其他媒体，不论是否已录制，包括供复制圆盘用的母片及母带，但不包括第三十七章的产品：
	-磁性媒体：
	--其他：
	---磁带：
8523.2928	----重放声音或图像信息的磁带
	-光学媒体：
	--其他：
8523.4990	---其他

海关总署关于科普单位2012年~2015年进口自用科普影视作品税收优惠政策有关问题的通知

（署税发〔2012〕185号）

广东分署，天津、上海特派办，各直属海关：

经国务院批准，自2012年1月1日至2015年12月31日，继续执行自用科普影视作品进口税收优惠政策，对公众开放的科技馆、自然博物馆、天文馆（站、台）、气象台（站）、地震台（站）、高校和科研机构对外开放的科普基地（以下统称科普单位），从境外购买自用科普影视作品播映权而进口的拷贝、工作带，免征关税，不征进口环节增值税；对上述科普单位以其他形式进口的自用影视作品，免征关税和进口环节增值税。为此，财政部、海关总署和国家税务总局联合印发了《财政部 海关总署 国家税务总局关于鼓励科普事业发展的进口税收政策的通知》（财关税〔2012〕4号）。现将政策执行中涉及的有关问题通知如下：

一、科普单位免税进口的自用科普影视作品范围，见本通知附件所列的《科普影视作品的商品名称及税号》（以下称《清单》）。

二、有关科普单位的资格及其进口的自用科普影视作品，仍由省、自治区、直辖市或计划单列市科技厅（局）按照《科技部 财政部 国家税务总局 海关总署 新闻出版总署关于印发〈科普税收优惠政策实施办法〉的通知》（国科发政字〔2003〕416号）的有关规定认定。

三、科普单位所在地海关（以下称主管海关）凭省、自治区、直辖市或计划单列市科技厅（局）出具的有关科普单位资格及自用科普影视作品的认定证明文件，并核对《清单》无误后，办理有关进口影视作品的减免税审批手续。

主管海关在审核商品是否符合免税条件时，应以《清单》所列商品名称为准，税则号列作为参考。

四、科普单位进口自用科普影视作品的减免税审批手续纳入《减免税管理系统》管理。征免性质为：国批减免（代码：898）；监管方式为：一般贸易（代码：0110）、“暂时进出货物”（代码：2600）、“租赁贸易”（代码：1523）、“租赁不满一年”（代码：1500）。

五、有关科普单位在2012年1月1日至本通知下发前进口的符合本通知有关规定的自用科普影视作品，其已缴纳的税款或保证金准予退还。

六、对符合本税收优惠政策免税进口的自用科普影视作品，有关科普单位未经海关许可，不得转让、移作他用或进行其他处置。对违反规定的，海关按《中华人民共和国海关法》及其他有关法律、法规处理。

七、自本通知下发之日起，《海关总署关于科普单位2009年-2011年进口自用科普影视作品税收优惠政策有关问题的通知》（署税函〔2009〕163号）予以废止。

特此通知。

附件　科普影视作品的商品名称及税号

二〇一二年五月二日

附件

科普影视作品的商品名称及税号

税则号列	商品名称
37.05	已曝光已冲洗的摄影硬片及软片，但电影胶片除外：
3705.1000	-供复制胶版用
	-其他：
3705.9010	---教学专用幻灯片
	---缩微胶片：
3705.9021	----书籍、报刊的
3705.9029	----其他
3705.9090	---其他
37.06	已曝光已冲洗的电影胶片，不论是否配有声道或仅有声道：
	-宽度在35毫米及以上：
3706.1010	---教学专用
3706.1090	---其他
	-其他：
3706.9010	---教学专用
3706.9090	---其他
85.23	录制声音或其他信息用的圆盘、磁带、固态非易失性数据存储器件、“智能卡”及其他媒体，不论是否已录制，包括供复制圆盘用的母片及母带，但不包括第三十七章的产品：
	-磁性媒体：
	--其他：

税则号列	商品名称
	---磁带:
8523.2928	----重放声音或图像信息的磁带
	-光学媒体:
	--其他:
8523.4090	---其他

12.7 运动会

财政部、海关总署、国家税务总局关于第二届夏季青年奥林匹克运动会等三项国际综合运动会税收政策的通知

（财税〔2013〕11号）

各省、自治区、直辖市、计划单列市财政厅（局）、国家税务局、地方税务局，新疆生产建设兵团财务局，海关总署广东分署、各直属海关：

经国务院批准，现就2014年南京第二届夏季青年奥林匹克运动会（以下简称青奥会）、2013年南京第二届亚洲青年运动会（以下简称亚青会）和2013年天津第六届东亚运动会（以下简称东亚会）等三项国际综合运动会的有关税收政策问题通知如下：

一、关于青奥会组织委员会、亚青会组织委员会和东亚会组织委员会（以下统称组委会）的税收政策

1. 对组委会取得的电视转播权销售分成收入、赞助计划分成收入（包括实物和资金），免征应缴纳的营业税。

2. 对组委会取得的国内外赞助收入、转让无形资产（如标志）特许收入、宣传推广费收入、销售门票收入及所发收费卡收入，免征应缴纳的营业税。

3. 对组委会取得的与国家邮政局合作发行纪念邮票收入、与中国人民银行合作发行纪念币收入，免征应缴纳的营业税。

4. 对组委会取得的来源于广播、因特网、电视等媒体收入，免征应缴纳的营业税。

5. 对组委会按国际奥委会、亚奥理事会或东亚运动会联合会理事会核定价格收取的运动员食宿费及提供有关服务取得的收入，免征应缴纳的营业税。

6. 对组委会赛后出让资产取得的收入，免征应缴纳的营业税。

7. 对组委会使用的营业账簿和签订的各类合同等应税凭证，免征组委会应缴纳的印花税。

8. 对组委会的车船，由江苏省、天津市人民政府根据车船税法实施条例第十条第二款的规定，确定相应车船税的具体减免期限和数额，并报国务院备案。

二、关于青奥会、亚青会和东亚会参与者的税收政策

1. 对参赛运动员因青奥会、亚青会和东亚会比赛获得的奖金和其他奖赏收入，按现行税收法律法规的有关规定征免应缴纳的个人所得税。

2. 对企事业单位、社会团体和其他组织以及个人通过公益性社会团体或者县级以上人民政府及其部门捐赠青奥会、亚青会和东亚会的资金、物资支出，在计算企业和个人应纳税所得额时按现行税收法律法规的有关规定予以税前扣除。

3. 对财产所有人将财产（物品）捐赠给组委会所书立的产权转移书据，免征应缴纳的印花税。

三、关于青奥会、亚青会和东亚会（以下统称运动会）的进口税收政策

1. 对组委会为举办运动会进口的国际奥委会、亚奥理事会、东亚运动会联合会理事会或国际单项体育组织指定的，国内不能生产或性能不能满足需要的直接用于运动会比赛的消耗品，免征关税、进口环节增值税和消费税。

享受免税政策的进口比赛用消耗品的范围、数量清单，由组委会汇总后报财政部商有关部门审核确定。

2. 对组委会进口的其他特需物资，包括：国际奥委会、亚奥理事会、东亚运动会联合会理事会或国际单项体育组织指定的、我国国内不能生产或性能不能满足需要的体育竞赛器材、医疗检测设备、安全保障设备、交通通讯设备、技术设备，在运动会期间按暂准进口货物规定办理，运动会结束后复运出境的予以核销；留在境内或做变卖处理的，按有关规定办理正式进口手续，并照章缴纳关税、进口环节增值税和消费税。

四、关于税收政策的执行时间

青奥会税收政策自2011年1月1日起执行，亚青会、东亚会税收政策自2012年1月1日起执行。

各地财政、税务及海关等管理部门要密切关注税收政策的执行情况，对发现的问题及时逐级向财政部、国家税务总局和海关总署反映。

二〇一三年一月二十二日

13 其他减免税政策

13.1 先征后返

财政部、海关总署、国家税务总局关于对 2011~2020 年期间进口天然气及 2010 年底前“中亚气”项目进口天然气按比例返还进口环节增值税有关问题的通知

（财关税〔2011〕39 号）

各省、自治区、直辖市、计划单列市财政厅（局）、国家税务局，海关总署广东分署、各直属海关：

经国务院批准，对进口天然气（包括液化天然气）按一定比例返还进口环节增值税。现将有关事项通知如下：

一、在 2011 年 1 月 1 日至 2020 年 12 月 31 日期间，在经国家准许的进口天然气项目进口天然气价格高于国家天然气销售定价的情况下，将相关项目进口天然气（包括液化天然气）的进口环节增值税按该项目进口天然气价格和国家天然气销售定价的倒挂比例予以返还。

二、对 2010 年底前“中亚—中国天然气管道”项目进口的天然气，也按上述政策返还进口环节增值税。

三、税收返还的具体规定按《天然气进口环节增值税税收返还暂行规定》（见附件）执行。

特此通知。

附件　天然气进口环节增值税税收返还暂行规定

二〇一一年八月一日

附件

天然气进口环节增值税税收返还暂行规定

一、经国务院批准，在 2011 年 1 月 1 日至 2020 年 12 月 31 日期间，在经国家准许的进口天然气项目进口天然气价格高于国家天然气销售定价的情况下，将相关项目进口天然气（包括液化天然气）的进口环节增值税按该项目进口天然气价格和国家天然气销售定价的倒挂比例予以返还。为贯彻落实上述政策，特制定本规定。

二、本规定所指经国家准许的进口天然气项目为经国家发展改革委核（批）准建设的天然气管道和液化天然气接收装置项目，包括“中亚-中国天然气管道”项目和广东、福建、上海液化天然气项目，以及今后经国家准许的其他项目。

三、在国家准许项目年度进口天然气总规模内，符合相关规定的开展天然气进口业务的企业在该项目项下三个月（1~3 月，4~6 月，7~9 月，10~12 月，具体进口时间以进口报关单上列示的“申报日期”为准，下同）内进口天然气价格的算术平均值高于这三个月内国家天然气销售定价的算术平均值时，按

本规定返还该企业相应比例的进口环节增值税。

在计算进口价格的算术平均值时，应将三个月内同一企业在同一项目项下规模内进口的所有天然气包含在内。具体项目清单、项目项下年度进口天然气规模以及相应进口企业名单见附表1。进口项目的增补由相关企业在实际进口至少三个月前提出申请，由财政部会同有关部门予以确认；进口企业名单的调整由相关企业提出申请，由财政部会同海关总署、国家税务总局予以确认。

四、进口天然气价格和国家天然气销售定价倒挂比例的具体计算公式为：倒挂比例=［（进口价格-销售定价）/进口价格］×100%。相关计算以三个月为一周期。

管道天然气的销售定价以国家规定的“西气东输”项目用户基准价格，即国家发展改革委规定的天然气出厂（或首站）基准价格中“西气东输”天然气各用户的基准价格为准，取算术平均值。液化天然气的销售定价以“西气东输”项目用户基准价格的1.1倍为准，取算术平均值。销售定价中不包含增值税（目前国家规定的“西气东输”项目用户基准价格中包含的增值税在计算时予以扣除）。

管道天然气的进口价格为实际进口天然气单位体积进口完税价格的算术平均值。液化天然气的进口价格为实际进口液化天然气单位热值进口价格的算术平均值。

计算时，液化天然气的销售定价与进口价格换算成相同条件下的可比价格。

五、具体税收返还管理办法按《财政部、中国人民银行、海关总署、国家税务总局关于印发〈进口税收先征后返管理办法〉的通知》（财预〔2009〕84号）的相关规定执行。

相关企业原则上应在第三条规定中所指的每三个月结束后的三个月内，统一、集中将税收返还申请材料报送纳税地海关，并根据项目性质分别填报《进口液化天然气进口税收先征后返统计表》（附表2）或《进口管道天然气进口税收先征后返统计表》（附表3）。纳税地海关应对附表2、3中涉及内容进行计算、核实，加盖印章并经直属海关审核后报送财政部（纸质和电子版光盘各一份）。

六、2010年底前“中亚-中国天然气管道”项目进口的天然气，相应进口企业在本规定印发后三个月内比照本规定提交税收返还申请材料，有关部门比照本规定返还相应进口税收。

七、本规定自2011年1月1日起实施。

附表1　进口天然气项目及企业名单
附表2　进口液化天然气进口税收先征后返统计表（略）
附表3　进口管道天然气进口税收先征后返统计表（略）

附表1

进口天然气项目及企业名单

项目名称	规模	进口企业
中亚—中国天然气管道项目	300亿立方米/年	新疆西北中石油国际事业有限公司
江苏液化天然气项目	350万吨/年	江苏中石油国际事业有限公司
广东液化天然气项目	680万吨/年	广东大鹏液化天然气有限公司
		中海石油气电集团有限责任公司
福建液化天然气项目	260万吨/年	中海福建天然气有限责任公司
		中海石油气电集团有限责任公司
上海液化天然气项目	300万吨/年	上海液化天然气有限责任公司

财政部、海关总署、国家税务总局关于调整进口天然气项目和企业名单的通知

（财关税〔2012〕22号）

江苏省、新疆维吾尔自治区、大连市财政厅（局）、国家税务局，海关总署广东分署、各直属海关：

根据《关于对2011~2020年期间进口天然气及2010年底前“中亚气”项目进口天然气按比例返还进口环节增值税有关问题的通知》（财关税〔2011〕39号）中的有关规定，对进口天然气具体项目和相应企业名单进行调整，具体如下：

一、新增加新疆吉木乃广汇天然气输气管道项目享受优惠政策，进口企业为新疆吉木乃广汇液化天然气发展有限责任公司。享受政策起始时间为2011年10月1日。

二、新增加大连液化天然气项目享受优惠政策，进口企业为中国石油国际事业有限公司和东北中石油国际事业有限公司。享受政策起始时间为2011年10月1日。

三、对财关税〔2011〕39号文件中已明确享受优惠政策的江苏液化天然气项目，增加中国石油国际事业有限公司为进口企业，享受政策起始时间为2011年1月1日。

特此通知。

二〇一二年五月二日

财政部、海关总署、国家税务总局关于调整进口天然气税收优惠政策有关问题的通知

（财关税〔2013〕74号）

各省、自治区、直辖市、计划单列市财政厅（局）、国家税务局，海关总署广东分署、各直属海关：

根据天然气价格调整情况及有关企业申请，经研究决定，对《财政部 海关总署 国家税务总局关于对2011~2020年期间进口天然气及2010年底前“中亚气”项目进口天然气按比例返还进口环节增值税有关问题的通知》（财关税〔2011〕39号，以下简称《通知》）中有关事项进行调整，具体通知如下：

一、自2013年7月1日起，《通知》中规定的液化天然气销售定价调整为31.45元/GJ（见《通知》附表2），管道天然气销售定价调整为1.11元/立方米（见《通知》附表3）。

二、《通知》附件《天然气进口环节增值税税收返还暂行规定》第二款调整为“本规定所指经国家准许的进口天然气项目为经国家发展改革委核（批）准建设的天然气管道和液化天然气接收装置项目”。

三、增加部分项目享受税收优惠政策，具体为：

1. 新增加中缅天然气管道项目享受优惠政策，该项目进口规模为100亿立方米/年，进口企业为中国联合石油有限责任公司和云南中石油国际事业有限公司。享受政策起始时间为2013年7月1日。

2. 新增加浙江LNG项目享受优惠政策，该项目进口规模为300万吨/年，进口企业为中海石油气电集团有限责任公司和中海浙江宁波液化天然气有限公司。享受政策起始时间为2012年9月1日。

3. 新增加广东珠海LNG项目享受优惠政策，该项目进口规模为350万吨/年，进口企业为中海石油气

电集团有限责任公司和广东珠海金湾液化天然气有限公司。享受政策起始时间为 2013 年 8 月 1 日。

特此通知。

二〇一三年十一月七日

财政部、中国人民银行、海关总署、国家税务总局关于完善石脑油、燃料油生产乙烯、芳烃类化工产品消费税退税政策的通知

（财税〔2013〕2 号）

各省、自治区、直辖市、计划单列市财政厅（局）、国家税务局，中国人民银行上海总部，各分行、营业管理部，省会（首府）城市中心支行，大连、青岛、宁波、厦门、深圳市中心支行，海关总署广东分署、各直属海关，新疆生产建设兵团财务局：

为规范石脑油、燃料油消费税退税政策，现将《财政部 中国人民银行 国家税务总局关于延续执行部分石脑油 燃料油消费税政策的通知》（财税〔2011〕87 号）中的成品油消费税退税政策调整如下：

一、我国境内使用石脑油、燃料油（以下简称油品）生产乙烯、芳烃类化工产品（以下简称化工产品）的企业（以下简称使用企业），仅以自营或委托方式进口油品生产化工产品，向进口消费税纳税地海关（以下简称海关）申请退还已缴纳的消费税（以下简称退税）。

办理退税时，海关根据使用企业生产化工产品实际耗用的油品数量核定应退税金额，开具收入退还书，使用“进口成品油消费税退税”科目（101020221）退税。

二、使用企业仅以国产油品生产化工产品，向主管税务机关（以下简称税务机关）申请退税。

办理退税时，税务机关根据使用企业生产化工产品实际耗用的油品数量核定应退税金额，开具收入退还书，使用“成品油消费税退税”科目（101020121）退税。

三、使用企业既购进国产油品又购进进口油品生产化工产品的，应分别核算国产与进口油品的购进量及其用于生产化工产品的实际耗用量，向税务机关提出退税申请。

税务机关负责对企业退税资料进行审核。对国产油品退税，按照本通知第二条第二款办理。对进口油品退税，税务机关出具初审意见，连同进口货物报关单、海关专用缴款书和自动进口许可证等材料，送交海关复审。海关按照本通知第一条第二款办理。

使用企业未分别核算国产与进口油品的购进量和实际耗用量的，不予办理退税。

四、税务机关和海关应向相关国库部门提供收入退还书，后附退税审批表、退税申请书等相关资料；国库部门经审核无误后，从相应预算科目中退付税款给申请企业。

五、税务机关和海关应加强合作，及时交换与退税相关的信息。

六、本通知自下发之日起执行。财税〔2011〕87 号文件与本通知不一致的，按本通知执行。税务机关此前已办理退税的，不予调整。未办理退税的，按照本通知规定办理。

二〇一三年二月一日

财政部、中国人民银行、海关总署关于印发《进口税收先征后返管理办法》的通知

（财预〔2014〕373号）

财政部驻各省、自治区、直辖市、计划单列市财政监察专员办事处，中国人民银行上海总部、各分行、营业管理部、省会（首府）城市中心支行、大连、青岛、宁波、厦门、深圳市中心支行，海关总署广东分署、各直属海关：

为了做好进口税收先征后返审批工作，规范审批程序，财政部会同中国人民银行、海关总署制定了《进口税收先征后返管理办法》，现印发给你们，请遵照执行。

附件　进口税收先征后返管理办法

财政部

中国人民银行

海关总署

二○一四年十月二十九日

附件

进口税收先征后返管理办法

第一章　总　则

第一条　为做好进口税收先征后返（以下简称返税）审批工作，规范报送审批程序，明确各有关部门在审批和监督过程中的责任，根据《中华人民共和国预算法》、《中华人民共和国海关法》、《中华人民共和国预算法实施条例》、《中华人民共和国国家金库条例》等法律法规，制定本办法。

第二条　经国务院及国务院有关部门批准的所有进口关税、进口环节增值税和消费税先征后返的办理，均适用本办法。

第三条　各级财政、海关、人民银行在办理返税过程中应密切协作，严格按照本办法和有关政策的要求，认真把关，堵塞漏洞，防止税款流失。

第四条　符合返税政策规定的进口企业（以下简称进口企业）应严格按照国家相关政策文件规定的货物名称、进口额度和实施时间申请办理返税手续。

第五条　进口货物应返税款为海关填发的《海关专用缴款书》中缴纳入库的全部或部分税款，已经作为进项税抵扣的税款仍然可以享受返税政策。

第二章　职责分工

第六条　纳税地海关负责对进口企业报送的返税申请材料进行初审，出具初审文件，依据财政部驻直属海关所在地财政监察专员办事处批复文件开具《收入退还书》。

第七条　直属海关负责对纳税地海关初审文件和进口企业申请材料进行复审，出具复审文件，转发财政部驻直属海关所在地财政监察专员办事处批复文件。

第八条　财政部驻直属海关所在地财政监察专员办事处（以下简称专员办）负责对直属海关复审文

件和进口企业申请材料进行最终审核，批复返税文件。

西藏进口自用物资关税返还，由财政部驻四川省财政监察专员办事处负责对西藏自治区提供的申请材料进行最终审核，批复返税文件。

第九条 纳税地国库负责向进口企业划拨返税款项。

第三章 申报、审批工作规程

第十条 进口企业一般应在货物报关进口一年内，向纳税地海关申请办理返税。政策文件对返税期限另有规定的，按文件规定执行。进口时间以海关接受企业正式申报的时间为准。

第十一条 进口企业在申请办理返税时，应当提供以下材料：

（一）申请返税的书面报告；

（二）进口货物返税申请表（纸质和电子版光盘各一份，格式见附1、2）；

（三）经海关、国库经收处（银行）盖章齐全的《海关专用缴款书》原件和复印件各一份；

（四）“进口货物报关单”复印件（付汇证明联，加盖企业公章）；

（五）进口配额证明或国家规定的其他证件复印件（加盖企业公章）；

（六）进口合同复印件（加盖企业公章）；

（七）有关文件规定的其他材料。

第十二条 纳税地海关应在收齐进口企业返税申请材料后15个工作日内完成以下工作：

（一）对返税申请材料进行初次审核，需要审核确认的内容包括：

1. 进口企业及进口货物可以享受返税政策；

2. 进口企业在规定时间内进口；

3. 进口货物数量在进口配额证明或其他证明允许的范围内；

4. 《海关专用缴款书》原件真实准确，所列税款已经全部缴入国库，此前没有办理过返税；

5. 企业报送的其他材料完整、真实，已按要求加盖企业章；

6. 其他需要审核的内容。

（二）确认无误后以关发文的形式出具初审文件（格式见附3）；

（三）在进口企业《进口货物返税申请表》上签署审核意见并加盖海关单证专用章；

（四）将初审文件连同进口企业申请材料密封报送所在地直属海关；

（五）如发现进口企业报送材料不符合本办法的规定，应将材料退回申请企业，并在企业返税申请表上注明不予受理的原因。

第十三条 直属海关应在收齐返税申请材料后10个工作日内完成以下工作：

（一）对纳税地海关报送的初审文件及进口企业申请材料进行复审；

（二）确认无误后以关发文的形式出具复审文件（格式见附3）；

（三）将复审文件及进口企业返税申请材料以机要方式报送财政部专员办，同时抄报海关总署（关税征管司）。

待具备条件后，财政和海关部门应通过电子方式交换税单信息，取消纸质税单的寄送。

（四）如发现纳税地海关报送材料不符合本办法的规定，应将材料退回纳税地海关，并在企业返税申请表上注明不予受理的原因。

第十四条 专员办应在收齐返税申请材料后25个工作日内完成以下工作：

（一）对直属海关报送的复审文件及进口企业申请材料进行最终审核；

（二）确认无误后以办发文的形式出具批复文件；

（三）将批复文件连同《海关专用缴款书》原件通过机要方式传递至直属海关，并抄送财政部（关税司、预算司、国库司）、海关总署、中国人民银行（国库局）和纳税地省级人民银行分支机构。

（四）如发现直属海关报送材料不符合本办法的规定，应将材料退回直属海关，并在《进口货物返税申请表》上注明不予受理的原因。

第十五条 直属海关收到专员办批复文件后，应在5个工作日内将专员办批复文件转发至纳税地海关；省级人民银行分行机构收到专员办批复文件后，应在10个工作日内将专员办批复文件转发至纳税地国库。

第十六条 纳税地海关收到直属海关转发的专员办批复文件后，应在10个工作日内完成以下工作：

（一）核对批复文件中的应返税款数额；

（二）确认无误后向申请返税企业开具《收入退还书》并注明专员办批复文号；

（三）将《海关专用缴款书》复印件和《收入退还书》送纳税地国库办理返税资金划拨事宜。

第十七条 纳税地国库收到专员办批复文件和海关出具的《收入退还书》、《海关专用缴款书》复印件后，应在2个工作日内完成以下工作：

（一）审核《收入退还书》、《海关专用缴款书》和专员办批复文件的相关内容是否相符；

（二）审核返税款项是否已经入库，以前是否办理过退库；

（三）确认无误后办理返税资金划款；

（四）将《收入退还书》（付款通知联）盖章后退纳税地海关。

第十八条 纳税地海关收到国库盖章退还的《收入退还书》后，在《海关专用缴款书》原件上盖“已返税”章，并退还给进口企业。

第四章 违规处理

第十九条 进口企业收到的返税税款，应当按照政策文件规定的用途使用。政策文件没有规定用途的，应按照会计准则及相关规定进行账务处理。

第五章 附 则

第二十条 本办法由财政部会同中国人民银行、海关总署负责解释。

第二十一条 本办法自发布之日起施行。符合政策规定、已经缴纳税款的进口企业尚未办理返税的，也遵照此文办理。

财政部、中国人民银行、海关总署、国家税务总局发布的《进口税收先征后返管理办法》（财预〔2009〕84号）同时废止。

附1 返税申请表

附2 返税申请表（附表）

附3 初审及复审文件格式

附1

申请单位：__________ 不予受理原因：__________

银行账号：__________ （盖章及日期）

开户银行：__________

返税申请表

单位：元

序号	海关专用缴款书号码	批准文号	产品名称	计量单位	数量	已征关税税额	已征增值税税额	已征消费税税额	申请返税合计金额
合计									

海关审核意见：

（海关单证专用章）
年　月　日

申请单位（盖章）：　　**负责人：**　　**填表人（盖章）：**　　年　月　日

说明：

1. 政策文件如规定准予退还两种以上进口税收的，准予退还的进口税收《海关专用缴款书》号码应分别填列，序号格式为1-1，1-2，1-3，其中-1为关税，-2为增值税，-3为消费税。

2. 《海关专用缴款书》号码应填写完整，包括前缀如（0801）和后缀如-A01、-L02

3. 一张海关专用缴款书上所列产品超过一种时，应严格区分允许返税和不予返税的商品，另附表列出不予返税的产品名称和金额，格式见《返税申请表（附表）》。

4. 批准文号为财政部准予返税的政策文件的文号。

5. 本表与《海关专用缴款书》并非一一对应，企业每次申请返税只需填写一张。

附2

返税申请表（附表）

单位：元

序号	海关专用缴款书编号	税单金额	返税金额	不予返税金额	不予返税的商品名称
合计					

说明：

1. 一张《海关专用缴款书》上所列商品超过一种且有不享受返税政策的，应填写此表，不予返税的商品名称应严格按照《海关专用缴款书》上所列名称填写。

2. 政策文件如规定准予退还两种以上进口税收的，准予退还的进口税收《海关专用缴款书》号码应分别填列，序号格式为1-1，1-2，1-3，其中-1为关税，-2为增值税，-3为消费税。

附3

初审及复审文件格式

××海关文件发文文号

××海关关于报送××企业进口税收先征后返资料的函

财政部驻××财政监察专员办事处（××海关）：

正文内容应包括以下几点：

一、返税依据的财政部政策文件文号、内容。

二、××企业从×年×月至×年×月进口××（货物），已征关税××元，进口环节增值税××元，进口环节消费税××元，税单共计××票。各项应缴税款合计××元已于×年×月×日缴入××国库（省级国库名称）下属的

××国库（纳税地国库），此前没有办理过返税。

三、我关经过审核，确认该企业及进口的产品符合进口税收先征后返政策文件规定，进口货物数量在进口配额证明（或其他证明）规定的范围内。企业报送的《海关专用缴款书》原件真实准确，盖章齐全，复印件与原件内容一致。报送的其他材料完整、真实。

四、建议返还××企业关税××元，进口环节增值税××元，进口环节消费税××元，合计××元。现将有关材料报送你办（关），请予审核。

五、其他需要说明的情况。

六、报送清单：

（一）企业申请返税的书面报告；

（二）纳税地海关盖章的企业返税申请表（纸质和电子版光盘各一份）；

（三）《海关专用缴款书》原件和复印件各×份；

（四）"进口货物报关单"复印件（付汇证明联）；

（五）进口配额证明或国家规定的其他证件复印件；

（六）进口合同复印件；

（七）有关文件规定的其他材料。

七、联系人及联系电话。

××海关（关章）

×年×月×日

13.2 黄金、钻石

海关总署关于对进口黄金和黄金矿砂免征进口环节增值税有关问题的公告

（海关总署公告 2003 年第 29 号）

接财政部通知，自 2003 年 1 月 1 日起，对进口黄金（含标准黄金）和黄金矿砂（含伴生矿）免征进口环节增值税。现就有关问题公告如下：

一、免征进口环节增值税的货品范围：

（一）黄金是指海关商品编号 71081100、71081200、71081300 项下的货物；黄金矿砂是指海关商品编号 26169000 项下的部分货物，商品应符合原冶金工业部金精矿标准 YB2430-88 的规定，进口时应按商品编号 26169000.10（黄金矿砂）申报；26169000 项下的其他货物，按商品编号 26169000.90（其他贵金属矿砂及其精矿）申报。

（二）黄金伴生矿仅指海关商品编号 26030000（铜精矿）的黄金伴生矿，对其中黄金价值部分免征进口环节增值税，非黄金价值部分照章征收进口环节增值税。

前述货品的黄金成分在合同中必须单独作价，进口时应对该批货物按商品编号 26030000.10（铜矿砂及其精矿中的黄金价值部分）和26030000.90（铜矿砂及其精矿中的非黄金价值部分）在同一报关单内分项申报，数量也按价值同比例分拆。应计入完税价格的其他费用按两者的价值比例分摊。

二、海关对进口铜精矿所含的黄金伴生矿实行价格预审核制度。进口货物收货人需在进口前填写《进口货物价格申报单》，并书面说明作价情况，同时向海关提交以下有关单证：

（一）分别列明矿砂所含黄金及其他成分各自比例或含量的商检证书；

（二）单独列明矿砂所含黄金成分价值的合同或发票；

（三）海关需要的其他相关证明文件。

三、进口合同中黄金未单独作价或进口货物收货人提供的文件中无法说明黄金伴生矿价值的铜精矿，按其他铜精矿填报，并按进口总价征收进口环节增值税。进口时暂时无法提供上述第二条所列单证的，可先按其他铜精矿全额征收保证金。

四、对于2003年1月1日后进口应予免征进口环节增值税的黄金矿砂（含伴生矿）已予征税的，海关按本公告有关规定审核属实的，可凭主管税务部门不予抵扣的证明，对不予抵扣黄金的增值税予以退还。

特此公告。

中华人民共和国海关总署
二〇〇三年四月二十一日

海关总署关于对进口铂金及其制品的税收政策进行调整的公告

（海关总署公告2003年第37号）

广东分署、天津、上海特派办、各直属海关、院校：

经国务院批准，自2003年5月1日起，对进口铂金及其制品的税收政策进行调整。现将有关税收政策调整的具体情况公告如下：

一、进口铂金免征进口环节增值税，具体税号范围是71101100、71101910、71101990。

二、进口铂金首饰的消费税由在进口环节征收改为在零售环节征收。具体税号范围是71131991、71131999，海关执行时应该按归类原则包括所有铂、铱、锇、钯、铑、钌含量在2%以上的铂族贵金属首饰。

三、5月1日后进口铂金征收的进口环节增值税、进口铂金首饰征收的消费税准予退还。

特此公告。

中华人民共和国海关总署
二〇〇三年六月四日

海关总署关于进口铅矿砂及其精矿享受黄金伴生矿税收优惠政策事宜的公告

（海关总署公告 2007 年第 14 号）

2003 年，为贯彻国务院关于黄金体制改革的决定要求，海关总署发布了关于免征进口黄金（含标准黄金）和黄金矿砂（含伴生矿）进口环节增值税的公告（海关总署 2003 年第 29 号公告）。其中明确黄金伴生矿仅指《中华人民共和国进出口税则》中税则号列 26030000（铜矿砂及其精矿）的黄金伴生矿，同时作出了相关管理规定。

根据上述关于黄金和黄金矿砂的进口税收政策和近年来我国铅工业发展的情况及存在的问题，经研究，自 2007 年 4 月 1 日起，进口铅矿砂及其精矿享受黄金伴生矿税收优惠政策，即进口铅矿砂及其精矿中所含的黄金价值部分免征进口环节增值税，非黄金价值部分照章征收进口环节增值税。现就有关事项公告如下：

一、上述享受进口税收优惠政策的铅矿砂及其精矿是指税则号列 26070000 项下的货物。

二、进口货物收货人在向海关申报进口上述铅矿砂及其精矿时，其中所含黄金价值部分的商品编码应填报为 2607000001，非黄金价值部分的商品编码应填报为 2607000090。

三、其他相关事项，按照海关总署 2003 年第 29 号公告的有关规定办理。

特此公告。

中华人民共和国海关总署

二〇〇七年三月三十日

海关总署关于部分黄金伴生矿进口税收优惠政策有关问题的公告

（海关总署公告 2007 年第 60 号）

2003 年，为贯彻国务院关于黄金体制改革的决定要求，海关总署发布了关于免征进口黄金（含标准黄金）和黄金矿砂（含伴生矿）进口环节增值税的公告（海关总署 2003 年第 29 号公告）。其中明确黄金伴生矿仅指《中华人民共和国进出口税则》中税则号列 26030000（铜矿砂及其精矿）的黄金伴生矿，同时作出了相关管理规定。2007 年 3 月，海关总署发布了 2007 年第 14 号公告，明确进口税则号列 26070000 项下的铅矿砂及其精矿，也可以享受黄金伴生矿税收优惠政策。

根据上述关于黄金和黄金矿砂的进口税收政策和近年来我国镍、钴及锑工业发展的情况，经研究决定，自 2007 年 12 月 1 日起，进口镍矿砂、钴矿砂、锑矿砂及它们的精矿享受黄金伴生矿税收优惠政策，即进口上述货物中所含的黄金价值部分免征进口环节增值税，非黄金价值部分照章征收进口环节增值税。现就有关事项公告如下：

一、上述享受进口税收优惠政策的镍矿砂及其精矿是指税则号列 26040000 项下的货物；钴矿砂及其精矿是指税则号列 26050000 项下的货物；锑矿砂及其精矿是指税则号列 26171090 项下的货物，不包括税则号列 26171010 所列的生锑。

二、进口货物收货人在向海关申报进口上述镍矿砂及其精矿时，其中所含黄金价值部分的商品编码应填报为 2604000001，非黄金价值部分的商品编码应填报为 2604000090。

进口上述钴矿砂及其精矿时，其中所含黄金价值部分的商品编码应填报为 2605000001，非黄金价值部分的商品编码应填报为 2605000090。

进口上述锑矿砂及其精矿时，其中所含黄金价值部分的商品编码应填报为 2617109001，非黄金价值部分的商品编码应填报为 2617109090。

三、其他相关事项，按照海关总署 2003 年第 29 号公告的有关规定办理。

特此公告。

中华人民共和国海关总署
二〇〇七年十一月十六日

海关总署关于进口粗铜中含金部分免征进口环节增值税有关问题的公告

（海关总署公告 2009 年第 69 号）

经国务院批准，自 2009 年 11 月 1 日起，对进口粗铜中所含的黄金价值部分免征进口环节增值税，非黄金价值部分仍照章征收进口环节增值税。现就有关事项公告如下：

一、享受上述进口税收优惠政策的粗铜仅指归入税则号列 74020000 项下的锭状未精炼铜。

二、进口锭状未精炼铜的进口货物收货人，需在相关货物申报进口前先就作价情况向海关提交书面说明并提交以下有关单证，方能享受上述进口税收优惠政策：

（一）分别列明锭状未精炼铜所含黄金及其他成分各自比例或含量的商检证书；

（二）单独列明锭状未精炼铜所含黄金成分价值的合同或发票；

（三）海关需要的其他相关证明文件。

三、进口货物收货人在向海关申报进口锭状未精炼铜时，其中所含黄金价值部分的商品编码应填报为 7402000001，非黄金价值部分的商品编码应填报为 7402000090。进口货物收货人向海关申报进口税则号列 74020000 项下其他商品时，商品编码应填报为 7402000090。

四、上述锭状未精炼铜的黄金成分在合同中必须单独作价，进口时应对该批货物按商品编码 7402000001（锭状未精炼铜中的黄金价值部分）和 7402000090（锭状未精炼铜中的非黄金价值部分）在同一报关单内分项申报。申报数量应分别按照有关商检证书认定的黄金成分和其他成分的比例或含量分拆计算的数量填写；运输及相关费用、保险费一律计入商品编码 7402000090 项下非黄金价值部分的完税价格中。

五、对于不能提供本公告第二条所列单证的，进口锭状未精炼铜按商品编码 7402000090 填报，并按进口总价征收进口环节增值税；暂时无法提供本公告第二条所列单证的，进口时可先按进口总价缴纳全额保证金后放行货物。

六、自 2009 年 11 月 1 日起，海关总署公告 2003 年第 29 号、2007 年第 14 号和第 60 号规定的黄金伴生矿，在向海关申报进口时有关事先提交相关单证、分项数量填报、完税价格计算等事项也按照本公告第二条和第四条的有关规定执行。

特此公告。

中华人民共和国海关总署

二〇〇九年十月三十日

财政部、海关总署、国家税务总局关于调整钻石及上海钻石交易所有关税收政策的通知

（财税〔2006〕65 号）

各省、自治区、直辖市、计划单列市财政厅（局）、国家税务局，新疆生产建设兵团财务局，海关广东分署、天津、上海特派办、各直属海关：

为规范国内钻石市场，平衡同类商品税收负担，经国务院批准，将钻石及上海钻石交易所有关税收政策通知如下：

一、纳税人自上海钻石交易所销往国内市场的毛坯钻石，免征进口环节增值税；纳税人自上海钻石交易所销往国内市场的成品钻石，进口环节增值税实际税负超过 4%的部分由海关实行即征即退。进入国内环节，纳税人凭海关开具的完税凭证注明的增值税额抵扣进项税金。

纳税人自上海钻石交易所销往国内市场的钻石实行进口环节增值税免征和即征即退政策后，销往国内市场的钻石，在出上海钻石交易所时，海关按照现行规定依法实施管理。

二、出口企业出口的以下钻石产品免征增值税，相应的进项税额不予退税或抵扣，须转入成本。具体产品的范围是：税则序列号为 71021000、71023100、71023900、71042010、71049091、71051010、71131110、71131911、71131991、71132010、71162000。

各地税务机关要注意含有钻石的产品的出口动态，凡发现企业出口产品含钻石且价值比重较大，同时不属于以上所列产品范围，以及执行中发现其他问题的，应及时报告财政部、国家税务总局。

三、对国内钻石开采企业通过上海钻石交易所销售的自产毛坯钻石实行免征增值税政策；不通过上海钻石交易所销售的，照章征收增值税。

四、对国内加工的成品钻石，通过上海钻石交易所销售的，在国内销售环节免征增值税；不通过上海钻石交易所销售的，在国内销售环节按 17%的税率征收增值税。

对国内加工的成品钻石，进入上海钻石交易所时视同出口，不予退税，自上海钻石交易所再次进入国内市场，其进口环节增值税实际税负超过 4%的部分，由海关实行即征即退。

五、对上海钻石交易所取得的交易手续费收入、会员缴纳的年费收入照章征收营业税。

六、关于上海钻石交易所的保税政策和钻石的其他税收政策，仍按现行规定执行。

七、进口环节增值税即征即退的具体操作办法由海关总署制定；对钻石的国内环节的增值税征收管理办法及增值税专用发票管理办法由国家税务总局另行制定。

八、对以一般贸易方式报关进口的工业用钻，不再集中到上海钻石交易所海关办理报关手续、实行统一管理，照章征收进口关税和进口环节增值税（具体商品范围见附件）。

本通知自 2006 年 7 月 1 日起执行。

附件　工业用钻范围

二〇〇六年六月七日

附件

工业用钻范围

税则号列	货品名称	调整后税收政策
71022100	未加工或简单加工的工业用钻石	不再集中通过上海钻石交易所海关报关进口，照章征收进口关税和进口增值税。
71022900	其他工业用钻石	
71049011	其他工业用合成或再造的钻石	
71051020	人工合成的钻石粉末	

中华人民共和国海关对上海钻石交易所监管办法

（海关总署令第152号）

《中华人民共和国海关对上海钻石交易所监管办法》已于2006年8月29日经署务会议审议通过，现予公布，自公布之日起施行。2002年4月29日起实施的《中华人民共和国海关对上海钻石交易所钻石监管办法》同时废止。

二〇〇六年九月十一日

中华人民共和国海关对上海钻石交易所监管办法

（2006年9月11日海关总署令第152号公布，自2006年9月11日起施行）

第一章　总　则

第一条　为了规范海关对上海钻石交易所的监管，根据《中华人民共和国海关法》和其他有关法律、行政法规，制定本办法。

第二条　上海钻石交易所（以下简称交易所）是经国务院批准设立办理钻石进出口和钻石交易手续的海关特殊监管区域。

海关在交易所设立机构，并依法行使职权，对该区域实行封闭式管理。

第三条　交易所内可以开展钻石进出口贸易、存储、展示、委托加工和经海关批准的其他相关业务。

第四条　以一般贸易方式进出口钻石的，应当在交易所海关机构（以下简称交易所海关）办理进出口报关手续。

以加工贸易方式进出口钻石的，应当按照《中华人民共和国海关对加工贸易货物监管办法》办理进出口报关手续。加工贸易项下钻石转内销的，应当参照前款规定在交易所海关办理报关手续。

以一般贸易方式进口工业用钻，即税号71022100、71022900、71049011、71051020项下钻石的，不集中在交易所海关办理报关手续，依法征收进口关税和进口环节增值税。

第五条　海关依法对进出交易所的钻石进行查验。查验时，钻石所有人或者受委托随身携带钻石进出口的交易所会员（以下简称会员）应当到场，并负责开拆和重封钻石的包装。查验后，海关应当出具《钻石进/出所核准单》（格式文本见附件），《钻石进/出所核准单》应当分别由钻石所有人或者会员、验核人和海关查验人员签字确认。

第六条 未办理海关手续的钻石以及国家禁止进出口的货物、物品，不得进出交易所。

第二章 对交易所及其会员的管理

第七条 会员应当持有关主管部门的批准文件等材料向交易所海关办理有关登记手续。

会员经登记后，可以办理交易所与所外境内之间的钻石进出口报关手续，也可以办理交易所与境外之间的钻石进出备案手续。

第八条 会员应当依照法律、行政法规等规定建立专门账册，记录钻石的进出口、库存、展示、委托加工等业务开展情况。

第九条 海关可以对交易所内钻石及其存放场所实施检查。

海关可以依法对交易所及其会员实施稽查，可以查阅、复制与进出口或者交易等行为有关的合同、发票、账册、结付汇凭证、业务函电等书面资料和电子数据。

第十条 海关对交易所实行计算机联网管理。交易所及其会员应当建立符合海关监管要求的计算机管理系统并与海关联网。

第三章 对交易所与境外之间钻石进出的监管

第十一条 从境外进入交易所和从交易所出境的钻石，由会员或者由其委托海关准予注册登记的报关企业（以下简称报关企业）向交易所海关备案，填报《中华人民共和国海关进境货物备案清单》或者《中华人民共和国海关出境货物备案清单》（以下简称备案清单），并按照规定交验有关单证。

第十二条 钻石从境外直接进入交易所的，海关不征收进口关税、进口环节增值税、消费税。

第十三条 钻石从交易所出境的，海关不出具办理出口退税手续的有关单证。

第十四条 钻石从境外以货运方式进入交易所的，会员或者报关企业应当向交易所海关办理提前报关手续，向入境地海关办理转关运输手续。未办妥提前报关手续的，应当按照直转方式办理转关运输手续。

第十五条 钻石从交易所以货运方式出境的，应当按照出口转关运输方式办理自交易所至出境地海关的手续。

第十六条 随身携带钻石进境的，应当向交易所海关提前申报，并凭交易所海关出具的备案清单到进境地海关办理钻石入境手续。携带进境的钻石经进境地海关施用关封后，应当到交易所海关办理报关手续。

第四章 对交易所与所外境内之间钻石进出的监管

第十七条 钻石从交易所进入所外境内的，由会员或者报关企业向交易所海关办理进口报关和纳税手续。

钻石从交易所进入所外境内的，免征进口关税，进口环节消费税移至消费环节由国家税务机关征收；毛坯钻石免征进口环节增值税，成品钻石进口环节增值税实际税负超过4%的部分由海关实行即征即退，即征即退具体办法由海关总署授权上海海关制定。

第十八条 钻石因展示等业务需要临时进入所外境内的，应当向交易所海关提出申请，经海关批准后比照海关对暂时进口货物的管理规定办理有关手续。

第十九条 钻石从所外境内进入交易所的，由会员或者报关企业向交易所海关办理出口报关手续。

第二十条 交易所与所外境内之间的钻石进出，由交易所海关作单项统计。

第五章 对钻石加工的管理

第二十一条 会员将交易所内钻石委托海关特殊监管区域企业加工的，由海关按照保税区或者出口加工区的有关规定实施监管。

依照前款规定开展钻石加工业务的，加工期限不得超过6个月；有特殊情况需要延长期限的，可以向交易所海关申请延期一次，延长期限不得超过6个月。

第二十二条 会员将交易所内钻石委托非海关特殊监管区域企业加工的，应当按照加工贸易的有关规定办理海关手续。

第二十三条 国内企业直接承接国外钻石加工业务的，应当按照加工贸易规定办理。

第二十四条 加工贸易项下钻石（包括加工完毕的成品镶嵌钻石饰品）内销的，加工贸易企业凭外经贸主管部门批件，到交易所海关办理内销报关手续。主管海关凭进口报关单及有关单证办理加工贸易核销手续。

加工贸易项下钻石（包括加工完毕的成品镶嵌钻石饰品）出口至交易所的，由加工贸易企业向交易所海关办理出口报关手续，主管海关凭出口报关单及有关单证办理加工贸易核销手续。

第六章　附　则

第二十五条 本办法下列用语的含义：

钻石，是指《中华人民共和国进出口税则》第71章7102、7104项下不论是否加工、但未镶嵌的天然或者合成钻石，及7105项下天然或者合成的钻石粉末。

验核人，是指国家珠宝玉石质量监督检验中心专业工作人员。

第二十六条 公民、法人或者其他组织不得以边境小额贸易方式进口或者出口钻石。

第二十七条 违反本办法，构成走私或者违反海关监管规定行为的，由海关依照《中华人民共和国海关法》和《中华人民共和国海关行政处罚实施条例》的有关规定予以处理；构成犯罪的，依法追究刑事责任。

第二十八条 本办法由海关总署负责解释。

第二十九条 本办法自公布之日起施行。2002年4月29日起实施的《中华人民共和国海关对上海钻石交易所钻石监管办法》同时废止。

附件　钻石进/出所核准单

附件

钻石进/出所核准单

Confirmation On SDE Diamond Entry /Exit

编号：
No：

<table>
<tr><td colspan="3">所有人（会员）名称
SDE Member</td><td colspan="6"></td></tr>
<tr><td colspan="3">海关报关单号
Customs declaration Form No.</td><td colspan="3"></td><td>进/出所日期
Date</td><td colspan="2"></td></tr>
<tr><td colspan="9">审核情况
Details</td></tr>
<tr><td rowspan="2">序号
No.</td><td rowspan="2">税则号
（HS）Code</td><td rowspan="2">商品名称
Commodity</td><td colspan="2">品质
Description</td><td rowspan="2">重量（克拉）
Weight（CT）</td><td rowspan="2">单价
Unit price In US $</td><td rowspan="2" colspan="2">总金额
Total Amount
In US $</td></tr>
<tr><td>净度
Clarity</td><td>颜色
Colour</td></tr>
<tr><td>1</td><td></td><td></td><td></td><td></td><td></td><td></td><td colspan="2"></td></tr>
<tr><td>2</td><td></td><td></td><td></td><td></td><td></td><td></td><td colspan="2"></td></tr>
<tr><td>3</td><td></td><td></td><td></td><td></td><td></td><td></td><td colspan="2"></td></tr>
<tr><td>4</td><td></td><td></td><td></td><td></td><td></td><td></td><td colspan="2"></td></tr>
<tr><td>5</td><td></td><td></td><td></td><td></td><td></td><td></td><td colspan="2"></td></tr>
</table>

合计： Total：					
备注： Remarks					
所有人（会员）签名 SDE Member		验核人签名 Inspector		海关查验人员签名 Customs Officer	

本单一式五联。

说明：

1. 编号由两个字母和七位数字组成：前面两位为单证类型拼音首个字母缩写，进境备案清单为JB、出境备案清单为CJ、进口报关单为JK、出口报关单为CK。后面七位数字，前两位为年号，如：2006年为06；后面5位为流水号。

2. 海关查验人员签名栏应当由两名海关关员签名并加盖海关业务印章。

3. 本单一式五联，应加盖海关印章：

第一联会员留存联；第二联银行收/付汇专用联；第三联验核部门留存联；第四联钻交所留存联；第五联海关留存联。

13.3 博览会

海关总署关于“十二五”期间中国—东盟博览会留购展览品免征进口关税的通知

（署税发〔2011〕418号）

南宁海关：

经国务院批准，在2011年1月1日至2015年12月31日期间，对中国—东盟博览会展期内销售的合理数量的进口展览品（国家禁止进口的商品、濒危动植物及其产品和国家规定不予减免税的20种商品及汽车除外）免征进口关税，进口环节增值税和消费税照章征收。现就有关执行事宜通知如下：

一、免征进口关税的展览品范围及具体免税数量（金额）详见本文所附《“十二五”期间中国—东盟博览会免征进口关税的留购展览品清单》。对该免税清单所列展览品超出限定的免税数量（金额）销售的和在展览结束后不能退运出境的，以及该免税清单以外的展览品在展览结束后未退运出境的，应当按照规定照章征税。

二、有关展览品的免税审批手续纳入《减免税管理系统》管理，进口货物的监管方式为：一般贸易（代码：0110）；征免性质为：国批减免（代码：898）。

特此通知。

附件　“十二五”期间中国—东盟博览会免征进口关税的留购展览品清单

二〇一一年十一月二十九日

附件

“十二五”期间中国—东盟博览会免征进口关税的留购展览品清单

序号	类 别	数量（金额）
1	动物、植物及动植物制品	每个参展商第1~7类展览品免税销售总额不超过15000美元
2	贱金属及金属制品	
3	塑料、橡胶及其制品	
4	纺织原料及纺织制品	
5	鞋、帽、伞等日用品及装饰品	
6	石料、玻璃及其制品、陶瓷制品	
7	玩具、游戏及运动用品	
8	化学工业及相关工业的产品	第8~11类展览品单件售价500美元（含）以下的，每个参展商该类展览品免税数量不超过20件；展览品单件售价在1000美元（含）以下500美元以上的，每个参展商该类展览品免税数量不超过10件。第10类展览品单件售价在20000美元（含）以下1000美元以上的，每个参展商该类展览品免税数量不超过1件。
9	珠宝、首饰品	
10	机器、机械器具、电气设备及仪器、仪表	
11	艺术品	

注：以上商品不包括国家禁止进口商品、濒危动植物及其产品、国家规定不予减免税的20种商品和汽车。

海关总署关于“十二五”期间中国—吉林·东北亚投资贸易博览会留购展品免征进口关税的通知

（署税函〔2011〕660号）

长春海关：

经国务院批准，在2011年1月1日至2015年12月31日期间，对中国—吉林·东北亚投资贸易博览会展期内销售的合理数量的进口展览品（国家禁止进口的商品、濒危动植物及其产品和国家规定不予减免税的20种商品及汽车除外）免征进口关税，进口环节增值税和消费税照章征收。现就有关执行事宜通知如下：

一、免征进口关税的展览品范围及具体免税数量（金额）详见本文附件所列清单。对该清单所列展览品超出限定的免税数量（金额）销售的和在展览结束后不能退运出境的，以及该清单以外的展览品在展览结束后未退运出境的，应当按照规定照章征税。

二、有关展览品的免税审批手续纳入《减免税管理系统》管理，进口货物的监管方式为：一般贸易（代码：0110）；征免性质为：国批减免（代码：898）。

特此通知。

附件　“十二五”期间中国—吉林·东北亚投资贸易博览会免征进口关税的留购展览品清单

二〇一一年十二月六日

附件

“十二五”期间中国—吉林 · 东北亚投资贸易博览会免征进口关税的留购展览品清单

序号	类别	数量（金额）
1	动物、植物及动植物制品	第 1~10 类单件商品的销售价格不超过 200 美元
2	贱金属及金属制品	
3	塑料、橡胶及其制品	
4	纺织原料及纺织制品	
5	鞋、帽、伞等日用品及装饰品	
6	石料、玻璃及其制品、陶瓷制品	
7	玩具、游戏及运动用品	
8	工艺品	
9	化妆品	
10	医药品、保健品	
11	化学工业及相关工业的产品	第 11~15 类单件商品的销售价格不超过 1000 美元
12	珠宝、首饰品	
13	机器、机械器具、电气设备及仪器、仪表	
14	信息产品	
15	艺术品	

注：

1. 每个参展商第 1~15 类展品的免税销售总额不超过 20000 美元。
2. 以上商品不包括国家禁止进口商品、濒危动植物及其产品、国家规定不予减免税的 20 种商品和汽车。

13.4 来料加工企业转型

海关总署关于明确加工贸易企业搬迁业务有关问题的通知

（署加发〔2009〕5 号）

广东分署，各直属海关：

为支持加工贸易企业在转型升级过程中有序转移，积极应对金融风暴的影响，按照《海关总署关于支持扩大内需促进经济增长的十项措施》（署厅发〔2008〕468 号）的具体要求，明确加工贸易企业搬迁的海关监管问题，统一规范海关执法，现就加工贸易企业搬迁业务有关问题通知如下：

一、加工贸易企业搬迁业务，是指加工贸易企业整体搬离或部分搬离原主管海关辖区，迁至另一主管海关辖区内设立新的加工贸易企业或合并到另一主管海关辖区内同一投资主体已设立的企业并继续开展加工贸易的情事。

二、迁出、迁入地主管海关应加强对企业的宣传力度，要求企业及时办理有关注册登记的变更手续；迁入地主管海关应按相关规定为迁入企业办理新企业设立的注册登记等手续。

三、按照《海关法》的有关规定，涉及保税货物转移的迁出企业应在搬迁前向海关提出书面申请，经海关同意后方可转移有关保税货物。

为简化手续，迁出地主管海关保税监管部门可要求迁出企业根据自身需要选择填写《加工贸易企业搬迁申请简表》（详见附件1）或《加工贸易企业搬迁申请表》（详见附件2，以下简称《申请表》），具体为：

对不需办理不作价设备、剩余料件结转、企业管理类别调整或保留等海关通关、变更事宜的，迁出地主管海关保税监管部门应要求迁出企业填写《加工贸易企业搬迁申请简表》，并立即受理、备案；对需办理不作价设备、剩余料件结转、企业管理类别调整或保留等海关通关、变更事宜的，迁出地主管海关保税监管部门应要求迁出企业填写《申请表》，并及时受理、审核。

迁出地主管海关保税监管部门接到迁出企业《申请表》后，应联系企业管理、监管通关、关税、稽查、缉私等部门，查询核实迁出企业是否存在未办结海关手续、涉嫌走私违规等情况。对企业存在上述情况的，迁出地主管海关保税监管部门应在《申请表》上注明暂时不予搬迁的原因，并向迁出企业反馈。

迁出地主管海关保税监管部门经审核同意迁出企业搬迁的，应在《申请表》上批注相关意见并加盖验讫章。《申请表》一式三联，迁出企业留存一联，迁出地、迁入地主管海关保税监管部门各留存一联。

迁出地主管海关保税监管部门将《申请表》的迁入地主管海关留存联制作关封，交迁出企业带与迁入地主管海关，并凭以向迁入地主管海关办理合同备案、不作价设备及剩余料件结转手续。

四、迁入地主管海关凭《申请表》和商务主管部门批准证等为迁入企业办理加工贸易合同和不作价设备备案手续。

东部地区具备开展限制类商品加工贸易业务资格企业搬迁且迁入企业为新设立企业的，迁入地主管海关凭商务主管部门批准证和《申请表》，为迁入企业办理加工贸易相关监管业务。

五、迁出、迁入企业之间剩余料件的结转，不受同一经营单位、同一加工企业、同一贸易方式限制。迁出地主管海关保税监管部门应要求迁出、迁入企业凭《申请表》，办理剩余料件转入、转出的报关手续，并审核以下单证或数据：

（一）《申请表》（核对原件，留存复印件）；

（二）迁出地、迁入地主管海关核发的手册（包括电子账册、电子化手册、纸质手册，下同）；

（三）剩余料件结转的进口、出口报关单。

六、不作价设备在迁出、迁入企业之间的转出、转入视同原企业不作价设备进行监管。结转的不作价设备的监管期限连续计算。

迁出地主管海关保税监管部门应要求迁出、迁入企业凭《申请表》办理不作价设备转入、转出的报关手续，并审核以下单证或数据：

（一）《申请表》（核对原件，留存复印件）；

（二）迁出地、迁入地主管海关核发的《不作价设备登记手册》（以下简称《不作价手册》）；

（三）不作价设备结转的进口、出口报关单，并提供原不作价设备进口报关单（核对原件，留存复印件）；

（四）迁出地主管海关应要求迁出企业在不作价设备结转进口报关单备注栏中注明不作价设备的原进口报关单号和原进口日期。

七、对列入2007年第36号公告、2008年第9号、第10号、第15号、第24号、第30号公告列明技术规格范围内的重大技术装备整机，因企业搬迁，申请将2008年9月15日前已备案《不作价手册》且已进口的不作价设备，免税结转至新设立企业继续使用的，迁出、迁入地主管海关应准予企业办理不作价设备结转手续，结转进口环节免于征收关税及增值税；允许企业备案新《不作价手册》，并要求企业在对应设备项的规格型号栏目注明“仅限于结转”。

对列入2008年第29号公告列名技术规格范围内的重大技术装备整机，因企业搬迁，申请将2008年9月15日前已备案《不作价手册》且已进口的不作价设备，免税结转至新设立企业继续使用的，准予企业办理不作价设备结转手续，结转进口环节免于征收关税及增值税；迁出、迁入地主管海关应允许企业备案新《不作价手册》，并要求企业在对应设备项的规格型号栏目注明“仅限于结转”，在“征免方式”栏目中注明“全免”。

八、对迁出企业整体搬迁的，迁出地、迁入地主管海关应要求企业在迁出地主管海关签发《申请表》后三个月内，办结不作价设备和剩余料件的结转手续。特殊情况的，经迁出地主管海关保税监管部门同意，可适当延长搬迁期限，但最长不得超过一年。

迁出地主管海关在企业办结不作价设备和剩余料件结转手续并核销手册后，按相关规定撤销企业原海关编码。

九、对新设立的迁入企业，经迁入地主管海关审核同意，可保留原海关分类管理类别，其注册登记时间可连续计算。

企业发生合并、分立的，主管海关可按照《中华人民共和国海关企业分类管理办法》的有关规定确定其分类管理类别。

十、迁出地、迁入地主管海关应加强联系配合，主动服务企业，解决企业在搬迁过程中遇到的困难和问题；同时，迁入地海关应加强对迁入企业的监控分析和实际核查，确保海关对不作价设备和料件的监管到位。

十一、对企业合并、分立的，主管海关可参照本通知有关程序性规定办理相关手续。

迁出、迁入企业属同一主管海关管辖的，主管海关可按照本通知规定，结合关区实际，进一步简化相关搬迁手续。

以上请遵照执行。执行中如遇问题，请各关及时与总署加贸司联系。

特此通知。

附件1　加工贸易企业搬迁申请简表

附件2　加工贸易企业搬迁申请表

二〇〇九年一月七日

附件1

加工贸易企业搬迁申请简表

迁出企业名称		迁入企业名称	
迁出地主管海关		迁入地主管海关	
联系人、电话		联系人、电话	
企业申请栏			
年　月　日			

迁出地主管海关备案栏
年　月　日

注意事项：

1. 企业申请栏应简要填写搬迁原因、保税货物等情况并加盖公司或法人印章。
2. 迁出地主管海关备案栏应签注办理关员和备案日期，如有其他情况可一并签注在备案栏中。

附件2

加工贸易企业搬迁申请表

迁出企业名称		迁入企业名称	
迁出企业编码		迁入企业编码	
迁出企业类别		迁入企业申请类别	
迁出地主管海关		迁入地主管海关	
联系人、电话		联系人、电话	
迁出地主管海关意见	年　月　日		
备注			

注意事项：

1. 迁出地主管海关签署意见应签注日期；
2. 迁出地主管海关应就不作价设备、保税加工生产合同等情况做简要说明并随附电脑清单；
3. 迁出地主管海关应加盖单证专用章。

海关总署关于来料加工装配厂转型为外商投资法人企业税收问题的公告

（海关总署公告2009年第62号）

经国务院批准，自2009年7月1日至2011年6月30日，来料加工装配厂（指不具有独立法人资格的来料加工装配厂，但不包括独立法人企业下属的非独立法人分支机构，以下简称来料加工厂）以外商提供的免税进口不作价设备出资设立外商投资法人企业的，对其在2008年12月31日及以前已经办理了加工贸易手册备案，并且在2009年6月30日及以前申报进口的尚处在海关监管年限内的不作价设备，免予补缴进口关税和进口环节增值税。现就执行中的有关问题公告如下：

一、对申请享受上述税收优惠政策的不作价设备，外商投资法人企业应在 2011 年 6 月 30 日之前一次性向主管海关提出减免税申请，经主管海关审批同意后，按照《中华人民共和国海关进出口货物减免税管理办法》（海关总署令第 179 号）的有关规定办理相关手续。

二、作为出资的不作价设备向海关申请办理减免税手续时的申报金额不得高于原进口时的申报价格，并且计入外商投资法人企业的投资总额，有关不作价设备的海关监管年限连续计算。

三、符合上述政策规定作为出资的不作价设备的减免税审批手续纳入《减免税管理系统》管理，监管方式为：减免设备结转（代码：0500）；征免性质为：国批减免（代码 898）；《中华人民共和国海关进出口货物征免税证明》（以下简称《征免税证明》）备注栏须注明“来料加工装配厂转型，转自某编号 D 手册”。

四、上述外商投资法人企业在向海关申请办理不作价设备减免税审批手续时须提供以下单证材料：

（一）地市级商务部门关于同意来料加工厂转型为外商投资法人企业的批准文件及经其确认的不作价设备清单（原件）；

（二）外商投资企业批准证书和外商投资法人企业的营业执照复印件（需提交原件验核）；

（三）有关加工贸易不作价设备手册及原进口报关单（原件）；

（四）海关要求提供的其他文件。

五、外商投资法人企业和来料加工厂按现行规定分别填制进、出口货物报关单，在报关单“备案号”栏目分别填报《征免税证明》编号和加工贸易手册编号。企业办理上述形式报关手续之后，由来料加工厂凭不作价设备结转出口货物报关单到原不作价设备手册备案海关申请办理不作价设备手册核销手续。原不作价设备手册备案海关凭上述不作价设备结转出口货物报关单办理核销手续。

六、来料加工厂以 2009 年 1 月 1 日及以后新备案的不作价设备或者以在 2008 年 12 月 31 日以前备案但在 2009 年 7 月 1 日及以后申报进口的不作价设备出资设立外商投资法人企业，新成立的外商投资法人企业所从事的项目属于国家鼓励类产业条目或中西部地区外商投资优势产业项目的，可以按照现行政策规定办理免征关税的结转手续（原进口时已征收进口环节增值税的，结转时不再征收）。

特此公告。

中华人民共和国海关总署

二〇〇九年九月十六日

财政部、商务部、海关总署、国家税务总局关于来料加工企业转型为法人企业进口设备税收政策有关问题的通知

（财关税〔2011〕66 号）

各省、自治区、直辖市、计划单列市财政厅（局）、商务主管部门、国家税务局，海关总署广东分署、各直属海关，新疆生产建设兵团财务局、商务局：

为进一步促进来料加工企业转型，经国务院批准，现就有关来料加工企业转型为法人企业过程中涉及的进口设备税收政策问题通知如下：

一、在 2011 年 7 月 1 日至 2012 年 12 月 31 日期间，对不具备法人资格的来料加工企业以外商提供的全部不作价设备作为投资设立法人企业的，或在 2009 年 7 月 1 日至 2012 年 12 月 31 日期间，将该企业全

部不作价设备作为投资整体转入同一投资方已设立的法人企业的，准予对其在2008年12月31日及以前已经办理了加工贸易备案、并且在2009年6月30日及以前申报进口尚未解除海关监管的不作价设备，免予补缴进口关税和进口环节增值税。有关不作价设备的海关监管年限可连续计算。

二、在2008年9月9日至2009年6月30日期间已由不具备法人资格的来料加工企业整体转型为法人企业的，对已结转到法人企业但尚未解除海关监管的不作价设备，准予其作为投资处理，免予补缴进口关税和进口环节增值税。有关不作价设备的海关监管年限可连续计算。

二〇一一年十一月十四日

海关总署关于来料加工企业转型为法人企业进口设备税收问题的公告

（海关总署公告2012年第7号）

经国务院批准，自2011年7月1日至2012年12月31日，对不具备法人资格的来料加工企业（指不具有独立法人资格的来料加工装配厂，以下简称来料加工厂）以外商提供的全部不作价设备作为投资设立法人企业的，或在2009年7月1日至2012年12月31日期间，将该企业全部不作价设备作为投资整体转入同一投资方已设立的法人企业的，准予对其在2008年12月31日及以前已经办理了加工贸易备案，并且在2009年6月30日及以前申报进口尚在海关监管期限内的不作价设备，免予补缴关税和进口环节增值税。在2008年9月9日至2009年6月30日期间已由来料加工厂整体转型为法人企业的，对已结转到法人企业尚在海关监管期限内的不作价设备，准予作为投资处理，免予补缴关税和进口环节增值税。现就执行中的有关问题公告如下：

一、申请享受上述税收优惠政策规定的，外商投资法人企业应在2012年12月31日之前将全部相关不作价设备一次性向企业所在地海关（以下称主管海关）提出减免税申请，经主管海关审批同意后，按照《中华人民共和国海关进出口货物减免税管理办法》（海关总署令第179号）的有关规定办理相关手续。

二、向海关申请办理减免税手续时，不作价设备的申报金额不得高于该设备原进口时的申报价格，并且计入外商投资法人企业的投资总额。有关不作价设备的海关监管年限连续计算。

三、符合上述政策规定的不作价设备的减免税审批手续纳入《减免税管理系统》管理，监管方式为：减免设备结转（代码：0500）；征免性质为：国批减免（代码898）；《中华人民共和国海关进出口货物征免税证明》（以下简称《征免税证明》）备注栏须注明“来料加工装配厂转型，转自编号D×××手册”。

四、上述外商投资法人企业在向海关申请办理不作价设备减免税审批手续时须提供以下单证材料：

（一）对于以外商提供的全部不作价设备作为投资设立法人企业的，应提供地市级商务部门关于同意来料加工厂转型为外商投资法人企业的相关批准文件及经其确认的不作价设备清单（原件）；对于作为投资整体转入同一投资方已设立的法人企业的，应提供地市级商务主管部门审核批准的来料加工厂加工协议或补充协议及经其确认的不作价设备清单（原件）。

（二）外商投资法人企业的《外商投资企业批准证书》和《营业执照》复印件（需提交原件验核）；

（三）有关加工贸易不作价设备手册及原进口报关单复印件；

（四）海关要求提供的其他文件。

五、在2011年7月1日至2012年12月31日期间，来料加工厂以外商提供的全部不作价设备作为投资新设立法人企业的，或在2009年7月1日至2012年12月31日期间，将来料加工厂全部不作价设备作为投资整体转入同一投资方已设立的法人企业的，外商投资法人企业和来料加工厂按现行规定分别填制进、出口货物报关单，在报关单“备案号”栏目分别填报《征免税证明》编号和加工贸易手册编号。外商投资法人企业和来料加工厂办理上述形式报关手续之后，由来料加工厂凭不作价设备结转出口货物报关单到原不作价设备手册备案海关申请办理不作价设备手册核销手续。原不作价设备手册备案海关凭上述不作价设备结转出口货物报关单办理核销手续。

对于在本公告发布之日前，上述来料加工厂已将全部不作价设备作为投资新设立法人企业或整体转入同一投资方已设立的法人企业，且来料加工厂已不再续存的，可由外商投资法人企业按照本公告第六条的规定办理相关的海关手续。

六、在2008年9月9日至2009年6月30日期间已由来料加工厂整体转型为法人企业的，对已结转到法人企业尚在海关监管期限内的不作价设备，外商投资法人企业按现行规定分别填制进、出口货物报关单，在报关单“备案号”栏目分别填报《征免税证明》编号、外商投资法人企业及来料加工厂的加工贸易手册编号。外商投资法人企业办理上述形式报关手续之后，凭不作价设备结转出口货物报关单到原不作价设备手册备案海关申请办理不作价设备手册核销手续。原不作价设备手册备案海关凭上述不作价设备结转出口货物报关单办理核销手续。

七、对于在2009年7月1日至本公告发布前，来料加工厂已将其在2008年12月31日及以前办理了加工贸易手册备案，并且在2009年6月30日及以前申报进口的部分不作价设备结转到同一投资方已设立的法人企业的，应在2012年12月31日前将尚未结转的不作价设备，全部转入同一投资方已设立的法人企业，方可作为投资处理，并免予补缴关税和进口环节增值税。其中，来料加工厂已经结转到已设立的法人企业尚在海关监管期限内的不作价设备，按本公告第六条规定办理相应的海关手续；来料加工厂将尚未结转且在海关监管期限内的不作价设备转入已设立的法人企业的，按本公告第五条规定办理相应的海关手续。

八、2009年1月1日及以后新备案的不作价设备或者以在2008年12月31日以前备案但在2009年7月1日及以后申报进口的不作价设备出资设立外商投资法人企业，新成立的外商投资法人企业所从事的项目属于国家鼓励类产业条目或中西部地区外商投资优势产业项目的，可以按照现行政策规定办理免征关税的结转手续（原进口时已征收进口环节增值税的，结转时不再征收）。

特此公告。

中华人民共和国海关总署

二〇一二年二月六日

13.5 其他

财政部、国家税务总局、海关总署关于云南省边境贸易发展中有关税收政策的通知

（财税〔2000〕63号）

财政部驻云南省财政监察专员办事处、云南省国家税务局、中央总金库云南省分库、昆明海关：

经国务院批准，现将云南省边境贸易发展中所涉及的税收政策问题通知如下：

一、对云南省开展罂粟替代种植进口的农产品，在国家核定的数量范围内，免征进口关税和进口环节

增值税。罂粟替代种植农产品的进口品种、数量，由云南省人民政府提出方案报国务院批准后下达。

二、云南省从老挝、越南以边境小额贸易方式进口的木材，可比照《关于云南省边境小额贸易进口木材、玉石、生牛皮、藤条等四种商品新增税负返还办法》（财税字〔1997〕54号）文件和《关于延长云南边境小额贸易进口木材、玉石、生牛皮、藤条等四种商品新增税负返还期限的通知》（财税字〔1999〕194号）中，有关中缅边境小额贸易进口木材的规定执行。

三、上述税收政策，自2000年1月1日起执行。

二〇〇〇年八月三日

海关总署关于对外国政府（地区）和我国特别行政区返还濒危野生动植物及其产品税收问题的通知

（署税发〔2003〕37号）

广东分署，天津、上海特派办，各直属海关、院校：

根据《财政部关于对外国政府（地区）和我国特别行政区返还濒危野生动植物及其产品税收问题的通知》（财税〔2003〕8号），经国务院批准，自2002年1月1日起，对外国政府（地区）和香港、澳门特别行政区政府返还、并由国家濒危物种管理办公室接收的濒危野生动植物及其产品免征关税和进口环节增值税。

免税范围包括《濒危野生动植物种国际贸易公约》附录中列明的濒危野生动植物及其产品，进口地海关凭国家濒危物种管理办公室出具的《濒危野生动植物及其产品返还证明表》（见附件）免征关税和进口环节增值税。

以上请予执行。

附件 濒危野生动植物及其产品返还证明表

二〇〇三年二月十二日

附件

濒危野生动植物及其产品返还证明表

（ ）濒办返免字第 号

返还国家或地区政府部门			
国家濒管办委托接收单位			
动植物及其产品	数量或重量	单位	HS商品编码
主管部门印签印章（印章印模）			
备注			

财政部、海关总署、国家税务总局关于促进边境贸易发展有关财税政策的通知

（财关税〔2008〕90 号）

内蒙古、辽宁、吉林、黑龙江、广西、海南、西藏、新疆、云南省（自治区）财政厅、国家税务局，呼和浩特、满洲里、大连、长春、哈尔滨、南宁、海口、昆明、拉萨、乌鲁木齐海关：

为贯彻落实科学发展观，构建社会主义和谐社会，根据《国务院关于促进边境地区经济贸易发展问题的批复》（国函〔2008〕92 号）的精神，现就进一步促进边境贸易发展有关财税政策通知如下：

一、加大对边境贸易发展的财政支持力度

在现行边境地区专项转移支付的基础上增加资金规模，加大对边境贸易发展的支持力度，为企业的发展创造良好的外部环境。2008 年全年按 20 亿元掌握，实际执行期为两个月；以后年度在此基础上建立与口岸过货量等因素挂钩的适度增长机制。具体办法由财政部会同有关部门另行制定。地方财政部门要结合本地实际，并根据支持边境贸易发展和边境小额贸易企业能力建设的要求，认真落实中央补助资金，切实发挥资金使用效益。要充分利用财政和审计部门的监督检查力量，保证专项转移支付的资金能真正发挥促进边境贸易发展的作用。

二、提高边境地区边民互市进口免税额度

边民通过互市贸易进口的生活用品，每人每日价值在人民币 8000 元以下的，免征进口关税和进口环节税。为加强管理，由财政部会同有关部门研究制定边民互市进出口商品不予免税的清单，有关部门应对政策执行情况进行及时跟踪、分析。

三、关于边境小额贸易进口税收问题

以边境小额贸易方式进口的商品，进口关税和进口环节税照章征收。

本通知自 2008 年 11 月 1 日起执行，由财政部、海关总署和国家税务总局负责解释。

特此通知。

二〇〇八年十月三十日

海关总署关于保税港区等四区域进口减免税货物有关管理问题的通知

（署加发〔2009〕444 号）

广东分署，各直属海关：

为规范和统一保税港区、综合保税区、保税物流园区以及保税区（以下统称四区域）进口减免税货物的管理，经研究，现就有关事项通知如下：

一、从境外进入四区域，并按照四区域相关管理规定享受减免税的货物，按照《中华人民共和国海

关进出口货物减免税管理办法》（海关总署令第179号）的有关规定，在监管年限内实施监管，监管年限自货物进境放行之日起计算。

二、四区域进口减免税货物，均按照加工贸易D手册管理并办理相应手续。

三、自本通知下发之日起，四区域进口属于国务院规定一律停止减免税的20种商品（具体范围详见海关总署2008年65号公告附件2、附件3）和汽车应照章征税，不予办理进口减免税手续。

四、在本通知下发前，四区域进口减免税货物如按照办理《进出口货物征免税证明》方式管理的，无需调整为加工贸易D手册管理，货物在达到监管年限后可解除监管。

特此通知。

二〇〇九年十一月三日

海关总署关于出口加工区机器设备出区处理问题的通知

（署加发〔2009〕267号）

广东分署，各直属海关：

为贯彻落实全国出口加工区工作会议精神，解决出口加工区存在的机器设备难以出区处理问题，经商商务部、质检总局，现就有关管理事项通知如下：

一、从境外进入出口加工区，按照《中华人民共和国海关对出口加工区监管的暂行办法》（国务院令第389号，以下简称389号令）规定予以免税的机器设备，海关按照《中华人民共和国海关进出口货物减免税管理办法》（海关总署令第179号）规定，在监管年限内实施监管，监管年限自货物进境放行之日起计算，期限5年。上述免税进口的机器设备，海关仍按照现行管理模式进行管理。

二、上述机器设备使用完毕，原则应退运出境。需在海关监管年限内出区内销的，海关按照减免税货物的管理规定征收税款。上述机器设备的监管年限届满的，出区时不再征收税款。

三、上述机器设备从境外进入出口加工区时，如属机电产品进口许可证件管理的，按照商务部、海关总署、质检总局二〇〇八年第5号令和第7号令的相关规定，免于提交机电产品进口许可证件；在其出区时，海关凭与其入境状态一致的机电产品进口许可证件验放。

四、在海关监管年限内，上述机器设备转让给区外进口同一货物享受减免税优惠待遇的企业的，由区外企业按照减免税货物的管理规定办理进口手续，监管年限连续计算；如出区转为加工贸易不作价设备的，由区外企业按照加工贸易不作价设备的管理规定办理进口手续，监管年限连续计算。

五、上述机器设备属旧机电产品的，按照商务部、海关总署、质检总局二OO八年第5号令和第7号令的相关规定执行。

六、区内企业从境内区外采购入区按照389号令予以退税的机器设备，由区外企业按现行规定办理出口报关手续。该机器设备如需内销出区的，在办理进口手续时，按报验状态征税，免于提交相应进口许可证件。其中，从境内区外采购入区的海关监管年限内的免税进口的机器设备和加工贸易不作价设备，监管年限连续计算，监管年限届满的，出区时不再征收税款；在海关监管年限内的，出区时海关按照减免税货物的管理规定征收税款。

七、上述机器设备如转往其他海关特殊监管区域和保税监管场所继续使用的，按389号令关于出口加工区之间往来货物的监管规定和各部门的规定执行。

八、在本通知下发前已自境外进入出口加工区的机器设备如需出区的，按以上相关规定执行。其中，入境时已提交机电产品进口许可证件的，海关凭入境时的机电产品进口许可证件或进境备案清单等相关凭证办理出区手续。

九、对于从境外进入出口加工区的货物，除 389 号令第十七条规定可以免税或保税的以外，其他货物，包括国务院规定一律停止减免税的 20 种商品和汽车（具体商品范围详见海关总署 2008 年第 65 号公告），自本通知下发之日起，进口时一律照章征税。

特此通知。

二〇〇九年六月二十三日

财政部、海关总署、国家税务总局关于边民互市进出口商品不予免税清单的通知

（财关税〔2010〕18 号）

内蒙古、辽宁、吉林、黑龙江、广西、海南、西藏、新疆、云南省（自治区）财政厅、国家税务局，新疆生产建设兵团财务局，呼和浩特、满洲里、大连、长春、哈尔滨、南宁、海口、昆明、拉萨、乌鲁木齐海关：

为贯彻落实《国务院关于促进边境地区经济贸易发展问题的批复》（国函〔2008〕92 号）中“由财政部会同有关部门研究制定边民互市进出口商品不予免税的清单”的精神，现就边民互市进出口商品不予免税清单的有关问题通知如下：

一、边民互市进口商品不予免税清单

边民通过互市贸易进口的商品应以满足边民日常生活需要为目的，边民互市贸易进口税收优惠政策的适用范围仅限生活用品（不包括天然橡胶、木材、农药、化肥、农作物种子等）。在生活用品的范畴内，除国家禁止进口的商品不得通过边民互市免税进口外，其他列入边民互市进口不予免税清单的商品见附件。

二、边民互市出口商品不予免税清单

除国家禁止出口的商品不得通过边民互市免税出口外，将应征收出口关税的商品列入边民互市出口商品不予免税清单。

三、其他有关事项

财政部将会同有关部门根据边民互市贸易发展的实际情况，适时调整边民互市进出口商品不予免税清单。

本通知自 2010 年 5 月 1 日起执行。

特此通知。

附件　边民互市进口商品不予免税清单

二〇一〇年四月十六日

附件

边民互市进口商品不予免税清单

序号	商品名称	税则号列	备注
1	烟	24021000 24022000 24029000 ex24039900［其他烟草及烟草代用品的制品（烟草精汁除外）］	
2	酒	21069020 税目 2203 至 2208 项下全部税号 ex33021090（生产食品、饮料用混合香料及制品，按容量计酒精浓度在 0.5%及以上）	
3	化妆品	33030000 33041000 33042000 33043000 ex33049100［粉，不论是否压紧（痱子粉、爽身粉除外）］ ex33049900［其他美容化妆品（护肤品除外）］	
4	成品油	27101110 27101120 27101130 27101911 27101921 27101922 27101929 27101991 27101992 27101993 27101999	
5	摩托车	税目 8711 项下全部税号	
6	小麦	10011000 10019010 10019090 11010000 11031100 11032010	每人每日 50 千克以内免税。
7	玉米	10051000 10059000 11022000 11031300 11042300	每人每日 50 千克以内免税。
8	稻谷和大米	10061011 10061019 10061091 10061099 10062010 10062090 10063010 10063090 10064010 10064090 11029011 11029019 11031921 11031929	每人每日 50 千克以内免税。
9	糖	17011100 17011200 17019100 17019910 17019920 17019990	每人每日 1 千克以内免税。
10	羊毛	51011100 51011900 51012100 51012900 51013000 51031010	
11	毛条	51051000 51052100 51052900	
12	棉花	52010000 52030000	每人每日 5 千克以内免税。
13	豆油	15071000 15079000	每人每日 5 千克以内免税。
14	菜子油	15141100 15141900 15149110 15149190 15149900	每人每日 5 千克以内免税。
15	棕榈油	15111000 15119010 15119090	每人每日 5 千克以内免税。
16	电视机	85284910 85284990 85285910 85285990 85286910 85286990 85287110 85287180 85287190 85287211 85287212 85287219 85287221 85287222 85287229 85287231 85287232 85287239 85287291 85287292 82587299 85287300	
17	摄像机	85258012 85258013 85258032 85258033 85258039	
18	录像机	85211011 85211019 85219011 85219012 85219019 85219090	
19	放像机	85211020 85219011 85219012 85219019 85219090	

序号	商品名称	税则号列	备注
20	音响设备	85181000 85182100 85182200 85182900 85184000 85185000 85192000 85193000 85198111 85198112 85198119 85198121 85198129 85198139 85198910 85198990 85271200 85271300 85271900 85272100 85272900 85279100 85279200 85279900	
21	空调器	84151010 84151021 84151022 84152000 84158110 84158120 84158210 84158220 84158300	
22	电冰箱 电冰柜	84181010 84181020 84181030 84182110 84182120 84182130 84182910 84182920 84182990 84183021 84183029 84184021 84184029 84185000	
23	洗衣机	84501110 84501120 84501190 84501200 84501900 84502000 84511000	
24	照相机	85258022 85258029 90064000 90065100 90065300 90065990	
25	微型计算机及外设	84433110 84433190 84433211 84433212 84433213 84433219 84713000 84714140 84714940 84715040 84716050 84716060 84716071 84716072 84716090 84717090 85235110 85235120 85258013 85284100 85285110 85285190 85286100	税号 84716090 仅指 IC 卡读入器；税号 84717090 仅指移动硬盘；税号 85258013 仅指计算机用网络摄像头。
26	电话机	85171100 85171210 85171220 85171800 85176990	税号 85176990 仅指可视电话。
27	无线寻呼系统	85176299 85176910	
28	电子计算器	84701000 84702100 84702900	

财政部、海关总署、国家税务总局关于支持舟曲灾后恢复重建有关税收政策问题的通知

（财税〔2010〕107 号）

各省、自治区、直辖市、计划单列市财政厅（局）、国家税务局、地方税务局，新疆生产建设兵团财务局，广东分署、各直属海关：

为统筹引导各方面力量，支持和帮助遭受特大山洪泥石流灾害的舟曲灾后恢复重建，使灾区基本生产生活条件和经济社会发展全面恢复并超过灾前水平，根据《国务院关于支持舟曲灾后恢复重建政策措施的意见》（国发〔2010〕34 号）的有关规定，现就支持舟曲灾后恢复重建有关税收政策问题通知如下：

一、关于减轻企业税收负担的税收政策

1. 对灾区损失严重的企业，免征企业所得税。

2. 自 2010 年 8 月 8 日起，对灾区企业通过公益性社会团体、县级以上人民政府及其部门取得的抢险救灾和灾后恢复重建款项和物资，以及税收法律、法规和国务院批准的减免税金及附加收入，免征企业所

得税。

3. 自 2010 年 1 月 1 日至 2014 年 12 月 31 日，对灾区农村信用社免征企业所得税。

4. 自 2010 年 8 月 8 日至 2012 年 12 月 31 日，对灾区企业、单位或支援灾区重建的企业、单位，进口国内不能满足供应并直接用于灾后恢复重建的大宗物资、设备等，给予进口税收优惠。

各省、自治区、直辖市、计划单列市人民政府或国务院有关部门负责将所在地企业或归口管理的单位提交的直接用于灾后恢复重建的进口国内不能满足供应的物资减免税申请汇总后报财政部，由财政部会同海关总署、国家税务总局等部门审核提出处理意见，报请国务院批准后执行。

二、关于减轻个人税收负担的税收政策

自 2010 年 8 月 8 日起，对灾区个人接受捐赠的款项、取得的各级政府发放的救灾款项，以及参与抢险救灾的一线人员按照地方各级政府及其部门规定标准取得的与抢险救灾有关的补贴收入，免征个人所得税。

三、关于支持灾区基础设施、房屋建筑物等恢复重建的税收政策

1. 对政府为受灾居民组织建设的安居房建设用地，免征城镇土地使用税，转让时免征土地增值税。

2. 对灾区住房倒塌的农（牧）民重建住房占用耕地的，在规定标准内的部分免征耕地占用税。

3. 由政府组织建设的安居房，所签订的建筑工程勘察设计合同、建筑安装工程承包合同、产权转移书据、房屋租赁合同，免征印花税。

4. 对因灾损毁的应缴而未缴契税的居民住房，不再征收契税；对受灾居民购买安居房，免征契税。

5. 经甘肃省人民政府批准，对经有关部门签订因灾损毁的房产、土地，免征房产税和城镇土地使用税。对经批准免税的纳税人已缴税款可以在以后年度的应缴税款中抵扣。

本通知所称安居房，按照国务院有关部门确定的标准执行。所称因灾毁损的居民住房，是指经县级以上（含县级）人民政府房屋主管部门出具证明，在灾害中倒塌或遭受严重破坏而不能居住的居民住房。

四、关于鼓励社会各界支持抢险救灾和灾后恢复重建的税收政策

1. 自 2010 年 8 月 8 日起，对单位和个体经营者将自产、委托加工或购买的货物通过公益性社会团体、县级以上人民政府及其部门捐赠给受灾地区的，免征增值税、城市维护建设税及教育费附加。

2. 自 2010 年 8 月 8 日起，对企业、个人通过公益性社会团体、县级以上人民政府及其部门向灾区的捐赠，允许在当年企业所得税前和当年个人所得税前全额扣除。

3. 对财产所有人将财产（物品）直接捐赠或通过公益性社会团体、县级以上人民政府及其部门捐赠给灾区或受灾居民所书立的产权转移书据，免征印花税。

4. 对专项用于抢险救灾和灾后恢复重建、能够提供由县级以上（含县级）人民政府或其授权单位出具的抢险救灾证明的新购特种车辆，免征车辆购置税。符合免税条件但已经征税的特种车辆，退还已征税款。

五、关于促进就业的税收政策

1. 灾区的商贸企业、服务型企业（除广告业、房屋中介、典当、桑拿、按摩、氧吧外）、劳动就业服务企业中的加工型企业和街道社区具有加工性质的小型企业实体在新增加的就业岗位中，招用当地因灾失去工作的人员，与其签订一年以上期限劳动合同并依法缴纳社会保险费的，经县级人力资源社会保障部门认定，按实际招用人数和实际工作时间予以定额依次扣减营业税、城市维护建设税、教育费附加和企业所得税。

定额标准为每人每年 4000 元，可上下浮动 20%，由甘肃省人民政府根据本地实际情况具体确定。

按上述标准计算的税收抵扣额应在企业当年实际应缴纳的营业税、城市维护建设税、教育费附加和企业所得税税额中扣减，当年扣减不足的，不得结转下年使用。

2. 灾区因灾失去工作后从事个体经营（除建筑业、娱乐业以及销售不动产、转让土地使用权、广告业、房屋中介、桑拿、按摩、网吧、氧吧外）的人员，以及因灾损失严重的个体工商户，按每户每年 8000 元为限额依次扣减其当年实际应缴纳的增值税、营业税、城市维护建设税、教育费附加和个人所得税。

纳税人年度应缴纳税款小于上述扣减限额的，以其实际缴纳的税款为限；大于上述扣减限额的，应以上述扣减限额为限。

六、关于税收政策的适用范围

根据《国务院关于印发舟曲灾后恢复重建总体规划的通知》（国发〔2010〕38号）的规定，本通知所称“灾区”包括甘肃省舟曲县城关镇和江盘乡的15个村、2个社区，灾区具体范围见附件。

七、关于税收政策的执行期限

以上税收优惠政策，凡未注明具体期限的，一律执行至2012年12月31日。

如果纳税人按规定既可享受本通知的税收优惠政策，也可享受国家支持汶川地震灾后恢复重建的税收优惠政策，可由纳税人自主选择适用的政策，但两项政策不得叠加使用。

各地财政、税务部门和各直属海关要加强领导、周密部署，把大力支持舟曲灾后恢复重建工作作为一项重要任务，贯彻落实好相关税收优惠政策。同时，要密切关注税收政策的执行情况，对发现的问题及时逐级向财政部、海关总署、国家税务总局反映。

附件　舟曲灾区范围

二〇一〇年十二月二十九日

附件

舟曲灾区范围

灾害等级	范围
极重区域	城关镇的三眼村、月圆村、南街村、瓦厂村、东城社区、西城社区和北街村大部、东街村大部、北关村部分、罗家峪村部分地区
严重区域	城关镇的西关村、西街村大部，江盘乡的南桥村、河南村部分地区等
一般区域	城关镇的锁儿头村、真牙头村、沙川村等村的部分地区

14 出口税收优惠政策

财政部、海关总署关于中外合作开采海洋石油的外国合同者按合同规定所得原油出口税收政策进行调整的公告

（财政部、海关总署联合公告2007年第20号）

经国务院批准，对中外合作开采海洋石油的外国合同者按合同规定所得原油出口税收政策进行调整，现将有关事项公告如下：

一、自2007年8月1日起，中外合作开采海洋石油的外国合同者按合同规定所得原油出口照章征收出口关税；外国合同者按此前已签订并已在执行的合同规定所得原油，在2012年8月1日前装运出口继续免征出口税。

二、《海关总署、财政部关于中外合作开采海洋石油进出口货物免征关税和工商统一税的规定》（〔1982〕署税字第192号）中第二条"外国合同者按合同规定所得的原油装运出口时，免征出口税"的规定自2007年8月1日起停止执行。

三、2007年8月1日前对中外合作开采海洋石油的外国合同者按合同规定所得原油已征收的出口关税准予返还。

特此公告。

财政部

海关总署

二〇〇七年七月四日

海关总署关于中外合作开采海洋石油的外国合同者所得原油出口有关税收政策问题的通知

（署税发〔2007〕469号）

天津、深圳、湛江海关：

经国务院批准，财政部、海关总署以2007年第20号联合公告（以下简称20号公告）对中外合作开采海洋石油的外国合同者按合同规定所得原油出口税收政策进行调整。现将政策执行中的有关问题明确如下：

一、根据20号公告规定，自2007年8月1日起，中外合作开采海洋石油的外国合同者按合同规定所得原油出口照章征收出口关税；外国合同者按照2007年8月1日（不含）前已签订并已在执行的合同规定所得原油，在2012年8月1日（不含）前装运出口的，继续免征出口关税。

二、外国合同者在2007年8月1日及以后出口按合同规定所得原油，符合上述免征出口关税规定的，应在原油出口前持有关单证向出口地直属海关申请办理免税审批手续。

三、与中国海洋石油总公司及其所属公司合作开采海洋石油的外国合同者出口按合同规定所得的原

油，符合免征出口关税规定的，由中海石油（中国）有限公司持凭中国海洋石油总公司集团采办部出具的《关于×××公司份额油出口的证明》（格式印章详见附件1）代为向出口地直属海关申请办理免税审批手续。

与中国石油天然气集团公司及其所属公司合作开采海洋石油的外国合同者出口按合同规定所得的原油，符合免征出口关税规定的，由中国石油天然气股份有限公司对外合作经理部持该部出具的《关于×××公司份额油出口的证明》（格式印章详见附件2）代为向天津海关申请办理免税审批手续。

四、有关免税审批手续纳入《减免税管理系统》管理，出口地直属海关审核有关单证后，对出口原油出具《进出口货物征免税证明》。在《进出口货物征免税证明》的“申请单位”栏内填写外国合同者名称，“对外签约单位备注”栏内填写中外合作合同中方单位名称或合同中方单位指定的出口代理单位名称［中国海洋石油总公司指定中海石油（中国）有限公司为出口代理单位，中国石油天然气集团公司指定中国联合石油有限责任公司为出口代理单位］，征免性质为“国批减免”（代码：898），“进出口方式”填写“出口”。出具的《进出口货物征免税证明》有效期不得超过2012年7月31日。

五、对于中外合作开采海洋石油的外国合同者已出口的按合同规定所得原油，符合免征出口关税规定但已征收出口关税或收取税款担保的，准予按本通知规定补办免税审批手续后，凭《进出口货物征免税证明》办理退税或退保核销手续。

符合退税条件的外国合同者按合同规定所得原油已征收的出口关税，详见中国海洋石油总公司提供的《中海油合作油田原油出口报关详细情况统计》（详见附件3）和中国石油天然气股份有限公司提供的《洛克石油（渤海）公司2006年11月1日至2007年7月31日期间所缴纳的5%原油出口关税》（详见附件4）。

上述两清单中部分出口原油税款缴款书中的缴款单位名称为“中海石油（中国）有限公司”或“中国联合石油有限责任公司”，但有关税款的实际缴纳单位仍为外国合同者，中海石油（中国）有限公司、中国联合石油有限责任公司仅是代理外国合同者办理有关报关和缴纳税款手续。因此，对上述清单中符合退税条件，税款缴款书中的缴款单位名称为“中海石油（中国）有限公司”或“中国联合石油有限责任公司”的出口原油已征税款一并准予退还。同时请各有关海关提醒上述两缴款单位及时将税款返还给实际缴纳税款的外国合同者。

六、作为中国石油天然气股份有限公司渤海湾赵东区块石油合同的外国合同者之一的新路安中国有限公司，被中国石油化工集团公司在开曼群岛注册的全资子公司中化石油有限公司收购，并于2007年2月在美国完成了交割手续。目前国家有关部门正在对新路安中国有限公司能否继续作为外国合同者享受有关出口税收优惠政策问题作进一步研究。因此，对《新路安（中国）有限公司2006年11月1日至2007年7月31日期间所缴纳的5%原油出口关税统计表》（详见附件5）中在2007年2月股权交割前已缴纳的2笔共约657万元人民币税款准予按本通知规定办理退税手续；股权交割后的已征税款暂不退还，同时对新路安中国有限公司出口原油暂凭税款担保办理出口放行手续，待有关政策明确后再办理相关征免税手续。

执行中如有问题请及时与总署关税司联系。

特此通知。

附件1　关于×××公司份额油出口的证明（由中国海洋石油总公司集团采办部出具）

附件2　关于×××公司份额油出口的证明（由中国石油天然气股份有限公司对外合作经理部出具）

附件3　中海油合作油田原油出口报关详细情况统计

附件4　洛克石油（渤海）公司2006年11月1日至2007年7月31日期间所缴纳的5%原油出口关税

附件5　新路安（中国）有限公司2006年11月1日至2007年7月31日期间所缴纳的5%原油出口关税统计表

二〇〇七年十一月十三日

附件 1

关于×××公司份额油出口的证明

海总采出字 2007（×××）号

×××海关：

在出口许可证号____________项下____________公司的________吨原油属中国海油总公司与________________公司签署的石油合同中的外方份额油，拟于×××月从贵口岸出口。

特此证明。

中国海洋石油总公司

200×年　月　日

附件 2

关于×××公司份额油出口的证明

海合作便字〔200　〕　　号

×××海关：

在出口许可证号____________项下____________公司的________吨原油属于中国石油天然气股份有限公司与该公司签署的大港赵东区块石油合同中的份额油，拟于______年______月从贵口岸出口。

特此证明。

中国石油天然气股份有限公司对外合作经理部

年　月　日

附件 3

中海油合作油田原油出口报关详细情况统计

（2006 年 11 月 1 日~2007 年 7 月 31 日）

序号	油田	份额油所属单位	目的地	提油量(吨)	许可证号	外汇核销单	报关单号	出口关税(￥)	保证金	关税缴纳书上缴纳单位名称	实际缴纳单位	报关日期
1	惠州油田	埃尼中国公司	印尼	10905. 1955	06-AA-601029	041489926	047819320	1,859,022. 90		埃尼中国公司	埃尼中国公司	2007-2-28
2	惠州油田	雪佛龙德士古中国能源公司	印尼	21737. 1075	06-AA-601029	041489927	047819319	3,705,553. 05		雪佛龙德士古中国能源公司公司	雪佛龙德士古中国能源公司	2007-2-28
3	惠州油田	雪佛龙德士古中国能源公司	美国	32843. 216	07-AA-601448	064411303	047892736	5,220,642. 95		雪佛龙德士古中国能源公司	雪佛龙德士古中国能源公司	2007-3-16
4	惠州油田	雪佛龙德士古中国能源公司	美国	27412. 012	07-AA-603182	064411311	048329844		4,891,840. 00	雪佛龙德士古中国能源公司	雪佛龙德士古中国能源公司	2007-5-31
5	番禺油田	丹文能源中国有限公司	新加坡	21882. 445	07-AA-601446	041489932	047892733	3,079,453. 30		丹文能源中国有限公司	丹文能源中国有限公司	2007-3-16
6	番禺油田	柏灵顿资源中国有限公司	新加坡	21882. 304	07-AA-601447	041489933	047892734	3,079,433. 45		柏灵顿资源中国有限公司	柏灵顿资源中国有限公司	2007-3-16
7	番禺油田	丹文能源中国有限公司	日本	37107. 633	07-AA-601312	041489930	047884161	6,039,347. 20		丹文能源中国有限公司	丹文能源中国有限公司	2007-3-13
8	番禺油田	柏灵顿资源中国有限公司	日本	37107. 633	07-AA-601492	041489929	047884160	6,039,347. 20		柏灵顿资源中国有限公司	柏灵顿资源中国有限公司	2007-3-13
9	西江油田	康菲石油中国有限公司	新加坡	42896. 232	07-AA-601445	041489928	047892737	7,043,603. 15		康菲石油中国有限公司	康菲石油中国有限公司	2007-3-16
10	西江油田	派克顿东方有限责任公司	新加坡	26924. 438	07-AA-601443	064411305	047884989	3,786,111. 35		派克顿东方有限责任公司	派克顿东方有限责任公司	2007-3-17
11	西江油田	壳牌中国勘探与生产有限公司	新加坡	25868. 577	07-AA-601443	064411306	047884990	3,637,636. 40		壳牌中国勘探与生产有限公司	壳牌中国勘探与生产有限公司	2007-3-17
12	西江油田	派克顿东方有限责任公司	马来西亚	13358. 192	07-AA-601444	064411307	047884979	1,878,427. 45		派克顿东方有限责任公司	派克顿东方有限责任公司	2007-3-17
13	西江油田	壳牌中国勘探与生产有限公司	马来西亚	12834. 342	07-AA-601444	064411308	047884978	1,804. 763. 60		壳牌中国勘探与生产有限公司	壳牌中国勘探与生产有限公司	2007-3-17

序号	油田	份额油所属单位	目的地	提油量(吨)	许可证号	外汇核销单	报关单号	出口关税(¥)	保证金	关税缴纳书上缴纳单位名称	实际缴纳单位	报关日期
14	西江油田	康菲石油中国有限公司	新加坡	43397.525	07-AA-601441	064411304	047892735	6,322,863.85		康菲石油中国有限公司	康菲石油中国有限公司	2007-3-16
15	西江油田	康菲石油中国有限公司	新加坡	43312.274	07-AA-601823	064411309	047850223	6,831,966.50		康菲石油中国有限公司	康菲石油中国有限公司	2007-4-3
16	西江油田	康菲石油中国有限公司	新加坡	43504.893	07-AA-601311	041489931	047884234	7,284,175.55		康菲石油中国有限公司	康菲石油中国有限公司	2007-3-14
17	西江油田	康菲石油中国有限公司	新加坡	39519.479	07-AA-601827	064411310	047850224	7,212,371.30		康菲石油中国有限公司	康菲石油中国有限公司	2007-4-3
18	西江油田	康菲石油中国有限公司	新加坡	39745.789	07-AA-603330	064411312	048201155		7,593,987.45	康菲石油中国有限公司	康菲石油中国有限公司	2007-6-12
19	陆丰22-1	挪威国家石油(东方)有限公司	新加坡	29193.428	06-AA-602581	041489902	047819321	4,850,106.90		挪威国家石油(东方)有限公司	挪威国家石油(东方)有限公司	2007-2-28
20	文昌13-1/2油田	哈斯基石油中国有限公司	印尼	66872	06-AA-6011896	041489910	04200600465500	10,344,924.75		哈斯基石油中国有限公司	哈斯基石油中国有限公司	2006-12-29
21	文昌13-1/2油田	哈斯基石油中国有限公司	印尼	66068	06-AA-602456	041489918	04200700475100	11,064,846.65		哈斯基石油中国有限公司	哈斯基石油中国有限公司	2007-1-17
22	曹妃甸油田	科麦奇中国石油有限公司	新加坡	43690.390	06-AA-601626	041489890	529189928	4,292,800.50		中海石油(中国)有限公司	科麦奇中国石油有限公司	2006-11-3
23	曹妃甸油田	美国能源资源公司	新加坡	42076.240	06-AA-601626	041489907	529246455	4,128,760.00		中海石油(中国)有限公司	美国能源资源公司	2006-11-22
24	曹妃甸油田	科麦奇中国石油有限公司	新加坡	43003.810	06-AA-601626	041489908	529246456	4,118,016.15		中海石油(中国)有限公司	科麦奇中国石油有限公司	2006-11-22
25	曹妃甸油田	科麦奇中国石油有限公司	日本	28357.133	06-AA-602460	041489911	529146047	3,329,938.60		中海石油(中国)有限公司	科麦奇中国石油有限公司	2006-12-11
26	曹妃甸油田	科麦奇中国石油有限公司	日本	14178.566	06-AA-602460	041489912	529146046	1,664,969.35		中海石油(中国)有限公司	科麦奇中国石油有限公司	2006-12-11
27	曹妃甸油田	科麦奇中国石油有限公司	新加坡	42569.046	06-AA-602453	041489922	526379473	5,044,731.00		中海石油(中国)有限公司	科麦奇中国石油有限公司	2006-12-25

序号	油田	份额油所属单位	目的地	提油量(吨)	许可证号	外汇核销单	报关单号	出口关税(¥)	保证金	关税缴纳书上缴纳单位名称	实际缴纳单位	报关日期
28	曹妃甸油田	科麦奇中国石油有限公司	泰国	21606.089	06-AA-603859	041489916	527061382	2,263,577.85		中海石油(中国)有限公司	科麦奇中国石油有限公司	2007-1-13
29	曹妃甸油田	科麦奇中国石油有限公司	新加坡	22871.881	06-AA-603859	041489917	527061383	2,386,933.95		中海石油(中国)有限公司	科麦奇中国石油有限公司	2007-1-13
30	曹妃甸油田	科麦奇中国石油有限公司	韩国	41576.494	06-AA-603860	041489919	527050291	4,483,971.80		中海石油(中国)有限公司	科麦奇中国石油有限公司	2007-1-26
31	曹妃甸油田	科麦奇中国石油有限公司	新加坡	44103.922	07-AA-602647	041489935	527383761	5,233,258.50		中海石油(中国)有限公司	科麦奇中国石油有限公司	2007-2-25
32	曹妃甸油田	科麦奇中国石油有限公司	新加坡	15210.036	07-AA-601310	041489937	527384774	2,009,882.15		中海石油(中国)有限公司	科麦奇中国石油有限公司	2007-3-22
33	曹妃甸油田	科麦奇中国石油有限公司	新加坡	30420.072	07-AA-601310	064411300	527384773	4,019,764.35		中海石油(中国)有限公司	科麦奇中国石油有限公司	2007-3-22
34	曹妃甸油田	科麦奇中国石油有限公司	美国	48873.533	07-AA-601826	064411315	527166489	7,258,508.05		中海石油(中国)有限公司	科麦奇中国石油有限公司	2007-5-22
35	曹妃甸油田	科麦奇中国石油有限公司	韩国	60696.415	07-AA-602645	064411316	527499568	9,029,062.90		中海石油(中国)有限公司	科麦奇中国石油有限公司	2007-5-10
36	曹妃甸油田	科麦奇中国石油有限公司	韩国	42704.072	07-AA-602646	064411317	527264337	6,341,533.50		中海石油(中国)有限公司	科麦奇中国石油有限公司	2007-5-28
37	曹妃甸油田	科麦奇中国石油有限公司	韩国	75652.582	07-AA-603180	064411320	527472572	11,320,091.50		中海石油(中国)有限公司	科麦奇中国石油有限公司	2007-6-14
38	曹妃甸油田	科麦奇中国石油有限公司	日本	42046.276	07-AA-603181	064411322	527101332	6,297,656.25		中海石油(中国)有限公司	科麦奇中国石油有限公司	2007-6-26
39	曹妃甸油田	科麦奇中国石油有限公司	韩国	48997.259	07-AA-604000	064411324	527101941	税票未打印		中海石油(中国)有限公司	科麦奇中国石油有限公司	2007-7-6
40	QHD32 - 6油田	雪佛龙德士古中国能源公司	新加坡	22,321.080	06-AA-601624	041489904	529189493	1,960,889.550		中海石油(中国)有限公司	雪佛龙德士古中国能源公司	2006-12-7
41	QHD32 - 6油田	雪佛龙德士古中国能源公司	美国	37,054.950	06-AA-602457	041489914	526379418	4,036,238.450		中海石油(中国)有限公司	雪佛龙德士古中国能源公司	2006-12-31

序号	油田	份额油所属单位	目的地	提油量（吨）	许可证号	外汇核销单	报关单号	出口关税（￥）	保证金	关税缴纳书上缴纳单位名称	实际缴纳单位	报关日期
42	QHD32 - 6油田	雪佛龙德士古中国能源公司	韩国	47,295.220	06-AA-603856	041489921	527061805	4,581,397.850		中海石油（中国）有限公司	雪佛龙德士古中国能源公司	2007-2-13
43	QHD32 - 6油田	雪佛龙德士古中国能源公司	美国	39,383.370	07-AA-600924	041489936	527050413	4,891,323.700		中海石油（中国）有限公司	雪佛龙德士古中国能源公司	2007-4-10
44	QHD32 - 6油田	雪佛龙德士古中国能源公司	韩国	31,046.230	07-AA-601309	041489938	527384504	3,861,968.100		中海石油（中国）有限公司	雪佛龙德士古中国能源公司	2007-4-10
45	QHD32 - 6油田	雪佛龙德士古中国能源公司	美国	33,135.950	07-AA-601825	064411314	527499131	4,738,167.500		中海石油（中国）有限公司	雪佛龙德士古中国能源公司	2007-6-7
46	QHD32 - 6油田	雪佛龙德士古中国能源公司	美国	31,506.360	07-AA-603178	064411321	527472770	4,558,166.400		中海石油（中国）有限公司	雪佛龙德士古中国能源公司	2007-6-14
47	BZ25 - 1/S油田	雪佛龙德士古中国能源公司	韩国	38,877.478	06-AA-601625	041489906	529189500	3,509,183.600		中海石油（中国）有限公司	雪佛龙德士古中国能源公司	2006-12-7
48	BZ25 - 1/S油田	雪佛龙德士古中国能源公司	韩国	29,971.390	06-AA-603864	041489920	527061804	2,904,107.450		中海石油（中国）有限公司	雪佛龙德士古中国能源公司	2007-2-13
49	BZ25 - 1/S油田	雪佛龙德士古中国能源公司	韩国	44,756.230	07-AA-601309	041489939	52738505	5,582,772.000		中海石油（中国）有限公司	雪佛龙德士古中国能源公司	2007-4-10
50	蓬莱 19-3油田	康菲石油中国有限公司	美国	32297.07	07-AA-600923	041489923	527383776	3,885,970.05		康菲石油中国有限公司	康菲石油中国有限公司	2007-2-15
51	蓬莱 19-3油田	康菲石油中国有限公司	泰国	37334.14	07-AA-601824	064411301	527166315	5,539,347.50		康菲石油中国有限公司	康菲石油中国有限公司	2007-3-23
52	蓬莱 19-3油田	康菲石油中国有限公司	泰国	33756.48	07-AA-602648	064411302	527565032	5,016,884.25		康菲石油中国有限公司	康菲石油中国有限公司	2007-5-16
53	蓬莱 19-3油田	康菲石油中国有限公司	泰国	29581.48	07-AA-603177	064411319	52747327	税票未打印		康菲石油中国有限公司	康菲石油中国有限公司	2007-6-15
54	蓬莱 19-3油田	康菲石油中国有限公司	泰国	30791.51	07-AA-603999	064411326	527276216	税票未打印		康菲石油中国有限公司	康菲石油中国有限公司	2007-7-20
合计				1932115.47				239,374,470.300	12,485,727.45			

备注：QHD32-6 代表秦皇岛 32-6 油田，BZ25-1/S 代表渤中 25-1/S。

附件4

洛克石油（渤海）公司

2006年11月1日至2007年7月31日期间所缴纳的5%原油出口关税

提油序号	付款日期	出口数量	5%关税(人民币)	海关专用缴款书号码	出口许可证号	报关单
ZD149	2006年11月13日	200,000桶	3,163,400.00	020220060529189508-C01	06-AA-601974	
ZD155	2006年12月26日	200,000桶	3,523,433.00	020220060526379935-C01	06-AA-603499	
ZD161	2007年3月30日	300,000桶	4,890,160.00	020220070527050057-C01	07-AA-600982	
ZD169	2007年4月27日	200,000桶	3,992,991.43	020220070527499343-C01	07-AA-602565	
ZD172	2007年6月6日	200,000桶	3,951,771.45	020220070527424146-C01	07-AA-603438	
ZD176	2007年7月26日	100,000桶	2,194,709.54		07-AA-604515	
总计	21,716,465.42					

附件5

新路安(中国)有限公司

2006年11月1日至2007年7月31日期间所缴纳的5%原油出口关税统计表

提油序号	付款日期	出口数量（千克）	5%关税（人民币）	海关专用缴款书号码	出口许可证号	报关单号
ZD152	2006-12-8	29,800,000.00	2,998,666.65	020220060529247320-C01	06-AA-602810	020220060529247320
ZD159	2007-1-26	29,800,000.00	3,574,765.70	020220070527062436-C01	06-AA-604080	020220070527062436
ZD164	2007-3-13	29,800,000.00	3,538,651.45	020220070527384502-C01	07-AA-601494	020220070527384502
ZD167	2007-4-30	30,000,000.00	3,683,571.45	020220070527499344-C01	07-AA-602564	020220070527499344
ZD171	2007-6-15	29,800,000.00	4,098,133.35	020220070527424147-C01	07-AA-603437	020220070527424147
ZD175	2007-7-26	29,800,000.00	4,280,590.50		07-AA-604514	
合计	22,174,379.10					

海关总署关于部分进入海关特殊监管区域的产品不征收出口关税的公告

（海关总署公告2008年第21号）

经国务院批准，国务院关税税则委员会决定，自2008年2月15日起，对部分进入海关特殊监管区域的产品不征收出口关税。现就有关问题公告如下：

一、对境内区外进入所有海关特殊监管区域用于建区和企业厂房基础建设的，属于取消出口退税或加征出口关税的基建物资（以下简称基建物资），入区时不予退税，海关办理登记手续，不征收出口关税。上述基建物资不得离境出口，如在区内未使用完毕的，由海关监管退出区外。

自境外进入区内的基建物资，如运往境内区外的，应按海关对海关特殊监管区域管理的有关规定办理报关纳税手续。

二、对具有保税加工功能的出口加工区、保税港区、综合保税区、珠澳跨境工业区（珠海园区）和中哈霍尔果斯国际边境合作中心（中方配套区域）的区内生产企业在国内（境内区外，下同）采购用于生产出口产品的原材料（清单详见附件，以下简称上述原材料），进区时不征收出口关税。上述原材料未经实质性加工的，不得转让或销售给区内非生产企业（如保税物流、仓储、贸易等企业，下同）、直接出境或以保税方式出区；如出区销往境内区外的，一律照章征收进口关税和进口环节增值税。

以上所称"实质性加工"的标准，按照《中华人民共和国海关关于执行〈非优惠原产地规则中实质性改变标准〉的规定》（海关总署令第122号）执行。

区内非生产企业在境内区外采购进区的上述原材料，不适用上述税收政策。

三、区内生产企业在境内区外采购上述原材料，由区外企业持凭其与区内生产企业签订的原材料正式购销合同，向区内生产企业所在特殊监管区域海关申请办理出口报关手续，并在出口报关单备注栏内注明海关审批可不征收出口关税的证明文书编号，由区内生产企业负责办理进区备案手续。

四、自2008年2月15日至本公告发布之日前，符合本公告规定不征收出口关税的产品，其已征收的出口关税，按照本公告规定补办相关手续后准予退还。

特此公告。

附件　海关特殊监管区内生产企业国内采购入区不征出口关税原材料清单

中华人民共和国海关总署

二〇〇八年三月三十一日

附件

海关特殊监管区内生产企业国内采购入区不征出口关税原材料清单

序号	税则号列	货品名称（简称）
1	72051000	生铁、镜铁及钢铁颗粒
2	72081000	轧压花纹的热轧卷材
3	72082500	厚度≥4.75mm 其他经酸洗的热轧卷材
4	72082610	屈服强度大于355牛顿/平方毫米，3mm≤厚度<4.75mm 其他经酸洗热轧卷材
5	72082690	其他3mm≤厚度<4.75mm 其他经酸洗热轧卷材
6	72082710	厚度<1.5mm 的其他经酸洗的热轧卷材
7	72082790	其他厚度<3mm 的其他经酸洗的热轧卷材
8	72083600	厚度> 10mm 的其他热轧卷材
9	72083700	4.75mm≤厚度<10mm 的其他热轧卷材
10	72083810	屈服强度大于355牛顿/平方毫米，3mm≤厚度<4.75mm 的其他卷材
11	72083890	其他3 mm≤厚度<4.75mm 的其他卷材
12	72083910	厚度<l.5mm 的其他热轧卷材
13	72083990	其他厚度<3mm 的其他热轧卷材
14	72084000	4000轧有凸起花纹的热轧非卷材
15	72085110	厚度>50mm 的其他热轧非卷材
16	72085120	厚度> 20mm，但不超过50mm 的其他热轧非卷材

序号	税则号列	货品名称（简称）
17	72085190	其他厚度>10 mm 的其他热轧非卷材
18	72085200	4.75mm≤厚度<10 mm 的热轧非卷材
19	72085310	屈服强度大于 355 牛顿/平方毫米，3mm≤厚度<4.75mm 的热轧非卷材
20	72085390	其他 3mm≤厚度<4.75mm 的热轧非卷材
21	72085410	厚度<1.5mm 的热轧非卷材
22	72085490	其他厚度<3mm 的热轧非卷材
23	72089000	其他热轧铁或非合金钢宽平板轧材
24	72111300	未轧花纹的四面轧制的热轧非卷材
25	72111400	厚度≥4.75mm 的其他热轧板材
26	72111900	其他热轧铁或非合金钢窄板材
27	72112300	冷轧含炭量<0.25%的板材
28	72112900	冷轧其他铁或非合金钢窄板材
29	72119000	冷轧的铁或非合金钢其他窄板材
30	72121000	镀或涂锡的铁或非合金钢窄板材
31	72122000	电镀锌的铁或非合金钢窄板材
32	72123000	其他镀或涂锌的铁窄板材
33	72124000	涂漆或涂塑的铁或非合金钢窄板材
34	72125000	涂镀其他材料铁或非合金钢窄板材
35	72126000	经包覆的铁或非合金钢窄板材
36	72131000	带有轧制花纹的热轧盘条
37	72132000	其他易切削钢制热轧盘条
38	72139100	直径<14mm 圆截面的其他热轧盘条
39	72139900	其他热轧盘条
40	72142000	热加工带有轧制花纹的条、杆
41	72143000	热加工易切削钢的条、杆
42	72149100	热加工其他矩形截面的条、杆
43	72149900	热加工其他条、杆
44	72151000	冷加工其他易切削钢制条、杆
45	72155000	冷加工或冷成形的其他条、杆
46	72159000	铁及非合金钢的其他条、杆
47	72161010	截面高度<80mm 的 H 形钢
48	72161020	截面高度低于 80mm 的工字钢
49	72161090	截面高度<80mm 的 U 形钢
50	72162100	热加工截面高度<80mm 的角钢
51	72162200	热加工截面高度<80mm 的丁字钢
52	72163100	热加工截面高度≥80mm 的槽型钢
53	72163210	截面高度在 200mm 以上的工字钢

序号	税则号列	货品名称（简称）
54	72163290	热加工截面高度≥80mm 的工字形钢
55	72163311	截面高度在 800 毫米以上的 H 形钢
56	72163319	截面高度≥200mm 的 H 形钢
57	72163390	其他截面高度≥80mm 的 H 形钢
58	72164010	热加工截面高度≥80mm 的角钢
59	72164020	热加工截面高度≥80mm 的丁字钢
60	72165010	热加工乙字钢
61	72165090	热加工其他角材、型材及异型材
62	72166100	冷加工板材制的角材、型材及异型材
63	72166900	冷加工其他角材、型材及异型材
64	72169100	冷加工其他板材制角材、型材及异型材
65	72169900	其他角材、型材及异型材
66	72171000	未镀或涂层的铁或非合金钢丝
67	72172000	镀或涂锌的铁或非合金钢丝
68	72173010	镀或涂铜的铁丝和非合金钢丝
69	72173090	镀或涂其他贱金属的铁丝和非合金钢丝
70	72179000	其他铁丝或非合金钢丝
71	72191312	按重量计含锰量在 5.5%及以上的未经酸洗 3mm≤厚度<4.75mm 铬锰系不锈钢
72	72191322	按重量计含锰量在 5.5%及以上的经酸洗 3mm≤厚度<4.75mm 铬锰系不锈钢
73	72191329	厚度在 3 毫米及以上，但小于 4.75 毫米的经酸洗的其他不锈钢卷板
74	72191412	按重量计含锰量在 5.5%及以上的未经酸洗厚度<3mm 的铬锰系不锈钢
75	72191422	按重量计含锰量在 5.5%及以上的经酸洗厚度<3mm 的铬锰系不锈钢
76	72259100	电镀锌的其他合金钢宽平板轧材
77	72259200	其他镀或涂锌的其他合金钢宽板材
78	72259910	宽度≥ 600mm 的高速钢平板轧材
79	72259990	宽度≥600mm 的其他合金钢平板轧材
80	72269200	宽度<600mm 冷轧其他合金钢板材
81	72269910	电镀锌的其他合金钢窄平板轧材
82	72269920	其他镀或涂锌的其他合金钢窄板材
83	72272000	硅锰钢的热轧盘条
84	72282000	其他硅锰钢的条、杆
85	72286000	其他合金钢条、杆
86	73053100	纵向焊接的其他粗钢铁管
87	73053900	其他方法焊接其他粗钢铁管
88	73059000	未列名圆形截面粗钢铁管
89	73063000	其他铁或非合金钢圆形截面焊缝管
90	73064000	不锈钢其他圆形截面细焊缝管

序号	税则号列	货品名称（简称）
91	73065000	其他合金钢的圆形截面细焊缝管
92	73066100	矩形或正方形截面的其他焊缝管
93	73066900	其他非圆形截面的其他焊缝管
94	76041010	非合金铝条、杆
95	76042910	铝合金条、杆

海关总署关于部分进入特殊监管区域的货物不征收出口关税和退税的公告

（海关总署公告2008年第34号）

根据《海关总署关于部分进入海关特殊监管区域的产品不征收出口关税的公告》（海关总署公告〔2008〕21号，以下简称《公告》）和《财政部 海关总署 国家税务总局关于国内采购材料进入出口加工区等海关特殊监管区域适用退税政策的通知》（财税〔2008〕10号，以下简称《通知》），自2008年2月15日起，对部分进入海关特殊监管区域的产品不征收出口关税和按增值税法定征税率予以退税，现就有关事项公告如下：

一、属于《公告》和《通知》规定进入海关特殊监管区域不征收出口关税或按增值税法定征税率退税的货物，区外企业在办理出口报关手续前，由区内企业按照《海关特殊监管区域不征收出口关税及审批表填制规范》（见附件1）填写《海关特殊监管区域不征收出口关税及退税货物审批表》（见附件2，以下简称《审批表》）报主管海关审批，主管海关审批同意，生成审批表编号并交区内企业，区内企业将《审批表》交区外企业，区外企业持《审批表》办理出口报关手续；主管海关审批不同意的，不生成审批表编号并交区内企业。

二、对于进入海关特殊监管区域不征收出口关税或按增值税法定征税率退税的货物，区外企业单独填报出口报关单。《审批表》和出口报关单一一对应。

三、区外企业办理上述货物出口报关手续时，在出口报关单备注栏目填写《审批表》编号，并向海关特殊监管区域主管海关递交审批后的《审批表》，主管海关审核无误后留存，并按规定不征收出口关税或出具出口退税报关单。

四、如海关对出口报关单审核后，需要对出口报关单中的出口口岸、发货单位、经营单位、商品编号、商品名称、规格型号、数量及单位、单价、总价、币制进行修改的，区内企业需根据修改后的内容重新填写《审批表》报主管海关审批。原《审批表》作废，由区外企业交原区内企业，再由原区内企业将其与重新填写的《审批表》一并交主管海关，海关不再退还。

特此公告。

附件1　海关特殊监管区域不征收出口关税及退税货物审批表填制规范
附件2　海关特殊监管区域不征收出口关税及退税货物审批表

中华人民共和国海关总署
二〇〇八年五月十六日

附件 1

海关特殊监管区域不征收出口关税及退税货物审批表填制规范

为统一《海关特殊监管区域不征收出口关税及退税货物审批表》（以下简称《审批表》）填制要求，根据《中华人民共和国海关法》、《海关总署关于部分进入海关特殊监管区域的产品不征收出口关税的公告》（海关总署公告〔2008〕21 号）和《财政部 海关总署 国家税务总局关于国内采购材料进入出口加工区等海关特殊监管区域适用退税政策的通知》（财税〔2008〕10 号）及有关法律法规，制定本规范。《审批表》各栏目的填制规范如下：

一、《审批表》编号（海关填写）

指海关特殊监管区域不征收出口关税及退税货物审批表的编号，由 4 位关区号+T+2 位年份+5 位顺序号组成。

二、出口口岸（企业填报）

指货物实际出口至海关特殊监管区域海关的名称及代码。

三、收货单位/发货单位（企业填报）

（一）收货单位

指已知的出口货物在海关特殊监管区域内的最终消费、使用单位，包括：

1. 自行从境内区外采购货物的单位。

2. 委托进出口企业从境内区外采购货物的单位。

（二）发货单位

指出口货物在境内的生产或销售单位，包括：

1. 自行出口货物至海关特殊监管区域的单位。

2. 委托进出口企业出口货物至海关特殊监管区域的单位。

（三）备有海关注册编号或加工生产企业编号的收、发货单位，本栏目必须填报其经营单位编码或加工生产企业编号；否则填报其中文名称。

（四）发货单位应与对应的出口报关单中的发货单位一致；收货单位应与对应的进境备案清单中的收货单位一致。

四、经营单位（企业填报）

本栏目应填报出口货物至海关特殊监管区域的经营单位的名称及经营单位编码。

经营单位编码是经营单位在海关办理注册登记手续时，海关给予的注册登记 10 位编码。

经营单位应与对应的出口报关单中的经营单位一致。

五、项号（企业填报）

填报报关单中的商品排列序号。

六、商品编号（企业填报）

指按商品分类编码规则确定的进出口货物的商品编号。此栏目分为商品编号和附加编号两栏，其中商品编号栏应填报《中华人民共和国进出口税则》8 位税则号列，附加编号栏应填报商品编号附加的第 9、10 位附加编号。《加工贸易手册》中商品编号与实际商品编号不符的，应按实际商品编号填报。

商品编号应与对应的出口报关单中的商品编号一致。

七、商品名称、规格型号（企业填报）

本栏目分两行填报。

第一行填报进出口货物规范的中文商品名称，第二行填报规格型号，必要时可加注原文。

具体填报要求如下：

（一）商品名称及规格型号应据实填报，并与所提供的商业发票相符。

（二）商品名称应当规范，规格型号应当足够详细，以能满足海关归类、审价及许可证件管理要求为准。根据商品属性，本栏目填报内容包括：品名、牌名、规格、型号、成分、含量、等级、用途、功能等。

（三）加工贸易等已备案的货物，本栏目填报录入的内容必须与备案登记中同项号下货物的名称与规格型号一致。

（四）商品名称、规格型号应与对应的出口报关单中的商品名称、规格型号一致。

八、数量及单位（企业填报）

指出口商品的实际数量及计量单位。

本栏目分三行填报。

具体填报要求如下：

（一）必须按海关法定计量单位填报，法定第一计量单位及数量填报在本栏目第一行。

（二）凡海关列明第二计量单位的，必须报明该商品第二计量单位及数量，填报在本栏目第二行。无第二计量单位的，本栏目第二行为空。

（三）成交计量单位及数量应当填报在第三行。

（四）法定计量单位为“公斤”的数量填报，特殊情况下填报要求如下：

1. 装入可重复使用的包装容器的货物，按货物的净重填报，如罐装同位素、罐装氧气及类似品等，应扣除其包装容器的重量；

2. 使用不可分割包装材料和包装容器的货物，按货物的净重填报（即包括内层直接包装的净重重量）；

3. 按照商业惯例以公量重计价的商品，应按公量重填报；

4. 采用以毛重作为净重计价的货物，可按毛重填报；

5. 根据 HS 归类规则，零部件按整机归类的，法定第一数量填报“0.1”，有法定第二数量的，按照货物实际净重申报；

6. 具有完整品或制成品基本特征的不完整品、未制成品，按照 HS 归类规则应按完整品归类的，申报数量按照构成完整品的实际数量申报。

（五）加工贸易等已备案的货物，成交计量单位必须与《加工贸易手册》中同项号下货物的计量单位一致。

（六）数量及单位应与对应的出口报关单中的数量及单位一致。

九、单价（企业填报）

本栏目应填报同一项号下出口货物实际成交的商品单位价格。

无实际成交价格的，本栏目填报货值。

单价应与对应的出口报关单中的单价一致。

十、总价（企业填报）

本栏目应填报同一项号下出口货物实际成交的商品总价。

无实际成交价格的，本栏目填报货值。

总价应与对应的出口报关单中的总价一致。

十一、币制（企业填报）

指出口货物实际成交价格的币种。

本栏目应根据实际成交情况按海关规定的《货币代码表》选择填报相应的货币名称或代码，如《货币代码表》中无实际成交币种，需转换后填报。

币制应与对应的出口报关单中的币值一致。

十二、进区用途（企业填报）

指上述货物出口至海关特殊监管区域的实际用途。

十三、海关审单批注栏（海关填写）

本栏目指供海关内部作业时签注的总栏目，由海关关员手工填写在审批表上。

附件 2

海关特殊监管区域不征收出口关税及退税货物审批表

审批表编号：□□□□□□□□□□□□□□（4 位关区号+T+2 位年份+5 位顺序号）

出口口岸			发货单位			
经营单位			收货单位			
项号	商品编号	商品名称、规格型号	数量及单位	单价	总价	币制
进区用途						
现场海关初审意见	□不征收出口关税 □照章征收出口关税 □出口关税为零			□按增值税法定税率予以退税 □不退税		
现场海关复审意见						
现场海关分管关长意见						

海关总署关于公布第二批进入海关特殊监管区域不征收出口关税产品清单的公告

（海关总署公告 2008 年第 85 号）

为促进海关特殊监管区域健康发展，经国务院批准，自 2008 年 12 月 1 日起，对具有保税加工功能的出口加工区、保税港区、综合保税区、珠澳跨境工业区（珠海园区）和中哈霍尔果斯国际边境合作中心（中方配套区域）内的生产企业，从境内区外采购用于生产出口产品的磷酸二氢铵、氨气和未锻轧铝合金等原材料（具体清单见附件），进区时不征收出口关税。入区不征税的具体操作办法按海关总署 2008 年第 34 号公告的有关规定执行。

特此公告。

附件　第二批海关特殊监管区内生产企业国内采购入区不征收出口关税原材料清单

中华人民共和国海关总署

二〇〇八年十一月二十五日

附件

第二批海关特殊监管区内生产企业国内采购入区不征收出口关税原材料清单

序号	税则号列	货品名称（简称）	备注
1	28141000	氨气	ex
2	31054000	磷酸二氢铵	ex
3	76012000	未锻轧铝合金	

注：备注一栏注有ex标志的，表示入区不征收出口关税的原材料范围以货品名称为准，其他以税则号列为准。

海关总署关于海南省离岛旅客免税购物监管事宜的公告

（海关总署公告2011年第20号）

为规范对海南省离岛旅客免税购物的监督管理，促进海南旅游业发展，经国务院授权，海关总署制定了《中华人民共和国海关对海南省离岛旅客免税购物监管暂行办法》，自2011年4月20日起施行。

特此公告。

附件　中华人民共和国海关对海南省离岛旅客免税购物监管暂行办法

中华人民共和国海关总署
二〇一一年三月二十三日

附件

中华人民共和国海关对海南省离岛旅客免税购物监管暂行办法

第一章　总　则

第一条　为规范海关对海南省离岛旅客免税购物业务的监管，促进海南省旅游业发展，根据国务院授权，制定本暂行办法。

第二条　海关对离岛旅客在海南省离岛免税商店（以下简称免税商店）付款选购免税品，从海南省机场国内隔离区（以下简称机场隔离区）内提取并乘机一次性全部携运离岛的监管，适用本暂行办法。

第三条　免税商店应当在机场隔离区内设立提货点，并报经海关批准。

隔离区和提货点均属于海关监管场所，有关设置标准应当符合海关监管要求。

第四条　离岛旅客应当按照规定的次数、商品品种和数额购买免税品。超出规定的，免税商店一律不得销售。

第二章　免税品销售、运送和提取

第五条　离岛旅客中的岛内居民每个公历年度最多可以享受1次离岛免税购物政策，非岛内居民最多可以享受2次离岛免税购物政策。

海关对境内人员以居民身份证签发机关为依据认定岛内居民、非岛内居民身份，对境外人员则以其所持进出境有效证件认定身份。

第六条 离岛旅客购买免税品时，应当主动出示本人有效身份证件，并翔实提供本人离岛航班信息以及此前已购免税品信息等。

第七条 离岛旅客每人每次免税购物金额累计限人民币 5000 元（含 5000 元），单一品种数量范围详见附表。

在全额缴纳进境物品进口税的前提下，离岛旅客每人每次还可以购买 1 件单价在人民币 5000 元以上的免税品。

旅客购买免税品后，乘机携运离岛记为 1 次免税购物。

第八条 离岛旅客购买单价在 5000 元以上的免税品，海关以依法确定的完税价格计征税款。

离岛旅客可以通过免税商店向海关办理税款缴纳手续。

第九条 免税商店应当每 10 天向海关集中办理一次税款缴纳手续，并于海关填发税款缴纳证之日起 5 个工作日内向指定银行缴纳税款。逾期缴纳税款的，海关自缴款期限届满之日起至缴清税款之日止，按日加收滞纳税款万分之五的滞纳金。

滞纳金的起征点为人民币 50 元。

第十条 免税商店应当按照海关监管要求将离岛旅客所购免税品施加封志，并运送至机场隔离区内提货点。

在离岛旅客提取前，免税商店应当确保已售免税品外部封志完好。

第十一条 离岛旅客进入机场隔离区后，应当在免税商店设立的提货点办理所购免税品提取手续。免税商店应当验凭离岛旅客有效身份证件、提货单据和登机牌等单证无误后交付相应免税品。

第十二条 免税商店应当在免税品入库前，按照海关要求登记免税品电子数据信息。

在旅客提货后，免税商店应当及时向海关传输符合海关规定格式的旅客信息、离岛航班信息和免税品销售信息等电子数据。

第十三条 离岛旅客在提取免税品后，因航班延误、取消等原因需要离开隔离区的，应当将免税品交由免税商店（包括提货点）代为保管，待实际乘机离岛再次进入隔离区后提取。

因航班延误、取消造成实际离岛航班日期与原离岛航班日期不在同一日的，以原离岛航班日期记为离岛日期。

免税商店应当将免税品异常处理情况及时报告海关。

第三章 法律责任

第十四条 离岛旅客有下列情形之一的，在 3 年内不得享受离岛免税购物政策：

（一）未按照规定将免税品携运离岛的；

（二）提供虚假身份证件或者离岛航班等信息的；

（三）违反其他规定的。

第十五条 违反本暂行办法规定，构成走私行为或者违反海关监管规定行为的，由海关依照《中华人民共和国海关法》和《中华人民共和国海关行政处罚实施条例》的有关规定予以处理；构成犯罪的，依法追究刑事责任。

第四章 附 则

第十六条 本暂行办法下列用语的含义：

离岛旅客，是指年满 18 周岁、乘坐飞机离开海南本岛但不离境的境内外旅客，包括海南岛内居民。

身份证件，是指境内旅客居民身份证、港澳居民来往内地通行证、台湾居民来往大陆通行证和外国旅客护照等。

第十七条 免税商店暂停、终止以及免税品进口、入出库、销售、核销等，参照现行海关对免税商店及免税品有关规定办理。

第十八条 本暂行办法由海关总署负责解释。

第十九条 本暂行办法自2011年4月20日起实施。

附表 离岛旅客每人每次购买单一品种数量范围表

附表

离岛旅客每人每次购买单一品种数量范围表

免税品品种名称	数量范围（件）
首饰	2
工艺品	2
手表	2
香水	2
化妆品	5
笔	5
眼镜（含太阳镜）	2
丝巾	2
领带	2
毛织品	2
棉织品	2
服装服饰	5
鞋帽	2
皮带	2
箱包	2
小皮件	4
糖果	5
体育用品	2

注：1件免税品是指具有单一、完整包装及独立标价的免税品，但套装免税品按包装内所含免税品的实际件数计算。

海关总署关于与中国石油天然气集团公司及其所属公司合作开采海洋石油的外国合同者出口原油税收问题的通知

（署税函〔2011〕411号）

天津、石家庄、大连、深圳、湛江海关：

关于对中外合作开采海洋石油的外国合同者按合同规定所得原油出口的税收政策及海关管理事宜，总署已以《海关总署关于中外合作开采海洋石油的外国合同者所得原油出口有关税收政策问题的通知》（署税发〔2007〕469号，以下简称《通知》）予以明确。其中规定对于符合政策的与中国石油天然气集团公司及其所属公司合作开采海洋石油的外国合同者出口按合同规定所得原油需持相关证明文件向天津海关申请办理减免税审批手续。

近接中国石油天然气集团公司来函反映，由于业务发展，该公司部分区块开发项目的外国合同者按合同规定所得原油出口，因运输不便和港口储油设施限制等因素，需从天津海关关区以外的港口出口，该公司申请批准其在出口地直属海关申请办理减免税审批手续。考虑到企业的实际困难，为便利企业办理减免税手续，经研究，同意与中国石油天然气集团公司及其所属公司合作开采海洋石油的外国合同者出口按合同规定所得的原油按《通知》有关规定向出口地直属海关申请办理减免税审批手续。

特此通知。

二〇一一年七月二十五日

15 案例参考

15.1 综合

海关总署关税征管司关于进口供产品使用的管理软件征税问题的批复

(税管函〔2004〕172 号)

杭州海关:

你关《关于单独进口管理软件能否免税的请示》(杭关税传〔2004〕141 号)收悉,经研究批复如下:

国家对鼓励发展的内外资项目的进口设备实行免税优惠,其目的是为促进企业引进先进的装备和技术,以实现整体提高我国的生产力水平的目标。除经国务院特批外,对企业生产销售的产品中的进口零部件、软件一般不直接实行进口税收优惠。故海关在审核进口减免税时,需注意区别进口的设备和技术是否属于企业自用,并且引进的技术软件应属于与设备配套的技术。直接用于销售的技术软件、随产品销售的技术软件、固化在产品中销售的技术软件都应该照章征税。杭州华为三康技术股份有限公司进口的“千兆交换机管理软件”虽属于企业留存的程序源代码,需经过编译器编译后固化在该企业生产的交换机上使用,但由于软件产品具备可以复制的特性,进口一套程序源代码软件或者母本程序软件即可供产品批量生产使用,编译过程主要是使程序符合交换机操作识别要求同时维护程序安全,因此其性质仍属于销售产品的范围,应该按规定照章征税。

此复。

二〇〇四年十月八日

海关总署关于以分期付款方式进口减免税设备税收问题的批复

(署税函〔2009〕314 号)

呼和浩特海关:

《呼和浩特海关关于以分期付款方式进口减免税设备税收问题的请示》(呼关税〔2009〕222 号)收悉。经研究,现就有关问题批复如下:

一、《国务院关于调整进口设备税收政策的通知》(国发〔1997〕37 号,以下简称《通知》)对享受减免税政策的进口设备未限定进口单位的对外付款方式,而且从你关来文所反映的情况,有关进口单位以分期付款方式支付的货款属于其在投资总额内的支出，进口设备也用于其投资项目，因此，有关进口设备符合《通知》规定的投资总额内进口的自用设备范畴，进口单位分期付款不影响其享受政策的资格。

二、关于以分期付款方式造成进口设备在一定时期所有权归境外卖方所有的问题，类似于以融资租赁方式向境外融资租赁企业进口设备遇到的问题。进口单位作为海关管理的相对人，虽然其在全部支付货款前不拥有进口设备的所有权，但仍须承担减免税进口设备的所有法律责任，未经海关许可，不得擅自进行出租、转让、移作他用以及其他处置。另外，虽然境外卖方按照合同约定可以在进口单位无力按时支付货款的情况下处置进口设备，但需遵守《中华人民共和国海关进出口货物减免税管理办法》的相关规定，如果境外卖方要求将设备退运出境，原进口单位按规定办理退运手续，无需补缴税款；如果境外卖方将设备转让给境内其他单位，则在原进口单位办理货物形式出口手续后，再由设备接收单位重新向海关申请办理进口手续，按照规定需要征税的设备，接收单位须向海关缴纳税款。因此，海关不会因进口设备所有权暂时归境外卖方所有而产生不可控制的税收风险。

鉴于上述情况，采取分期付款方式进口设备的单位仍可以按照《通知》规定享受进口税收优惠政策。

此复。

二〇〇九年八月十日

海关总署关于江门海关执行新型电子元器件制造等产业政策条目有关问题的意见

（署税发〔2010〕309 号）

江门海关：

《江门海关关于执行〈海关总署关于新型电子元器件制造等产业条目适用范围有关问题的通知〉有关情况的函》（江关税函〔2010〕129 号）收悉。经研究，现就有关问题明确如下：

你关严格按照总署的工作部署和文件要求开展工作，克服政策敏感度高、技术性强、业务量大等困难，注意加强与地方政府及其相关部门的沟通，宣传解释国家有关产业政策和海关管理规定，争取地方政府对海关工作的理解和支持，对关区内有关备案企业情况进行认真复核，并对不符合国家产业政策规定的生产项目予以纠正，核查措施有力，效果明显，既确保了国家产业政策目标的落实，又有效防止了中央税收的流失，表现出高度的责任感和把关服务意识，应予以充分肯定。

一、需要向有关方面进一步说明解释的问题

根据你关来函反映的情况，请你关进一步向地方政府和相关企业做好国家有关产业政策和海关管理规定的说明解释工作。重点注意强调以下几个方面：

（一）《海关总署关于新型电子元器件制造等产业条目适用范围有关问题的通知》（署税函〔2009〕397 号，以下简称《通知》）并不是对现行政策的调整，更不是海关出台了新政策、新规定，而是针对前期各地在执行相关国家产业政策过程中存在执法尺度不一致的情况，总署会同国家发展改革委对“新型电子元器件制造”等产业条目作了进一步细化描述，明确了在具体执行中应如何把握相关产业条目的适用范围，以便各海关统一执法，保证正确执行国家的产业政策和进口税收优惠政策。《通知》附件所列新型电子元器件并未改变内外资产业政策指导目录原文所列范围，不同之处仅在于《通知》附件所列的新型电子元器件更为详细、明确。

（二）考虑到各海关在办理上述鼓励项目项下进口设备减免税审批手续时执法不统一，很大程度上是由于有关项目审批部门未能准确把握国家政策规定，将本不符合规定的项目认定为符合国家鼓励类产业政策条目的投资项目而出具项目确认书所造成的，且出现这种错误并不是企业自身的问题。因此，根据《海关法》第六十二条的有关规定，《通知》要求对经核查发现不属于国家鼓励发展的内外资投资项目，其已免税进口的设备如在法律规定的1年补税期限内的，应予补征税款，且该项目项下今后进口的设备也不能再享受相关减免税政策。《通知》的上述规定，是要求按照有关法律法规的规定，对以前出现的问题进行纠正，而不是制定了新的政策规定。

（三）经你关核查确认，松下电子部品（江门）有限公司（以下简称松下电子江门公司）生产的产品，不符合国家鼓励类产业政策条目规定，不属于可享受进口税收优惠政策的投资项目。因此，对该项目项下进口的设备补征税款符合国家产业政策和海关管理规定。应当使企业认识到，不是由于《通知》的下发，使得该项目从原来符合国家产业政策的鼓励类投资项目变成为非鼓励类投资项目，而是由于地方项目审批部门在前期项目审核时把握政策出现偏差，将本来不属于国家鼓励发展的投资项目认定为鼓励类投资项目。

（四）鉴于“新型电子元器件制造”产业政策条目是按照投资项目的最终产品设定的，而松下电子江门公司投资项目项下生产的产品不属于新型电子元器件范围，因此，虽然该公司反映其投资项目的生产技术、工艺和设备比较先进，但仍不能就此认定为鼓励类投资项目。

二、对松下电子江门公司问题的处理意见

按照《海关法》及其他相关海关管理规定，海关发现少征、漏征税款的，应当予以补征，且海关无权擅自豁免企业的纳税义务。考虑到松下电子江门公司在这一事情中不存在过错，其投资行为均事先经过政府有关部门批准的实际情况，特别是受前期国际金融危机的影响，如果企业在生产经营中确实遇到资金困难，你关可在确保税款安全的前提下，采取分期补缴税款的方式处理。根据松下电子江门公司的具体情况，规定一个合理的期限，与企业共同制订分批缴税的计划，并要求企业书面承诺在规定期限到期时，缴清应当缴纳的税款，帮助企业度过暂时的困难阶段。

请你关就以上问题与江门市政府和松下电子江门公司进行充分的沟通，使其能够深入了解和理解国家政策规定和海关管理规定，特别是要使其认识到，在此次遇到的问题中，国家和海关的政策规定是明确的、一贯的，并未发生任何实质性的改变。你关在今后的减免税工作中，要进一步提高理解把握国家政策的能力和把关服务意识，严格执行海关管理规定，加强与地方政府部门和企业的协调沟通，帮助企业及时了解和正确理解各项政策规定，进一步提升减免税管理工作水平。

二〇一〇年七月二十二日

海关总署办公厅关于广西壮族自治区交通厅国际金融组织贷款项目税收问题的复函

（署办函〔2009〕424号）

南宁海关：

《南宁海关关于广西壮族自治区交通厅国际金融组织贷款项目备案及设备减免税问题的请示》（南关税〔2009〕145号）收悉。经研究，现就有关问题函复如下：

广西壮族自治区交通厅衡阳至昆明国道主干线南宁（坛洛）至百色公路项目（以下简称广西交通厅国际金融组织贷款项目）于2004年7月经国家发展改革委批准，2008年9月国家发展改革委出具了《国家鼓励发展的内外资项目确认书》（发改外资确字〔2008〕076号），该项目项下进口清障车6辆。

海关总署2006年第7号公告（以下简称7号公告）对海关执行《产业结构调整指导目录（2005年

本）》（以下简称《产业指导目录》）的有关问题予以明确，其中规定2005年12月2日以前批准的国内投资项目（包括适用内资产业条目的外国政府贷款和国际金融组织贷款项目），符合《当前国家重点鼓励发展的产业、产品和技术目录（2000年修订）》（以下简称《2000年版产业目录》）的，仍可按照原有关规定继续免征进口关税和进口环节增值税，但有关项目单位须于2006年12月31日前向海关申请办理减免税备案手续。此项规定，主要是考虑到可能会存在2005年12月2日以前批准的符合《2000年版产业目录》鼓励类产业条目范围的投资项目，因故未能在项目批准后及时开工建设、进口设备或未能及时取得相关的项目确认书，而在2005年国家产业政策调整后发布的《产业指导目录》中已不属于鼓励类产业条目的情况下才向海关申请办理减免税备案、审批手续的情况，为此特别制定的过渡性措施，以保证政策的连续性，减少因国家政策调整给企业带来的损失。而对于上述老项目中仍然可以适用《产业指导目录》鼓励类条目的，则可不受7号公告规定时限的限制，海关仍可以受理减免税备案、审批申请。

广西交通厅国际金融组织贷款项目为2005年12月2日以前批准的项目，虽然向你关申请减免税备案的时间超过了7号公告规定的2006年12月31日的截止期限，但国家发展改革委出具的上述项目确认书中产业政策审批条目是《产业指导目录》鼓励类第二十一类第1条，表明该项目仍为国家鼓励发展的项目，因此，你关可以受理广西交通厅国际金融组织贷款项目的减免税备案、审批申请。

另外，根据国务院“三定”方案，国家发展改革委为国务院投资主管部门，并负责牵头拟定和发布国家产业政策，因此，对于国家发展改革委出具的项目确认书及其随附的项目项下进口商品清单，一般情况下海关都可以受理，并按照《国务院关于调整进口设备税收政策的通知》（国发〔1997〕37号）及相关规定办理进口设备的减免税审批手续。

特此函复。

二〇〇九年六月二十二日

海关总署关税征管司关于署办函〔2009〕424号文件有关内容说明的函

（税管传〔2009〕148号）

各直属海关：

前期，南宁海关就广西壮族自治区交通厅国际金融组织贷款项目执行有关进口税收政策规定的问题请示总署，我司以《海关总署办公厅关于广西壮族自治区交通厅国际金融组织贷款项目税收问题的复函》（署办函〔2009〕424号，以下简称《复函》）回复南宁海关。考虑到该关请示的问题具有一定的普遍性，为统一全国海关正确执行相关税收政策规定，该《复函》同时抄送全国海关。《复函》下发后，一些海关对其中的有关内容产生了不同的理解，为此，现就有关问题说明如下：

国家发展改革委及地方投资主管部门在出具项目确认书时主要承担两项职责，一是审核确认有关投资项目是否适用鼓励类产业条目，二是审核确认项目单位申报进口的设备是否为投资项目所需，即将投资项目所需的设备列入项目确认书随附的进口设备清单。考虑到国家发展改革委是国务院投资主管部门，同时负责牵头拟定和发布内外资鼓励发展产业目录，对投资项目是否适用鼓励类产业条目和进口的设备是否为投资项目所需具有最终的解释权，因此，《复函》中指出：对于国家发展改革委出具的项目确认书及其随附的项目项下进口商品清单，一般情况下海关都可以受理。即对于有关项目单位持凭由国家发展改革出具的项目确认书（包括随附的项目进口设备清单）向海关申请办理项目减免税备案和进口设备减免税审批手续的，在一般情况下海关都可以受理，不必对项目确认书的内容提出质疑，除非项目确认书的有关内容存在明显问题。但受理减免税备案、审批申请并不表示国家发展改革出具的项目确认书随附进口设备清单中的设备都可以免税。

《复函》中所述“按照《国务院关于调整进口设备税收政策的通知》（国发〔1997〕37 号）及相关规定办理进口设备的减免税审批手续”，即表明，即便是列入国家发展改革委出具的项目确认书随附的进口设备清单的设备，海关也还需要按照国发〔1997〕37 号文件的规定，并对照《外商投资项目不予免税的进口商品目录》或《国内投资项目不予免税的进口商品目录》以及其他相关的政策规定，审核确定其是否符合免税条件，并据此办理相关进

口设备的减免税审批手续。

请各关在减免税审批工作中正确把握以上原则。

二〇〇九年六月二十六日

15.2 外商投资项目

海关总署关税征管司关于宏全企业（长沙）有限公司进口设备税收问题的批复

（税管函〔2005〕307 号）

长沙海关：

你关《关于宏全企业（长沙）有限公司超产业条目范围引进设备征税问题的请示》（湘关税发〔2005〕197 号）收悉。经研究并商国家发展改革委，现就有关问题批复如下：

宏全企业（长沙）有限公司饮料开发生产项目，主要是生产饮料瓶和饮料瓶盖，以及为客户代工灌装饮料。而《外商投资产业指导目录》鼓励类第三类第（一）条第 3 款“果蔬饮料、蛋白饮料、茶饮料、咖啡饮料的开发、生产”条目，其实质是鼓励农产品的加工转化，促进食品工业的产业升级，不包括为上述饮料开发生产项目提供配套包装的生产。因此，宏全企业（长沙）有限公司不是进行饮料开发生产的企业，投资建设生产饮料瓶和饮料瓶盖项目以及代工灌装饮料项目，不能适用《外商投资产业指导目录》鼓励类第三类第（一）条第 3 款“果蔬饮料、蛋白饮料、茶饮料、咖啡饮料的开发、生产”条目立项。

鉴于该项目明显不属于国家鼓励的外商投资项目范围，根据《国务院关于调整进口设备税收政策的通知》（国发〔1997〕37 号）的规定，进口的制瓶生产线、制盖生产线以及饮料灌装生产线等设备不能免税。请你关停止办理该项目进口设备的免税手续，对已经免税进口的设备，应按照有关规定照章补税。

本批复内容请转告湖南省有关部门。

此复。

二〇〇五年十一月九日

海关总署关税征管司关于汽车内饰（无纺布）生产项目适用产业政策条目有关问题的批复

（税管函〔2005〕328号）

杭州海关：

你关《关于汽车内饰件（无纺布）生产项目适用产业条目问题的请示》（杭关税发〔2005〕181号）收悉。经研究并商国家发展改革委，现就有关问题明确如下：

《鼓励外商投资产业目录》（以下简称《目录》）第三类第三项第1条为“工程用特种纺织品生产”。目前，纺织产品按照最终产品用途可以分为服装、家用和产业用纺织品三大类，其中产业用纺织品是指“用于非纺织行业的制造过程和配套服务中专门设计的工程类纺织结构材料”。《目录》中所称的工程用纺织品，即为上述“产业用纺织品”。

汽车用纺织品（包括汽车内饰用纺织品），属于“产业用纺织品”，是我国产业用纺织品鼓励发展的重点领域之一。因此，翰诠特种纺织品（平湖）有限公司的汽车内饰（无纺布）生产项目可以适用“工程用特种纺织品生产”条目，该项目项下进口的设备可以享受《国务院关于调整进口设备税收政策的通知》（国发〔1997〕37号）规定的税收优惠政策。

此复。

二〇〇五年十一月二十三日

海关总署关于杭州娃哈哈营养食品有限公司适用产业政策条目有关问题的批复

（署税发〔2006〕331号）

杭州海关：

你关《关于娃哈哈营养食品有限公司适用产业政策条目有关问题的请示》（杭关税发〔2006〕125号）收悉。经研究并商国家发展改革委，现批复如下：

一、杭州娃哈哈营养食品有限公司年产1.2亿瓶茶饮料、果蔬饮料项目由杭州经济技术开发区招商局以“杭经开商〔2006〕20号”文件核准，浙江省经贸委出具了《国家鼓励发展的内外资项目确认书》（编号：0600157）。该项目通过采购茶叶、外购浓缩果汁和蔬菜汁，生产自有品牌的系列茶饮料、果蔬饮料，符合《外商投资产业指导目录》鼓励类第三类第（一）条第3项（F030103）“果蔬饮料、蛋白饮料、茶饮料、咖啡饮料的开发、生产”条目。由于该项目引进的茶饮料、果蔬饮料灌装生产线采用了高度同步化的生产工艺，从制瓶机PET进料，制盖机制盖，水处理系统进水，配料系统配料、杀菌，三位一体灌装、套标、封箱，到成品进库，完全同步化操作，各个设备联线工作属于整个工艺流程不可或缺的组成部分，且其生产的瓶、盖仅限于企业配套自用，不对外销售，因此，该项目引进灌装饮料生产线和配套制瓶、制盖设备可享受《国务院关于调整进口设备税收政策的通知》（国发〔1997〕37号，以下简称《通知》）规定的免税政策。

二、目前，我国饮料制造业已形成了原料产地加工、消费地灌装的生产模式，即产地加工和销售地灌装是饮料生产加工不可分割的有机整体。在现阶段我国果蔬加工业还很落后、知名品牌缺乏的情况下，为促进我国果蔬加工产业发展，提高我国果蔬资源深加工转化率，在适用鼓励条目“果蔬饮料、蛋白饮料、茶饮料、咖啡饮料的开发、生产”方面，应区别对待生产自有品牌和代客加工的生产方式。加工生产具有自有品牌产品的项目，适用鼓励条目，其引进的先进生产线和设备，可享受《通知》规定的免税政策。从事代客加工，产品不具有自有品牌的项目，不适用鼓励条目，其引进的生产线和设备不应享受免税政策。

三、考虑到政策执行的延续性，对于本批复下发之日前已经项目审批部门批准（核准），且海关已经受理减免税备案申请的代客加工的果蔬饮料、蛋白饮料、茶饮料、咖啡饮料生产项目，其引进的设备仍可按照《通知》规定办理免税审批手续。

四、自本批复下发之日起，代客加工的果蔬饮料、蛋白饮料、茶饮料、咖啡饮料生产项目利用自有资金对原设备进行技术改造而进口的设备及其配套件，不得享受《海关总署关于进一步鼓励外商投资有关进口税收政策的通知》（署税〔1999〕791号）规定的税收优惠政策。

此复。

二○○六年七月十九日

海关总署关于东丽即发（青岛）染织股份有限公司进口设备税收问题的批复

（署税发〔2006〕13号）

青岛海关：

你关《关于东丽即发（青岛）染织股份有限公司进口设备减免税的请示》（青关税发〔2005〕630号）收悉。经研究并商国家发展改革委，现就有关问题批复如下：

2005年，杭州海关和江门海关相继就《外商投资产业指导目录（2004年修订）》中的《鼓励外商投资产业目录》第三类第（三）条第2项“高档织物面料的织染及后整理加工”条目的适用范围问题，行文向总署请示。鉴于国家发展改革委是制订国家鼓励发展的产业条目的主管部门，总署关税司特商请国家发展改革委对上述问题予以明确。国家发展改革委明确答复：对于包括纺纱（毛纺）、织造、染整及后整理加工等多道工序的纺织项目，适用“高档织物面料的织染及后整理加工”条目的，只应限于产品的织、染及后整理加工工序，而纺纱（毛纺）等织前工序作为独立存在的生产工序不能适用该鼓励条目。因此，有关项目进口用于纺纱（毛纺）等织前工序的生产设备不应享受《国务院关于调整进口设备税收政策的通知》（国发〔1997〕37号）规定的进口免税政策。根据国家发展改革委的意见，总署关税司分别于2005年10月10日和17日作出《关于开平富琳第二纺织制衣有限公司进口设备税收问题的批复》（税管函〔2005〕273号）、《关于杭州富兴纺织有限公司进口设备税收问题的批复》（税管函〔2005〕275号），并将税管函〔2005〕273号批复抄送各直属海关。

上述批复是对国家鼓励发展的产业条目的进一步解释和明确，并不是对政策进行调整。考虑到该条目适用范围规定的不够明确，此前一些地方项目审批部门和海关对该条目的理解和把握尺度存在偏差，从而产生执行不统一的问题，为了保证政策的前后衔接，尽可能减少对企业的影响，一般情况下，对以前执行不一致的情况不再作调整，在税管函〔2005〕273号批复下发前已出具的《进出口货物征免税证明》，在有效期内仍然继续有效，但不得延期。自税管函〔2005〕273号批复下发之日起，海关不得再受理以“高档织物面料的织染及后整理加工”条目立项的项目项下进口用于纺纱（毛纺）等织前工序的生产设备的减免税审批申请。

东丽即发（青岛）染织股份有限公司的高档服装面料生产项目包括纺纱等织前工序，根据上述进一步明确的政策规定，该公司的纺纱等织前工序作为独立存在的生产工序不适用《外商投资产业指导目录（2004年修订）》中的《鼓励外商投资产业目录》，因此，该公司进口的清花机、梳棉机、并条机、精梳机、细纱机等纺纱设备，不符合国发〔1997〕37号文规定的进口免税政策要求。关于青岛市政府提出是否可考虑该市发展改革委已在税管函〔2005〕273号批复下发前出具了《项目确认书》的情况，考虑到上述杭州和江门有关企业的同类生产项目也是同样情况，为保证执行政策的统一、公平，不宜对东丽即发（青岛）染织股份有限公司给予特殊照顾。鉴此，请你关按照规定对上述进口货物照章征税，并做好政策解释工作。

此复。

二〇〇六年一月九日

海关总署办公厅关于郑州日产汽车有限公司项目办理减免税备案有关问题的复函

（署办函〔2010〕10号）

郑州海关：

《郑州海关关于郑州日产汽车有限公司减免税备案有关问题的函》（郑关税函〔2009〕63号）收悉。经研究，现就有关问题函复如下：

2008年11月，商务部批复（商资办〔2008〕1435号）同意郑州日产汽车有限公司注册资本由25000万元人民币变更为129000万元人民币，投资总额由61992万元人民币变更为165992万元人民币。2009年9月，河南省商务厅依据商务部的增资批复为郑州日产汽车有限公司出具了《国家鼓励发展的内外资项目确认书》（豫商资确〔2009〕012号），项目投资总额增资额104099.4824万元人民币，项目用汇额1797.681万美元。

《国务院关于投资体制改革的决定》（国发〔2004〕20号）规定，1亿美元及以上的外商投资项目由国务院投资主管部门核准。同时，根据《国务院关于调整进口设备税收政策的通知》（国发〔1997〕37号）的有关规定，《国家鼓励发展的内外资项目确认书》（以下简称《项目确认书》）应由项目的审批、核准部门出具。因此，郑州日产汽车有限公司投资总额超过1亿美元以上的项目应由商务部出具《项目确认书》。

《商务部关于进一步改进外商投资审批工作的通知》（商资函〔2009〕7号）中有关外商投资汽车、摩托车等生产企业因扩大同类别产品生产能力和增加品种增资审批权限的规定突破了上述国家有关外商投资项目管理的规定，海关不予执行。鉴此，你关不能凭河南省商务厅出具的上述《项目确认书》受理郑州日产汽车有限公司的项目减免税备案申请。该公司应重新向商务部申请出具《项目确认书》，届时你关可凭商务部出具的《项目确认书》并按有关规定受理该公司的减免税备案申请。

此复。

二〇一〇年一月六日

海关总署关于辽宁省外商投资企业再投资项目适用税收政策问题的批复

（署税函〔2010〕221号）

沈阳海关：

《沈阳海关关于辽宁省外商再投资项目适用政策问题的函》（沈关税函〔2010〕59号）收悉。经研究并商国家发展改革委，现就有关问题批复如下：

根据《国务院办公厅关于促进东北老工业基地进一步扩大对外开放的实施意见》（国办发〔2005〕36号）中关于"扩大外商投资优势产业目录的执行范围。《中西部地区外商投资优势产业目录》执行省份增列辽宁省（吉林省、黑龙江省已列入），凡符合该目录的东北地区外商投资项目，可享受鼓励类外商投资项目的进口税收优惠政策"的规定，辽宁省的外商投资项目如属于《中西部地区外商投资优势产业目录（2008年修订）》中所列辽宁省外商投资优势产业的，可以享受鼓励类外商投资项目的进口税收优惠政策。鉴于"国办发〔2005〕36号"文件并未规定辽宁省的外商投资企业再投资项目可以享受中西部地区政策，而且，在海关总署、国家发展改革委、财政部、商务部联合发布的2007年第35号公告关于外商投资企业向中西部地区再投资（外资比例不低于25%）设立的企业可享受鼓励类外商投资项目进口税收优惠政策的规定中，所述"中西部地区"是指按照国务院关于西部大开发战略和促进中部崛起战略所确定的中西部省份和地区，其政策导向是鼓励外商投资企业向我国中西部地区进行投资，以促进中西部地区更好更快地发展。因此，外商投资企业在辽宁省的再投资项目不适用向中西部地区再投资的进口税收优惠政策，而应按照上述2007年第35号公告第四条第（二）项关于外商投资企业向中西部以外地区再投资的有关规定执行。

此复。

二〇一〇年五月三十日

海关总署关于露露集团北京国芝香食品有限公司免税进口设备用于对外加工有关税收政策问题的批复

（署税函〔2011〕380号）

北京海关：

《北京海关关于将减免税设备用于对外加工有关问题的请示》（京关税〔2011〕236号）收悉。经研究，现批复如下：

据你关来文反映，露露集团北京国芝香食品有限公司（以下简称国芝香公司）为中外合资企业，其杏仁精深加工项目由北京市发展改革委出具了《国家鼓励发展的内外资项目确认书》（京发改确字〔2007〕0035号），该项目符合《外商投资产业指导目录（2004年修订）》鼓励类中第三类第（一）项第1条"粮食、蔬菜、水果、禽畜产品的储藏及加工"。2008年，国芝香公司在上述鼓励项目项下免税进口"条状产品包装机"1台。在你关对国芝香公司免税进口设备的后续核查中，发现该公司与北京三农汇丰食品有限公司（以下简称三农汇丰公司）签订了委托加工协议，由国芝香公司使用包括免税进口的

“条状产品包装机”在内的有关设备为三农汇丰公司生产加工核桃粉，加工费为人民币5500元/吨。

考虑到核桃粉加工可以适用当前执行的《外商投资产业指导目录（2007年修订）》鼓励类中第三类第（一）项第3条“蔬菜、干鲜果品、禽畜产品的储藏及加工”条目，因此，国芝香公司使用免税进口“条状产品包装机”生产加工核桃粉属于“干鲜果品的加工行为”，适用鼓励类产业条目。无论其是生产自有品牌的产品，还是为三农汇丰公司加工生产核桃粉，均属于税收优惠政策鼓励范围内的生产行为，即国芝香公司为三农汇丰公司加工核桃粉行为不构成减免税设备移作他用行为。

此复。

二〇一一年七月十三日

海关总署关于深圳市星源材质科技股份有限公司进口设备税收问题的批复

（署税函〔2011〕442号）

深圳海关：

《深圳海关关于深圳市星源材质科技股份有限公司进口设备减免税有关问题的请示》（深关税〔2011〕337号）收悉。经研究并商国家发展改革委，现就有关问题批复如下：

深圳市星源材质科技股份有限公司（以下简称星源公司）锂电池隔膜产业化项目经深圳市发展改革委备案并由国家发展改革委出具了《国家鼓励发展的内外资项目确认书》（发改规划确字〔2010〕155号）。

据你关来文所述，此次星源公司在上述鼓励项目项下从奥地利进口的流延薄膜生产机，由上料混料单元、挤出单元、冷却和牵引单元、退火单元、厚度测量单元、切边机移送单元、收卷单元和自动控制系统组成，主要用于生产动力锂离子电池隔膜。

据了解，动力锂离子电池隔膜属于新型功能材料，其膜的微孔大小在100纳米之内，对设备和工艺技术要求非常苛刻。国际上锂离子电池隔膜制造厂的装备和工艺技术都自行开发研制，交由不同设备厂商分段分包制造，然后按生产工艺的特殊要求再进行集成。目前，国内尚不具备制造和集成该类设备的能力和水平。

星源公司此次进口的流延薄膜生产机在结构组成、单元配置、功能特征、质量要求和精度等方面与用于生产农膜和包装薄膜的普通流延膜机存在较大差别，不属于《国内投资项目不予免税的进口商品目录（2008年调整）》第二十九类所列“塑料加工设备”。

鉴此，同意你关按照《国务院关于调整进口设备税收政策的通知》（国发〔1997〕37号）及相关文件规定，办理星源公司进口上述流延薄膜生产机的减免税审批手续。

此复。

二〇一一年八月五日

海关总署办公厅关于富晋精密工业（晋城）有限公司手机摄像头制造项目适用产业政策条目问题的意见

（署办税函〔2011〕83号）

太原海关：

《太原海关关于外商投资企业适用“新型电子元器件制造”产业目录问题的函》收悉。经研究并商国家发展改革委，确认你关来文所述富晋精密工业（晋城）有限公司“手机摄像头制造”项目符合《外商投资产业指导目录（2007年修订）》鼓励类第三类第（二十一）项第17条“新型电子元器件制造”条目。

特此复函。

二〇一一年十一月二十八日

海关总署关于延边汇源食品饮料有限公司生产项目适用产业政策条目有关问题的批复

（署税函〔2012〕157号）

长春海关：

《长春海关关于提请审核延边汇源食品饮料有限公司稽查结果认定的请示》（长关稽〔2011〕308号）收悉。经研究并商国家发展改革委，现批复如下：

根据现行国家标准《饮料通则》（GB10789-2007）中所列技术要求，“果汁型碳酸饮料”产品中的 CO_2 含量（20℃时同体积饮料中溶解的 CO_2 的体积倍数）应≥1.5，同时果汁含量（质量分数）≥2.5%；“果汁饮料”产品中果汁（浆）含量（质量分数）应≥10%。按照上述标准，延边汇源食品饮料有限公司生产的加汽果汁饮料中果汁含量≥10%，可视为果汁饮料，属于“果汁和蔬菜汁类”。因此，可以适用《外商投资产业指导目录（2007年修订）》鼓励类第三类第3条第1项“果蔬饮料、蛋白饮料、茶饮料、咖啡饮料、植物饮料的开发、生产”条目。

此复。

二〇一二年三月三十一日

海关总署关于意法半导体制造（深圳）有限公司增资项目有关税收问题的批复

（署税函〔2012〕485号）

深圳海关：

《深圳海关关于外商投资性公司向子公司增资适用减免税政策的请示》（深关税〔2011〕498号）收悉。经研究并商商务部，现就有关问题批复如下：

一、关于外商投资性公司及其所投资企业的有关规定

商务部及地方商务主管部门作为外商投资企业的主管部门，负责审批、管理外商投资性公司及其所投资企业的设立、经营等相关事务。

根据《关于外商投资举办投资性公司的规定》（商务部令〔2004〕第22号）和《关于外商投资举办投资性公司的补充规定》（商务部令〔2006〕第3号），外商投资性公司系指外国投资者在中国以独资或与中国投资者合资的形式设立的从事直接投资的公司。为促进外国投资者来华投资，引进国外先进技术和管理经验，允许外商投资性公司在规定明确的范围内为其所投资企业提供管理、咨询和销售服务，并鼓励外商投资性公司设立研发中心。外商投资性公司的注册资本不低于3000万美元的，其贷款额不得超过已缴付注册资本的4倍；注册资本不低于1亿美元的，其贷款额不得超过已缴付注册资本的6倍。外商投资性公司因经营需要，贷款额拟超过上述规定的，应报商务部批准。外商投资性公司贷款额与已缴付注册资本合计可视同外商投资性公司投资总额，外商投资性公司应依法在该额度内开展投资、进出口等活动。但外商投资性公司在境内贷款不得用于境内投资。

外商投资性公司与其所投资企业是相互独立运营的企业。根据“商务部令〔2004〕第22号”规定，除法律、法规另有规定外，外商投资性公司所投资企业应按照现行设立外商投资企业的审批登记程序进行审批和登记。外商投资性公司中折算出的外国投资者的投资单独或与其他外国投资者一起投资的比例不低于其所投资设立的企业注册资本的25%的，其所投资企业可享受外商投资企业待遇。外商投资性公司所投资企业的投资总额依据其经营规模及注册资本核定，并须符合《关于中外合资经营企业注册资本与投资总额比例的暂行规定》（工商企字〔1987〕第38号）的要求，与投资性公司的投资总额无直接联系。

二、关于外商投资性公司所投资企业适用进口税收政策问题

根据上述外商投资性公司及其所投资企业的有关规定，以及《国务院关于调整进口设备税收政策的通知》（国发〔1997〕37号）有关外商投资项目在投资总额内进口的自用设备可以享受相关进口税收优惠政策的规定，外国投资者的投资比例不低于25%的外商投资性公司所投资企业，其投资项目符合《外商投资产业指导目录》中鼓励类或《中西部地区外商投资优势产业目录》的产业条目的，其在投资总额内进口的自用设备，除《外商投资项目不予免税的进口商品目录》和《进口不予免税的重大技术装备和产品目录》所列商品外，免征关税、照章征收进口环节增值税。外国投资者的投资比例低于25%的外商投资性公司所投资企业适用的进口税收优惠政策，应视其具体情况参照海关总署2007年第35号公告的有关规定办理。

三、关于意法半导体制造（深圳）有限公司增资项目有关税收问题

据来文所述，意法半导体制造（深圳）有限公司［以下简称意法（深圳）公司］，是由荷兰意法半导体公司在中国设立的投资性公司—意法半导体（中国）投资有限公司［以下简称意法（中国）投资公司］投资成立的外商独资有限责任公司，具有外商投资企业批准证书和外商投资企业营业执照。该公司向你关申请办理外商投资鼓励项目增资备案手续。

鉴于意法（深圳）公司为意法（中国）投资公司全资子公司，且该公司此次增资也是其投资者—意法（中国）投资公司以美元外汇和其境内获得的人民币利润的全额投资，根据上述规定，意法（深圳）公司此次增资项目可按照“国发〔1997〕37号”和海关总署2007年第35号公告的有关规定享受外商投资项目进口税收优惠政策，即其所投资项目符合《外商投资产业指导目录》中鼓励类产业条目的，其在投资总额内进口的自用设备，除《外商投资项目不予免税的进口商品目录》和《进口不予免税的重大技术装备和产品目录》所列商品外，免征关税、照章征收进口环节增值税。

此复。

二〇一二年九月二十九日

15.3 自有资金项目

海关总署关税征管司关于汕头东京电子有限公司利用自有资金进口零配件税收问题的批复

（税管函〔2006〕377号）

汕头海关：

你关《关于汕头东京电子有限公司利用自有资金进口零配件税收问题的请示》（汕关税发〔2006〕292号）收悉。经研究，现就有关问题批复如下：

根据《海关总署关于进一步鼓励外商投资有关进口税收政策的通知》（署税〔1999〕791号，以下简称《通知》）规定，为更新或维修外商投资企业原有设备，利用自有资金进口国内不能生产或性能不能满足需要的自用设备及其配套的技术、配件、备件（以下简称配套件），可以免征关税和进口环节增值税。《海关总署关于明确减免税政策执行中若干问题的通知》（署税发〔2003〕422号）还规定，上述配套件单独进口时，必须按照《国内投资项目不予免税的进口商品目录》（以下简称《目录》）进行审核，凡属于《目录》列名的商品，均应照章征税。因此，汕头东京电子有限公司为更新或维修该公司在投资总额内已经免税进口的设备，利用自有资金单独进口的不属于《目录》所列商品范围的配套件，可以免征进口关税和进口环节增值税，其他进口配件、备件应予以照章征税。

此复。

二〇〇六年十二月二十一日

海关总署关于北京亚新科天纬油泵油嘴股份有限公司利用自有资金进口设备税收问题的批复

（署税函〔2011〕18号）

北京海关：

《北京海关关于自有资金减免税备案有关问题的请示》（京关税〔2010〕457号）收悉。经研究，现就有关问题批复如下：

根据海关总署、国家发展改革委、财政部和商务部联合发布的2007年第35号公告的有关规定，2002年4月1日以前批准的可以享受进口税收优惠政策的外商投资项目，其项目单位须于2007年12月31日前按照现行规定持项目确认书或其他相关资料向海关申请办理减免税备案手续，并于2010年12月31日前向海关申请办理相关项目项下进口自用设备的减免税审批手续。逾期，海关不予受理（对个别投资规模大、建设期长的外商投资项目，经总署商原出具项目确认书的国家有关主管部门同意延长办理减免税审批手续时限的除外）。即自2011年1月1日起，除个别情况外，海关不再办理上述外商投资项目项下进口自用设备的减免税审批手续。但对于符合《海关总署关于进一步鼓励外商投资有关进口税收政策的通知》（署税〔1999〕791号，以下简称《通知》）规定条件的外商投资企业，在2011年1月1日以后利用自有资金进口设备及其配套的技术、配件、备件（以下简称进口设备及其配套件），用于对相关投资项目原有设备进行更新或维修的，如果该投资项目经海关审核仍符合现行有效的鼓励类产业条目，可继续按照《通知》的有关规定和相关政策规定享受进口税收优惠。对于因《外商投资产业指导目录》进行调整，有关外商投资项目不再属于鼓励类项目的，应立即停止办理相关外商投资企业利用自有资金进口设备及其配套件的减免税审批手续。

请你关根据上述政策规定和原则办理北京亚新科天纬油泵油嘴股份有限公司为更新或维修原有设备，利用自有资金进口设备及其配套件的减免税备案和审批事宜。

此复。

二〇一〇年一月十三日

15.4 国内投资项目

海关总署关税征管司关于中国第一重型机械集团公司进口设备税收问题的复函

（税管函〔2007〕60号）

哈尔滨海关：

你关《关于中国第一重型机械集团公司进口数控轧辊磨床免税的请示》（哈关税发〔2006〕356号）收悉。经研究并商国家发展改革委，现就有关问题函复如下：

一、关于机床类型问题

从不同的角度，机床有不同分类方法。按控制方式，可分为数控机床、程控机床、普通机床（后两者可统称非数控机床）；按精度等级，可分为普通级精度机床、精密机床、高精度机床；按尺寸和重量规格，可分为轻型机床、中小型机床、大型机床、重型机床、超重型机床等。

在《国内投资项目不予免税的进口商品目录（2000年修订）》（以下简称《目录》）中，分别列出了数控机床、精密机床、重型机床3类设备。考虑到3类设备的不同特点，《目录》在设置技术规格指标时各有侧重。如，数控机床侧重精度指标和效能指标；精密机床侧重精度指标；重型机床侧重尺寸规格指标。如果一台设备兼有数控、精密、重型3种或其中两种属性，通常其性能较好，工艺难度较大，遇到这种情况，只要该类设备的其中一种属性的技术指标优于《目录》中相应属性商品的限定技术规格，即可按符合免税条件的设备予以办理免税审批手续。

二、关于中国第一重型机械集团公司进口的数控轧辊磨床问题

中国第一重型机械集团公司复合热轧工作辊生产线改造项目经国家发展改革委出具了《国家鼓励发展的内外资项目确认书》（发改规划确字〔2005〕612号），该项目项下进口了日本CNCRG-12BN数控轧辊磨床1台。该设备的技术规格为Φ1250×8000mm，圆度≤0.001 mm，砂轮线速度66m/s。按我国机床型谱，该设备属于重型数控外圆磨床（最大加工直径≥1250mm），但其精度、效能指标均高于《目录》第八类第（二）项第2条“数控磨床”及第八类第（三）项第4条“精密磨床”，亦可视为精密磨床。

鉴于上述情况，同意你关按照《国务院关于调整进口设备税收政策的通知》（国发〔1997〕37号）规定，办理中国第一重型机械集团公司进口的上述数控轧辊磨床的免税审批手续。

此复。

二〇〇七年三月十六日

海关总署办公厅关于哈尔滨汽轮机厂有限责任公司进口设备税收问题的复函

（署办函〔2010〕70 号）

哈尔滨海关：

《哈尔滨海关关于哈尔滨汽轮机厂有限责任公司进口数控车削中心免税的请示》（哈关税发〔2009〕225 号）收悉。经研究并商国家发展改革委，现就有关问题函复如下：

哈尔滨汽轮机厂有限责任公司船用燃气轮机生产线技术改造项目，经黑龙江省经济委员会备案并出具了《国家鼓励发展的内外资项目确认书》（黑经技改确字〔2007〕069 号），该项目项下进口数控车磨复合加工中心 1 台。

据了解，从广义来讲，加工中心的关键特点是刀具可以自动交换，以便可用不同的刀具进行不同工序的加工，充分发挥数控机床的工序集中加工的优点。复合加工中心是采用钻削、镗削、铣削、车削、磨削等加工工序中的两项或多项工序集中加工的加工中心，可以在工件一次安装下由机床完成全部加工工序，避免因工件多次安装引起误差，从而保证较高的加工精度。《国内投资项目不予免税的进口商品目录（2006 年修订）》（以下简称《目录》）中，第十类第（二）项第 7 条所列车削中心，系指以车削为主增加部分铣削功能的设备，第十类第（二）项第 5、6 条所列钻削加工中心和镗铣加工中心，系指以铣削、镗削为主，包括钻孔、攻丝等功能的设备。根据我国对不同加工设备所拥有的生产能力情况，《目录》只将部分复合加工中心列入，未将除具备铣削、镗削、钻削、车削工序外还同时具备磨削工序的复合加工中心列入，因此，具备钻磨、车磨或钻车磨复合加工功能的加工中心，不属于《目录》范围内商品。

哈尔滨汽轮机厂有限责任公司此次进口的设备主要功能是车削和磨削，加工对象是燃气轮机转子的 4 个关键件。这些加工工件具有体积大、质量重、形状复杂等特点，完成加工需要多道工序和较高的精度。为了保证较高的加工精度，该设备配有能自动交换车刀架和磨头的托盘、相关静压支承中心、在机测量等装置，一次安装工件即可完成全部加工工序。从该设备的结构和功能来看，是具备车磨功能的复合加工中心，不属于《目录》范围内商品。鉴此，同意你关按照《国务院关于调整进口设备税收政策的通知》（国发〔1997〕37 号）及相关文件规定，办理哈尔滨汽轮机厂有限责任公司进口上述车磨复合加工中心的免税审批手续。

二〇一〇年一月二十八日

15.5 外国政府和国际金融组织贷款项目

海关总署办公厅关于新疆天富热电股份有限公司利用德国政府贷款项目适用产业条目问题的复函

（署办函〔2009〕649 号）

乌鲁木齐海关：

《乌鲁木齐海关关于产业政策审批条目是否适用的请示》（乌关税〔2009〕329 号）收悉。经研究并商国家发展改革委，现就有关问题函复如下：

新疆天富热电股份有限公司利用德国政府贷款 2×125MW 热电联产项目，由国家发展改革委出具了《国家鼓励发展的内外资项目确认书》（发改外资确字〔2009〕026 号，以下简称《项目确认书》）。该项目引用的产业政策审批条目为：《产业结构调整指导目录（2005 年本）》鼓励类第四类第 00 条（I0400）。

根据《国务院关于调整进口设备税收政策的通知》（国发〔1997〕37 号）以及《国家计委、国家经贸委、外经贸部、海关总署关于落实国务院调整进口设备税收政策有关问题的通知》（计规划〔1998〕250 号）的有关规定，利用外国政府贷款项目、国际金融组织（世界银行、亚洲开发银行、农业发展基金）贷款项目进口的自用设备，除《外商投资项目不予免税的进口商品目录》所列商品外，免征进口关税和进口环节增值税。即利用外国政府、国际金融组织贷款项目进口税收优惠政策，只对适用免税的商品范围有明确限制；在适用产业政策方面，对于在相关国内投资项目产业目录中没有对应的鼓励类产业条目的，按照《海关总署关于执行进口免税优惠政策的国家鼓励发展的内外资项目确认书填写规范的通知》（署税〔1998〕197 号）的有关规定，由国家发展改革委或省级（即各省、自治区、直辖市、计划单列市及新疆生产建设兵团）发展改革委在其所出具的《国家鼓励发展的内外资项目确认书》中的项目产业政策审批条目填写国内投资项目鼓励类产业条目的大类类别，条目的序号用“00”表示。

根据以上规定，同意你关凭国家发展改革委出具的上述《项目确认书》（发改外资确字〔2009〕026 号），受理新疆天富热电股份有限公司利用德国政府货款 2×125MW 热电联产项目的减免税备案申请。

另外，对于由地方审批、核准或备案的国外贷款项目，其中外债规模小于等于 1000 万美元（或 800 万欧元）的外国政府贷款项目，国家发展改革委不再批复项目资金申请报告，而是委托省级发展改革委批复项目资金申请报告，国家发展改革委外资司则以《外国政府贷款项目资金申请报告委托审批复核确认书》确认有关外国政府贷款项目。对于此类外国政府贷款项目，海关凭国家发展改革委外资司出具的委托审批复核确认书、省级发展改革委对项目资金申请报告的批复以及其他相关材料受理项目单位的减免税备案申请。其他国外贷款项目，仍按《海关总署关于办理国际金融组织和外国政府贷款项目减免税手续有关事宜的通知》（署税发〔2006〕317 号）的有关规定受理项目单位的减免税备案申请。

特此函复。

二〇〇九年十月十日

15.6 科教用品项目

海关总署办公厅关于进口临床科研用药物税收问题的复函

（署办函〔2010〕16号）

北京海关：

《北京海关关于临床科研用药物征免税问题的请示》（京关税〔2009〕144号）收悉。现就有关问题函复如下：

中国医学科学院阜外心血管病研究所（以下简称阜外研究所）与英国牛津大学临床试验和流行病学研究中心（以下简称牛津研究中心）合作开展心血管疾病临床治疗研究，由牛津研究中心赠送临床试验用药物，阜外研究所作为中国的牵头单位，在我国组织开展大规模的临床试验，将这些药物发放给自愿参与的受试者并收集反馈信息给牛津研究中心。目前，双方有两项正在开展的合作项目，阜外研究所需要定期大量进口项目所需的临床试验用药物（以下简称药物）。

据你关了解，阜外研究所进口的药物与医院、药店销售的药品存在明显区别：

一是国家医药行业主管部门颁发的批准证书不同。国家食品药品监督管理局针对药物发放的批准文件为“药物临床试验批件”，而药品的批准文件则为“进口药品注册证”、“药品注册批件”和“医药产品注册证”。

二是药物组成成分具有相对的不确定性。为了能够得到对比性数据，药物组成成分具有相对的不确定性（因研究过程采用双盲对照方法，因此提供给受试者的药物，既有可能是活性药物，也有可能是外观与活性药物相同但不具备任何药效的安慰剂，而且活性药物本身也可能存在含量方面的差异）。药品则是经过试验后固定配方的产品，必须含有活性药物，而且活性药物的含量也是固定不变的。

三是产品包装不同。有关药物的外包装上均印有唯一特定的研究编码和校验码，在显著位置提示研究专用、由研究机构统一提供等内容。市场上销售的药品则外包装上不带有上述内容。

四是使用目的不同。药物的使用目的在于临床研究，通过试验找出治疗疾病的更有效方法。药品的使用目的则在于治疗疾病。

五是产品流向的管理要求不同。阜外研究所会严格跟踪并记录发给每个受试者的药物流向，对未服用的药物均予以回收并销毁，有统一的药物销毁记录。而药品售出后，对病人是否使用以及何时使用无限制性要求。

鉴于阜外研究所进口的药物存在上述特殊情况，因此，可以认定该所为开展临床试验进口的药物属于海关总署公告2007年第13号第三条第（五）款所述的“科学研究、教学和科技开发实验中所需的药物”范围，同意你关为该研究所进口的临床试验用药物办理免税审批手续，并请你关注意做好药物进口后的后续监管工作。

特此函复。

二○一○年一月八日

15.7 残疾人项目

海关总署关于宁波东方电缆有限公司进口残疾人专用设备免税问题的批复

（署税函〔2005〕428 号）

宁波海关：

你关《关于宁波东方电缆有限公司免税进口残疾人专用设备的请示》（甬关税发〔2005〕284 号）收悉。经研究，现就有关问题批复如下：

我国实行政企分开改革后，民政部门作为国家行政机关，不再直接承办社会福利企业，职能转变为对社会福利企业实行行业管理。因此，对“民政部门所属福利机构”可以理解为包括经民政部门认定的福利机构。根据《民政部、国家税务总局关于统一换发〈社会福利企业证书〉的通知》（民发〔2000〕70 号）规定，省（自治区、直辖市）和计划单列市的民政厅（局）有权发放《社会福利企业证书》，自 2001 年 1 月 1 日起，只有持有《社会福利企业证书》的企业，才能被认定为社会福利企业。

鉴于以上情况，考虑到与民政部门职能管理工作的衔接，持有计划单列市民政局发放的《社会福利企业证书》的企业可以纳入到《海关总署关于下放残疾人专用品进出口减免税审批权限的通知》（署税发〔2003〕4 号）第二条规定的“进口单位”范围内。因此，持有宁波市民政局核发的《社会福利企业证书》的宁波东方电缆有限公司属于署税发〔2003〕4 号文第二条规定的福利机构。

另外，宁波东方电缆有限公司此次进口的“110KV 及以上交联聚乙烯绝缘电力电缆生产线”设备已经由民政部出具了《残疾人专用品进口证明》（编号〔2005〕字 025 号），因此，可以认定该设备属于《海关总署关于执行〈残疾人专用品免征进口税收暂行规定实施办法〉的通知》（署税〔1997〕544 号）附件中的《康复福利机构进口国内不能生产的残疾人专用品清单》第四项规定的“为残疾人就业设立的福利企业进口的适合于残疾人操作的生产设备”范围。请你关按照署税〔1997〕544 号文的规定办理有关设备的免税审批手续。

二〇〇五年十二月一日

海关总署关于新疆天盛实业有限公司进口残疾人专用品有关税收问题的批复

（署税函〔2006〕375号）

乌鲁木齐海关：

你关《关于新疆天盛实业有限公司进口残疾人专用设备免税事宜的请示》（乌关税〔2006〕335号）收悉。经研究并商民政部，现就有关问题批复如下：

根据《民政部、国家税务总局关于统一换发〈社会福利企业证书〉的通知》（民发〔2000〕70号，以下简称《通知》，见附件）规定，只有经省（自治区、直辖市）和计划单列市民政部门批准，并已领取《社会福利企业证书》（以下简称《证书》）且年检合格的社会福利企业，才有资格申请换证。《通知》同时还规定，具体换证事宜由各省（自治区、直辖市）民政厅（局）和各计划单列市民政局负责，《证书》有效期为3年，每3年更换一次；并明确新《证书》仍实行全国统一格式、统一制发，以及证书编号的编码方法。另外，民政部并未作出过允许各地方民政厅可以授权下一级民政部门核准颁发《证书》的规定。因此，只有持凭各省（自治区、直辖市）民政厅（局）和各计划单列市民政局颁发的《证书》的社会福利企业，才能被认定为《海关总署关于下放残疾人专用品进口减免税审批权限的通知》（署税发〔2003〕4号）第二条规定的“进口单位”，享受残疾人专用品进口免税政策。

鉴此，你关不能依据石河子市民政局签发的《证书》受理新疆天盛实业有限公司进口设备的免税申请。

此复。

附件　《民政部、国家税务总局关于统一换发〈社会福利企业证书〉的通知》（民发〔2000〕70号）

二〇〇六年十二月二十九日

附件

民政部、国家税务总局关于统一换发《社会福利企业证书》的通知

（民发〔2000〕70号）

各省、自治区、直辖市民政厅（局）、国家税务局、地方税务局，各计划单列市民政局、国家税务局、地方税务局：

自1996年民政部、国家税务总局联合下发《关于统一换发社会福利企业证书的通知》（民福函〔1996〕126号）以来，各地结合年检工作，使福利企业的管理和换发证书的工作逐步规范。由于1996年换发的证书有效期限将至，同时，根据近年来换证工作中的新情况，拟对证书内容进行一定的改动，并在全国范围内统一换发。现将有关事项通知如下：

一、换证的范围

凡经省（自治区、直辖市）和计划单列市民政部门批准，已领取《社会福利企业证书》且年检合格的所有社会福利企业。

二、换证时间及证书有效期

自2007年7月1日开始，至10月31日结束，各地可结合年检工作适当进行调整。证书有效期为3

年，每3年更换一次。

三、换证工作的要求

证书换发工作由各省（自治区、直辖市）民政厅（局）和各计划单列市民政局具体操作。工作中，应结合本年度社会福利企业的年检工作进行，未通过年检的企业，一律不予换发新的证书。新证书换发后，旧证书收回，并废止。自2001年1月1日起，各类社会福利企业必须持有新的社会福利企业证书。

四、证书格式

新证书仍实行全国统一格式、统一制发。证书编号采用全国统一的十一位阿拉伯数字编码方法，前四位数为省级行政区域代码的前四位；中间三位为发证机关代码，由各省、自治区、直辖市、计划单列市民政厅（局）确定；后四位数为企业证书编号。

附件

《社会福利企业证书》省级和计划单列市行政区域代码表

北京市1100　天津市1200　河北省1300　山西省1400　内蒙古自治区1500　辽宁省2100 吉林省2200　黑龙江省2300　上海市3100　江苏省3200　浙江省3300　安徽省3400　福建省3500　江西省3600　山东省3700　河南省4100　湖北省4200　湖南省4300　广东省4400　广西壮族自治区4500　海南省4600　重庆市5000　四川省5100　贵州省5200 云南省5300　西藏自治区5400　陕西省6100　甘肃省6200　青海省6300　宁夏回族自治区6400　新疆维吾尔自治区6500

计划单列市：青岛3702　厦门3502　大连2102　宁波3302　深圳4403

15.8　自捕水产品

海关总署关税征管司关于对石家庄反映自捕水产品原产地认定问题的函

（税管函〔2004〕14号）

总署《综合信息呈报》（第1458期）反映了你关关于《远洋渔业企业运回自捕水产品原产地规定不明确给海关监管带来困难》。根据署领导的批示，现将国家有关对远洋渔业企业的渔船在公海或按有关协议规定的国外海域捕获、并运回国内销售的自捕水产品（包括加工产品）的有关税收事宜作如下说明：

一、政策情况

1997年，经国务院批准，财政部、税委办和国家税务总局三家联合向我署发出了《关于远洋渔业企业进口渔用设备和运回自捕水产品税收问题的通知》（财税字〔1997〕64号）。该《通知》明确规定："远洋渔业企业的渔船在公海或按有关协议规定的国外海域捕获、并运回国内销售的自捕水产品（包括自捕水产品的加工制品），视同为非进口的国内产品，不征收关税和进口环节增值税，国内销售环节增值税按现行规定执行。"从政策上明确了该类产品的原产地为本国。

1999年，国务院办公厅《转发农业部关于当前调整农业生产结构若干意见的通知》（国办发〔1999〕68号）第三条第（一）款明确："继续执行对远洋渔业企业在公海或按照有关协议规定在国外海域捕获并运回国内销售的自捕水产品及其加工制品，不征收关税和进口环节增值税，免征农业特产税。"再次认定该类产品的原产地为本国。

2000年，我署和农业部联合印发了《远洋渔业企业运回自捕水产品不征税的暂行管理办法》（署税〔2000〕260号），将上述有关原产地规定作为海关管理的原产地规定。

二、制定政策的原因

据我们了解，国家有关主管部门将上述自捕水产品（包括加工制品）的原产地视为本国的原因是基于以下几个方面的考虑：

（一）维护我国的海洋权益，提高我国在国际渔业中的地位，共享世界海洋资源，拓展了中华民族的生存空间。

（二）通过国际渔业合作，加强与发展中国家的友好关系，有力地支持了我国的外交工作，拓宽了我国国际经济合作领域。

（三）保护了我国近海渔业资源，缓解了我国近海渔业资源的压力。

三、国际惯例

从国际惯例来看，本国渔船捕捞的水产品按国产品对待，在各国都是一样的。各国为鼓励其国民利用公海资源，均制定了大致相同的对远洋渔业企业自捕水产品不征税政策。一般情况下，自捕水产品即使在捕捞海域周边国家进行分类、冷冻、包装等简单加工也不涉及改变本国产品性质问题。

四、我国远洋渔业企业现状

目前，我国远洋渔业自捕水产品的规模和数量还比较小，设备也相对落后，对公海的资源使用占有量非常有限。我国从事远洋捕捞的企业规模小、装备落后，基本上不具备海上加工能力，还需要利用设在捕捞水域周边国家的陆上基地或当地的设备和人力对水产品进行简单加工。此类加工基本上仍保持了水产品的原状，未发生税号的改变。

关税司认为，对国家制定的远洋渔业企业的渔船在公海或按有关协议规定的国外海域捕获、并运回国内销售的自捕水产品视同国内产品不征收进口税政策的理解，应该从我国的经济利益的大局考虑。该项政策无论从国家主权、外交和经济方面，确有其特殊的意义。在现行规定范围内，将自捕水产品作为本国产品不涉及原产地标准问题。

如果有个别企业借自捕名义从国外购买水产品进口的，海关应按规定照章征税，并按有关规定予以处理。

特此说明。

二〇〇四年二月二日

海关总署关税征管司关于远洋渔业自捕水产品运回有关问题的批复

（税管函〔2006〕402号）

深圳海关：

你关《关于远洋渔业自捕水产品运回问题的请示》（深关税〔2006〕1027号）收悉。经研究并商农业部渔业局同意，现就有关问题批复如下：

据了解，目前远洋渔业企业在印尼海域自捕的水产品，基本上都是通过海上转载方式，由经农业部批准的渔业辅助运输船或专业船运公司的运输船运回国内。在办理转载手续时，经农业部批准的远洋渔船必须与运输船（不论是农业部批准的渔业辅助运输船还是专业船运公司的运输船）签订转载协议，注明远洋渔船的船名船号、生产海域、生产品种和重量等内容，并由两船船长签字。

为确保正确执行国家远洋渔业自捕水产品进口不征税政策，同时考虑到批准在印尼海域执行运输任务的渔业辅助运输船数量较少，渔民的生产经营活动存在一定困难等实际情况，同意对经农业部批准的远洋渔船在印尼海域自捕的水产品，由经农业部批准的渔业辅助运输船或专业船运公司的运输船在海上转载运回国内向海关申报进口时，凭注明远洋渔船船名船号、生产海域、生产品种和重量等内容并由远洋渔船和运输船船长签字的转载协议，以及按规定需提交的其他相关单证办理有关自捕水产品不征税手续。海关应重点审核转载协议有关内容与农业部批准的有关远洋渔船船名船号、生产海域和生产品种等内容是否一致，必要时可要求企业提交远洋渔船的渔捞日志。

此复。

二〇〇六年十二月二十七日

海关总署关税征管司关于浙江省远洋渔业集团股份有限公司自捕水产品运回有关问题的通知

（税管函〔2008〕141号）

宁波海关：

接农业部渔业局《关于浙江省远洋渔业集团股份有限公司阿根廷项目自捕水产品运回有关情况的函》称，经该部批准，浙江省远洋渔业集团股份有限公司的7艘渔船在西南大西洋公海和阿根廷专属经济区作业，其渔获销往欧洲、美国和我国等市场。按照阿根廷政府的要求，在其专属经济区作业的渔船必须回阿根廷港口中转运输，并须在出境渔获的包装上注明相关标识、产地等。农业部渔业局认为该公司根据入渔国规定的中转运输和包装要求，将其渔船捕自阿根廷水域的456.4吨冻鱿鱼以集装箱方式运回国内，符合国家规定的自捕水产品不征税政策。为此，特向我司申请协助办理有关手续。

经研究，考虑到主管部门来函所述阿根廷政府根据本国法律，规定外国渔船不得在其专属经济区转载而必须进港转载渔获，且要求渔获包装上必须有相应标识并注明产地为阿根廷的特殊情况，同意农业部渔业局意见。请你关对浙江省远洋渔业集团股份有限公司阿根廷项目运回的456.4吨冻鱿鱼（提单号：CBUENGB506491，共17×40RH，到岸港口宁波北仑），按规定办理自捕水产品不征税手续。

特此通知。

二〇〇八年五月二十九日

15.9 中资方便旗

海关总署关于广州远洋运输有限公司进口“方便旗”船舶所有权变更税收问题的意见

（署税函〔2011〕480号）

广州海关：

《广州海关关于广州远洋运输有限公司免税进口“方便旗”船舶变更有关事宜的函》（穗关税函〔2011〕424号）收悉。经研究，现将有关意见明确如下：

广州远洋运输有限公司（原广州远洋运输公司）根据中国远洋运输（集团）总公司关于其整体上市的有关要求和安排，拟将其免税进口的“金牛岭”、“西昌海”、“瑞昌海”和“金沙岭”4艘中资“方便旗”船舶划拨到其全资子公司中远远达航运有限公司（以下简称中远远达），为此，向你关申请办理减免税后续管理的相关审批手续。

考虑到上述4艘中资“方便旗”船舶所有权变更仅是在同一实际控制人—广州远洋运输有限公司内部进行，而且，上述4艘船舶所有权变更后的所有权人—中远远达也具有从事国际货物运输的资质，不违反中资“方便旗”船舶回国登记进口税收政策的相关规定，因此，同意由你关和深圳海关按照《海关总署关于中资“方便旗”船舶回国登记有关问题的通知》（署税发〔2008〕46号）、《中华人民共和国海关进出口货物减免税管理办法》及其相关规定，为上述4艘发生所有权变更的船舶办理相应手续，并免于补征进口税款。

同时请深圳海关告知中远远达相关海关监管规定和要求，并强调上述船舶未经交通运输部批准，不得从事国内航运。

二〇一一年八月二十九日

15.10 飞机

海关总署关税征管司关于厦门航空有限公司出境维修的飞机零部件税收问题的复函

（税管函〔2008〕279号）

厦门海关：

《厦门海关关于厦门航空有限公司进口维修用航空器材税收优惠有关问题的请示》（厦关税〔2008〕385号）收悉。经研究，现就有关问题函复如下：

经国务院批准，自2005年1月1日起，国内航空公司用于国际航线和港澳航线飞机维修的进口航空器材（包括送境外维修的零部件）实施进口税收优惠政策。根据上述规定，送境外维修的零部件属于享受进口税收优惠政策的范畴，因此，对于厦门航空有限公司送境外维修的零部件在规定期限内复运进境的，应当以料件费和修理费（包括你关请示中所述的维修转包费等相关费用）为基础审查确定完税价格，并享受上述进口税收优惠政策。

二〇〇八年十月十五日

海关总署办公厅关于送境外检修飞机适用税收政策问题的复函

（署办函〔2009〕524号）

天津海关：

《天津海关关于赴境外检修飞机复运进境检修费适用税率问题的函》（津关税函〔2009〕294号）收悉。经研究，现就有关问题函复如下：

根据《海关总署关于调整国内航空公司进口飞机增值税政策的通知》（署税发〔2004〕352号）规定，自2004年10月1日起，对国内航空公司进口空载重量在25吨以上的客货运飞机，减按4%征收进口环节增值税。该项政策是经国务院批准针对国内航空公司进口飞机出台的税收优惠政策，并未规定送境外检修的飞机可以享受上述税收优惠政策。因此，来函所述银河国际货运航空有限公司送境外检修的飞机不能适用署税发〔2004〕352号通知规定的“减按4%征收进口环节增值税”的税收优惠政策。

此复。

二〇〇九年八月四日

海关总署关税征管司关于明确进口飞机涉及非现金折扣是否计入完税价格的复函

（税管函〔2009〕255号）

深圳海关：

《深圳海关关于提请明确进口飞机涉及非现金折扣是否计入完税价格的函》（深关函〔2009〕230号）收悉。经研究，用于购买备件、产品等航材的非现金折扣已在协议中明确规定不能冲抵飞机货款，应计入飞机完税价格。相关航材等进口时不构成销售行为，应以成交价格估价方法以外的方法确定其完税价格后征税放行。

此复。

二〇〇九年十一月二十四日

海关总署关于中国飞龙通用航空有限公司进口运输直升机适用税收政策问题的意见

（署税函〔2011〕457号）

哈尔滨海关：

《哈尔滨海关关于中国飞龙通用航空有限公司进口运输直升机税收问题的函》（哈关税函〔2010〕101号）收悉。经研究并商财政部和税务总局，现就进口运输直升机适用有关税收政策的问题明确如下：

根据你关提供的资料，中国飞龙通用航空有限公司（以下简称飞龙公司）于2010年5月21日经中国民用航空东北地区管理局批准，取得了《通用航空企业经营许可证》（民航通企字第002号），获准经营范围包括短途客货运输。该公司进口的米26双发多用途重型运输直升机（型号：MI-26TC）空载重量为28.6吨。

经国务院批准，自2004年10月1日起，对国内航空公司进口空载重量在25吨以上的客货运飞机，减按4%征收进口环节增值税。《海关总署关于调整国内航空公司进口飞机增值税政策的通知》（署税发〔2004〕352号），明确了相关进口税收政策和管理规定。考虑到至今我国尚不能制造25吨级以上的直升机，各部门一致认为上述飞机进口税收优惠政策中所指飞机为通用性概念（既包括固定翼航空器即狭义的“飞机”，也包括旋翼航空器即直升机）符合政策精神。因此，国内航空公司进口空载重量在25吨以上的运输直升机符合政策规定可以享受进口飞机税收优惠的条件。鉴于以上情况，请你关按照“署税发〔2004〕352号”文件的有关规定办理飞龙公司进口上述米26双发多用途重型运输直升机的减税审批手续。

二〇一一年八月十五日

15.11 后续管理

15.11.1 股权变更、分立、合并、改制、减资和对外投资

海关总署关税征管司关于企业减资后已进口减免税设备税收问题的批复

（税管函〔2005〕168号）

青岛海关：

你关《关于山东东京电波电子有限公司减资后已进口减免税设备税收问题的请示》（青关税发〔2005〕294号）收悉。经研究，现就有关问题批复如下：

《国务院关于调整进口设备税收政策的通知》（国发〔1997〕37号）规定，国家鼓励发展的外商投资项目，在投资总额内进口的自用设备，除《外商投资项目不予免税的进口商品目录》所列商品外，免征关税和进口环节增值税。

根据该项政策，中外合资企业山东东京电波电子有限公司于2000年8月至2004年10月进口了价值660万美元的免税设备。2005年2月28日，淄博市对外贸易经济合作局批准该公司投资总额由700万美元减少至12万美元，注册资本由350万美元减少至9万美元。

山东东京电波电子有限公司调减后的投资总额远远低于原投资总额。根据国发〔1997〕37号文规定，该公司原免税进口的设备超出现有投资总额部分，不符合享受免税政策的要求，因此，对于该公司超出现有投资总额并且尚处于海关监管期限内的原免税设备，应当按照审批部门批复其减少投资总额的日期确定折旧年限补征税款后解除监管。

另外，根据国家工商行政管理局和原对外贸易经济合作部联合下发的《关于进一步加强外商投资企业审批和登记管理有关问题的通知》（工商企字〔1994〕第305号）的有关规定，外商投资企业在经营期限内，如确有正当理由，在不影响企业正常经营，且不侵犯债权人利益的前提下，可以向原审批机关提出缩小生产规模、调整投资总额和注册资本的申请，经原审批机关批准，由原登记机关核准后，办理变更登记，并报国家工商行政管理局备案。原对外贸易经济合作部和国家工商行政管理局于1995年又为此专门下发了《关于外商投资企业调整投资总额和注册资本有关规定及程序的通知》（外经贸法发〔1995〕第366号），对有关事项进行了规范。因此，如果山东东京电波电子有限公司提出退运或结转原进口免税设备的申请，你关必须首先确认该公司不存在债务纠纷后，才可受理。对于调减投资总额和注册资本的企业，其进口免税设备不得结转至企业自有资金项目。

此复。

二〇〇五年七月四日

海关总署关税征管司关于邢台钢铁有限责任公司合资改制后原免税设备税收问题的批复

（税管函〔2006〕145号）

石家庄海关：

你关《关于邢台钢铁有限责任公司合资改制后进口减免税设备税收问题的请示》（石关税发〔2006〕51号）收悉。经研究，现就有关问题批复如下：

邢台钢铁有限责任公司（以下简称邢钢）原为河北省省属国有大型钢铁企业，2004年12月，河北省国资委批复同意邢钢以增资扩股方式实施合资改制，改制后外方以现金出资，占注册资本的74%，河北省国资委以国有净资产出资参股，占注册资本的26%。同月，河北省商务厅批复同意邢钢的公司性质变更为中外合资企业，并为邢钢颁发了《外商投资企业批准证书》。2005年12月，河北省工商局为合资改制后的邢钢颁发了新的营业执照。

鉴于合资改制后的邢钢原有项目已属于外商投资项目，对于邢钢原有项目不属于《外商投资产业指导目录（2004年修订）》鼓励类外商投资产业目录范围的，应按照《国务院关于调整进口设备税收政策的通知》（国发〔1997〕37号）规定，对合资改制后（合资之日以工商注册登记日为准），邢钢原有项目项下进口并仍处于海关监管期内的免税设备予以补征税款。

你关在对邢钢原有项目项下进口免税设备补征税款时，所使用的完税价格应以海关审定的设备原进口时的价格，按照免税设备已进口时间与监管年限的比例进行折旧，其计算公式如下：

$$补税设备的完税价格=设备原进口价格\times\left[1-\frac{补税时已进口时间（月）}{监管年限\times12}\right]$$

其中免税设备已进口时间自该设备放行之日起按月计算。不足1个月但超过15天的，按1个月计算；不超过15天的，不予计算。

此复。

二〇〇六年四月二十日

海关总署关税征管司关于广州宝洁有限公司吸收合并后有关减免税事宜的批复

（税管函〔2006〕380号）

黄埔海关：

你关《关于广州宝洁有限公司吸收合并后减免税有关问题的请示》（埔关税〔2006〕270号）收悉。经研究，现就有关问题批复如下：

广州宝洁有限公司（以下简称广州宝洁）和天津宝洁有限公司（以下简称天津宝洁）均为宝洁（中国）有限公司（以下简称宝洁中国）的全资子公司。2005年2月经商务部批准，广州宝洁吸收合并天津宝洁。吸收合并后，广州宝洁仍为宝洁中国的全资子公司，天津宝洁的企业法人资格终止，改以广州宝洁天津分公司的形式存在，并延续原经营范围和生产场地继续从事生产经营活动。

根据《海关总署转发〈关于外商投资企业合并与分立的规定〉的通知》（署法〔2000〕36号）规定，外商投资企业合并或分立后是否继续享有减免税优惠待遇，由海关根据现行规定予以审核。在审核时，应综合考虑外商投资企业合并或分立后企业性质是否发生变化、投资方是否发生变更、原企业的项目是否属于现行的鼓励类外商投资产业目录范围或是否符合享受进口税收优惠待遇的有关政策规定等因素。

对于广州宝洁吸收合并天津宝洁的具体情况，虽然原广州宝洁、天津宝洁项目所从事的生产经营活动不属于现行的鼓励类外商投资产业目录范围，但在吸收合并前其作为1996年4月1日以前批准的外商投资项目，按照有关规定可以继续享受《国务院关于调整进口设备税收政策的通知》（国发〔1997〕37号）规定的进口税收优惠政策，直至原减免税额度用完；同时考虑到原广州宝洁、天津宝洁的投资人和吸收合并后的新广州宝洁的投资人同为宝洁中国，吸收合并行为既未改变外商投资企业性质，也未改变投资人，而仅是投资人对其所有的子公司进行重组，将原来具有独立法人资格的天津宝洁子公司改变成为新广州宝洁所属的不具有独立法人资格的天津分公司，且原广州宝洁、天津宝洁的项目、经营范围、规模和生产场地等均未发生变化。因此，同意原广州宝洁、天津宝洁项目在吸收合并后继续享受减免税优惠待遇，尚在监管期内的进口减免税设备无需补税，由海关继续监管至监管年限期满；原天津宝洁项目剩余的减免税额度可继续在原项目下使用，但不得转移给广州宝洁其他项目使用。对原广州宝洁和天津宝洁项目项下剩余的减免税额度内进口的设备，应按照国发〔1997〕37号文件和海关总署2002年第25号公告的有关规定办理相关减免税手续。

另外，考虑到广州宝洁天津分公司为从事具体项目建设、经营的生产型企业，为便于企业进行生产经营活动和海关管理，在企业提出申请后，天津海关可按照属地原则对广州宝洁天津分公司的原天津宝洁项目继续进行管理，办理进口设备减免税审批及后续管理工作。

鉴于广州宝洁天津分公司为非独立法人的二级分公司，其涉及的海关事务必须有广州宝洁的授权，广州宝洁向其天津分公司出具的授权书应包括授权期限、授权办理海关事务范围、广州宝洁天津分公司使用印章的式样等内容，并需抄送天津海关备案。同时，广州宝洁应当向天津海关出具承诺书，承诺对广州宝洁天津分公司涉及的海关事务承担法律责任。在办妥上述事项后，天津海关可继续受理广州宝洁天津分公司的原天津宝洁项目的有关业务。

此复。

二〇〇六年十二月二十一日

海关总署关税征管司关于广东松下环境系统有限公司吸收合并后有关减免税事宜的复函

（税管函〔2007〕23号）

广州海关：

你关《关于外商投资宽限期结转项目吸收合并有关问题的请示》（穗关税发〔2006〕26号）收悉。经研究，现就有关问题函复如下：

广东松下环境系统有限公司（以下简称广东松下）于2005年2月经广东省佛山市顺德区对外经济贸易合作局批复同意吸收合并北京松下精工有限公司（以下简称北京松下）。广东松下作为接纳方继续存在，北京松下作为加入方解散，并被终止其企业法人资格，改以广东松下北京分公司的形式存在，并延续原经营范围和生产场地继续从事生产经营活动。

原广东松下的投资人为日本松下电器产业株式会社（以下简称日本松下）和松下电器（中国）有限公司（以下简称松下中国），原北京松下的投资人为日本松下、松下中国和香港松下环境系统有限公司（以下简称香港松下）。吸收合并后，广东松下的投资人由吸收合并前两企业的投资人组成，即由日本松下、松下中国和香港松下组成，而且各投资方在新广东松下的投资额是其在原广东松下、北京松下的投资额之和。

根据《海关总署转发〈关于外商投资企业合并与分立的规定〉的通知》（署法〔2000〕36号）规定，外商投资企业合并或分立后是否继续享有减免税优惠待遇，由海关根据现行规定予以审核。在审核时，应综合考虑外商投资企业合并或分离后企业性质是否发生变化、投资方是否发生变更、原企业的项目是否属于现行的鼓励类外商投资产业目录范围或是否符合享受进口税收优惠待遇的有关政策规定等因素。

对于广东松下吸收合并北京松下的具体情况，虽然原广东松下、北京松下项目所从事的生产经营活动不属于现行的鼓励类外商投资产业目录范围，但广东松下、北京松下在吸收合并前作为1996年4月1日以前批准的外商投资项目，按照有关规定可以继续享受《国务院关于调整进口设备税收优惠政策的通知》（国发〔1997〕37号）规定的进口税收优惠政策，直至减免税额度用完；同时吸收合并行为既未改变外商投资企业性质和投资人，原广东松下、北京松下的项目、经营范围、规模和生产场地等也未发生变化。因此，同意原广东松下、北京松下项目在吸收合并后继续享受减免税优惠待遇，尚在监管期内的进口减免税设备无需补税，由海关继续监管至监管年限期满；原北京松下项目剩余的减免税额度可继续在原项目下使用，但不得转移给广东松下其他项目使用。对原北京松下项目项下剩余的减免税额度内进口的设备，应按照国发〔1997〕37号文件和海关总署2002第25号公告的有关规定办理相关减免税手续。

另外，考虑到广东松下北京分公司为从事具体项目建设、经营的生产型企业，为便于企业进行生产经营活动和海关管理，在企业提出申请后，北京海关可按照属地原则对广东松下北京分公司的原北京松下项目继续进行管理，办理进口设备减免税审批及后续管理工作。

鉴于广东松下北京分公司为非独立法人的二级分公司，其涉及的海关事务必须有广东松下的授权，广东松下向其北京分公司出具的授权书应包括授权期限、授权办理海关事务范围、广东松下北京分公司使用印章的式样等内容，并需抄送北京海关备案。同时，广东松下应当向北京海关出具承诺书，承诺对广东松下北京分公司涉及的海关事务承担法律责任。在办妥上述事项后，北京海关可继续受理广东松下北京分公司的原北京松下项目的有关业务。

此复。

二〇〇七年二月二日

海关总署关税征管司关于天津汉高洗涤剂有限公司被吸收合并后享受进口税收政策事宜的复函

（税管函〔2008〕271号）

天津海关：

《天津海关关于天津汉高洗涤剂有限公司申请进口设备减免税的请示》（津关税发〔2008〕144号）收悉。经研究并商署内政法司，现就有关问题函复如下：

一、天津汉高清算期间享受进口税收优惠政策的资格问题

天津汉高洗涤剂有限公司（以下简称天津汉高）是1992年12月成立的中外合资企业，2001年7月变更为外商独资企业。2005 年 10 月，经商务部批准，汉高股份有限公司（以下简称汉高股份）吸收合并上海汉高日用化学品服务有限公司、上海汉高化妆品有限公司，北京汉高化妆品有限公司、天津汉高洗涤剂有限公司。按照商务部批复文件规定，吸收合并后，天津汉高等 4 家企业依法解散。

据你关了解，天津市商务委员会已经收回天津汉高的《外商投资企业批准证书》，并且天津汉高营业执照已经 3 年未到工商部门年检。由于各种原因，天津汉高仍处于清算期间，因此，未向工商部门办理注销手续。目前，天津汉高仍处于清算期间，因此，未向工商部门办理注销手续。目前，天津汉高以企业尚未办理注销登记手续、企业法人资格仍然存续为由向你关申请继续使用原项目剩余减免税额度进口减免税设备。

根据《中华人民共和国公司法》（2005 年修订）第十章第一百八十七条中关于“清算期间，公司存续，但不得开展与清算无关的经营活动”的规定，清算组在清算期间只能处理与清算无关的公司未了结业务，以及清缴欠款、清理债权债务、代表公司参与民事诉讼等与清算相关事宜，而且天津汉高的《外商投资企业批准证书》已经被吊销，因此，该公司在清算期间不能享受进口税收优惠政策，也不能以自己的名义进行进出口经营活动。

二、天津汉高完成清算事项后原项目享受进口税收优惠政策问题

考虑到天津汉高作为 1996 年 4 月 1 日以前批准的外商投资项目，如果未被汉高股份吸收合并，按照有关规定，其在 2010 年 12 月 31 日前可以继续享受《国务院关于调整进口设备税收政策的通知》（国发〔1997〕37 号）规定的进口税收优惠政策，直至原减免税额度用完；而且汉高股份吸收合并天津汉高等 4 家企业，未改变外商投资企业性质，仅是投资人对其所有的子公司进行重组，将原来具有独立法人资格的子公司改变成为汉高股份所属的不具有独立法人资格的分公司，因此，在天津汉高完成清算事项并向工商部门办理了企业注销手续，汉高股份彻底完成对天津汉高的吸收合并手续后，原天津汉高项目仍可继续享受进口税收优惠政策，该公司此前进口尚在监管期内的减免税设备无需补税，由海关继续监管至监管年限期满。原天津汉高项目在剩余减免税额度内进口的设备，应按照国发〔1997〕37 号文件、海关总署 2002 年第 25 号公告以及现行的其他有关规定办理相关减免税审批手续。

对于原天津汉高项目剩余减免税额度进口减免税设备的具体手续事宜，你关可参照《关税征管司关于广州宝洁有限公司吸收合并后有关减免税事宜的批复》（税管函〔2006〕380 号）规定的有关程序办理。

二○○八年九月十二日

海关总署关税征管司关于浙江中南建设集团有限公司进口减免税设备结转有关问题的复函

（税管函〔2008〕278 号）

杭州海关：

《杭州海关关于减免税设备主体变更问题的请示》（杭关税发〔2008〕47 号）收悉。经研究，现就有关问题函复如下：

浙江中南建设集团有限公司（以下简称中南建设）年产 150 万平方米节能高性能建筑幕墙结构材料生产技改项目（以下简称幕墙技改项目），由浙江省经济贸易委员会批复并出具《国家鼓励发展的内外资项目确认书》（编号：0501428）。目前该项目已经执行完毕，该项目项下进口减免税设备价值 172.96 万美元。

2007年9月，中南建设以幕墙业务为基础，投资成立浙江中南幕墙股份有限公司（以下简称中南幕墙），注册资金1亿元人民币，其中中南建设以幕墙技改项目使用的土地、房屋及设备折价作为投入，占中南幕墙注册资金的70%，其余30%由幕墙技改项目骨干人员私人参股。现中南建设向你关申请将幕墙技改项目项下的减免税设备变更至中南幕墙名下。

从你关了解的上述情况来看，中南幕墙是中南建设投资成立的具有独立法人资格子公司，中南幕墙的成立不属于中南建设分立的范畴，而是中南建设对外再投资的结果，因此，中南建设作为出资划转到中南幕墙名下的减免税设备不适用企业主体变更办理手续，应按规定办理减免税设备结转手续。

考虑到中南建设是将幕墙技改项目整体划入中南幕墙，由中南幕墙继续执行中南建设的原幕墙技改项目，不是将项目项下进口的部分减免税设备划入或出售给中南幕墙，并且中南幕墙与中南建设都属于内资企业性质，以及该项目项下进口减免税设备已经执行完毕，因此，同意中南建设原幕墙技改项目项下进口减免税设备结转时适用其办理减免税审批手续时的《国内投资项目不予免税的进口商品目录》，有关减免税设备的监管期连续计算。

鉴于中南建设原幕墙技改项目项下进口减免税设备按上述原则结转时不对原设备的征减免税方式进行调整，为减轻企业负担、简化海关操作，你关在确认相关部门出具的文件已经可以证明中南幕墙执行的幕墙技改项目符合相关税收优惠政策的前提下，可不再要求原项目审批部门出具项目主体为中南幕墙的新项目确认书，并且在办理上述减免税设备结转手续时可简化操作，在海关减免税管理系统中原中南建设幕墙技改项目备案表的备注栏中注明“项目执行单位变更为中南幕墙”。

另外，中南建设以幕墙技改项目项下减免税设备作为出资成立中南幕墙，不属于中南建设发生分立、合并、股东变更等企业主体变更范畴，因此，按照有关规定，中南建设应事先向海关提出减免税设备结转申请，待海关审核同意并补办相关手续后，中南建设才能将有关减免税设备作为出资成立中南幕墙。

此复。

二〇〇八年十月十三日

海关总署关于金东纸业（江苏）有限公司转制为股份有限公司后享受进口税收政策问题的批复

（署税函〔2008〕453号）

南京海关：

《南京海关关于金东纸业（江苏）股份有限公司进口设备免税额度等有关问题的请示》（宁关税发〔2008〕238号）收悉。经研究，现就有关问题批复如下：

一、关于金东纸业（江苏）股份有限公司享受外商投资鼓励项目进口税收优惠政策资格问题

据你关了解，1996年，江苏金东纸业有限公司年产135万吨造纸项目经国务院批准立项。1997年5月，中外合资的江苏金东纸业有限公司经原对外贸易经济合作部批准成立，1998年12月经原对外贸易经济合作部批准更名为金东纸业（江苏）有限公司（以下简称金东纸业）。2007年11月，经商务部批准，金东纸业转变为外商投资股份有限公司，并更名为金东纸业（江苏）有限公司（以下简称金东股份）。转制后，金东股份的注册资本和中外方投资者出资比例均不变，公司注册资本603641.47万元人民币（汇率按1美元=8.3元人民币），其中，外方投资者金东纸业（中国）投资有限公司持有97.42%的股权，中方投资者镇江金达工贸有限公司持有2.58%的股权。日前，金东股份向你关申请继续承继金东纸业享受的进口税收优惠政策。

根据《国务院关于调整进口设备税收政策的通知》(国发〔1997〕37号)和海关总署、发展改革委、财政部和商务部联合发布的2007年第35号公告的有关规定，如果金东纸业未转制为股份有限公司，其1997年12月31日以前批准的外商投资项目的进口税收优惠政策，直至原减免税额度用完。考虑到金东纸业转制为股份有限公司后，原金东纸业的一切权利、义务全部转由股份有限公司承担，并未改变外商投资企业性质，仅是原中外方投资者对公司设立方式的变更，而且金东股份的注册资本和中外方投资者出资比例均没有变化，因此，同意金东股份继续承继原金东纸业享受的进口税收优惠政策，即原金东纸业此前进口尚在监管期内的减免税设备由金东股份继续使用，无需补税并由海关继续监管至监管年限期满；原金东纸业年产135万吨造纸项目剩余的减免税额度可由金东股份在2010年12月31日前继续使用；金东股份年产135万吨造纸项目剩余减免税额度内进口的设备以及原对外贸易经济合作部于2003年批准的增资项目，可以按照“国发〔1997〕37号”文件、海关总署2002年第25号公告及现行的其他有关规定办理相关减免税审批手续。

二、关于外商投资股份有限公司的投资总额问题

根据“国发〔1997〕37号”文件的规定，鼓励类外商投资项目在投资总额内进口的自用设备，除《外商投资项目不予免税的进口商品目录》所列商品外，可以免征关税和进口环节增值税。由于商务部门在其出具的外商投资股份有限公司的外商投资企业批准证书中“投资总额”栏目为空，即未核定外商投资股份有限公司的投资总额，对于这种情况，可以按照以下原则掌握：

根据《国家工商行政管理局关于中外合资经营企业注册资本与投资总额比例的暂行规定》(工商企字国发〔1987〕第38号)，中外合资经营企业的投资总额在3000万美元以上的，其注册资本至少应占投资总额的1/3，其中投资总额在3000万美元以上至3600万美元以下的，注册资本不得低于1200万美元。因此，对于注册资本高于1200万美元的外商投资股份有限公司，其名下所有投资项目(包括非鼓励类项目)的合计投资额不高于注册资本3倍的，其鼓励类投资项目项下进口设备可以享受外商投资项目进口税收优惠政策。如果金东股份名下的所有投资项目(包括非鼓励类项目和转制前的投资项目)的合计投资额不超过其注册资本603641.47万元人民币的3倍，则其鼓励类投资项目可以享受外商投资项目进口税收优惠政策。

此复。

二〇〇八年十一月十三日

海关总署关于广西玉林金龙PS版印刷材料有限公司股权变更后有关减免税事宜的意见

(署税函〔2011〕210号)

南宁海关：

《南宁海关关于请予明确企业转制后设备审核问题的函》(南关函〔2011〕86号)收悉。经研究，现就有关问题明确如下：

据你关来文及补充提供的材料反映，广西玉林金龙PS版印刷材料有限公司(以下简称玉林金龙)年产1000万平方米PS高速感光版材料产业化工程项目(以下简称PS感光版项目)，经广西自治区经济委员会备案并出具了《国家鼓励发展的内外资项目确认书》(桂经投资确字〔2005〕56号)。你关于2006年4月24日为玉林金龙办理了该项目项下1套辊式输送机和1套整平机的免税进口放行手续。

2006年10月，广西自治区玉林市玉州区招商促进局批复同意玉林金龙的港方股东将其持有的25%股权全部转让给境内自然人股东，玉林金龙由外商合资（港资）企业变更为内资企业。玉林金龙于2007年1月7日取得由广西自治区玉林市工商行政管理局出具的内资有限责任公司（自然人独资）的企业法人营业执照，但该公司未及时向你关报告上述变更情况。你关于2009年6月在对玉林金龙进行中期核查时发现该公司的股权结构和企业性质发生了变化。

根据《中华人民共和国海关进出口货物减免税管理办法》（海关总署令第179号）第三十九条的有关规定，减免税申请人发生分立、合并、股东变更、改制等变更情形的，有关权利义务承受人应当自营业执照颁发之日起30日内向海关报告，报请海关审核其处在海关监管年限内的减免税进口设备是否可继续享受减免税待遇。海关在按照法律法规、国家税收政策和海关管理规定审核有关减免税申请人发生有关变更后能否继续享受税收优惠政策时，应综合考虑企业发生分立、合并、股东变更或改制等变更后，企业性质是否发生变化、投资方以及投资方性质是否发生变更、原企业的投资项目是否属于现行项目性质下的鼓励类产业目录范围或是否符合享受进口税收优惠待遇的有关政策规定等因素。

玉林金龙股权变更引起企业性质由外商合资（港资）企业变更为内资企业后，其尚处在海关监管年限内的原免税进口设备能否继续享受税收优惠政策，应按照上述原则进行审核。考虑到经你关审核，玉林金龙原属外商投资鼓励类产业条目的PS感光版项目在企业性质发生变化时（即2007年1月7日）仍属于当时适用的《产业结构调整指导目录（2005年本）》鼓励类产业条目范围。因此，原则同意你关意见，将玉林金龙PS感光版项目项下原免税进口的设备对照当时适用的《国内投资项目不予免税的进口商品目录（2000年修订）》（调整后的）进行审核，对属于不予免税商品目录范围内的有关设备办理补税手续；对不属于不予免税商品目录范围内的有关设备可继续享受免税待遇，免予补征进口关税和进口环节增值税。

另外，在办理相关海关手续时，考虑到玉林金龙仅是进行内部的股权变更，企业名称也未发生变化，为减轻企业负担、简化海关操作，对经你关审核认定玉林金龙原免税进口设备可继续享受免税待遇的，无须再办理结转手续，但需在海关减免税管理系统中原玉林金龙PS感光版项目备案表的备注栏中注明“企业性质变更为内资企业”。有关设备的补税手续请按照现行规定办理。

二〇一一年四月二十日

海关总署关于美铝渤海铝业有限公司股权变更后适用税收政策有关事宜的批复

（署税函〔2011〕603号）

石家庄海关：

《石家庄海关关于美铝渤海铝业有限公司改制后免税设备结转有关税收问题的请示》（石关税发〔2011〕232号）收悉。经研究，现批复如下：

据你关来文，美铝渤海铝业有限公司原系中外合资企业，成立于2005年10月，注册资金18.69亿元，其中美国铝业公司占73%，中信渤海铝业控股有限公司占27%。2005年12月，美铝渤海铝业有限公司热轧生产线项目经国家发展改革委出具了《国家鼓励发展的内外资项目确认书》（发改外资确字〔2005〕085号）。该鼓励项目项下液压扁锭铸造机、在线除气装置、在线过滤系统、熔炼炉、连铸机、冷轧机、卷材打包机等设备分别于2007年3月至2009年2月期间办理了免税进口手续。2010年1月，国家发展改革委批复同意中信渤海铝业控股有限公司将其所持美铝渤海铝业有限公司股权转让给美国铝业公司，美铝渤海铝业有限公司由中外合资企业变更为外商独资企业。

关于企业股权变更后原免税进口设备是否可以继续享受税收优惠政策问题，《海关总署关于广西玉林金龙 PS 版印刷材料有限公司股权变更后有关减免税事宜的意见》（署税函〔2011〕210 号）已原则明确了审核时应综合考虑的因素。对于外商投资企业股权变更引起企业类型在合资、合作或独资方面变更的情况，还应考虑原投资项目所适用的鼓励类产业条目是否对合资、合作或独资等外商投资企业类型有限制性规定。对于原条目无限制性规定的，原免税进口设备可继续享受原税收优惠待遇；对于原条目有限制性规定，股权变更后的企业如果不再符合原条目对合资、合作或独资等企业类型的限制要求，但原投资项目属于股权变更时外商投资鼓励类产业条目范围的，原免税进口设备仍可继续享受原税收优惠待遇；其他情况应按照规定予以补税。

鉴于美铝渤海铝业有限公司股权变更后，企业类型由中外合资企业变更为外商独资企业，其热轧生产线项目仍在继续实施，并且原项目所适用的《外商投资产业指导目录（2004 年修订）》第三类第十四条第三款“有色金属复合材料、新型合金材料生产”条目，未对合资、合作或独资等外商投资企业类型作出限制性规定。因此，该公司原免税进口的设备可继续享受原税收优惠待遇。

另外，为简化操作，对美铝渤海铝业有限公司原免税进口的设备，无须再办理结转手续，但需在海关减免税管理系统中美铝渤海铝业有限公司热轧生产线项目备案表的备注栏中注明“企业类型变更为外商独资企业”。请你关按照上述原则办理有关手续事宜。

此复。

二〇一一年十一月八日

15.11.2 其他

海关总署关税征管司关于《广州海关关于外商投资企业火灾后受损设备处理问题的请示》的批复

（税管〔2000〕65 号）

广州海关：

你关穗关税〔1999〕958 号文收悉。

关于中外合作企业番禺大业冷冻食品仓储有限公司遭受火灾后受损设备如何处理的问题，经研究，考虑到该企业遭受火灾意外事故，使原免税进口尚在监管期的设备基本被烧毁，鉴于广东进出口商品检验局已出具商检证明和你关下厂核查的情况，因此，同意你关提出的对该企业火灾后受损设备的处理意见，即对被完全烧毁，无使用价值的涂料、膨胀箱、水处理系统、过滤器等，凭商检部门的证明免税核销；冷风机、钢管、电线、阀门、镀锌铁片等经商检部门评估尚有残值，按残值补税结案；对余下仍可使用的钢管、阀门、镀锌铁片等予以继续监管。

此复。

二〇〇〇年三月十五日

海关总署关于企业被吊销营业执照或注销登记等案件查处所涉法律问题的批复

（署法函〔2003〕294号）

青岛海关：

你关《关于企业被吊销营业执照或注销登记案件所涉法律问题的请示》（青关法发〔2003〕349号）收悉。经研究，现批复如下：

一、根据最高人民法院经济庭《关于人民法院不宜以一方当事人公司企业执照被吊销已丧失民事诉讼主体资格为由裁定驳回起诉问题的复函》（法经〔2000〕23号）和《关于企业法人营业执照被吊销后其民事诉讼地位如何确定的复函》（法经〔2000〕24号），企业被吊销营业执照但未办理注销登记的，该企业的主体资格仍应视为存续，海关应对其此前违反海关法的行为进行立案调查，并依法追究其法律责任。

二、企业被吊销营业执照后又依法注销登记的，如企业注销登记前海关已立案调查，并依法扣留了有关货物或者收取了保证金、抵押物的，应当查明案件基本事实，对于有证据证明属于依法应当没收的货物的（包括因有关货物无法扣留情形下海关收取的等值保证金或者抵押物），应依法变卖上缴国库；如应当依法对原企业追征税款的，可依据《海关法》第六十条的规定将保证金抵缴，或者将在扣的货物、物品以及抵押物依法变卖，变卖所得扣除有关费用后抵缴税款。对于经查明没有违法事实或者案件事实无法查清的，应将在扣货物以及收取的保证金、抵押物退还有关权利人（如企业的上级主管机关等），无法通知或者有关权利人不明的，可公告通知。同时，比照《关于保证金、风险担保金、抵押金的收取和管理办法》（署办〔1995〕958号）的有关规定，自海关通知之日起90天内，有关权利人不来办理退还手续的，视同放弃，由海关扣除有关费用后上缴国库。

三、企业实施违反海关法的行为后，发生分立、合并或者其他资产重组等情况，有承受其权利义务的法人、组织存在的，应当依法追究其法律责任。原企业名称因分立、合并或者其他资产重组等情况而发生更改的，仍以原企业（名称）作为当事人。对原企业处以罚款、没收违法所得或者依法追缴无法没收的走私货物、物品、走私运输工具的等值价款的，应当将承受其权利义务的法人、组织作为被执行人。如罚款、没收违法所得以及追缴的无法没收的走私货物、物品、走私运输工具的等值价款总额超出其从原企业承受的财产的，可在执行中予以减除。

四、企业实施违反海关法的行为后，发生分立、合并或者其他资产重组情形，以及被依法注销、宣告破产等情况的，无论是否有承受其权利义务的法人、组织存在，均应依法追究原企业直接负责的主管人员和其他直接责任人员的法律责任。

特此批复。

二〇〇三年八月二十一日

海关总署关于对青岛泰进包装工艺品有限公司受灾减免税进口货物征免税问题的批复

（署税函〔2003〕452号）

青岛海关：

你关《青岛海关关于青岛泰进包装工艺品有限公司受灾减免税设备补税问题的请示》（青关税发〔2003〕630号）收悉。经研究，现就有关问题批复如下：

对减免税进口货物在规定的监管年限内因不可抗力或其他经海关审核认可的正当理由造成灭失、短少、损毁的，应按照以下原则办理有关手续：

一、企业应主动向主管海关书面报告，并应提供下列证明材料：

（一）有关主管部门出具的证明；

（二）保险公司出具的保险赔款通知书或检验检疫部门出具的有关检验检疫证明文件；

（三）海关认可的其他有效证明文件。

二、经核实，对受灾减免税进口货物灭失，或虽未灭失但完全失去使用价值且无法再利用的，海关予以免税核销；对受灾减免税进口货物虽失去原使用价值，但可再利用的，海关予以继续监管。若企业对可再利用的受灾减免税货物出售、转让或移作他用的，海关按规定审定其价格予以补税，或经商检部门评估尚有残值，按残值补税。

货物损失情况海关可视情派员核查取证。

请你关对青岛泰进包装工艺品有限公司受灾减免税设备按以上原则办理。

二〇〇三年十二月二十二日

海关总署关税征管司关于免税进口设备复出口时有关税收等问题的批复

（税管函〔2005〕165号）

武汉海关：

你关《关于免税进口设备出口时解除监管的请示》（武关税〔2005〕14号）收悉。经研究，现就有关问题批复如下：

根据《中华人民共和国海关法》、《中华人民共和国进出口关税条例》和《中华人民共和国海关进出口货物征税管理办法》的有关规定，特定减免税进口货物属于海关监管货物，未经海关核准并补缴税款，不得擅自转让或移作他用。但是海关实施监管的地域范围是在我国关境内。如果在海关监管年限内，经海关核准，特定减免税货物的所有人将有关货物销售出口或者退运境外，该货物并未流入国内市场，因而也未在境内改变减免税货物的特定用途，因此，不应再按剩余监管年限折旧补税。

关于法雷奥汽车空调湖北有限公司于2003年5月20日免税进口的C28控制面板装配设备，准备销售至伊朗的问题，请你关认真审核其销售出口的原因和目的。如经审核同意该设备销售出口，应免于对该设备补征税款，待出口后按规定办理对该套设备解除监管的手续。设备出口后，该企业不得再按原项目免税进口相同设备。

此复。

二〇〇五年七月五日

海关总署关税征管司关于华能汕头风力发电有限公司调整项目用汇额度有关问题的复函

（税管函〔2007〕140号）

汕头海关：

《汕头海关关于调整华能汕头风力发电有限公司投资项目用汇额度有关问题的请示》（汕关税发〔2007〕1211号）收悉。经研究，现就有关问题函复如下：

华能汕头风力发电有限公司（以下简称华能汕头公司）的南澳风电场二期工程项目于2006年1月经广东省发展改革委出具了《国家鼓励发展的内外资项目确认书》（编号：20060400002），项目投资总额为43400万元人民币，项目用汇额为2975万美元，并在《项目进口设备和技术清单》中注明进口设备2500万欧元，按《国家鼓励发展的内外资项目确认书》出具时的汇率1：1.19计算，共折合美元2975万元。你关据此办理减免税备案手续，项目用汇额2975万美元。

2006年8月，华能汕头公司签订进口合同，共计2488万欧元。由于欧元对美元汇率一路攀升，远高于备案时的1：1.19，导致按征免税证明审批时的汇率折算扣减后出现项目用汇额度不足。

考虑到华能汕头公司进口设备按成交币制欧元计算的总金额未超出原项目审批时批准的2500万欧元，导致该项目出现用汇额度不足的原因是进口成交币种与《国家鼓励发展的内外资项目确认书》的用汇额度币种不同，汇率变化引起进口货物的实际价格按美元计算后超出项目的美元用汇额度。因此，同意你关意见，按照办理减免税审批手续时的欧元对美元汇率调整项目的用汇额度。

此复。

二〇〇七年七月十一日

海关总署关税征管司关于广东冠豪高新技术股份有限公司出售减免税设备后再以融资租赁方式租回有关问题的复函

（税管函〔2007〕263号）

湛江海关：

《湛江海关关于广东冠豪高新技术股份有限公司以减免税设备进行融资租赁问题的请示》（湛关税发〔2006〕437号）收悉。经研究并商署内政法司，现就有关问题函复如下：

广东冠豪高新技术股份有限公司（以下简称冠豪公司）向你关申请将其进口的减免税设备出售给深圳南方租赁有限公司（以下简称南方公司），然后冠豪公司再以融资租赁方式将减免税设备租回自用，待双方融资租赁合同5年期满后，冠豪公司再从南方公司将减免税设备以残值购回。

考虑到冠豪公司一旦将进口减免税设备出售给南方公司后，由于南方公司不是海关管理相对人，如果南方公司违法处置减免税设备，海关既难以对南方公司进行处罚，对冠豪公司的处理在法律上也存在较大困难。因此，对于冠豪公司将其进口减免税设备出售给南方公司后再以融资租赁方式租回自用的申请，请你关根据《中华人民共和国海关法》和《中华人民共和国进出口关税条例》的有关规定，要求冠豪公司在出售减免税设备给南方公司前必须先补缴减免税设备剩余监管年限内的税款并办理解除监管手续。在冠豪公司未补缴税款前，你关不得同意冠豪公司将减免税设备出售给南方公司。

此复。

二〇〇七年十二月七日

海关总署关税征管司关于审批部门确认为非鼓励类项目的进口设备补税问题的复函

（税管函〔2008〕213号）

南京海关：

《南京海关关于审批部门确认为非鼓励类项目海关实施补税有关问题的请示》（宁关税发〔2008〕237号）收悉。经研究并商政法司和监管司，现就有关问题函复如下：

你关在减免税后续管理过程中，发现部分投资项目《国家鼓励发展的内外资项目确认书》中产业政策审批条目与实际项目内容不符，并按照《海关总署关于明确减免税政策执行中若干问题的通知》（署税发〔2003〕172号）规定，主动与地方审批部门沟通，经审批部门确认，其中少数投资项目确实不符合国家鼓励类产业条目。

对于此类经审批部门确认不符合国家鼓励类产业条目的投资项目，应对该项目项下原减免税进口设备补征税款。但鉴于并不是因为企业本身违反规定而造成少征或漏征税款，因此，根据《海关法》第六十二条规定，只应当对自进口放行之日起不超过1年的有关设备向纳税义务人补征税款；超过1年的，不应再要求企业补税。

如果企业申请将原减免税进口设备退运出境，对于自进口放行之日起不超过1年的，你关应当要求企业按设备已进口的时间补缴税款后，方能准许企业将原减免税设备退运出境；对于进口放行超过1年的，不再要求企业补税。由于上述退运设备不符合《中华人民共和国海关进口货物直接退运管理办法》（海关总署令第156号）的有关规定，因此不能按直接退运货物办理。有关减免税设备退运出境后，企业应持出口报关单向你关办理该设备的解除监管手续。

特此函复。

二〇〇八年八月五日